ZORAN KOCIPER

Kazalište istina i laži

P o s v e ć u j e m

Obitelji Lerohl, jer ste moji anđeli zemaljski:
Rob i Christine, hvala od srca, volim vas.
Michael Lerohl, Mike, za tebe jer bez tebe ne bi bilo ni ove knjige,
a ni mene, volim te, brate.

Od sveg srca i sve duše
Zoran

Uvod u predstavu….

Tin Ujević

Veliki mag hrvatske poezije rekao je sve, nemam što dodati: drugačije ne znam, ne mogu i neću. Sigu-ran sam da postoji bolje objašnjenje od ovog, ali sad više nije važno, napisao sam, pa što će biti, neka bude.

Sve je napokon samo gluma. Svi glumimo, i ja, naročito. Stoga je pokušaj stavljanja životne priče na papir već od prve riječi u opasnosti od pada u trivijalnost, u dosadno prepričavanje nečega što nikoga ne zanima. Dobro, sad, ni ovo neće biti osobito privlačno za čitanje jer čitateljstvo, to uvaženo krdo sveznajućih poznavatelja života uglavnom ne prihvaća neprofesionalno sročene tekstove koji ih podsjećaju na njih same. Srećom, čitatelji me ne zanimaju. Ovdje je riječ isključivo o meni, kroz i preko drugih ljudi, ali o meni. Zbog istine? Zbog laži? Malo jedno, malo drugo ili ništa od toga. Stvari nisu tako jednostavne kako izgledaju ili ipak jesu, vrag zna.

Definicija života svakako nije zadana, ne postoji. Šest tisuća godina, prema Božjim, a desetke tisuća godina prema znanstvenom računanju vremena traje potraga za odgovorom na pitanje što jest život, a što nikako nije. Na moju radost, smrtnici, koji nemaju veze s Bogom do danas nisu uspjeli sročiti formulu života, što mi olakšava pisanje i oslobađa me straha od vješanja na pranger kao skribomana, neznalicu i glupana koji sam se usudio govoriti o sebi i utvarama svojim, zlodusima oko sebe, o grijesima svojim i tuđim.

Ako čovjek nije erudit, ako nije okoćen sa zlatnom žlicom u gubici i ako se ne uklapa u svijet savršenih, ako nije dio neke sasvim posebne manjine koja pak služi većini kako bi naglasila i opravdala svoju superiornu egzistenciju (bez te simbioze velikih i malih ljudski svijet ne bi funkcionirao: čovjek treba neprijatelja, treba nekoga koga će mrziti i tlačiti, koga će kazniti bez razloga), svaka pomisao na pisanje unaprijed je osuđena na propast. Međutim je stiglo novo vrijeme novih tehnologija, interneta, on line izdavaštva, pa čak i nepismeni trolovi poput mene imaju nezasluženu privilegiju objaviti škrabotine i to još ponuditi na prodaju.

Nakon niza godina šutnje, glupih promišljanja o tome ima li uopće smisla pisati, osobito u mom položaju, dakle, u pedeset i drugoj godini jednog neuspješnog postojanja prosjedio sam mjesece na udobnoj stolici kako bi iz printera izašla poveća hrpa jeftinog fotokopirnog papira formata A4 .

Zašto? Komedija je davno završena! Comedia e finita odzvanja mojim razrovanim mozgom mnogo dulje no što sam to bio spreman priznati: kad život postane lakrdija koja se sastoji od dva amaterski režirana i još lošije odglumljena čina (pad u ponor i pad u još dublji ponor), vlasnik takvog usranog životopisa nema pravo na čekanje. Ne plačem nad zlom sudbinom, tek kažem ono što jest. Neuspjela predstava približila se kraju i ako je ova priča jedna jedina donekle poštena stvar koju sam odradio za sve ove godine, ja sam sretan čovjek.

Sam spomen istine i laži kod devedeset i devet posto ljudi izaziva proljev. Nebrojeno je kretena kroz šest tisuća godina ljudske povijesti (prema vremenskoj računici nas koji vjerujemo u Boga) u punini ničim dokazane samouvjerenosti htjelo pokazati kako su otkrili dvije najveće tajne, istinu i laž. Hvala Gospodu, nisam od tih intelektualnih velikana, nisam vertikala ljudskoga svijeta. Iskreno, nemam pojma što je istina, ne znam što je laž. Jedno sam označio kao istinu, drugo kao laž, a možda je suprotno. Ili nije nijedno od toga. Kako god, ne zamaram se time, prošla je baba s kolačima i vrijeme je pojelo i babu i kolače, a naskoro će i mene. Amen .

Argumentum ad hominem! Metak u glavu, sabljom po glavi, nogom u guzicu, snagom zakona i sudskom presudom, općom ignorancijom, čime sve ne, ali tako se odvija tisućljećima storija ljudska, tako je tekla i moja priča. Isto se odnosi na pisanje, osobito na prožvakane autobiografske teme. Po naravi ljudskoj pripovijedati vlastiti životopis podrazumijeva grubu, upravo brutalnu riječ čak i ako autor ne piše iz osvete prema svojim neprijateljima. Obračunati se s prošlošću zadaća je teža od suočavanja sa sadašnjošću: ako ništa, onda zbog toga što se prošlost ne može mijenjati. U sadašnjosti, a govorim o sebi, još imam mogućnost izbora, drugačije odluke, šutnje, okretanja leđa ili odlaska i odustajanja od nečega, no kod davno odigranih predstava stanje je jasno, čisto kao krokodilska suza, nema uplitanja, nema ispravljanja, nema brisanja ni dodavanja, nikakve intervencije u svršenom vremenu nisu moguće. Točno, postoji oružje laži i prešućivanja, zaobilaženja istine. Što ne mijenja suštinu. Zato sam u punoj vjeri u vlastite slabosti pisao bez pritiska književnog stvaralaštva" jer nisam pisac. Okovi pravila pisanja samo bi mi zakomplicirali rad i natjerali da sve skupa bacim u smeće i da zaboravim na ovu suludu ideju. (Mnogi će reći da sam to trebao učiniti!) Drugim riječima, ovo nije roman fikcije, nije ni na papir bačena zbilja, ovo nije amatersko kreveljenje i proglašavanje izmeta u celofanu parfemom. Ne, ovo je jedino i isključivo moja priča. Nastala izvan svih regula pisanja, bez poštivanja književnog standarda i s neizrecivom željom da na kraju stavim posljednju interpunkciju, posljednju točku pa makar sve skupa u konačnoj inačici i ne imalo previše smisla.

Sve se plaća, ovako ili onako, prije ili kasnije. Velika je stoga sreća posjedovati račun i prije no što ću kleknuti pred Gospodina: smrt je posljednja istina, ali ne za učenike Otkupitelja svijeta. Nakon zemaljske smrti dolazi vječnost, ako ću biti dostojan tog veličanstvenog blagoslova. Baš tako. Amen.

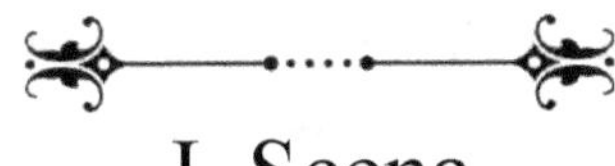

I. Scena

Rat: bojnikova svinjarija i suze gospodina pukovnika

„Danas je ovdje mnogo dječaka koji misle da je
rat slava. Ali, momci, rat je pakao.”

general W. T. Shermann

Gospodin bojnik, jedan debeli, vječito „stockom” napojeni klaun, u naravi PKV prijeratni konobar u jednom prljavom bircuzu u sklopu seoskog nogometnog kluba, lik bojnički koga sam ovlaš poznavao još od osamdesetih po crti izviđačke organizacije (poput svakog tradicionalnog hrvatskog kaputaša, gospodin bojnik je iz posve pragmatičnog razloga očuvanja vlastitog odraza velike 'rvatine u zrcalu rododomoljubnih divova pokušao sakriti pred svima taj upravo benigni podatak iz vlastite socijalističke prošlosti: jebi ga, nije računao da će u gardi sresti nekoga tko se dobro sjeća kako je on, dika i ponos 'rvatstva, koji je snivao 'rvatski san i prije nego što se rodio, koji je osvjedočeni poštovatelj lika i djela vitezova Jure i Bobana, ne baš tako davnih dana plesao užičko kolo i mrtav pijan, ganut, u suzama prisezao na ostavštinu pokojnog maršala pjevajući iz sveg glasa „Druže Tito, mi ti se kunemo da sa tvoga puta ne skrenemo”, a što je bila neslužbena „himna” masovno posjećene manifestacije slikovitog naziva „88 baklji za druga Tita” u organizaciji izviđačke čete iz njegovog sela, pri čijoj je provedbi budući ratni superheroj uvijek davao svoj neizmjerni obol i time dokazivao svoje pregalaštvo u izgradnji socijalističkog samoupravljanja i očuvanja tekovina NOB-a i revolucije kao takve), časnik koji je do čina došao uvlačenjem u guzicu nadređenima i gaženjem podređenih bio je najomraženija pojava u bojni. Nisu ga voljeli čak ni žmukleri i udvorice koji su mu lizali stražnjicu, no to se ne računa jer su ga se bojali, a u strahu su duge noge, kratka pamet i potpuno odsustvo karaktera i morala. Jedina kvalifikacija za postavljenje na ustrojbeno mjesto dozapovjednika bojne (jer nikakvih drugih predispozicija nije imao) bila je informacija iz njegovog osobnika (za jugo nostalgičare koji ne razumiju hrvatski jezik: personalni dosje) o gospodinovoj smjernoj službi vozača gospodina zapovjednika jedne od bojni proslavljene gardijske brigade koja je prerasla u brigadu, pak je šef bojne promoviran u šefa brigade, čime je vozač automatski postao vozač zapovjednika višeg ranga. To da se tijekom rata nije iskazao u zapovijedanju ni desetinom ni vodom, a kamoli satnijom nije značilo savršeno ništa i nije bila otegotna okolnost kod promaknuća. Posjedovati VIP kontakt sa šefom brigade vrijedilo je više nego u borbi pobiti sto četnika i osloboditi pola Hrvatske. Podobnost, svejedno koja, ona politička, kumska, rodbinska ili tek vozačka u novoj 'rvatskoj nije iznimka nego pravilo u državi bivšeg generalmajora.

A rat nije dječja igra, rat je ozbiljan posao za ozbiljne likove, pardon ljude. Domoljube i rodoljube, naročito bivše konobare iz birtije nogometnog kluba. Ili kuhara iz hotela „Panorama” u Zagrebu (ja). Uostalom, vojska je ustrojena po strogim mjerilima i ima striktnu uspravnicu i crtu zapovijedanja, a što u prijevodu znači „izvrši, pa se žali”, točnije, ne govori dok te se ne pita, a ne pita te se, nisi ti ovdje da misliš nego da služiš i izvršavaš zapovijedi, ima tko misli, ne brini ti oko toga. Sve jasno. A kako ne bi bilo jasno kad je sam vrhovnik, bivši general major JNA lukavo uveo podmukao sustav upravljanja državom, a time i vojskom (u ratu se za to nije pitalo, rat je rat): Hrvatsku je dotični ostvaritelj sna od-sto-ljeća-sedmog smatrao svojim feudom, a što se u vojsci reflektiralo tako da je zapovjednik brigade bio bog i batina, jedan i jedini, prvi i posljednji, utjelovljenje neograničene zemaljske i nebeske moći. Praktičnim jezikom rečeno, gazda brigade mogao je sve, činio je sve i dobivao i uzimao sve što je htio. Protežiranje i pogodovanje napredovanju jednog debelog pijanca sa moći te pozicije nije bila neobična pojava. Odnos utjecaja sposobnosti zapovjednika, hrabrosti u borbi, domišljatosti u provedbi zadaća s jedne strane, a s druge pripadnost časničkim i stožernim klanovima, uključivo posjedovanje odgovarajuće plave stranačke iskaznice (nisam obraćao pozornost na to, bio sam sitni vojnički crv, nitko i ništa), sklonost cinkarenju kolega i iskazivanje požrtvovnosti pri ispunjavanju svih kaprica nadređenih zapovjednika vidjelo se upravo na slučaju dotične bojničke lutke. Njegovo postavljanje na za njega visoko ustrojbeno mjesto dozapovjednika bojne izazvao je šok kod gardista, dočasnika i časnika no... šuti i trpi, što je od Boga ne propituje se. Iznenađenje njegovim dolaskom na rečenu dužnost bilo je tim veće s obzirom na to da dotični nije imao časnički čin, a mjesto za oznaku čina iznad desnog džepa bilo mu je sablasno prazno. Haha, a kad je promaknut u zastavnika pješaštva, odbio je nositi oznaku iz protesta, osjećao se ponižen i uvrijeđen jer mu je kao dozapovjedniku bojne pripadao viši časnički čin (ako se dobro sjećam, ustrojbeni raspon za dozapovjednika bojne bio je bojnik-pukovnik). Bilo je smiješno gledati tog debeljka podbuhlih očiju, još mamurnog od prošle burne pijane noći, kako crveni od bijesa i nemoći: u prostorije zapovjedništva bojne, bivši duty free shop u hotelskom naselju „Miran", a koja je bila polazna baza naše bojne, donio sam oznake činova za zapovjedništvo, pa time i za cijenjenog gospodina zastavnika, haha, oh, ispričavam se, dozapovjednika bojne, budućeg slavnog bojnika, pa kad je zapovjednik bojne onako „ozbiljno" rekao „No, što je sad, htio si čin, evo ti ga!", gospodin se ne-još-bojnik skoro srušio, skoro ga je udarila srčana kap! Promrmljao je nešto zelen u licu, a ja sam shvatio da je nastao još jedan razlog više za mržnju prema meni. Vidio je, naime, kako se smijem. Ma što, nisam se samo ja smijao, krevelji su se i ostali nazočni u uredu (koji je ujedno služio kao dežurana i centar veze), vezista, dežurni časnik, njegov pomoćnik i dvojica drugih časnika. Uhvatio sam bojnikov pogled kad sam izlazio iz ureda: to ti neću zaboraviti, govorile su njegove zakrvavljene oči krepanog pajceka. I nije zaboravio, kao što mi se nije izravno osvetio, barem ne tada. A kasnije je sudbina odigrala svoju partiju karata iz koje smo nas dvojica i mnogi drugi izašli kao gubitnici.

Ovaj časničkim epoletama dekorirani vojnički magarac mrzio je sve osim sebe. Nema gardiste, dočasnika ni časnika koji ga se nije gnušao. Izuzev male grupe njegovih pulena i beskičmenjaka, zapovjednika, dočasnika i časnika bez karaktera, oportunista i karijerista kojima se živo fućkalo što im ovaj trogoldit maltretira vojnike no tko ih jebe, kažem. Nisu se baš zamarali njegovim svinjarijama, ne dok njih nije dirao. Izrugivanje, ponižavanje, prijetnje, verbalni nasrtaji i vrijeđanje podređenih spadalo je u light inačicu bojnikovih eskapada: komunikacija ove spodobe svodila se na jebem-ti-mater i slične jezične bravure bivšeg konobara.

No jedno su iživljavanja nad vojnicima u slobodno vrijeme, u vojarni i na vojnom poligonu, u krčmi ili na ulici, a nešto sasvim stoto je namjerno kršenje pravila i zlouporaba ovlasti koje imaju krvave posljedice. Svaki bojnikov otklon od zakona je za osudu, ali neću i ne smijem reći ni riječ protiv njega ako pri tome ne „osudim" i sve koji su bili s njim, dakle i samoga sebe: nema pripadnika vojske koji barem jednom nije prekršio stegovnik, savršeni vojnik ne postoji, barem ga ja ne znam (iz vremena moje službe), ali nije isto kad vojnik zakasni na službu ili kad časnik koji obnaša visoku ustrojbenu dužnost počini nešto što za neizravno-izravnu posljedicu ima prolijevanje krvi i smrt. Rat odnosi živote i neprijateljski napadi nisu poziv na kavu, ne može se očekivati da će se svi vojnici vratiti živi i zdravi svojim kućama i obiteljima. Međutim, normalne vojske normalnih država procesuiraju vojnike, dočasnike i časnike koji svojim činjenjem uzrokuju neopravdanu smrt ili nepotrebno ranjavanje vojnika. Osim u Hrvatskoj. Zato što je nemoguće precizno povezati slijed događaja s nečijom osobnom odgovornošću (u ratu nema logike), to je jedno, a potom, stvaranje hrvatske države pod motom „sve za Hrvatsku" isključuje propitivanje postupaka i postavljanje neugodnih pitanja, i treće, u vrijeme bojnih djelovanja besmisleno je gledati na svaku sitnicu jer, u vražju mater, tko može dokazati da četnici ne bi ovako i onako pucali i ubili naše ljude, pa rat je, za Boga miloga?!

U Domovinskom ratu i stvaranju vojske pitanje kompetencija i znanja često je bilo suvišno, upravo tabu pitanje. Zahvaljujući ustroju kakav je bio, na mnoge dužnosti postavljani su ljudi koji nikakvih sposobnosti osim bezuvjetne poslušnosti nadređenom nisu imali. Nije se radilo (isključivo) o ustrojbenim mjestima u borbenom sektoru, više se odnosilo na savjetnička mjesta, kao i na časnike struka, časnike za političku djelatnost (kao iznimno popularne dužnosti za luftbrenzere u odori, mada, ah, pošteno rečeno, često su na neka od ovih dužnosti postavljani pravi borci, dokazani na bojnom polju koji su zbog ranjavanja imali umanjenu radnu sposobnost, zbog čega bi ih raspoređivali na dužnosti u skladu s njihovim tjelesnim i radnim mogućnostima) i cijeli niz zvučnih naziva iza čega nije bilo ničega. Nikad nisam shvatio što su radile neke face iz zapovjedništva, osim što su bili trinkenkameradi svojim prvo i drugo nadređenima.

Ponekad, pak, postavljenja su dobile nakaradne pojave poput bojnika. Na mjesta na kojima nisu smjeli biti. A bili su, nažalost. Što se ne može popraviti. Ne pišem ovo iz osvete, nije mi nakana suditi bojniku, nisam ga uzeo na zub iz osobnih razloga. Sve što želim jest sklopiti puzzle o ratu na drugačiji način. Pomoću priče koja se nikada ne priča. Na ratnoj estradi odigrana je jedna krvava predstava u punini bestijalnosti i svireposti, bez milosti i bez nekog smisla. Suludo, infernalno i krvavo. Ispod zastora časti i slave hrvatskoga oružja, ispod zvuka fanfara koje sviraju u spomen palih najboljih sinova Lijepe naše, ispod sve te nakaradne dnevnopolitičke maskerade, cirkusa koji se po uhodanoj shemi odvija na svaku ratnu obljetnicu kao performans lažnog pijeteta i tipične 'rvatske hipokrizije, ispod celofana domoljublja, u krvi, u gnoju i u blatu leže sad već raspadnuta trupla onih koji nikada neće saznati kako je njihova smrt izdana i skupo naplaćena. Povijest je nepravedna prema vojnicima u grobovima.

Povijest nije marila za bojnika. Zapravo, malo je komplicirano pisati o njemu jer gospodin bojnik više nije među živima. Eh, sad, reći će neki, siguran sam, da sam nekulturna svinja kad ovako pišem o mrtvom čovjeku. Moja inačica izreke o mrtvima glasi: „O mrtvima i živima ništa do istine." (Moj mozak ne radi najbolje, zaboravih ime hrvatskoga pjesnika koji je parafrazirao originalnu izreku.) Napokon, sve da o predmetnom bojniku pišem u superlativima i slikam ga glupo u oklopu, ovjenčanog slavom nebeskog borca za Majku Hrvatsku, kako s pjesmom „Još Horvatska ni propala" juriša na bradate srbende, što bih time dobio? Ništa, nema ničega što bi promijenilo istinu i što bi laži dalo snagu vjerodostojnosti. Jasna stvar, ljudska pamet i ljudi kao takvi su zasebne kategorije kod poimanja života i to što nemali broj onih koji su svjedočili pizdarijama gospodina bojnika danas o njemu zbore kao o anđelu i hrvatskome vitezu nije moj problem. Nemam empatije ni prema vlastitim grijesima, a kamoli prema tuđim. (Znam, a što je s blagoslovom i zapovijedi o opraštanju? Ništa, što bi bilo? Ako se radi o bojniku, ja mu ne sudim, samo pričam priču, na svoj način. Osobna netrpeljivost između nas dvojice odavno je mrtva, a činjenica da trune u grobu to i potvrđuje. Hoće li ovo nekoga povrijediti? Ne znam. Zaborav je vrlo teška bolest s nesagledivim uplivom po sudbinu budućih naraštaja. Zaborav je oružje falsifikatora povijesti, zbog čega se povijest ponavlja u nepreglednom nizu sve istih klanja, drugim sredstvima i drugačijim stilom ubijanja, ali s istim posljedicama po ljudski život.)

Gospodin bojnik, zovem ga „bojnik" premda u vrijeme odvijanja ovog događaja još nije nosio oznaku tog čina iznad desnog džepa košulje. Uglavnom, on bješe odoraški tip koji svoj autoritet nije crpio iz znanja, odlučnosti i hrabrosti, pronicljivosti i snage osobnog karaktera nego isključivo iz čina i dužnosti i iz vlasti zapovjedne moći svog patrona, šefa brigade. Snažno zaleđe pokrivalo mu je sva sranja i gluposti koje je činio, a od stotina njih vjerojatno je najgora ona s Dinare, kad je ovaj pseudočasnički trabant izveo jednu od svojih najgorih predstava. Najgore jest što se sve vrlo brzo zaboravilo: rat je trajao, a vojska nikad ne gleda na lanjski snijeg, ono jučer je zaborav.

(Čudno je ljudsko pamćenje. Namjerno ili ne, selektivno bilježi zbivanja i kasnije ih reproducira u verzijama koje nemaju ništa s onime što se uistinu dogodilo. Ne znam ništa o tome kako rade memorijske stanice autora i urednika vojnih almanaha, monografija, dokumentarnih filmova i tv-emisija, ali ne prihvaćam da se ratni kriminal, a mnoge priče to svakako jesu, oboji bljutavim bojama patriotizma ili ih se klasificira kao neželjeni sporadični eksces bez utjecaja na poantu i velebnost hrvatskih ratnih pobjeda nad agresorom. Iz perspektive vjernika kršćanina razumijem razloge kojima se opravdavaju svinjarije: hrvatska vojna mitologija unaprijed eliminira i najmanju mrlju na idiličnom kolažu prikaza naše hrvatske ratne slave koja je djevičanski nevina i čista u svoj raskoši blistave svjetlosti trinaest stoljetnoga ratovanja za rodnu grudu i slobodu vječnu, a sve u cilju pripreme dolazećih naraštaja vitezova za nadolazeće pogibije na poljima časti i slave 'rvatske nam Domovine! Ratni sam veteran i ne mogu šutjeti. Tim više što i sam nosim debeo sloj „putra na glavi". Civilna povijest posjeduje alate za kontrolu povijesnih fakti koji se „prodaju djeci" u školama, ali vojna povijest ima bitno drugačiji kod ponašanja i prema sjećanju i zaboravu, a što se čita „ako pobjednik piše (i) povijest poraženog, onda piše i vlastitu povijest i to bez nadzora, kako mu padne na pamet". Napokon: odlukama nositelja žezla i krune, čije debele smrdljive stražnjice sjede na mekanim jastucima i koji su stotinama kilometara udaljeni od krvavog campus mortus umiranja, po zapovijedima vlastodržaca vojnici skaču ad bestias uvjereni u nebesko poslanje svoje smrti, pa ako njihova naivnost nešto zaslužuje, onda je to onaj tihi glas iznošenja istine na svjetlo dana i noći. Izbrisati istinu u ime tzv. ideala domoljublja i domovine znači popljuvati mrtve vojnike. Podrazumijeva se, je li, da vojnici umiru kako bi se nešto obranilo ili barem promijenilo na bolje od onog što je prethodilo ratu, ta pobjeda u ratu bi ipak trebala označiti novi početak. Ili ne? Jean Paul Sartre ponudio je sjajan odgovor: „Jesu li mrtvi pali uzalud? Ako svijet treba ostati kakav jest, onda jesu..." Pišem samo što mislim, ne tvrdim da sam u pravu. Ne mislimo svi isto o svemu. „Ako svi razmišljamo na isti način, onda nitko ne razmišlja." - rekao je general Patton. Misliti o ratnoj istini je nužnost za osiguranje onoga što dolazi nakon što topovi utihnu. Ne vjerujem da ratova više neće biti, bit će ih i biti će krvaviji od svih prethodnih, no baš zato pokušajmo pronaći način otkrivanja istine o onome u čemu smo sudjelovali. Dostojanstvo čovjeka ne može počivati na lažima, a od svih prizora, činova i scena ove kazališne predstave rat je (još jedan) dio čije se cijena plaća u leševima, izravno, bez odgode i bez popusta. Sve ostalo je loša gluma, igrokaz u tisuću nijansi, cirkuski show za ulaznice od pet centi na periferiji grada. Stoga je zaborav otrov i korijenje novih zala. Laž nije opcija! Amen.)

Bojnik je zaboravio taj nesretni dan. Vjerujem da ga se ne sjeća ni danas, kad je već nekoliko godina s druge strane vela. (Možda je netko obavio uredbe za mrtve u njegovo ime, možda se pokajao i prihvatio puninu obnovljenog evanđelja, možda...) A onda, ako bih razmišljao na način kakvog civilnog fiškala ili vojnog birokrata koji grije guzicu na udobnoj tapeciranoj stolici u toplom uredu ministarstva ili stožera, ime ovog debelog pijanog dozapovjednika bojne ne bi bilo ni na koji način povezano s ovom scenom kazališta istina i laži. Jebi ga, kako dokazati da je četnički napad bio odgovor na bojnikovo sranje? Možda je sve stvar slučajnosti kakvih u ratu ima u devedeset i devet zarez devet posto događaja. Malo toga se zbiva u skladu s generalskim idejama i planovima stožernih časnika koji se nisu najeli komisa ni naspavali na kavaletu.

Što se mene osobno tiče, dvojbi nemam, ako nije izravno odgovoran, gospodin dozapovjednik je svakako trebao biti upisan u DOI (dnevno operativno izvješće), ako ništa, istine i reda radi. Retuširati sliku mrtvaca, izvršiti nakaradnu intervenciju na pokojnikovoj biografiji samo zato da bi se djelatnom primjenom glupog pravila „o mrtvima sve najljepše" ispunila obveza života po regulama katoličke dvoličnosti za moj ukus je previše bljutavo. Zagovornici lažiranja nečije osobnosti trebaju pitati obitelj stradalih vojnika što misle o humanom profilu dotične pojave. Ne pišem ove zbog vlastite „savršenosti" i moralne čistoće, jer to baš i nije spojivo sa mnom u ratnim i prvim poratnim godinama. Pišem ovo u ime one čovječnosti koju smo izgubili protekom vremena, a koju sam ponovno pronašao u trenutku napuštanja jedne scene i stupanja na drugu scenu predstave, ovu Gospodinovu...

Bojnik je bio odoraški štakor, pijavica, parazit stvoren u sustavu koji ne poznaje logiku i u kome nema mjesta ljudima koji misle svojom glavom. Opetujem, on nije kriv sam po sebi za svoja djela i nedjela jer je u tome imao čak i moju svesrdnu pomoć. Moja „pomoć" nije bila volonterska već oficijelna, snagom zapovijedi i obavljanja dužnosti, ali po čemu bi službeni kontakti anulirali suučesništvo u zlu?! Što sam činio u svezi gospodina bojnika? Ništa. Jesam li ga prijavio nadređenima? Nisam. Šutio sam, ja pizda, kao sve pizde u bojni. Šutke sam podnosio njegova sranja bez otpora, bez protivljenja, bez izigravanja poštenjačine. Bio sam smeće, jedan komad amoralnosti koji nije imao muda reći bojniku da je pičkin dim, nula, ništa. (Jer sam i sam bio grešnik, apsolutno.) Poput svih ostalih, jednako takav. Što napokon vodi priču u pravom smjeru, prema događaju s mrtvim gardistom na kraju.

Negostoljubiva Dinara, okrutna zima, nemilosrdna planina. Rat. Snijeg, led, vjetar oštriji od britve. Mrzovoljni, mjesecima ratovanja izmučeni vojnici, prekaljena garda u prljavim iznošenim odorama, neobrijani, ispucalih usana, upalih očiju, omršavjeli. Unatoč lošoj hrani (ovo nije stilska figura, ja najbolje znam što su jeli ovi heroji, bio sam u zapovjednoj satniji bojne, to jako dobro znam), usprkos borbama i uvjetima koji bi psihički i fizički slomili i najbolje i najsnažnije olimpijce, još su kudikamo bojno spremniji od najelitnijih vrhovnikovih manekena. Jedno pivo ponekad i kutija cigareta podiže ih iz mrtvih. Ratnici su, vojnici, gardisti gardijske brigade o kojoj se ne piše mnogo po novinama i čiji junaci nisu na tvdnevniku. Ratuju i ne postavljaju pitanja. Osim o tome kako izvršiti zadaću. Grubi su, vulgarni, riječ pristojnost ne poznaju, a zašto bi, ne sade ljubičice. Ubijaju. To im je posao. Ovdje, na bespućima Dinare, u vražjoj materi gdje je i Bog rekao laku noć, uporno i tvrdo nastupaju i oslobađaju metar po metar ove planine tjerajući trofaznu bandu u pakao. Ili do pakla koji tek čeka kurvine četničke sinove.

Jednostavni su to ljudi, Hrvati-mrtvaci, obični dečki, oženjeni, s obiteljima i djecom, ali većina su još mladići, svi puni energije i adrenalina. Nijednom u četiri godine rata nisam čuo razgovore o stoljeću sedmom, kraljevima i politici, a kad bi na „dnevni red" i došla politika, komentari su bili psovke tipa „jebem im ja mater i hadezeu i esdepeu". Razgovaralo se o jebanju. Vojničke šale su morbidne, bogohulne, prostačke. Građanski moral i etika na bojnom polju ne egzistiraju. Kad se umire, ne pita se za „dobar dan, kako ste" i „oprostite, nisam tako mislio". Vojska u ratu je više ljudska nego što će to civili ikada biti. U rovu, na položaju, u akciji nema preseravanja, glume, nema kurtoazije. Bojište prihvaća vojnika onakvim kakav je, sve suprotno nema prođu. U Domovinskom ratu hrvatski gardist nije raspravljao ni filozofirao, a onda, hrana i odore, sva oprema, čizme i čarape, vreće za spavanje, deke, oružje i streljivo, suborci i zapovjednici, sve je bilo kako je bilo, nastalo ni iz čega, u usranim uvjetima u kojima bi i snažnije i bogatije države pale na ispitu. Naši puškostrojničari, punitelji u tenku, maljutkaši, izvidnici i vezisti, inženjerci i topnički računatelji, svi su odradili sjajan posao, takav kakav ni razvikani američki specijalci ne bi bili u stanju izvesti. Znam što govorim, imao sam privilegiju, kažem bez patetike, služiti s njima i sve što sam vidio i doživio s tim iznimnim ljudima uvelike je odredilo moje stavove i unaprijed je uredilo i ovu kazališnu priču mnogo prije nego što sam i počeo razmišljati o pisanju. Nigdje nema jačeg prijateljstva, odanosti i zajedništva kao što je to u ratu među braćom po oružju. Civili to ne mogu razumjeti, veze i emocije ratnika izgrađene su na krvi. Na bojišnici uz vojnika nisu ni otac ni majka, ni žena ni brat, nema prijatelja iz djetinjstva ni susjeda. U boju, u rovu, u napadu i u obrani uz njega je njegov suborac, brat po oružju, prijatelj koji mu je sve kao i on njemu. Život suborca je u njegovim rukama kao što je njegov život u suborčevim rukama. Nema kristolikijeg prijateljstva i bratstva no što je to prijateljstvo i bratstvo ratnika. Divlje i otvoreno, iskreno, ljudsko. Ovisnost jednog o drugome u vrletima hrvatskog i bosanskog bespuća stvorilo je među gardistima naše bojne veze koje su nadmašile sve ovozemaljsko i koje će u vječnosti biti primjer kako voljeti drugoga: a što je bio jedini način očuvanja obitelji koje su čekale povratak bojovnika iz rata.

U čemu našeg vojnika nije omela ni pojava jednog pijanog bojnika. Razlika između vojnika i časnika nije samo u činovima i dužnostima, razini obrazovanja i socijalnom statusu: ono što ih dijeli je posve drugačiji pristup pojmu „braća po oružju". Časnik nema mogućnost otvorenog iskazivanja empatije prema vojnicima, on može biti blagonaklon, no utvrđena stroga distanca („služba je služba, družba je družba") prijeći ga u stvaranju prijateljskih relacija kao što je to među vojnicima. Staro nepisano pravilo „časnik čini ono što vojnik ne smije, a dočasniku ne priliči" u hrvatskoj je inačici prevedeno kao „pojedini časnici čine ono što ni po zemaljskim ni po Božjim zakonima nije dopušteno". U slučaju gospodina dozapovjednika to je značilo „koji je tebi kurac, znaš ti tko sam ja?", s dodatnim značenjem „tvoje je da izvršiš, moje je zapovijedati, ti kažeš „na zapovijed", a ja kažem odjebi, kaj još čekaš". Tako nekako.

Trkeljam, ali takav sam... Loša oprema? Loša hrana?

Bilo je tako. I nije to bio samo hrvatski fakat. Sve vojske svijeta su iste kao što je vojna logistika svugdje ista. Najčešće stvorena da bi borcima na prvoj crti otežala i zakomplicirala život maksimalno moguće, uz časne iznimke. Intendantura, opskrba, kako god, u hrvatskoj inačici odradila je veliki posao, no ponekad je djelovala kao da je sama sebi svrhom što se naročito vidjelo u zapovjednom lancu logistike koji je često funkcionirao glupo i šlampavo i činilo se da postoji samo zato da smeta borbenim postrojbama. Ne pišem i ne pričam napamet, imam stvarno iskustvo i siguran sam da bi svaki moj suborac potvrdio moje riječi. Ima i onih koji će me napasti zašto sad to izvlačim kad je sve odavno gotovo i kad imamo pobjedu i imamo Hrvatsku. Stvarno? Ne mislim tako, imam pravo ne misliti tako ili ne misliti uopće. Izabrao sam ne misliti kako neki drugi misle. Domovinski rat nisu bile Ivekovićeve mazarije ni stupidni govori sinekurista u Hrvatskom Saboru. Rat je bio svirep i laž je da je sve bilo sjajno, odlično i bez svinjarija. Ne želim pričati u superlativima jer se radi o ljudima, o čovjeku, o patnji, o smrti na kraju krajeva. Imam informacije o logistici u malome prstu, dakle, sve što je ovdje izrečeno stoji kao famozni 1/1! Evo, primjer broj jedan. Bojno djelovati na dvije tisuće metara nadmorske visine u ekstremnim zimskim uvjetima je nešto najgore što vojnik može doživjeti. Polarne temperature, snijeg i snježne vijavice, hladnoća i vjetar koji skida kožu s lica, neadekvatna hrana, veliki tjelesni napori i psihička naprezanja, često do maksimuma izdržljivosti bilo je oružje strašnijeg neprijatelja od prokletih srbočetnika, odnosno, bolje rečeno, borili smo se protiv dva neprijatelja, moćne prirode i protiv pravoslavne žgadije. I oba smo pobijedili, prvog izdržali, a drugog neprijatelja naš je hrvatski gardista pregazio i slomio borbom. A snijeg u paru sa suncem na planini ubitačna je pojava. Na stranu što sunce prži kožu, vid je ono što se lako izgubi. Snježno slijepilo bijaše veliki problem zimi na Dinari, pa kad je zapovjednik naše bojne poslao zahtjev logistici brigade za nabavku skijaških sunčanih naočala, odgovor časnika opskrbe bio je otprilike ovo, navodim po sjećanju: „Kaj ste vi na turizmu, koji će vam kurac sunčane naočale?!" Bilo je besmisleno objašnjavati prežderanom lijenom trutu kako stoje stvari oko tih naočala, pa smo njegove riječi prenijeli zapovjedniku bojne, koji je problem riješio jednim pozivom u zapovjedništvo brigade i, vidi vraga, sutradan sam kod onog istog „koji će vam kurac" preuzeo nove, još zapakirane naočale. Haha, moć čina u vojsci je strašna, rješava mnoge probleme. Istina je, ne uvijek, često ih stvara, sa strašnim rezultatima, kao kod bojnika...

Hladno jutro, jedno od mnogih na bojištu. Zima na planini traje šest i više mjeseci. U jednom se danu promijene sva četiri godišnja doba. Usrano vrijeme, nimalo lako za izdržati. U nekim normalnim vojskama slična bi zanimacija gospodina bojnika vodila do vojnog suda, ali kako Hrvatska nije bila osobito pravno uređena država rečena glupost nije ni zabilježena u ratnom dnevniku. (Nije bilo razloga evidentirati baš sve, pa i sam je vrhovnik, bivši ratni politički komesar XXXII divizije NOV i POH-a, stvoritelj moderne 'rvatske države, povjesnik samo takav, general major JNA, doktor znanosti i zaljubljenik u vlastitu povijesnu veličinu bio protivnik istine te je, u skladu sa svojim poimanjem povijesne znanosti, uveo novu znanstvenu disciplinu nazvanu „hadezeovski pogled na 'rvatsku" koji sa stvarnom prošlošću nema savršeno ništa.) Sve se odigralo na jednom od položaja jedne od naših pješačkih satnija. Papir o tome ne postoji, ali što vojnikova krv zapiše ni Bog ne briše.

Nemam pojma o tome koliko je bilo sati tog prijepodneva, kad se dotična dozapovjednička pojava u društvu odanih mu poltrona, jednog narednika i jednog pedeovca, dovezao do položaja pješaštva i učinio što je učinio, govnariju. To što još nije bilo podne njih nije spriječilo ući u „element": smrad alkohola mogao se osjetiti nadaleko, očito su potrošili svoju uobičajenu jutarnju dozu stimulansa. Bauljajući izašli su iz vozila psujući zbog blata i bljuzgavice po kojoj su morali gaziti. Planinska cesta koju je probila naša inženjerija unatoč hladnoći bješe blatna zbog učestalog prolaska kamiona, teških strojeva i gusjeničara. Inženjerija zaslužuje divljenje i svo poštovanje zbog izvršenih zadaća: to što su oni odradili u tim nemogućim uvjetima s vrlo problematičnom tehnikom nadilazi pojam rada inženjerije i spada doslovno u herojska djela prve vrste. Bez obzira na vremenske uvjete, često pod četničkom paljbom i ispred prve borbene crte pješaštva, inženjerija je probijala ceste, gradila fortifikacijske objekte, bunkere, izrađivali su naši inženjerci barake za smještaj vojnika (mini kuće prevožene su helikopterima na planinu: u početku izvođenja bojnih operacija garda je spavala u lošim šatorima, improviziranim nastambama i zaklonima i otrpjela što civilni mamini i tatini sineki ne bi izdržali ni deset minuta) i time je zapravo omogućila uspješno izvođenje napadajnih operacija. Dečki iz inženjerije su heroji, skidam im kapu, naklon do poda.

Gospodinu dozapovjedniku bojne nisam se klanjao niti bih, da je kojim slučajem živ. Poštovanje treba zaslužiti.

Bilo bi smiješno da takve vojničine zaziru od blata, pa su muški zakoračili, kao da je sve suho, prema drvenoj baraci ispred koje su ih dočekali zapovjednik voda s narednikom i dvojicom vojnika. Na licu mladog časnika vidjelo se gađenje zbog ne osobito "dragih" posjetitelja. Međutim, nije se iznenadio ugledavši bojnika: vojnička solidarnost je opet učinila svoje. Naime, vezista u centru veze zapovjedništva bojne javio mu je preko „motorole", posebnim tajnim kanalom (ne onim redovnim, kojeg je bojnik mogao čuti na svome uređaju), o planu „rada" gospodina bojnika za taj dan: nenajavljena inspekcija isturenih pješačkih položaja. Ne kažem, možda mu je to stvarno bila zadaća, ne znam, međutim ono što je uradio nije bilo dio zapovijedi gospodina pukovnika, u to sam siguran ne sto nego milijun posto!

Zapovjednik voda, iskusan ratnik od 1991., dragovoljac, ranjen u borbi, čovjek dovoljno ozbiljan da ovog cirkusanta prevesla na prvu znao je kako treba s bojnikom i njegovom svitom budalaša. Službeno, naoko prijateljski, bez konfliktnih ispada, oficijelno, samo smireno. Na distanci. Zato je pozdravio oštro, vojnički i kratko jer na bojišnici uobičajene vojne regule ophođenja iz „Službovnika" nisu u prvom planu. Na strogoj stezi tipa „vojarna" inzistirali su debili s nula dana iskustva na bojnom polju, glumci u odori, ali ih je ratna stvarnost brzo naučila pameti, ako prije toga nisu pobjegli nazad u sigurnost ustašovanja po raznim zapovjedništvima, uredima i od bojišnice udaljenim skladištima. Kroz četiri godine vidio sam previše jednokratnih vojnika: došli bi u gardu, prošli selekcijsku obuku, pozdravili mamicu i taticu, braceka i ženicu i s entuzijazmom istinskih šank bojovnika dogmizali bi na ratište, među hrvatske bojovnike, prljave i neobrijane, umorne i za kratko vrijeme javili bi se na prijavak zapovjedniku i predali mu pisani zahtjev za raskid ugovora. Karijera profesionalnog vojnika takvima je obično završila prije no što bi stvarno počela. Srećom po gardu.

- „Kaj sam ti rekel, kaj si gluh? Postavi minobacač,odmah, jesi razmel? Koji kurac čekaš,to je zapoved!" - iza leđa bojnika čulo se smijuljenje dvojice njegovih odanih priljepaka. Cupkali su u blatu nestrpljivo očekujući zabavu. Zapravo, bojniku je bilo dosadno. Obilazak položaja nije mu se osobito svidio. Cijeli dan drndati se u prokletom terencu, a k tome dosta i hodati, osobito kod položaja prve i druge satnije činilo ga je mrzovoljnim. Pored toga, njegovo neraspoloženje imalo je još jedan korijen. Mamurluk. Večer prije su igrali „jam" i uz igru ispraznili su tako skoro dvije boce, a kako je uz odličnu večeru strusio nekoliko piva, ujutro se osjećao kao da su ga pregazili tenkovi. Prije svanuća u bojnu se sa sastanka u brigadi vratio zapovjednik bojne, probudio ga i poslao na zadaću. Poput svih ništarija koji se skrivaju iza čina i dužnosti, tako je i ovaj trol drhtao pred pukovnikom, pred pravim časnikom bojnik je bio manji od mrava. Zato je pred podređenima izigravao godzilu, viteza, svemogućeg i jedinog gospodara rata. Krasno, samo što ga nitko nije ozbiljno doživljavao. (Opaska: obilna večera? Neobično za rat na planini. Prehrana se svodila na proklete lunch-pakete i dodatak D-2 u vidu svježeg mesa, kobasica i sličnog, a što su vojnici morali sami kuhati, ali s obzirom na uvjete, to je bilo daleko od normalnog kuhanja. U slavnoj splitskoj gardijskoj brigadi, primjerice, našoj bratskoj brigadi, zapovjednik bojne nije ni razmišljao da ima svog osobnog kuhara. Takvo što nije dolazilo u obzir, kako je bilo posljednjem vojniku, tako je bilo i pukovniku. Isto je vrijedilo i za našeg pukovnika koji nije imao nikakve prohtjeve u vezi hrane, jeo je što smo svi jeli, a često je svoje davao vojnicima. Bojnik je bio druga priča. „Školovan" na primjeru šefa brigade i njegovih pulena, gospodin dozapovjednik htio je i na bojištu uživati privilegije i poseban status koji, nota bene, u civilnom životu nikad nije okusio. Vlast je slast. Poželio se fine papice gospodin bojnik i to zbog moje gluposti, priznajem. Haha, nije smiješno, ali je istinito. Ovako: bila je zima, bojna je zauzela položaje, a „napala" nas je snažna snježna oluja, što je bilo dobro jer po takvom vremenu ni ni četnici nisu pucali. Mali predah uvijek je dobro došao. I tako, da ubijem vrijeme, odlučio sam skuhati večeru i ispeći palačinke za nas iz Zapovjedne satnije. Sjećam se kao da je bilo danas, piletina „kaj bu bu" i palačinke s džemom iz CSO-a. Pekao sam palačinke na „gašparu", vojnicima dobro poznatoj peći. Dečki su sjedili za stolom i kartali, neki su drijemali, a ja sam slagao palačinke na hrpu. U jednom trenutku vrata su se otvorila i ušao je gospodin bojnik i odmah počeo psovati: „Pizda vam materina, tak znači?! Kuha se, kaj ste v hotelu?! A zakaj ja nemam kuhara, jebo vam pas mater?! Pukovnik hrda konzerve, a vi kak v restoranu? Ne bu to išlo, jebem vam ma-ter!" - otišao je snažno zalupivši vratima da se sve streslo. Nitko nije reagirao, kartanje se nastavilo, a ja sam pekao palačinke dok nisam potrošio svu smjesu. Posljedica je stigla na dnevni red ujutro. Zapovjednik satnije me pozvao i zapovjedio mi da odmah jednog svog gardistu kuhara pošaljem u zapovjedništvo, što sam i učinio. Razumljivo, čovjek mi je skidao sve svece s neba, no pomoći nije bilo. Tako je kad gospodin bojnik ne voli jesti suhu vojničku hranu. Kasnije sam doznao kako pukovnik isprva nije bio za to, ali je popustio ne želeći trošiti vrijeme na gluposti. Ponekad mu je bilo lakše ispuniti neki kapric bojnika nego slušati njegove eskapade zlovolje. Mnogo puta se pukovnik htio riješiti svog dozapovjednika, ali nije mogao, to nije bilo u njegovoj moći. Dobio ga je kao neželjeni tumor, bolest s kojom je bio prisiljen živjeti i raditi.)

- „Oprostite, gospodine dozapovjedniče, ne mogu. Imam drugačije zapovijedi. Strogo nam je rečeno da ne smijemo....”

- „Kaaj? Koju jebenu zapoved? Sad imaš zapoved, magarac balavi! Moju zapoved, jesi razmel? Izvrši kaj sam rekel ili se pakiraj doma! Ne buš ti mene jebal! Hoćeš da sad zovem šefa? - gospodin bojnik unio se u lice zapovjedniku voda. Ovaj je mirno stajao, tek se nagnuo malo nazad kako bi izbjegao odvratan zadah alkohola i znoja ovog debelog pijanca. Zaprijetivši „šefom” dozapovjednik pješačke bojne nije mislio na pukovnika nego na generala, što je bio dokaz hrvatske vojne gluposti. To da podređeni može preskočiti pravila zapovjedne usprav-nice i izravno komunicirati s drugo i treće nadređenim posebna je vrsta pizdarije i nepoštivanja, prije svega, zapovjednika bojne, a onda i službovnika, a za što bojnik ionako nije mnogo mario.

Mladi časnik se pokolebao. Znao je kakve veze ima bojnik i nije mu bilo svejedno. Nije htio nove su-kobe s ovom bitangom. Njih dvojica nikad nisu bili bliski već po crti ratnoga puta: dok je on ratovao, bio ranjen, te se nakon oporavka vratio u postrojbu, dok se trudio učiti što više o vojsci, naoružanju i tehnici i taktici vođenja borbe, umijeću zapovijedanja i vođenja, gospodin se bojnik bavio isključivo podjebava-njem podređenih, ispijanjem enormnih količina alkohola i nagovaranja generala da mu sredi bolja postav-ljenja i promaknuća, uz sve ostale benefite, dakako. Od prvog susreta s gospodinom dozapovjednikom traje njihovo nesuglasje i netrpeljivost. Bojnik je bio bolesno ljubomoran na ovog uspješnog zapovjed-nika voda i u nekoliko navrata je pokušao maknuti ga preko „šefa”, no general nije bio budala i znao je tko je tko od njih dvojice. Glatko je odbio bojnikov zahtjev i još ga je dobro izribao na pasja usta, tako da sličnih prohtjeva ovaj više nije iskazivao. Zato je htio učiniti ovo što mu je palo na pamet. Konačno, ovaj balavac će pisati izvješća i objašnjavati stvari, a bojniku se, ako dođe do problema, više vjeruje. Tako je mislio bivši pekave konobar. A što može poći po zlu, ništa, pa rat je i tko je još čuo da bi netko odgovarao zato što je opalio po četnicima, haha?! Otprilike to su bile misli mamurnog bojnika. Kako vojnog znanja nije imao nikakvog, a stečeno ratno iskustvo svodilo se na bahato, divlje i nepromišljeno ponašanje, upravo igranje „vojničine”, pod uvjetom da nije smrtonosno opasno po njega samog, bješe njegova jedina profesionalna zanimacija. Baš poput „akcije” tog zimskog ratnog dana na Dinari.

To je bilo dovoljno. Mladi zapovjednik nije imao mnogo izbora, bio je svjestan kako ima dvije mogućnosti: odmah nazvati zapovjednika satnije ili čak pukovnika i objasniti mu što se događa, izvjestiti o namjeri gospodina bojnika da bojno djeluje minobacačem ili izvršiti zapovijed bez obzira na sve. Prva solucija, iako u skladu s pravilima i zapovijedima, mogla je završiti pogubno po njegovu sadašnju službu jer nikad čovjek nije mogao znati u kakvom će raspoloženju biti general kad ga nazove ili posjeti ovaj ma-mlaz. Na prvu loptu, možda bi on, mladi zapovjednik voda, odnio pobjedu no to bi bilo kratkotrajno. Zlo-pamtilo i osvetoljubiva svinja, gospodin dozapovjednik bi prvom prilikom prišapnuo generalu što ga muči i on bi preko noći dobio zapovijed o premještaju u vražju mater!

- „Ma u kurac sve, rat je, a bojnik je bojnik.” - prošlo je kroz glavu mladom časniku. Uspravio se, po-gledao dozapovjednika čvrstim pogledom u oči i rekao:

- „Na zapovijed!” - potom se okrenuo prema svom naredniku :

- „Čul si, postavite minobacač. Brzo pripremite položaj i postavite ga.” - narednik je opsovao u sebi, ali je rekao :

- „Dobro, evo idem.” - laganim korakom narednik je ušao u baraku i vratio se i tiho šapnuo svome zapovjedniku :

- „Čekaj, pa nemamo baš puno mina, minobacač je tek vraćen s popravka. Ima nešto na kamionu, ali.. Kaj da velim da nemamo?” - časnik je teško uzdahnuo:

- „Nemoj, magarac može pogledati na kamion i onda smo opet najebali. Napravi to, tko ga jebe!” - na-rednik se okrenuo prema nekolicini gardista koji su stajali kraj „stotridesetke” i pušili :

- „Izvadite ga, postavite, u kurac, i mine, sve pripremite.” - krenuo je za vojnicima i tiho šapnuo - „

Hej,samo dvije, tri, ne više od toga, krv mu jebem."

Dozapovjednik se u društvu svojih trabanata vratio do terenca. Njegov najodaniji priljepak, pedeovac izvadio je iz vozila bocu „stocka" i sva trojica su dobro potegnuli. Bojnik se okrenuo prema mladom časniku koji je stajao u blizini svojih vojnika:

- „ Dojdi sim, zgrij se malo, zima je." - pozvao je dozapovjednik časnika, no ovaj je samo rekao: „Ne, hvala, ne pijem na dužnosti."

Rekao je i odmah požalio. Bojnik ga je prostrijelio mutnim pogledom, dobio je još jedan razlog za mržnju i još jedan povod da ga kad tad sredi. Gardisti su ubrzano radili, ni njima nije bila po volji nazočnost ovog debelog lika. Uvježbani do savršenstva, vojnici su postavili minobacač 82 mm prethodno uredivši bojni položaj. Gospodin dozapovjednik bojne nakon uzimanja doze podstreka kod terenca, šetao je gore-dolje :

- „Kaj to nemre brže, a kaj da su nas čedomiri sad napali! Brže, noč bu, nemam celi dan, mater mu jebem!" - na njegove upadice vojnici se nisu osvrtali, znali su da rade izvrstan posao i da im ni najveći stručnjak u topništvu ne bi našao zamjerke. Kad su završili s pripremama narednik je prišao zapovjedniku voda i tiho ga izvijestio :

- „Spremno je, samo... imamo problem.. Ne znam kaj bu ovaj konj radil sad, ali ne može sam tak gađati. Računač nije ovdje, a ni piketa nemamo. U drugom su kamionu." - mladi časnik se namrštio, izvadio kutiju cigareta, odabrao jednu i zapalo je „zippo" upaljačem. Između dva dima, procijedio je kroz zube : „Vidjet ćemo, ne brini, idem do njega." - Laganim korakom, bez žurbe uputio se bojniku koji je izgledao neobično uzbuđen. Skakutao je oko minobacača dok su ga njegovi vjerni paraziti pratili u stopu i imitirali, kao cirkusanti. Gospodin bojnik nije čekao da mu se časnik obrati, preduhitrio ga je novim verbalnim napadom:

- „Ma jebem mu sve, kaj je spremno ili nije? Kaj ti ne znaš da smo v ratu? - Zapovjednik voda opet je malo ustuknuo nastojeći izbjeći užasan alkoholni zadah iz bojnikove gubice :

- „Spremno je, gospodine..." - bojnik mu nije dao da završi rečenicu :

- „Lepo, hajde onda, da pošaljemo čedomirima bombone, haha! Idemo! Jebali bumo im majku srpsku!" - narednik i pedeovac pridružili su se svome šefu u uzbuđenju zbog predstojećeg „rata". Smijeh, psovke i skakutanje. Zapovjednik voda škrgutao je zubima, ali nije mogao ništa. Sve ovo mu se gadilo, mrzio je sebe zbog odluke da izvrši bojnikovi želju. Grč u želucu poslao mu je jasnu poruku, ovo neće dobro završiti. Dozapovjednik bojne ponovno je dreknuo na mladog časnika :

- „Je, kaje, kaj se čeka! Idemooo!" - stao je iza minobacača i zbunjeno se osvrtao. Nije imao pojma kako se opslužuje minobacač, nije znao gađati iz tog oruđa, nije znao baš ništa. Okretao se, glumio kao da nešto radi i bivao je sve nervozniji svjestan da ga gardisti i zapovjednik gledaju i da mu se - smiju!

Mladi časnik kimnuo je naredniku i obojica su prišla minobacaču. Časnik je tiho upitao dozapovjednika bojne :

- „Gospodine, narednik će vam pomoći." - treći, četvrti, tko je brojao, peti put toga dana gospodin bojnik ga je prekinuo u pola rečenice:

- „Koji kurac? Kaaaj, kaj misliš da ja ne znam ovo...?!" - pocrvenio je i poplavio u licu. Oči su mu sijevale mržnju: „ Kaj si rekel?" - časnik se zakašljao i mirno ponovio:

- „Dajte da narednik... znate pravila..."

- „Jebem ti mater smotanu, kaj to pripovedaš, znaš ti s kim ti pričaš, govno jedno?!! - na ovo se u mladom zapovjedniku voda probudio ponos, morao je reagirati, nije smio dopustiti da ga ovaj pijani krmak i dalje ponižava pred njegovim vojnicima :

- „Gospodine dozapovjedniče, ne možete razgovarati sa mnom na taj način. Pravila su..." - ipak nije impresionirao gospodina bojnika :

- „Kaj ja nemrem? Kaj ja nemrem, jebem ti mater ?! Ja morem kaj ja hoću, jesi me razmel?" - zaključio je bojnik i odlučio sve sam odraditi. Dvojica njegovih vazala samo su stajala sa strane, mučila ih je žeđ i misli su im bile na bocama u vozilu. Gospodin bojnik nije uspio u svom naumu. Otvorio je sanduk s granatama, izvadio je jednu i buljio je u nju kao tele u šarena vrata. Nije uspio sakriti neznanje, ali ni strah i od srama jer je u ovoj situaciji i strah da mu prokleta mina ne eksplodira u rukama (ništa o minama nije znao ni tada ni kasnije). Petljao je oko mine tako dugo dok mladi zapovjednik voda nije mahnuo naredniku rekavši: „Idemo tamo, ovaj će još nas pobiti, a ne četnike!”

- „Gospodine, molim vas, dajte da pomognemo.” - bojnik se uspješno izvukao iz vlastite zamke :

- „Ako baš hoćeš...”

Narednik i njegov zapovjednik preuzeli su pripremu za gađanje. Narednik je pripremio trenutnu minobacačku minu za djelovanje. Rutinski, odrađeno bezbroj puta. Zapravo, mnogo toga nije bilo u redu a bilo je protiv strogih pravila. Prvo, piketi nisu bili postavljeni jer ih nisu ni imali. To je zabrinjavalo i narednika i zapovjednika voda. Vrlo je opasno gađati onako od oka, bez računatelja i bez piketa. I glupo trošenje mina, osobito u ovim uvjetima kada su imali stroge zapovijedi o bojnim djelovanjima: bilo je zabranjeno gađati osim u slučaju napada četnika i po zaprimljenim zapovijedima nadređenog zapovjednika. A bojnik se u to nije uklapao, nije bio dio toga. Zato se ova pizdarija mogla pretvoriti u veliko sranje. U glavi zapovjednika voda misli su letjele brzinom zvuka, „Gađati na slijepo i bez učinka je idiotarija, četnici su smeće, ali imaju topnike koji znaju posao i ako se ovakvim glupim gađanjem otkriju naši položaji, njihov odgovor nas može skupo stajati.” Bez izračuna elemenata gađanja, bez pripreme mine (određivanje punjenja) gađanje je govno. Bojnik nije pitao ni za ciljača, pa je opet uskočio narednik i potrudio se da mina ne padne na naše položaje ispred. Usmjerio je gađanje na četničke položaje prema sjećanju. Drugačije nije ni mogao u tim uvjetima i s budalom za vratom.

Mladi časnik je grizao usnu, grč u želucu mu je eksplodirao. „Danas bude pizdarija, u tri pičke materine!”. Nestrpljiva podnapita družina skakutala je oko minobacača kao mala djeca oko snjegovića.

Bojnik je ubacio prvu minu. Pedeovac drugu, a narednik treću. Bojnik je htio uzeti čet-vrtu, svidjela mu se ova igra, no zabava je prekinuta dobro poznatim fijuuu buum, buuum! Malo puno se zajebao gospodin dozapovjednik bojne, srbende nisu spavale, a što je vidio i osjetio bježeći kao zec: čedomiri su imali dobre topnike. Odmah su „pronašli” naš minobacač i uzvratili žestoko, iz težih kalibara od naše osamdesetdvojke.

Mladi časnik, narednik i gardisti potrčali su i bacili se na zemlju, a potom skočili u vrtaču malo niže niz cestu. Četnički topnički napad nije dugo trajao, bio je samo osveta za napad gospodina bojnika. Stara ratna stvar, poslali su trofazni poruku da su budni i da imaju teže bombone od naših ustaških. Hvala Gospodu, to im kasnije nije pomoglo, ni topovi, ni haubice ni samohotke, poslali smo ih u pakao skupa s njihovim „nišanđijama” i velikim kalibrima. Zauvijek.

A bojnik? Iznenada se otrijeznio, i on i odani mu pratitelji i sudrugovi u pijančevanju. Pobjegli su tako brzo da ih nakon prestanka četničke vatre više nisu vidjeli. Zapovjednik voda i narednik su ustali psujući bojniku sve po spisku. Rezultat? Nekoliko ranjenih, srećom bez poginulih. A za što se tog dana prolila hrvatska krv? Ni za što, u ime ludila jednog alkoholičara. Posljedice? Po karijeru gospodina bojnika apsolutno nikakve. Događaj nije zabilježen, a što nije uteftereno, nije se ni dogodilo. U dnevno operativno izvješće upisan je četnički topnički napad, koliko je ranjenih i ništa više. Utrošak streljiva, minobacačkih mina? Da, trebalo je prijaviti, takve su bile zapovijedi. Ne znam je li prijavljeno odmah ili su te tri ispucane mine dodane utrošku kod prvog kasnijeg bojnog djelovanja. Uglavnom, nije se zbilo što se zbilo.

Jer: slati vojnike a fond perdu u ime slave hrvatskoga oružja isključuje mnogo toga istinitog, osobito onih dijelova kazališne priče koja rat prikazuje u drugačijem, ne baš romantičnom svjetlu. U školskim udžbenicima hrvatski je rat (svi ratovi, ne samo Domovinski) junački ep, filmski spektakl sa super junacima u kojima bojovnici ginu sa osmijehom na licu i zaogrnuti trobojnicom pjevaju „U boj, u boj!” i „Oj, hrvatska mati, nemoj tugovati, svi će sokolovi za te život dati”... Glupost! Današnja mladost, rođena u poraću ne zna ništa o ratu, a ono što im je u glavama tek su parcijalne slike nastale na slušanju očeva i rođaka i gledanja nakaradnih ratnih obljetnica na kojima o ratu zbore dezerteri, mamini sineki, slabići i kukavice bez minute ratnoga staža. Rođena u magli devetnaestostoljetnog cirkusa nazvanog „narodni preporod” kao novi pogled na hrvatstvo i 'rvatsku, naša se hrvatska povijest valja u glavama našeg naroda kao lavina gluposti, laži, zabluda i iluzija i zapravo se ne razlikuje po načinu i po gluposti od srpske sklonosti mitovima i legendama. Istina je, bio sam mlad u Domovinskom ratu i ne mogu kazati kako sam tada o ovome razmišljao, međutim danas vidim koliko je sve skupo imalo utjecaj na mene: samo budala pristaje glumiti majmuna svojom voljom. A upravo to se odnosi na nas, ratne veterane. Iskrivljena predodžba o ra-tu zoran je dokaz kako politička travestija i naivnost nas Hrvata-mrtvaca već trinaest stoljeća održava neu-ništiv sustav hrvatski grof i biskup - hrvatski kmet jer nema logičnog objašnjenja za vjerovanje u mor-bidnu predodžbu o ratu kao o veličanstvenom, svakog divljenja vrijednom iskustvu (za one koji ga prežive i posebno za one koji ga zaobiđu, poput raznih hrvatskih premijera, na primjer, pravnika, sinova jenea lekarki ili pak sinčića komunjarskih faca) koje se prepričava unucima kao znamenje nastavljanja tradicije očuvanja ljubavi prema svetoj Majci Hrvatskoj. Glupost! Naša hrvatska inačica poganskog barditusa od-zvanja Lijepom našom predugo i unatoč sad već milijuna grobova hrvatskih bojovnika, nema naznaka da će ta mazohistička igra ikada prestati. Ono što su stari Germani imali kao svoj borbeni poklič, to je kod nas Hrvata zborno pjevanje uzvišenih hrvatskih davorija kojima urlike umirućih vojnika na bojnom polju, plač majki nad krvavim ostacima poginulog sina jedinca i jauke silovanih žena pretvaramo u povijesne mitove, u slatke bajke sa sretnim završetkom jer tko bi bili Hrvati da nisu ostavljali svoje hrvatske kosti diljem europske klaonice?!

Moj pogled na rat je malo manje romantičan: čitajući što se i kako danas piše o Domovinskom ratu stvarno mi se čini da sam bio u nekom drugom! Budalasto sam vjerovao da ćemo izbjeći zamku mito-manije koju, nota bene, srbende obožavaju, i da će neki novi naraštaji biti privilegirani i počašćeni, prvi nakon stoljeća laži, istinom o ratu kako bi sutra podizali Hrvatsku i vodili je poštenije i bolje no što su či-nile sve prijašnje generacije. Ne pišem o bitkama, o uništavanju tenkova i rušenju jugosrpskih vojnih avi-ona, to prepuštam pravim junacima i bivšim zapovjednicima bojni, pukovnija i brigada. Ne govorim o smjelim podvizima i hrabrosti koja nadahnjuje. Moja scena rata u kazalištu istina i laži je ogoljena, bez fraza i divljenja. Ernest Hemingvay je zapisao: „Ali u modernom ratovanju nema ništa slatko ni prikladno u tvojoj smrti. Umrijeti ćeš kao pas bez ikakvog dobrog razloga.". I još: „Nikad nemojte misliti da rat nije zločin, bez obzira koliko nužan i opravdan bio. Pitajte pješaštvo, pitajte mrtve."

Kojim se domoljubljem može opravdati ubijanje dosade gospodina bojnika? Misli li bilo tko da Hrvatska želi žrtvovati živote svojih vojnika samo zato što se jedna pijana svinja igrala velikog ratnika? Ima li današnja Hrvatska bilo što s onom Hrvatskom za koju su na Dinari (i svugdje gdje smo ratovali) umirali najbolji među nama? George Sanatayana je rekao (on ili Napoleon, nisam baš siguran koji od njih dvojice): „Samo su mrtvi vidjeli kraj rata". Mentalni sklop postsocijalističkog modernog domoljuba po-tonji će citat odbaciti s gnušanjem, a onoga tko ga se usudi izgovoriti proglasiti će jugofilom, komunistom i četnikom (i biti će dobro ako završi samo na verbalnom napadu, nikako vađenjem duge devetke iz futro-le). Hrvatstvo temeljeno na izmišljenoj predodžbi o ratu ne poznaje zdravi razum, a ratni dance macabre ne smatra preskupom zabavom. Hrvatska državotvorna politička misao, ma što to značilo, temelji sa na feudalnom samožrtvovanju u krvi i mesu, u bolu i patnji, u plaču majki na grobovima mrtvih sinova! Gra-deći divovski monumentum imaginarnog 'rvatstva na leševima hrvatskih vojnika Hrvati-grobari trinaest stotina godina nekaženjeno ubijaju hrvatsku mladost i svejednako mame nove naraštaje na prastari vic o „vjekovnom hrvatskom snu" koji se ostvaruje isključivo krvareći na bojnom polju! Hrvatska državotvorna misao velike 'rvacke podrazumijeva rat kao jedinu opciju opstanka. Taj paranoidni strah, to infantilno in-zistiranje na ratu u sumrak jugoslavenskog socijalizma ne može se opravdati samo srbočetničkom agre-sijom: rezimirajući rezultate Domovinskog rata ove dvije tisuće dvadeset i prve godine, svatko razuman će zaključiti da 'rvatski nacionalisti, domoljubi, državotvorci zapravo nikad ne bi uspjeli da nije postojao čet-nički element u stanju stvari. Naravno i logično, za nas gardiste ova tema nije egzistirala, na bojišnicama diljem Hrvatske i Bosne i Hercegovine vidjeli smo samo ono materijalno, fizičko stanje rata, vidjeli smo ubojice djece i silovatelje, pljačkaše i rušitelje, borili smo se protiv povampirene pravoslavne horde tro-faznih zvijeri i znali smo da ih moramo zaustaviti i pobijediti. Što smo i učinili. Na ratištu nismo raz-mišljali o banu Jelačiću nego o zadaćama, o poslu vojnika u ratu. Kako izvršiti što se mora, kako sve sku-pa preživjeti, što pojesti i popiti, što odjenuti (jer odore su stare, iznošene i prljave, donje rublje također, čarape smrde kao latrina, nismo se kupali tjednima i mjesecima). Svi naši osobni planovi bjehu usredo-točeni na onaj dan u kojem smo bili, eventualno na sljedeći dan kad se prvi bližio kraju. Dalje od toga nismo išli, nismo mogli i nismo htjeli.

Stotinama kilometara udaljeno od Dinare, u Zagrebu, Varaždinu, Čakovcu ili Rijeci, nije važno u kojem gradu, u sigurnosti područja bez rata, siti i napojeni, u skupoj odjeći, u komforu nove hrvatske elite, novog demokratskog plemstva, novovjekovne aristokracije okoćene kao bastard propalog socijalizma i uvezene političke emigracije endehazijskog tipa, među ostarjelim mumijama akademicima i nanovo u Hrvatsku pristiglim potomcima starog plemstva (za koje sam mislio da su izumrli) i uz aktivnu podršku najvišeg klera, što ne treba čuditi ni zanemariti kao važan podatak jer hrvatski biskupi nikad nisu ozbiljno shvaćali hrvatski narod, stvaran je kostur nakaradne 'rvatske države kakvu imamo danas. Dakako, obnova hrvat- skoga kraljevstva realno nije bila moguća, ali i „demokratsko hadezeovsko vojvodstvo” nije bilo i nije ni danas za odbaciti, misliše i misle velike 'rvatine...

Kakve to veze ima sa mnom i Domovinskim ratom? Ima. Suštinsko pitanje je za što i zašto smo ratovali četiri krvave godine, zašto Domovina sa velikim „D” zahtijeva, prihvaća i drži normalnim da jedan nespo- sobni bojnik svojim nerazumnim ponašanjem izazove stradavanje hrvatskog vojnika i to bez ikakve odgo- vornosti? Istina i laž u ovoj priči su isprepletene zapetljanije no što je bio gordijski čvor ispod mača Aleksandra Makedonskog, a u svemu tajne i nema, mitologija kontinuiteta lementiranja za ponovnim ro- đenjem hrvatskoga kraljevstva ili barem uvozom toga smeća u modernu hrvatsku politiku imala je i ima samo jedan cilj, pridobiti hrvatsku sirotinju za vojsku, mobilizirati kmetove da služe „kralja i 'rvacku i brane sveto 'rvatsko tlo od zavojevača”. Svake godine na kninskoj tvrđavi okuplja se hrvatsko neoplem- stvo i slavi Dan pobjede, branitelja i domovinske zahvalnosti (ubij me, ali ne znam točan naziv za peti ko- lovoza) i svake godine istinski borci, danas ostarjeli trbušasti i proćelavi ratni veterani kao lutke na koncu glume počasne goste u očajno teatralnom cirkusu glumljenog pijeteta i opet, kao što se to zbiva stoljećima, hrvatski vojnik spušta glavu pred Hrvatima-grobarima kao prosjak i kao sluga. Primjerice, ove godine opet bješe proslava u Kninu, bješe to morbidno preseravanje vladajuće bande dok su oni koji su oslobodili Knin, veterani, moji suborci iz naše bojne, stajali izvan protokola, izvan ograđenog prostora rezerviranog samo za VIP govna. Nema ništa perverznije kada nam o ratu i ratnim pobjedama govore oni koji puške nisu vidjeli i kad nam o moralu, domoljublju i domovini dociraju oni kojima je mater sredila oslobađanje od vojne obaveze zbog navodne anemije! Od pamtivijeka je tako, ne čudim se, no ne razumijem neke od mojih suboraca kako slijede takve lopove i prevarante, kukavice i žmuklere. Zar su zaboravili rat, zar su zaboravili mrtve?

Preslikano na moju kazališnu priču, dijagnoza je strašna: hrvatska povijest u istinskom obliku ne po- stoji. Pojedinac, vojnik, gardista ne postoji. Egzistiraju samo iluzije, mitovi i legende, sve u svrhu naplate domoljublja onih koji za tu istu domovinu, bez velikoga „D”, nisu dali apsolutno ništa, a sve su od nje uzeli i još otimaju. Ako mrtvi i ranjeni vojnici služe kao paravan za ugodan život odabrane kaste (u kojoj su kao sitni podvornici, kamerdineri i vratari, držači svijeća i oberkelneri bivši gardisti, dočasnici i časnici u mizernim ulogama, kao ukras nastrane scene falsificiranja povijesti), a služe, onda ništa nema smisla, ni Domovinski rat ni domoljublje, a ni Hrvatska kao takva.

Ništa od toga nije ostvareno niti će ikada biti: hrvatski narod je samo fraza, izraz, politička sintagma, povijesna kategorija, ništa više od toga. U Hrvatskoj, da, oni koji bi mogli nešto učiniti misle samo na se- be, a oni koji ne mogu nisu važni ni drugima ni sebi. S kim si, takav si: pobjednici rata izgubili su rat. Kosti poginulih iskapaju se i njima se maše kao zastavama prijeteći novim generacijama propašću ako od- biju poslušnost nositeljima vlasti. Sve je na prodaju, ljudski karakter najviše, a za pravu cijenu i rođena majka ide na bubanj. Busanje u 'rvatska prsa, prisega na Boga i 'rvacku, mahanje zastavom (endehazij- skom) i, što je ispod svake razine ljudskosti, obavezno spominjanje ratnih žrtava, ubijene i osakaćene dje- ce, nestalih i ranjenih u svrhu nametanja osjećaja patološke krivnje sugovornicima od strane samoprogla- šenih čuvara digniteta Domovinskog rata i jedinih pravih posjednika prava na izvorno 'rvatstvo obično znači da dotične pojave žive žderući iz državnih jasli, da su više no pristojno zbrinuti najširom paletom erarskih benefita i sinekura i da kao povlašteni, za bilo koji zakon nedodirljivi novovjekovni Hrvati-gro- bari, poradi očuvanja vlastitih materijalnih probitaka čine sve i spremni su na sve samo kako bi spriječili i kaznili, uz pomoć državnog aparata, svakog tko se usudi dovesti u pitanje njihovo domoljublje.

Domovinski rat prikazuje se kao loša karikatura koja se kao ne osobito smiješni vic prepričava po pijankama dokonih „branitelja” i njihovih političkih protektora. Govore koje čitaju podbuhli dužnosnici vlasti svih razina i vođe tzv. braniteljskih udruga uvrede su mrtvim bojovnicima: iza otužnom dikcijom pročitanih dosadnih govora nema ničega, sve su to na papir nabacane šuplje riječi, a samo pogled na imovinsko stanje govornika i na stanje u kojem Hrvatska jest otkriva razinu hipokrizije ovih lažljivaca i ljubitelja novca i privilegija.

Od završetka rata vladajuća zločinačka organizacija hadeze (uz pomoć vazalnih stranaka, uključivo esdepeovce) bez imalo stida i srama prisvaja ratne zasluge kao svoje i tumači Domovinski rat kao vlastiti politički uspjeh a za što je račun ispostavila hrvatskome narodu, preciznije kazano, hrvatskoj sirotinji, a što je hrvatska tradicija trinaest stoljeća i biti će još toliko. Nikad u povijesti nijedan rat nije upamćen u jaucima ranjenih, u molitvama umirućih, u gladi, stradanju i smrti, pa je tako i s Domovinskim ratom. Nisam iznenađen time, ali sam ljut i razočaran. Nitko nema pravo naplatiti prolivcnu krv (zaboravljenih) gardista i nitko nema pravo izbrisati iz priče o ratu scenu s pijanim bojnikom i njegovom „akcijom” protiv četnika s minobacačem 82 mm, nitko!

Svakako, ako ima pet svjedoka nekog događaja, ima i pet različitih verzija svjedočanstava, međutim kad je rat u pitanju stvari su malo složenije: primjer bojnika to zorno dokazuje. Ako je, a jest, gospodin dozapovjednik zlorabio svoj hijerarhijski položaj i izvršio nešto iako je znao da to što čini nije dopušteno, onda nitko od nazočnih zbivanju neće i ne može lažno svjedočiti. Jedini problem je strah od osvete. Ne samo o ovoj sceni rata, o svim „nezgodnim” stvarima se mora biti kuš jer slika mora ostati kao na glupim prikazima falsifikatora hrvatske povijesti. Koliko je puta ispalo to da su nekog ratnog veterana koji se drznuo ispričati otvorenu priču javno linčovali, izvrgli ruglu i čak popljuvali njegov ratni put proglašavajući ga kukavicom, lažljivcem i simulantom? I to od koga? Od strane idiota čiji se ratni putovi, ako ih uopće imaju, svode na jednotjednu stražu ispred prostorija mjesne zajednice ili pomaganje u istovaru humanitarne pomoći u skladištima Crvenog križa i lokalnih poduzeća (s time da su najbolje stvari iz donacija završile u gepecima njihovih automobila kao prva tranša naplate 'rvatskog domoljublja)... Ne želim biti dio tog sranja.

U rat sam otišao jer sam otišao u rat. Nisam odjenuo odoru zbog stoljeća sedmog, krepanih kraljeva i grofova, bio sam hrvatski vojnik jer je to trebalo biti. Nisam bio heroj, nisam pobio milijun četnika. Služio sam domovini kako sam mogao, sa svim svojim manama, s greškama i slabostima kojih je bilo podosta. Što reći osim onoga što je bilo? U vremenu kad jedne maske padaju s ljudskih lica i navlače se nove, u danima, mjesecima i godinama koje su uzburkale staro hrvatsko blato, smrdljivi mulj laži, opsjena i mržnje na svim stranama i razinama 'rvatske političke prostitucije, dakle, u smjeni dvije vrste tmine, dva mraka, socijalističkog i demokratskog, u tom sam gnoju bio nitko i nastojeći kao takav nitko preživjeti taj rat uspio sam upamtiti neke stvari dovoljno snažno i relativno čisto i uz pomoć interneta nastaje ova kazališna storija bez ikakvih pretenzija da bude primjer ili nadahnuto svjedočanstvo. Preglupo, neka sveci rata budu kabinet generali, mamini sinovi i njihovi adlatusi, ja nikad nisam koristio usluge 'rvatskih političkih kurvi. Toliko očajan ipak nisam bio. Konačno, ako već moram objasniti zašto sam bio u gardi, molim lijepo, neka mi se oprosti što ću umjesto odgovora citirati stihove Miroslava Krleže iz njegove pjesme „Naša kuća” (M. Krleža, „Poezija”, „Svjetlost”, Sarajevo, 1976.): „Kuća je naša prokleta, bolesna, pakao. I nema božjega dana kada krv ne bi iz novih briznula rana.”. Premlad da bih imao iskustva, prestar da bih iznova učio što domovina jest, ja, slab, sklon mnogim lošim stvarima, grešnik i bezbožnik koji je od crkve, osobito katoličke bio udaljen milijune svjetlosnih godina, nisam Hrvatsku shvaćao kao nebeski odabranu državu, izabranu zemlju izabranog naroda i nisam se opijao ideologijom „krvi, kamena i opanaka” koja je, nažalost, temelj 'rvackog patriotizma zadnjih trideset i jednu godinu. Volim Hrvatsku na drugačiji na-čin, ali... (Opaska: kad sam prvi put čuo kako nam je vrhovnik imenovao rat, pomislio sam da se šali. Nazvati naše ratovanje „Domovinskim ratom” zvučalo mi je previše sovjetski. Zašto? Jer je puno previše sličio na „Veliki Domovinski rat”, kako je bio naziv Drugog svjetskog rata u Sovjetskom Savezu. Mislio sam, ne bez razloga, da je to još jedan pokazatelj koliko naš vrhovnik čezne za svojom komunističkom prošlošću i kako iz njega nikad nije izašla škola kominterne i KP-e. Bijela odora, toliko nalik maršalovoj i niz drugih

„slučajnih" podudarnosti samo su jačali to uvjerenje. Danas, međutim, s time nemam problem, ta Hrvatska je moja domovina, a Domovina neka bude onima koji domoljublje naplaćuju domovini.)

Ne postavljam pitanje bojnikove osobne odgovornosti koliko pokušavam reći da rat nije dječja igra i da ničega romantičnog u ratu nema. Učiti djecu o ratu kao o nečemu slavnom je otpočinjanje istog rata drugi put. Hrvatska tragedija nije samo u ratu, cijeli svijet je jedno bojište, ali ipak, smeta me to banaliziranje vojnikove smrti i pretvaranje nečijeg mrtvog sina, brata, muža, oca u nakaradno vrhunaravno biće koje je u smrt otišlo pjevajući sretno što može dati život u ime nadzemaljskih ideala domoljublja i junaštva. Živcira me što se mrtvi vojnici koriste kao kulise u perverznim političkim predstavama hrvatskog kazališta laži (jer istine tu nema). Jesu li ti koji pjevaju sladunjave ode o poljima časti i slave ikad vidjeli mrtvog vojnika? Jesu li pokušali zaustaviti krvarenje svome bratu po oružju koga je pogodio geler? Jesu li osjetili paniku i strah u borbi kad neprijatelj tako jako napada da se čini kao da je smak svijeta? Nisu, da jesu, ne bi činili što čine, ne bi trkeljali što već predugo laju na svoja pogana usta. Pucali nisu, nisu nosili popišane gaće ni prazan trbuh, nisu dijelili opušak cigarete s ratnim drugom u rovu, nisu javili obitelji da još nisu dobili plaću ni terensku (od proljeća devedeset i četvrte i za gardijske brigade) premda su je podigli kod satnijskih dočasnika i spiskali u birtiji za onih sedam dana odmora i priprema prije polaska u nove bitke, nisu, jebo ih pas, kušali gorku krvavu juhu rata, ali zato gnjave narod i ratne veterane svojim moralnim prodikama i prisežu da će se „boriti" za očuvanje digniteta Domovinskog rata koji je temelj nove moderne demokratske neovisne Hrvatske..., i tako truju ljude serući iz labrnja i ljudi im vjeruju i iznova glasuju za tu bandu trideset godina...?!

Pišem o bojniku jer sam ga poznavao, jer mi je bio treće nadređeni i jer simbolizira glupost vojske same po sebi. Nikakve ogromne zastave, slava pobjede, spomenici i spomen-ploče, mimohodi, odličja ni prigodni domjenci, sportski susreti veterana i političke vlasti ne mogu biti znamenje pijeteta prema vojniku koji je poginuo u borbi niti mogu prekriti sramotu što je jedan konobar dogurao do čina bojnika bez ikakvih referenci!

Istog dana na drugome mjestu, nedaleko od lokacije s kojeg je gospodin bojnik izveo svoj super junački napad na trofazne, zbila se krvava drama kojoj sam svjedočio i u kojoj sam i sam mogao poginuti. Tisuću puta sam se pitao zašto nisam jer radilo se o desetini sekunde i nekoliko centimetara razmaka.

Tog dana je kraj mene poginuo moj vozač. Tragedija je tim veća jer on nije bio vozač u našem vodu već je „posuđen" iz jedne od pješačkih satnija. Da nije iz nekog razloga zapovjeđen premještaj vozača, taj bi izniman vozač, vojnik, otac i muž danas bio živ i uživao bi s unucima i pratio ih na njihovom putu odrastanja. Možda tog dana ne bi nitko stradao da nije bilo bojnika. Nikada se neće saznati jesu li ušljivi srbočetnici planirali taj topnički napad, je li paljba po našem zapovjedništvu bila tek provokacija kakvog pijanog bradatog srpskog štakora koji je išao pišati i usput ispalio nekoliko granata ili je ipak to bio strašan odgovor na po gospodinu dozapovjedniku bojne ispaljene minobacačke mine iz minobacača 82 mm... Nema načina ni alata istraživanja koji bi omogućili uvid u veze između ova dva događaja toga krvavog dana i baš zato priča na ovoj ratnoj sceni kazališta istina i laži ima svrhu i smisao: ako se jedna od milijun sličnih crtica iz rata otme zaboravu, učinio sam mnogo za miran spokoj poginulih. Ne znam je li domoljubno i mudro, no ljudski jest...

Vratili smo se nakon izvršene logističke zadaće. Bili smo u dolini, u logistici brigade i obavili sve što je pukovnik zapovijedio. Usput smo svratili u malu seosku trgovinu i kupili cigarete i stvari s popisa narudžbi za naše dečke. Bili smo gladni, jako rano smo se spustili s Dinare. Vozač je parkirao kamion na uobičajenom mjestu, malo niže od bloka kontejnera i koliba u kojima se smjestilo zapovjedništvo bojne i dio zapovjedne satnije. Izašao sam iz kamiona i odšetao okolo do vozačevih vrata. On je iskočio, smijali smo se. U tome je trenutku rekao: „Čekaj, zaboravil sam kavu i colu." Otvorio je vrata kabine, zakoračio lijevom nogom na nosač felge i iza sjedišta izvukao bocu coca-cole i vrećicu mljevene kave. Okrenuo se prema meni i tada... bum! Iznad naših glava, na granama visokih borova aktivirala se granata. Nismo je čuli. Topnička granata. Samo se srušio. Prvi je priskočio maljutkaš, stari prekaljeni borac (i danas smo u kontaktu preko Facebooka), a i vozač saniteta se našao kraj nas. Dotrčali su liječnik i zapovjednik topničke bitnice. Pogođenom nije bilo spasa, preminuo je kod sanitetskog vozila. Geler direktno u srce. Pokoj mu vječni, kažem. Poginuo je služeći domovini. Onog dana kada je svoj krvavi performans izveo gospodin bojnik. Neki će reći kako se radi o pukoj koincidenciji i što bih ja sada pisao da nije bilo svinjarije gospodina bojnika. Točno, ali i nije. Četnici nikad prije ni poslije nisu gađali naše zapovjedništvo, a da su imali podatke o tome, siguran sam da ne bi štedjeli streljivo na uništenje položaja našeg zapovjedništva. Kako nisu, nemam nikakve dvojbe oko povezanosti dva događaja. Ne vjerujem u slučajnosti.

Ne pripadam sinekuristima, svoje grijehe sam sam platio, daleko do toga da sam bio moralni čistunac, od države nisam uzeo ništa i sve što pišem i govorim o predstavi u hrvatskom kazalištu istina i laži je potpuno besplatno, nemam interesa, nisam politički obojen i odgovoran sam jedino Gospodu (ali to sam već rekao). Lagati o ratu je veće zlo od zla neprijatelja jer ako sami sebe lažemo, kako će nas itko prihvatiti kao relevantne, poštovanja vrijedne lju-de, i nas i našu državu? Ponajprije, neka moja priča ostane samo moja.

Trebalo je proći dvadeset i kusur godina da se usudim napisati ono što je život dokazao kao jedino logično objašnjenje stanja hrvatstva i Hrvatske, vlasti i kmetova u odnosu na Domovinski rat. U tom našem posljednjem, iskreno se nadam doista posljednjem ratu borili smo se po prvi put u povijesti samo za svoje i sebe i za domovinu, za svoju budućnost. Hrvati-mrtvaci su nas zajebali, gurnuli su nam do balčaka i ponovno je uvedena Domovina, a kako se lijepo vidi, s tim je ratom uskrsla feudalna 'rvatska u kojoj glavnu riječ ponovno vode hrvatski grof i hrvatski biskup. Hrvatski grof je evoluirao i sad ne nosi plemićku povelju ni grbovnicu već ima magisterij i doktorat, člansku iskaznicu hadezea (u kratkim intervalima iskaznicu esdepea) i pridruženih vazalskih mini-partija navlas isto kao što su grofovi i biskupi stoljećima pristajali uz ovu ili onu stranku, uvijek antihrvatsku. Hrvatska vojska u tom kontekstu nije bila imuna na utjecaje nakaradnih obnovitelja feudalne 'rvacke na način dvadeset i prvog stoljeća, s mnogo natruha povijesne hrvatske prašine koja zaudara teško, na smrt. S jedne strane srbočetnička armija, kao stroj za mljevenje svega hrvatskog obrušila se na za rat nespremnu Hrvatsku, paljeni su i rušeni gradovi i sela, ljudi su svirepo ubijani, žene silovane, dobara pljačkana, Hrvati i svi nesrbi protjerivani su sa svojih ognjišta, a što činiše u punini srbopravolsavnog zvjerstva i hrvatski Srbi i jugoarmija i dragovoljački srpski odredi smrti, svi vođeni po srpskom voždu Miloševiću, a s druge strane tek uspostavljena prva nesocijalistička vlast, zbunjena i previše furiozna zbog izborne pobjede nad komunistima, vlast koja nije raspolagala nikakvim vojnim efektivama, s aparatom koji je bio premrežen starim crvenim kadrovima i u koji su, uslijed djelovanja oduševljenja povratka antikomunista u vladajuće strukture, od početka postavljani posve nekompetentni ljudi bez ikakvih znanja i iskustava o vojnim pitanjima. Naravno, vremenom se sve to prevladalo, Hrvati s vojnim predznanjima iz bivše teritorijalne obrane (TO), Hrvati koji su prebjegli iz JNA, hrvatska emigracija, osobito ljudi koji su služili u Legiji stranaca i drugim vojskama svijeta, kao i svi vojnostručni domoljubi (ne isključivo Hrvati) priključili su se postojećim snagama hrvatske policije i dragovoljaca i ustrojena je Hrvatska vojska koja je rasla svakoga dana pri čemu nije bilo sve sjajno. Bilo je katastrofalnih grešaka, ali o tome neću zboriti, ne želim prepričavati novinske članke. Priča o gospodinu bojniku, njegova scena u ovoj predstavi jedan je od milijun primjera kako je nova politička podobnost zamijenila partijsku pripadnost u još goroj varijanti hrvatske gluposti. (Opaska: ma koliko se hrvatska desnica trudila povećati utjecaj hrvatske ljevice, istina je da su „ljevičari” bili potpuno izvan vojnog sustava, poglavito vojnog djelatnog sastava. Da, bilo je ljudi lijeve političke orijentacije, ponajviše u pričuvnim postrojbama i domobranstvu, no u profesionalnim gardijskim brigadama takvih nije bilo. Ne bi mogli opstati upravo zbog favoriziranja srednjovjekovnog 'rvatskog domoljublja devetnaestostoljetnog tipa,   oficijelne ideologije u našoj vojsci. Ne među gardistima jer, kako rekoh, to i nisu bile teme naših razgovora, mi smo pričali o puno važnijim temama, alkoholu, seksu i o još alkohola i još seksa, o kavi i cigaretama, zašto toga nema i kad će biti.) Bojnikovo postavljenje na dužnost za koju nije posjedovao baš nikakve kvalifikacije dio je te priče. Za pravilni uvid u sve to potrebno je izrode odvojiti od pravih boraca, vojnika, dočasnika i časnika koji su odjenuli odoru Hrvatske vojske i premda bez službene vojne naobrazbe, svojim zalaganjem, žrtvovanjem, snalažljivošću i hrabrošću su napredovali i stekli dočasničke i časničke činove i istakli se u borbenim djelovanjima zapovijedajući postrojbama svih taktičkih razina. Ipak, upravo zbog problema velikog upliva prljave politike Hrvata-grobara u vojsku, ovi hrvatski junaci uglavnom nisu napredovali kako su zaslužili već su umjesto njih promaknuća najčešće dobivali poltroni, poslušnici po stranačkoj crti, oportunisti, nepismeni i nesposobni, ali duboko odani vladajućima kao izniman materijal za održavanje 'rvatskih povijesnih zabluda na životu. Službeno, vojska je bila depolitizirana i stranačkog pripadanja nije smjelo biti. Osim ako se nije radilo o hadezeu. To se podrazumijevalo.

Zato smo imali pe-de službu (nešto slično postoji i danas, imaju to sve vojske svijeta, samo što se to naziva „služba za informiranje” ili slično) čiji su časnici su uzalud pokušavali potaknuti u gardi razmišljanja i uzvišenost neofeudalnog 'rvatstva moderne 'rvatske ('rvacke). Jebi ga, nitko od nas (izuzev pojava tipa bojnik i njegovih poslušnika) nije bio zainteresiran igrati se podanika novih grofova i starih biskupa. Ne krijem, samo sam iznenađen spoznajom o tome s umobolnog oduševljenja neki ratni veterani rabe retoriku koju smo prezirali i veličaju povijesne zablude i laži koje s Domovinskim ratom nemaju nikakve veze. Vidim na Facebooku kako neki od mojih suboraca uporno objavljuju fotografije ustaške tematike, postove koji propagiraju grobarsko hrvatstvo i uopće se trude promijeniti vlastito ratovanje lažući i sebi i drugima: njihove objave su pune pokliča „za dom spremni”, slika vitezova u sjajnim oklopima sa sjajnim mačevima i trobojnicama koje vijore nad krvavim bojnim poljem, pjesmuljaka o stoljeću sedmom i pamfleta koje veličaju ideologiju krvi i zemlje. Neka ih, ne kažem ništa, podjetinjili su i izgubili razum ili možda samo glume nastojeći sačuvati stečene statusne simbole, benefite, „bore se za opstanak”, haha. Ne zamjeram im, krdo je glasno, kao ono šatoraško, ispred tv-kamera, ali na razini pojedinca, na primjer nekog bivšeg puškostrojničara sva ta galama, sav taj 'rvacki nacionalistički ultrakatolički kičeraj pada u vodu: bez podrške pijane „braniteljske” rulje s plinskim bocama, bez slika Pavelića, Jure i Bobana, Stepinca, Tuđmana i Šuška on je samo nevažan birokratski slučaj, stranka u postupku, NN lik posve nemoćan pred krutom snagom birokracije i namrgođene pretile službenice koja s dosadom lista njegov dosje i između dva zalogaja masnog bureka odbija svaku pomisao na izdavanje prijeko mu potrebne potvrde ili uvjerenja jer, nažalost, nekadašnji puškostrojničar nije kompletirao dokumentaciju i nedostaju mu još tri izjave, izvoda, ovjerenih preslika, a i biljege mora platiti. I dok se znoji psujući i proklinjući državu, njegovi šatoraši nisu uz njega, nitko od nacionalističkih čistunaca mu ne pomaže jer ih nije briga. Sve po onoj staroj: ako dam tebi, moram svima, a ako dam svima, meni neće ništa ostati.

Prastara je to hrvatska tragedija koja se opetuje iz naraštaja u naraštaj i koja je od devedesetih do danas doživjela svoje najgore izdanje, a i danas se samo nastavlja. Bili smo vojnici, bio sam vojnik, ratovali smo za Hrvatsku, za domovinu. Mnogo je poginulih, ranjenih, za nestale ne znamo kakva im je sudbina ni gdje im leže kosti. Godine prolaze i sve više laž je glavni lik u pričama iz povijesti, sve više ovo kazalište mijenja repertoar i umjesto stvarnog Domovinskog rata gledateljstvu, onima što se niti ne rodiše kad je rat završio, prikazuju se retuširane scene kojih se nijedan hrvatski ratni veteran ne sjeća jer se nikad nisu ni zbile. Poneki hvale vrijedan pokušaj istinskih bojovnika i heroja (borci iz Vukovara, Škabrnje...) koji uspiju, na jedvite jade, skupiti novac i snimiti dokumentarni film, izdati monografiju, prirediti izložbu o pravom ratu i pravim patnjama, a na kraju sve opet ispadne tako da vlast i političari zlorabe taj trud prisvojivši zasluge i pretvarajući sve u igrokaz dnevne politike.

Opijeni glupom mitologijom nikad postojeće Hrvatske, upravo drogirani legendama koje su toliko loše sročene da nisu ni legende nego ordinarna sranja, velehrvati, domoljubi s velikim „D” kroje usrane gaće hrvatskim novodobnim kmetovima već tri desetljeća i nema naznaka da će prestati jer smo mi Hrvati poznati (baš poput Srba, bez dvojbe) po vjerovanju u idiotizme i gluposti. Vidimo čega nema, hvalimo se tuđim perjem i iz nepoznatog razloga tuđe nam je uvijek bolje od našeg vlastitog. Vojska i vojničko umijeće u tome su posebno naglašeni. Kada su prije otprilike sto devedeset godina, manje više toliko, ondašnje hrvatske umne glave pokrenule „narodni preporod”, a u njihove dobre nakane ne sumnjam (u metode, rezultate i te kako), nisu ni sanjali da će za dva stoljeća vladajuće elite rabiti njihove bedastoće za održanje na vlasti! Govorim li o hrvatskim ratovima i hrvatskim vojnicima, onda je poveznica između spomenutog „preporoda” i ove tzv. povijesne scene poguban utjecaj narodnjaka na književnost: ponukani i indoktrinirani romantičnim pogledom na povijest, pisci toga vremena stvarali su tragikomična djela kao hvalospjev umiranju za starodrevnu trobojnicu i Boga („za krst časni i slobodu zlatnu")! Tako su rođene dvije novovjekovne idiotarije, 'rvacka birtijaška povijesna znanost i 'rvatska nacionalistička utopija, a što je stvorilo sliku 'rvacke Hrvatske.

Pobornici takvog poimanja hrvatstva ništa ne znaju o hrvatskoj povijesti, ne poznaju ni hrvatski jezik u govoru i pismu, njihovo hrvatstvo je jedno veliko ništa. Rat je izgovor, rat je sredstvo za pokoravanje hrvatskog kmeta: moraš ići i poginuti za Domovinu jer to ona od tebe traži, to je veće od tvog života, to je nadnaravno nebesko poslanje boriti se za od Boga odabranu zemlju! Krleža je o tome pisao: „Ja bih umro od stida prije no što bih se pozvao na nekoga svog mrtvog kralja, a vi, oprostite, od tih istih utvara stvarate patetično božanstvo nacionalne tradicije i poslanstva.... tipično seljački... i ja ne znam kakvo je prokletstvo, da se ne možete oteti opanku? Zar vi zaista nikada niste pomislili od čega je sastavljen vaš nacionalni mitos: od opanaka, od poderanih opanaka, od crkvenih zvona, od rakije, kolača, od kobasica, od tamburica o Božiću i od naivnog klečanja nad grobovima mrtvih feudalnih kriminalaca i baraba, od grobalja i zvonika...". Da, ništa nismo naučili, hrvatski kmet ostaje glup čak i u demokraciji i kad glasa opet i opet za (novog) grofa i (novog) kralja, daje vlast u ruke onoga tko će ga šibati, na pranger vješati, porezom zgaziti i u rat poslati da gine za ideale koji su šuplji i koje on, kmet, ne razumije ni sad kao što nije razumio ni sva prošla stoljeća.

Gospodin dozapovjednik bojne u tom je kontekstu tek proizvod Hrvata-grobara jer konačno i vojsci su potrebne ljudske svinje, ništarije kako bi poravnali crtu gluposti i pameti. Dobri i sposobni časnici potrebniji su od opica tipa bojnik iz pragmatičnog razloga: netko treba u tom ratu ratovati, treba pobijediti, voditi kmetove u napad na srbende i treba otjerati četničku gamad iz Knina da bi, kako to povijesna zbiljnost nalaže, otac moderne Domovine i vizionar nove 'rvacke mogao poljubiti hrvatsku trobojku i ganut procijediti kroz kriva usta nešto o ostvarenju sna hrvatskoga naroda... Hrabri zapovjednici nasušno su potrebni za ispunjenje tog sna, a pijanice i bitange poput bojnika i njegovih guzičara će u miru odigrati do kraja namijenjenu im ulogu kako bi sve sjelo na svoje mjesto. (Srećom po Hrvatsku, dotične glupe njuške uglavnom su nestale ovako ili onako iz vojske, kao i ja sam, a zamijeniše ih još strašniji poltroni, karijeristi, ljudi-lutke, birokrati, činovnici u odori, svi glazirani sladunjavim svjetskim frazama poput „prilagodba NATO standardima" i tako dalje.)

Ništa nije sjelo na svoje mjesto. Pravi, još živući, bivši ratnici šute.

Ratni veterani su, oni znaju što je čast. Odanost, povjerenje, iskrenost su odlike koje se ne uče u školi ili na vjeronauku. O tome se uči na bojnom polju, kroz krv poginulih i kroz bol ranjenih suboraca. Na bojišnici čovjek dokazuje koliko je čovjek. Nema odanijih ljudi od ratnika. Neka se nitko ne uvrijedi, ali to je istina u ovoj sceni ratnog kazališta. Prijatelji iz rata, braća po oružju nisu izdajnici. Ne glume. I kad se svađaju, ljute, kad psuju jedni drugome sve po spisku i šalju jedni druge u vražju mater, uz gemišt i uz rakiju, u kleti, u krčmi, za šankom, ratni veterani su pristojniji i veći ljudi od sve te kamarile 'rvatske elite, od svih moralnih i duhovnih vertikala veterani su bolji. Pijani su trijezniji od novovjekovnih 'rvatskih grofova i biskupa. Civili to nikad neće razumjeti jer ne znaju što je život i ne znaju što je smrt. U civilnom svijetu ništa nije kao što izgleda dok na bojnom polju čovjek je to što jest i nije to što nije. U boju zna da ima samo dvije mogućnosti: živjeti (borbom) ili umrijeti (u borbi). Svjestan je koliko ovisi o svome bratu po oružju i da njegov brat po oružju ovisi o njemu. Zakon časti. Bojište ne poznaje licemjerje, sebičnost ni oholost, ne poznaje uskogrudnost, laž ni glumu. U civilnom univerzumu potonje je način života, definicija egzistencije. Stoga kažem, hvala Gospodu, naučio sam što je čast. Nisam bio heroj, ali sam bio na bojnom polju, bio sam s onima koji su krvlju dokazali domoljublje, a ne ispraznim govorima i ljubljenjem hrvatske zastave u skupocjenom odijelu i izglancanim talijanskim cipelama. Bio sam hrvatski vojnik. Ne pripadam civilima. Shvatih, nažalost prekasno, da ne može dobro završiti kad ratni veteran previše vjeruje civilnim nitkovima, ljudima bez obraza. Čovjek ne mora biti doktor znanosti, bogataš, uspješan mešetar ili fiškal, ne mora nositi prestižne titule ni imati ugled i visoki društveni status da bi bio častan. Čovjek može biti beskućnik, izgladnio, bez ikoga i ičega, prljav i znojav, ušljiv i biti časniji od predsjednika, akademika i crkvenog poglavara. Čast vojnika, jedina prava čast nije na prodaju. Čast nema alternativu. Čast je jedino što dijeli čovjeka od nečovjeka. Bez časti čovjek je smeće, govno, ljudska fekalija. Hrvatski ratni veterani znaju što je to. Oni koji su ostavili svoju mladost, svoje zdravlje na bojišnici to znaju. Zbog toga što znaju, udaljeni su od javnosti i zaključani u skladišta teatralnog pijeteta, pa kad dođu dani obljetnica vade ih kao božićne i uskršnje ukrase i vješaju po binama, ulicama i mjestima stradanja gdje onda glume prigodničarske lutke, kulise od stiropora u morbidnim predstavama kazališnog domoljublja. Ne razumijem tu njihovu promjenu, ali znam da su svejednako časni ljudi dostojni imena hrvatskog ratnog veterana. No ja nisam od civilnoga svijeta, nisam u toj kloaki. Ja sam to što jesam i drugo ne mogu i ne želim biti. A sve što se dogodilo nakon rata, sve za što sam kriv (i ja i svi veterani koji nisu pronašli svoje mjesto u mirnodopskim neverama) ne može ni na koji način izbrisati čast i nas i rata koji je po prvi put u hrvatskoj povijesti vođen isključivo za Hrvatsku. Pobjeda nije urodila slobodom i blagostanjem već upravo suprotno, Hrvatska je vraćena u najtamniju tminu novog europskog i američkog feudalizma. Čast ratnih veterana nije uprljana, ne može se uprljati civilnim svinjarijama. Međutim, ostaje tuga i razočarenje jer čast dokazana u boju nije postala primjer života u miru. Utjeha za ratne veterane jest to što nam nitko tu čast ne može oduzeti. Nitko. I moj dio ratne časti nosim u sebi: možda je to jedino dobro što posjedujem. Ništa nemam, ni ovdje u Americi ništa nemam. Sve moje osobne stvari stanu u jedan stari kofer i jednu putnu torbu. Nemam talenta za zgrtanje novca, nikad nisam ni imao.

Spomenuvši čast prisjetih se jednog drugog dana iz priče o ratnim danima. Bješe to nakon jednog povratka s Dinare: kraći odmor, čišćenje i popravak oružja, opreme i vozila, popuna resursima i povratak u rat. Vratili smo se u našu bazu, hotel „Miran". Oprema je istovarena u priručna skladišta, kamioni parkirani u voznom parku i prije no što je počeo sveobuhvatan pregled i čišćenje tehnike i svih sredstava gardisti su dobili vrijeme za tuširanje, zamjenu odora i uništene osobne i skupne opreme, za kraći odmor. Prljavi i umorni, iscrpljeni i neobrijani gardisti su pronašli dodatnu snagu i ma kako im bilo teško zbog svega proživljenog, već vrlo kratko nakon dolaska mogao se čuti smijeh, čula se pjesma. Spoznaja da si živ vojniku je više od istog osjećaja civilnih njuški. Teško je to objasniti.

Događaj koji nikad neću zaboraviti zbio se sljedećeg jutra. Jutarnje postrojavanje bojne i dizanje zastave. Moje mjesto u postroju bilo je u prvom redu naše satnije, s desne strane bojne, dvadesetak metara od jarbola sa zastavom. Čiste odore, obrijana lica vojnika. Gospodin pukovnik došao je točno na vrijeme. U besprijekorno čistoj odori, kao da je na vojnoj akademiji ili u vojarni. Službujući časnik predao mu je prijavak. Potom je pročitana dnevna zapovijed. Pukovnik je iskoračio korak dva i pogledom prešao preko svoje bojne. Gledao je gardiste, podređene, braću po oružju. Kakvi su bili vojnici ispred njegovih očiju? Omršavjeli, neki su izgubili po dvadesetak i više kila, neki pak izgubiše zube na onoj stravičnoj zimi, a svi vidljivo umorni, istrošeni (jedna kratka prespavana noć nije ih, nije nas mogla odmoriti).

Nikad to neću zaboraviti! Pukovnik je stajao svega nekoliko metara od postrojene garde. Nikad prije i nikad poslije nisam doživio ni približno sličnu emociju, iskrenu, neizrecivo ljudsku. Zapovjedniku bojne usne su se zatresle, lice zgrčilo. Iz njegovog oka spustila se suza! Da, prava vojnička suza. Srce mi se steglo, a siguran sam i cijeloj bojni. Tog trenutka sam shvatio. Ne postoji ništa svetije i ništa iskrenije od suze gospodina pukovnika. Ništa! Nikad nisam doživio jači iskaz prijateljstva i ljubavi za druge no tog ranog jutra. Usna mu se tresla. Pukovnik je tiho procijedio, ali smo ga čuli.

- „Krvi ti Isusove, na šta mi to vojska liči?!" - ova kratka rečenica, ove jednostavne iskrene riječi bile su i ostale nešto najljudskije, najčovječnije što sam ikada čuo. To je dio časti o kojoj govorim i pišem. To je čast. Biti jedno, biti jedan sa svojim vojnicima. Jer smo bili to jedno. U svemu.

Promatrao nas je pola minute, a onda je prozborio grlenim časničkim glasom:

- "Slušaj, vojsko! Plače su vam sjele na račune. Organizirali smo prijevoz do Šibenika. Stigle su i terenske. Satnijski dočasnici neka podignu novac i podjele vojsci. Imate slobodno, odmorite se, zabavite, javite se svojima doma, pošaljite im novac, napijte se, zaslužili ste. Slušaj me,vojsko! Molim vas, ne tucite se između sebe. Ako već treba, pobacajte blitvare u more! Službujući, daj otpust!"

To je rat. I što je u njemu romantično?

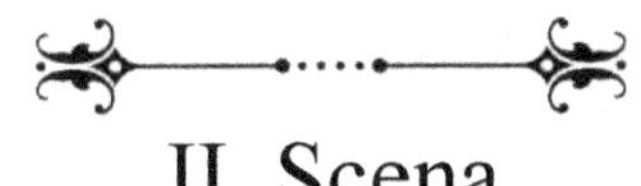

II. Scena
Obitelj: Mala baka, ponešto

Sve je moralo biti uredno, čisto i ispeglano, složeno, ništa nije smjelo biti na krivome mjestu, prljavo i zgužvano. Sve je imalo neki svoj red.

Kako vrijeme prolazi, neumitno i brzo i kako starim, sve više razmišljam o „Maloj baki", očevoj majci i sve više uvidam koliko je ta iznimna žena znala više i bolje o životu nego plejada akademika i umnih glava. Sitna, upravo slabašna, baka Rozika (naše bake smo zvali Mala baka, za tatinu mamu i Velika baka, za maminu mamu) otišla je s ovoga svijeta devedeset i šeste u svojoj osamdeset i trećoj godini života. Obično ljudi na osmrtnicama, na partacetlima napišu nešto poput ovog: „Preminula blago u Gospodinu nakon duge i teške bolesti". Mogu napisati nešto slično, nema ničega lošeg u tim riječima no ona zaslužuje mnogo više i osobnije. Preminula je izmučena preteškim životom i robovskim radom, umrla je kako to već hrvatska sirotinja oduvijek umire, u agoniji, sama, neprimjetno i nezabilježeno. Okončala je svoje ovozemaljsko postojanje u mukama, u bolesti: premda joj je napuštanje ovoga svijeta bilo olakšanje, najbolniji predsmrtni udarac dobila je od mene, nož u leđa joj bješe napuštenost, istina koja kaže kako jedan od dvojice njenih unuka nije bio uz njeno bolesničko uzglavlje, nije bio, a obećao je da će biti. Trebao sam biti uz nju. Nisam. Zašto? Ne znam, jer sam bio pijan, jer me bilo sram samoga sebe. Jer sam mislio kako je pro-kleto lako ne biti uz umiruću starcu čija bi me patnja samo podsjetila na sebičnost i nebrigu o vlastitoj obi-telji. Umrla je Mala baka, a ja, ah, nisam bio na njenom pogrebu, zavukao sam se u mišju rupu, opio se i prespavao taj dan jednako glupo kao što sam prespavao mnoge druge dane u svom sjebanom životu. U godinama delirijuma nisam vjerovao u Boga i nisam se previše zamarao pokajanjem, ako sam uopće mislio o tome. Ne sjećam se, alkohol mi je zamutio sjećanja.

Mala baka zaslužila je više od zahvalnosti, patnjama svojim i radom, ljubavlju je zaslužila da se pred njom kleči. Davala je i voljela duboko, iskreno i potpuno. Nije tražila ništa zauzvrat. Baka Rozalija, očeva majka. Prije mnogo stoljeća Vergilije je zapisao vječne riječi: „Tvoje će plodove brati unuci...". Priznajem, pred svijetom i Gospodom, nedostojan sam bakinih plodova, bakine boli, bakine ljubavi. A uzeo sam njenu ljubav. Uzeo sam sve. Ništa nisam uzvratio. Sad je prekasno. U dubini svoje grešne duše nadam se da ću je na drugoj strani vela ponovno sresti i zamoliti je za oprost.

Do tada... Cijeli život bake Rozike je jedna mučna priča. Osamdeset i tri godine stvarnog smrtnog pakla: doista ništa u njenoj jadnoj životnoj tužaljki nije bilo blagoslovljeno, sve sama tuga i patnja. Poneka iskra kakve kratkotrajne radosti nije mogla zapaliti plamičak sreće i ako je nešto ostalo visjeti na aufingcru uspomena, onda su to uspomene na gubitke, na razočaranja, na strah. Cijeli lanac gubitaka, debeli konopac iskustva zavezan u nerazmrsivi čvor očaja i pokopanih nada jedne žene kroz više od osam dekada ispunjenih noćnim morama, radom, plačem i grobovima. Duga desetljeća nejasne priče. U životinjarenju naših starih, potomaka hrvatske izgladnjele kmetske sirotinje sve što se pamtilo, sve što se znalo i sve što se očekivalo bilo je umiješano u placebo tablete koje su u vidu hostija i popovskih trabunjanja primali u mračnim, vlažnim i smrdljivim dimom tamjana zagušenim ledeno hladnim crkvama (koje su, također, tijelima i krvlju platili stari naših starih) iz znojavih masnih šapa popovskih i fratarskih izjelica i pervertita, pak ni Mala baka nije bila izuzetak: trauma kćerke bivšega kmeta (tek je krepavanje crnožute monarhije na sekundu omogućilo disanje bivšim kmetovima, tada „novim" seljacima, no ne zadugo jer su ih, ma kako od kmetstva bili „oslobođeni", ščepale pohlepne srpske žandarske kandže nikada sitih Karađorđevića i njihovih 'rvatskih slugana) nije mogla očekivati niti je bilo ikakve mogućnosti da bi, u vlastitoj obitelji prekobrojna, djevojčica rođena u blatu austrougarske provincije, u polusrušenoj izbi na dalekoj periferiji k.u.k. vukojebine koja si je sama sebi tepala „slobodna i kraljevska varoš Varaždin", u samo svitanje klaonice Velikog rata mogla odrasti i živjeti lakše i sretnije od njenih bosih i gologuzih predaka. Bilo je strahotno naporno prikupljati podatke o njenoj grani našeg obiteljskog stabla. Sve što ovdje pišem tek je priča skrpana iz „malog milijuna" izvora, s vrlo malo mojih osobnih sjećanja jer mi je ona malo toga govorila o sebi i svojoj prošlosti.

Pišem u cajtnotu, u utrci s danima koji su mi preostali, a kako poput sve djece Božje nemam pojma kad će me Gospod pozvati k sebi, svjestan sam da moram dati sve od sebe da sve skupa u vezi ovog kazališta bude završeno prije no što odem svetom Petru na ispovijed. A o reakcijama na ovo ne razmišljam. Nije me briga.

Baka Rozika je zaslužila kudikamo više od ove hrpe listova papira ispisanih na američkom šrajbtišu koji nije nije moj, u kući koja nije moja, u zemlji u kojoj nisam rođen i u državi koja nije moja Hrvatska.

Mala baka je u mene usadila neke od najvećih i najvrijednijih osjećaja, a koje sam godinama neuspješno skrivao ispod lažnog oklopa jeftinog cinizma. Naučila me je kako biti pošten čovjek premda nije znala ni čitati ni pisati. Njena pismenost se sastojala od žvrljanja nečega što se zvalo vlastoručni potpis, što joj je trebalo jednom mjesečno, kad je poštar donosio mirovinu. (A ni tada se nije osobno potpisivala, svaki put bi zamolila poštara da se potpiše na odrezak od penzije jer je „negde pozabila cvikere".) Bila je siromašna nepismena žena, dijete austrougarske bare koje je ugledalo ovaj svijet izvan tzv. civiliziranog kruga, u prašini i kalu hrvatske kužne stvarnosti početka krvavog dvadesetog stoljeća. Nije mi bilo lako odgonetnuti zašto su njeni roditelji odabrali prekrasno ime Rozalija (njena majka i otac izrodili su dvanaestero djece od kojih je ona bila sedmo). Prema slovu zakona ne više kmetovi, ali u stvarnosti jednako prokleto gladni i goli, sirotinja nikada do kraja sita i uvijek željna svega, rađala je musavu sušičavu djecu stoljećima po potleušicama i u mračnim izbama, u blatu i gnoju prljavo kao svinje u kocu, rađala je potomstvo iz navike i straha pred vječnom kaznom ognja Božjeg jer moradoše rađati upravo „industrijski" čeljad za „grofovske i biskupske vinograde okapati, štenge presvetle grofice ribati, svinjce čistiti i kuš biti, navek spuštene glave i s rukami prekriženim kak na meši", pak u cijeloj toj muci i gladi, u tmini zadimljenih kućeraka, kad su se dva mršava tijela u grču spajala u jedno, dahtanje i znoj, jecanje i uzdisanje pod nikada dugo čistim plahtama, sve u mraku, na brzinu, u sramu pred sobom i Bogom, pa kad bi se rodilo dijete, u očaju siromaštva, da barem nešto bude bolje, davali su otmjena imena sinovima i kćerima ne bi li im na taj, njima jedini dostupan način osigurali malo bolji život. Zvati se Rozalija činilo se kudikamo zgodnije nego Jalža ili Bara. Upisati kod plebanuša, u njegove prašnjave knjižurine imena poput Willhem, Eugenija ili Ferdinand na prvu se činilo kao zgodna ideja, no kasnije se pokazalo kao katastrofalna odluka. Među ostalom kmetskom musavom djecom jedan Ferdinand je bio kopile austrijskog oficira iako mu je otac bio, na primjer, zagorski kmet Štef, a majka Eugenija popovska bludnica. Kod vlastele, kad bi čuli da su im sluge Willhem ili Rozalija, nastao bi sveopći smijeh: ni grofovi ni njihovi kamerdineri nisu zvali služinčad po imenu nego isključivo ponižavajućim nadimcima, što je bila uobičajena praksa s obzirom na to da za presvijetle dame i presvijetlu gospodu prljave sluge nisu bile normalna ljudska bića nego potrošna roba, nešto poput kolomaza.

Krštenje je donijelo samo probleme. Još jedan novi veliki trošak za golu sirotinju zadruge Lj. u selu N. župe V, kraj varoši Varaždin. Sedmo dijete gologuza Luke Lj., napoličara iz polusrušenog kućerka zadruge Lj. nije dočekano s nekom velikom radošću. Djeca kmetova rađana su po inerciji jer su se morala rađati baš kao što su umirala po nekom nedokučivom nebeskom zakonu i bivala pokapana u blatnjavu ilovaču na kraju groblja, gdje su sahranjivali bosotinju. A kad se dijete već rodilo, bilo je bolje da je sin jer sin su muške ruke kojih nikad dosta, a kćer znači dotu pripremati i muža tražiti jer ma kako djevojče mogle raditi, nikad taj ženski rad nije bio dovoljan i žensko čeljade u kući značilo je jedna usta više za hraniti. Život donedavnih kmetova u zabitoj provinciji k.u.k monarhije, u kaotičnoj Hrvatskoj koja je bila dio nekakve neprirodne cjeline nastale nagodbenjačkim ugovorom od godine tisuću osamsto šezdeset i osme, biti slobodan, a bio si do jučer kmet nije bila neka privilegija nego pokora, Božja kazna za one koji se nisu uspjeli snaći te padoše još niže no što bjehu kad su im se imena i prezimena nalazila na posjedovnicama baruna, grofa ili biskupa. Da, Luka Lj. je dobio sedmo dijete, kćer Rozaliju u svojoj dvadeset i petoj godini života...

Prabaka Mara, rođena Š., rođena tisuću osamsto osamdeset i osme, preminula u Gospodinu Ljeta Gospodnjeg devetsto trideset i pete udala se vrlo mlada, prije navršene šesnaeste godine. (Opaska: predšasnici današnje ultramontantske bratije koji se nikad nisu pomirili s novim pravilima i koja slini nad mladim ministrantskim mesom i doživljava feršlok udare pri dodiru mladih butina nedoraslih djevojaka nisu imali ništa protiv sklapanja braka s maloljetnicama, dapače Crkva se nije previše protivila vjenčanju šesnaestogodišnjakinja, pa i mlađih za ostarjele perverznjake, udovce i stare dečke kojima su bračni zavjeti s djevojčicama bili zakoniti put do zadovoljenja umobolnih nastranosti. Onda kao i danas novac čini čuda, posebno u katoličkoj crkvi. Dobro, to da su se moja prabaka Mara i pradjed Luka vjenčali kao vrlo mladi u godinama prije Velikoga rata nije bilo nezakonito. Crkva se pridržavala Katekizma katoličkog ženidbenog prava bez obzira na Opći građanski zakonik, a kako carska vlada nije htjela produbljivati sukobe s Vatikanom po ovom pitanju, u Hrvatskoj su brakovi sklapani po crkvenim uzusima osim za pripadnike aristokracije, vojske i svih koji nisu bili rođenjem Hrvati, a čiji su brakovi sklapani po OGZ ili po zakonima dijelova monarhije iz kojih su došli u Hrvatsku, Slavoniju i Dalmaciju. Uglavnom, za kmetove su stvari bile jasne, kako je pop rekao, tako je biti moralo. Crkva se pridržavala tek obveza po pitanju godina starosti, ali su i oko toga bili vrlo fleksibilni. Osobito stoga što sudbina kmetskog mesa nije odveć zabrinjavala ni biskupe ni grofove.)

„Jer, ljudi dragi, u vražju mater, gda je krštenje vu pitanju, se mora platiti plebanušu! Neće on kaj god, odojka mu se mora dati, racu speči i jajca donesti a i s pravi penezi se mora namiriti. I vino neće popovska rit kakvo god. A od kud i kak zmoči se to? Štiri familije pod jenim krovom, a ni šenice ni ičega nigdar dosti, z jene zdele si jeju i po jelu su lačni kak i predi i lačni prejdeju spat da bi se vjutre zdigli enak praznih želucov kak su bili i ščera. Takaj da je Luka volel svoju Maru, ampak v ljubavi neje bile ništ, je ljubav za presvetle, za gospodu, ne za kmete, zmazane i gole kak opičina rit. A se košta i po saku daču dojdeju i porezniki i pop i vrag i car i kral i ban i kmet hrda i hrda od jutra do sutra i kaše dosti ni za se v hiži. Gda saki svoje zeme, i ban i kral i car i pop, nikaj ne ostane i kuružnjak je prazen i sam kaj se ne zruši, pa se na priliku sastane tak zadruga Lj. i celu bogovetnu večer potroši na spominjanje kaj bu i kak to s tim krštenjem Rozike. Neje da je stari japa Valent protiv dece, i sam ih je, fala Bogu petnajst z babom zrodil, ali, za pet ran Kristušovih, je drugo vreme bile i makar se ne melo kak se ni denes nema, je bile lakše gda sme na grofovskoj listini bili. Ve, kaj je tu je, najža je prazna, al bu morti Bog dragi dal...

Sedi na rasklimanemu štokrlinu kaj ga je sam napravil japa Valent i skida se svece s neba i mam moli Jezuša naj mu oprosti grehe jengove jer si nemre pomoći. Su plebanušu za zadnji sprevod još dužni, gda je mali Francek hmrl, sinek starješeg mu sina Ambroza i gda su mislili da buju nekak poravnali s popom taj strošek sprevoda, a evo ga na, Jezuš i Marija, fala Bogeku, se rodilo zdravo dete, a kaj ve, kak platiti krštenje i za sprevod kaj sme dužni? Kaj neje prošle nedele, mam pokle meše zvonar prenesel reč velečasnega naj mu i Luka i Valent dojdeju na spominjanje jer kakti moraju stvari poravnati kak Bog zapoveda? Je! I kaj ve? Vre jese skup preveć i se ide da bu ova zima huda kak ni bile duge i da bume na tanke srali na Božić i da neme kusali nek prokletu kašu, ak bu i te se melo na šparhet deti. Ni za badaf pred šteru vuru, tam pri raspelu, gda se Ambroz opet s zvonarem srel, taj nažreti zmazanec povedal kak je plebanuš rekel da se nemre v raj dojti ak se zapovedi od Boga ne zvršavleju i ak se ne da Bogu Božje a caru carevo...”

Hrvatski kmet pristupao je i rođenju i smrti na jednako nezainteresiran način u svemu jer ga je oboje koštalo i previše. Novorođenom se sinu ili kćeri radovao pet minuta, a ako je, ne daj Bože, pa sve se događa kako se događa, dijete umrlo, od toga se nije radila tragedija, Bog dao, Bog uzeo i sve opet ide naprijed jer nazad ne može i šlus.

Ponekad mi je Mala baka, iako nepovezano, pričala o tome kako je samo sirotinja imala mnogo djece, gospoda baš i ne. Kod bogataša sve je bilo pitanje novca, a mnogo djece znači dijeljenje kad dođe vrijeme za udaju ili ženidbu. Brak je bio posao, interes i ništa više. Isto je bilo i kod kmetova, kakva ljubav, brakovi su dogovarani i mlade se ništa nije pitalo. Pogotovo kod najsiromašnijih želje djevojaka nisu dolazile u obzir. Glava kuće je odlučio za koga će se djevojka udati i o tome nije bilo rasprave. Muški su bili u boljoj poziciji jer muške ruke su ostajale u kući, a žene su držane za trošak iako su često radile više od muškaraca. Stoga su djevojke udavane već s petnaest ljeta, poglavito za imućnije udovce. U tome nitko nije vidio ništa nemoralno, jedna usta manje i još dobra naknada od starog zeta za mladu ženu. A svaki je filir bio bogatstvo, doslovno. Nepismena blatnjava kmetska bagaža, to rodilište carskih i kraljevskih vojnika koje će godine devetsto četrnaeste, svojim svevišnjim carskim reskriptom NJ.C.I.K.V.F.J.I., po volji Boga, u sumrak monarhije, kao posljednji čin agonije habsburške tvornice smrti poslati na klanje stotine tisuća Hrvata u Veliki rat nemilosrdno kao što su to činile habsburške carske glave od godine tisuću petsto dvadeset i sedme, prema braku i djeci kao takvoj odnosila se navlas isto kao i prema svemu u životu, bez uzbuđenja. Vjerojatno iz čisto animalnih razloga ta je kmetska rulja općila i množila se divlje i rađala dječurliju koja je i dolazila na svijet i odlazila s njega neprimjetno, u kontinuitetu. Seks kao tema nije postojao, sve se odvijalo bez puno priče, tjelesno, teško i znojavo, često. A kmetske bračne običaje koje hrvatska golotinja i bosotinja gradila je stoljećima: brakovi bjehu nepisani ugovori, djevičanstvo nije bilo besplatno i nije bilo važno je li ženik bio deset ili pedeset godina stariji, ako je imao zemlje i dao kravu, forintc i zemlju, vjenčanje je obavljeno i zadruga je neko vrijeme opet imala što jesti. U slučaju udaje za siromaha, stvari su bile jednostavne, miraz mlade nije bio bog zna što. Kod puke sirotinje i jedna plahta bješe bogatstvo. Ženidbe sinova imale su pak drugačija pravila, bez istaknute „cijene". Rađali su mnogo djece koja su umirala, što od bolesti, što zbog gladi, što zbog povreda jer čim su prohodala, tjerana su na rad, ako ništa, kokoši čuvati i hraniti, ali raditi se moralo, nikoga se nije hranilo badava, ni stare ni djecu.

Dvije i dvadeset i neke bi takvi brakovi zasigurno bili nelegalni a supruzi od pedeset bi završili u zatvoru zbog pedofilije. Tisuću devetsto i trinaeste i ranije oko toga nije bilo problema, što samo pokazuje licemjerje katoličkih prelata kojima plaćanje mlade od petnaest-šesnaest ljeta i nasilna defloracija od strane pripitog svinjski debelog starog seoskog gazde nije bila čudna ni nelegalna. Mala baka rođena je trinaeste, a kad je došla uoči godina za udaju, ti su običaji ipak bivali sve manje izraženi. Doduše, sve do kraja Drugog svjetskog rata u Hrvatskoj, neovisno o vlasti Kraljevine Jugoslavije i NDH, zadržali su se običaji crkvenog bračnog prava...

Foringe života našeg zagorskog kmeta 1900-stotih poskakivale su kaldrmom zbiljski krvave priče u neprekidnom trajanju stoljećima i sva ona narodno preporoditeljska halabuka, sav onaj tzv. pokret buđenja nacionalne svijesti, koji je danas toliko cijenjen i poštovan od strane profesionalnih Hrvata-grobara 21.0 inačice, a koji je ubijen od strane bana kojemu je sam car Franjo Josip I. u znak osobite zahvalnosti što je hrabro spasio habsburške penise, vagine i guzice dodijelio grofovski naslov godine 1854., kmetu nije napunila trbuh ni ugrijala potleušicu. Ma što uradio kao za Hrvatsku, grof Jelačić Bužimski je spasitelj Habsburške Monarhije i ubojica hrvatskoga preporoda kao takvog. Kako se moje (ovdje: Rozikina strana) obitelji nije ticao potonji grof, tako ni urlanje oko protumađaronske pobune godine devetsto i treće, pa pete i tako dalje nije imalo pozitivan učinak na život moje bake Rozalije i njene obitelji. Uopće se svo to horvatsko hrvatovanje i borba za horvatske pravice odvijalo na nekom drugom ozemlju, vjerojatno i planetu jer običan smrtni život bivših kmetova od svega toga nikakve koristi nije imao. Uostalom, ni pradjed ni njegov otac, nitko od njih nije imao glasačko pravo.

Luka Lj. krstio je svoju kćer Rozaliju u crkvi S.V. i to ga je koštala kao svetog Petra kajgana jer što se mora, mora se i otplaćivao je on taj sveti sakrament dosta dugo, skupa s ostalim dugovima koji su se vremenom taložili kao ljepljiva ilovača. Krštenje devetsto i trinaeste nije bilo poput današnjih, sa skupim poklonima krsnih kumova, žderanjem i pijankom do jutra: kmet nije znao za proslave. Nakon krštenja možda se popila koja kupica kiseliša, pojela kakva mršava gibanica i svi su vratili na posao jer su i sutradan svi očekivali zdjelu kaše na stolu. Bilo je kako je bilo i to kako je bilo jedino je tako moglo i biti, pak ako je bilo kako je bilo jer drugačije nije moglo biti nego kako je bilo, onda neka ostane kako je bilo i u mojoj priči o tome kako je bilo kad je bilo tako kako je bilo. Hm, mnogi se sa ovime neće složiti, međutim abadjerati za svoje doista je značilo činiti sve što se moralo i to lišeno danas popularnog glamura hollywoodskih pizdarija: bajke o obiteljskom Edenu, o raju zemaljskom čak i u najvećoj bijedi, o tome kako je nestvarna slika nasmiješenih dječjih lica i njihovih roditelja moguća i u domovima gdje vladaju oskudica, glad i boleštine zapravo je plod crkvenih gluposti koju već dvije tisuće godina prodaje napoj pod čušpajz i to nejestiv, otrovan. Sumnjam da su moji pra i prapra djedovi znali nešto o ovim stvarima, no siguran sam kako su pravog životnog iskustva i mudrosti imali više od bilo kojeg grofa i prelata. Apsolutno.

(Opaska: ne odustajem rabiti naziv „kmet" za Hrvate-grobare, svoju obitelj i sebe. Ne osvrćem se na to što je spasitelj kuće Habsburg potpisao ukinuće kmetstva zbog posve zanemarene činjenice da se život „slobodnim" kmetovima ni za dlaku nije poboljšao. Veličanje grofa Jelačića i njegove nadpovijesne odluke o ukinuću kmetstva nije ni znanstveno sasvim „čisto" jer se naše velepoštovane umne 'rvatske cilindraške akademske glave nisu još uvijek složile koliko je zasluga za ukinuće kmetstva na spomenutom generalu topništva, a koliko banova odluka bješe tek potvrda carske volje iskazane u Patentima o ukidanju kmetstva iz Lj.G. 1781. i 1785., a potpisane pomazanom rukom Nj.C.I.K.V. Josefa Benedikta Augusta Johanna Antona Michaela Adama Habsburškog, rimsko njemačkog cara, hrvatsko-ugarskog i češkog kralja milošću Božjom... Za hrvatske ljubitelje povijesnih mitova nasušno je baš Jelačić Bužimski ukinuo kmetstvo jer, pas mater, Hrvatskoj je trebalo upravo to da Hrvat, hrvatski ban, barun, ta grofovstvo je dobio tek šest godina kasnije, časnik, vojskovođa i pobjednik mnogih bitaka za čast i slavu Beča i bečkoga trona, nositelj pola tone odličja od Austrijskoga velikog križa reda Leopolda i Zapovjedničkog križa Marije Terezije, pa preko ruskih križeva Andrije Aleksandra Nevskoga, Sv. Vladimira, Bijeloga orla te križa Sv. Ane prve klase, kao i Velikog križa hannoverske dinastije Guelph i tako dalje i tako dalje, je li, spasi horvatske kmetove iz uzništva jer se carski patent u legendu o hrvatskome spasitelju kmetova nikako ne uklapa. „Kaj bi tam neki car ukinul kmetstvo, to je naš dečec napravil, naš lancman, presvetli grof, nego kaj!" I dobro, neka je, a to što je, kad već pričam o braku i bračnim stvarima, taj isti hrvatski junak u svojoj pedesetoj godini života oženio šesnaestogodišnju djevojčicu Sofiju Stockau, kćer grofa Georga i Francizce Stockau, to nikoga od naših doktora povijesnih znanosti ne zabrinjava: pedofilske sklonosti jednog bečkog generala topništva opravdavaju se ondašnjim običajima i potpuno je normalno da se presvijetlome banu ne gleda u krevet jer njegova povijesna veličina nadmašuje njegovu benignu seksualnu aberaciju očitovanu kroz sasvim nevažnu radnju poput guranja presvijetlog grofovskog spolovila u vaginu maloljetne djevojke, po svemu još djevojčice. Hrvatsko licemjerje idu ruku pod ruku s hrvatskom glupošću.)

Život mojih predaka, obitelji moje Male bake očito nije bio ni po čemu bajkovit kao što se danas mladim generacijama prikazuju egzistencije naših starih kroz idiotske priče čistih 'rvatskih domoljuba utjelovljenih u samohodnim truplima čistih Hrvata: nisu imali vremena filozofirati o smislu života niti su tražili bitak, nisu ponirali u dubine svijesti, jednostavno su se borili preživjeti od dana do dana, od jedne večeri do druge večeri i tako sedam dana u tjednu, četiri tjedna u mjesecu, dvanaest mjeseci u godini i sve godine što ih im je život nanizao, nekome od njih malo, možda dvanaest, nekome trideset i jednu, a malo kome sedamdeset i osam. Po tome bjehu bolji od plavokrvne gospode, od 'rvatske elite, čak i od pisaca, pjesnika i narodnih vođa. Nisu živjeli iznad svojih mogućnosti, nikome se nisu ulizivali, ničiju naklonost stjecali na nepošten način. Ne sumnjam da su na svoj neromantičan način imali ljubavi jednih prema drugima, no nekih velikih izljeva osjećaja nije bilo. Težak rad, doslovno krvarenje da se ima što staviti u usta ne dopušta ljubavne drame.

Vjerujem i u to da za kmeta pojam „politički Hrvat" nije postojao. Spomen „starih hrvatskih pravica", ako su to ikada čuli, podsjećao ih je na davnašnje želje: oslobađanje od desetine i devetine, od štibre i svih daća, a hrvatstvo kao nacionalni ponos, ne, o tome nisu znali savršeno ništa. Imati što jesti, gdje spavati, kakvo prnje staviti na sebe i izbjeći da im krava krepa, da se ne dogodi još koji sprovod i da im ona jalova krčevina, što su je na jedvite jade stekli rodi koji logožar pšenice, ječma, čega već, da imaju veće nadnice i uopće manje briga na vratu. Skupljajući podatke za ovu scenu nabasao sam na mnogo upitnika i uskličnika, a vrlo malo odgovora. Tko je bio Luka Lj., praunuk Juraja Lj. i prapraunuk Jakova K.? Imena i prezimena iz matičnih knjiga katoličke župe S.V. ne govore više od onog što je zapisano: ne mogu krasopisom, u žurbi upisana imena odgonetnuti ni ispričati što su i tko su bili moji preci s bakine strane, ovdje pradjedove strane (prabakina strana po dubini, treća generacija u prošlost još je zagonetnija)? Kako je to sve skupa zapravo glupo: dičimo se precima, našim starima, prisežemo na obiteljsku i nacionalnu tradiciju kao na Sveto pismo, a što doista znamo o našim starima? Osobito ako su nam „naši stari" bili nepismeni i nikakvih artefakta o sebi nisu ostavili?! Kmetski fačuki i kmetska legalna kopilad rađala se i umirala kao NN, bezimena imena s imenom, kao nevažni, pa kad je iz takvog legla tko krepao, nestao je kao da ga nikad nije bilo.

Kopao sam po arhivima, dopisivao se s župnicima, ne znam kome sve nisam slao pisma, poruke i e-mailove ne bih li doznao barem nešto o obitelji Male bake. Jesu li naše obiteljske priče istinite ili su uljep-šane laži? U mojoj Crkvi, rad na obiteljskoj povijesti je u srži duhovnog uzdizanja i služenja Gospodu i bez tog rada osobno spasenje i spasenje naše obitelji nije moguće, pa ipak još nisam naišao na nekoga tko se pohvalio da su mu preci bili drumski razbojnici, ubojice ili tako nešto „lijepo”. Ne vjerujem da su svi naši preci bili anđeli poštenja i čednosti. Uspomene koje ljudi posjeduju o svojim mrtvima u fotogra-fijama, starim pismima, dokumentima ili obiteljskim legendama, pričama za koje nitko nije siguran jesu li se uopće dogodile ne mogu dati preciznu sliku obitelji, ali je ipak nešto. Haha, ja nemam ni to, nemam požutjele fotografije ni hrđava odličja, nemam darovnice, oporuke pisane drhtavom rukom, ni posjedov-nice nemam. Imena i prezimena, i to ne sva, nadnevci rođenja i smrti, i to ne za sve, znači nepotpuno i nedovoljno. A onda, da i imam sve, što bi mi vrijedilo, osim lakšeg koncipiranja priče, dodavanja vlastitih impresija, izmišljanja uglavnom. Ljudima nije svojstveno pisati istinu ni o sebi ni o svojima, o sebi naj-manje.

Pradjed Luka Lj. je još jedan upitnik u priči i njegova storija od rođenja do trenutka kad se preselio na onaj svijet godine tisuću devetsto dvadeset i pete, kad je nosio tek četrdeset godina na vratu ostati će po-malo mutna sve dok i ako se ne sretnemo, on i ja svi moji u vječnosti. Od 1913. do 1925. zbilo se mnogo toga. Između krštenja i smrti njenog oca, moja buduća Mala baka proživjela je uobičajeni pakao kmet-skoga siromaštva i gladi: njen otac, moj pradjed bio je jedan od naših bijednih zagorskih muževa koje je Carstvo u smislu nagodbe od 1868. pozvalo, „mobilizjeralo i v mundir domobranski obleklo i zlifrevalo perve na serpsku, pa na galicijsku klaonicu i tko zna gde sve ni bil taj naš zagorski jedni kmet i kaj se ni prešel i mertvih se nagledal i naftruc caru i kralu i banu i celoj toj karampuli krepanoj od k.u.k. sveta, biš-kupa i grofov, podbanof i velikih županof varaždinskih, plebanuša i zvonara, fiškala i bankara prokletih, na ftruc sima je barem jen kmet preživel se to klanje i doma se vrnul osamnajste kak zeleni kader pa su ga vlovili i v rešt hitili, i bili su ga, mlatili, pak je i to preživel, i onda se dime vrnul kak prebiti cucek i propil se je i hmrl kak hmiraju takšni, pijano, za ništ.”

Nemam pojma kako je proživio Veliki rat pradjed Luka i je li ili nije galoniran kakvom prokletom pleh-medaljom. Uistinu, nakon „Hrvatskoga Boga Marsa” velikog Krleže tko bi se usudio napisati ma i jednu riječ o toj sramoti hrvatsko-ugarskoj, o našim jadnim domobranima i njihovom crkavanju na poljima časti i slave habsburških zvijeri? Ja ne, ali da je Luka bio u ratu, bio je. Doduše, ne znam je li se radi o njemu, jer je slika mikrofilma jako mutna i teško se čita, no uspio sam, hvala Gospodu, pronaći jedan dokument, popis ranjenika feldšpitala zagrebačkog, nekakav divizijski popis ranjenika koji su se imali vizitinšpekciji dati i „natrag za Cara i Krala na front poslati, te proklete simulante.” Na tom mikrofilmu iz jednog bečkog arhiva (raritet prve vrste jer nema mnogo sličnih stvari iz k.u.k. Velikoga rata te razine) uočio sam: Luka L..., N., V.... Podaci o postrojbi bjehu također nečitljivi osim što sam razaznao da se radilo o poznatoj „vražjoj diviziji” ili 42. domobranskoj pješačkoj diviziji. E sad, kako je i je li uopće Luka bio u toj vražjoj diviziji, nemam blage veze, ali ma koja da je divizija bila u pitanju, uspio se dočepati doma, a što se zbi-valo od povratka do njegove smrti ne znam, a nije ni važno. Za ovaj prizor ove scene i ovo što imam sas-vim je dovoljno: istina ili laž, u čemu je razlika, obiteljska se povijest zaboravlja brže no što se odigrala, a oni koji pamte i „njeguju” obiteljske mitove ionako ne drže previše do istine.

Što se pak bake Rozalije, unatoč svemu što sam saznao, njena je povijest jedan veliki upitnik, neraz-rješiva zagonetka. Svaki dio njenog života je enigma: Rozalijina mladost prekrivena je plaštem neshvat-ljive tajnovitosti, a život nakon 1945. do 1972. je upravo prokleta misterija i za nijedan od odgovora koje sam ovdje „izložio” ne mogu tvrditi da je točan i da su događaji odigrani baš kako sam napisao. Prvi brak, drugi brak, je li ili nije bilo rastave u prvom braku, kako je napustila Jugoslaviju i kada, 1949. ili 1952., tko zna koje godine, kamo je otišla i gdje je to bila u BRD-u, kod koga je radila, tko je moj djed i tko je otac moga oca, ne bez ikakvog podsticanja na blaćenje bilo koga, kažem otvoreno, milijun je pitanja, sva bez odgovora. Međutim, u kazalištu smo i sve je moguće, a gledateljima, pardon čitateljima važna je priča, ne i njeno korijenje.

U njenom djetinjstvu ničega lijepog nije bilo. Poslije prvoga razreda pučke škole, a i tu je godinu više izostajala no bila nazočna na nastavi, Rozaliju otac više nije slao u školu. Shvaćanje i Luke i oca mu Valenta bješe jednostavno: „Treba delati na gruntu, a ne klatariti se po školami kak stekli pes. Od vučiteljof nikakšne koristi! Škola košta, gde zmoči peneze? I taj vražji vučitelj hoće iste vre kak i plebanuš. Delati se mora, v školu se ne mora, naj ideju v škole gospodska deca, neje to za kmeta! I šlus!" Dijete se nije pitalo.

Ratne godine i preokret, smjena carstva i nastanak nove jugosrpske države znane pod prvotnim imenom Kraljevina SHS skoro su dotukli sirotinju. Godine devetsto šesnaesta i sedamnaesta bile su iscrpljujuće i teške za cijelu Hrvatsku, a naročito za varaždinski kraj. (Rat i iznimno sušna godina poharali su cijelu monarhiju: vlasti su morale preseliti tisuće hercegovačke djece u sjeverne krajeve da ne bi pomrla od gladi.)

Mogu zamisliti kako je prolazila zadruga Lj. u doba koje je uništavalo i grofovska imanja i u kojem su dojučerašnji bogataši postajali prosjaci. Glad, bolesti, a i car i kralj doslovno im je oteo iz kuće šest radnih ruku (Luku, Ambroza i Imbru) da bi ih u ime Carstva pretvorio u potrošni militarmaterijal i abkomandirao iz civilstva u ratnike časti i slave. Luka se vratio kao duh, ništa od njega nije bilo. Ambroz se trudio koliko je mogao, davao je sve od sebe, no čovjek sa polupokretnom desnom nogom i bez lijeve ruke ne može činiti čudesa. Tijelo Imbre nije nikad pronađeno. Nestao, zarobljen ili se predao, tko je to mogao znati. Na adresu familije Lj. stiglo je tijekom mjeseci nekoliko depeša, sve jedna gora od druge. Prva da je po-ginuo, pa druga da nije, da je u nekom feldšpitalu, da je bio teški napad (izgubljeno je četiri divizije u tri dana) i da se sve ispremiješalo i da ipak nije mrtav nego ga je preuzela bolnica sasvim stote divizije. Po-tom je stigla nova depeša u kojem je opet proglašen mrtvim jer je ona prva depeša poslana krivo. Bio je jedan domobran s istim imenom i prezimenom, ali taj nije bio iz N. nego iz Špišić Bukovice, pisar je po-griješio i poslana je vijest na krivu adresu, pa rat je i stvari se događaju, a tog krivog mrtvog koji nije bio Imbro iako je imao isto ime i prezime, dakle, i njega su, izrešetanog kao sito za brašno, vozili iz špitala do špitala jer se nije znalo tko je on, a on iz razumljivih razloga nije mogao reći kojoj pukovniji pripada.

Prije rata je bilo nikako, u ratu pakleno, a poslije rata neizdrživo, naročito u prvo vrijeme, osamnaeste i devetnaeste, pa je došla „španjolka", jasno, kako već zlo pogađa sirotinju i nije bilo dana da stari Valent nije molio dragoga Boga da ga uzme k sebi jer se ovo izdržati nije moglo. Stoga se dvije godine po smrti Luke, godine dvadeset i sedme dogodilo jedino što se dogoditi moglo: s nepunih četrnaest godina, sitna mršava djevojčica Rozalija, toliko mršava da su joj se rebra vidjela ispod otrcane odjeće pune rupa, poslana je u Varaždin bez ičega, osim prnja koje je nosila na sebi. U skoro raspadnutim cipelama koje su bile poklon trgovčeve supruge župniku za potrebite (i kad su poklonjenje nisu bile za nositi, ali gospođa bješe čvrsto uvjerena da će bijednoj kmetskoj djeci dobro doći, još se cipele i te haljinice mogu nositi premda je i župnik vidio da se s tim krpama samo pod obrisati može), gladna, izgladnjela Rozika dovezena je načelnikovim foringama u Varaždin (to da Rozika i Valent nisu morali pješačiti do grada bila je nevjerojatna sreća: nekako se poklopilo da je načelnikov foringaš Jura, inače Lukine žene bratićev sin, morao u grad na željeznički kolodvor po neke pakete koje je milostiva gospođa načelnikovica poručila iz trgovačke kuće Kastner i Ochler iz zagrebačke Ilice, pa kad je Jura svojoj ženi Dragi rekao da sutradan ide za varoš, ona mu je odmah zapovijedila „naj zemi Valenta i Roziku, neju išli peške do varoša, a to ti je i tak usput, no poberi ih i otpelaj v Varaždin"! I on je, naravna stvar, tako i učinio jer raspravljati se s tom prokletom babom nije imalo nikakvog smisla, dokazati toj vještici da načelnik ne voli kad se netko vozi u njegovim foringama, a osobito ne prljavi nadničari je značilo samo otpočeti još jednu svađu i tučnjavu, a poslije zadnje, kad ga je „skoram zatukla s balticom", umalo nije izgubio posao jer je tjedan dana ležao u krevetu, a od otkaza spasila ga je načelnikovica koja je spram njega imala neki čudan pokroviteljski odnos - tek će se nakon smrti supruge gospodina načelnika, iz pisama i dnevnika pokojnice saznati kako je ta kćerka jednog mađarskog kraljevskog ugarskog činovnika najvišeg razreda, koja je stupila pred oltar u svojoj tridesetoj i drugoj godini i to na nagovor svoga brata koji je garantirao da je perspektivni mladi mađaronski nastrojen Hrvat dobra prilika i da će joj ispunjavati sve kaprice, i u kojem je braku provela mučnih dvadeset i devet godina, a da su dobili samo jedno dijete, boležljivog sina koji je skončao život s nepunih sedamnaest od TBC-a i opće slabosti, i da je načelnikovica bila ludo zaljubljena u foringaša svoga supruga godinama, ali iz njenog dnevnika se nije moglo shvatiti je li bilo afere ili je nije bilo, je li se žudnja njenog tijela ostvarila ili je sve ostalo na snatrenjima jedne frigidne, prekasno udate stare cure koja je napustila ovaj svijet nikad ne okusivši slasti prave tjelesnosti - i nije dopuštala suprugu, prefriganom konvertitu čija se jalova karijera vukla po provincijskom blatu kao duga proždrljiva zmija i koji je jednako „odano" služio k.u.k. monarhiji kao što je istovjetno ozbiljno prisegnuo na „vernost kralju i otadžbini", da „dragom Imbri dlaka ne sfali s glave") i toga je dana otpočeo njen novi olovni životni put s kojeg se, kako je ispalo, nikada nije popela na zelenu granu i konačno je na kraju i umrla u bijedi ne udaljivši se nimalo od sudbine mršave djevojčice koja je iskočila iz načelnikovih foringi ispred grofovske palače jednog dosadnog dana godine dvadeset i sedme.

Pradjed Valent nije imao izbora, odlučio je i učinio što je jedino mogao. Hrvatski kmetovi nisu živjeli u oblacima romantičnih sanjarenja, život im je davao samo patnju i svaki novi dan otvarao je nove frontove za nove borbe u kojima mjesta emocijama nije bilo. Krhka djevojka, još djevojčica niska rasta, povučena i sramežljiva nije bila dobra udavača. Od svih možebitnih ženika, ni jedan nije iskazao interes za nju. S druge strane, zadrugarstvo je propalo i svijet koji je nastupao imao je malo toga sa crno-žutim pravilima igre. Kraljevina SHS uvela je svoje regule i nametala ih žandarskim kundakom, no što se tiče bračnih prava u Hrvatskoj se ionako obdržavao bračni zakon katoličke Crkve koja se nije petljala s pravoslavnim i kraljevskim pogledom na brak. Stoga je jedina moguća odluka bila slanje Rozike posao u grad. Raditi će i zaraditi za kruh, a kod kuće će biti jedna usta manje... I kao zlo na zlo, poslijeratna depresija doslovno je uništila sve. Valent nije ništa mogao, bio je smožden. Trebalo je smanjiti broj usta u kući, samo jedna glava manje i ima malo više kaše na stolu. „Kak se ženiti nemre, treba joj posla najti, za ostanjke s gospodskoga stola, za dinar-dva, sejeno, ali delati se mora. Služila bu vu varošu. Bolšu priliku ne bu dobila, šteri bi je takovu htel zeti?!" - možda takve bjehu misli starog Valenta nekoliko dana prije nego je odvezao unuku u grad. Nije imao rješenje, raspitivao se na sve strane, ali bez uspjeha. U srbokraljevskome svijetu preko noći nastupili su novi uvjeti i novi način života i nije bilo lako pronaći službu za dijete, osobito ne za tako slabu mršavu djevojčicu.

Po tko zna kojoj crti (crkvenoj najvjerojatnije) u proljeće devetsto dvadeset i sedme godine Rozalija Lj. „isporučena" je svojim prvim gazdama, imućnoj grofovskoj obitelji na glasu u Varaždinu.

Međutim, ima li doista bilo tko od nas nepobitne dokaze o životima svojih baka i djedova, prabaka i pradjedova? Znamo li stvarne priče ili ipak na pozornici kazališta naših obiteljskih sudbina gledamo i slušamo prilagođene, često u mnogo čemu izmijenjene tekstove i scenarije koje, izuzev po imenima, a i ona nisu uvijek točna, sa stvarnim životnim pričama i nemaju mnogo dodirnih točaka? Siguran sam, odgovor je negativan. Hrvati smo i ne volimo istinu. Omiljeni hobi najzagriženijih zagovaratelja kulta „hrvatske savršene obitelji" jest upravo retuširanje prošlosti, brisanje i izbacivanje neprikladnih događaja i persona koje nisu bile na crti ideologije krvi i zemlje: slaganje scenarija, scenografije, kostima, glazbe i naracije ima samo jedan cilj, uvjeriti današnje i još nerođene generacije u od-stoljeća-sedmog njegovanu čistoću čiste hrvatske priče, kao u idiotskim pjesmama onog kreštala s nadimkom po engleskom automatu iz Drugoga rata! Ja, hvala Gospodu, ne spadam u tu kategoriju. Kako će moja grana obitelji po mojoj smrti nestati, pišem unatoč tome što ne znam je li se priča odigrala kako „stoji" na ovom papiru. Dajem tek inačice teksta, možda je bilo, možda nije bilo, a možda je i bilo i nije jer nikad se ne zna što je bilo, a što nije i tako u krug sve do povratka na početak koji je i kraj.

Mala baka, Varaždin, proljeće 1927. Bivši kmetovi i njihovi potomci slabo su poznavali vanjski svijet, za njih euforija novog svijeta izniklog iz pepela Velikog rata nije postojala. Lu-dilo dvadesetih, kao u Americi na primjer, zaobišlo je hrvatsku sirotinju. Moj pradjed Valent, sin „pravog" kmeta Juraja, kome ukinuće kmetstva nije donijelo ništa dobro niti mu se ubogi kmetski život imalo promijenio, trebati će preživjeti veliko habsburško klanje 14/18-te i dočekati konačnu smrt feudalne monarhije bečkih incestuoznih ubojica da bi se kmet oslobodio stiska grofovsko-biskupskog jarma bez zabune. (Kopajući po internetu i po arhivima saznao sam kako je jedna od župa iz koje potječu moji preci godine 1829. imala slovom i brojkom dvanaest kmetova koje su vodili na listama crkvenog vlasništva, sve zajedno s kravama, kokošima i svinjama, a što se tiče mog šukundjeda Juraja, pa on je bio u vlasništvu, tako reći, baruna Jordes von Lohausena, vlasnika starog dvorca u V., da.) Nakon što je doživio svu okrutnost rata na svojoj obitelji - posljednji carski rat oteo mu je sinove, jednog masakrirao, da mu se nikad nije našlo tijelo, drugog pretvorio u kripla nesposobnog za bilo što osim za čekanje smrti, a trećeg, Luku, zgazio i slomio pretvorivši ga u pijanicu i umobolnika - trudio se koliko god je mogao da svaki dan imaju što jesti i da vatra u šparhetu nikad ne ugasne. Starost donosi pokleknuće, a bolest, težak rad i neimaština učinili su svoje i sa sedamdeset i dvije godine na plećima Valent nije ni htio ni mogao drugačije. „Bu Roziki sigde bole nek kaj je dime! Barem bu imela jesti, v toplom bu spala. Je, a kaj bu, kakšna je, nišće je ženil ne bu, i žal mi je, sega vraga se srušile na nas i ja nemrem, velim pred Jezušem našim i Majkom Marijom i dragim Bogom, nemrem više, za pet ran Kristušovih, nemrem, se me boli i vre ne znam gda je hujše, z večerku ili vjutro, a takev kakev sem, same mi je za hmreti i ak hmernem, kaj bu z decu?! Ne, velim da je ove jeno kaj sem mogel napraviti i nek mi Jezuš oprosti ak je to vu jengovim očima krive!" Mislio je stari dok se drndao na foringama gospodina načelnika na putu za Varaždin.

Prošle su dvije godine od Lukine smrti. U kući je bilo svega manje nego ikad prije. Bjehu to dvije posebno teške gladne godine. Proklete. Gladne. „Cvirki se nisu halapali. Gda bi se vrnuli s pola ni klopce ne bi našli na sebi jer valda, tak lačnima i slabima, ni klopcima kmetska krv ni bila dobra. Kupica tuduma, fraklić tropice, makar kaj, ta vražja tropica ni bila rakija kak se spada, bi je spili i hmirali, od nje je i vrag bežal... Delati od jutra do sutra za ništ i čkometi jer tak mora biti kak je..." Lijegali su umorni, mrtvi i ustajali umorni, mrtvi. Nisu sanjali jer nisu znali što su snovi. Dvadeset i sedme ni mala Rozika ništa nije znala. Morala je ići u školu, ali nije išla. „Od te bedarije škole ništ koristi, a tulike je dela pri hiži i na gmajni."

Nepunih četrnaest i patnja koje nisu ni mnogo stariji iskusili. Glad, njen vjeran suputnik od rođenja. Očaj. Muka Isusova. I ona vječna zlokobna tišina u kući. Tišina koja razara um, lomi srce. Ubija dušu. U obitelji se nije mnogo pričalo, rijetko se razgovaralo. Navečer, kod mršave večere svi su šutjeli, pojeli onih par kmetskih zalogaja i naskoro bi sve utihnulo u tmini još jedne teške noći. Kašalj, teško disanje, prevrtanje, noć bez kraja do jutra. Možda bi nakratko prije spavanja Valent rekao koju, kao uputu za novi dan. I molitva, to jedino, obavezno, molili bi mehanički jer je u kući s njima živio strah od Boga: zato se molilo, kao uvijek. Četrnaest i život koji dolazi Roziku je prestravio, zarobio i zatvorio u ćeliju straha: nije očekivala ništa, ništa nije znala osim da će biti to što će biti i da ona sama ništa ne može protiv toga što će biti jer to što će biti će ionako doći jer tako to mora biti, da bude što mora biti. U dječjem umu mršave sitne djevojčice odvijala se drama, no ta drama za nju nije bila ništa novo, za nešto drugo osim drame ona nije znala, a nije znala ni to da je to što se događa s njom i oko nje - drama.

Na svom ležaju na ispucaloj krušnoj peći mnoge je noći slušala djeda kako sa stricom Ambrozom „pripoveda kaj da se dela s pucama i kaj bu se s njima na koncu sega tega zla". Drhtala je svaki put kad bi Valent rekao „mora otiti, v ovoj hiži ni kruha ni sreće za tu jadnu decu". Rozalija nije bila kao njena sestrična Ljubica. Dvije godine starija, već je izgledala kao žena. U svoj toj bijedi, Ljubica se činila, za neko čudo, sretna. Njena budućnost se riješila, našli su joj muža. Neki prekupac iz Varaždinskih Toplica, bivši austrougarski hintergrundski zastavnik koji je iz rata izašao punih džepova i koji se hvalio kako mu je djed bio upravitelj imanja grofova Oršić i da mu je presvijetla grofica bila patrona dok je prije rata pohađao školu u Pešti, ponudio je dobru cijenu za djevojku i za pola sata sve je bilo dogovoreno. U kasnim tridesetim još nije bio debela svinja, držao se prilično dobro i Ljubica je bila sretna što ne ide za nekog slinavog starca koji kašlje i bljuje krv. Vjenčanje se imalo održati za Božić i Valent je bio po tom pitanju zadovoljan. Rozika je bila sljedeća na redu jer ni ono što su trebali dobiti od novog zeta nije moglo popraviti stanje. Starac je znao da bi svako odgađanje za Roziku bilo teže nego da je što prije pošalje od kuće.

A ona ništa nije rekla, nije ni smjela. Današnjoj djeci je nepojmljiv odnos unutar obitelji od prije stotinjak godina. Balavurdija odrasla na internetu ne razumije kako su djeca morala starijima govoriti „vi" i da je izraz „kaj buju japa rekli" bio najbolji iskaz poštovanja kroz strah od očeve kazne. Najstariji u kući bio je bog i batina i njegova je bila prva i posljednja. Valent u svojoj mladosti nije ni pomišljao proturječiti svome ocu Juraju pa nije dolazilo u ob-zir da njemu bilo tko prigovara.

„Rozika ide vu varoš, vreme je i tak mora biti. Bog dragi i Jezuš nek je čuvleju vu svemu kaj je čeka, Amen." - time je sve bilo rečeno.

U varoš, u grad? Misterij grada i misterij svega izvan njihove blatnjave gmajne za suhonjavu djevojčicu bio je neizrecivo strašan i uzbuđujući. Nahraniti kokoši, „otpelati susedove krave na pašu, ribati štenge na farofu i čkometi kad bi je pijani japa plusnul gda bi se nažderani kak zemla doklatil dime tko zna otkud, slabe jesti i teške spati." To je bila priča Male bake. Čitati nije znala, pisati nije znala. U crkvu je išla sa strahom, kao svi, ta mise su ionako služene na latinskom, a svećenik je bio okrenut leđima pastvi, tako da.... ni u crkvi nije ništa naučila osim da je kriva za sve i da će cijeli život biti kriva bez obzira što činila i govorila.

Ne mogu dokučiti kako se osjećala baka kada je saznala za odlazak: vjerojatno nije rekla ni jednu jedinu riječ protiv toga. Naučena biti pognute glave i šutjeti, nije smjela istupiti protiv svog djeda. Rođena je u vrijeme zenita k.u.k. svijeta, još uvijek u feudalnim maglama zarobljenoj Hrvatskoj i nije bilo moguće činiti suprotno od djedove odluke. Kazna bješe jedini način komunikacije između onih gore i onih dolje. Rozika je bila dolje, na dnu, duboko, nigdje. Unatoč neznanju znala je gdje joj je mjesto i znala je da mora slušati.

(Omeđen dvjema granicama, poslušnošću i kaznom, život hrvatskoga kmeta traje tisuću i tri stotine godina bez izbora. U okovima služenja i ovisnosti o volji gospodara, vlasti, ma koja bila, grofovska ili današnja demokratska, hrvatski se kmet prepuštao i prepušta sudbini beznadežno moleći Boga za pomoć, ufajući se u sile nebeske, one iste pred kojima kleči strepeći od još strašnije kazne od samog života. Nema okrutnijeg usuda od života u podložništvu: kad čovjek ne može podići glavu, kad ne smije reći što misli, kad ne smije misliti, kad je rob i kad je pod stalnom prijetnjom razapinjanja na pranger i spaljivanja na lomači, što onda on uopće može? „Biti kuš! Čkometi, sagnuti se i još povedati „fala, prosim lepo"! Trinaest vjekova traje poniženje hrvatskog kmeta i isto toliko vremena je prošlo od prvog udarca bičem po njegovim leđima, a još se udara i to žestoko, samo ne bićem već zakonima, velikim ispraznim frazama poput demokracije, slobode, višestranačja i europeizma! Služenje bez riječi ugrađeno je u genetski kod hrvatskog kmeta: pomiriti se s ničim, s ništavilom i koprcanje u vlastitim fekalijama kao jedinom opcijom preživljavanja je konstanta onoga što se obično naziva život između dva datuma, onog rođenja i onog smrti. Svako vješanje na galge, svako obuvanje španjolskih čizama, svako ukinuto stečeno pravo, svaki prokleti rat i svaki porez koji se mora platiti i sve što u ukupnosti nevolja pada na neuku hrvatsku kmetsku glavu urezuje se u memoriju kao školsko gradivo i postaje fundamentalna spoznaja o životnim regulama i položaju kmeta u sustavu koji ne poznaje poštenje, iskrenost i dobrohotnost, razumijevanje i.... Ma što pričam i pišem, u hrvatskoj povijesti nema ničega za što bi se kmet uhvatio kao za nešto što je ljudski vrijedno! Njegova jedina svevremenska uloga bila je puniti grofovske i biskupske pivnice i ratovati za te iste grofove i biskupe, orati im polja, sijati i žeti, rađati se i umirati kako bi oni živjeli! Samo to! Kako nekad, tako i danas! Žali, Bože, rađanja, žali, Bože, življenja, tek je smrt olakšanje ma kamo duša krepanoga otišla, u raj ili u pakao.)

Baka Rozika. Djevojčice poput nje odlazile su u gospodske kuće kao sluškinje najniže vrste da bi izgubile i zdravlje i nevinost, tjelesnu i duhovnu, a što grofove i barunske guzice, što industrijalske, bankarske i inženjerske guzice, što fiškalske, nadstojničke i uopće dobrostojeće pripadnike elite, direktore, magistire farmacije, vlasnike novina i bolje plaćene činovnike, doktore i veletrgovce, veleposjednike i kućevlasnike, uopće kremu kreme, probrane i posebne nije ni najmanje zabrinjavalo, čak i više od toga, ovi izopačeni sladostrasnici kao da su uživali u mučenju mladih sluškinja.

Što je Rozalija mislila, osjećala, kako je uopće spavala te posljednje noći u rodnoj kući? Plakala je? Trzala se i znojila? Ne znam. Je li bila prestravljena? I te kako, pretpostavljam. Iz današnje perspektive komplicirano je razmišljati o predaji djeteta u strane ruke, na težak rad za ništa i bez garancija da će netko o njoj primjereno skrbiti. Zapravo, četrnaestogodišnja djevojčica nije smatrana za dijete nego za sluškinju, što je jedino mogla i biti, što je i bila, sluškinja, ali i „neosoba". Nitko u Rozaliji nije vidio dostojanstveno ljudsko biće, za gazde ona je bila kao kakva živa stvar, dio stroja koji ima zadaću osigurati (ribanjem štengi etc.) to da gazde žive udobno. Nevidljiva i brza, učinkovita, tako bi se to danas opisalo. U stvarnosti, dvadeset i sedme: jedi ostatke, spavaj na slamarici na prašnjavom tavanu, u sobičku bez prozora, sa svijećom, trpi uvrde ostale posluge, i batine također, kleči i ribaj, šuti i budi zahvalna na svemu jer si kmetska svinja, glupa kokoš, drolja i ništkoristi guska!

To je bilo sasvim normalno stanje i nitko se oko toga nije previše uzbuđivao jer to nitko nije ni primijetio. Što znači iskorištavanje, zlostavljanje i ponižavanje djece? Ništa, koga je bilo briga. Događalo se to kao što se smjenjuju dan i noć. Tako je i moja Mala baka još kao djevojčica predana u grofovske šape. To je jedna scena u ovoj predstavi, dio obiteljske priče kakvih ima na milijune. Ima ih, no nitko ih ne pamti, lakše je pričati laži, izmišljene storije o tradiciji koje nema. Ljudi vole iluzije: mi Hrvati smo bolesno skloni izgrađivanju imaginarnog svijeta opsjena i falsificirane prošlosti, svijeta koji nam je potreban kako bi se obranili od istine koja prijeti spuštanjem naših ega na razinu koju zaslužujemo, na platformu sasvim običnih smrtnika s teretom vlastitih, u pijesak zaborava duboko zakopanih sramota.

Rozika, kćer pokojnog Luke i Mare, unuka Valenta, po Lukinoj strani i praunuka Juraja, također po Luki, u proljeće Ljeta Gospodnjeg tisuću devetsto dvadeset i sedme, u pratnji djeda stigla je u Varaždin foringama gospodina načelnika i u tome će gradu, nakon putešestvije duge skoro šest desetljeća i umrijeti godine tisuću devetsto osamdeset i šeste.

Varaždin je tako postao mjesto bakinog usuda, grad iz kojeg je jednom otišla u potrazi za srećom, da bi se i vratila slomljena u grad vlastitih tuga, patnji i strepnji. Varaždin, moj rodni grad, onaj o kome se pišu hvalospjevi po internetu, koga u nebo uzdižu zaljubljenici u palače i groblje, u ciglu, drvo i žbuku i koji ne vide da se iza svih tih starovječnih zgradurina, iza baroknih večeri i špancirfesta, povijesne postrojbe, muzeja kukaca i staroga grada kriju ljudske sudbine. Ne vide fanovi „hrvatskoga Beča" ničije suze ni razočarenja, ne osjećaju tugu niti čuju vapaje za pomoć odbačenih, usamljenih i slabih. Uporno i dosadno se pozivati na slavu slobodnoga i kraljevskoga grada iz nekog crknutog vremena, a ne vidjeti susjeda koji nema što za jesti nije nego tipično hrvatsko provincijsko slijepilo, imunost na bol očajnih. Haha, smijem se iako nije smiješno, a onda, unosno je turistima prodavati priču o „Zlatnoj buli", znamenitoj ispravi kojom je Varaždin proglašen slobodnim i kraljevskim gradom po previšnjoj ruci kralja Andrije II Arpadovića, a što je bio iskaz osobite zahvalnosti gradu na pruženoj mu pomoći. Biti ponosan na „Zlatnu bulu" jednog ordinarnog bandita koji se godinama trudio svrgnuti vlastitog brata s prijestolja tri puta podižući oružje na njega, koji je umobolno žudio biti dux Dalmatie et Croatiae i koji je stavio krunu na svoju glavu tek po smrti nećaka, bratovog mu sina i koji se nije iskazao kao kralj jer bješe slabić i ništarija, dičiti se time da su naši varaždinski preci priskrbili tu prokletu „Zlatnu bulu" hraneći toga Andriju II Arpadovića, tada zatočenog u obližnjoj kuli, mogu samo ljudi koji ne drže do sebe i svog karaktera, točnije koji karaktera nemaju! U redu, zvuči pretjerano jer, reći će, svako vrijeme nosi svoje i zašto se ne hvaliti tom bulom kad je već imamo i tako dalje..., no nisu stvari baš tako prozaične. Ma koliko se čuvari tradicije naših djedova trudili nepristrano predočiti povijesne fakte samo kao povijesne fakte (ma što to bilo), ipak ostaje nepobitna istina da je Varaždin „Zlatnu bulu" dobio kao rezultat pristajanja na jednu stranu u ratu kojeg je započeo jedan brat protiv svog brata kralja. A onda, kako je rat tvornica krvi i leševa, famozna bula je kupljena krvlju, a to nije nešto čime bi se pristojni ljudi trebali hvaliti.

U takav grad obrtnika, grofovskih palača, u grad cehova i „Zlatne bule" dovezla se moja Mala baka da bi četrnaesti i mnogo drugih rođendana dočekala bez torti i bez čestitara s poklonima. Ništa ona te dvadeset i sedme godine dvadesetog stoljeća nije znala. Nije čula da je osnovan BBC, da je Chiangkay-Skek ušao u Šangaj niti da je Linbergh preletio Atlantik. Nije znala ništa o svijetu koji o njoj jednako tako ništa nije znao (a nije ni pitao).

A kako je i s čijom pomoći Valent pronašao „posao" za svoju unuku Roziku nije mi poznato. Možda mu je pomogao župnik, svećenici obično imaju solidne kontakte po raznim crtama interesa i nije nemoguće da je baš on javio ocu pokojnog Luke o prilici za moju baku. Ne znam, a možda su se dovezli u grad „na slijepo" i obilazili gospodske kuće kucajući od vrata do vrata i tražeći pogodnu službu za djevojčicu. Moglo je biti ovo i ono, svašta je moglo biti.

Baka Rozika je u svemu ispisala svoju priču i odigrala svoju ulogu kako je odigrala. Ostavila je iza sebe plodove svog života koje ja, njen unuk, sin njenog sina i moje majke obilato koristim u pisanju ove kazališne priče. Nisam zaslužio bakine plodove, a uzeo sam ih. Ne-mam nikakvo pravo a njih, a svejedno ih rabim. Bez pitanja, onako kako to čine nezahvalnici.

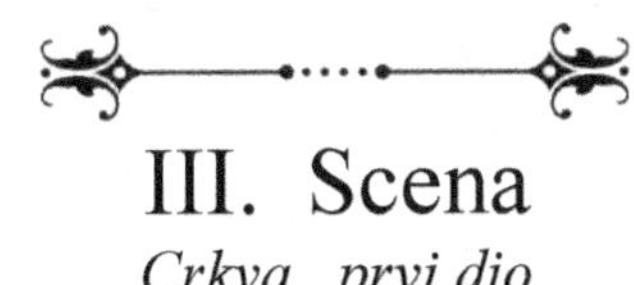

III. Scena
Crkva, prvi dio

„Svi žele ući u raj, ali nitko ne
želi umrijeti"

Joe Luis

Gospode, zašto ja? Čime sam zaslužio Tvoju ljubav? Zašto me toliko voliš, Kriste? Zašto me naš Nebeski Otac, Svemogući živi Bog voli? Ne zaslužujem tu nebesku ljubav, Spasitelju ljubljeni... Skoro će biti pet godina kako se trudim biti dostojan tvoje vječne žrtve, tvog vječnog pomirenja, ali mi ne ide mi, kao da je nešto krivo u meni... Zašto se toliko trudiš oko mene? Gospode, ti koji si Kralj nad kraljevima, Alfa i Omega, početak i kraj, Stvoritelj svega u ime Oca, Spasitelj i Otkupitelj, Ti, koji si oduvijek i zauvijek, koji si bio najmanji jer si najveći, a ipak misliš na mene, grešnika i pokajnika, obra-ćenika koji je kako do jučer živio u paklu grijeha. Zašto, Kriste?! Reci mi, što je krivo sa mnom? Tko sam ja, ljubljeni moj Isuse?!

Zašto si me blagoslovio očišćenjem srca tvrdog i oslobađanjem duše iz okova zemaljske ispraznosti? Gospode, toliko pitanja ne mogu više podnijeti! Zašto me voliš?! Zašto, o Kralju moj?! Zašto si poslao po mene vojnike svoje zemaljske? Zašto si poslao svog najboljeg anđela zemaljskog? Zašto si učinio da do-đem u novi Sion, na tvoje sveto tlo? Zašto, Kriste? Nisam dostojan tih blagoslova i Tvoje ljubavi...

Ne, nisam živio četrdeset i osam godina u nevjeri samo zato što sam rođen i odrastao u socijalizmu: nisu komunisti krivi za moj ateizam, a ako dobro razmislim, njihova je krivnja za to najmanja. Ne negiram pri tome da su prva desetljeća mog egzistiranja na hrvatskom tlu prošla u klesanju mog uma i duše oštrim srpom i teškim čekićem samoupravnog socijalizma, no kako nisam od vrsta novo'rvatskih političkih koko- šara, profesionalnih domoljuba i „profesionalnih katolika", koji su svi redom oboljeli od teškog oblika progresivne demencije, te se svojih predživota iz doba maršalove federacije ne mogu nikako sjetiti, iz pu- kog poštenja ne želim prepravljati svoj životopis kakav god da jest. Posljednjih trideset godina u Hrvatskoj, na njenoj pozornici kazališta istina i laži stupaju najraznovrsnije nakaze lišene bilo kakvog oblika elementarne pristojnosti, karaktera i ljudskosti (pa bila ta ljudskost tek spisateljska fraza): jebivjetri najniže razine, ništarije izlegnute u brlozima sramote, glupani koji su kao neželjeni produkti pijanih sno- šaja u stražnjim dvorištima balkanskih krčmi proživjeli veći dio svog životnog vremena kao blune nedos- tojne čak i socijalističkih karijera, bratija umobolna, bastardi bez časti i imena iznenada se preobratiše u vjernike i postadoše slijepo odani sljedbenici ultramontantskih pomazanih ljubitelja dječaka, mladih nevi- nih djevojaka, zlata, njemačkih maraka, američkih dolara, kasnije europskih eura i sličnih papirića, te su u svojstvu svećeničkih patrona, u smislu izdašnih donacija, više iz državnog nego iz vlastitog džepa, zauzeli najistaknutije pozicije na novoj hijerarhijskoj ljestvici moderne 'rvatske aristokracije, bez grbovnica i ple- mićkih povelja, ali s mnogo novca i političke moći. Pripadati tom krdu govnara zahtijeva naročitu pokva- renost i beskičmenjaštvo, izostanak svake moralne crte i, naravna stvar, biti bez obraza toliko da se unatoč svemu mogu smijati u lica smrtnika, budala koje sve to plaćaju jer su porezni obveznici, no što se mene tiče, talenta za takvu vrstu sporta nikada nisam imao. Uostalom, biti kompanjon i prijatelj s buzorantima u reverendama mi se činilo odviše odiozno za moj ne baš profinjeni ukus.

Nisam vjerovao u Boga zato što sam odrastao u komunističkom sustavu. Vjerojatno krucijalni razlog moje averzije prema Bogu na katolički način leži u ljubavi prema knjigama. Zanimljivo, isprva, kao đak- prvak nisam se baš iskazao: ponavljajući prvi razred osnovne škole zbog jedinice iz hrvatskoga jezika (u to vrijeme službeni naziv bio je „hrvatski ili srpski jezik", što je bio jedan od mnogih neuspjelih pokušaja brisanja hrvatstva i stvaranja umjetne i neprirodne jugoslavenske nacije s dominantnim utjecajem srpstva) nisam ničim pokazivao da bi mi čitanje bilo posebno interesantna zanimacija, ali ipak jest i tijekom godina kroz moje ruke prošlo je tisuće knjiga. Nisam zbog toga postao ništa pametniji niti sam pomoću čitanja naučio živjeti (da jesam, život bi mi bio uspješniji). Međutim je u mom nekorisnom mozgu ostalo poneštao od svega pročitanog i zadovoljan sam i zahvalan samome sebi što je tako. Kad čovjek barata (nekim) činjenicama, može pristupiti egzistencijalnim i inim pitanjima mnogostruko lakše nego kao neuki glupan. Dokaz tvrdnje: moje odvajanje od katolicizma.

Ah, katolička klika nije gora ni lošija od komunističke bagre ili ove današnje demokratske, sve su to ista govna s kojima pristojan čovjek nema što raditi: haha, nisam pristojan, jesam li čovjek, to ne znam, ali da nisam uz ovu kamarilu, to stoji. Priznajem, tko bi jednog smotanog lika, živčanog, sklonog eskapadama htio među elitom, među moralnim, intelektualnim, političkim, vjerskim i svim ostalim vertikalama i uzorima'?!

Jedan cusravi slinavac, ružan netalentirani balavac, jedno čudno stvorenje sirotinjske obitelji ni u vrijeme mračne jugo države nije bilo zanimljivo perverznjacima u dalmatikama. Dodušе, današnja trkeljanja lažnih kroničara socijalizma o tome kako je katolička bratija bila upregnuta u težak jaram političke nepodobnosti ne idu mi baš na ruku, no kako sam rođen šezdeset i osme, vrijeme mog djetinjstva i rane mladosti bilo je daleko do brutalne represije komunista nad crkvom kao u poraću i u pedesetim godinama. Konačno, a ovo nisam ja izmislio, upravo istinski katolici starije dobi danas svjedoče kako su crkve bile kudikamo punije u „onom sistemu" nego što su danas. Srećom po opstanak katolicizma i katoličke crkve, veza države i Vatikana, pa time posljedično i kaptola i crkvenih glavešina je armirana do mjere da je ni Bog ne može raskinuti sve da i hoće, a neće jer On je odavno od 'rvatske dignuo ruke...

„Uzeo" sam „stvari" iz knjiga. Ovdje nešto, tamo malo, ondje koji pasus, koju rečenicu i sklapajući od toga nekakvu misao, nevažno je li bila logična ili ne, popeo sam se na dovoljno visoku stubu vlastitog promišljanja o pitanju crkve do koje nisu mogle doprijeti ručetine pomazanih pervertita i lažljivaca.

Uza sve to, materijalna strana bijaše od ogromne važnosti za moju nepripadnost katoličkom kazalištu: popovi ne vole sirotinju. Na stranu uvriježeno mišljenje kako karitativno djelovanje rktl. crkve čini čuda: gologuzi im nisu po volji, izuzev golih guzica njihovih mladih i premladih pružatelja i pružateljica noćnih utjeha koje troše jednakim žarom kao što gutaju pečene odojke i janjce. Od moje obitelji novaca nisu imali, a gdje nema para, nema ni muzike. Crkvene nikako.

Nisam volio crkve, mislim na čudovišne prastare građevine koje su mi oduvijek zastrašujuća mjesta opasnih tajni, straha i prijetnje. Milijuni upaljenih svijeća i polumrak, zaglušujuća neprirodna tišina, smrad grobljanski i ledena atmosfera blizine smrti unutrašnjosti katoličkih zdanja od malih nogu bjehu moje impresije i slike koje su mi se urezale u sjećanje i koje me i danas tjeraju na povraćanje svaki put kad pomislim na to. Teško disanje, ljepljivi miris jeftinog šampona, masni prsti i vinski zadah popova je ono što sam upamtio iz susreta sa zaređenim upražnjivačima smrtnih grijeha. (Nova opaska: točno, „pop" je i hrvatski naziv za svećenika koji se rabio stoljećima, ali objasniti to novopečenim domoljubnim „vjernicima" je iluzorni posao.) Međutim, ako su osobne spoznaje o crkvi temeljene na subjektivnim prosudbama onog intelektualnog (čitanje knjiga, napr.), vizualnog i drugih dojmova, a jesu, i ako takve spoznaje ne moraju uvijek biti racionalne ni u skladu sa stvarnim stanjem, onda je osobno iskustvo, tjelesno, materijalno, kako god ga nazvali, ono čiju vjerodostojnost nitko ne može osporiti čak ni uz navođenje emocija kao preprekama za pravilnu ocjenu stanja. Naime, ni knjige, ni socijalistička škola, a ni gađenje na svaki doticaj s tamjanom i popovskom facom, ma ništa me nije bolje podučilo kao što je to bio jedan snažan popovski šamar! Da, redovnički šamar mi je detaljnije definirao katoličku vjeru od svega nabrojenog!

Šamar? Zanimljivi prizor ove scene kazališne predstave: neke sekvence ove priče nadilaze moju imaginaciju za pisanje. Kako i zašto? Čudni su putovi...

Ne sjećam se ni kako ni zašto sam u jednom (vrlo kratkom) razdoblju svoga djetinjstva pohađao vjeronauk. Istina, s majčine strane svi su bili vjernici za primjer, no kod nas doma, u stanu, vjera kao takva nije bila izražena ili se ne sjećam dobro, vrag bi znao. Kako bilo, imao sam šest ili sedam godina kad sam vrijeme umjesto u igri provodio u učionici za vjeronauk u kapucinskoj crkvi, tamo kod autobusnog kolodvora (to je kapucinski samostan i crkva Presvetog Trostva: mi smo spadali pod župu Svetog Vida, a išli smo u kapucinsku crkvu, kod kapucina koji su pak službeno u Varaždinu od 28. listopada AD 1699., što je podatak za koji ne znam zašto ga ovdje navodim, haha). Činjenica da smo mi djeca bez problema mogli na vjeronauk demantira „čuvare" 'rvatstva i vjere koji uporno inzistiraju na tome kako se u crkve nije smjelo. Nisu išli komunisti, prisegnuti „vjernici" partije i maršala, oni isti koji su danas u prvim redovima na misama i u procesijama. No kažem, ne znam, nisam vidio jer nisam znao da moram gledati, vrlo je vjerojatno da su ispred i oko crkava patrolirali crveni žbiri snimajući one koji su se usuđivali ući u crkvu, a bjehu članovi partije i drugovi i drugarice rukovodioci, ali za nas djecu socijalističke sirotinje to nije značilo ništa. Ni za naše roditelje, nije se partijski aparat bavio gologuzim radničkim smećem. Za sustav nismo bili opasni kao što su to bili otpadnici od partije, disidenti, dojučerašnji maršalovi lakaji koji su zbog ovoga ili onoga stavljeni na listu za odstrel, da bi preko noći od uvjerenih komunista postali zagovornici demokracije ili pak tvrdi nacionalisti s latentnom ustašofilijom i katoličkim fundamentalizmom kao ideološkom potkom.

Zato je vjeronauk bio normalna stvar, mislim za roditelje i obitelj, a za nas djecu smrtno dosadan gubitak vremena. Koliko dugo sam bio popovski učenik, pardon, učenik fratara (kapucini nisu dijeceza, ispričavam se) ne znam, stvarno se ne mogu sjetiti. Moj cerebrum, i inače s vrlo niskim postotkom radne učinkovitosti, nije zabilježio bog zna što i sve o čemu su me podučavala strašila u ružnim smeđim habitima opasanim kordom kao da nikada nije ni ušlo u moju glavu. (Opaska: „Ne sjećam se". Ne sjećam se da sam se sjećao i ne sjećam se ničega što bi me potaklo na sjećanje. Pišem što mi se odigrava ispred očiju u ovom trenutku, dok držim grafitnu olovku i usput pijuckam običnu vodu s ledom i limunom, moje omiljeno piće posljednjih godina.)

Znači, ne sjećam se što je nagnalo debelog fratra da me napadne, ne znam što sam učinio i čime sam zaslužio udarac dlanom u glavi, ali znam da me taj pretili majmun nije smio udariti. (Bio bih apsolutni idiot kad bih divljački napadao franjevce kao zle ljude. Nepobitno je da su osnivači trećeg ogranka franjevačkog reda, čiji članovi redovnici djeluju i u Varaždinu, braća Rafael iz Fossobronea bili sušta suprotnost Aleksandru VI iz loze Borgia, pak ne sumnjam u to da su svoj ogranak Ordo fratorum Minorum Capuccinorum godine 1525. osnovali po svim postulatima Kristove ljubavi, dapače vjerujem da su im nakane bile čestite i ni po čemu protivne evanđelju Isusa Krista, ali u kontekstu hrvatskog vjerskog stanja, stvari nisu baš tako naivno čiste. U Hrvatskoj je služenje Bogu malo kad imalo veze s dobrohotnošću i ljubavi. Redovnici, dijecezanski svećenici, prelati, prebendari, časne sestre i sva ostala zaređena pigra masa ultramontantskih plemenitaša stoljećima na ovim prostorima svrhu svog postojanja vide isključivo u punjenju vlastitog utroblja i vlastitih pivnica, a u moderno vrijeme bankovnih računa, kupnji skupocjenog voznog parka i plaćanja svih ostalih nezajažljivih prohtjeva. Duhovna strana priče im služi kao alibi za ispunjenje snova i zadovoljenja žudnji, što je sve pupčano povezano sa zemaljskom vlašću. Nekad to bjehu grofovi, banovi, kraljevi i carevi, a u trećem mileniju to su predsjednici, premijeri i župani, ministri i gradonačelnici, saborski zastupnici, 'rvatski tajkuni, generali i ostala cilindraška gamad. Stoga ne mislim kako su svi u kapucinskim i ostalim svjetovima danas sto posto kristoliki: biti u strašnoj potrebi i doći do toga da se mora kucati na olovno teška, svetom vodicom poškropljena vrata katoličkih crkava i samostana i moliti, preklinjati, poniziti se do negiranja onog ljudskog u sebi - oprostite mi, Fritz, što vas kopiram - nadajući se utočištu bez uvjeta i komadu kruha bez prodike znači pobjeći od Boga, znači izdati Krista i umjesto ufanja u njega predati se vladaru tame, Sotoni!) A jest, podigao je ruku na mene supijani fratarski koprofag.

Koju i kakvu sam nepodopštinu učinio stvarno ne znam. Prije početka sata vjeronauka, u zagušljivoj učionici vlažnih zidova u koju su natrpali desetak stolova i dvadesetak neudobnih drvenih stolica, mi dječaci smo ludovali baš kao što to dječaci od šest-sedam godina svakodnevno čine u cijelom svijetu, jednako prije pet tisuća ljeta kao i te sedamdeset i neke. U jednom malom odsječku vremena odigrani je kazališni prizor o čijoj mi je istini teško zboriti jer se radi o meni: zanijekati spomenuti događaj ne može nitko, ni njihova katolička nebesa ne mogu jer se sve zbilo na „svetom crkvenom tlu". Igrali smo se, glupirali, možda sam opsovao, ne znam što je bilo. Iznenada igra bješe prekinuta, prestao sam se smijati. Teška debela ručetina svom se snagom spustila na moje rame i okrenula me u sekundi: prestravljen ugledao sam slinavu izbuljenu njušku gojaznog znojavog fratra. Zaudarao je na vino i duhan, drhtao je dok su mu iz očiju sijevale munje. Dahtao je kao tri stotine kila teški krmak: niz masne mu je obraze, preko rijetke brade požutjele od cigaretnog dima tekao znoj. Ošamutio me je smrad luka i kobasica, možda pečenja, vina i neopranog tijela koje se kuhalo kao usmrdjeli špek u pretis loncu, bješe početak ljeta, vrući dan, a ovaj slonovski težak fratar nosio je još i civilnu odjeću ispod habita. Zanijemio sam, rekao bih da su mi oči bile izbuljene, a lice mrtvački bijelo. Ili je bilo modro, crveno, bezbojno, nekakvo. Desetinku sekunde kasnije redovnik zla opalio mi je šamar koji je odjeknuo kao bomba: u učionici je postalo tiho od kad se debeli stvor zaletio prema meni. Dječaci su se skamenili, povukli na stranu i spuštenih pogleda, onako is- pod oka i grizući usne čekali što će biti. Nisu bili iznenađeni, nipošto. Odgojne fratarske metode temeljile su se na tradiciji svete rimske inkvizicije, u blažoj formi, jasno.

Glava mi je odletjela, zateturao sam unatrag i pao na hladan betonski prljavi pod i udario, glavom o drveno sjedište prevrnute stolice. Zacvilio sam kao odojak na klanju dok mi je iz nosa tekla krv. Ne mogu točno opisati, ali sam uvjeren kako mi je glava skoro eksplodirala: šamar, pad, udarac glavom o stolicu i ogavna labrnja smrdljivog fratra. Pretilog udarača se nije dojmio moj plač. Ni najmanje. Htio je ponoviti udarac u svrhu, no nije dospio. Nekako sam ustao i izvukao se iz opasnog područja i već za nekoliko tre- nutaka trčao sam doma, uplakan, krvav, u bolovima.

Utrčao sam u kuhinju. Tata je sjedio za stolom i čitao novine uz cigaretu i kavu. Spazivši me, ustao je i zagrlio me. Nije vikao kao što to obično očevi čine kad im se sinovi vrate neuredni, razbijenih glava, krvavi. Kroz plač sam ispričao što se dogodilo.

Ovoga se vrlo jasno sjećam: stisnuo je usne, lice mu se steglo, oči su dobile opasnu boju bijesa. Nasmiješio se, pripremio mi je večeru i rekao da brat i ja možemo gledati televiziju. (Nije bilo kao što je danas, mi djeca imali smo privilegiju gledanja televizije samo vikendom, a i to ne ako smo napravili kak- vu pizdariju.) „Ne brini, budem to rešil. Brzo se bum vrnul. Ne delajte bedastoće dok je mama na poslu.” - otprilike to bjehu tatine riječi. Što je i kako je „riješio” problem s fratrom stvarno ne znam, ali od toga dana ni ja ni brat nismo više kročili na vjeronauk. Ni u crkvu, osim na pogrebe kojih je u našoj obitelji bilo mali milijun, što se ne računa jer ići na sprovode i mise zadušnice nije po volji ni odraslima, a kamoli djeci.

Eto, vjeronauk i šamar kao dio averzije prema katoličkom univerzumu na zemlji, točnije u Hrvatskoj. U Varaždinu. U jednom uzaludnom usranom životu. Po spajanju svega doživljenog i svega pročitanog, do- lazim do ovog zaključka: nisam vjerovao u Boga jer nisam htio vjerovati i jer se tako dogodilo. Događaju se ljudima i strašnije stvari od nevjerovanja. Meni se dogodilo. Nisam htio! Brevijar nije bio moje omiljeno štivo, hagiografija me nije zanimala, a o Vulgati nisam ni razmišljao, ni na koji način zato što ni- kad za to nisam čuo! Naposljetku, svatko tko je barem primirisao (učenju) povijesti i tko onome što je iza nas ne prilazi s pozicije suca, a i tko je dovoljno hrabar da misli svojom glavom, zna da pitanje povjerenja u nauk i poslanje katoličkih autoriteta i same crkve kao institucije ne može polaziti od osobnih vjerskih uvjerenja i onog što ljudi zovu kućni odgoj. Svesti prosudbu katolicizma na šupljikavu vjeru i nekristoliku dogmu unaprijed anulira svaki napor postavljanja slike u jedini mogući okvir, u okvir stvarnog života. Naprotiv i u inat svima kažem, a i zbog onih katoličkih vjernika, dobrih i časnih ljudi koji nemaju nikakve veze s crkvenom oligarhijom, rečeno pitanje ne egzistira! Svatko od nas, ja sam i svi smrtnici na kugli zemaljskoj, ako vole, ako istinski poštuju druge ljude i ne mrze, ako su spremni prihvatiti univerzalne ne- beske vrijednosti nauka Isusa Krista (koje se mogu pronaći u svim religijama kao i kod nevjernika upravo zato što su nebeski čiste i božanski vječne), onda nikad neće pristati na manipulaciju katoličkih nositelja mitre i sličnih lutaka, ali ni bilo koje denominacije koja rabi mržnju, vatru, patnju i smrt i pri tome se po- ziva na Spasitelja svijeta. To jedno s drugim ne ide.

Nisam vjerovao u Boga. Izvršavati i obdržavati dekalog nije mi padalo na pamet. Poslije onog šamara godinama sam bježao od vjere i svaka pomisao na Božje zapovijedi koje ne poštuju ni oni koji su nebeski predstavnici na zemlji izgledalo mi je odviše glupo.

(Opaska: Važno je jer ne želim ispasti antihrvatski nastrojen. Sve što se odnosi na katolicizam u ovoj predstavi vrijedi i za trofaznu bandu: pravoslavlje nije nimalo benginije od katoličke im subraće i sestara, baš nimalo. Razlike u dogmi, u obredu i u načinu financijskog funkcioniranja ove dvije crkve koje su u svađi od godine 1054., je li, ne vrijede kad se govori o zlu i suštini postojanja na ozemlju bivše jugoslavenske federacije: po snazi prezira spram djece Božje, po pohlepi i brutalnosti otimačine od sirotinje i posljednje korice tvrdog kruha, po dvoličnosti i bezboštvu obje strane ove kvazikršćanske medalje su identične, kao jednojajčani blizanci. Jedino što čini razliku među njima jest to što su pravoslavni popovi - ne svi! -nositelji sotonske mržnje prema svemu hrvatskom i što su predvodnici križarskoga rata protiv Hrvatske stoljećima, a najsnažnije i najkrvoločnije posljednjih stotinu godina s apostrofom na zvjersko razdoblje devedesetih dvadesetog stoljeća, u godinama raspada Jugoslavije. Trofazna vojska pravoslavnih širitelja zla nadmašuje isto kod hrvatskih katoličkih popova po tome što potonji nisu odveli hrvatske tenkove i topove na srpsko tlo i nisu pozivali da se uništi Srbija. A onda, kako s pravoslavnim popovima i njihovom crkvom do početka rata doista nisam imao nikakvog kontakta, to ih ne mogu postaviti na kazališne daske u ovoj sceni. Godinama sam o srpskom leglu u Varaždinu razmišljao kao o dijelu komunističke klike i tek u ratno vrijeme moj fokus na utjecaj ortodoksnog zla i velikosrpstva poprima čvrste vjerske obrise.

Ponavljam, nije me briga hoće li me netko popljuvati, napasti zbog hereze ili proglasiti ateističkim smećem! Nije me briga! Nisam vjerovao u Boga jer nisam htio i zato što bih sam sebi pljunuo u usta da sam prešao preko svih spoznaja i pristupio njihovom klubu iz vlastitog komoditeta: ne u socijalizmu, no u modernoj demokratskoj Hrvatskoj status aktivnog vjernika katolika (za vlasti sklone opice) nosi sasvim konkretne benefite koji su stari partijski sekretari mogli samo sanjati u godinama crvene strahovlade.

Što znači vjerovati u Boga kao katolik? Uključuje li pokornost katoličkom vrhovnom šefu u Vatikanu samovoljno odustajanje od zdravog razuma? Nije li pogrešno slušati smrtnika, pa bio on i papa, a ne Gospoda? Dolje, među plebanušima i pomazanim njuškama nižih kategorija stvari se ne vode oko visoke politike već se rješavaju „životna" pitanja: kakvu će makinu kupiti, mercedes ili BMW, što će se žderati i što lokati, kamo će na odmor i koliko će novca poslati na tajne račune u Austriji, Rimu i Švicarskoj, a kao šlag na tortu, tko će od mlade piletine, po rasporedu pisanom svevišnjom rukom zemaljskog nebeskog čovjeka, leći u krevet gospodina velečasnog, prečasnog, monsionjora: pa nek' odabrani ili odabrane odglume žive kalolifere... Napokon, svi smo samo ljudi i svi imamo svoje potrebe, nitko nije savršen. O tome se sve zna, to je je javna tajna vjekovima, međutim kako je još na djelu starodrevni strah od inkvizicije i lomače, crkva ostaje čista unatoč prljavštini. Ljudi su kukavice.

Dvije tisuće godina je od izdaje Otkupitelja svijeta i svaka od tih dvije tisuće godina ispunjena je neizbrojenim grobovima u kojima trunu kosti nevinih sinova i kćeri Boga Svemogućega, žrtava koje nisu imale priliku čuti istinitu riječ Kralja nad kraljevima. Katolički (i ne samo njihovi) prezbiteriji su upravo to, izdvojena mjesta posebno odabranih mrzitelja ljudi određenih i izvježbanih otimati i na krvi put navoditi djecu Božju u njihovom smrtnom životu. Umjesto širenja poruke nade, svjetla svijeta, lažni emisari dva milenija šire mržnju, mrak i smrt. Njihova je vjera puna smrti, sve je podređeno grobljima i grobovima, čak je i smrt Krista na križu pretvorena u kultnu smrt koja nije pobjeda na smrću nego je opravdanje za držanje u pokornosti vjerničkoga stada: nametnuvši osjećaj krivnje cijelom čovječanstvu za patnje Isusa Krista, popovi stoljećima drže ljude u očajnom strahu zbog nečega s čime nemaju baš nikakve veze. U njihovim je propovijedima Bog vječito namrgođeno strašilo koje prijeti sudnjim danom, strašnim kaznama, koji u svojoj djeci vidi samo grešnike i lažljivce i koji, jasno, na svome svećenstvu ne nalazi ma i najmanju manu. Taj nervozni Bog nije kršćanski, nije Nebeski Otac. Mogao bih unedogled nabrajati zločine katolika (i inih denominacija): iz zidova crkava i katedrala, kapelica, biskupskih palača, iz vatikanskih zidova teče krv milijuna pobijenih, izmrcvarenih, na kolce nabijenih, obješenih i spaljenih, ni za što krivih ljudi koji su umirali na najsvirepije načine od đavolskog oružja slugu Sotone. Zar si je samo jedan papa uzeo za pravo proglasiti se kraljem svega svijeta (i još to samoproglašenje potvrditi legitimacijom Božje volje) kada su osvajači novih kontinenata, krvožedni konkvistadori otimali zemlje i bogatstva cijelih naroda s križem u jednoj i krvavim mačem u drugoj ruci?! Zar su Francisco Pizzaro i Herman Cortes bili anđeli ili su ipak bili po katoličkom šefu blagoslovljene ubojice i pljačkaši? Zar bogatstvo, zlato i srebro, veličanstveni sjaj Vatikana i cijele katoličke crkve (i cijele Europe, uostalom) ne potiče od leševa masakriranih žrtava? U pismu koje su guverneri osvojenih područja Amerike upućivali domorocima stajalo je i ovo (prema originalnom dokumentu „Requerimiento" koji je za Španjolsku monarhiju sastavio Juan Lopez de Palacios, iz godine 1513. - javno dostupni dokumenti, preuzeto iz: Digital Library Ciudad Seva, Cuentos, Otros textos, Sobre el arte del narrar, 2005.): „Ali, ako to ne učinite i zlonamjerno odgodite, potvrđujem vam da ćemo, uz Božju pomoć, snažno ući u tvoju zemlju i zaratiti ćemo protiv tebe na sve načine i podložiti ćemo te jarmu i poslušnosti Crkve i njihovih visosti; odvesti ćemo vas i vaše žene i vašu djecu i od njih stvoriti robove i kao takve ćemo vam oduzeti robu i učiniti ćemo vam svu nevolju i štetu koju možemo, kao i vazalima koji se ne pokore i odbiju primiti svog gospodara.... da su za smrt i gubitke koji će iz toga proizići vaša krivnja, a ne njihova visočanstva ili naša..." Da, doći u tuđu zemlju, među nepoznati narod i oteti im zemlju i sve što stoljećima posjeduju, pobiti ih, opljačkati, u roblje pretvoriti i sve to učiniti u ime Svevišnjega Boga koji je ljubav doista je vrhunac đavolskoga plana uništenja vjere u Krista! Danas, pet stotina godina kasnije nitko od vatikanskih podanika se ne srami zločina... U Hrvatskoj jednako tako, stotinama godina ubijani su hrvatski kmetovi i danas nitko od popovske rulje ne iskazuje ni mrvicu stida ni zrno kajanja zbog svega zla nad Hrvatima. Što je najtragičnije, hrvatski ljudi i dalje pohode crkve i dalje plaćaju namete slugama samoga vraga! (Ponovno naglašavam: nisu svi katolički popovi isti, ima iznimaka, jasno da ih ima, ali jedna lasta ne čini proljeće...)

Glume gluhoću, ne čuju vapaje ubijenih. Ispod antependija proviruju gole lubanje milijuna smaknutih na pragu te crne vjere, jeka jauka mrtvih odzvanja crkvama i nitko se ne obazire na taj bol, na tu patnju, na očajni zov na osvetu. Ili barem na kajanje. Ne, to mrtvi neće dočekati jer sluge đavla se ne kaju, ne osjećaju ni sram ni stid, nema u njima ničega kristolikog! A kako bi bilo drugačije kad je smrt središte svega u toj crkvi, smrt i samo smrt. Potoci, rijeke, mora i oceani nevine krvi otkrivaju crno sotonsko lice ubojica! Iza sladunjavih riječi, iza licemjerne karitativne predstave, iza klečanja pred oltarima, ispod cirkusantske livreje na misama i procesijama, iza svega toga je dvije tisuće godina smrti, dvije tisuće godina duga izdaja živog Sina živog Boga! Ne trebam putovati do Amerike, Afrike ili Azije u potrazi za dokazima zločina, o ne, dovoljno je pogledati sav jad i svu bijedu hrvatskoga kmeta unazad trinaest stoljeća: jedino razdoblje u kojem popovi nisu pili hrvatsku krv je vrijeme od '45-'90-te, kada su to umjesto njih činili komunistički vampiri. Opetujem, ne trebam dokaze! Katolički kaleži u Hrvatskoj puni su skorene krvi i tuge hrvatskih kmetova i katunara, sirotinje gole, gladne i bose. Dovoljan dokaz je jedan šamar jednog kapucina, udarac u glavu teškom šaketinom pomazanog zlotvora i dječakova krv i suze dječaka (mene): ne, nisam mogao, nisam htio i nisam smio vjerovati u Boga!

Gospode, ne govorim ovo jer mrzim! Ne mrzim! Možda i egzistiraju imena u martirologiju koja su istinski čista i neokaljana nevinom krvlju, ima časnih katolika i ne sumnjam u čestitost vjernika, ali toj crkvi kao instituciji niti vjerujem niti je držim čistom, a Tvojom nikako! Jer sve da mi netko nabije na nos sva imena neuprljanih, zar bi to promijenilo istinu? Znaš, Gospode moj, kako naš narod kaže: ne može se pljunuti pa lizati.

Propovijedi s crkvenih ambona nisu riječi Tvoje, Kralju! Kao 1513., tako i danas nositelji tijare i zlatnog križa nisu nego poslovni ljudi ogrezli u zlo, poslovne su to face bez morala i empatije za slabe, nemoćne, odbačene i izgubljene. Uvjeren sam, cappa magma nije samo simbol biskupstva nego je i znamenje po Sotoni ovlaštenih mrzitelja vjere u najčišću ljubav, u ljubav Isusa Krista! Znam to.

No nisam to znao na ovaj način. Nisam znao to četrdeset i osam godina. Visio sam na kukama životnih zabluda, uspona i padova, visio sam svezan čvrstim čvorovima konopca vlastitog grijeha i iluzija, snova i laži. Kroz postojanje puzao sam sputan tjelesnim i duhovnim fatamorganama i stiješnjen između onog što je bilo moguće, što sam htio i što sam doista činio, bogec bogečki, bez Boga, kukavički crv nesposoban suočiti se s vlastitim demonima i opsjenama, kudikamo više nikakav nego svoj, svakako ne domine, slabić, propao u svemu čega bih se prihvatio, sve u ništa i ništa u svemu četrdeset i osam godina koračao sam prtinom sudbine u punini besmisla persone koja ne zna, ne želi i ne može donijeti odluku o promjeni stanja na bolje. Zašto? Jer nisam vjerovao u Boga!

U cijeloj kakofoniji nepodnošljivih zvukova slabosti i grijeha čuo sam jedan stalan neugodan ton (na koji se nisam obazirao): nevjera, bezboštvo. Smrdjelo mi je, ogavno je zaudaralo. Laž uistinu ne može lijepo mirisati. Život bez Boga, bez Krista je laž. Nisam to znao.

No stvari su se promijenile. Danas znam. Vjerujem. Privilegija i blagoslov vjerovanja i učenja: sloboda. Istinska sloboda, ne na zemaljski način. Poput Krista, koji mi je dao mir na svoj način, tako sam primio i slobodu na Njegov način. Savršenu, nepromjenjivu, vječnu.

Što je opasno za život u katoličkom i u trofaznom okruženju. Biti istinski učenik Isusa koji je Krist nosi sa sobom izazove i sasvim izglednu bol i patnju, osudu i prezir, mržnju i otvorene napade od strane poda-nika Sotone. Iskreno, nije me briga za to, spremno preuzimam taj rizik. Jer vjerujem i znam da mi ne mogu ništa. Ne od šestog dana mjeseca veljače godine dvije tisuće i šesnaeste.

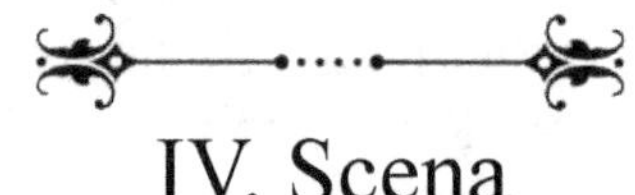

IV. Scena
Prijatelj: voljeti više od Boga?

„I tako shvatiš... da nije važno imati
gomilu oko sebe... Važno je imati one
prave...”

Đorđe Balašević

Završiti u Tartaru baš i nije osobito zabavan kraj jednog razrovanog života stvorenog i uništenog na pustarama balkanskog kaosa i dovedenog na definitivno nestajanje negdje na nekoj od točaka neke izohipse na zemljovidu jedne od pedeset saveznih država američke Unije. A da je sve smušeno i slabo, da je sve niz katastrofa i poraza, da je sve zapravo bijeg iz jedne propasti u drugu, preskakanje jed-nog živog pijeska da bi se upalo u još dublji i smrtonosniji, da je sve skupa tek agonija previše dosadna da bi ikoga zanimala, da je tako i gore od toga ne trebam posebno spominjati. Svjestan sam svih ograničenja i prihvaćam tešku dijagnozu: nema nazad, stigao sam do kraja. Predstava se bliži podizanju ploče „the end”, kazalište se zatvara, publika polako odlazi, svjetla se gase, čak je i supijani noćni čuvar stigao na posao mnogo ranije no inače. Gledateljstvo ne traži izlaz na bis. Priznajem, svaki logičan raison d'etre u mojim strahovito glupim eskapadama ispunjenom postojanju već u startu biva eliminiran surovim udarcima real-nosti koja nema nikakve veze ni sa čim „normalnim” - dakako, to je prokleto s obzirom na temporalnost egzistencije i nemogućnost povezivanja zbilje i alkoholnog ludila (što se ipak i očekuje od ljudi, mislim, prezirati sve i svakoga tko se usudi živjeti izvan dopuštenih gabarita). Nisam bio svoj. Čovjek nema bezbroj mogućnosti za trajanja svoje pojave. Nema „ili-ili”. Mogao sam izabrati biti emotivna pizda, od podvrste ljudi koji nemaju po logici stvari ni karakter ni volju. A onda, čudno, mislim da nisam bio daleko od toga. Sve bješe neopisivo glupo: tijekom pedeset i kusur godina svačega sam se naslušao i nagledao. U tome sam često bio uzrok, često posljedica, a nekako najčešće i oboje. Ponekad statist, ponekad glavna rola, ponekad sjena samoga sebe.

Znaš, prijatelju, za jedne od naših glupih, posve nepotrebnih svađa koje su bile plod mojih jednako ne-logičnih i nepotrebnih eksplozija, ti si me, onako usput, između moja dva kretenska monologa ozbiljno upitao: „Ti si bipolaran?”. Haha, odlično pitanje, najdraži brate. Jesam li podvojena ličnost? A tko to nije, zar nismo svi glumci u ovom kazalištu i zar naši životi nisu tek jedna velika loša predstava? Među nama, prijatelju moj, za svađe kriv sam isključivo ja! Žao mi je zbog toga, vjeruj mi. Ma da, sad biti dobar janje umiljato, a sekundu potom imati razjapljenu gubicu, duriti se, pisati i slati milijun suludih sms-ova ne pri-liči normalnim ljudima... Ja, ah, nisam od „normalnih”, to znaš...

Moje eksplozije su moja neželjena ružna djeca izmučene nutrine jednog balkanskog idiota od ljudskoga roda i poroda i koja, kao suvišna djeca vlastite mi svijesti i podsvijesti, igraju ulogu razarača i uništava-telja svega dobrog što mi se događa u životu. Čini mi se kako u meni živi neki drugi „ja” koji želi da budem nesretan.... Haha, šalim se, nisi valjda povjerovao u ova sranja?! Šalim se, Viking! Ipak, ništa ti ne krijem jer duhove prošlosti, te utvare života ne mogu izbrisati niti zaboraviti. Kratko kazano, vjera u Boga je jedno, no kako bilo, Stvoritelj me je blagoslovio privilegijom pamćenja, mogućnošću memoriranja (ili je to prokletstvo, tko zna) i unatoč snazi vjere i unatoč tome što nastojim držati željeznu šipku na uskom putu punine obnovljenog evanđelja, vlastiti me um još uvijek podsjeća na prošlost i ma koliko se trudio ne obraćati pozornost, ona je kraj mene i pratiti će me sve dok ne istekne određeno mi zemaljsko vrijeme.

Halucinacije koje su obilježile mojih prvih pet desetljeća smrtnosti teško su otrovale moje srce i dušu i ne sumnjam da bih već ležao u blatnoj ilovači da Gospod nije poslao tebe, brate moj: „moja” prva dva misionara, tehnički korektni u služenju, nisu bili dovoljno moćni ni hrabri da bi me nakon krštenja uspjeli zadržati u Crkvi. Ne sumnjam u to. Jedino logično objašnjenje za to je to što sam rekao, ti i tvoja anđeoska priroda vojnika Isusa Krista. Thank the Lord for you!

Ne trebam biti naročito obrazovan ni pametan kako bih rekao što se reći mora: Vae soli! Nema goreg i ubojitijeg osjećaja od usamljenosti. Samoća, ne literarna, poetska već životna, stvarna samoća pretvara mrak u pakao, dan u noć, tugu u najjači otrov, u tešku paranoju, ona je stoglavo čudovište, pijavica koja isušuje dušu i izvlači eliksir života, srca i tijela, isušuje mozak i krv pretvara u ljepljivu sluz umiranja, gasi vatru želje za životom. Bio sam i živ i mrtav, nisam umro, a živio sam, nisam ni umro ni živio i sve po toj shemi besmisla i kaosa, od nemila do nedraga, nisam bio mrtvac jer nigdje nije bio uveden moj smrtni list, a ni živio nisam jer to što sam živio nije bio život nego veliko ništa. Mikstura nesreće, grijeha, laži, loših odluka i slabosti duha u vlastitoj je nemoći, kao mješavina svega trulog uzrokovala neočekivano snažan oblik suicidalnog nagona kojeg je nemoguće zaustaviti ispraznim lajanjem na mjesec!

U vrlo popularnoj pjesmi „Andrija Čordaš" (Autor: Mario Vestić, „Najbolji hrvatski tamburaši", album „Tamburica od javora suva", 2004.) jedan stih glasi „ne može se sreća zlatom kupiti" i još „jadan je onaj koji čitav život dukate na hrpu sprema, džaba mu svega, kad u duši mira nema". Realisti, koji žive neke svoje stvarne živote na ove stihove odmahuju glavom u stilu... Možda su u pravu, možda i nisu. Po mom sudu, pjesma je pogodila poantu poštenog života: u hipokriziji nema istine kao u goloj bijedi. Tisuće i milijuni ljudskih jedinki ne znaju da su u njihovoj blizini oni s karakterom, oni kojima su stara odjeća, loša hrana, prazni džepovi i krov koji prokišnjava samo vanjski elementi egzistencije! Lijepo je biti uspješan, neimati financijskih briga, ustajati ujutro bez razmišljanja o tome što će se jesti taj dan, što odjenuti, steći status u zajednici, što se kaže, biti ugledan. Lijepo je to, no je li to prava slika ili samo maska? Nije li svijet uviđavan, pristojan i dobrohotan samo pro foro externo kad stoji ispred moćnog i jačeg od sebe? Neću odgovoriti na ovo pitanje, prijatelju, potraži odgovor na internetu. Ili nedjeljom u našoj crkvi.

Još si mi rekao: „Ti nisi sposoban zadržati prijatelje". Zašto? Zbog naglih promjena raspoloženja ili inzistiranja na principima? Nisam nijedno od dvije opcije koje se postavljaju kao dobro i loše u svijetu muškaraca i žena: nisam od oplođivača žena koji žene smatraju strojevima za rađanje, pa ih pune kao na tvorničkoj traci i nisam ljubitelj muških guzica. Prema tome, ne uklapam se u nijednu shemu koja precizira čovjeka muškog spola. I što uopće znači „zadržati prijatelja"? Zar je prijateljstvo dionica Coca-Cole ili Microsofta pa da je moram držati zbog dobiti i visoke cijene? Kako si to mislio, ne znam zadržati prijatelja? Davno prije mene netko pametan je zaključio kako prijateljstvo koje pukne, nikada to nije ni bilo: ako odeš od mene, brate, sumnjam da si mi bio prijatelj. Ti bi to trebao znati! Znam da znaš, voliš li me, voliš me usprkos svemu i baš zbog svega, je li tako, prijatelju? Također, možda je krivnja u meni, nisam reprezent pojave kojoj je ambalaža važna i koja živi po načelu „što će ljudi reći". Vjeruj mi, milijuni životnih priča je uništeno jer su njihovi vlasnici vlastito zemaljsko vrijeme podredili spodobama oko sebe, a ne sebi. Hrabrost za život je rijetka kvaliteta malog broja odvažnih i nećeš ih naći na vrhu svijeta ni na top listama opskurnih radio i tv-postaja. Onaj tko se usudi pljunuti u lice gomili i reći „jebite se" nije luđak, samo je čovjek spreman podnijeti prezir i osudu kao cijenu vlastite slobode. Razumiješ o čemu pričam?

Nisam od tih. I nikad nisam nikoga „zadržavao". Takva definicija prijateljstva mi je strana. Vidiš, bivši sam vojnik, ratni veteran i moje poimanje prijateljstva je drugačije, ja ostajem s prijateljem bez obzira na sve, pa makar me sto puta na dan slao u vražju mater! Shvaćaš? Ne bolujem od kompleksa manje vrijednosti, a da sam bolestan u glavu, to ne krijem. Priču koju nosim i živim netko drugi bi spalio, uništio, svršio bi u sanatorijumu kao poludjela lutka i predmet znanstvenih istraživanja ništa manje ludih doktora psihijatrije. Znam što jesam i nosim taj križ pedeset i nešto godina: druga je stvar što se noseći križ nisam pomaknuo s mjesta i što sam zaglibio u mulju osobnih depresija, u lokvi vlastitih ispišanih nada, u gnojnici razočarenja, u kaljuži nesposobnosti, teških oblika gluposti i emocionalnih poraza. Ti si, hvala Gospodu, u drugačijoj formi života i jednostavno moraš živjeti prema pravilima svijeta u kojem jesi. Prevedeno na normalan jezik, to znači da ne smiješ istupiti ni jedan centimetar iz označenog kruga društvenih pravila i kulture koja se temelji na dva postulata, američkom snu ili američkom načinu života kao prvo, te drugo, LDS kulturi američkog tipa, odnosno tradiciji koja je neobična mješavina vjerskog, sekularnog, političkog i inog pogleda na svijet. U takvoj atmosferi i s tim pravilima, prijatelju najbolji, nemaš pravo na luksuz odricanja od rečenog jer bez toga tvoj bi život nestao, a ti bi svršio poput mene, kao nitko i ništa. Na sreću, to se neće dogoditi i ti ćeš imati savršen život, ispunjen radostima, uspjesima, ljubavlju i dočekati ćeš odlazak na drugu stranu vela kao ispunjen čovjek, muž, otac, doktor, lovac, brat, sin, prijatelj i tako dalje, a na čemu ti već danas od srca čestitam. Bravo!

Molim te, nemoj nasjedati na gluposti o vrijednosti tradicije i kulture: kultura i tradicija, baština, sve je to proizvod zemaljskoga života i smrtnosti i s evanđeljem Isusa Krista nema ništa zajedničkog! Ograničenja, zabrane i predrasude koje proizlaze iz poštivanja i održavanja tradicijske kulture i kulture tradicije istinskom učeniku Krista samo smetaju i navode ga da skoči s broda Spasitelja! Ne želim ti propovijedati, nije mi to nakana. Pišem jer nemam drugog načina, a neće biti ni prilike da ti bilo što kažem „licem u lice". Vrijeme ide bržc no što se čini. Ti si, hvala Gospodu, diplomirao na BYU, uskoro ti počinje zubarski fakultet, i tvoja prekrasna supruga je diplomirala, radi, sve ide kako ste planirali i kako i treba biti. Snažan si, pametan, Nebeski Otac blagoslovio te je s tisuću talenata, čovjek si prirode, vojnik i ne bojim se za tebe, nisi mamin sin i svaki problem rješavaš, sa svime se hrabro suočavaš. Ipak, čuvaj se, biti rob okoline, biti poslušnik „što će ljudi reći" obično vodi u razočaranje i pretvara ljude u samocinike: kad te Gospod pozove biti će prekasno mijenjati sadržaj priče, ja to znam najbolje. Zato ništa i ne mijenjam, ova predstava ide kako ide i sve što jest i sve što nije neka se vidi, nemam se čega stidjeti i ne želim se ispričavati nikome iz te gomile oko mene. Ionako ih nije briga.

Vidiš li ti ovo, pišem previše, a ne kažem ništa ili jako malo. Ista stvar je kad smo skupa. Svaki put prije tvog povratka, brate moj, stotinu puta u glavi razmišljam o tome što ću ti reći, kako ću to reći, važem svaku rečenicu, provjeravam svaku riječ, a kad stigneš, ah, zanijemim ili, što je bliže istini, izgovorim hrpu bedastoća koje ni pas s maslom ne bi izija... Prijatelju, ti si čovjek, faca si, nema mnogo danas takvih poput tebe. Biti čovjek i muškarac znači naučiti što je bol, što je smrt, što je glad i što je očaj, što je strah ili sve to zajedno, što je samoća, usamljenost i u najvećoj gužvi, što je slabost, ukočenost duha i sleđenost srca, što je piti, a biti žedan i jesti, a ostati gladan, spavati, a biti umoran, živjeti, a osjećati se mrtvim. Govorim o stvarnom životu koji se događa i koji se može dogoditi i tebi. Ne znam kako izbjeći „soljenje pameti", no poslušaj starog hrvatskog magarca, molim te. Znam što je to. U danima propadanja, kad su grijesi došli na naplatu i kad više nisam imao snage, kad sam stao pred zidom i dok su iza mojih leđa izgladnjele hijene čekale moju smrt da se pogoste mojim smrdljivim mesom, kad se činilo da nemam kud, brutalno teško sam naučio ovo što sam rekao, a što nisam znao unatoč ratu i svemu preživljenom. Jao samome...

Bio sam prokleto sam. To nije bio rezultat moje nesposobnosti prilagođavanja okolini niti je moja samoća izrasla na (možebitnoj) narcisoidnosti i aroganciji u relacijama s drugim personama, o ne, pa ma koliko sam sjeban i ma koliko puta sam prekoračio krajnju granicu ljudske tolerancije nečijeg prostakluka, svejedno, kažem ti, usamljenost svih tih godina nije dolazila od mene izvana jednako kao što nije imala korijen u nutrini, ne samo u njoj. Samoću sam zaradio, dobio kao poklon, nametnuta mi je po crti Plana našeg Gospodina jer jedino sam se u samoći i usamljenosti mogao pripremati (naravno, toga nisam bio ni najmanje svjestan) za ono što će doći presudne dvije tisuće i šesnaeste godine, one krajnje točke nakon koje sam blagoslovljen prilikom i privilegijom dovršiti život primjerenije, dostojnije i čišće od načina na koji sam ga spiskao. Hoću reći, djelomično si u pravu, ne znam kako bih zadržao fake prijatelje jer za mene takvi ne postoje! Grci i Rimljani su znali cijeniti prijateljstvo koje su u različitim nijansama kroz vjekove u tim dvjema civilizacijama držali na samom vrhu ljudskih vrijednosti. Vjerojatno stoga što su i Grci i Rimljani živjeli u sustavima koji su neprekidno mijenjali, uzdizali i padali, njihovo je shvaćanje prijateljstva bilo visoko iznad realiteta stvarnosti onoga doba: urote, izdaje, prijevare i korupcija, dvoličnost, obmane i sve takve pojave i osobine krasile su i staru Grčku i stari Rim i baš zbog toga su imali idealističku definiciju prijateljstva koje je svakodnevno bilo na kušnji djelovanjem svega spomenutog. Pravo prijateljstvo moralo je Latinima staroga vijeka biti potpuno odvojeno od prljavih zemaljskih igara jer je samo neokrznuto i nekontaminirano ljudskom prljavštinom moglo opstati kao ideal za koji je vrijedno živjeti i umrijeti. Nažalost, upravo su ljudske mane i ljudsko zlo skidale pozlatu ideala s prijateljstva, što je sve vraćalo na razinu brutalne jave. Danas, ako prebacim lopticu na sadašnji teren, prijateljstva skoro pa i nema, a starolatinski tip prijateljstva pripada filmu, književnosti, svijetu iluzija. Moderno doba je vrijeme afektiranih odnosa, pretvaranja i laži.

Slažem se, ispada glupo očekivati prijateljstvo tipa Damona i Fintija, ili pak očekivati odanost poput one Hefistiona prema Aleksandru Makedonskom. Treće tisućljeće ne pozanje takvo što, a i nije realno jer sve je posao, sve je interes, a u poslu nema emocija, ako želiš uspjeti, a želiš, prijatelj ti može biti i jest samo smetnja.

Da, znam što češ reći: moj pojam prijateljstva pripada dalekoj povijesti, stoljećima koje nisu osuđivale odanost. Danas je „čast" ako čovjek poštuje zakone (koji nisu nužno dobri i nisu po mjeri Gospoda) i ne naušava zlo koje vlada svijetom. Okay, zaboravi ova kvazifilozofska preseravanja, prijatelju. To što smo prijatelji, što te volim i što bih umro za tebe, to svejedno ne znači da nisam svjestan realnosti. Znam koliko me cijeniš i voliš i koliko ti je stalo do mene, dokazao si to milijun puta. Vojnik kao ti ne daje ni pet centi što ljudi misle o tebi ili o našem prijateljstvu. Do određene granice, dakako: nisam naivan i znam da i ti imaš limite, kao i ja. Dobro je to, imati ograničenu spremnost za žrtvovanje nije besmisleno, time štitiš svoju najveću vrijednost, obitelj. Nije lako uspostaviti ravnotežu između odanosti i skrbi za obitelj od žrtve za prijatelja i premda se radi o dvije vrste odanosti i o dvije vrste ljubavi, uvijek tinja opasnost narušavanja jedne ljubavi na račun druge. Samo budale to ne vide. A ti nisi budala...

Oprosti mi, molim te, serem na usta umjesto na guzicu. Komplicirano mi je otkriti dobro objasniti zašto si mi toliko važan i zašto te toliko poštujem i volim. Krv ti mlade rode, Viking, ti si mi spasio život, tvoji i ti! Nitko nikad nije toliko žrtvovao za mene, nitko nikada! Bez pitanja, bez uvjeta, onako kao što je Spasitelj činio za vrijeme svog prvog službeništva na zemlji. Malo je reći da si mi prijatelj i brat, ti si moj zemaljski anđeo zaštitnik, čovjek kome neizmjerno vjerujem i koga jedinog na zemlji i slušam. Nebeskog Oca, Sina i Duha Svetoga, njih prvo, a od smrtnih, tebe. Prejako rečeno? Neka je, ali je tako...

Griješim li, brate? Na neke stvari se ovdje u Americi nikad neću naviknuti... Nema dosad-nijih pitanja od „Kako si?" i od cijelog niza sličnih pitanja koja zadiru duboko u privatnost sugovornika. Primjer: od prvog dana mog boravka u Americi prisiljen sam pričati priču o svom obraćenju, o obitelji, o životu jer je to u duhu LDS kulture (misionarima pričam, novim vođama Crkve, članovima, svima s kojima se prvi put susrećem): ovdje se ne smatra nepri-mjerenim upitati nekoga koga vidiš prvi put u životu je li oženjen, što radi, kako mu je obitelj, zašto ovo i zašto ono (dobro da ne žele znati broj gaća koje nosim i koliko puta dnevno idem na zahod), a da pri tom ne iskazuju ni najmanju volju uzvratiti istom količinom informacija o sebi. Ne bi me zanimalo, ali kažem, bilo bi pristojno. Međutim, pristojnost na američki i na američki LDS način nije ni blizu pristojnosti na koju sam navikao (za što ne tvrdim da je loše). Moja baka je govorila da se u tuđi novčanik, tanjur i krevet ne gleda. A ovdje, pri svakom novom susretu s novim, do tada nepoznatim mi ljudima, slušam intimna pitanja koja grubo zadiru u moj privatni život, a što zapravo mrzim. Ne razumijem tu potrebu službouljudne penetracije u tuđe posve osobne stvari i to bez imalo stida. Što se koga tiče moja intima (najgluplje se osjećam kod pitanja o tome zašto sam i kako došao u Ameriku), moji osobni problemi, tim više ako mi ne žele pomoći?!

Jebi ga, ne osuđujem, nisam sudac. Svjestan sam da naša braća i sestre nisu super junaci nego obični radni ljudi, što bi se reklo, normalni građani sa sasvim indentičnim problemima, izazovima i životnim situacijama kao što ih imaju milijuni ostalih i ovdje i u Hrvatskoj. Krediti, neposlušna djeca, obiteljske razmirice i svađe, gubitak posla i financijske dubioze, mračne tajne i osobni grijesi za koje nitko ne zna, zamor od života kao takvog i neostvareni mladenački snovi, bračna kriza, gubitak najmilijih, automobilske nesreće i planovi za odmor i putovanja, svakodnevne prepreke i problemi sa susjedima, hipoteke, pokvarena perilica rublja i registracija automobila, sve i milijarda drugih stvari čine bitke koje vode i LDS ljudi, pa nismo mi članovi Crkve Isusa krista svetaca posljednjih dana izuzeti od života i udaraca sudbine, naprotiv, ponekad se čini da Gospod više stavlja na kušnju nas nego nečlanove, ali to je samo fluidna impresija.

Prijatelju, malo sam se razočarao: ne Gospodom i ne u vjeri, u ljudima nisam našao što sam očekivao.

Znam, rekao si mi to nekoliko puta, nemoj ništa očekivati pa se nećeš razočarati. Da, samo ja nisam ti i... Očekivao sam više, ne znam kako bih rekao, očekivao sam jaču, izraženiju strast za Kristom i evanđeljem. Umjesto toga našao sam rutinu, uigrani vjerski život, što je normalno, jasno, ali kad nema strasti, vjeruj mi, vremenom mi postaje jako dosadno.

Zato molim, često i dugo. Pokušavam na svoj način moliti i tražiti od Njega odgovore moći Duha Svetoga. Jer osjećam se nedostojnim tolikih blagoslova, tolike ljubavi, osjećam se čudno, ne zaslužujem sve ovo, ničime nisam doprinio da bi me Otac po Kristu toliko blagoslovio, nagradio, čuvao i volio. Vidiš, zato pišem što pišem, ljubljeni brate. Sjedim u crkvi, slušam nadahnute govore, sudjelujem koliko mogu u aktivnostima, ali nisam ispunjen kao na početku mog koračanja uskim putem punine obnovljenog evanđelja, postao sam vjerski trom, bojim se rutinskog pogleda na vjeru, bojim se da ću postati kao drugi. Ljubazan, vječito nasmiješen LDS tip uvučen u sebe i svoj život i nespreman se otvoriti svijetu i tražiti onu jednu izgubljenu ovcu Božju! Toga se bojim, brate moj...

Sjećaš se, kad si služio u Varaždinu, svaki moj dan bio je sretan jer smo zajedno koračali za Isusa koji je Krist! Bilo je neponovljivo, inspirativno, bilo je kristoliko živjeti, rekao bih, bilo je stvarno kako bi Krist želio da bude. Prijateljstvo, bratstvo i sestrinstvo u Spasitelju! U tome svetom radu ti si mi bio učitelj u Njegovo ime. Ne pretjerujem, bio sam beskućnik, bez posla i bez novca, živio sam u skloništu, prenoćištu za ljude s dna, nisam imao ništa, a imao sam sve! Bio sam bogat, bogatiji od Gatesa i Bezosa zajedno. U meni je gorjela vatra odušev-ljenja, a danas polako postajem bezličan vjernik, a takvi nisu vojnici Krista i sigurno neće koračati u bataljunima Spasitelja na dan posljednje bitke protiv zla! To me rastužuje, slabi, baca na koljena, ubija volju... Teško me je razumjeti, teško je nekome tko dolazi iz građanski uredne okoline, iz stabilne obitelji, iz svijeta u kojem sve ima svoje mjesto i sve se točno zna, i gdje nema mjesta iznenađenjima jer se sve zna kako i zašto, teško je iz pristojnosti i udobnosti vjerski upravo savršenog okružja upasti u kaos balkanskih i hrvatskih nemira, lutanja i neprestanih borbi protiv svega i svačega, a najviše protiv sebe samih: ništa u mom životu nije bilo kao po špagi, najdraži moj lovče na jelene, fazane i vjeverice. Nisam rođen u obitelji koja ima obiteljsko stablo istraženo do dvanaestog stoljeća i nisam proputovao pola svijeta, ja jednostavno nisam od onih rođenih ispod sretne zvijezde i ne prilazim životu s ružičastim naočalama na vječito nasmiješenoj faci. Zlo za mene nije fraza iz Svetih pisama ni tema za ugodne sate nauka vjere nedjeljom u Crkvi: ja znam što je pravo zlo, živio sam u zlu, osjetio sam zlo, činio sam zlo. Nažalost, brate moj u Kristu, ne znam se pretvarati kako je sve u redu i dobro, da su problemi prolazni i da mogu biti sretan unatoč svemu. Ne mogu ja to, nisam kao drugi, ne mogu biti, za mene tuđa patnja nije imaginarna stvar!

Dapače, ako nekoga boli, mene boli sto puta jače jer sam svjestan da ne mogu pomoći! Ozbiljno mislim, vidjeti nečiji očaj, a ostati stajati sa strane je neoprostivi grijeh i prema djetetu Božjem i prema Gospodu! Nije mi baš sjelo objašnjenje „Ne muči se s tim, učini što možeš, ionako ne možeš spasiti sve, moli se i to je to!”: proći pokraj beskućnika koji sjedi na hladnom betonu i moli milostinju i ne dati mu dolar ili dva nego se moliti za njega je previše licemjerno i nimalo kršćanski, Viking moj. Trpim stid i sram, ne usuđujem se pogledati Kristu u oči zbog toga. Nemoćan sam, nemam mogućnosti spasiti onu jednu izgubljenu ovcu, nalazim se duhovno nigdje. Bez tebe i tvojih, bez tvoje pomoći, siguran sam, već me ne bi bilo. Zato sam ogorčen na sebe, a pomalo i na neke ljude u Crkvi. Međutim, ne idem u Crkvu zbog ljudi nego zbog Krista! Onako kako je prekrasno objasnila tvoja majka riječima tvog pradjeda: „Mnogo puta ćeš dobiti udarac u trbuh od ljudi u crkvi. Ali to je od ljudi, to nije od Gospodina!”

U stanju u kojem jesam ta me istina drži, kao i spoznaja da me Isus voli i skrbi za mene bez obzira na sve. Svjestan sam kako je teško voljeti na način Otkupitelja svijeta. Nije problem u pričama, u govorima, mi riječima možemo voljeti sve i svakoga, no u djelima je to puno teže, skoro neprovedivo. Zapravo, ljudi se ne usuđuju voljeti kao Krist, nije da ne znaju, plaše se njegove najčišće ljubavi. Voljeti druge kao što On voli nas znači, barem ja to tako vidim, isključuje sve zemaljske ograde, ne priznaje nacionalne, jezične, državne, kulturne, tradicijske i bilo koje druge barijere, ljubav Isusa Krista ne poznaje ovozemalj-ski moral ni civilzacijske dosege jer je jedinstvena, potpuna i otvorena. Djeluje kroz djela! Riječi „volim te” su tek ukras, bez činjenja su ništa. Voljeti kao On nije lako, prijatelju. Zašto? Bojimo se voljeti na način

Isusa koji je Krist! Jer malo toga razumijemo, a još manje stvarno činimo! Otrov je rutina, da, usporila nas je, ukočila, a rutina je, kao ratni veteran to dobro znam, oru-žje neprijatelja, a ovdje, to je oružje Sotone! Tome se moramo oduprijeti! Ovo je Njegova Crkva, jedina istinita Crkva Isusa Krista na zemlji i bojim se da ćemo upravo mi, LDS ljudi, u čišćenju prije drugog dolaska Krista biti prvi na udaru, prvo će nas „počistiti" Kralj nad kra-ljevima" jer Gospod prvo čisti svoju kuću.

Ne shvati me krivo, molim te. Ovo kritika, ovo su fakti. Zašto ti ovo govorim? Zato što si drugačiji, ti nisi rutiner! Na misiji si bio bolji od svih misionara koje sam poznavao i s kojima sam surađivao. Ti si ra-zumio ljude na Balkanu, tebi ljudi nisu bili misionarska statistika! Ti si održao riječ! Ti stvarno voliš kao On, premda to ne želiš javno priznati. I ne moraš.

Izdržao si bezbroj mojih eksplozija, oprostio mi sto tisuća puta i još uvijek si uz mene, i danas kad imaš vlastitu obitelj, predivnu ženu i prekrasnog sinčića, mnogo obaveza... To čine najbolji, to čine odabrani! Nisi mi sudio i baš nikad me nisi ispitivao kao na policiji o mom privatnom životu. Sve što sam ti rekao i sve što sam ti napisao o sebi bješe moja odluka, bješe znak mog povjerenja u tebe i ljubavi koju osjećem prema najboljem od najboljih.

Kao što je Matej odmah zavolio Gospodina, čim ga je ugledao i kako je već u tom trenutku znao (prem-da još ništa nije znao) tko je On, tako sam i ja, svjedočim svim srcem, odmah znao da te je Krist poslao i da si po Njemu određen biti moj učitelj u tmurnim izazovnim danima početka mog koračanja uskim putem obnovljenog evanđelja. Znam da voleći tebe, ja volim Njega i da voleći Njega, volim tebe, znam da moći Duha Svetoga primih po tebi poruke s nebesa i da me je topao glas Duha vodio kroz mnoge oluje i ura-gane ovozemaljskog putovanja do vječnosti. Znam da je to istina. Onog velikog dana, a bješe četvrtak, dvadeset i prvog travnja dvije i šesnaeste, kad sam te po prvi put vidio, prijatelju, toga je dana moje ko-račanje Kristovim putem bilo zauvijek osigurano, a moje članstvo u Crkvi neizbrisivo. Dvadeset i prvog četvrtog AD 2016., nešto više od dva mjeseca nakon mog krštenja, primio sam nebesku pomoć Njegovih ruku koje će me podizati u padovima, grliti u tuzi, braniti u nedaćama sve vrijeme mog učenja i stjecanja dostojnosti za služenje u vojsci Božjoj za posljednju bitku i za susret s vječnom obitelji u vječnosti.

Ured predsjednika našeg malog crkvenog ogranka: za radnim stolom predsjednika, ispred ekrana raču-nala sjedio je tvoj misionarski suradnik, kompanjon (katkad simpatičan, malo čudan, prilično zbunjujuće pun sebe, tipičan američki dečko za koga su Balkanci ljudi „malo" ispod savršenih Amera) i kao nešto ozbiljno radio, a do njega sjedio si ti i čitao Sveta pisma, kasnije sam vidio da se radilo o Mormonovoj knjizi na ćirilici, srpsko izdanje (što me šokiralo, učenje ćirilice je za Amerikanca sizifov posao). Obasjan popodnevnim suncem, čije su te zrake obasjavale kroz prozorsko staklo iza tvojih leđa, izgledao si nevjerojatno anđeoski, tako nezemaljski čist, neizrecivo neobičan. Tvoja mladost, tvoje ozbiljno lice nag-nuto nad svetu riječ Božju, sve pod sunčevim zrakama činilo je od tebe stvarnog izaslanika samog Gospodina. Zastao sam na vratima ureda, zanijemio sam ugledavši te i znao sam, ne znam kako i zašto, ali znao sam da nisi samo još jedan elder, jedan u nizu misionara koji dođu i odu i nitko ih se više ne sjeća, znao sam, prijatelju, da nisi došao u Varaždin tek da odslužiš svoje, ispuniš misionarski dnevnik, najedeš se ćevapa i pizze i odeš na sljedeći transfer ili doma kao da se ništa nije dogodilo. O ne, dragi moj, znao sam, poslan si od Njega po iznimno važnoj misiji. Nisam znao da je riječ o meni, ali nesumnjivo nisi do-putovao u moj grad da potrošiš nekoliko mjeseci samo zato da bi godinama nakon misije imao zanimljive priče na obiteljskim okupljanjima za Dan zahvalnosti, Božić ili kao materijal na nedjeljnim sastancima svećeništva u Crkvi. Tog si četvrtka sletio si s oblaka Gospodnjeg s misijom spašavanja jedne izgubljene ovce koja se i poslije krštenja koprcala u mreži vlastitih sumnji i strahova. Hvala Gospodu na tebi, Viking! Ne samo da si savršeno odradio misiju, ti si učinio mnogo, mnogo više. Spasio si mi život u ime Isusa Krista! I ostao uz mene. Hvala ti,volim te.

Kao gromom pogođen stajao sam ispod dovratka i promatrao te opčinjen prizorom. Bio si nebeski lijep, no ta ljepota nije bila tjelesna nego upravo duhovna, božanska, nadzemaljska. Isijavao si Kristovu mudrost i snagu, dobrotu i ljubav. Nisam shvaćao što se zbiva, nisam znao što će biti, tek sam u srcu osjećao kako se tvojim dolaskom sve mijenja i da će moj život u evanđelju dobiti pravi smisao i puninu kristolikosti. Znao sam, sve će se promijeniti i da ću moći nastaviti učiti o Spasitelju bez straha od odustajanja i padova. Nisam slutio što će biti, kako sam mogao, no srce mi bješe ushićeno tvojom nazočnošću pred jednim grešnikom, pred još uvijek preslabim obraćenikom, tek vraćenom ovcom u Božji ovčinjak.

Ušao sam tiho u ured. Pozdravio sam. Tvoj suradnik, starješina R. glasno se nasmijao, potapšao te po ramenu rekavši: „Evo ga, tu je."

Podigao si glavu, nasmiješio se anđeoskim osmijehom, ustao, pružio mi ruku, predstavio se. Zadrhtao sam kad sam se rukovao s tobom. Božji čovjek. Ništa nisam mislio, ništa nisam razumio. Samo osjećaj mira i radosti, kao da me pohodio sam Duh Sveti. Neobično, zar ne? Kako jedan dečko, koliko si imao, devetnaest, kako jedan balavac, može izazvati tako snažnu reakciju duše?! Bilo je kao u Novom zavjetu, kao kad je Matej poslušao Isusa i odmah se zaljubio u Njega i pošao s Njim. Plačem dok ovo pišem jer Krist me toliko voli. I ja volim Krista svom dušom i srcem svojim! Poslao mi je tebe da budeš ruke Njegove! Riječi su Kristove: „Ne treba zdravima liječnik, nego bolesnima... Jer ja nisam došao da pozovem pravednike, nego grešnike." (Matej 9:9-13) Brate ljubljeni, u uredu predsjednika ogranka ispred tebe je stajao slabić, tek kršteni obraćenik čije je znanje o evanđelju bilo manjkavo, volja svježa i nedovoljno moćna, a srce usplahireno svom tom novom srećom i zbunjeno traženjem odgovora nebrojena pitanja koja su izvirala iz duše pri svakom čitanju Mormonove knjige i poslije svake molitve. Žedan znanja o Kristu! Gladan riječi i istine Božje! Još i još, nikada dosta mudrosti Božje!

Ne, ovaj elder nije običan klinac, nije jedan od mnogih! Odzvanjalo je u mom srcu kao jeka poruke poslane s nebesa: nisi sam, nisi sam, nisi sam! Odmah sam te zavolio. Zauvijek. Nisam znao ni kako ni zašto. Ni danas to ne želim znati. Uostalom, znanje smrtnika o ljubavi je slabašno, a o prijateljstvu još i manje. Krist nas je poučio vrijednosti i ljubavi i prijateljstva. Nepojmljivo za smrtnike, Spasitelj je poka-zao da je ljubav iznad svega, jača čak i od izdaje, od svega zemaljskoga. Zar Isusa nije zaniječao Petar, onaj isti koji je prisezao da ga neće zaniječati? Zar nije, spašavajući sebe, sebično rekao:„Ne znam čovjeka o kom govorite!" (Marko 14-71) Mogu zamisliti kako se osjećao Petar, kad mu se pogled sreo sa Isusovim. Tog je trena spoznao što znači oprost, što je prava ljubav! Ljubav, neuništiva, koja vodi u vječ-nost!

Tako sam se osjećao pred tobom, brate moj ljubljeni. I tog dana i za svake naše svađe! Ljutio bih se bez razloga, nelogično, glupo, a ti si uvijek bio kraj mene, gledao me pogledom Krista i opraštao mi! Razumiješ što pričam? O bogatstvu koje nema zemaljsku cijenu, o žrtvi za drugoga, o pružanju nove šanse po milijunti put, o oprostu i prije traženja oprosta, govorim o Kristu u tebi, vojniče Njegov.

Za ove tri i po godine, koliko sam u Americi, susreo sam stotine divnih članova Crkve, razgovarao s poniznom braćom i Gospodu predanim sestrama, ali nitko nije kao ti, nitko nije kao tvoja obitelj. Ne zato što si mi prijatelj, nego zato što je to istina. Ne mislim da su mi ljudi obavezni pomagati niti sam došao ovdje da bih živio na tuđoj grbači. Međutim, loše stvari su se posložile, a uz strašan utjecaj zemaljskih zakona i djelovanje (opet) politike, cijeli plan mog novog američkog života je propao i odjednom sam se našao nigdje, bez novca i u poslu koji je bio sve samo ne pravi posao. Biti pastir, čoban, čuvati ovce tri i po mjeseca godišnje za nikakav novac, bez pravnog zaleđa nije naročito povoljno stanje ni za puno mlađe od mene. Narušenog zdravlja, s tim prokletim proširenim venama, ulkusom i artritisom, što sam mogao? Moji predragi J. i M. mi nisu mogli više pomoći: ionako nikad nisam razumio zašto su se toliko žrtvovali za mene, a ja... Razumiješ? Našao sam se na brisanom prostoru i takav nikakav nisam mogao nego sjesti i jecati kao malo dijete.

Proklinjao sam sebe i putovanje u Ameriku, nije mi to trebalo, mislio sam. U tom sam stanju spoznao kako sa LDS svijetom nešto nije u redu, da nije sve tako sjajno i bajno kako sam mislio da jest. Imao sam romantičnu, sasvim nerealnu sliku o „mormonskom univerzumu". Na toj prepreci, kad sam shvatio da promjena vize i svega vezanog uz to ne ide kako sam zamislio, moje iluzije počele su se urušavati. Ukratko, nitko mi nije mogao ili nije htio pomoći. Ne službeno. U odjelu u kojem sam služio bila su trojica odvjetnika i nijedan nije našao za shodno dati mi neki kratki savjet, možda jednu rečenicu o tome kako prebroditi birokratske poteškoće! Moj kompanjon u služenju bio je znani odvjetnik iz jedne velike odvjet-ničke kuće, ali ni on mi nije dao nikakav savjet. Jer nisam imao novaca? Jer nije radio pro bono?

Jer sam samo imigrant, doduše LDS, ali samo imigrant, obraćenik? Ne, ne mogu i ne želim to razumjeti. Tapšali su me po ramenu, obećavali moliti za mene, lica su im bila oličenje sućuti kad bi onih nekoliko trenutaka formalno razgovarali sa mnom, međutim ništa više od tog performansa se nije dogodilo. Nisam ih tražio novac, nisam očekivao materijalnu pomoć, nadao sam se savjetu! Opet: ništa.

Srećom, što se tiče posla, pomogli su mi moj tadašnji šef, veliki čovjek S. J. i J. i M., kao i prije. Što ipak nije bilo trajno rješenje. Osim toga, nisam htio i dalje biti njihov problem, morao sam nešto učiniti. I što je bilo? Krist me spasio, po tko zna koji put. Po tebi, brate moj. Nisi me napustio, nisi me ostavio, nisi me zaboravio. Anđeli ne napuštaju, ne ostavljaju, ne zaboravljaju. Jer su od Njega, od čiste ljubavi Božje.

Brate, ma kako zvučalo pretenciozno, ali vjeruj mi, nakon svega, danas, baš sad, govorim iz srca, u tebi pronađoh onaj prijeko potreban odgovor u riječi Kristovoj (iz Evanđelja po Ivanu 15:13): „Veće ljubavi nitko nema od ove: tko položi svoj život za prijatelja." Star sam, islužen, nemam ništa do riječi svoje i časti svoje i premda je Gospod zapovijedio neka ne prisežemo nikome doli njemu, ja sad, evo, prisežem tebi: spreman sam umrijeti za Krista! I za tebe, ljubljeni brate, za tebe! Jer ti si od Njega, a tko je od Njega, od Boga je. Amen.

„Jer doći će dan kad im se mora suditi po djelima njihovim." Ove riječi iz I Nefija (15:32) tiču se i mene. Ne zanimaju me drugi, ali ja sam spreman, danas sam spreman kleknuti pred Isusa i predočiti mu moju Knjigu života. Odživio sam zemaljsko vrijeme i pokupio previše mračnih i loših odlomaka u vlastitoj priči, iza mene je bezbroj krivih odluka i loših izbora, na svojim plećima nosim križ mnogostruko veći od mene samog, nisam naučio plivati uzburkanim morem vlastitih zabluda i, napokon, vidiš i sam, nesposoban sam živjeti u krdu, nemam talenta za glumatanje. Naprosto sam takav kakav sam i sa svim tim idem pred Njega...

Jesam li dovoljno čist za Celestijalno kraljevstvo ili ću skončati u ništavilu odlučiti će On. Na meni je izvršiti volju Gospodnju. Znam kako stoje stvari oko toga. „Jer Bog reče, da čovjek koji je zao ne može činiti dobro..." (Moroni 7:6). Nisam zao, a jesam li dostojan, doznati ću kad dođe vrijeme za to...

Premda, ah, ima jedna stvar. Ne vjerujem da bi ti podnosio moja sranja da sam ja sljedbenik tmine. Ili se varam? Vjerojatno bi baš zato. Ne brini, znaš ti tko smo i tko i što sam ja. Izuzev Gospodina, ti me jedini stvarno poznaješ u dušu. Ono što sam rekao tebi, nisam nikome prije. Volim te i zahvalan sam Gospodu na tebi. Što bih ja bez tebe? Uistinu, kad sam se našao u nezavidnoj situaciji, tamo u Utahu, što sam mogao? Vratiti se u Hrvatsku? Zašto? Čemu? Što me je čekalo u Hrvatskoj? Opet beskućništvo? Obilaženje državnih ureda i trpljenje ponižavanja od strane državnih birokrata? Ponovno, nakon više od dvadeset godina, utopiti samosažaljenje u alkoholu? Ne, nisam to ni htio ni mogao. Drhtao sam preplašen užasnim saznanjem: ako i kad bih se vratio u Hrvatsku, moja vjera bi otišla u vražju mater! Skočio bih s broda Spasitelja i moja priča o vjeri i Crkvi bi neslavno propala. Znao sam to. Poznajem svoje slabosti. Ne bih imao snage za nove borbe, ne bez tebe. Krist me ne bi napustio, ali možda bih ja napustio Njega. Spasili ste me, ti i tvoja prekrasna obitelj, tvoj otac i tvoja majka, odgurnuli ste me od ivice ponora! U ime Isusa Krista! Hvala ti, brate moj!

Bio sam sam. Usamljenost bješe moja sjena, nerazdvojna pratnja i uporna rušiteljica svakog mog pokušaja bijega od vlastitih utvara, od straha i beznađa. Samoća me skoro pet desetljeća slijedila kao sveprisutna čuvarica nesreće u meni: istina je, onaj tko ne vjeruje u Boga smrtni život doživljava prekratkim i stoga mu svaki poraz, svaki pad predstavlja katastrofu i produbljuje grotla zla u koje upada svojom ili tuđom voljom. Ništa smrtno mi ne može otkloniti taj teret sa srca i duše. Pijanstvom sam pojačavao očaj i bijes. Slab, odbačen, prepušten sebi lutao sam i činilo se da mi nema spasa. Tko je ostao uz mene kad sam padao? Nitko! Ne, prije siječnja i veljače 2016. nisam živio, nisam osjećao, a nisam umro. Ne postoji strašnija mora od toga, vjeruj mi, prijatelju.

Sve moje odluke usmjeravale su me ka ništavilu. Da, čak i dobre bjehu loše, jer su se u konačnoj inačici pokazale kao katastrofalna glupost s obzirom na rezultat za koji, nota bene, nije nitko kriv osim mene samog. Sve jedna glupost do druge, još gluplje gluposti, to ti je moj život prije Crkve, prijatelju. A što reći, nisam talentiran za sklapanje i održavanje kontakata „za vanjsku upotrebu". Oficijelna, dakle formalna prijateljstva me nikad nisu zanimala, a onih pravih nije bilo na izbor. Molim te, poslušaj me još trenutak.

Nikad nisam pripadao nijednom klanu, nijednoj interesnoj skupini, nikakvoj grupi i nikad nisam pristajao na kompromis, nisam od tih pojava koje će kao uvjereni oportunisti uvijek izabirati jače i opasnije od sebe kako ne bi narušili red stvari i kako bi ostvarili svoja očekivanja (za njih je gaženje vlastitih principa i obraza niska, upravo jeftina cijena za postizanje zadanog cilja). Impulzivan, kakav jesam, sklon neprimjerenim napadima osjećaja pravednosti (što me nije, za divno čudo, spasilo od vlastitih gluposti i mazohističkog samouništavanja) kroz sve dekade mog življenja ratovao sam protiv ljudske mizernosti, dvoličnosti i oholosti. Okružen gomilom izobličenih maski teturao sam četrdeset i osam godina u samoći jedne nakaradne pojavnosti i nesvjestan silnica tame prolazih kroz pustare vremena uvjeren u jednu jedinu stvar: ništa nije vječno, sve ima svoj početak i kraj, pa će svakako biti da ću skončati jer moj glupi život napokon mora svršiti. „Naskoro će sve biti gotovo!", vrzmalo se po mojoj glavi kao najbolja izlika za nečinjenje, za stajanje na mjestu, cmizdrenje i sve moje lementacije o tome kako sam propao, kako je sve otišlo u pizdu materinu, i bijeg od stvarnosti i sama stvarnost koja se obrušila na mene surovo, bez milosti, sve je tapkalo na mjestu i možda bih skončao kao i moj otac da mi država, kakva god da jest, nije dala kao ratnom veteranu slamku na koju sam mogao disati. Kraj dvije i petnaeste dočekao sam u Varaždinu kao beskućnik, ali nakon niza godina NN statusa, napokon sam imao osobnu iskaznicu, što je bio ogroman korak naprijed, figurativno rečeno. Posjedovanje osobnog dokumenta me odvuklo od totalne propasti, ali što s time? Ništa, kao i prije. Zato sam glupavo čekao da se nešto dogodi, a ništa se zbivalo nije. Posao? Nemoguće, u Zavodu za zapošljavanje službenica zadužena za moj slučaj bila je ljubazna, ne mogu reći ništa loše, ali radila je mehanički i činilo se da ni ona ni ja nismo odmakli dalje od spoznaje kako neću naći posao! Ma, molim vas, on je za Banjske dvore, za Vrapče, „kaj bi on kod nas delal, pijanec i vucibatina!" To da nisam pio petnaest godina, to nije zanimalo nikoga i objasniti idiotu u kravati i relativno skupom odijelu (nekadašnjem općinskom sekretaru socijalističke omladine, mladoj nadi Saveza komunista koji se devedeset i prve iznenada sjetio svoje hrvatske krvi i postao zagriženi domoljub čija je karijera lijepo dospjela do direktora ljudskih resursa jedne od najpoznatijih varaždinskih kompanija) da sam aplicirao za posao u skladištu jer sam kvalificiran, jer imam iskustva i jer želim i znam raditi, kao i činjenica da moj socijalni status nema nikakvog utjecaja na moje radne kvalitete bilo je preglupo i uzaludno, pa sam odustao od uvjeravanja debila da sam bolji kandidat od ostalih deset nezainteresiranih tipova (koji su došli na razgovor za posao samo zato da se to evidentira na birou, kako bi zadržali benefite). Ustao sam, uljudno pozdravio i otišao. Na vratima me zaustavila sekretarica kazavši mi: „Zvati ćemo vas." Okrenuo sam se i odgovorio: „Nećete me zvati." Za deset minuta sam se vratio u stvarnost. I tako svaki put, u raznim poduzećima, sve neuspješno, sve jalovo.

Haha, poslije rata i vojske, a i prije, jebi ga, život mi nije bio bajkovit, kod nas, hrvatske sirotinje ne postoje planovi, ne postoji pravocrtan put od rođenja do smrti, kao kod mnogih rođenih u Crkvi. Rođenje, rano djetinjstvo, osnovna škola, srednja škola, misija, fakultet, u isto vrijeme i udaja/ženidba, posao i karijera, djeca, opet u međuvremenu odmori putovanja i vrijeme leti, stvaranje uspomena, služenje u crkvi, pozivi i dolaze ozbiljne godine, uspješna borba s problemima, bolesti bližnjih i vjenčanja i sprovodi, još putovanja, štednja za djecu, promjene posla i života, stari se, i djeca sad su misionari i sve rutinirano, opet ispočetka i tako iz naraštaja u naraštaj, bajno i ružičasto. Ne, ja to nisam prošao, nema toga u Hrvatskoj, ili ima, samo ja nisam od onih koji imaju takav život. Ne ljuti se, ne mislim da je takva ured-nost loša niti sam ja ljubomoran, samo kažem, prijatelju, pokušavam ti objasniti zašto se ne uklapam u sheme „mormonskog" pogleda na svijet. Ja sam posve drugačiji. Svom sam dušom i tijelom u Crkvi Isusa Krista, znam i vjerujem da je Mormonova knjiga istinita, znam i vjerujem i podržavam živog proroka i apostole i posebne svjedoke Spasitelja svijeta, služim koliko mogu i spreman sam na sve za Krista, no očito je kako imam problem s miješanjem vjere i kulture, ali i sa zemaljskim razumijevanjem vjerskog ži-vota. Ili, haha, što je možda najbliže istini, previše sam Hrvat i nikad se neću prilagoditi ovome. I još, ne podnosim autoritete, poslije četiri godine rata i skoro deset godina u vojsci, nakon što sam otrpio trinaest godina rintanja za debelu kulačku svinju, vjeruj mi, ne mogu podnijeti bilo koji oblik zapovijedanja...

Godinama su me okruživali kreteni, budale, lažljivci, loši glumci i kokošari, sitni prevaranti, vjernici i nevjernici, komunisti i ustašofili, idioti i najmizerniji cabotini i sa svima njima sam bio ponekad na „ti", često smo si persirali, a skoro uvijek nalazili i rastajali bez želje za ponovnim susretima koji su se svejedno događali. Pio sam s tim pojavama, jeo i pjevao, psovao, radio i ratovao (opaska: kad kažem ratovao, ne mislim na suborce, samo na likove poput bojnika, kažem da ne bi bilo „nismo znali"), kuhao, opet pio i činio vulgarne stvari, ponovno jeo i tako u dosadnoj repeticiji gluposti prolazile su godine bez svrhe i bez cilja. Čitao sam u intervalima, između pobrojenih nimalo čednih zanimacija, čitao sam tako Ujevića, Krležu, Dostojevskog i Turgenjeva, Hemingwaya i Krkleca, Matoša, Manna, Lovraka i Ivanu Brlić-Mažuranić, Sokrata i Platona, Poa, Voltera, Nabokova i Šenou, Marinkovića, Šoljana i Marulića, Puzza i Hitreca, Dantea, Bulgakova i desetke drugih umnih kolosa i, priznajem, malo je toga ostalo u mojoj glavi od tisuća pročitanih stranica. Tužno: ma koliko književnici bili uvjerljivi u opisivanju svijeta, stvaran život je ipak nešto drugo. Ne može se bol osjetiti preko papira, da bi je razumio i upoznao, patnju čovjek mora sam osjetiti na vlastitoj koži.

Pio sam, oblokavao se kao svinja, nisam vladao svojim životom. Stari Latini su lijepo definirali stvar: „Piti je ljudski, zato pijmo!" Haha, pio sam da, ali što sam više pio, to sam se bolje sjećao. Čega? Svega. I ničega, sjećao sam se i nisam, od trenutka do trenutka živio sam s glavom iznad mutne vode grijeha, a potom bih opet naglo potonuo u kloaku beznađa i propasti; i dok sam kašljao i pljuvao oporu sluz kukavičluka, dok sam se rukama otežalim od skorenog blata smutnje uzalud nastojao iskopati iz te rupe mazohizma, ljudi oko mene smijali su se i živjeli ne obazirući se na mene dolje, u ništavilu. Razgovarali su sa mnom, gledali me, tapšali, neki i grlili onako blatnog, ali nisu vidjeli u kakvim sam govnima, ništa nisu primjećivali. Brate moj, samoća je konstanta u mojoj biografiji. Za bolje nisam znao. Oni kojima sam vjerovao, koje sam volio, neke i obožavao, izdali su me, popljuvali i zaboravili.

Usrano dosadno, predvidljivo, jadno. Kreten, kakav jesam, prihvaćao sam i izdaju i pljuvanje u maniri gospodina koji ima neku svoju glupu čast i koji (kako kaže Krleža) „gospodskom šutnjom prelazi preko svega": nisam brisao pljuvačku sa svog obraza, pustio sam da kiselina ljudske zlobe izjeda kožu mog ponosa i stoga se ne čudi ožiljcima koje nosim na srcu. Otrov ljudski je to učinio, izorao duboke brazde želje za osvetom!

Dobro, nema osvete, sad sam kršćanin i osvetu ne tražim, oprostio sam mučiteljima svojim, i izdajnicima, svima sam oprostio. Možda nisam oprostio sebi. Ne znam jesam li ili nisam, srce je čudnovata stvar, nikad se ne zna kako stoje stvari s tim srcem. Oprostio sam svi-ma zbog vjere i zato što sam prestar voditi glupe bitke koje neće donijeti olakšanje. Nek' sve ide kamo već mora ići, a ja idem Gospodinu na posljednji sud, pa nek bude što će biti!

Lovče moj, tog četvrtka ušao si u moje srce kao što Krist ulazi u srca i duše sljedbenika svojih, učenika svojih, duhovne braće i sestara, ušao si da bi ostao zauvijek. Sjećaš se što sam ti rekao? Citirao sam ti jednu rečenicu iz filma „Kum": „Ništa osobno, samo posao." Podigao si pogled s Mormonove knjige, pogledao me u oči i potpuno mirno rekao: „Pazi se ako ne želiš naći konjsku glavu u svom krevetu!" Haha, oduševio si me, u toj sekundi postao si my man! Gledao si The Godfather! Nijedan od misionara nije gledao najbolji film svih vremena, barem ne oni koje sam pitao što misle o Brandu i Pacinu, o obitelji Corleone! My man! Vidiš, ne samo po crti vjere, i po zemaljskoj crti mi smo jedno od samog početka, prijatelju. Slažem se s onime što si rekao, da si siguran da smo se nas dvojica poznavali u duhovnom svijetu, iza vela. Samo ne znam koju smo pizdariju napravili da nas je Gospod razdvojio i poslao na zemlju, u smrtni svijet. Prvo mene u Hrvatsku, a potom tebe u Ameriku, haha. A kad je došao dan mog povratka Kristu, kad je završila moja priprema za početak učenja punine obnovljenog evanđelja, opet je Gospod odlučio o nama, prijatelju. Ponovno nas je spojio jer je znao da među nebeskim, ali ni među zemaljskim anđelima nema nikoga tko bi se mogao nositi s budalom kao što sam ja. Znao je naš Kralj nad kraljevima da te nitko na zemlji (od prijatelja, ljudi izvan obitelji) ni na nebu neće i ne može voljeti kao što te ja volim. Mi smo braća, prijatelji, na doslovan način Isusa Krista, hvala Gospodu!

Oprosti mi za eksplozije, glupost je moj nadimak, znaš to. Ne sjećam se tko je rekao ovo, ali je imao pravo: „Iskustvo je ime koje ljudi daju vlastitim greškama." U našem slučaju, tvoje iskustvo sa mnom su moje greške. Volim te, brate. Ne znam što će biti, zato i pišem ovo jer ništa nije kao što izgleda i sve je kako se odigrava. Predstava traje već godinama i umoran sam, a sretniji nikad nisam bio nego što sam danas...

P.S. Prošle godine, sjećaš se, na odmoru, bila je još jedna moja eskapada, eksplozija. I to si popravio na Kristov način. Rekao sam ti „Volim te više od Boga”.... Bio si na vratima, okrenuo si se, pogledao me odavno mi poznatim toplim pogledom anđela i tiho odgovorio: „Možeš me voljeti, ali ne više od....”. Doista, prijatelju, je li grijeh ako se nekoga voli i više nego što se voli Bog? Ili barem kao Njega? Što je loše u tome?

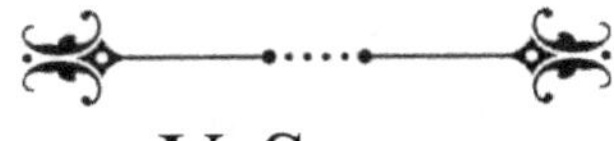

V. Scena
Obitelj: Donesi mi štrik s balkona

„Djeca započnu voleći svoje roditelje.
Nakon nekog vremena im sude.
Rijetko im oproste."

Oscar Wilde

Križanje kod kućnog broja sedam, visoka četverokatnica s jednim ulazom u Ulici Vilka Jureca. Križanje našeg Jureka i one koja vodi prema hotelu „Turist" i staroj robnoj kući „Va-Ma". Točno preko puta sedmice, na uglu, svega dva metra od prvih borova koji su okruživali crvenu staru zgradu s malim bazenom bez vode, bio je ružan metalni kiosk za prodaju novina, cigareta i tih sitnica, da-nas bi se to zvalo tobacco shop (haha, u slobodnoj i neovisnoj nam 'rvatskoj, koju smo jedva dočekali, sva umna akademska pamet nije uspjela smisliti hrvatski naziv za ovu vrstu prodajnog mjesta, haha). Ne znam kada je trafika zatvorena jer u vrijeme mog djetinjstva već nije radila. Mi djeca igrali smo se oko ove me-talne kućice kroz čije su se razbijene prozore još mogli vidjeti plakati za „Lara" cigarete i tvrde bombone „505 s crtom". A onda su jednog dana dovezli ogroman kamion s dizalicom i radnici u prljavim plavim radničkim kombinezonima zakačili su debelim lancima i sajlama taj kiosk, podigli ga, utovarili na kamion i odvezli ga tko zna gdje. Betonske kocke koje bjehu ispod trafike radnici su podigli i bacili na kamion, a nastalu su rupu zalili crnim asfaltom. Danas se nitko od stanara, izuzev starih, ako ih još ima, ne sjeća kioska: ne znam što je sad na tom mjestu, više od dvadeset i pet godina me nema u tom dijelu Varaždina i nemam pojma što se događa i što se promijenilo u međuvremenu. Ono što pročitam na internetu i vidim na Facebook grupama je sve što danas znam o svom rodnom gradu.

Djeca, neki novi naraštaji koji danas u Jureku, Đureku i okolnim ulicama grade neke nove dječje svje-tove nemaju pojma o prošlosti ovih zgrada i dobro je da je tako, neka svaka generacija skuplja svoja sje-ćanja. Kad odrastu vlastite će ih uspomene dovoljno smožditi i bez za njih nevažnih priča iz pradavnih go-dina.

Sjećanje je vrlo labilno stanje podložno djelovanju sadašnjosti. Ljudi se uglavnom sjećaju krivo, uspo-mene su im prilagođene trenutku u kome se ta sjećanja vade iz neke od kanti zaborava da bi ih, očišćene od prašine istine, nosili naokolo kao relikvije i pokazivali svima uz pričanje sve novih laži o vlastitoj ze-maljskoj sreći. Isto to vrijedi za sjećanja na pogrebe, umiranja, na stradavanja u raznim nesrećama, u šumi, pri sječi drva, na građevini, na pružnom prijelazu, u nekom davnom ratu, kod poroda i na kompli-ciranoj operaciji: po pravilu pokojnici svi redom bjehu anđeli, ni nebeski im ne bijaše ravni, bili su voljeni i poštovani do bola i njihova je smrt nanijela nenadoknadiv gubitak obitelji i prijateljima koji se srcedrapa-teljno desetljećima kasnije sjećaju divinih pokojnika. Nema ničega lošeg u šminkanju sjećanja, bolje je promatrati prošlost kroz ružičaste naočale i prikazivati budućim nositeljima časnog obiteljskog prezimena retuširani „film" o precima nego im stvarati komplekse ili, ne daj Bože, usađivati u mlada srca sjeme osvete, mržnje i prezira. Problem eskalira kad sjećanja nastavljamo živjeti, kad svaki novi dan iznova pro-življavamo već svršeno vrijeme i kad u ludilu neprekinutog trajanja onoga-što-je-bilo uzalud pokušavamo pronaći izlaz iz sadašnjih zamki i ponora. Nikome nije uspjelo zaustaviti vrijeme, neće ni meni. Robujemo sjećanjima i život pretvaramo u horor predstavu, lošu i mučnu. U kolopletu prošlog i sadašnjeg životarimo kao nakaradna inačica živih mrtvaca, ovisnika o uživanju u fotošopiranim sekvencama vlastite priče. Iz-mišljene uspomene priječe pravim sjećanjima ostanak u prošlosti dok frizirana biografija uništava našu i dušu naših bližnjih jer u lažima se ne može živjeti, nema mira ni spokoja ako trošimo od Gospoda darovano nam vrijeme smrtnosti na gluposti, na imaginarno postojanje koje se nikad nije dogodilo. Sve ovo je stara istina, izlizano objašnjenje i zapravo ponavljajući sve ovo nisam se odmaknuo dalje od početka. Čitanje dijagnoze i anamneze ne pomaže ako se ne pristupi učinkovitom liječenju na najbolji, najbrži i najjeftiniji način. Doduše, ponekad je nemoguće izliječiti bolest bez visokih troškova, a u ljudskoj sudbini to znači plaćati račun ranama na srcu. Patetično, no ništa manje istinito. U kazalištu, na pozornici patetika je ono što publika očekuje vidjeti za kupljenu ulaznicu. Ljudi su prokleto sitničavi, traže robu koju su platili...

Tko se sjeća trafike kod crvene zgrade? Pamti li itko prodavačice iz kioska i mušterije ko-je su redovno, svakoga jutra dolazile po novine, cigarete, šibice ili benzin i kremene za upa-ljač? Tko su bili kupci, gdje su radili, kako su živjeli? Zna li itko? Ne, vrijeme ždere, uzima nemilosrdno svoj utanačeni porez.

Rekoh, preko dvadeset godina nisam kročio u ovaj dio grada. Stoji li stara crvena zgrada još uvijek ili su je srušili i izgradili kakvo moderno ruglo? Ne znam. Iskreno, ne zanima me, moja predstava se ionako odvija u staroj ulici, onoj i onakvoj kakve se sjećam. Sive socijalističke zgrade bez liftova, balkoni nakićeni opranim rubljem, tegle s cvijećem, redovno sezonsko, od proljeća do zime, otvoreni prozori, zelene, smeđe i plave platnene rolete, spuštene kao zaštita od sunca (jer klima uređaja nije bilo, ni mobitela, ni bilo čega što danas ljudima otežava život), glazba s gramofona i susjedovo preglasno slušanje jutarnjih radio vijesti kod otvorenog prozora u stanu u prizemlju na broju pet, bicikli naslonjeni na ogradu ulaznih stubišta i tek rijetki parkirani „fićek", možda stara „škoda" ili „tristač". Djeca u cjelodnevnoj igri na travnjacima između zgrada, smrad smeća iz željeznih kanti za smeće, osobito za velikih vrućina, ordiniranje milicije u obje krčme u ulici, „Jadranu" i „Vijetnamu", naročito u dane isplate plaća u „Varteksu", oko dvadeset i šestog u mjesecu. "Centroprometova" samo-posluga na uglu i kasnije, kad je „palo" staro „Pavelićevo" naselje i kad su izgradili crvene nebodere, u velikom samoposluživanju, preko puta benzinske. Trčanje djevojčica i dječaka s vrećicama u rukama po kruh i mlijeko (mlijeko u bocama, a onda u plastičnim vrećicama, iz plavih kockastih sanduka i jutarnji još topli kruh, ako dođe na vrijeme, ako ne, onda noćni, polubijeli ili crni, bijeli je preskup) i rijeka radnika koja prolazi između zgrada kod izmjena radnih smjena, u pola šest ujutro i pola dva popodne. Svađe supružnika i djeca koja hrane travom foringaševog konja nakon što je istovaren ugalj, a stari je foringaš na gemištu.

O toj ulici govorim u ovoj priči, o tome je predstava. Današnje stanje ne znam i ne želim znati. Naša zgrada, broj jedanaest, s dva ulaza. Lijevo od zgrade, ako se gleda frontalno, je gostionica „Grozd", znana kao „Vijetnam", a neko vrijeme bila je tu i mesnica, pa broj sedam (četverokatnica poput sedmice), raskršće, a dolje, niz ulicu, stara je obiteljska vila s desne strane okružena ogradom i velikim dvorištem punim drveća i cvijeća. Na lijevoj strani je ogromna zgrada, iz devetnaestog stoljeća mislim, pa zapušteno dvorište i dućan na kraju, raskršće i još jedan kiosk koji gleda na Zagrebačku ulicu, a s desne strane i konačno, na uglu birtija „Jadran" naslonjena na dvorište koje je nekad bila kovačnica. Dugačka zgrada s četiri ulaza je broj jedan, umalo zaboravih to spomenuti.

Crvena zgrada? Izgrađena za potrebe stanovanja inženjera i nižih šefova „Tivara" otprilike krajem tridesetih, ne znam točno, po ondašnjem standardu reprezentativna zgrada s četiri ulaza i prostranim stanovima na prvom katu, te pomoćnim prostorijama za ostave i večeraj u prizemlju i stanom za kućepazitelja i sobama za služinčad u potkrovlju. Kasnije, nakon 1945. komunisti su nešto pregrađivali kako bi dobili više manjih stanova, trebalo je negdje smjestiti pridošli šumski proleterijat, no za to nisam posve siguran kako je bilo i kad. Ispred zgrade bješe lijepo održavano dvorište ograđeno borovima i travnjakom. Sve je bilo uređeno za ugodan život stanara. Arhitekti su kod projektiranja mislili na sve i stvarno su ugodili gospodi, njihovim milostivama i pristojnom podmlatku. Mali bazen s fontanom na sredini davao je dozu luksuza cijelom kompleksu. Ne znam kako je ovaj dio grada izgledao u to vrijeme, no osim nekoliko raštrkanih manjih kuća, ovdje nije bilo ničega i gospoda i gospođe mogli su uživati neometani od gradske gužve. Prije sedamdeset godina moja ulica bješe gradska periferija.

U mom djetinjstvu, nakon što smo se doselili na broj jedanaest b, crvena zgrada nije bila nego olinjala građevina, izgubila je svoj sjaj, a i bazen je oronuo i služio je jedino za dječju igru, osobito ljeti kad je cijelo dvorište bilo u debeloj hladovini visokih borova. Stanari nisu bili oduševljeni našom vikom i galamom, no nisu se bunili, ionako im nismo smetali baš svaki dan. Naše igre bile su čudnovate, dječja je mašta bila kreator naših ludorija. Nismo imali puno igračaka ni ičega što današnja dječurlija ima i morali smo dobro napregnuti naše male glave da bi igru učinili zanimljivom: koristili smo sve što je bilo oko nas i nikad nam nije bilo dosadno. O da, imali smo ispunjeno djetinjstvo...

Koga ja zajebavam? Ispunjeno djetinjstvo? Točno, ali čime, kako ispunjeno? Ne razumijem samoga sebe, zašto nisam otpočeo pisanje ove scene s onime što je stvaran sadržaj? Zašto nikad ne odapnem strijelu prema pravoj meti nego se preseravam i gađam glinene vrtne patuljke? Zbog čega namjerno gađam bijela polja koja ne donose bodove? Strah ili naprosto nisam dobar strijelac, nisam spreman za ovu predstavu? Ne, ne gađam loše, moje oružje nije prepravljeno, streljivo je točno kakvo mora biti, i puška i luk i strijele, sve je u skladu s propisima i pravilima igre, pa čemu je onda problem? Nisam dirao uspomene na nedopušten način, ništa ne iskrivljujem, ništa ne prepravljam. Živim pedeset i kusur godina u glupoj kolotečini izbjegavanja izravnog doticaja s onime što je iza mene, što je prošlo: nažalost, moja kolotečina nije od uobičajene kolotečine jer, jebi ga, ma koliko novo bilo novo i ne ponavljalo se, ipak je moje svakodnevno vegetiranje na neki čudnovati način samo repriza već odigranih predstava, nešto poput repriza reprize. Rekao bih, ja sam zajebani igrač. Ne nosim ništa od vlastite povijesti kao zastavu sudbine i ne mašem ispred razjapljenih njuški mnoštva izblijedjelim barjakom svog uništenog života: moj CV nije moja grbovnica, nisam plave krvi i nemam povelju potpisanu previšnjom rukom NJ.C.I.K.V.F.J.I., nisam od elite, ni rođenjem ni životom, a najmanje ću to biti svojom smrću.

Glupo, ne glumim, a svejedno se nisam odmakao ni milimetra od prošlosti. Šape, kandže svega što sam učinio drže me za srce i za dušu i svaki moj pokušaj normalnog disanja već za stoti djelić sekunde biva prekinut teškim napadima kašlja grižnje savjesti, tuge, bijesa i očaja zbog svega što je moglo biti drugačije, a nije.

Ne uspijevam se odvojiti od sjećanja. Pravih, nepatvorenih. Ne mogu. To je najstrašnija bol: spoznaja kako ni Božja moć nije svemoguća kad se radi o teretu prošlosti. Pokajanje, oprost, očišćenje, sve je to lijepo i krasno, gledati naprijed i samo naprijed, spoznaja o Kristu i Njegova čista ljubav, vječno pomirenje i nenadmašiva žrtva preuzimanja grijeha svijeta i pobjeda nad smrti kao vrhunca ljubavi Sina za Oca i Sina i za sve nas ipak ne uključuje brisanje sjećanja! Neka sam prihvatio Gospodina, neka sam priznao sve grijehe svoje, neka sam se oprao vodom krštenja, neka sam primio moći Duha Svetoga, neka sve to, i rast u vjeri, i škola odanosti, i radost života u evanđelju, neka mi bezbrojni blagoslovi i svakodnevna izgradnja boljeg sebe kroz proučavanje Svetih pisama, kroz služenje Njemu služenjem drugima, neka sve to, kažem iskreno, ali zašto su mi ostala sjećanja, zašto još uvijek u srcu i u duši nosim svaku sekundu, svaku minutu, svaki prokleti dan svog prijašnjeg života?! Zašto?! Ako sam krštenjem oprao svoju prošlost, ako znam i vjerujem (a znam i vjerujem) da je živi Sin živoga Boga svojim bezgraničnim vječnim pomirenjem, svojom patnjom u Getsemaniji, svojim svjesnim odlaskom u svjetovnu smrt na križu i svojom božanskom pobjedom nad smrću omogućio (i meni) koračanje uskim putem do vječnosti, zbog čega, pitam milijun puta, zašto onda i dalje vučem taj pretežak vagon sjećanja? Čak i ako razumijem (a razumijem) da svatko od nas mora nositi svoj križ i da mnogi oko nas nose kudikamo teže i veće križeve (no što je moj)..., ne shvaćam sve to skupa, ne razumijem. Tisuće nepojmljivih blagoslova i darova, svemoć Stvoritelja, žrtva nad žrtvama, nada i svjetlo svijeta, a prošlost i dalje živi i življa je no što je bila kad sama bješe sadašnjost. Prezent u futuru, futur u perfektu, perfekt u prezentu, sve je izmiješano, nečitljivo je i neslušljivo, sve to je previše i za mnogo jače od mene. Nema odgovora, a pitanja dolaze, množe se, odgovora nema. Pitanja, upitnici, pitanja i još pitanja, olovna, opasna pitanja, užarena i prošlost koja je sadašnjost i budućnost, koja je bol, bol i bol... Sjećanja... nema odgovora... Zašto?

Vruće poslijepodne, osmi dan mjeseca srpnja godine tisuću devetsto sedamdeset i šeste: špekulanje. Čuje se smijeh, vrisak dječaka koji bi promašio zicera ili povik drugog dječaka koji je uspio uzeti sve špe-kule. Povremeno prođe neki automobil, kakav kombi ili biciklist sav mokar od znoja. Iz pravca gostionice „Jadran" dolazi crveni „Tomos" moped APN-4, vozač je kratko ošišani muškarac u ranim tridesetim odjeven u ljetne smeđe lagane hlače i plavu košulju kratkih rukava. Srednje visine, čvrstog snažnog tijela. Vozi polako. Na upravljaču mopeda obješena je bijela pvc vrećica. Na raskršću kod crvene zgrade usporava, penje se mopedom na nogostup i parkira ispred velikog starog kioska. Trafika ne radi, unutar kioska je hrpa smeća, stakla prozora su razbijena.

Muškarac silazi s mopeda, vadi maramicu iz džepa hlača i briše znoj sa čela i lica. Neobrijan je, lice mu je upalo, napeto, oči crvene, pogled težački prazan. Vraća maramicu u džep i vadi kutiju cigareta i upaljač iz džepa na košulji. Otvara kutiju i uzima cigaretu, pripaljuje je. Nervozno uvlači dim za dimom. Sporim korakom šeće oko mopeda, neprestano gleda prema skupini dječaka u igri kod prvog ulaza na kućnom broju jedanaest. Odlazi do velikog bora, kao da ne želi biti viđen. Okreće se. Puši nervozno.

Muškarac baca cigaretu u travu i gasi je petom cipele. Desni ugao usana mu neprimjetno zadrhti, kao da se nasmiješio. Jedan od dječaka koji se špekulaju, odjeven u kratke sive hlače i žutu majicu kratkih rukava, u plastičnim"Borovo" sandalama, bez čarapa, polako ustaje sa zemlje i gleda u smjeru muškarca na uglu, kod kioska. Radosno krikne „Čekajte me, dečki!" i trči do muškarca. Muškarac širi ruke, čučne i prihvati dječaka, grli ga nježno. Dječak rukama i nogama grli muškarca, koji ga podiže i okreće se s njim.

- „Tata! Tata!" - dječak čvrsto grli oca i plače. Muškarčevo se lice trza, dječak ne vidi suzu u očevom oku. Neobrijano lice muškarca se grči, tek mu pogled na djelić sekunde zasja nekom toplinom, no to traje prekratko da bi sin primijetio. Muškarac spušta dječaka na asfalt. Dječak briše suze nadlanicama. Ne skida pogled sa oca:

- „Tata, kaj si se vrnul? Doma si se vrnul? Idemo doma? Mama dela, brzo bu i ona došla. Idemo do-ma?" - pitanja strelovitom brzinom iskaču iz dječaka, pitanje za pitanjem u punini dječjeg uzbuđenja i ra-dosti. Otac promatra sina s ljubavlju. Ponovno grli dječaka, privija ga čvrsto uz sebe. Dječak ne prestaje govoriti. Ponavlja jedno te isto pitanje:

- „Došel si doma?" - Muškarac poljubi dječaka u čelo, pomiluje ga po kosi, progovara tiho. Glas mu je promukao. Zadah mu miriše na vino i duhan.

- „Možda, ne znam još, ali budem, ne danas. Došel bum doma, svakak. Imam puno posla..." - dječak se rastuži, a potom opet nasmiješi u iščekivanju:

- „Buš sutra onda došel? Čekamo te, tata!"

- „Da, budem, budem...budem..." - dječakov otac teško diše, guta slinu. Lice mu je nasmiješeno, oči duboko tamne. Uhvati dječakove ruke.

- „Hej, dojdi sim, mam nekaj za tebe i brata, imam nekaj za vas!"

- „Stvarno?!" - dječak raširenih očiju skoči u zrak od veselja. Znatiželjno pita:

- „Kaj to imaš? Kaaj imaaaš?"

- „Polako, evo, tu je..." - obojica su kod mopeda. Muškarac (otac) skida vrećicu sa upravljača i pruža je dječaku no na trenutak zastaje:.

- „Hej, ovo je za oba dva, za tebe i njega. Nije samo tvoje, buš podelil?" - dječak kimne glavom i otima vrećicu iz očeve ruke. Želi je otvoriti, ali ga otac opet zagrli i tiho upita:

- „Buš mi nekaj donesel? Trebam nekaj." - dječak na tren zaboravi vrećicu i podigne glavu:

- „Budem, tata. Budem. Kaj trebaš?" - upita ga čvrsto držeći plastičnu vrećicu. Otac čučne i tiho odgovori:

- „Skoči doma, tam na balkonu je onaj dugi štrik, se zmisliš? Donesi mi štrik s balkona, more?" - dje--čak, još u očevom zagrljaju, progovara glave naslonjene na njegovo rame:

- „Bum, tata, odmah idem. Štrik? Bum ti donesel!" - dječak se izvuče iz očeva zagrljaja i otrči prema ulazu na broju jedanaest. Vrećicu ne ispušta iz ruke. Dječaci kod ulaza igraju špekule. Dječak protrči uz stube.

Muškarac stoji uz moped. Puši. Nervozan je, znoji se. Čeka. Gleda prema zgradi i ulazu na broju jedanaest. Gleda prema balkonu. Vrata balkona su otvorena. Dječak je na balkonu, saginje se, uzima nešto. Muškarac grize usnu. Baca cigaretu na asfalt. Ne gasi je. Slabi dim penje se uz desnu muškarčevu nogu.

Dječak zadihan dotrči do muškarca. Pruža muškarcu dugačko sivo uže. Uže je teško. Muškarac odmata uže i ponovno ga namata preko lakta i vješa ga na upravljač mopeda. Muškarac se okreće prema dječaku. Dječak promatra muškarca nasmiješen, širokom otvorenih očiju. Još teško diše od trčanja i nošenja teškog užeta.

- „Buš došel doma, tata?" - isto pitanje sina ocu.

- „Budem, sinek..." - muškarčevo lice je zgrčeno. Zagrli dječaka, poljubi ga, opet zagrli i sje-da na moped:

- „Moram iti, nemam puno vremena. Budite dobri, reči mami da bum došel. Volim te, sinek. Idem sad..." - muškarac pali motor, okreće upravljač i lagano odlazi niz ulicu prema hotelu.

Dječak stoji na uglu, kod stare napuštene trafike. Gleda za ocem na motoru. Vruće je.

Kućni broj jedanaest b, Ulica Vilka Jureca. Varaždin. Siva trokatna zgrada s podrumom, visokim pri-zemljem i tri kata. Dva nadzemna visoka nadsvođena ulaza i široka masivna drvena vrata. Velike kvake obojene žutom bojom, imitacija zlata. Kroz godine boja je potamnjela i kvake izgledaju ružno i prljavo. U nadsvođenom dijelu ulaza, s desne strane, na zidu je metalna ploča s utorima za prezimena stanara. Svaki utor ima crveno dugme (gumb) s lijeve strane. Svega nekoliko stanara je stavilo svoja prezimena. Većina utora je prazna. Ispred vrata je betonski pod s vrlo popularnim uzorkom iz šezdesetih, šljunkom. Sitni šlju-nak umiješan u glazuru. Željezni rešetkasti otirač za cipele postavljen je povrh sedamdesetak centimetara dugačkog i četrdesetak cenitmetara širokog udubljenja u betonu. Kroz rešetke se vide opušci, otvrdnule izžvakane žvakaće gume i omoti bombona. Vrata se otvaraju prema unutra. Stubište je prostrano, s crno obojenom metalnom ogradom i smeđim drvenim rukohvatom. Desno od ulaznih vrata, na su zidu obješena dva velika plastificirana plakata. Jedan je „kućni red", a drugi je „Uputstvo za postupanje u slučaju po-tresa, požara itd.". Skroz lijevo, prema stubama visi mala drvena oglasna ploča: obavijesti o terminima sastanaka stanara, plaćanju čistačice i dolasku dimnjačara. Jedan rukom napisan oglas, flomasterom na papiru istrgnutom iz bilježnice: netko prodaje bicikl. Lijevo od ulaznih vrata su poštanski sandučići, njih trinaest. Za po tri stana na visokom prizemlju i na tri kata i jedan za podrumski stan, ukupno trinaest. Pod-rumski stan namijenjen je domaru, no nakon što su posljednji stanari odselili, a bila je to obitelj jednog milicionera (policajca), stan je prazan i uglavnom se koristi za sastanke zbora stanara i dječju igru, ovo posljednje, kad nitko ne vidi, haha.

Stubište ima dva dijela. Lijevo, gdje stube vode u podrum. Ravno, ispred stuba je domarev stan, a lijevo su vrata iza kojih su drvarnice, šupe. Desno od stuba je vešeraj, godinama izvan funkcije. Zgrada je izgra-đena po starom modelu zajedničke praonice rublja, ali tehnologija i standard (čita se: perilice rublja) učinili su svoje i umjesto ribanja radničkih hlača i namakanja bijelog rublja u ovoj se prostoriji spremaju bicikli i odlažu suvišne stvari. Desno stubište vodi na visoko prizemlje i dalje na tri kata. Svaki kat ima tri stana: dva dvosobna, lijevo i desno od stuba i garsonijeru u sredini. Dvosobni imaju balkon. Svakom stanu pripada drvarnica. Parkirnih mjesta nema, može se parkirati gdje tko želi, vlasnika automobila je ionako malo.

Dvosoban stan, prvi kat, vrata desno: tamno obojena vrata, čudna ljubičasta boja, više tamno smeđa, i hodnik koji spaja skoro sve prostorije stana osim druge sobe. Odmah od ulaznih vrata, desno, kupaonica, sjedeća kada, WC i umivaonik, uljnom bojom premazani zidovi i veliki osamdeset litreni električni bojler obješen u kutu, iznad kade. Ispod bojlera je polica presvučena bijelim keramičkim pločicama. Do kade je WC školjka, a lijevo od školje, na pregradnom zidu koji kupaonicu dijeli na dva dijela je vodokotlić na potez konopcem. Umivaonik je iza pregradnog zida. Iznad umivaonika je dvodijelno kupaonsko ogledalo s pretincima za toaletni pribor. Kupaonica se grije na električnu grijalicu s otvorenim grijačem.

Desno je kuhinja, uska i dugačka, s izlazom na balkon. Ravno od ulaznih vrata, poslije kuhinje ulazi se u prvu, veću sobu iz koje se lijevo ulazi u drugu manju.

Komforan stan, u skladu s ondašnjom definicijom pojma „komforan". Zgrada je čvrsta solidna gradnja, puna cigla i beton. Šezdesete. Drvena stolarija. Grijanje na kruta goriva, druga soba ima visoki zatvoreni kamin koji može zagrijati obje sobe. Kvalitetna šamotna cigla. Na dnu ložište i vratašca za zrak i posuda za pepeo. U kuhinji je štednjak na kruta goriva ili uljna peć, prema željama stanara i plaćevnim moguć-nostima, jasno. Zgrada ima priključak na telefonsku mrežu, ali malo je stanara koji imaju telefon. Oni bez telefona koriste dobrosusjedske odnose kad trebaju zvati nekoga. A TV program je skroman, svaki ulaz ima zajedničku antenu na krovu. Krov zgrade je ravan. Svakih nekoliko godina radnici premazuju smolom i stavljaju novu ljepenku i sitni šljunak.

Vrijeme: rane sedamdesete dvadesetog stoljeća. Mjesto: Varaždin, Ulica V. Jureca 11 b, prvi kat, stan desno. U razini očiju na vratima je mačje oko. Na donjem dijelu vrata metalni otvor za poštu: vratašca s natpisom „pisma". Lijevo od vrata dugme za zvonce i prekidač za svjetlo. Zgrada nema lift. Tih desetljeća zgrade do četiri kata nisu imale lift, osim ako nisu bile za komunističke glavešine republičke i savezne razine. Stan desno, na prvom katu.

„... Tata moj. Svima pričam o tebi, tata. O tvojim talentima, o ljubavi za sport, za slikanje, za umjetnost. Bio si nadaren za mnoge stvari. Sportski pilot. Modelar. Volio si stvarati nešto ni iz čega, tata. A najveći tvoj talent je da nikad nisi svladao sposobnost življenja običnog, dosadnog normalnog života. To nije ništa loše, ne ljuti se, molim te, mnogi ljudi, oni najveći u povijesti imali su isti „problem", nisu imali volje ni snage živjeti rutinski, prozirno neprimjetno, nisu mogli podnijeti sputanost običnosti i zato su mijenjali svijet. Nisi imao sluha za glupost svakodnevice, bježao si od nečega, a od čega, to još nisam shvatio. Iskoračiti u drugačije, ostvariti svoje snove, boriti se s nemirima i tugama... Ne znam, tata, jedino mogu reći koliko te volim i koliko žalim što te nema. Što više starim, što sam bliže odlasku na onaj svijet, to više mi nedostaješ i jedva čekam da se sretnemo iza vela, svi mi, zajedno u vječnosti, kao obitelj, kad već to nismo bili u smrtnosti.

Bijela ovca među crnima ili crna među bijelima, pitanje je sad. To si bio ti. Ponosan sam što si moj tata, naš tata! Možda se malo ljutim na tebe. Odustao si kad sam te trebao, a trebao sam te cijeli život i trebam te, vjeruj mi, trebam te i danas, tata. Odustao si od života i borbe, a ja ne znam zašto. Hoćeš li mi reći kad se sastanemo u vječnosti, iza vela? O da, reći ćeš mi sve! Znam, i mama me čeka tamo, s tobom, tata. Obavio sam svete uredbe u Hramu Gospodnjem za sve vas, spojio vas za vječnost u evanđelju (nadam se da niste odbili), vas dvoje i vas sa mnom i sve nas zajedno! U ovom kaosu od stvarnosti jedina mi je utjeha spoznaja da ćemo biti obitelj jednog dana, zauvijek!

Vjerojatno si ostao začuđen uredbama koje sam obavio, ali učinio sam to jer te volim, tata. Poslušah glas Duha Svetoga, izvrših zapovijedi Gospodinove i u hramu svrših sve što bješe potrebno za vječnost. Jer te volim! Jer mi nedostaješ! Jer jedino što imam je naša obitelj, ništa drugo nemam! Vidiš, ja sam poput tebe! Ne čudi se tome, sin kao otac, otac u sinu, sin prema ocu. Ne govorim o tvojim slabostima jer imam ih previše i sam: slab sam, tata, strahovito umoran, nije mi do života, dosta mi je svega. Prokockao sam sve životne šanse, izgubio čak i ono što nitko ne gubi: na vlastitu sam sudbinu gledao s prezirom i to mi se osvetilo, griješio sam, ništa mi nije polazilo za rukom. Nemam nijedan od tvojih talenata, slikati ne znam, nemam sluh i moje pjevanje više zvuči kao mukanje krave, a kad plešem, ljudi popadaju sa stolica od smijeha gledajući majmuna kako se krevelji na plesnom podiju. Sportski pilot? Ne, ni blizu letačkih stvari, nisam za pilota, nemam dara za takve opasne stvari, a onda, ni mozak mi ne funkcionira kako treba i moje upravljanje avionom bi završilo kobno. Žao mi je što nismo sačuvali nijedan od tvojih modela aviona koje si izradio, ni slika, ništa što su tvoje vrijedne ruke napravile nije ostalo: boli me to, molim te, oprosti mi taj nemar, tata. Godinama sam tražio način kako se ispričati. Ni tvoju fotografiju nemam, ništa tvoje nemam...

U vremenskoj sam stisci, tata. Nemam vremena za ispravljanje krivina života i zato ti pišem iz smrtnosti. Pišem ti, ocu svome u vječnosti. Svaki dan mislim na tebe, kad god vidim nekog oca sa sinom, kad vidim svoje prijatelje s njihovim sinovima, plačem u sebi, tata.

Svima pričam o tebi. Sve moje priče su o tebi. Gospode, oprosti grijehe, oprosti mi, grešniku! Koliko je istine u pričama o tebi, tata? A koliko je tek mašte u tim pričama? Jesam li izmislio te priče ili su se stvarno dogodile? Ne znam, četrdeset i četiri je godina prošlo od tvoje zemaljske smrti i isto toliko traje moje jalovo putovanje stazama života. Želje i stvarnost, snovi i stvarnost, istina i laž. Skrivam se iza ničega, tako sam prokleto sam, tata.

Na leđima nosim putu gorčine: sjećanja bole. Ne znam jesu li moja sjećanja stvarna ili su plod alkoholom mariniranog, već odavno uništenog mozga: ne pijem ima tome dvadeset godina, no kao da svejedno ispijam dvije litre dnevno, tata, ništa se ne mijenja u ovom kaosu. Posljedice bijega u nepostojeći univerzum zamišljenog života ostavljaju tragove tuge jer, ma što činio, stanje je isto, bolno. Nema te, tata, nema i ništa to ne može popraviti. Bojim se izreći, bojim se... Grižnja savjesti, užasan osjećaj krivnje, tata.

Desetljeća muke. Kako otvoriti kutiju uspomena i zašto je dirati ako je prazna? Čime je napuniti? Osušenim suzama? Neprospavanim noćima i gladnim danima? Sramotom siromaštva? Vlastitom glupošću? Čime? Kad su tvoj lijes spuštali u svježe iskopanu raku nisam navršio ni osam godina...

„Kaj pripovedam?” Ne može jedan prenapeti luzer, bivši beskućnik i pijanica, bivši čoban, svinjar, ne može gubitnik, bivši vojnik, časnik sa idiotski glupo svršenom karijerom, bivši kuhar, jedan ništkoristi naprosto ne može učiniti baš ništa s bilo čime jer to da nije htio ni znao kad je mogao učiniti nešto, to znaju i vrapci na grani, pa „kaj ve laprda na mesec, gda je za bilo kaj prekesno?!” Vucibatina sam bio, u odori i prije i poslije bio sam kukavica koja se nikad nije usudila izboriti za svoje principe. Jasno, lakše je bilo ići crtom manjeg otpora, poricanja i prodaje karaktera za filir! Vidiš, tata, ne znam zašto ti ovo pišem i zašto govorim o tebi kad ti nisam ni do malog prsta?! Jalovo opravdanje? Kanim pronaći donekle prihvatljivu izliku? Glupo! Zašto tebi? Jesam li uopće odrastao ili je u meni zauvijek ostao onaj zbunjeni dječak sa plastičnom vrećicom i dugačkim teškim užetom s balkona? Nije li onaj vrući srpanjski dan preuzeo sve ostale dane mog života i ja kao u onom filmu iznova proživljavam jednu te istu scenu ove kazališne predstave? Koliko se puta ponovila sedamdeset i šesta? Cijeli moj život, tata. Prebrzo je prošao i ništa nisam uspio sačuvati, ništa osim milijun razloga za kajanje, milijardu za molitvu za oprost. Mjehur od sapunice, otprilike tako nešto, nastaje i nestaje, trenutak samo... A taj mi je trenutak oteo pedeset i dvije godine, tata. Ono „ništa” i ono „nešto” nestalo je i gdje pronaći lijek za bolest duše i srca, gdje se skrasiti i u miru dočekati poziv za odlazak s one strane vela?

Pio sam ljudski, godinama, predugo. Piće mi je ubilo razum. Kako prepoznati što jest, a što nije stvarnost? Sranje! Svima sam govorio o tebi, tata jer nisam imao što reći o sebi. Tuđi dosezi, tuđi uspjesi, tuđe sposobnosti i tuđi trud, tuđi talenti i tuđa hrabrost, upornost i predanost tuđa, a moje izdaje, patnje, razočarenja, pretjerana očekivanja i stotine odustajanja i ništa u svemu i sve u ništavilu, pomiješano, mljeveno, beskorisno kao i ja sam, s time ili bez ičega, svejedno je, tata.

Znaš, život nije špajzcimer iz koga mogu uzimati pekmez spasenja kad mi se prohtje, život nije skladište čudesnih rješenja problema: ne postoji tvornica lakih izlazaka iz labirinta vlastitih zabluda. Prekasno sam to shvatio. Samosažaljenje je kao droga, govore neki, znači, predozirao sam se još prije oho-ho godina, tata. Čudo je da sam uopće živ! Ako sam živ i ako se ovo životom može zvati, kako kaže jedna pjesma. Čvarci sudbine (dobivaju se topljenjem masti životnog iskustva na jakoj vatri iluzija i laži), premasni i presoljeni srušenim ambicijama su zapravo nejestivi i ništa im ne može popraviti ukus, ni aditivi nekih novih nada ni hlađenje u hladnoj komori skladišta prošlosti. Dramatizacija u ovom kazalištu nikad nije bila na visini, pa ni moja predstava nije ispala bolja: tata, gotovo je. U stvari, moji nervozni ispadi samo su pogoršali stanje: oduvijek sam bio uberšpant budala. Dakako, pametni ljudi znaju da vlastita glupost nije najgora glupost, ali sam sebi to nikad nisam uspio logično objasniti.

Sranje. Oprosti, zamaram te smećem. Nemam kuraža kazati što stvarno osjećam i mislim. Tata, volim te! Četrdeset i četiri godine glumim potragu za dobrim izgovorom: gdje bješe ljubav u svemu, u meni?! Što sam pričao? Zašto? Impresionirati druge ili skrivati se iza kulisa spaljenog života? Sranje, tata. Zabo-ravio sam gdje ti je grob! Istina je, ne mogu se sjetiti gdje ti je grob, gdje ti leže kosti ja ne znam, zabo-ravio sam! Oprosti mi! Kakav sam ja to sin kad sam zaboravio tvoj grob?! Ja sam nezahvalna svinja! Oprosti mi, tata! Kad sam te posljednji put posjetio na groblju? Devedeset i pete, poslije rata? Ne, možda devedeset i treće, poslije maminog pogreba? Ne sjećam se. Dvadeset i sedam jebenih godina, najmanje to-liko je prošlo od dana kad sam posljednji put klečao na tvome grobu, tata! Kakav sam ja to sin?!

Budala, smeće od čovjeka, govno! To sam ja! Ne, tata, nemam nikakvog prava spominjati te! Nemam! Oprosti mi, molim te. Ubija me sve ovo, godinama umirem bez umiranja! Što drugo reći? Gdje se sakriti, kamo otići? Ne znam. Ništa ne znam. Gdje je istina? Zašto je toliko laži? A svima sam govorio o tebi, tata...”

Zimsko predvečerje. Hladno je, pada mokar, težak gusti snijeg, vjetar raznosi pahulje između zgrada.

Magična slika, kao s razglednica. Posljednji je tjedan mjeseca siječnja, subotnje predvečerje. Ulične svjetiljke slabašno osvjetljavaju snijegom prekriveni kolnik: ulica novogradnji, ima nedovršenih zgrada, građevinske skele pod snijegom djeluju nestvarno. Kamion ralica prošao je ulicom prije nekoliko sati i snijeg je stvorio novi bijeli pokrivač. Prometa i nema, na svježem snijegu tek je jedan trag automobilskih guma. Povremeno prođe pokoji prolaznik s kapom ili šeširom nabijenim na glavu, visoko podignutog ovratnika kaputa, s rukama duboko u džepovima. Kroz snježnu zavjesu vide se osvijetljeni prozori iza spuštenih zavjesa. Tko doista nema velike potrebe, nije vani na snijegu.

Kolnikom korača muškarac odjeven u dugačak zimski kaput i vuče dječje drvene sanjke. Srednje visine, snažan, u debelim štofanim hlačama i sa zimskim radničkim cipelama visokih sara na nogama. Glavu je zaštitio debelom crnom šubarom, a ruke kožnim rukavicama. Hoda pognuto, lagano, polako vuče sanjke. Dva dječačića, od kojih dvije-tri godine sjede na sanjkama. Obraščići im se crvene: dobro su umotani, brižljivo opremljeni za avanturu sanjkanja. Topla vunena odijelca, kape, šalovi i rukavice, sve u istoj boji. Na nogama tople čizmice i još je svaki zaogrnut dekom. Dječaci sjede jedan iza drugoga. Onaj sprijeda se naslonio na dječaka straga, a onaj straga ručicama je obuhvatio onog ispred sebe. Izgledaju sretni, radosni, uživaju u snijegu.

Ispred zgrade, prve do gostionice, s desne strane, kad se dolazi od „Jadrana" na uglu, muškarac zastaje, provjerava kako su dječaci. Namješta im kape, poravnava deke i šalove, provjerava je li im hladno, trlja im ručice, obojicu pomiluje i poljubi u obraze. Potom čučne s lijeve strane, zagrli ih i desnom rukom, preko ramena dječaka koji sjedi sprijeda, pokazuje u smjeru zgrade, negdje prema jednom balkonu:

- „Vidite,dečki, tam gde je moj prst, je, tu, tu bu naš novi stan! Dečki, dobili smo stan! Drugi tjedan se sim selimo!" - dječaci ga ne razumiju baš najbolje, ali se smiju, djeca kao djeca, sve im je zabavno, snijeg, sanjke i tata, sretni su.

Muškarac još jednom namjesti deke, kape i šalove dječaka. Uspravi se, skida rukavice, iz unutarnjeg džepa kaputa vadi cigarete i upaljač. Pripaljuje jednu. Vraća cigarete i upaljač u džep, zakopčava kaput, navlači rukavice na ruke. Opet dječacima namješta deke i odjeću. Po-ljubi obojicu. Podigne uže za vuču i laganim korakom krene niz ulicu vukući sanjke. Ulica je tiha, snijeg pada, hladno je. Uskoro će jedna od posljednjih siječanjskih noći sedamdeset i neke.

Nekih se ljudi ne možeš riješiti, prikvače ti se ko klopec i žderu ti krv uporno ne obazirući se na tvoje prosvjede, psovke, upozorenja. Ništa ne pomaže, dosadniji su od uši, ti ljudikrpelji: odaberu žrtvu i znaju da spreja ni lijeka protiv njih nema. Koji su to i kakvi su to lju-di? Većina zapravo, a možda sam i sam takav (to neću saznati dok ne krepam). Malo je onih ljudi ne-krpelja, jako malo. I koliko god bilo u prirodi čovjeka naviknuti se na krvopije, ja svejedno ne mogu podnijeti taj kanibalski običaj sisanja tuđe krvi. Naravno, ni sebe ne isključujem iz toga, svi smo isti, često. Kako bilo, biti flegma i ne buniti kad ti neki ljudski parazit krv pije i ne braniti se jer je to navika i tradicija i ne prigovarati ni jedne jedine riječi dosadnim klopcima ili barem skrenuti pozornost da je to što čine nedopustivo, ah, ne čini mi se naročito inteligentnim držanjem: kako drugačije nazvati slaboumnu znatiželju tebi posve irelevantnih pojava koji uporno postavljaju pitanja koja duboko zadiru u privatnost? Po tome kako sam ja reagirao na to i promatrajući vlastitu reakciju, nema nikakve dvojbe, ja sam kompletna budala! Budala na kvadrat!

Zašto? Preglupo, kao uvijek, dopustio sam samome sebi pasti pod snažan utjecaj tzv. kulture: otvorio sam dušu ljudima o kojima prethodno nisam znao savršeno ništa i o kojima ni danas ne znam mnogo više. Okay, ovo je kazalište i scenarij predviđa slične situacije, ali neke stvari ni pas s maslom ne bi izija. Primjer: dođem ja tako, brate moj i sestro moja, na neku od rutinskih aktivnosti (čita se: sve isto, dosadno do bola) jer što se mora, nije teško, a i lijepo je upoznati nove ljude jer socijalni život je važan, haha. Osim jedne sitnice: svaka čast svima, no crkvene aktivnosti su ponekad toliko dosadne da čovjek poželi otići već nakon početka. Uobičajene stvari: upadljivo pristojni razgovori na granici usiljenosti, kimanje glavom, tapšanje po ramenu, izvještačeni osmijesi. Ne kažem, sve je to u redu, prijateljski, ljubazno, rekao bih, kristoliko ali... Možda je problem u meni, hrvatski slavenski mentalitet, više volim našu otvorenost, pa bila i brutalno vulgarna. Nekako mi se ne čini da se ljudi mogu više zavoljeti ako se druže na strogo programiranim aktivnostima na kojima se sve igra po programu, gdje, kako, tko i kada, ali...

Kroz usta puna hrane, između dva zalogaja, moram odgovarati na rafalna pitanja koja i kakva mi ne bi postavili ni na policijskom ispitivanju: ni Gestapo nije imao tako sročena pitanja, ni NKVD, pa ni OZNA! Gdje sam rođen? Koju sam školu završio? Gdje sam radio? Gdje sad radim? Kakvi su mi planovi? Imam li državljanstvo? Kako sam došao u Ameriku? Zašto sam došao u USA? Tko su mi bili roditelji? Kako sam došao u crkvu? Kad? Jesam li oženjen? Zašto nisam oženjen? Imam li djece? Gdje živim i s kim? A roditelji? Koliko braće i sestara imam? Gdje su i što rade? Pitanje do pitanja, da popizdim i pošaljem sve u vražju mater! Međutim, ne dolazi u obzir, samo lagano i strpljivo, kazati sve što ih zanima, ljubazno i nasmiješenog lica, s razumijevanjem i da mi nije slučajno palo na pamet postaviti im ista pitanja (jer nema vremena za to). Prestajem jesti, prvo jer ne uspijevam žvakati i govoriti u isto vrijeme, ne stotine riječi i rečenica, a tu je i problem jezika, moj engleski vokabular nije dovoljno bogat za odgovaranje cjelovitim izrazima i pravilnim rečenicama. Zašto bih otkrivao osobne stvari ljudima o kojima ne znam ništa? I čemu ta pekmezasta nasmiješena faca svakog od njih kad vode prvi razgovor s nekim koga nikad prije nisu vidjeli, a za budućnost nije posve jasno hoće li se ikad sretati i u kojim prilikama?! Ne osjećam se bajno ni sjajno u takvim situacijama. Ne postavljam takva pitanja, nepoznatima nikada. Napokon, prastara sam vojnička kuka, ratni veteran i ne trebam ispitivati, dovoljno mi je odmjeriti likove ispred sebe i već imam odgovore pomoću koji usmjeruju konverzaciju prema naglom svršetku...

Nisam ciničan ni bezobrazan. Realan sam, s nogama na zemlji. Dobro, s vjerničke strane, u redu, da ne glumim superiornog idiota, slažem se, neka razina pristojnosti i „ljubavi", ako ništa, zapovijed je Gospodinova... Od previše poljubaca lice ti je slinavo, a da o opasnosti od prijenosa raznih boleština ne govorim. Ne mogu ja to, mislim, neka se nitko ne uvrijedi, cijenim zanimanje za mene i moje probleme... Ne želim to, nisam rođen u zlatnoj kolijevci, nisam iz kreme društva i ne mogu glumiti. Ne mogu biti ono što nisam, prekasno mi je danas izigravati dobro odgojeno dijete. Ni kao osmogodišnji dječak nisam bio mamin sin zalizane kose i anđeoski čistih ruku. Otvoreno prilaziti ljudima uvijek, biti takav kakav sam, kakvog me Bog stvorio, a smrtna majka rodila: sve ostalo je preseravanje i laž. Hoće li me netko, bilo tko, zbog takvog stava isključiti iz svoje nazočnosti, nije me briga, ne dajem ni pet centi za to! Hoću li opet biti odbačen, na cesti, beskućnik, nitko i ništa jer se ne želim prilagoditi uzusima društva u kojem živim? Može, uvijek, boli me i za to! Smeta me što moram toliko govoriti o svojoj obitelji jer i u zemaljskom raju, u novom Sionu ima zmija otrovnica...

Onaj izniman čovjek čija krv teče u mojim venama i koga nema među živima već četrdeset i četiri godine, moj otac, onaj koji je sve nas, i mene, neizmjerno volio i koji je u svojoj slabosti bio jači od tisuća ljudi koje sam upoznao tijekom godina, moj tata, okrenuo bi se u grobu kad bih bio što drugi žele da budem! Tata, molim te, vjeruj mi, neću te opet iznevjeriti, nikad više! Nije prekasno za to, tata! Ti si mi sve! U samo osam godina usadio si u mene više no što me itko naučio za posljednjih četiri desetljeća! Primih od tebe više no što sam ikad priznao, tata! Jesi, samo... Nisam to znao! Nisam znao! Sve dok nisam počeo pisati priču o kazalištu, o predstavi, o istinama i lažima. Predugo to nisam razumio. Sad znam...

Oprosti mi, tata! Cijeli život bježim od sebe, a zapravo sam bježao od tebe! Četrdeset i četiri usrane teške godine, teže od grijeha tovarile su na moja leđa krivnju, sram i stid, bol i očaj i sve to vrijeme živio sam uvjeravajući samog sebe kako nešto znam, kako mogu sam, kako... Glupost! Nikad ništa nisam mogao sam i nikad neću ni moći sam! Ništa nisam znao! Trebalo se dogoditi sve što se dogodilo, morao sam kušati svo zlo svijeta, pasti niže od najnižega, spavati sa svinjama, u smradu i otrpjeti napade sa svih strana, trebao sam izgubiti i sebe i sve, prodati ponos i uprljati čast, trebao sam trinaest godina gutati uvrede i poniženja, jesti napoj i biti kuš!, trebao sam proći i prošao sam kroz oganj mržnje, prezira i osude u prokletoj njihovoj 'rvatskoj i u svojoj Hrvatskoj i ovdje u Americi (na doduše finiji način, onako elegantno, u rukavicama: „Moraš se oženiti jer su svi oženjeni.", „Ti si obraćenik? Ja sam rođena u Crkvi, moj šukun šukun djed je u rodu sa Brighamom Youngom!"), bješe mi određeno popiti i popio sam, naiskap, najgorči eliksir bola i pojeo sam crvljivo usmrdjelo meso izdaje i laži... I onda, konačno, tata, što je rezultat svega, oče moj?

Ništa, ogromno ništa! Gdje sam? U vražjoj materini sam! Spasili su me najbolji ljudi koje znam, žrtvovali su za mene što nitko nije. Blagoslovljen sam blagoslovima o kojima nisam ni sanjao i što je onda, oče, problem? Ništa je problem, to „ništa" je problem! Kako se izvući i kako postati svoj? Kako ovako čekati dan Dan suđenja? Što sam postigao u životu? Ništa. Što imam ispred sebe? Ništa. Stojim na neoznačenom mjestu, usred živog pijeska i naskoro će me taj živi pijesak ljudske gluposti (koja je i moja glupost) progutati i nestati ću u sluzavom glibu zajedno s milijunima sličnih ljudskih karikatura, neprilagođenih, slabih, tvrdoglavih i nesposobnih naučiti kako je praktičnije biti dio nečega većeg nego inzistirati na mikro dijelu vlastitog ponosa! Tata, bio si iznad svega i svih, a ja, nikad si neću oprostiti što najveću istinu o tebi, da si bio čovjek s velikim „Č" nisam prihvatio na vrijeme, kad sam mogao pronaći izlaz! Učio sam od budala i kretena, a imao sam prilike učiti od umjetnika života, čak i kad su ti tijelo spustili u grob. Učio sam krivo, oprosti mi, tata. Mogao sam drugačije, morao sam drugačije! Nisam. Ne znam zašto. Ili znam, strah! Molim te, oprosti mi! Živjeti život umjetnika života je rijetko viđen dar, to je privilegija iznimnih koji se ne rađaju svaki dan, ni svako stoljeće. Umjetnici života žive buran i dijaboličan život, ali baš zato što žive u nemirima, u kaosu, u nesigurnosti proganjani vlastitim emocijama, neispunjenim htijenjima i srušenim snovima, baš zato što znaju što je bol i što znači biti nitko i ništa, baš zato su umjetnici života pobjednici i života i smrti! Umjetnik života umire u nesreći sretan jer zna da je oslobođen svih okova zemaljskih, lažnog morala, licemjerja i izdaje. Smrt je umjetniku života spasenje od života kojeg je volio previše i prejako. Matoš je na jednom mjestu zapisao: „Umjetnicima se svašta oprašta." Da, oprašta se umjetnicima sve i sva, mora tako biti jer su bolji, jer su kakvi jesu, svoji. Umjetnici života, tata, kad plaču teško pijani, u očaju, zbog izgubljenih bitaka, u poniženju, kad čine sve moguće i sve nemoguće na svoju vlastitu štetu (pleonazam u životu je češći nego u poeziji), čak i tada, na vrhuncu mazohističkih seansi, u u ničemu bolji su od svih mrzitelja i progonitelja svojih, veći su od svih i kad gube bitku i rat u istom tre-nutku. Tata, nije jednostavno ni lako pričati našu priču, to je kao da „uzimam štit poslije ranjavanja", kao da sad kad nisam ni u čemu uspio, kad je jasno da za sve ove godine ništa pošteno nisam uradio, čak ni ovdje, u Americi, sad kao ja kao nešto pišem i to što pišem je kao nešto što ću uraditi, haha! Da ne bi! Infantilna opravdanja, trkeljanje slaboumne nakaze... Razumiješ, tata?

Nadjačao si i nadvisio moj život, tata, a ja, umjesto da sam te nosio u srcu kao uzor, ispao sam govno, tata. Govorio sam svima o tebi, kao što ljudi pričaju priče djeci za laku noć, unucima uz gemišt i suhe kobasice, ispod suncobrana, u goricama, govorio sam o tebi kao što ljudi pričaju za šankom u „Strniščaku" ili „Ludvi", uz pune štamprline. „Pripovedal sem sakojake priče o tebi, a znal sem kak je sve kaj delam ništkoristi, kak sem same bludil črez sa ta leta i nikaj spametnega ni zmislil ni rekel nisem, ni napravil, a moral sam, japa, moral sem bar na pol biti kak si ti bil, muž na mestu, kak se spada, jer, vu vražju mater, more človek biti cusravi i zmazani kak futač, more žlepati kak krava i imeti požeruh za žganicu i vine kak ništče drugi nema, ampak se to skupa neje nikaj ak živi kak človek živeti mora, svoj i za svoje i sebe! Take je trebale biti i denes bi ti mel sedamdeset i sedam božjih let, i vnuke bi trebel imeti, morti i pravnuke i ž njimi se nateravati po dvorišću i na sladoled iti, bil bi dobre držeći dedek s čikom v lampi seki den, i na jenu bi išel, onak s noge v birtiju s pajdašima, japa dragi. Makar, ti povem, nekak je bolše da nesi tu, kak i nesi, kaj bi se same sekiral s ovim svetom i s nami, japa. Ne, bolše da te ni jer bi same sramote imel z menom i feršlog bi te vudril kaj ti sin neje za nič. Oprosti mi za ove reči, prosim te! Otprto ti povem, ni cajta za obletavati kak maček oko vruče kaše, jer da si tu i da moraš gledati kaj je z menom bile i kakšni sam potepuh na koncu ispal, bi me z šerajzlinom po hrptu nalemal! I meni je za hmreti, nemam kaj na ovemu svetu iskati, je vura došla za sprejti pred leso svetoga Petra. Nikaj nisem, baš ništ, jopec zmotani, stari ded, goli i bosi kak prosjak na cesti, japa, taki sem ti je. Ništ nisem postigel, nikaj stvoril, si moji dnevi su prešli v rit, kak da ih nigdar bilo neje, oča moj, i priznam ti, pred Jezušom našim, ovega časa, da je tak kak je, celi sem život zarajtal, norel sim i tam, spiskal sem se, v ratu sem bil pak sem i to profučkal, i svinjar sem bil i ovce pazil, štale čistil i gnoja svinjskoga i konjskoga premetal, bil lačen jezero put. Vu dve vojske i dve države sam služil, v pervoj jer sem moral, a v drugoj jer sem htel, za Horvatsku sem išel i iz sega tega niš niz zvlekel, se sem zajebal i se je v pizdu strininu otišle! Poklal sem tko zna kuliko janjcov i puranov, odojkov, gujdi i kokoši, rac i picekov, prek mojih ruk je prešlo miljon tona gnoja i zemle i šudra i nakopal sem se i nanosil i nasmrdel i štale i koca i červivega napoja i nis spal i nis jel kak človek. Su me tirali kak vrag grešnu dušu i trpel sem sake norčije ljudske, za gazde sem coprnjaka i coprnicu mel i njihove fačuke trpeti sem moral. A kaj bu onda nek kaj biti mora, fruštuk bum, obed i večerja za črve v blatnoj ilovači, v raki v šteru buju me hitili kak krepanog cucka! Da sem bil kuražni morti bi se bile bolše nek kaj je, oča. Se je boleče okoli mene i ja sem betežen, nikaj nečem i nikaj ne prosim. Za hmreti mi je, japa. Vre je preveč sega i nikaj se promeniti nemre i ne bu se spremenile. Konec je i ova se bedarija mora završiti!"

Zvuk otvaranja vrata. Teško disanje, netko ulazi, zatvara vrata. Koraci. Dječak sjedi za kuhinjskim sto-lom i igra se s plastičnim vojnicima, „čarobnim" figuricama. Kuhinja, uska i dugačka osvijetljena je dnev-nim svjetlom kroz veliki kuhinjski prozor. Namještaj je socijalistički, reflektira siromaštvo stanara. Nije-dan od kuhinjskih elemenata ne može se spariti sa drugim elementom, ništa se ni s čim ne slaže. Ljudi bi rekli, kuhinja sa stare krame. Istina: ljudi koji žive u ovom stanu imaju mnogo ozbiljnijih briga od dizajna kuhinjskog namještaja.

S lijeve strane, kod vrata niz je kuhinjskih ormarića: prvi, visok staromodan, s bijelim ru-no, ne baš vješto obojenim vratima, a potom donji dugačak element, trodijelni, s dvije ladice i dvije daske za rezanje na izvlačenje. U donjem dijelu je prostor za veće zdjele i lonce. Gornji dio je dugačak jednodijelni ele-ment s dvije police za tanjure, čaše i posuđe za posluži-vanje. Ispod gornjeg elementa je sedam malih ladica za sitne stvari. Na donji element naslanja se hladnjak (frižider), a kraj njega je kuhinjski stol za ručavanje na izvlačenje s obje strane i četiri stolice. Jedna stolica je između hladnjaka i stola, dvije su sa strane, po dužini stola, a četvrta je bočno, nasuprot stolice kod hladnjaka, na desnom čelu stola, ispod pro-zora.

Na lijevoj strani kuhinje, odmah do vrata je uljna peć (lož ulje) za grijanje, zatim elek-trični štednjak, a na kraju, prije vrata od smočnice je starinski plavi metalni dvodijelni sudoper. Pod kuhinje je prekriven nečistim pohabanim linoleumom kvadratnog uzorka. Dječak ustaje od stola, lice mu se razvuče u veliki osmijeh:

- „Tata,tata" - dječak skoči u zagrljaj muškarcu koji stoji ispod dovratka kuhinjskih vrata. Muškarčevo je lice umorno, ispijeno, neobrijan je. Odjeven je u neurednu odjeću. Nosi smeđu izgužvanu košulju krat-kih rukava, crne hlače i smeđe mokasine cipele izlizanih peta, hlače su prekrivene mrljama, a cipele prlja-ve. Kosa mu je neuredna i slijepljeni uvojci padaju mu na čelo. Teško diše, vonja na alkohol, znoj i duhan-ski dim. Između usana mu visi ugašena cigareta. Muškarac podigne dječaka, poljubi ga i spusti na pod. Glas mu je hrapav, promukao. Progovara sporo:

- „Gde je mama? Kaj si sam? Gde je mama? A de ti je brat?" - dječak skupi obrve, kao da se preplašio strogog očevog glasa:

- „Tata... mama je, mama je otišla je kod velke bake... s njim je otišla malo prije..."
Muškarčeve oči bljesnu ljutito, no kako gleda prema prozoru, dječak ne primjećuje očevu reakciju:

- „Kurva, opet se kurva, krava prokleta!" - tiho opsuje muškarac. Dječak ga upita:

- „Kaj si rekel, tata? - dječak sjeda na stolac, uzima jednog zelenog plastičnog vojnika. Guta slinu, za-brinut je. Otac nije baš veseo, ljut je. Dječak gleda malo u oca, malo u pod, pa opet u oca. U rukama pre-vrće plastičnu figuricu vojnika koji kleči s puškom u rukama.

- „Nikaj, nikaj." - muškarac nervozno korača kroz kuhinju gore dolje. Prilazi balkonskim vratima, ot-vara ih, razmiče sivu zavjesu i kroz vrata baca ugašenu cigaretu na balkon. - „Trebamo malo friškog zra-ka, sinek." - umoran je, prolazi rukom kroz kosu. Nasmiješi se dje-čaku:

- „Si jel kaj, si gladan?"

- „Jesam, tata, jeli smo. Kruha i paštete, i čaj smo pili." - dječak je nemiran, ali ne ustaje, smiješak mu je usiljen. Kao da je uplašen, glas mu nije radostan.

- „Pašteta? Kurva, pa nije ništ kuhala!" - muškarac psuje sebi u bradu. Vadi kutiju s cigaretama i upaljač iz džepa košulje i pripaljuje jednu, ruke mu drhte. Bijesan je. Ljutito uvlači i otpuhuje cigaretni dim. Dje-čak gleda u pod, povremeno podiže pogled prema ocu. Muškarac stoji kraj hladnjaka, puši.

- „Jesi gladan? Čekaj, bum ti nekaj napravil, ak ti mama neće..." - muškarac gasi dopola popušenu ciga-retu u masivnoj pepeljari na kuhinjskom stolu - „Napravil bum ti palačinke, ti to voliš. Hoćeš palačinke?"

Dječaku se vraća osmijeh na lice:

- „Jeee! Palačinkee! Hoćem, tata!” - radosno skoči sa stolice, nehotice rukom sruši nekoliko plastičnih vojnika i oni padnu na pod.

- „Znaš kaj, idi se igrati v sobu, sinek, dok ne zgotovim palačinke. More?” - dječak kimne glavom, nespretno pokupi plastične vojnike i veselo odlazi u sobu. Na vratima kuhinje nasmiješen kaže: „Tata, pozovi me kad buju gotove, jedva čekam!”

- „Budem, bumo jeli skupa.” - muškarac se blago nasmiješi. Nekoliko trenutaka zamišljeno stoji na sredini kuhinje.

- „Dobro, palačinke.” - dječakov otac ponovno vadi kutiju s cigaretama - „Prazna, pizda mu materina!” - okreće se kuhinjskim elementima i izvlači jednu malu ladicu ispod gornjeg ormarića i vadi iz nje otvorenu kutiju cigareta - „Znal sam da je tu negde!” - brzim pokretima odabire jednu cigaretu i žurno je pripaljuje i nervozno otpuhuje dim.

Nepunu minutu kasnije odlaže cigaretu u pepeljaru. Teško diše. Plavičasti dim se sporo diže prema stropu kuhinje. Muškarac otvori vrata hladnjaka: skoro prazan, glavica svježeg kupusa („friško zelje”), komad kože od sušene slanine, dvije zdjelice s ostacima hrane, načeti margarin, vrećica mlijeka, a u vratima hladnjaka dvije boce vina, boca mineralne vode i otvorena boca „Deit naranča” soka. U odjeljku za jaja pet jaja. Muškarac uzme sva jaja i odloži ih na ploču donjeg kuhinjskog elementa. Potom vadi iz hladnjaka mlijeko, bocu vina i vodu. Zatvara vrata hladnjaka. Vino i vodu stavlja na stol. Iz gornjeg elementa vadi čašu i stavlja je na stol. Vraća se do donjeg elementa, izvlači ladicu i vadi otvarač za boce. Otvara vino i vodu. Toči vino u čašu, tri četvrtine čaše, a potom dolijeva vodu. Žedno pije. Naiskap. Opet toči gemišt. Ispije pola, briše lijevom nadlanicom usta. Teško diše. Nasloni se na hladnjak s čašom u desnoj ruci   .

Trese se. Muškarac, otac dječaka odloži čašu na stol. Cigareta je u pepeljari je dogorjela. Štapić sivog pepela i žuti filter. Nekoliko sekundi muškarac pogledom fiksira pepeljaru. Okreće se i zakorači prema smočnici (ostava, špajza), otvara vrata (mala prostorija, dvije stalaže, jedna uz desni zid i jedna nasuprot vrata, a lijevo gore, na zidu mali prozor zaštićen rešetkom od betonskih cijevi). Smočnica. Također skoro prazna, kao i hladnjak. Nema mnogo u špajzi. Na policama tek prazne staklenke, plastične kutije za rižu, za šećer, za brašno, jestivo ulje, nekoliko vrećica gotovih juha, otvoreno pakiranje tjestenine, nekoliko staklenki domaćeg pekmeza. Na gornjoj polici staro posuđe. Na dnu, u drvenoj kutiji krumpir. Pokraj krumpira nekoliko glavica luka. Na kvaki od prozora visi već potpuno tvrdi komad sušenih svinjskih rebara. U kutu, ispod prve police, gomila praznih pivskih, vinskih i boca od mineralne vode i žestokih pića. Paučina. Stropna svjetiljka, razbijena, vidi se pocrnjela žarulja.

Muškarac kašlje. Uzima šećer, brašno i staklenku pekmeza. Sve odloži na radnu ploču donjeg kuhinjskog elementa. Vraća se špajzu (ostavu, smočnicu) i uzima bocu ulja. Vraća se u kuhinju, zatvara vrata špajze. Ispija gemišt do kraja i odmah toči novi. Obriše usta rukom. Pere ruke u sudoperu. Otvara vrata u donjem dijelu sudopera i vadi crvenu kuhinjsku krpu. Bri-še ruke i baca krpu na stol. Iz donjeg kuhinjskog elementa uzima plastičnu zdjelu i crnu tavu za palačinke. Tavu stavlja na štednjak, a zdjelu na radnu ploču. Izvlači ladicu na donjem kuhinjskom elementu i vadi pjenjaču, manji kuhinjski nož i veliku žlicu. Sve odlaže kraj plastične zdjele. Iz gornjeg dijele kuhinjskog elementa vadi veliki plitki tanjur. Zakorači do stola, uzme čašu i ispije pola gemišta. Pali novu cigaretu. Duboko uvlači dim cigarete. Ispušta dim kroz nos i usta. Odloži cigaretu u pepeljaru. Vraća se do kuhinjskog elementa. Iz visokog kuhinjskog ormarića vadi sol i malu kutiju soda bikarbone. Razbija jaja u plastičnu zdjelu. Dodaje malo soli i malo šećera. Sipa malo ulja. Žustrim pokretima pjenjačom muti smjesu. Lice mu je bezizražajno. Potom priđe stolu i uzme bocu mineralne vode. Sipa malo u smjesu u plastičnoj zdjeli i opet sve dobro miješa. Nožem održe vrh plastične vrećice s mlijekom i sipa u zdjelu. Mlijeko vrati u hladnjak. Miješa brzim pokretima. Dodaje brašno i soda bikarbonu. Miješa. Prstom provjerava smjesu. Iz gornjeg elementa uzme šalicu za kavu i sipa u nju ulje. Iz ladice vadi malu žlicu i kutlaču (zaimača, kaciola, šeflja). Šalicu, tanjur, nož, kutlaču i plastičnu zdjelu sa smjesom za palačinke stavlja na štednjak. Vraća se do stola, sjedne na stolicu između hladnjaka i stola. Cigareta je skoro dogorjela. Gasi je nervoznim pokretom. Uzme novu cigaretu i pripaljuje je. Ispija gemišt do kraja i toči novi. Boce vina i mineralne vode su skoro prazne. Ustaje i iz hladnjaka uzme novu bocu vina, odloži je na stol. Sjedne. Puši. Nasloni se laktima na stol, cigareta mu visi iz usta. Psuje tiho, sebi u bradu.

- Hej, tata, bu još dugo? Su palačinke gotove?” - dječakova glava viri iza dovratka kuhinjskih vrata. Nasmiješeno lice dječaka je radoznalo, u iščekivanju. Otac vadi cigaretu iz usta, ustaje. Progovara tihim glasom, malo nervozno:

- „Budeju, evo, budeju, još nisu. Igraj se, bum te pozval!” - muškarac gasi cigaretu. Priđe štednjaku. Uključuje „expres” grijaču ploču, onu s crvenim gumbom u sredini. Stavlja tavu na ploču. Vraća se do stola i ispija malo gemišta. Odloži čašu na stol i zakorači prema štednjaku. Počinje peći palačinke. Žlicom stavlja ulje na tavu, okreće tavu da se nauljí cijela površina tave. Višak ulje sipa nazad u šalicu. Stavlja tavu na grijaču ploču. Kutlačom miješa smjesu, grabi malo smjese. Lijevom rukom podiže tavu i u zraku sipa smjesu na tavu. Smjesa zacvrči. Razlijeva smjesu po cijeloj tavi i spušta tavu na grijaču ploču. Nakon desetak sekundi nožem prelazi oko palačinke, da je odlijepi od ruba tave. Podiže tavu i vještim pokretom baca palačinku u zrak. Palačinka se okreće i pada na tavu. Za nekoliko trenutaka prva palačinka je gotova. Stavlja je na tanjur. Ponavlja postupak sa slijedećom palačinkom, pa trećom i uskoro je tanjur pun. Završava posljednju palačinku. Okreće se i iz gornjeg elementa vadi plitki tanjur i stavi ga na stol. Uzme tanjur s palačinkama, pa i njega stavi na stol. Uzme nož i staklenku pekmeza, otvara je. Premazuje pala-činke, mota ih i stavlja na tanjur. Ispija gemišt. Toči novi. Opsuje. Nema dovoljno mineralne vode. „Piz-darija.” - govori u sebi. Muškarac zove dječaka:

- „Palačinke su gotove! Dojdi sim!” - dječak se pojavi ispred oca i bez pitanja uzima palačin-ku i trpa je u skoro cijelu u usta. Otac se smije:

- „Haha, jesu fine? Polako, buš se zadavil!” - muškarac pomiluje dječaka po kosi. Dječak je zabavljen palačinkama. Usta su mu puna, zadovoljno jede, mljacka. Kima glavom, oči mu sjaje. Prvu palačinku proguta u trenu i odmah navali na drugu.

- „Tata!” - govori između zalogaja, punih usta – „Najbolje palačinke na svetu! Tata, faalaa tii!” - ne prestaje jesti.

Muškarac polako pije gemišt. Nasmiješi se sinu:

- „Si žedan, kaj buš” Mleko ili sok?” - muškarac ustane i otvori vrata hladnjaka.

- „Sok!” - dječak prstima uprljanih pekmezom zadovoljno poseže za novom palačinkom. Muškarac uz-me čašu iz gornjeg elementa i toči „deit”. Stavlja bocu sa sokom i čašu na stol, ispred dječaka.

U kuhinji je tiho. Čuje se teško disanje muškarca i dječakovo mljackanje.

Obitelj može biti čvrsti temelj nečijeg života jednako kao što je za mnoge izvorište svih zala, korijenje nesreće i uteg neopisivih frustracija i kompleksa koji se vuku kao zmija kroz godine bježanja od istina i laži. Obitelj je, kažu, elementarna čestica ljudskog društva. Tisuće pisaca, filozofa, sve tako neki VIP li-kovi govorili su i pisali o obitelji grandiozna remek-djela. A crkve, sve redom, kršćanske posebno, uzdižu obitelj na pijedestal vrijednosti i važnosti, „slave” njen značaj time što je obitelj u središtu Plana Božjeg kao osnovno mjesto sreće, razvoja i učenja svakoga od nas „znanosti življenja” i odanosti i poslušnosti Bogu.

Opet, sranje! Kako za koga i kako kome. U pedeset i tri godine života vidio sam tek nekoliko doista sretnih obitelji, mislim na one „savršene”, na presliku i kopiju Božje obitelji: od svih koje sam susreo naj-veći dio bjehu tek mješavina mnogo nesreće i malo sreće, kao u romanu „Ana Karenjina”. Dostojevski je pogodio u sridu, sreća je uvijek ista, dosadna, nesreće su uvijek različite. Sreća ima neki svoj uhodani ru-tinski hod, a nesreća svaku svoju predstavu izvodi drugačije. Možda je to razlog što na svijetu ima toliko nesretnih ljudi. Nemoguće je otkriti sedam milijardi lijekova za sedam milijardi tipova nesreća. Stvarno, kad sam već spomenuo Dostojevskog, što još mogu reći o obitelji? Mislim, onako među nama, sve što je trebalo reći o obitelji kao definiciju, on je sročio (kao i Krleža, Tolstoj etc.) i što bih ja, kreten, mogao na-pisati a da već nije napisano? Međutim...

Da, postoji nešto što je vjerodostojnije od književne, sociološke, vjerske i tko zna koje i kakve defini-cije obitelji. Svaka čast njima, čast svakome, ali realnost pravog života i stvarno iskustvo dijametralno je suprotno od književnikove fikcije, od znanstvenih studija i vjerskih dogmi! Neka je književnik i najbolji na svijetu, neka je dobitnik Nobelove nagrade i medalje Francuske Akademije, ipak su njegova djela uglavnom plod mašte (katkad plod nekih stvarnih osobnih priča). Pisac preko likova iz svojih novela, romana i pripovijetki šalje svemu svijetu vlastita promišljanja o ljubavi, o smrti, rođenju i o obitelji, dobroj ili lošoj i to uvijek vođen osobnim impresijama, iskustvima i nakanama, željama, ali i prema odredbama ugovora s izdavačem. Ljubav u književnosti ima glavnu ulogu čak i kad tematika djela nije ljubavnog karaktera. Sigmund Freud (s čijim se terijama u pravilu ne slažem) je zapisao: „Koliko hrabar čovjek postane kad je siguran da je voljen.”

Potonje nije primjenjivo na sve ljude u svim situacijama. Na mene najmanje. Što može učiniti najveća i najjača ljubav protiv ubojitih strijela ljudske mržnje i sebičnosti? Savršeno ništa! Tragikomično je slušati zagrižene lizače oltara, zatucane glumce-vjernike kako toplim ljigavim glasovima, ruku skrštenih, s maskama poniznosti navučenim na zlim njuškama, u ganutljivim pozama sućutnih kao-slugu Božjih kako u svojoj srcedrapateljnoj, dramatski gotovo profesionalno uigranoj predstavi empatije pričaju loše bajke o tome kako je život, doduše, težak, ali u krajnjem zbroju sve će biti dobro, ako ne na ovom, onda sigurno na onome svijetu. (Dolaze ove nakolonizirane i napudrane ljudske samohodne lutke iz svojih toplih vila, domova, iz trokatnica i apartmana najviše klase, dolaze u brendiranim preskupim krpicama, nose novčanike u kojima su platinaste i zlatne kreditne kartice, dolaze iz zatvorenih i zaključanih svjetova materijalne sigurnosti svojih savršenih obitelji zaštićenih unosnim poslovima, osiguranim kapitalnim ulaganjima, s vrhunskim odvjetnicima kao suportom, dolaze apsolutno uvjereni u svoju misiju bezgrešnih vjernika i odabranika Božjih i doista, bez ikakve sumnje oni vjeruju u sebe i svoju nebesku čistoću, oni nepokolebljivo slijede svoje pomno isplanirane životne priče, a služenje u crkvi, kao i u svemu ostalome, vide jedan rutinski, obavezni i od malih nogu trenirani sport, hobi, zanimaciju kojom uokviruju sliku o sebi na sliku Božju, naravno, sliku Boga kakvim je oni smatraju da jest, a sve izvanjsko, sve što nije unutar gabarita tog i takvog njihovog svijeta i što se ne slaže s njihovim vilama i limuzinama, njihovim bankovnim računima i društvenim statusom, sve smrtno, sirotinjsko, sve to ne vide, okreću od svega toga brižljivo frizirane glave i zatvaraju oči pred prosjacima, beskućnicima, gladnima i usamljenima, za njih to nisu djeca Božja nego nesposobni, lijeni, pijani i drogirani slabići, ljudski izrodi spram kojih pristojne osobe ne bi smjele imati nikakve empatije.)

Govore to što govore smrtno ozbiljni, jer stvari su jasne, bistre, kao pekmez od šljiva: gladnome kako će biti sit u raju vrhunac je izrugivanja Gospodinu („gladnoga nahrani, žednoga napoji” - ovaj dio nauka Kristovog dotične pojave ne poznaju, u njihovoj verziji Svetih pisama te su riječi izostavljene) i vrhunac licemjerja sitih prema gladnima.

Baš tako, izgovore opisani sebeljubivi hladnokrvni „savršeni obiteljski ljudi iz savršenih obitelji” svoje savršeno sročene rečenice u crkvi, na nedjeljnoj misi, na sastanku crkvene pastve, izgovore kao na traci, u lijepoj odjeći i u sjajnim cipelama, otuširani i namirisani, siti (obilan doručak se podrazumijeva) i bezbrižni, zahvalni na još jednom uspješnom, duhovno ispunjenom danu, na još jednoj svetoj nedjelji, izgovore i odu iz crkve nasmiješeni i zadovoljni, uvjereni kako su kod Gospoda dobili još jedan ogroman plus za poznavanje Svetih pisama i urednost. S druge strane, iz iste crkve u mračne podstanarske sobe, u negrijane podrume, u kućerke, u kamp-kućice trulih podova i krovova koji prokišnjavaju odlaze malo drugačiji vjernici, izlaze iz crkava i vraćaju se svojoj gladi, u neimaštinu i samoću, vraćaju se nezaposlenosti i bolesti, neplaćenim računima za režije, za stanarinu i majčin pogreb, odlaze iz crkve nakon nedjeljnog sastanka, mise i propovijedi u tminu vlastite nevidljivosti, odlaze svojim minusima na bankovnim računima, odbijenicama za plaćanje liječenja bolesnog djeteta, alkoholizmu supruga i vječitim svađama, vraćaju se iz crkve u prazninu i nevažnost, u odbačenost i izgubljenost, među ostale izgubljene ovce Božje, gdje će, negdje u pustari i skončati ostavljeni i sami, bespomoćni. Nemaju planove, nemaju obiteljska okupljanja ni uspomene iz dalekih egzotičnih zemalja, nemaju plaćene odvjetnike ni psihološke savjetnike, nemaju status ni titule i njihova pojava u svijetu i u crkvi je ništa, oni ne postoje osim kao ukras u govorima savršenih i odabranih. Obitelji ovih drugih nisu obitelji jer se ne uklapaju u shemu sretnih nebeski savršeno organiziranih obitelji. Kad ništa u životu ne ide i ne može ići i kad je sve skupa crno i trulo, nema mjesta nadi. Iz mraka beznačajnosti poruke o Gospodu iz usta „savršenih" zvuče kao komedija, kao vic. Nada? Smiješno, a vjerojatno jedina stvar koju drugi imaju, a prvi nikada neće imati je istina. Gologuza sirotinja ne poznaje laž, sirotinja zna da će kako sutra sve biti isto, peć hladna jer nema ogrjeva ili zato što su im isključili plin i struju, hladnjak prazan jer nema novaca za hranu, znaju da će opet naivno poslati deset zamolbi za posao, znaju da nisu na dnevnom redu savršenih, nisu bili niti će ikada biti. Istina je toliko bolna i nemilosrdna da laž ispada kao dječja igra. Prvi i drugi odlaze iz crkve, jedni sretni, drugi nesretni. Ne na Gospodnji način. Prvi samouvjereno tvrde da će u raj, a drugi iščekuju pomoć s nebesa, mole se, ali milost Božja nikako im ne dolazi.

Srećom, obitelj po nauku Isusa Krista nije ni blizu definiciji slatkorječive elite, ali nije ni objašnjena kao mjesto i zajednica patnji, poput ovih drugih. Uostalom, Krist nije došao na zemlju niti će drugi put doći zbog savršenih. Došao je i doći će izliječiti bolesne, usrećiti nesretne, vratiti nadu očajnima, obasjati svjetlošću tamu izgubljenih i odbačenih. Znam da će tako biti jer je tako i bilo. Spasitelj svijeta nije poslan od Nebeskog Oca da poveća sjaj zlata bogatih nego da opere noge siromašnima! Za Krista obitelj je važna koliko i posljednji sin i posljednja kćer Oca. Obitelji po evanđelju živog Sina živog Boga nisu utvrde u kojima stoluju bezgrešni poznavatelji Božje riječi nego su to skromni domovi gdje roditelji uče djecu da je svatko jednako vrijedan i da podijeliti i posljednji komad kruha i posljednji zalogaj s putnikom namjernikom znači biti velik u očima Gospodnjim. Evanđeljem nadahnuti život obitelji je život pomaganja drugima izvan vlastite kuće jer pomaganjem drugima, obitelj pomaže sebi, biva jača u svome zajedništvu. Tko uspije shvatiti vrijednost obitelji čija su vrata otvorena, a srca ispunjena sućuti i ljubavi, taj (on, ona, oni) će si pribaviti mjesto u vječnosti. Znam to.

Jednostavno, istina je, obitelj se ne može birati, a ja svoju nisam birao. Sretan sam i zadovoljan što je tako ispalo: upravo zato što je sve sjebano, eto, danas, s odmakom duljim od pedeset godina od kako sam postao član svoje obitelji, sad posve uništene i razorene, ja, potpuno svjestan svojih riječi, u stanju kakvo jest, svejedno ne mogu i neću reći ništa protiv vlas-tite obitelji jer to bi bila laž (a laži u ovom kazalištu ionako ima previše). Ne žalim što sam rođen u takvoj obitelji, nimalo ne žalim makar sociološki opis moje obitelj glasi: „disfunkcionalna obitelj", haha. Ponosan sam na svoju obitelj! Cijelo moje postojanje nosim biljeg drugačijeg jer mi korijeni nisu dovoljno hoh i nobl. Ništa neću mijenjati u priči, nijedno slovo, nijednu riječ, nijednu interpunkciju!

Svi moji, mama i tata, D. i D., djedovi i bake s obje strane, ujaci i ujne, stričevi i strine, bratići i sestrične, svi rođaci, od kojih se ne sjećam gotovo nikoga, svi su moji i ja sam njihov, unatoč svim mojim grijesima. Koliko znam i unatoč manama, svim obiteljskim padovima, svađama, svemu lošem, glupim odlukama, tračevima i zavisti, unatoč hektolitrima ispijenog vina, rakije i piva, pelinkovca i „stocka", unatoč glupo potrošenom novcu na cigarete i muzičare, unatoč rastancima i nikad ponovno organiziranim sastancima, nakon svih rođenja i svih pogreba, sudskih rastava i crkvenih vjenčanja, nakon baš svega rečenog i viđenog i svega što će ostati skriveno u maglama zaborava, unatoč svemu, ah, pišem priču o predstavi u kazalištu istina i laži istinski zahvalan što sam se rodio u ovoj obitelji i što me je Gospod blagoslovio privilegijom izvršenja svetih uredbi u Hramu Gospodnjem kako bih jednoga dana, po volji Njegovoj, mogao ponovno biti u vječnosti sa svima njima.

Bez zajebancije. Obitelj moja je kakva jest, nitko od nas nikad nije nosio masku klajnbirgerovske hipokrizije i ma kako god izgleda čudno, u svojoj smo nesreći bili i ostali svoji, čistog obraza pred Bogom. Ne, nismo bezgrešni, dapače, griješili smo često i mnogo, teško i nepopravljivo, ali nismo lagali o tome, nismo bježali od istine, priznavali smo grijehe i s njima živjeli jer drugačije nismo znali ni mogli. (To što ove rečenice pišem i govorim u prvom licu množine tehnička je stvar: kako mi misli dolaze, tako ih stavljam na papir.) Sve izgubljene životne bitke, sva propadanja i jalovi pokušaji ponovnog uspona, svi bljeskovi kratkotrajne radosti, sve ružne i sve lijepe uspomene, sva razočarenja i nekontrolirani izljevi bijesa, mahanje bolom kao zastavom životnih dosega, slabosti uglavnom, kukavičluk katkada, ukupnost ničega i svačega uzdiže moju obitelj do neba, znam to. Govorim ovo bez straha jer govorim čistog srca! Jedino On će suditi svimu, pa i meni. Ljudski sud i njihova presuda me ne zanimaju...

Ljubav moje obitelji nije od službouljudne i pristojne „jer-je-je-red-i-jer-se-tako-mora" i „kaj-bujuljudi-rekli" ljubavi: mi smo se voljeli stvarno, nikako po bon-tonu. U svađama, u danima bez kruha u kući i bez struje, u mjesecima i godinama kad smo slabo, gotovo nikako jeli, kad smo se brat i ja crvenjeli od stida u školi jer smo po zimi, po snijegu i ledu u školu dolazili u jeftinoj iznošenoj odjeći i s ispucalim gumenim čizmama na nogama (posljedice smrzavanja prstiju osjećam i danas - dobro podosta je dodao rat i četiri usrane ratne zime) ili kad je država kao bandit upala u našu obitelj i odvojila nas djecu, brata i mene od naše majke i poslala nas na skrb baki Roziki, u svakoj neprilici i u svakoj katastrofi imali smo ljubav, vjerovao tko ili ne.

No jesmo li cijenili tu ljubav? Nismo. Jesmo li je dijelili i primali na pravi način? Nismo. A što je to „pravi način"? Jesmo li ljubav potvrđivali patetičnim, do sitnice režiranim obiteljskim skupovima? Nismo, iako je okupljanja bilo, međutim, nakon što se popilo, po starom hrvatskom običaju, počinjale su svađe, tako da od glumljene ljubavi nije bilo ništa. Jesmo li se voljeli teatralno, afektirano, kroz milijun „volim te"? Nismo! Ako nismo to što nismo, što jesmo?

Voljeli smo se u našim srcima (ha,a sad ovo nije patetično, haha), upravo ovako kao što ja danas volim svoju obitelj. To bješe naša obiteljska ljubav, bez računa, bezuvjetna, bez interesa, lišena patronata novca i društvenog statusa, bez pritiska obveznog ispunjenja zacrtanih planova, bez zakulisnih igara i bez ljubomore. Gdje ničega nema, nema jala. Kad nema ničega materijalnog za podjelu, ni zavist ne postoji. Nervoza, eskapade ljutnje da, no borba za nasljedstvo, za obiteljski novac nikako jer novca nema. Zato je ljubav jedino bogatstvo koje posjedujem, jedino što sam dobio od mame i tate, od svoje obitelji. Moje „ništa nemam" vrijedi više od milijuna jer danas pišem o sjećanjima u kojima nema opisa porculanskog servisa, uokvirenih obiteljskih slika, zaručničkog prstena šukunbake ni požutjelih posjednica i grbovnica, povelja i diploma bečkog univerziteta. Pišem i govorim o jednoj običnoj, upravo nezanimljivoj predstavi bez raskošne scenografije i kraljevskih i plemićkih kostima, ničega nema. (Od glazbe, sjećam se, prekrasnih meksikanskih melodija na starim vinil pločama, moj ih je tata skupljao, žao mi je što ih nismo sačuvali.)

Ljubav su mi davali, primio sam je, pa ipak, problem je bio u meni. Nisam je prepoznao kao ljubav. Pet desetljeća, malo više, cijeli ovaj kazališni dosadan život imao sam ljubav, a uopće nisam znao da je imam! Možda nisam znao što je ljubav. To je nerješivi problem. I grijeh. Nikada nisam kleknuo pred moju obitelj i zamolio ih za oprost! Problem je bio i ostao u meni, ne u obitelji. Da, moja obitelj je bila više obitelj no što će to mnoge druge ikada biti, osobito one koje mi se rugaju i podsmjehuju zato što danas nemam vlastitu obitelj „njihovog tipa". Da, nestala je, moje obitelji nema, raspršeni smo i ne znam gdje su njeni preostali članovi. Uostalom, godine su odletjele, malo je živih koji me se sjećaju, a ja, malo kojeg imena i lica se sjećam. Sve je nestalo u vrtlogu vremena, grijeha i zaborava.

Moja obitelj je živjela, mi smo živjeli, rađali smo se i umirali. Što je bila sreća, što nesreća, što radost a što tuga, tko to može objasniti? Kad bi netko umro, znali bi reći: „Hvala Bogu, više se ne muči.", a po rođenju novog djeteta pao bi komentar: „Bolje da se nije rodilo, bogečko dete, samo bu patilo." Ljubav je bila u meni, ljubav moje obitelji. Nažalost, to nisam znao.

- „Gde si bila, gde si se skitala?!? Jebem ti mater, znam gde si bila, kod onih P... si bila, krava jedna...! A deca, kaj je s decom, me čuješ?! Deca lačna, a ti..." - muški glas odzvanja stanom, vika i galama čuje se i vani, na stubištu. Prvi kat, prvi stan desno, kućni broj jedanaest be u Ulici Vilka Jureca, Varaždin. Godina je sedamdeset i peta dvadesetog stoljeća, trideseta godina vladanja komunista i bravara, maršala.

Muškarac viče sve glasnije. U kuhinji stana na prvome katu traje žestoka bračna svađa. Muškarac ranih srednjih godina i žena godina približnih muškarčevim. Muškarac je odjeven u zgužvanu smeđu košulju kratkih rukava, crne hlače i ljetne mokasine cipele. Odjeća na njemu je neuredna, prljava. Cipele su iznošene, pete izlizane. Neobrijan je, neuredne kose. Zaudara na vino i duhan, znoji se. Umoran je, oči zakrvavljene, pogled mutan. Muškarac je naslonjen donjim dijelom leđa na plavi metalni sudoper. Ispred njega, na stolici između stola i hladnjaka sjedi lijepa crnokosa žena uplakanih očiju.

Žena sjedi skrštenih ruku, trese se, plače, jeca. Oči joj gledaju negdje iza muškarčevih leđa, u zid. Lijepu crnu kosu smotala je u malu pundžu. Ženino lice je pravilnih crta, usne pune, srednje visine, u ranim tridesetim. Odjevena je u smeđu suknju i ružičastu ljetnu košulju. Na nogama ima najlon čarape.

Obuvena je u crne kožne otvorene sandale srednje pete. Žena jeca, drhti. Glas joj je slomljen, hrapav. Govori tiho, gotovo nečujno, isprekidano:

- „Nemoj tak govoriti, kod mame sam bila, kod mame... Stvarno sam tam bila, nisam nigde drugde bila... Zakaj si takav, ne viči... Nisi bil doma... k mami sam otišla s malim...!" - žena zašuti, spušta glavu i zaplače.

- „Ne laži!" - muškarac vikne, podigne ruke u zrak, uhvati se za glavu. Trese glavom, ner-vozno prolazi rukama kroz kosu. Slomljen je. Odmahuje rukom, kao da mu je svega dosta. Okreće se prema sudoperu. Udara šakama po sudoperu. Reski zvuk odzvoni kuhinjom. Žena jeca, tiho plače, teško diše, drhti. Muškarac se okreće prema stolu. Na stolu je pepeljara puna opušaka, dvije prazne boce, jedna od vina i jedna mineralne vode, dvije prazne čaše, otvorena poluprazna boca „Deita", tanjur s palačinkama, staklenka pekmeza i jedan nož.

U prvoj sobi dječak leži na kauči skupljenih nogu i ruku, skvrčen je, glava mu je ispod jastuka. Povremeno zadrhti, strese se. Svako malo glava mu proviri ispod jastuka. Pogled mu je uperen prema vratima sobe. Vrata su napola otvorena. Ne čuje se ništa. Dječak bojažljivo miče jastuk i polako ustaje. Prestrašeno, sporo, oprezno zakorači prema vratima, izlazi iz sobe. Zastane kod dovratka kuhinjskih vrata i tek očima, nagnut u čučnju proviri na sekundu i pogleda u kuhinju. Stoji nekoliko trenutaka. Opet proviruje. Vraća se tiho u sobu. Hoda na prstima, sjeda za dječji pisači stol u kutu, ispod prozora. Nevoljko nastavlja igru. Nesretan je.

Kuhinja, vrata balkona su otvorena, kroz zavjesu ulazi topao večernji zrak. U kuhinji jed-no uz druge sjede muškarac i žena. Zagrljeni sjede. Žena plače glave naslonjene na muškarčevo rame. Njegovo lice je umorno, suze mu klize niz obraze. Sjede oboje zatvorenih očiju. Dišu teško. Ne govore. U kuhinji se osjeća cigaretni dim i miris zapečenog ulja. Dječak je u sobi i igra se plastičnim figuricama vojnika. Večer traje, blizu je jedanaest sati. Kasno je.

A onda, čovjek ne može znati kad će dobiti i saznati odgovore na pitanja koja ga progone. I ta glupa pitanja su po naravi stvari nerješiv problem, a nijedno ne želim čuti dvaput. A čuo sam ih milijun puta! Gospod me provjerava, a ja, idiot, ne činim mnogo u stvari jačanja znanja o Njemu, barem ne onoliko koliko On očekuje od mene...

Smrtniku je ljubav najčešće književni pojam, loš film loše produkcije, dosadna knjiga, trash. Voljeti? Idealiziranje života promatranjem godina što prolaze kroz ružičasta stakla staromodnih naočala: ljubav je nerazrješiva zagonetka, formula ljubavi je nepoznata, nijedan znanstvenik još nije otkrio što je ljubav i od čega se sastoji. Prolaznost ljudske egzistencije nesavladiva je prepreka i za mene također, oduvijek je tako i tako će i ostati. Tijekom ove predstave često izgovaram riječ „ljubav" kao antidot otrovnom djelovanju vremena na uskom putu obnovljenog evanđelja sve u nadi da ću navečer, kad legnem u krevet, usnuti s olakšanjem u sebi: nažalost, i olakšanje je samo još jedan neispunjeni san, fatamorgana. Do mog krštenja, do mog pravog krštenja (ne katoličkog) u ime Krista, priznajem, nisam shvaćao poetsku frazu „sve je lakše kad je ljubavi". Romantičan pogled na svijet nije me privlačio, činio mi se odviše teatralnim. Što je ljubav, čudotvoran napitak, dar s neba ili pjesnički ukras? Ljubav između muškarca i žene, esencijalna ljubav, pa onda roditeljska ljubav i bratska i sestrinska ljubav, potom obiteljska i rodbinska ljubav, prijateljska, univerzalna, retorička ljubav („volim sve ljude na svijetu", a nikad se ne bih oženio/udala za ženu/muškarca crne, žute etc. boje kože), ljubav svakakva, velika i mala, ona i ova, ljubav kao vrijednost i ljubav kao roba za kupnju i prodaju, ljubav kao suprotnost mržnji i izgovor za nezamislive gluposti, ljubav prema prirodi, životinjama i cvijeću, milijun vrsta ljubavi i sve je krasno, sjajno i bajno, a kad mi Spasitelj postavi pitanje „Gdje je ona tvoja jedna izgubljena ovca, gdje je dijete Božje koje si pronašao i vratio Meni i Ocu mome?", ah, zatečen, šokiran i zbunjen klečim pred Gospodom ne znajući što reći. A odgovor je jednostavan: ljubav nije emocija, ljubav je žrtva, žrtvovanje za drugog, kao što to čini Isus Krist!

Pitanje: zašto sam JA bježao, pa i od ljubavi? Ne znam, pripadnik sam ljudskoga roda, a znano je da su ljudi svinje (što je uvreda za ova inteligentna prekrasna bića, osobito korisna kao kobasice i čvarci, slanina i krvavice, pečenje i kosana mast) i po toj logici ni ja ne mogu biti izvan protokola. Srećom, Gospod je poslao po mene i moji stari pokušaji bijega ne vrijede ništa, moja je prošlost ostavljena iza mene, ne mogu je izbrisati, no ni ona ne može do mene. Tako sam mislio nakon krštenja. Tako mislim i sad, osim što me vlastita povijest sustiže i sve jednako muči. Tko je onda u pravu: ja ili Bog? Ako više (nemam) prošlosti, zašto je ovdje? Ako ljubav liječi sve, koga se vraga osjećam tako usrano bolesno?

Nemam pojma. Sudbina, život, kako god nazvao ovo vrijeme između rođenja i zemaljske smrti, ono je prekratko za eksperimente, a ja sam izgubio pet dekada u uzaludnoj igri istine i laži bezuspješno lažirajući vlastite osjećaje i misli glupim izgovorima za počinjene greške. Danski pisac i filozof S.A. Kierkegaard je ponudio odgovor: „Savršena ljubav je ona koja nas čini nesretnima."

Zarez i dvotočka. Ljubav. Što znači voljeti? Kako se voli? Kako se voli, na primjer, rodi-telje? Što znači „volim oca i majku"? Je li to bogomdani osjećaj pripadnosti i zahvalnosti za sigurnost koju primismo od nekoga čiji smo „krv i meso"? Ili je, naposljetku, ljubav prema roditeljima zapravo ljubav prema Bogu, Stvoritelju koji nam je podario zemaljske roditelje i blagoslovio nas drugim životom nakon što smo napustili, svojom odlukom i Njegovom voljom, duhovni svijet kojeg se ne sjećamo?

Glasam za potonje. Rođen sam u tijelu od smrtnog oca i smrtne majke voljom Nebeskog Oca po Isusu koji je Krist, rođen sam s kostima i mesom, s krvlju u sebi sam rođen i s time i takav živim kako bih upravo na ovom privremenom putovanju iskusio sve što iza vela nije bilo moguće. Smrtni svijet je loš i učenje je jedini način za pobjedu nad snagama tmine. Stvoren sam da okusim gorčinu poraza i slatkoću uspjeha, radost zajedništva i tugu izdaje, rođen sam u tijelu kako bih spoznao istinu i toj istini posvetio borbu protiv mraka i laži. Teško je sve to pojmiti, logika smrtnosti ne ravna se po Božjim zakonima. Shvatiti Božansko u svojoj nutrini i posvetiti se nečemu nezemaljskom zahtijeva iznimnost, hrabrost, volju i raskajano srce u čijem je središtu Spasitelj svijeta. A moj je cerebrum sputan svim mogućim uzama ljudske nesavršenosti: kad sam nakon četrdeset i osam godina otvorio oči i kad se led na mom srcu otopio, uvidio sam sve gluposti svoje i sve slabosti svoje, vidio sam grijeh, pogreške, loše odluke, vidio sam sebe samog u punini ružnoće izgubljenog djeteta Božjeg. I što je potom bilo? Ništa, baš ništa što se ne događa svim obraćenicima ovoga svijeta. Pomislio sam kako je dovoljno ostaviti sve to kako jest, sa strane i da će krštenjem i primanjem dara Duha Svetoga sve samo po sebi nestati. Nije nestalo. Svoj križ moram nositi cijelo vrijeme ovog putovanja. Moram: možda će mi pisanje ove priče pomoći prevladati vrijeme tuge.

Plačući prihvatih poziv Krista, klečeći sam molio za oprost grijeha: anđele je poslao po mene. Velik je moj križ, ali i znam to da nebrojeni sinovi i kćeri Nebeskog Oca nose višestruko teže terete života no što ja prtim sve puste neplodne godine. Ljubav o kojoj govorim, onoj prema ocu i majci godinama bješe uprljana grižnjom savjesti, podmuklim bolom, tugom zbog zla počinjenog u nevinosti dječje dobro-dušnosti, naivnosti i neznanja, u nečemu strašnom, otrovnom za srce, ubojitom po dušu i djeteta i odraslog čovjeka. Naravno, dugo nisam znao što je to, od kuda je ta mučna tupa bol u meni. Cijelo djetinjstvo i mladost proveo sam hrvajući se sa zvjeradi krivnje koja je razdirala moje srce i bacala me iz jedne agonije u drugu, još goru. Tek kasnije, kad me život naučio padati, kad sam, u panici zbog vlastite nemjerljive glu-posti, odbijajući priznati istinu (iako nitko na svijetu ne zna što je istina) valjao u vlastitim fekalijama izgubljenih mogućnosti, kad sam živio ne živeći i umirao ne umirući, na rubu živčanog sloma, u jednoj od tko zna koliko pijanih noći napokon uvidio svu krvavu krivnju vlastite nevažnosti, baš tada sam umjesto olakšanja zbog nove spoznaje o starom grijehu zapravo još dublje propao, potonuo u glib nestajanja: nesposoban ustati i stati na noge i normalno hodati (bez obzira ne sve), otkrio sam jedan od milijun uzroka svog nemira, svog opijanja i prepuštanja samouništenju.

O svome ocu godinama sam mislio najbolje, ali i godinama je on meni bio tek daleka uspomena, skoro zaboravljena, zakopana u ilovaču sjećanja. Sve je izgledalo opasno, sivo, mrtvački nepomično, strašno. Ostavih na površini memorije oca kao figuru, nekakav simbol prošlosti, smjestio sam ga u malu ladicu pri-sjećanja da bih, po potrebi, s razlogom i bez, vadio fragmente o njemu kao lijek za vlastite mane i pro-puste. Krivo, potpuno krivo. Znadoh u dubini duše kako postoji nešto bolno, gangrenozna, smrtonosno inficirana rana, metastazirani karcinom, sepsa postoji i što nikakav lijek službouljudnog sjećanja na oca ne može izliječiti, ni svijeće, ni posjeti njegovom grobu (kojih nije bilo, mojih posjeta očevom grobu nije bilo), ni pijanstvo i kukavičko cmizdrenje za šankom neke od opskurnih birtija naše provincijske vukojebine nije protuotrov za nešto što nitko ne može izvući iz mene!

Zašto? Zato jer cijelog svog usranog, suludog nepotrebnog života nosim u sebi istinu: ja sam ubio svog oca! Ubio sam svog oca! Ja sam trčao na balkon, uzeo štrik i donio ga svom ocu! Ja, nitko drugi! Što ima gore od toga kad sin ubije vlastitog oca?!

Nekako uoči početka rata u Varaždinu, u vrijeme kad je cijela Hrvatska bila zahvaćena ludilom raspada Jugoslavije i uzbudljivog vremena stvaranje nove neovisne Hrvatske, kad se javljala nacionalna svijest i u ljudi koji se nisu nikad pretjerano bavili pitanjem hrvatstva ni diktature komunizma, u danima koji još nisu nagovještavali da će naša domovina iz kaosa socijalizma prijeći u kaos demokratskog kolonijalnog ropstva sadašnje 'rvatske države pod žezlom i bićem EU i ostalih svjetskih gazda (recentna hrvatska vlast, gle čuda neviđenoga: isti drek, drugo pakiranje), u nepredvidljivo teškim mjesecima novo probuđene stare hrvatske bolesti, konvertitskog preoblačenja kaputa (to da su 2021. na vlasti bastardi onih istih koje se devedesete rušilo na prvim višestranačkim izborima i nije posebno zanimljiva činjenica jer hrvatska je po- vijest dugačak lanac sve istih karika preodijevanja iz jedne livreje u drugu i smjene jedne vlasti istim gov- nima), ali i danima kad je malo tko očekivao da će se prekodrinske zvijeri povampiriti i da će se „juga" srušiti u smrti i patnji tisuća nevinih Hrvata, Bošnjaka i svih nesrpskih ljudi, svirepo smaknutih od krvo- žedne srbočetničke ruke, znači devedesete, sad prilično davne godine neočekivano sam, jer se takvo što predvidjeti ne može, i doznao nešto o čemu nikad prije nisam razmišljao.

Taj dan neću zaboraviti. U prostorijama naše Mjesne zajednice u Varaždinu saznadoh meni do tada nepoznate detalje o... Hm, ali prije, mali opis o tome kako, gdje i zbog čega. Smjena vlasti u našoj MZ prošla je nevjerojatno mirno, s obzirom kako je bilo drugdje u Hrvatskoj. Stara socijalistička ekipa je otišla, a došla nova, demokratski izabrana. Sitnica da je dio nove vlasti bio iz stare nikoga nije smetala. U MZ nema visoke politike. Dječja igrališta, kanalizacija, plin, trava i društvene prostorije za zanimaciju umirovljenika, dosadne teme s kojima nadzemaljska pitanja 'rvatstva i stoljeća sedmog baš i nemaju neke veze. U ovom dijelu grada nije zavladala postkomunistička opijenost izbornim trijumfom i sve što se ti- calo rada MZ-e obavljeno je u civiliziranoj, čak prijateljskoj atmosferi. Bilo je na početku nekoliko inci- dentnih situacija, međutim to se brže prevladalo no što su gluposti trajale (pijandure, nostalgičari ende- hazijske vrste okupirali su društvene prostorije s nakanom stvaranja drogeraške rupe za poklonike poglav- nika i napušene ljubitelje acid party-a, ali su vrlo brzo otjerani u vražju mater, a za što su zaslužni upravo politički desno orijentirani vijećnici iz novog vodstva, pače narkiće i pijance urešene ustaškim znakovljem otjerao je jedan gospodin čiji su svjetonazori i čvrsta katolička vjera bili puno bliže desnici nego lijevoj opciji - ovo je dokaz kako u nas Hrvata, bez obzira na političku stranku i pripadnost ovoj ili onoj ideo- logiji, ima razumnih ljudi, pristojnih i staloženih kojima domoljublje nije zanimanje, a Hrvatska nije ka- sica prasica). Ukratko, naša MZ-a preskočila je traumu nestanka socijalizma i rođenja novog sustava stvarno bezbolno.

I tako, iz nekog čudnog razloga bio sam dio svega toga (što me kasnije odvelo u rat, kao dragovoljca) i jednog dana smo sjedili u uredu tajnika MZ i čekali početak nekog sastanka, skupštine, čega li. Nisam bio vijećnik ni dužnosnik, volontirao sam, htio sam dati svoj mali doprinos svemu tome.

Pili smo kavu, onu pravu tursku, ne kao što se danas pije instant sranje. Bilo nas je četvero, trojica muš- karaca i jedna gospođa. Razgovaralo se o svemu i svačemu, kao što se razgovara kod kave. Ne sjećam se kako, tko je prvi započeo, no došli smo do neobične teme: samoubojstava. Malo morbidno, uvijek teško za pričanje.

Oh, pameti ljudska! Mudrost kovana stoljećima: prije no što slažeš, provjeri svoje pamćenje, kaže arapska poslovica. Živa istina! U dugotrajnoj predsmrtnoj borbi protiv samoga sebe, protiv demonskih ut- vara u svojoj glavi, u tom umobolnom vrtlogu straha i skrivanja, svako je suočavanje s istinom zabijanje vrućeg noža u otvorenu gnojnu ranu, a to i nije osobito poželjno iskustvo.

Pili smo kavu i pričali o samoubojstvima. Jedan od sugovornika, izniman čovjek, umirovljeni kapetan prve klase (bivši partizan, Hrvat, nevjerojatna ljudina, poštenjak, čovjek koji bi za drugog dao sve, bivši oficir koji je umirovljen trideset i više godina prije devedesete, ranjen u onome ratu i koji s politikom kao takvom nije imao nikakve veze godinama, strastveni ribolovac i vikendaš bio je na glasu u MZ-i i svi su ga cijenili, i lijevi i desni, dapače, ovi iz nove „vlasti" imali su o njemu najbolje mišljenje i kao takav odradio je izniman posao u suludom vremenu početka hrvatske demokracije) u jednom je trenutku rekao:

- „Je, znam kaj je to, videl sam ja samoubojicu u životu." - otpio je malo kave i povukao dugačak dim iz svoje „Opatija" cigarete.

- „Stvarno, a kak?" - opalio sam pitanje kako se već postavljaju pitanja u takvim razgovorima. Odgovorio mi je kroz cigaretni dim:

- „Davno je to bilo, pored puno let...! Nije važno."

- „Prosim vas, spominamo se, rečite kaj je bilo." - nastavio sam inzistirati ne sluteći što će iz svega ispasti. Nakašljao se, ugasio opušak u pepeljari i zamišljeno me pogledao:

- „Ma nikaj, našel sam obešenog čovjeka na Dravi, gda sam v ribičiju išel..."

Uhvatio me bolan grč u trbuhu, nisam znao zašto. Nastavio sam:

- „Je? Gde? A kad je to bilo?" - možda sam trebao prešutjeti ovo pitanje, ali bilo je prekasno:

- „Čekaj malo... sedamdeset i....sedamdeset šeste, je, baš tak, sedamdeset šeste, po letu. Dole, malo dalje od staroga mosta, na međimurskoj strani..."

Ustao sam, zašutio. U glavi mi je bubnjalo, trbuh mi se stezao. Drhtao sam. Sjeo sam, opet ustao pa sjeo. Čovjek se zbunio:

- „Kaj je bilo? Nije ti dobro?"

- „Ne, sve je v redu... Samo, mislim, to kaj ste povedali..." - mucao sam, blijed u licu.

- „Zakaj si tak čudan?" - pitao me toplim prijateljskim glasom. Odgovorio sam:

- „Moj tata, tata... se obesil sedmadeset šeste... na Dravi..." - izustio sam blijed kao mrtvac.

- „Dragutin."

- „Molim, kaj?" - pogledao sam ga začuđeno.

- „Dragutin, Dragec, tvoj tata se zvao Dragutin." - u njegovim očima vidio sam sućut i razumijevanje. Ustao je, pokazao mi rukom da ustanem i zagrlio me očinski toplo, ljudski. Nije me sram reći: tog predvečerja, u uredu tajnika MZ-e u popio sam kavu s čovjekom koji je davno u Dravskoj šumi našao mog oca obješenog o debelu granu. Visio je obješen kao vreća, a nekoliko metara dalje, u grmlju bio je crveni moped „Tomos" APN-4. I prazna boca „Ba-del" konjaka... Plakao sam...

1976. godina. Vruće ljeto. Ribolovac je pronašao tijelo mrtvog obješenog muškarca u dravskoj šumi. Milicija je napravila uviđaj. Mrtvozornik je utvrdio način i vrijeme smrti. Ne znam je li obavljena obdukcija, vjerojatno jest. Pregledao sam lokalne novine (digitalizirana građa Gradske knjižnice „Metel Ožegović" Varaždin). Nisam pronašao ni retka o tome. Možda bi danas novinari pisali o obješenom čovjeku, ljudi vole čitati takve stvari. U socijalizmu se valjda nije smjelo, da ne ispadne kako je vlast komunista toliko loša da se ljudi vješaju. U ljeto 1976 godine. Samo jedno ime za evidenciju preminulih u Varaždinu. Koga briga za to, pa ljudi umiru svake minute, nije li tako?!

VI. Scena

Hrvatska, prvi dio: Grobari i mrtvaci, grofovi i kmetovi

Ne vjerujem da je dični Gašpar Alapić, ratnik i vojskovođa, plemić hrvatske krvi, vlasnik nasljed-stvom stečenih posjeda Vukovina i Gregurovac, zaslužnik za opstojnost svetog hrvatskog imena u 16. stoljeću, uspješan borac protiv osmanlijske najezde, kapetan Zrinskih, heroj Sigetske bitke i turski uznik (koga je iz ropstva otkupio Juraj Zrinski), vitez samo takav, podban i drugi ban Hrvatske, uz Jurja Draškovića, bana i biskupa, uopće slavno i sveto ime hrvatske povijesti nad kojim svršavaju i suze liju novodobni vele'rvatski mega domoljubi trećeg milenija, baš toliko ljubio Hrvatsku kako se o njemu govori i piše i kako o njemu uče djecu u hrvatskim školama: kad je dotična nadhrvatska pojava roda ple-menita one hladne zime, šestog dana mjeseca veljače Ljeta Gospodnjeg 1573. na čelu banskih vojnika, među kojima bjehu, nota bene, i oklopnici Zrinskih (onih istih o kojima se hvalospjevi pjevaju), pregazio ubogu seljačku vojsku kuke i motike kod Kerestinca - koja je nakon strahovitog poraza u krvavom boju kod Šentpetra, konačno potučena i slomljena devetog veljače kod Stubičkih Toplica - nije pokazao neku naročitu ljubav prema narodu hrvatskom, prema ubogom kmetu, prema onom koji ga je hranio. Nije imao ljubavi ni milosrđa ni Alapić, ni presvijetli ban hrvatski i biskup barun Juraj Drašković, ni sam car i kralj Maksimilijan, pa ni Zrinski i ostali grofovi nisu imali razumijevanja za hrvatskoga kmeta. Pobili su na tisuće gologuzih izgladnjelih seljaka i povješali ih od Kaptola i Griča do kraljevske i slobodne varoši Varaždina, pa su Hrvati-kmetovi visjeli kao krvave smrdljive kobasice i bili bogati kmetski hrvatski stol za ptičurine i strvinare. Ne vjerujem u hrvatstvo hrvatskog podbana Gašpara Alapića i bana Juraja Draš-kovića jednako kao što ne vjerujem u hrvatstvo Zrinskih, Frankopana, Keglevića, Oršića i sve te plavo-krvne kamarile smrti, ne vjerujem u njihovu ljubav za Hrvatsku i hrvatski narod upravo onako kao što ne vjerujem u današnje domoljublje vladajućih 'rvatskih pizduna HDZ, SDP i inih vrsta.

Ambroz Gubec, Ivan Pasanec i Ivan Mogaić voljeli su Hrvatsku kako se voli domovina, bez velikog „D", voljeli su Hrvatsku, a o političkom hrvatstvu, o tom licemjernom domoljubnom kvazihrvatstvu nisu znali savršeno ništa. Zar bi se podigla kuka i motika mršavih prljavih, nikada sitih kmetova, te hrvatske mase blatnjave sirotinje, zar bi nevojnička seljačka vojska jurišala na uhranjene švedske plaćenike i oklop-nike slavnih Zrinskih, na uskoke (posebna sramota hrvatske povijesti: zapovjednik žumberačkih uskoka Josip Thurn odbio je stati na stranu seljaka i ostao odan banu, caru i kralju), na vojsku nadvojvode Karla, brata bečkog cara i na banske vojnike da su grofovi, baruni, biskupi i plebanuši imali imalo hrvatsko srce u sebi? Ne vjerujem u hrvatstvo grofa ni u hrvatstvo katoličkog popa, njihov pogled na svijet nema ništa zajedničkog s ljubavi prema domovini. Najčasniji i najsvjetliji primjer domoljublja jest Seljačka buna 1573.: u cijeloj krvavoj povijesti Lijepe naše nisam našao ništa tako elementarno hrvatsko kao što bješe taj očajnički juriš na grofovske i biskupske dvorce i pivnice. Gubec je volio Hrvatsku jer se borio za komad kruha, za kmeta hrvatskog, a kad netko želi nahraniti gladnog, to je zoran dokaz ljubavi i po zemaljskim i po Božjim zakonima.

Glupost: danas turistički vodiči vode stada glupih turističkih znatiželjnih ovaca s mobitelima i digital-nim kamerama u rukama, vode ih ulicama mog Varaždina pokazujući im svu raskoš bivše hrvatske metro-pole i kad se ovi dobrodušni stranci (čije im novčanice valja izvući iz džepova i masno im naplatiti uživa-nje u hrvatskoj povijesti) čudom čude bogatoj prošlosti Hrvatske, iznad grada i Hrvatske, na oblaku zaboravljenih fakti lebdi krvlju ispisano pitanje: zar nitko ne zna istinu? Ako je Hrvatska domovina Hrvata, naroda hrvatskog i ako od-stoljeća-sedmog „tu Hrvati dišu", onda je sasvim logično upitati se ka-kav smo mi narod, odnosno tko smo mi? Zbog onih obješenih krvavih trupala, onih ljudskih kobasica po-ražene seljačke vojske i zbog njihovih sotonskih ubojica, hrvatskih grofova i biskupa hrvatskih, zbog grobova hrvatskih kmetova današnji i svi budući naraštaji imaju obavezu učiti i prenositi, pa i turistima, isključivo povijesnu istinu. A to se ne čini, laže se. Krleža je precizno definirao pojam naroda: „Narod nismo mi - malograđani, trgovci, sitnoposjednici, bankari, plemići, profesori i vjeroučitelji - nego je to ona gomila zgaženih i poniženih bića po kojima mi (htjeli mi to ili ne) gazimo i pljujemo.”

Trinaest olovnih stoljeća hrvatske povijesti jest trinaest stoljeća prolijevanja sirotinjske krvi. A koga pamti hrvatska (oficijelna) povijest? Barunske i grofovske guzice, biskupske trbuhe, pamti generale i feldmaršale hrvatske krvi u službi tuđina, izdajnicima i ubojicama vlastitog naroda se dižu spomenici, a ne jednom kmetu i katunaru! Stoka sitnog zuba povjesničarima nije interesantna, o njoj nitko ne zbori ni jedne riječi na simpozijima ni u nabiflanim govorima turistima. Debele knjižurine HAZU, svi ti instituti, zavodi, svi cilindraški doktori i magistri 'rvatske povijesne znanosti o hrvatskome kmetu govore kao o sporadičnoj pojavi! Posljednjih trideset godina jasno se vidi što je domoljubno 'rvatstvo jer za novu 'rvatsku elitu grof i biskup su jedine vrijednosti i jedini primjer 'rvatstva (uz dodanih nekoliko imena iz devetnaestostoljetnog korpusa hrvatskih političkih budalaša, tako nekih likova iz prohujalih stoljeća kao začin tom povijesnom čušpajzu). Bez ikakve sumnje, nepobitno je da je Ambroz Gubec sasvim slučajno ušao u hrvatsku povijest. Njegovi supatnici i on su hrvatski povijesni incident, iznimke koje potvrđuju pravilo. Pe-el nakaze, baruni i grofovi, biskupi i prelati svih fela, industrijalci i novčari, veletrgovci i doktori prava i filozofije, pukovnici i generali, fiškali, župani i gradonačelnici i sva nespomenuta gospodska, plavokrvna gospoda i njihove gospođe, dame, presvijetle milostive, u punoj monduri 'rvatskih odličnika, sinonim su i jedino mjerilo 'rvatstva i domoljublja. Palače, dvorci, kurije i samostani, crkve i kapelice, utvrde, vile i brodovi, raskošne obiteljske grobnice i mauzoleji, ljetnikovci, rudnici i ceste, privatne željezničke pruge i vinogradi, sve to i još više, odličja, zlatnina i nakit uopće, križevi i pehari, odore i gravirano oružje, slike i tapiserije, poslanice, bule i ukazi, carski patenti i prašnjave darovnice, sve je to izloženo pogledima plaćevno solidnih posjetitelja koji vole trošiti dolare, franke i eure ne bi li vidjeli nešto od crknutog nobilis svijeta kome ne pripadaju. (Opaska: moram biti pošten i reći da su tijekom stoljeća mnogi plemići izgubili plemstvo. Ratovi, gubitak povelja, osiromašenje, bijeg pred Turcima etc., te su tako postali sluge, vojnici i kmetovi, no to ne mijenja suštinu ovoga što govorim.)

U školama današnji klinci uče o slavnim pobjedama hrvatskoga oružja, a ne uče da su hrvatski sinovi pogibali za interese incestuoznih stranih careva i kraljeva! Hrvatski je vojnik ostavljao kosti diljem Europe da bi se napunile carske, grofovske i biskupske guzice. Djecu trećeg milenija podučavaju o slugama tuđina kao o dičnim domoljubima, pišu se biografije feldmaršala i vitezova zlatnog runa, a nitko ne spominje hrvatskog kmeta, to meso za klanje koje je hranilo pomazana utroblja stoljećima, hranilo svojim umiranjem na poljima „časti i slave”. Više se zna o ubojicama hrvatskih kmetova nego o poklanim, raščetvorenim, na kolce nabijenim i povješanim kmetovima: grofovi se dižu u nebesa, a njihove žrtve se tek sporadično spomenu, parodije radi. Hrvatska povijest je izbrisana i stvorena je falsificirana prošlost, lažima se truju učenici u školskim klupama i u laži vjeruju njihovi roditelji, bake i djedovi. Koliko je nemorala moralo biti u ljudima koji su devedesetih poludjeli kopajući po arhivima nastojeći pronaći plemićke listine, bilo što čime bi dokazali plemstvo svojih predaka i svoju plavu krv?! Zar nije zbunjujuće da u školskim knjigama o kmetovima ni riječi, a jedino od neplemićkih imena su likovi od pera i popovske mantije, a koji ionako bjehu tek u službi grofova i biskupa i na njihovoj plaći?! Ne vjerujem u hrvatstvo hrvatskih grofova i biskupa, ne vjerujem u hrvatstvo nositelja prezimena Knežević, Jakšić, Modrić, Patačić, Sermage i Puttar, Vojković i Jurišić, Batthyany, Erdody i Jelačić Bužinski, Matačić, Palffy, Rauch i Bedekowitz etc... Ne vjerujem u njihovo domoljublje! Vlasnici grbovnica, povelja i listina, to plemićko smeće koje niti je hrvatske duše bilo, niti hrvatskim jezikom govorilo (barem ne javno), svi preuzvišeni nisu nego ubojice svoga naroda i kroz trinaest vjekova natapa se hrvatsko tlo kmetskom i katunarskom krvlju jedino za interes plemenite gospode i milostivih im gospođa i njihove kopiladi.

Bezimene kosti predugo trunu u zemlji hrvatskoj, zaboravljeni jadnici što izgladnjeli, prljavi, goli i bosonogi izginuše na tisućama carskih i kraljevskih bojnih polja i godine dvije tisuće dvadeset i prve ne predstavljaju ništa na pozornici domoljublja. Ponavljam po stoti put, naša povijest memorirala je generale, a zaboravila izmrcvarene zagorske, prigorske, međimurske, podravske, ličke, slavonske, dalmatinske...

domobrane poklane u klaonici Velikog rata. Slave jednog Borojevića, hrvatskog slugu bečkoga dvora - zanimljivo, nacionalistima ne smeta to to je dotični po krvi bio Srbin - i habsburškog fieldmaršala, pak se na godišnjicu njegove smrti objavljuju nekrolozi, podsjetnici, hvalospjevi o tome kako je Hrvatska dala jednog od najsposobnijih vojskovođa Velikog rata koji je, vidi vraga, nepravedno zapostavljen u našoj povijesti, te stoga oni, povjesnici, ispravljaju tu nepravdu podižući ga na oltar zaslužnika za slavu 'rvatskog oružja. Gluposti, ime ti je Hrvatska! To da je fieldmaršal Borojević kao svinje, kao ovce slao na desetke tisuća hrvatskih siromaha u smrt za cara i kralja habsburške krvi i da su naši hrvatski domobrani ginuli besmisleno, to 'rvatske domoljube ne zanima, važan im je jedan ušljivi bečki dupelizac kome bi, da je živ ili da postoji mogućnost suđenja mrtvima, trebalo suditi i kazniti ga za veleizdaju i ratni zločin nad hrvatskim narodom! Stvarno je perverzno hvaliti ubojicu Hrvata! Zagorski kmet kanonier, lički infanterist, prigorski ulanski konjovodac, svi su izgubili glavu za ništa i o njima se ne govori, ne pišu magisteriji i ne snimaju televizijski dokumentarci, o njima hrvatski vojni magazin ne objavljuje ni retka, ali o habsburškom sluganu svakako! I ne samo Borojević, hrvatska se povijest hvali jednim potpukovnikom kome je mjesto na stubu srama i stida, a ne časti i slave. Taj gospodin potpukovnik Adam Franz Freiherr Burich von Pournay se u svoj veličini časti oficira austrijske vojske do smrti odanog Habsburzima, predvodeći satniju hrvatskih krajišnika, koji ni po kojoj logici osim logici umiranja za tuđina nisu trebali sudjelovati u prokletom Sedmogodišnjem ratu, tako junački borio u klancu Grossaupa godine 1779. da ga je sam preuzvišeni car odlikovao odličjem Viteškog reda Marije Terezije i uzdigao na čast baruna. Igrom sudbine potpukovnik je umro i pokopan je u Varaždinu godine 1803. i evo, danas ga se slavi kao promicatelja slave umijeća hrvatskog ratovanja?! Nitko ne spominje jadne krajišnike, hrvatske vojnike koji izginuše u još jednom incestuoznom habsburškom ratu i nijedno od imena mrtvih Hrvata službena povijest nije stavila u školske udžbenike i povijesne knjige, nijedno. Baruna Buricha jest jer je bio odani krvnik hrvatskog naroda!

Nije isto biti Tartaglia, Vojković, Zakmardy de Diankovetz ili neki nepismeni prljavi zagorski kmet s nekih od varaždinskih ili međimurskih posjeda Hermana II Celjskog iz godine 1425.: za hrvatske povjesnike nisu jednako teške pojave Franje Tahuzya, Juraja Haulika, već spomenutog Juraja Draškovića ili nekog od bezimenih kmetova zagrebačkog kaptola, za akademsku su povijest Hrvatske numero uno plemić, vitez, barun, grof, knez, vojvoda, nadvojvoda i princ, a u svijetu plemenitaša kmet nema što tražiti čak i ako povjesnici jako dobro znaju da je cijeli taj krvoločni feudalni sustav, koji i danas živi u modernoj inačici, počivao na grobovima, krvi i mesu kmetova! U Varaždinu (ni bilo gdje drugdje) nisam našao spomen-ploču, bistu ili bilo koji znak odavanja pijeteta kmetskoj žrtvi za Hrvatsku (nadaleko poznati memorijalni kompleks posvećen Seljačkoj buni ne spominjem jer on ionako služi za zamazivanje očiju: do dana današnjeg nisam čuo nijednog državotvornih 'rvata novog vremena kako govore o Seljačkoj buni, a ako bi neki i zucnuo koje slovo, to se svodilo na komparaciju sa Zrinskima i Frankopanima, pri čemu nitko nije spomenuo da su oklopnici Zrinskih također dali doprinos pokolju nad hrvatskom kmetskom vojskom petsto sedamdeset i treće... Što ne čudi, pa i naš Domovinski rat prikazuje se kao uspjeh elite, ratni veterani su tek dekoracija, nužno zlo.

Govnarija prve vrste! Nema znaka jednakosti između ta dva hrvatstva, onom „časnom i slavnom", okupanom u zlatu i srebru velmoža i odličnika i onom drugom, nepoznatom, bezimenom i smrdljivom, nevidljivom. Trinaest stotina godina traje hrvatska storija i tu su i takvu storiju unazad sto i pedeset godina ovjekovječili i pisci i slikari, kipari, skladatelji i političari i njihove morbidne stranke i sve se pretvorilo u opsjenu, u mađioničarski trik. Hrvatska u trećem tisućljeću živi naslonjena na lažnu povijest i na lažima lažne povijesti gradi lažnu budućnost. Domovinski rat je, nažalost, uključen u taj projekt laži jer se ovakva 'rvatska kakva je danas proglašava ciljem naše borbe protiv trofazne žgadije. Ako je ovo zlo od 'rvatske ono za što se ginulo, onda se ginulo krivo. Netko ovdje laže, no ja sam siguran da naši mrtvi vojnici ne lažu.

Mrtvi hrvatski kmetovi ne lažu. Zato lažu mrtvi grofovi i njihovi današnji apologeti. Lažu jer istina boli. Mi smo Hrvati, oni su 'rvati, a 'rvati ne vole istinu. Nikad nisu voljeli istinu i nikad je voljeti neće. Lakše je živjeti s lažima i u lažima. To košta više krvi, ali kad je riječ o plaćanju u lešvima, vladari, hrvatsko plemstvo i biskupstvo nikad nije žalilo platiti cijenu takvog 'rvatstva, pa i tako nisu ginuli bogati nego sirotinja (ginuše i grofovi, no jasno je na što mislim). Krleža je rekao: „Među Hrvatima nije zahvalno govoriti istinu.". I ovo: „Nema hrvatstva koje je u stanju pomiriti hrvatskoga kmeta sa hrvatskim grofom."

A sve ovo je zapravo jednostavno: ne osporavam umijeće ratovanja i iskazanu hrabrost bana Juraja Draškovića i njegovog kasnijeg sudruga u banskoj časti Gašpara Alapića u boju protiv osmanlijskih osvajača, ne pada mi na pamet sumnjati u njihove ratničke vrline i pre-danost, no ono veliko „ali" sve mijenja. Rat protiv Turaka je pola priče, druga polovina nije tako sjajna. Kao i sve druge, tako i ova medalja ima dvije strane, a svi vide samo ispoliranu, sjajnu, onu pozlaćenu. Nitko do sad nije ni zucnuo o naličju medalje, o mrtvoj hrvatskoj sirotinji, o feudalnom katoličkom zulumu koji nije bio ništa manje krvav od turskoga zuluma, pače je bio smrtonosniji jer je kmeta ubijao hrvatski velikaš, izgladnjivao ga, pljačkao, u rat slao i vješao kao krvave kobasice, kad im se prohtjelo, hrvatski grof, kao i hrvatski biskup! Ratovaše protiv turskih vojski, dakako nego ratovaše. Međutim, nisu ratovali za Hrvatsku, odnosno jesu, ali za sebe jer Hrvatsku su smatrali svojim posjedom, skupa sa svinjama, kokošima i kmetovima! Svaki njihov boj bješe u obranu plemićkih prava i plemićkog bogatstva! (U isto vrijeme često su i ratovali iz-među sebe, za ovaj ili onaj dvorac, ovu ili onu šumu i kuriju, ništa manje okrutno.) Hrvatstvo feudalne Hrvatske je značilo da je Hrvatska „ono što je u posjedu grofovskom". U knjigama o kmetovima gdjegdje piše „kmetovi su gladovali". Gladovali?! Umirali su od bolesti, iscrpljenosti, neimaštine i bičevanja, od vješanja na pranger i na galge, razapinjanja i ratovanja. Uvijek praznog trbuha.

Svaki istinski Hrvat zaplače kad vidi na što je svedena hrvatska povijest, a dio toga je i također prera-đena povijest hrvatske državnosti, osobito po pitanju djelovanja Sabora. Ne ulazim u status Sabora kao političke i povijesne institucije jer taj isti Sabor, bez obzira na nazive i oblike u kojima je „radio" tijekom stoljeća, nikad, baš nikad nije mario za hrvatskog čovjeka! Primjera ima milijun. Evo, u mjesecima prije početka dizanja Seljačke bune, naš dični veleban Sabor osmog je svibnja AD 1569. odredio novi ogroman porez od pola forinte po svakom dimnjaku poradi izgradnje novih utvrda za obranu od turskih hordi, a ranije, godine 1568., je li, Sabor, sve u duhu plemićkog, barunskog i grofovskog hrvatstva donio je odluku o obaveznom besplatnom radu, o robovskoj tlaki! Uz blagoslov biskupa. Logično, jer kmet ne piše po-vijest, pišu ga njegovane plavokrvne ručice velikih 'rvata. Crknuti i krepati, to kmetu bješe jedina moguć-nost, samo je prije toga morao je na tlaku, u rat i poreze plaćati.

Glad i umiranje. Hrvatska povijest je predstava umiranja. Jedina istinita slika hrvatske povijesti je u grobovima hrvatske sirotinje, u grobovima hrvatskih vojnika, onih kojih u knjigama iz povijesti nema, kao da nikad nisu živjeli, patili, krepavali.

U miksturi povijesnih tragedija, od godina 1102. i 1209., 1301. i 1397., 1409. i 1527., 1713., 1776., 1848 i 1868. i 1903. i 1905. i 1918., kao i 1941. i 1945. i svih nespomenutih godina unutar trinaest vje-kova, od prve do današnje jeseni, od prvih knezova i banova preko dinastija kraljeva hrvatske krvi, od Trpimirovića do Snačića, pa poslije pet ratnih interregnum godina do hrvatsko-ugarskih Arpadovića i po-slije njih francuske dinastije Anžuvinaca, od dinastije Luxemburg do Habsburgovaca, od Karađorđevića do ispljuvka iz guzice Musolinija, propalog fiškala Pavelića i od komuniste bravara Tita do Titovog gene-ral-majora Tuđmana, kao i svi od potonjeg vrhovnika do današnjeg bivšeg esdepeovca, sve godine i sve okrunjene i sve nazovi demokratski izabrane glave naše Hrvatske čine degutantnu priču o jednoj kaza-lišnoj predstavi jedne stare države čiji je narod oduvijek umirao ni za što. Hrvatska danas nije slobodna premda tako ne izgleda. U trećem je mileniju mnogo manje svoja nego što je bila pod nastranim Habsburzima: onda su Hrvati bili svjesni svoje neslobode, a danas su kao slobodni, a roblje su bankarsko, vazali Bruxsellesa, Berlina, Beča, Pariza, Londona, Rima i Washingtona, kolonija velikih kompanija, toa-let Europe, vukojebina „zapadnog svijeta".

Iznad svih godina i svih vladara i svih vlasti Hrvatske stoji jedan divovski upitnik koji poništava svo hrvatstvo grofova i biskupa, banova i kraljeva, narodnih preporoditelja i „očeva nacije", briše narodne tri-bune i čuvare hrvatske tradicije, generale i feldmaršale, pjesnike i ministre, kipare i skladatelje, kapetane i mislioce, izumitelje i bankare, industrijalce i suce, kardinale i doktore ekonomije, nogometne trenere i predsjednike sportskih saveza, elitu elite, moralne i duhovne vertikale 'rvatske, blaženike i katoličke svece, apsolutno sve odličnike, one koje majka više ne rađa: u vražju mater, dame i gospodo, vaša veličanstva i premilostive gospođe, vaše uzoritosti i drugarice i drugovi, a gdje smo u cijeloj hrvatskoj povijesti mi, Hrvati-mrtvaci, hrvatska sirotinja, gdje smo mi, milijuni nas NN-a?!? Gdje smo mi, mali obični nevidljivi Hrvati? Zašto nigdje nije otkrivena ploča hrvatskim kmetovima, katunarima, gologuzim bijednicima bez igdje ičega?! Zašto? Zar 'rvatski moćnici doista misle da je Hrvatska njihova i njihovih muka djelo? Glupani.

Ispisujem ove retke svjestan besmislenosti svog truda: činim nešto što je od samog početka acta agore. Ugazio sam u živo blato trulog 'rvatstva, u gnoj povijesti, u smrad nestalih stoljeća u kojima nema luksuznih VIP loža i sjedala za imena i prezimena bez pedigrea nacionalnih super zvijezda na nebu 'rvatske izvrsnosti. Ipak, ne bojim se: govorim i pišem unatoč spoznaji da hrvatska 'rvacka priznaje samo „dokaz batinom” kao argument u svakoj raspravi. Ne bojim se. Ne pripadam aristokraciji ni društvenoj kremi bilo koje razine, nikad nisam htio biti unutar monopolista na hrvatstvo i, napokon, moje ime i prezime nije dovoljno čisto za upis u registar gorostasa 'rvatstva i 'rvacke povijesti, in libro de nobilitate Croatica ne sadrži početna slova mog imena i prezimena, a objavom ove knjige, ili što ovo već jest, zabrana mog ulaska u krug povlaštenih domoljuba biti će zalivena armiranim betonom s čeličnom dvanaesticom u sredini. A što se tiče straha od sasvim izvjesnih sudskih procesa zbog teškog zlodjela na štetu ugleda 'rvatina, ne bojim se, što mi mogu ti jebivjetri?! Stvari oko crimen iae majestatis nisu primjenjivi na mene, ne priznajem sud smrtnika, priznajem samo sud Gospodnji, haha. (Ne varate se, samo loša parodija o nepriznavanju kraljevskog suda i priznavanju suda partije iz famoznog „Bombaškog procesa” održanog 1928. u Zagrebu, hehe!)

Pišem u svojstvu Hrvata-mrtvaca, prolaznika na stazi života. ('rvatska je jedina država Europe u kojoj još žive pobornici španjolske inkvizicije, koji drogirani nacionalnim mitosom snivaju ponovno ozakonjenje uporabe lomače i španjolskih čizama kako bi ad majorem Dei gloriam, kao ponizni sluge, na slavu Božju očistili 'rvatsku od heretika, ne toliko vjerskih koliko izroda koji ne priznaju njihovo kamenjarsko 'rvatstvo „krvi-i-zemlje-i-crkve-i-zds” kao pravo 'rvatstvo, koji bi vjerojatno uveli ius primae noctis za kmetsku bagru, da se zna tko je kome što, kako i na koji način i koji bi, po svemu viđenom unazad trideset godina, još prljavije i podmuklije prekrajali hrvatsku povijest i trovali je otrovom laži.

Zašto govorim o ovome, kakve usrane veze ovo ima sa mnom i mojom predstavom? Ima veze, i te kakve. Prihvatio sam se škrabanja o Hrvatskoj zato što sam Hrvat i što je Hrvatska moja domovina (bez velikog „D”) i što mi nitko ne može oduzeti moje hrvatstvo ili zanijekati moje hrvatstvo kao domoljubno. Također, na sto milijuna načina Hrvatska se reflektirala na moj život i ne mogu, sve da i želim, odšutjeti ono što mi je na srcu. Hrvatska se recentna povijest prevalila dijelom i preko mojih leđa, ja sam involviran u tu povijest bez obzira na moju neznatnu, upravo ništavnu ulogu u hrvatskoj priči od devedesete do danas. Ja sam mrtvac, grešnik s milijardu krivih odluka i deset milijardi loših trenutaka (vlastitom krivnjom), ja sam magarac koji sam nosi svoju sramotu, svoj grijeh i nisam odgovoran nikome osim Bogu, Ocu Nebeskom i Isusu koji je Krist! Nisam član nijedne političke stranke ni organizacije, ne žderem iz državnih jasli, nikome ništa nisam dužan i vjerujem kako moja kazališna predstava ne bi bila potpuna bez ove scene jer hrvatska se povijest poigrala s mojom obitelji kroz desetljeća i stoljeća. Dužnost mi je progovoriti o ovome, a koliko je to u redu, točno ili netočno, ne zanima me niti se brinem oko toga. Mogu me poljubiti u guzicu, ali im ne dam, haha! Dakle, scena o Hrvatskoj je scena mojoj vrsti domoljublja. Moje hrvatstvo je ispravno, znam to: domoljublje Hrvata-mrtvaca izvorno je hrvatstvo i ne podliježe prosudbi Hrvata-grobara, izdajnika svega hrvatskog.

Hrvati-mrtvaci (danas) služe kao strašila za ptice: u najboljem slučaju za prigodne veselice rododomoljuba. Zar nije obilježavanje sjećanja na Seljačku bunu pretvoreno u balkanski dernek s kokošarima, lopovima i veleizdajnicima u svečanoj gali kao počasnim gostima i to gostima koji o to istoj borbi kmeta za goli život ne znaju savršeno ništa?! Uostalom, a ovo ću kazati jer nitko drugi neće: Hrvatskoj je „oteto” Zagorje, Prigorje, Međimurje, uopće područje kajkavštine. Tim je starim hrvatskim krajevima oduzeto hrvatstvo i dopušteno im je biti dio 'rvacke tek kao teritorijalni pojam, kao izvor prikupljanja poreza i vojnika za ratove. Ozemlje nekadašnjih seljačkih pobunjenika danas je ništa, svojevrsna je kolonija tvrde

„prave 'rvacke". Hrvatska je danas loše sročena budalasta pjesmica, a sama hrvatska domovina svedena je na tromeđu i okolicu tromeđe, onaj kamenjar i bosanske gudure, malo slavonske ravnice i po potrebi, kad se radi o interesima trenutne srbočetničko-hdz koalicije, o krajišnicima na granici „predziđa kršćanstva", poneki dio bivše Vojne krajine. Hrvatska u nacionalističkom tzv. demokršćanskom smislu u trećem je tisućljeću već spomenuto tromeđe Tursko Carstvo - Habsburška Monarhija - Mletačka Republika iliti Venecija. Jednako tako, kajkavski je pretvoren u sprdačinu, izbačen iz povijesti kao izvorni hrvatski jezik, uz čakavski, i neformalno zabranjen. Hrvatska vlast, Sabor, hrvatska Vlada, institucije, sve ne poznaju kajkavski, a na obljetnicama iz Domovinskog rata, u kulturnim ustanovama kajkavski je u ilegali, a ako se i čuje, onda je to samo kao zajebancija, kao ismijavanje i potvrda o nedovoljnom 'rvatstvu nas „zagorskih bedaka, smotanih domobrana Jambreka". Svako priznanje i zahvalnost zaslužuju entuzijasti koji u mračnim godinama 'rvatske demokracije čine sve da kajkavski jezik ne izumre kroz organizaciju festivala, simpozija, izložbi itd., ali to je premalo i preslabo (nikad neću reći „narječje" i jebe mi se za oficijelne termine o jeziku jer ih i tako mijenjaju u skladu s trenutnim vladajućim ideologijama). Štokavica, standardni hrvatski jezik u govoru i pismu, kojeg volim i poštujem, doslovno guta i ubija ča i kaj, što ne bi bio problem da dezinfektori novog 'rvatstva Hrvata-grobara 21. stoljeća nisu, a jesu, potisnuli lijepi hrvatski jezik i uveli, gle čuda, hercegovačko-bosansku štokavicu koja s hrvatskim jezikom Hrvatske ima manje nego što srpski hrvatskih Srba ima s hrvatskim jezikom! Međutim, kao i u mnogim drugim stvarima, ovo objasniti tupim 'rvatima kojima je 'rvatstvo profesija, ugurati u glavu što je hrvatski jezik i kako se razvijao kroz vjekove i da ta njihova usrana 'rvatska čistoća jednostavno ne postoji prosto je nemoguće. Inače, vokabular „domoljuba" o kojima zborim sadrži sto puta više tuđica, napose turcizama i talijanizama nego što kajkavski ima germanizama i hungarizama, a o njihovoj sintaksi i tako dalje, da i ne trošim riječi. Gramatika im je španjolsko selo, a dikcija nepoznati pojam. Neznalice vole slušati trkeljanja ovih „domoljuba" i diviti se njihovom „hrvatskom jeziku", no oni koji nešto znaju samo odmahnu glavom i začepe uši, nije se s rogatim bosti, s konjem utrkivati i s budalama raspravljati. (Opaska: nemam ništa protiv BiH ljudi, dapače, s njima sam ratovao, volim ih, divni su to ljudi, vrijedni radnici i pošteni u svakom pogledu, no ovdje je riječ o politici i vucibatinama iz njihovih redova, o ideologiji „krvi i zemlje" koja je nanijela previše zla hrvatskom narodu i Hrvatskoj, kao i u Bosni i Hercegovini; ovdje govorim o prisvajanju hrvatstva i otimanju hrvatstva Hrvatima-mrtvacima iz velikog dijela Hrvatske i žigosanje tih hrvatskih ljudi etiketom nedovoljno nacionalno osviještenih 'rvata, umalo izdajnika, jugofila, komunjara i sličnih izroda po uvjerenju kamenjarske bande matanovskog tipa. Hoću reći, spoj ustašofila, zadrtih klerikalaca najgore vrste i loših kopija Matana iz „Prosjaka i sinova" (Matan je za mene jako pozitivan lik, da se razumijemo) uz sudjelovanje, kao logističke pomoći, KVP konvertita iz komunističkog trofazno-srpskog legla gotovo je uništio istinsko hrvatstvo u kojem su dva jezika, kajkavski i čakavski, povijesno zlato, dijamanti hrvatske povijesne baštine. I dok se čakavica donekle drži jer spomenuta rulja se ne usuđuje dirnuti u utvrde modernog 'rvatstva (makar se i u tome već vide opasne napukline), kajkavskoga gotovo i nema u javnim medijima. Komedije i slično ne računam, kajkavski jezik nije opstao stoljećima da bi ga danas držali živim samo kao podlogu za snimanja komedija i viceva.) I baš zbog toga, osjećam se pozvanim pisati i govoriti baš to što pišem i govorim, o svom hrvatstvu Hrvata-mrtvaca, nesavršenog, grešnog i nespretnog, ne osobito obrazovanog, slabo socijaliziranog, materijalno i financijski uništenog i moralno nestabilnog čudaka, pojave izgubljene u prostoru i vremenu. Svjestan sam pri tome da me nitko neće shvatiti ozbiljno! Kao kršćanin, kažem po dvije stotine sedamdeset i treći put, polažem račune jedino Gospodinu, ni vladama ni ministrima, ni katoličkim prelatima, ni novinarskim piskaralima, ni blogerima, ni predsjednicima udruga ni sociolozima, a najmanje onima koji su mi okrenuli leđa kad sam najviše trebao pomoć. (Potonji neka ne razbijaju glavu, nema osvete, oprostio sam svima sve što mi učiniše i opraštam im sve što će mi možda učiniti.) Moje hrvatstvo nije političko ni povijesno, ja sam Hrvat onoliko koliko moji preci govore u meni i kroz mene. U hrvatstvo Hrvata-mrtvaca nema romantičnih sranja ni biskupskih i plenabuških bedastoća (nisam razumio kako to postoji hrvatski Krist, pa srpski Hristos i kako je to Marija, svjetovna smrtna majka Spasitelja svijeta zaštitnica Hrvata i još k tome kraljica, a primjerice, Slovenaca nije iako i oni u nju vjeruju; nikad neću shvatiti zašto se katolici mole svecima ako u Svetim pismima piše da se molimo Nebeskome Ocu, živom Bogu u ime Isusa Krista, Sina Božjeg, ali tko sam ja da o tome govorim, haha) jer moja obitelj nije sjedila uz vatru i dimeći se, nepismena i gladna, snivala o smrti na poljima časti i slave za kralja i Boga hrvatskoga, o nije, ali su zato, ti i takvi moji preci, krvavo rintali i borili se da prežive svaki dan, svaku nevolju i svaki teror i grofa i biskupa, župnika i cara!

Jesu li grofovi i biskupi, ti Hrvati-grobari voljeli Hrvatsku? Jesu malo morgen! Voljeli su svoja imanja, posjede svoje i pivnice svoje, zlato i oklope, konje i svinje i kokoši, svoj lov i dvorce i palače, naslove i grbovnice, dukate i srebrnjake, vino svoje i rakiju, priležnice i priležnike svoje, privilegije svoje su ljubili i sve što su tako iskreno voljeli zvali su „Hrvatska"! Kao što je onaj, u Varaždinu omiljeni začetnik ilirskoga prepororda toliko volio Domovinu da se u trenucima financijskog kolapsa sjetio svoje nesumnjive odanosti kući Habsburg, o čemu i danas u Beču, u tamošnjim arhivima nekadašnje k.u.k. monarhije leže uložena u uredno složene fascikle njegova vlastoručno potpisana pisma-zamolbe u kojima izražava odanost i poniznu poslušnost i priseže na lojalnost Njegovom veličanstvu i kruni: hrvatske povijesne veličine su uglavnom nemoralne bitange, a njihove prisege na vjernost Domovini su poze, performans i traju sve dotle dok im njihova guzica ne počne tanko srati ili kad im glava dođe na panj. Drugačiji primjeri ne mijenjaju istinu.

Vole li našu jedinu Hrvatsku današnji predsjednici, moderni demokratski izabrani i vijencem slave povijesne zbiljnosti „ostvaritelja sna" dekorirani demokrati, demokršćani, liberali, socijaldemokrati, konzervativci i seljačko-stranački itd. novi hrvatski odličnici? Odgovor: ne! Mislim, vole oni 'rvacku, no njihova 'rvatska i moja Hrvatska nisu iste Hrvatske! Oni vole svoje dužnosti, apartmane, vile i službene automobile s vozačem, oni vole svoju štednju u stranim bankama i vole sve što nisu naveli u imovinskim karticama i obožavaju svakog dana vidjeti stanje prinosa po benefitima i doznakama onih kojima su na ovaj ili onaj način omogućili imunitet od zakonskog progona. Treće milenijski 'rvatski grofovi i biskupi (nadbiskupi, kardinali, prebendarske lopine i ostala kamarila) razlikuju se od feudalnih grofova i biskupa tek po kostimima, scenografiji i koreografiji, a stilom života, ljubavi prema novcu i moći, preziranju Boga i mržnji prema hrvatskome narodu su navlas isti i istina je, nisu sami, uvijek je iza grofova i biskupa masa udvorica, dojavljivača, špijuna i cijeli državni i crkveni aparat. Odbornici, viši sudski pristavi, načelnici i kamerdineri, fiškali, žbiri i sudski izvršitelji, porezni inspektori, općinski pročelnici i državni tajnici, saborski zastupnici i ovrhovoditelji, tužitelji i direktori državnih firmi, predsjednici uprava i predsjednici nadzornih odbora, bankari i upravitelji najraznovrsnijih instituta i agencija, šefovi i zamjenici šefova, sekretari općinskih komiteta, glasnogovornici i predsjednici SIZ-ova, župani, vijećnici, javni bilježnici i kotarski šumari, tajnici komora, poslovni direktori sportskih saveza, gradski fiziki, financijalni ravnatelji, banski namjesnici i izvršni sekretari, cestograđevni upravitelji, činovnici devetog i osmog plaćevnog razreda, krilnici i rizničari, tabornici i stožerni pobočnici, kraljevski nadlugari i podžupanijski doktori, uopće deseci i stotine tisuća smrdljivih cilindraških ljigavih crva, grinja, uši koje stoljećima halapljivo ždere krv hrvatskoga kmeta i žive na erarskim jaslama stvoreni da drže stoku sitnog zuba na uzdama, pod kontrolom, u škripcu i u okovima pognutih glava, ušutkane, pripitomljene, na povodcima. Čovjek mora biti moralna ništarija da pristane služiti vlast i biti dio njenog stroja za ubijanje. (Bio sam dio državne mašine, bio sam vojnik, gardist, neki mali zapovjednik, ali u tom kontekstu nisam bio nikada. Služiti vojsku u ratno vrijeme znači baš ono o čemu govorim: Hrvat-mrtvac u odori svojim ratovanjem osigurava Hrvatima-grobarima opstanak. Vojnik u ratu nije nikakva privilegija. Ili sam u krivu?)

Moj usrani život i ja, samo to. Hrvatska kao ogledalo vlastitog mi života i moj život kao razbijeno ogledalo Hrvatske. Zrcalo zrcali moju priču. Ova scena ne treba raskošnu scenografiju, skupe rekvizite i komplicirану masku. Rođen sam u zemlji koja tisuću i tri stotine godina ne uspijeva biti domom za sve u jednakoj mjeri: Hrvatska nije dom onih koje je stvoriše već palača i kasica prasica onih koji je izdaše i prodaše tuđinu. U svemu tome i moja priča ima svoje mjesto i neće biti da je baš posve glupo to što pričam. Nisu Hrvatska samo banovi i generali, ima nešto i u nama (meni) nesposobnima, izgubljenima i slabima.

I da sve bude kristalno jasno, nisam ljubomoran na Hrvate-grobare, ne osjećam zavist prema njihovim slugama i guzičarima, a zašto i bih? Zbog toga što nisam znao, mogao ili htio iskoristiti stanovite prilike koje su mi se nakratko ponuđene na pladnju sudbine? Ili zbog toga što sam sam sebe matirao ovoj igri šaha života ? Nimalo ne žalim za neiskorištenim mogućnostima, za pijanim noćima i mamurnim jutrima, za vrludanjima i padovima, nikako ne žalim jer nemam za čim žaliti, što je bilo, bilo je. U preostalim mi zemaljskim godinama, što ih imam pred sobom voljom Njegovom, tek mi je truditi se držati željeznu šipku dok koračam uskim putem punine obnovljenog evanđelja: grijesi pređašnji oprošteni su mi, a Gospod ne spominje što je oprostio.

Zapravo, zahvalan sam što sam rođen kao nitko i ništa u zemlji koja takve „nitko i ništa" stoljećima koristi kao gorivo svog opstanka, kao topovsko meso i kao slijepu i gluhu glasačku mašineriju. Sretan sam što nisam iz obitelji Hrvata-grobara: posjedovati političku, nacionalnu, obiteljsku i moralnu sliku iz koje kaplje krv ubijenih nevinih kmetova ne čini mi se prihvatljivom opcijom sadržaja životopisa, mog osobnog i mojih roditelja, baka, djedova i svih mojih predaka. Kristolikije je biti „nitko i ništa" nego „netko i nešto" ako to i takvo „netko i nešto" podrazumijeva grobove nevinih. Nikad nisam volio nakit, osobito ne jeftinu kramarsku robu, ali je daleko ljudskije nositi grubo izrađenu bižuteriju napravljenu vlastitim rukama nego kititi se prokletim krvavim, otetim i opljačkanim zlatom i srebrom hrvatske sirotinje. Milostinju nisam uzimao, ne zato što mi nije bila potrebna (a jest, koliko sam dana gladovao, koliko sam se mučio, koliko plakao) ili zbog ponosa (gladni, goli i bosi nemaju ponos): odbijao sam milostinju jer nisam htio biti dužan! U hrvatskoj varijanti milostinja uvijek uključuje ovisnost, obvezu uzvrata dara i vezanost za „dobrotvora" po strahotnim uvjetima, uvijek ispred larfe licemjerja onog koji daje nešto onima koji nemaju ništa. U redu, priznajem, znam i za bolje slučajeve: u vrijeme mog varaždinskog beskućništva upoznao sam ljude koji su dijelili s nama beskućnicima i ono malo što su imali, vidio sam naše sugrađane i sugrađanke koji su na vlastitu inicijativu činili mnoge divne stvari želeći nam olakšati beskućništvo. Mladi i stari, srednjih godina, neovisno o statusu, ovi su dobrotvori pomagali bez računa i bez novinarskih kamera: svojom ljubavlju i žrtvovanjem dokazali su da nisu grobari.

Govorim li razumljivo? Hrvatska je u meni i ja sam u njoj, ovdje u Americi ili doma u Hrvatskoj. Hrvatska iz moje predstave nije nebesko kraljevstvo koju čuvaju junački vitezovi u sjajnim oklopima na ogromnim snažnim konjima, nije raskošno producirana opera sa najskupljim solistima i savršeno upjevanim zborom u prekrasnim povijesnim kostimima, o ne, moja je Hrvatska predivna zemlja ispunjena grobljima i grobovima mrtvih kmetova, mjesto je to teških životnih priča s mnogo bolesti, bijede i poniženja. Hrvatska Hrvata-mrtvaca ima katkad i svijetle trenutke, ima i smijeha i pjesme, između dva rata, između dvije tuge, prije i poslije tmine, uoči i nakon katastrofa kojih ni Gospod ne zna broj.

Ne dugujem baš ništa 'rvatskoj, ni ja, ni posljednji hrvatski kmet, mi ništa ne dugujemo Lijepoj njihovoj! Mi Hrvati-mrtvaci ne uzimamo ništa od domovine s malim „d"! Službena hrvatska povijest, ispisana krvlju iz rana milijuna mrtvih hrvatskih vojnika, sinova i kćeri našeg naroda, milijuni mrtvih od Dunava do Dnjepra, od Splita do Verone, od Istre do Zablati, od Save do Magdeburga, stoljećima Krovateni ostavljaju kosti i krv prolijevaju za druge i za „svoje tuđine". Ni moja generacija iz Domovinskog rata nije bolje prošla, jednako smo nasamareni, prevareni i izdani. Djecu danas uče perverzne gluposti o 'rvatskoj prošlosti. U školi im pune glave pizdarijama predstavljajući im grobove i groblja hrvatskih vojnika kao dokaz s polja časti i slave i ta besramna laž, da smo ginuli za Hrvatsku kod Magdeburga, uz sve ostale laži, samo je dio đavolskog plana o konačnom uništenju Hrvata-mrtvaca, o zatiranju hrvatskog kmeta jednom zauvijek! Grobari su i naš zadnji, nadam se posljednji rat zlouporabili i pretvorili ga u truli nakaradni show brišući iz njega sve narodno, sve hrvatsko, sve kmetsko. Žalosno je gledati kako su mnogi ratni veterani pristali biti lutke na koncu Hrvata-grobara: skakuću kao igračke na obljetnicama bitaka i godišnjicama pogibija naših suboraca, drže očajno dosadne govore i teatralno prisežu da će, kako jučer, tako i sutra stati na branik Domovine sa velikim „D" i, onako usput, proklinju izdajnike Hrvatske ne shvaćajući kako su izdajnici upravo njihovi nalogodavci i politički patroni. Nekadašnji snažni mladići odlučnog srca danas su samo debeljuškasti bolesni, sve stariji prosijedi djedice s podbradcima i pivskim mješinama iznad remena zgužvanih hlača: komično izgledaju, naročito oni koji i dalje misle da im je dvadeset pa izbrijanih glava, u preuskim majicama, s jeftinim sunčanim naočalama na nosu glume razbijače, macho tipove, vječne vojničine oka sokolova, a ispred spomenika, na grobljima i kod spomen ploča redovito glume zaštitnike digniteta rata i uporno, papagajski dosadno pozivaju na jedinstvo i u borbu iako su svjesni kako je to njihovo jedinstvo tlapnja, a borba šuplja (fraza) kao i njihovi trbusi ujutro, netom prije no što počnu ispijati redovne doze piva i gemišta. Otužno ih je promatrati kako su, vjerojatno u strahu od gubitka mirovina i inih oblika „državne" zahvalnosti, zaboravili što je rat i što je Hrvatska trebala biti.

A službena hrvatska povijest? Odluka Sabora održanog u Cetingradu 31. prosinca godine 1526. i prvog siječnja 1527. da se nadvojvoda Ferdinand Habsburški izabire za hrvatskoga kralja danas se opisuje kao jedna od svijetlih točaka hrvatske povijesti jer je, a to svi znaju, od osmanlijske najezde i uopće svega zla bio u pitanju opstanak Hrvatske! Mali problem nastaje kod spomena činjenice da je Ugarski sabor odlučio da kralj bude Ivan Zapolja (11. studenog AD 1526.) Proglasiti odluku o ustupanju hrvatske krune austrijskim krvopijama i to opisati kao dokaz „slobodne volje Hrvatske" eklatantan je primjer hrvatske gluposti! Glupost koja je plaćena krvlju, kao i sve ostale hrvatske gluposti uostalom. Dobro, nije sve crno bijelo. Kad su Turci zatukli posljednjeg hrvatsko-ugarskog kralja Ludovika Jagelovića na Mohaću, hitno je trebalo izabrati novog kralja. Plemstvo razjedinjeno osobnim materijalnim interesima, obiteljskim sporovima, bračnim ugovorima (a sve u paničnom strahu pred moćnom vojskom sultana Sulejmana Zakonodavca zvanog Sulejman Veličanstveni) rascijepilo se na „stranke" od kojih je ona jača i veća brzo skinula gaće i omogućila infernalnoj dinastiji Habsburg stavljanje Hrvatske pod njihovo žezlo i krunu na tri stotine devedeset i jednu godinu! Tih je desetljeća Hrvatska krvarila uzduž i poprijeko, što zbog Turske, što zbog unutarnje borbe između zakrvavljenih plemićkih „stranaka". Ivan Zapolja i njegovi pokušaji osporavanja krune Habsburgu bjehu neuspješni. Ivanov sin je nastavio borbu, ali rezultat su bili tek novi mrtvi i novi grobovi. U tim besmislenim klanjima za hrvatsku krunu izginulo je na tisuće hrvatskih kmetova: zapravo, kmetu je svejedno čija i koja ga plava ruka tlači i gazi, jedan je džep kmetski, a plavih ruku previše. Hrvatsko plemstvo, to društvo dičnih čuvara 'rvatstva i 'rvatske rado su predavali Hrvatsku u tuđinske šape ako im je nova okrunjena glava nudila i davala što su htjeli. Baruni i grofovi, visoko, srednje i malo plemstvo, s utjecajem na carskom dvoru ili tek šljivarski lokalni gazde, svejedno o kojem se imenu radilo i grbu govorilo, uvijek su nastupali u interesu vlastite plemenitaške i velikaške pivnice i škrinje s dragocjenostima, nikad iz domoljublja (koje ionako u današnjem značenju i nije egzistiralo u feudalno vrijeme). Cijena zadržavanja plemićkih prava i privilegija naplaćivana je u kmetovini, . Moderni „grofovi i biskupi" prvo iscijede kmetove a onda oplođuju kapital na burzama, ulaganjem u razne biznise, kupnjom nekretnina, no u davnim stoljećima grofovsko i biskupsko bogatstvo potjecalo je na sve načine od zemlje, od pšenice i stoke, od šuma i rudnika i nijedan zlatnik ni srebrnjak grofovski nije iskovan a da u njemu nije bila krv kmetova! Dvorce i kurije, palače i utvrde izgrađene su mesom kmetskim, cijeli feud počivao je na gologuzom izgladnjelom bijedniku zvanom kmet. Drva za prodaju rušio je i izvlačio iz šume, tovario i istovarivao kmet, na oranju, sjetvi i žetvi robovao je kmet, u vinogradu sve poslove je odrađivao opet kmet, kod krava, svinja i kokoši, kod ovaca i konja bješe kmet sluga, a kad su se gradili dvorci, crkve, samostani, bedemi ojačavali dakako da se kmet znojio i žuljeve nabijao, pivnice grofovske punio kao i njihove nezasitne trbuhe i jedino što je primao za to bile su galge i pranger, bič i omča, ni milosti ni hvale ni poštene plaće nije dobio naš Hrvat-mrtvac.

Nema nikakve slave u povijesti Hrvatske! Ne trebam biti augur da bih shvatio poraznu činjenicu: od dolaska Hrvata na ove prostore (o čemu ne postoje relevantni artefakti i vrlo je vjerojatno da se proces doseljavanja i asimiliranja hrvatskih plemena odvijao dulje vrijeme, kroz stoljeća) do ove tmurne dvije tisuće dvadesete i dvadeset i prve godine poslije Krista Hrvatsku su komadali, prodavali i izdavali upravo i isključivo oni koji su zaslugom devetnaestostoljetnih prodavača magle znanih kao „narodni preporoditelji" i nešto kasnijih pravaških i inih očeva, kumova i rodbine Horvatske (preteče 'rvacke), u toj svojoj borbi za „stare horvatske pravice" bili spremni jednog gospodara zamijeniti drugim, još gorim. Nije li onaj „Otac Domovine" u jednom trenutku ponudio hrvatsku krunu nećaku Napoleona III, prvog predsjednika i posljednjeg cara Francuske? Srećom po Hrvatsku, pobjednika Krimskog rata i autora katastrofalne epizode u Meksiku hrvatska kruna nije zanimala. Istina je uvijek preciznija od osobnih prosudbi: vatreni zagovornik slobodne Hrvatske, koji se cijelog svog političkog života zalagao za Hrvatsku, koji je bio antiklerikalac i koga je i katolička Crkva u Hrvatskoj etiketirala kao „buntovnika, neznabošca, antikrista, koji ruši sve naredbe Boga, ljudi i crkve", koji je robijao zbog svoje borbe i svojih uvjerenja svakako ima svoje mjesto u hrvatskoj povijesti, no da je bio svetac, nije. Poput svih vrludao je političkim spektrom, bio je i rusofil i zagovornik Židova, pisao je ekavicom, njegova teorija jezika bila je potpuno promašena, obožavao je ideju francuske građanske revolucije, ratovao protiv klera, Slovence je smatrao „planinskim Hrvatima", a uz sve to, optuživao je svoj narod za krivnju za težak položaj tog istog hrvatskog naroda. Njegove riječi zorno to pokazuju: „Tko sam sebe smatra za sužnja, taj se ne mari čuditi ako ga i drugi takovim cene. Tko nije svoj, taj je svačiji, jer od njega ne stoji, čiji će biti. Tko se i hotice za sužnja izdaje, taj nema pravo tužiti se, što ide od ruke do ruke - što menja gospodare"... Narod koji uvek traži zaštitnika nije vredan slobode." Jasno, imao je pravo misliti što hoće, no ja se s njim ne slažem, za mene on je bio Hrvat koji nije htio vidjeti pravo stanje stvari. „Ocu Domovine" krivnja za tuđinsku vlast je na narodu, što je idiotarija prve vrste. Kad govori o krivcima za stanje Hrvatske, on misli na sve, a ja na Hrvate-mrtvace, na hrvatskog kmeta kao žrtvu. On je govorio o Hrvatskoj i svome narodu s pozicije romantičnog domoljublja. Optužuje narod za pasivnost tuđinu, a kad je narod, hrvatski kmet, podigao motiku na hrvatskoga grofa 1573., tko je poslao koljače i ubojice da obračunaju s narodom? Car, jasno, ali ponajprije hrvatski grof i hrvatski biskup! Ne, „Otac Domovine" nije imao pravo. Bio je previsoko da bi vidio stvarne krivce i stvarne žrtve jadnog stanja Hrvatske. No to je normalno, ne samo za njega, nego i za sve tzv. domoljubne političare i nacionaliste, kako se već sve ne zovu: imaju uvjerenja, njihovi su govori dramatski upečatljivi, programi nude raj zemaljski, međutim, sve je to poza, ukras, sve je to ništa jer pravi hrvatski narod oni ne vide, ne osjećaju, ne poštuju, njima je narod izlika za politička snatrenja i ništa dobro ne bi izašlo sve da je spomenuti tata domovine uspio u svojim htijenjima. Dogodilo bi se ono što je on sam rekao: vlast bi prešla iz jedne ruke u drugu i za kmeta se ništa lijepo zbilo ne bi. Točka.

Hrvatska je zarobljenik 'rvata, u raljama je psina tzv. domoljuba, u sužanjstvu vlastitih izdajnika. Narodom su proglašeni i oni koji o Hrvatskoj niti što znaju, niti što o njoj razumiju. Hrvatskog se kmeta i dalje vješa na galge i dalje je topovsko meso, nitko i ništa. Kao što sam ja nitko i ništa. Jer se nisam snašao kad sam trebao, jer nisam prodao svoj „ja" kad mi je nuđena pristojna cijena, jer, jebi ga, nisam dovoljno pametan za sve to.

Kazalište istina i laži hrvatske povijesti nudi brutalno krvavu predstavu o izdaji, mržnji, bratoubojstvu i prijevari, pohlepi i otimačini, o pljački, o dvoličnosti i kukavičluku, a između prizora, na sceni koja pliva u krvi, izvode se morbidne intermezzo točke u kojima nastupaju kmetovi u ulogama koje im nikako ne pristaju, u ulogama paževa, štitonoša vitezova u sjajnim oklopima, bojovnika, hrvatskih sokola, plemića dakako, generala, fieldmaršala i poglavnika kako pjevajući „Još Horvatska ni propala" i „Evo zore, evo dana" jurišaju na zavojevače i umiru na poljima časti i slave nasmiješeni, sretni što polažu život na oltar Domovine s velikim „D".

Kad se tog zimskog prvog siječanjskog dana godine 1527. zaključilo vijećanje, hrvatsko plemstvo nije učinilo ništa što hrvatska povijest upamtila: pozvati stranca i dati mu Hrvatsku kao što se djeci daju bomboni stara je navika hrvatske elite, danas ih zovu domoljubima. Pogleda li se povijesni slijed propasti Hrvatske, naći će se (ne jedan) nego stotine sličnih zlih dana i svi su kao braća blizanci, gotovo isti dok su razlike tek u dekoraciji i vokabularu. Rezultati su identični: patnja i smrt za hrvatskoga kmeta. Trinaest stoljeća pripadnici sette bandiere vode Hrvatsku i nitko od njih nikad se nije pokajao za zlo što je učinjena našem narodu. Nitko nije kleknuo i zamolio za oprost. Nisu likovi iz povijesti, a neće ni današnji Hrvati-grobari. Nije im potrebno, ništa ne ugrožava njihov ostanak na vlasti. Hrvatski kmet naj-manje.

Što je sve ovo? Rekoh što je. Hrvatstvo Hrvata-grobara i moje hrvatstvo. O tome se radi u ovoj sceni. Hrvatstvo grobara nije moje hrvatstvo. A bio sam u njemu. Ne svojom voljom. Volim Hrvatsku. Nisam od grobara koji se kite svetim naslovom defensor patriae i hodaju naokolo u livrejama sinova Domovine ispostavljajući domovini račun za svoje kičaste performanse lažne ljubavi, pohlepe i licemjerja. Ipak, nije sve tako crno, to što ovo pišem pokazuje da i hrvatski kmet može nešto reći. U Americi, ali može. Ovdje me nitko neće proglasiti za jugofila, komunjaru i mrzitelja svega hrvatskog (grobarskog). A kako nisam vatikanski podanik, ne strepim ni od toga da me se proglasi ablegatom. Nitko od njih ne može zapovijediti da me bace ad metalla, hvala Gospodu. Napokon, Code de Napoleon Le Grand nije zaboravljeni akt jednog državnog poglavara, dapače, neke dobre stvari iz ove „knjige" ugrađene su u uzuse današnjeg građanskog prava. Ha, u njegovim memoarima je zapisano: „Moja prava slava ne leži u činjenici da sam pobijedio u četrdeset bitaka, Waterloo će izbrisati uspomenu na sve moje pobjede, ali moj Građanski zakonik, živjeti će vječno." Stoga, hvala „imperatoru svih Francuza", haha. Ja? Pričam priču o hrvatstvu jednog hrvatskog mrtvaca. Samo to.

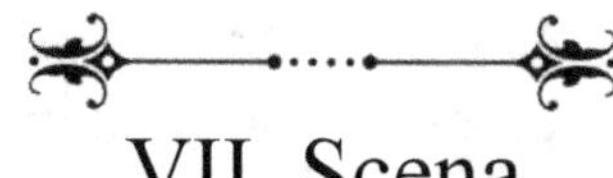

VII. Scena

Rat: Nitko nikoga neće ubiti i partizanska ploča

„Umoran sam i bolestan od rata... Samo oni koji nisu ispalili
hitac, niti čuli krike i jecaje ranjenika plaču glasno za
krvlju, još osvete, još pustoši."

general W. T. Sherman, 19. lipnja 1879.

U „normalnim" državama ratovi u nekom trenutku završe i kad je rat gotov, gotov je. U Hrvatskoj to jednostavno nije moguće: dvije tisuće dvadeset i prva je, a u Lijepoj našoj još nije okončan nijedan rat, osobito nisu Drugi svjetski rat i naš Domovinski! Trinaest stotina ljeta, jeseni, zima i proljeća hrvatska se zemlja trese pod nogama franačkih kopljanika, pod kopitama avarskih konja i ugar-skih oklopnika, trese se pod nogama mletačkih plaćenika, turskih janjičara, švedskih najamnika i hrvatskih krajišnika, k.u.k. kavalerijskih leutnanta i ritmajstora, domobrana, ustaša i partizana, drma se hrvatsko tlo od tenkova Wehrmachta i SS divizija, od juriša fašističkih crnokošuljaša i četnika, neprekidni su ti ratovi protiv svih mogućih i nemogućih neprijatelja na bogomdanoj nam hrvatskoj grudi i svi koji su ovuda pro-šli, Bugari, Makedonci, Francuzi i Mongoli, Avari, Nijemci i Talijani, Austrijanci, Švicarci i Šveđani, Rusi i Ugari, Kozaci i Srbi, svi su krvarili osvajajući Hrvatsku i njihova se tuđinska prljava krv miješala sa hrvatskom krvlju i tako zagnojila hrvatsko tlo i otrovala ga otrovom neprekidne mržnje i želje za osvetom. Istina je, u Hrvatskoj ratovi ne prestaju i nikad neće. Ovdje još traje boj na Kupi između kneza Ljudevita Posavskog i kneza Borne, sijevaju mačevi, lome se koplja, padaju odsječene ruke i krvare rasječene glave, mrtvi leže na sve strane, i ljudi i konji, u Hrvatskoj još uvijek krv lipti iz tisuća rana, agonalni jauci od-zvanjaju bojnim poljima kao jeka i sve je puno ljudskih udova, crijeva i krvi, mozak se miješa s blatom, a još nije okončana bitka Tomislava protiv Alogobotura; do dana današnjeg Hrvati junački brane Rab što ga opsjedaše vojnici Bizanta godine 1074. po Kristu Gospodinu; nikako da prestane klanje, da se okončaju bitke. Bez prekida hrvatski se bojovnici tuku, ginu i stoljećima ne mogu pronaći mir u svojim grobovima, ta čuje se još zvuk bitke posljednjeg hrvatskog kralja Petra Snačića protiv oklopnika Kolomana Ugarskog i od tada do današnje tmurne dvadeset i prve godine trećeg milenija ratovi traju i traju, od 1102. do 1209., od 1209. do 1397., od 1397. do 1409., od 1409. do 1527. i od tada do 1918., kao i od 1918 do 1941. i 1945. hrvatska zemlja upija krv umirućih i ranjenih, osakaćenih vojnika i nikome ne pada na pamet zaus-taviti klanje. U Hrvatskoj nijedan rat nije završio. Ratovi traju, katapulti i lumbarde, samostreli i lukovi, topovi i tenkovi, minobacači, bojne sjekire i muškete, strijele, vatrene kugle od smole i slame i kipuće ulje, mine i ručne bombe, meci, rakete i kame, sve to leti, udara, ruši i ubija, razara i mrcvari jer rat je u Hrvatskoj krv života, fluid opstanka bez kojeg se ne može živjeti! Mir nikad nije bio opcija za Hrvate jer u mirnodopsko vrijeme Hrvati ne znaju disati, ne znaju biti. Hrvati ne mogu bez rata, a ako prokletog rata ne bješe na našem tlu, odoše ginuti na tuđem: Europa je prekrivena grobovima hrvatskih vojnika. Preduvjet uzdizanja 'rvatstva nad svim ostalim stvarima bio je rat, a s ratovima i nakon njih dolaze legende i mitovi, nasušna hrana za prehranu idiota u modernom dobu, idiota koji, onako nemoćni, neobrazovani (unatoč diplomama, mr i dr.sci titulama), u dosadi traže uzbuđenja i „uvlačenja" u karaktere stamenih bojovnika iz desetog stoljeća. Hrvatska definicija života je vječni ratni karneval.

Junačka smrt na oltaru Domovine je esencija hrvatske državotvorne politike: '90-te, uoči prvih više-stranačkih izbora dobar dio glasača pridobiven je maštovitim laprdanjem upravo o 'rvatskoj inačici ideo-logije „krvi i zemlje" (koja će kasnije postati 'rvatska verzija nacističkog modela), mitologije nastale u glupom devetnaestom stoljeću, kada je hrvatska povijest doživjela najtežu falsifikaciju ikad i kad je hrvatski kmet potpuno zgažen, maknut s političke scene (u figurativnom smislu s obzirom na to da nikad i nije bio politički faktor) i pretvoren u resurs, u potrošnu robu hrvatskog svježe probuđenog nacionalizma. Stvari su uistinu toliko jednostavne da su lijepak za glupe i naivne, u koje ubrajam i sebe: nametnuti samožrtvovanje kao fundament domoljublja stari je trik i nije hrvatski izum, ali u našoj je inačici poprimio neviđene razmjere, a što ciljana pigra masa preuzima kao narkotik ljubavi prema Majci Domovini i Majci Crkvi i ne pitajući ni kako ni zašto, odijeva vojne odore i odlazi ginuti na polja časti i slave duboko uvjerena u istinitost prihvaćenih gluposti! Temeljni način za pridobiti topovsko meso bio je i jest usaditi osjećaj krivnje: iz dana u dan ponavljati kako baš taj i taj, on i ona, svi mi i ja moramo braniti Domovinu jer su je naši preci branili vjekovima u sveto ime Majke Marije, kraljice Hrvata, jasno kao dan, i nisu štedjeli vlastitu krv ni krv svoje djece za očuvanje vjekovnog 'rvatskog ognjišta i 'rvatskog imena, pak ni ti ni on, mi i ja ne smijemo, ako smo pravi 'rvati, katolici, djeca 'rvatskih očeva i majki, odustati od boja jer se i naša imena moraju naći na dugom popisu 'rvatskih sokola koji padoše u obrani 'rvatske nam Domovine! I tko ne bi, s pjesmom na usnama, jurišao na neprijatelja? Tko ne bi poginuo za „svetu stvar"? Pa naravno, Hrvati-grobari ne bi ni u kom slučaju jer netko mora, logično, prvo, ostati živ, a drugo, voditi državu u sretnu budućnost nakon pobjede hrvatskog oružja! (Neće je voditi kakav prljavi kmet, domobran ušljivi!) Hoću reći, što se tiče Domovinskog rata, stvari stoje malo drugačije, nisu nam trebala slična sranja, srbočetnička govna sama su se pobrinula za ujedinjenje Hrvata: četnička krvava kama spojila je Hrvate-mrtvace u pobjedničku vojsku koja je zauvijek slomila kičmu srpskoj divljoj zvjeradi! Međutim, osjećaj krivnje svejedno nam je uguran u srce i dušu jer se i nakon pobjede rat rabi kao opijum protiv slobodoumnog razmišljanja o našoj budućnosti. Odlično organizirana hajka na zdravi razum traje dvadeset i šest godina i rezultat je to da ni Domovinski rat još nije okončan. Računi osvete nisu plaćeni, pravda je oslijepila, mi Hrvati moramo dobiti zadovoljštinu jer oni (svi koji mrze sve što je 'rvatsko) ne spavaju i mi moramo biti spremni za novi rat! Stoga nije neobično uporno održavanje atmosfere „svođenja povijesnih računa" i nikad eliminirane ugroze od uvijek istih neprijatelja. Najuspješniji način je učiniti sve da ratovi i dalje traju, u mislima, na misama u crkvama, u školskim programima, kod kave i na vikend opijanju u vikendici, tamo na vrhu brijega, gdje stari japa ima nešto vinograda („ne pune, dobije kakvih jezero litri godišnje, ak je dobre leto"), u svim prilikama treba odzvanjati u tvojim i mojim, u našim ušima „što si dao za Hrvatsku?" ili „da nije bilo, ni nas ne bi bilo, zato daj sebe za one koji dolaze!" Ništa od toga ne bi se prilijepilo za nas da su ratovi završeni: ratovi moraju trajati: još nije okončan boj poslije Krvavog sabora Križevačkog 1397. i podmuklog ubojstva bana Lackovića i njegovih pristaša, a kako bi se završio Veliki rat 1914-18.?! Nisu se još rodili Hrvati koji su spremni pokopati mrtve nakon bitaka s Turcima, pa neće biti da ima volje za skorašnjim završetkom Drugog svjetskog rata! Bez ustaša i partizana, bez nacista, četnika i fašista, bez Pavelića i Tita, domoljuba i komunista, bez srbenda i balija u službi Reicha, bez konclogora smrti Jasenovac, bez Križnog puta i Golog otoka, bez svega toga današnja demokratska neovisna Republika Hrvatska naprosto ne može opstati! I šlus! Hrvatska država nema budućnosti bez neprekidnog trajanja klaonice 1941/45.! Drugi svjetski rat je jedina konstanta hrvatske politike posljednjih trideset godina, politike koju ni Domovinski rat ne može smijeniti s vrha top liste najznačajnijih hrvatskih povijesnih događaja. Usporedba Jure Francetića i Bobana s bilo kojim junakom Domovinskog rata završava uzdasima: „Vi gardisti i redarstvenici, svaka čast, ali Jure i Boban, to su bili vitezovi oka sokolova i desnice čvrste!".

Rat je vječna hrvatska stvarnost i opće stanje duha. Rat je Hrvatska. Rat je sredstvo za držanje naroda u pokornosti. Nisam čuo da je netko zapovijedio abgeblazen! Truba još nije označila kraj boja! Nitko se ne sjeća kraja nekog rata, svi znaju o počecima ratova, o kraju rata znanje ne postoji. Istina je, na hrvatskome ozemlju ratovi se pamte selektivno i premda nisu završeni na današnjicu se ne reflektiraju u svom izvornom obliku, u punini stvarnih povoda i razloga izbijanja, nego se ratni odjeci (nezavršenih završenih ratova) prerađuju i „oplemenjuju" bojama i tonovima koje u vrijeme svog odvijanja nisu imali. Tako, na primjer, o knezovima Frankopanima djeca uče legende i dive im se do božanskog obožavanja, a ne znaju da je obitelj Frankpan u jednom razdoblju vodila građanske ratove unutar vlastitog Hrvatsko Ugarskog Kraljevstva: naime, Frankopani su htjeli povratiti posjede koje im je oduzeo kralj Matija Korvin, te su u proljeće 1493. napali i zauzeli Senj. Senjani su pozvali u pomoć kralja i on je poslao bansku vojsku na čijem su čelu bila dva hrvatska bana, Ivan Bot i Emerik Derenčin. U opsadi Brinja, Bot je poginuo i jedini ban je ostao Derenčin. Obzirom na prodor osmanlijske vojske, razmirice kralja i Frankopana su stavljene na stranu i te iste 1493. odigrana je još jedna krvava ratna predstava, Krbavska bitka u kojoj je hrvatska vojska pod zapovjedništvom bana Erika Derenčina (uz tri skupine konjaništva: prve, na čelu s Ferdinandom Berislavićem, druge sa zapovjednicima Ivanom Frankopanom Cetinskim, jajačkim banom Jurjem Vlatkovićem, kao i Mihajlom Petakayom i treće skupine s Nikolom Franko-panom Tržačkim i Bernardinom Frankopanom Modruškim na čelu, te pješaštvom i kmetovima u sredini bojnog rasporeda) potučena do nogu, a sam ban Derenčin je zarobljen. A onda, povijesna znanost Krbavsku bitku ne smatra osobito značajnom jer je po svemu bila lokalnog značenja (s turske strane uglavnom bjehu akindžije, a ne redovna sultanova vojska za ratne pohode), no politika je stavlja na pijedestal borbe za Hrvatsku pri čemu prešućuje dvije krucijalne činjenice: pod jedan, bitka se odigrala u vrijeme velikih unutarnjih previranja i stalnih ratova između plemstva podijeljenog na dvije strane, za kralja i za Frankopane i druge velmože, i pod dva, odluku o boju donio je sam ban Derenčin, koji je lošom taktikom, ne slušajući savjete odveo u smrt deset tisuća Hrvata. Danas ta bitka još traje u promijenjenom obliku veličanja hrvatskoga oružja: pretvorena u legendu, pa u mit, gura se u glave učenika kao primjer ljubavi prema Domovini i kao još jedan razlog za osjećaj krivnje svih onih koji nisu prolili krv za Hrvatsku. Tako se i tom bitkom, koja je, nota bene, bila krvava predigra još većem vojnom porazu, Mohačkoj bitki, održava psihodelično stanje trajnog rata. Ispred stvarne slike Krbavske bitke i svega što je bilo prije nje postavljen je zastor kao paravan laži: o krvavom stanju tadašnje Hrvatske, o neprekidnim ratovima na hrvatskome tlu (na sjever Hrvatske napadali su čak i s njemačke strane) i o cijeni svih ratova koju su plaćali najviše kmetovi, o tome se ne govori. U knjigama piše o osiromašenom plemstvu, ne o kmetovima, pak ako su grofovi osiromašili zbog stalnih ratova, kako je tek bilo kmetovima?! Laž ili samo malo neistine u nastavi povijesti, politička prostitucija i igranje s emocijama domoljublja i nacionalne svijesti. Vidjeti ulogu grofova, a ne vidjeti da su u katastrofalno loše vođenoj Krbavskoj bitci pješaštvo, koje se uglavnom sastojalo od seljaka kmetova (tek jednim vrlo malim dijelom od plemićkih i banskih vojnika) gazili, ubijali i turske akindžije i hrvatska oklopljena konjica uvreda je kostima mrtvih vojnika koje i danas leže negdje u dubinama zemlje oko Krbave. Jesam li razumljiv? Mislim, ne mogu biti jasniji. Rat je eliksir političkog života Hrvatske.

Kakve su razlike između potonjeg bana Derenčina i sadašnje Vlade RH-e pod vodstvom dezertera i arogantnog sina bivše lekarke jenea, povlaštenog bastarda socijalizma i plaćenika Bruxellesa, Berlina i Washingtona, birokrate i dezertera, grinje koja se usuđuje govoriti o Domovinskom ratu premda nikad u životu nije obuo vojničke čizme (a pušku je vidio samo na filmu) i čija je vlada na vlasti zahvaljujući paktu HDZ-a sa srbočetničkom esesdeesom i voždom srbenda u Hrvatskoj, znamenitim etno biznismenom sa širokim spektrom poslovnih i političkih veza s neprijateljima hrvatske države? Što bi rekao poznati be-ha komičar, razlike drastične! Kakav god bio, ban Derenčin, poput svih onodobnih većih i manjih vladara, vojskovođa, kraljeva i careva (osobito u stoljećima prije njega) svoju vlast i snagu vladanja morao je dokazati na bojnom polju, s mačem u ruci i oklopom prljavim od neprijateljeve krvi. Malo je koji vladar posjedio na tronu bez da su se podanici mu uvjerili u njegovu hrabrost i vojno umijeće. Ovaj današnji 'rvatski velmoža, premijer, predsjednik Vlade, šegrt EU-a, birokrat najgore vrste, arogantni licemjer ne može se uspoređivati ni po čemu s feudalnim grofovima ma koliko oni bili Hrvati-grobari. (Opaska: ne želim zabune, kao i HDZ, tako su i SDP, HNS, HSS i sve ostale hrvatske stranke zločinačke organizacije, bande jebivjetara, sinekurista, hohštaplera i lažljivaca, sve je to smeće u kontinuitetu zla Hrvata-grobara). Dapače, ovaj politički hemafrodit, koji u svom životu (mlađi je nešto od mene, skoro dvije godine) nije odradio ni jednu jedinu minutu u realnom sektoru i koji nije zaradio ni jednu lipu stvarajući dodanu vrijednost, tip koji sve svoje godine živi udobno i dobro, koji je živio fino u socijalizmu i kome ništa ne nedostaje u demokraciji (naprotiv, osigurao si je sigurne prihode i benefite za prilično lijep i bezbrižan život, kako sebi, tako i svome potomstvu) nije ni do nokta na malom nožnom prstu banu Derenčinu ili bilo kojem od hrvatskih vojskovođa. Oni su svoje posjede stjecali borbom i ubijanjem na bojnom polju, brakovima, darovnicama i kupnjom (ne ulazim u čestitost svega toga), iz čega su onda crpli svoju moć (mnogo je hrvat-skih velikaških obitelji izgubilo moć i utjecaj kad su osiromašili i ostali bez novca: Patačići, Keglevići, Oršići itd.), a ovaj trol moć crpi iz dužnosti koju obnaša, dakle bez ikakvih stvarnih referenci za vladanje. To da je postao premijer jer je njegova stranka pobijedila na izborima je sranje, idiotizam koji ne dokazuje ništa. Demokracija nije ništa bolja od socijalizma, osim što ima više licemjerja i profinjenije sustave za uništavanje i gaženje čovjeka.

Zašto sve ovo pišem? Jer sam svjedok rata, jer sam bio u tom našem ratu i jer mi se gadi sve što se događa! Pljuju po kostima mrtvih vojnika! Pogibiju hrvatskih bojovnika pretvorili su u performans licemjerja, u sranje. Kupivši neke od ratnih veterana, poglavito bivše visoke časnike solidnim mirovinama, rješenjem stambenog pitanja, sinekurama (članstva u nadzornim odborima, savjetnička neprofesionalna mjesta u ministarstvima i državnim agencijama i uredima etc.) i ostalim za džepove poreznih obveznika nimalo jeftinim benefitima, vladajući bastardi dobili su raširene ruke i mogu raditi što i kako ih je volja, a jedan od najefikasnijih protuargumenata na svaku kritiku je upravo pozivanje na Domovinski rat, odnosno, na pitanje o radu vlasti, odgovor je ili „gdje si bio 91?" ili „vi ste jugofil, komunjara, četnik koji mrzi sve hrvatsko i ruši dignitet Domovinskog rata"! Što u prijevodu znači: Domovinski rat traje, samo sad u njemu ratuju oni koji u njemu ratovali nisu. Nažalost, nije okončan jer neki izrodi koji su, istina Bog, ratovali, sad služe kao statisti u perverznom iskrivljavanju rata od strane kukavica i ništarija iz Min-hen divizije. Znam to, u vražju mater!

Rekao sam glasno i jasno, ratovi. Trinaest stoljeća krvoprolića na poljima časti i slave prelilo se, kao nikad nikome u povijesti, na leđa nas iz Domovinskog rata. Čini mi se da je moja generacija platila sve prošle ratove: ispostavljen nam je zbirni račun za sve velike istine i za sve velike laži hrvatske povijesti, za sve ratove, od Vojnomira i Trpimira preko Stjepana Držislava i Dmitra Zvonimira do Gejze I i Andrije II, od Ludovika I do Žigmunda i od Matije I do Ivana Zapolje i Matije II, od Ferdinanda III do Leopolda I i Marije Terezije, od Franje Josipa I i Karla IV Habsburškog do Karađorđevića i Ante Pavelića, od Josipa Broza Tita do Franje Tuđmana, od prvog do posljednjeg, svi su ratovi stopljeni u jedan i taj jedan se sručio na živote Hrvata-mrtvaca i sva zaglušujuća buka lumbardi i višecjevnih bacača raketa, sve eksplozije barutana i protutenkovskih mina, svi jauci i zapomaganja ranjenika, sve smrskane glave i odsječene ruke i noge, svi leševi nabacani na hrpe kao vreće krumpira, sav očaj ratnih udovica i ratne nejači (stotine tisuća djece kao sirovine za nove mrtve vojnike u novim ratovima za punjenje novih grobova), smrad smrvljenog ljudskog mesa, hrđavi oklopi i spaljeni tenkovi, slomljene drške buzdovana, mačevi, puškostrojnice i helebarde, istrunule čake, kubure i sablje, svo ispucalo remenje i otpala sedla, sve trulo, sve mrtvo i zaboravljeno, sve je to u jednom trenutku povijesti palo na ratni naraštaj od devedeset i prve do devedeset i pete kao posljednji pokušaj konačnog svršetka svih ratova u jednom, Domovinskom koji je bio prvi nakon mnogo stoljeća samo za hrvatsku stvar, za Hrvatsku. Sve višestoljetne laži i zablude, sve izdaje i sve propale nade, svi besmisleni juriši i svi porazi, sve je to trebalo nestati u Domovinskom ratu da bi se iz pepela povijesnih iluzija podiglo neko novo ufanje u budućnost, ovaj put neopterećenu prošlim ratovima i starim grobovima. Plan bješe savršen, kao da ga je pisala nebeska ruka, međutim, ah, nije se ostvario. Pobijedili smo, skršili srbende i poslali ih u pakao, ali nakon pobjede izgubismo rat i on je nastavljen u punoj žestini domaće izdaje i sluganstva tuđinu. Trebali smo povijesno čistih obraza zakoračiti u nove dane bez stida i srama, bez prebrojavanja grobova i bez ponavljanja povijesnih gluposti. Nažalost, nije ispalo kako je zamišljeno. Rat nije završen, traje i dalje, a vremena ni prilike za ispravak ne-mamo. Ni Gospod nam ne bi dao novu šansu. Stvar je svršena, rat ide dalje. Samo, kako rekoh, s nekim čudnim vojnicima, nevojnicima, civilima i kukavicama koji nisu bili u ratu koji je trebao završiti, a nije. Divizija dezertera i preodjevenih četnika danas ratuje u Domovinskom ratu: vrli su to junaci i junakinje, mamini sineki i tatine kćerkice, djeca komunista i djeca bivših disidenata, sav okot koji je „bio prijeko potreban na studijima" u vrijeme rata, te su ih, u ne baš malom broju, po diplomiranju ekspresno zapošljavali u svojstvu respektabilnih, obrazovanih, nadarenih i lojalnih mladih karijerista od Ureda predsjednika RH do MVP, MORH-a, MUP-a i inih državnih kancelarija, gdje su zavaljeni u udobne tapecirane fotelje grijali guzice i primali plaću onanirajući na prazno i čekajući svoje priliku da se uspnu do samog vrha države, a što su i uspjeli, kako se vidi po dva današnja prvaka 'rvatske, predsjedniku i premijeru (ove) 'rvacke, kolonije EU-e, Domovine grobara... A grobar ne ratuje, ne u stvarnom ratu. On zna za što i zašto se ratuje, on će precizno objasniti što je domoljublje i koju i kakvu žrtvu su pravi 'rvati spremni dati na oltaru Domovine; Hrvat-grobar je načitan, obrazovan, katolički odgojen i nacionalno osviješten, on je, jasno, svim srcem uz 'rvacku i od malih nogu zna kako se bori za Lijepu njihovu, on je učio o tome, njega su odgajali u 'rvatskom duhu još u mračnom socijalizmu, on je u onom nenarodnom režimu potajno molio krunicu i bio među najboljim polaznicima vjeronauka, njega je gospodin prečasni uvijek, sa svom svećeničkom toplinom i punim osmijehom posebno hvalio pred cijelom župom na nedjeljnoj misi, njega je prečasni često blagodario pozivom da mu bude osobni ministrant i s njime je, što je bila naročita povlastica koja je izazivala ljubomoru kod ostalih dječaka (ne svih, neki su na to gledali sa strahom) imao dugotrajne odvojene satove podučavanja vjere i pripreme za svete sakramente u osobnim odajama prečasnog, u župnome dvoru i onda je razumljivo da se, podučavan na nebeski način, Hrvat-grobar izvrsno istrenirao za profesionalnog 'rvata, domoljuba s velikim „D". Grobar kao rodoljub je također pripreman i uvježban da bude primjer intelektualca, europejca, pristojna osoba tradiconalnih kršćanskih uvjerenja koji poštuje druga razmišljanja, ali se, kristalno jasno, odlučno bori za svoju katoličku vjeru i svoj način života. Hrvat-grobar je znani dobro-tvor i filantrop u okviru svog materijalnog statusa i za njega, rasnog 'rvata pitanje karitativnog djelovanja je pitnje čistog obraza pred Bogom i narodom jer sve što čini ovaj stameni katolik, 'rvat, sve'rvatski Nad'rvat, sve je u cilju ostvarenju 'rvatskog sna koji, nota bene, dobro poznaje i u čijem je dosezanju sam dao svoj ne baš mali doprinos. Grobar do najsitnijeg detalja raščlanjuje 'rvatsku povijest kako bi objasnio što jest domoljublje a što to nikako ne može biti. On je elokventan šarmantan pozer, on je uredno obrijan, čist, depiliran i pošprican eksluzivnim muškim parfemima i toaletnom vodom iz limitiranih serija najpoznatijih brendova kozmetičke industrije, jednom rječju, Hrvat-grobar je moderna pojava, zvijezda na hrvatskom političkom domoljubnom nebu i sjati će, ako Bog da, vječno. On se iz vlastitih uvjerenja i po crti strogih vjerskih principa i kućnog odgoja protivi svakom nasilju i protivnik je, po istoj špranci, posjedovanju vatrenog oružja, iz čega se, jasno i logično, može lako zaključiti da je to jedan od razloga zašto nije služio vojni rok i zašto nije ratovao. Zagovornik ljubavi prema drugima odbija rabiti oružje kojim se ubijaju djeca Božja! Kako je taj njegov obiteljsko katolički princip u koliziji s domoljubljem od-stoljeća-sedmog i ne ide uz viteški boj i pogibiju „za krst časni i slobodu zlatnu" (Krleža), Hrvat-grobar će svakome tko pita dati, jasno i razumljivo, principijelan od-govor kako se Hrvatska nije branila samo na bojištu nego, što je bilo puno važnije, i na diplomatskom, poslovnom i svakom drugom polju jer, a naši vitezovi to potpuno shvaćaju (on to zna, on je bio, on jest i on će biti u svakome trenutku s našim bojovnicima u mislima i srcu, on s njima razgovara i oni imaju njegovu podršku kao što on, a sami su mu to rekli, ima njihovu potporu i zahvalnost), netko mora osigurati internacionalnu pomoć i priznanje hrvatskih napora da očuva vlastiti teritorij i teško stečenu slobodu, netko mora osigurati sve što vojnik potrebuje na bojištu i netko mora organizirati i voditi normalan život Hrvatske izvan ratnih područja. Uostalom, reći će grobar, svatko ima od Boga dane mu talente, a njegovi nisu za pucanje nego za izgradnju moderne 'rvatske države! A taj posao, sveti rad na jačanju 'rvacke i podizanju ugleda i ekonomske snage je kudikamo stresniji i teži od bojevanja, objasniti će grobar udbono zavaljen u masažnu fotelju u svome uredu na zagrebačkom Markovom trgu. Nemojmo ga krivo shvatiti, grobar ima uzvišenu dužnost skrbiti o cijelome narodu i svim hrvatskim građanima, sa svoje pozicije, dakako, jer on vidi širu sliku, a ne kao strijelac u pješaštvu, samo nekoliko stupnjeva lijevo i desno od svog šicngraba!

Točno, nisu svi stvoreni za vojnike i nije rat za svakoga, naročito nije za gramzljive narcise rođene sa zlatnom žlicom u gubici! A što je to, biti vojnik u ratu? Pristati životinjariti po glupim feldregelmanima, spavati, jesti i srati kad mu se zapovijedi, ne misliti i biti kuš jer nije on tu (u vojsci) da misli, izvrši pa se žali i nemoj me jebati, glupi majmune! Drijemati u blatnjavom rovu između dvije bitke, trpjeti psovke i uvrede unteroficirskih jebivjetara, uopće biti bakezer (od moderne vrste, kao iz filmova) hrvatskom se grobaru, sinu uglednog poduzetnika ili priznatog znanstvenika, možda sinu uspješne liječnice ili političkog lidera, književnika, akademika, bankara ili predsjednika neke komore, dakle, tom grobaru, vunderkindu čiji je život isplaniran od prije začeća do mirovine, a najmanje do svršetka fakulteta i čija obitelj posjeduje ogromnu staru family grobnicu s grbom na jednom od najelitnijih pozicija na groblju, njemu, poliglotu i ljubitelju renesansne umjetnosti i jazza, potrošaću s najmanje deset platinastih, dijamantnih, zlatnih itd. kreditnih kartica izdanih od najeminnentnijih kartičnih kuća i isto toliko otvorenih računa u nekoliko svjetskih banaka, ulagaču i vrlo aktivnom sudioniku trgovanja dionicama na svim značajnim svjetskim burzama, ocu troje, četvero, petero pametne i slatke djece, suprugu isto tako uspješne visoko obrazovane žene, dvostruke doktorice znanosti, europske i svjetske stručnjakinje iz jedne od najprominentnijih grana moderne znanosti, muž majke njihove djece i predsjednice nekoliko dobrotvornih udruga i aktivnoj članici biskupskog pjevačkog zbora, jednom uvjerenom domoljubu bez mane se ne šika, nikako i ni pod kojim uvjetima, je li, „kaj je je, za jebeno male erarske peneze, krajcar-dva ostaviti kosti v nekoj bosanskoj, dalmatinskoj i tko zna kojoj pripizdini, žderati stare konzerve i piti bljutavu vodu z zmazane feldflaše, ne, kaj je je, njemu ni treba prorajtati mladost na taj bedasti rat gda vre ima dosti tih kmetov kaj se hočeju boriti za slobodu svetu i čast i slavu! Kaj neje s hruške opal da posel v MVP, vu toplem i fino fajn plaćeno mesto zameni maskirnim mundirom i šefom idiotom s epoletama?! Šteri je z pizde gospodske došel na ovaj svet, temu fačuku ni treba bakjezerske škornje navlačiti i po blatnoj ilovači gaziti! Gda je dobil po voli vrhunaravnoj kaj mu i pripada (neje zabadaf brusil tulike leta fakulteta i tulike peneze spiskal da bi sad z diplomom rit obrisal), ne bu otpilil granu na kojoj sedi, tak smotani neje se da i neje preumni dečec. Fina obleka, fini stanek, fina papica, penezi na sigurnemu, lepa ženica, dobra dečica, v nedelu na misu i prek vikenda v shoping van, prek granice, ak nema preveč posla, pa ručkovi i večere z ministrima i kod premijera, golf kod Precednika i ribičija na proleće i jesen, sprevodi starih bardov politike i obligatni štamprlin viskija i konjaka spiti z prvakima 'rvacke misli i dela i opče, bi se povedalo, živeti po redu i zakonu plemenitih je jengov put, a ne vleči se po gnoju s tam nekim potepuhima, sirotinjom bedastom! Grobar zna kak se se odigravle i kakšne regule jesu na snagi, a se ostalo je šuć muć pa zlij v septičku jamu, na gnojšnicu! Hrvatu-grobaru mesto je v povesti, ne med kmetima! I šlus!”

Priznajući unaprijed kako možda (ali samo „možda”) moje sjećanje nije u stopostotnoj snazi i na potrebnoj razini učinkovitosti, podvlačim kako sam ipak siguran da ne lažem! Ne poznajem ni jednog ratnog veterana iz redova mojih suboraca koji je rođen kao Hrvat-grobar! Ne sjećam se da su u gardi bili nositelji gospodskih pedigre pločica, sinovi VIP 'rvatina, takvi su bježali od puške kao vrag od tamjana! Ljudi, puška ranjava i ubija, nešto strašno je ta puška! Mislim, za grobara, sina Majke Domovine koji će dvijedvadeset i prve, zajedno s tisućama ostalih grobara, muških i ženskih primjeraka okupirati Hrvatsku, oteti je od kmeta i prisvojiti je jednako podlo i jednako s mržnjom kao što su to radili grofovi i biskupi stoljećima prije. Ništa se u Hrvatskoj ne mijenja, rat i ratni profiteri, izdajnici i sluge, a svi na sirotinje koja je i Bogu teška. Mrtvaci ginu, grobari se bogate i uživaju.

Ne tvrdim niti mi je intencija proglasiti nas Hrvate-mrtvace svecima, kajgod! Nismo bili anđeli, a sigurno nismo bili ljubičice. Osim toga, naše hrvatstvo i ljubav prema domovini bez velikog „D” nije bilo nužno prihvatljivo za sve, ali bješe iskreno, neglumljeno i dokazano tamo gdje se domoljublje jedino i može dokazati, na bojištu. Lišeno patetike, političkih fraza i laži, domoljublje Hrvata-mrtvaca, naše i moje domoljublje nije sadržavalo aditive nadzemaljskog preseravanja. Odgovorno tvrdim da za cijelo vrijeme rata nisam čuo ni jednu riječ ili rečenicu koju danas neki od branitelja frfljaju na obljetnicama i kod polaganja vijenaca u objektive i mikrofone televizijskih izvjestitelja: „Znali smo, sad ili nikad za Hrvatsku! Ništa nas nije boljelo, htjeli smo oživotvoriti vjekovni san naših starih...” Kakva sranja, neka mi se javi netko od mojih kolega i ratnih suboraca i prijatelja i neka mi u lice kaže kad i tko je od nas izgovorio potonje riječi? Još samo da netko kaže kako smo pjevali „U boj, u boj!” i ponovno ću početi piti, haha...

Ne i ne, s gnjidama grobarima nisam ni u kakvoj relaciji, ni s jednim i ni s jednom od tih parazita ja nemam savršeno ništa! Nikad nisam sjeo s njima i popio kakav kiseliš od gemišta, čak ni kavu, uvijek sam birao s kim pijem. Ne pripadam ljudima koji znaju ljude koji znaju ljude i nisam iz obitelji čiji su članovi raspoređeni po cijelom državnom aparatu kao krtice i hrčci: nemam nikakve kontakte s moćnicima, čak ni s najsitnijim lokalnim šerifima. Opetujem, nitko od gardista iz naše slavne gardijske brigade, koliko ja znam, a znam, nije u godinama 1991-95. žderao po gornjogradskim zagrebačkim gostionicama rezerviranim za bolju klijentelu, nijedan od nas nije žvakao zagrebački s pomfritom i velikom zelenom salatom i zalijevao famozni odrezak cordon-bleu „žlahtinom" ili „malvazijom": posve sam uvjeren da nismo uživali u flambiranim palačinkama uz rashlađeni „rose" jer neke stvari (uglavnom loše pripremljene parodije pravih jela) su samo za odabrane. Naravna stvar, opijali smo se, kad je bila prilika, lokali smo enormne količine alkohola, ne krijem to, no jedno je ubiti se od pića nakon terena i borbe, nakon prolivene krvi prijatelja, a nešto sasvim drugo je mlatiti praznu slamu u ministarstvu propuha, otići na pola radnog vremena na višesatni objed (na erarski trošak) i poslije desetak ispražnjenih flaša, razdrljenih košulja skakati po stolovima urlajući „Evo zore, evo dana, evo Jure i Bobana" i eksajući prigodni bruderšaft s identičnim kancelarijskim štakorom jednako trule biografije! Naši su grijesi ispravniji, padovi ljudskiji, kajanje iskrenije. Moji suborci nisu bili od grobarskih Hrvata, nisu oni, nisam ni ja. Grobarima je rat svetinja samo takva (i mnogim „braniteljima" danas, ali ne osuđujem ih, uzeli su plašt ZDS i neoendehzaijskog sranja poradi zaštite vlastitih egzistencija: istupaju kao primitivni krajnji desničari i podižu galamu urlajući o srbočetništvu i tako odrađuju prljavi politički posao vladajuće kolacije srbenda i hadezeovske bagre, posao mobiliziranja domoljubnog glasačkog tijela koje je domoljubno koliko sam ja baletan Bolshoi theatrea), svetinja nebeska, koja traje i koja je odgovor na sva pitanja o stanju Hrvatske: nažalost, glupost uvijek prolazi kod glasača, naročito kod one neutralne Hrvatske koja gleda samo novčanik i stanje bankovnog računa. Za mene je rat najnehumanija ljudska rabota, pojava krvava i bolna i svako nezavršavanje okončanog rata vodi u nove ratove i priprema je za nove grobove. Joseph de Maistre je zapisao: „Nitko ne zna što je rat, ako u njemu nema sina.". Ne možemo pitati mrtve. Možemo o ratu pitati obitelji poginulih, očeve i majke, muževe i žene (u ratu su ginule i hrvatske vojnikinje), djecu, braću i sestre, prijatelje... Makar, bolje ne. Iskreno, ne volim namještene predstave na obljetnicama, kad civilni dužnosnici i visoki časnici paradiraju uručujući zahvalnice isprintane na jeftinom fotokopirnom A4 papiru i komade metala obiteljima poginulih, a očevi, majke, supruge i supružnici poginulih, onako zbunjeni, s bolnim grčem na licu primaju taj komad papira i komad metala s vrpcama u bojama hrvatske zastave ne znajući što bi rekli i jednako nespretno brzo napuštaju pozornicu dok ih prate loše uvježbani tugaljivi izrazi njuški izaslanika ministra, predsjednika ili koga već (sat kasnije uručitelji otpočinju sa žderanjem u odvojenoj sali kakvog restorana i punih ustiju odojka i janjetine smiju se sočnim prostačkim vicevima gospodina zamjenika ministra, župana ili general bojnika, a obitelji poginulih sjede na drvenim klupama ispod šatora pokušavajući pojesti porciju prezačinjenog vojničkog graha iz PVC zdjelice PVC žlicom, sve za jednokratnu uporabu, i popiti barem pola, reda radi, toplog soka ili toplog piva sve želeći pobjeći doma, daleko od ovog patetičnog cirkusa lažnog suosjećanja). Pretjerujem? Mislim da ne: ako netko misli kako su majke sretne i ponosne što su im sinovi poginuli za Domovinu s velikim „D", ovakvu kakva jest, s vlašću kakva jest, onda taj stvarno ili ne zna što majke nose u srcu ili, ako zna, onda je jebena bezdušna svinja i trebalo bi ga objesiti na prvo drvo, baš kako stoljećima grobari vješaju hrvatske kmetove! Laž je da su majke sretne zbog pogibije sinova, ja doista ne mogu zamisliti nijednu majku koja bi lila suze radosnice jer je dala sina na oltar Domovine s velikim „D"...

Hrvatska 2021. iz perspektive jednog ratnog veterana, dragovoljca, mene budale, magar-ca glupog, koji sam griješeći i vrludajući prtinama života već na početku poraća izgubio svaku mogućnost unovčavanja ratovanja i domoljublja (dijelom jer nisam htio, većim dijelom zbog pijanstva i vlastite gluposti) i s distancom od dvanaest tisuća milja izgleda neusporedivo gore nego je što je ikad bila! Ne govorim o tome ima li jogurta u dućanu, smije li se pjevati „Vila velebita" i mogu li ljudi putovati van zemlje (putovati, haha, u tijeku je egzodus Hrvata, stotine tisuća ljudi bježi gladni kruha) jer to su ordinarne pizdarije, ne, govorim o državi koja nije onakva kakva je morala postati nakon veličanstvene pobjede u Domovinskom ratu. Dvadeset i šest godina od okončanja rata, moja je domovina još u ratu i taj paranoidni osjećaj stalnog ratnog stanja sprječava bilo kakvo logično razmišljanje i kretanje prema naprijed: u Hrvatskoj je na sceni diktatura usavršene verzije „dvjesta bogatih obitelji" koja kao iznimnu pomoć ima armiju novih subnorovaca, bivših branitelja koji služe kao psi koji laju na svaku pojavu racionalne kritike i pozivanja krivaca na odgovornost. Šataraši, histerija oko ZDS i jedne, brojčano, taktički i na svaki vojni način minorne paravojne stranačke poluvojske iz ranih devedesetih (pri čemu im se mora odati pijetet i poštovanje za poginule, ali to ne može biti razlog poni-žavanja svih ostalih), koju su, podignuvši je na pijedestal jedinih pravih zaslužnika za obranu Domovine zapravo uvrijedili, ponizili i obezvrijedili borbu dragovoljaca, redarstvenika, pripadnika ZNG-a i svih koji su uzeli pušku u ruke bez ikakve ideološke mitomanije, samo iz želje za obranom domova i obitelji, obranom od srbočetnika i jugoarmije. Čitao sam, na primjer, sve dostupne mi hrvatske novinske portale zadnjih godinu ili dvije i malo je reći da mi je došlo da popizdim: cijela obrana Hrvatske iz 1991. svedena je na HOS! Čast njima, minuta šutnje za njihove poginule, ali nisu bili ni jedini niti ih je bilo toliko da su odlučivali bitke i sami izvojevali pobjede! Uostalom, nigdje nisam pročitao koji su bili stvarni taktički dosezi njihovih postrojbi, odnosno, s kojim efektivama su raspolagali, kakav je bio njihov ustroj i kako su koordinirali i suboordinirali vojne akcije s hrvatskim vlastima i zapovjedništvima na terenu i s vrhom hrvatske države u Zagrebu, posebno prema MUP-a i s Vladom RH (do ustrojavanja MORH-a i stožera svih razina). Nigdje nisam pročitao, izuzev idiotskih priča pojedinih hos-časnika (čiji napori da frizurom, brkovima i uopće vanjskim izgledom sliče na Hitlera i SS oficire otkrivaju njihov idiotizam i potpuno nepoznavanje povijesti: jednako tako, mislim stvarno, kukavice ne žele priznati da svršavaju na ustaše nego se nastoje „pokriti" objašnjenjem o „povijesnom ZDS pozdravu, haha), u kojim su to bitkama pobijedili samostalno i koje su bile zone odgovornosti i djelovanja, a da na istom području nije bilo policijskih snaga, ZNG-a i ostalih postrojbi. Nisam pročitao jer takve podatke i nemaju iz jednog jedinog razloga: nisu bili jedini i nisu bili odlučujući! Točka, o tome više ni riječi.

Dakle, što je rat? Moja definicija rata glasi: grobovi, smrt, krv i još grobova, smrti i krvi. Nikakve zastave, sviranje himne, vojni mimohodi, glupavi govori i polaganje vijenaca. Držim da je jedini ispravni pijetet spram poginulih vojnika promjena stanja, izgradnja socijalno i pravno uređene države i sustava koji će omogućiti bolji i sretniji život nego što se živjelo prije rata. Erich Maria Remarque je u svom romanu „Na zapadu ništa novo" (Izdanje: „Mozaik knjiga", Zagreb, 2018.) dao jedan po meni najsugestivniji i najtočniji odgovor na pitanje što je rat: „Jedan razvodnik... vuče za sobom smrskano koljeno držeći vlastita crijeva u rukama..." To je rat, ali ne (sasvim) u 'rvatskoj inačici. U svakom smrskanom koljenu, u svim iščupanim crijevima, u svakoj rani, na ukočenim tijelima mrtvih hrvatskih vojnika, ponad lokvi majčinih suza isplakanih na grobu mrtvog sina, iznad bojišta obojenog krvlju hrvatskih bojovnika, na crnim oblacima laži lebdi umobolna horda Hrvata-mrtvaca, grofova i biskupa, njihovih pripuza i slugu, lebdi u magli grobarske mitomanije horda izdajnika Hrvatske, naj-mizernijih od svih lopova, banda kokošara, prodanih jebivjetara nikada dovoljno sitih novca i zlata, kuća i vila, bendžola i mečki: njihova skupa odijela, preskupi satovi, njihove lakirane cipele i odmori na tropskim otocima i intimna prijateljstva s moćnim europskim, američkim i tko zna kojim njuškama, svi doktorati i magisteriji, svi jezici koje govore i sve što jesu ne mogu i nikad neće zatrti istinu o Domovinskom ratu, neće jer kosti mrtvih govore vječno, a oni samo dok ne krepaju na kraju svojih usranih zemaljskih egzistencija...

I sve dok su Hrvati-grobari pod patronatom vulgarnih inačica Aresa i Marsa, sve dok mi Hrvati-mrtvaci olako, upravo robovski poslušno sami sebi kopamo grobove kako bi dragovoljno u njih skočili znajući da će nas zatrpati teškom ilovačom, sve dok naše golo, gladno sirotinjsko i boso, smrznuto isprebijano kmetsko hrvatsko seljačko i radničko meso ne nestane, dok na krvavom bojnom polju slave i časti lažnog katoličkog kraljevstva ne padne i pos-ljednja glava hrvatskog roba, sve dotle će se povijest Hrvatske ponavljati u nizu filmskih kadrova besmislenog umiranja. I pitanje je hoće li hrvatski kmet pristati na nestajanje (koje eo ipso ne odgavara ni grobarima: oni trebaju nas kmetove kao izvor vlastite esencije života) samo kako bi zaustavio agoniju dugu tisuću i tristo godina?! Ne znam.

Vitlaju mačevima i sjekirama, zvekeću sablje, fijuću strijele, pucaju kosti pod udarcima toljaga, glave raskoljene i odsjećene kotrljaju se krvavim bojištem, sjaje oklopi, blješte na suncu plemenitaške, barunske i grofovske bojne kacige, jurišaju gladni kemtovi i urliču topovi i haubice grme, nestaju ispod tenkovskih gusjenica smljevena tijela blatnjavih pješaka, nebo je crveno od topovskih salvi i raketa, a po feldšpitalima krepavaju akrebuziri, ulani i kanonieri u neopisivim mukama, ratovi traju i crkavaju infanteristi, bijedni vojaci, ta gladna hrvatska stoka sitnog zuba krepava na ušljivim dekama, a vojnička su groblja puna, grobovi plitki pak poslije svake jače kiše i nakon topljenja snijega psi uličari u čoporima dolaze na gozbu i raznose kosti s ucrvljenim trulim ljudskim mesom... Trinaest stoljeća ratova skupilo se u četiri godine

Domovinskog rata, kako bi se nastavile sve one davno svršene bitke davno svršenih ratova i spojile u jedan veliki nezavršeni rat svih ratova...

Početak je dvanaestog mjeseca Ljeta Gospodnjeg 1991. Rat traje, srpske nemani su otele Vukovar, Hrvatska se brani, jugosrpska armija je istjerana iz mnogih jugokasarni, zarobljena je ogromna količna oružja, Hrvatska napokon ima svoju vojsku. U povojima, ali kali se borbom. Hrvatska krvari, pravoslavna trofazna gamad pubijala je tisuće nevinih, srušeni su gradovi, spaljena sela. Srbende napadaju, ali su već dobili po prstima, zaustavljeni su. Na kraju dvadesetog stoljeća u Europi „živi” krvavo ratište i to ponovno na Balkanu, onom istom gdje je započeo Veliki rat i zbog kojeg je Hitler odgodio operaciju „Barbarossa”. Bliži se Božić u zemlji koja se brani od četničkih kanibala. Slavonija gori, Dalmacija plamti, cijela Hrvatska je u zanosu slobode koja ne dolazi kako je očekivano, mirnim putem. Opančari iz beogradskog pašaluka, te postosmanlijske vukojebine na periferiji Europe jurišima nastoje oteti hrvatsku zemlju, ali Hrvati se bore, junački, kao što su ratovali stoljećima. Rat je, kraj devedeset i prve.

(Oh, pišem li gluposti, idealiziram li hrvatske vojnike? Ne, jer ne pričam priču grobara nego hrvatskih mrtvaca, ne govorim o fikciji nego o stvarnosti. Ne tvrdim kako smo bili anđeli jer nismo bili, u ratu nema anđela. Nismo bili anđeli, nismo bili bez grešaka i nismo glumili nevine: u ratu se ubija i ubija. To je rat, a saditi ljubičice se može u parkovima i vrtovima, u društvu baba tračara. Zločini hrvatske strane? Ne mogu pisati o slučajevima iz novina jer o tome ne znam ništa. Nisam naivan da bih trkeljao o „čistoći i kršćanskim vrijednostima hrvatskog vojnika” jer nisam ni to vidio. Moral i pristojnost svakako nisu vojni pojmovi, u ratu ih nema. Potpisujem ovo: u nijednoj od postrojbi u kojima sam služio tijekom četiri godine Domovinskog rata, glasno i jasno svjedočim, nisam vidio ništa što bi između nas i srbočetničkih ubojica stavilo znak jednakosti! Baš ništa! Bez glumatanja, imao sam čast služiti pod izvrsnim zapovjednicima, odličnim časnicima i iznimnim ljudima koji su ratovali za Hrvatsku, a ne za svoj džep i koji ni u jednoj sekundi svog vođenja i zapovijedanja nisu dozvolili činjenja koja bi uprljala hrvatskog vojnika i dovela u pitanje čistoću rata. Zvuči kao fraza, ali je istina. Hvala Gospodu na mojim zapovjednicima! Hrvatski je vojnik ratovao za svoj dom, obitelj, za život, a trofazna govna za škrinje, automobile i televizore, gedore i sjekire, beštek i porculanske servise, za frižidere i video rekordere, za srebrninu, zlatninu, za tuđu imovinu i to pljačkom, silovanjima i ubijanjem bez milosti čak i prema djeci i nemoćnima, a to čini razliku. Nismo mi napali Srbiju nego je Srbija napala nas. Nijedna hrvatska granata nije pala na teritorij beogradskog pašaluka, ali srpske su granate i rakete ubile tisuće nevinih hrvatskih ljudi, srušili tisuće kuća, razorile tisuće obitelji.)

Šibensko-kninska županija, planinski dio. Dragovoljačka postrojba iz sjeverozapadnog dijela Hrvatske ima zadaću nadzora prve crte, obranu i čuvanje položaja na vrhu planine i ispod samog vrha, u usjeklini, kod malog kanjona. Nepristupačno mjesto, teško prohodno i ljeti, a kamoli u zimskim mjesecima. Magareče i kozje staze, nema pravog puta ni makadamske ceste. Jedini način pristupa položajima i polaznoj bazi je „na noge”, pješke, a oprema i hrana dostavlja se na magarcima i teglećim konjima. Kroz dan se promijene sva četiri godišnja doba. Smjene postrojbi su svaka tri do četiri tjedna, ovisno o vremenskim uvjetima, intenzitetu bojnih djelovanja, kao i o planovima nadređenog zapovjedništva. Uvjeti su zastrašujući. U toplim mjesecima još nekako, ali tijekom zime vojnici prolaze kroz pravi zimski pakao i bez napada četnika. Srbende imaju položaje dva-tri kilometra dalje, s druge strane planine. Pokušali su nekoliko proboja na ovom dijelu crte razdvajanja, no hrvatski su ih vojnici natjerali u bijeg. Trenutno je mirno, zima je, snijeg, a po ovakvom vremenu trofaznima se baš ne ratuje.

Snijeg, vjetar i hladnoća umrtvljuju. Ubijaju. Hladnoća je neizdrživa, zubi zime grizu li grizu i uzalud su kaputi i rukavice, debele veste i podstavljene hlače jer nakon sat-dva vani bojovnici su smrznuti. Zato smjene na položajima traju različito, dva do četiri sata, danju nešto duže, noću kraće. Nema previše opuštanja, trofazni su čudna sorta i ne smije im se dopustiti iznenađenje, hrvatski vojnik je spreman dati po gubici pravoslavnoj bagri.

Ovo je jedna od mnogih točaka na prvoj crti obrane Hrvatske. U usjeklini, ponad male udoline stoji kamena pastirska kuća. Kuću su izgradile hrvatske težačke ruke, u svakom njenom kamenu stotine je žuljeva i znoj siromašnih pastira, dalmatinskih gorštaka. Svaka krovna greda od vječne hrastovine, svaka daska, potporanj, svaki kamen na ovoj staroj kući pripovijeda mučnu priču o patnji, stradanju i doslovnom križnom putu hrvatskog čovjeka koji se rodio, radio, djecu izrodio i umro na ovim prekrasnim, ali i nemilosrdnim i škrtim vrletima što dijele kopnenu od jadranske Hrvatske.

Uistinu, kao stopljena s planinom stoji pastirska kuća: stražnjim zidom naslonjena je na planinu koja se zlokobno uzdiže u nebo i za oluja i nevremena čini se kao da će se srušiti na nju. Tko zna koliko je naraštaja pastira i težaka dočekala pri dolasku i ispratila na odlasku s ovoga svijeta. Nitko ne pamti kada je kuća podignuta, barem četiri generacije to nisu znale reći: protekom vremena je dograđivana, a današnji izgled nije mlađi od pedeset godina. Sastoji se od dva dijela. U donjem dijelu kuće je nešto što bi se moglo nazvati staja, prostor za životinje, drvarnica i ostava, manje spremište za hranu za stoku. Vrata su taman tolika da se može provući čovjek, magarac ili ovca. Unutrašnjost je mračna, ima tek jedan sasvim mali prozor. Prostor je podijeljen na dva dijela drvenom, sad već natrulom pregradom. Prvi dio, lijevo od vrata je za stoku, a drugi je opet podijeljen s dvije pregrade na tri manje ostave, za stočnu hranu, za alat i kao spremište za pšenicu i drugu hranu za ljude. Koliko se sjećam, ljudi su ovakve kuće zvali „stanovi”, a služile su za smještaj stoke i život pastira na planini tijekom dijela godine pogodnog za boravak na planini. Međutim, kako je ova kuća kudikamo veća od običnih „stanova” moguće je da nije bila samo privremeni dom pastira već mjesto življenja cijele obitelji. Uske kamene stube vode na kat, u gornjem dijelu kuće. Vrata su od teške hrastovine okovana gore i dolje ručno kovanim željezom, na masivnim željeznim šarkama. Cijeli kat je jedna velika prostorija i ima sve namjene koje imaju tzv. civilizirani stanovi: i dnevna soba i spavače sobe, i dječja soba i kuhinja i predsoblje, sve u jednome. Nizak strop od neobrađenih dasaka onemogućuje visokim ljudima da stoje uspravno. Pod je također od hrastovih dasaka. Svjetala u prostoriji gotovo i nema, dva mala prozora ne mogu dati dovoljno svjetla, a upaljene svijeće samo pojačavaju tamu u unutrašnjosti gornjeg dijela kuće. Sa središnje stropne grede, na crnoj električnoj žici visi žarulja u starinskom grlu, ne svijetli (nema električne struje, postoji agregat koji se ne koristi osim po zapovijedi, za punjenje baterija radio veze i kad je baš neophodno: na planini zvuk dizelskog motora je poput zvuka tenkovskog motora i nitko ne želi da četnici to čuju). Sredinu zauzima ogroman masivan stol ručne izradbe od grubo tesanog drva. Oko stola su jednostavne drvene klupe. U kutu, desno od vrata pod je prekriven kamenim pločama i debelim limom koji je zaštita od vrućeg pepela: tu je teška peć, starinska, za grijanje i kuhanje, s velikim ložištem i pečnicom. Dimovodna cijev vodi do stropa i kroz njega gore, izvan krova: zid iza peći prekriven je istim limom kao i pod, a zaštita je postavljena i oko dimnjaka na stopu i krovu. Na vrhu dimnjaka je „kapa”. Postoji i ložište uz lijevi zid kuće i dimnjak, ali se ne koristi, a otvor je zazidan kamenjem.

Cijelom dužinom prostorije, naokolo, u krugu, uređena su mjesta za spavanje. Ravno od vrata, iza stola tri su prastara metalna vojnička kreveta, jedan blizu drugog, s esembe kocka-madracima prekrivenim grubim smeđim dekama na kojima su raširene vreće za spavanje. Na uzglavljima umjesto jastuka su vojne transportne torbe. Borbeni ranci vise sa uzglavlja. Lijevo i desno od ova tri kreveta, u krugu, na podu su rasprostrta maskirna šatorska krila na kojima su u nepravilnim razmacima raspoređeni različiti madraci, očito donijeti iz sela s obale, iz civilnih kuća. Preko madraca prebačene su sivosmeđe deke, a na dekama su vreće za spavanje. Transportne torbe, borbeni ranci, čizme, dijelovi odora, rukavice i čarape, sve je to na ili kraj ovih podnih „kreveta”. U kutu, lijevo od vrata su mali stol i mali ormar, taj dio prostorije služi kao spremište hrane. Kutije pune konzervi, veliki kolut tvrdog sira, o gredu obješena vreća s kruhom, a na kukama vise dvije šunke. Na malom stolu kutija šećera, dva velika pakiranja mljevene kave, staklenke meda, kutija čaja, boce ulja, a na podu, do stola, paketi vode u bocama, dva paketa voćnog soka, pakiranje piva u limenkama, četiri zatvorene kar-tonske kutije i velika jutena vreća svezana konpcem.

Na čelu stola, lijevo od vrata rastvoren je vojni zemljovid, na njemu je vojna busola M-53 u smeđoj futroli, nekoliko grafitnih olovaka, blok za pisanje i neki dokumenti, jedna debela bilježnica A5 formata i dalekozor (dvogled), kutija metaka 9 mm za pištolj, dvije kutije cigareta, „zippo” upaljač i odrezana limenka od pive kao pepeljara, dvije „motorole” i tri baterije. Sa strane su po dvije upaljene voštane svijeće zalijepljene voskom na dašćice. Na sredini stola je daska za rezanje, komad suhe šunke, pola malog koluta sira, nekoliko suhih kobasica, konzerve paštete i mesnog nareska, narezani luk, vojnička porcija puna crne kave i tri male čaše iz kompleta porcije, dvije otvorene boce vode i jedna zatvorena boca soka od naranče i poluprazna boca rakije. Nekoliko kutija cigareta, šibice i kutija tvrdih keksa. Na drugoj strani stola, prema starom kaminu, desno od vrata su dvije limenke piva i dvije čaše iz kompleta vojničke porcije pune vruče crne kave. Još jedna pepeljara od limenke piva i daščica s dvije voštane svijeće. Trojica vojnika sjede za stolom, puše i tiho, gotovo bez glasa kartaju „belu”. Nose maskirne odore, ali nisu jednoobrazno odjeveni. Jedan nosi neku vrstu američke odore, drugi ima mješavinu američke i domaće hrvatske, a odora trećeg vojnika je maskirna odora koja nije ni američka ni hrvatska. Na peći je veliki lonac s vodom iz kojeg se puši. S desne strane peći, u velikom drvenom sanduku uredno je posloženo ogrjevno drvo. Na drvima se suše dva para vojničkih čizama, jedne gojzerice i jedne planinske gležnjače. S lijeve strane od vrata je čvrsta drvena stolica na kojoj je radio-uređaj za vezu RUP-2 i bilježnica veziste. Do stolice, na podu, u drvenom zelenom vojničkom sanduku je nekoliko baterija za RUP i pričuvni alat. Iznad stolice, dužinom zida, do prozora, na velikim čavlima obješene su automatske puške M 70 raznih inačica i torbe za stre- ljivo. Na podu su tri sanduka metaka i sanduk ručnih bombi. Na zid je naslonjeno nekoliko „zolja” i jedan RPG. U prostoriji je zagušljivo, osjeća se težak vonj znoja, neopranih ljudskih tijela, hrane, cigaretnog dima, klasičan je to smrad vojske.

Nekoliko vojnika leži na vrećama za spavanje. Dvojica hrču. Za stolom, trojica kartaju. Neobrijani, u prljavim čizmama. Igraju u tišini, srču kavu, puše. Prostorija je zadimljena, polumračna, slaba svjetlost svijeća ne čini prostor svjetlijim. Na jednom krevetu leži visok muškarac, bos je, odjeven u maskirne hla- če i zeleni vojnički džemper. Leži na leđima, ruke drži pod glavom. Drijema. Na desnom kraju usana visi mu čačkalica.

- „Franc! Franc!” - iznenada se podigne na laktove i nekoliko puta pozove nekoga imenom „Franc” - „Hej,kaj si gluh, ne čuješ?”

Jedan od trojice za stolom se okrene, odloži zelenu čašu od procije na stol:

- „Kaj je bilo?”

- „Kaj je bilo? Si sredil RUP?” - muškarac u zelenom džemperu ustane s kreveta, protegne se i sjedne na rub, dohvati čizme i polako ih obuva, vezuje ih i zakopčava - „Jesi popravil ili nisi?”

- „Kaj ja znam jesam ili nisam. Baterije su se krepale, za kurac je se to. Opće ne razmem koji će nam kurac taj četnički RUP kad imamo „motorole” i kak da se ovde gore, v ovoj pripizdini opće more s nečim spominati...” - vojnik Franc odogovori prilično nervozno. Muškarac u džemperu mu ljutito odvrati:

- „U pičku materinu, popravi to! Treba nam i gotovo! Ili buš ti kurir, kak v partizanima, nosil buš pis- mo, i buš prije sim neg tam, jasno?!”

- „Jebi se, ne bum ti ja tvoj kurir, nisam ja Boško Buha, ti stari partizan!” - novi odgovor voj-nika Franca nasmije dvojicu za stolom. Muškarcu u džemperu nije nimalo smiješno:

- „Sim hodi, odmah!” - oštrim glasom vojnik u zelenom džemperu pozove vojnika Franca - „Nemoj da ponavljam, jebem ti sve!”

Vojnik vezista progovori pomirljivim tonom:

- „Evo me, koji se kurac pjeniš?”

- „Dolazi sim” - vojnik na krevetu sad viče. Dvojica za stolom se ne obaziru na ovo, kao da nisu ovdje, ništa ne vide i ništa ne čuju. Čuje se hrkanje vojnika koji spavaju.

Vezista se približi vojniku u zelenom džemperu. Ovaj ustade, zagrli gas i vrlo snažno stisne, desnom rukom ga privije uz sebe, govori mu tiho, šapće na uho stogim glasom:

- „Čuj me dobro, balavac izdrkani! Ja sam ti stric, ali ovo je vojska! Doma sam ti stric, ovdje zapo- vjednik, jesi me razmel? Za tebe, kak i za sve sam gospon zapovjednik, jeli ti to jasno? Još jemput se ovak izlaj kad ja nekaj velim, fasoval buš svojega Boga i moreš si iskati pos-trojbu gde buš bil! Ja razmažene balavce ne trebam, ovo je rat, razmeš?” - stisak je snažan, vojnik se pokušava izvući iz zagrljaja no ne uspijeva. Procijedi korz zube teško dišući:

- „ Ja..jasno, je, jasno je...” - zapovjednik ga pušta. Vezista se uspravi crven u licu, vrti glavom, desnom rukom masira vrat:

- „Dobro, ne trebaš...! - zapovjednik mu stavlja prst na usta:
- „Psst...ne pripovedati preveč, idi i napravi kaj sam rekel!”
- „Ok, vredu, idem!” - Franc odlazi do radio uređaja, uzme ga i otvori ga, skine kutiju za bateriju i započinje popravak.

Zapovjednik se okrene prema krevetu, dohvati borbeni ranac, otvara ga i vadi kutiju cigareta, skida celofan, vadi cigaretu i stavlja u usta. Iz džepa hlača vadi upaljač i pripaljuje. Otpuhuje dim polako, puši smireno. Sjeda za stol, obraća se jednom od dvojice vojnika koji kartaju:
- „Donesi svijeće, zameni ove, gotove su.” - zapovjednik se naginje nad stol, uzme daščicu s upaljenim svijećama i pregledava vojni zemljovid. Odlaže svijeće. Vojnik donosi nove svijeće, pripaljuje ih na plamenu dogorjelih i prijepljuje na njih. Čeka nekoliko sekundi i potom odlaže svijeće na rub stola. Zapovjednik nešto bilježi u debelu bilježnicu. Drugi vojnik, koji sjedi za stolom, naglo ustane, stol se strese i vosak s tek upaljene svijeće kapne na zemljovid. Zapovjednik će ljutito:
- „Poglej bedaka, kaj delaš, ne vosak na kartu!” - Vojnik zaškrguće zubima, ali ništa ne komentira. Odlazi do ugla gdje je hrana i odmah se vraća noseći staru, ne baš čistu krpu u ruci i želi obrisati vosak sa zemljovida. Zapovjednik odmahne rukom da nije potrebno, sam je to očistio. Vojnim kimne ramenima i vrati se na svoje mjesto za stolom, otpije malo kave i uzme karte sa stola.

Izvana dolazi zvuk buke, smijeha, teškog hoda po kamenim stubama. Netko otvori vrata, težak udarac čizmom po vratima, smijeh, psovke. Zapovjednik odloži bilježnicu, upitan pogled, naglo ustaje. U prostoriju uđu trojica vojnika. Potom još jedan. Nasmiješeni su. Maskirne odore raznih vrsta. Zimske maskirne jakne, zimske kape. Civilne vunene rukavice. Vje-aju puške na čavle, otresaju blato i snijeg s čizama ispred vrata. Svjež hladan zrak ulazi u prostoriju.
- „ Pas vam mater, koji vam je kurac?! Hoćemo spati, zapri ta jebena vrata!”
- „Idite u pizdu materinu, majmuni! Zapri vrata!” - vojnici koji spavaju se bude, psuju:
- „Zapri vrata sam rekel, idiot!” - pridošli vojnici nastavljaju se veseliti, šale se, psuju, odgo-varaju vojnicima na vrećama za spavanje:
- „Kaj spite kak male bebe, pičkice?! Dopeljali smo vam nekoga, haha! Poglečte kak naša smena dela posel! - smiju se grohotom, udaraju jedan drugoga po leđima. Skidaju kapute i kape.
- „Zapri vrata, konju jedan!” - viče jedan od probuđenih vojnika.
- „Koji je ovo kurac? Kaj se događa? Kakvo je ovo sranje?” - zapovjednik prekida zabavu. Odgovara mu jedan od pridošlih vojnika:
- „Imamo dva čedomira, hehe, čopili smo ih kod osmice, hehhe! Izviđali su, ali smo ih vidli i uhvatili, hehe!”
- „Kaj? Kaj pripovedaš? Kaj niste nikaj javili? Ponovi sve, polako ponovi mi sve!” - zapovjednik je iznenađen, ali pribran. Vojnik izvještava:
- „Ovak je bilo. Šef je išel s nama na smjenu kod šestice, sedmice i osmice. Taman smo obavili kod šestice, kad je do nas dobežal mali Čopavi, sav zadihani i rekel da se nekaj događa kod osmice. Nisu imeli veze i Debeli ga je poslal nek javi dečkima na sedmici i dole do vas. Mam smo odbežali do osmice. Gore je magla i slabe se vidi, znaš kak je, prve vidiš nekaj, onda male, pa ništ i tak stalne. Došli sme kak sme brže mogli. Pijanec i Mali su nas čekali, a Debeli je bil na položaju ispred bunkera, hehe. Sa sreća kaj je megla, kak se zalegel onak Debeli i vidlo ga se s kilometra, hehe. Šef je mam skužil. Smo se raštrkali i, kak se veli, pri-tajili. Tam ispod one velke stene, na sjevernoj strani, s desna, gde su ona dreva, ti Boga, ispod je nekakšna rupa, kaj ti ja znam, jake je strme mam posle toga. Tam sme vidli dva četnika kak sediju, hehe, bedaki, sedeli su i nekaj jeli. Nemam pojma kak su došli tam i se to, ali sme ih zarobili sam tak, hehe. Nisu se ni hteli boriti, kukavice četničke. Hitili su puške i zdigli ruke: ”Predajemo se, nemojte nas ubiti!” Haha, tak nekak su vikali, hehe. Bil je to laki posel, hehe...” - zapovjednik pažljivo sluša, pali novu cigaretu. Vojnici koji su spavali budni su i us-taju, pridružuju se pridošlim vojnicima.
- „Jebem ti, kaj sam propustil dok sam spal?”
- „A gde je taj srpski drek?”
- „Jebali bumo im mater!” - nastaje oduševljenje zbog zarobljenika. Zapovjednik se vraća svom kre-

vetu, uzima opasač s futrolom i pitoljem, opasuje se, poravnava džemper. Otvara transportnu torbu na krevetu i vadi iz nje baterijsku svjetiljku. Obraća se vojniku koji je izvjestio o zarobljavanju:

- „Gde je šef? Gde su četniki?”

- „Šef je još gore, rekel je da hoće sve proveriti, morti ima još ove gamadi. Rekel je da ih pospremimo dok on ne dojde. Zaprli smo ih dole, pred vratima je Štef, on ih čuvle.” - poslije ovog odgovora, zapovjednik u zelenom džemperu kratko zapovijedi:

- „Idemo dole, da vidim.” - vojnici psuju, smiju se obradovani ovom zapovijedi. Jedan poviče kroz smijeh:

- „Hej, ljudi, cirkus neje zabadaf! Ulaz se plaća! I majmuni trebaju banane, pripremite peneze!” - zapovjednik ne komentira ove riječi. Otvara frata i izlazi, prate ga vojnici.

Zapovjednik praćen vojnicima ulazi u mračan prostor. U desnoj ruci nosi upaljenu baterijsku svjetiljku. Lijevo od malih vrata je prostor za stoku. Zapovjednik usmjeruje svjetlo na zarobljenike. Još nekoliko baterijskih snopova svjetlosti obasja prostor. Na ostacima slame i osušenog izmeta sjede dva mlada vojnika u sivomaslinastim odorama. Jedan od njih nosi ispucali zimski kožni kaput. Nemaju kape. Mladi su, golobradi, preplašeni. Zima je, pa ipak se znoje i drhte. Prvi je nizak, nabit, smeđokos. Drugi je visok, mršav, plave kose. Sjede s rukama zavezanim na leđima. Užadima za stoku privezani su za obruč na zidu, u visini magarečeve glave. Zarobljenici prestravljeno gledaju u zapovjednika i vojnike. Žmirkaju pod svjetlom ručne baterijske svjetiljke.

Vojnici ispune mali prostor. Rasporede se u polukrug oko zarobljenika. Zapovjednik stane ispred njih. Prelazi snopom svjetla preko lica svezanih vojnika. Okreće se vojnicima:

- „Ostavite vrata otvorena. Franc, vužgite agregat i donesite produžni s žaruljom, trebamo svetlo, brže!” - zapovijeda. Franc udari lagano po ramenu vojnika do sebe i šapne: „Idemo, odi s menom!” - Izlaze žurno iz prostorije.

Zapovjednik šuti. Promatra zartobljenike. Vojnici su kratko vrijeme tiho. Počinju dobacivati i prijetiti. Zarobljenici se skvrče, strah im izlazi iz očiju, drhte, onaj niži zaplače. To izazove opće oduševljenje vojnika. Nastane galama:

- „ Dobrodošli v pekel! Haha, poglejte srpske junake vusranih riti, hehe! Kak ste grdi, kaj vas je opica namrdal, hehe?”

Zapovjednik se približi zarobljenicima:

- „Ustajte, mater vam jebem!” - udara ih snažno obojicu nogom, vrhom čizme. Zarobljeni srpski vojnici zajauču, skuture, se ne ustaju.

Čuje se zvuk paljenja agregata, mašina kašlje. U prostoriju uđu dvojica vojnika, jedan od njih je Franc. Nose produžni kabel s grlom i žaruljom. Žarulja svijetli. Zapovjednik se okrene i požuruje ih:

- „Brže male, nemamo celi dan!” - Franc brzo vješa žarulju za kuku na stropnoj gredi. Mlaka svjetlost obasja prostoriju. Zapovjednik gasi baterijsku svjetiljku i gurne je u desni džep na nogavici hlača. Vojnici još drže uključene svjetiljke. Zapovjednik ponovo šutira obojicu zarobljenika:

- „Rekel sam, ustaj, drek srpski! Hajde, čedomiri, mater vam jebem” - srpski vojnici stenju skvrčeni na podu. Zapovjednik se okreće svojim vojnicima:

- „Dignite ovaj gnoj na noge!” - trojica vojnika skoče i odlučno uhvate zarobljenike, psuju, podižu ih na noge. Zarobljenici se otimaju, cvile prestrašeno:

- „Neee... nemojte, braćo...!”

- „Kakšni jebeni sam ti ja brat, četnik prokleti!” - vikne jedan od vojnika i udari pesnicom zarobljenika u trbuh. Ovaj zaurla, skvrći se i skoro padne. Vojnici ga drže. Priđu još dva vojnika i sad su zarobljenici na nogama, u čvrstom stisku. Po dva vojnika drže jednoga, a jedan vojnik stoji iza i svakih nekoliko trenutaka udari zarobljenike u leđa. Zapovjednik podigne ruku;

- „Nemoj tolko, ima cajta za obradu, samo ih pazi, da budu mirni ko bubice!”

- „Hehe, buju ovi kak anđeleki, krepani anđeleki, haha, crknuti anđeleki, hehe!” - vojnici se smiju, zabavljaju se. Zarobljenici drhte, znoje se. Zapovjednik uhvati visokog zarobljenika za grlo. Lice zapovjednika je tamno, hladno, puno mržnje. Oči mu sijevaju. Desnom rukom vadi pištolj iz futrole. Češka „zbrojevka" 9 mm, nadaleko poznati model CZ 75, „devetka". Naslanja cijev pištolja na čelo zarobljenom vojniku. On krklja, trza se, opire, lice mu je plavo, oči izbuljene. Prestravljen je. U prostoriji je muk, vojnici napeto promatraju. Zapovjednik lagano povuče oroz pištolja. U tišini zapovjednikove riječi su kao eksplozija:

- „Sad te bum strelil kak cucka! Za Vukovar! Za Škabrnju! Za svakog nevinog Hrvata, gnoj srpski! Bum te strelil i v grabu te hitim da te vuki pojeju, četnik prokleti! Ali buš prvo popeval kaj znaš, kak grlica buš popeval, jebem ti mater četničku!" - okrene cijev pištolja prema drugom zarobljeniku. On pretrne, jeca, cvili, znoji se, plače. Zapovjednik se zlobno nasmije i oslobodi zarobljenika stiska na vratu, spusti ruku, zarobljenik strašno kašlje, pokušava doći do daha, diše teško, isprekidano.

- „Haha, cmizdriš, faćuk srpski, cmizdriš, a niste cmizdrili kad ste klali i ubijali, kad ste plačkali onda niste cmizdrili, ali buš plakal, jebal vas vaš pop, i tu buš popeval!" - zarobljenici se tresu, znoje se, oči su im širom otvorene, izbuljene, lica pomodrjela. Zapovjednik vadi cigarete iz džepa hlača i pripaljuje jednu, puši. Njegovi vojnici stoje okolo, dobacuju, smiju se. Niži zarobljenik progovara isprekidano, teško, jecajući:

- „Ne, nemojte nas ubi...ti. Molim vas, nismo ništa, pobegli smo... nemojte..." - zapovjednik ga prekida udarcem cijevi pištolja u lice. Jauk, koža pukne i krv poteče. Na obrazu zarobljenika pojavi se brazgotina. Srpski vojnik zacvili, jauče, plače: - „Neee, nemojte brać.. neee!!!".

Zapovjednik vraća pištolj u futrolu. Njegovi vojnici uživaju, psuju. Neki su zapalili cigarete. Uzbuđenje je veliko.

- „Čujete ljudi! Nisu krivi, čedomiri nisu krivi! Haha, indijanci su krivi, marsovci, haha, kaj bi četniki bili krivi, oni su mili i dragi, haha! Ma kaj, krv im treba pustiti, jebem im mater trofaznu!" - Zapovjednik baca opušak i kaže mirnijim tonom:

- „Jebi ga, nemremo ih odmah srediti, posel je prvo, ispitati ih moram." - opet se okrene Francu - „Donesi mi stolec, bilježnicu i penkalu, moram zapisati podatke za izvješće." - vezista Franc otrči i vrati se za manje od tri minute.

- „Fala, Franc!" - zapovjednik potapša vezistu po ramenu i nastavi:

- „Znate kaj, imamo dosta posla. Donesite onaj mali „gašpar", dve cevi i koleno, postavite ga tu negde, vužgite vatru, ne moramo baš delati v zimi. Hajde, napravite to, vas štiri, idite!" - pokaže prstom na četvoricu vojnika i oni odu izvršiti što im je zapovijeđeno. Zapovjednik se obrati trojici koji drže zarobljenike: - „Zavežite ih za onu gornju kuku na plafonu, nek malo protegnu ruke! I nek netko donese nekaj za piti, na suho se nemre delati!" - ova zapovijed izazove opće oduševljenje i dvojica vojnika potrče na kat donijeti što im je rečeno.

Dva vojnika drže zarobljenike, a treći im prljavim užetom vezuje ruke i potom zakači uže za crnu željeznu kuku na stropu. Zarobljenici glasno stenju jer ovaj položaj i istezanje izaziva strašnu bol. Vrijeme prolazi, minute sporo teku. Zapovjednik hoda oko zarobljenika. Puši. U prostoriji su tri njegova vojnika, nećak i još dvojica.

Četvorica se vraćaju i nose malu peć „gašpar", dva dimovodna koljena i kutiju s drvima. Postavljaju peć ispod prozora, spajaju dimovodne cijevi. Jedan vojnik otvori prozor. Gornju cijev provuku kroz prozor, sve zajedno spoje pomoću cijevi-koljena. Visoki pročelavi vojnik srednjih godina otvara vrata lo-žišta, ubacuje suhe slame i triješće, stavlja sitna drva i pripaljuje. Malo dima, a za nekoliko trenutka vatra se rasplamsa. Vojnik dodaje drva i zatvara ložište. Pljesne rukama: „Eto, bumo se grijali, i mi i čedomiri!".

Dva vojnika donose tri boce domaće rakije. Vojnici ih pozdrave pljeskom. Jedan odmah otvara prvu bocu i otpije malo. Boca kruži među vojnicima. Zapovjednik pije zadnji, otpije priličan gutljaj. Strese se:

- „Jebem ti, dobra brlja, haha, nije kao naša rakija, ali dobra je, jaka je. Potkuri tu peć, ne bum dobil reumu zato kaj moram ispitati četnike!" - pljesne rukama, izvadi novu cigaretu, pripali i snažno povuče dim . Zadovoljno otpuhne. Uzme stolicu, postavi je na oko metar od zarobljenika sjedne, stavi bilježnicu na koljeno, otvori je i cmokne jezikom:

- „Bumo počeli! A vi, dečki, slušajte i pamtite, da bute svedoki posle, da ne bu nismo znali, hehe!" -

vojnici se smiju, kruži druga boca, zaudara rakija, osjeća se dim iz peći, zagušljivo je. Žarulja trperi, vani agregat kašlje: „Nek neko ide pogledati kaj je s agrgeatom, same mi treba da krepa!”

Franc izlazi. Mali „gašpar” se polako žari, širi toplinu.

- „Zaprite vrata, delamo ozbiljan posel. Zaprite dobre, nećemo da nam zbetežaju ove četničke pičkice, hehe!” - zapovjednik se smije sam sebi - „Ok, odvežite ih, da neju rekli da nisme, kak se veli, je, da ne delame po Ženevskoj konvenciji. Skinite im te prnje, vruće im je, hehe!” - dva vojnika priskoče i grubo skidaju zimsku odjeću sa zarobljenika. U trenu zarobljeni četnici su samo u hlaćama i košuljama. Netko od vojnika dobaci :

- „Je, pizda materina, a ne konvencija, kaj su oni vu Vukovaru imali tu usranu konvenciju, postrelati ih treba, mam postrelati!” - zapovjednik se ne osvrće na ovu upadicu. Dva vojnika odvezuju zarobljenike i oni padnu na slamu i osušeni gnoj. Stenju, glave su im spuštene, jecaju. Plaču. Iznemogli, mokri od znoja, prljavih lica. Nižem vojniku curi krv iz rane na obrazu. Prestravljeni su, sjede jedan uz drugoga kao polumrtvi. Zapovjednik ustaje, odloži bilježnicu na stolicu i udara prvo jednog, pa drugog zarobljenika nogom u slabine. Jauci, plač, suze. Obojica se prevrnu, jedan na leđa, drugi na lijevi bok. Zapovjednik se smije:

- „Kaj je, junaci srpski, kaj cvilite kak odojki kad se kolju? Ve niste junaki, haha, a kad ste klali i ubijali naše, ste hrabri bili, kukavice!” - novi udarci izazovu glasno podsticanje vojnika. Rakija djeluje i atmosfera je naelektrizirana. Psovke su sve sočnije, prijetnje sve krvavije. Zapovjednik podigne ruku:

- „Tiho, počinje ispitivanje!” - sjedne na stolicu i otvori bilježnicu. - „Ovak bumo, jeste me čuli? Kak se zovete, vi velite jedinica, kojoj jedinici pripadate, činovi, dužnosti, sve po redu bute mi rekli! I nemoj da zmišlate jer bu „zbrojevka” delala, ali ne na mrzle! I dignite labrnje, gledaj me v oči gda se spominaš s menom, mi Hrvati to tak delamo, gledimo se v oči, gnoj srpski!” - zapovjednik je nezadovoljan. Zarobljenici jauču, plaču spuštenih glava. Šute. Zapovjednik ustaje, baca bilježnicu. Zamahuje nogom i udara nižeg u grudi. On se prevrne, zajauče glasno. Visoki zarobljenik je posve skrčen, plače.

- „Nemojte, mi... smo pobegli iz vojske. Ne, mi smo pobegli. Mobilizirali, pobegli smo. Tri sedmice... Nismo više... mogli.. Kra... Krajine, smo u.... voj...sci...” - zapovjednik eksplodira:

- „Vidim da moram početi tuči!” - na ove riječi vojnici skaču, pljuju, psuju, supijano urliču. Zapovjednik vadi pištolj, povlači oroz, maše pištoljem:

- „Pizde, srpske! Sad vas bum postreljal kak cucke! Najebal vam se bum mame, četniki prokleti! Jebali bute...!” - vrata se otvore s treskom. Iznenađenje je potpuno. Zapovjednik zastaje u pola riječi. Vojnici utihnu zbunjeno. U staju uđe visok, vrlo snažan vojnik u maskirnoj odori u pratnji još trojice vojnika. Nosi kožnate rukavice na rukama i debelu sivu vunenu kapu na glavi navučenu preko ušiju. Oko pasa mu je zeleni vojnički remen s futrolom za pištolj većeg kalibra. Oko vrata mu visi dalekozor u kožnoj zaštitnoj torbici. Puška H&K mu je prebačena preko leđa. Njegov glas je težak, moćan, ozbiljan. Sijeće nastalu tišinu:

- „Niko nikoga ne bu ubil! Kaj je ovo, koji je ovo kurac, stoko pijana?” - muk, zapovjednik u zelenom džemperu ne dolazi k sebi. Stoji s pištoljem u ruci, kao zaleđen. Ukučio se. Vojnik s crnom kapom na glavi ne prestaje vikati. Viče ljutitio:

- „ Kaj je ovo, mater vam vašu pijanu?! Ti, idiote!” - obraća se zapovjedniku koji stoji kao kip pred njim, s pištoljem u ruci. - „Odgovaraj kad te pitam! Kaj to delaš, majmune! Kako se slušaju moje zapovijedi?! Ovdje sam ja zapovjednik i bog i batina! Tko je zapovjednik satnije, ja ili ti? Kaj sam ja govoril sto puta? Mi smo Hrvatska vojska, razmeš , budalo, Hrvatska vojska, mi nismo četnici!”

Zapovjednik dolazi k sebi:

- „Ništ, ispitivanje zarob..ljenika, kak ide...”

- „Začepi, neću te slušati. A vi, svi gore, odmah, imali bumo sastanak! Odmah, kaj čekate, marš gore!” - okrene se vojnicima iz svoje pratnje - „Pobrinite se za ove. I postavite stražu ispred vrata! Idemo!” - svi izlaze. Zapovjednik izlazi, za njim korača zapovjednik satnije. Zarobljenici sjede skrčeni, rana na licu nižeg srpskog vojnika izgleda ružno. Čuje se pucketanje vatre u „gašparu” i zvuk motora agregata.

Gornji dio pastirske kuće. Vojnici stoje oko stola, neki sjede na vrećama za spavanje. Žarulja iznad sredine stola je upaljena. Gori samo jedna svijeća. Zapovjednik u zelenom džemperu sjedi za stolom na-slonjen na laktove. U prostoriju ulazi zapovjednik satnije. Skida pušku i vješa je na čavao, skida kapu i ru-kavice i sve stavlja na policu iznad peći. Zbog svoje visine, hoda pognuto. Prilazi stolu i sjeda kod zemljo-vida, na čelu stola. Vadi kutiju cigareta, pripaljuje. Puši. Progovara nakon minutu-dvije:

- „Nemojte mi nikaj objašnjavati, pijana stoko! Znam kaj je bilo! Tako se ne ponašaju hrvatski vojnici! Mi nismo oni preko Drine! Mi imamo hrvatsku čast! Milkoviću, kaj sam ja rekel kad sam te poslal u ba-zu? Kaj sam ja zapovjedil? - proziva vojnika koji je doveo zarobljenike. Ovaj promuca:

- „Pa... rekli ste da ih dopeljamo...i to...” - zapovjednik satnije ga grubo prekine:

- „Šuti, ni za kaj nisi! A ti, vole, dozapovjednik satnije, a isti četnik...”

- „Kaj, pa to su srbende...Mislim, kaj onda...?!” - dozapovjednik u zelenom džemperu pokušava nešto reći. Zapovjednik satnije mu ne dozvoljava završiti rečenicu:

- „Začkomi! Koliko sam puta rekel da hrvatski vojnik nije srpski četnik? Mi nismo oni, moji vojnici ne-buju četniki! Mi se držimo ratnih pravila bez obzira na sve! Kaj je, kaj hoćeš pametno povedati? - zapo-vjednik satnije gasi cigaretu u odrezanoj limenki od pive i pokazuje rukom dozapovjedniku da smije go-voriti:

- „Jebi ga, šefe, a Vukovar...” - ovo je razbjesnilo zapovjednika satnije:

- „Jebem ti sve! Vukovar? Si bil tam? Ha? Kak te nije sram spominjati najveće hrvatske heroje, branite-lje Vukovara? Koji je od vas bil tam? Nijedan! I kaj mislite da su si kaj su stradali tam zaslužili da se mi ponašamo kak jugoarmija i četniki?! Ha?! Glupi ste ko kurac! Hrvatska vojska nije četnička banda! Mi ni-smo četniki! Nijedan od vas nije bil tam, nijedan, tu izigravate heroje, idite u pizdu materinu! Kaj ste hteli ubiti one jadnike dole, kaj ne vidite da su to deca?! Osim toga, ima netko tko bu im sudil, a to niste ni vi ni ja! Borimo se za Hrvatsku! Idioti blesavi! Kaj ste mislili, strelati ih i hititi v grabu? Majmuni! Ti buš mi debelo izvješče napisal, svi bute mi napisali izvješća, do jutra da ste mi dali papire, potpisane! Ste čuli? Ja bum ih ispital. Dajte im jesti i piti, nek se bolničar pobrine za njih. Vjutro bum javili da dojdeju po njih ili ih buimo sami sproveli do zapovjedništva. Kak Hrvatska vojska, ne ban-diti i ubojice! Kreteni pijani! I kaj je bila moja zapoved? Nema pijače, štamprlin na den! U ratu smo, da je drukčije, na vojni sud bi vas poslal, sve! Sramite se! Magarci!” - zapovjednik satnije ustane i namješta opasač. Izgleda umorno.

„Mir je doba u kojem sinovi sahranjuju očeve, rat je doba u kojem očevi sahranjuju sinove”, rekao je netko mudar. Nažalost po Hrvatsku, hrvatska je povijest priča o bezbroj grobova mladih vojnika, o tisu-ćama grobišta i grobalja s mrtvim izmrcvarenim, spaljenim, osakaćenim tijelima hrvatskih bojovnika: hrvatska povijest nije nego trinaest stotina godina duga tužaljka o pogibiji onih koji nisu trebali umrijeti prije kraja od Gospoda im određenog vremena, a ipak jesu, krepali su, crkli su ko ulična paščad na bojnim poljima slave i časti (a ta su bojna polja šikare, blatišta, pustare, šume, brda i doline, močvare, kaljuže i nema ničega ni slavnog ni časnog na mjestima klanja hrvatskih vojnika; dijelovi tijela, kao narezana sala-ma, ruke i noge, glave i crijeva, ljudski mozak u travi i sve je krvavo, ukiseljena zgrušana krv pomijcšana s blatom, kao dekoracija mračne povijesti) u naivnom uvjerenju da znaju za što ginu. Nisu znali, vojnik ni-kad ne zna za što i zašto mora umrijeti. Samo misli da zna. Ne zna. Vjeruje u ono što su mu rekli, usadili u glavu kao sjeme domoljublja. I premda znakovito obojena sjajnom pozlatom povijesnih nadvrednota, ve-like riječi (dati život na oltar Domovine u vječnu slavu tisućljetne Hrvatske) vojnik ne razumije u trenutku svoje smrti: sve što mu je bilo u glavi, misao na večeru, na čiste šarape jer ove koje ima nosi više od deset dana, planovi za vjenčanje kad se vrati doma, sjećanje na majku, misli o kupovini onog vinograda od pra-ujaka, ne, u trenutku, u onoj milisekundi dok mu se 7,62x39 mm zabija u srce, dok mu mač odsijeca gla-vu, dok ga probija koplje, pogađa strijela, melje eksplozija teške topovske granate, hrvatski vojnik odnosi sa sobom u grob, a u svemu što nosi sa sobom svakako nisu parole, budnice i „domoljubna 'rvacka” prene-maganja. Biti pokopan u masovnoj grobnici „palih heroja”, biti dio kakvog velebnog spomeničkog kom-pleksa u čijem su središtu divovke mramorne ploče s tisućama lažnim zlatom uklesanih imena „najboljih sinova i kćeri Domovine” i nije baš važno u onom neznatnom dijeliću vremena u kojem vojnika raznese odskočna protu-pješačka mina ili ga smlavi kamen ispaljen iz katapulta. Pitam se, ne bez razloga, jesu li

Hrvati-grobari ikad vidjeli otfikarene ruke i noge, rasuta utroblja, raskoljene lubanje, jesu li vidjeli kako krv lipti iz rane stvorene velikim kalibrom? Ne, nisu vidjeli, jer da jesu, nikad, baš nikad ne bi srali o oltaru Domovine, o zastavama što se viju ponad palih junaka! Ne bi se šepurili kao pauni pred grobnicama palih u ime tzv. patriotizma. Charli Chaplin je to sjajno opisao: „Patriotizam je previše dubok osjećaj za prikazivanje u poziranju za fotografiju...".

Vojnici ne misle o smrti, nemaju vremena za to. Smrt je normalnost rata, kao što su to vojničke cokule, kao omražen CSO, kao seratori od dočasnilkih guzica, smrt je poput prazne čahure i čišćenja oružja, smjene straže i vojničkog pritvora, Osim toga, vojnici nisu pjesnici ni filozofi, nisu slikari ni političari, nisu glumci ni akademici i za njih smrt nije ni poetski ni znanstveni pojam, čak nije ni politički: vojniku je smrt nešto što ga sjebe i to je to. Zabluda je da vojnici pjevaju kad umiru, to su gluposti. Ne sjećam se pjesme ranjenika ni juriša kao u partizanskim filmovima. Nema toga u pravome ratu, nema blesavih prizora koje djeci opisuju nastavnici povijesti u osnovnoj školi...

Dignitet Domovinskog rata nema ništa s time! Baš ništa! Naposljetku, da rat uopće ima dignitet nisam znao prije no što su znameniti šatoraši plinskim bocama uvjeravali Vladu RH i javnost da su upravo i jedino oni predstavnici branitelja i veterana i da ih se kao ozbiljne i mora shvatiti ozbiljno: možebitna (nikad ostvarena, hvala Bogu) eksplozija plinske boce trebala je staviti pečat na političku prostituciju dotičnih branitelja i ozakoniti njihov vazalski odnos s HDZ oligarhijom i njima sklonoj bulumenti lopova, u to vrijeme opozicijskom. Mada, premda mi tadašnja vladajuća esdepeovska koalicija nije bila po volji, nisam mogao stati uz skupinu lajavaca i glumaca čije su vođe bili sve samo ne dostojni (meni nejasnog) naziva „zaštitnika Domovinskog rata". Rugati se zakonima Domovine (koju navodno vole i za koju su ratovali), potpuno nezakonito postaviti šator, i više, izgraditi pravu malu cigansku mahalu, organizirati stupidne press-konferencije na kojima su glavni govornici bili neopisivo neinteligentni tipovi vrlo sumnjivih biografija, znači, maltretirati idiotizmom cijelu državu nije demokratsko pravo niti obrana „digniteta rata" nego primitivni provincijski kriminal kojeg je trebalo zaustaviti pendrekom i lisičinama! To više što su danas (kao i ranijih godina) na vlasti iste nakaze i/ili njihovi adepti i nalogodavci! Kad ratni veteran postane licemjerna politička posvuduša, gubi pravo na spominjanje rata: naročito nema nikakvog prava govoriti o svojim poginulim suborcima! Ako nešto mora biti ljudski pošteno, to je svakako održavanje uspomene na poginule vojnike uz poštivanje čistoće njihove smrti!

Završetak Domovinskog rata morao je biti antidot. Nije bio. Sad je pak prekasno, sve je otišlo u vražju mater, a rat tako i tako nije završio. Ne može i zbog ratnih veterana i branitelja upisanih na liste stranačkih poslušnika.

Ok, pitanje koje se stvorilo ispred mene glasi: ako nema domoljublja s velikim „D", za koji smo se kurac borili? Nije baš da smo ratovali za ništa, najmanje za (ove) bedastoće! O Gospode, koliko puta moram ponoviti? Za Hrvatsku Hrvata-mrtvaca, za Hrvatsku koja je trebala biti bolja no što je bila, za domovinu bez velikog „D", za hrvatskoga kmeta, katunara, za sirotinju, za one koji su nitko i ništa, a nose Hrvatsku na svojim leđima. Nažalost, Domovinski rat je uzburkao mulj i već trideset godina domovinom vladaju paraziti, crvi, gamad zaražena pohlepom i lažima. Tamo gdje se najviše govori o pravdi, pravde je najmanje!

Dobro, život teče i poslije rata trebalo je preživjeti. Godine nose svoje i nekadašnji mladići počeli su gubiti kosu i vid, stariti, njihova djeca su rasla, trebalo je plaćati račune. Sve je to shvatljivo i protiv toga nemam ništa. Živjeti treba, a život košta. Od praznih priča, birtijaških filozofija i trkeljanja nema kruha ni pogače. Međutim, čovjek uvijek i prije svega treba ostati čovjek, a kad je riječ o bivšim bojovnicima, stanje je još radikalnije: onaj tko je u ratu dokazao što znači biti čovjek, u miru ne smije postati ljudska svinja! Obraz se ne prodaje, ni za što! Sakriti se iza političkih parola, reklamnih predizbornih panoa i prodati poginule suborce za ugodan i relativno materijalno sređen život u najmanju je ruku podlo! Sjediti na terasi kafića uz kavu i konjak, sjediti guzice smještene na udobnoj stolici, na mekanom jastuku i s visoka, lijeno, sito i oholo ustvrditi kako je jasno da je život težak, ali kako je njemu, u ratu bilo kudikamo teže, jasno, i zato se treba boriti, kako se on borio krvavih gaća, je li, i da ovi koji samo kritiziraju, koji seru po svemu što je 'rvatsko, koji ne vole 'rvatsku i koji je nikada nisu htjeli i koji pljuju po Domovinskom ratu, mogu lijepo odmah skupiti prnje i otići van, ako im se u 'rvatskoj ne sviđa, pa dakle, srkati preskupi kapućino i još skuplji konjak i slati nedovoljno nacionalno svjesne Hrvate van države, te nezahvalne bitange koji njemu, ratnom veteranu spočitavaju privilegije i mirovinu (koja je krvavo zarađena i još je premala kakva i kolika bi trebala biti) je zabavno samo do mjere kad do mozga dopre jedna riječ: Hrvatska. Nije ni za mrvicu bolja od Hrvatske iz godina 1573. ili 1975.! Stoga ne sumnjam da se naši mrtvi suborci okreću u grobovima zbog svega ovoga danas! I zbog izdaje! Stvari su očite: braniteljske udruge, posebno vodstva ratnih invalida i one pri vrhu vlasti su novi „subnor”! Jasno kao dan u podne! Partizani su bili mila majka prema stanovitom predsjedniku udruge invalida i ostalim jebivjetrima: partizani u četrdeset i pet godina komunističke vlasti nisu stekli koliko su spomenute lopovske pojave nagrabile u prvih deset, a kamoli u ovih dvadeset i pet godina nakon svršetka rata. Zato bez ikakve dvojbe tvrdim da je dio ratnih veterana i branitelja izdao mrtve suborce prešavši na stranu Hrvata-grobara! Odgovornost za to sranje leži na svima nama, uključivo i mene samog: pretvorili smo krvavi rat u cirkusantsku paradu političke demagogije, a dopustivši naplatu domoljublja, pljunuli smo na grobove ratnika! Nema tog spomenika Domvinskom ratu, nema te monografije o brigadama, nema spomen-ploče, biste, dokumentarnog filma, vijenaca i svijeća nema, a što može ispraviti grijeh izdaje krvi prolivene za domovinu bez velikog „D”! Rekao sam, pardon, citirao sam velikog pisca. Sartre je rekao, prepričavam, da ako svijet ostane isti kakav je bio prije rata, mrtvi su pali uzalud. U hrvatskoj inačici, nismo samo potonuli, mi smo izgubili domovinu! Članstvo u EU, europski euri, tzv. poduzetničke zvijezde, nogometno ludilo, elitni hoteli i glazbeni festivali, znan-stveni simpoziji, procjene hrvatskog rejtinga agencije Standard & Poors'a, Fitcha etc., sjednice Sabora i obilježavanje Dana pobjede, porinuće ophodnih brodova HRM-e, promocija doktora znanosti i proslave olimpijskih medalja (što je sve u redu, s vanjske strane gledano) ne mogu popraviti ni izbrisati sliku jadnika i jadnica koji kopaju po kontejnerima, sliku izgorjelih staraca u ilegalnom staračkom domu, sliku teško oboljele djece od zloćudnih bolesti kojima država ne želi platiti liječenje u inozemstvu, slike egzodusa mladih obrazovanih ljudi koji bježe van trbuhom za kruhom, sliku korupcije i sudaca koji su država u državi, sliku ponižene sirotinjske Hrvatske u kojoj je sve performans, loše kazalište taštine, oholosti i mržnje, licemjerja i pohlepe! Hrvatska 2021. je država povlaštenih, država nije-me-briga pigre mase beskičmenjaka i ulizica, Hrvatska danas je veliko ništa! I to veliko ništa je najgora uvreda poginulim hrvatskim sinovima i kćerima! Nema podlije ni prljavije stvari od prodaje smrti vojnika za vlastiti džep!

Iskreno, nadam se da nismo i nisu svi oboljeli od kronične amnezije: zaboravnost je manje štetna od gluposti, a oboje u jednom je katastrofa! Neshvatljivo je što dva i pol desetljeća neki od dokazanih ratnika šute k'o pičke dok se Hrvatska uništava! I tko je taj (od mojih rat-nih kolega) koji će reći kako nije važno što nam starci kopaju po kontejnerima, što sposobni i obrazovani mladi ljudi ne mogu naći posao, što je poljoprivreda uništena, a ekonomija u govnima, što nam je školski sistem nikakav, a zdravstveni pleše na rubu propasti? Zar sjediti u udobnosti mirovine, baviti se svojim voćnjakom, svojim kokošima i svojom vikendicom je baš ono za što ste ratovali, gospodo veterani? Ne tvrdim da bi trebali dizati revoluciju, nikako, samo bi ipak mogli u ime naših mrtvih prestati biti sluge političarima i izdajnicima domovine! Dapače, prekrasno je vidjeti bivše vojnike kako se bave korisnim stvarima, kako rade i stvaraju dobra, no tužno je gledati ih kako pružaju potporu Hrvatima-grobarima!

Vojnička su groblja monumenti podsjećanja istinske hrabrosti i zato ih ne vole ni grofovi ni biskupi, ni kraljevi ni kardinali, ni predsjednici, nitko od grobara ne podnosi grob hrvatskog ratnika! Zaudara trulo meso i kosti smrde iz grobova, zov mrtvih: koji to govor, kakav to vijenac, koliko skupa bista ili luksuzna monografija, koliko sve to doista može sakriti izdaju smrti vojnika i dokaz te izdaje u uništenoj i opljačkanoj Hrvatskoj? Godine prolaze i nitko neće odgovarati za pljačku, zaborav prekriva i sklapaju se srbočetničke koalicijske vlade i svi tajkuni, ratni profiteri, šverceri, sve komunističke i emigrantske gnjide padaju u zaborav, a djeca njihova i djeca djece izdajnika Hrvatske, izdajnika hrvatske domovine, hrvatskog kmeta, palog hrvatskog vojnika imaju osiguranu budćnost. Plan o dvjesta bogatih obitelji je ispunjen (čak i ako nikada nije postojao), pače ih ima i tri stotine, pet stotina novih cilindraških obitelji nove 'rvatske demokratske aristokracije! A dolje, na dnu, u sjeni grobljanskih borova i čempresa, negdje po bosanskim i hrvatskim gudurama, ispod stijenja, u blatu, tko zna gdje nestaje u zaboravu hrvatska vojnička krv. Moj odgovor Jean-Paul Sartreu: ne dvojim, pali su uzalud...

Pas mater, pitam, zašto se ratovalo, zašto smo ratovali? Za Hrvatsku? Hrvatsku koja ne postoji? Prije nekoliko dana pročitao sam zanimljivu misao G. S. Lichtenberga: „Ne znam što bih dao kad bih točno znao za koga su stvarno učinjena djela o kojima se u javnosti govori da su učinjena za Domovinu." Da, sve što govore (Hrvati-grobari) da su učinili za Hrvatsku, za sebe su činili, jedino što su račun naplatili Hrvatskoj. Groblja hrvatskih ratnika od prije dvadeset i šest godina, kao i sva vojna groblja od stoljeća sedmog, obilježena i ona neznana, jedan grob i masovne grobnice, sve je puno kostiju onih koji su krepali, crkli, koji su isrkvarili, koji su ubijeni, zaklani, spaljeni i izrešetani, smljeveni za one kojima do Hrvatske nije stalo! Nakon Domovnskog rata to je očitije nego ikad prije. Štakori rata, profit-domoljubi, najgori ljudski ološ odjeven u livreje i mondure hrvatskih rodoljuba i domoljuba, amoralne sebične grinje, krvopije, smeće ljudsko, ljigave štetočine što se popeše na sam vrh piramide 'rvatstva i vertikale 'rvatskoga domoljublja iskoristili su mrtve hrvatske vojnike kao što mušterije koriste kurve za jedan sat u bordelima u Amsterdamu: prostitutke se moraju platiti, vojnike ne, i ne samo da im nisu platili, nego su im uzeli jedino što su imali, život! U ime imaginarne grobarske 'rvacke!

Ovo je najodvratnija scena kazališne predstave istina i laži i ne samo zato što govori o ratu, ovo je najmučnija scena ispunjena ogavnim prizorima koje ni sam Sotona ne može gledati. Sjedim ovdje u Americi, u Illinoisu i preko interneta pratim vijesti iz Hrvatske. Nakon svega odgledanog i odslušanog sve više sam uvjeren u ispravnost pisanja ove kazališne priče o jednoj preskupoj predstavi odglumljenog domoljublja. Danas zaboravljenoj, osim u besmislenim govorima na glupim proslavama. Gledam (neke) branitelje kako prisežu da će opet, ako treba, „stati na branik Domovine": „A kaj buju ti starčeki stali, na kakav štosdenfer domaje? Dajte najte srati, vaši pivski želuci, frizure nulerice, kak z američkih flimof, vaši krediti, imate artritis i čireve, vidite kak kokoš, morti šteri igra nogomet za pivu, ali kaj stvarno mislite da bu novi rat kak je bil Domovinski, gda ste vi bili mladi i kuražni ljudi?!" Serete bez uma i razuma, gospodo: razumijem, račune plaćati treba, ići s familijom na godišnji treba, djeci platiti školovanje također treba, a sve košta, fuš poslovi su slabi (a realno, koliko od vas uopće može raditi u fušu?) i zapravo cijelo ovo vaše prenemaganje je, opetujem po stoti put, u cilju promocije one političke opcije koja će zadržati vaše benefite i još ih povećati. Sva lementiranja o krvavim gaćama, o polaganju života za 'rvatsku, sve je to kreštanje papiga u zoološkom vrtu hrvatske političke travestije, ništa to nije, prozirno je, zaudara na služenje cilindrašima koji su kontinuirano sluge grofovima i biskupima, kako 1713., tako i danas. Ostarjeli odoraški lajavci (oprostite na izrazu, no istina boli, lako je trabunjati o ljubavi prema Domovini kad svakog mjeseca sjeda lijepa svotica na bankovni konto: ne kažem da nije zaslužena ili da je bilo kome treba ukinuti, naprotiv, zalažem se da država bude dobar skrbnik svim stradalnicima, napose ranjenim i bolesnim ratnim veteranima), uvjereni u posjedovanje isključivog prava na domoljublje, prava na monopol ispravnog 'rvatskog 'rvactva reže, laju, napadaju sve koji po njihvom vrhunaravnom, nadnaravnom i nadzemaljskom, sve'rvatskom i na'hrvatskom mišljenju nisu dovoljno veliki Hrvati i nisu dovoljno odani sljedbenici njihvog pogleda na domoljublje i rodoljublje. Udruženi u čopor čuvara stanja trajnog rata, u likove više tragične no smiješne i zanimljive, odrađuju poslove za izdajnike Hrvatske i, što je najgore, toga se ne stide niti srame! Samo kratki pregled novinskih portala uoči obljetnica, u predizborno vrijeme ili u trenucima političkih kriza, tek površno čitanje vijesti iz Hrvatske potvrđuje svaku moju izgovorenu riječ: tužno je što nikome ne pada na um provjeriti porijeklo stečene imovine nekih od braniteljskih vođa (pojedinci su istinski milijunaši). Oni koji uživaju erarske povlastice, primaju banknote iz državne kase, kojima ministar plaća derneke i koji su korisnici najmaštovitije smišljenih privilegija morali bi po crti vlastitog domoljublja, kojim se toliko ponose i koje reklamiraju na naročito degutantne načine, reagirati i psovati (jednako glasno i vurgalno kao što psuju sve oko sebe) sve po spisku i vlasti i svima oko nje. Međutim, ništa se nije dogodilo po tom pitanju, traje vječni muk.

Kako drugačije nazvati šutnju spram zla prema Hrvatskoj? Ovakva Hrvatska, kakva je danas nije i ne može biti ona za koju se ginulo u Domovinskom ratu! Odiozno je pozivati se na pijetet prema nestalim stradalnicima i braniteljima dok se u isto vrijeme podržava vlada četničko-hadezeovske koalicije podmuklog etno biznismena s arogantnim briselskim vazalom kao liderom! Griješim li? Koliko ljudi u Hrvatskoj gladuje, koliko ih živi ispod minimuma dostojanstvenog života, koliko obitelji nemaju najosnovnije, koliko bolesne djece nema adekvatnu zdravstvenu skrb? Koliko starih umire bez ikakve palijativne skrbi? Koliko je prokletih „koliko" za koje razvikani bivši bojnici, pukovnici, narednici, brigadiri, satnici, natporučnici... ne žele znati? Odgovor: previše. Dakako, ovo se ne odnosi na one ratne veterane, poštene ljude koji nemaju ništa s potonjim budalašima: poznajem ih, znam mnoge koji vrijedno rade, koji imaju OPG-a, koji nisu uzeli mirovine nego su se vratili u svoja civilna zanimanja, poznajem mnoge umirovljene ratnike koji stvaraju iako im zdravlje nije najbolje, stvaraju, rade i ne bave se mizernom politikom. Poznajem i one koji teško žive, ne skromno, nego upravo bijedno jer ih je država odbacila, poznajem ih i o njima nisam čitao u novinama, nisu bili u televizijskim dokumentarcima, nigdje u javnosti ih nema, o njima ništa, ni slova ni glasa. Groblja i grobovi, rat. Domovinski rat traje, a završio je prije dvadeset i šest godina.

Negdje na hrvatskome jugu, u zaleđu zaleđa, jedno je od pitoreskih sela koje nije baš blizu mora, a nije ni predaleko da bi odbilo turiste od posjeta u vrućim sezonskim ljetnim mjesecima. Na izlazu iz sela, uz već dobrano ruiniranu asfaltnu cestu stoji spomenik palim borcima NOR-a: ovaj, jedan od desetaka tisuća sličnih, većih ili manjih, više ili manje ružnih dokaza odanosti sljedbenika tekovina socijalističke revolucije i antifašističke borbe iz vremena maršalove federacije, podigli su i platili mještani u kasnim sedamdesetim prošlog sto-ljeća. Nepoznat autor ovog impozantnog djela, jer na spomeniku nema njegovog potpisa, za-mislio je i prikazao ideju revolucije kao piramidu na čijem je vrhu crvena zvijezda petokraka, a u središnjem je dijelu ogromna mramorna ploča sa sedamdeset i četiri imena palih boraca i suradnika NOV i POH-a. Spomenik je izgrađen od dalmatinskog grubo tesanog kamena. Mogu zamisliti feštu koja se odigrala bila prilikom otkrivanja spomenika, mogu si predočiti nestrpljenje uzvanika koji su jedva čekali kraj govorancija da se bace na janjetinu i vino, a sve u čast i slavu revolucije, haha. (Nisam zloban, no ima li sličnosti jedna davna komunistička terevenka s našim današnjim domoljubnim „prigodnim domjencima" ? Samo pitam...)

Četrdeset i pet godina vlasti podanika crvene zvijezde petokrake i ostavilo je, između ostalog, svoje biljege i u obliku partizanskih spomenika. Istina, bilo ih je ko pljeve, više nego partizana, svaki poginuli komunist imao je po dva spomenika, bistu i tri spomen ploče, haha.

Cirkus oko podizanja spomenika, omladinski kvizovi na temu „poznavanja NOB-a" i slične gluposti donosile su veliki plus i u komitetu i kod subnorovaca, a to je značilo da je vlast malo žmirila na pojavu ilegalnog turističkog biznisa (uz plaćanje postotka po uhodanim komitetskim linijama, pardon, crtama, haha). Kad su „tekovine revolucije u redu", što znači ako narod i stavi nešto sa strane u džep? Ništa, ta vlast je u rukama naroda i što narod zaradi, njegovo je, haha. U redu, bilo je ograničenja, znalo se točno do koje mjere tko i kako može rabiti znanu „snađi se, druže", ali sve iznad, kad bi pohlepa uzela svoje, drugovi i drugarice koji su gurnuli cijelu šaku u pekmez (umjesto tolerirana dva prsta) dobili bi, po zaslugama, odmor u Leopoglavi, Staroj Gradišci, a bogme i na Golom otoku, razvikanom odmaralištu za najveće face, haha. U modernoj demokratskoj 'rvatskoj to je usavršeno do perfekcije, s time da je narodu odu-zeta moć snalaženja, a snalažljivi umjesto „odmora" u Lepoglavi primaju odličja i sinekure i kiti ih se titu-lom domoljuba od-stoljeća-sedmog".

I sad, jebi ga, nakon dekada kao-nacionalne jednakosti, a što parola bratstva i jedinstva bješe pokriće za srpsko bratstvo i srpsko jedinstvo (Srbi su bili braća i jedinstveni, a svi os-tali, napose mi Hrvati, služismo kao začin s kojim je jelo bilo malo manje bljutavo, a koje su mogli jesti isključivo srbendama skloni iz-rodi), a što se vidjelo kad je povampirena srbo-četnička žgadija, to trofazno govno napalo Hrvatsku, kad su skinute sve maske i kad je počelo žestoko prebrojavanje krvnih zrnaca, provjera tko se kojem Bogu moli i koje se prezime nosi, vidjelo se u trenutku užasa kad je iz crvene zvijezde iskočila srpska gokarda, ona ista (sic!) koju su upravo hrvatski partizani navodno uništili tijekom Drugog rata, ali ona je preživjela sakrivši se u redovima KPJ nakon četrdeset i pete. Što se tiče hrvatske strane, stvari su malo komplicira-nije u svojoj jednostavnosti: kad je postavljeno pitanje (ako je priča o ovom selu u zaleđu i spomeniku) koje su vjere ovce i gdje ti je bija dida četrdeset i prve, počelo je sranje. Napominjem, govorim o lokalnom seoskom svijetu. Dojučerašnji birtijaški sukobi zbog otimanja turista i namjernog snižavanja cijene janjaca koje otkupljuje seoski birtijaš („neka sam izgubija, ča me briga, neka je Jure propa, krv mu njegovu, litos me zajeba oko vina i rakije, imali smo lipi dogovor, ka ljudi, kol'ko će bit hekti vina, kol'ko rakije, a on spustija cinu napola, samo da mi ga ućera, proklet bija, vrag mu dušu izija i sad je dobija, furešti će izist moje janjce, a on nek ide z milim Bogom k vragu") ili zbog preljuba žene šefa seoskog dućana, koja je, jadna ne bila, otišla u krevet s mladim poštarevim sinom, a sve zbog dolara i njegovih priča o Americi, pa se dogodilo da je jadnica, s kojom zakoniti i nije imao bog zna što u krevetu, pala na šarm mladog časnika palube i tako su svršili u njegovom „opelu" i pukla je bruka zbog slučajnog nailaska crkvenjaka koji se vraćao iz jednako nečastive rabote ljubakanja sa sestrom predsjednika seserenea i nije mogao odšutjeti očiti grijeh i sve je rekao župniku, koji je rekao trgovcu, a zbog vrlo zamršenih šverc-poslova koje je imao s njim, počeo je čudan švalersko-popovsko švercerski rat koji je svršio pomirenjem jer novac mora pristizati, a sve ostalo je prolazno, jeba ga sve, znači, dobili su sasvim drugu boju i drugačiji ton, sad je nacija postala numero uno i na kojoj ti je strani bio stari ili djed u onome ratu, koliko si bio dugo član partije i koliko si ljudi otjerao na Goli otok: i možda bi ta strka nestala brzo kako je i nastala, prvi izbori su prošli i trebalo je nastupiti mirno vrijeme, ali redatelji i voždovi iz beogradskog pašaluka režirali su drugačiju predstavu, krvavu, smrtonosnu. Scena se mijenja, Hrvati odlaze Hrvatima, Srbi Srbima. Hrvati misle da su napkon dobili državu, a Srbi ne priznaju pravo Hrvata na državu iako žive u hrvatskoj državi. Hrvati slave slijepi na dolazeći rat, a Srbi odbijaju prihvatiti stvarno stanje, smrt Jugoslavije i rođenje neovisnih republika. To je onako od oka, grubo kazano.

Ponovila se stara hrvatska glupost: kraj dvadesetog stoljeća dao je mnoge istaknute mislioce, pjesnike, književnike, narodne tribune, no nije dao vođu, lidera, nekoga s vizijom, koji razmišlja i srcem i glavom, kome neće biti prva briga stvaranje vlastite inačice pretorijanske garde u smiješnim kvazopovijesnim odorama nego aktiviranje svih raspoloživih resursa za prikupljanje podataka iz srpske centrale moći. Rezimirajući stanje danas, Hrvatska kao da je često puta imala više sreće nego pameti.

(Opaska: svi s ponosom slavimo Dan OS RH, dvadeset i osmi dan mjeseca svibnja, kad je amaterski otplesano jedno operetno postrojavanje u Kranjčevićevoj, sjećamo se tragikomičnog stupanja neuvježbanih nevojnika, zagrebačkih studenata na brzinu odjevenih u odore bivše TO SRH-e i nešto malo pripadnika policije i ZNG-e, koja je zakonski utemeljena donošenjem izmjena zakona iz travnja '91-ve: svjedoci su poslije rata iznosili zanimljiva sjećanja da su u „tunelima" stadiona, u prolazima sa studenta u hodu skidali odore i slali ih doma. Nevjerojatno je koliko je tih dana i mjeseci bilo vrludanja i naivnosti, amaterizma i političke gluposti u Hrvatskoj. Ozbiljno kažem, da su Aleksandar Makedonski, Napoleon, Đingis kan i ostale vojskovođe tako igrali, ne bi dobili ni jednu jedinu bitku. Pa nije Romell izgubio u Africi jer su Britanci i saveznici bili bolji, već zato što mu njegov vlastiti šef nije dao logističku potporu za vođenje rata! Nije japanska flota uspješno napala Pearl Harbor jer su Amerikanci bili slabi, nego (i) zato što idioti u Washingonu nisu povjerovali informaciji iz depeše iz Moskve o skorom japanskom napadu, što znači da je japanski uspjeh bio zapravo rezutat mlitavosti, nesposobnosti i arogancije najvišeg vojnog i političkog vrha SAD-a! Međutim, u povijesti nema či-bi-da-bi nego samo ono što jest, a to što je u hrvatskoj kazališnoj predstavi povijesnih istina i laži nije baš nešto s čime se možemo hvaliti. Domoljublje hrvatskog vojnika je obranilo i spasilo Hrvatsku, ne tipovi s kravatama s Markova trga!)

Događaji u Beogradu i Zagrebu, pa i u Kninu daleko su od ovog sela do kojeg dolazi samo jeka predstojeće smrti. Emisari poslani iz pašaluka uz pomoć jenea, koja je skinula zvijezde i ponosno nabila četničke gokarde, znamen zla za kojim su oficiri srboarmije toliko žudjeli (osveta za poraz u prošlom ratu bila je jedno od pogonskih goriva za ostvarenje plana Velike Srbije) oko ovog sela grade smrtonosnu zamku: selo je čisto hrvatsko, okruženo zaselcima nastanjenim pravoslavnim življem. I što je kako do jučer bilo skoro pa nezamislivo, zbilo se preko noći. Susjedi napadaju susjede, Srbi napadaju Hrvate. Ne zbog cijene janjaca, ne zbog cijene vina i rakije, ne zbog preljuba (poštar je bio Srbin oženjen za poluhrvaticu, a sin, onaj časnik palube po izbijanju rata dao je otkaz na brodu i odjenuo odoru hrvatske policije, a kasnije je prešao u gardu i kraj rata dočekao kao odlikovani satnik HV-a, da bi poslije rata skinuo odoru i vratio se na brod, navigavat), nego iz vjerske i nacionalističke mržnje, zbog sulude paranoje od ponavljanja endehazije, zato jer su im tako zapovijedili pašalučki krvnici. (Za ustašofobiju srbende nikada, ponavljam, apsolutno nikada nisu imali razloga: ustaše su definitivno poražene u svibnju 1945., a današnji bijedni adepti poglavnika su tek blijeda i loša krčmarska kopija sluga Hitlera i Musolinija). Jedan od najbestijalnijih izgovora za napad na Hrvatsku bila je famozna „ugroženost srpstva". Srbi ugroženi? Nemojte me zajebavati, u obje Jugoslavije, a bogami i danas, u modernoj 'rvatskoj državi, članici EU i NATO-a, (politički) Srbi su bili i jesu privilegirana kasta koja uživa sve benefite i participira u izvršnoj vlasti bez obzira na postotni udio u ukupnom stanovništvu! Ne samo da sudjeluju, Srbi danas doslovno kroje Hrvatima gaće puno gore i s većim ovlastima no što su ih imali u komunizmu! Ugroženost? Haha, da mi je bilo biti „ugrožen" kao što Srbi laju da su „ugroženi", danas bih imao sjajna primanja, lijepi stan i ne bih, na zadovoljstvo svih možebitnih čitatelja ove knjige, nikad progovorio o predstavi u kazalištu istina i laži. Srbi su danas u Hrvatskoj (doduše, zlorabu svinjarije „pozitivna diskriminacija" ne čine tek Srbi, i o Romima bih mogao naširoko), bez obzira na lajanja hrvatskih desničara i birtijaških ZDS ustaša, privilegirana kasta (opet, ne svi, ne stare srpske babe po ličkim i kordunaškim selima, no srpska starčad ionako ne spada u političke Srbe o kojima je riječ - ipak, objašnjenja radi, „srpska starčad" od sedamdeset prije trideset godina bila je „starčad" od četrdeset s puškom na barikadama i u napadu na Hrvatsku, možda ne svi, većina jest i tu činjenicu se zaboravlja kad se trkelja o „starčadi" tri dekade nakon rata) s nezamislivim utjecajem na vladajuću politiku RH i na sastav hrvatske vlade! Srbima odgovara postojanje neoustaških elemenata jer zadržavanje i povećanje beriva i svih materijalnih i ostalih prava ovisi o njihovoj „ugroženosti": bez ZDS majmuna ni srbočetnička bagra ne bi opstala, odnosno, da budem jasniji, u slučaju da bi Hrvati-mrtvaci, hrvatski kmetovi imali stranku i kad bi ta stranka mrtvaca pobijedila na izborima, Hrvatskom bi zavladala normalnost i pitanje bilo čije ugroženosti, a poglavito srpske postalo bi bespredmetno.

Krvna osveta za ubijene sa spomenika, za one koje su likvidirali oni sa spomenika (prije nego su ubijeni) i krvna osveta za ubijene općenito od četrdeset i prve do četrdeset i pete i poslije četrdeset i pete, pravoslavna krvna osveta i katolička krvna osveta: gdje je srpski grob, tu je Srbija i ona pizdarija o svim Srbima u jednoj državi, sve na račun Hrvata. Sva trkeljanja o tome kako razlike spajaju ljude (izrečene od strane tzv. neutralnih mirotvoraca koji budalasto vjeruju da su svi ljudi u suštini dobri i da se protiv samohodnih haubica i VBR-ova može boriti cvijećem) i kako na razlikama možemo graditi buduće perspektive nestala su pod gusjenicama srpskih tenkova i granatama četničkog topništva. Domovinski rat i srpska agresija na Hrvatsku dokazala je istinitost mudre misli velikog Sthendala: „Dovoljno sam živio da bih vidio kako razlike među ljudima rađaju mržnju.". Ne, mi Hrvati ne možemo sa Srbima imati zajedničku državu zbog neprirodnosti takvog političkog saveza: Srbi, mislim na srpsku politiku i njihov nacionalni mitološki DNA, patološki mrze Hrvate, a s onima koji nas mrze nemamo što tražiti. Uistinu, nijedan potez nove vlasti nije išao u smjeru negiranja nacionalnih manjina. U naravi, slabi izgovori trofaznih za ispunjenje četničkog sna: oteti sve hrvatsko i uživati na hrvatskome bogatstvu. Opljačkati, prisvojiti, uscliti u tuđe, obogatiti se na hrvatskoj krvi u ime srpstva i pravoslavlja. Pakleni plan i nenaoružana Hrvatska.

Nespremna, ali ne i prestrašena, nikako pred kapitulacijom. Srbi nisu računali na hrvatski inat i na ljubav Hrvata-mrtvaca prema svojoj domovini. Četnici su bili uvjereni da će ekspresno svladati Hrvate-grobare: znali su srpski voždovi hrvatsku povijest i pretpostavljali su da će hrvatske vodeće glave pristati na prodaju Hrvatske kao godine 1397. ili 1527.! Haha, kako su se sjebali, o kako su se zajebali! (mrvicu drugačije: Hrvatska je ionako prodana, bankama, EU...) Hrvatsku nisu branili grobari nego mrtvaci! A to je ogromna razlika! Jugosprski tenkovi i topovi, avioni i njihova krvožedna pešadija, sve što su imali (a što smo im kupili i mi Hrvati kroz četredeset i pet godina u jugofederaciji) krenulo je na Hrvatsku i to sve što su imali nije im pomoglo pregaziti i satrti hrvatsko ime. Jest, koštalo je, tisuće mrtvih, ranjenih, nestalih, koštalo je previše grobova, srušenih sela, opljačkanih domova, silovanih žena i ubijene djece, koštalo je, ali cijenu hrvatske slobode, bez ikakve sladunjave patetike, oduvijek je plaćao hrvatski kmet i platio je i ovog puta, punu cijenu, bez prigovora, kako je to činio od sedmog stoljeća.

Međutim, pričam o jednom partizanskom spomeniku. Čudne su to stvari, ti spomenici enobea. Podsjetnici su ne toliko na antifašizam i partizane, koliko na staru hrvatsku boljku: konvertitstvo, „kako vjetar puše” filozofiju shvaćanja politike i vlasti. Govorim o ljudima koji su četrdeset i pet godina (točnije, onoliko koliko su živjeli kao odrasli ljudi u onom sustavu) bili pristojni građani, drage drugarice i poštovani drugovi, vrlo nisko pognutih glava, poslušni izvršitelji naloga Partije premda nikada nisu bili posjednici članskih iskaznica KPJ/SKJ, govorim o onima koji su brinuli samo za sebe i koji su štitili samo vlastite interese ne obazirući se na zbivanja oko njih. Kroz cijelu povijest Hrvatske imali smo i imamo i danas takve persone: ne bune se, svaka vlast je njihova vlast, danas kralj, sutra predsjednik, nije ih briga, plješću svima, glasaju za sve, plaćaju porez i imaju lijepo mišljenje o svima. Kad je trebalo, na kuću su vješali crno-žute zastave, pa srpske trobojke, pa endehazijsku inačicu hrvatske zastave, pa jugoslavensku i hrvatsku sa zvijezdom petokrakom i isto tako danas ponosno podižu hrvatsku zastavu na stijeg. Znali su riječi „Bože, pravde”, znali su „Hej, Slaveni”, a koliko znaju „Lijepa naša domovino”, točnije znaju li uopće cijeli tekst, eh, o tome ne bih..., premda, glava moja nek' odmah ide na panj ako pedeset posto ovih i osamdeset posto velikih katoličkih domoljuba zna sve riječi hrvatske himne „Lijepa naša domovino”, što pak dovodi do problema oko spomenika: bilo je tehnički vrlo zahtjevno uvjeriti javnost, susjede itd. u osobno hrvatstvo, a s obzirom na to da je 'rvactvo grobarskog tipa neraskidivo povezano s katoličkom crkvom, iznenadni dolasci bivših podanika socijalističkog samoupravljanja u crkve i zauzimanje prvih redova izazvalo je konsternaciju kod „redovnih vjernika”. Međutim je moć svećeničke svevlasti učinila svoje i stvar je svršena ponizno, tipično katolički jer koga pop proglasi dovoljno svetim, narod ne može potjerati, pa bio u pitanju i bivši sekretar općinskog komiteta eska. S tim u vezi, sve što se na bilo koji način ticalo socijalizma, čak neovisno o ratu, dotični KVP (kako vjetar puše) hrvatski domoljubi nastojali su uništiti i maknuti iz dometa bilo čijeg pogleda. Kako bi bilo glupo da sami ruše što su podizali, iskoristili su, vrlo oštroumno, jedan od najstarijih ljudskih osjećaja i želja: osvetu.

(Opaska: otkad živim u Americi, morao sam, prvenstveno starijim prijateljima, braći i sestrama iz Crkve, mlađi niti znaju što se zbivalo u Jugoslaviji i što je i gdje je Hrvatska, niti ih zanima, o povodima i uzrocima rata na prostoru bivše federacije i Balkana, kako oni zovu teritorij nekadašnje države, što mi nije bilo nimalo lako odraditi jer odgovori nisu jednoznačni, a kako Amerikanci i nisu neki lumeni u povijesti i zemljopisu, morao sam pronaći dovoljno upečatljiv i jednostavan koncept odgovora koji nije smio rat prikazati pristrano i navijački i to bez obzira na relaciju krvnika spram žrtve, Srba prema Hrvatima. Ne dvojim oko apsolutne krivnje Beograda i srbočetnilkih voždova za krvoproliće i rat, no kao kršćanin i, nadam se, ozbiljan čovjek ne mogu pobjeći od krucijalnog pitanja: egzistira li za genocid i razaranja kolektivna krivnja ili je ipak individualna odgovornost ključna, ona koja rješava problem kazne i oprosta? Mogu li djeca odgovarati za zločine svojih roditelja? Prvi sam koji bi svakog trofaznog čedomira stavio pred zid i ispalio mu metak u čelo, bez suđenja i bez milosti! U vezi „rješavanja” pitanja ratnih zločinaca nemam nimalo sumnji, ali... Jesu li svi Srbi četnici? Nisu, mnogo je Srba u odorama Hrvatske vojske i policije pokazalo i dokazalo lojalnost Hrvatskoj: dapače, za razliku od velikih Hrvata iz Minhen divizije, mnogi su hrvatski državljani srpske nacionalnosti s puškom u ruci, ratujući protiv svojih sunarodnjaka, učinili više za Lijepu našu od lajavaca ZDS iz opskurnih austrijskih i njemačkih birtija. Stoga sam imao problem kod pronalaženja adekvatnih riječi koje bi bile dovoljno vjerodostojne da moji prijatelji Amerikanci shvate što se, kako i zbog čega zbivalo u Hrvatskoj i Bosni i Hercegovini. Crnobijela varijanta nikad nije poštena i zato nisam govorio u tom stilu. Ovako: ako sam za to da se svaki četnik pošalje u pakao, a jesam, onda sam i za to da se svi počinetlji ratnih zločina s naše hrvatske strane primjereno i nemilosrdno kazne! Za Boga miloga, hrvatska sloboda i hrvatska država ne smije počivati na zločinu, na ubijanju nevinih civila, na otimačini i pljački! Hrvatska nije Srbija i ne dolazi u obzir prihvaćanje zakona krvožedne rulje kao hrvatskog ratnog pravila! Pobornik sam pravde za sve pod jednakim uvjetima, čak i ako znam, a znam, kako je to iluzija. Mi smo Hrvati, mi nismo srpska pašalučka kopilad, mi smo drugačiji i zbog toga je neprihvatljivo biti flegma na pojavu zločina nad srpskim civilima i srpskom nejači, bez obzira na sve. Zašto? Djeca ne mogu snositi posljedice činjenja roditelja i djedova! Oduvijek sam se gnušao budala koji opravdavaju ubijanja nevinih s hrvatske strane riječima „pa ubijali su oni naše”: svaki put kad bih takvo što čuo, pomislio bih da slušam srbende, a ne Hrvate. Ergo, ako su jugosrpski komunistički koljači napali hrvatska sela i gradove, a jesu, što su s time imala djeca jugoarmijskih oficira koja su stjecajem okolnosti ostala u hrvatskim gradovima, u svojim stanovima u vrijeme blokade vojarni i istjerivanja jugovojske iz Hrvatske? Imam primjer iz jednog poznatog mi grada. Bila su dva brata, tinejdžeri, sinovi oficira JNA (nisam posve siguran je li im majka bila srpskog roda ili je bila, kako se čini, Hrvatica), dječaci koji sa srpskim ludilom nisu imali doista nikakve veze. Rođeni su u Hrvatskoj, odrastali ovdje i živjeli kao svi klinci njihove dobi, čak su govorili lokalnim dijalektom, a ne srpskom ekavicom - svatko tko poznaje situaciju sa Srbima u Hrvatskoj, zna vrlo dobro da hrvatski Srbi ne govore ekavicom nego jekavicom. Nekako se dogodilo da su, nakon predaje korpusa tzv. JNA i odlaska omražene vojske za Srbiju, ostali „zarobljeni” u obiteljskom stanu, u jednoj od „oficirskih zgrada” nedaleko poznatog gradskog hotela. Roditelji su im bili među zarobljenicima i nisu s njima napustili Hrvatsku. Majka im je godinama radila kao civilna osoba, oni su to zvali „civilno lice” u nekoj od službi u jednoj kasarni. Splet okolnosti, kako bi se reklo i dva dječaka ostala su u stanu, preplašeni, bez hrane i novca, prepušteni sami sebi. Svi kontakti s dojučerašnjim prijateljima bjehu prekinuti, a i susjedi iz zgrade su ih izolirali. Rat s kojim nisu imali izravne veze obrušio se na njih ispostavivši im račun za nešto što nisu skrivili. Stvarno, zar su trebali iskusiti sve što su iskusili jer im je otac nosio epolete kapetana jugoarmije? Bjehu tinejdžeri! Za neke ljude, za sluđene hrvatske ultranacionaliste dječaci su bili okupatorska kopilad, srpska gamad, neprijatelji tek rođene nove Hrvatske! Jugoudbaška stoka! Da, ubojice? Uistinu? Susjedi, znanci, oni koji su nebrojeno puta, za sve blagdane bili redoviti gosti njihove obitelji, koji su jeli i pili s njima, pjevali vojničke pjesme, išli na izlete i zabave, koji su, konačno, posuđivali novac od kapetanove žene, a rijetko su točno i na vrijeme posuđeno vraćali, koji su bili tako reći dio obitelji odjednom su se okrenuli protiv njih, s mržnjom, s neskrivenim prijezirom, otvoreno napavši ih u hodniku, na ulici, u trgovini kao srbočetnike, jugokomuniste i okupatorske fačuke! Donedavni prijatelji postali su u ranu jesen 1991. zakleti neprijatelji, tužitelji i suci i krvnici: a po čemu, po kojoj osnovi, zašto? Jesu li ova braća ispalila minobacačke projektile na grad? Jesu li zapovijedali napadom na Vukovar? Nuštar? Dubrovnik? Na Varaždin? Jesu li uopće pucali na Hrvatsku i Hrvate? Da jesu, ponavljam, prvi bih im ispalio metak u glavu! Međutim, nisu. A svjedno su ispali krivci, izdajnici Hrvatske i neprijatelji. Ima li bilo tko pravo u ime hrvatske slobode Hrvatske počiniti zločin i može li hrvatska država u svome temelju imati nevino stradale žrtve nečijeg ludila? Osobno, mislim da ne. Kao što nijedno hrvatsko dijete ne može snositi odgovornost za glupost počinjenu od strane hrvatskih snaga, tako ni srpski tinejdžeri ne mogu biti kažnjeni za zlodjela srbočetnilčke armije. Hm, neki dan sam, kopajući po internetu, pripremajući natuknice za pisanje ove priče, opet otvorio web stranicu gradske knjižnice na kojoj se nalazi digitalizirana novinska građa unazad posljednjih sto i dvadeset godina. Žrtvovao sam vrijeme i pregledao sve do posljednje stranice izdanja od kolovoza do prosinca devedeset i prve. Ništa. O upadu u stan ni jednog jedinog slova, kao ni o ostalim neželjenim događajima. Ništa. Na našoj hrvatskoj strani pizdarija nije bilo, takve stvari mi Hrvati ne činimo! Dragovoljac sam Domovinskog rata, ne podnosim srbende i četnike, pa ipak imam jedno pitanje: gdje je granica krivnje za rat i tko sve spada pod pojam „neprijatelj”, jesu li to oružane formacije, pripadnici tajnih i ostalih službi, civilni provokatori na platnom spisku neprijatelja i dužnosnici civilnih struktura, pomagači neprijateljske vojske u svim oblicima, novinari, književnici, ne znam, takve persone i ulaze li među njih i djeca i svi koji nisu ni na koji način povezani s ratnim djelovanjima, vojskom, organizacijama i neprijateljem kao takvim? Posebno se to odnosi na osobe koje zbog dobi ili zdravstvenog stanja nisu mogle imati i nisu imale doticaja s činjenima na štetu hrvatskog naroda i hrvatske države? Tko su osobe koje imaju pravo nekoga etiketirati kao „neprijatelja”, jesu li to civili, „obični” građani, članovi političkih stranaka, udruga, pokreta, crkava ili su to ipak institucije hrvatske države, prvenstveno zakonadavna tijela, Vlada i sudstvo RH? Tko je taj koji smije s punim pravnim učinkom proglasiti nekoga za neprijatelja Hrvatske i postupati protiv te osobe ili osoba kao repre-sivni organ u smislu kažnjavanja bez pravomućne sudske presude? Ozbiljno pitam, ne zaje-bavam se! Nisam Hrvat, dragovoljac, kako god to rekao, ako prešučujući zlo s hrvatske strane optužujem srbende: jednostranost je uvijek olakotna okolnost za prave zločince, a to je nešto što hrvatska povijest neće podnijeti. Čitajući ondašnje brojeve lokalnog tjednika pomislio sam kako se radi o nekom drugom ratu u nekoj drugoj državi! Svaka čast novinarma, položili su ispit iz dosljednog agit-propovskog podizanja morala građanstvu i stvaranja hrvatske mitomanije i legendi: toliko hvalospjeva „našoj" strani našao sam samo u novinskim izdanjima iz 1918/19., po svršetku Velikog rata, kad su novinari pisali kilometarske ode slavi srpskog oružja, pa onda1941. kad su novinarska pera ispisala stotine i tisuće redaka hvale poglavniku i ustaškoj pušci na ustaškom ramenu, te 1945., nakon pobjede tzv. revolucije i uzdizanja partizanskih jedinica na sam Olimp vojne slave i časti. „Povijest se ponavlja", rekao je Karl Marx, haha. A ljudska je glupost u svim vremenima jednako i glupa i zla. Superlativi, pjesničke bravure, nema čega nema na stranicama gradskog tjednika tih mjeseci: opisi oslobađanja Varaždina ne zaostaju za opisima bitke za Staljingrad i Moskvu! Kojeg li sranja! Kao branitelj prvi ću kleknuti za sve žrtve rata u mom gradu, prvi bih se prijavio za streljački stroj za strijeljanje jugosrpskog generala Trifunovića i pukovnika Popova i to bez imalo grižnje savjesti, ali, „za Boga dragoga, kaj je preveč, ni s kruhom neje dobre!" Vojne teme se moraju opisivati vojnim rječnikom, bitke kakve su bile, djelovanja postrojbi točno prema učinjenom. Povijest ne prizanje poetska preseravanja, alegorije i metafore! Poklonivši se hrabrosti, odlučnosti i spremnosti hrvatskih domoljuba, policije i dragovoljaca i svih uključenih u obranu grada, ne smijemo ipak preuveličavati događaje i davati im opise, značenje i opseg koji nisu imali. U sklopu toga je pravilna prosudba neprijateljskih snaga i moguće ugroze, s materijalnim štetama i mogućim žrtvana u slučaju veće eskalacije sukoba. U tom smislu je u „tom nekom" gradu odigrana sjajna utakmica nakon koje je predaja oklopnog korpusa JNA i zauzimanje vojarni stvarno pobjeda od presudne važnosti na bojnu moć Hrvatske obzirom na količinu zarobljenog naoružanja, streljiva, borbenih i neborbenih sredstava i tehnike. Međutim, pobjeda nije postignuta isključvo borbenim djelovanjem nego mudrošću pregovarača s hrvatske strane i stjecajem ostalih povoljnih okolnosti. Istina je da je srbočetnička armija, ponajprije se radi o prosrpskim zaluđenim oficirima mogla dići u zrak pola grada i pobiti na desetke tisuća ljudi. Istina je, jednako tako, da snage jenea u vojarnama u Hrvatskoj do rujna-listopada 1991. nisu bile vojno spremne, radilo se o regrutima na odsluženju vojnog roka čiji je borbeni moral bio na nuli i njihovo eventualno slanje u izravne borbe ne bi polučile efekte kakve su priželjkivali jugosrpski generali. Danas se u Hrvatskoj zna čuti farza kako „smo pobijedili treću ili četvrtu vojnu silu Europe": tipično hrvatsko samozavaravanje! JNA u trenutku izbijanja ratnih sukoba nije bila spremna za bilo kakav rat, posebno ne za tip rata koji će se voditi sljedeće četiri krvave godine. Doktrinalno i tehnološki zastarjela, moralno poražena i prije rata, kadrovski uništena, popunjena ispod minimuma, nekad ponos države, devedeset i prve bješe samo vojska koja je predvođena zločincima mogla ubijati, pljačkati i rušiti tamo gdje nije nailazila na otpor. Ukratko, JNA je devedeset i prve bila banda, a ne velika armija. Živjela je na staroj slavi, a oficiri su bili sve, samo ne sposobni. Hrvatski heroji Vukovara, hrvatski bojovnici to su i te kako dokazali u krvavim borbama. Vukovarska borba bila je i ostati će upisana u hrvatskoj povijesti kao velika žrtva i junački boj za Hrvatsku, ali ne samo to. To je istina.)

Osveta je juha koja se poslužuje hladna, što je hladnija, to je ukusnija. U svim inačicama, osveta lijevih prema desnima i desnih prema lijevima, crvenih protiv crnih, crnih protiv crvenih, ovih protiv onih, katolici protiv pravoslavaca i ovi protiv katolika, katolici protiv Židova i svi protiv svih, nevažno zašto i kako, razloga se ionako nitko ne sjeća, bez obzira na posljedice, osveta je još jedna hrvatska konstanta i vrlo je lako podstaknuti bilo koju stranu na osvetu u ime i zbog starijih ili nešto recentnijih računa iz prošlosti. Partizanski spomenik je možda najbolji primjer: ma jebem im mater partizansku i antihrvatsku, sruši spomenik!

Kako sam opisao spomenik? Aha, od kamena, vezivo beton, što bi rekli, mort, piramidalni, zvijezda na vrhu, mramorna ploča s uklesanim imenima palih boraca na sredini, betonsko postolje. U to ratno vrijeme prostor oko spomenika je zarastao u korov, netko je ukrao klupu koja se nalazila nekoliko metara dalje, ostali su zahrđali držači postolja i betonski nogari. Na dnu ploče s imenima stoji natpis: „Ovu ploču podiže narod...." .

Dan je topao, iznimno topao za mjesec siječanj. Kod spomenika su petorica vojnika u maskirnim odorama. Nose puške M70 (razne inačice: AB2, B1, AB1) ležerno obješene preko ramena. Osim oružja nemaju druge vojne opreme na sebi. Najstariji među njima, sjedokosi vojnik bijelih brkova nosi kramp, pajser i čekić. Pušku je prebacio na leđa. Četvorici vojnika ovo je zabavno, glasno se smiju, prilično grubo zadirkivaju starog vojnika, šale se na njegov račun:

- „Haha, kaj hoćeš, to se ne događa svima! Haha, sad se buš osvetil komunistima, haha! Pedeset let pokle, došel si na svoje, haha! Domobranček bu konačno dal po pički partizanima, haha! - starcu se ne sviđaju upadice. Odgovara vrlo nervozno:

- „Ne serite, pizda vam materina! Ja nis bil domobran nego ustaša! Pred nami su črleni bežali kak zajci! Celi život posle rata su me jebali, celi život nisam imal mira od tih gadova! Sad bum im pokazal svojeg Boga, nikaj njihovog nemre ostati na hrvatskoj grudi, nikaj i ništ!"

- „Je, haha, baš tak, deda, daj ti partizanima pokaži, sam im pokaži štera je vura došla, haha! Nek barem ve drhtiju od straha, kad nesu onda, haha!"

- „Jebi se, balavac nepodojeni! Kaj me zajebavaš, bolše mi pomori, nehrem sam " - stari vojnik se muči, pokušava skinuti ploču sa spomenika. Upire svom snagom, ali stvari ne idu kako je planirao. Znoji se, psuje. Njegovi suborci, četvorica njih, stoje sa strane, ne pomažu mu. Njima je sve ovo jako smiješno. Starac baca pajser u travu, uzima čekić i svom snagom udara po mramornoj ploči. Pod udarcima čekića, jedan veći komad mramora se odlomi i padne na nožne prste starog ustaše. On zaurla od bola, divljački zaurla i sruši se na zemlju. Jauče, drži stopalo u zraku:

- „Jao..joj meni joj, jebem ti mater komunističku, joj!" - vojnici priskoče ozlijeđenom starom vojniku. Jedva se suzdržavaju od smijeha. Jedan od njih, visok plavokosi vojnik čučne:

- „Hm...da vidimo... Ne, ne bumo sad ništ. Moraš u sanitet, nek ti tam skineju čižmu i nek te obrade." - obrati se trojici vojnika – „Vi, nek jen skoči po auto, treba otpelati ustašu u sanitet, ranjen je u teškoj borbi s partizanima!" - našali se usput na „ranjenikov" račun. Svi pra-nu u smijeh.

- „Idem ja, haha!" - jedan se okrene i potrči prema selu. Starac kroz jauke negoduje:

- „Joj, joj... mater vam, joj..." - ispod spomenika leži odlomljeni komad mramora, malo dalje je čekić, još dalje su pajser i kramp. Vojnici se smiju starcu. On jauče.

Mislim, Eshil? Nije on, ma nije važno tko je rekao, ali je rekao istinu: „Kad bukne rat, prva pogine istina." Zanimljivo, istina o istini. Rat? Samo mrtvi vojnici znaju istinu o ratu. Preživjeli vojnici su druga strana priče. Mogu ostati odani poginulim suborcima, braći po oružju ili se mogu prodati i od smrti svojih prijatelja napraviti cirkus. Mrtvi ne govore, preživjeli ponekad i previše. I glupo.

Što je istina o ratu? Tko to zna? Ja ne znam, znam što je bilo, ali nakon svega, nisam siguran nije li se odigrala jedna velika laž jer, ako je istina o Domovinskom ratu ovo što se danas govori, onda... Nije nemoguće da smo ratovali za ovakvu 'rvacku, da nikakvih ideja i ideala o slobodi i pravdi za hrvatskoga kmeta nije bilo. Kako rat nije (samo) streljivo za staru M53/59 Pragu, ostaje mi vjerovati, koliko god mogu, da su drugi zajebali stvar, ne moji mrtvi prijatelji, ne mi koji smo ostali živi.

Najgori je ovaj rat poslije rata, nezavršeni okončani rat, taj je najbrutalniji i najkrvaviji. Ubija srce, ubija sjećanja, ubija istinu po drugi, po stoti put. I nitko ne reagira, nikome istina nije važna, živi se za laž i u lažima. Umjesto da se grobovi iz rata iskoriste kao strašna opomena i lijek protiv izbijanja novih klanja, u hrvatskoj 'rvatskoj ratovi traju i sve jednako ubijaju, lome srca, spaljuju duše... Kako je ono lijepo rekao Abdulah Sidran: „Tako rat ubija one koji misle da su ga preživjeli.". Ne, nema ništa gore od dvostruke smrti, od trostruke smrti, od izdaje mrtvih, od ubijanja istine. Samo, kako tome doći na kraj? Nemam pojma.

VIII. Scena
Obitelj: Um Gottes Willen, Rozika! i Čarape treba oprati

„Ti ne znaš kako je težak teret koji
ne nosiš."

(afrička narodna)

Sijećanj 1929. u Hrvatskoj. Hvala Gospodu na novim tehnologijama bez kojih bi moje pisanje bilo kudikamo kompliciranije. Potrošio sam vremena i živaca ne bih li dobio kakvu takvu sliku Varaž-dina u zimi dvadeset i devete. Ne mogu se osloniti samo na spisateljsku fikciju, koju uostalom i ne-mam. Ne slažem rečenice „kak Cigani delaju decu”: svaka moja napisana riječ plod je muka Kristovih u meni, u srcu i duši...

Svaki odlomak, svaka rečenica i svaka riječ u ovom tekstu ima korijen u ostacima mog razrovanog sje-ćanja, u fragmentima ono malo memorianih uspomena, u pričama moje majke, bake i mojih susjeda, ljudi koje sam poznavao i onih koji su prijateljevali s mojom obitelji. I sve što se nalazi na ovim papirima plod je života, rezultat je nečijeg stvarnog postojanja u vremenu koje je bilo sve samo ne lagodno, koje je teklo i nestajalo kako od pamtivijeka vrijeme prolazi i odnosi u zaborav sve za što ljudi očekuju i žele da se vječno spominje i pamti. Zato sam plivao interentskim morem i ronio po arhivima, dopisivao se s deseci-ma ljudi kako bih otkrio (i?) najmanje dijelove tapiserije egzistencije moje obitelji. Iza ovog pisanja su sati, dani, tjedni i mjeseci moljakanja i traženja, ispitivanja i lutanja u krivim smjerovima, ufanja u mo-guće pozitivne odgovore, čitanja razočaravajućih e-mail poruka i poricanja vjerodostojnosti otkrivenih po-dataka. Ne znam kako profesionalni pisci uspijevaju napisati obiteljske priče s toliko detalja, sa svim onim dijalozima, nadnevcima, imenima, mjestima zbivanja i opisima mirisa ljetnih i jesenjskih večeri, a ja, eto, jedva da sam uspio otkriti, uistinu slučajno, informaciju da je moj djed, otac moga oca, imao sestru, toč-nije obitelj koja je svo vrijeme živjela i koja svo vrijeme i živi u Varaždinu, a da ja o tome nisam znao savršeno ništa! Možda pravi pisci imaju čarobnu kuglu, ja to nemam...

Zimu 1929. nazvali su „zimom stoljeća”. Hladnoća, snijeg i sve što idu uz zimu žestoko je napalo Hrvatsku i sirotinja je gadno nastradala. „Sijećanj godine tisuću devetsto dvadeset i devete. „Narodno jedinstvo”, lokalni varaždinski cajtung („Narodno jedinstvo” su bili cajtungi neke federalističke stranke, pak su pucale furt protivu trofaznoga krala i jake su pune protiv krala pisali pa ih je jengova vlast istog dvajstdevetog leta zabranila, ono kad je srpski jugokral se ukinul i donesel Zakon o zaštiti države”) pisal je o sakojakim bedastoćama (moram povedati, kak se veli, da je dvadeset i deveto leto bilo jako vruče i po zimi: još se ni stišal bes horvatskoga naroda zbog podmuklog napada prokletog Puniše Račića na horvat-ske zastupnike Ivana Pernara, Đuru Basaričeka, Ivana Granđu, Stjepana i Pavla Radića, pak i ak ima nekaj dobrega v ovoj kmičnoj priči je to da su partizani izvršili pravdu nad krvnikom Račićem gda su ga meseca listopada 1944. osudili na smrt i streljali, kak je i zaslužil po pravdi i po Bogu dragemu). Pisali su cajtungi od ostavke kralevske vlade i sranjima beogradskih političarof, preko „makaroni afere” stanovitog indus-trijalca Svobode koji je baš lepo najebal i velke peneze zgubil kad je naiven poveruval da se s vragom posli terati moreju (haha, priča kak da je od denes, 'rvacko muljanje, a onda se v artiklu cajtunga otkriva kak dotični Svoboda nije nikakav industrijalec neg hohštapler i prevarant), pa dale cajtung piše celu hrpu tekstov protivu Serbov, kaj mi se baš dopada, a i varoške špelancije su tu, na priliku bi rekli, kak notice o tome kak je poštovani gospon F. Janda skupil 60 dinara za gladnu decu vu gostioni F. Lilija, na čemu se pune zahvalil (v notici ne piše kuliko je vina polokal predi je išel gladnu decu nahraniti, hehe), ili pak piše o žandarima i o rasplodnim bikima i vinu, o kajtijaznam se čemu ne, o dužnikima šterima je sud se zel (denes se tome veli ovrha). I oglasov vu cajtungu su varaščani mogli polukati, o prodaji hiže i o ponudami za kredite, pa je jen gospon nudil lepe gotove peneze kakšnemu kućevlasniku šteri gotovinu išće, a on bi mu drage vole posudil peneze i to mam, a za garanciju i kamate bi prihvatil stan s vrtom, kakti vu zalog bi zel, a dale „Narodno jedinstvo" piše kak je grad Varaždin odobril siromahima besplatnoga doktora imeti saki den v tjednu od jednaeste vure do poldneva i još, ti vraga, da su gradskega činovnika Slavoljuba Goluba promaknuli za tri plaćevna razreda već jer kakti odlične dela svoj posel na naplati poreza, i još, da su „povećana beriva" svećenikima i da je povećana plaća šefu gradske ciglane... Se si mislim kak se vu Varaždinu živele negdar, tak se živi i denes, bogatuni lepo, činovniki kak bubreg v loju, siromaki kak cucek na cesti."

Zima je zima za sve, ali nije zima jednaka svima. Nije zima jednako zima za gospodina doktora, presvijetlog i kotarskog suca, kao što je za prosjaka, za rakara gradskoga groblja ili peskara na Dravi. Zimu netko ni ne osjeti na toplome, punog trbuha, s čašom kuhanog rizlinga ili šalicom kuhane rakije u ruci, a drugi netko opet krepa smrznut u podstanarskoj izbi „negde na periferiji, v staremu skoram srušenem štaglju, na kraju varoši". Nekoga sluga u livreji oprezno probudi iz drijemeža i otprati u toplu sobu na počinak, a nekoga ujutro pronađu ko led ledenog, ukoćenog i plavog, sasvim mrtvog.

To je takva zima godine 1929. Bješe grozno hladna, strašna, do tada nezabilježena. Na Novu je godinu dvadeset i devete bilo iznimno toplo, pišu ondašnje novine, a na Jadranu je zapuhao jugo. Zbog toplog vremena seljaci počeše s pripremama za poljske radove iako je do proljeća bilo još daleko. No to nije dugo potrajalo. Iznenada, preko noći, sve se promijenilo. Meterolozi bi rekli, ciklona se širila nad Jadranom, a anticiklona od Skandinavije prema Rusiji, što je otvorilo put katastrofalnoj zimi. Nakon toplog uvoda, vrlo visoki snijeg zameo je cijelu Hrvatsku u siječnju dvadeset i devete! Uz snijeg došla je jaka studen. Snijeg je padao danima, stariji ljudi su govorili da ne pamte toliki snijeg. Snježne mećave blokirale su promet, nastupila je nestašica i za najsiromašnije stanovnike zavladala je glad. Mnogo siromaha se smrzlo. Nedostatak ogrjeva, slaba prehrana, bez tople odjeće, napušteni i prepušteni sami sebi, ljudi su umirali i punili dijelove groblja određenog za ubogare. Siječanj i veljača odnijeli su tisuće života s ovoga svijeta. Prvi vlak između Zagreba i Dalmacije krenuo je tek potkraj ožujka! Potom je zima malo popustila, no tek toliko da bi ponovno napala svom žestinom. Izmjereni su minusi od trideset ispod nule! Javne kuhinje, dobrotovrna društva i svi koji su bili u mogućnosti i imali volje, pomagali su iznemoglim, iscrpljenim i promzlim ljudima. Na otvorenome, ispred crkava, pod imrpoviziranim nadstrešnicama, na sajmištima i na željezničkim postajama, svugdje gdje se moglo bjehu uspostavljene javne kuhinje, dijelila se kuhana hrana i odjeća, sve što se uspijevalo skupiti dobrotom onih koji su bili spremni odvojiti od svoga imutka.

Zanimljivo, tražeći podatke o svojim bakama i djedovima, zaronio sam u stare novine i pročitao stotine stranica davno zaboravljenih vijesti i unatoč srbokraljevskom teroru i blatu postfeudalne Hrvatske koja je samo desetak godine ranije još bila u raljama k.u.k. monarhije, grad Varaždin je ipak skrbio za potrebite, čini mi se doista dobro. Ilustracije radi, u spomenutom broju šest cajtunga „Narodno jedinstvo" od sedme veljače 1929. odštampano je izvješće sa sjednice Gradskog zastupstva od 30. siječnja tekuće godine na kojoj je odlučeno da se gradskoj sirotinji otpisuju dugovi (primjerice, seljaku Jagecu 110 dinara duga, vozaru Juranko 2130 dinara duga), zatim, podignute su potpore udovicama, dodijeljena je milostinja siromašnima (grad je je dao 100 dinara bivšem gradskom mitničaru Ferdi Merliću iako je ovaj otpušten iz gradske službe zbog pronevjere), dodijeljena je novčana potpora ubogarima itd., a sve to u vrlo oštroj zimi koja je okovala grad i prekinula gospodarsku djelatnost. Ljudi su kopali tunele kroz snijeg, voda u cijevima se smrzavala, hrane je nedostajalo, grad je stao.

To kako je Bog stvorio zemlju i svijet nastoje odgonetnuti popovi svih vjera i crkava od početka vre-mena i unatoč svom tom besmislu u sudaranju milijuna definicija i tumačenja nakane Stvoritelja svega, tko god On bio, još nije postignut konsenzus oko tog pitanja i koliko ima crkava i popova, toliko ima objašnjenja i učenja. Koje je pravo? Znam, ali neću sad o svojoj vjeri, govorim o baki Roziki. Međutim, spomenuh Boga i Božije. Dakle, ovako: svijet stvoren po Bogu od prapočetaka ima dva dijela, barem što se tiče homo sapiensa, najkrvoločnije, najgluplje i najnemolosrdnije zvijeri. Podjela na dva dijela, pro-izašla iz božanskog uređenja stvari logična je pojava usmjerena na logiku suprotnosti koje su neophodne za „djelovanje" cijelog univerzuma. Dva dijela su dva povezana polusvijeta: sirotinja i bogataši. Doduše, ova podjela u konačnici nije se pokazala kao najsretnije rješenje jer postoci kojima raspolažu ta dva dijela nisu ravnomjerno raspoređeni i na tome je inače nepogrešiva Božija ruka (možda) pala na ispitu vjerodostojnosti. Kako bilo, podjela funkcionira tisućama godina i biti će aktualna do svršetka svijeta.

Prenesno na naše krvavo hrvatsko tlo, u blatnjavu kaljužu periferije trule Europe, to je svijet bijednog hrvatskog kmeta, kao prvi, i svijet sitog i debelog hrvatskog grofa i još debljeg i još sitijeg biskupa, kao drugi dio priče. Prvi, kmetski dio nosi najveći teret egzistencije hrvatske predstave u ovom kazalištu, dok drugi, grofovski, ionako služi samo kao parazit, krvopija, grinja koja ždere krv prvoga. Tko voli horore uživa u našoj hrvatskoj nepravdi: čak ni Stvoritelj nije mogao predvidjeti što će se zbivati s Hrvatima tijekom vjekova.

Razlike između grofa i kmeta najvidljivije su zimi. Koliko je svireposti i gluposti u najhladnijem godišnjem dobu: hladnoća, snijeg, led i vjetar jednako udaraju sve, ali posljedice tih udara nisu iste. Jedne zime slama i kosi, a drugi niti ne osjete zimske zube. Tako je to s kmetovima i grofovima. Grofu je toplo jer mu drva cijepa i kamine lože kmetovi, a kmet se smrzava jer drva za njega nema. Grof se zimi deblja, goji se k'o krmak u svinjcu, ždere i spava, spava i ždere i smišlja načine kako bi napakostio kmetu jer mu je dosadno, zabave mu treba, a gdje ima bolje zabave od mučenja bijedne nakaze, kmeta?! Grof je debela svinja, a kmet je kostur, mršaviji ne može biti, sama kost i koža, crkava od gladi i on i njegova rahitična djeca: krepavaju kmetske obitelji u blatnjavim i zadimljenim izbama već stoljećima jer kmet je kmet, nitko i ništa, pognute glave cijepa drva, nosi ugljen, čisti foringe i brine za konje („No hajde, tat kmetski, znaš kuliko vredi ovaj konj, i ti i svi tvoji sto let napred nebrete platiti jenu nogu ovog ljepotana i bolje ti je krepati neg da se ovaj princ samo nakašlje!"), provjerava dihtaju li vrata na peći kako treba, opet loži, sneg odmeće i s pepelom posipa („pazi, svinja, kak buš to uredil, nemoj da se nešće od nas posklizne, glavu buš zgubil, vol prokleti!"), čisti kamine, „nosi to vun, mam donesi nove dreve i vuglen takaj, sve kak bi presvetla grofica bila na toplemu, da bi mogla spiti svoj obligatni štamprlin ajerkonjaka popodne" dok čita „Patnje mladog Werthera", njeno omiljeno štivo od davnih dana, dok je kao sasvim mlada plemkinja, u tmurnoj palači svog oca, šljivarske pijanice, kockara i bankrotiranog vlastelina maštala o princu na bijelom konju (a došao je grof, bogat kao princ, i ne samo da je imao mnogo konja, nego i auto i udjele u željeznici i u brodarskim kompanijama i u rudnicima). Grof i njegova glupa ohola pohlepna žena, babuskara, ružna kao smrt u podne, i njihovo dvoje mutave djece, sina koji si ne zna sam ni cipele obuti i kćerke koja se već s petnaest proslavila kao priležnica mladih kmetskih slugu i ljubavnica novog mladog kapelana i jednog žandarskog postaje-vodnika, dakle, grofovska obitelj zimuje bezbrižno i uživa u svome bogatstvu, u delicijama, raduju se putovanju u Švicarsku za Božić i uživanju na Ženevskom jezeru i finim restoranima za Uskrs, vesele se druženju s kremom europske kreme. Za grofa vrijedi izvrnuta riječ iz svetih pisama (misli se na novac): „Tko ima, mora mu se nadodati, a tko nema, izgubiti će i to što ima." (Grofovi i biskupi izvrću riječi Gospodnje oduvijek, pa nije neobično što su podlo preokrenuli stihove iz Evanđelja po Mateju 16:24-27.) Makar, svila i kadifa, palače i skupocjene zaprege, automobili i krstarenja, bogate večere i raskošne svadbe, haljine opšivene zlatom i cipele od krokodilske kože, uopće luksuz i mnogobrojna posluga, ogromni kreveti i puni bankovni računi, neka banda ima, treba joj, ali imati to na račun kmeta nije nešto čemu bi se ijedan Hrvat trebao diviti, a dive se 'rvatine, plaču, upravo cmizdre i cvile posljednjih trideset godina, koliko nam traje demokracija u lijepoj njihovoj 'rvackoj, nariču za feudalnim vjekovima i imitiraju k.u.k. perverzije do nakarade i opet to kmet plaća, kao uvijek. Grofu je svaka pomisao da je hrvatski kmet ljudsko biće strana: ma kako oštra zima bila, grof se ne libi otjerati kmeta u vražju mater jer grof ne vidi ni snijeg ni smrznutu vodu ni prazan kmetski trbuh. Za Boga miloga, danas više čovjek ne može naći dobru poslugu, sve je to lijeno da lijenije ne može biti, nesposobno i glupo, ništa im se ne da i nemaju poštovanja, uzoholilo se kmetsko svinjče! Stvarno, na kmetske se falinge ne možemo osloniti, zašto ih plaćamo kad sve čovjek mora sam - to da hrvatski grof „mora sve sam" je najgluplji vic ikad, pa grof jedva da zna vlastitu usranu guzicu poslije sranja obrisati! Okay, znam, Kain je ubio Abela jer mu je ovaj pričao stare viceve, tako da... ?!

Memorija grofova pretočena u „sve moramo sami" kao trula zaostavština feudalnog vremena evoluirala je od života u prvim zadimljenim, izmetom zasmrađenih kastela do današnjih megavila od mramora i zlata u pokvareniji i zvjerskiji odnos prema kmetu, zgaženom hrvatskom robu: „čistiti štale, kervavo ribati belim peskom štenge grofovske, na ruke rifljati plahte i jastučnice, klofati tepihe i vetriti poplune i tuhice, beštek prati i glancati, peglati rubeninu, košulje, štonfe i gaće plemenitih, saki vugel i cele hiže pometati i prašinu brisati, suđe prati i teške lonce i rangle zribati, škornje za lov i cipele za bal očistiti i naglancati da se sjajiju kak pesja jajca, obloke prati, saki mesec sa odela očistiti, rukavice, šale i kape i škrlake takaj vu red dovesti, hlačnjake i se kaj od kože v redu imeti, očale očistiti i kofere spremne imeti kak Bog zapoveda, žakete, cilindre, kak' nove imeti na mestu i spremne kad buju presvetli grof hteli vun za kakšnu špecijalnu priliku iti, stole prebrisati i spolirati da se blešćiju, od presvetle grofice se takaj pripravleno v največem redu držati, a za decu isto tak, se mora biti ajnc-a, bolše nego pri caru i kralu! I ni važne kaj je zima, kakšna hudićeva zima, su zime bile i prošle, a grof i jengovi moraju živeti kak grof i jengovi moraju, hoh i nobl. V zimi se mora biti se još bolše pripravleno i sega mora biti, i pivnice pune, i tople da je, da grofi ne osetiju zimu, da se morti, ne daj Jezuš te nevole, grof i grofica i deca njihova ne zbetežaju. Majko Božja, ne daj tega zla vu ovu plemenitu hižu! I badecimer i šlafcimer i saki zimer vnu-tri i stakleni vrt vani, se mora biti zgrejano i sigdi treba sega biti, kaj hočeju, kaj su zapovedili i kaj nesu, jer grofi su to! I trešća, vuglena i cepanicov i sega dreva mora biti dosti, da ne zmanjka: kamerdiner pogotove pazi da pepela nigde ne bu i da je se čisto, da se se dela tak da se grofe ne znemirava v njihovim važnim posli. A kaj se dotikavle jesti, tu je odnaveke se jasne: za grofe i za njihove ekstraklas goste sega da bu, i ptičega mleka da ne zmanjka! Stranjske skupe pijače sakojake, domaće likere, trešnjefca i orehevog likera za želudac, i kruškovca takaj, domaće žganice, tropice za masirati i za piti šlive najveć. I slovenske od sadja, nego kaj, pa vina črnega i belega, rajnskega rizlinga i onih dalmatinskih črnih i istarskih belih i stranjskih, šampanjcov nego kaj, i pive mora biti, sega vraga, se kaj zaprdneju presvetli. A v pelnici i špajzcimeru priravnati se mora i krumpjera i luka i češnjaka, i mrkve i kiselog zelja, repe ne, te je za gujde, jabukov i hruški, se da se dopela s grofove kurije, i klobasov i čvarki, češnjovki i šunke dimlene, rebra i špeka, masti i mesa s tiblice, čurki črnih i belih gda je sezona, friškega mesa stalno dopelavati i kremenadle i picekov i purice za Božić i Vuzem, odojke i race, teletine najmekše i divljači prek kvartira zeti, srnetine i veprovine, divljega zajca i fazanof, ribe za post, i onega, kak se zove, je, bakalara, pa jajca, mleka, sira i putra saki teden, prgicof i dimlenoga sira, lepe friške pšenične mele i kuruzne mele, nikak črne, kajgod, meda, kiselih krastavci i sake vrste šalate, octa vinskega i sega kaj fino za jesti je, još kupiti od trgovca z štacuna kaj se naruči delikatese, onih čudnih ribljih jajc, cukra i fine kave i čokolade, keksi stranjskih i limunov i naranči i banana i sega tega kaj pri nami ni, a grofovska guzica išče i po leti i po zimi. Ničega nesme sfaliti za grofa i jengove babe i fačuke jer zima je dolga i do protuletja se ima živeti kak se spada, a siromaku kmetu kab bu bu. Sakome svoje, nekima po sili Božje vole, a drugima po zemalskim zakonima. Stara je reč, čini mi se bugarska: „da neje siromakov, ne bi imel što delati!" Je, baš tak, i neje baš da moram povedati kaj je to i kak je to s horvatskim kmetima jer se zna, same nišće znati nikaj nećc. Za horvatskega kmeta pravice neje bilo niti je bu da je sveta i veka. Cusaravi siromak, bogec bogečki, čije je svo živlenje boleče kervavo i sam je celi jena betega, kmet horvatski (šterega denes, vu moderno vreme drugač zoveju: glasač, zaposlenik, seljak, poljoprivrednik, građanin i tak dale) trinajst vekov krepavla tu na horvatskoj grudi, vleče se i muči, dela i dela, gospodarima služi, crkava polahke i teške, lačen je i žejen sega, nič nema i mel nigdar ne bu; čoravi na se oko jengovog živlenja, horvatski bogec teške plazi črez leta svoja kaj mu ih Bogek dragi je dal, rinta za nikaj, navek goli i bosi, navek krv šči i znoj s njega čvapkle kak s pokvarjene pipe, ni videti ga, a stoletja je tak i nikak drugače bilo ni; čuti ga ne moći jer čkomi, a gdo bi ga i poslušal gda bi kaj rekel, nišće jer nikega ni briga za jenoga kmeta horvatskoga (kak god da se ve zove) i taj popluvani zgaženi horvatski človek, kmet, Hrvat-mrtvac rodi se i crkne i nigde se o njemu ne pripoveda, ne dižu mu spomenike, a brez jengove kervi i znoja, brez jengove muke ni grofovska vusrana guzica ne bi mela kaj srati jer grof delati ne zna, lena mrcina, neje se ni presvetli ban ni grof, ni precednik ni premijer, kak ga zoveju, ni zastupnik v saboru nacecal vruče vode jednak kak i plebanuš, se je to ista bagaža, ništkoristi. I grof i biškup, se je to jenako, kak cukervaser, ništ poštenega i pitam se onda zakaj z povesti naše Horvatske samo o grofima i biškupima v školi decu vučiju? S Gupca se norca teraju, a gda o ratu se spomina, Zagorci su „domobrani Jambreki", zakaj je to tak?! Ampak, vre zima je vudrila kak nigdar neje i kmet se smrzaval i leda scal, ali je preživel, fala Jezušu našem Kristušu. Kaj se grofov tiče, naj k vragu ideju i oni i si prokleti vu finim ajncugima doktori i magistri, inženjeri i nadstojniki i predstojniki, gospoda zastupniki i gradonačelniki, člani akademije i profesori, si nek se pišeju lepo v rit! V sto jezer vusranih riti nek ideju si skup! Horvatski kmet neje od njihove fele, nek nikaj nema i neje ništ na svetu, ali zna da je Bog obećal po Sineku Kristušu da buju baš oni, kmeti v Raj nebeski išli pokle smerti i to tak bu jer je kmet navek pošten človek bil i ostal i svojega je kruha žrl, amen!"

Zapravo i nemam reći nešto osobito inteligentno. Ne biti pravi pisac u svemu je moj najbezbolniji nedostatak: mnogo je strašnije ono što govorim i pišem. Za lošu gramatiku i siromašan vokabular nikoga nije briga, za istine i laži jest, naročito za istine. A samosažaljenje? Ne znam, bio sam pijan, nije izlika nego stanje fakta. Clint Eastwood je rekao: „Pokušao sam biti razuman, i nije mi se svidjelo."

Znači, ma koliki kreten bio i propalica, nesposobni trol i ništarija, hvala Gospodu, nisam od umišljenih hrvatskih grobarskih kvaziinetelektualnih caforda, ne ubrajam se među čistokrvne hrvatske croarijevce koji, nota bene, niti što znaju o bilo čemu, a još manje razumiju (ovime ne tvrdim da ja nešto znam i razumijem), a svejedno figuriraju kao vertikale hrvatskog intelekta i znanja i kao takvi klauni dociraju Hrvatima najmanje dva stoljeća unatrag i žive kao paraziti, hrane se krvlju hrvatskih mrtvaca, ubijaju svaku čistu ljudsku misao i svaki čisti osjećaj. Nisam od tih opica. Samo govorim o svojoj obitelji, sebi i Hrvatskoj kako znam i umijem. Krleža je zapisao: „Pisati? Šta? Fraze? Glupe bombastične fraze? Govoriti? Kome? Cijelo čovječanstvo već deset hiljada godina ne radi drugo nego govori. Štampati? Kome? Dokazivati? Isto tako nema smisla. Što bi preostalo? Lagati? Gdje su mostovi preko kojih se čovjek može spasiti? U istini, ah, što je istina...".

Svakako, istina je precijenjena, naročito kad se priča obiteljska priča, kad se izvodi autobiografska predstava u kazalištu specijaliziranom za dvije ljudima najogavnije stvari bez kojih ne mogu: istinu i laž. Jednostavno, gle vraga, istina nije mjerilo vrijednosti ni valuta za plaćanje bilo čega. Vrijednost ljudske egzistencije izražava se isključivo mjernom jedinicom „krv"...

Iz mraka, s mržnjom, promatraju me izbuljene krvave oči vlastite savjesti: pričam priču, no je li moja priča doista prava priča o priči koja se dogodila ili je moja priča samo jedna inačica priče za koju mislim da je moja priča koja se jednom mogla, ali i nije morala dogoditi, meni i ljudima oko mene, mojoj obitelji i onima koji su na bilo koji način imali nesreću biti u doticaju sa mnom? Klasično glupo pitanje. Otpor u duši spram stvarnih istina i stvarnih laži, zabluda i razočarenja, snova i očekivanja, izdaje i odanosti. Biti infaman licemjer i lažirati vlastitu prošlost je lako, uostalom ljudi, dok čitaju (ako uopće čitaju: „Boj se čovjeka koji je pročitao samo jednu knjigu!", riječi su Tome Akvinskog) ionako vjeruju u ono što žele, ne u ono što je napisano. Zato staviti priču na papir baš kako je ugravirana na ploču života gotovo je nemoguće jer memorija je komplicirana i vrlo lomljiva stvar. A onda, što da se radi s tim zrnjem sjećanja? I kako uoće prikupiti ostatke prošlosti, kako sastaviti puzzle ako većina dijelova nedostaje, ako su uništeni, a ono što imamo i nije iz iste kutije? Teško je sve ovo. Zapetljano. Zbog istine, zbog laži i zbog sjećanja.

Cijeli niz nezamislivih gluposti, previše jeftinog alkohola, smrdljivih cigareta, skandala, bučnih svađa zbog koji su susjedi stotinu puta zvali policiju (miliciju), kronični nedostatak novca, sramota do sramote i razbijena ulazna vrata stana. (Opaska: to da smo skoro dvije godine imali razbijenu bravu činjenica je koja dosta toga objašnjava. Kako nismo mogli zaključati vrata, zatvarali smo ih kvakom koju bi izvadili iz brave i nosili u džepu umjesto ključeva. Susjedi se nisu zamarali našim sustavom zatvaranja vrata, to jest, ne sjećam se bilo kakve njihove reakcije jer cijeli je ulaz navikao na naše eskapade ili je to samo moja kriva impresija nastala u djetinjstvu, nemam pojma. Godinama kasnije, nekako odmah po svršetku rata, u jednoj od onih pijanih noći ispunjenih životinjskim urlanjem domoljubnih i ustaških pjesama i ispijanjem hektolitara vina, „stocka", votke, piva i ostalog pogonskog goriva ljudskih karikatura, u noći delirijuma pobjednika rata koji se pijano muški grle uz braderšaft onako znojavi, osmrađeni duhanskim dimom, prolivenim pićem i urinom (jer pijana se svinja ne može pošteno ni popišati) u jednoj zagušljivoj kvartovskoj birtiji jednog malog hrvatskog grada smještenog na kraju ničega, u prčvarnici čijeg se imena ne sjećam, naletio sam na bivšeg susjeda koji mi se unio u lice i pijano intimno, kako to već stoljećima mrtvi pijani pijanci u stanovitom trenutku alkoholnog prenemaganja dolaze do točke otključavanja jezika, obratio pljuckajući mi u uho nešto poput: „Hik, vidiš ti vraga, hik, pljuc, pljuc, hik, vražju ti mater, ti si hrvatski bojovnik, a tko bi reke..el od kud si došel, z kakšne familije...". Pijan, kakav sam bio, nisam brutalno reagirao, osim... Pa, bogatstvo psovki u mom odgovoru neću citirati, ne zato što se ne sjećam detalja, a sjećam se, već stoga što dotična persona nije vrijedna mojih živaca! Iz kakve sam obitelji došao? Glupi civil, nije veteran, bojišta nije vidio i ne zna da u ratu vojska ne pita ni tko si, kakav si, za topovsko meso svatko je dobrodošao. Prljava odjeća, prljavi stan, razbijena brava, pijanstvo i svakodnevna galama, da, pa što onda? Sramota ostaje sramota, samo što je sramota? Trpjeti udarce sudbine, padati i lutati životnim stazama, biti slab i biti nemoćan pred izazovima postojanja? Zar je sramota gubiti utakmice? Ne sramim se obiteljske sramote jer za mene to nije bila sramota nego život. Živjeli smo kako smo živjeli i pri tome baš nitko izvana nikada nije stradao kao žrtva naše „sramote"! Napokon, tip koji mi je to rekao dijete je bivšeg partijskog sekretara u jednoj od bivših manjih firmi (danas propaloj): ovaj dvije-tri godine stariji od mene nesvršeni student tri fakulteta, koji se još prije smrti federacije uspio dokopati kancelarije u „vodotornju" zahvaljujući očevoj poziciji u vlasti i koju je KVP sustavom zadržao do dana današnjeg (ako već nije u penziji), s tim da je napredovao do nekakvog malog šefa jednog od gradskih odjela koji i služe samo za uhljebljivanje idiota, vlasnik povećeg bivšeg općinskog stana kojeg je u devedesetima otkupio za nekih pet tisuća tadašnjih dojčmaraka, dva puta oženjen i dva puta rastavljen, s četvero djece iz tih neuspješnih brakova, sam alkos kao i ja (tih godina), pojava samodopadna, kakvi već jesu provincijalni neuspješni studenti koji misle da su pobrali svu pamet svijeta, žicar za piće i cigarete, dužan i Bogu i vragu, majmun čija se politička karijera u socijalizmu nije razvila jer ni za što nije bio sposoban, čak ni da vrti ručku šapirografa u OO SSO-a, ali jest u novoj 'rvatskoj, u kojoj kao vrlo glasan tajnik ili dopredsjednik gradskog odbora jedne od proenedehazijskih domoljubnih strančica glumi odlučnog antikomunistu, inkvizitora u boju protiv crvenih vragova, Srba i jugofila, pedera i antikrista općenito, znači, tipičan guzicolizač Hrvatagrobara, čije se ratovanje svelo na ispijanje kiselih gemišta po varaždinskim krčmama za sve one četiri godine (i poslije, do danas) koje sam ja, dijete „iz kakve familije sam došel" proveo tamo gdje su normalni ljudi proveli te godine, na bojištu, uz heroje i hrvatske ratnike, dakle, ogavan čovjek predbacio mi je moje porijeklo, moju disfunkcionalnu obitelj glupo ustvrdivši kako je čudo što sam se vratio u grad kao jedan od branitelja, kao pripadnik slavne garidjske brigade! Haha, na stranu što nisam bio ni heroj ni vitez, ali ovaj dvominutni događaj iz jedne pijane noći pokazao mi je koliko je beznačajno roditi se i odrastati u sređenim obiteljima ili nesređenim kad stignu dani, mjeseci i godine u kojima čovjek mora pokazati karakter, poštenje i spremnost na žrtvu za druge. Odradio sam svoje ratovanje, ovaj budalaš nije. Ja se vlastite obitelji ne sramim, a on, srami se jer uvijek „zaboravlja" spomenuti tko mu je bio otac i da je imao sve što ja nisam, skuplje, više i bolje. Nosio je ljepšu odjeću i imao bolji televizor. I telefon je imao, mi nismo. Sve zbog očeve mu odanosti partiji i maršalu. Mada, to nije važno, on svoje teatralno izmišljeno 'rvatstvo živi za šankom i na ulici glumeći Domoljuba s velikim „D", a ja, nitko i ništa, dijete iz nesređene obitelji koja u dvije godine nije uspjela popraviti bravu na ulaznim vratima stana, ja, grešnik, bio sam gdje je i kad je trebalo biti.)

Prljavo posuđe, ostaci hrane u sudoperu i opušcima pregoreni tepih u sobi, požutjele keramičke pločice na kadi i neispravan bojler, prazan frižider i hrpa neoprane odjeće i rublja u kupaonici, razgažene prljave cipele u hodniku, neotvorene koverte s računima za režije u ladici kuhinjskog ormarića, prazne vinske boce i... Ordiniranje socijalne službe i privremeno oduzimanje djece majci i oćuhu i smještaj blizanaca kod bake, majke pokojnog oca zbog „neprimjerenih životnih uvjeta i narušenih obiteljskih odnosa koji štete pravilnom odrastanju i razvoju djeteta" (ili nešto u tom smislu), a uz to, mladalačka naivnost, uvjerenost da se nešto može postići bez da imaš oca partijskog sekretara ili kapetana prve klase, neuspješni pokušaji otkrivanja putova ka uspjehu bez pomoći utjecajne familije, bježanje od samog sebe, nepriznavanje osobne krivnje za vlastite neuspjehe, pubertetske fantazije, nesnalaženje u borbi protiv izazova čuvstvenosti i tjelesnosti i pitanje novca, posramljenost zbog pomanjkanja istog, sve jedna do druge krive odluke, loši izbori i povremeni, doista kratkotrajni usponi i potom strmoglavljenje u još dublje poraze. Ništavilo iznutra, a izvana osmijeh, stu-pidna retorika optimizma bez pokrića, samozavaravanje u jednoj protraćenoj egzistenciji.

Zima stoljeća. 1929. godina po Isusu Kristu. Vrijeme je jedino što čovjek ne može zaustaviti. Vrijeme ponekad donese dobro, ponekad zlo, ali ne stoji, traje u svojoj trajnosti, nepromjenjljivo, nebeski čisto.

Nemilosrdna, strahovito oštra zima ostaviti će bolne posljedice na životima mnogih žitelja Varaždina, bivšeg sjedišta Kraljevinskog vijeća, Consilium Regni Croatiae iz godina 1766-1776.: sirotinja kuša i podnosi teret svega lošeg s ovoga svijeta, sirotinji dolazi na naplatu njen najveći i neoprostivi grijeh, siromaštvo, oskudica, bijeda bijedna, u svim oblicima i na sve načine. Hrvatski kmet odavno ima izreku: „Sirotinjo, i Bogu si teška.". Krvlju, suzama, bolom, svime sirotinja plaća svoju nesreću za koju je sama najmanje kriva. Siromah životom svojim plaća grijeh života i na kraju bude pokopan na dijelu groblja gdje je i Bog rekao laku noć i gdje čistači grobova, rakari i vlasnici grobnica bacaju smeće, dogorjele lampione, uvenulo cvijeće, osušene vijence i istrunule križeve. Sirotinja nema obiteljsko stablo, ne posjeduje raskošne obiteljske mauzoleje i mramorne grobnice, nema ništa ta naša jadna sirotinjska klatež koja se vuče sporo k'o prebijeni pas stoljećima kroz hrvatsku priču neprimjećeno, zgaženo, u vječnoj agoniji, u iščekivanju smrti; nema kutije s video uspomenama na obiteljskim okupljanjima, nema sjećanja na rođendane, krstitke, prve pričesti i krizme, vjenčanja i sprovode, nema ona ništa, nema ni stare požutjele dokumente, darovnice, zahvalnice ni pohvalnice, nema kao što nikad imala nije i neće ni imati, za sirotinju „priče od rođenja do smrti" ne postoje, a i tko bi se htio sjećati života u tmini, u vlažnim rupama, spavanja na slamarici, na podu, tko bi htio pamtiti plesnjivi kruh, gladne nedjelje i prazne džepove, uvrede i poniženja premilostive gazdarice, tko bi uopće volio sjećati se klečanja pred moćnima? Nitko, hrvatska sirotinja najmanje i... hrvatska sirotinja nije uvedena u povijesne knjige ni u državne arhive, sirotinja je potrošna roba, resurs, nešto kao špirit za lampaše na foringama, sirotinja je jeftini repromaterijal za proizvodnju povijesnih veličina, nacionalnih uzora, svega na čemu se odgajaju tisuće poslušnih slugu Hrvata-mrtvaca i njihovih tuđinskih gospodara. To je sirotinja koja nosi svoje biljege u neoznačene grobove na jednom od najljepših grobalja Europe.

Ovo je neregistrirana priča o kazališnoj predstavi obitelji bez pedigrea. Glumac i dirigent, gospodin David Ogden Stiers je rekao: „Obitelj znači da nitko ne ostane zaboravljen." Rekao je i to je rekao krivo! Točnije, nije krivo za grobare, krivo je za mene, za ljude iz svijeta mrtvaca, hrvatskog kmeta, svijeta u kojem sam ugledao danje svjetlo, u kojem sam rođen u tijelu. Najviše se zaboravlja upravo u obitelji, naročito kad umre netko bez da je nasljednike učinio bogatima i riješio ih egzistencijalnih briga. Obitelj u grobarskom romantičnom smislu? To nije moja obitelj. I zahvalan sam na tome što nije jer da jest, moj život bi bio još bolniji, još neuspješniji. Ovako barem imam nešto, to ništa.

Varaždin je dvadeset i devete zime dvadesetog stoljeća bilo malo drugačiji nego što je danas. Ono što se sad naziva „blizu centra", tada je bila periferija i to debelo izvan grada, poput „Tivara" ili čak malobrojnih kuća prema današnjoj Banfici. Ulice su bile kaldrme, a mnoge nisu imale ni kameni pokrov ni asfalt i za svake kiše pretvarale su se u kaljuže. Ma što govorili fanovi našeg grada, 1929. Varaždin je još uvijek postaustrougarska vukojebina koju ni palače, ni kazalište, ni groblje, ni duga povijest, kao ni bilo što drugo ne može osloboditi stiska bivše k.u.k. periferije, zabiti na putu prema osmanlijskim pašalucima. (Volim svoj rodni grad, pače ga „reklamiram" u Americi kad god imam prilike zbog ponosa što sam Varaždinec, a i da se malo narugam prijateljima Amerikancima zbog njihove „povijesti duge samo dvjesta godina", haha. Nema tome dugo kako sam za crkveno druženje ispekao varaždinske klipiće i neka druga jela i izložio ih uz fotografije grada i „starca", tek da znaju da je Varaždin više od četiri puta stariji od njihove „najbolje države na svijetu", haha.)

U Šenoinoj ulici II, pred staklenim izlogom krznarije „Bijeli medvjed" stoji mršava niska djevojka. Slabo je odjevena, u poderanim cipelama, kose prekrite ružnom smeđom maramom. Djevojka je vrlo sitne građe, vrlo mlada, možda kojih šesnaest godina, nježna, svijetle puti. Stoji pred izlogom već neko vrijeme, zapravo svaki put kad prolazi ovom ulicom, a to nije često jer „presvetli ne dopuštaju landranje po varošu sam tak”, zastane ovdje i mašta kako bi bilo lijepo kad bi mogla imati neku od ovih prekrasnih bundi. Bilo bi joj toplo, ne bi se smrzavala, ne bi bila prehlađena i nitko je ne bi „grdo gledal, kak ciganicu! „Ve zgledi kak selska prostača! Ali, kaj ve, kak si more pomoći, nikak, Jezuš i Marija, kaj da dela, nemre ništ neg tak kak je. Dve lete su prošle kak je v službi kod presvetloga grofa i dva duga leta kak dime neje bila. Od jutra od sutra dela, od večera do večera, riba, glanca, pere, tepihe klofa i prašinu briše s krpami, napoj v teškoj kanti vleče z kuhinje, posudu pere i obloke, dela se kaj joj kamerdiner veli i kaj veli kuharica, kaj joj veli foringaš i sam gospon presvetli grof i presvetla milostiva grofica i deca njihova, makar od nje deca grofovska samo bedarije delaju. Dela i čkomi jer drugo i nemre i ne zna, a se mora biti kak se spada, na mestu, čiste i bleščiti se mora jer bole je za nju da je predi gotovo nek počne s delom, a kad je presvetla loše vole ili bilo kaj drugega, ona nahrda kak bogec Bistrički, bog i bogme ak neje tak kak je, saki Božji den je za nekaj kriva, a za ništ neje kriva jer pazi kaj i kak dela, a kriva je jer si tak povedaju da je i kaj da veli i kak i kam da se okrene, pa je tak prošli teden morala iti spat bez večerje i taj teden ni plaču ni dobila jer je bila kriva da srebrni beštek ni bil dobro zglancan, a dali su ga za goste v četrtek navečer, bil je grofu i grofici milostivi došel sam gospon kotarski predstojnik s ženom mu i još je došel jen bivši gradski zas-tupnik i kralevski tužitel, i još pukovnik z garnizone s ženom i baš gda su počeli jesti je gospođa presvetla pukovnica, grda srpska baba z velki nosi i žutim zubimi rekla kak joj se čini da su „kašika i viljuška” malo mat, i kaj, tak sem ispala kriva makar tej den nis ja glancala taj prokleti beštek neg ribala štenge na drugemu katu s belemi peski, ali kaj ve, služavka sem, najslabša i najmlajša v celoj hiži i si delaju s menom kaj hočeju i nišče mi neče pomoči, a onaj kamerdiner Franc je najgori, zver prokleta! Zapraf, nišće ne zna zakaj ga zoveju Franc kad nije nikakev Franc z Zagreba, on bi povedal Agrama, nek je Štijef, fačuk z Vinice, mater mu je bila služavka kod plebanuša, a japa valda zvonar ili morti sam plebanuš, gdo bi znal, zrasel je nikud nikam, bez jape i bez hiže, a od matere navek pijane selske norčije ni bile nikaj dobrega za jenga, jeno kaj je vu cerkvi navčil pisati i čitati jer v školu ni išel, pa se se dotepel vu Varaždin z viničkog brega kak zamusikani balavec koje leto pred Veliki pervi rat i prve nameštenje je dobil kod tapetara Hirehla, ali ga je gazda steral z nogom vrit kad ga je vlovil gda je materijala kral i prodaval na črno, a potem je premenil već nameštenjof i nigdi s neje duge zadržal, od posla baš ni bil, leni kak osel ni volel imati žule na rukami i se je delal sam da ne bi pune delal i v tome je bil dober jer je bil fletni na jeziku, to je valda od plebanuša pobral. Okreten je bil, ljudi su mu veruvali na pervu, sve dok nesu otkrili kakev je tat, a potem je prišel rat i nišče nigdar ni seznal kak i prek koga je bil mobilizjeran v domobranske husare jer ni bil Štijef, bi rekli, za konje jahati i biti se s nekim z konja z sabljom, pak kak god se našel vu husarskoj kasarni, dobre je za njega na kraju ispale, nesu ga abokandjerali v rat i kervi ni videl, je dva ratna leta čistil štale v eskadronu i pokle, gda ga je neka kobila vritnula i stisnula, su ga vu feldšpital zlifrali i bil je tam dosti dugo, i tak je ostal šepav za celi život, a kaj se soldačije tiče, i tu je vrag prokleti sreče imel već neg spameti, ga je sedamnajste neki ritmajster zel za posilnega i od tega dneva mu je sekira v med opala, to je tak bile, se je Štijef dve-tri lete lepe nafčil gospoštiji i nobl delu, je gospon ritmajster bil pravi barun, Austrijanec, i bog te pitaj zakaj mu se dopal smotani Štijef i zel ga je pod svoje da mu glanca škornje i munduru čisti i stepa, da mu kuha čaj i kavu i toči konjak, kofere slaže i raslaže, da mu sedlo čisti i glanca, i čako priravnava, i se je to Štijef delal i pil poskrivečki barunov konjak i njegove cigaretline danfal, a je tu i tam koju krunu zel z kutije kaj je za peneze za stroške gospon ritmajster mel, i tak se Štijef provlekel črez rat jake dobre i nafčil se je biti, bi rekli, kak sobar, se je taj fačuk crkvenjakov ili popovski fes fajn zrihtal po gospodski, finoće se nafčil, kak se barunski je i kak se pije, kak se štofne slažeju i odelo čisti, kakav beštek ide za večerju, a šteri za obed, kak se kaj servira i kak se na koncu s gospodom spomina, pak je onda, gda je rat završil i se k.u.k. je otišle v pizdu vražju, takaj snašel i ni mu trebale duge da najde novo mesto za delati, kod grofa kak kamerdiner i glavni za se grofovske sluge v hiži i grof ga je primil po, bi se povedalo, lepoj reči i Štijef koji se prozval Franc fletno se prifčil i stekel grofovo i grofičino poverenje. Postal je bog i batina i to je korstil kak je najveć mogel, kak onaj na sliki šteri z bičem črne zvezane ljude bije negde v Ameriki: se je to o Francu povedala kinderfrajla, frau Amalija, koja zapraf takaj ni bila Amalija, se zvala Dragica i ni bila nikakšna frau Amalija i ni bila aus einen noblenschwäbischen Haus in Baden i nikak joj japa ni bil angesehener Besitzer von Mühlen und Sägeworken, je stara coprnica bila, kak se med slugami tračalo, fačukica jenog od upravitelja Zelendvora, šteri je dete napravil jenoj pucki, štera je pak na dnevnicu došla delati i tak se „frau Amalija” rodila gola i upravitelj je ne priznal kak svoje, ali ne bil baš terdega serca i pomagal je s cajta na cajt i ispolsoval da mama puckina dobi stalne mesto v jenoj finoj hiži, pokle čega je bile lakše za živeti i mami i detetu, a kak se pripovedalo, japa, upravitel je imel letama nekaj ž mamo puckino, kaj je one bila dobrodržeća baba i gda je vu ozbiljna leta zašla i po priliki je bile da je Dragica z maminim gazdama v Ugarsku prešla i tam se zvučila kak se gospodske frajle imaju, se nafčila bon-tona i čitati i pisati, v švapskom i mađarskom jeziku se zvežbala, ali kak je to bile, to nišće neje znal, osim da ju je jenega dneva grofov foringaš dopeljal s cuga da bude kinderfrajla deci presvetlih, šteri je posel delala jake dobre, kak se vidi, jer je ostala vu službi i gda su deca zrasla. Sedma je leta kak je Štijef šteri je Franc kamerdiner pri grofu i grofici i dobre mu je, si je lepe peneze prišparal, bi rekli, nafkral, i hižu je kupil v Agramu, same za štere peneze, to nišće ni znal, pak i vinograd s kleti kod Ivanca, si je pomale starost zrihtaval. Je, a zbog „mat kašikc i viljuškc” štere neje glancala, ju je na red zel i špotati je počel, kleti kak sam vrag, da je flundra i ništkoristi, da je osramotila presvetlog grofa i presvetlu miložstivu groficu i da se bu joj kervi napil, mužači smerdljivoj štera je z koca sim doplazila, vikal je i vre ju je dvaput ošamaril i ona se srušila v suzama na kuhinjski merzli pod i tak je ostala ležati zaplakana, skvrčena, kriva, a onda je v špajzcimer prišla i sama presvetla grofica črlena v licu i besna kak besna lisica i derala se kak ponorela:„Um Gottes Willen, Rozika? Was zur Hölle ist mit dir los? Herr Oberst Krstić und seine Frau... und all Herren und dammen... Franc, diese stinkende Schlampe geht ohne Abendessen ins Bett. Kein Weinen für diese Woche, verdammtes Schwein!”, penila se i zaletela kak kobila i počela je ritati s špičastim salonskimi cipelami i v glavu ju je vritnula i nos raskervavila i onda je zacvilela pucka, jokala je kak da je koleju, okretala se po podu, derala se kak hmajna, a grofica ju je ritala, v bubrege i rebra, po nogami i morti bi je hmorila da ni došel presvetli grof i prekinul sav taj škandal, primil je čverste ženu i ošamaril je tak da se zledila jer ni znala kaj se pripetile, a zadihani grof, šteremu se firzura pokvarila, odgural je groficu z kuhinje i naredil joj da se smiri i da ne dela bedarije, kaj je luda, kaj mlati služavku i da se tu sedne i smiri, a potem se grof nameril na Franca koji je htel pobeći, a ni mel dosti čas, jer i sam bil popolma van sebe i tak je grof i njega uhvatil za kaput i pohitnul ga da je s leđima vudril v zid i male je falile da ne vudri v šparhet i gda je htel nekaj reči, grof mu je povedal da čkomi i da ima sreče kaj neće sramote jer bi i žandare pozval, pa su skoram vubili curu, jengova luda baba od žene i on, kamerdiner i onda se sve tak završile da je grof naredil kuharici i Francu da se pobrineju za služavku i još je pozval doktora da je pogleda i vidi da ni morti ranjena i za den dva se se pozabile i grof ni zate bil ništ bolši prema curi, enako je bile kak i predi sega tega. Dela, muči se, trpi jer grof je grof, Franc je Franc, a i frau Amelija je frau Amelija. Beštek je beštek i mora se blešćiti i za grofa i za serpskoga pukovnika.

   Prošle su dve lete od kak je vu ovoj gospodskoj hiži i ne žali se preveč, čkomi i rinta kak zna i more. Na tavanu ima sobu v šteri se obrnuti nemre, ali ima de spati i na miru male biti. Ne cendra jer je dobre denes kak je bile hude ščera i Bog zna kak bu sutra vjutro, gda se zdigne još po kmici, a jesti ima i oprati se ima gde, a tu i tam joj Franc novu rubaču da i obleku štera neje nova, znošena je, pak je bolša neg nikakva, a gda gosti prihajaju v hižu, na večerju pri grofu i grofici, ima si obleči pravu gospodsku livreju za služavke, finu obleku, onak lepu, da se vidi kak se presvetlu milostivu služi jednak kak i v onom, bi rekli, Beču, je, i prati se mora jer milostiva neče da joj služavke po hiži smrdlive landraju. Dobi koji dinar, i to v zadnjih par mesecov. Predi, perve lete neje dobila ni krajcara, ništ, je za spati i jesti delala. Dime neje išla, a zakaj i bi, je nišće za nju pital, neje ni reč da bi joj poslali, kak da je ni na ovome svetu, same je jenput foringaš pozdrav prenesel od stareše sestrične Micike kaj se oženila. (Joj, Bogek naš, je za Miciku bil odrejen stari Alojz z Domitrovca, debeli vdovec bez dece, jer, kak su povedali, mu je perva žena devetsto i tretje hmrla na porodu skupaj s detetom, a druga žena, s šterom se oženil ni pol leta pokle smerti perve žene, ni mogla imeti dece i hmerla je pred rat, nekak okoli trinaeste, i tak je živel sam i lepe je mel, bil je gazda v selu, na glasu kak penežljivi, ali škrti kak sam vrag, pa kak su mu leta došla, si je zgruntal da bi mu kakšna mlada žena pri hiži dobre došla i ni trebalo dugo da se z očetom Micike dospomene o semu, aha, je ficlek zemle dal i nekaj v gotovini i Micika se oženila i prešla v Domitrevec, i ne bilo hudo, je stari pomalem slabil i Micika mu je bila se kaj treba, a s njom zapraf nigdar ni spal onak kak muž z ženo spati mora, a gda je stari hmrl, leta trideset i petog, je Micika postala dobrodržeča selska vdovica s penezi, a veliju po seli, kak je davala nekaj male i retke svojima dime, a sebi si je privušćila mlade ljubavnike, od šterih je jenoga i zbrala da ju oženi leto pred drugi rat, a kaj je pokle bile, Rozika ni čula ni znala.) Franz joj je povedal da su to pervo leto peneze kaj je zaradila, a to ni bile Bog zna kaj, slali njezinom dedi, ali mu ona ni poveruvala. Jengov robavi gubec ni znal istinu povedati, a kraj tega, Roziki se Franz gadil i kaj je puklavo hodal, i obleka jengova, škornje i cipele, rubače i kravate i hozentregeri, škrlak i ropček v žepu i prslek, se joj se gadilo i ono gda joj je znal reči da ga požegeče po plečima jer ga svrbi, i to joj je smetale, ali si ni mogla pomoći jer je tak kak je i drugače biti nemre. A kaj dekla s šesnajst more opče napraviti od življenja? Kaj je Rozika znala o penezima? Si za svoje dinare ni mogla nikaj vre kupiti, su to ni bili nekšni penezi. Človeku življenje je preteške i tu se ne da baš nikaj napraviti, kak su Jezuš i dragi Bogek dali, tak je, sakemu se ime na partacetlu najti ima. Denes ju je Franc poslal s kuvertami na dvami mestami jer je dečec Vanjča, šteri je to delal, zbetežal, i još joj se Franc zgrozil da mora biti predi nazaj nek tam kam mora iti i ni smela nikam drugam i ne gubiti cajta na bedastoće, da ima same o svojemu delu misliti i jake fletno se vrnuti nazaj, i tak je navlekla svoj scufrani kaput (je joj je frau Amalia dala, onak kakti z dobre vole, taj stari, od moljci zluknjani kaput, a bil je to kaput još od Franz Josefa i dala joj je frau kinderfrajla i još joj je povedala da je to dober kaput i da jake pune košta), obula prevelike škornje i dela v žep te dve žute koverte s črlenim pečatimi od voska i požurila se to odnesti kam je morala Pervu je odnesla v hotel „Janje", a onda je prešla do špeceraja gospona Kramera v Gundulićevoj. Ni trebala čekati odgovora neg se mela vrnuti jer je v kuhinji i pivnici bile pune za čistiti. Jedino kaj je stala kraj krznarije, da vidi nekaj lepega. Bog dragi i Jezuš i Majka Božja buju joj dali jenega dneva takšni kaput, buju…"

Široke stepenice vode iz predvorja na kat palače. Raskošni mramorni rukohvati ukrašeni fino lakiranom hrastovinom s obje strane stuba bliješte pod svjetlošću električnih žarulja. Noć je. Palača drijema u tišini, ukućani spavaju. Otmjeni namještaj u predvorju i veliko ogledalo s desne strane odaju bogatstvo vlasnika. Skupocjeni tepih sa stuba smotan je u rolu i gurnut na odmorište na međukatu između prizemlja i prvog kata. Stube su obložene fino obrađenim i poliranim kamenim pločama. Pri dnu stuba kleči mlada mršava sluškinja odjevena u pohabanu modrocrnu haljinu opasanu prljavom sivom pregačom. Kraj nje su dvije plehnate sive kante. U jednoj voda s lužinom, a u drugoj fini bijeli pijesak. Sluškinja kleči i velikom grubom žičanom četkom riba stube: iz kante s vodom malom metalnom šalicom grabi vodu i prska stubu, a potom desnom rukom iz druge kanti vadi bijeli pijesak i prosipa po mokroj stubi i nakon toga čvrstim pokretima riba. Njeno krhko tijelo se trese i upravo je čudo što netko tako krhke građe radi ovaj nimalo lak posao: riba, teško diše, ali ne posustaje, tek joj znoj kaplje ispod smeđe marame kojom je prekrila duga smeđa kosa. Služavka šutke radi.
    Na vrhu stuba, na međukatu pojavi se visok muškarac u skupom crvenom hausroku sa zlatnim obrubima. Nosi elegantne hlače ravnog kroja, u toplim je krznenim kućnim papučama. Crna, finim bademovim uljem zalizana kosa uokviruje duguljasto izbrijano lice. Ispod tankih brkova, među usnama dimi se dugački vrlo skup cigarilos. Muškarac nosi monokl na desnom oku, lijeva mu je ruka u džepu kućnog ogrtača. Desnom ruku vadi cigarilos i otresa pepeo na stube. Puši netremice promatrajući rad mlade služavke. Djevojka ga ne primjećuje, kleči i marljivo riba stube.
    Muškarac se lagano spušta stubama, korak po korak, cigarilos dogorijeva. Desnom ga rukom vadi iz usta, baca i gasi vrhom papuče. U tom trenutku ga spazi služavka. Iznenađena i prestrašena pokušava skočiti na noge, no ne uspijeva odmah.
    - „Ooh, presvetli, prosim lepe…" - muca dok iz drugog pokušaja staje nesigurno na noge. Četka je na stubi, mješavina pijeska i vode, prljavština, sve se cijedi s gornjih na donje stube. Djevojka stoji pognute glave, gleda u pod, nervozno briše ruke o mokru prljavu pregaču. Zbunjena je. Ne zna što bi s rukama. Nespretno ih prekriži ispred sebe. Muškarac se lagano i sporo približava djevojci. Ona je ukočena, teško diše, glavu spušta još niže. Savila se. Usne joj podrhtavaju. Muškarac u hausroku stoji na korak od nje, ona može osjetiti njegov dah, osjeća miris francuske kolonjske vode, gadi joj se miris dima cigarilosa. Muškarac progovara gotovo nečujnim glasom, govori kroz zube:
    - „Rozika, Rozika. Wenig wertvolle süße, Rozika. Was ist es, Rozika? Ich kann nicht shlafen, ich gehe

in den Salon, um etwas zu trinken…" - muškarac dašće, stane iza leđa prestrašene mlade sluškinje i odostrag je zagrli uhvativši je za grudi. Djevojka se sledila, ne otima se, stoji prestravljena u čvrstom muškarčevom zagrljaju, oči su joj iskolačene, ruke prekrižene na trbuhu, usne joj drhte. Muškarac je sve jače grli, diše teško, rukama joj mijesi grudi. Služavka počne jecati:

- „Pres…svetli prosim… vas, najte presvetli kaj…" - djevojka je nemoćna, strah je paralizirao njeno tijelo. Muškarac joj diše za vrat, ljubi je, grubo joj rukama prelazi naprijed po tijelu, po grudima i boko-vima, ljubi joj vrat, uši:

- „Rozika…, kleine Bauernhur… Wie jung du bist… Rozika, dein… Ne boj se, Rozika, znam ja, ti trebaš ovo. Ja sam tvoj… presvetli… Sve buš dobila od svog presvetlog. Du musst gepflückt werden… du bist eine Blume… ich bin deine Hummel, junge Rose…" - muškarac sve divlje nasrće na djevojku, rukom joj podiže haljinu i hvata za butinu. Služavka se otima, nastoji se izvući iz zagrljaja. Gura ga leđima, skače, pokušava udariti nogom. Muškarac po-staje vrlo grub, oči su mu mutne, znoji se.

- „Kurvo, otimaš se, ha?! Dobiti ćeš ti…" - odjednom „tras!", kanta s vodom i lužinom se prevrnu i voda se razlije po stubama i podu predvorja. Kućom, kao jeka, odzvoni kotrljanje pleh kante. Netko otvori vrata na salonu i na njima se pojavi proćelavi muškarac u četrdesetim godinama odjeven u hlače i bijelu pot-košulju. U desnoj ruci drži upaljen starinski uljni fenjer. S vrata opsuje:

- „Rozika, jebem ti, glupa kokoš! Kaj sam ti rekel, koza prokleta, kaj sam ti rekel? Kaj spodelavaš, piz-da ti materina? Zbudila buš presvetloga i milostivu! Za pet ran Kristušovih!" - muškarac naglo zašuti kad ugleda muškarca u hausroku. Odmah mijenja držanje, sad je ponizan, topi se od udvornosti. Spusti fenjer u visinu svojih grudi, lijevom rukom otvori stakle-na vratašca i puhne i ugasi plamen. Zatvori vratašca.

- „Oh, prosim lepo, nisam vas odmah videl, preuzvišeni gospon grof, nisam vas videl, molim presvet-loga grofa da nam oprostiju. Moj naklon, presvetli. Pardoniram se, nis vas videl, kaj izvoljevaju presvetli grof?!" - kamerdiner Franz se duboko nakloni po staroj k.u.k. etiketi. Grof, sad nekoliko koraka odmaknut od služavke, stoji na jednoj od gornjih stuba i poravnava svoj hausrok i svoju frizuru. Još uvijek je uz-buđen. Duboko udahne i izdahne. (Grof ne zna koliko je Franc vidio i čuo od onoga što se zbilo.) Obrati se kamerdineru:

- „Franz, ne mogu spavati. März ist schrecklich für mich. Und noch ein Abendessen, ich habe zu viel gegessen. Ich gehe in den Salon. Komm, ich brauche ein starkes Getränk."

- „Prosim, presvetli grofe, kaj izvoljevaju." - Franz se duboko nakloni. Zakorači dva koraka u stranu. Grof prođe pored njega i ne pogleda služavku Roziku. Djevojka stoji na prvoj stubi, usplahirena, nemirna, razdrljene haljine i pregače, drhti, lice joj je zgrčeno, oči crvene od pla-ča. Kamerdiner Franc, kome je pravo ime Štijef, napeto pogleda služavku:

- „A ti buš vidla, grofa si probudila, ja te bum…" - prijeti joj rukom – „Vidla buš ti svojega Boga, koza jena, glupa seljača…" - grof stoji na vratima i govori mirnim glasom:

- „Franc, pusti to, sve je u redu. Dobra je naša Rozika, dobro dela. Zünde diesen Kamin stärker an, hier wird es kalt. Und bring mir ein paar Zigarren." - grof i kamerdiner odlaze u salon. Služavka Rozika stoji na stubi. Plače.

Šrajbtiš sve podnosi, nije ga briga što se na njemu radi, ili piše. Uostalom, on je samo nekoliko komada precizno ispiljenih, lijepo obrađenih, obojenih i ispoliranih komada drveta, možda uz to koji metalni dio i to je to, šrajbtiš. Prosto rečeno, jebe se stolu „kaj bu jengov gazda škrabal na njemu, one kaj muči stol je gda bu skončal svoj život i završil kak trešče za kamin". Zato je pričanje priče o mojoj Maloj baki barem po ne-čemu lakše: nemam potrebe objašnjavati stolu (barem nekome ne objašnjavam) zašto i kako sričem ove glu-pave rečenice, odlomke i poglavlje kao takvo. Točno, imam problem, od prve riječi borim se protiv demona antipisanja, protiv pretvaranja priče u hladetinu, u aspik, u želatinu. Biblijsko, metuzalemsko, prapovijesno pitanje: što i kako mogu pričati u ovoj priči? Gdje su granice dopuštenog prekoračenja u stvaranju autobio-grafskih žvrljotina? Što je i gdje je ono što dijeli istinitu prošlost od imaginacije, stvarnost od fikcije? Pro-čitao sam tijekom godina mnogo autobiografija i malo koja mi se svidjela: već od prve stranice te su knjige donosile precizno izrađeni autoportret i nastavak čitanja do posljednje točke obično bi se pretvorio u mazohistička seansu. Malo koji autor je nadvladao narcisoidnost i sklonost prepravljanju vlastite prošlosti: panegerici mi nikad nisu bili osobito zanimljivo štivo. Pisati o tome i o ljudima (i sebi) koji su zaboravili da su zaboravili sjećanja iznimno je nezahvalan posao: lakše je, ako se mora, a mora se, pljunuti na sebe u birtiji, za šankom, nego pljuvati po drugima pljujući sebe. Zar je važno jesu li nam preci bili znameniti likovi ili NN face? Što bih ja imao od toga da mi je šukunšukundjed ili netko kao VIP obješen na obiteljsko stablo, bio ađutant generalu topništva Josipu Jelačiću-Bužimskom? Ili barem da je služio u nekoj od pukovnija pod njegovim zapovjedništvom? Bi li doista moj životopis dobio na težini? Sumnjam u to, ne vjerujem u prijenos ni slave ni krivnje s mrtvih na žive!

Haha, nijedan od mojih predaka nije upisan u udžbenike hrvatske povijesti. Hrvatima-mrtvacima tamo nije mjesto. Glupo, sve je glupost, ova predstava i sve. Naime, pričajući moram otkriti i neke osjećaje spram ljudi koji su ovako ili onako uključeni u ovo. Međutim, kako, do vraga, voljeti ili mrziti ljude koje nisam poznavao? Književnici, filmski scenaristi, slikari, skladatelji, dramaturzi i ostali iz umjetničkog svijeta imaju punu slobodu raspolaganja svim dostupnim resursima potrebnim za iskazivanje emocija, pa čak i ako te emocije nisu stvarne. Tko od gledateljske mase nije zaplakao gledajući srcedrapateljne scene u romantičnim dramama u kojima djed umire s rukom unuke koji je vidio po prvi put u životu pet minuta prije smrti ili kad mladić shvati koliko zapravo voli pokojnog oca, onog koji ga je ostavio kao tek rođenu bebu pred vratima samostana?! U takvim se scenama volimo prepoznavati, u njima pronalazimo utjehu za vlastite propuste i zatomljene osjećaje, ali ovdje, kako mogu reći da volim pradjede ili praprabake ako jedva da znam njihova imena? Kako se može voljeti nekoga koga ne poznajem? Odnosno, kako voljeti nekoga koga već volim i tko mi je duboko u srcu, a za koga se ispostavilo da nije to što sam mislio da jest i da život te osobe nije bio uopće onakav kakvog ja imam u memoriji, nego je bio nešto posve drugo? Kod potonjih stvar je komplicirana i uključuje preispitivanje moralnih i vjerskih načela: što može promijeniti „nova" istina o nekome ako je taj netko tijekom života sa mnom pokazao puno kristoliko srce? To je teško. Kod onih koje ne znam, situacija nije toliko zapetljana, ali nije zato ništa manje frustrirajuća. Ovako: nemam fotografija, dokumenata, nemam osobnih stvari, odjeće, lula, nakita ili olovki, pisama i knjiga, nemam njihove šešire, ničega nemam, ne znam kako su izgledali, jesu li bili niski ili visoki, mršavi k'o prut ili debeli k'o svinje, ne znam kakvi im bjehu karakteri, jesu li se voljeli smijati ili su bili mrgudi, ne znam koliko su cijenili prijateljstvo, a koliko novac, ne znam što su voljeli jesti i koliko su pili, jesu li (moji preci) bili časni ljudi ili je bilo među njima izdajnika i ljudskog šljama, ništa ne znam o njima, osim tračeva, iskrivljenih sjećanja i ponešto arhivskog materijala. Mislim, može li netko voljeti svog šukun šukun itd. djeda, 'rvatskog heroja koji je glupo i nepotrebno krepao izmasakriran na bojnom polju godine 1709. u bitci kod Malplaqueta, kojom je, po preuzvišenoj nebeskoj volji Nj.C.I.K.V. Lepopolda I, u sveto ime kuće Habsburg, komandirao veliki princ Eugene of Savoy-Carignano? Osim ponosa što je u obitelji netko bio svjedok povijesti (u činjenici da je neki predak ostavio kosti u bitci koja je bila za sve, ali ne i za Hrvatsku, nema baš ničega domoljubnog, ali ljudi vole takve „istine", veličina predaka podiže njih same i u tuđim i u vlastitim očima), što je poveznica između tog šukun etc. djeda i jednog od sadašnjih nositelja obiteljskog prezimena? I prenošenje „s koljena na koljeno", što to znači? Ništa, čak ni vrlo malo jer svaka generacija dodaje ili oduzima „istine" prema potrebi i stanju stvari u realnom vremenu, pak nakon tri stotine i dvanaest godina tko može potvrditi da se „obiteljska legenda" o šukun šukun itd. djedu koji je krepao služeći Eugena Savojskog odigrala baš onako kako se priča ili je ipak famozni šukun šukun itd. djed otegao papke na mnogo manje slavan način, vješanjem koje je izvršeno nad njim jer je bio notorna konjokradica i dezerter? Čudni su putovi Gospodnji, a ljudski tako bijedni. I često lažni.

Varljiva zima 1978.: kažu ljudi, stigla zima, oštre zube ima. Ne baš svake godine, a onda, ponekad je zima krezuba i ugrizi su slabi, kao polovinom siječnja te sedamdeset i osme godine dvadesetog stoljeća. Poslije Nove godine pao je slab snijeg, a kako se otopio baš nekako u vrijeme zimskih školskih praznika, djeca bjehu razočarana zbog uskraćenih zimskih radosti. Međutim, zima je čudan svat i zubi joj mogu iznenada narasti i pretvoriti je u opasnu zvijer. Tako je bilo tog istog mjeseca. U nedjelju devetnaestog siječnja i u ponedjeljak, dvadesetog veliki je snijeg prekrio Varaždin i dječji se smijeh opet čuo na banj-sčini, na

Starom gradu. Sanjke, one prave i improvizirane, nastale u djedovoj šupi, skije, komad kartona ili tek trčanje po bedemima oko stare tvrđe, grudanje i valjanje po snijegu, cika i vika, smijeh i nasmijana dječja lica mame nostalgične uzdahe roditelja i prolaznika koji uživaju promatrajući razdraganu djecu u nesputanoj igri. Stari grad je prepun djece svih uzrasta, traje zimski raspust i mališani, oni mali i oni malo veći nastoje maksimalno iskoristiti vrijeme za zabavu u danima koje ne moraju provoditi u dosadi školskih klupa. Cijelu su godinu, od prošle zime, čekali snijeg i zimsko ferije i ništa ih ne može omesti u uživanju na snijegu.

Nekoliko dana prije ovog snježnog cirkusa, na drugom kraju grada odigrao se drugačiji prizor ove scene moje predstave u ovom neobičnom kazalištu. Zgrada nove škole. Osnovna škola „8. maj" Varaždin. Kasnije i do danas svi će je zvati „šesta osnovna". Nova? Izgrađena je 1967. i u usporedbi s drugim gradskim školama, stvarno je nova. Velike učionice i stručni kabineti, prostrani hodnici, ogromni vanjski prostor, igrališta, sportski tereni i sportska dvorana s novom opremom, oko osam stotina djece od prvog do osmog razreda: živa ludnica. Točno je dvanaest i deset, prošlo je podne. Zvuk zvona označava početak „divljanja": otvaraju se vrata na svim učionicama i kabinetima. Masa učenika, od prvašića do osmaša juri po hodnicima žureći do mjesta za presvlačenje, do svojih kaputa i cipela: svaki razred ima svoje mjesto na hodniku, svoju „garderobu" (niske drveno-metalne klupe s policom za odlaganje obuće ispod sjedišta i crne dvokrake vješalice na zidu: otvoreni prostor bez pregrada, nema ormarića, kao što je to danas - u socijalizmu, ne znam zašto, krađa među djecom skoro i da nije bilo, no to više pribrajam općem siromaštvu nego „crvenom poštenju" jer smo svi bili tu negdje, oko-oko, ništa nije bilo vrijedno krađe). Učenici i učenice skaču jedni po drugima, naguravaju se, viču, smiju se, poneki dječak povuče za kosu djevojčicu koja mu se sviđa, mnogo šaljivih prepirki, pa gdje je moj kaput, a moja lijeva čizma, vrati mi rukavice, jao, kako ti noge smrde i zašto nosiš taj sendvič u torbi, hajde, probaj to još jednom, magarac, pusti me, bacaju stvari jedni na druge; djevojčice vode jako povjerljive razgovore, dječaci se dogovaraju o novim psinama, galama je gotovo nesnošljiva, ali sve ne traje dugo, djeca brzo napuštaju zgradu jer naskoro će početi pristizati popodnevna smjena. Od zvona kojim je označen kraj šestog jutarnjeg sata do trenutka kad je i posljednji jutarnji učenik izašao kroz ulazna vrata, kao svakoga dana, prošlo je svega nekoliko minuta: kad je u pitanju „sloboda od škole" i svake obaveze, djeca su svjetski prvaci u brzini, ništa ih ne može jače potaknuti od spoznaje da ne moraju sjediti u klupama i biti mirni kao bubice.

Uistinu, dok pucneš prstima, škola je ispražnjena, tišina vlada hodnicima, tek pokoji uči-telj, čistačica ili podvornik prođu kraj klupe dežurnog, učenika viših razreda. U školskoj kuhinji je vrlo živo: vrijeme od svršetka jutarnje i početka poslijepodnevne smjene određeno je za ručak djece iz produženog boravka u velikom holu škole, gdje je, između dva krila zgrade mjesto za ručavanje. Učenici dnevnog produženog boravka iz jutarnjeg turnusa, prije kraja šestog sata obavljaju pripreme za ručak. Postavljaju dva velika smeđa stola, jedan do drugog, pokrivaju ih plastičnim stolnjacima i postavljaju bokale s vodom, plastične čaše i pribor za jelo. Oko stola raspoređuju stolice, iste kakve su u učionicama. Ručak za obje smjene traje od dvanaest i petnaest do jedan poslijepodne. Pod budnim okom učitelja zaduženog za cjelodnevni boravak, pristojno i bez buke, djeca stoje u redu ispred otvorenog prozora za posluživanje. Prvo uzimaju poslužavnik (plastičnu tacnu, crvenu, narančastu, plavu, na koju već „nalete"), potom od kuharice uzimaju kruh i tanjur sa serviranom hranom, što je već na jelov-niku toga dana, također uzimaju desert, voće ili puding, kolač i pristojno, u tišini odlaze za stol, sjedaju redom i jedu. Stariji učenici pomažu mlađima, sve se odvija mirno i uigrano. Nakon što završe obrok, odnose poslužavnike na „prozor" za predaju prljavog posuđa, nakon čega vraćaju stolice na mjesto i odlaze. Posljednji koji završe s jelom, uz dežurne iz produženog boravka, raspremaju stol i odlaze na pisanje domaćih zadaća i učenje. Produženi boravak od iznimne je važnosti jer pruža sveobuhvatnu skrb za djecu iz obitelji prezauzetih roditelja koji nemaju druge mogućnosti zbrinjavanja djece tijekom radnog dana, a najviše je učenika iz tzv. nesređenih obitelji (razvedeni, slabijeg imovnog stanja, u kojima je vidljivo zanemarivanje djece itd.), te djece kojoj je potrebna stručna pomoć pri svladavanju školskog gradiva. U produženi ili cjelodnevni boravak mogu se upisati sva djeca čiji roditelji to žele, ali kako je broj mjesta ograničen, uprava škole, školski pedagog i stručne službe, razrednici i učitelji redovno rade selekciju djece za ovaj oblik dodatne nastave, te se na produženi boravak šalju djeca koja trebaju primjerenu stručnu pomoć i nadzor izvan redovne nastave.

Cjelodnevni boravak je organiziran tako da su učenici neprekidno pod nadzorom učitelja i da tijekom pet sati, koliko boravak traje, stvarno na najbolji mogući način iskoriste mogućnosti koje su im ponuđene. Učenje i pisanje domaćih zadaća. Učitelji koji rade u produženom boravku skrbe za svako dijete na individualnoj razini, u skladu s potrebama djeteta i... Što serem, koji k...?! Koji mi je vrag, kao da prepisujem iz kakvog usranog dokumenta SIZ-a, što mi je?! Mislim, stvarno: pohađao sam produženi boravak od drugog do osmog razreda. Nijedno dijete u boravku nije bilo iz familija partijaca, oficira jenea i komunističke elite, svi smo bili socijalistička sirotinja, koja je jednako teška i Bogu i drugovima i drugaricama iz komiteta! Nije bilo vunderkinda ni štrebera. U produženom boravku smo bili mi, „obilježeni", kmetska djeca. Prošlo je previše godina, ali znam da nijedno dijete nije bilo srpsko, nijedno nije bilo od „ugroženih". Djeca hrvatske sirotinje, ne i djeca povlaštenih i „ugroženih", kako čudno, tko bi rekao, haha.

Dvanaest i trideset osam, traje ručak djece iz produženog boravka. Dnevni jelovnik za ovaj dan, uključivo užinu za obje nastavne smjene:

U Ž I N A   R U Č A K
kruh s pekmezom, čaj   tjestenina s mesnim umakom,
                            kupus salata, kruh, jabuka

Piše na komadu A4 papira zalijepljenom na prozorsko staklo šaltera školske kuhinje. Ručak učenika produženog boravka. Čuje se mljackanje, udaranje žlica po tanjurima, šale i smijeh. Stotine učenika je u dvorištu ispred škole. Stoje u grupama, pocupkuju, pušu u ruke, hladno je i jedva čekaju da ih dežurni učenik (uz nadzor dežurnog nastavnika ili školskog domara) pusti unutra: bolje je biti i na satu, nego vani na zimi.

Na drugoj strani škole su učionice razredne nastave, za prve i druge razrede. U kutu nasuprot stubama koje vode na kat, gdje su učionice trećih i četvrtih razreda, stoji troje ljudi, dvije žene i jedan muškarac. Tiho razgovaraju. Malo dalje od njih, ispred velikog staklenog zida, do stola dežurnog učenika (nije za stolom, u ovo vrijeme dežurni je ispred ulaza za niže razrede i čeka znak za otvaranje vrata i puštanje poslijepodnevne smjene u školu) stoji dječak od nekih deset godina: razbarušene smeđe kose, odjeven u iznošene ne osobito čiste smeđe hlače i zeleni pulover iskrzanih rukava, obuven je u poderane crne školske papuče od jeftinog skaja. Nervozno krši ruke, premješta se s noge na nogu, kao da se nečega boji i srami.

Troje ljudi kod stuba šapuću, dječak ih ne čuje. Visoka plavokosa žena u bijeloj košulji, plavoj vesti i plavoj suknji klima glavom i govori povremeno pogledavajući dječaka:

- „Moramo nešto učiniti. Te nebre više tak. I zbog njega i zbog ostale djece. Znate kakva su djeca, ne treba mi u razredu novi slučaj..." - muškarac sijede kose podigne lagano desnu ruku u znak odobravanja, iz džepa kariranog sakoa izvadi mali žuti blok i zelenu kemijsku olovku, poravna naočale na nosu i tihim glasom prošapta pitanje:

- „Slažem se... Kako se zove?" - plavokosa žena mu odgovori:

- „Jesi zapisao? Ponavljač je, pao je prvi kod Slavice..." - sijedi muškarac kimne:

- „Da. Dobro, o da, sad se sjećam, ima on brata, je l' tako, prebacili smo ga u ..., da, da, blizanci..."

Druga postarija žena u zagasito modroj haljini, s visokim crnim čizmama na nogama, uključuje se u razgovor:

- „A kaj je sa socijalnim radom, oni bi trebali...?"

- „Koliko znam, rade oko toga, ali znate procedure, dok nešto poduzmu, ode vlak." - kaže plavokosa žena i nastavi: „Ma je, problematična familija, grozna situacija, majka udovica s dvoje djece, plača mala, varteksovka, otac se obesil ima dvije godine, koliko znam, ima novog muža, alkoholičar, ne znam detalje, i sve to tak..."

- „A kaj, ništa, možemo ovako..." - muškarac sprema blok i kemijsku u džep sakoa - „Franjo je na putu, nema ga ovaj tjedan, ali mislim da neće biti problema. Smatrajte riješenim. Stavimo ga od danas popodne u produženi boravak, imati će jesti, učiti će, pisati zadaće, barem to, koliko škola može. Nek' krene danas, počinje popodnevna smjena. Molim te..." - pogleda ženu u u modroj haljini - „Porazgovaraj s njim, oko pranja i tih stvari, oprezno, ne. Odmah ću nazvati socijalni rad, da vidimo s njihove strane... U redu? Eto, hvala, pa se vidimo!" - obje žene kimnu u znak slaganja. Troje ljudi stisnu si međusobno ruke. Muškarac zakorači u pravcu kuhinje i velikog školskog hola i ode. Obje žene priđu dječaku u zelenom puloveru. Plavokosa ga zagrli nježno oko ramena i kaže:

- „Dušo, oprosti kaj si čekao. Sve je u redu, ne brini, samo sad će drugarica pedagog malo s tobom razgovarati, može? Ne boj se, ništa strašno. Sve je u redu, dečec dragi." - dječaku nije ugodno. Gleda u pod. Plavokosa žena ga pomiluje po kosi, nasmiješi se starijoj ženi i ode niz hodnik. Žena u haljini priđe dječaku i uhvati ga nježno za ruku, govori mu toplim tihim glasom:

- „Hodi, hodi s menom, samo na kratko," - žena otvori vrata učionice na kojima je pisalo II c i uvede dječaka unutra. On tiho korača u crnim poderanim školskim papučama. Žena, školski pedagog, posjedne dječaka na lijevu stolicu u prvoj klupi u prvom redu, odmah do vrata. Uzme desnu stolicu, sjedne preko puta dječaka. Govori mu polako, tiho:

- „Sve je u redu. Budem te nekaj pitala. Hoćeš mi odgovoriti?" - dječak bojažljivo odgovara, ne diže pogled s poda:

- „Kaj?" - žena se nasmiješi, pomiluje dječaka po kosi:

- „Čuj me, ne boj se, nikaj nisi napravil, sve je u redu. Pogledaj me, molim te." - dječak jedva podigne pogled. Lice mu odaje strah i stid. Preplašene oči otkrivaju duboki stid i nesigurnost. Sjede u tišini minutu-dvije. Glas školske pedagoginje smiruje dječaka:

- „Pitala te bum nekaj, Kak' ti je kod tebe doma? Kak' ti je mama?" - dječak odgovara mucajući:

- „Ma..mam... mama je v boln... nici..." - pedagodinja je iznenađena odgovorom, ali to ne pokazuje. Sućutno se osmjehne:

- „Oh, žao mi je. Mama ti je bolesna, znači. Tužno. Koliko dugo je u bolnici?" - dječak govori tužnim glasom:

- „Četiri, mislim, pet dana... U bol...nici je...tak dugo..."

- „A tko se brine za vas dva, brata i tebe, tko kuha, hm?" - pedagoginja ustane i premjesti stolicu do dječaka, sjedne i zagrli ga:

- „Kak' ti je doma bez mame, sigurno teško, znam..." - dječak spušta pogled, grize usnu:

- „Stri..ček, striček je s...nama. I bake...." - žena stavi ruku na usta i lagano se nakašlje:

- „Oprosti... Da, znam da ti nije lako..." - razmišlja. Na vrijeme su preuzeli ovaj slučaj, stanje nije dobro. Nije znala da je dječakova majka u bolnici. Dječak, a i njegov brat, da, potrebna je hitna intervencija.

(Nisam imao blagoslovljeno djetinjstvo, kao što nisam imao ni blagoslovljen život: seru oni koji govore „siromašan sam, ništa nemam, kruha sam gladan, ali sam sretan jer sam pošten"! Možda je, kažem i točno, haha, ako bi život promatrao s pjesničke distance, no stvarnost je brutalnija od pijanih snatrenja. Poštenje ne kupuje hranu, ne podmiruje režije, ne osigurava krov nad glavom. Poštenjem se ne može platiti kruh i mlijeko. Uostalom, tko je ikada bio sit i na toplom zato što je bio savršeno pošten? Moral? Moral, sve je to lako kvarljiva roba proizvedena od nestabilnih sastojaka vrlo kratkog roka trajanja: s druge strane medalje, nije sve crno niti može biti. Preglupo je kazati da su gladni pošteni, a siti nepošteni, takvo što ne bih napisao ni pijan, a trijezan sam godinama! Htio sam reći ovo: ponekad su djetinjstva mračna jer se odvijaju s ljudima i u stanjima koja zahtijevaju mnogo podmukliji pogled na svijet od obične ljudske običnosti. Takvo je bilo moje djetinjstvo, takvi bjehu moji mama i tata. Moja obitelj nije se snalazila u kaosu tadašnjeg sustava. A živjeti nevidljivi život povlači sa sobom i posljedice s nepopravljivom štetom i po tijelo i po srce. Izbor postoji, dakako, međutim... Problem je u mogućnostima, u prilici korištenja, čega po pravilu nema. Naprosto, možda je moja obitelj i htjela živjeti bolje, drugačije, kao i svi, ali nije mogla jer nismo rođeni pod sretnom zvijezdom. Nebeskom ili zemaljskom, svejedno. Nije svaki dan Božić! Zato nisam imao nikakvo djetinjstvo, ako prosuđujem ljudskim očima. Načinom prosudbe mase. Mjereno mjerilom svijeta, djetinjstvo mi je bilo usrano. Od tih godina nisam uspio sačuvati ni jedan jedini artefakt, ništa od uobičajenih uspomena, fotografija, stare odjeće, rukavica, sanjki, pradjedovog alata, poklona za prvi i onda tko zna koji rođendan, ništa iz djetinjstva nisam donio u svoju pedeset i treću godinu. Ne žalim zbog toga, ionako nisam oženjen i mojom smrću ova grana našeg obiteljskog stabla se suši i nestaje. O nebeskoj strani pitanja ne mogu zboriti, to zna samo Gospod. Nisam imao djetinjstvo kakva imaju djeca iz sređenih obitelji jer nije bilo novca. Nismo kupovali sjećanja i uspomene, zato ih i nemam. Siromaštvo je moje znamenje ovozemaljskog života. I dobro je što je tako. Posjedujem ono što nije brendirano. Ono što imam su emocije. Duša. Srce.)

- „Sve će biti dobro, sve bude dobro. Slušaj me, molim te. Znam, nije ti lako, bolesna mama i sve... Vidiš, svi moramo brinuti o sebi, i kad nemam mame ni tate, ni bake ni nikoga, moramo, pa i ti moraš brinuti o sebi, znam da možeš, drago dijete. Molim te, stvarno te molim...” - pedagoginja sjedi u prvoj klupi učionice II c razreda s dječakom od kojih deset godina. Dječak se naslonio na ženino rame. Polako diše, na licu mu je jedva zamjetan tužan osmijeh:

- „Razmem, drugarice pedagog. Razmem.”

- „Dobro, dobro. Sjećaš se, možda, kaj si učil o čistoći i kol'ko je čistoća važna za zdravlje? Jesi, znam da jesi. Čistoća je pola zdravlja, znaš, moramo paziti na sebe, da ostanemo dobri, i mi i svi oko nas, je l' tak'?” - dječak kimne glavom i odgovori kroz stisnute usne:

- „Je, sjećam se, znam...” - pedagoginja ga pomiluje po kosi i polako nastavi:

- „Svi mi volimo nositi, na primjer, čarape pet dana, i ja isto, ali to baš nije dobro. Nije dobro za naše noge, a osim toga, zmazane čarape smetaju ljudima oko nas, miris nije ugodan. Zbog zdravlja moramo redovno mijenjati čarape, prati noge, čuvati se. Hoću reći, svi mi moramo tako raditi. Pogotovo ako nam naše mame, bake, tate nisu doma. Vidiš, baš kak' kod tebe, a ti možeš pokazati da si veliki dečko, hoćeš li?” - tu pedagoginja zastane i pogleda dječaka toplim pogledom. Dječak je gleda otvorenih očiju. Ponovno kimne glavom. Žena tiho nastavi:

- „Ti si jako dobar dečko, pametan si, dobar si učenik. Znam da to možeš učiniti. Koliko čujem, ti si u razredu među onima kojima ništa nije teško, vrijedan si. Budi dobar kak' si i inače, hoćeš li? Sad, kad ti je mama u bolnici, trebaš skupa sa svojim bratom, uraditi ono što bi inače tvoja mama uradila. Navečer, prije spavanja... Imate li mašinu za veš?” - pedagoginja upita dječaka:

- „Imamo, ali ne dela, pokvarena je.” - promuca dječak i spusti glavu. Žena uzdahne:

- „Oh, pokvarila se, ma nije važno, i moja nije radila prošli tjedan. To je dobro, onda možemo na stari način, dijete drago. Znači, navečer, staviš čarape u vodu, pa kad se namoče, staviš praška ili uzmeš sapun i svaku čarapu dobro istrljaš. Trljaš rukama, ovako...” - pokazuje rukama kako se peru čarape - „.... i onda dobro ispereš u vodi, ne smije ostati sapuna, i stisneš čarape da se ocijede. Kad voda iz čarapa bude čista, gotovo je... I tak' napravi, jedne čarape opereš, a druge čiste nosiš i onda je sve u redu, noge su ti zdrave, i nema mirisa. Hoćeš to uči-niti za sebe i za mene?” - pedagoginja zagrli dječaka. On kaže drhtavim glasom:

- „H... hoću.”

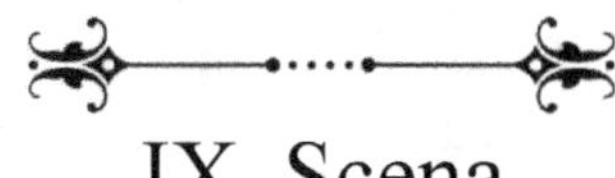

IX. Scena

Crkva, II dio: „Briga za jednoga: bez ljubavi nema ničega"

*„Realno, nada je najgora od svih zala jer
produljuje ljudske muke."*

F. Nietsche

*„Laž je kao snježna gruda. Što se duže va-
lja, to postaje veća."*

Martin Luther

Sjedio sam na crnoj uredskoj fotelji i jecao. Nitko od prisutnih nije primijetio moj plač. Nisam mo-gao suspregnuti suze u sebi: prestravljen, gledao sam u krhko malo tijelo desetogodišnjeg dječaka koji se previjao od bolova, gledao sam to posve nevino biće kako se uzalud bori protiv patnje i ne mogavši ništa drugo smisliti, počeo sam moliti, pitao sam Nebeskog Oca: „Zašto, o Svemogući, Milo-srdni, zašto ovo dijete toliko pati? Kakav si ti to Bog, kad dopuštaš ovo? Oprosti mi, Bože, ali ne razu-mijem. Gdje je onaj Bog milosrđa o kojem su me učili? Čemu ova neizreciva bol? Što je učinio ovaj dje-čak, da si mu natovario ovaj teret boli? Zašto, Kriste? Zašto, Nebeski Oče? Oprosti mi, ne mogu ovo gle-dati! Ne mogu pomoći, a tebe ni otkuda..." Teško ovo pišem, u trenucima poput ovog... Jednostavno, ovo nije u redu, ne može biti. Dječak nije zaslužio bol, nije zaslužio da mu život bude pakao! Kako Bog može biti tako okrutan prema nevinom djetetu?

U meni se ponekad javlja sumnja u ispravnost vlastite odluke o pristupanju Crkvi Isusa Krista svetaca posljednjih dana. Toliko sam „udaraca u trbuh" primio od članova Crkve. A opet, znam de nema druge istinite Kristove Crkve, da je ovo Njegova Crkva i da je On njen zaglavni kamen i znam da pronosi istinitu riječ Božju, znam to sve u dubini srca i duše. Nisam rođen u Crkvi i ljudska razočarenja za mene nisu inci-denti nego stanje stvari. Ne sumnjam u Boga ni u Duha Svetoga, ne sumnjam u Isusa koji je Krist. Ono što me brine jest pitanje smisla: kako se može govoriti o ljubavi i milosrđu ako, na primjer, ovaj deseto-godišnji dječak tako teško živi, bolestan od rođenja i čemu sve to ako Bog ne pomaže potpuno nevinom djetetu Božjem i ne smanji mu bol, ne ozdravi ga? Znam što će mi reći, nije na nama propitivati volju Božju, sve je škola, nismo sposobni shvatiti Njegov plan u potpunosti...

Uskoro će biti četiri godine od mog krštenja. Oduševljenje, sva ona vatra radosti, nade i spoznaje kako ništa nije gotovo, kako nisam sam, kako ipak postoji LJUBAV i kako se može voljeti, govoriti i činiti „volim te" u punini raskoši nečega što je vječno, neovisno o zemaljskoj prolaznosti, sve što me podiglo iz kala samouništenja pomalo je gubilo na zamahu, tamnilo je. Polako, pa sve brže opet su mi se počela jav-ljati pitanja o svrsi, o smislu, o razlozima. Sve što sam pročitao, sve što sam proučavao, Mormonovu knji-gu i Nauk i Saveze, Bibliju, sve dostupne mi crkvene knjige, govore s prošlih Generalnih konferencija, knjige većine predsjednika Crkve, apostola, sve one duge sate u tih četiri godine, svi dani i tjedni koje sam potrošio nastojeći što više naučiti o vjeri, o Kristu, o ljudima, sve je polako gubilo snagu. Dugi nadahnuti nedjeljni govori, tapšanje po ramenu uz vječnu neuništivu rečenicu „molim za tebe, sve će biti dobro" (a stvari su se pogoršavale unatoč tome), rasprave o različitostima u Bibliji i Mormonovoj knjizi i osmijesi od uha do uha. Ne, to me nije zadovoljavalo, a onda, nakon (previše) „udaraca" u posljednje vrijeme, po-čeo sam se dosađivati. Upravo tako, postalo mi je dosadno u Crkvi. Osjećao sam se nedovoljno dobar za „mormonski" svijet! Moje znanje nije bilo ni blizu snage vjerske stručnosti rođenih u crkvi, ni blizu. Ni-sam mogao rešetati citatima iz Svetih pisama. (Negdje sam pročitao: „Onaj tko citira Bibliju nije svetac. I vrag nerijetko koristi citate iz nje.") Sveti Toma Akvinski je ostavio mudru misao: „Svetost ne znači puno znati i puno razmatrati, velika tajna svetosti znači puno ljubiti."

O tome govorim. Što je ljubav na način Krista? Može li se uopće o ljubavi (samo) filozofirati ili je ljubav ipak samo u činjenju, u „Petre, ljubiš li me više nego ovi? Pasi ovce moje!" (Iv. 15:13) i u „Ljubite jedan drugoga, kao što sam ja ljubio vas!" (Iv. 15:12,17)? Što je Njegov istinski nauk i kako ga živjeti? Kako ljubiti druge, kako doslovno voljeti kao učenik Isusa koji je Krist? Osobno, od svog krštenja, od šeste veljače dvije i šesnaeste do dana današnjeg pokušavam pronaći odgovore, ponajviše molitvom. U ozračju smrtnosti, kao djeca Božja koja smo limitirana vremenskim trajanjem života u tijelu, učiti što je ljubav je najteža zadaća koju smo dobili od Gospoda. Jer ako ovog trenutka dođe riječ volje Njegove da moja egzistencija na zemlji završava, a u isti trenutak znam kako moje učenje o čistoj ljubavi Spasitelja svijeta ni izbliza nije gotovo, onda odluka o mojoj budućnosti u vječnosti u Dan suđenja nikako neće biti dobra (barem tako mislim). Stoga je moj imperativ voljeti na način Krista: od trenutka krštenja činio sve što sam mogao ne bih li shvatio suštinu kristolike ljubavi. Doduše, imao sam loš pristup: kao bivši vojnik, prišao sam vjeri vojnički. Naučen izvršavati ono što dobijem kao zadaću, prihvatih Zapovijedi Božje jednako smjerno. Vojnik u ratu, kad primi zapovijed, sve izvršava bespogovorno jer se o zapovijedima ne raspravlja. Jedino što vojnik čini jest pronalaženje najboljeg mogućeg načina za provedbu zadaće i postizanja očekivanog cilja. Mislio sam, isto je u vjeri, isto pravilo vrijedi i za kršćanina: onoga dana kad vjernik odluči biti tumač riječi Božje i prestane biti ponizni izvršitelj posve predan služenju, kad odluči sam objasniti svijetu što je dobro i što je zlo, od toga dana prestaju vrijediti sveti Savezi i od te sekunde vjernik nije vjernik već izdajnik, sluga Sotone.

Nisam doktor teologije ni ekspert za Bibliju, nisam mag znanja o Mormonovoj knjizi, ništa od toga u meni nema, pa ipak znam ono što je moje srce kroz molitvu spoznalo i preuzelo kao jedinu i nepromjenjivu istinu. Nebeski Otac, živi Bog je Bog ljubavi, a Njegov jedino rođeni Sin je sama ljubav, i sam je Bog, i Otac je u Njemu i On je u Ocu, znam to, Spasitelj i Otkupitelj voljom Oca i svojim izborom, onaj je koji se rodio u tijelu da bi umro u mukama i pobijedio smrt kako bih ja živio i stekao dostojnost za vječnost. Znam to da je to istina voljom Božjom dana samo i jedino istinitoj Crkvi Isusa Krista svetaca posljednjih dana. Amen.

Stanje mog duha i srca nije u skladu sa stanjem vanjskoga svijeta. Točno, ne idem zbog ljudi u crkvi nego zbog Krista, no užasno „ali", nisam savršen, moram prijeći preko razočarenja i „udaraca u trbuh": ništa nije kako izgleda i moja nada kako ovdje, među kršćanskim svijetom nema mizernih, upravo podlih stvari isparila je poput jutarnje rose u podne već u prvim mjesecima mog boravka u Americi. Kad mi je rečeno, u rukavicama, kako „se moram oženiti jer, vidiš, sva braća u kvorumu starješina su oženjeni, samo ti nisi i ne možeš biti jedini neženjen, a to je i plan Nebeskog Oca". Kad sam to čuo, umalo se nisam onesvijestio : mislio sam da u Kristovoj Crkvi sveti sakrament braka podrazumijeva pronaći srodnu dušu i obaviti sakrament pečaćenja za vrijeme i vječnost u i zbog ljubavi, a ne poradi zadovoljenja forme i zbog toga da ne ostanem „stari dečko!? Vrlo znakovito pitanje: pomisao da u mojoj, prvoj, jedinoj i posljednjoj Crkvi kojoj pripadam i kojoj ću pripadati ima običaja iz katoličkih i drugih crkava „ohladila" je moje oduševljenje i od tada okrenuh se isključivo Mormonovoj knjizi, riječi Božjoj jer sam samo u Isusu Kristu i u Nebeskom Ocu mogao pronaći utjehu.

Moja je greška što sam u sve oko vjere uletio odveć naivno, poput prvog kušanja slasti ljubavi: baš tako sam, kao da me život nije odalamio milijun puta čekićem po glupoj glavi, promatrao članove kao da su savršeni, izabranici koji postoje u pokvarenom svijetu i koji su sasvim drugačiji, bolji od ostalih i koji su iznad ljudskih slabosti. Priznajem, bilo je to glupo s moje strane. Moja sljepoća odvela me u pakao razočaranja. Na primjer, cjelodnevni misionari, klinci od nepunih devetnaest u mojim su očima bili vitezovi vjere, spremni umrijeti za Krista Gospodina. Haha, danas znam da samo služe, dragovoljno, što je već velika žrtva i odricanje u dvogodišnjoj misiji, ali nije čudo nad čudima: vidio sam podosta misionara koji dođu, odsluže misiju i odu, kao da nikad služili nisu. Nije to ništa loše, sačuvaj Bože, sjajni su to mladići i djevojke, ponizni, međutim... Gdje nema strasti za nečim, rad je rutina.

Zašto ovo govorim? Jedno je propovijedati, drugo je živjeti vjeru sto posto. Što me vraća na pitanje:

kako stvarno voljeti druge na način Spasitelja svijeta? Što je ljubav i kako razlikovati teatralnu od stvarne ljubavi? Možda je moguće rješenje ove zagonetke u slici o Kristu koju sam dobio u prvim danima članstva u Crkvi, koja je nastala u mom srcu molitvom i osobnim razgovorom s Nebeskim Ocem u ime Kristovo. Obraćenik kao što sam ja ”boluje” od prastare boljke: slike Krista na način lokalne crkve u čijoj je blizini živio i čiji je utjecaj „pokupio” prije spoznaje o istinitosti Crkve Isusa Krista svetaca posljednjih dana, te druge slike, predodžbe Isusa stvorene u umu kao rezultat osobnih očekivanja i želja. Obje slike su falš, krive i izvrću stvarni lik Onoga koji je sve oduvijek i zauvijek. Kod mene to je stanje bilo nadasve čudno: katolički upliv u moj život, iako sporedan (odrastao sam u mračnom socijalizmu), nije nezanemariv tim više što je nakon devedesete ta crkva dobila moć i ovlasti kakve nije imala od propasti feudalizma i karikatura, upravo blasfemični prikaz Oca i Sina kao dva namrgođena, vječito srdita tipa koja samo prijete („Biti ćeš uništen zbog grijeha svojih, ti si grešnik i ne zaslužuješ me!”) prilijepila se uz mene premda nisam bio vjernik i nije mi padalo na pamet postati ultramontanac! U devedesetima to je podrazumijevalo biti lizač oltara, donator plebanuškog bankovnog konta, nositi krunicu oko vrata i uvlačiti se u guzicu nakazama u habitima i reverendama. Ne, to nisam činio. Katolički sluga? Ne, hvala. Ma koliko bio grešnik, o ideji pristupanja toj crkvi nisam razmišljao ni u najgroznijim trenucima bijede, kad sam doslovno jeo kruh iz smeća.

Druga pak slika, ona iz mog uništenog mozga i razrivenog srca bila je naročiti problem. Patetični dobrica, poslovično pun razumijevanja za svaku, pa i najgrozniju grešku, nikada mrzovoljan, uvijek nasmiješen, voljan zagrliti gubavca i oprati noge učenicama svojim, dakle, Sin Božji koji umjesto u zlatu i svili, hoda svuda naokolo po svijetu u poluraspadnutim sandalama i čini čuda, liječi bolesne, vraća nadu očajnima, oživljava mrtve, hrani gladne i poji žedne, pretvara vodu u vino i sve to čini pun ljubavi, otvorenog srca, skroman i ponizan pred Ocem koji je na nebesima i znajući, potpuno svjestan kako će patiti kao što nitko nije i krvariti iz svake pore i umrijeti pribijen na križ. I to jest tako, ali ja sam, pored rečenog, smatrao Sina Božjeg nekom vrstom živog „bankomata” za ispunjavanje želja i apsolutni oprost, čak i ako se grijesi ponavljaju: u svojoj sam gluposti držao Krista za tipa koji, istina, zna sve o meni, ali mi oprašta bez obzira kako se ja poslije svakog pokajanja iznova upuštao u isti ili još veći i strašniji grijeh. Naravno, to tako ne funkcionira u evanđelju, nikada i nije. Načela evanđelja nisu zamršena: Božji Naum spasenja koji je dat ljudima kroz vječno pomirenje Isusa Krista sadrži nepromjenjivu vječnu istinu i podrazumijeva obdržavanje zakona i Saveza izvršenjem uredbi bez kojih spasenje nije moguće. Mislio sam krivo jer biti sljedbenik i učenik Krista ne znači raditi budalu od Boga i zlorabiti Njegovu ljubav. Jer to nije moguće. Zapravo, načela punine obnovljenog evanđelja toliko su jednostavna da je svako „filozofiranje” izlišno. U Člancima vjere Crkve zapisano je voljom Gospoda: „Vjerujemo da su ovo prva načela i uredbe evanđelja: prvo, vjera u Gospodina Isusa Krista; drugo, pokajanje; treće, krštenje uranjanjem za otpust grijeha; četvrto, polaganje ruku za dar Duha Svetoga.” (Članci vjere Crkve Isusa Krista SPD, 4.) Stoga je važno shvatiti kako u obnovljenoj Crkvi nema kolektivnog grijeha i nema odgovornosti za tuđe prijestupe, kao i to da spasenje nije rezervirano za elitu i „savršene”. U Člancima vjere 3. i 4. stoji: „Vjerujemo da će ljudi biti kažnjeni za vlastite grijehe, a ne za Adamov prijestup... Vjerujemo da kroz Kristovo pomirenje sav ljudski rod može biti spašen poslušnošću zakonima i uredbama evanđelja.”

Taj dio mi je nedostajao, trebao sam saznati za postojanje tog segmenta vjere u Krista, morao sam učiti kako pravilno vjerovati, moliti, učiti, kako slijediti Isusa na Njegov način, a ne prema lažnoj slici u mojoj glavi. I učio sam i zato danas ne mislim da je On na svom prvom zemaljskom služenju na zemlji bio administrator, nešto poput nebeskog inspektora i žandara stege koji je od Oca dobio posao uvođenja reda među smrtnike. Takvo promišljanje i prikaz Spasitelja nalikuje iskrivljenom učenju ostalih crkava, ali u stvarnosti priča je sasvim drugačija. On je hodao zemljom raširenih ruku i pozivao: „Dođite k meni svi koji ste umorni i opterećeni, i ja ću vas odmoriti.” (Mt., 11:28) Razočarani, odbačeni, pali u svaki grijeh, neizlječivo bolesni, izgubljeni i izdani, protjerani, očajni, usamljeni, uhvaćeni u lance vlastitih slabosti, gladni i žedni i zemaljske hrane i hrane za dušu, bez iznimke, na dnu ljudskoga društva, siromašni ili bogati, svi bjehu pozvani u Njegov zagrljaj i svima je ponuđena ljubav, nada i spasenje kroz Njegovo vječno pomirenje. On je rođen da bi donio svjetlo svijetu i jest, razbio je tminu i umjesto tuge ponudio radost, umjesto mržnje ljubav. Nije postavljao pitanja, nije sudio. Krist nije nekakav glupi pješački narednik koji psuje i zapovijeda mučenje! Isus nu-di izbor, dobro ili zlo, ništavilo ili vječnost. Nikoga ne prisiljava i ni-kome ne nameće, a sam je primjer i dokaz svega što govori. On je stvarno Sin Božji, sam Bog, Alfa i Omega.

Morao sam to naučiti. Mjesecima sam proučavao Stari i Novi zavjet, najviše Mormonovu knjigu i Nauke i saveze (i sve dostupne tekstove Crkve na hrvatskom jeziku) i upijao Božje istine poput spužve, ulijevao sam u sebe eliksir života, istinskog življenja evanđelja. Sva jutra poslije onog velikog dana, šestog veljače dvije i šesnaeste, bjehu jutra pune svjetlosti Gospodnje, jutra radosti unatoč tmini mog tadašnjeg zemaljskog života: bio sam beskućnik, nezaposlen, bolest me napala, bez prihoda i bez novca, spavao sam u prenoćištu, a svaki pokušaj povratka u tzv. normalan život je bio još jedan pad u provaliju neuspjeha. Beskućnik, to je kao da nosiš nacrtanu metu na leđima s natpisom „ubijte me, ja sam ljudsko govno”: u zemlji 'rvatskoj, koja se dići katoličanstvom, ljubavi Kristove u ljudima i nije bog zna koliko. Istina, skočiti će svi i pomoći kod potresa, poplava, hoće obični, mali ljudi, dati će od svojih usta kad je najteže, međutim, u „običnim” vremenima, bez elementarnih nepogoda, rata, tako nečega apokaliptičnog, vidjeti ono Kristovo u Hrvatima malo je teža stvar. Tim više sam zahvalan onima koji su nesebično i bez poziva, u tišini istinske poniznosti služenja tijekom cijele godine pomagali nama beskućnicima i tako dokazali da u Varaždinu ima i dobrih ljudi koji daju iz ljubavi, ne iz računa. Oni su primjer učenika Isusa Krista, kako je to sjajno opisano na mnogim mjestima u Svetim pismima: „ Tko daje sebe, daje sve!”

Bio sam u gustoj magli ničega i u isto vrijeme bio sam na brodu Spasitelja svijeta presretan jer sam na-pokon osjetio pravu slobodu, onu u Kristu Isusu, Gospodinu našemu! Duboko u sebi osjetio sam odušev-ljenje ispunjenjem riječi proroka Izaije: „Hranit će vas Gospod kruhom tjeskobe, pojiti vodom nevolje, al' se više neće kriti tvoj Učitelj - oči će ti gledati Učitelja tvoga... I uši će tvoje čuti riječ gdje iza tebe govori „To je put, njime idite.” (Izaija 30:20-21) U beznađu beskućništva, kad sam hodao gradom kao da ne pos-tojim, kad u danima očaja vidjeh kako je sve smrtno zlo tek prolazno jer pronađen sam i odveden Domu svome, u Crkvu Isusa Krista svetaca posljednjih dana, u toj čudnoj atmosferi miješanja zemaljske stvar-nosti i duhovnog oslobođenja, moje je srce plamtjelo vatrom htijenja koračanja uskim putem, a moja je duša plakala u poniznosti ne znajući kako zahvaliti na blagoslovima i privi-legiji slijeđenja Otkupitelja svijeta. Upoznavši braću i sestre u Kristu, susrevši (vrlo mali broj) hrabrih (hrvatskih) svetaca posljednjih dana, upoznao sam djecu Božju kakva ona doista jesu: nažalost, smrtnik u meni gledao je to krivim pogle-dom. Unatoč neizrecivom ushitu i proučavanju Svetih pisama, nisam se mogao odreći zemaljskog načina promatranja stvari. Poslije onoliko tame ugledah svjetlo i pomalo zaslijepljen svjetlošću nisam vidio prava ljudska lica nego onakva kakva sam mislio da jesu. Sitna omaška ili grijeh? Ne znam: ispalo je drugačije jer ništa i nitko nije kako izgleda. Hoću reći, jedna je stvar zajednička svima nama, meni naročito. Pristup ljudima na ljudski način, ne na Božji. Umjesto da sam o svemu promišljao kao Krist, ja sam „udarce u trbuh” shvaćao potpuno smrtnički, čak osvetoljubivo. I onomad, kad sam radio u pustinji Južnog Utaha, kad sam udaljen dvadeset i pet milja od svog crkvenog odjela bio spriječen osobno doći u Crkvu poradi intervjua za hramsku propusnicu i kad me je tamošnji lokalni tajnik glatko odbio ne iskazavši ni najmanju nakanu pomoći mi u organizaciji prijevoza (nisam imao automobil i nisam znao nikoga iz odjela tko bi me odvezao od ranča do grada i vratio natrag), ja sam, protivno svemu što sam naučio, stvar prihvatio kao znak neprijateljstva, glupe crkvene biokratske hladnoće, što je bio početak mog otklona od Crkve kao institucije: bila je to velika greška i moj veliki grijeh! Onaj tko smetne s uma božansko poslanje i promatra Crkvu zemaljskim očima, taj je vrlo blizu pada s broda Kristovog i vrlo blizu stupanja u redove vojske Sotone! Nisam, doduše, izdao Krista, ali sam sam sebi nanio neopisivu bol priuštivši si mjesece agonije u sumnjama kojih zapravo nije bilo! Članovi Crkve mogu činiti mnogo toga i činimo mnogo toga jedni dru-gima, ali to smo mi, nesavršeni ljudi, to nije od Gospoda! Često zaboravljamo tu istinu, kao što sam to i ja zaboravio nakon onih „udaraca u trbuh”.

Priznajem ti, o Gospode, slabosti svoje! „... već po slabosti koja je u meni po tijelu htio bih se ispričati.” (1 Nefi 19:6) Nemam opravdanja, ali priznajem, pogriješih jer u bolu svome ne vidjeh kako muke i razo-čarenja što ih nosah nisu ništa naspram vječne žrtve Krista iz ljubavi za mene! Jedan tajnik nije htio sjesti u auto i doći po mene? Bio je zauzet ili ga možda stvarno nije bilo briga. Ili nije američki običaj to raditi. (Vjerojatno previše razmišljam na hrvatski način: ovdje će ljudi pomoći, samo moraš zamoliti. A ja nisam pitao, šteta.) Što god je bio razlog, to nije imalo nikakve veze s Kristom. Oprosti mi, Kriste, nesmotrenost moju. Zaslijepljen zemaljskim mukama, na trenutak sam odstupio od Tebe i prepustio se suđenju drugima! Nisam to smio, kajem se, klečim pred Tobom u suzama svojim, Gospode! Umjesto od tebe, očekivao sam pomoć od ljudi! Opran od grijeha krštenjem, zašto otpočeh ponovno misliti kao smrtnik? Ne znam što se dogodilo, kad sam zaboravio Tvoju riječ iz NiS 50:29: „A ako ste očišćeni i oprani od svakoga grijeha, iskati ćete što god želite u ime Isusovo i to će biti učinjeno.”

Ljubljeni Spasitelju, kajem se. Molim Nebeskog Oca u Tvoje sveto ime za oprost slabosti mojih! Sjećam se, prije dvije godine, na ranču u Južnom Utahu, bijah odsječen od svijeta iako svega nekoliko milja od grada: bila je teška zima, kamionet se pokvario i nisam mogao nigdje. Snijeg, vjetar, hladnoća koja smrzava baš sve. Moj gazda nije mario ni za ovce ni za mene. Nije bilo dovoljno hrane za jadne životinje. Svaki dan bih pronašao dvije-tri smrznute ovce, ležale su u grmlju zametene snijegom. Kako nije bilo štaglja ni natkritog prostora, ovce bjehu na otvorenom, tek ograđene žičanom ogradom, u starom koralu, a što ih je trebalo zaštiti od napada kojota. Noseće, rekli bi kod nas, breje, ovce su prolazile pravi pakao: umjesto da imaju pojačanu prehranu, borile su se preživjeti brsteći smrznuto grmlje i vrhove vlati visoke trave koje su provirivale iz snijega. Gazda je dovezao nekoliko bala sijena, ali to je bilo preslabo, premalo i prekasno: i dodatak prehrani, suplement koji nije bio za ovce nego za krave, a i smrznuo se i ovce to nisu mogle jesti. Plakao sam, Gospode, plakao sam zbog nemoći i nepravde u kojoj sam se našao. Gladne i bolesne ovce, svaki dan pokoja krepa, onda je i pas obolio, kamionet se pokvario, a potom je i mene napala visoka temperatura i teška upala grla, nisam mogao gutati, kašalj, opća slabost, a gazde nigdje, na telefon se nije javljao, uzalud sam mu slao desetke poruka dnevno. Nije odgovarao. Teturajući kroz snježne zapuhe, plakao sam i podignuvši pogled k nebu (nije se vidjelo, padao je gusti snijeg) zavapih (i kapu sam izgubio): „Zašto? Gdje si sad, Kriste? U Mormonskoj sam državi, u Utahu, a nigdje nikoga od moje braće, nijedna od mojih sestara ne pita kako sam, nitko da mi pomogne! Gdje si sad, Gospode?! Ne mogu ja ovo, nema Te kad mi trebaš!”

Iste sekunde sam se pokajao, iste sekunde, Kriste! Pao sam u snijeg i ostao ležati tresući se u hladnoći. Nisam osjećao ništa, kašljao sam, plakao. Osjetio sam bol u grudima, ali ne tjelesnu bol. Htio sam odustati. Zbog srama jer sumnjah u Tebe, Spasitelju. Zbog svega, mislio sam, gotovo je. Kao kroz san začuo sam zvuk primljene sms poruke na mobitelu (jeftini android za dvadeset dolara, kupio mi ga je „ljetni šef”, izniman čovjek velikog srca). Nekako sam ustao, skinuo rukavicu i izvadio mobitel. SMS poruka je bila kratka: NiS 121. Znao sam skoro napamet što piše u tom odsjeku Nauka i saveza, to je jedan od mojih omiljenih. A onda, iznenada, u stotinki sekunde nešto se zbilo u meni, u srcu i umu bješe mi jedna želja, ponovno pročitati svete riječi Gospodnje! Bolestan, mokar i smrznut uspio sam potrčati i trčao sam do moje stare hladne kamp prikolice. Uletio sam unutra, dohvatio trostruku kombinaciju Svetih pisama i otvorio Nauk i saveze, Odsjek 121. Gutao sam tekst, doslovno gutao: „O Bože, gdje si? I gdje je pokrov što prekriva skrovište tvoje?... Da, o Gospode, koliko će dugo oni trpjeti... ispruži ruku svoju... nek' se tvoje srce smekša... Nek se srdžba tvoja raspali... Spomeni se svetaca tvojih koji trpe... Sine moj, mir duši tvojoj; nesreća tvoja i nevolje tvoje bit će samo kratka vijeka... A tad, podneseš li to dobro, Bog će te uzdići u visinu; pobijediti ćeš nad svim neprijateljima svojim... Prokleti su svi oni koji će dizati petu protiv pomazanika mojih... Zato mnogo je pozvanih, ali malo je izabranih... Koreći na vrijeme s oštrinom, kad si potaknut Duhom Svetim; a tad nakon toga iskazujući porast ljubavi prema onomu koga si ukorio, te ne bi smatrao neprijateljem svojim... Kako bi mogao spoznati da je vjernost tvoja snažnija od uza smrti...” Gospode, pao sam na prljavi pod kamp-prikolice, pao na koljena i nisam osjetio bol. Suze su mi tekle niz lice. Jecao sam i sramio se slabosti svoje i sumnje svoje u tebe, Kriste! Znao sam, to je odgovor molitve moje, to je lijek za sumnje moje! Nauk i savezi, Odsjek 121! Odgovor koji je dobio obnovitelj Crkve i prvi prorok posljednje rasporedbe Joseph Smith kad je patio nevin zatočen u zatvoru u Libertyju, u ožujku godine 1839.! Odgovorio si na molitve svoga izabranika i jednako tako poslao si poruku meni godine dvije i devetnaeste! Poruku je poslao tvoj najbolji zemaljski anđeo u Tvoje sveto ime, onaj koji je služio na misiji da bi bio ruka Tvoja za mene (ne samo za mene, ali i za mene) i koji je toliko žrtvovao za mene, moj najbolji prijatelj i najdraži brat! Kako su ništavne naše zemaljske boli, kako su nevažni naši smrtni problemi i kako je lako, ipak, svladati izazove prolaznosti ako je vjere u Krista! Da, to je bio odgovor! I lijek za moje boli! Plakao sam. Kleknuo sam i molio, dugo sam molio. Plakao i molio. Za oprost zbog sumnji mojih, zbog kukavičluka mojega. Molio sam i hvalio te, o Gospode. Zahvaljivao na svim blagoslovima i na najboljem prijatelju koji mi je poslao poruku baš kad je trebalo. „Jer ti si moj brat i volim te.” Srce je shvatilo da ništa drugo osim riječi Božje nije moglo izliječiti ranu nastalu zbog zemaljskih nevolja: ni stotinu bala sijena, ni novi kamionet, kao ni tona lijekova za mene, za ovce i za psa, ništa ne bi učinilo čudo i ja se ne bih osjećao bolje, znam to. Hvala ti, Gospode!

Ne činiti ništa nego cmizdriti zbog vlastite nemoći nad „zlom sudbinom” i još k tome prozivati Boga zbog nečinjenja na našu korist tako je glupo, tako sotonski! Nebeski Otac ne želi zlo nikome, On je Bog ljubavi i nade i svaka pomisao da je Bog odlučio da desetogodišnji dječak pati ili da se meni u dva dana dogodi sve loše što se loše uopće moglo dogoditi, vjerujem i znam, nije dio plana Gospodnjeg. Ne može biti. Glupo: sam sam odlučio doći na ovaj svijet (zajedno s dvije trećine sve duhovne djece Nebeskog Oca) u smrtnom tijelu i naučiti kako biti dostojan života, sam sam i zajedno s drugima, na Velikom vijeću, u duhovnom svijetu odlučio proći kroz prolaznost zemaljskog življenja kako bi dosegao nebesku razinu čistoće i postati kao On. I jednako tako sam moram iskusiti sve što smrtnost postavlja preda me. Izabrati dobro ili zlo, svjetlo ili tamu je na meni, nije na Gospodu. Osim toga, nitko nikad nije rekao da će koračanje uskim putem evanđelja biti lagodno: đavolski je put lagan i vodi u ništavilo, put Krista je težak, ali vodi u vječnost. Bezbroj puta sam prošao kroz ovo i tko zna koliko je novih labirinta ispred mene: pogriješio sam, znam. Bolestan dječak je Njegov anđeo i biti će uzvišen na nebo u onaj dan. Dječakova nebeska nevinost, apsolutna čistoća srca, neokaljana ničim ovozemaljskim primjer je ljubavi Nebeskog Oca prema svoj njegovoj djeci: prekrasno biće trpi strašnu tjelesnu bol, ali njegova je duša snažna i čista, a srce neokrznuto, anđeosko kao što su anđeli Gospodnji. Dječak će doseći razinu Celestijalnog kraljevstva jer je unaprijed položio ispit dostojnosti svojim trpljenjem i patnjom, toliko bolnom da zemaljski um to nije u stanju razumjeti. Pitanje je, jesam li ja na pravome putu i hoću li uspjeti doći do onih jednih uskih vrata?! Promatrajući dječakovu agoniju, to krhko malo tijelo u velikoj staroj fotelji kako se grči u bolovima, tijelo koje pati i um koji ne shvaća zašto i kako se to događa, slušajući jecaje i gledajući dječakovu baku, nevjerojatnu kćer Nebeskog Oca koja u apsolutnoj ljubavi zaboravlja na sebe i od jutra do mraka, cijele noći, danima, tjednima, mjesecima i godinama skrbi za unuka, u tom premalom stanu, pod dojmom slike ljubavi kakva se ne viđa na televiziji ni na filmovima, dirnut do fizičkog bola u srcu, posumnjao sam u Tebe ne shvaćajući koliko si velik jer ovaj dječak ima ljubav kakvu milijuni nemaju i njegovo ga mjesto kod Oca i tebe čeka, On će izdržati sve to, on će biti blagoslovljen baš kako je rečeno u NiS 121:8: „A tad, podneseš li to dobro, Bog će te uzdići u visinu...” I još: „Jer vidite da su sva malena djeca živa u Kristu...” U svojoj desetoj zemaljskoj godini dječak je još uvijek čisto dijete Božje, kao što bjesmo svi mi u duhovnome svijetu, on nema moć spoznaje odgovornosti (NiS 68:27), ali je zaštićen od svega ljudskog zla. Njegove su patnje privremene jer „... djeca imaju vječni život ...”, riječ je Gospodnja, Mosija 15:25. I sad, ako usporedim ovo predivno dijete i mene, starog majmuna, budalaša koji je zbog trivijalnih stvari (zima, sijeno, lijekovi, prehlada) umalo pustio željeznu šipku i odlutao u bespuća nevjere i izdaje Krista, što smijem uopće kazati pred tobom, o Kralju moj?

Prije mnogo godina, kad sam provodio dane u pijanstvu i kad mi je boca žestokog pića bila savjetnik, vjerovao sam da je svijet loš i zbog crkava, posebno katoličke. Mislio sam, kako je taj i takav Bog zasigurno loš ako je svijet loš jer ga je On stvorio lošim: „Kršćanska odlučnost da svijet vide kao ružan i loš je svijet učinila ružnim i lošim.” Nietzsche? Ne znam baš, inače ga nikad nisam osobito cijenio i nemam pojma zašto sam ove njegove riječi uzeo kao objašnjenje za svoj napad na Tebe. Ne znam. Jer ti nisi katolički ni protestantski, a ni pravoslavni Gospodin, ti si živi Sin živoga Boga, nisi od ljudi nego od Oca! Ne znam, bilo je to davno i tako je bilo. Propitkivati istinu Božju kroz patnju bolesnog dječaka bješe vrlo podlo s moje strane i sramim se toga. U tom malenom tijelu skvrčenom ispod pokrivača bješe više snage i ljubavi nego što će u meni ikad biti! RiječBožja:„No, mala su djeca sveta, jer su posvećena kroz pomirenje Kristovo...”. (NiS 74:7) Oprosti mi, Gospode...

Kristov nauk i ljubav nisu ideologija „mrkve i batine”. Sve što nam se događa jest škola, ali i rezultat naših odluka. Svjedočim da je to istina: četrdeset i osam godina trpio sam posljedice vlastitih izbora i s mojim padovima i mojim katastrofama Isus nema baš nikakve veze! Jedina „upletenost” Krista u mojim nevjerničkim godinama jest neosporna činjenica da me On nikad nije napustio, da je bdio nada mnom unatoč mojoj nevjeri i mračnom životu! O tome svjedočim: Isus Krist bio je uz mene cijelog života i pripremao me za dan kad će me misionari zaustaviti i povesti uskim putem! Nije se miješao u moje postojanje, ni najmanje, ali ponekad, jer On je sama ljubav, spriječio je da ne napravim onaj sudbonosni korak prema Sotoni! Rat je najbolji primjer: izašao sam iz ratnih strahota čistih ruku! Ništa sramno nisam donio uz rata, nisam ubijao nevine, nisam okrvavio dušu nevinom krvlju, nisam pljačkao, nisam uništavao! Zajedno sa svojim suborcima, braćom po oružju odradio sam časnu dužnost za svoju domovinu i moja bojna, moja satnija, moj vod, moja desetina, svi mi i ja sa svima njima okončali smo naš dio rata bez mrlje! Barem vojnički, barem ljudski... Uopće, sve prošle, spiskane godine bez Boga, sve vrijeme grijeha i lutanja proveo sam daleko od nebeskih stvari, ali s Njim. Padao sam, često i bolno, griješio, gubio razum, opijao se i činio svakojake gluposti na svoju štetu, ali u svemu tome bilo je ono nešto neobjašnjivo: nikad nisam prešao granicu ljudskosti, čak i u raljama grijeha nisam odijevao livreju sluga Đavla! Krist mi to nije dopuštao, čuvao me je i neprimjetno pripremao za evanđelje, u to ne sumnjam.

Nisam kao drugi, ne, ja sam drugačiji, što se naročito vidi ovdje u Americi. Nisam rutinski vjernik, ne pripadam nikome osim Bogu. Držim, žao mi je ako zvuči sebeljubivo, kako sam s razlogom vraćen Kristu, u Njegovu crkvu. Predsjednik Dallin H. Oaks nas podučava: „Veliki Naum sreće našeg nebeskog Oca govori vam tko ste i iznosi svrhu vašeg života.” Ispuniti svrhu, ostvariti oni na što sam pristao još tamo iza vela! Samo, put od rođenja u tijelu do početka pravog učenja bješe mukotrpan, prokleto težak. Ipak se isplatilo: ništa ne može izbrisati ni umanjiti radost mog srca kad sam izašao iz vode krstionice, nakon krštenja kad sam mokar, pred očima mnogobrojne braće i sestara, drhteći, osjetio neizrecivo olakšanje prave slobode, kad sam se napokon mogao uspraviti u istinskoj veličini svoje duše jer je kamen grijeha nestao, jer je uteg zemaljske sramote skinut s mojih ramena! Međutim, nisam kršten uranjanjem za oprost grijeha i nisam rukopolaganjem primio dar Duha Svetoga da bih glumatao dobrog vjernika, mormonsku inačicu katoličkog obraćenika na balkanski način: uistinu osjećam da Gospodin nije poslao po mene kako bih bio jedna izgubljena i nekako pronađena ovca u nizu, kopija koja vrlo brzo nakon pristupanja Crkvi postaje neaktivni član, a potom napušta Crkvu da bi se vratio u prazninu zemaljskoga pakla. Moja je misija točno određena, ovdje sam zbog nečega što ću morati odraditi za Njega. Nažalost, još ne znam što je točno moja misija, ali kako sve dolazi u svoje vrijeme, tako ću, znam, doznati u pravi čas što i kako mi je činiti za Nebeskog Oca u ime Kristovo. U Starom Zavjetu čitam riječi mudrog kralja Salomona (Propovjednik 3:): „Sve što je učinio lijepo je i učinio je to u pravo vrijeme.” Ako Bog ima za sve svoje vrijeme, tko sam ja da činim drugačije? U međuvremenu, moram biti tko sam i što sam jer nisam kao ostali.

Gledano sa zemaljske strane, nitko sam i ništa. Bezimeni balkanski konvertit iz tamo neke zatucane Hrvatske, lik ružan i glup, ne govorim dobro engleski, zdravlje mi odlazi u nepovrat, ne mogu dobiti dobro plaćen posao, nisam baš za neku socijalizaciju na američki način i imam vlastito mišljenje iako nitko ne očekuje od mene da uopće imam mišljenje o bilo čemu. Kao što nisam imao u Hrvatskoj, tako ni u Americi nemam smisao za kompromis i ne gazim vlastite principe kako bih se svidio bilo kome i to bez obzira na cijenu. Što mislim, to i kažem posve otvoreno, s argumentiranim objašnjenjem. Koliko su ove moje „osobine” prikladne za učenika Spasitelja svijeta ne mogu reći, nisam religijski psiholog. Ono što znam jest da volim Isusa svim srcem i da sam sebe predao Njemu i Nebeskom Ocu, potpuno i bezuvjet-no, ponizno, iz iskrene zahvalnosti i ljubavi. U trenucima sumnji i pokleknuća, kroz pokajanje i priznanje nemoći, kroz molitvu i bol u srcu ostao sam uz Njega jer samo je On i nitko nego On moj Spasitelj. Svjedočim tome. To je istina i ništa drugo do istine.

Nadalje, prihvativši Krista nisam prestao razmišljati, nisam zato postao robot, klimoglavac! Naprotiv, kažem, kao učenik Isusa Krista (kako je Princ mironosni za svog učenika „uzeo” nakazu kao što sam ja), ne samo da ne smijem prestati misliti, učiti, čitati, proučavati, nego intenzitet svega toga moram podići na stotu potenciju! Jačati znanje o živome Kristu je imperativ, bez znanja nema ni vjere, a bez vjere u Isusa nema ničega!

Dva trenutka koja sam spomenuo, susret s bolesnim dječakom i sjećanje na pakleni posao na ovčarskom ranču u pustinji Južnog Utaha tek su ilustracije stanja mog srca i svega što se kuha u meni: uragan najrazličitijih osjećaja, neprekidan sukob duhovnog i tjelesnog, zemaljskog i nebeskog, prolaznog i vječnog, obveza prema ljudima i obećanja prema Bogu, sve to i sve ostalo kovitla se u meni i ja, unatoč kaosu, znam da pravi, istinski Krist nije glumac i ... Braća i sestre u crkvi moja su duhovna braća i sestre, nesavršeni su kao i ja i kao svi smrtnici. Nemam nakane suditi, Krist je jedini Sudac, ali da imam problema s nekim ljudima, od toga ne bježim. Oh, ne, ništa osobno, samo nismo kliknuli, što se kaže modernim internetskim rječnikom. Zašto? Obraćenik sam, nisam rođen u crkvi i zato što ne mislim da je evanđelje kolegij na fakultetu nego način života, put ka apsolutnom spasenju kroz vječno pomirenje Isusa Krista i jedini oblik prave čiste nepatvorene ljubavi prema djeci Božjoj, odnosno zato što za mene ljubav nije fraza, a za neke od njih je dio rečenice, ukras govora i... Stvar je u različitom viđenju Isusa. Za njih Spasitelj jest Kralj i sve ostalo, na razini spomenute intelektualne dimenzije. Za mene on je Onaj za koga sam spreman umrijeti, doslovno i odmah. Njima su posljednji dani stilska figura, za mene sadašnjost. Oni se strogo drže protokola, tradicije, neobične mješavine američke i mormonske kulture (uvezene u korice patriotizma: to nije loše, samo me malo razočaralo jer je slično spoju katolicizma i 'rvackog kvazidomoljublja, a oboje je svemirski daleko od istinskog Nauka Spasitelja svijeta, barem kako ja to shvaćam), a mene za to nije briga jer smatram da je punina obnovljenog evanđelja jednaka u Hrvatskoj i Alžiru, kao i ovdje u Illinoisu. Razlike među nama su „životno suštinske", a nema ih u poimanju vjerskih dogmi. Drugačiji pogled na vjeru i život, recimo to tako. Ne, nema sukoba među nama. Lijepo se pozdravimo prilikom susreta, sve ono „dobar dan, kako ste", ništa više od dosadne kurtoazije. U prijevodu, nikad nećemo biti prijatelji ni braća po oružju, nikad nećemo biti više od prolaznika. Da, i u crkvi je to moguće. Zapravo, otuđenost je vrlo česta pojava unatoč svemu što se govori i radi. Što je u redu, otuđenost i pretvaranje je sastavni dio ljudskosti tisućama godina: formalno „prijateljstvo" je pravilo igre. Kristova riječ iz Evanđelja po Ivanu, 15:13: „Veće ljubavi nitko nema od ove, da tko položi život svoj položi za prijatelje." Tisuću puta sam čuo citiranje ovog stiha na crkvenim sastancima i svaki put upitah sam sebe: doista, što znači biti prijatelj na način Isusa koji je Krist? Tapšati nekog po ramenu i tješiti u nevolji s „moliti ću za tebe", pitati milijun puta „kako si?" i potom se okrenuti drugima s istim pitanjem? Ili je prijateljstvo kad znaš da ti je prijatelj sam, bijesan, tužan, nervozan, možda glupo neraspoložen i premda moraš i sam ustati u pet i trideset ujutro i ići na posao, ti svejedno, bez obzira što je odavno prošla ponoć, uzimaš mobilni telefon i zoveš ga i razgovaraš s njim sve dok se ne uvjeriš da si ga smirio, da je bolje i da neće probdjeti još jednu živčanu noć obliven suzama? Odgovor jasniji ne može biti. Radi se o ljubavi, ne o pukim definicijama ljubavi: amor dei Caritas. Deus est caritas. Ili: philia, eros i agape. Ništa od toga i sve, ako promatramo filozofski. U stvarnom životu ljubav prema drugima, posebno prema prijateljima nadvisuje tumačenja i dokazuje se činjenjem, ne riječima. U obitelji stvari su posložene (ili nisu) po uobičajenoj shemi: krv nije voda. U prijateljstvu, kako nas uči Krist, relacije su kompliciranije, a posljedice odluka i odigranih poteza dugotrajne. Imao sam stotine svađa s vlastitim bratom i stotine mirenja, pa bi nakon nekoliko minuta po svršetku svakog našeg sukoba (često i prave tučnjave) sve izgledalo potpuno normalno. Prijateljstvo koje se prekine, to nikada nije ni bilo. Isus Krist voli i one koji su ga izdali, zbog čije je nevjere i sumnje završio pribijen na križu. Ponižen, popljuvan, razapet, dok krvari, u bolu svih bolova, dok visi kao krvavo meso ispred razularene mase mrzitelja i ubojica, u očaju i usamljenosti onoga koga su bacili pred zvijeri, Sin Boga Svemogućega zna da umire u tijelu, zna da ovi koji mu se smiju, uživaju u njegovoj patnji i baš zato, u agoniji, pred smrt, napušten i predan krvnicima, Isus Krist pokazuje da je najveći, jedan i jedini, najdraži brat i najbolji prijatelj, najčišća ljubav i svjetlo svijeta jer umjesto osude i proklinjanja ubojica svojih, On moli Oca (Luka 23,34): „Oče, oprosti im, ne znaju što čine!" Tko od nas smrtnika to doista shvaća, stvarno razumije? (Ja ne baš!) U svakoj molitvi svojoj, klečeći moleći Nebeskog Oca u ime Sina, kako je to moguće, kako umirući Krist iskazuje zemljanima nikad viđenu ljubav i razumijevanje prema ubojicama svojim i moli oprost za njih? I kaže da nisu znali, a znali su što čine, i te kako su znali kakvo zlo čine, samo nisu htjeli znati, nisu htjeli razumjeti. I nisu vidjeli kolika je Kristova ljubav prema njima, nisu vidjeli Njegovo bezgranično i bezuvjetno prijateljstvo. Nisu jer bjehu slijepi na ljubav, a samo tko ljubi Isusa to vidi, samo srce koje voli prepoznaje ljubav. I ne odustaje, ne izdaje, ne napušta.

U tome je poanta. I zbog toga drhtim pred Bogom ne znajući kako dostojno zahvaliti za sve blagoslove i kako biti kao On, kako živjeti kao Krist?! Ne znam, nitko to ne zna. Zar je grijeh htjeti biti kao Isus? Odbaciti sve zemaljsko, nadići sve smrtno i koračati zemljom dijeleći nadu i radosnu vijest svima, bez obzira na sve? Da, ah, u današnjem je svijetu, u ovoj posljednjoj rasporedbi vremena takav način iluzoran, a ako bi se i našao netko tko bi prodao sve što ima i pokušao biti kao On, odmah bi ga proglasili ludim i strpali u umobolnicu, postao bi predmet sprdnje, podsmijeha i mržnje, baš kao što se svjetina izrugivala Kristu na križu! To je moj problem: ne mogu biti kao On jer ne smijem biti kao On, zbog pravila koje su ljudi nametnuli kao da su Kristova. Ne znam kako ni zašto, ne razumijem neke stvari u potpunosti, nisu mi jasne regule koje određuju da su materijalni dosezi, financijska stabilnost i neovisnost, ono što neki nazivaju „samodostatnost”, iznad ljubavi i spremnosti služenja drugima, iznad širenja evanđelja na način na koji je to On činio u svom prvom zemaljskom službeništvu. (Nisam toliko naivan, svjestan sam zla i istine kako smrtni svijet, danas više no ikad prije, ima samo jednog gospodara: novac. I znam kako ni Crkva u tom i takvom svijetu ne može djelovati bez novca i da je svaka raspra o želji življenja evanđelja na način Kristovog prvobitnog služenja na zemlji unaprijed osuđena na propast, odnosno, imati stalan posao, plaćati porez državi, glasati za određene političke stranke koje su bliske politici ove ili one crkve, ne zadirati u osjetljive teme ljudskih prava i bilo čega što bi moglo narušiti zacementirani zemaljski koroporativni sustav vladanja nad običnim smrtnim ljudima etc., biti elegantno neupdljiv i ne miješati se tamo gdje nije mjesto ni vrijeme, drugim riječima, u ime kompromisa zanemariti poslanje, žrtvovati princip u ime opstanka jer ne smiju se ni po koju cijenu ponoviti antivjerski progoni iz povijesti). Od toga je komotnije, jeftinije i „lijepo na oko” odjenuti najbolje odijelo, staviti finu kravatu, izbrijati se i nakolonizirati i naparfimirati, uskočiti u bliještave špic-cipele i odvesti se polako, možda odšetati laganim korakom do neke crkve (po vlastitom izboru: katoličke, pravoslavne, baptističke, naročito Crkve kojoj ja pripadam) i provesti neko vrijeme, sat-dva u društvu braće i sestara i s njima plakati, moliti se, proučavati Sveta pisma i vratiti se kući onome što se jedva čeka, obilnom ručku i poslijepodnevnom drijemežu. Zbog toga mi preostaje samo jedno: čekati poziv Gospodina, da se ispuni ono što mi je rečeno da je volja Božja u mom patrijahalnom blagoslovu, a do tog svetog tre-nutka moram držati željeznu šipku što je moguće čvršće i ustrajati na uskom putu do vječnosti u ime Isusa krista, Amen!

Upitnika je mnogo. želim još nešto reći. Sve crkve nose svoje breme, ni moja nije pošteđena toga, ali za razliku od ostalih, jedina živa Kristova Crkva nema stigme genocidne crkve poput ostalih velikih kršćanskih denominacija, što ne znači da se u njenoj povijesti nisu dogodile stvari koje zaslužuju osudu. Međutim, kod ostalih crkvi, katoličke poglavito, to je pitanje o sustavnom zlu, o dogmi zla i o funkcioniranju kroz zlo, što čini ogromnu razliku. I moja Crkva (istina je) nosi teret zbivanja koja nisu bila u skladu s evanđeljem, no odgovornost za te događaje snose isključivo pojedinci, ljudi koji su odlučivali o činjenjima i koji su činili ono što nije bilo kristoliko. Katolički papa Grgur IX osnovao je inkviziciju koja je 1246. postala inquisitio haereticae pravitatis, čime je crkva ozakonila ubijanje i uništenje svih protivnika papinstva i katolicizma kao vjere i taj će se krvavi pir odvijati stoljećima. Ne trebam nabrajati sva krvorpolića počinjena u ime crkve od strane katoličkih papa, kardinala, nadbiskupa i biskupa. Pokolj vitezova templara 1307. tek je jedan primjer, a od tko zna koliko tisuća mučenih i svirepo ubijenih žrtava svete katoličke inkvizicije vjerojatno su najpoznatija imena William Tyndalle, Jan Hus, Jeronim Praški, Giordano Bruno i mnogi drugi. Isprva osmišljena samo protiv hereze, inkvizicija je vremenom dobivala sve veće ovlasti sa sve širom lepezom „borbenog djelovanja”, od onog protiv vještica do „oružja” konkubinata (što je bila još jedna hipokrizija jer nije bilo većih grešnika i heretika od papa i biskupa). Sve što je zaudaralo na antikatolički pogled na vjeru, sve što je bilo quae sapernat haeresim nemilosrdno je kažnjavano, a kad je papa Inocent IV izdao bulu Ad extripanda mučenje optuženika u inkvizicijskim postupcima dobilo je

„pravo glasa". Čitanje Biblije na narodnom jeziku, podržavanje reformskih ideja, neposlušnost papi ili molitva Bogu u tajnosti bjehu tek neki „zločini" koji su vodili u bolnu smrt po katoličkoj doktrini. Nije bilo milosti. Metode su bile đavolske, ni nacisti ni komunisti stoljećima kasnije nisu bili tako domišljati kao što su bili inkvizitori. Iron Maiden, španjolske čizme, klinovi i vatra tek su dio arsenala koji je služio za mrcvarenje i ubijanje posve nevinih ljudi. U povijesti je kao neprevaziđeni primjer okrutnosti zapamćena tzv. bartolomejska noć: 24. kolovoza 1572. francuski kralj Karlo IX naredio je, na nagovor pape i rimskih svećenika, a njegova majka, Katarina Medici, organizirala stravičan pokolj hugenota. Krv je tekla ulicama Pariza i cijelom Francuskom. Pretpostavlja se da je svirepo pobijeno oko trideset tisuća protestanata. Kad je vijest o pariškom pokolju stigla do Rima, Lorenski je biskup nagradio glasnika s tisuću kruna! Top s tvrđave Svetog anđela je označio „radosnu vijest", a upaljene baklje i topovske salve pretvorile su noć u dan uz zvonjenje svih rimskih crkvenih zvona. Sam rimski papa Grgur XIII u pratnji kardinala i biskupa poveo je procesiju do crkve Sv. Luja slaveći ubijanje hugenota kao veliku pobjedu katoličke vjere. O ostalim krvoprolićima, poput genocida u novo otkrivenim krajevima svijeta ne trebam ni govoriti: nevina krv je nesperiva ljaga s katoličke crkve i ja sam sretan što joj ne pripadam.

Zašto sam sad ovo rekao? Jer u Crkvi Isusa Krista svetaca posljednjih dana toga nema! Ima momenata koji su bili i ostali teški. Ali i ali, to nije bila zapovijed ni tadašnjeg proroka ni službena odluka Crkve (uostalom, nijedna odluka u Kristovoj crkvi ne dolazi od smrtnika nego s nebesa, od Gospoda, a Bog ne zapovijeda zlo). Jedan od takvih nesretnih događaja je masakr u Mountain Meadowsu koji se zbio od sedmog do jedanaestog rujna 1857. godine: lokalni vođa, u nerazumnom strahu od dosljenika nemormona, pod snažnim utjecajem sjećanja na krvave progone pionira Crkve nakon prvih dana restauracije, odlučio je napasti nevine ljude iako je sam prorok Brigham Young preporučio da se ljudima dopusti prolaz teritorijem pod nadzorom svetaca posljednjih dana. Ne pada mi na pamet banalizirati taj pokolj, no razlika je u tome što napad u Mountain Meadowsu nije imao potpis predsjednika Crkve i nije ni na koji način povezan s učenjima Crkve. Načelo odgovornosti je osobno, mora biti takvo. Lokalni vođe crkve koji su podmuklo napali doseljenike nisu htjeli riješiti problem na Spasiteljev način, odstupili su od evanđelja i počinili neoprostive zločine. Kasnije su isključeni iz Crkve, a devetorici je suđeno iako je samo jedan osuđen na smrt i pogubljen (John D. Lee). Ovo je bio posve izolirni slučaj za koji je Crkva iskazala iskreno i potpuno kajanje. Na 150-tu godišnjicu pokolja, predsjednik Henry B. Eyring, iz Prvog Predsjedništva Crkve je rekao: „Evanđelje Isusa Krista za koje se mi zalažemo, zazire od hladnokrvnog ubijanja muškaraca, žena i djece. Doista, ono zagovara mir i praštanje. Ono što su članovi crkve davno učinili (u Mountain Meadowsu) predstavlja užasno i neoprostivo odstupanje od kršćanskog naučavanja i ponašanja... Bez sumnje će Božanska pravda nametnuti prikladnu kaznu onima koji su odgovorni za ovaj pokolj.". Naravna stvar, komparacija zločina ili „opravdavanje" jednog zločina drgim zločinom ne dolazi u obzir. Ipak, katolička crkva (ponavljam, crkva, ne vjernici, nikad ne poistovjećujem smjerne katolike s institucijom!) se zbog inkvizicije nikad nije iskreno i potpuno pokajala niti se ogradila od tog mračnog vremena. Službeno ukinuće inkvizicije definitvno je proglašeno tek godine 1834., ali to zlo nije posve nestalo. Slijednik inkvizicije je Kongregacija za nauk vjere i po tome se katolička crkva nije ni za pedalj odmakla od svoje sotonske krvave povijesti. Vuk je promijenio dlaku, ne i ćud.

Krista sam spoznao i Njegovu ljubav pronašao na jedinom mjestu gdje je to na svijetu moguće, u Crkvi Isusa krista svetaca posljednjih dana! Pozvan sam i odazvah se jer sam bio spreman nakon skoro pedeset godina zemaljskoga života prihvatiti evanđelje i stupiti u postroj vojske Gospodinove. Ništa me ne može zastaviti u koračanju uskim putem! Konačno, valja mi i ovo kazati, moje razočarenje nastalo djelovanjem (nekih) ljudi nipošto nije vezano uz Nauk Isusa Krista nego uz razlike u kulturi, tradiciji, jeziku i svemu smrtnom što ima ogroman upliv na svakoga od nas. Osobni karakter također je „kumovao" nesporazumima i danas, nakon svega, ma koliko bilo gorčine u meni zbog loših trenutaka, ja i dalje svjedočim da su sveci posljednjih dana jedini pravi sljedbenici i učenici Isusa Krista na zemlji. Nitko i ništa me neće razuvjeriti. Dapače, kršćani jedine žive Crkve Isusa Krista ne skrivaju svoju nesavršenost, ponekad je i presnažno naglašavaju, a sve u dobroj vjeri dokazivanja svemu Božjem stadu da je ova Crkva uistinu svojevrsna bolnica za izgubljene, usamljene i očajne, razočarane, odbačene i na svaki način od ljudi i svijeta prognane sinove i kćeri našeg Oca na nebu. Konačno, što bih sad trebao napisati, osobito kad uzmem u obzir tko me je spasio kad sam se ovdje u Americi našao u „neobranom grožđu"? Tko me je primio u svoju kuću i dao mi dom, nadu, izlječio i... Pa nisu katolici, čak ni ovdašnji Hrvati! LDS ljudi, moji prijatelji koji su moja obitelj, moj najdraži brat i njegovi, eto tko! I to bez ijednog pitanja, bez uvjeta, bez ijedne riječi. Samo ljubav. Na način Isusa Krista.

Sai Baba je rekao: „Ruke koje pomažu svetije su od usana koje mole." Albert Einstein je ustvrdio: „Ne možemo stajati sa strane i čekati Boga da obavi posao.". Prijatelji nisu čekali, nisu me tapšali po ramenu i (samo) molili. Učinili su što bi i Krist učinio na njihovom mjestu. Spasili su me. Hvala Gospodu na njima!

Živeći kao nevjernik, u tmini smrtnosti, milijun sam puta kušao gorak pelin ljudske zlobe i milijun puta sam uporno opetovano točio novu čašu tog istog otrova: kad čovjek zaluta u prašumi vlastitih i tuđih zabluda i grijeha, kad padne niže od groba u koji mora biti pokopan, jalovo posezanje za isprikama nije pomoć nego izbor načina izvršenja smrtne kazne nad samim sobom! Kako sam mogao pristupiti katoličkoj crkvi, kad je licemjerna i lažljiva: kad moraš kucati na masivna tamna vrata, preklinjati i moliti za pomoć od onih kojima je poziv pomaganje, onda znaš da nema natrag, da si pao na dno dna, da si na kraju svega. Marthin Luther dao je odličnu definiciju hipokrizije: „U jednom razbojniku i drolji više je milosrđa nego u licemjeru." Točka. Jesam, dobio sam „udarce u trbuh": boljelo je i muku sam mučio što s time učiniti i kako, bjesnio sam i htio sve poslati u jedno mjesto, priznajem. Kanio sam pobjeći, obuzela me panika, sumnjao sam, lutao, u gadnoj pustinji Južnog Utaha, na onom ovčjem kravljem ranču, u stanju kad sam se odjednom doslovno našao posve sam, u klopci, a pomoći nema, kad i ne znaš koga bi pitao, kad nemaš koga pitati, kad dođeš u Crkvu, a tamo te tapšu, ali ne pomažu... Što učiniti nego sjesti i plakati. Ili ipak poduzeti nešto. Lako je reći. Ponekad je biti Mormon opterećenje. Primjerice, pokušao sam stupiti u kontakt sa nekim organizacijama i udrugama američkih Hrvata, no kad sam spomenuo da sam član Crkve Isusa Krista svetaca posljednjih dana, sva vrata su mi se zatvorila. Ako nisam biznismen, milijunaš, lovator, ako nisam zakleti katolik i nisam proenedehazijski nostalgičar, ma brate mili, zaboravi na (neke) naše Hrvate u Americi.

Komplicirano je objasniti sve oko mog obraćenja i oduševljenja Kristom, živim Sinom živoga Boga. Za mene je On stvarna ostvarena nada, ne „nadajući se" nada. Cijeli svoj promašeni život proveo sam nadajući se boljem. Nisam samo čekao, radio sam, nastojao pronaći najbolji put, ali nisam uspijevao. Jedan pad, drugi promašaj, sto i osmi pad i sve je otišlo u nepovrat! Prepustih se plimi nevolja, jada i rušenja očekivanja i kad je oseka nesreće odvukla sa sobom u dubine tuge i posljednje trunke svjetlosti, upao sam u mrak beznađa i ostao u toj mučnoj tmini dekadama. Zašto nisam pobjego? Ne znam. Zašto sam si dopustio pad? Ni to ne znam. A nada bez pokrića, zemaljska nada je opasna bolest, uništava i najotpornije, spaljuje srce do pepela. Može trajati godinama i postaje nepreoznatljiva, pa gubitnik poput mene i u laži vidi slamku spasa. Hvatao sam se za stotine lažnih slamki i padovi koji su uslijedili bjehu neopisivo bolni. Svaki sljedeći bio je strašniji i ubojitiji. Boljelo je, neizdrživo, prokleto je boljelo živjeti na dnu i gledati svijet kako prolazi pokraj mene kao da ne postojim. Nikoga nije bilo briga.

Poslije predratnih godina glupo spiskane mladosti i nakon rata, poslije vojne službe i trinaest godina provedenih na svinjskoj i ovčjoj farmi, a po povratku u Varaždin, u potpunom zastoju života, u kalu vlastitih nemogućnosti i pod pritiskom ljudske hladnokrvne indolencije spram onih u potrebi, kad nisam htio moliti za milostinju niti sam htio pasti na nečiju grbaču nego sam kucao od (državnih) vrata do vrata ne bih li se vratio među „normalne građane", što se dogodilo? Ništa uglavnom. Nijedna se vrata nisu otvorila, a sva su kao kršćanska. Nadao sam se upravo toj kršćanskoj kompnenti u ljudima: pružiti šansu i dati mogućnost za novi početak. Milostinja i prosjaćenje? Ništa takvo! Nula bodova. Jedan dan telefonski razgovor sa Zavodom za zapošljavanje. Telefonski poziv i e-mail poruka kojom se potvrđuje termin za intervju za posao. Nada. Lagani san jer možda sam pronašao posao. Posao znači redovnu plaću, mogućnost stanovanja, povratak u „normalnost". Jutro, bez doručka, usprkos godina, uzbuđenje je to. Tuširanje i odijevanje najbolje odjeće: tragikomično jer moja najbolja odjeća bjehu isprane traperice, karirana košulja iz „Caritasa" i jakna koju sam donio iz Zagreba. Nada. Sedam i trideset i pet ujutro, razgovor je bio u devet i trideset. Dolazim u firmu pola sata prije termina. Napadno našminkana službenica pokazala mi je put do radničke menze, gdje su već čekali ostali kandidati. Srećom, traži se više radnika i ne mislim da ću ispasti iz kombinacije. Računam na životno iskustvo, braniteljski status (zašto ne?) i socijalne uvjete. U deset i dvadeset i osam nada je krepala, nestala je. Ništa od posla. Ispostavilo se kako je sve što za što sam pretpostavljao da će pozitivno utjecati na odluku poslodavca u svezi mog možebitnog zapošljavnja bila tek moja loša prosudba, haha. Šefovi firme kojoj sam aplicirao za posao držali su spomenute „kvalitete" preprekom i nije im palo na pamet da na platni spisak svog poduzeća stave jednog beskućnika! Branitelj? Kaj god, još i beskućnik, znači, drogeraš i pijanac. Lijenčina, ništkoristi! „Idite lepo doma i zbogom, mi smo ozbiljna firma i ne primamo kriminalce" Dobro, nisu me otpratili baš s tim riječima, ali nisu ni trebali, njihova lica govorila su previše, pogledi ispod obrva, značajno uzdisanje tajnice pri bilježenju mojih odgovora na klasično glupa pitanja. Nada i komentar jedne beskućnice u prenočištu, kad sam se vratio „pokisao" u dom za beznadne: „Znala sam ja, kaj bi te primili, ne primaju oni nas takve." Točno, a gdje je kršćanska ljubav? Hrvatska je katolička utvrda, bastion ultramontantske vjere, predziđe kršćanstva?! Nema ljubavi, sve je laž. Laž je hrvatska stvarnost. Kao što je laž i u Americi stvarnost. Nijedan milimetar kugle zemaljske nije pošteđen laži.

Nada. I spasenje, dolazak vojnika Isusa Krista, zemaljskih anđela. I najboljeg koji će me spasiti kad nitko drugi nije htio. U ime Isusa Krista, dokazano, nebeski čisto. O tome govorim i pišem. O pravoj Crkvi Isusa Krista i Njegovim pravim svećenicima s ovlastima Božjim, koji imaju ključeve i prenose stvarnu živu riječ Božju bez fraza, ne glumeći. Ponekad komplicirano jer se sve odvija na zemlji, među smrtnicima, ali baš zato je neponovljivo i istinito. U jednoj prispodobi o Spasitelju opisanoj u evanđelju po Mateju (15:21-24), Isus Krist odgovara svojim učenicima na njihovu molbu da pomogne ženi Kanaanki: „Poslan sam samo k izgubljenim ovcama doma Izraelova." Potom Krist, Sin Božji ispunjava molbu ženi zbog njezine jake vjere: ovo spominjem ne zbog događaja s tom ženom već zbog naglaska na svrsi svete misije jedinorođenog Sina Nebeskog Oca. On će misiju u potpunosti izvršiti. I više od toga. Naravno, nije Otac poslao Sina na zemlju tek da traži izgubljene, ali je znakovito što Krist to naglašava kao svoju zadaću. Mnogo puta Isus u svojim govorima i činjenju pokazuje esenciju ljubavi: briga za jednoga! Pronaći jednu ovcu! Ostaviti devedeset i devet u toru i otići u potragu za onom jednom izgubljenom. Onaj tko spasi samo jednu dušu biti će velik u očima Gospodinovim! Nitko ne smije biti sam! Najmanji od braće Kristove mora biti spašen! Jer sve što činimo i najnevrijednijem bratu, Kristu činimo. Samo odabrani to razumiju i samo odabrani tako čine. Ne kažem jer se radi o meni, govorim ovo jer se pokazalo da je jedan misionar, jedan od Gospoda određen vitez preletio dvanaest tisuća milja da bi pronosio radosnu vijest i da bi između svih svojih svetih dužnosti misionara izvršio ono što malo tko čini, spasio jednu staru i ružnu izgubljenu ovcu Božju! Ne samo spasio, nego stao uz brata svoga dok je taj brat posrtao i pokušavao doći do ovčinjaka Božjeg i ostati u stadu živoga Boga kad je malo tko mario za njega. Takvo što se ne događa često. Nema mnogo takvih vojnika Krista. Ima mnogo gubitnika kao što sam ja. Malo je tragača, malo je istinskih pastira Gospodinovih.

Činiti, ne deklamirati papagajski „volim te": to sam vidio i to sam naučio u ovoj Crkvi. Od Krista. I njegovih vojnika. Od njegovog viteza. Koliko je ljubavi u brizi za jednoga? Više no u molitvi za milijune. U Prvoj poslanici Korinćanima (13:1) riječ je Gospodnja: „Kad bih sve jezike ljudske i anđeoske govorio, a ljubavi ne bih imao, mjed sam onda što ječi ili cimbal što zveči." Dogodilo se da se moja američka priča nije odvijala onako kako smo isplanirali i kad je sve što je moglo poći krivo, stvarno i pošlo krivo i kad sam se, ne htijući i bez ikakve moje izravne greške, našao u problemima, i kad sam pomislio da je sve propalo, da ću se morati vratiti u Hrvatsku gubitnički, poput štakora podvijena repa, dogodilo se to da me Krist nije iznevjerio, Bog me nije napustio. Kao što to nikad i nije činio. Molio sam Oca u ime Sina da mi da snage da ga ne iznevjerim, da ostanem živjeti na uskom putu evanđelja i da, ma što bilo, nikada ne pustim željeznu šipku! To sam molio!

Gospode, hvala ti! Krist nikad nikoga ne ostavlja samog! Krist ima svoje „ljude" na zemlji, članove Crkve Isusa Krista svetaca posljednjih dana. Oni su, mi smo kršćani, a svaki je kršćanin ujedno i misionar i skrb za izgubljenu djecu Nebeskog Oca stalno je poslanje sve braće i svih sestara u Isusu Kristu. Ponavljam svete riječi iz Mateja 25:40: „Sve što god učiniste jednom od ove moje najmanje braće, meni učiniste." Vrlo jasna poduka Isusa koji je Krist u mom je slučaju utjelovljena i oživljena kroz bratstvo i prijateljstvo čovjeka koji me nije napustio ni kad je imao milijun dobrih zemaljskih razloga da me otjera od sebe i zaboravi! Podosta njih koji su me tapšali po ramenu i obećavali brda i doline (a nisu mi ni globus kupili, haha) zaboravili su riječ i okrenuli mi leđa, ali ne zamjeram im niti im trebam oprostiti jer i nemam što oprostiti, ta nikakav grijeh ne počiniše prema meni.

Otvorili su vrata svog doma za mene, dali mi sve što su mogli, pružili mi potporu u svemu, nahranili me i napojili, odjenuli, ozdravili, pomogli u „borbi" s državnom birokracijom, potrošili mnogo više od samog novca: prihvatili me kao člana obitelji. Obitelj mog anđela, njegovi i on u ime Isusa Krista. Bio sam u pustinji samoće, tražili su me i pronašli. Bio sam očajan, utješili su me. Nisam imao nade, vratili su je. Plakao sam, nasmijali su me. Moj najdraži brat i najbolji prijatelj, viking, lovac, vojnik, misionar, budući zubar, muž pre-krasne mlade žene, snažne i velikog srca, otac prekrasnog sina (princa kome sam prisegnuo na vjernost) čovjek kome dugujem više od života. Jer je od Njega, od Isusa koji je Krist.

Zapravo, sve što se zbiva u smrtnosti može se mjeriti Kristovim mjerilom. U svakodnevnim situacijama čovjek će pronaći dokaz ljubavi ili dokaz ravnodušnosti, dokaz dobrohotnosti ili znamenje licemjerja. Promatra li se život srcem Spasitelja ili očima smrtnika, sluša li se topao miran glas Duha Svetoga ili larma i laži Sotone i njegovih slugu.

Sumnja? Veliki književnik Lav Nikolajević Tolstoj je rekao: „Ako sumnjaš u svoju vjeru, onda to već nije vjera. Vjera je samo onda kad u sebi nema ni pomisli da bi ono u što vje-ruješ moglo biti neistinito". Gospode, klečim pred Tobom, u suzama vapim za oprostom tvojim, o Gospode!

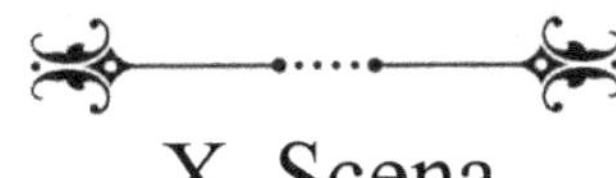

X. Scena
Hrvatska, drugi dio : Stare priče u novom ruhu

*„Hoće li bolje biti? Vrijeme je toplo, vlažno,
snijega ni traga. Mi stojimo moralno i materi-
jalno u blatu."*

August Šenoa, 31.12.1880.

Biti dovoljno arogantan da sam sebe uvjeriš kako se ima još nešto za reći o Hrvatskoj i hrvatstvu nakon što je sve odavno rečeno može isključivo jedan luzer, aintelektuani gmizavac s idiotskom ambicijom koja uvelike nadmašuje njegove skromne umne kapacitete: napokon, zar o Lijepoj našoj i rulji bijed-nika i kotlokrpa, prosjaka i beskućnika, neopranih seljaka i otpuštenih radnika, gladnih umirovljenika i izgub-ljene mladosti nije dovoljno napisano? Tko je taj lik koji drži kako postoje još neke istine o Hrvatskoj i da zbog nečega te navodne istine treba javno izgovoriti? Moja ružna malenkost je taj kreten, ja sam taj idiot! Sma-tram, nimalo skromno, kako je moj život dostatna podloga za opetovano trkeljanje o domoljublju. Slažem se, kako poslije Krleže nitko nije sročio ni jednu jedinu smislenu rečenicu o hrvatstvu i Hrvatskoj. Sve što je napi-sano, snimljeno u audio i video tehnici, cijela gomila knjiga, magisterija i doktorskih disertacija, političkih go-vora i partijsko-stranačkih programa, sve to prenemaganje na estradi hrvatske političke travestije, stotine ne-čitljivih novinarskih kolumni, isprintanih budalaština za stotine simpozija i znanstvenih konferencija, sve to ne vrijedi ni pola vodom napunjenog stanovitog ženskog organa! Prije skoro sto godina gospodin Fritz je napisao nepromjenljivu definiciju hrvatstva i svaki pokušaj redefiniranja već u startu me diskvalificira kao najobičnijeg plagijatora.

Ponizno se ispričavam gospodinu Krleži uz napomenu kako je moja pozicija u kontekstu ove teme bitno drugačija od njegove u vremenu kad je on stvarao i pisao: ja nisam erudit, nisam književnik i nemam ništa od onog što je imao Krleža. Također, ne govorim o normalnom hrvatstvu nego o 'rvactvu ili 'rvatstvu, što bitno mijenja stanje stvari. U nečemu sam, ako smijem kazati, sličan Fritzu: pišem slobodno! Naime, nemam obavezu prilagođavanja ni riječi ni misli, ne moram falsificirati mišljenje, nitko mi ne drži pištolj na čelu dok pišem i ne ovisim materijalno ni na koji način o državnoj riznici i vlasti. Slobodan sam jer nemam nikakve relacije ni s jed-nom političkom, interesnom i inom grupacijom u 'rvatskoj ili izvan nje. Ne predstavljam nikoga, osim samoga sebe, što i nije nešto, ali nije ni ništa.

Povjesničari, docenti, akademici, saborski zastupnici i državni tajnici, sociolozi religije, kolumnisti i ministri, književnici i filmski scenaristi, televizijski komentatori, pjesnici i kipari, pretedenti na članstvo u HAZU, povjesničari umjetnosti i muzejski restauratori, marketinški stručnjaci i internetski kulturnjaci, potpredsjednici raznih komora i slobodni umjetnici, menadžeri javnih poduzeća i ravnatelji škola, upravi-telji i savjetnici savjetnika nečega i nekoga, šefovi ravnateljskih vijeća, intendanti i urednici, poduzetnici i bankari, brokeri, stečajni upravitelji i sudski izvršitelji, javni bilježnici, ustavni suci i uopće suci kao takvi, doktori svega i svaćega, stotine i tisuće umišljenih cilindraških doktora fizike, kemije i prava, matema-tike, humanističkih znanosti i ekonomije, pa voditelji ovoga i onoga, specijalni izvjestitelji i organizatori u najvišem rangu, istaknuti inženjeri i cijela 'rvacka armija novih cilindraša, tih vječnih parazita čije je po-slanje izgraditi novi monument hrvatske preslavne povijesti od stoljeća sedmog, svi zajedno pohlepno vampirski sišu hrvatsku krv hrvatskog kmeta kao što su hrvatsku krv hrvatskog kmeta sisali Erdödy, Zrinski i Oršići, Draškovići, Keglevići i Puttari, Frankopani i grofovi Celjski. Zabili su moderni aristokrati bez grbovnica nemilosrdno svoje rilce u mršavo meso hrvatskog kmeta i sišu fluid života i meso se hrvat-sko suši i krepat će u agoniji, u perverziji nestvarne povijesti i lažne slave, teško će izdahnuti Hrvatska, osušena kao egipatska mumija: tisuće i stotine tisuća grobarskih krvopija govore, pišu, snimaju i slikaju, izrezuju i skladaju, pjevaju, izumljuju i grade, drže predavanja i uopće dosadno dociraju tupoglavo ostrašćeno sigurni u opravdanost i vjerodostojnost vlastitih gluposti o 'rvatskoj koja ne postoji jer, za Boga miloga, ništa od svega toga što rade, brbljaju i glume nije istina! Sve je laž, izmišljotina, sve je izmet ispao iz njihovih bolesnih utroblja, ali, tuge li velike, u konačnoj inačici priče svaka aluzija na propitivanje njihovog činjenja biva osuđena kao hereza i napad na 'rvatsku. Nitko od novokomponirane hrvatske elite još nije uspio smisliti nešto inteligentno, a kako su dotične pojave podijeljene na crvene i crne i kako isti nastupaju isključivo kao predstavnici ideologija, svaka rasprava s njima je besmislena i znači gubitak vremena i živaca. Možda najvažniji argument koji me stavlja iznad tzv. stručnjaka i umnih glava jest, kako rekoh, to što nisam na državnoj platnoj listi! Nemam ni najmanji financijski interes, ne primam erarski novac ni u obliku mirovine ni kao dotaciju, ne koštam Republiku Hrvatsku ni jedan jedini euro cent! Također, nemam nikakve kontakte niti primam novac od bilo koje nevladine organizacije ili fondacija ma kojeg svjetonazora. (Slažem se, koji bi vrag htio imati posla s nekim poput mene!) Nisam povezan ni s jednom od velikih crkava i njihovih skrivenih i neskrivenih organizacija, jednostavno, ja sam izvan svega što uništava domovinu...

Oh, „ja” imam i moram nešto reći o Hrvatskoj i hrvatstvu. O lijepoj njihovoj 'rvackoj i o 'rvactvu! Nitko me nije pitao hoću li ili neću biti dio časti i slave vremena stvaranja nove de-mokratske Hrvatske i njene povijesti, nitko me nije pitao želim li potrošiti mladost na ispunjenje sna svih naraštaja Hrvata: nije me ni trebalo pitati, ostvarenje želje i konačno rođenje Domovine s velikim „D” san je Hrvata-grobara, ne nas bijednih mrtvaca, a osim toga, bez ikakve autoironije, tko sam ja da bih se uspoređivao s najvećim junacima Domovinskog rata, s mrtvim vojnicima? Ne pada mi to na pamet. Sporedno je u svemu to što sam prekasno shvatio da ono veliko „D” nije oznaka domoljublja prema domovini već prvo slovo imena najveće im čežnje, dojčmarke, DM! Stvar se kasnije toliko čudnovato razgranala, da sam odjenuo odoru i otišao u rat ne razmišljajući puno o stoljeću sedmom. Neki drugi su o tome i te kako razmišljali. Mislili su o sebi i o svojim precima, o dojčmarkama i stanovima, o tome kako je kucnuo čas da preuzmu kormilo 'rvacke, o naplati svog 'rvatskog 'rvactva i ovime im odajem priznanje za ogroman trud koji su uložili u svoju 'rvacku storiju jer njihova domoljubna muka dostojna je svakog divljenja! Nije bilo lako izračunati cijenu žrtve za 'rvacku i tome pribrojiti odgovarajuću visinu zateznih kamata i sve zajedno od 1990. naovamo slati na naplatu Domovini koja je plaćanje lukavo i bez srama prebacila na konto domovine s malim „d” (domovina Hrvatska): kapitalizam na sceni, normalna stvar, ne može se voljeti Domovinu pro bono, for free! Parodija od 'rvatske koju danas imamo nema ništa zajedničkog s grobovima hrvatskih gardista i policajaca, nevinih civilnih žrtava, staraca, žena i djece: apsolutno sam uvjeren da bi sve do jedne žrtve, da mogu ustati i vidjeti ovakvu Hrvatsku, proklele dan kad su krenuli u rat za domovinu!
Gospodin Fritz ne bi me ni pogledao, a ove papire bi u najboljem slučaju bacio u peć, za potpalu. S druge strane, moje životno iskustvo, unatoč malom broju godina, relativno malom ako se uspoređujem sa blizu stogodišnjim cilindraškim akademicima, pedeset i koja mi je tek, a imam jedan rat iza sebe, propast jedne i stvaranje druge države, obavezno, nedragovoljno služenje u jugo armiji i dragovoljno ratovanje u Hrvatskoj vojsci, imam grijeha i padova za osam života, a materijalno nemam ništa, vucaram se Amerikom i sve mi se čini kako je ova knjiga moja jedina šansa da nešto kažem svijetu bez obzira na to hoće li taj svijet slušati moje laprdanje ili neće. Žalosno je što je priča o jednom kazalištu zapravo sve što sam uradio za trajanja mog zemaljskog života. Zvuči pretenciozno, ali doista nemam prava na šutnju, ni o sebi, a najmanje o Hrvatskoj. Ne samo ja, svi hrvatski kmetovi moraju ispričati svaki svoj dio hrvatske priče jer domovina to zaslužuje i treba. Šutnja ide na ruku grobarima: ne mogu ih ja, ne možemo ih mi zaustaviti, ali možemo ostaviti u „nasljedstvo” riječ istine, riječ opomene, riječ koja je slika Hrvatske i hrvatstva danas i koja ne smije ostati slika za sutra. Ne smije! Šutnja je bolest. Onomad je Krleža o šutnji rekao: „Kao staro pseto, leži pod plotom, sve vidi i sve zna, ali mu se ne da lajati.” Da. Star sam neovisno o broju godina koje nosim na leđima, star sam i bolestan, iscrpljen, a želja ni snova nemam nikakvih. Na mom obiteljskom stablu, kojeg nastojim srediti dok još mogu, nema zvučnih hrvatskih imena, barem ih ja nisam

pronašao. U laganju sam slab i ne znam kako bi izgledalo kad bih tvrdio kako su moji šukun šukun itd. djedovi u pauzi između dviju tlaka za grofove Celjske snivali Hrvatsku i kako su, onako prljavi i izgladnjeli, mrtvi umorni, zgaženi i isprebijani nadzornikovim korbačem lijegali na trule slamarice u blatnjavim zadimljenim izbama i ronili suzu za suzom zbog napaćene im Hrvatske i bijede u kojoj žive preuzvišeni im grofovi i biskupi... Ne mogu to. Kao što znam da ne smijem šutjeti čak i ako je moja priča cukervaser! Nisam augur, ali ipak moguće može biti nemoguće, pak mislim, možda bi Krleža pristao na čitanje barem jednog odlomka ove „knjige" bez obzira na moju nepismenost i ogromnu količinu gluposti u tekstu. Uostalom, kad je riječ o čitanju, Miroslav Krleža je o tome je zapisao i ovo: „Ljudi čitaju kako hoće da čitaju, a ne kako je napisano." Što se, dakako, ne odnosi na njega, sumnjam da je ikad pročitao i jednu riječ drugačije od onog kako je bila napisana, ali to je bio Fritz, to nismo mi i nisam ja. U krajnjoj istini, svaki redak Miroslava Krleže je povijest, svaki njegov proživljeni dan je povijest. Intelektualni kolos koji je drugovao, slagao se i sukobljavao i mirio, ispijao kave i ručavao, dopisivao i prijateljevao s brojnim stvarnim povijesnim veličinama, s ljudima koji su uvelike odredili povijesne tijekove hrvatskih, balkanskih i europskih prostora (dovoljno je jedno ime: Pavle Bastajić - tko zna, razumjeti će, tko ne zna ni Google mu neće pomoći) i otišao je u grob odnijevši sa sobom nebrojene tajne o Hrvatskoj i hrvatstvu, tajne čije bi otkrivanje uništilo mitove i legende na kojima počiva sadašnja 'rvatska država i od čega žive sadašnji bastardi koji je vode. Međutim, možda je i dobro što Fritz nije otkrio svijetu sve što je znao i čemu je svjedočio: humanist, čovjek koji se uzdigao iznad vlastitih političkih uvjerenja i iznad ljudske mizerije i koji nije priznavao kompromis s ljudskom glupošću, Miroslav Krleža, predobro je poznavao hrvatsku istinu da bi je olako prepustio budalama na korištenje.

Živjeti 'rvatstvo trećeg milenija, 'rvactvo nove aristokracije, novog plemstva, živjeti 'rvat-stvo biskupa i plebanuša, živjeti 'rvatstvo odabranih veledomoljuba, nadhrvata, svehrvata, überhrvata znači biti pun k'o brod ili barem kakav brzi veći gliser, znači biti opasno blizu peći državne riznice i posjedovati važnu plavu stranačku iskaznicu i biti srpske četničke krvi, ako već nema druge opcije jer to prolazi kod sadašnjeg anemičnog premijera. Za nešto niže rangirane i one s margina dosega vlasti osigurane su mirovine, stambeno zbrinjavanje i primjerena medicinska skrb, posao u državnoj službi za potomstvo, sinekure u državnim firmama i redovno financiranje neke od malog milijuna braniteljskih i inih udruga, pa brate mili, postavljaj plinske boce na cestu, viči ZDS, ljubi slike poglavnika i svršavaj na Juru i Bobana, radi što hoćeš, ali ne zaboravi glasati za vjerodostojne, za zna se! I sve će biti dobro, a godine idu i tko se još sjeća Rajića, Todorića, Kutle, Vidoševića, Zeca, Ježića, Gucića i desetina drugih koji su od gaća na štapu dogurali do milijunaša, tko pita kako se oboga-tio cijeli niz političara, sudaca i fiškala. Njima valja pribrojiti lokalne šerife, muljatore i kokošare, a svima njima jedno je zajedničko: 'rvatstvo 'rvackih grobara, hrvatstvo grofa i biskupa.

Bivši komunisti, potomci ustaša i četnika, bivši ordinarni kriminalci, bjelosvjetske lijenčine i ništarije koje su se godinama skitale i žicale novac od naših vrijednih iseljenika, popovska žgadija, katolička kaptolska prebendarska mafija i pridruženi popovski banditi iz pravoslavne i ostalih većih crkava (koje imaju ugovore s 'rvatskom državom), bankari, zelenaši i tzv. ulagači (u naravi štakori koji dolaze u Hrvatsku pobrati vrhnje i nestati), svi međusobno povezani po crti konkretnih novčanih interesa, zaštićeni korumpiranim sudstvom i državnim aparatom u službi moćnih posjeduju Hrvatsku u svakom pogledu. Zato je otužno gledati na mrtvo ime nacvrcane šank ustaše kako glumataju oko ZDS, s onih nekoliko kuna mirovine u džepu: Hrvatska Hrvata ne postoji! Problem po pitanju hrvatstva nije samo u današnjem usranom stanju i beznađu. Korijen svega leži u hrvatskoj gluposti čije su silnice omogućile nastanak svega ovoga. Glasačka mašinerija, kupljeni izdajnici iz redova hrvatskih kmetova, grobarsko plemstvo i ona treća vrsta, najgora, oni nečujni, super tihi neprimjetni glasači koji su bili i za Khuena i za Karađorđeviće, koji su pljeskali i Paveliću i Titu, kao i Tuđmanu, Mesiću i Josipoviću, Kolindi i sad Milanoviću, čije je domoljublje uvijek bilo strogo ograničeno na geldtašlin i sigurnost njihovog ganjka i dvorišća, oni nezainteresirani za domoljublje, politički nepismeni Hrvati, uz spomenute snose isključivu odgovornost za propast Hrvatske! Zato što su ugurali u glave novih naraštaja Hrvata da je povijest počela devedesete, čime je od mladog tijela nove Hrvatske i hrvatstva odrezano korijenje i prekinute spone s povijesnim korijenima, a time i s očekivanom budućnosti.

Preneseno na mene, to je ovako: nisam počeo živjeti devedesete, živio sam i prije i svi moji živjeli su mnogo prije „velikih godina”, prije 1945., 1941., 1918., 1868., 1848., 1713. i 1527. i tako dalje... Da, i ako nema stvarnih sjećanja na taj „prije” život, krv u meni pamti, moj DNA pamti, a to je mnogo više i jače od političkog sjećanja nakaza Hrvata-grobara. Živjelo se stoljećima. Moju obitelj nikad nitko nije pitao žele li prvu Jugoslaviju i srpskoga kralja, nitko ih nije pitao je li endehazija prava država za Hrvate, a najmanje su ih pitali mogu li komunisti zadržati vlast nakon svršetka Drugoga svjetskog rata. Tada živući članovi obitelji glasali su na referendumu 19. svibnja 1991. za samostalnu Hrvatsku, ali ne za ovu i ovakvu 'rvacku, nikako ne za ovu nakaradnu pseudodržavu. I još nešto neobično važno: skoro svi današnji poli-tički prvaci (oni sami, njihovi roditelji, uža i šira rodbina) u svojim obiteljskim pričama imaju bespogo-vornu odanost i služenje svim režimima, od k.u.k. monarhije, preko srpske jugo kraljevine i kvinsliške endehazije do maršalove jugo federacije i nove 'rvatske! Naročiti je naglasak na socijalizmu: bilo kao aktivni dionici, kao članovi Partije, bilo kao nepolitički „poduzetnici” vezani korupcijom s komunjarama i na svaki drugi način bjehu duboko involvirani u socijalizam i kao ljigavi crvi živjeli su dobro. Komoditet i životni standard kakav je, nota bene, mojoj obitelji bio nedostižan, nije narušavalo čak ni slanje ponekih od njih (više u svojstvu kolatelarnih žrtava unutarpartijskih obračuna nego istinskih protivnika komu-nizma) na hlađenje i preodgoj u Staru Gradišku, Lepoglavu ili na Goli otok. Imali su sve što mi sirotinja nismo, jeli su bolje, putovali su više, imali su više novaca nego mi i samim tim i veću slobodu, a onda, kad je došla famozna demokracija, fotošopirali su vlastite biografije i odjenuli livreje žrtava totalitarizma iako im je omraženi režim omogućio sve što jesu, od fakulteta i društvenog statusa, do prijeko potrebnih VIP kontakata u svim dijelovima državne uspravnice, one iste koju će preuzeti „stvarajući” tzv. demokratsku 'rvatsku uz sve potrebne prilagodbe novim-starim vladarima. A to me strašno ljuti! Kad sinovi armijskih oficira, partijskih sekretara, direktora poduzeća, šefova samoposluga i tajnika općina, predsjednika sindi-kata, supovaca i sizovaca, šefova gradilišta i tvorničkih službi sigurnosti, sudskih izvršitelja i urednika lo-kalnih tjednika, a koji su i u osnovnoj i srednoj školi prolazili „lišo”, čiji su sastavi o Titu i NOB-i redovito osvajali prva mjesta i bivali nagrađivani za Dan Repu-blike i Dan armije, koji su studirali sto gladnih godina i koje je čekalo radno mjesto iako nikakvih radnih navika i stručnih kvaliteta (osim poklonjene diplome) imali nisu, dakle, kad su takvi jebivjetri danas oličenje 'rvatstva i više od toga, primjeri i vertikale domoljublja, pojave koje su dezinficirale vlastite životopise, onda ova moja jalova lementacija i ima neki smisao. Ne stidim se ni dana svog života prije rata, nemam zašto. I ne mislim da sam manje Hrvat zato jer ne krijem da sam živio u socijalizmu i da sam pjevao o partizanima i trostrukom narodnom heroju jer jesam. Takvo je bilo vrijeme, takav je bio sustav. Točka.

O tome zborim. Bljuje mi se pri samoj pomisli na spomenute trolove, na velike 'rvatine, komunističku kopilad. I ne samo komunističku već, skupa s njima, na srpsku i ustašku. Da, upravo tako: u Lijepu našu doplazila je cijela vojska fačuka ustaških kukavica, izroda ljudi koji su četiri godine odano služili Hitlera i Musolinija i koji su svojom službom nacistima i fašistima nanijeli najveću povijesnu ljagu Hrvatskoj ikada. Rekao sam ranije i ponavljam: za mene razlike između komunista i ustaša nema, i jedni i drugi su zgazili hrvatskog kmeta i jedni i drugi gaze ga i danas, pod drugim simbolima i u drugačijem političkom ozračju, ali scenografija kostimografija i tako ne mijenja činjenicu da je Hrvat-mrtvac i danas, u demokra-ciji i EU i NATO-u ponižen i uništen premda se sam izborio za svoju državu! Pomiješani komunističko-ustaški šljam (i sve njihove inačice), uz maksimalnu potporu neideoloških Hrvata, one znane „treće”, poli-tički pasivne i neutralne grupacije uspio je što nije uspjelo nijednoj stranoj dinastiji s Hrvatskom, ni Arpadovićima ni Anžuvincima, ni Luksemburžanima ni Jagelovićima, ni Habsburzima ni Karađor-đevićima, a osobito nije pošlo za rukom budali fiškalu Paveliću i bravaru bonivanu Brozu: oteti Hrvatsku, opljačkati je do kosti, podjarmiti stranim vladarima (bankama, EU, velikim kompanijama, Bruxellesu, Beču, Londonu, Parizu, Washingtonu, MMF, čak i Moskvi etc.) i još privoliti hrvatski narod da im plješće i da za njih opetovano glasa iz izbora u izbore, sve isto, legalno, legitimno i politički genijalno! Hrvatski je kmet podigao kuku i motiku 1573., kad mu je grofovska i biskupska guzica otela i posljednji zalogaj kruha, a nekoliko stoljeća kasnije potomci Ambroza Gupca ne da ne dižu bunu zbog istog razloga i još goreg stanja, nego nagrađuju svoje tlačitelje sve novim mandatima i sve većim ovlastima u vladanju! I tko je onda lud, tko je Hrvat, ja ili ova grobarska izdajnička bagra?! Nisam zaboravio: srbočetničku trofaznu žgadiju, pravoslavne picajzle koji su živjeli k'o bubreg u loju u socijalizmu, a ni danas im nije loše, osobito onima iz te kamarile koji drže ljestve vladi i hadezeovskim zločincima. Našla krpa zakrpu, lažni Hrvati i velikosrpski mrzitelji Hrvatske, kombinacija za deset!

Nemam ni zrno empatije za tu bagru i ne priznajem im da su veći Hrvati od mene. Hrvatstvo hrvatskoga grofa i biskupa, 'rvatstvo komunističko-ustaške bande, 'rvatstvo srbočetnika nije moje hrvatstvo, nije hrvatstvo Hrvata-mrtavaca! Mogu me smatrati nehrvatskim antropoidom zalutalim među čistokrvne kamenjarske krv-i-zemlja 'rvate, ali to me ne dira, ni najmanje! Proklamirano antijugoslavenstvo, antikomunistička histerija, anti-srpstvo svih koje sam vrlo jasno opisao nije ni antijugoslavenstvo, nije antikomunizam, a najmanje je anti-srpstvo, ma kakvi, sve je to igra riječi, glumatanje na razini seoskog amaterskog kazališta, sve je to loš vic. Ništa to nije. Kad krčmarska filozofija „pliz, plati mi cugu" propadne na neočekivanom odgovoru „odjebi, pla-ti si sam", dijalog se mijenja, koerografija se također mijenja i tražitelj gemišta ili nula-tri pelinkovca se preo-bražava u napadača, u neprijatelja i nasrće na svog nesuđenog dobrotvora. Tako je i u Hrvatskoj, samo s drugim predznacima i drugim apostrofima. Ulogu molitelja igra država, a „dragovoljni platitelj" je kmet. Kmet daje i daje, otima mu se i otima, pa kad sve dođe do točke pucanja i jadnik nema više ni gaća ni poderanih čarapa, molitelj-država umjesto zahvale, udara još jače, mrcvari bez milosti, živog zakapa u blatnjavu ilovaču. I za taj zločin očekuje nagradu, aureolu svetosti.

Reći ću to ovako: primjera je bezbroj. Tek jedan, koji mi je razbio iluzije o hrvatstvu jednog vrlo popu-larnog dijela hrvatskih političkih svetaca, proljećara. Naime, posljednjih tridesetak godina, koliko nam živi 'rvacka trula medijevalna demokracija, buntovnici iz slavnog doba 1968/72.-ge zauzeli su počasna mjesta na povijesnoj piramidi viteških boraca za Hrvatsku i premda nisu uslijed godina starosti, vlastite nesposobnosti prilagođavanja novonastaloj situaciji, kao i zbog grozne taštine (smatrajući se posebnim i iznimnim, u želji zauzimanja najviših i vrlo utjecajnih pozicija moći u neovisnoj Hrvatskoj, smetnuli su s uma da je drugo vrijeme i da vrijede brutalnija pravila igre, te su jednostavno politički izmasakrirani i bačeni prvo na margine hrvatske politike, a potom i na smetlište povijesti, gdje trunu kao i sav ostali 'rvat-ski povijesni gnoj) dublje ušli u kloaku moderne 'rvatske, a ako se govori o ondašnjoj hrvatskoj političkoj vladajućoj garnituri, o ljudima sa željom preuzimanja centara odlučivanja u federaciji (reformisti, malo morgen), točnije, koji su htjeli iz fotelja izbaciti stare kadrove, da bi sami zasjeli u te iste fotelje ne stre-peći od smjena i ometanja. Naime što, unutarpartijski obračuni u SKJ nikada mi nisu izgledali osobito zanimljivi, sve je to bila borba za vlast i novac, a ideološke potke ne bjehu ništa više od loše dimne za-vjese. I tako, kao ne baš osobiti zaljubljenik u prolječare, definitvno sam ih skinuo sa svoje liste hrvatskih Hrvata nakon što sam odgledao nekoliko epizoda dokumentarne serije o „Hrvatskom proljeću" koja je emitirana na HRT početkom devedesetih (u sklopu razgradnje svega što je imalo ikakve veze sa socija-lizmom). U jednoj od epizoda te inače do zla boga dosadne serije prikazano je sasvim autentično ozračje hrvatovanja dotičnih proljećara: šljam, pijandure, birtijaški 'rvati, nažderana bagaža alkosa, ništa više od toga! Crno bijela snimka otkrila je više od ijedne knjige i ijednog recentnog svjedočenja ondašnjih politič-kih aktera. Scena: neka zagrebačka birtija, nekoliko spojenih stolova prekrivenih kariranim stolnjacima. Gomila proljećarskih super 'rvatskih mozgova sjedi oko stola, a stol je prenatrpan tipičnim krčmarskim resursima potrebnim za 'rvatovanje: boce vina, piva, vode, „badel" mirogojčeka, pelinkovca, svega i svačega, pepeljare pune opušaka, upaljači i kutije cigareta, uglavnom meka pakiranja, tanjuri s „malo za pod zub", primjerci „Vjesnika" i mnogo čaša. Oko stola sjede eminentni proljećari, studentski vođe i nji-hovi stariji mentori, profesori, književnici, svi vidljivo pijani. Kroz snimku se može osjetiti zadah alkohola, smrad cigaretnog dima i znoja. Galama je nepodnošljiva, grize oči, nekoliko ih govori istovre-meno, a dvojica stoje i oštro gestikuliraju, pije se, viče, pije se i puši. Borba za 'rvatsku u punom je za-mahu, dolje partija i crvena zvijezda petokraka, živjela demokracija. U boj, u boj!

Vidi čuda, pijana rulja, uz konjak, vinski kiseliš, u dimu „Opatije", „Kenta", „Camela" i „Drine", uz sir i suhe kobasice, u pijanstvu, u urlanju, kod gemišta i piva, mnogo gemišta, mnogo piva i konjak, 'rvatuje se i sniva 'rvacka, psuju komunisti (u rukavicama, jasno): ova se banda pijanaca sprema preuzeti vlast od po piću i pijanstvu slične bande? To da ljudi piju nije grijeh, ali da se sudbina naroda, njegova sloboda i budućnost gradi u krčmi, u smradu čučavca i da se takav „krčmarski temelj” s okusom „mirogojčeka” stavlja u povijesne knjige kao nešto čemu se treba klanjati, to je ipak previše perverzno čak i za hrvatske prilike. Ne kažem, grofovi i biskupi oduvijek su donosili odluke, skidali glave, nabijali ljude na kolac i otimali kruh hrvatskom kmetu mrtvi pijani, masnih obraza i prljavih ruku, uz vino i rakiju, ali ako se već ističe hrvatska povijesna veličina, trebalo bi imati minimum pristojnosti i biti dovoljno trijezan kad se predstavljate narodu kao njegovi spasitelji! Dobro, nisam antialkoholni histerik, godinama sam se opijao i oblokavao do besvijesti, tisuće puta ujutro nisam znao što sam činio prethodne večeri i noći, ali to sam bio ja, nitko i ništa, mrtvo pijani odoraš, uniformirani alkos i moje odluke nisu štetile nikome osim meni samom, a onda, uz mene nisu pile nikakve intelektualne 'rvatske vertikale i moralni uzori, nisam trusio „stock” u društvu narodnih tribuna i budućih vođa moderne moćne 'rvatske, vazala EU-a, nego s jednakim i sličnim sebi, s onima o kojima se nikad knjige ne pišu i dokumetarci kao homage ne snimaju. Pijanstvo je kulturni pečat nas hrvatskih kmetova: u vinu, u rakiji, u pelinkovcu i pivu imamo sve što nemamo i sve što želimo, a imati nikad nećemo, opijanje je stil postojanja, a delirijum tremens se smatra normalnim životnim stanjem i nitko od nas koji smo ostavili život za šankom ne drži trijeznost boljim ili pijanstvo lošim, sve se to uzima samo kao stanje fakta, poput rose u podne. Međutim, ovdje se nije radilo o anonimusima bez utjecaja na tuđe egzistencije, već o onima koji će kao sutra, odnosno u dvedesetima odigrati presudne uloge u kreiranju hrvatske države koja je, kako se danas vidi, sve samo ne država hrvatskog čovjeka. Dakle, ponovila se Krležina „Pijana noć”, s novim glumcima i u drugačijim okolnostima, ali poanta je ostala ista: hrvatskom sudbinom upravljali su i upravljaju umobolni pijani lajavci, sitni politički kokošari velikih ambicija i malih mozgova. Uzalud im doktorske titule, zavidan broj objavljenih znanstvenih radova i visoki status u akademskoj zajednici, ništa im ne znači to birtijaško 'rvatovanje uz konjak i gemište, a njihove uzničke godine i zatvorski staž iz jugo kazamata mogu si staviti na šašir i objesiti o klin: ako su morali spavati u lepoglavskom zatvoru jer su frfljali o 'rvatstvu uz domaće ljute i prgice i sve to zalijevali špricerima i gemištima, neka ih, nema pijanca koji ponekad ne svrši u zatvoru na triježnjenju, ali za razliku od ovih nadhrvata, normalan hrvatski alkos ne očekuje za to medalju za domoljublje. Haha, „zabrana javnog djelovanja”, „oduzimanje putovnice” i slični standardno dosadni opisi životnih stanja proljećara idu mi godinama na živce: zašto bi, za koga vraga, netko trebao imati, pravo na javno djelovanje” i zašto bi to javno djelovanje moralo biti ili jest baš toliko važno za hrvatske ljude? Milijuni Hrvata-mrtvaca ne dožive da se njihova riječ uopće čuje na šalterima i u državnim uredima, gdje moljakaju za svoja zakonska prava, milijuni kmetova prolaze kroz živote spuštenih glava, s jednim jedinim pravom, biti kuš, plačati poreze i služiti vojsku, ginuti u ratu! Poslije gledanja tog dokumentarca i ono malo simpatije prema tzv. 'rvatskim domoljubima proljećarima je nestalo, a kad su, još tijekom rata, otpočeli s naplatom svog domoljublja, u meni je ostalo samo gađenje prema toj vrsti 'rvatstva. Realno, nisam se trebao čuditi jer kako tko pobijedi na izborima, tako si debelo nadoknadi izgubljenu dobit iz vremena kad je bio opozicija i to je 'rvacko pravilo jače i od Ustava RH!

Slušati „eminentne” intelektualce i znanstvenike, domoljube s pedigreom „komunističkih uznika” kako u ekstazi rušenja socijalizma, ponovno pijani i ponovno u svom dobro znanom birtijaškom elementu (s bitnom razlikom, sada s pozicije moći vlasti) dociraju glupom puku, neobrazovanoj masi naroda o „ostvarenju tisućljetnog sna Hrvata” (i sve to u ditirambima, u vrhunaravnim poetskim eskapadama, u transu), a za što su i sami dali svoj nemali doprinos gubeći zdravlje u komunističkim zatvorskim čelijama, jedući neukusan crvljivi grah i karta-jući „belu” u nedogled imalo je neki svoj smisao u ratnom ozračju, no kasnije se to patetično preseravanje pretvorilo u otrov: jer su znali da će Hrvatske biti, oni su rušili Jugoslaviju kad nitko drugi to nije ni pomišljao, oni su demonstrirali i pisali pamflete, prosvjedovali su protiv partije i maršala jer oni su bili 'rvati i znali su što je 'rvatska, u njima je tekla i teče krv vitezova s Krbavskog polja, oni baštine tradiciju svjedoka krunjenja na Gosposvetskom polju i oni su odlučno ustali protiv terora crvene zvijezde petokrake i sad nakon dvadeset godina, hvala Bogu i majci Božjoj, Kraljici Hrvata, dočekali su ispunjenje svojih molitvi (za koje su robijali). Lijepo za naivne i glupe, ne za mene. Ako se 'rvatstvo dokazuje i hrabrost za to hrvatstvo uzima iz boca „Badel brandya”, „Hennesya”, „Remy Martina”, „Rajnskog rizlinga”, „Šipona” i sličnih aditiva junaštva, onda sam i ja super'rvat, onda i meni i mojim kolegama i prijateljima pripada časni epitet 'rvatskog domoljubnog diva jer znam, što se tiče mog opijanja, da su svi prolječari zajedno, „kaj bi rekli o tome kulike šteri more spiti", amateri, pijanci počet-nici!

Ipak, poradi razumijevanja teksta, ovdje ne govorim o stvarnim žrtvama komunizma, o tisućama likvidiranih, o mučenima i smaknutima bez suda i bez pravde (kao moj prastric i mnogi drugi), ovdje se radi o bivšim pripadnicima onog istog komunističkog miljea koji su uslijed dosade i dobrog života s benefitima sustava (neki su studirali deset godina) pronašli zabavnu zanimaciju u 'rvatovanju, u materijaliziranju filozofskog nacionalizma, u 'rvackom mlaćenju prazne slame. Ne pišem sada i ne govorim o masovnim grobnicama i odredima smrti, o trinaestom bataljonu i hrvatskoj krvi koja je tekla godinama nakon 1945., ne, ovdje pričam o spodobama koje svoj domoljubni zanos nisu iskazivale na bojnom polju ni u stvarnoj borbi za hrvatskog kmeta nego u birtiji, za šankom, kod kave i rakije, u klijetima s vrčom tuduma i odrezanim komadom sušene šunke u ruci. O tome govorim. I o naplati takvog 'rvatstva od devedesetih do danas. Glupo, kao da svi mi Hrvati-mrtvaci nismo, svaki na svoj način, svaka obitelj u nekom obliku bili stradalnici komunizma i kao da i mi ne zaslužujemo naknadu za pretrpljenu patnju?! Haha, šalim se, hrvatstvo hrvatskog kmeta ne poznaje pojam naplate ljubavi prema domovini. Na kraju, zbog novih generacija kojima su „hrvatsko proljeće" (ali i sva ostala, po ljubljenu nam Hrvatsku „presudna" razdoblja, uključivo i Domovinski rat) samo dosadne lekcije iz nastave povijesti, ovo ne smijem zaboraviti: Hrvatska nije Hrvatska ako je bilo kakva, Hrvatska ne može biti Hrvatska ako nije socijalno, pravno, ekonomski i na svaki način uređena država i Hrvatska nije Hrvatska ako je u lancima povijesnih mitova i legendi. Hrvatska nije Hrvatska sve dok se službeno, jednom zauvijek ne završe svi dosadašnji ratovi! Točka. Proljećari, djeca i unuci ustaških pobjeglica, kukavica koji su 1945. kao štakori koji napuštaju brod koji tone pobjegli prepustivši Hrvatsku hordama crvene žgadije, emigrantski šljam, komunistički konvertiti i ordinarni kriminalci u kravatama, beskrupulozni prevaranti u skupim krpicama sa značkom hrvatske zastave u reveru sakoa, politički transvestiti i političke kurve, šverceri i najmizerniji kradljivci veša sa štrika, sajamski šibicari i plebanuški pervertiti, svi nabrojeni i svi nenabrojeni opravdavaju današnje stanje golootočkim stradanjima, što je nebuloza i svinjarija prve vrste! Umjesto okretanja budućnosti, opetovano su domovinu gurnuli u glib prošlosti, s naplatom. (Kad spominjem Goli otok, evo nekoliko službenih brojki: u razdoblju od 1948. do 1956., dakle u vremenu najbrutalnijeg obračuna maršala i partije s neistomišljenicima nakon rezolucije Inforbiroa, u zatvoru Goli otok je po osnovi tzv. zločina podržavanja rezolucije Inforbiroa bilo zatočeno oko šesnaest tisuća logoraša, a preminulo ih je, oficijelno, 413. Ovo spominjem zbog potrebe razlučivanja dva vremenska odsjeka ovog zloglasnog kazamata, onog čisto infobiroovskog i tzv. običnog zatvora, od 1956. do 1988., kad je zatvor zatvoren. Neosporna je činjenica da su za-tvorenici u prvom razdoblju bili protuzakonito zatočeni, često bez ikakve valjane sudske presude, mnogi bjehu posve nevini, a drugi su bili žrtve partijskih unutarnjih sukoba, no jednako tako treba biti pošten i reći da su mnogi od političkih zatvorenika na Golom otoku bili zadrti staljinisti, fanovi druga Staljina i odani Kominterni. Na primjer, cijelo rukovodstvo OZNE Bosne i Hercegovine otkazalo je poslušnost Jugoslaviji i Titu i podržalo Informbiro, a među prvim uhićenicima bilo je podosta generala, visokih partijskih i državnih dužnosnika, narodnih heroja, nositelja Spomenice 1941., a svima je bila zajednička odanost sovjetskome vođi. To je istina. Što me vodi do mog zaključka: fućka mi se za žrtve Inforbiroa, dapače, sretan sam zbog međusobnog klanja komunjara. Kad su u svibnju 1945. partizani ušli u Varaždin, stradala je i moja obitelj. Bez suđenja, bez pravde. Mog su djeda poslali na Križni put iako za cijelo vrijeme rata nije bio nego ono što je bio, šnajder, civil, obiteljski čovjek, apolitičan i uzoran građanin. I sad bih trebao pokazati pijetet prema komunistima koji su likvidirani od ruke komunista? Nikad! Neka su se međusobno klali, drugo nisu ni zaslužili. Točka. Osim toga, istine radi, srbende smatraju Goli otok simbolom anti-srpstva, što je zapravo istina jer lista ubijenih to zorno otkriva: na tom je otoku najviše ubijeno upravo Srba! Primjer: među prvim žrtvama obračuna s informbiroovcima bili su neki od najviših oficira tadašnje armije. Načelnik Vrhovnog štaba general pukovnik Arso Jovanić i oficiri armijske političke Uprave, a generalmajor Branko Petričević i pukovnik Vlado Dapčević čak su pokušali pobjeći u Rumunjsku, ali nisu uspjeli. A kad sam kod golootočkih brojki, evo još nekih: najviše je stradalo Srba, 44 %, zatim Crnogoraca, 21.5%, a tek potom Hrvata, 16%. Postojale su dvije „vrste" logoraša u vremenu 1948.-56: prva grupa, civili, partijski dužnosnici, službenici države i ostali kojima nije suđeno nego su upućivani na „društveno koristan rad", te druga grupa, vojne osobe, kojima su sudili vojni sudovi. Nevinim žrtvama minuta šutnje. Ostalima ništa. Zašto? Pitanje je bili itko stradao i kako bi se inforbiroovci ponašali spram hrvatskog naroda da nije bilo famozne rezolucije i sukoba Tito-Staljin. Ili da je maršal likvidiran, a oni da su preuzeli vlast. Siguran sam da bi se stostruko povećao broj ubijenih Hrvata i da bi dotični komunisti svjesno odvodili Hrvate u smrt. I to je jedna od kontradiktornih stvari hrvatske stvarnosti: danas svijeće na Golom otoku pali rodbina onih koje su komunisti smaknuli, kojima je vlast crvene zvijezde nacionalizirala imovinu poslije 1945. i pri tom iskazivanju pijeteta uopće ne razmišljaju kako su informbirooovci bili staljinisti, tvrdolinijaški komunisti koji su zapovijedali bataljonima smrti, koji su njihove obitelji tjerali iz njihovih domova i koji su, stjecajem okolnosti, postali „žrtve" vlastite partije! (Podatke sam preuzeo iz raznih javnih izvora, sa službenih stranica Matice Hrvatske, a ponešto i iz knjige Martina Previšića „Povijest Golog otoka", Izdavač: „Fraktura", Zagreb, 2019.,)

Hrvatski proljećari, endehazijski nostalgičari utjelovljeni u političkoj emigraciji, bivši komunisti i sve podvrste crvenih crva, srbočetnička kopilad i njihove inačice, svakovrsna lopovska ološ i katolički kler, ostale crkve i popovska gamad drugih denominacija, tajkunska gamad stvorena za vladavine ex-general majora jenea Tuđmana i metastazirala nakon dvije tisućite, bankari, fiškalska mafija, liječnički lobi, akademska oligarhija, sportski gangsteri, glasačka mašinerija sastavljena od stotina tisuća tzv branitelja (ne ratnih veterana, iako se i o tome može zboriti), gomila slugana kupljenih posebnim mirovinama i sinekurama, kućevlasnici i financijaši i svi koje sam već spomenuo su u postroju krvožednih kanibala hrvatske politike i države i svi žive na mesu hrvatskoga kmeta. Jalovi izgovor: nikakva banda, radi se o srednjem sloju, o midlgrađanstvu koje je nasušno potrebno 'rvatskome društvu. (Midlgrađani, to su naročite zvijeri, onima na vrhu nisu ni blizu, a za one na dnu su previsoko i predaleko. Midlklasa je neka vrsta novodobnih šljivara: pravi 'rvacki neoaristokrati ih ne žele blizu sebe i ne priznaju im plemstvo, a oni dolje, kmetovi, Hrvati-mrtvaci ih preziru i odbacuju kao kužne. Zato kukaju i nariču zbog svoje nesreće jer im opljačkana 'rvatska nije dovoljno dobra za razvijanje talenata i iskorištenje bogomdanih im potencijala. Što se mene tiče, ne žalim ih: njihove jutarnje šetnje i subotnji odlasci na plac, posjete kazalištu i redovna polugodišnja rehabilitacija u toplicama, popodnevne kave i obiteljski vikendi u goricama, pretplate na novine i kupovina knjiga, njihove uredna štednja za stare dane i nazivanja znanih i neznanih poradi upisa unuka na medicinu ili pravo, pa zakupljena mjesta na nogometnom stadionu, loža dakako, uhodan vjernički život i prijateljevanje sa župnikom i monsinjorom, nedjeljna misa i za blagdane po špranci svakako, tjedno ako ima vremena, blagoslov kuća također, milodari u škrabicu i plaćanje misa zadušnica za drage pokojne, beskonačne rasprave o politici i umjetnosti, o glazbi i o izborima, planiranje svega najmanje šest mjeseci unaprijed i obavezno kemijsko čišćenje odjeće i tepiha, uglavnom svi njihovi pristojni životi, potpuno neosjetljivi na krv i smrt tisuća, njihova filozofija „to me se nimalo ne tiče, to nije moja briga" egzistencije, njihovo principijelno protivljenje bilo kojoj vrsti nasilja jer to zabranjuje dosegnuti stupanj razvoja ljudske civilizacije i s tim vezano mirotvorstvo i humanitarni rad, ako se nađe vremena. Suport Domovinskom ratu, to je normalno, zar ne, taj Domovinski rat, kao domoljubi, 'vati, patriote u krajnjoj liniji, podržavati branitelje i osobno sudjelovati, ako je prilika, možda kao vratar na atomskom skloništu, kurir koji raznosi pozive za mobilizaciju, tako nešto korisno i hvale vrijedno, a to će jednog dana biti naplativo, jasno. Potom, njihova stoljećima građena distanca od svega lošeg, od prostakluka i primitivizma, isključivo svrhoviti rad i održavanje tjelesne i umne kondicije, bez dileme, dakako, ma sve što jesu i sve što nisu ti stupovi 'rvackog društva, znana srednja klasa, sve je to još jedna velika hrpa govana. Ne žalim ako su u problemima, zašto bih, nije moj problem njihov problem i nisu njihove gluposti moje gluposti, kao što oni nisu brinuli o mom praznom trbuhu i ulkusu.

Ne bih napisao ni jedno slovo o svima njima da isti, bez moje privole, ne utječu na moj život desetljećima, još od mog rođenja. Ovu scenu bih izostavio, ne bi ni bila u mom planu pisanja da nema jedne sitnice: poštovana gospoda i cijenjene dame iz prethodnog odlomka uporno me proganjaju i svojim nebitnim životima uvelike određuju moje postojanje na ovom planetu. Blebećem li ja ili ne, to je činjenica: njihovo operetno 'rvatstvo, njihovi statusi u društvu, njihove biografije i obiteljske grobnice, njihova naslikavanja s facama i vješanja fotografija u kičastim okvirima na zidu hodnika, odmah poslije ulaznih vrata u kuću i njihova savršeno izglačana odijela za gospodu i perfektno sašivene elegantne haljine dama, sve me to prati cijeli moj život u jednoj prilično nervoznoj utrci s mojim vremenom, ne njihovim. Njihova je egzistencija za 'rvatsku bitna, moja nije. Oni 'rvatsku 'rvacku imaju, ja je nemam. Ja sam za Hrvatsku ratovao, njima to nije padalo na pamet. Njihova krivca se ne odnosi na moju osobnu odgovornost za sve gluposti koje sam svojom voljom odradio tijekom godina, o ne, njihova je krivica za moje stanje u proizvodnji okruženja, atmosfere i uvjeta u kojima sam živio u Hrvatskoj. Slika njihovih priča uzima se kao uzor, primjer „normalnosti" standarda hrvatskih ljudi, a mittelklasa je postavljena na vrh vrhova društvene ljestvice kao nesrušivi dokaz snage uljuđene ljudske zajednice, življenja u spokoju i skladu uravnotežene obiteljske idile, što god da to jest. Moja slika je primjer devijacije po svim elementima njihovog pogleda na svijet. Croatian family life in the splendor of the centuries-old civilized life of Croats, based on the highest values of the Catholic faith. Ili nešto u tom smislu. Ja sam otpadnik, trula jabuka u košari zdravih plodova i stoga je moja eliminacija pitanje opstojnosti sustava, nikako diskriminacija. Klajnbiregorvski pogled na svijet, taj starodrevni k.u.k. medijevalni ples dojučerašnjih habsburških slugu evoluirao je u posljednjih tridesetak godina iz zastarjele primitivne hopa-cupa zabave u proeuropski, konzervativnoliberalno-demokršćanski strahotno zapaljiv ples na štangi, sve uz umetanje banknota u gačice prilično ocvalih plesača i plesačica. Hm, najbolje je upotrijebiti plastične primjere, pa evo: potonje pojave će iz svoje duboke dobrohotnosti uplatiti sto kuna S.O.S dječjem selu, nazvati će jedan od telefonskih brojeva za donaciju od 5 kuna plus PDV za neku humanitarnu svrhu, ali udomiti nezbrinuto bolesno dijete neće čak i da žele dijete, a ne mogu ga dobiti prirodnim putem. Oni će vrlo rado kupiti ulaznice za koncert s humanim predznakom, ali će s istom strašću prosvjedovati protiv odluke da Hrvatska primi emigrante iz ratom pogođene Sirije ili Iraka (jer, za Boga miloga, normalno je da ne dopustimo dolazak militanata koji žele uništiti naš način života). Oni će mrtvi hladni potpisati peticiju i zahtjev za referendum protiv LGBT brakova u dubokom uvjerenju da smrtnik ne smije narušavati Božji red na zemlji, ali će u tmini noći, iza spuštenih zavjesa, solo ili u paru, sliniti gledajući pornhub. Oni su principijelno za ljudska i građanska prava jer su srednja građanska klasa, ali ni pod prijetnjama „smrću" neće pristati dati svoj glas za uvođenje tzv. trećeg spola i izjednačavanje transrodnih osoba s normalnima, to jest, s njima dokazano normalnim. Kako su maksimalno uljuđeni protivnici nasilja, naravna stvar je da su pro foro externo za zaštitu majki i djeteta i uvođenje oštre zakonske regulative u smislu kažnjavanja obiteljskih nasilnika, ali neće, nikada i nikako, iz istih moralnih uvjerenja prijaviti policiji i inim službama susjeda, jednog notornog divljaka koji svakodnevno mlati ženu i djecu već godinama jer, „ma kaj god, gospon Jura je fini čovek, vredni majstor na mestu, obrtnik, bogat je, njegovi imaju obrt pet generacija, kaj bi bil nasilnik, to je jal ljudski, znamo mi to, to oni dotepenci pripovedaju, prokleti bili, olajavati takšnog čoveka, pa je Jurek v župnome viječu, i dobrotvor je kak se spada, a kulike je on ljudi pomogel ni ministarstvo sociale neje, kaj pripovedate, ne verujemo mi to ništ!" Nije susjed mlatio ženu, ne tuče on nikoga, njegova je gospođa prilično rastrojena žena, u godinama, boležljiva, bi rekli, „vleče na živce, i kad ide z dućana se spotakne, dogaja se to i padne niz štenge, na ledu se sruši, i kad ide na tavan po klobase padne s lojtre, je, kaj se more, nisme svi alpinisti". To je srednja klasa i srednjeklasno 'rvatstvo. Svi koji nisu po tom mjerilu, nisu dobri 'rvati! Haha, u rubrici „obični", a ako se tome pridoda 'rvatstvo grobara tipa ZDS, tek je onda sranje, tek onda nisam dobar 'rvat! Hrvatstvo 'rvackih 'rvatina u nekoliko nijansi, a sve glupe i ružne, što me u kompletu nemilosrdno šiba od 1968. do danas, pardon, koje me je šibalo do 2017. i odlaska u Ameriku. Srećom, ne mogu mi više ništa, ne ovdje.

U socijalizmu sam imao gladnih dana. U novorođenoj Hrvatskoj imao sam gladnih dana. U socijalizmu sam hodao u poderanim cipelama. U demokratskoj Hrvatskoj nosio sam poderane cipele. Govno je govno, socijalističko ili demokratsko, isto sranje, drugo pakiranje.

Gladovao sam, imao izraubane cipele, bilo je razdoblja kad nisam imao posao i kad sam se ubijao od obaveza. Pio sam, lumpovao, trošio novac, obilazio bezbroj državnih ureda i moljakao za pomoć. Koračao sam ulicama trudeći se biti nevidljiv u sramoti teškog siromaštva i beskućništva. Jeo sam obilno i bez reda, dragovoljno sam davao krv za topli obrok. Spavao sam na udobnom krevetu i mučio se zaspati na kavaletu, spavao sam u toploj sobi i spavao sam u štali, sa svinjama i ovcama. Bio sam sretan i nesretan, radostan i tužan. Rodio sam se, odrastao i živio, dobro i loše, pametno, većinu vremena glupo. Družio se s mnogim ljudima i bježao od svijeta, imao kolege, poznanike i prijatelje. Tjerao sam izdajnike i prevarante od sebe. Zaljubljivao se i odljubljivao, volio i čeznuo. Gubio se u razočarenju i tražio u jalovim nadama. Lutao noćima i lutao danima. Uglavnom, živio sam. Pedeset i tri godine živim svoje hrvatstvo i u tome je hrvatstvu i vrijeme jugoslavenstva. Ne bježim od istine, ta rođen sam u bivšoj državi i premda na njenom zalasku, još uvijek sam morao učiti i činiti što su djeca u Jugoslaviji činila: i pioniri i omladina i ne... Zar sam zato manje Hrvat? Ne vjerujem. Dapače, neskromno držim da sam hrvatskiji od svih Hrvata-grobara i njihovih apologeta i adepta. Kad bih se upustio u prepravljanje svoje biografije i pokušao izbrisati jugoslavenski dio, poplju-vao bih sebe i svoje kmetsko hrvatstvo! Izdao bih sebe i Hrvatsku. Svašta sam, ovakav i onakav, nervozan i ružan, neobrazovan i često nepodnošljivo eksplozivan, neuračunljiv, ali izdajnik nisam!

Moj problem s 'rvactvom grobarskog tipa je u tome što se oni, grobari i ja ne možemo pomiriti ni na koji način. Krleža je odlično poentirao kazavši kako se „ne može pomiriti hrvatstvo hrvatskoga kmeta sa hrvatstvom hrvatskoga grofa". Nemoguća misija, jednostavno ne ide. Hrvatska u kojoj sam rođen, u kojoj sam odrastao, školovao se i živio, za koju sam ratovao je Hrvatska hrvatskog kmeta, hrvatske sirotinje, Hrvata-mrtvaca, kakav sam i sam. Ne priznajem hrvatstvo grobara, prodanih duša, slugu tuđina, kukavica, dezertera i lažljivaca, ne priznajem kao svoje hrvatstvo kaptolskih i prebendarskih guzica čija se ljubav prema Domovini s velikim „D" sasvim konkretno mjeri s najmanje sto milijuna eura na tajnom računu u Vatikanskoj banci! To nije moje hrvatstvo, prije bih se odrekao hrvatstva nego prihvatio laž za domoljublje!

Problem između grobara i mene je što su oni „pravi" 'rvati, a ja to nisam. Oni imaju pradjedove koji su negdje u vukojebini, na tromeđi Venecije, Turskog carstva i Habsburške Monarhije, u kamenoj zadimljenoj rupi, ležeći na ovčjem gnoju pjevali „Vilu Velbita" (iako ta pjesma tada još nije bila napisana ni skladana), a između bježanja od aginih konjanika, mletačkih oružnika i habsburških žbira (vidi ti glupih država, nijedna nije voljela varalice, švercere i konjokradice) stigli su učiti musavo potomstvo o vjeri tvrdoj, oku sokolovu i pesnici čvrstoj, što je sve na braniku Krista, u obrani Majke Crkve i svete 'rvacke! Ja takve dične pradjedove nemam, odnosno ne znam je li koji od njih spada među njih. A da su ginuli pod austrijskim i mađarskim zastavama za bečke i peštanske incestuozne ubojice, to je istina, samo što se ja tom istinom ne ponosim. Ne može se normalan Hrvat ponositi time da su mu preci slani u besmislene ratove za tuđina i da bjehu roblje u vlastitoj Hrvatskoj.

Potom sam odletio tisućama milja dalje od Hrvatske, u Ameriku, gdje nisam izgubio hrvatstvo nego naprotiv, svakim danom moja ljubav prema domovini jača i svakim sam danom sve više za nju vezan. Evo i zašto: nemam računa, ne ovisim o volji Hrvata-grobara. Mogu voljeti svoju Hrvatsku istinski, potpuno, bez straha i otvoreno.

U Americi sam potpuni Hrvat-mrtvac, nosim i živim hrvatstvo hrvatskog kmeta i sretan sam. Mrtvac je, doduše, mrtvac, bio živ ili mrtav, stanje se ne mijenja, ali hrvatstvo hrvatskog kmeta, ono duboko neglumljeno i nenaplativo je svjetlo za Hrvatsku. Koje sad nema.

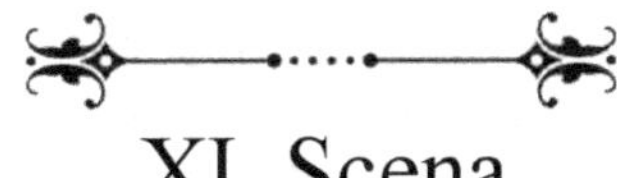

XI. Scena
Obitelj: Ne trebam vaše marke , 1936., i drugo

„ Više se voli ono što se teže dobije. ”

Aristotel

Legenda sobe: 1 = kauč , 2 = ormar i TV, 3 = ulazna vrata sobe, 4 = vrata prema drugoj sobi, 5 = kauč, 6 = regal, 7 = sobni niski stol (jela i piće poslužena na Badnju večer: pohana piletina, pečena svinjetina, francuska salata, kiseli krastavci, pire krumpir, salame, šunka, sir, sitni kolači, makovnjača i orehnjača, keksi, sok „Deit”, vino, mineralna voda, rakija, pivo, voćni sok) 17 = dječji pisači stol, 19 = božična jelka Legenda osoba u sobi: 8 i 9 = mama i tata, 10 i 11 = teta i stric, 12 i 13 = susjeda i susjed I, 14 i 15 = susjeda i susjed II, 16 = prazna stolica

Badnja večer, nedjelja, 24. prosinca 1972. Blagdansko ozračje „nepodobnog" crkvenog blagdana u SFRJ. Dvosoban komforan stan na prvom katu prvog ulaza u zgradu na kbr. 11 b, Ulica Vilka Jureca, Varaždin, pošta 42000, SR Hrvatska.

Suditi voljenima? Nikada, pa ni tada! Zašto? U ime čega? Ništa nije funkcioniralo? Od prvog trenutka stvari su pošle krivo! Cijeli život moje i naše obitelji je niz strašnih padova i svađa, pijanstava i urlanja je mnogo i cijeli taj i takav životni ciklus povlači potrebu za suđenjem jer nije bilo dobro? A gdje je i kome je to bilo dobro? Zar se trebam obrušiti na svoje jer nemamo urednu obiteljsku priču ili zato što nam sve skupa nije gomila nasmiješenih prekrasnih lica u pozlaćenim okvirima? Imam li obavezu, zbog sebe danas, razapeti na pranger oca i majku, djedove i bake, pradjedove i prabake, svu rodbinu jer nismo savršeni?

Ne! Nikada neću izgovoriti riječ „osuđujem" kad pričam o svojoj obitelji! Nije me briga za lijepa sjećanja, drage uspomene i glupe artefakte: u smrt ništa ne nosim, a kad krepam (kao što crkavaju sirotinjske ništarije tisućama godina), moje će ružno majmunoliko tijelo trunuti i ucrviti se kao i tijela svih pristojnih građanskih trolova, voštanih strašila s nobl životopisima i savršenim obiteljskim zaleđem. (Opaska: zemaljska smrt nije kraj, po Gospodu voljom Nebeskog Oca imati ću privilegiju i mogućnost prijeći u vječni život sa svojom vječnom obitelji, ali to tek moram zaslužiti dostojnošću.) Suditi roditeljima i onima prije njih je izdaja vlastite krvi: do trulog pojma „krv" ne držim ni koliko do bečke baletne scene jer ovdje nije riječ o fatamorgani, o narkotiziranju i opijenosti edipovske veze junaka oka sokolova i majčinog utroblja, ovdje se radi o istini! Ja sam što jesam i tko jesam i to da su moji bili što i tko su bili nije odredilo moj karakter niti je opterećujuća činjenica pri (realnoj?) prosudbi vlastite pojave, sve je samo dio priče, opis trenutka, jedna stranica lošeg scenarija bez ikakvih lupetanja i idotskih psiholoških profiliranja moje osobnosti! Naprotiv, svojima ne sudim, a uvjeren sam da me oni nisu osudili niti će mi suditi. Život nije uvijek matematika i dva plus dva su ponekad osam, a ponekad i nula, kako padnu kocke, kako se koja karta otvori. Jedan dan je bilo ovako, drugi dan onako i u uzburkanom oceanu jeftinih rebelskih života nema smisla tražiti žrtve i ubojice, sve ribe su iste, a ako nastradaju, što se tu može, nije bilo sreće, biti će drugi put, a bolje se roditi bez pimpeka nego bez sreće: tko ima sreće i ta stvar će mu narasti.

Roditelji nisu krivi za neuspjehe svoje djece, barem ne u mom slučaju.

Vanjske i unutarnje oklnosti, očekivane i iznenadne, okolnosti prošlosti i okolnosti sadašnjosti, ove i one okolnosti, razumljive i neshvatljive, uzroci i posljedice, sve je to mlaćenje prazne slame, prelijevanje iz šupljeg u prazno (kao i ova predstava), život je kakav jest, ljudi se od pamtivijeka probijaju prtinama sudbine na više ili manje maštovite načine, osobito oni čije su egzistencijalne drame prekrivene koprenom nevažnosti, skrivene ispod debelog sloja anonimnosti i nepostojanja. Sve izvan esencijalnog kruga muž-žena-djeca plus (eventualno) bake i djedovi s obje strane i netko uz njih, to je najčešće sve. Nitko niti brine niti misli, a sve radosti, tragedije i sva lutanja i sva posrnuća tih obiteljskih karikatura nevidljivi su i bez ikakvog ozbiljnog utjecaja na svijet. Sirotinja ni Bogu nije mila, pa kako bi onda bila drugačija spram smrtnoga svijeta nego nevidljiva?!

Osim toga, životna krivulja ne ovisi nužno o životnim okolnostima u djetinjstvu: rane godine vrludanja blatom egzistencije same po sebi nisu jedini putokaz mogućeg krajnjeg dosega nečije priče u trenutku zemaljske smrti. Hoću kazati, moji nisu krivi što sam zarajtao život i što ništa nisam postigao, nisu mi majka i otac nametali krive odluke i loše izbore, nisu upravljali mojim godinama, doista kažem, nisam zbog moje obitelji postao sam sebi najveći neprijatelj! Napokon, već zbog njihove priče oslobođeni su plaćanja mojih dugova sudbini, svijetu i ljudima. Sve što nosim na svojim leđima moj je i samo moj križ.

Poanta je u istini o samom sebi: držati se svojih korijena iz kojih crpiš eliksir života. Život je to stablo, moja priča je krošnja i plodovi što sam ih isporučio Gospodu kao opravdanje mog koračanja kroz smrtnost tek su dijelom od korijena: ja-stablo funkcioniram bitno drugačije od pravih stabala. Naime, živo stablo crpi životne sokove tijekom cijelog postojanja, a ja sam... Sve što sam dobio od roditelja i obitelji primio sam do dana mog odlaska iz našeg doma, točnije, do dana čije je značenje u prijevodu „zatvorena granica, nema prolaza". U lipnju osamdeset i osme, po završetku srednje škole, nakon položene mature, jednog klasično „sudbonosnog dana" otputovo sam iz Varaždina u Zagreb s nekoliko dinara u džepu i malo iznošene odjeće u prastaroj putnoj torbi. Putovao sam na svoj prvi „pravi" posao: hotel „Panorama" Zagreb, tada u sastavu HURO „Zagreb". Sjedio sam na sredini autobusa, u petom redu, na sjedalu desno, do prozora ne razmišljajući o tome da je to moje putovanje ujedno i moj definitivan rastanak od doma, obitelji i od sebe. Autobusna linija Varaždin-Zagreb označila je rezanje mog korijena, što nije mogao sanirati ni kratkotrajni kaotčini boravak u Varaždinu između povratka s odluženja vojnog roka u JNA i početka rata. (Stanje: cijelo razdoblje od jedne vojske do ratnih dana obilježeno je kaosom jer se naša obitelj raspala i tih sam mjeseci vegetirao, doslovno izgubljeno glavinjao ne snalazeći se ni u čemu i ako postoji riječ kojom bih se opisao u tim danima, onda je to riječ „idiot".) Autobus ATP Varaždin krenuo je u kasno poslijepodne tog ponedjeljka, dvadeset i sedmog lipnja 1988. godine i kao da je vukao debeli lanac kojim sam iščupao korijenje: stigavši na zagrebački autobusni kolodvor više nikavih spona s vlastitom obitelji nisam imao. Sve godine koje su uslijedile samo su povećale rascjep između obitelji i mene. Taj si grijeh nikad neću oprostiti!

Jad života u ozračju nereda jedne, kao nekim urokom obilježene hrvatske obitelji pod kapom jugoslavenskog socijalizma i s teretom postmedijevalnog izmeta nekadašnjeg kmetskog vegetiranja nebrojenih generacija mojih gladnih, golih i bosih predaka (po barem jednoj strani obiteljske loze) stavlja pojmove „nesreća” i „sreća” u malo drugačije okvire. Hrvatski mrtvaci si ne mogu priuštiti luksuz borbe za ljubav, siromaštvo je kazamat i ljubavi u tome nema. Život u bijedi znači pokušati preživjeti iz dana u dan, znači muku mučiti kako staviti nešto na stol za objed, kako školovati djecu i kako izbjeći da radnici „Elektre” ne isključe struju zbog neplaćenih računa.

Unutar četiri zida stana odvija se kompleksna priča zato što stanari ni na koji način nisu povezani s državnim sustavom, politikom i uopće ni s kojim oblikom moći, čak nitko od njih nije u „kućnom savjetu”. Danas je lako trabunjati, lako danas seru po društvenim mrežama, pišu blogove i knjige objavljuju, štampaju oglede i analize na opskurnim portalima, pjevaju i komentiraju mnogi čije su obiteljske priče pune komunističkih doušnika, partijskih špijuna koji su za svinjsku polovicu uhodili susjede i tužakali ih kad bi ovi pričali loše viceve o maršalu i partizanima, političkih razbojnika i smutljivaca koji bi, da imaju imalo obraza i poštenja iz svojih gnjilih životopisa izostavili lažno „potječem iz čestite hrvatske katoličke obitelji”!

O čemu laprdam? Dakle, dvije i dvadeset i neke iz biografija političara, zanstvenika, javnih osoba (kako se svijet mijenja, nekad je „javna osoba” bila kurva, a danas, haha), glumaca i sportaša, pisaca i fiškala, bankara i sudaca, profesora i liječnika, čak izumitelja i sve ostale bagre iščitava kako su ponosni na svoje „obično” porijeklo, kako su njihovi roditelji, bake i djedovi, stričevi, čak i kume bili i jesu ponizni, iskreni i skromni vjernici, katolici, Hrvati, svehrvati, nadhrvati, još od stoljeća sedmog, pa i prije, od dana kad su Hrvati jahali prostranstvima Karpata ili Irana (ovo ovisi o tome kojoj teoriji o nastanku i dolasku Hrvata u ove krajeve dotični smatraju „svojom baštinom”) i da su, naravno i logično, preživjeli komunističku torturu i socijalistički mrak žrtvujući se bez pitanja za slobodu vječne 'rvatske. Svatko kome je dosadno i nema boljeg štiva može u ovim luksuznim izdanjima tvrdog uveza s monogramom autora pročitati o njihovoj bespoštednoj brobi protiv komunističkih nevjernika, a što je zahtijevalo od njih ogromne napore u obrani svete vjere i zgažene im Domovine s velikim „D”. Tvrdnje u tim idiotski napisanim „životnim storijama” potkrepljuju time što su unatoč diktaturi i neslobodi uspjeli odškolovati djecu, omogućiti im primanje svih zapovijeđenih katoličkih svetih sakramenata i „postaviti ih na noge, dati im kruh u ruke” bez upliva komunističkog ateizma i srbojugoslavnestva. A izgraditi kuću i vikendicu na moru, kupiti jedan i drugi automobil, obnoviti djedovu klijet i vinograd na Haliću i još k tome staviti lijepu hrpu dojčmakraka, franaka i dolara sa strane, „na bank” u mraku komunizma nije bilo lako, bješe to ogromna žrtva koju su podnijeli iz ljubavi prema Bogu i 'rvatskoj...

Naravno, u bajci možda, ali ovdje je istina malo drugačija. Izgradnja kuće i vikendice na moru, obnova klijeti na Haliću, školovanje djece i oročena štednja na banci nikako nisu došli voljom Gospoda i zbog tvrdog nepokolebljivog 'rvatstva, molim vas, to ne bi prošlo „ni v bajki za mutavu decu, a kamoli v životu”! Seru na usta, umjesto na guzicu! Ne mislim ništa loše o ovim ljudima, dapače, dobri su to ljudi, onako izdaleka. Možda nisu kontaminirani izravnim političkim djelovanjem po crti članstva u partiji, možda su i bili „nevidljivi” udbašima i drugim „oragnima bezbjednosti”, ali nemojte me zajebavati! Rekao sam to nekoliko puta u ovoj predstavi i nije loše ponoviti. Mesari, šefovi prodavaonica i šefovi gradilišta, predradnici u tvornicama (šnajderi, molim moje varždinske ljude, nek' se prisjete koliko smo odijela pod fuš dali sašiti u „Varteksu”: za vrijeme radnog vremena, u pogonu, „na crno"se šivalo od tvorničkog materijala i „s rukama tvorničkih majstora i majstorica”, to je bila javna tajna, naručiš, platiš mnogo manje nego u trgovini, a kvaliteta je iznimna, osim što...), vozači kamiona i vozači autobusa, apotekari i lugari, šefovi raznih servisa, ma kralo se na sve strane, moto „snađi se, druže” bio je iznad zakona i komunističke ideologije. Mesari? U državnim mesnicama su prodavali privatno meso, a „službeno” zaduženo meso prodavali su u skupljim kategorijama (mušterije bi plaćale „muda pod bubrege”, a u kriznim godinama samo su likovi iz VIP kanala mogli doći do dobrog telećeg buta ili bifteka, mesa koje mi doma nikad nismo jeli); u „biznisu" s vozačima-dostavljačima određene pošiljke bi misteriozno nestale, a zapisnici o povratu neprodane robe s isteklim rokom trajanja bjehu poput romana znanstvene fantastike. Muljaže na benzinskim postajama (benzinskim pumpama) spadale su u red naročito lukavih krađa od firme (države): kod sastavljanja izvješća o „pronađenoj količini naftnog mulja u spremnicima, u formulare su upisivane nerealne brojke i ogromni postoci i tako su šefovi postaja i vozači cisterni mlatili ogromnu lovu. Zidari i građevinari? Koliko je kuća i vikendica izgrađeno ukradenim materijalom s gradilišta? Koliko su noćni čuvari zarađivali prodajući pod zaštitom mraka materijal skladišten za novogradnje? Koliko je kamiona šljunka, cementa, vapna i cigle „skrenuto" s ucrtanih ruta i upućeno na gradilišta vikendica i privatnih kuća? Šefovi automehaničarskih radiona u društvenim firmama? Točno se znalo kome se treba obratiti za nabavu auto dijelova, sve ispod pulta. U branši poput moje, ugostiteljstva, odvijalo se odlično uigrano hanzigadrp poslovanje. Znam to, radio sam tako. Kuhari i konobari u a la carte objektima (pansionsko ugostiteljstvo je bila druga priča) bjehu udruženi u sve to, a paragon blokovi bili su zlatno doba kuharsko-konobarskog muljanja. Ni kasnije, kad su uvedene digitalne registar kase, „posao" nije stao, zašto bi, samo je prilagođen novim uvjetima: blokiralo se, t.j. na kasama se utipkavalo tek pedeset posto, možda nešto više ili manje zaprimljenih narudžbi, a razlika se dijelila. Haha, svjedočim tome vlastitim iskustvom! Uglavnom, korupcija, mito, krađe, sitne, malo veće i velike, snalazili su se ljudi, živjeli sasvim udobno u usranom socijalizmu, a danas tvrde kako su žvijeli u diktaturi, haha. Točno, živjelo se teško, ali oni koji su stvarno patili šute.

Opći raspašoj u komunističkoj Jugoslaviji, a tko nije bio dio državne nomenklature jebo je ježa, kao što su to iskusile obitelji poput moje. Nepripadanje partiji nije bilo presudno, iz ovdje kazanog razvidna je razina pokvarenosti i načina djelovanja sustava grobara i mrtvaca, baš onako kako je i danas, u skladu s modernim postulatima. Velike 'rvatine, recen-tni katolički ultradomoljubi čije su biografije frizirane do groteske, u razdoblju vladavine KPJ/SKJ izvrsno su se snalazili, a njihove veze s partijskim moćnicima bile su čvrste i stabilne. Ponekad bi, ako se radilo o malo više pohlepnima koji su zagrabili preduboko i čije su želje za novcem premašivale „odobrene" limite krađa i prijevara (nije izmišljotina, komunisti su zbog „mira u kući" malo „žmirili" na nepodopštine, ali stupanj njihove tolerancije lopovluka bio je ograničen dvjema stvarima: prvo, političko-ideološka komponenta ili kradi i varaj, samo ne čini to u ime nacionalizma i kontrarevolucije, protiv maršala i Partije, i drugo, „bolje da kaplje nego da curi" pravilo, odnosno, uzmite, slobodno, drugovi i drugarice, samo polako i pomalo, a onaj tko želi uzeti milijune, dobiti će po pički, haha), sustav je radio i takvi su dobili eksluzivni puni pansion u nekom od kazneno-popravnih domova. Preodgoj na socijalistički način, haha. Međutim, prevaranti, kriminalci, pronevjeritelji i slična strašila danas su dekorirane „žrtve komunizma", oni su domoljubi za primjer, dokazani „rušitelji omra-enog antikatoličkog sustava", oni su 'rvati za primjer i kao takvi su na glasu u demokratskoj i neovisnoj 'rvatskoj, ponosnoj članici EU! Još jedanput: nemojte me zajebavati!

Moja obitelj nije pripadala nijednoj od ovih grupacija, za sustav bili smo nevidljivi. Prostačka, neobrazovana i nekulturna (po mjerilima crvene oligarhije), bez kriminalnog koda u genima (što ne znači da smo bili imuni na grijeh), bez komunističke, ustaške, klerobanditske i slične obiteljske karakteristike, u siromaštvu, bez novca i bez materijalne sigurnosti, izvan krugova ljudi-koji-znaju-ljude-koji-znaju-ljude, prepuštena sama sebi, moja je obitelj proživjela sve sustave i države unazad sto i pedeset godina u grču, ali je živjela. Imali smo dobre i loše dane, jeli kod punog stola i jeli slabo, kod skoro praznog stola. Nismo spadali u omiljene župnikove obitelji i plebanuške guzice nisu se gostile pod našim krovom. Vegetiralo se od prvog do prvog u mjesecu, živjeli smo kao što je živjelo na desetke tisuća sličnih obitelji, nastojeći svladati svakodnevna sranja. „Zakaj se niste snašli, zakaj sad lementirate tu, da ste imali pol grama mozga v tintari i vi bi meli hižu, vikendicu na moru i renoviranu klijet, peneze v banki i deca bi vam bila inženjeri, profesori, doktori i fiškali." Da, to će reći samozadovoljni 'rvati najgore vrste, od slugana i konfidenata Hrvata-grobara. Dodat će i ovo: „Tko nije u socijalizmu uspio nekaj zgraditi i stvoriti, taj je bil trut, lenčina i ništkoristi."

Lijeni? Nesposobni? Trutovi? Možda. Ili ipak ne. Za krasti štof, naplaćivati nezakonitu proviziju, preprodavati svinjske polovice, švercati tucanik, krasti asfalt iz asflaltne baze i prodavati ga vikendašima, bagerom tvrtke kopati na crno temelje susjedove kuće, istina je, za takve genijalne poslovne poteze, slažem se, trebalo je biti natprosjećno hrabar, domišljat, trebalo je imati želudac za biznis s komunistima (oni promoćurniji nosili su pro forma partijske knjižice, a sve kako bi zamaskirali svoje „poslovne poduhvate": to im je „opravdanje" zašto im se imena nalaze na popisima članova partije), a što je danas taj i takav „sposobni 'rvat"? Dobro, vjerojatno je prestar za neku aktivniju ulogu, vrijeme njih i mene ždere sve jednako, ali je zato u pravom duhu odgojio svoje 'rvatsko ('rvacko) potomstvo, pa su svi zajedno članovi i članice neke od milijun hrvatskih stranaka i partija, s time da HDZ i SDP iskaznice, uz IDF-ove u Istri na primjer, imaju prioritet, zna se zašto. (Doduše, unatrag nekoliko izbor-nih ciklusa u Hrvatskoj su se pojavile čudne miksture političkih konvertita, kurvi i pedera koji su, valjda slijedom mijena „hrvatske povijesne zbiljnosti" okoćeni kao neželjena politička djeca stranačkih mastodonata, kopilad koja se otela kontroli i sad nastupaju kao MOST, Možemo!, DP i slične kopije „starijih" 'rvatskih političkih bordela.) Dakle, on, 'rvatski kokošar i švercer evoluirao je u naddomoljuba i baš mu je fino, zaštićen je baš kao i u komunizmu: na vlas isto, dogodi se ponekad to da poneku od tih faca, čisto da pravosudni policajci imaju „kaj delati", vlast pošalje na hlađenje u zatvor, ne zbog kriminala, nego mazanja očiju sirotinji koja sve plača. Hrvatska stvarnost je oduvijek tako usrano predvidljiva.

Jasno, s obzirom na to da su iz mrtve Jugoslavije u slobodnu višestranačku Hrvatsku prenijeli ručno kovanu želenciju vrijednih antikomunističkih katolika i osviješćenih Hrvata i da je ta iskrivljena slika o njima postala standard „normalne hrvatske obitelji", opravdanost pisanja ove priče dobiva na važnosti. (Ma što značila ova glupost, jedno je točno: sve generacije koje su rođene i živjele u punoljetnosti u socijalizmu, dakle mojih godina i starije, i koji su još živi, vrlo dobro znaju jer se svi dobro sjećamo kako je život tekao i tko je živio k'o bubreg u loju, a kome su isključivali struju, tko je uživao, tko je trpio i patio i stoga me nitko ne može uvjeriti u to da spomenute nakaze mogu promijeniti istinu).

U vražju mater, obitelji Hrvata-mrtavca su na samom dnu društvene ljestvice: od rođenja mi je namijenjena uloga gubitnika. Opasno je generalizirati stvari, ali alkoholizam i krajnje siromaštvo, nezaposlenost, niska razina školske spreme (srednja škola), sklonost verbalnim i fizičkim incidentima, disfunkcionalnost i djeca za koju se ne može sa sigurnošću ustvrditi tko im je otac i roditelji te djece koji nisu sposobni odgajati potomstvo u duhu hrvatske katoličke tradicije, znači, takve obitelji bjehu nezanimljive i komunistima i popovskoj žgadiji, a jednako su odbojne i današnjoj demokratskoj europejskoj 'rvatskoj vlasti. Čitati slaboumne izjave majmunolikih lopuža o tome kako su „ekonomski rušili socijalizam iznutra potkradajući i baveći se pronevjerama i švercom" ne bi bilo naročito „kancerogeno" da te izjave nisu dobile značaj dokaza 'rvatskog domoljublja, a ordinarni lopovi status nacionalnih heroja. Nažalost, hrvatska zbilja stoljećima smrdi na gnoj i ništa drugo se od 'rvatskih elita i ne očekuje nego da zasmrade domovinu s malim „d". Tko ne bi povraćao na ovu istinu: bagaža koja se ne srami svojih grijeha danas su bogovi na Olimpu 'rvackog domoljublja! Nisam od tih, čak i kad sam činio nezamislive gluposti, trošio i novac i život bez reda, razočarao ljude oko sebe, pio i kršio mnoge regule, svejedno nisam bio pijavica. Jednom davno sam odlučio pomoći jednom svom prijatelju (koji mi nije bio prijatelj, kako je na kraju ispalo) i dao sam mu novac koji mu nisam smio dati, kojim zapravo nisam smio raspolagati. Ponukan čudnom vjerom u čovjeka, skrenuo sam i pomogao mu iako on to ničim nije zaslužio. Kasnije sam preuzeo zasluženu sramotu i teret počinjene greške, ali stid zbog učinjenog je ostao: kajanje nije bilo dovoljno, trebalo je proći mnogo godina dok i to nisam oprao krštenjem, uranjanjem u vodu za oprost grijeha po Isusu koji je Krist. Nisam bio kao što su bili dotični i ponosan sam na to jer nemam kuću, nemam stan, nemam vikendicu na moru ni obnovljenu klijet na Haliću, nisam naslijedio oročeni novac i moja me majka (otac je rano otišao kod Gospoda) nije mogla poslati na studij da glumim vunderkinda kojeg će potom proglasiti za anemičnog i da se kao dezerter, kukavica i mamin sin iz obitelji komunističke aristokracije zaposlim u 'rvackoj državnoj službi i da u trenucima dok je trebalo ginuti za domovinu na bojnom polju, lijepo grijem guzicu u udobnoj fotelji u uredu zrinjevačke palače stanovitog ministarstva. Moja majka nije bila „crvena", moj otac nije bio „crveni", nismo imali ništa i dobro da nismo imali ništa jer zbog toga što nismo imali ništa danas pričam ovu priču bez stida i srama (uz priznanje svih svojih grijeha, naravno). Bolje je imati obiteljsku priču kao što je moja nego lažirati biografiju temeljenu na krađi tucanika ili fuš šivanim odijelima u konfekciji „Varteksa". Hanzigadrp filozofija života nije bila moja filozofija niti će biti (sad mi je puno prekasno za otpočeti baviti se kriminalom, a onda, u Americi policija je brutalnija od naših plavaca, haha). Tužno je, jadno i bijedno što je komunistička parola „snađi se, druže" u (kao) demokratskoj Hrvatskoj i dalje na snazi, u izmijenjenom tekstu: „Sve od Hrvatske, Hrvatsku za sve", pak drže desnu ruku na srcu dok svira himna, nose značke hrvatske zastave na reverima, redovno su na misama za Domovinu, polažu vijence na grobove hrvatskih grofova i biskupa, a u isto vrijeme prodaju Hrvatsku strancima, pljačkaju sve što stignu, ližu analne otvore briselskim, londonskim, bečkim, berlinskim itd. birokratskim kurvinim sinovima, trpaju u džepove sve što stignu, lažu i ne srame se klečati u prvim redovima katoličkih crkava i skrušeno se mo- liti i slušati imbecilne propovijedi pohotnih pedofila u dalmatikama, u kazulama i s infulom na glavama, a zašto bi se zapravo sramili, domoljubi su, 'rvati, imaju pravo na to od stoljeća sedmog. Ista zla špranca koristi se i danas, sve iste grobarske obitelji i njihovi novi naraštaji. Rabe usavršene modele krada, a kako je ljestvica životnog standarda i potreba strahitno više postavljena od one u socijalizmu, kao i zbog brzog razvoja modernih tehnologija (autići na struju, izlet na Jupiter i kava u središtu zemlje, virtualni seks i GMO ljudi, haha), više se ne kradu kobasice niti se preusmjerava kamion finog pijeska na kumovo gradi- lište, ma ne, danas se kradu milijuni i milijarde klikom miša, sve legalan kriminal...

Razumijem, samo glupani ne uzimaju ponuđeno, a bolje je biti sit nego gladan, pa kad bi se morali- ziralo, od gladi bi krepalo pola Hrvatske! Cijela je Hrvatska danas jedno loše kazalište: loši glumci, loš repertoar, loši redatelj, loša glazba, loša scenografija, loši kostimi, sve je loše. Sjedala za publiku su stara i istrošena, krov prokišnjava, čak je i biljeter loš. Svi nose maske, i gledateljstvo i glumci, nitko ne pokazuje pravo lice, mnogo je tapšanja po ramenu i mnogo je službouljudnih pozdrava i licemjernih osmijeha. Hrvatska danas je sramota sramote i nitko nema ništa protiv te naše hrvatske sramote. U novinama je vijest kad jedan nastrani modni štakor nosi užasnu pedersku brendiranu torbicu od pet tisuća eura, a o smrtno bolesnoj djeci možda tek koji redak i nijedan komentar. Kad su pitanju vele'rvati, pigra masa kaže „pa kaj onda, snašel se čovek, bi bil bedasti kad ne bi", uz dodatak „ne seri, i ti bi, žal ti je kaj nisi na jen- govom mestu, jalan si, tko ti je kriv kaj se ne znaš snajti". Jasno, nije li?!

Jest i nije, kako se gleda, sprijeda ili straga, haha. Ozbiljno, siguran sam da će me moji možebitni čitatelji razapeti, ali nije me briga za „kaj buju ljudi rekli". Koliko sam puta rekao da ne ovisim o državnom proračunu? Ne mislim se vratiti u Hrvatsku. Zdravlje mi nije najbolje, pogoršava se iz dana u dan, a onda, ovdje je Novi Sion, tu su ljudi koje neizmjerno volim i poštujem, koji su mi spasili život. Na- pokon, što je možda najvažnije, nemam nikakvih ambicija, čekam ovozemaljsku smrt. A Hrvatsku volim svim srcem i zato što je volim (a ne šaljem joj račun za svoju ljubav) pišem i govorim o ovoj predstavi. Zašto? Obitelj mi je sve. Moji roditelji, mama i tata, svi me čekaju na nebesima i ja sam spreman za ponovni susret s njima. Biti će to veliki trenutak, najveći ikada! Bez glume, bez lažnih osjećaja i bez lice- mjerja: što god bili u očima drugih, svjedočim to, u očima Gospodnjim mi smo djeca Nebeskog Oca. Sve drugo nije važno.

Zbog sebe i sjećanja na obitelj. Ništa ne predbacujem „nomalnim" katolički vjerodostojnim obiteljima, osobito ne onima čije je materijalno bogatstvo stečeno muljanjem i potkradanjem, neka ih i njihove časti i moći svih njihovih svetaca, fotografija krizme sina jedinca (na ručku je bio i sam preuzvišeni biskup, a u crkvi je na vidljivom mjestu obješena slika, prikaz posljednje večere, rad eminentnog hrvatskog umjet- nika, s posvetom, koštala je deset hiljada maraka, i pozlaćena pločica je, s gravurom, zahvala župnika i župe na vrijednoj donaciji, pa kad su biskup i pratnja mu odlazili poslije ručka, naglasili su koliko Majka Crkva cijeni odanost Crkvi i obitelj je bila ponosna, a stara baka je hodala kroz selo pola godine kao kra- ljica zbog svega toga - nitko nije rekao da je cijeli taj cirkus oko krizme glupavog sina koštao kao svetog Petra kajgana, a mali je slinavac zahvalio tako da je iste večeri rođenog oca poslao u pizdu materinu skupa s krizmenim kumom jer nije dobio što je ultimativno tražio ima tome pola godine! Sinek, koji je, nota bene, na jedvite jade svršio srednju, a i u tome je pripomogao tatica s nekoliko plavih kuverti, kasnije je dobio diplomu ekonomista i kao „stručnjak" uspio je uništiti sve što mu je došlo pod ruku i tko zna kako bi sve svršilo da nije došao rat i da se Juga nije raspala, pak je, sad već ohoho stari majmun kao član hade-za dogurao do vrha vlasti, ne najvišeg, ali se o njemu pisalo po novinama, davao je izjave u svojstvu ne-kakvog tajnika ili podtajnika ministarstva nečega i uopće, od onog ručka s biskupom život mu teče uho-danim stazama iskrenog pobožnog katolika, 'rvata kakvog majka rijetko rađa), neka njihovih obiteljskih stabala, požutjelih dokumenata, neka im sve, ništa im ne zamjeram jer bih svojom ljubomorom potvrdio legalnost njihovih gnojnih egzistencija.

U meni nema ni trunke jala, mi mrtvaci ne znamo za ljubomoru. Prošlost se ne može mijenjati, što nam se dogodilo, dogodilo se. Prihvatio sam istinu o vlastitoj obitelji bez nervoze, kako je jedino moguće. Pro-šlost je mrtva, sadašnjost nije bog zna što, a što će biti, tek ću vidjeti, ako doživim. Makar, nije ni od kakve žurbe, koračanje uskim putem evanđelja nije lako, ali je divno. Brod Spasitelja svijeta je moćan i sigurno plovi oceanom zemaljske sudbine. Isus je poslan spasiti „izgubljene ovce Izraela": ni u socija-lizmu Njegove riječi nisu bile zaboravljene niti je njegova misija zatrpana u tmini! Krist je bio prisutan i u domovima čiji ukućani nisu pohodili crkve ni obdržavali sakramente. Naprotiv, Otkupitelj svijeta oduvijek najviše voli one koji ništa o njemu ne znaju, a imaju ljubavi za druge! Najmanja je stvar lizati oltare i papagajski čitati litanije, naposljetku, to čine i sluge Sotone. Držim istinitim Kristov Nauk jer svjedočim osobnim primjerom: u komunjarsko doba ja i Bog nismo bili na istoj strani! Kao djetetu socijalizma svaki oblik vjere, poglavito katoličke, činio mi se predalekim. Nisam vjerovao, a bez obzira na to, Krist je bio uz mene i pripremao me za koračanje uskim putem punine obnovljenog evanđelja! Jedina je kvaka što to nisam znao. Svjedočim da je to istina. Doista, bogataš neće gladnog nahraniti niti će golog odjenuti, a si-romah neće ostaviti ni gladnog ni žednog na cesti, pozvati će ga pod svoj trošan krov i podijeliti s njim svoj mizerni obrok, dat' će mu od srca, dat' će mu sve, a u očima Gospodina, tko daje sve, daje najviše. Najmanji je najveći, Amen!

Pogledati sam sebe u lice i u oči i ne zacrvenjeti se od stida i srama zbog prljavih obraza i ruku okrvav-ljenih nevinom krvlju i tuđom nesrećom poradi vlastite sreće: uspjeh svih uspjeha, ostati čist i u bijedi, ostati čist na dnu, ostati čist pred Bogom... Obitelj s olovno teškom pozadinom je dobra obitelj. Novac ne znači ništa. Da, bez novca se ne može kupiti kruh, ali evo, proživio sam premda nije bilo novca na bacanje. Pitanje je, imamo li nekoliko lipa ili centi, taj pošteno zarađen novac ili uživamo u bogatstvu pribavljenim lopovlukom i zlom? Ne moraliziram: kakav nam je novac u rukama i možemo li prljavi novac dati Gospodu za Crkvu Njegovu? U mojoj Crkvi, u Crkvi Isusa Krista svetaca posljednjih dana to ne dolazi u obzir! Desetina plaćena kriminalnim novcem nije prihvatljiva i nitko od nas kršćana to nikad ne bi učinio! Krist i Otac će prije prihvatiti jedan cent zarađen kopanjem njive nego milijun stečen kockom! Priznajem, u mladosti bijah zavidan djeci iz obitelji komunističkih faca, zavidan na svemu što su imali, a moj brat i ja nismo. Sjećam se slučaja iz četvrtog ili petog razreda osnovne (u to vrijeme brat i ja smo živjeli kod Male bake, u penzionerskoj zgradi, u Supilovoj ulici). Škola je organizirala zimovanje tijekom zimskih praznika, skijanje i sanjkanje u jednom slovenskom zimovalištu. Deset dana radosti i za-bave činilo se kao bajka. Nastavnik tjelesnog odgoja (nekad smo to zvali „fizičko") održao je sastanak s roditeljima i pozvao ih da prijave djecu za taj zanimljivi zimski odmor.

Cijena je bila visoka, pogotovo za djecu socijalističke sirotinje. Dio mojih prijatelja iz razreda bili su oduševljeni i već prvog tjedna poslije roditeljskog sastanka donijeli su puni iznos za zimovanje (moglo se platiti u tri ili četiri rate, obavezno do dva dana prije polaska, ako se dobro sjećam), a neki drugi donosili su novac kako je i bilo rečeno, u tjednim obrocima. Tko je išao na skijanje? Prvenstveno djeca imućnijih, oficirska, milicijska i djeca inženjera i raznih šefova, djeca onih o kojima sam pisao. Moji mi nisu to mo-gli priuštiti. Kad bi me netko od „drugova" iz razreda upitno pogledao, kao ono „kaj ti nejdeš?", odgova-rao sam: „Bum se danas prijavil." Nisam se prijavio. Nisam išao na skijanje, baš kao što nisam bio ni na mnogim drugim događanjima. Jer nismo imali novaca, jer smo bili sirotinja. Sram i stid? Da, samo kod djece to kratko traje, brzo se zaboravljaju loše stvari. (Dijete zaboravlja, ali ne i njegovo srce, sram i stid ostaju: a to peče i boli. Godinama. I pretvara se u duhovnu sepsu.)

Nije da nisam išao na sve izlete, išao sam na izlete, jednodnevne i redovne na kraju godine. Nisu bili preskupi, a na neke sam mogao besplatno, kao dijete iz socijalno ugrožene obitelji: po istom obrascu išao sam na ljetovanje na otok Rab. Smiješno ili tragično, vrag zna što je, ali istina je, u socijalizmu jedna od „privilegija” nas sirotinje bilo je to što su nas slali na more na sedam do deset dana. Bilo je lijepo, hrana je bila ukusna, tete koje su nas čuvale (učiteljice i mlade studentice) dobro su brinule o nama. Premda je i u tome je bilo razlika: nisam imao džeparac kao druga djeca. Kad bi išli u „grad” ili nekamo na izlet, na vožnju brodom, nisam si kupovao sladolede i „cockte” poput mojih prijatelja, nisam imao novaca. No jedne godine dogodilo se nešto nevjerojatno: dobio sam na lutriji! Haha, dječja glupost. Bio je tmuran dan i tete su nas odvele u grad Rab. Raštrkali smo se k'o rakova djeca. Ne znam kako ni zašto, u društvu plavokosog dječaka, sina vlasnice poznate varaždinske birtije „Vijetnam” (buffeta „Grozd”), otišli smo do novinskog kioska. Prvo je on kupio žvakače i neke gluposti, a onda i expres-srećku: ono, otvoriš je i pro-čitaš koliko si dobio ili pročitaš „ništa”. On je potrošio dosta novca, ali nije imao sreće. Ja sam kupio samo jednu srećku, to mi je bio sav preostali džeparac. Isprva nisam htio, ali uzbuđenje i sram, „kaj ja nemrem kaj on more” i kupio sam srećku. I dobio. Ne sjećam se koliko, a i zaboravio sam relacije oko jugoslaven-skih dinara: dvadeset novih, dvjesta starih, dvjesta novih, nemam pojma. Kako god bilo, za mene je to bio veliki novac, ogroman! Moj prijatelj je bio ljubomoran samo trenutak, imao je pune džepove i moj dobitak ga je više pogodio zbog njegovog gubitka, ne toliko zbog samog novca, volio je pobjeđivati. A ja? Skakao sam od radosti: na ljetovanju nisam sve potrošio nego sam dio donio doma, toliko je bilo novaca. Učinio sam još nešto, to ne mogu zaboraviti. Balavac, kupio sam prvu LP ploču u životu: bila je samo moja! Johnny Cash! Nikad nisam čuo za njega, ali na albumu je bila njegova slika s kaubojskim šeširom i to je presudilo. Obožavao sam „kaubojsku muziku” kauboje i indijance. Zato sam kupio ploču. Ne znam gdje je završila, ali mi je donijela radost i učinila me facom na jednu večer: prije povratka imali smo dječji ples. Sendvići, sokovi, „Kraš” napolitanke i glazba s gramofona. Ne moram reći, moja se ploča vrtjela nekoliko puta, svi su plesali na kaubojske pjesme! Oh, da, djetinjstvo...

Ne hvalim se, nije fraza, od svega u životu, majci i ocu (ma koliko on kratko bio s nama u ovom ži-votu), svojim bakama, voljenoj D., svima iz obitelji zahvaljujem što su me naučili nečemu čega nema u školskim programima: skromnosti, zahvalnosti, sposobnosti da se bude zadovoljan s onime što se ima. Naprosto, nema u meni ludila ni oduševljenja za nove i skupe stvari. Brendirana roba nikad me nije zani-mala. Oduvijek sam odjeću kupovao, mislim u rijetkim prilikama kad sam to mogao činiti, sa stare krame: i ovdje u Americi, na početku mog boravka bio sam redovna mušterija trgovine rabljenom robom, second hand shopa i to trgovine u vlasništvu Crkve, „Deseret Industries Thrift Store” u Cedar Cityu, Utah. Povoljno, bez poreza i u dobrom stanju. Za dvadeset dolara kupio sam brdo odjeće! Još uvijek nosim „nedjeljni” sivi sako koji sam platio svega pet dolara! Jednom mi je jedan brat pohvalio taj sako rekavši mi kako je baš fancy! Slatko sam se nasmijao. Nije mi povjerovao kad sam mu odgovorio da je to second hand sako za pet dolara! Da, takav sam. Materijalnoj strana života nikad nisam pridavao pozornost. Zbog toga, ako govorim o djetinjstvu, bez ikakve dvojbe mogu reći kako sam imao vjerojatno mnogo zabavnije trenutke nego djeca komunističkih bogataša. Naše igre, igre moje ekipe iz zgrade, kvarta i škole bile su bez uvoznih igračaka, bez svih onih čudesa poput lego kompleta, autića na navijanje i na baterije, pištolja plašljivca i svega ostalog, ali znam da su naši štapovi-mačevi, naše samo zamišljene igračke, da je sva „sila” nezamislivih stvari koje smo pronalazili na smetlištu preko pruge, iza „Varteksa”, pretvorila naše i djetinjstvo u divan svijet ispunjen maštom i zabavom do neba. Vjerujem kako bih sve to zaboravio da ni-sam ponovno u ovoj sceni, pisanje me na trenutke vraća u vrijeme kad nisam nosio teret sjećanja...

Novac? Nisam volio novac, ne volim ga ni danas. Zato ga nemam i ne vjerujem da ću ga ikad imati. Novac i ja smo dva različita pojma. U skladu sa stanardima „normalnog katoličkog obiteljskog univer-zuma”, financijsko i uopće materijalno poimanje života uklesano je u DNA podanika ultramontanstva kao znamenje krvi: imati znači biti, a ako imaš, imat' će crkva, a ako crkva ima, tvoj put u raj je osiguran. Uostalom, u katoličkoj inačici raja nebeskog biljeter ne pušta nikoga tko nema pravovaljanu potvrdu o plaćenom crkvenom porezu i na vrijeme uplaćenoj donaciji zemaljskim pomazanim riznичarima. Jedno-stavno, daj-dam igra koja traje dva milenija, a kasa je u Vatikanu. Ne, to nije moj način, nikada u životu nisam plaćao ničiju naklonost, to je protivno svemu što nosim u srcu. Tko mi je dao taj dar? Majka i otac, moje bake, moja obitelj. Sirotinja ne kupuje prijateljstvo, sirotinja ga stječe i održava.

„Sjećanja koje bih htio zaboraviti, kojih se ne želim sjećati, život bez prava na popravni ispit, bez prava na žalbu. Čovjek sam, nisam robot. Vrijeme je teklo i polako, upravo neprimjetno postao sam zarobljenik samoga sebe, svega što sam propustio učiniti, svih idiotskih poteza, nepravdi koje su mi nanijete i nepravde koje sam nanio drugima, zarobih samog sebe neizgovorenim riječima, propuštenim prilikama i uništenim snovima, neispunjenim obećanjima i izgubljenim željama, lažima i izdajom, razočarenjima, zarobio sam sebe nebrojenim pokušajima bijega od stvarnosti i od iluzije u isto vrijeme i to uzništvo, prokleto samozarobljavanje slomilo me je i bacilo dolje, u ništavilo. Čovjek sam, nisam zemaljsko božanstvo i stojim dok vrijeme prolazi, ja sam kao kip, nepomičan, statua ružna i prljava, a vrijeme teče i radost se pretvara u tugu, a sreća nestaje i prije no što se pojavi. Ne sjećam se osmijeha, ne sjećam se ljepote, ne sjećam se plavog neba, ne sjećam se sjećanja. Umoran sam od novih početaka, umoran od kretanja koja nikamo ne vode; bojim se novih padova, bojim se novih izazova, svega mi je dosta i sve novo mi je odbojno, pa zar je čudno što odbijam prihvatiti nepoznate stvari i radije ostajem u vlastitoj kloaki jer ovaj bol poznajem?! Čini mi se da ništa nema smisla i sve je gluplje nego ikad prije. Sve je laž, prah i pepeo je sve ovo i nema ničega, sve je privid i ja sam nevidljiv. Glupo je biti klaun bez talenta za nasmijavanje, a mene ionako mogu samo rasplakti, sa smijanjem će ići teško. U nekom trenu stiže želja za umiranjem, za smrću, za grobom. Hoće li me netko žaliti? Sumnjam, nema nikoga, nemam nikoga. Pogrebi su uglavnom zbog karmina...”

Opisujem sebe: što mogu reći o sebi? Ništa. Međutim, ponekad, i čuda se događaju. Jedno se zbilo prošlog vikenda, prvog u Ljetu Gospodnjem 2021. Više od trideset godina nakon mog posljednjeg pravog pogleda na obitelj, ne znam kako to napisati, doživio sam nešto čemu se nisam nadao! Naime, dobio sam prastare obiteljske fotografije! Da, baš tako, putem Facebook messangera od najdraže D. primio sam fotke za koje nisam ni znao da postoje! Zbog tih sličica danima ne spavam kao obično (i „obično” spavanje je loše). I plačem jer obitelj nije samo napisana riječ i neka davna uspomena, samo niz imena za hramske uredbe, o ne, obitelj je tu negdje, uz mene, opet sam ja s obitelji. Vidim lica, vidim stvarne ljude, majku i oca, D. i D., baku i djeda, vidim one s kojima ću biti u vječnosti! Ne spavam, buljim u mobitel, cjelivam lica koja mi ponovno postaju poznata. Crno-bijele fotke, skenirane i poslane internet vezom do mene, u Ameriku. Prva fotografija, izblijedjela je: mama, tata i D.: Bože, kad je to bilo? Plačem. Što radim ovdje, zašto sam u Illinoisu? Prokleta Amerika, sve je prokleto! Tko me je rodio, tko me je podizao, tko me je volio, tko je bio na mojoj strani, čiji sam ja? Ovo je moja obitelj, njima pripadam i s njima moram biti! Druga fotografija: brat i ja, dvije bebe, u bijeloj opravi, kao anđeli. Haha, da sam ja anđeo, nisam baš... Ne razumijem ka-ko je od slatke bebice izrastao ružan magarac?! Priroda se često poigrava s ljudima, kod mene se to zorno vidi. Plačem, imam obitelj... Fotografija D. i mame, pa jedna fotka koje se sjećam, mama, D., ja i brat, u bakinom dvorištu, kod vrtne ograde. Brat i ja, možda od kojih pet-šest godina. Bio sam mršav, a ja, ha, mislio sam kako sam debela svinja cijelog svog života! Oh, teško sam pogodio tko je tko na fotografiji, tko sam ja, a koji je moj brat. Smiješno, poslije mnogo godina čovjek ne prepoznaje ni sam sebe, haha. Stare slike. Opet je Gospodin poslao znak svoje božanske skrbi i ljubavi. Drugačije ne može biti... Letargija, neobjašnjiva uspava-nost i izostanak bilo kakve želje za životom ovladali su mojim srcem, dušom i umom posljednjih mjeseci i godina. Usprkos članstvu u Crkvi, molitvi, vjeri i svemu do-brome što sam doživio od prijatelja u Illinoisu, moj život je stao. Prestao sam misliti, prestao sam živjeti, sve je rutina. Cinizam je ovladao mojim ionako skromnim rječnikom, mrak beznađa dušom. Predao sam se vegetiranju, besplodnosti i jalovom trošenju života na iščekivanje kraja. Čudno za nekoga tko vjeruje u Krista?! I pogled suđenja, sebi i drugima. Na oči sam stavio crne leće i sve što vidim promatram u crnilu, ništa me ne zanima, ničemu se ne veselim. Pretvaram se u veliko ništa, glumim vjernika, glumim glumu, ne dajem više svjedočanstva na posnu nedjelju, ne osjećam duh za to. Ništa nisam, čak ni statist u predstavi istina i laži.

Crnilo je palo s mojih očiju kad sam ugledao stare fotografije: nije bilo sve loše, nisam samo griješio tijekom svih godina, moja obitelj nije izgubljena! Smijeh i trenuci radosti za vječnost, ljubav i nada! Ne mogu obitelj odrediti samo besparica, svađe, glad i neimaština, loše odluke i padovi, ponavljanje prvog razreda osnovne škole, smrti u obitelji i pogrebi, zadah alkohola i bosotinja... Obitelj su srca! Fraza? Glupa fraza o srcu i ljubavi?

Nije bilo sve loše. Nije bilo sve dobro. Nema ljudi bez grijeha. Loše izlike ne prolaze. Istina je, veselilo se, pjevalo, pilo i radovalo, slavilo se i (čak) mirno spavalo, bilo je razdoblja skoro savršene sreće, kao što je bilo i dana, tjedana i mjeseci ispunjenih nezamislivom tugom, olovnim razočarenjima i bijegom u samosažaljenje. Bilo je svega, kao što uvijek biva. Svega i previše. Sve tragedije, jauci, psovke i siromaštvo, bijeda naša i dugovi naši, prazni hladnjak, neoprano rublje i hladan stan zimi: ne sramim se ni jedne jedine sekunde svog djetinjstva. Nisam zavidan djeci koja nisu prošla što smo mi prošli, onoj iz „sposobnih i normalnih” obitelji, djeci partijskih poslušnika, milicionera i oficira, nikome ništa ne predbacujem, neka su imali sve što su imali. Sendviče od šunke i budžole na školskim izletima, televizore u boji, uvozne traperice i prave „adidaske”, neka su se igrali originalnim „Lego” kockicama i skupim modelima autića, neka su putovali svugdje i jeli profine kolače, hvala Bogu da su mogli i hvala Bogu da ja nisam, jer da jesam, pitanje je bih li ikad spoznao istinu o Isusu Kristu i prihvatio puninu njegovog vječnog evanđelja. Moje životne lekcije nisu počele u punoljetnosti, mnogo toga sam naučio u obitelji, od malih nogu. Moj je grijeh što ništa nisam upamtio, što to znanje i životno iskustvo nisam primjenio u odraslim godinama.

Četrdeset i osam pustih godina bio sam uvjeren kako je obitelj nešto što se samo po sebi razumije, međutim obitelj je mnogo više, ona je korijen kojeg se ne smije presjeći, prerezati, uništiti. A učinih baš to zlo, prepilio sam ga i rastao sam, trunuo sam glupo nadajući se da ću moći sam svladati snagu vjetra sudbine: naivna budala, to sam bio. Sad, u deliriumu jednog rastanka od prošlosti pokušavam se spojiti, nakalemiti na ostatke obiteljske priče koji, slabi kakvi jesu, vire iz mulja svakim danom sve više zaboravljenog postojanja. Unatoč propasti svakog mog plana i svake moje ideje, eto, u praskozorje (mogućeg, stvarnog, nekakvog) svršetka moje američke storije pišem ove rečenice bez neke određene ideje o tome što će biti krajnji rezultat jer nikad se ne zna: Gospod mi je obećao dane, no nije rekao kad će završiti.

Što je, vjerujem, logično. Obitelj je najsigurnije utočište od ljudskoga zla, jedino je skrovište pred uraganom ljudskih laži i obmana, obitelj je nukleus života (ne na način kako ga definiraju dvije mafije, politička i crkvena), ono odakle dolazimo i kamo se naposljetku vraćamo. Ovo vrijedi za sve obitelji i ne tiče se samo vjere u Isusa Krista. Ne sumnjam u unutarnje obiteljske veze, ta povezanost majki i očeva s djecom nadilazi umnu percepciju, to je snaga krvi, nešto iznad svakog poučka i svakog pravila. Ljubav između roditelja i djece nije tema za filozofske raspravu, a osjetio sam to pri prvom pogledu na stare fotografije.

Dijelić sekunde bio je sasvim dovoljan da se u meni probudi onaj mršavko (koji je danas debela svinja) odjeven u prugastu mornarsku majicu kratkih rukava i kratke sive hlače, vragolastog pogleda i nemirnog duha, dječaka kome su glavne životne preokupacije bile igre, naročito kauboja i indijanaca. Buljim u zaustavljenu sekundu prošlog života i polako počinjem shvaćati: ništa još nije gotovo, nije još kraj, ni blizu! Ništa nije svršeno dok se živi na ovome svijetu i bez obzira na teške uvjete, glupe uzroke i nepodnošljive posljedice, korijenje nije mrtvo, mislim, fizički jest, no osjećaji ne umiru, duhovna strana i dalje živi.

Mamino i tatino lice iz šezdeset i sedme, ne znam, prije mog rođenja svakako, i današ-njica u Illinoisu, u siječnju dvadeset i prve godine trećeg milenija poslije Krista. Živjeli smo, ne kao sposobni i podobni, živjeli smo kako se moglo, a često se nije moglo. Možda nismo stvoreni za drugačiju priču, možda smo rođeni ispod krive zvijezde ili jednostavno nismo od onih koji kroz život idu gazeći druge, gradeći svoju sreću na tuđoj nesreći. Mislim, ne bez razloga, kako Bog više voli one koji žive kakvi jesu nego oni koji glume da jesu ono što nisu: ne bih mogao prespavati ni jednu noć u kući koja je izgrađena na nečijim suzama. Ne zato što sam savršen (jer nisam), što sam pošten (i o tome se da raspravljati), već stoga što imam previše vlastite tuge da bih se usudio podnijeti očaj i bol nevino stradalih ljudi. Govorio sam o tome u Crkvi: ako jedno jedino oko zaplače zbog mog osmijeha, moj život je nula, moja vjera u Krista je mrtva! Nikako nego tako! Ponosan sam na svoju obitelj jer su mi dali što mnogi nemaju, ljubav, ljubav i ljubav. Poput svega ostalog, i to sam shvatio prekasno.

Nije bilo lako. Nije lako. Život kakav je živjela moja obitelj košta. Košta osude i prijezira, no vrijedi, svaka sekunda provedena s mojima je dar Božji. A danas, kad sam izabrao Isusa Krista i kad ga nastojim slijediti premda je katkad, čini se, preteško, danas ne žalim ni za čim jer znam, o Gospode, znam, sve je bila dugogodišnja škola, priprema i nauk dostojnosti za biti učenikom Spasitelja svijeta! Jest, školovati se za uzak put evanđelja uključuje nezamislive izazove, sve na osobnim iskustvima uspona i padova, manje uspona, daleko više padova: niz je najskandaloznijih gluposti i grijeha koje sam učinio (priznajem ih, učinio sam ih ja, a ne netko drugi). Popis svih mojih grešaka, posrtanja i idiotizama ne bi stao u sabrana djela svih hrvatskih pisaca dvadesetog stoljeća: uglavnom, strmoglava obrušavanja u ponore propasti bila su moja svakodnevica. Događalo se to besmisleno samouništavanje gotovo ciklički, u jednakim vremenskim intervalima (s time da su boravci u mulju bili neusporedivo dulji od razdoblja „uživanja u „normalnosti”). Po završetku srednje škole krivulja mog životnog putovanja ocrtala je svu tragikomediju egzistencije postojanja jednog klauna koji je umislio, a da u svemu nije imao nikakvog opravdanja ni razloga za to, da može izdržati i uspjeti učiniti nešto bez svoje obitelji: najgluplja stvar koju sam učinio jer to „bez obitelji” obilo mi se o glavu, udaralo me je žestoko godinama snagom najvećeg pneumatskog čekića, udarnom snagom najglomaznije preše za lim. Mislio sam, mogu ja, kako ne bih mogao?! Vraga sam mogao, ništa nisam mogao. Naravna stvar, preživio sam po previsokoj cijeni: gubitak života. Nazvao sam takav život „zombi život”: umro sam, a živ sam, živim, a mrtav sam. Preživio sam jer „budalu i Bog čuva”. Na mom se primjeru to odlično vidi. Nisam imao popust, cijena mog opstanka na ovome svijetu naplaćena mi je s najvišom mogućom kamatom i odmah...

Želim se vratiti svojoj obitelji, želim ponovno biti dio ono otkuda sam potekao: biti ono što jesam jer drugo ne želim i ne mogu biti! Prezimena moje obitelji, prezime moga oca i djevojačko prezime moje majke, sva prezimena s obje strane, sve je to moja obitelj. Želim to nazad, želim opet biti na našem obiteljskom stablu jer nemam drugo, ne mogu imati drugo. Moja krv je moja krv! Što sam ja... Problem je što nisam siguran mogu li ja to, jesam li dostojan povratka i hoće li me moji prihvatiti... Predugo sam izbivao, predugo sam bježao, predugo sam tražio imaginarnu obitelj, tuđe nikad neće biti moje! Predugo sam sve negirao, i obitelj i sebe. Koliko još vremena imam? Hoću li uspjeti dovršiti ovu kazališnu priču? Mogu li, za Boga miloga, očekivati od sila nebeskih dovoljno milosti, još taj jedan blagoslov, neću reći ispravljanja, jer to nije moguće, ali zaključenja svega lošeg, možda...

U ime čega i za što sam spiskao sve te proklete godine bez obitelji? Alkohol? Pijanstva? Zbog rata, za domovinu? Zbog prijatelja? Zašto? Napustivši svoje, izgubio sam vlastito „ja”: ne može čovjek imati svoje „ja” kao jedinka, mora po naravi stvari pripadati nečemu većem, obitelji, na primjer. Ništa ne može biti supstitut toga. Dekadama sam živio u zrakopraznom prostoru imaginarnog svijeta jednog velikog ništa. Pokraj mene prolazili su ljudi čija lica ne pamtim, ali njihove udarce još uvijek osjećam. U cigaretnom dimu, omamljen, pijan do besvijesti, u agoniji tjelesnih eskapada, u ničemu, puzao sam tako glupo dugo kroz glib vlastite samoće i naivnosti zatvorenih očiju za istinu, za očito: nije bilo „velikih novih početaka”, nije bilo ničega. Oslanjao sam se na one kojima se živo jebalo za mene. Početak je 2021., a ja ponavljam istu grešku i oslanjam se na plastičnu vjersku ljubav od koje ništa biti neće...

Zar je onda čudno što vapim za svojom obitelji? Želim se vratiti barem na minutu, na trideset sekundi u djetinjstvo, mami i tati, svima, u njihove zagrljaje, u naše dane, na naše siromašne večere i svađe, na gledanje filma na starom crnobijelom televizoru. Želim se vratiti kamo pripadam i kad bih se vratio ne bih se žalio na poderane cipele i na slabu hranu i staru iznošenu odjeću od nekog daljnjeg rođaka, ne bih obraćao pozornost na prijekorne poglede susjeda zbog galame iz našeg stana, ne bih cmizdrio jer ne mogu u kino, ne bih se ljutio na mamu jer mi ne može kupiti izviđačku košulju... (Plakao sam u zamračenoj sobi onog hladnog četvrtka kad je cijela izviđačka četa čoporativno išla u izviđački ekonomat po nove uniforme, a ja sam ostao doma i gledao kroz prozor kako četa prolazi preko raskršća. Mama nije imala novca, a ja sam bio prokleto zločesto derište i vikao sam da mi treba izviđačka košulja. Proklet bio, jedva smo imali što jesti, a ja sam tražio košulju! Ne mogu zamisliti kako se mama osjećala zbog te moje gluposti i pohlepe. Znam da je htjela da imam izviđačku košulju, ali nije mi je mogla kupiti. Jebem ti krvavu nedjelju, oprosti Gospode što psujem, ali kako drugačije objasniti što je ljubav kad se ljubav jedino ima? Ne, siti ne razumiju što je glad, bogati što je siromaštvo, bezdušni što znači voljeti. Vratio bih se u djetinjstvo jer samo u djetinjstvu sam bio svoj, nisam bio sam. U obitelji. Zahvalio bih mami, bakama, tati, D., svima na svakoj kriški kruha s pekmezom, na svakom tanjuru ajnpren juhe, na crnim gumenim čizmama i na novim bilježnicama za školu, govorio bih sto puta „volim te" i „hvala", u sekundi bih učinio sve što sam trebao učiniti, a oklijevao sam, odnio bih smeće, očistio sobu, otrčao do samoposluge, sve bih učinio, mama, volim te...

Soba je puna, veselje traje, u zraku se osjeća miris hrane, vina, jak je miris dima cigareta. U kutu sobe, kod prozora postavljena je okićena božićna jelka: svjetlo raznobojnih žaruljica obasjava kuglice, jelka izgleda čarobno lijepo, svečano. Na sredini sobe, na niskom sobnom stoliću prekrivenom bijelim stolnjakom s crvenim obrubom mnogo je hrane: pohana piletina, pečena svinjetina, francuska salata, kiseli krastavci, pire krumpir, salame, šunka, sir, sitni kolači, makovnjača i orehnjača, keksi, sok „deit", vino, mineralna voda, rakija i pivo. Dva mršava dječaka, jednako odjeveni, u smeđe hlače i plave košulje dugih rukava, sjede na kauču na razvlačenje, desno od vrata i jedu kolače, mljackaju, naguravaju se, smiju. Roditelji dječaka i gosti piju, jedu, zabavljaju se. Iz zvučnika starog kofer-gramofona smještenog na ormariću ispred kauča, na strani prema prozoru, dopire kreštava glazba s gramofonske ploče. Pjevačev glas je melodičan, a pjesma govori o tome kako je „na tvojoj ruci prsten, u tvome oku suze" i kako će „proplakati zora". Pjesma dira u srce okupljeno društvo jer u trenu svi prihvaćaju melodiju i glasno pjevaju refren. Pjevanje veselih gostiju izlazi iz stana na prvom katu u zgradi kbr. 11 b, u Ulici Vilka Jureca u Varaždinu i na stubištu se miješa s veselim tonovima iz drugih stanova prvog ulaza. Društvo u prvom stanu desno, na prvom katu prvog ulaza, u dnevnoj sobi koja je ujedno i dječja soba: domaćini, muž i žena, mladi su, na početku tridesetih, lijepi, veseli, u dobrom raspoloženju. Njihovi gosti su također razdragani: jedan par kasnih srednjih godina, dva para starijih ljudi i dva spomenuta dječaka. Atmosfera je vesela. Pjeva se, jede ukusna hrana, ispija dobro piće. Pričaju se šale, ljudi se smiju, toči se i ispija naiskap.

Muškarac odjeven u neobičnu kombinaciju plavih radnih hlača i bijelu košulju s jarko žutom leptir mašnom ustane sa stolice i sipa vino „Šipon" u čašu, puni je do vrha. Odloži bocu vina na stol i posegne za bocom mineralne vode, ali odmahne rukom. Progovara grlenim glasom:

- „Kajgod, nemam mesta za vodu, a osim toga, da je voda dobra, žaba bio bila kak' krava,!" - svi se grohotom smiju šali gospodina sa žutom leptir mašnom. On podigne čašu u znak zdravice i brzo ispija. Cmokne usnama zadovoljno: „Kak je fine! I koji bi vrag onda vodu pil kraj ovakvog rajskog vina, haha?!" Ponavlja punjenje, sad puni dvije čaše, ali dolijeva i mineralnu vodu, uzima jednu i stavlja je na stol ispred postarijeg muškarca u odijelu i kaže s osmijehom, naglašeno komedijaški:

- „Evo ga, druže zastavniče, jebal ga ti, pravi merzli gemišt. A ne tvoja pišalina od pive, dragi moj prijatelj! Kaj žlepaš tu pišaču, drug zastavnik, drmni jenega pravega gemišta od „šipona"! - muškarac kojega je gospodin s leptir mašnom nazvao „drug zastavnik" malo se kao namršti ,no ipak uzme čašu govoreći:

- „Pa šta da se radi, druže moj! Šta se mora, mora se i nije teško, hehe! Popit' ću jer je od tebe, prijatelju. Ljudi moji, znate da nisam od vina, meni su samo pivo i rakija na srcu i u trbuhu, haha, ali, da mi moj prijatelj, drug inženjer ne zameri, haha, po partijskoj liniji, evo pijem, živeli, drugovi i drugarice, haha! Sretan vam Božić, ako smem da kažem! A ti me, druže inženjeru, nemoj odmah prijaviti službi, znaš da bi me odmah na Goli poslali, haha! - gromoglasan smijeh svih prisutnih, raspoloženje je na vrhuncu. Bračni par, domaćini, uživaju, Badnja večer je uspjela. Druženje s dobrim ljudima uz puni stol. Djeca su sretna, a to je najvažnije. Muž drži ruku žene, ona se smiješi, gleda ga zaljubljeno. U sobi je vrlo bučno, svi govore u isti tren, smiju se. Dječaci se hrvaju na kauču, „bore" se za komad orehnjače. Odjednom, zvonjava na ulaznim vratima. Jedan put, dva puta. Netko energično pritišće zvono. Zastavnik kaže punih ustiju, jede pohanu piletinu:

- „Hej, netko zvoni! Kako je služba tako brzo saznala da slavim Božić? Haha! A možda je stig'o onaj vaš sin Božji, haha! Ti boga, šta će reći ako vidi da komunista slavi njegov rođendan, haha..." - smijeh se opet razliježe sobom.

Domaćin poljubi ženu, ustane iz fotelje i odlazi u hodnik. Zvuk otključavanja i otvaranja vrata. Nerazgovjetan govor, šuškanje vrećica. Muškarac se vraća u sobu. Kaže:

- „Imamo gosta, netko nam je došel...” - svi utihnu i okrenu glave, znatiželjni oči u iščekivanju novog gosta.

Na vratima sobe pojavi se žena na pragu šezdesetih godina života. Vitka, uredno začešljane kose pokrivene mekanom maramom, mirnog izraza lica, mudrog čvrstog pogleda i toplih očiju. Odjevena je u zeleni samt kaput. Kaput je raskopčan i otkriva smeđu vestu i crnu suknju ravnog kroja. Na nogama ima crne polučizme niskih peta.

- „Sinek, daj mi zemi kaput.” - ženine su ruke pune, nosi nekoliko vrećica i jednu veliku platnenu torbu.

- „Evo, mama.” - muškarac uzima vrećice i torbu od nje i pomogne joj skinuti kaput. Muškarac odnosi kaput u hodnik i vješa ga na vješalicu. Brzo se vraća u sobu. Svi gosti stoje. Smiješe se. Gošća zagrli majku dječaka. Zagrljaj je mlak, na majčinom se licu vidi iznenađenje, u očima joj je veliki upitnik. „Tko je ova žena?” Pozdravlja je, ali ne uspijeva sakriti šok izazvan njenim iznenadnim dolaskom. Njen muž stoji iza njih dvije pomalo kiselog lica. Gošća i domaćica se razdvoje. Majka dječaka okreće se prema gostima, glas joj je isprekidan, uzbuđen:

- „Ljudi ovo je... ovo je moja svekrva...” - pogleda panično muža, a on joj pomogne:

- „Prijatelji, ovo je moja mama, Rozalija, Rozika. Baš je došla z Njemačke.” - svi radosno plješću i pozdravljaju Rozaliju. Redom joj prilaze, pružaju ruku, drug zastavnik je zagrli:

- „Nek' si nam stigla živa i zdrava, baba Rozalija, draga jugošvabica, haha. Nadam se da nisi šurovala s ustaškom emigracijom tamo, haha!” - ovo je popravilo raspoloženje, svi se smiju. Rozalijin sin joj dodaje stolicu, postavlja je između kauča i fotelje na kojoj sjedi njegova žena.

- „Kaj buš popila? Zemi si jesti...” - otac dječaka nudi joj hranu. Ona odgovori:

- „Samo vodu, prosim, Nisam lačna, fala ti, sinek.”

Dječaci su zbunjeni, nepovjerljivo gledaju pridošlu staricu. Sjede na kauču priljubljeni jedan uz drugoga. Otvorenih usta gledaju staru ženu. Majčina svekrva ustane sa stolice i priđe kauču, pokušava zagrliti dječake. Oni ustuknu. Ne poznaju je, ne znaju tko je ona.

U vražju mater! Prokletstvo je poželjeti vidjeti prošlost: mrtve slike ožive i umjesto onoga što se želi, vidi se ono što se mora vidjeti. Tako funkcionira istina i ma što god tvrdili pobornici mišljenja da istina ovisi o onome tko je prezentira, istina je oštar mač, vulkanska lava i bolje je dobro razmisliti prije nego se bezglavo upustiti u smrtonosnu avanturu opetovanog susreta s ubojicom snova i nada. Jebi ga, u duetu s prošlošću, istina pobjeđuje, njena je okrutnost nezamisliva, udarci razarajući, pogađaju u središte srca i duše. Istina ubija krvavije od bilo čega, nema strašnijeg oružja od nje. Smrt od istine bolnija je od tjelesne smrti! Umro si, a živiš, krvariš, a nigdje krvi vidjeti nije, trpiš nezamislivu bol, a lijeka nema, pomoći niotkud, plačeš bez suza, jaučeš, a nitko te ne čuje. Istina je zla, prošlost je njen odani sluga, zajedno su nepobjediva vojska nebeske i zemaljske osvete: konjanici prošlosti i istine, jahači osvetnici uzimaju ono što je bilo u nama, a nismo vidjeli da jest i s čime se nismo imali hrabrosti suočiti dok je još bilo vrijeme... Što je to bilo u meni, a nisam htio vidjeti? Zašto je to tako? Ne znam. Koliko je onih koji su spremni priznati svoje gubitništvo, koji se ne libe vlastitu nesposobnost i poraze ispisati na komadu krpe i podići na štapu kao zastavu priznanja osobne ništavnosti i mahati njome pred cijelim svijetom? Ne poznajem nikoga takvog. Ja? Možda je odgovor... Problem je samosažaljenje jer tanka je granica između suočavanja s istinom na razini prihvaćanja i javne objave priznanja kao jalove obrane. Mnogo je onih koji su kroz suze ispovijedali grijeh dok su u sebi slavili pobjedu nad ljudskom naivnom prirodom koja pada na emotivne eskapade lažnog kajanja. Jesam li i ja među njima? Zvuči bahato, ali nisam! Ne mogu biti, oni koji to čine uspijevaju naplatiti svoje glumatanje, a ja nikad ništa u životu nisam naplatio, uvijek sam ja bio onaj koji je plaćao ceh, i svoj i tuđi.

Jorge Luis Borges je napisao: "Pogledaj prošlosti u oči. Nemoj se kriti od nje jer ne može ti ništa ako je ne ponavljaš.” Riječi znamenitog argentinskog pisca uistinu su moćne, no kod mene, kao i u svemu ostalom, stvari stoje drugačije. Dajem si slobodu dopune autorove misli: „... odnosno, ako uspiješ ne ponoviti prošlost.” Što je skoro nemoguće. Prošlost ponavljam stalno jednim te istim potezima, u različitim inačicama koerografije i s drugačijom scenografijom, a uvijek po istim lošim odlukama, pod većim ili manjim pritiskom razrovane psihe, više ili manje sluđen otrovom svakidašnje borbe i uslijed vlastite nemoći i kukavičluka: ne tražim vanjske primjere, sam sam sebi najbolji i najgori primjer te gluposti, te idiotske suicidalne igre protiv zdravog razuma. A istina? Haha, istina nikad nije otišla od mene, od rođenja je ovdje, u meni, u mojoj krvi, u znoju, u suzama, u mesu i u kostima, istina je moj otrov i moj ubojica. Sa-mo nju posjedujem, a nisam je naručio, nisam je kupio, nisam je planirao stvoriti. A jesam, stvorio sam je vlastitim životom i od dana rođenja odbacivao, ratovao protiv nje na sve moguće načine i na svim bojištima svih mojih glupih nepotrebnih ratova. Istina? O Gospode, ne mislim na lažnu idealističku istinu ispisanu krvlju na svodovima crkava, hramova i inih vjerskih zgradurina (vjerske su istine satkane od leševa ubijenih, bilo onih koji vjeru nisu htjeli prihvatiti kao svoju, bilo onih koji su je prihvatili, ali su uvidjeli svoju zabludu i osvješteni tom spoznajom poželjeli su, naivni kakvi bjehu, napustiti i vjeru i sve, pak im se ta želja ostvarila na lomači, pod krvnikovom sjekirom i na vješalima). Ne mislim ni na koju drugu istinu, osim one, po zemaljski fragilni svijet i crkve i njihove bogove malu, posve beznačajnu istinu, osobnu, jednu jedinu, nesavladivu, trajnu i neizbrisivu. Svoju (moju) istinu. Koja je i komplicirana i jednostavna u isto vrijeme, lijepa je i ružna, neželjena i željena, koju sam odbacivao, gušio, nastojao izbrisati. Zašto? Ne znam. Teško je znati kad je istina u pitanju. Nisam dovoljno vješt u laganju i ne mogu definirati objašnjenje zašto mi je istina (bila i jest) enigma. Oscar Wilde je rekao: „Istina je rijetko čista i nikad jednostavna.”.

Premalo sam čitao posljednjih godina, a sve pročitano prije toga je isparilo iz mog uništenog cerebruma. Teško je sjetiti se mudrih savjeta ljudi koji su znali kako s istinom. Jesu li stvarno znali? Pogledam li njihove biografije, što ću pronaći? Intelektualne i moralne vertikale, književnici, filozofi svjetskoga glasa, jesu li uistinu bili savršeni i jesu li znali sve o svemu? Mogu li biti uzori i usmjerivači života nama nevažnima? Biografski fakti najvećih književnika i mislioca su često strašniji od Sodome i Gomore, a da ne mogu biti moralni uzor, to je otrcani vic. Ernest Hemingway nije ništa manje odličan pisac i njegove riječi nisu ništa manje moćne premda si je pucao u glavu. Wirginia Woolf, Anne Sexton i Ivana Brlić Mažuranić ostati će i dalje na Olimpu pisane i umne riječi bez obzira na živčana oboljenja. Tko može pobiti istinitost stihova možda najvećeg od velikih poeta, Sergeja Jasenjina? Nitko, ni činjenica da se ubio to neće promijeniti. Njegova posljednja pjesma, napisana vlastitom krvlju, govori sve. Moćni stihovi pjesme „Do viđenja, dragi, do viđenja” i danas me tjeraju na plač:

„Do viđenja, dragi, do viđenja;
ti mi, prijatelju, jednom bješe sve.
Urečen rastanak bez našeg htjenja,
obećava i sastanak, zar ne?
Do viđenja,dragi, bez ruke, bez slova,
nemoj da ti bol obrve povije -
umrijeti nije ništa na ovom svijetu nova,
al' ni živjeti baš nije novije.”

Veliki Sergej, umro je mlad, razriven, neshvaćen, ali ostao je živjeti vječno kroz svoje stihove, u svojim čistim istinama. Nema te zemaljske snage zla i licemjerja koja je u stanju iz-brisati ono što su u anamet ostavili oni koje je svijet otjerao u smrt.

Život je čudan. I zašto sam otvorio pandorinu kutiju osobne prošlosti? Ponekad se karta u ovom kazalištu plaća dozom mazohizma. Zar sam stvarno mislio da ću moći nešto promijeniti, popraviti, čak izbrisati? I čemu bi služila takva prošlost i kakva bi bila sadašnjost s drugačijom prošlošću? Ništa, naravno. Ne može se mijenjati ono što je iza nas jer se istina ne može mijenjati. Otvaranje prošlosti znači samo jedno: novo sramoćenje starim sramotama! U svetoj knjizi muslimana zapisano je: „Ko god se osramoti zbog istine bolji je od onog koji dobije čast zbog pogrešnog.” (Muhamed)

Osramotih se? Da, i? Zar mogu doživjeti zlo koje već nisam iskusio? Zar mogu pasti niže no što sam već pao? Čeka li me osuda strašnija od svih koje sam primio? Ništa, rekli bi u mom kraju, „nebreš ti mene tulike jebati kulike ja morem trpeti”. Ili ipak ne?

- „Kaj tu stojiš kaj drvena Marija? Zakaj šutiš? Poveć nekaj! Reći nekaj staroj kravi...!" - majka dječaka urla, viče iz sveg glasa na muža. On stoji ukoćeno kod božićne jelke, puši i gleda u pod. Ne reagira na supругine riječi. Šuti i puši. Lice mu je tvrdo, nepomično, oči sužene, pogled mutan. Povremeno mu tek zadrhti gornja usna, jedva vidljivo. Ruke mu se tresu, on pokušava sakriti trešnju. Bez uspjeha. Atmosfera u sobi je napeta, teška. Dva para gostiju više nisu u sobi, otišli su. Ostali su muškarac sa žutom leptir mašnom i njegova supruga. Njih dvoje sjede na stolicama, osjećaju se neugodno. Dječaci nisu u sobi. Dvije čaše su na tepihu. I jedna prazna vinska boca. Muškarac sa žutom leptir mašnom se sagiba, uzima bocu s poda i stavlja je na stol.

Fotelja na kojoj je sjedila majka dječaka je prevrnuta. Kod kauča, s gornje strane, prema vratima stoji muževljeva majka, baka dječaka, maše rukama, viče. Lice joj odaje bijes i strašnu ljutnju. Majka dječaka odgovara svekrvi vikom. Svađa je teška, prostačka. Na kauču i na podu uokolo kauča razbacane su razne stvari: vrečice, omotni papir, neotvoreni pokloni, plastični dječji pištolji, otvorena kutija za nakit, jedan zlatni lančić i velika platnena torba.

- „Kaj ste mislili kad ste ve došli?" - viče majka dječaka - „Za koju ste pizdu materinu došli sim? Četri godine vas ni bilo, nismo ni znali za vas... Niste morali ni dolaziti, zakaj, stara veštica?!

- „Kurva! Prokleta kurva! Ti buš meni govorila kaj morem i kaj nebrem! Mužača prokleta! Sina i vnuke sem došla videti, ne tebe! Kurva!"

- „Kaaj? Čuješ ti kaj mi je povedala stara veštica?! Čuješ, povedaj nekaj, kaj šutiš?!" - otac dječaka ne reagira, puši okrenuz prema prozoru. Odmahne rukom, okrene se. Zakorači do niskog stolića, gasi opušak u pepeljari, uzme čašu, ulije vino, potom mineralnu vodu, odloži bocu na stol, ispija naiskap. Vrati se do prozora, vadi iz džepa cigarete i pripaljuje novu ciga-retu. Ne sudjeluje u svađi, drži se kao da ga se sve to ništa ne tiče. Njegova žena rukama si čupa kosu, urla, okreće leđa svekrvi, opet se okreće, viče:

- „Dostaa! Dosta je, kravo, dosta je! Ve je stvarno dosta sega! Ljude ste mi otjerali, Badnju večer upropastili, vražja baba! Maarš vaaan z moje hiže! Vaaan! Vaaan!!!"

- „Ti buš meenee terala van, nije ovo tvoje, kurvo!!! Siineek...!" - ne završava rečenicu jer je snaha hvata za ruke i gura prema hodniku. Starica se otima, bez uspjeha. Zove sina u pomoć. On stoji okrenut prema prozoru, ne reagira. Spuštene glave i zatvorenih očiju stoji kraj božićne jelke. Trese se. Lice mu je mračno, tvrdo.

Starica odustaje od svađe. Gleda prema sinu.

- „Kurva prokleta, kurva, sina si mi zela i... Dobro, idem... Kurva..."

Majka dječaka je gura niz hodnik, uzima njen zeleni kaput i baca pred nju na pod. Starica se sagne, uzme kaput i šutke otvara vrata i izlazi iz stana. Starica plače.

- „Da se niste više nigdar pojavili ovde, nigdar!" - majka dječaka vikne i zalupi vratima. Starica joj odgovori:

- „Vidla buš ti svoje, kurva, neje ovo još gotovo, kurva prokleta!"

Dva dječaka sjede na krevetu jedan uz drugog, plaču. Ponoć je prošla, stigao je Božić godine 1972., nekako.

I što sad? Kako prosuditi obiteljske istine? Mogu li i smijem li uopće nekoga voljeti manje ili više, a što da radim s Malom bakom? Očeva majka nije voljela moju majku. Hm, je li to dovoljan razlog da je manje volim? Ah, kad bih zaboravio ljubav i žrtvu koju je podnijela za nas, to bi bila pizdarija. Kako se postaviti u toj istini iz prošlosti moje obitelji?

Na vijest o smrti moje majke, baka Rozika je samo rekla: „Konačno je kurva crkla."

Mala baka, izmrcvarena bolešću, slaba, kost i koža, usamljena i ogorčena na cijeli svijet, sve i svakoga, slomljena teškim životom, u nestrpljivom iščekivanju smrti (preminula je voljena Mala baka tri godine kasnije, devedeset i šeste), vjerojatno dementna, ali znajući da joj se kraj bliži, u svom malom stanu, bez ikoga svoga (ja, pas mater, devedeset i šeste još sam bio u vojsci, nisam je posjećivao, što je još jedna od mojih sramota jer tih sam godina vrijeme provodio opijajući se, živio sam pijano i besmisleno: ostavio sam obitelj iza sebe, pobjegao sam u pakao čaše i flaše, alkohola, bluda i nesreće, a zapravo nikad nisam bio okrutniji spram svojih. U tim godinama alkoholnog ludila malo kome sam se javljao i za to ne tražim izliku, tako je bilo. Na dan smrti Male bake bio sam na terenu u blizini Dubrovnika, što nije opravdanje, samo kažem, na njenom pogrebu nisam bio. Praznina koju sam stvorio namjernim izbivanjem iz života svoje obitelji izdubilo je rupu u sjećanju. Ne mrzim Malu baku. U svom srcu nosila je i čuvala ljubav prema svome sinu, prema mom bratu i meni. Jako nas je voljela, a netrpeljivost prema mojoj majci, ah, mislim da nije to bilo stoga što bi moja majka bila loša osoba, jer nije, nego zato što je prokleta i od olova teža samoća proizvela u njoj gorčinu i bijes koji nije imao ime, samo je morao naći metu na koju će ispucati svoje otrovne strijele. Mnoge je godine provela negdje, ne znam gdje i cijelo to vrijeme bila je bez sina. Moj tata bio je jedinac, mamin sin i sve što je baka radila, za što se mučila, za što je trpjela i patila bio je moj tata, on je bio njen cijeli svijet u poznim godinama, barem od dana kad nas je vidjela po prvi put, mog brata i mene. Opraštala mu je sve, posesivno ga je branila i čuvala od nečega, tko zna čega i nije mu dala disati...

O tatinom životu do vjenčanja s mojom majkom ne znam mnogo. Baka mi nije mnogo pričala o tome. O bakinom glupom „ratu” protiv mame također nemam bog zna kakve informacije: volim ih obje i ne želim se dovesti u situaciju biranja strane, to ne dolazi u obzir! A onda, mama baš nikad nije ružno govorila o baki Roziki i nije spominjala razloge njihovih nesuglasica. Uostalom, bili smo premali da bi razumjeli, to je jedno, a drugo, ni brata ni mene to nije osobito ni zanimalo. Mama nas nije „puntala” protiv bake, ali baka protiv mame jest, često i nikad u rukavicama. Brat i ja? Djeca, kroz jedno uho unutra, kroz drugo van, tako otprilike je bilo to s bakinim verbalnim napadima na našu mamu: što bi klinci trebali, zamrziti mamu jer baka je ne voli? Glupo. Napokon, sirotinjska se djeca vrlo rano izvježbaju u glumi: kad god bi došli kod Rozike ili kad god bi ona otpočela tiradu protiv mame, mi smo šutjeli, klimali gavama i pravili se da slušamo bakine prigovore. („Koza ne zna kuhati, se joj zgledi kak napoj, mužača jedna, a veš, ni veš oprati ne zna, to ni belo neg sivo, bi mene bilo sram obesiti sivi veš, pogljejte kak hodate po svetu, zgužvani i podrapani, jadna deca”). Ah, ne mogu protiv bake već zbog onog vremena kad smo živjeli kod nje. Spomenuh to, socijalni rad je „oduzeo” brata i mene od mame i očuha zbog „zanemarivanja djece i neprimjerenih životnih uvjeta” i tako dalje, kako to ide u sličnim slučajevima. Nije bilo jednostavno staroj, skoro sedamdesetogodišnjoj bolesnoj ženi skrbiti o dva nedisciplinirana dječaka. Nepismenost joj bješe otegotna okolnost u „poslu” odgoja brata i mene: bili smo učenici petog i šestog razreda osnovne škole i nije nam mogla pomagati oko školskih zadaća. Ipak, to što sam bio prisiljen učiti bez ičije pomoći - produženi boravak pokazao se beskorisnim - bila je odskočna daska za skok u bazen života: kod Male bake naučio sam sam pronalaziti odgovore, čitao sam mnogo jer nismo imali TV, naučio sam misliti mada to mi i nije bog zna kako pomoglo u životu, kako je vidljivo iz mojih postignuća, haha. Osim toga njena minijaturna garsonijera nije bila naročito udobno mjesto za nas troje, stan bijaše premalen. O financijskoj strani situacije ne moram zboriti, sve je jasno. (Opaska: baki su dali stančić u jednoj od one prve dvije „penzionerske” zgrade kod pruge, odmah do bunkera „Kod mačka”. Haha, ljudi su govorili „idemo kod ceckuve Mice na gemišt”, jeftino piće, bilo je vrlo popularno, na crno je sve išlo, a koliko znam, obitelj je imanje dala biskupiji i sad za tu lijepu imovinu mrtvi imaju mise, a popovi bogatstvo, haha, a što sam ono..., aha, dobila je novi stančić jer je njen stari stan u bivšoj staji, tamo kod stadiona „Slobode” službeno proglašen kao „neuvjetan za stanovanje”.) Da se ne lažemo, djeca su ponekad vrlo okrutna prema svojim vršnjacima, ali i prema starijima, pogotovo kad su u pitanju velike razlike u godinama i još veće u obrazovanju. Djeca iz sređenih obitelji imala su u moje vrijeme, a imaju i danas, svinjski odnos s djecom iz siromašnih obitelji. Brat i ja nismo bili anđeli i baki s nama nije bilo lako, međutim ona je bila čelične volje i stare švapske discipline, kod nje je sve moralo biti cakum-pak, od jela do spavanja točno u isto vrijeme svakoga dana, od kupanja u isti dan do najsitnijeg detalja iako se naš život odvijao u bijednim sirotinjskim uvjetima.

Odrastati u tim godinama uz staru baku imalo je svoje draži, dakako, kao ono, mogli smo joj reći bilo što o školskim zadaćama, ionako nije znala o čemu se radi. Sad žalim zbog toga jer znam kako to bješe bezobrazno. Neznanje nije sramota, u životu sam, nažalost, imao ne-prilike susresti se, živjeti i raditi s visoko obrazovanim personama koji su bili moralne nule i glupani prve vrste! Za njih je naša mala baka bila desterostruka doktorica znanosti! Iskreno, morao sam otrpjeti i u školi zajedljive komentare od djece komunističkih faca i od oficirske djece (zanimljivo, podoficirska djeca bjehu kudikamo pristojnija, više prijateljski raspoložena, kao da je bezobrazluk rastao u skladu s činom njihovih očeva) i djece visoko pozicioniranih drugova i drugarica: kad ti na roditeljski umjesto mame dođe baka, kad čuješ ono „on živi s bakom jer mu je mama...", što ćeš nego ili se potući do krvi ili pobjeći, da se negdje na miru isplačeš?! Nisam se tukao, ne znam zašto, osim s bratom, ali to se ne računa, zar ne? Jest, bilo je često puta kompli- cirano to stanje, zeznuto i lijepo u svemu: tek danas shvaćam koliko je muka baka preživjela ne bi li nas podigla, odgojila i naučila ispravnim stvarima. Da, naučila me je, samo što to znanje nisam na vrijeme spoznao. Prekasno sam shvatio što imam u srcu i duši. Trebao je sam Gospodin Isus Krist poslati po mene i trebao sam proći cijeli proces obraćenja prije no što mi je došlo iz guzice u glavu tko sam i što sam i što mi znače korijeni. Mama nikad nije rabila ružne riječi o baki, baka o njoj prostački ogavne. Laži, uvrede, izmišljotine koje za dječje uši baš i nisu bile, optužbe o tome kako je mama ubila tatu, da je kurva koja ga je upropastila, da je ovo i ono, sve gore od goreg, svaki dan, pogotovo kad smo nešto skrivili, jer to se od- mah vidi, da od kurve djeca ništa dobrog naučiti ne mogu. Priznajem, katkad sam „mrzio" baku zbog njenih riječi, katkad sam pokušao braniti mamu, vikao sam baki da laže, da prestane to govoriti. Kazna je bilo dolazak na spavanje bez večere. Ne znam, vjerojatno automatizmom samoobrane u sebi, vrag zna što i kako, ali stvarno, desetljećima nastojah suzbiti svaku pomisao na to razdoblje, kao kad ljudi prelaze pre- ko problematičnih sjećanja iz jednog jedinog razloga, zato što ne žele ponovno osjetiti bol koju su morali preživjeti u trenutku zbivanja traumatičnih događanja. Jebi ga, opet serem, kakve tarume, radi se o ljubavi prema baki ili prema mami! Za obje, nikako protiv jedne od njih dvije. Besmisleno je tražiti uzroke. Ili ipak nije?

Bože moj, mamin sinek, tata. Njegova majka, moja baka. Voljela ga je. Ne želim zvučati kao birtijaški psiholog, no baka je dvije osobe optuživala za smrt svog sina: moju majku i sebe! Sebe je optuživala mož- da više nego svekrvu. Nebrojeno puta mi je rekla, u onim značajnim tenucima potonuća u samosažaljenje i kajanje, u samooptuživanje: „Sinek moj, sinek moj, da sam mu dala pedesetaču onaj den, ve bi bil živ!" Da. „Nekoliko dneva predi smrti, moj je tata onak nervozen, znojen, živčani i još neobrijan, v zgužvanoj obleki i napol pijani posetil mamu i prosil je nek' mu da nekaj penez, da mu hitne treba. Neje mu dala, ništ' mu neje dala i još ga je sterala z stana vun, „da kaj on misli, nek' ide onoj kurvi da mu peneze da, tak ga je upropastila, pogleč kak zgledaš, sinek dragi, zapil buš se, zarajtal, ona coprnica te vništila, prokleta bila". I tako prljav izbačen iz majčinog stana, bez novca, proklet, moj je otac otišao nekamo, tko zna kamo i kome, odglavinjao je, uspio je posuditi nešto novca od nekoga i odbačen od majke po tko zna koji put, jednako odbijen kao kad je bio dijete (kad' ga je rođena majka ostavila kao psa na ulici i zaboravila na njega punih dvadeset i pet godina, da bi se vratila one strašne Badnje večeri godine 1972. uništivši zabavu i unijevši u našu obitelj sjeme zla, svađa i razdora) odlučio se za novi bijeg, samo ovaj put posljednji jer ga je odveo u smrt. Nije mu dala tih nekoliko dinara, a onda su je obavijestili da su joj sina pronašli mrtvog.

Ne mogu si predočiti tu scenu, kad je Mala baka primila najstrašniju vijest u životu. Eh, dobro, kao njen unuk, poznavajući je iz srca (opetujem: samo za vrijeme od četvrte godine nadalje, sve prije je enig- ma), mislim, baka je mnogo svojih poznih godina provela posvećena mom bratu i meni i kroz nas i u nama moj tata je živio. Cijena takvog poluživota bila je visoka: doslovno se ubijala radeći i usprkos uzna- predovaloj bolesti, nije se predavala. Zbog svojih unuka. Odjenuti nas, nahraniti, skrbiti o nama...

Zar bih imao obraza kazati i napisati jedno slovo protiv nje, čak i ako je mrzila moju mamu? Ne, nikad to neću učiniti, to što je bilo između njih dvije, nije konačno moja stvar, ja se neću, ne mogu i ne smijem miješati u tu priču. Uostalom, sve je prošlo i sad me, siguran sam, zajedno čekaju iza vela: sljedeći sam na redu za napuštanje smrtnog svijeta.

Mamu volim. Malu baku volim. Veliku baku volim, sve ih volim. Bez njih ne bih postojao. Sve ima neka pravila, svoje uzroke i svoje posljedice, sve se odvija po nekom redu stvari, život nije kaos iako po- nekad izgleda suludo. Obitelj funkcionira ili ne funkcionira, a opet i jedno i drugo stanje je normalno. Zove se život. Sa svime ili bez ičega. Živjeli smo kako smo živjeli. Svađali se, mirili, voljeli i plakali, bili ljuti, bijesni, radovali se i smijali. Gospod je re-kao u Mormonovoj knjizi, 2. Nephi 2:11 : „... providnost ne bi mogla biti ostvarena, niti opa-čina, niti svetost ni bijeda, ni dobro ni zlo...“...

Bilo je drugo vrijeme i drugi sustav, čak je bila i druga država, vrijedila su drugačija pravila igre, uopće su bili za današnje pojmove čudni standardi, nije bilo pametnih telefona, računalnog biznisa, nije se gledao satelitski TV program, nije se kupovalo na E-bayu i Amazonu i nije se gledao Netflix i HBO, tada su ljudi bili još jako blizu (barem što se tiče starijih generacija, napose rođenih između 1890. i 1940.), zapravo preblizu ostacima postfeudalnog vremena crno-žute monarhije i kraljevine Jugoslavije, a što i danas kao otrov teče venama nas Hrvata-mrtvaca i prisiljava nas na bespogovornu poniznu poslušnost jer i tako za nešto bolje ne znamo, što da radimo kad' je, evo, već trinaest stoljeća kako svojim gospodarima govorimo „da“ i činimo što nam se naloži, zapovijeda, što gospodske guzice žele. Što je pedeset godina naspram tisuću i tri stotine ljeta pod čizmom grofova i biskupa? Haha! Ni komunisti nisu mogli izbiti i ukloniti iz hrvatskog kmeta ono što su gospodski bič, toljaga, vješala i španjolske čizme, lomača i vječno ratovanje usadili u genetski god hrvatskog čovjeka, smoždenog do toga da živi kao crv u blatu. Oprilike ovako stoje stvari: svaki naraštaj nosi svoje breme i živi neki svoj veltanšaung i uvijek se vodila borba generacija, često vrlo žestoko i nemilosrdno, ta mladi i stari nikad nisu mogli zajedno na zelenu granu, međutim kako pričam o svome djetinjstvu, relacije i stanja su bila bitno različita. Kao dijete imao sam dva odgoja: u školi, socijalistički, a doma staromodan, arhaičan jer su me odgajali majka, tata, pa bake, pa majka i očuh, pa Mala baka i sve to bješe čudna mješavina odgojnih metoda: ne, doma nismo brat i ja odgajani u socijalistčkom duhu, rekoh, u stanu ni kod bake nije bilo maršalovih slika ni crvenih knjiga. Potcrtavam, ne zato što smo bili veliki 'rvati kamenjarskog tipa, jer nismo, već stoga što za politiku moji imali ni volje ni ni snage. Ponajviše trudom naših baka, Velike bake i male bake, kasnije male bake (nažalost, Velika baka preminula je godine 1980., puno prerano), mi djeca podučavani smo staroj školi katoličke podložnosti i obveze prihvaćanja pravila bez iznimki. Kratko rečeno, bake su nam gurale u glavu da je svatko iznad nas „bog i batina“ i da imamo slušati i izvršiti bez pogovora jer to se tako radi: „Onda idi i napravi kaj sam ti rekla". Odgajani smo u duhu pristojnosti, poštivanja starijih, izražavanja zahvalnosti i skromnosti: uistinu, iako izgleda dosadno, tako je bilo. Sirotinja nije sinonim za bezobrazluk i oholost: to mi je ostalo u krvi, čak i danas u komunikaciji najviše rabim ono „vi“, na per tu nikad s nepoznatim ljudima. (Okay, ovdje u Americi ne, u engleskom toga nema.) Nikad se ne bih žalio na hranu kad sam negdje u gostima, pa bila hrana napoj za svinje. Modernim klincima je glupo, ali mene su mama i baka učile po onoj prastaroj da „se gospon nemre postati sam tak, gospon se rodiš“ i „saki je gospon pod svojim škrlakom, bil on siromah ili grof“. Priznajem, s mamom je bilo lakše, draga mama, puštala mi je sve, ne sjećam se ijedne njene kazne za moje svinjarije, a bilo ih je milijun. Mama, volim te! Haha, s bakama nije bilo zajebancije. Velika baka i njen stari katolički odgoj možda bi me usmjerio prema svećeništvu, ali bakina smrt je prekinula moje „naukovanje“ pod njenim patronatom. Ona je imala vjeru i moć je Božja bila s njom, znam to. Cijelog je života bila iskrena i pobožna žena i s njom ni komunisti nisu izašli na kraj. Mala baka, rekoh već, posebna je storija. Pokupila je ona mnoge gospodske manire (kako to već roblje usvaja navike gospodara) iz mnogih „finih“ obitelji kod kojih je rintala godinama i taj nobl šlif je u punini strogoće predratne škole nastojala usaditi u brata i mene. Nije uspjela sto posto, no ipak sam dijelom preuzeo njen stil i ne da se hvalim i kako god bilo neskromno, moje ponašanje (izuzev u pijanim danima, mjesecima i godinama) nikad nije bilo nego uljudno i „kak' Bog zapoveda, bi se povedalo“. Bez večere na spavanje, klečanje na kukuruzu u kutu ili pokoji šamar bjehu odgojne metode jer batina je iz raja izašla. Sve strogo, nema mrdanja. Zahvalan sam baki na tome, bez te vrste odgoja, iskreno, siguran sam da bih napravio milijun puta veća sranja od onih koje sam učinio. Baka je bila terminator u odgoju, ali dobar terminator. Očuh je bio propalica, niš' koristi, alkos. Mrzio sam ga i mrzim ga. Pored alkoholizma, galame, svađa i svih sličnih govnarija, još mi je samo trebalo da me tuče! Kasnije, kako smo rasli majmun nije pomišljao dići ruku na nas, mogli smo ga razbiti. Nije tukao ni mene ni brata, ali je zato tukao mamu.

Moje djetinjstvo i sadašnje vrijeme dva su različita univerzuma koje razdvajaju milijarde svjetlosnih godina svemirskog beskraja: u stvarnosti, radi se o civilizacijskoj razlici, o drugačijem pristupu ljudskosti. „Da, hvala“. „Molim.“ „Dobar dan.“ „Laka noć.“ „Nije potrebno, hvala.“ Ustati da stariji sjedne. Pomoći bolesnima. Dijeliti s potrebitima. Ne misliti na sebe. Cijeniti prijateljstvo i zaslužiti ga. Gledati sugovornika u oči. Ne davati obećanja za koja znaš da ih nećeš moći ispuniti. Jednostavnije ne može biti. Ah, bili smo obična djeca u običnom vremenu, kakvo god da je bilo.

Hm, evo opet nekoliko riječi o našim školskim izletima. Imali smojednodnevne, dvodnevne i ponekad višednevne izlete tijekom osnovne škole. Jednodnevni izleti: nekoliko puta kroz školsku godinu, uvijek uz posjete značajnim mjestima iz enobea, čak i ako su izleti bili u svrhu učenja prirode i društva, jer trebalo nas je brusiti u socijalističkom revolucionarnom duhu, haha - ne mogu reći jesmo li mi djeca ili nismo voljeli te biste, spomenike, spomen-ploče i prigodna blebetanja o herojima, no obožavali smo izlete i nije nam smetalo što nas kljukaju partizanskim pričama. Doduše, ratne priče ostarjelih subnorovaca znale su biti i zabavne i smiješne jer ti starci se nisu baš doslovno držali „pristojnosti" i kad bi im pobjegla psovka, mi bi se valjali od smijeha. I kako onda sve to preskočiti, kako ne govoriti o tome? Zašto bi to bilo ne'rvatsko? Oni koji danas glume 'rvatine (naravno, svi koji su stariji od četrdeset pet), katolike veće od pape, fanove Jure i Bobana (a da u svemu nemaju pojma tko su ta dvojica izroda bili, ništarije jednake komunističkim zločincima) izgleda da su oboljeli od najtežeg oblika gubitka pamćenja, ne sjećaju se ničega, ali znaju da su mrzili Jugoslaviju i potkopavali je još od vremena prije svog rođenja. Hrvatstvo, Hrvate i stanje u Hrvatskoj najsočnije je opisao legendarni Željko Malnar u jednoj od svevremenskih cjelonoćnih emisija „Noćne more": „Uzimate pristojne laži kao istinu... Osobno mislim da ste glupi... toliko ogovaranja među Hrvatima, toliko pizdarija... toliko pokvarenosti koja je očita, svugdje gdje pogledate... Vi ste socijalisti komunisti u duši, shvatite da je novo vrijeme... Vi ste pizde, ne ja, ova emisija pokazuje vaše lice... Mi ćemo umrijeti, vi ćete ostati s vašim pizdarijama. Kog' vi jebete, vi hoćete? Mi vam možemo pljunuti u lice jer ste licemjerni! Pizde ste! Prije trideset godina bila je zemlja Jugoslavija, u kojoj ste i vi živjeli, a sad kao da niste, ma živjeli ste, živjeli ste, djeco, u Jugoslaviji, i voljeli tu zemlju, i voljeli maršala Tita, odjedanput ste svi postali Hrvati i oduvijek ste bili protiv Jugoslavije, ma gdi ste bili, u pizdu materinu, pedeset godina dok je Jugoslavija postojala. Sad ste veliki vjernici, katolici, ma mislim... Tko to puši? To puše samo idioti! Ti poltroni koji kao kameleoni mijenjaju boje, vjeruj mi, nisu ni takvi baš Hrvati, kak' su se hvalili... Nevjerojatno od koga ja čujem kak' su bili veliki Hrvati prije dvadeset i koliko godina!". Je li sad jasnije? Malnarove riječi su kao šlagvort na ovo o čemu pričam: djetinjstvo obilježeno dvostranom životnom zbiljom, onom državnom i obiteljskom. Stoga su stvari jasne, a onda, čega bi se dijete trebalo sramiti, zato što je živjelo u sustavu i odgajano u školi po tom istom sustavu bez svoje volje? Dajte najte me zajebavati! Istina je, međutim, kako nova hrvatska katolička aristokracija krije vlastitu prošlost „kao zmija noge" i to i bivši komunisti i bivši ustaški apologeti. Prvi, jer nije zgodno biti veliki katolik s članskom knjižicom SK u ormaru, a drugi, jer nije zgodno u EU biti pobornik strane koja je držala ljestve nacistima i fašistima, a zbog vanjske percepcije moderne 'rvatske, jasno.

Kako ono? Izleti, da. Izleti nisu prolazili bez šokova jer novca nije bilo ni za osnovne stvari, pa su takvi izdaci uvijek stvarali probleme koje nisam razumio. Nakon očeve smrti mama borila se svim snagama i svim svojim srcem za našu obitelj, nastojala je da preživimo sve nedaće i zlo koje nas je snašlo. Plaća u „Varteksu" nije dostajala za život, a mirovina „po ocu", premda dobrodošla nije bila od velike pomoći (po tadašnjem zakonu, u slučaju smrti oca i supružnika, djeca su imala pravo na tzv. obiteljsku „mirovinu po ocu", odnosno pravo na „mirovinu" namijenjenu uzdržavanju maloljetne djece do kraja školovanja: kako je tata umro mlad, nije imao mnogo staža i „mirovina" bješe mizerna). Dolazak očuha u kuću pogoršalo je stanje i katastrofe su se redale jedna za drugom, obitelj je svaki danom padala sve du-blje u očaj i bijedu. Mama se trudila štedjeti, ali svi napori rijetko su urodili plodom i prije svakog izleta „koji se plaćao" u kući bi izbila drama „stvorena" po bratu i meni: pohađali smo dvije različite škole, pa bi se zbilo da brat ima izlet sa svojom školom, a na što bi se nadovezao izlet mog razreda i mama se našla u financijskom neobranom grožđu. Kako pronaći novac, kako kad nije imala ni za kruh i mlijeko? (Opaska: prokleti veliki 'rvati, bivši komunisti, prokleti bili, baš kao ovaj sadašnji premijer, komunjarsko derište, mamica je plaću primala od JNA, a ni tatica nije bio bez novčića kao major KOS-a, tako da je živio k'o bubreg u loju i sad mi jedan takav komunistički izrod docira o „mračnom socijalizmu" u kojem je on bio sit, a ja gladan, docira mi u „demokraciji" u kojoj je opet on sit, a drugi su gladni!) Dvostruki napad na mamin prazan novčanik značio je eksploziju nevolja jer su se dugovi samo umnažali bez izgleda za njihovo vračanje.

Izleti su izazivali u meni tugu i bijes. Sram i stid skoro uvijek. Zašto? Ne znam zašto su mi bili tako teški. Djeca luduju za izletima, radost i uzbuđenje što ga izaziva putovanje, zov iznenađenja i nesputane igre, smijeh, posjeti novim, posve nepoznatim mjestima i krajevima, hrana koja je različita od one koju jedu svaki dan i mnogo više slobode tek su dio razloga zašto djeca izlete doživljavaju kao avanture i zašto mjesecima pričaju o njima. Tako sam i ja vidio izlete. Druga strana medalje bješe manje sjajna, nikako smiješna. Spominjao sam ranije hranu, pa ipak evo još koja riječ, „da utvrdim gradivo”. Stari su ljudi govorili da se najbolje vidi u kakvom je tko materijalnom stanju, ako mu (ili njoj) pogledaš u cipele. Cipele su bile zrcalo, odražavale su stanje novčanika. Umjesto cipela, ogledalo stanja roditeljskih novčanika u vrijeme „moje” osnovne škole bješe sadržaj vrećice, naprtnjače, sadržaj onoga u čemu smo nosili hranu za školski izlet. U socijalizmu moda nije bila numero uno kao danas (čak i uz navalu na Trtst po jeftine traperice) ili barem se ja ne sjećam da je odjeća bila na prvome mjestu naših interesa. U prijevodu, mnoge su obitelji odijevale djecu po sustavu s-koljena-na-ko-ljeno, što znači da su mlađa djeca dobivala odjeću starije djece, braće, sestara, bratića i sestrični, rodbine, susjeda i prijatelja. Krpalo se, popravljala se odjeća, bake i mame bi našivale zakrpe, osobito na nogavicama, za koljena i na rukavima, za laktove, proširivalo se preusko i sužavalo ono što je bilo preširoko, a krpanja nisu bile pošteđene ni čarape, one naročito. Baka Rozika je često opominjala mamu. „Obleka mora biti čista, speglana i pokrpana, nek' je stara, ali ne sme biti zmazana, zgužvana i podrapana, deca ne smeju hodati po vuni kak landravci.” Stvarno, „retki su svetki bili gda se vu štacunu nova obleka zemala. Največ bi se na staru kramu išle, tam na staro sajmište gde se za par dinarov dalo najti nekaj kaj se mogle još neke vreme nositi. Je, Mala baka je letama tržila na staroj krami, bila je ona stara kramarica. Saki četrtek bi vlekla kofere i torbe pune stare obleke, cipelov, rubenine i išla bi na sejem prodavati, kaj bi šteri diner dobila. I po dešču i po suncu išla je jadna i po celi je bogovetni den stajala tam i znalo je pune put biti da baš nikaj ni prodala.” Znao sam je posjetiti koji put i ona bi mu svaki put gurnula nešto novca u ruku, da imam, pa makar toga dana i nije imala mušterija. Robu za prodaju dobivala je od ljudi kod kojih je radila i susjeda, od onih koje je poznavala: stara dječja odjeća, naročito puno odjeće od pokojnih članova obitelji, što znači da je bakina roba bila staromodna, neki komadi bili su stariji od četrdeset godina, iznošeni i isprani, ali ljudi su kupovali. Njene mušterije bili su seljaci, radnička sirotinja, ona ista „klasa” koja se i danas „odijeva” na staroj krami, koja ne zna kako izgleda unutrašnjost preskupih butika, oni koji nikad u životu ne kupe nove hlaće ili novo odijelo. „Tak je bile, su se canjki nosili, same da nisme goli hodili po črnemu svetu. Jedine kaj se zmislim, da sem nosil novejše je gda sem s bratom kod bake živel. Je baka dobre znala šefa „Varteks” štacuna, tam mam prek puta glavne porte. V tem se štacunu prodavala roba, bi rekli, po diskontnim cenami. Bile je i dobre robe, ali najveć one „s greškom”, kaj je imala nekakšni feler na sebi i ni mogla iti vu redovnu pro-daju. Krivi konec, falš zašito, ne baš dobre pofarbane i tak, pak je „Varteks” tu bofl robu po niskim ce-nama prodaval za sirotinju. Baka si je bila dobra z šefom štacuna, mogla j kupovati „na knjigu”i platiti na penziji, a i to na par put. Išli sme išli v taj štacun po nove hlaće. Kak da je denes se zmislim, su došle nove traperice, ali ne američke nege jugoslavenske, haha. Bile su trde kak vrag, krute i farbu su puštale, haha, ali gda sam v njima hodal sam se osečal kak frajer. Obično bi išli popodne, pred kraj radnog vremena i se skup bi bile jako zabavno. Haha, i nervozni bi bili, brat i ja smo šteli one bolše, ali baka je rekla one druge i tak, pa dok sme probali jene, druge, tretje. Opče se čudim kak su trgovke imale živce s nami. Nisem ni čekal da bi dimo došli, mam v štacunu bi oblekel te proklete trde traperice i ondi bi hodil kak puran po dvorišću, haha. Jemput je bile da nam je baka, baš nekak predi nek je počela škola, kupila sakomu hlače, nove rubače i cipele (se v štacunima gdi je mela poznate, na teku, na rate: cipele v „Borovo” štacunu, a košulje v onom malom „Tekstil”, mislim da se tak zval, „Centroprometov”, mam na početku Zagrebačke vulice, posle semafora, kod pošte). Taj den mi je bil kak rajski, najbolši: nova obleka i još nam je baka da-la za kino! Istina je, neki od mojih pajdašof, onih iz penežljivih partijskih familija, su mi se iza hrpta sme-jali jer se na kilometar vidlo da to nesu prave traperice, ali me ni bile briga, sam sem sebi bil faca...”

Istina je, cipele i hlače nisu bile toliko važne koliko je to bila hrana. Djeca šljakera i djeca drugova i drugarica iz komiteta, općine i djeca direktora i ostalih komunistički pojava, djeca privatnika i krčmara, mesara, lovatora itd. nisu nosila isti strošek, kaj bi! Priznajem, razlike u kvaliteti i količini hrane za putovanje nisu nas toliko dijelile kako se može steći dojam iz ovih riječi, ali da je bilo stanovitih „značajnih” kimanja glavom i podsmješljivih pogleda bahatih bogataških faćuka, bilo je. Također, nisu ni sva djeca iz privilegiranih obitelji bila jednako „bogatih” ruksaka: primanja komunističkih glavonja su se razlikovala, pak su torbe s hranom njihove dječurlije bile napunjene s više ili manje skupom hranom. Plaća direktora neke firme nije bila kao plaća komandira milicijske stanice, a njegova se plaća razlikovala od primanja tajnika općine koji pak nije imao koliko sekretar općinskog komiteta partije ili pukovnik KOS-a jenea. Jednako tako, potonji nisu imali novca koliko birtijaš, posebno ako je birtija bila na glasu, a da o novcem potkovanim mesarima i ostalim privatnicima ne govorim. U usporedbi s ovima i svim podkategorijama spomenutih crvendaća, djeca radnika, seljaka, djeca najnižih klasa „budućeg besklasnog” društva na izlete su nosila običan strošak, bez delicija koje su mirisale iz torbi djece bogatijih roditelja.

Danas mi to izgleda čudno: ponovno se prisjećam detalja za koje sam mislio da sam ih zaboravio. Sjećam se nelagode zbog moje sirotinjske hrane, sjećam se pogleda ispod oka nekih dječaka i djevojčica i njihovih teatralnih zatvaranja nosa prstima kad bi se autobusom raširio miris sendvića od paštete ili nečega tako jeftinog. Dobro, nije samo zbog hrane, nego i zbog nas lošijih učenika i naše zabave. Naime, raspored u autobusu bio je otprilike ovakav: oni slabijeg zdravlja odmah iza vozača, zatim štreberi i odlikaši, mamini i tatini sineki i curice, zatim zlatna sredina, vrlo dobri i oni tihi, neprimjetni, a na kraju autobusa mi, zločesta balavurdija, dvojkaši, oni s trojkama i ponavljači. Primjer, dakle, „plastična” slika razlika o kojima govorim, o hrani za putni strošak na našim školskim izletima:

1. Ja: četiri sendviča, dva s paštetom na kruhu, dva sa parizerom, tri jabuke, dva

„C” soka u tetrapaku, možda slani štapići. Džeparac: evenutalno koji dinar;

2. Sin vlasnice vrlo popularne birtije: najmanje osam bogatih debelih sendviča,

sa šunkom, sirom i kiselim krastavcima, sa budžolom, sremskom, čajnom i

majonezom, mesni prutići i još mnogo toga. Banane, naranče, čokolade, žva-

kače, keksi, napolitanke, smoki, pereci, bomboni, lizaljke, najbolji sokovi.

Džeparac: ogroman, kao plaća moje mame, najmanje;

3. Sin poslovođe u „Centroprometu”: debeli sendviči s pohanim mesom, sirom i

najfinijom salamom. Grickalice, naranče, uopće najskuplje voće, čokolade i

najbolji sokovi, bomboni. Džeparac: više nego što košta izlet.

Razlike su se najbolje vidjele u „slobodnim satima” izleta, kad bi nas drugarica (učiteljica) pustila da sami šečemo ulicama, razgledavamo suvenirnice i kupujemo sladoled i sokove, a što su sva djeca obožavala jer sloboda je najveći dječji blagoslov, haha. Oni s većim džeparcem bi se razletjeli u kupovinu, a podosta bi se učenika vratilo na dogovoreno „zborno” mjesto: nisu imali što trošiti i kući bi se vratili bez suvenira.

Ne sjećam se kamo smo putovali, no upamtio sam taj izlet na kraju četvrtog razreda osnovne. Svršetkom četvrtog prelazili smo u kategoriju „viših” razreda, a što je značio rastanak od učiteljice koja nam je bila razrednica prve četiri godine i koja nam je predavala sve predmete (osim stranog jezika: u četvrtom razredu otpočinjalo je učenje njemačkog jezika, a stjecajem okolnosti učiteljica koja mi je predavala njemački u četvrtom, postala je moja razrednica od petog do osmog razreda). Na kraju četvrtog razreda organiziran je višednevni izlet, kao svojevrsna proslava svršetka prvog dijela osnovnoškolske avanture učenja i odrastanja.

Pripreme za izlet trajale su cijelu školsku godinu, no uzbuđenje je doseglo vrhunac u tjednu prije putovanja. Očekivanja, planovi i „dogovori” tko će s kim spavati i u kojoj sobi postale su teme kudikamo važnije od završnih testova i ispitivanja. Naravno, ni ja nisam bio iznimka: o sadržaju ruksaka nisam razmišljao. Nosili smo samo nešto za prigristi za polovinu prvog dana jer je hrana bila uključena u cijenu, što je roditeljima olakšalo pripreme. Koliko se sjećam, ručak smo imali usput, u nekom restoranu uz cestu, a ostali obroci bjehu u hotelu. Iz istog smo hotela odlazili u razgledavanje okoline i na sve ostale planirane aktivnosti.

Priprost jeftin hotel, s dvije zvjezdice, za ono doba nismo mogli ni dobiti nešto bolje od toga, smještaj dovoljan da imamo gdje prespavati i nešto toplo kuhano pojesti. Pamtim ovo: izlet na kraju mjeseca, kad je u našoj obitelji vladala ozbiljna besparica. Živjeli smo sa zubima na klinu i na izlet sam otišao gotovo bez džeparca. Nekoliko dinara u džepu nije bilo dovoljno ni za što, tek da imam, da ne mogu reći da nemam. (Opaska: kraj četvrtog razreda, školska godina 1979/80-ta, prvi dani nakon maršalove smrti i mislilo se da će zbog toga, „kaj je maršal otišel vu večna lovišta" izlet biti otkazan, ali nije jer je i u jugvini vrijedila ona stara „kralj je mrtav, živio kralj".) Ljutio sam se na mamu, bilo me sram, klasične dječje gluposti, no kako se dan izleta približavao, uzbuđenje je raslo i zasjenilo je sve ostalo. Sramim se blesavih prigovora („si imaju, sam ja nemam", „kakva si ti mama, zakaj moram iti bez penez"), najradije bih da nisu nikad izašli iz mojih poganih usta, danas znam koliko sam povrijedio mamu: nije mi mogla dati jer nije imala, a ja sam tražio... Nezahvalno derište, eto što sam bio. Pišem ovo i plačem, mama, oprosti mi, molim te...

Na izletu smo imali dobru učiteljsku pratnju, djeci se ništa nije smjelo dogoditi. U pratnji jednog razreda uvijek su bile dvije drugarice („najte me sad zajebavati s tim, onda su bile drugarice i šlus, ite v rit s tim 'rvatstvom"): koliko mi je mozak uspio memorirati, u nižim razredima VI. OŠ „8. maj" nije bilo muških nastavnika. U vrijeme mog pohađanja šeste osnovne na izletima nije bilo incidenata, nijedno dijete nije stradalo. Drugarice su radile svoj posao savršeno. Moja razrednica, predraga, danas, nažalost, pokojna, na tom izletu je učinila nešto što nikad neću zaboraviti. Kroz sve četiri godine brinula je o svima nama kao o vlastitoj djeci. Dragica Jović bila je učiteljica stare škole, njoj je podučavanje djece bila strast, poziv, ne samo posao: ovo kažem bez ikakve patetike. Mislim da joj je naš razred bio posljednja generacija, koji mjesec nakon što je nas predala u više razrede, otišla je u mirovinu. Drugarica Dragica bila je jedna od malobrojnih partizanskih učiteljica. Dragica je bila žestoka partizanka, kako sam čuo. Možda zbog svega pretrpljenog, ali i zbog duše i srca, svoje je učenike nosila kao malo vode na dlanu, kažem ovo bez pretjerivanja. Kod ocjenjivanja bješe blaga i pravedna, s puno razumijevanja. Htjela je nas je naučiti korisnosti znanja, ne samo bubanju napamet bez uma i razuma. Koliko je puta platila užinu, potegla svoje veze ne bi li pomogla siromašnijim obiteljima, koliko je puta progledala kroz prste kod nenapisane zadaće... Svega je nekoliko ljudi u mom životu za koje mogu reći da su bili čovjek na jedini ispravan način, onaj Isusa Krista, a Dragica Jović je bila više od toga: premda bivša partizanka i komunistkinja po uvjerenju, svojom je ljubavi i skrbi za učenike, dobrotom i razumijevanjem nadmašila mnoge učitelje, nastavnike i profesore s kojima sam se susretao tijekom godina školovanja. Hvala Gospodu na njoj!

Navečer, na kraju prvog dana izleta, poslije večere u hotelskom restoranu, imali smo slo-bodno vrijeme za zabavu i druženje. Znajući kako su školska djeca majstori za pravljenje nereda, uprava hotela odredila je jedan dio terase samo za nas. Konobari su spojili stolove u kutu, u sjeni borova, gdje nismo smetali ostalim gostima, a mogli smo se zabavljati do mile volje. Sjedio sam malo dalje od naših stolova, na kamenom zidu koji je okruživao veliku hotelsku terasu. U društvu nas je bilo pet-šest dječaka. Igrali smo neku od naših igara, smijali se, šalili. U jednom trenutku prišla nam je učiteljica Dragica i tiho mi šapnula na uho nagnuvši se nad mene:

- „Dođi malo, dušo. Trebam te nešto." - prvo sam se zacrvenio pomislivši da sam nešto kriv, a nisam se mogao sjetiti bilo čega lošeg toga dana. Čini se da se zbunjenost vidjela na meni jer me je drugarica nježno potapšala po ramenu i nasmiješila se:

- „Ne boj se, ništa nisi skrivio, samo dođi na minutu ovdje."

Krenuo sam za njom polako i oprezno. Odvela me je na popločanu stazu koja je vodila od hotelske terase prema plaži. Osvijetljena visokim svjetiljakma i okružena bogatim raslinjem, staza je djelovala vrlo romantično, samo što ja to tada nisam vidio na taj način. Učiteljica Dragica i ja sjeli smo na suhozid, ispod jedne od lampi. Zagrlila me je i tiho upitala:

- „Jesi dobro? Sve u redu?"

- „Jesam, drugarice."

- „Kako je doma? Mama je dobro? A tvoj brat?"

- „Aha je, mama je bolje, bila je malo bolesna, ali sad je dobro."

- „Drago mi je to čuti. Vidiš, tvojoj mami je teško, radi i brine za vas dva velika dječaka, nije joj lako. I ja imam djecu, već su velika, ali bilo je puno brige s njima prije, znam kako je tvojoj mami. Moraš biti dobar i zahvalan za sve što imaš, dijete moje." - nakašljala se i nastavila - „Mama te jako, jako voli."

- „Znam, i ja nju jako volim, jako volim mamu." - osjećao sam se čudno, ovakvi razgovori obično nisu završavali najsretnijim krajem. Utjeha mi je bila da nisam napravio nikakvu glupost i da neću biti kažnjen. Učiteljica me ponovno zagrlila i prošaptala, kao ono, u povjerenju, što me još više zbunilo:

- „Bravo, tako treba biti. Nego, moram ti nešto reći. Bio si jako dobar na putu i prije toga i dobio si nagradu. Na svakom izletu mi, drugarice, odaberemo jednog učenika ili učenicu i koga odaberemo, taj ili ta dobije malu nagradu, nešto novca, To mi dajemo od sebe, drugarice i ja. Ovaj put si ti odabran." - stvarno sam se zbunio:

- „Nag... gradu, drugarice, zakaj? Ja..." - prekinula me tiho, nježno: - „Psst, ne govori nikome, može? To je naša tajna. Svi koji prime nagradu imaju obavezu ne pričati nikome o tome. Može?" - gledala me toplim pogledom, smiješila se:

- „Pa, pa... more... kaj..." - mucao sam, a ona me potapšala po ramenu, odmakla se malo od mene i gurnula mi nešto u ruku:

- „To je nagrada, tiho samo. Kupi si nešto, sladoled, evo, sad si kupi sok, kupi i za prijatelje, hajde, dijete, veseli se." - ustala je i pokretom ruke mi dala znak da se vratimo na terasu:

- „Hajde, već je kasnimo, imate još sat vremena i onda se ide na spavanje. Dođi, idemo!" - sjedio sam zabezeknut. U ruci sam držao smotuljak nečega. Pogledao sam u šaku: novac. Lijepi iznos, nije bilo puno, ali za mene jako veliki novac. Nisam znao što bih. Vjerojatno sam se sledio jer mi je drugarica Dragica prišla, uzela novac i gurnula ga u džep hlača:

- „Tako, idemo!" - hodao sam za njom posve zbunjen.

Citat koji baš trebam na ovome mjestu. John Wesley: „Čini dobro koliko god je u tvojoj moći, svim sredstvima koja su ti na raspolaganju, na svim putovima kojima ideš, svim bićima koje susrećeš i to toliko dugo koliko živiš." Ima nešto u ovim riječima starog engleskog metodista, nešto što kao da je kazano o mojoj dragoj učiteljici Dragici Jović, osobi koju volim i poštujem i koju neću zaboraviti. Kažem, ne sjećam se detalja, no mislim da je prošla pakao Kozare i vidjela i osjetila ljudsko zlo i patnju koje obično srce teško može pojmiti i podnijeti. Ono što je uzdiže iznad večine mojih učitelja i profesora jest njeno srce i njena duša. Bila je za milijun kopalja ispred i iznad svih! Zašto? Nije me učila samo pisanju, čitanju i matematici, nije me učila samo prirodi i društvu, pjevanju i crtanju, o ne, učila me je kako postati, biti i ostati čovjek i ne misleći pri tom da sam ja samo mali dječak od sedam, osam, devet i deset godina. A to mogu samo odabrani i odabrane. Malo je takvih, premalo. U sustavu koji nije priznavao duhovne i Božje stvari (a katolička je tzv. crkva bila zadnji primjer koji bih slijedio) bilo je mnogo onih koji su vlastite živote predodredili drugima ne pitajući za cijenu i činili su to punim srcem, bezuvjetno. Takva je bila naša učiteljica Dragica Jović. I ako imam još nešto kazati o njoj i njenom radu, neka to bude ovo: žao mi je, iskreno žalim što svojim životom nisam dokazao da sam bio učenik dostojan ove iznimne žene i učiteljice. Od milijun stvari za koje mi je žao i za koje sam se pred Kristom i Nebeskim Ocem pokajao, to što nisam ispunio drugaričina očekivanja (koje je imala, znam to, za svakog svog učenika i svaku učenicu) je među najvećim mojim greškama. Sudbina me je uspjela natjerati na dnošenje loših odluka, a posljedice tih idiotskih odluka zapriječile su mi da život gledam barem malo ljudskijim pogledom. Na kraju, u njoj (makar bila komunistkinja) bješe više kristolike ljubavi nego u masi ljigavih lajavih katolika i vjernika drugih crkva s kojima sam se susretao i s kojima se susrećem svih godina. One večeri, negdje u nekom hotelu na hrvatskom Primorju, malo dalje od hotelske terase, na suhozidu, učiteljica mi je dala „nagradu" iako nikakve nagrade nikada nije bilo: ovo ja zovem „istinita laž", s najboljom nakanom, iz ljubavi prema drugima, ovdje prema meni, jednom siromašnom učeniku bez džeparca na izletu na kraju četvrtog razreda osnovne škole. Nije me htjela poniziti dajući mi dar iz sažaljenja (jer to nije ni bio), ispričala mi je priču kako bih se osjećao jednako vrijednim ostalim učenicima. Naravna stvar, tada nisam shvatio o čemu se radi, a danas... Više nije važno, ostalo je sjećanje i moja zahvalnost, vjerojatno zakašnjela, ali ipak zahvalnost čovjeka (nadam se da imam pra-vo zvati se čovjekom) koji je imao privilegiju i bio blagoslovljen učiti od anđela zemaljskog. Najbolji ljudi, oni koji znaju voljeti o tome ne zbore, oni ljubav čine.

Mama, oprosti, molim te, oprosti mi, bio sam glupi dječak, ništa nisam znao, ništa nisam razumio. Znaš, mama, djeca misle o novcu sasvim krivo, da raste na drveću, kao trešnje. Oprosti sinu svome, mama, molim te! Sad znam, već godinama i znam i gledam i vidim, svaki put kad se okrenem iza sebe, prema svojoj sjeni, prema prošlosti svojoj vidim tebe, mama, tvoje suze, gledam te uplakanu, iscrpljenu i bolesnu, vidim te kako se svom snagom, svim silama boriš za nas, za život, za mene, mama! Plačem dok ovo pišem, vidim te bolesnu, s perikom na glavi, jer ti je kosa otpala zbog kemoterapije, gledam te kako se šepajući penješ uz stube i nosiš teške torbe... Mama, o Gospode, kako se sramim sebe samog! Zašto ti nisam rekao koliko te volim, zašto sam bio loš? Mama! Oprosti mi, danas bi mi sendvič od crnog kruha namazanog jeftinom paštetom iz crijeva bio najfiniji ikad, tvoj sendvič ne bi imao cijenu jer je od tebe, od tvog srca, mama. Pripremila si mi izletnu torbu s ljubavlju, a ja to nisam znao cijeniti, mama... Nisam to vidio mama... Oprosti mi, mama! Volim te...

Pitanje je, jesam li ili nisam usvojio životne lekcije, koje sam slušao u djetinjstvu?! Jesam li? Nemam pojma, ali znam tko zna: Onaj koji će i meni i svima suditi. Pa neka bude tako, vrijeme je.

Godina je tisuću devetsto trideset i šesta, tri godine prije početka drugog najvećeg svjetskog klanja. Šesnaesti je dan mjeseca travnja, četvrtak. Kraljevina Jugoslavija, Hrvatska. „Varaždinske novosti” u broju tristo trideset i tri na prvoj stranici objavljuju ogroman partacetl za Karla Brkljačića, a onda na još jednoj stranici pjesnički sročen nekrolog i izvještaj s komemoracije za tog, kako ga nazvaše, „narodnog borca, hrvatskog rodoljuba i starine” koji je tragično poginuo nekoliko dana ranije, u subotu: naime, dotičnog je mučki ubio četnik, srpski nacionalist, koji je bio predsjednk nekakvog opskurnog srpskog udruženja u Gospiću. Ubojica je ustrijelio gospodina Brkljačića, istaknutog haeseseovca iz varaždinskog kraja, dokazanog borca za hrvatsku stvar u Trnovcu. Pokazalo se da su trebali biti ubijeni i Artuković i Murković. (Pripremajući ovu scenu malo sam se zbunio jer nisam znao na kojeg su točno Artukovića autori novinskog članka mislili: ako se radilo o onom Artukoviću, kasnijem ustaškom ministru unutarnjih poslova u kvinsliškoj drek-državi NDH, onda ovaj Artuković koji je trebao biti ustrijeljen nije taj Artuković jer je ustaški Artuković u vrijeme spomenutog ubojstva još bio u beogradskom zatvoru, iz koga je pušten sedam dana nakon ubojstva Brkljačića, 25. travnja 1936.) U članku nema podrobnijih informacija i..., ma u vražju mater s tim...

Listam „Varaždinske novosti”. Što pišu? Najava godišnjeg koncerta Pjevačkog društva „Tomislav” za dvadeset i petog četvrtog, u kazalištu, a ako je poštovano pučanstvo varoši Varaždina bilo željno filma, moglo je pogledati dobre filmove. Varaždin u to vrijeme ima dva kina, pa se šesnaestog travnja u kazališnom kinu prikazuje glazbeni film Benjamina Gigha, a u kinu „Tomislav Ton kino” na rasporedu su čak dva filma, neki austrijski film „Posljednja ljubav” i film „Crveni vagon” s Gretom garbo u glavnoj ulozi. Zatim, planinari pozivaju ljude na izlet na ravnu Goru za Uskrs. Jedna vrlo važna informacija koju su građani slobodnoga i kraljevskoga grada Varaždina vjerojatno dočekali s oduševljenjem: izvjesni gospodin Josip Žnidaršić zaručio se s gospođicom Brankom Dučakijević. Iz obavijesti nije razvidno koje su dobi bili zaljubljeni golubići ni tko su zapravo oni bili, ali vijest je svakako zanimljiva, ne zaručuje se svatko svaki dan, haha. Dalje, „Novosti” donose obavijesti o djelovanju „Hrvatskog radiše” i izvještaj o odigranoj nogometnoj utakmici između austrijske ekipe S.C. Austrija i V.Š.K. Utakmica je završila pobjedom gostiju dva naprema jedan. Zanimljivo, tjednik objavljuje reklamu za „Tivar” odijela i to samo deset dana prije početka velikog štrajka radnika te tekstilne tvornice. Hm, pitam se, onako usput, je li general direktor „Tivara” znao ili barem pretpostavljao što će se zbiti deset dana kasnije ?! Haha, možda jest, možda i nije, možda je nakanio otići s familijom i djecom u toplice, možda skoknuti do Beča ili Pešte, a kad tamo, ti boga, glupa nezahvalna rulja, ti prokleti sindikalisti, socijalisti i komunisti organiziraju štrajk! „Je gospon general direktor moral narediti da se brže bolje najdeju štrajkbreheri i da se razjebe taj vraži štrajk” jer bankovni konto „Tivar” d.d. mora imati svakodnevni priljev i narudžbe se moraju izvršiti i roba isporučiti kako je ugovoreno. Da, samo što čovek snuje, a Bog određuje i dogoditi će se što će se dogoditi, a „gospon generalni direktor neje ni senjal da bi do štrajka moglo dojti (a da se nekaj kuhalo, kuhalo se i morti je znal, a kaj bi bile kad bi bile i tak dale). A radniki i radnice „Tivara"? Tko bi znal...".

Listanje „Varaždinskih novosti" je pri kraju: još dva zanimljiva oglasa. Lakiranje auta i kola moglo se obaviti kod majstora Ranteša u Bolničkoj ulici, a svi ljubitelji kiseloga zelja mogli su ga dobiti po dobroj cijeni u trgovini Samac. Također, svekoliko čitateljstvo je obaviješteno da se poradi umirovljenja iz „Ivanca vu Zagreb odselil gospodin Valetch Šmalc", rudarski inženjer, bivši ravnatelj Hrvatskog rudarskog društva kome su svi zahvalni na trideset i dvije godine predane službe. I tipično varaždinski „slučaj" o sukobu vlasnika Kazališnog kina s vatrogascima. Naime, gospodin Cesarec nepristojno je napao varaždinske vatrogasce koji su, kako piše, veliki problem u njegovom poslu. U skladu sa zakonom i uredbama, vatrogasci moraju biti prisutni na svakoj kino-predstavi, a oni, kakvi jesu, haha, ne smatraju se podložni njemu, gospodinu Cesarcu nego policiji i dogodilo se da vatrogasci sami odlučuju kako će vršiti svoju dužnost, a što je vlasniku kina neprihvatljivo. Također, gospodin Cesarec se žali da vatrogasci zlorabe dužnost jer dolaze na predstave u većem broju od potrebnog i tako štete njegovom poslu i umanjuju dobit, a i pitanje plaćanja licence za vatrogasce je naveo kao problem. Autor članka mu odgovara kako govori gluposti jer on, Cesarec, zna da se licenca ne plaća vatrogascima nego policiji, a potom, da ne može on određivati kako će i što će vatrogasci raditi. Haha, bilo je i zabavnih stvari u varoši Varaždinu u travnju 1936... Što sam htio reći? Sve isto kao i danas. Život je prolazio, Drava je tekla, bilo je rođenja i pogreba, trgovalo se i radilo, slavilo, jelo i pilo. Samo život.

U jednom gradu, u istom gradu te trideset i šeste žive ljudi koji se ne poznaju, koji se nisu nikad sreli na ulici, a možda jesu i kojima će sudbina pomiješati karte i povezati ih bacanjem čudnih kockica, pak će biti da rezultat te igre nikoga od njih neće ostaviti nedirnute, ali i to je samo život, bez obzira na sve. Dvije žene iz dviju posve različitih obitelji, potpuno drugačijih priča o precima i s nimalo sličnih obiteljskih stabala, dvije žene s ni po čemu srodnim razmišljanjima, navikama i stilom života, žene različitog društvenog statusa živjele su udaljene jedna od druge nekoliko ulica.

Dvije žene. Prva žena rođena je 1913., radnica je, sluškinja, pralja. Mlada je, iako za tadašnje prilike označena kao „stara puca", dvadeset i tri su joj godine, ali proći će još šest godina prije njene (vjerojatno prve) udaje za muškarca koji će joj kasnije slomiti srce i dušu i ispuniti joj gorčinom. Na dan mog rođenja, koliko znam, taj će muškarac, otac moga oca i njen muž, dakle, moj djed, biti mrtav već dvadeset godina i samo sitna činjenica da su ta prva žena i on bili jednom u ljubavi obvezuje me pisati o njemu. Inače, on je meni nepoznata persona i spram njega nemam definirane emocije, ne poznajem ga i nikad, baš nikad o njemu ništa nisam čuo. (Ona epizoda, ne sjećam se jesam li je već ispričao, iz četrdeset i osme, kad je, opet navodno, taj muškarac, moj djed prijavio UDB-i vlastitu ženu da ispod jastuka drži sliku Staljina, a što joj je u to vrijeme ludila informbiroovske histerije osiguralo četiri mjeseca zatvora je ipak samo epizoda po kazivanju moje bake: u arhivima nisam pronašao baš ništa o njenom boravku u zatvoru niti prijavi na njeno ime.) Djed mi je i to je to, ništa više i ništa manje. Prva žena mu je moja Mala baka, tatina mama. Njen muž je za mene samo njen muž, moj djed, kao što bi to mogao biti bilo tko drugi na njegovom mjestu. On je osoba X. Nažalost, tako je. Prva žena? Mlada je, živi sama, radi, preživljava. Kako? Ne znam točno. Muči se, nema obitelj. Promijenila je nekoliko namještenja. Nakon nekoliko godina je najurena, bila je prestara za grofa. Mlade služavke po shvaćanju aristokracije su mlade, a dvade-et bješe visoko iznad maksimuma „mladosti" jedne pralje. Ili se dogodilo još nešto? Ne znam. Odradila je robovski staž kod grofa i njegove milostive grofice, šest godina je trpjela ponižavanja i ako je nešto bilo dobro u svemu, onda je to svakako znanje koje je ponijela sa sobom: kako čistiti i kako prati, o kuhanju također, sve gospodski, sve fino i sve nobl. Za nepismenu mladu ženu sa sela to je na neki način bio fakultet! Da, jer s time što je naučila mogla je pronaći novi posao kod gradske gospode koja su uvijek tražila poslugu, nikad dosta pralja, sluškinja i kuharica. Ono što sa sigurnošću u istinitost kazanog pišem jest da je Mala baka prošla stvaran zemaljski pakao u godinama služenja kod grofa, ali da je isto tako taj pakao ostao zakopan u pijesku zaborava: danas, osamdeset i koju godinu kasnije ionako je sve samo prah davno krepanih dana i zlo koje se tada odigralo, danas nije nego otopljeni snijeg. Za mene, za ljude, a za baku? Teško pitanje, svako dijete Nebeskog Oca nosi svoj križ i pati pod njegovom težinom. Mogu zamisliti kako su u Varaždinu (u pripizdini nekadašnje Hab-sburške Monarhije, na periferiji Europe, daleko od smrdljivog središta trofaznog srpskog kralja u beogradskom pašaluku, s kojim su hrvatski politički naivci sklopili idiotski sporazum godine osamnaeste i predali jadnu Hrvatsku, s više od dvjesta tisuća pobijenih Hrvata u posljednjem klanju Velikog rata, u ralje Karađorđevića - čak i uz činjenicu da za pobjednike Velikog rata „hrvatsko pitanje” nije egzistiralo, ostaje porazna istina da ni teške osamnaeste mi glupi Hrvati nismo imali pametne glave za stvaranje hrvatske države) gledali mladu zgodnu neudatu ženu: ne toliko kod bogataša, koliko kod vjerski zatucane sirotinje, one iste kojoj je i sama pripadala. Novčano potkovani, obrazovani su više ili manje prihvaćali utjecaje iz tzv. velikog svijeta, no oni s dna nikako. Najniži su se držali pravila koja su im tekla u venama, kamo ih je ugurala sveta inkvizicija i grofovske i biskupske galge i prangeri. Kurva, raspuštenica, bludnica? Možda, ali ne i jedina. Varaždin je u tim predratnim godinama bio „pun” (uvjetno rečeno) neudatih žena i neoženjenih muškaraca, s time da su muškarci bili u kudikamo boljem položaju, njih nitko nije dirao. Mlade neudate žene bjehu druga priča, ušljivo nastrana. Raznosači novina i obrtnički kalfe, pralje veša i služavke u boljim kućama, pomoćnici vlakovođa i dimnjačari, tkalje i foringaši, šusteri i kuharice u jeftinim gostionicama, oberkelneri, kinderfrajle i tiskarski pomoćnici, trgovački šegrti i čistači ulica, peskari i cestari, svi su jedva krpali kraj s krajem, svi su jeli tvrdi sirotinjski kruh i s čežnjom gledali izloge delikatesnih dućana i salona obuće i odjeće. Kupovali su na grame, na veresiju, „na knjigu” kod „Kramara” i kod „Zvijezde” u Gundulićevoj. Spavali su po vlažnim zagušljivim tavanima, u podrumskim sobama, na slamaricama i trulim madracima, ljeti su se kuhali od vrućine, zimi su cvokotali od hladnoće, poboljevali i crkavali k'o ulična paščad bez da je itko ikad za njih nešto pitao. Koliko je njih skončalo prije tridesete, to sam dragi Bog zna. Moja buduća baka i buduća majka mog oca, Rozalija Lj., udata K., u travnju 1936. radila je u „Tivaru”, kao jedna od najniže plaćenih radnica. (Ako je radila puno radno vrijeme, plaća joj je bila 1,5 dinara na sat ili 72 dinara tjedno, što je bilo mizerno. Ne znam je li bila plaćena po satu ili je imala ugovor na akord plus premije, no sumnjam u to zbog njenje nepismenosti.)

Mala baka mi je znala pripovijedati o štrajku u „Tivaru”. Nije znala koliko je ljudi štrajkalo (znam: dvije tisuće i sto radnika i radnica) ni kako je sve to bilo. (Ja, ha, „kao” znam: pronašao sam podatke, internet je čudo. U „Varaždinskim novostima”, broj 336, od sedmog svibnja 1936. godine tiskan je podroban izvještaj o tada najvećem štrajku u kraljevini. Štrajk je organizirao Savez tekstilaca uz pomoć Radničke fronte, no zapravo su štrajk organizirali članovi KPJ ili su barem imali ogorman utjecaj na njegovo odvijanje. HRS je nastojao potkopati štrajk organiziranjem štrajkolomaca, štrajkbrehera, ali u tome nije uspio. Kao sindikat koji je po svemu ušao na ruku poslodavcima, HRS se uključio „ispod stola” u pregovore bez znanja radnika. Kako bilo, štrajk je uspio i uprava „Tivara” povećala je nadnice i promijenila neka pravila. Povod štrajku je, a što mi baka nije znala objasniti, bile su niske plaće i teški uvjeti rada. Inicijalni žar koji je upalio plamen štrajka bila je odluka uprave tvornice da se radnik plaća „po mjestu kod stroja, a ne po sposobnosti”, a što je u najgorem obliku došlo do izražaja kad je „upravitelj konfekcijskog odjeljenja, g. Petar Ugrenović” premjestio nekoliko radnika, a na njihove pozicije stavio žene, dakle radnice koje nije htio platiti kao muške kolege, što je pak bilo suprotivo sustavu koji je u tvornicu uvela uprava d.d.-a.) Kazala mi je da nisu bili gladni jer je bilo nekoliko kuhinja i radnici i njihove obitelji dobivali su kuhanu hranu i svu pomoć. Seljaci i ljudi dobrog srca zdušnp su pomagali. A Rozika?

Rekoh, radila je mnogo i na više mjesta, neko vrijeme i u „Vunateksu”. Nakon nekoliko mjeseci dala je otkaz i potpuno se posvetila služenju u boljim kućama, pranju veša (rublja), čišćenju, poslu koji je odlično radila. Zanimljiva priča, upravo kazališna. Rođena kao prekobrojno dijete u siromašnoj postkmetovskoj obitelji, u blatnjavom selu na dalekoj periferiji jednog provincijskog grada utonulog u drijemež smrdljive barokne stare slave, poslana kao djevojčurak s nepunih četrnaest od kuće kao paket na robovski rad za jednog grofa, poslana da se domu više nikad ne vrati, moja baka i nije imala nego snalaziti se u sudbni u čije je ruke predana na milost i nemilost. Od 1913. do 1996., osamdeset i tri preteških će godina trajati bakino putovanje kroz kloaku padova, propadanja, neuspjeha i gubitka svega, preko osam desetljeća će Rozalija voditi uzaludnu borbu protiv izazova, problema, protiv nemoći, tuge i razočarenja. Trideset i šeste Rozika je na vrhuncu mladosti: možda je imala snove, želje i planove, a možda je samo preživljavala; možda se ludo zabavljala ili se predala teškom radu bez ikakvog uživanja; vjerojatno je malo manje tugovala nad vlastitom nesrećom, a tek će joj u poznim godinama na svjetlo dana izlaći računi promašenog života.

Stanovala je u dvorištu vlastelinske kurije: to je onio preko puta stadiona „Slobode". U niskoj kući bilo je nekoliko malih stanova u nizu, upravo izbi za gradsku bosotinju. Zapravo, „kuća" je bila bivša gospodarska zgrada, staja, koju su preuredili u rupe za stanovanje naj-nižih od najnižih. U jednom takvom „stanu" živjela je Rozalija Lj., kasnije udana za D.K., mog djeda. Sjećam se kao kroz maglu, jedna soba, nešto kao kuhinja, hodnik, tako nekako, a zahod je bio vani, poljski, bi se reklo. Ispod velike nadstrešnice bio je vešeraj: ogroman kotao u kojem je baka opkuhavala gospodski veš. Rublje. Nekoliko korita, kante i lonci, stari špar-het, rifljače daske i ribače četke. Polica s ručno rađenim sapunima, bačva s pepelom za kuhanje luga, boce sa štirkom, razni drugi alat, pletene košare za nošenje rublja. Sedamdesetih bješe sve isto kao i 1936.! Imala je i veliki vrt: povrća kao u priči. Vrijedna, mučila se na svaki način. Vrt joj je došao kao dodatak. Prala je rublje za dame i gospodu: inženjeri, sudski pristavi, niži šefovi, ali i direktori, upravitelji, elita je koristila njene usluge. Pričala mi je kako je to funkcioniralo: sve po usmenom dogovoru koji je bio jači od papirnog ugovora. Svaka mušterija je imala svoj termin, tog i tog dana u toliko i toliko sati, točno u minutu. Na primjer, četvrtkom u devet ujutro pokucala bi na vrata za poslugu (ima toga i danas, ulaza za poslugu, u bogataškim vilama, kućama i rezidencijama dostava ne isporučuje na glavna vrata, isključivo na zadnja, ona „nevidljiva"), u jednoj od vila u Kolodvorskoj ulici, kućna bi joj služavka otvorila vrata i preuzela paket ili košaru s čistim i izglačanim rubljem, te bi joj predala novu „turu" rublja, kao i novac za izvršenu uslugu. Sve se odvijalo brzo, s malo riječi jer gazde nisu podnosile da im se sluge motaju po dvorištu. Rozika bi potom požurila svojoj kući kako bi odnijela ostale narudžbe ugovorene za taj dan. Kad bi sve isporučila, „bacala" se na pranje, štirkanje i glačanje rublja za petak, te obavljanje priprema za subotu i nedjelju. Sama je kuhala lužinu za pranje, a u trgovini je kupovala samo najnužnije, bez čega nije mogla odraditi posao. Kod predaje narudžbe dobila bi uputstva kad je sljedeća dostava, ako je bila žurna i izvan uobičajenog termina. I tako za svaku mušteriju, cijeli tjedan, kroz cijeli mjesec i godinu, ljeti i zimi, i po kiši i po snijegu.

Sve je organizirala gotovo savršeno, svaka je mušterija imala svoju košaru: nepismena i nije mogla drugačije. Pored svega toga, radila je u svome vrtu, čistila po kućama, služila svugdje su je trebali i htjeli uposliti, osobito kod oficira, inženjera i gospode na službi u Varaždinu, samaca i dobrostojećih obitelji. Pranje rublja na taj primitivan način bio je sizifov posao: po vrućini i na studeni, neprestano u vodi, u lužini i sapunu, ribati, štirkati, nositi teške korpe, boriti se s vremenskim prilikama i neprilikama (trebalo je osušiti taj gospodski veš), u stalnoj utrci s rokovima, Mala je baka prošla tijekom svih tih godina pravi pakao. Mnogo puta gledao sam njene košćate kvrgave prste, njene bolesne ruke i bolesno tijelo nijemo je pričalo kako se mučila i koliko je zla podnijela. Današnje žene (i muškarci također) ne bi shvatili užas njenog posla i ne bi razumjeli ondašnja modna pravila: ove riječi pišem s blagim osmijehom na licu prisjećajući se bakinih kritika na čistoću maminog rublja. Rozikino oštro oko iskusne pralje vidjelo je tisuću mana na svakom komadu rublja, na svakoj plahti i jastučnici, na svakom ručniku, na svemu što je moja mama objesila na balkonu da se osuši: „Ti ne znaš prati veš! Kaj je to belo? To je sivo, sivo je, ne belo! Kakva si ti žena, Bog me sačuvaj, mene bi bilo sram obesiti takev veš na štrik! Mora biti belo kak sneg!" Haha, dobra baka, stvarno, kad netko opere i izglača toliko rublja, onda je ekspert za to što jest bijelo, a što nije.

Vodu je uzimala s ručne pumpe u dvorištu. Preko zime to joj je bio najveći problem: sve se smrzavalo i ona je prekrivala pumpu, zamatala dekama, činila sve ne bi li imala vodu za pranje. Vodovoda nije imala, nije bilo perilica ni sušilica, sve je radilo ručno. Nije bilo „popusta", bijelo je moralo biti bijelo, a izglačane stvari „na crtu", okovratnici, manšete, sve uštirkano, greške se nisu opraštale. Nisam brojio koliko mi je puta rekla: „Sinek dragi, naj se ženiti ak ne najdeš ženu koja bu znala veš prati, hižu čistiti, peglati i kuhati!" Haha, sad vidim zašto se nikad nisam oženio, današnje dame ne znaju ni kuhati ni veš prati!

Uništene ruke i kosti, artritis, reuma, neprekidna prehlada, stradala kičma i stotinu drugih zdravstvenih problema bili su rezultati bakinog rada. Kad pričam o tome, mnogi me gledaju kao da sam pao s Marsa! U komoditetu modernog doba, moji prijatelji Amerikanci zaboravili su kako su i njihovi preci prolazili kroz jednako teške živote, naročito ovdje gdje živim, u području Chicaga, gdje je i rođen sindikalni radnički pokret. Međutim, Mala baka nije imala nikoga da je zaštiti, sama je bila svoj sindikat i svoj zaštitnik i jedino što je imala bio je njen rad. To joj je omogućilo da vremenom stekne poštovanje mušterija i mogućnost malo bolje zarade, ali i taj novac nije bio tko zna što.

Cijeli život provesti u sapunici, u lugu, u pari i dimu, u vodi, sagnuta, skvrčena, desetljeća potrošiti na ribanje, na štirkanje i na isplahivanje, godinama nositi teške stvari, korpe pune inženjerskog, doktorskog, fiškalskog i direktorskog veša i godinama biti u minutu točno pred tim istim inženjerskim, doktorskim, fiškalskim i direktorskim vratima za pola dinara nije baš materijal za lijepu kazališnu priču no drugo nemam i ne želim ni imati.

Posao služavke, pranje, čišćenje, poliranje, ribanje. Teško, nezahvalno, posao za one koji nemaju sreće ili ajnfah nisu rođeni pod pravom zvijezdom. Trebalo je preživjeti s onime što je bilo i kad je bilo moguće. Dekadama je glancala, polirala, prala, klečala u vodi, u lužini, ni sama nije upamtila koliko je ribačih četki prošlo kroz njene ruke. U svijetu koji funkcionira po točno utvrđenom redu i gdje je poštivanje hijerarhije preduvjet opstanka, u svijetu koji živi tisućama godina po načelima neuništive gluposti i mržnje, u takvom svijetu jedna nepismena seljanka nije imala izbora, a po istini, nikakav izbor joj nije ni ponuđen.

Kakve je želje imala, kako se zabavljala, je li gledala onaj film sa Gretom Garbo, ne, nemam pojma o tome, ništa ne znam što je moja baka voljela, što nije, kakve su joj misli bile u glavi i što je nosila u srcu. Mogu tek zamisliti svo sivilo svijeta trideset i šeste godine dvadesetog stoljeća u maglama prošlosti skrivenom Varaždinu, mogu, temeljem onoga što znam, nacrtati slab crtež o tome kako se siromašna djevojka probijala kroz zapuhe sudbine, najbolje kako je znala i mogla, griješeći, ne snalazeći se najbolje, ali ni takav crtež ne bi bio prikazao pravo stanje stvari. A što doista znam? Malo toga, primjerice, znam da nije odustajala, bila je borac, upornost je bilo jedno od njenih oružja. Nisu joj trebale diplome da bi shvatila kako nije rođena sa zlatnom žlicom u ustima i da ništa neće dobiti besplatno.

Imati dvadeset i tri godine 1936. u Varaždinu, živjeti bijedno, raditi teško, nositi želje i snove, voljeti, trpjeti samoću, znati gdje se smije ući, a gdje onima s dna društva nije mjesto, sve to i sve što nisam spomenuo moja je baka podnosila s onom tihom unutarnjom kmetskom snagom Hrvata-mrtvaca, bez eskapada jer nema prigovora, nema žalbi ni cviljenja zbog jada i bijede. Sve što bi imala, zaslužila je svojim radom, nikad joj nitko ništa nije dao a da za to nije krvavo radila: u dubokoj je starosti, kad se vrlo teško kretala i bila upravo preslaba za svaki ozbiljniji napor, hodajući pomoću štapa, kad je već dosta toga zaboravljala, u bolovima, odlazila je na groblje čistiti i uređivati obiteljske grobnice čiji su vlasnici bili ljudi kojima je godinama služila. Njeni bivši gazde, plemenita gospoda prije rata i „neplemenita gospoda” drugovi komunisti (i crveni su imale služavke bez obzira na partijske dogme) bili su već odavno ili mrtvi ili prestari, ali njihova zla prljava kopilad, njihovi nasljednici nisu se libili „podsjetiti” Rozaliju na njene obaveze sluškinje (to da je netko od drugova učinio neku uslugu mojoj baki, posebice oko njenog umirovljenja i priznavanja radnog staža nije novost za mene, ali, kažem, ne znam detalje) i nije im se činilo neljudskim i sramotnim polumrtvu staricu slati na groblje da riba mramorne grobnice njihovih prokletih predaka. Moja baka nije bila nikome ništa dužna, nikakvo materijalno dugovanje nije postojalo jer je Rozalija K., rođena Lj. uvijek sve plaćala svojim služenjem, robovski je odradila svaki primljeni dinar, svaki komad starih hlača (za prodaju na staroj krami) i nije bilo ničega zbog čega bi pred smrt morala ribati gospodske grobnice! Ništa. Sranje, takvih finih obitelji, savršenih, koje štancaju hrvatske cilindraše, intelektualce, pravnike i političare, umjetnike i domoljubne prvake, pučke tribune i generale bilo je u svim stoljećima i biti će ih još: nepotrebno se uzrujavam oko toga što nisu imali razumijevanja ni sućuti za jednu staru izmučenu sluškinju. Moj rodni grad nije daleko odmakao od gnojnice bečkog i peštanskog šekreta, pa je tjeranje bake da krepa čisteći posljednje počivalište bezdušnih gospodskih strašila ne odudara od veltanšaunga provincijskih ništarija okoćenih iz utroblja Hrvata-grobara.

Međutim, ima nešto u vezi Male bake čemu se oduvijek divim, što me fasciniralo cijelog života: baka je odlično šprehala njemački! Nepismena, nije znala ni čitati ni pisati, u matematici je bila slaba, mučila se s novčanicama i sa svim dokumentima uopće. Kad bi kod nekog njenog rođaka, o kome se brinula godinama i kod kojeg nas je katkad vodila, gledali kakav strani, uglavnom američki film na televiziji (nakon što bi očistila njegovu kuću: sjećam se tog starca, pljuvao je, kašljao, imao je pljuvačnicu pokraj kreveta, sve mi je bilo odvratno, a njegova kćer ili unuka, ne sjećam se točno, bila je stjuardesa i odselila je u Australiju i jedanput nam je u pismu poslala deset australijskih dolara i baka je dala bratu i meni tih deset dolara i mi smo ih zamijenili u poslovnici banke u hotelu „Turist" i potrošili ih za kino, sladoled i ćevape), morali smo joj govoriti što govore glumci jer nije znala čitati titlove (podnaslove), ali je zato baratala njemačkim k'o rođena Nijemica! Zapravo, njen je njemački bio mješavina Schwäbisch Ditsch Sprocha i tko zna kojih austrijskih dijalekata i (što sam kasnije saznao) znanja stečenog na radu u Njemačkoj.

Kako je naučila njemački jezik? Primala je lekcije s dvije strane. Prva, posao. „Delati za presvetlog gospona grofa i jengovu premilostivu groficu, čistiti po gospodskim varaždinskim hižama i stanovima, prati usrane gaće inženjera i štirkati oficirske košulje (koliko su šumadijski lajavci šprehali, ah, to ne znam) mogla je sam „ak' se spominala" po švapski jer ni plemenitaški i generaldirektorski kamerdineri i glavne služavke gospodske nesu šteli biti od horvatske fele i same su švapski slinili i lajali (a njihov nje-mački nije bio ni za što). Između dva svjetska rata, u onoj baruštini, u gnojnici jugoslavenskog izmeta od države, mislim prvenstveno na Hrvatsku, na područje od Zagreba do Varaždina i okolicu, možda pod-svjesno, možda namjerno, ali u gospodskim krugovima njemački jezik bio je „sve", govorio se vjerojatno iz navike, ta nije prošlo mnogo od smrti Austro-Ugarske, kao i iz nekakvog pasivnog nobl otpora pridoš-lom palanačkom pogledu na svijet koji je dojahao na konjima srpske konjice, skupa s gospodom štapskim oficirima, bankarima i žandarskim stražmeštrima. Nije to bilo iz hrvatstva, jer dotični nikakvog domo-ljublja za Hrvatsku nisu osjećali, nego iz (opet podsvjesne, instinktivne) obrane od (pobjednika Velikog rata) divljaka i primitivaca s one strane Drine, što je bilo nešto poput podizanja ograde ispred krivaca za smrt njihovog savršenog k.u.k. svijeta. Njemački je bio IN, a hrvatski OUT. Hrvatski se u finim kućama govorio samo kad se moralo, a moralo se, pomiješan sa srpskim, kad bi u goste stizali državni, poslovni, financijski i ini „partneri" ili kad bi iz čisto oportunističkih razloga, jasno, trebalo odigrati koju predstavu lokalpatriotizma ili nečega tako glupog. Baka i sve sluškinje niskog ranga sporazumijevale su se sa šefovima gospodske posluge ili na hrvatskom ili na njemačkom, na hrvatskom samo ako bi sluškinja stvarno bila od onih koje ne znaju ni beknuti švapskog glasa. Rozika nije spadala među te, njen njemački je bio bolji od njemačkog većine varaždinskih kamerdinera. Kako rekoh, dolazak beogradskih opančara (opaska: nisu svi oficiri bili srpske krvi, bilo je nešto, ali vrlo malo Hrvata: u službenim dokumentima kra-ljevske vojske govori se o oficirima pravoslavcima, katolicima itd.) poremetilo je ustaljene komuni-kacijske kanale i primoralo naše dične i ponosne varaždinske hoh i nobl glave na govorenje domaćeg jezika, što su dijelom i prihvatili, najviše zbog održavanja dobrih poslovnih i interesnih relacija (posao je posao, a novac je mio ma koje vjere bio). Palanački, taj čaršijski code imao je snažan utjecaj na unutarnji društveni red bogataških guzica, ali nije uspio posve ukinuti pravila koja su stvarana stoljećima. Rekao sam, ako su morali slušati „naređenja" Karađorđevića, a jesu, ako su morali, a morali su, održavati us-pješne bankarske, poslovne, trgovačke i sve ostale kanale unutar države i prema vani otvorenim, onda su i prijelaz na pravila trofaznog bon-tona prihvatili kao nužno zlo: ostacima k.u.k. društvenog coda ponašanja (a njemački jezik je bio dio toga) nastojali su ostati „europski" i „civilizirani", što je bila glupost, svakako, ali tko ima novac, taj vodi igru.

Hrvatski za potomke kmetova, Hrvate-mrtvace, njemački za ostatke plemstva, tvorničare, fiškale i bankare, uopće gospodu svih vrsta i podvrsta. U cijeloj pripovijesti o hrvatskim istinama uoči drugoga svjetskoga klanja, gledano kroz naočale jedne nepismene seljanke, pralje i sluškinje, unuke i praunuke siromaha s tada još uvijek oficijelnim i legalnim statusom kmeta, pisati bez zadaha poruge je nemoguće: danas, ako se smije usporediti, ista je stvar, u trećem mileniju hrvatski je jezik OUT, engleski je IN, a ništa manji privilegirani status imaju njemački, talijanski i francuski, pa čak je i mađarski tu negdje, a zašto? Haha, zato jer je opet na sceni famozna civilizirana Europa! 1936-te varaždinska gospoda nisu pred služinčadi „kajkala ni horvatski pripovedala" jer su time dokazivali svoj europeizam, a danas, navlas isto, moderna se 'rvatska elita 'rvatske srami hrvatskoga jezika i izruguje onim hrvatskim predstavnicima u toj svemoćnoj vrhunaravnoj Europi koji ne znaju engleski (kao što su se rugali 1936. onima koji nisu znali njemački ili srpski), pa nije čudno kad moj imenjak, aktualni (u vrijeme pisanja ovog teksta) predsjednik države izvali za nekog ministra: „Pa on ni ne zna engleski!". (Što nema nikave veze s time da ja osobno obojicu ne podnosim.) A onda, žalosno je što, govorim o sadašnjosti, malo tko govori hrvatski jezik, a o hrvatskim istinama se šuti. Nisam sreo za svojih pedeset i nešto godina Hrvata koji bi bio spreman priznati istinu: mnogo je lakše živjeti u iluzijama, pa čak i ako iluzije dolaze iz grotla hrvatske gluposti.

Prva crta učenja njemačkog jezika bilo je njeno služenje: kamerdineri, sam grof i njegova obitelj, trgovci, ljudi s kojima je imala kontakte na razne načine. Učila je njemački, ali to nije bio onaj jezik kojeg će kasnije svladati i dobro govoriti. Njeno govorenje njemačkog jezika potjecalo je iz druge crte učenja, iz njenog privatnog života. Dakle, stara Švabica.

Ne znam joj ime. Švabica je bila vjerojatno jedna od najvažnijih osoba u bakinom životu. Jako ju je voljela i često mi je pričala o njoj, zapravo, većinu životnih pravila Rozika je pokupila od nje. Kad bi govorila o Švabici, za mene vrlo tajanstvenoj ženi, na baki se vidjelo koliko joj je značila jer sve što bi rekla o njoj, baka bi izgovarala s osobitim poštovanjem, zaneseno, kao svi mi kad se prisjećamo onih koje smo neizmjerno voljeli i koji nam neizrecivo nedostaju. Osmijeh na licu, tuga u očima i pogled uperen negdje u daljinu, naprijed, kao da traži ono nešto lijepo u prošlosti i sjeta u pogledu zbog spoznaje kako se ništa vratiti ne može i neće i da je trebalo potpuno uživati u trenucima kad su se oni zbivali. (Nismo uživali, jer oduvijek vjerujemo da sve traje vječno, nismo jer mislimo kako bi u tim nekim, kasnije važnim, a tada tek dosadnim susretima trebali biti negdje drugdje s drugim ljudima čijih se imena i lica ne sjećamo, a onda, prije zemaljske smrti dolazimo k pameti, kada je prekasno za popravak, ali i kajanje.) Švabica je bila bakina najbolja i najveća učiteljica, ne samo njemačkog jezika. Po svemu zagonetna pojava, osoba koja je bila bakin izvor životnih mudrosti, njena prijateljica i svojevrsna protektorica, možda baka kakvu nikad nije imala, Švabica je odigrala ključnu rolu u postojanju jedne seljačke kćeri bačene u nemilosrdan svijet provincijskog kaosa: rođena u ranim sedamdesetim godinama devetnaestog stoljeća, starija od bake dobrih četrdeset godina, za naivnu nepismenu praunuku zagorskog kmeta ona je bila neiscrpno vrelo znanja i svega što Rozalija Lj. nikad nije imala prilike čuti ni vidjeti iako je veći dio znanja Švabice bilo užeglo mlijeko odavno krepanih pravila krepane društvene etikete.

Pričala mi je baka o Švabici puno toga. Sporazumijevale su se isprva rukama jer dotična gospođa, koja je u Varaždinu provela veliki dio svog života i čija je nepriznata građanka bila nekoliko dekada, u svemu nije naučila više od deset rečenica na hrvatskom jeziku, a vremenom, kako je baka svladavala njemački, njihovi su se razgovori počeli odvijati „normalno", baš kao što je Švabica nekada razgovarala s ljudima u Salzburgu, Minhenu i Beču i Klagenfurtu, s onim simpatičnim švapsko-austrijskim štihom i pe-el background sazvučjem (ma što to bilo). Kako se odijevati (bez obzira na trenutnu modu, bez obzira na to kakva je odjeća, govorila bi Švabica, najvažnije je kako nosiš odjeću, ne što nosiš), kako jesti i piti, kako se ponašati kod stola i u konverzaciji s ljudima u raznim prilikama, kako razgovarati službeno i kako privatno, en tout cas entre nous, sowieso, zwischen, onako, među nama, što su i tko su muškarci i što žele, kako konačno žene trebaju postupati s tim muškarcima, što žene smiju i što moraju, koja činjenja im ne služe na čast i uopće o tisuću drugih za po život bitnih stvari podučavala je ova, kako je baka rekla, rođena gospođa buduću majku mog oca i buduću svekrvu moje majke. Kroz dvanaest godina njihovog zajedničkog života (Švabica je živjela u velikoj žutoj kući u čijem je dvorištu bila bivša staja pretvorena u stanove), njih dvije postale su vrlo bliske, gotovo kao rod rođeni. Došle su u Varaždin iz dva potpuno različita svijeta, s dvije posve različite prošlosti, ali to ih nije spriječilo da postanu i ostanu podrška jedna drugoj u teškim vremenima.

(Švabica, storija o njoj i dijelom o baki Roziki, storija koja se dogodila, a možda i nije, to sam Bog zna,

Mladi oficir prođe rukom kroz gustu plavu kosu: „Nemam puno vremena. Trebamo otići dok se može, a kakvo je stanje, Rusi i partizani će doći dok trepneš okom. Neće proći dugo i napasti će grad, nastupaju munjevito kroz Mađarsku." Lice natporučnika je čisto, glatko je obrijan. Ispod teškog oficirskog zimskog kaputa vidi se izglačana odora. Na lijevoj mu strani uniforme visi Željezni križ I. klase. Visok, stamen, snažan je ovaj njemački oficir. Čist, tek mu je malo varaždinskog blata na visokim crnim uglancanim čizmama: morao je hodati kroz blato od ograde do vanjskih stepenica visoke žute kuće preko puta atletskog borilišta, a onda, čizme je očistio po navici iako mu do izgleda čizama u ovoj situaciji ni najmanje nije stalo. Stoji mladi austrijski barun, njemački junak dokazan u nemali broj bitaka protiv komunističkih bandita po Hrvatskoj i Bosni, stoji gospodin Oberleutnant Dieter A. von Herzog u odori Wehrmachta Velikog Reicha u malom wohncimeru ove čudne kuće, gdje je sve staro i zaudara na vlagu i prašinu. Istrošeni namještaj, teški prljavi zastori na prozorima i soba u polumraku, a na masivnom stolu je pepeljara, tu su i dvije čaše i boca s rakijom. Natporučnika ne zanima ni namještaj, ni ova soba, a najmanje rakija premda je u ovoj prostoriji bio nebrojeno puta i popio nebrojeno čaša rakije za posljednjih nekoliko mjeseci, koliko služi u komandi ovog grada, kamo su ga premjestili nakon teškog ranjavanja u Operaciji Kugelblitz u Bosni. (Natporučniku je dosta te starine, došao je iz starine u starinu, a još i rat i dosta mu je svega toga.) „Pa ipak, dobro je ispalo da je ranjen u Bosni, da nije, ne bi upoznao nju i ne bi..." - na trenutak prođe mu kroz glavu - „Ne može čovjek biti toliko pokvaren da ne bude zahvalan na svemu dobrome u vrijeme smrti."

A mnogo je odavno biti mrtav i trunuti u kakvoj blatnoj rupi na ovom Balkanu, u ovoj prokletoj zemlji u kojoj njemački vojnik umire samo tako. Partizani i komunisti, sve ubija. „Usrani rat!" - misli mu lete brzinom vjetra - „Samo da se sve svrši i da preživimo, ako Bog da. Vratiti ću se po Roziku, moram, vratiti ću se po nju. Gospode, kako je volim..."

Velika povijest oduvijek se na čudan način poigrava s malim ljudima. Rat kao rat ne poznaje titule ni činove, rat ubija, a ubija jer to mu je svrha i posao, ubijati, dakle, rat ubija i vojnike i natporučnike, narednike i generale. Uostalom, i u ovom svjetskom klanju rat je pokazao svoje gadno lice: zar nije među prvim poginulim junacima jedinog Führera bio jedan njegov general? Kod Varšave je pao i iskrvario za slavu Tisućljetnog Reicha, pogođen u nožnu arteriju, barun Werner von Fritsch i njegova smrt nije ništa veća smrt od smrti ma kojeg njemačkog vojnika palog u ime osvajanja njemačkog Lebensrauma po ideji Adolfa Hitlera! Mogao je poginuti glupo te trideset i devete bivši pitomac slavne Theresienische Militärakademie i biti u masi preglupo poginulih u ime ničega. U ime čega ginuti? Slave? Domovine? Koje slave i koje domovine? Austrije? Za koju Austriju? Austrije nema, Hitler ju je izbrisao. Carska, Austrija Habsburga o kojoj je tako dosadno neizdrživo slinio njegov otac i zbog čijeg je krepavanja trošio sve dane nakon poraza u snatrenju o vraćanju dinastije na prijestolje, ta Austrija je definitivno propala osamnaeste i pristupanje nacistima bila je neoprostiva glupost starca koji je umislio da je to put povratka dinastije u Bčč (nažalost, otac natporučnika nije bio od domoljuba koji nisu prihvatili Anschluss kao austrijsku stvar). Kad su nacističke čizme i nacistički tenkovi zagrmjeli austrijskim cestama dvanaestog ožujka trideset i osme, nekadašnji ratnik sramotno poražene Gemeinsame Armee iliti kaiserlich und königliche Armee, bivši Hauptmann barun Rudolf M. von Herzog, čiji su preci krvarili stoljećima za slavu kuće Habsburg, kleknuo je, zgrabio šakom zemlju, strpao je u usta, na čuđenje prisutne posluge (koja se po barunovoj zapovijedi postrojila ispred njegove palače u blizini Sankt Pöltena kako bi nazočili svečanom podizanju dvije zastave, nacističke i stare carske) i zaplakao. Potom je ustao, otresao staru k.u.k. odoru i povikao ganut trenutkom: „Dolazi dan osvete!" Stari magarac, uvijek je to mislio Dieter o svom ocu jer se stari Rudolf otrijeznio vrlo brzo, već nakon što mu je neki gestapovac naredio da skine carsku zastavu jer je samo jedan Reich. Ubrzo je von Herzog prestao nositi carsku odoru i povukao se u svoj kabinet ne bi li se tako odvojio od svijeta koji ga je opet razočarao. Znači, koje Austrije? Nema je i tko zna što će biti s Austrijom poslije svega ovog.

Cijeli natporučnikov mladi život prošao je u ludilu, u agoniji mrtve carevine, u bijesu ratnog gubitnika (oca mu i njegovih istomišljenika) koji se nije htio ni mogao pomiriti s nepobitnom istinom: svijet za koji su izmasakrirane generacije i generacije von Herzoga nepovratno je izgubljen i nestao je s danom kapitulacije, 3. studenog Ljeta Gospodnjeg 1918.! Samo što dva puta ranjen i višestruko dekorirani Hauptmann carske i kraljevske vojske, koji je primio odličje iz ruku samog preuzvišenog cara i kralja Karla I Habsburškog godine 1917. nije htio priznati tu istinu kao istinu. Srećom, jedno je biti vojnik i odan kruni, a drugo je svakodnevni život. Mudrost predaka von Herzog, sve redom vitezova i junaka samo takvih, omogućila je kapetanu Rudolfu i njegovoj obitelji relativno ugodan i bezbrižan život. Otpušteni oficir k.u.k. vojske, barun, imućan, oženio se godine devetnaeste donjoaustijskom plemkinjom bez nekog većeg miraza i već iste godine rodila mu je prvog sina, Dietera. Tako se počeo ostvarivati njegov plan stvaranja obitelji čija će djeca nastaviti tradiciju koja im je u krvi. Doduše, Deuchland über alles baš i nije imalo puno veze s obnovom carske Austrije, no cilj opravdava sredstva i Rudolf von Herzog je isprva bio zadovoljan. Otrijeznio se vrlo brzo i pri tome se prisjetio kako je njegov djed, carski pukovnik, teško ranjen 1866. u bitci kod Sadove baš od tih prokletih Prusa, onih čijim se potomcima tako idiotski veselio kad je Hitler oteo Austriju i njenu slobodu i državnost. Međutim, ne može se samo ratovati, valja misliti na obitelj: dok su muški na bojnom polju, žene i djeca moraju imati sve što je potrebno. Stoljećima vojnici, von Herzogi su naučili što je rat, što vrijedi u ratu i što poslije njega, pak su uvijek na skrovitim, samo glavama obitelji znanim mjestima čuvali zlato i dragocjenosti. Pravo zlato i pravo srebro, sve što ima trajnu vrijednost čak i za trajanja najvećih kriza. Obiteljsko zlato bilo je jamac opstanka i preživljavanja u strahovito teškim i gladnim godinama nakon svakog rata. U vremenu u kojem su mnogi plemići, čak i oni najvišeg ranga, propadali osiromašeni i ostajali bez ičega, obitelj baruna von Herzog (čiji muški potomci nikad nisu shvatili zašto im carevi, kojima su odano do smrti služili, nisu dodijelili barem grofovski naslov) je uspijevala prebroditi sve i usput se još više obogatiti. Današnjim riječima kazano, von Herzogovi imadoše vruće srce za bojno polje u ime cara i hladnu glavu za obiteljsku riznicu. Dieterov otac se nakon skidanja odore na samom kraju devetsto i osamnaeste upustio u trgovačke i poslovne vode ulažući vrlo oprezno u dionice, u zlato, u nekretnine po Austriji, Njemačkoj, Italiji i Švicarskoj, a imao je neke manje poslove u Americi i Africi. Trgovao je i pri tome je očito pokazao talent za biznis jer je preživio rasulo i kaos poslijeratne Austrije i Europe, ali i veliku krizu nakon dvadeset i devete. Njegovi gubici bili su zanemarivi jer je na vrijeme povlačio ulaganja iz papira i kupovao zlato. Ipak, cijelo je vrijeme aktivno podupirao carske nostalgičare. U nacizmu je vidio iskru spasa, a kad se ispostavilo da od toga neće biti ništa, povukao se u sebe i zašutio. Godine 1940. barun Rudolf M. von Herzog pronađen je mrtav, slomljenog vrata, u šumarku uz cestu, nedaleko njegove palače. Policijska istraga bila je mlaka i neučinkovita. Nikad nije otkriveno kako i zašto je barun umro, odnosno tko ga je ubio jer malo tko je vjerovao u nesreću: barun tog dana nije jahao, svi njegovi konji bili su u staji, a i nije bio odjeven za jahanje. Priča oko očevih veza s nacistima Dieteru nikad nije bila do kraja jasna: osim „stavljanja na raspolaganje" i službouljudnog pisma, kakva su primili svi bivši carski oficiri i koja nisu značila ništa osim kurtoazije, u ostavštini pokojnog baruna nije pro-nađeno baš ništa što bi ga povezalo s nacistima ili što bi ga kompromitiralo u očima novih vladara Austrije. Osim natporučnika, bivši je carski Hauptmann imao još troje djece, mlađeg sina, Helmuta i dvije kćeri, Matildu i Ameliu. Začudo, kćeri su očevu smrt primile naročito hladno, možda s tek prikladnom tugom, kakvu propisuje društvena etiketa. Barun Rudolf spram svojih kćeri nikad nije osjećao preveliku ljubav, nije da ih nije volio jer je staromodno smatrao da je majčina zadaća odgoj kćeri, ne i njegova. Barunov mlađi sin, vragolasti nedisciplinirani Helmut na svijet je gledao očima buntovnika, a politika ga nikad nije zanimala. Ništa mu nije bilo preče od zabave i trčanja za djevojkama: nažalost, novi rat u koji je Austrija tako glupo i nepotrebno uvučena, prekinuo je mladićevo uživanje u ženskim čarima jer je mobiliziran i poslije ubrzane obuke poslan na Istočni front, gdje je poginuo samljeven pod gusjenicama sovjetskog T-34 tenka u srpnju četrdeset i treće, u operaciji „Citadela", negdje kod Kurska kao jedan od stotina poginulih pripadnika Grenadier-Regiment 135. iz sastava 45. Infanterie-Divison kojom je komandirao general pukovnik Hans von Falenstein. Helmutova smrt strašno je pogodila obitelj Herzog, a mladog, tada još poručnika potpuno slomila: bio je raspoređen na Balkanu, kao dio okupacijskih snaga na području Jugoslavije i ratovao je premda nije volio rat, a vijest o bratovoj pogibiji samo je produbila mržnju prema nacistima i prezir prema vlastitom mrtvom ocu.

Prije primitka vijesti o junačkoj pogibiji brata, Dieter M. von Herzog je prošao mnogo toga, uglavnom lošeg. Prije napada na Poljsku i početka rata Dieter M. („M" je od imena pradjeda po očevoj strani, Manfreda, onog koji je ranjen u bitci kod Sadove) se našao u prilično neugodnom trenutku svog vojnog školovanja, kad mu je nad glavom visjelo sasvim moguće izbacivanje iz slavne vojne akademije i to baš prije nego što je diplomirao kao jedan iz prvog naraštaja poslije ponovnog otvaranja akademije godine 1934.! Taj svakog žaljenja i čuđenja vrijedan zapetljaj oko stanja sina baruna von Herzoga na vojnoj akademiji odigrao se kao po nekom filmskom scenariju: istina je, treba spomenuti da je pozitivnom rješenju slučaja doprinijela izdašna novčana donacija akademiji uplaćena posredstvom obiteljskog odvjetnika, inače intimusa tadašnjeg komandanta vojne akademije Rudolfa Towareka (zanimljivo, austrijsko domoljublje i shvaćanje časti ovog general majora bilo je malo drugačije od tadašnjeg poimanja; general nije podnosio naciste, dapače, kad su austrijski nacisti osvojili vlast 1938., zabranio je njihovim naoružanim vojnicima ulazak u akademiju i decidirano je odbio položiti prisegu vodstva, te je dao ostavku i umirovljen je, da bi do kraja života živio povučeno i izvan političkih zbivanja, ali mu je kao dokazanom patrioti dozvoljeno nošenje stare austrijske uniforme, što je bila rijetka privilegija). Dovesti se u stanje pred izbacivanje za ne baš vojnoj stezi sklonog Dietera M. von Herzoga značilo je mnogo glavobolje, ali i razočarenje za njegovog oca, starog k.u.k. nostalgičara. Kad se tome pridoda političko stanje u Austriji kao dijelu Reicha, bojazan da će neposlušnog kadeta proglasiti protivnikom države bila je moguća. Ipak, to se nije dogodilo jer iza skandala nije bilo politike.

Dieter M. von Herzog je rođen pod sjenom izgubljenog rata, u kući ogorčenog bivšeg oficira k.u.k. vojske i fanatičnog podanika kuće Habsburg, tako da klasičnog djetinjstva ovaj dječak nije imao. Od dana rođenja, preko dana kad je prohodao i prvi put progovorio, pa sve do odlaska u vojnu akademiju sve bješe podređeno vojnoj stezi i vojničkom shvaćanju života uz stalnu poduku u duhu austrijskog domoljublja i učenja o stoljećima habsburške slave i časti. Svi razgovori i sve igračke, odjeća, druženja, sve je bilo obojeno vojničkim duhom i podsjećanjem na povijesno neponovljivu prošlost nekad moćne carevine. Nije za čuđenje podatak kako mladi Dieter, kasnije i njegov brat (sestre nisu bile u to uključene, one su imale privilegiju i slobodu „normalnog" djetinjstva) nisu imali guvernantu, o njima je brinuo jedan šepavi bivši k.u.k. feldvebel, mrzovoljan lik staromodno zašiljenih i previše nauljenih brkova, ratni veteran koji je služio pod kapetanom von Herzogom u Velikom ratu od šesnaeste do kraja rata i koji je imao odgovornu zadaću usaditi u barunove sinove vojnu disciplinu i domoljubni austrijski zanos. Izgleda da ratni suborac baruna nije imao talenta za učiteljstvo jer obojica sinova Rudolfa Von Herzoga nisu ispali fanatični zaljubljenici u militariju. Dieter se rijetko igrao sa sestrama jer muškarci nisu curice, pa kad se jedne proljetne nedjelje njegov otac iznenada i neplanirano ranije vratio s putovanja u Švicarsku i kad ga je našao kako se skupa s mlađim bratom mu i sestrama igra u cvjetnjaku, osjetio je što znači skrenuti sa zacrtanog puta izrastanja u vojnika, u oficira, u borca! Nikad nije zaboravio tu strašnu nedjelju i izraz očevog lica kad ga je ugledao sa cvjetnim vijencem na glavi! Zelen u licu, ledeno hladnih bijesnih očiju, barun je prišao najstarijem sinu i opalio mu šamar da se dječak skoro okrenuo naglavačke i tko zna koliko bi još batina dobio da ga nije spasila sestrica Matilda svojim histeričnim urlanjem koje je privuklo guvernantu i njihovu majku, pa je na kraju sve završilo zatvaranjem Dietera i malog Helmuta u tavansku sobu, pod ključ na dva dana, a prvi dan bez hrane i vode! Vojnici nisu babe i ne igraju se s cvijećem, zapamti to jednom zauvijek!

Sličnih je gluposti bilo mnogo. Ukliješten između vlastitih želja i vojnih pravila strogog oca, dječak je rastao u bunilu, u nemiru, neslobodan i kako su godine prolazile, prezir prema ocu je rastao. Prezir, ne mržnja. Dieter nije nikoga mrzio, ali oca je prezirao ne neki svoj način. Branio se od svega u što ga je htio pretvoriti njegov vlastiti otac i svoj je bijeg od militarizma pronašao u glumi, u lažnoj pokornosti ocu. Glumiti! To nije teško! Neće biti komplicirano glumiti poslušnog sina, da, tako će izbjeći sve probleme i očeve šamare. Izvana će činiti što mora, a iznutra biti svoj! Ne otkrivati osjećaje, biti hladan! Klimati glavom, izvršiti naloženo, pristojno odgovarati na pitanja, ne dosađivati i izbjegavati česte zahtjeve prema ocu. I tako je perfektno godinama igrao igru skrivača, igru koja nije mogla svršiti dobro. Barunova smrt početkom devetsto i četrdesete, za vrijeme Dieterovog boravka u feldšpitalu okončala je predstavu i ostavila mnoštvo nerazjašnjenih pitanja između oca i sina.

Ideje baruna Rudolfa, njegov novac i položaj koji dolazi s bogatstvom, njegov odlazak s ovoga svijeta, rat i sve zajedno, a opet ništa. Naravno, sjena one gluposti na akademiji, upisana u njegov personalni dosje oficira Wehrmachta. Skandal prije diplome nije imao politički karakter, bio je tjelesne prirode, što je ipak imalo određenu težinu jer se i na ćudoređe strogo gledalo. Naime, budući odlikovani natporučnik, koji će se istaknuti u borbama na balkanskom ratištu, nije volio vojsku, ali je volio određene dijelove ženskoga tijela, vrlo specifične dijelove. Haha, pitanje tijela i ženskog mesa u zgodnom mladom kadetu divlje plave krvi od najranijeg je puberteta bilo pitanje života, ljepote i uživanja u toj ljepoti. Počev s prvim naznakama adolescentskih maštarija i misterija noćnih ovulacija, od čuđenja zbog promjena u međunožju i cijelome tijelu do divljačkih manustrupacijskih seansi na skrovitim mjestima obiteljskog imanja, u šumi i pod pokrivačem na kadetskom krevetu terezijanske vojne akademije, njegove misli, njegovi zanosi, žudnje i snovi bjehu ispunjeni ženama, svejedno kakvim i svejedno kojim. Visok, snažan, plavokos, ukratko zgodan (sport, mačevanje, trčanje i vojni trening od malih nogu gradilo je njegovo tijelo i oblikovalo njegovu fizičku pojavu u ne samo dobar vojni materijal, već i u metu mnogih ženskih pogleda i želja) vrlo je rano spoznao kako iskoristiti ono što ima i što jest, a kako bi dobio ono što želi, što je oko njega: kad je ljeta devetsto trideset i pete, u svojoj šesnaestoj godini, jedne vruće noći, za vrijeme raspusta, na odmoru između dvije akademske godine, ušao u kuhinju jer ga je spopala glad, pa kad je u toj velikoj kuhinji njihove stare ogromne palače ugledao mladu služavku kako pere prljavo posuđe, kad su njegove zelene oči ugledale mlado čvrsto tijelo ispod tanke ljetne radne haljine, napeto tijelo koje je zračilo tjelesnim opojem, Dieter je izgubio zdravi razum. Ti bokovi, te grudi, taj vrat, ta divna bijela koža i prekrasna kosa lijepe djevojke, sve kao da je pjevalo „uzmi me” i on nije oklijevao, nije čekao. Njegovo tijelo vapilo je za njenim tijelom: gledao je Dieter, istinu govoreći, već neko vrijeme mladu sluškinju, no nikad nije imao priliku biti joj tako blizu, a od njegovog odlaska na akademiju do povratka tog ljeta, ona se samo proljepšala, od pupoljka postala je cvijet koji se nudio da bude ubran. Umor je nestao, sva rastrganost između očevih fiksdeja (njihov težak razgovor prije odlaska na vojne studije bio je teatralno dramatičan i svršio je nezavršen, lupanjem vrata očevog kabineta i uskakanjem u parkirani majčin Mercedes-Benz 290 cabriolet D; očevom Rolls-Royce Phantom II nitko nije smio ni priči, a kamoli ga voziti) i njegovih htijenja je nestala u onoj sekundi kad je tijelo samo krenulo prema lijepoj djevojci: zagrlio ju je i poljubio u vrat. Nije se opirala, uzvratila mu je strastveno, okrenula se i njihove usne su se spojile u vatreni poljubac, u vatru mlade žudnje, u oganj požude: sve je svršilo na madracu u potkrovlju, na klimavom krevetu, u divljem grčenju tijela, u prevrtanju i znoju, u uzdisajima, pomalo nespretno i neiskustveno, u smijehu nakon završene igre mesa, iskreno i potpuno iz srca. Ispostavilo se kasnije da je ta cura bila smrtno zaljubljena u mladog baruna i da je njegov „nasrtaj” jedva dočekala u naivnoj nadi da će postati gospođa barunica i da će je lijepi sin von Herzoga oženiti, što se nije moglo zbiti i što se i nije dogodilo. Prvo, jer se ta avantura odigrala u samo dva tjedna, koliko je terezijanski kadet bio doma. Drugo, jer je, tko zna kako i kojim neobjašnjivim putem, majka mladog Dietera saznala za razlog izbivanja s ručkova i večera prvorođenog joj sina, pak je, dobro poznavajući narav svog strogog muža, stvar riješila barunski elegantno, bez mnogo buke i bez izbijanja skandala. Sluškinja koja je bez opiranja legla u krevet s mladim barunom dobila je otkaz, no bez osvete. Barunica von Herzog se potrudila pronaći novi posao za sinovljevu ljubavnicu: posredovanjem jedne prijateljice diskretno je sredila da dotična gospođica koja je oduzela nevinost njenom Dieteru žurno otputuje što dalje i bude primljena na mjesto sluškinje kod jedne stare udovice iz bogate plemenitaške obitelji iz Württemberga, u Stuttgartu, sasvim dovoljno udaljeno od Sankt Pöltena. Barunica je bila inteligentna, vrlo sposobna žena svjesna sebe i ograničenja koja su joj odredila radijus kretanja i djelovanja tijekom cijelog života. Od početka braka s von Herzogom znala je kako stoje stvari, znala je da je on nije oženio zbog njene ljepote i bogatstva jer nije imala ništa od toga: ono što ju je izdvajalo od ostalih žena njene društvene klase je nevjerojatna sposobnost komunikacije s ljudima, okretnost i izvrsna organiziranost u svemu što je radila, a nije bilo naodmet ni to što je, iako iz osiromašene plemićke obitelji, imala poduži popis imena i adresa „ljudi koji znaju ljude koji znaju ljude” i čijom su se intervencijom ne jednom spašene mnoge sudbine. Knjižica ispunjena stotinama kontakata bješe jedina ostavština njenog oca i djeda koji su pak figurirali kao utjecajne osobe oko i na samom carskom dvoru. Dakako, nisu svi s popisa bili živi, ali njihova djeca i nasljednici znali su tko su bili djed i otac sadašnje barunice Herzog; u starom je vremenu čast imala vrijednost, a dana riječ se poštovala i kad je prenošena s koljena na koljeno. Stoga je supruga baruna von Herzoga cijeli život igrala savršeno, kao majka i kao žena, neprimjetna, a opet sveprisutna, upućena u mnogo više stvari no što je itko oko nje mislio da ona zna. Sam Rudolf nije obraćao pozornost na ženine aktivnosti jer ju je vidio prvenstveno kao majku njegove djece i kućanicu. Pitanje je kako bi reagirao da je znao koliko je ljudi ona spasila, koliko je obitelji preživjelo krizu zahvaljujući njenoj pomoći, a o tome da on kao glava kuće nikada nije osjetio „kućne krize" ne treba ni spominjati. Znala je da joj je brak s bogatim bivšim carskim oficirom bila i ostala jedina životna šansa i uložila je sve snage i svu pamet da brak i sam život pod krovom barunove palače uspije i bude dobar i miran. Napokon, voljela je svog muža iako ta ljubav nije bila poput ljubavi Romea i Julije, za takvo što gospođa barunica je bila previše s nogama na zemlji. Uglavnom, na kraju svega, nije na njoj bilo izmišljati magiju nego održati obitelj i pobrinuti se da njena djeca budu sigurna i sretna.

Cijelu operaciju „sređivanja nereda" nastalog ljubavnim ispadom njenog najstarijeg sina izvela je upravo sjajno i tiho, bez ikakvih posljedica a da o svemu njen muž nije saznao ni slova - on se nikad nije uplitao u stvari oko posluge, čak nije ni znao tko sve za njega radi (izuzev batlera, upravitelja imanja, konjušara i vozača), pa odlazak mlade služavke nije ni primijetio. Koliko se barunica sjećala, za sve godine koje je ona provela u palači Herzog, njen Rudolf nije ušao u kuhinju više od tri puta, a i tada sasvim slučajno i na kratko.

Što se tiče Dietera, on se nije uzrujavao po pitanju svoje prve ljubavnice: spram djevojke nije osjećao savršeno ništa, za njega sve je bila stvar tijela i mesa. Htio je, uzeo i dobio to što je htio, ispunio je iskonski poriv tijela i ničega romantičnog nije vidio u onoj noći u potkrovlju palače. Dapače, kad mu je majka poslala pismo u akademiju opisavši mu tijek cijele njene operacije (ne otkrivši kamo je poslala mladu sluškinju), osjetio je olakšanje. Ponovni susret s „ljubavnicom" pri njegovom sljedećem povratku kući prouzročio bi mu stanovite neugodnosti koje nije priželjkivao. Majci je pismom zahvalio ne rekavši na čemu točno zahvaljuje, a nesretnu djevojku nije ni spomenuo. Time je afera okončana i zaboravljena.

Skandali, problemi, ispadi, pijanstva i trošenje novca, noćni bjegovi iz akademije u krevete raznih žena, najčešće udanih, mladih i malo manje mladih, sukobi s ovima i onima, neobuzdani karakter i nepoštivanje autoriteta bilo koje vrste činilo je život Dietera M. von Her-zoga uzbudljivim, ali i opasnim po njegovu psihičku stabilnost. Izmučen vojničkim životom, koji je sam po sebi pun najzamršenijih ljudskih gluposti, razbludnim ispadima i očevim ultimatumom (nekoliko je puta Rudolf urgirao putem svojih veza kod komandanta škole kako bi ublažio posljedice sinovljevih budalaština, ali nakon svinjarije sa ženom umirovljenog ritmajstora Blausewitscha pukao mu je film), koji mu je osobno „bacio" u lice dojurivši automobilom u Wiener Neustadt i ne propustivši ošamariti prvorođenog sina pred zabezeknutim licem samog komandanta škole, uvaženog general majora Towareka. Dieter je primio šamar kao i sve ostalo, mirno, tek se malo zaljuljao. Stajao je ukočeno, kao što vojnici oduvijek stoje ukočeno pred generalima. Bijesan kao bijesan pas, izvan sebe, otac je dao sinu ultimativnu ponudu, „ili će prestati s glupostima, ispričati se i stoički podnijeti odgovornost za sva sranja koja je napravio i vratiti se učenju, ili će ga poslati k vragu", a on zna vrlo dobro kako njegova moć seže mnogo dalje od Sankt Pöltena. Usput mu je ukinuo sve dotacije osim one za troškove školovanja, a i te je odredio da se plaćaju akademiji i ljudima kod kojih troškovi nastaju, nikako sinu na ruke. (U ovome mu je dijelu pomogla majka, ali ne zato što je htjela ići protiv muža nego da bi spriječila još veće gluposti koje bi možebitno počinio njezin sin prvijenac kao odgovor na stroge očeve restrikcije.) Ispalo je da je barunica imala pravo, njen je instinkt nije prevario. Međutim kako su godine školovanja protjecale, tako si je i njen Dieter, sad već punokrvni muškarac, a ne slatki dečko, zahvaljujući svom tjelesnom umijeću, šarmu i ljepoti (bio je svjestan svog tijela i to nije krio) osigurao nezanemarive novčane primitke od žena koje su mu bile priležnice i patrone. Svemu je prilazio kao zabavi, spajanju ugodnog s korisnim. O vjerskoj strani takvog života nije razmišljao, izuzev obvezatnog prisustvovanja katoličkim obredima u djetinjstvu, nije osjećao potrebu za duhovnom „hranom", naročito ne skuhanom od strane katoličkih svećenika: najkraće, nije strepio od pakla kao kazne za ono što je i kako je živio. Ipak, odlučio je izbjeći dodatne sukobe s ocem i malo se primirio, tek da završi akademiju, a onda će biti lakše.

Međutim, želje i nakane su jedno, a narav i krv su drugo i baš kad se stišala buka mladićevog ispada sa ženom umirovljenog ritmajstora, a nekako uoči dodjele diploma, dogodio se skandal daleko ozbiljniji od seksualnih igrarija. Vikend prije svršetka turbulentnog školovanja na Terezijanskoj akademiji, godine 1939., u ona dva potpuno pijana dana, u lokalnoj pivnici, u dimu, slaveći definitivan kraj vojnog školovanja, u smradu kuhanih kobasica, u gužvi, kod stola prepunog pivskih krigli, u društvu dvadesetak kadeta, skorašnjih oficira velikog tisućljetnog Reicha, kod tanjura sira, pijan, razgrljene košulje, grleći sisatu konobaricu, jer sve su konobarice u austrijskim i švapskim pivnicama sisate, jedre i plodne, slineći, dakle, na raspojasanoj ženi koja je bila starija od njega dobrih dvadeset i kusur godina, upravo svršeni kadet, tek što nije primio diplomu, gurnuo je nos među bujne ženske grudi i glasno ih oblizavši ustao i veselo predao dotičnu damu u ruke svog prijatelja, crnokosog ništa manje pijanog sina jednog bivšeg k.u.k. topničkog potpukovnika iz Linza, a zatim je skočio na stol usput srušivši nekoliko krigli koje su pale na pod i uz zveket se razbile i počeo vikati, urlati iz nikad do kraja objašnjenog razloga. (Sam će dan kasnije, kad ga je - novi - komandant akademije osobno izvukao iz zatvora, priznati kako ne zna što mu je bilo, da se ničega ne sjeća i da je sve rezultat pijanstva.) Vikao je o Austriji, o nacističkoj okupaciji, o tome da Austrijanci nisu Švabe i da još nije zaboravljena bitka kod Sadove 1866.! Urlao je još mnogo toga i njegovo je urlanje utišalo sve glasove u pivnici: nitko se nije smijao, čak ni njegovi prijatelji. Cijela je pivnica zastala u neugodnoj tišini pred vikom pijanog kadeta koji se usudio derati protiv Hitlera i Reicha! Jedno je provesti noć s nekom ocvalom babom, pa bila i udata, a sasvim je stoto istupati protiv nacista! Potonje ga je moglo koštati glave! Uznemirujući telefonski poziv iz Bečkog Novog Mesta podigao je na noge majku uhićenog svršenog kadeta Terezijanske akademije (u to je vrijeme barun Rudolf već bio izvan svih događanja, zatvoren u svom radnom dijelu palače nije se obazirao previše na događaje u obitelji, a žena mu nije ni rekla tko je zvao prije svitanja i zašto). Uplakana, ali ne i u panici, odmah se dohvatila svoje crne bilježnice, naložila posluzi da je nitko i ni zbog čega ne smeta, otišla je u svoj privatni salon i počela okretati brojeve za koje mnogi u Austriji nikad nisu čuli moleći u sebi da su brojevi aktivni: očev je popis svake godine samo njoj znanim kanalima dopunjavala brišući stare i upisujući nove, one brojeve do kojih je mogla doprijeti). Prvi s popisa koga je nazvala bio je general-leutnant Joseph Brauner von Haydringen, tada kommandant von 132 Infanterieregimentern. Taj bivši carski oficir stavio se na raspolaganje Trećem Reichu i odmah je položio zakletvu vjernosti.

Prvo što mu je toga jutra rekao ađutant, blijedi natporučnik suhonjavog lica, bilo je da ga je tri puta na „onaj" broj zvala neka barunica i da je se ne može riješiti, da inzistira da je spoji s gospodinom generalom, ali nije rekla zašto. Ađutantu je bilo vidljivo neugodno, nije znao da netko ima taj broj, ispričavao se i uglavnom nije rekao generalu ni za ostale mnogo važnije stvari. Ta živčana barunica ga je izbacila iz takta i on je pitao svog nadređenog što da radi s tim pozivom i s tom ženom, pardon, barunicom von Herzog, rođena... Na spomen oba prezimena generalu je skoro ispala šalica s kavom, onom prvom koju je po navici prvo ispijao svakog jutra prije no što bi krenuo na svoj generalski posao. Skočio je sa stolice, gotovo je eksplodirao (ađutant nenavikao na ovakvog generala skoro se srušio, a iz ruku mu je ispala fascikla s papirima pripremljenim za generalov potpis): „Molim? Zašto niste odmah rekli?! Što ste čekali? Odmah me spojite, odmah, jeste li čuli natporučniče?" Potpuno zbunjen ađutant je (pobočnik, ako je tako razumljivije) prišao je stolu, podigao jednu ploču i iz skrivene ladice izvadio crni telefon. Pružio je slušalicu generalu: „Izvolite, gospo..." Nije uspio završiti rečenicu. Generalleutnant von Haydringen grubo mu je oteo slušalicu i nervoznim pokretom ruke pokazao da ga ostavi samog. General je prislonio slušalicu na uho, glas mu je drhtao:

- „Barunica von Herzog, jesam li dobro razumio, vi ste...?" - s druge strane čuo je zvuk olak-šanja:

- „Ooh, gospodine generale, žao mi je što vas uznemiravam, žao mi je što vas inkomodiram, ali ja..." - majka Dietera M. von Herzoga napravila je stanku, general je čuo teško disanje, uzdisaje, nešto poput jecanja, no to je trajalo samo koju sekundu. Barunica je prilično pribranim glasom ispričala pozadinu njenog poziva ne skrivajući ništa, govorila je otvoreno ne umanjivši pri tome krivnju svog sina. General

Haydringen progovorio je tiho, prijateljski:

- „Gospođo barunice, molim vas, molim vas, ne brinite, polako. Sve se može riješiti, molim vas...” - da je netko slučajno bio blizu generala, vidio bi suzu na licu starog iskusnog vojnika. Komandant 132. pješačke regimente u tom je trenutku bio pod djelovanjem dubokih snažnih osjećaja.

- „Ponajprije, lijepi pozdrav, kako je barun Herzog? Žao mi je zbog vašeg oca, major... je bio jedan od najboljih oficira koje sam ikada vidio. I izniman čovjek i prijatelj, također. Ispričavam se. Prošlo je mnogo vremena, ali ako mogu reći, primite moju sućut..” - ton generalovog glasa bio je topao, intiman, takvog ga njegovi podređeni nisu poznavali - „Koliko godina... Bila mi je čast ratovati s njim, gospođo barunice. Oprostite mi, znate, sjećanja...”

- „Gospodine generale, zovem vas jer trebam pomoć, doista. Dieter nije loš dečko, popio je, mislim, svakako, zaslužuje primjerenu kaznu, ali, kakvo je stanje... Gospodine generale, molim vas...” - barunica nije moljakala, molila je mirno, svjesna situacije i svjesna težine svog sugovornika:

- „Ne brinite, imate moju riječ, učiniti ću sve što mogu. Moj ađutant ima vaš broj, nazvati ću vas čim nešto saznam. Trenutak, možete li mi dati neke podatke?” - general je uzeo naliv-pero i komad bijelog papira i zapisivao što mu je barunica govorila. Ni tri minute kasnije barunica je zahvalila generalu i spustila slušalicu. Ostala je sjediti na dvosjedu, kraj telefona.

Generalleutnant sjedio je zatvorenih očiju nakon što je spustio slušalicu „onog” telefona. Rudolf, major... Rat.. Prijatelji... Mnogo smrti, mnogo blata... Oficiri na koje je računao, koji su mu bili odani do smrti... Trgnuo se, udario šakom po stolu i povikao:

- „Herr oberletunant! Gdje ste! Dođite ovamo, odmah!”

- „Izvolite, molim, gospodine generale!” - još uvijek zbunjeni ađutant lupio je petama na stari carski način i ukočio se ispred generalovog stola. Von Haydringen je naredio:

- „Nazovite Berlin, odmah! Spojite me s generaloberstom von Brauchitschom, odmah, što čekate?!” - čuvši koga mora nazvati, ađutant se skoro onesvijestio, nije bilo uobičajeno izravno zvati Oberkommando der Heeres! Nije čekao. Točno sedam minuta i dvadeset i pet sekundi kasnije ađutant je izvjestio generalleutnanta:

- „Gospodine generale, na liniji je generaloberst, osobno!”

- „Joseph, stara mrcino, gdje si, prijatelju? Nisam imao vremena ti se javiti, oprosti, znaš kakva je gužva u Berlinu. Što je tako žurno? Da nisi počeo rat, što, opet si napao Srbiju preko Drine, haha?!” - von Haydringen se nasmijao čuvši starog ratnog prijatelja:

- „Haha, Nisam Srbiju ovog puta, haha. Pozdrav, stari prijatelju. Dobro sam, hvala, ne tako fino kao ti, Berlin je ipak Berlin. Ne bih ti smetao, ali stvar je žurna...”

- „Ako mogu pomoći, Joseph...”

- „Walther, nadam se da možeš, prijatelju...” - ukratko je objasnio o čemu se radi i rekacija šefa Oberkommando der Heers nije ga iznenadila:

- „Štooo? Jesam li dobro čuo? Je li to onaj ludo hrabri Hauptmann? Njegov sin?”

- „Jest, Rudolfov sin, a što ćeš, mlado i glupo, mislim, znaš što smo mi radili kao mladi... Sad je drugačije i mali je zabrazdio, a sve je jedna pijana noć...!”

- „Joseph, biti će u redu, ne brini, smatraj riješenim. Javiti ću ti se uskoro... I imaš doći do Berlina, stari moj, moraš nešto puno veće od pješačke regimente...”.

To je bilo u 10.58 ujutro. U 4.30 poslijepodne (16.30 h) mamuran, drhtav, ali obrijan i okupan, Dieter M. von Herzog stajao je u novoj podoficirskoj uniformi, s dva kofera ispred ulaza u Terezijansku vojnu akademiju. Ništa mu nije bilo jasno. U glavi mu je još svirao orkestar od prošle večeri i još nije čisto mislio. Ništa nije razumio. Škola je završila, za njega definitivno prije svih. Kako? Prijavak kod komandanta akademije bio je kratak (isprva nije izgledalo tako: kad su ga ujutro izvukli iz zatvora mislio je da će ga staviti u lance i strpati u ćeliju), sve je svršeno za petnaest minuta. Nije bilo vike, galame, prijetnje izbacivanjem bez diplomiranja, nije bilo prijekora, ništa se naročito strašno nije dogodilo. Dobio je dvije zapečaćene koverte i sat vremena da se spremi za napuštanje akademije. U jednoj kuverti bila je depeša kojom se feldwebel, offizzier Anwärter Dieter M. Von Herzog prijevremeno otpušta iz vojne akademije i premješta u aktivnu službu s mogućnošću kasnijeg završetka školovanja (kad se steknu uvjeti: nigdje nije pisalo da je on položio ispite ili nije). Depeša iz druge kuverte bješe naredba o raspoređivanju, abkomandi imenovanog u štab 2. Gebirgs Divizion u Insbrucku na mjesto štabnog unteroficira. U privitku depeše je naputak da će transport od akademije do mjesta službe organizirati akademija. Na izlasku iz kancelarije komandanta akademije, zaustavio ga je general i tiho mu rekao:

- „Mladiću, pamet u glavu. Budite zahvalni na ocu heroju, nemaju svi takvo ime u obitelji. I sredite se, sljedeći put bi umjesto nastupa u službu mogli stati pred streljački vod”.

„Ah, kako vrijeme leti, prije šest godina stajao sam mamuran ispred akademije, a gdje sam sad? Glupo, gdje sam bio prije šest godina? Nigdje. Što sam vidio? Ništa dobro, ništa pametno. U svemu sam nekih šesto kilometara od Insbrucka, jednodnevna lagana vožnja, kao izlet.” - tako razmišlja natporučnik Wehrmachta paleći tko zna koju cigaretu od ranog jutra. Iz susjedne sobe čuje se udaranje vratima ormara i uzbuđeni ženski glas: „Nur einen Moment, bitte, junger shöner Baron, es ist bald vorbei und ich komme!“

„A onda, možda će ispasti dobro da vozim ovu staru babu, baš se uklapa u priču. Uz malo sreće, za dva-tri dana sam doma.” Pomisao da će nakon toliko krvavih godina napokon jesti i spavati u svojoj kući ispunila je natporučnika toplim uzbuđenjem. Šest godina, šest predugih zlih godina on je izgubio zbog Wehrmacta i onog kržljavog umobolnog kaplara! Glupo! Rat je gotov, nema spasa Velikom Reichu, ovo su uzaludna završna klanja, gotovo je! Ovdje će se uskoro piti votka i wiskey, a umjesto svastike, netko će po zidovima crtati crvene zvijezde i nitko neće žaliti za arijevskim nadljudima! Stvarno, zar sam ja übermensch? Glupo! Nitko neće žaliti za njemačkom čistom rasom! Preglupo, još ima idiota koji vjeruju u nacizam! Haha, nismo više lovci, gospodo iz SS-a i Gestapoa, haha, sad ste vi lovina, skupa sa mnom! Ja? Ne bojim se! Nisam nikoga zaklao, nisam nikoga strijeljao! Moje su ruke čiste! Čiste! Ja sam izbačen iz akademije jer ne volim naciste!”

Ni poslije šest godina Dieter M. von Herzog nije razumio rat. Ah, o cijeloj tragikomičnoj priči nije mnogo razmišljao, ponekad bi mu prošlo kroz glavu kako ga je sreća čuvala malo više no što je skrbila za druge. Sreća mu je bila glavni saveznik i najčešće objašnjenje za sve što je doživio i preživio. Istina je ipak bila nešto drugačija, kao kod svakog ljudskog stvorenja: sreća nije imala prste u njegovoj sudbini. Dobro, možda jest u nekom malom postotku, ali najveći dio ticao se neprimjetne, upravo tajnovito nevidljive zaštite jednog generala, ljubavi zabrinute majke i spletu ratnih okolnosti. Slučajnost? Da, slučajnost je često dobrodošao opis i uspjeha i neuspjeha. Nađe se, stvori se, bude tako netko na nekome mjestu u neko vrijeme i dogodi se tako na tom nekom mjestu u to neko vrijeme ono nešto i to nešto na tome mjestu u to vrijeme postane i ostane dobro ili loše, početna i krajnja točka nečijeg uspona ili nečijeg pada. Ovisno o pogledu na sve zajedno ili o tome kako je netko tko se našao na nekome mjestu u neko vrijeme gdje se i kada dogodilo ono nešto, iskoristio to ili nije iskoristio, kako je uzeo ili nije uzeo rezultat toga što se dogodilo. Ili se samo, po ljudskoj navici, prepustio struji rijeke vremena ili se, ako je odbio sudjelovati u predstavi, vratio nazad?! Ponekad je sve u gačama, imaš hrabrosti ili nemaš.

Upravo takav slijed „rada” sudbine nanizao se na lancu vojne karijere stezi nesklonog pitomca Terezijanske vojne akademije (najviše njegovom krivnjom) na zapravo najgluplji mogući način, toliko glupo da je nemoguće da ne bi bilo istinito: bješe onako kako se slične stvari odigravaju stoljećima malim sinovima velikih očeva. U ratu, međutim, tijek priče se mijenja iz minute u minutu i nigdje ne piše kako loš vojnik u miru ne može biti izniman borac u ratu. Stvari se događaju još od Adama i Eve, a neki kažu i prije njih...

A i taj križ koji nosi: kakav junak, sve se odigralo munjevito, neplanirano, bez scenarija i bez knjige snimanja. Posada topa-haubice, na primjer, napuni top, namjeste se koordinate, sve je po propisima i ispale granatu, a to kakav će biti učinak pogotka i što će biti s onima koji će se naći na mjestu eksplozije granate, eh, posada topa-haubice ne zna i najviše puta niti ne sazna (iako gađaju s velikom željom da rasture i pobiju što više prokletih neprijatelja). Ono što komandira topa-haubice zanima su informacije o novim koordinatama za gađanje i brzina i spremnost njegove posade u opsluživanju topa. (U nadi da ih neprijateljsko topništvo neće baš odmah „pronaći" u uzvratnoj vatri.) U ratu se ubija, zadaća vojnika je pridonijeti pobjedi, ništa drugo, izvršiti naredbu i pomoći da se rat pobjedonosno okonča. U ratu se ne sade ljubičice, ne divi se plavom nebu i ne recitiraju se domoljubni pjesmuljci, ne na bojištu.

Po dolasku u svoju diviziju u Insbruck, mladi feldwebel morao se prilagoditi novom, posve drugom životu jer vojna akademija, pa radilo se i o najstarijoj na svijetu, Terezijanskoj, nije isto što i aktivna vojna služba. Dieter se nije žalio, na početku. Raspoređen u štab divizije, radio je posao oficirskog potrčka, ništa preteško i ništa složeno, bio je kancelarijski štakor. Onda se preko noći stanje promijenilo, divizija je stavljena u stanje pripravnosti i počeo je bjesomučni vojni dril kojega ni barunov sin nije bio pošteđen. Komandant divizije, bivši k.u.k oficir, generalleuttnant Valentin Feurstein, ništa nije prepuštao slučaju i tjerao je diviziju da „piša krv i lije znoj". Dieter je sve to prihvatio kao dio svoje priče, druge opcije nije imao. Što je radio njegov prvonadređeni oficir, radio je i on, bez iznimki. Od početka nije išlo sve glatko. Hauptmana Löndringena feldvebelove gluposti iz akademije nisu impresionirale. Pri prvom susretu s Dieterom odmah mu je vrlo jasno rekao što će se dogoditi ako pokuša ponoviti neku od svojih svinjarija. Upusti li se u iste rabote, ni majka mu neće pomoći. Za razliku od generala, hauptman nije imao empatije prema podređenima, naprotiv, i sam ratni veteran nekih od najstrašnijih bitaka Velikog rata, oficir starog kova, duboko u vojnom pozivu, smatrao je jadikovanje znakom slabosti i kukavičluka, a kao rijetka pojava u vojsci, posve imun na dodvoravanje, godinama je ostao u činu kapetana i tek će krajem rata, kad je kaos zavladao Wehrmachtom, biti promoviran u potpukovnika i to sam zato što je trebao preuzeti jednu pukovniju sastavljenu od ostataka deset uništenih. Hauptman Löndringen nije podnosio mamine maze ni one koji su se sprdali s vojskom, prema takvima nije imao milosti. Doduše, po istini, sve je bila stvar njegovog ogorčenja jer mu nisu dali više komandno mjesto zbog njegovog ranjavanja u Velikom ratu, a čak mu je, onako prijateljski, savjetovano da ne inzistira jer će ga umiroviti kao trajno nesposobnog. Zato se iskaljivao na podređenima: biti uredski štakor za njega je bilo poniženje i uvreda. U tom je smislu dolazak bivšeg kadeta Terezijanske vojne akademije i priča koja je pratila von Herzoga podiglo hauptmanovu nervozu na najviši stupanj i od njihovog prvog pozdrava, komunikacija i rad s ovim feldwebelom odvijala se u mučnoj atmosferi obostranog neuvažavanja iako je mladi Dieter ulagao maksimalne napore ne bi li dužnost odradio maksimalno korektno.

Nekoliko napormih mjeseci prije početka rata i napada na Poljsku promijenilo je mladog feldvebela. Svakodnevne obveze u stožeru, dodatni dril na vojnim vježbalištima, trči onamo, idi tamo, donesi ovo, odnesi ono onome, organiziraj nešto treće, napiši i potpiši, otrči i trči svako jutro najmanje pet kilometara za kondiciju, spavanje po regelmanu i buđenje jednako točno na vrijeme, to i sve ostalo imalo je utjecaja na rezultat preobrazbe dojučerašnjeg divljeg kadeta. Pio je malo, gotovo ništa, nije izlazio, nije lumpovao. Umor mu je priječio trčanje za ženama.

Šok izazvan naglom apstinencijom od seksualnih užitaka i život u vojničkom vaakumu pretvorilo ga je u šutljivca, pomalo povučenog u sebe, zatvorenog za vanjski svijet. Vježbanje i obaveze ispunjavale su mu dane, što je možda bio razlog da mu nedostatak „divljeg" mladalačkog života nije stvorio nove probleme u glavi, a čemu je pridonio i gospodin hauptman tjerajući Dietera od nemila do nedraga. Raspon najbesmislenijih zadaća dosegnuo je razmjere progona, ali u vojsci sve je progon, ako se to tako gleda. Stvar stege i razumijevanje vojničkih relacija iznad je poimanja koje civili imaju o ljudima u vojnoj uniformi. Poštovanje prema onima iznad sebe i onima ispod sebe u vojsci se stiče primjerom, svaki drugi način na kraju ne ispadne dobro.

„Koliko babi treba vremena? Mogli smo biti blizu Slovenije!" - oberleutnant von Herzog bivao je sve nervozniji kako su prolazile minute čekanja. Dva mjeseca je planirao ovo, za njega je rat završen, nema dalje. Sve je izgubljeno. I Reich i „životni prostor" i, što se njega tiče, nije ga briga što će biti s nacistima i njihovom idejom. Gotovo je. Sad će početi likvi-dacije Nijemaca, bez suda, upravo onako kako su arijevci tamanili ljude zadnjih šest godina! Njega neće dirati, mislio je. On s nacistima nema nikakve veze! Nije bio član partije! Nema na savjesti nevine žrtve, a pucao je u samoobrani...

Negdje u Poljskoj, nikad nije zapamtio ime sela gdje se sve zbilo, bio je u vozilu, ma da, u „Hanomag

Tip 203", zajedno s hauptmanom, jednim poručnikom i vozačem. Trajao je napad, a njih su poslali u izvidnicu na prednji sjeverozapadni napadajni krak divizije. Vladao je opći napadajni kaos nakon probijanja poljskih obrambenih crta i u jednom je trenutku došlo do toga da su se izmiješale njemačke i poljske snage: napad je postao žvrljotina na štabnoj mapi. Brzina proboja pojedinih brigada nije bila ujednačena i dogodilo se da su na jednom dijelu pravca napada divizije, gdje otpor Poljaka nije bio zančajan, jedinice prvog jurišnog ešalona prodrle više od pet kilometara, a na drugom dijelu jedva dva, te ih je general poslao provjeriti stanje: bio je perfekcionist kome nisu bili dovoljna uobičajena radijska izvješća. Vozili su se po makadamu, kroz šumarke, a onda je počela kanonada topovskih granata. Jedna je pala točno ispred vozila. Snažna eksplozija i sletjeli su u jarak (baš filmski) i vozilo se prevrnulo na bok. Kako je sjedio na suvozačevom mjestu, u prevrtanju je izletio iz PKW-a i otkotrljao se nekoliko metara. Osim natučenih rebara i ogrebotina po licu i laktovima, težih ozljeda očito nije imao jer nije izgubio svijest. Ustao je teturajući, stenjao je od bolova. Poručnik je cvilio k'o da ga netko kolje na živo, ležao je prikljčšten ispod branika vozila i urlao. Vozač je bio mrtav, raskoljene glave, a hauptman onesviješten, ležao je odmah do prevrnutog PKV-a, krvario je iz rane na čelu.

Feldwebel von Herzog pokušao je pomaknuti vozilo, ali je odustao, teški PKW ni petorica ne bi lako podigla. Prvo je pogledao poručnika. Nije mu mogao pomoći: poručnik je vikao, cvilio, a onda je prestao, umro je. Dieter je čučnuo, branik i težina vozila prepolovili su poručnika i njegovo urlanje bila je samo agonija, iskvario je i umro. Zatim se okrenuo hauptmanu. Odvukao ga je malo dalje i polegao na travu, kod velikog grma. Iz vozila je uzeo čuturu s vodom i bolničku torbu. Vodom i alkoholom ispro je ranu na glavi. Radio je pažljivo: upamtio je ponešto od vojno medicinske obuke na akademiji. Vrtjelo mu se u glavi, još je bio u stanju šoka. Pravo ratno krštenje.

Neočekivano, iza zavoja pojavila se grupa od sedam-osam vojnika. Dieter je u sekundi shvatio: Poljaci! Udaljenost je bila kakvih pedeset metara, možda koji metar gore-dolje. Poljaci nisu mogli vidjeti Dietera, ali su vidjeli prevrnuti njemački PKW. Pognuvši se, raširili su se po širini ceste i s uperenim puškama polako se približavali prevrnutom vozilu. Mladi feldwebel se sakrio u grmlju. Srećom, uspio je uzeti oružje iz vozila, MP-38, a imao je i svoj Luger P08 (očev pištolj, skupocjena verzija). Miran, ležao je na zemlji u grmu i čekao. Kad su se poljski vojnici približili, zapucao je ne razmišljajući. Dvojica Poljaka odmah su pali izrešetani. Ostali su otvorili vatru, no Dieter nije čekao, iskoristio je iznenađenje i kosio ih ne vjerujući sebi što čini. Otkotrljao se u stranu i dok je mijenjao okvir sa municijom, pogodio ga je metak u nogu. Zajaukao je, ali nije odustao. Trojica poljskih vojnika počela su bježati. Feldweebel je brzo ustao ne obazirući se na ranu na nozi i zapucao. Jedan Poljak pokušao je skočiti u grmlje, ali ga je stigao metak i prevrnuo se u grabu kraj ceste. Dieter se srušio na tlo. Teško je i isprekidano disao, odložio je automat i u tom se trenutku niže niz cestu pojavila nova grupa Poljaka. Dieter je opsovao i izvadio luger jer nije imao više metaka za MP-38. Pokušao se pomaknuti. Iste sekunde iza njegovih leđa odjeknuli su rafali, zemlja se zatresla: njemački panzeri i pješaštvo. Prvih nekoliko Poljaka je izmasakrirano teškim mecima, a ostali su nagnali u bijeg, no bez uspjeha, smrt ih je stigla prije nego su se okrenuli. Zbrisani su s lica zemlje.

Vojnici trče, odjekuju pucnjevi, nadlijeću „Stuke" (Junkers Ju 87). Pokraj prevrnutog vozila zaustavio se „Horch 901". Jedan hauptman, major i poručnik iskočili su iz automobila. Major je mahnuo rukom i poručnik je pozvao nekoliko vojnika. Major se nagnuo nad von Herzoga: „Kako si, mladiću? Ne brini, tu smo, feldwebel."

Dva dana kasnije vratio se iz vojnog špitala u zapovjedništvo divizije. Rana na nozi bješe malo dublja poderotina, izgledala je strašnije no što je stvarno bila. General mu je čestitao i zahvalio na hrabrosti. Istaknuo je da je hauptman dobro i da se oporavlja. Ni sam ne znajući zašto, Dieter je zatražio od generala da ga pošalje u borbu. Želji mu je udovoljeno te je raspoređen u Gebirgs-Jäger-Regiment 137. i već sljedećeg dana je opet ranjen: prostrijelna rana na desnom ramenu, duboka zarezotina konjaničkom sabljom na lijevom ramenu i metak u lijevoj butini. Ovaj put ranjavanje u borbi protiv poljskog pješaštva i poljske konjice! U izvješću komandanta regimente je istaknuto da je feldwebel von Herzog sam ubio najmanje dvadeset poljskih vojnika, od čega pet konjanika i da je u toj borbi iskazao nevjerojatnu hrabrost i snagu, kao i brigu za svoje vojnike.

U feldšpitalu proveo je tri mjeseca. Bilo mu je uistinu ugodno. Stari dvorac pretvoren u vojnu bolnicu, lijepe mlade medicinske sestre, ljubazni liječnici. A on heroj! Rat je tek počeo i svaki ranjenik odmah je proglašen njemačkim herojem! Trideset i devete na četrdesetu ratna sreća Adolfa Hitlera tek je otpočela i bogovi rata mazili su Veliki Reich. Sve je bilo, barem izvana, sjajno i bajno, njemačka je nacija gutala kao spužva lukavo sročene propagandne članke o herojstvu vojnika arijevaca i žrtvi njemačke mladosti za slobodu i slavu Reicha. Hrana je bila odlična, još je bilo svega, bez restrikcija i zračnih uzbuna. Oporavak feldvebela je tekao sasvim dobro premda su rane bile duboke.

Udobnost dvorca omogućila je feldwebelu Dieteru M. von Herzogu trošenje vremena na razmišljanje. Lagano i sporo, u njemu se nešto mijenjalo. Ovo više nije bio onaj kadet koji je trčao za udatim ženama, o ne, na bolničkom krevetu „rodio” se novi Dieter, potpuno drugačiji od starog barunovog sina. Upoznavši rat na samom početku u njegovoj stvarnoj inačici i nakon sulude avanture u borbi (za koju nije imao logičnog objašnjenja jer borbenog iskustva nije imao savršeno nikakvog), odlučio je preživjeti. Preživjeti rat i potom otpočeti novi život bez ičega što bi ga povezivalo s prošlošću. Shvatio je u čemu je griješio, spoznao je sebe, ma kako to izlizano zvuči.

Koliko se promijenio u svega tjedan dana vidio je i sam: primijetio je „značajne” poglede mladih bolničarki, što mu je godilo, ali više nije pomišljao ne neki glupi flert ili, ne daj Bože, kakvu ludu ljubavne avanture s udatim ženama. Trebao je jednu ženu, jednu ljubav. Ali ne sad, ne u ratu...

Samopouzdanje? Njegove misli i osobne odluke bile su njemu samom velike i moćne, ali zapravo, opet se radilo dobrim dijelom o naivnosti (doduše, ova promjena u glavi, kako će poslije biti, odigrala je bitnu ulogu u njegovom ratnom putu).

Prvo, njegova brižna majka, barunova supruga umalo je dobila živčani slom kad je stigao telegram o ranjavanju najstarijeg sina (mudra, kakva je bila, prije početka rata uspjela je poslati kćerke u Švicarsku na školovanje: kako su djevojke otišle prije općeg rata, nitko je nije mogao optužiti za nedomoljublje), ali snaga njenog duha je pobijedila i ponovno je posegnula za crnom knjižicom i telefonom, samo što je ovaj put bilo lakše jer je njen Dieter bio „heroj”. Novi poziv u ured generala von Haydringena. Radilo se o situaciji neusporedivoj s prvim pozivom i general se samo nasmijao kad je čuo o čemu se radi. Prvo je spasio život svom nadređenom, a potom, iako ranjen u nogu (za priču je nevažno što je rana bila tek ogrebotina), dragovoljno se javio za napadajnu formaciju i samo dan kasnije je u teškim borbama pokazao neizmjernu hrabrost: tri puta ranjen u jednom danu! Priča koja nikoga ne ostavlja ravnodušnim, naravno, ako se radi o nacistima. Hauptman je u svome izvješću priznao kako se ne sjeća ničega jer se probudio u bolnici, ali da je, s obzirom na sve, nesumnjivo feldwebel von Herzog zaslužan što je živ. Stoga je baruničin poziv bio mačji kašalj, što bi se reklo.

Osim toga, u to vrijeme, na početku rata (i kasnije, pogotovo nakon osvajanja Francuske i priprema Hitlera za daljnje operacije, prvenstveno operaciju „Barbarosa”) Reich je trebao reklamu, njemački je narod trebalo senzibilizirati za rat, a podizanje morala bila je zadaća skoro pa na istoj razini važnosti kao ratni uspjesi. A što je moglo biti bolje: visok, zgodan, kao skrojen po arijevskom modelu savršenog übermenscha, plave barunske krvi, iz stare vojničke obitelji čiji su članovi stoljećima istaknuti hrabri oficiri i ratnici, bivši uspješan i pohvaljivan kadet Terezijanske vojne akademije (dio o „uspješnom i pohvaljivanom kadetu” bio je dodatak zbog potrebe priče, a onda, sve da i nije, mladalačka nestašnost, ta tko nije bio mlad i lud), hrabro se borio, ranjen i tako dalje, upravo ono što je propagandna mašinerija Velikog Reicha trebala i što je dobila! Dodjelom Željeznog križa II. klase legenda je rođena. (Okay, prvi u redu križeva nije bio ni izdaleka kao Ritterkreuz des Eisernen Kreuzes, čiji su nositelji bili ono što su danas medijske zvijezde: odlikovani s Viteškim križem željeznog križa dijelili su autograme, držali predavanja djeci u školama, o njima su se snimali kratki filmovi za podizanje morala, a pravilo je nalagalo da ih se vojnički prve pozdravlja bez obzira na čin koji su imali. Unutar Viteškog križa Željeznog križa Hitler je tijekom rata uveo nove stupnjeve križeva: Eichenlaub, Eichenlaub mit Schwertern. Eichenlaub mit Schwertern und Brillanten i Ritterkreuz des Eisernen Kreuzes mit goldenem Eichenlaub, Schwertern und Brillanten, a postojale su i druge vrste vojnih ratnih odličja Reicha: Ritterkreuz des Kriegs-verdienstkreuz, Goldenes Ritterkreuz des Kriegs-verdienstkreuz, Kriegsorden des Deutschen Kreuzes in Gold mit Brillanten itd.)

Bolnicu su ukrasili zastavama, dva se dana do iznemoglosti čistilo i glancalo, sve je mirsalo na sapun i cvijeće, kreveti su presvučeni kao snijeg bijelim plahtama i novim dekama, pokretni ranjenici dobili su nove svečane uniforme, a ostali ranjenici nove pidžame, svi su bili okupani i izbrijani, oko bolnice je pokošena trava i nasut je sitni šljunak na prilaznom putu. Rano ujutro stigao je vojnički orkestar, a u dvorištu dvorca postavljeni su stolovi i bogata zakuska s najfinijim delicijama i najboljim pićem. Ispred ulaza točno u podne zaustavila se ogromna crna limuzina s generalskim zastavicama na blatobranima. Poručnik u svečanoj uniformi otvorio je vrata velikog automobila i iz njega je izišao glavom i bradom General der Infanterie Hermman Reinecke. U bivšem dvorskom salonu, pred postrojenim osobljem vojne bolnice i svim pacijentima, uz bezbroj novinara i fotografa, vojnih i iz Propagandaministeriuma, istaknuta visoka glava OKV-a, general pješaštva, chef Amtsgruppe Allgemeine Wehrmachtsangelegenheiten (AWA), general pješaštva Hermann Reinecke osobno je predao dvadesetak Križeva I i II klase i neke medalje, a jedan od tih križeva primio je i mladi feldwebel Dieter M. von Herzog onako stojeći, na štakama. Dan kasnije će, na vidljivo skromnijoj svečanosti, a to zato jer je kasnila depeša iz Berlina, svršeno-nesvršeni bivši ka-det Terezijanske vojne akademije primiti promaknuće u čin poručnika pješaštva Wehrmachta. (Uzevši u obzir iznimnu hrabrost na samom početku rata, odlučeno je da ovaj njemački heroj zaslužuje dobiti ono što bi mu ionako pripalo po zakonu, a njegov ratni podvig i ranjavanje samo je ubrzalo stvar.) Leutnant von Herzog legao u svoj bolnički krevet s osmijehom. Možda će biti bolje.

Hladne srijede, četrnaeste veljače godine 1940., u srijedu, nastupio je poručnik Dieter M. von Herzog na novu dužnost u štab Division No. 187., divizije za obuku i pripremu zamjenskih snaga. Ovo razdoblje rata za njega je bilo kao da je na odmoru. Služiti u diviziji koja služi za obuku i popunu (objašnjenje za civile: divizija koja obučava ljudstvo za popunu borbenih jedinica na ratištu, popudbena divizija) značilo je živjeti k'o bubreg u loju, nit' brige, nit' pameti. Papirologija, dosadno, ali vrijeme prolazi, izvješća, nadzor straže ponekad, oficirske aktivnosti, druženje u klubu i zamarajući sastanci štaba, rutinski pregledi i kontrole pukovnija. Što se tiče ljubavnih problema, otrijeznio se, barem malo. Ničega skandaloznog ni sramotnog: postao je oprezniji, a nije ni imao nekog naročitog seksualnog apetita kao onaj stari Dieter. Nekoliko diskretnih valjanja po plahtama sobe za poslugu sa diskretnom konobaricom iz lokalne pivnice, to je sve. A onda, rat kao rat, razbuktao se i sve je otišlo u pakao.

Operacija „Barbarosa" (strepio je od odlaska na Istočni front, no to se nije dogodilo). Konačno je u jesen 1942. prebačen u Infanterie-Ersatz Regiment 462., te je kao i cijela divizija nastavio svoj ratni put u Jugoslaviji. Njegova pukovnija poslana je u Hrvatsku, u mali grad Bjelovar. Primitivni Hrvati, umislili su da su arijevci i služili su Hitleru u naivnoj vjeri da će nakon konačne pobjede biti dio Reicha, haha. I ta njihova hrvatska država, kaos i anarhija, bez reda stvari, ludnica. Hvalili su se državom i zakonima, a izvan gradova, po selima i brdima vlast su bili komunistički banditi! Što ih se više ubijalo, to su partizani bili jači! Izvan garnizona nitko nije bio siguran. Da čovjek poludi: u Francusku su ga trebali poslati, tamo je raj, okupacija i nema rata. U Hrvatskoj i na cijelom Balkanu svakodnevne diverzije, stvarno je zajebano ratovati u ovoj čudnoj zemlji...

- „Ich bin bereit!" - s olakšanjem je rekla, prišla Dieteru i poljubila ga u nježno u obraz. Stara Njemica, žena visokog rasta, odjevena staromodno, ali vrlo elegantno, u decentnoj putnoj haljini i putnim cipelama, kaput s brošem na lijevom reveru, šešir, rukavice. Sve je otmjeno, fina izradba, ali staro. Dama iz nekih drugih vremena, tamo uoči Velikog rata.

- „Ich habe nur diese beiden Koffer und eine Handtasche. Hoffentlich nicht zu viel." - nasmiješi mu se vragolasto. Naporučnik nervozno ugasi cigaretu:

- „Wir werden sehen, es ist ein Auto, kein Lastwagen. Gehen wir... Wir sind zu spät."

Patrole straže i neprestano živciranje zbog balkanske neurednosti i neorganiziranosti. A njihov jezik, katastrofa! Kako su uopće bili dio carstva toliko dugo, tako primitivni i nesposobni?! Potom nova ofenziva, jedna od mnogih. Operacija s ciljem uništenja partizana u ovom dijelu Hrvatske. I drugo ranjavanje poručnika Dietera M. von Herzoga. Bitka kod gradića čudnog imena Ivanec, između sela Tužno i Ivanca. Teška borba između partizanskih bandita i snaga 462. pješačke regimente. U utorak, tog vrućeg lipanjskog dana plavokosi je oficir Wehrmachta pogođen s dva metka u izravnoj borbi s komunističkim razbojnicima! Bitka: borba na nož, teška, udarao je kao lud, nije stao ni kad je dobio prvi metak u desno rame, srčano se borio. Ništa nije razmišljao, ubijao je, nastojao je preživjeti.

Novo ranjavanje. Operacija u varaždinskoj bolnici. Nekoliko dana bez svijesti. Dva mjeseca oporavka negdje u Austriji. Povratak u Hrvatsku, ali ne u staru regimentu, čak niti u istu diviziju. Treći ili tko zna koji poziv njegove majke: ovaj put pozivi su išli vrlo teško jer Reich 1943. nije bio onaj iz 1939., a i nje-zine „veze" generali nisu bili na starim pozicijama. U Velikom Reichu bilo je lako pasti u nemilost velikog Führera: na svakodnevnoj bazi do jučer omiljeni generali, preko noći bi se našli na njegovoj crnoj listi. Zapravo, malo je koji komandant računao na mirnu karijeru, točnije je kazati kako su generali obnašali dužnosti od dana do dana, nikad ne znajući kad će biti opozvani ili kad će ih posjetiti dva SS poslanika s pištoljem kao specijalnim poklonom Adolfa Hitlera. Ratovalo se prema živčanom stanju glavnog šefa, pa je udovi von Herzog bilo teže dospjeti do onih koji su mogli pomoći njenom sinu. Ipak je uspjela i uči-njeno je što se u onim okolnostima moglo učiniti. Sin joj je premješten na manje opasno mjesto. Ova je usluga još jedanput išla na ruku sreće mladom barunu.

Početkom listopada 1943., sada Oberleutnant von Herzog započeo je svoju novu službu u Varaždinu, u Hrvatskoj. Štabni oficir kod Platzkommandantur 11/1038. Prije nastupa održana je vrlo skromna i kratka svečanost, ni blizu glamurozna kao u bolnici u starom dvorcu. Nije bilo ni generala ni vojne glazbe. Do-djela čak tri odličja u jednom danu, Eisernes Kreuz 1. Klasse, zatim Wehrmacht-Dienst-auszeichnung i Kriegsverdienstkreuz 1. Klasse, sve na prijedlog komandanata divizije, korpusa i armije. Pred zimu 1943. u Hrvatskoj odličja su imala puno manje paradni značaj jer za „stare" iskusne vojnike poput Dietera, više-struko ranjavanog, ti komadi metala nisu predstavljali savršeno ništa, osim sitnih privilegija.

Ugodnija, to svakako, služba u komandi mjesta bila je za Dietera kao dar s neba. Njegova bivša divi-zija krvarila je po Hrvatskoj i Bosni bezuspješno pokušavajući (zajedno s ostalim snagama Wehrmachta, njemačkih saveznika i domaćih vojnih efektiva) uništiti komunističke pobunjenike, a on je provodio dane u kancelarijskom poslu i ispijanju kava u gradskim kavanama i restoranima. Održavanje veza s hrvatskom lokalnom vlašću, s ustaškom i domobranskom komandom i s upravom grada bilo je dio njegovog posla. Koordinacija aktivnosti s Feldbahn-Betriebs-Kompanie-3 i logistikom svakog transporta njemačkih snaga, logoraških kompozicija i svih jedinica Wehrmachta, SS-a i ostalih koji su prolazili kroz zonu odgovornosti komande mjesta. (Stvari su donekle funkcionirale do sredine četrdeset i četvrte, a kasnije više nitko ništa nije pitao i uloge komandi i štabova postale su skoro pa besmislene. Česte i konfuzne reorganizacije, pro-mjena štabova i komandi i, osobito pred kraj rata, preklapanje komandnih struktura od divizije, korpusa i armija i nekoordiniranost između „susjednih" zona odgovornosti, a Varaždin se nalazio baš na takvoj po-ziciji, učinilo je djelovanje Platzkommandatur beskorisnim. Uoči svršetka rata postalo je pravilo da su mjesto i sve njemačke snage, civilne i vojne pod komandom oficira s najvišim činom iz jedinice najvećeg ranga, odnosno, na primjer, ako je u Varaždin stigla komanda neke divizije ili komanda korpusa, koman-dant divizije ili korpusa automatski je postao komandant svih snaga u gradu i bio odgovoran za sva bor-bena djelovanja i samom obranom grada kao takvim. Jedino dobro je što Hrvatska nije bila razrušena i na-padana od saveznika kao Njemačka prije sloma i komandant Jugoistoka i Grupa armija E, čije su se snage zapravo povlačile uz borbu, imao je bolji pregled situacije nego posve razbijene njemačke snage u samom Reichu.) Ostalo vrijeme bio je slobodan, kao na izletu.

Natporučnik Dieter M. von Herzog uspio je steći samokontrolu. Previše je njegovih poznanika, podofi-cira i oficira, odlepršalo na Istočni front jer su mislili da će zauvijek ostati u ovoj smiješnoj državi dobre hrane, odličnog vina i prekrasnih žena. Doduše, nije mu bilo lako othrvati se ženskim čarima: ljepotice kakvih nije viđao ni u Austriji. Srećom, zastarjeli odgoj i vjerski okovi bili su donekle granica preko koje Hrvatice nisu prelazile samo tako, pak su njemački osvajači žena imali „težak posao" ne bi li odvukli u krevet koju ljubavnicu.

Pisao je pisma. Majci. Za nju i za sestre, o kojima nije znao skoro pa ništa. Kroz ratne godine svi su na-učili što znači cenzura. Pisma su bila cenzurirana i morao je biti jako i oprezan u onome što je pisao. Isto je vrijedilo i za pisma pisana od kuće: barunica je slala klasično dosadna pisma ne navodeći baš ništa što bi moglo kompromitirati njenog sina. (Vremenom je postalo gotovo nemoguće dobiti vijesti iz Švicarske:

srećom, na vrijeme je osigurala dovoljno novca za kćerke i znala je da su dobro.) Nije propuštala ubaciti pokoju riječ hvale za Hitlera i o čvrstoj vjeri u konačnu pobjedu, ali ne previše jer je prevelika zanesenost jednako je bila sumnjiva. Slao je pisma, ponekad samo nekoliko rečenica, a sljedeći put bi ispisao tri stranice iako na kraju ne bi ništa rekao.

„Mercedes-benz 170 w" nije velik i natporučnik von Herzog uz pomoć vozača upinje ne bi li stavio unutra kofere stare Švabice bez da mora izbaciti nešto od njihovih stvari, kojih i nije bilo mnogo. Dieter otvori desna vrata i gospođa Švabica, elegantno kao uvijek, sjedne na zadnje sjedište. Natporučnik sjedne na suvozačevo mjesto i zatvori vrata. Poravna kaput, namjesti oficirsku kapu i obrati se mladom vozaču s obergefreiterskim oznakama na ramenu i na rukavima.

- „Ludwig! Lass uns gehen, du kennst den Weg. Nur langsam und vorsichtig, ich meine, nicht langsam, damit wir uns nicht davonlaufen schen."

- „Jawohl, Herr Oberleutnant! - mladi podoficir se nasmiješi, uključi motor i polako krene.

Dieter M. von Herzog se okrene i još jednom pogleda nisku dugu kuću. Usne mu se skupe u tanku crtu. Srce mu lupa. Starica se nagne prema njemu, potapša ga po ramenu i progovori vrlo tiho:

- „Keine Sorge, junger Mann. Du wirst fürr sie zurückkommen. Alles wird gut."

Večer prije putovanja, posljednji zagrljaj i posljednji poljubac. Snažno je zagrlio tu prekrasnu i jaku ženu. Njena duga tamna kosa mirisala je na sapun, na parfem, onaj francuski, što joj ga je darovao na njihovom prvom izlasku, ima tome godina dana. On, koji je od svog prvog doživljaja žene, od one služavke uzimao žene nonšalantno, bez obaveza i bez dubokih emocija, ne vezujući se ni za jednu posebno snažno, on, među prijateljima (kojih pravih i nije imao mnogo) i oficirima poznat kao ženskaroš, pri prvom susretu s običnom praljom, služavkom, pao je kao pokošen, noge su mu se odrezale, nije mogao reći ni jednu jedinu riječ, sva njegova elokvencija, svi odavno uvježbani osmijesi, sve fraze kojima je osvajao i uzimao i najtvrdokornija ženska međunožja, svo njegovo udvaračko iskustvo i umijeće je nestalo, istopilo se u trenutku i u sekundi on više nije bio zavodnik u uniformi već zbunjeni dečko zatečen ljepotom jedne sitne žene prekrasnog lica i divne duge kose.

- „Also, Herr, Sie müssen Ihre Hemden waschen und bügeln?" - govorila je njemački sporo, s naglaskom, a njemu je to bilo neopisivo ljupko. Pet minuta prije ovog pitanja čuo je kucanje na vratima i netko je potegao zvono. Bilo je pola osam ujutro i sređen i spreman za polazak na dužnost, natporučnik Dieter M. von Herzog baš je ispio posljednje gutljaje jutarnje kave i ugasio svoju prvu cigaretu. Opasao se opasačem na kojem je bila futrola s „Lugerom P08". Imao je i „Mauser P.38", ali je više volio očev pištolj. Začudio se zvonu. Izvadio je pištolj. Komunisti su ubijali na taj način. Bili su svugdje, a najdraža meta su im bili njemački oficiri. S pištoljem u desnoj ruci lagano se približio vratima: ulazna vrata imala su mali prozorčić kroz kojeg se moglo vidjeti posjetitelja. Nije vidio nikoga. Naglo je otvorio vrata i uperio pištolju u... Pred njim je stajala lijepa skromno odjevena mlada žena s ogromnom pletenom košarom u rukama. Košara je bila prekrivena šarenom dekom i nije se vidjelo što je unutra. Žena se nasmiješila, očito se nije prepala pištolja:

- „Guten Morgen. Hemden und Unterwäsche für Herrn Mauer." - Oh, da, poručnik Mauer! Potpuno je zaboravio što mu je rekao njegov cimer, poručnik Mauer. Njih dvojica dijelili su ovaj stan u centru grada, u Dućanskoj ulici. Sve što je mogla i morala, hrvatska je vlast dala na raspolaganje Reichu, ma što dala, Wehrmacht, a posebno SS i Gestapo nisu pitali, uzimali su, a Hrvati su trčali da ispune želje svojih gospodara.

Stigavši poslije oporavka u Varaždin, Dieter je mislio da će ga smjestiti u neku od njemačkih kasarni u gradu no ugodno se iznenadio kad mu je komandant rekao da će stanovati u centru grada, s poručnikom Mauerom. Automobilom komande mjesta dovezao se do kuće ispred koje ga je dočekao pretjerano ljubazan gradski činovnik (od onih birokratskih slugu u loše skrojenim odijelima i s previše nauljenom rijetkom kosom) i osobno otpratio do stana na prvom katu. Otvorio je vrata neprestano se ispričavajući na užasnom njemačkom jeziku, što će, eto, silom prilika, stan morati dijeliti s još jednim oficirom Velikog Reicha, ali stanje je takvo, grad je pun vojske i upravi grada i njemu je strašno žao, molim, stvarno nemamo praznih stanova, govorio je i slinio dok je otključavao vrata i pružao mu ključ. Dieter je zahvalio, ovaj napadan lik samo ga je nasmijavao. Dieter je bio presretan što neće morati dijeliti sobu s još pet ili deset oficira, zaželio se već malo intimnije atmosfere. Odmahnuo je rukom i izgurao činovnika na hodnik, još jednom pozdravio i zatvorio mu vrata pred nosom.

Stan je bio ogroman, pet soba, salon, kuhinja i u svemu njegov sustanar i on nisu koristili ni pola prostora, osim kad je poručnik Mauer, a to je bilo često, organizirao razbludne proslave i zabavne večeri za probrane goste. U određenim krugovima veselice poručnika Mauera bjehu na glasu, a on sam slovio je kao nadasve zabavan i šarmatan mladi muškarac koga je rat pretvorio u vojnika. Ranjen u Africi, na početku afričke kampanje, proveo je pola godine u bolnici, a nakon zalječenja prebačen je u ovu hrvatsku provinciju, što je njemu bilo kao da mu je sjekira pala u med. Kako će sudbina zapisati, tu će i dočekati kraj rata, a nakon zarobljavanja po svršetku rata i sve one torture u prvim poratnim godinama, potpisati će ugovor i odraditi tri godine u Jugoslaviji i vratiti se početkom 1950. u Njemačku, nakon čega će ga život odnijeti po svijetu, sve tamo do Brazila, gdje će i umrijeti kao relativno bogati pijanac bez potomstva i obitelji. Uglavnom, Dieter M. von Herzog nije mogao poželjeti bolji smještaj i boljeg cimera.

Problem pranja rublja u ratu nije jednak za vojnika i za oficira. Oficir je viša ljudska vrsta u vojsci i kao više biće unutar arijevskog sustava vrijednosti (iako je i običan vojnik, ako je bio nositelj križeva bio poštovana persona) bio je i tretiran na primjeren način, sve u skladu sa statusom. Mauer i von Herzog dobili su stan kao pripadnici komande mjesta: njihovi činovi bjehu ipak preniski za neke veće privilegije jer je i Wehrmacht, usprkos svemu, držao poručnike i natporučnike potrošnom robom. (Istina je, kvalitetnih oficira tog ranga nikad nije bilo dovoljno i nije neobično što su generali, komandanti divizija, korpusa i armija, osobito u kasnijim ratnim godinama, kad je njemačka ratna kičma bila smrtonosno slomljena, bili primorani promovirati unteroficire u oficire, naročito na Istočnom frontu jer su oficiri ginuli kao i vojnici.) Stan su dobili, ali ne i poslugu. Nisu imali posilne, to si natporučnik nije mogao priuštiti, čak i kad nije bio trupni oficir. Zato je pitanje pranja rublja bilo dosadno teško: Dieteru nije padalo na pamet da sam pere košulje! Morao se pobrinuti za to. Nije znao kako, ali cimer je uskočio. Mauer, osoba za rješenje svakog problema. Mauer je živio u stanu dva mjeseca prije dolaska Dietera i on je, čini se, „naslijedio" uslugu pranja rublja od prethodnog stanara, nekog ustaškog pukovnika, a ovaj nije „naslijedio", više je „dobio" od prvih vlasnika, jedne liječničke židovske obitelji (koja je, u skladu s razvojem konclogorskog turizma tzv. NDH organizirala „odmor" za dotičnu obitelj, odmor s kojeg se vlasnici stana iz nepoznatog razloga nisu vratili). Kako god, Mauer je objeručke prihvatio ponudu pranja i glačanja rublja jer on sam za to volje nije imao. Primivši novog sustanara, rado mu je otkrio „rješenje" za prljave košulje, čarape i gaće. Jeftina, brza i kvalitetna usluga, kao u Austriji. Osim toga, glasilo je objašnjenje poručnika Mauera, gospođa je lijepa žena. Udana je, istina, ali sama, muž joj je negdje na fronti, Hrvati za Wehrmacht, tako nekako.

Dogodilo se. Lijepa pralja o kojoj je cimer pričao stajala je ispred njega, nasmiješena, s tom ogromnom košarom, mlada i k tome prekrasna, ona, ne košara. U jednom je trenutku natporučnik von Herzog shvatio kako glupo izgleda s pištoljem u ruci. Zbunjen, promucao je:

- „Oh, es tut mir leid. Bitte vergib mir, ich werde jetzt, nur einen Moment..." - zatvorio je vrata, naslonio se na zid sav crven u licu. Gurnuo je pištolj u futrolu, duboko uzdahnuo i opet otvorio vrata:

- „Entschuldigung, hier, komm rein..." - stao je na stranu, maknuo se i žena je prošla kraj njega. Osjetio je neku čudnu toplinu, omamio ga je njen miris, miris čistog rublja, njen dah dok je prošla kraj njega s košarom. Znala je put. Hodao je za njom do kuhinje. Odložila je košaru na pod, skinula deku s vrha, uredno je preklopila i potom je počela vaditi i na kuhinjski stol odlagati savršeno čiste i izglačane košulje, donje rublje, hlače i jedan svečani oficirski sako.

Natporučnik je tupo zurio u ženu. Nije ni primijetio rublje, gledao je u nju opijeno ne vjerujući sam sebi što se to s njim zbiva. Trgnuo se tek kad mu je žena ponovila pitanje, ma sigurno je ponovila jer su joj obrve bile podignute, kao kod ljudi kada dvaput pitaju isto:

- „Also, müssen sie Wäsche?"

- „Oh, ja, natürlich. Ich brauche. Ja, ich brauche. Leutnant Mauer hat mir von Ihnen erzählt, Frau... Ich weiß nicht, was du für ein Arrangement hast, also dan du weißt schon..." - prokleto bilo, mucao je kao prištavi balavac, pa barem nije pijan!

- „Hier wie heute. Ich nehme die schmutzige Wäsche und bringe sie sauber. Wir könen einen Termin vereinbaren, und wenn es dringend ist. Zahlung wenn ich sauber bringe. Zweimal in der Woche, wenn es Ihnen passt und Sie es brauchen." - gledao je u njene oči bez daha, slušao njen ljupki glas. Opet se trgnuo:

- „Gut! Gut, sehr gut! Und, und der preis, ich meine, tut mir leid, wie läuft die zahlung?" - uopće ga nije zanimalo plaćanje, htio joj je dati sve što želi, samo da je... - napala ga je još jednim osmijehom:

- „Fragen Sie Herrn Mauer, sowohl für ihn als auch für dich finde ich das in Ordnung. Herr..."

- „Ooh! Es tut mir leid, ich bin Oberleutnant von Herzog, im Diens... Entschuldigung, großartig, wunderbar..." - potpuno se zbunio, govorio je kao kakav nedorasli klinac. Njemački oficir lupa petama jednoj nearijevki? Strašno! Jednoj sluškinji se predstavlja kao gospođi? Dieter je mucao, kao da ga je nešto ošamutilo. Pred ovom praljom ostao je bez riječi. Pogledao je refleksno sat. Žena je stajala kraj kuhinjskog stola punog čistog rublja poručnika Maera. Progovorio je, opet malo zbunjeno:

- „Also, haben wir einen Deal? Super. Wie wäre es mit Leutnant Mauer? Das passt mir. Ähm, ich muss jetzt gehen. Ich meine, ich ... Ja, großartig..." - Žena se nasmiješila:

- "Also waren wir uns enig. Aber hast du etwas für mich?" - gledala ga je i opčinila, posve rastresen okrenuo se oko sebe i udario rukom po čelu:

- „Oh, ja, nur ein bisschen Verzeih mir, ich weiß nicht, was heute mit mir los ist, Mauer mir irgendwo etwas hinterlassen, ich weiß, er hat es mir gesagt. Einen Augenblick. Ah, hier..." - zakoračio je prema malom kuhinjskom regalu na kojem je bila limena kutija za kekse. Otvorio je kutiju i izvadio žutu vojnu kuvertu:

- „Bitte, es ist von Maer für dich, hätte ich fast vergessen. Es tut uns leid... Ah, Ich muss jetzt gehen, ich bin spät..." - pokazao je rukom prema vratima. Žena je spremila kuvertu u džep haljine, podigla košaru i krenula prema ulaznim vratima. Smiješila se, dopao joj se ovaj novi njemački oficir, zapravo prvi koji se ispričavao. Ostali, kojima je prala nisu ni razgovarali s njom, samo bi joj šutnuli kuvertu bez riječi i pozdravili. Ipak, bili su boji od ustaških i domobranskih oficira, oni nisu plaćali, a znali bi je udariti i zaprijetiti zatvorom ili metkom. Na vratima se okrenula:

- „Danke, grüßen Sie Herrn Maer. Ich komme am Samstag. Auf Wiedersehen, Heil Hitler!" - dok se žena hitro spuštala niz široke stube, natporučnik von Herzog stajao je kod otvorenih vrata svog stana ne progovorivši ni riječi. Što? Heil..., ma da! „Hej, nisam je ni za ime upitao, ja konj! Gospode, kako je lijepa! Jao, idem, idem..." - pogledao je oko sebe, vratio se u stan, uzeo oficirsku torbu, zakopčao futrolu pištolja i žurnim koracima izašao iz stana. Smiješio se dok je preskakivao po dvije stube. „Brzo će subota, brzo će subota."

Tako je počelo nešto za što je natporučnik Dieter M. von Herzog mislio da će biti njegova i njihova budućnost, tako je počelo ono što je on pompozno nazvao smislom njegovog života u ovom ratnom kaosu. Sve se odigravalo kao u snu: u subotu, zapravo bješe to drugi dan, novi susret (istog je dana otrčao u oficirski magazin i uzeo tri para košulja i nekoliko para donjeg rublja i onda ih u stanu zgužvao i zaprljao, samo da bi imao što dati na pranje ovoj nevjerojatnoj ženi jer a, što, svoga rublja je imao malo, ukupno tri košulje i nekoliko pari čarapa, ljetna i zimska uniforma, i svečana, jasno), nespretno izrečeni poziv na večeru, šetnja. Opet večera, odlazak u kino. Svaki slobodan trenutak provodio je s njom, smijao se njenim šalama, davao joj poklone. Parfem! Francuski parfem. Skupo ga je koštala ta bočica mirisne vodice, a i nije ga lako nabavio. Odradio je četiri dodatna dežurstva i sredio neke „stvari" za narednika iz logistike koji mu ga je nabavio iz generalskog skladišta. Oduševila se.

Plaćanje pranja rublja? Ni reichmarke ni hrvatski novac, kako se zvao, da, kune, ništa to nije vrijedilo, osim za potpalu peći. Cijene su bile astronomske, a robe ionako nije bilo. Sva opskrba bila je racionirana i makar imao milijune, čovjek je bio siromah. Zlato i srebro, nakit, skupe stvari, to je bila valuta plaćanja! Mast, ulje, sol i brašno, a naročito slanina, jaja i meso, benzin, odjeća, s time se trgovalo i to je bilo ono što je donosilo profit. Šećer, kava, prave cigarete i hercegovačka škija, maslac, mlijeko, krumpir, sve je to bila luksuzna roba. NDH, ta drek-država izdavala je državne bonove za opskrbu, a onda je došlo do toga da ni bonovi nisu vrijedili ništa jer nije bilo ni racionirane robe. Njemački su oficiri bili u povoljnijem položaju: Dieter je plaćao oficirskim markicama, reichmarkama, a i sam je donosio sve što je mogao dobiti kao natporučnik iz skladišta komande mjesta: konzerve, šećer, pravu kavu, čokoladu, meso, jaja, pravo mlijeko, stvari iz oficirske menaže (fine stvari, pića, konzerve pravog mesa, pravi džem, riblje konzerve, tako to). Plaćao? Krivi izraz.

Prva dva tjedna je plaćao kao mušterija. Potom je Rozaliji darovao sa svime, ali ne zbog čistih košulja. Zaljubio se u Roziku, pralju oficirskog rublja. Mislio je na nju neprestano dvadeset i četiri sata, čak je smanjio opijanja s cimerom i njegovim društvom. (Došlo je do toga da se poručnik Mauer ozbiljno zabrinuo za zdravlje svog prijatelja: čuvši razlog za trijeznost, samo se nasmijao i odmah je, iste večeri, organizirao najluđu „pogrebnu zabavu” za, kako je objasnio, „druga koji je hrabro pao u borbi za žensko srce i još neke organe”: Mauer nije rekao ni „a” o tome kako nije primjereno da jedan Oberleutnant Velikog Reicha ima ljubavnicu nearijevku, naročito iz razloga što su njegove priležnice bile sve redom ne osobito čiste krvi, haha, nego je zagrlio Dietera, poljubio ga u čelo i razdragano mu rekao:

- „Mein lieber Baron hat sich verliebt! Ah, mein lieber Dieter, im kriegsunsinn ist die liebe das einzige licht, das uns wach hält, normal. Was ist schöner als die Liebe? Würdest du diesen Wahnsinnigen in Berlin gegen die Schenkel einer schönen Frau eintauschen? Der ein-zige, den ich in diesem Krieg bewundere, ist General von Thoma, er wusste, was er tat, als er sich den Engländern ergab. Wir können uns den Engländern nicht ergeben, weil sie nicht hier sind, hahaha. Aber wir können wie Menschen leben, Dieter. Er liebt sie, er liebt sie, mein Freund. Ich werde mich um dich kümmern. Die Gestapo und Militärgendarmen sind überall, aber sie sind nicht wichtig, sie rühren Offiziere vorerst nicht gerne an. Ich freue mich für dich Dieter, glücklich. Es lebe Liebe, mein Baron! Ich liebe dich, von Herzog, ich liebe Rozika, mein Freund!“

Volio je Dieter tog veselog momka iz mnogo razloga, ali vjerojatno najviše što ih je vezalo je zajednička mržnja prema vojsci, ratu i nacistima. O ne, nikakva politika, ništa slobodoumno o demokraciji, nikakvi visoki ideali nisu bili povod toj mržnji: radilo se o običnom životu. Adolf Hitler i njegov rat (i njegovih generala koji nisu voljeli vođu, ali su vapili za osvetom za sramotnu kapitulaciju 1918.) i cijelo ovo sranje otelo im je i uništilo mladost, ukralo snove i bacilo ih u ovu klaonicu iz koje nema spasa i za koju se ne zna kad će završiti, a da će kraj biti pakleno krvav, u to nije sumnjao ni mladi barun, a još manje njegov prijatelj. Dieter se plašio za cimera, čovjek nije mogao znati kad će nabasati na zagriženog nacistu, a to vodi ili pred streljački vod ili pod komandnu palicu psihopata SS-Obersturmführera Dirlewangera. Istina je, Mauera je pratila vražja sreća i nijednom nije došao u pod sumnju Gestapoa i SS-a. Nisu ga sumnjičili ni u posljednjim danima rata, kad su i odlikovane oficire vješali kao kobasice po stupovima i kad je zavladala sveopća histerija i nitko nikome više ništa nije vjerovao. Borbene jedinice su nešto drugo, ni vojnici ni oficiri nisu imali mnogo izbora, međutim logistički dio i razne neborbene službe pružale su labave mogućnosti za spašavanje glave i to su pametniji nastojali maksimalno iskoristiti. Balkanske pustopoljine nisu bile mjesto prebivanja „humanih vojnika”. „Ženevsku konvenciju” ovdje nitko nije smatrao dobrim štivom za čitanje. Stoga je razmišljanje o ratnim događanjima tipa „što će biti s poraženima kad rat završi” bilo uzaludno gubljenje vremena i živaca jer pobjednik je onaj koji kroji gaće gubitnicima i to bješe uvijek bez milosti, okrutno i uz osvetu. Događaji 1945. to su i dokazali.

Rozika. Centar njegovog svijeta, to je postala služavka i pralja. Mladom austrijskom barunu Rozika je bila sve. Rozalija. Ništa mu nije smetalo, ni to što je starija od njega šest godina, a ni to što je udana, čak ni to što ima sina! Obožavao je njeno majčinstvo, nije mu to bila prepreka za ljubav, dapače, mala beba, jednogodišnji sinčić odmah mu se prilijepio za srce, zavolio ga je od prve i dogodilo se čudo u njemu, ženskarošu i razbludniku: počeo je razmišljati o vlastitoj djeci, o obitelji. Pomisao da će imati ženu, djecu i obitelj probudila je u njemu neke nepoznate osjećaje, ispunila mu je dušu oduševljenjem, radošću i nadom. Mogao je planirati zemaljski raj jer, ah, sve je imao, nije brinuo oko materijalne strane budućnosti: ni američke ni ruske bombe zasad nisu pale na palaču, a valjda će tako ostati do kraja, ako ostane, a ako i ne, što onda, važno je preživjeti, opeka i cementa će biti. Majka je javljala da se snalazi, muška posluga je mobilizirana, a u dijelu palače vojska je uredila malu bolnicu za oporavak ranjenih oficira, tako da joj nije dosadno, pa i sama pomaže koliko može. Sve je u redu, s obzirom na rat i okolnosti.

Djevojke i žene s kojima je spavao, koje je grlio i ljubio i s kojima je imao katkad filmski zapetljane afere nisu ni do koljena Roziki! Njene usne, mekane, sočne, a oči koje prodiru do središta srca. A kosa i ruke, bokovi, i grudi, stvorio si savršenstvo, o Bože! Dieter von Herzog se mijenjao, kako je vrijeme prolazilo bivao je drugačiji, ni sam sebe nije prepoznavao. Njegov nadređeni, stari iskusni major ga je upitao, onako usput:

- „Dieter, wass passiest mit Ihren, Oberleutnant? Du bist ernster, ander, und doch irgendwie entzückt.“

- „Habe ich etwas fulsch gemacht? Ich... entschuldige ruch.“ - zamucao je, ali stari se major samo nasmiješio:

- „Nein, nein, hast du nicht, alles ist großartig. Ich sage nur, du bist irgendwie besser. Danke, Dieter.“

- „Vielen dank, Herr Major!“

Šetnje u parku, kod kazališta. Oko dvorca, starim ulicama, između palača. Htjeli su i na Dravu, ali nije se moglo, preopasno je izvan grada. Osim toga, rijeka je granica s Mađarskom. Varaždin je prekrasan grad, živa povijest, palače, dvorac, starina koja živi. Čudno je to, mislio je natporučnik von Herzog, kako jedan primitivan narod u zabiti civilizirane Europe ima takvu kulturu, takvu umjetnost, takvu ljepotu. O Hrvatskoj je znao vrlo malo, osim da je bila pod dinastijom Habsburg kao dio carstva i da je služila kruni kao što već kolonije služe, samo što je ova bilza uz vrata Austrije. Nisu Hrvati toliko loši, a žene su ljepše nego Austrijanke.

Rozika. Svaki zajednički trenutak, svaki doručak i svaka večera, sve bješe kao bajka. A sinčić, predivno dijete, presladak momčić! Kao da je njegov. I jest, na neki način. Često se igrao s njim, držao u krilu, ljubio u obraščiće.

Rozika je voljela njega, nekako. Zapravo je cijela priča oko njezine veze s njemačkim oficirom iz njene perspektive malo drugačija od onoga kako je sve vidio austrijski barun u uniformi Wehrmachta: udana žena, s malim djetetom u ratnom vihoru, s mužem sakrivenim u tajnom podrumu u vešeraju, pod stalnom pritiskom straha i u vječnoj opasnosti od upada policije, Gestapoa, vojske, ustaša, bilo koga od vlasti i strave da će pronaći skrovište i muža i nju ubiti, sina da će zaklati (nagledala se ona toga, na Korzu, kad su onomad na stočnim kolima dovukli isprebijane mladiće, sve krvave, rekli su da su to komunistički banditi i kad su ih pljuvali i tukli pred svijetom, u centru, ispred gradske vijećnice) i drhtala je svake noći, a morala je glumiti sretnu i veselu služavku, pretvarala se kako je sve u redu i taj zgodan oficir bio je tako dobar prema njoj i sinu. Darežljiv, napunio im je kuću hranom i odjećom. Susjedi bi poludjeli kad bi skuhala pravu kavu, neki je nisu pili od prije rata. Ona i Švabica imale su previše hrane, ništa im nije nedostajalo. „Je, gospon natporučnik je fajn gospon na mestu, nema se kaj za povedati.”

Mnogi muškarci ne bi izdržali taj pritisak i život koji je Rozalija otrpjela i proživjela. Težak rad, po cijele dane biti u toj pari, u lugu, i ljeti i zimi nositi vodu s pumpe, pumpati, ložiti vatru, i kipuća voda, sve se puši, pa ribati, a lug ždere kožu do krvi, gaće ribaj i košulje štirkaj i glačaj, pa onda spremaj i nosi po gradu tešku košaru, žuri se, trči s jednoga mjesta na drugo jer mora još stići očistiti tri stana, stube oribati, na groblje otići grobove gospodske srediti, sve mora, a dijete je tu i mužu jesti odnijeti u podrum, a sve je teško, strašno i prokleto.

Polako je „padala” na šarm pristalog baruna, a koja ne bi, u ratu, u bijedi, kad ni soli ni kruha nema i kad se glava gubi za ništa, koja to žena ne bi prihvatila društvo nekoga tko joj može olakšati život?! Oficir, Nijemac, lijep muškarac, jednostavan, otmjen i vrlo duhovit, nježan, imao je strpljenja i nije nasrtao, znao je slušati, bio je pristojan, uslužan, pažljiv. (Epizoda duga više od dvije godine. Rozalija i njen zakoniti muž: jednog dana upali su Nijemci u „Tivar” i prislno mobilizirali mnogo muškaraca, među kojima je bio i njen muž. Odveli su ih u Austriju, u neki vojni kamp na vojnu obuku. Kazano im je da ih Reich i njihova domovina NDH trebaju za sveti rat protiv komunista, za spas svijeta! Obuka je bila zvjerska, a kazne za neposlušne drakonske. Prestrašen pričama da će ih poslati u Rusiju, na Istočni front, njen muž je ugrabio prvu priliku i dezertirao. Nikad nije rekao kako je uspio pobjeći. Ona se skoro onesvijestila kad se on jednog jutra, prije svitanja, pojavio pered vratima prljav, izgreban i pregladnio. Prestrašen, u panici, vratio se doma odlučan da se u vojsku više ne vraća. U vešeraju, ispod bačve za lug, prekriveno zemljom i šljunkom na kamenoj ploči bjehu skrivena vrata male pelnice, podruma koji je tko zna kada iskopan za čuvanje krumpira, povrća, tako nečega što je trebalo čuvati. Kroz zemlju je napravljen otvor za zrak kroz koji je provučena željezna cijev, a kako je otvor bio u kutu, iza police za sapune i košare za rublje, nitko je nije mogao vidjeti. Podrum je otkrila Rozika kad je uređivala večeraj i kao da je znala da će joj trebati, sve je očistila i sakrila bačvom za lug. Vrata je sakrila kamenom pločom na koju je nabacala malo zemlje i šljunka. Ispalo je da je podrum postao utočište i slamka spasa za njenog muža dezertera. Nitko nikada nije otkrio skrovište. Njen muž, moj djed, preživio je rat, a druga je priča, koliko sam shvatio, što se kao ordinarna nezahvalna svinja ponio prema Roziki, ali i o tome ne znam dovoljno, ali to je bilo kasnije, kad je Oberleutnant von Herzog bio daleka uspomena na ratno vrijeme koje za Rozaliju i nije bilo toliko loše. Baka mi je pričala kako je živjela, barem što se tiče hrane i toga, baš dobro i da je zlo bilo „za preokreta, kad su došli partizani".)

Na takav šarm „pala" bi jača i iskusnija žena od moje bake: dogodilo se bez plana, čak bez pitanja, ne razmišljajući ni kako ni zašto, a najmanje što će biti poslije, zbilo se kako se već zbivaju takve stvari, kad tijelo dođe blizu tijela, jedne noći ili nakon ručka, u sobi, na krevetu u oficirskom stanu, divlje, uzdasi i topli dah na vratu, poljupci, golotinja, gola tijela, na podu, kraj kreveta je razbacana ženska odjeća i oficirske hlače i košulja, a bluza natporučnika Wehrmachta prebačena je preko naslona stolice i kukasti križ visi na lijevoj strani bluze. Između zavjesa, kroz prozorsko staklo, probija se poslijepodnevna svjetlost, možda sjaj mjeseca, ako je noć, a dva tijela su jedno i ništa ne čuju, ne osjećaju ništa osim jedno drugo. Uzdasi, tijelo o tijelo, vruće ljudsko meso u iskonskom spajanju kao da će svijet stati i nestati, onako bez razloga i bez opravdanja predavanje tijela tijelu, duše duši, u grču, u strahu, u neizvjesnosti spoznaje prolaska vremena i trenutka, sada da ne bi bilo sutra jer sutra i ne dolazi. Znoj se cijedi niz muškarčeva leđa, mlad je, zgodan, mišićav. Ona je mlada, prekrasna. Nije premlada, ne toliko. Divna je. Privija se uz njega, širi se još više, podiže trup, podiže trbuh, ljubi ga, ljubi ga po vratu... I sve je stalo, rat i pranje košulja i nema ničega, ni bonova za hranu nema, ni muža u tajnom podrumu nema, ni straha nema. Dogodilo se što se milenijima događa onima koji si nisu suđeni voljom vječnosti i zakonima sudbine. Divlje ulazi jedno tijelo u drugo i još divlje drugo tijelo prima prvo jer znaju tijela ili možda ne znaju, kako je ovo sve što imaju i što će imati jer drugoga ničega nema i neće ni biti. Predavaju se jedno drugome, uzimaju i davaju, u strasti ubijaju vlastito priznanje nemoći da svejedno i unatoč tome život žive sad i samo sad... I sve brže i sve jače uzdišu i nije ih briga ni za što i nije im važno baš ništa u tim kratkim dugim trenucima koji će ostati zauvijek negdje u prošlosti, u tijelu, u mirisu koji ne blijedi ni poslije svega, u znoju, u uzdasima bola ljubavi... I erupcija stiže, na kraju su igre i olakšanje... Vrhunac vrhunaca i dišu teško, smiju se i plaču oboje, grle se, ona plače, on plače, a ne znaju zašto ili znaju, a nije ih briga, sad za vječnost. Ich liebe dich. Ich liebe dich. A ona u sebi, u jecaju straha, u krivnji zbog grijeha kaže sebi govori: „Ne bum ovo pozabila..". Napokon, ona je dalje od njega u tom fluidu. Ona je u životu, u gorčini stvarnosti, a on... U ratu došao, da bi s ratom otišao jer tako to ide, do-lazi se i odlazi s ratom, nije prvi put...

Gledano odozgor, stanje je bilo katastrofalno. Samo kreteni i fanatici nisu vidjeli poraz, da je rat nepovratno izgubljen. Tisućljetni Reich se koprcao u svom zadnjem grču povlačeći u smrt milijune nevinih. Hitler je u agoniji vodio veličanstvene bitke s armijama koje nije imao. A što je ostalo na Balkanu? Ništa. Obrana Jugoistočnog fronta bila je besmislena. Grupa armija E povlačila se iz Grčke preko Balkana i bivše Jugoslavije više po inerciji gubitničke vojske nego što je ta vojska predstavljala neku značajnu bojnu moć za Reich. Borbe su bile žestoke, ali ništa više nije moglo promijeniti smjer kretanja Wehrmachta u propast. Crvena Armija je napredovala kroz Rumunjsku i Bugarsku, a NOVJ vodila borbe za oslobođenje Srbije. Hitlerovo ludilo, sporost u donošenju pravih odluka i raspad logističke potpore potpuno je neutraliziralo borbenu sposobnost Grupa armija E i njenu subordinaciju sa snagama Grupa armija F i C. Ratni dnevnici njemačke Vrhovne komande daju jasnu sliku: komandant Jugoistoka, feldmaršal Weichs piše kako je neprijatelj „zavidno opremljen i ima moć koja nije za podcjenjivanje". Do kraja 1944. njemačke snage u Srbiji su razbijene. Zbog stanja na terenu Grupa armija E promijenila je smjer izvlačenja: jedinice su se povlačile vrlo sporo, krajnje neučinkovito i uz gubitke preko Kosova, Sandžaka i Bosne. Sovjetske snage nezaustavljivo napreduju kroz Mađarsku. Sam kraj 1944. je poražavajući za Wehrmacht na području Jugoslavije: partizani i komunistička vojska preuzeli su Srbiju, osvojili veliki dio Bosne i organizirali crtu bojišta od Drave preko Srijema i Bosne do Like i Jadranskog mora. Planovi koje je imao Wehrmacht su propali i sve poduzete, na brzinu isplanirane operacije nisu dale rezultate. Zanimljivo, general-major Schmidt-Richlberg, bivši načelnik štaba Grupa Armija E opisao je stanje u vojsci u svojoj knjizi „Der Endkampf auf dem Balkan" (1955.). Kako piše u knjizi, plan je bio, na ovom sjevernom dijelu bojišnice, uspostaviti obrambenu crtu od Donjeg Miholjca preko podravske Slatine do Virovitice, što nije ostvareno. General piše da su krive lokalne snage (NDH) i ruski kozaci koji su ostavili procjep za proboj parizanskih snaga. Dakle, crta teških borbi razbijenih armija Wehrmachta stigla je do Đurđevca i Koprivnice, a od tamo do Varaždina samo su dva koraka. A što je bilo u Varaždinu?

Njemačke snage spremale su se za obranu. Mnoštvo postrojbi, a ipak kaos. Preklapanje komandi, pružanje potpore snagama u izvlačenju i opće rasulo vlasti NDH na terenu. Pametni su znali: treba bježati dok je vrijeme. Wehrmacht je koristio sve dostupne transportne kapacitete za izvlačenje, ali u suštini, sve je manje toga funkcioniralo kako treba. Vladala je anarhija, osobito nakon početka velike sovjetske ofenzive u zimi 1944/45. Stanje u Varaždinu i oko Varaždina bilo je suludo. Doduše, ustaške i domobranske snage su se ukopale u nekim mjestima, ali to je bio samo očajnički čin u osvit totalnog poraza. Položaj oslabljene 2. oklopne armije Wehrmachta bio je kritičan, pa je komandant Grupa Armije E poslao pojačanja u Varaždin i Koprivnicu. Sve je bilo puno vojnika, oružja, topova, ali bez nekog reda.

Komandatura mjesta 11/1038 Varaždin nije mogla mnogo u nastalom kaosu: prekid komunikacija, potpuni nedostatak prijevoznih sredstava i raspad komandne crte učinile su sve napore da se organizira učinkovito funkcioniranje vojske u gradu uzaludnim i besmislenim. Prije bi se svaka jedinica morala najaviti komandi mjesta, a sad su dolazile u neredu i ništa se nije moglo subordinirati. Naredbe komandanta mjesta nitko nije smatrao relavantnim. Informacije su stizale prekasno i bile su već zastarjele kad bi i bile dostavljene. Jednog jutra major je pozvao Dietera u svoj ured i rekao mu:

- „Oberleutnant Herzog, bitte, komm mit, mal sehen, was diese Kroaten machen. Die Handzar-division kommt, die Ustashe."

- „Jawohl, Herr Major!" - ovaj je odmahnuo rukom. Izašli su iz zgrade komande. Na ulici je bilo puno vojnika, razne uniforme. Ustaše, domobrani, Wehrmacht, SS-ovci, ovi po dvojica, patrole, uvođenje reda. Ispred komandature bila su parkirana tri vozila, dva blatnjava PKW-a i jedan „Mercedes". Major je ponovno mahnuo rukom:

- „Wir fahren mit „Mercedes" - major je žurnim korakom prišao automobilu i kimnuo vozaču, gefreiteru koji je sjedio na blatobranu - „Fahrt!"

Natporučnik von Herzog htio je sjesti na mjesto suvozača, no major ga je pozvao k sebi:

- „Setz dich mit mir in den Rücken, Oberleutnant! Vielen Dank."

Dieter je sjeo do majora i zalupio vratima, mladi vozač je upalio motor i krenuo. Vozili su se nekoliko minuta u tišini. Natporučnik je shvatio da se voze prema izlazu iz grada, u smjeru rijeke Drave.

- „ Herr Major..." - major gledao kroz staklo na vratima s lijeve strane i nije reagirao. Major se nakon još nekoliko minuta nagnuo i potapšao vozača po ramenu:

- Halt! Halt an, junger man, parke das Auto du weßt wo." - natporučniku Dieteru M. von Herzogu ništa nije bilo jasno. „Mercedes" se zaustavio na sporednom putu, malo dalje od glavne ceste prema mostu. Dolje niže niz cestu vidjeli su se bunkeri i utvrđeni položaji s obje strane ceste. Šuma je bila puna vojnika, kamiona i strojeva. Podizali su se fortifikacijski objekti, dovlačili su i ukopavali topove i teško naoružanje.

- „Gehen wir aus, Dieter, gehen wir spazieren. Strecken wir uns die Beine, Oberleutnant Herzog."- major se nasmiješio, potapšao Dietera po ramenu i izašao iz vozila. Namjestio je kapu, poravnao opasač s pištoljem i zakoračio na blatnjavi šumski put kao da blata nema. Natporučnik mu se žurno približio. Koračali su u tišini. Svuda u šumi vidjeli su se vojnici kako rade, odzvanjali su udarci sjekirama, čule se naredbe, vika i psovanje. Nakon desetak koraka major se okrenuo prema natporučniku i rekao tihim glasom:

- „ Ah, als Soldat für einen Soldaten. Aber zuerst gehen wir und tun so, als ob wir etwas tun würden. In diesen Chaos solte man jedoch vorsichtig sein." - major je zastao i pokazao rukom prema šumi. Dieter je shvatio što treba i kima glavom. Major je nastavio tiho:

- „Ich spreche zu Ihnen wie ein Soldat zu einem Soldaten. Waren Sie schon einmal im Theater? Magst du Theater?? Jedes Stück hat seinen Anfang, Handlung und Auflösung und sein Ende. In einem überfüllten Theater ist es eine gute Idee, früh aufzubrechen, um den Menschenmassen auszuweichen. Mäntel gehen oft in der Menge verloren. Die Garderoben sind in Panik. Ohne Mantel friert ein Mann zu seinem Haus ein. Es ist schlecht für die Gesundheit. Was denken Sie, Herr Oberleutnant, ist es aus gesundheitlichen Gründen gut, das Theater fünf Minuten früher zu verlassen?"

Natporučnik Dieter M. von Herzog u trenu je shvatio o čemu gospodin major govori. Zanijemio je, preplašio se na neki način jer nije znao kamo vodi ovaj razgovor. Major se nikad nije previše zamarao nacionalsocijalizmom. Svoje je dužnosti obavljao precizno, vojnički točno, a o politici, za svih mjeseci koliko je Dieter bio u Varaždinu, major nije progovorio ni jednu jedinu riječ. Mladi barun nije znao kamo smjera gospodin major. Čekao je što će biti.

Sreća? Može biti, ali bilo je nečega dobrog u ovoj priči. Major kao da je imao moć čitanja misli. Uglavnom, major, umoran njemački oficir, odan Njemačkoj, ne i Hitleru, bio je dovoljno iskusan da zna gdje, kako i kad treba nešto reći i učiniti. Služio je jer je morao, nije napredovao u činu premda su neki mnogo mlađi i kudikamo gluplji odavno napredovali: znao je da netko negdje čeka njegovu grešku, ali te budale to nisu dočekale, major nije činio političke greške. Netko s njegovim vojnim i životnim zaleđem to si nije smio dozvoliti. Zato se Dieter šokirao: oprezan, temeljit u službi, apolitičan (izvana) major mu je rekao da je došlo vrijeme za bijeg! Sve je završeno, pitanje je sekunde, kazališnim rječnikom rečeno, kad će se zavjesa spustiti i kad će nastati stampedo publike prema izlazu. A stampedo je preopasan, mnoge glave će biti pregažene, mrtve. Major je znao što je ratni poraz. Doživio je 1918.! Sramotna ogavna kapitulacija kao najveća uvreda njemačkom vojniku! Veliki rat nije izgubljen jer su se major (tada samo Feldwebelleutnant) i njegovi suborci loše borili, a nisu, nego zbog izdaje cara i vlade! I evo, 1945. slično, samo krvavije i gluplje! Dakle, ako se želi vratiti na Balkan po ženu koju voli (natporučnik je pokušao nešto reći, ali major mu nije dopustio, „zaprijetio" mu je prstom u stilu „nemoj, molim te") i dijete, naravno, onda je ovo jedini pravi trenutak za odlazak! Ako ostane, zasigurno neće preživjeti, to je jedno, a drugo, grad će uskoro biti zatvoren. Kad se završe pripremu za obranu, nitko neće moći ni unutra ni van, a fronta je vrlo blizu. Rusi dolaze. Amerikanci i Englezi ne zaostaju puno, rat je izgubljen. Varaždin? Ništa. Nitko tko je proveo ovaj prokleti rat ratujući zna da pobjednik neće imati milosti. Zapadnjaci još nekako, ali od komunista sućuti biti neće! Major je imao plan. Uvjeravao je natporučnika Dietera kako je vrijeme zapravo isteklo i da se radi o posljednjem trzaju prije konačnog kraha. Majorov plan je bio i jednostavan i kompliciran: Dieter će uzeti ovaj „Mercedes" i pravac doma, u Austriju. No ne može sam. Stara Nijemica, kako je zovete, Švabica? Da, ona, natporučnik treba razgovarati s njom, odmah. Ne treba brinuti, Švabica se želi vratiti odakle je došla prije mnogo godina. Pisala je majoru i zamolila ga za pomoć. Prestara je za još jednu smjenu vlasti, a dolaze Rusi i ne ostavljaju iza sebe živog njemačkog stvora. Želi umrijeti tamo gdje je rođena. Dodao je kako ne bi uspio ništa organizirati (premala je on šarža čak i u danima propasti), ali zvao je neke ljude i ideja ima šanse za uspjeh. Gefreiter je nabavio gorivo za putovanje, imati će pun spremnik i još jedan kanistar. (Zbog goriva neće moći ponijeti mnogo stvari: Dieterova je zadaća da to objasni staroj gospođi.) Ovih je dana benzin vrijedniji od zlata, zato hvala Bogu pa je mladi vozač „iskopao" dovoljno za put. Vozač će pokupiti Dietera u stanu rano ujutro i krenite što prije, stanje se pogoršava iz minute u minutu, riječi su gospodina majora. Gospođa Švabica je „pokriće" za put: putuje po izravnoj naredbi i dopuštenju štaba 2. oklopne armije, a zbog konspiracije sve ostale su informacije strogo povjerljive. Papiri za nju i pratnju (vozač i jedan oficir) su potpisani i ovjereni. Balkanske budale na rampi ionako ne znaju čitati, a njemački stražari će poštovati naredbe. Znači, Dieter se vraća kući! Šokiran, doslovno je bio šokiran riječima svog komandanta! Kako je znao? Bolje rečeno, major je znao za Roziku? Posljednji savjet starog oficira mlađem: kad stigne doma, odmah neka skine uniformu. Imati će kod sebe dokumente koji potvrđuju da je trajno oslobođen službe zbog ranjavanja. Nositelj željeznog križa II i I. stupnja i još nekoliko odliča, ne može biti sumnjivo, samo se ne pojavljuj previše vani, esesovci ubijaju svakoga za koga prosude da je dezerter! Pamet u glavu i sve će biti dobro. Poslijepodne je morao je doći u majorov ured po dokumente. Okrenuo se oko sebe, mahnuo negdje prema vojnicima u daljini rekavši:

- „Wir kehren zu Platz kommando züruck. Gefreiter, fahre zuerst zur Wohnung der Oberleutnant Herzog!" - kad su sjeli u automobil, major se okrenuo Dieteru, pogledao ga duboko u oči i mirno rekao:

- „Speichern Sie Dinge, organisieren Sie alles, was Sie brauchen. Der Fahrer zu Ihnen züruck kehren er mich ins Büro bringt."

Vozili su se u tišini. Natporučniku su prolazile stotine misli kroz glavu. Tako sve to i tako iznenanda! Još jutros je bio nervozan, u panici, što će i kako će, ona i dijete, rat i sve to skupa... Ovaj razgovor je definirao stvari, rat je za njega gotov, sad samo treba savršeno odigrati posljednji prizor posljednje scene i predstava je napokon gotova! Nije brinuo za posljedice za sebe, ali za Roziku i dijete jest. Nema odustajanja, sad ili nikad! Nije razumio zašto major sve to radi i koliko dugo zna za njih dvoje no to nije važno, plan je sad broj jedan.

Izašao je iz „Mercedesa" pred ulazom u kuću u kojoj je stanovao i koju će, kako sutra ujutro, zauvijek napustiti.

- „Wir sehen uns heute Nachmittag, Oberleutnant, Heil Hitler!" - pokraj vozila prošla je patrola vojne policije. Dieter, koji je stajao ispred vozila, brzo se snašao i rutinski lupio petama na stari pruski način:

- „Heil Hitler!" - otvorio je velika ulazna vrata i potrčao niz stepenice na kat, u svoj stan. Nije imao puno vremena.

U pet i osamanest minuta poslijepodne bio je u kancelariji gospodina majora.

- „Also ist es vorbei. Es war mir eine Ehre, mit Ihnen zusammenzuarbeiten, Oberleutnant. Ich wünschte, wir hätten uns unter anderen Umständen getroffen. Keine Sorge, die Unterschriften sind echt. Es gibt immer noch Leute, die diesen Korporal nicht mögen. Pass auf dich auf und viel Glück, Dieter! Sagen Sie Leutnant mauer nichts. Viel Glück, junger Mann!" - bio je to čvrsti stisak ruku, kao uvijek kad se ljudi rastaju znajući da se nikad više neće vidjeti. Srce mladog natporučnika tuklo je svom snagom, nije mogao ostati ravnodušan prema majoru. Zvao ga je „stari" iako nije bio baš tako star, vršnjak njegovog oca. Osjećao je grižnju savjesti jer je cijelo vrijeme pod majorovom komandom bio strogo služben u komunikaciji, jedva da su nekoliko puta popili kavu. Na kraju priče, ah, major je sve odradio za njega a da ga Dieter ništa nije pitao. Doslovno je s neba „pala" majorova pomoć. Kako, zašto, mladi austrijski barun nije znao. Major je imao neke razloge, kao što svi ljudi imaju neke svoje razloge za ono što čine ili ne čine.

Napustio je stan rano ujutro, prije no što mu je cimer ustao (ovaj se trijeznio nakon još jedne pijane noći). Ostavio mu je na kuhinjskom stolu kratko pismo u nadi da se neće previše ljutiti. Mauer je bio momčina, bit će on dobro s time, nije zlopamtilo. Ponio je samo jedan mali kofer i oficirsku torbu, „Luger", „Mauzer" i streljivo. Pred ulazom u kuću čekao ga je vozač s „Mercedesom". Dieter je poravnao kapu i opasač. Stavio je kofer otraga i duboko uzdahnuo. Gotovo je, krećemo. Sjeo je u auto i kimnuo na pozdrav. Gefreiter je kratko rekao:

- „Wir haben Essen und Waser. Wir haben benzin. Wir haben einenweiteren kanister in Maribor und Graz nehmen. Das wird reichen."

- „Also, gut, danke." - Oberleutnant von Herzog je zapalio cigaretu, duboko povukao dim i bolje se namjestio na sjedištu. Kreću! Njegova završna operacija u ovom glupom ratu. A još prije nekoliko sati bio je s njom. Večerali su kod Švabice, smijali se, bilo je zabavno. Poslije su se spustili u njen sobičak. Ležali su na krevetu zagrljeni. Pokušavao je nešto reći, ali riječi nisu izlazile iz njegovih usta. Sin je mirno spavao na krevetiću u uglu sobe (taj je dječji krevetić poslao po svojim vojnicima čim je saznao da Rozika ima dijete: pronašao ga je u svom stanu, u jednoj od nekorištenih soba). Rozalija je jednom ustala, samo da provjeri je li s djetetom sve u redu. Poljubila ga je u obraz i rekla nešto na hrvatskom. Bilo je kasno, mladi barun je ustaoi odjenuo uniformu. Gledao je voljenu ženu i njeno dijete: htio je plakati.

- „Rozika, ljubavi..."- prekinula ga je:

- „Ich... sag nicht, Dieter. Alles klar, alles is gut. Ich weiß, isch weiß alles..."

Stajao je pred njom slomljen u tuzi, bijesan zbog svega i nemoći. Srce mu je skoro puklo:

- „Isch liebe dich, Rozika. Ich liebe dich, das ist alles. Ich liebe dich."

- „Ich weiß, Dieter. Ich weiß. Alles wird gut.“

- „Am Morgen...“ - nije znao što bi rekao. Ona je pokrila i ušuškala sina. Okrenula se prema voljenom muškarcu:

- „... must du nicht. Dieter, alles is gut.“ - nasmiješila se, zagrlila ga i poljubila. Ponavljao je opčinjeno:

- „Ich liebe dich. Ich werde kommen...“

- „Ich liebe dich...“

Glupo je tražiti opravdanje u sebi, ljudi se rode u krivo vrijeme na krivom mjestu i jednostavno će, ma što činili, pokušavali i htjeli, stvari krenuti krivo i naposljetku njihove će životne priče završiti manijakalno loše, onako kako su i započele. Ponekad, ne uvijek i ne za sve, pa događa se, ništa na svijetu nije sigurno, da što ima dobar početak, završi katastrofom. Život nije poker i odustajanje nije čekanje novog miješanja karata i novih mogućnosti i pikiranja na drugi blef: u stvarnosti, odustati znači umrijeti prije reda stvari, prerano. Koga bi se vraga trebalo čuditi što je Švabica skončala glupo, na cesti k'o zadnja bludnica iako kurva nikad nije bila? Ili možda ipak jest? Ljudi pamte i zaboravljaju ovako ili onako, pa je i njena povijest ostala upravo povijest jedne žene, jedne od mnogih s enigmom, tko zna...

Švabica u Varaždinu, što je zapravo imala? Skandale, bezbroj sramota, dva propala braka i jedan tragično prekinut, dugove i ljubavne afere iz mladosti, izmišljeno sve to ili istinito, i onda, koliko potencijalnih prosaca u godinama kad su se djevojke udavale po inerciji statusa u društvu i koliko prolaznih tjelesnih zadovoljstava u nekim burnim danima dvadesetih, a i to što je bilo u srednjim godinama, kad tijelo uzima i daje bez ograda? Kćerka siromašnog pruskog oficira: njen otac, kapetan, kockar i ženskaroš, koji se proslavio hrabrošću u ratu protiv Austrije godine 1866. i koji nije uspio iskoristiti mogućnosti nastale stvaranjem Reicha sedamdeset i prve, koji je jedne noći pobjegao pred vjerovnicima, skrasio se u Salzburgu i u svojoj trideset i drugoj godini pristupio k.u.k. vojsci i oženio se kćerkom vlasnika velike pilane godine sedamdeset i treće: ta žena, koja cijelog svog života nije podigla ništa teže od vilice i noža, a jela je za trojicu, izgledala kao petorica, rodila mu je kćer godine tisuću osamsto sedamdeset i treće Bog zna kako jer za tjelesne užitke marila nije, a potom je ispustila dušu godinu dana kasnije srušivši se iznenada na terasi, ispod krošnje starog hrasta, kod treće duple porcije štrudle s jabukama i vrhnjem, te je ostala mrtva i debela ležati na kamenom podu terase i pokopali su je u obiteljskoj grobnici dva dana kasnije jer moralo je sve to s pogrebom biti vrlo brzo svršeno, stari pilar odlazio je na odmor u Švicarsku i nije htio gubiti vrijeme na gluposti. Tragedije i skandali od samog rođenja! Djevojčica nije napunila ni dvije godine kad su joj oca ubili u nekoj kavanskoj tučnjavi zbog varanja na kartama. U igri je bio upravo neznatan iznos, a sve je bilo u dimu, u smradu pokvarenih kobasica (koje je vlasnik krčme, jednonogi Štajerac, ratni veteran i švercer, godinama nudio kao specijalitet kuće i servirao ih uz smrdljivi sauerkraut) i u duhanskom dimu, na kraju grada, gdje se okupljaju kokošari, skitnice i gradski ološ. Skandal i bijesni vlasnik pilane čiji su poslovi uvijek bili blizu granice legalnosti, ali koji je znao koga i kad treba platiti da se stvari srede na zadovoljavajući način, nije podnosio svog zeta (no shvatio je da mu se glupa koza od kćerke nikad neće udati, dao je pristanak jer je više nije mogao gledati pod svojim krovom kako ždere brda hrane koju on skupo plaća) i kad su mu javili kako je netko u nekoj krčmi ubio njegovog zeta ispalivši mu metak u glavu, samo je odmahnuo rukom i cmoknuo usnama kao da se ništa nije dogodilo.

Preživjela je djevojčica djetinjstvo bez oca, uz čangrizavog škrtog djeda i šutljivu baku, umno ograničenu skorojevićku koja je uporno dekadama htjela biti plemkinja, a nije mogla i crkla je u svili, u skupom krevetu, a do zadnjeg daha služavka joj se obraćala kao grofici. Novac njenog muža nije joj uspio kupiti ni ono nisko pe-el (premda je kuća Habsburg, ta vječno novca gladna zvijer, prodavala plemićke povelje kao kupus na tržnici) i tako je potrošila život ne bi li bila što je sanjala. Istina je bila porazna po nju: djed male Švabice nije htio bacati novac na plemstvo, do titule je držao kao do lanjskog snijega, a osim toga, neizrecivo je mrzio trošiti novac, svaku isplatu je osjećao kao da bi mu krvnik sjekirom odsjekao ruku. Zato se baba povukla i trošila na luksuz: muž, škrtica nije mogao odbiti plaćanje hirova svoje glupe žene (sve, osim plemićke povelje) jer je ona, ni sam nije znao objasniti kako i zašto, bila njegova jedina i najveća ljubav i ta je ljubav bilo jedino što ga je činilo donekle čovjekom: plaćanje njenih nebrojenih računa bio je dokaz te ljubavi. Prestali su spavati zajedno kao što muž i žena spavaju već nakon nekoliko prvih godina.

Ona nije mogla smisliti tjelesnost kao svakodnevnu dužnost, a njemu nije bilo do intimnosti s vlastitom ženom, svoje je muške potrebe zadovoljavao na čestim poslovnim putovanjima, u krčmama i bludilištima jer prema sebi nije bio škrt, pak je ta igra trajala sve do njene smrti, hvala vragu, da.

Guvernante, djed i baka kao vještica koja kažnjava i za najmanju sitnicu, nemilosrdno i odmah. Švabičina baka, vezana na svoju fiksaciju plemstvom, okomila se na unuku kao na predmet svog puta do višeg društvenog statusa: ako ona nije mogla hodati kao barunica, može u elegantnu damu pretvoriti kćer svoje kćerke, kad joj već jedinica nije bila ni za što, Bog joj dušu prosti. Željezna stega pretvorila je djetinjstvo djevojčice u pakao. Unuka je starici bila nešto poput skupih stvari kojima se okružila: pravi porculan, indijski i turski tepisi, najbolji baldahin, engleski čajnik, prvoklasno vino. Otmjenost, kako se držati i kako govoriti, kako jesti, odijevati se i kako hodati, sve su to bili užasi za malu djevojčicu. Guvernante su redom bile zlostavljačice, spolno neispunjene frigidnjače s patološkom nastranom potrebom za iživljavanjem na djeci. Tukle su je i kažnjavale na najmorbidnije načine, sve u svrhu pretvaranja kćerke jednog u krčmi ubijenog kockara u damu. Buduća Švabica je od najranije dobi spoznala nekoliko bitnih životnih pravila: prvo, sama je rođena, sama živi i sama će umrijeti jednog dana, drugo, obitelj ne znači ništa, čak i ako ima novca, treće, ako trebaš bježati, izaberi najbolji mogući trenutak, te četvrto, treba učiti, znanje je snaga, glupi propadaju, oni koji nešto znaju, mogu uspjeti. Zvuči paradoksalno, ali je ispalo tako da je njena poduka, ma kako brutalna bila, bila ono što će joj kasnije pomoći u životu. Godine trpljenja, primanja udaraca, klečanja na šljunku, izgladnjivanja i danonoćnog terora nadzorom (da nije mogla ni na zahod bez pratnje i kontrole) odredile su je psihički i emocionalno, ali i izgradile, naučile najvažnijoj vještini u ljudskoj civilizaciji, umijeću glume, pretvaranja jer sve je kazalište i sve je predstava. Opsesivna želja njene bake da je pretvori u barunicu na kraju se pokazala vrlo korisnom, kao oružje samoobrane u svijetu koji ne poznaje ništa do laži. Do svoje šesnaeste godine Švabica je izrasla u lijepo odgojenu djevojku besprijekorne otmjenosti, izvrsnih manira, baš kao na samom carskom dvoru: poznavala je društvenu etiketu do najsitnijeg detalja (izvana sjaj, iznutra jad).

Njen je život bio kao monarhija, Außen leuchten, innen schwere bleierne Dunkelheit. Patila je kao u najstrožem zatvoru i u svemu nije vidjela spasenja... Nastupom kasnog puberteta, kad se djevojka počela pretvarati u mladu ženu, vatra jada posve ju je obuzela. Kćer propalog pruskog kapetana pomišljala je i na samoubojstvo. Zov tijela, nagle i čudnovate promjene koje su je plašile i zbunjivale (pojam tjelesnosti i spolnosti nije egzistirao u njenom domu: katolici, ali i ne samo oni, ne priznaju seksualnost kao fakte) ispunjavale su djevojčine dane i noći doslovnim đavolskim otrovom užasa: s jedne strane zabrane, vjerski fanatizam kroz apsolutnu odsutnost čak i same pomisli na ljubav, a s druge, snovi o onome nečemu, o želji za nježnošću, dodirom tuđeg tijela, tuđih usana, tuđih ruku i onda onaj zastrašujuće ugodan, gotovo nebeski uzvišen, vatren, eksplozivan, upravo vulkanski užitak u noćnim igrama sa samom sobom, osjećaj uzvišenja nad svima i svemu koji je prožimao cijelo njeno mlado propupalo biće, koje je radost mogla osjetiti samo ispod pokrivača, u tmini srama svoje sobe, u mraku koji skrivao je grijeh zabranjenog ljubavnog čina. Švabica, koja je tad još imala tek svoje pravo ime, stidjela se te svoje „opake bolesti” i sve je više voljela noć, kad bi lijegala ispod pokrivača i plesala ples grešnosti na tankom užetu samoljubavi: dani su joj bili pakao ispunjeni kajanjem, molitvama, stidom i strahom od kazne.

Proslavu njenog šesnaestog rođendana baka je organizirala u svom stilu, ružno kičasto, pretjerano snobovski, baš kao sve svoje predstave taštine i gluposti. Ideja joj je bila povezati unuku s nekim od lokalnih plemića, barem onih nižih: ne bi joj smetalo ako je i od siromašnog plemstva, novac je najmanje, važna je titula. Maštala je stara kokoš o aristokratskoj krvi u obitelji i nije žalila (muževog) novca da to i ostvari. Djed Švabice se protivio nepotrebnoj raskoši, ali kao i uvijek, platio je i tu fiks ideju svoje glupave žene. Nije mogao ići protiv njene volje. Uostalom, po tome tko će se odazvati na bal, mislio je stari pokvarenjak, vidjeti će se koga od plemenitih i umišljenih drži u šaci i kolika je njegova financijska moć. Ta ga je spoznaja veselila, volio je to postojanje poduže liste njegovih dužnika koji se nikad nisu udostojili popiti s njim čašu vina, ali koji su u isto vrijeme, potajno, pod okriljem mraka kucali na njegova vrata i moljakali ga za novac, bilo kao pozajmicu, bilo s ponudom za prodaju još kojeg dijela obiteljske plemićke baštine. (Pilana je starcu bila „glavni legalni posao” po kojem su ga svi poznavali, ali on je svoje bogatstvo crpio iz skrivenih poslova: zelenaško posuđivanje novca, šverc skupe robe, preprodaja ukradenih vrijednih stvari, sve to bješe sfera interesa starog prepredenjaka koji nije bio glup, dobit od tih poslova ulagao je u dioničarska društva, banke, danas bi rekli „oprao” novac, a i to mu je išlo od ruke, znao je gdje i kad mora podmazati.)

Organizacija bala pala je na leđa šefa posluge jer se stara baba nije razumjela ni u mnogo banalnije stvari. Ona je zapovijedala, dakako. Pozivnice su otišle na desetke i desetke adresa, znanim, neznanim i onima za koje je mislila da bi mogli postati za obitelj vrlo korisni ljudi u budućnosti. Na prvome mjestu pozvana su neoženjena gospoda, kao i mladići, sinovi iz kuća s odgovarajućim pedigreom, zajedno s članovima njihovih obitelji, roditeljima i prijateljima koji su zadovoljavali njezine stroge uvjete. Švabica od svih tih ljudi skoro malo koga je bolje poznavala. Inženjeri, naravna stvar, svi šefovi djedovih poslova, poslovni partneri, fiškali (imao ih je nekoliko), doktori i biskup, nego tko, ne vidjeti nositelja mitre je kao da bala nije ni bilo, a uz biskupa i horda svećenika, zatim gradonačelnik, apotekar, direktori dviju banaka i dva zlatara, trgovac konjima i stokom uopće, pe-el gospoda, dame, žene prije spomenutih persona i brigada pripuza koje se poziva na balove iako nitko zapravo ne zna zašto jer su samo paraziti koji žderu i piju na tuđi račun. Komandant garnizona u pratnji supruge i desetak mladih oficira, šef policije i carski poreznik. Prekrasno društvo koje se međusobno nije podnosilo, ali su ih, barem neke, spajali novčani i poslovni interesi. Potencijalni ženici Švabice došli su kao glavna meta, ali i kao ukras: bal je bio sjajan malograđanski kič događaj s uključenim plavokrvnim spodobama. Po dubokom bakinom uvjerenju sve je organizirano savršeno. Koštao je previše (po djedovom dubokom uvjerenju), služila su se vrhunska jela i piće najviše kvalitete.

Atmosfera bješe užasna. Sve uštogljeno, napeto, snobovska katastrofalna gluma. Mali orkestar svirao je falš, no stara vještica je smatrala da bi njezini sjajni svirači mogli svirati i u carskim palačama Hofburg i Schöbrunner. Mikstura snobizma: prebogati menü, kakvog se ne bi posramila ni neka vojvotkinja, cijeli niz najraskošnijih jela i zavidan izbor vina i pića, kolača i slastica bezbroj vrsta, kava i cigare za gospodu, posluga grofovska, sve puno cvijeća i sjaja. U toj paradi usiljenih osmijeha i stupidne konverzacije, milijun naklona i rukoljuba mlada je djevojka jedva disala. Prva dva plesa s dva ružna kretena: prvi, samac, mladi proćelavi udovac rošavog lica i odvratnog zadaha, visok i mršav k'o mumija, cijelo je vrijeme plesa dahtao u njen vrat i mumljao nešto o njenoj koži što je Švabicu dovodilo do ludila, međutim, budala je bio sin direktora banke, dakle, po bakinoj formuli, ako ne idealan budući muž, onda dovoljno prikladan, makar i bez plemićke povelje, a drugi udvarač, pardon, plesač bješe masni debeljko nauljenih brkova i masnih šaka koji o plesu nije imao pojma, ali je i on, novčano dobro podmazan jedinac zemljoposjednika i tvorničara, stanovitog češkog baruna, koji ovdje u Austriji držao nekoliko tvornica u partnerstvu s bečkim partnerima, naročito neukusno dao djevojci do znanja da bi htio imati nešto s njom. Nakon prva dva plesa uzela je malu stanku, baki je rekla da joj je vruće i da mora na minutu na svježi zrak. Na terasi, onoj istoj na kojoj je preminula njezina majka, Švabica se naslonila na kamenu ogradu i duboko uzdahnula. Činilo joj se da će umrijeti od dosade i užasne večeri. Njen šesnaesti rođendan bio je katastrofa, nije mogla zamisliti ništa strašnije od toga da mora plesati i razgovarati s ružnim muškarcima koji zaudaraju na znoj, vino i duhan. Odjednom, iza njenih leđa netko je nešto rekao. Trgla se i okrenula u strahu da nije onaj debeli znojavi tip s odvratnim zadahom: srećom nijedan od dvojice plesača nije bio na terasi. Ispred nje, nasmiješen kao kakav anđeo, s čašom limunade u ruci, stajao je predivan mladić u svečanoj vojnoj uniformi. O vojsci nije znala ništa, ali se ukočila, oči su joj se prilijepile za krasnog mladića. Malo viši od nje, vitak, snažnog tijela, bujne smeđe kose i očiju boje plavog jantara, pomalo zbunjen, dječački nestašnog pogleda nudio joj je napitak pruživši joj čašu:

- „Oprostite mi, gospođice, vidio sam da ste izašli na zrak, pa sam pomislio da ste možda žedni. Unutra je vruće, a i svi ti ljudi... Oh, ispričavam se, ja sam Ivan Planysky, Einjährig-Freiwillger aspirant, na službi.” - ispalo je smiješno jer je, još uvijek s čašom u ruci, lupio petama i lagano se naklonio, pa se malo limunade prolilo po podu terase. On se zbunio uz riječ koja nije bila baš plemenita, na što se Švabica nasmijala od sveg srca:

- „Haha, hvala vam gospodine Planysky, tako ste rekli, hvala vam, baš sam žedna. Lijepo od vas gospodine vojniče." - gledao ju je otvorenih očiju, upravo je buljio u nju dok je žedno is-pijala limunadu. Nije reagirao na ono „vojniče", djevojke ne trebaju znati činove. Zapazio je on Švabicu od prvog trenutka kad je došao ovdje kao pratnja komandanta garnizona. Elegancijom i ljepotom nadmašila je sve prisutne djevojke, ali i ozbiljne dame. Nitko joj ne bi dao šesnaest godina, izgledala je kao boginja na zemlji, bezvremenski rasna, izazovna i poželjna. Razgovarali su nekoliko minuta, a potom se Švabica morala vratiti na ples, zbog bake koja je digla paniku i poslala sluškinje da je potraže. Mladi jednogodišnji aspirant stao je u kut dvorane i netremice je promatrao, pratio svaku njenu kretnju, svaki okret glave, upijao je ljepotu njene kože koja se sjalila pod svjetlom stotina svijeća: znao je, ona je za njega. Planysky, sin siromašnog hrvatskog plemića iz Križevaca, odlučio je užarene glave da mora dobiti ovu ljepoticu, ovu ili nijednu drugu. Nekako pred kraj bala, nakon nekoliko stvarno zamornih sati, toliko da je i baka zadrijemala od umora na velikoj fotelji u salonu iza plesne dvorane, Ivan Planysky prišao je Švabici i pozvao je ponovno van, na terasu. Prvo na terasu, a onda je ona preuzela inicijativu. Možda ovaj slatki dečko može otvoriti vrata njenog bijega, tko zna. Odlučila je i ponesena snagom volje krenula u ostvarenje plana ili što je već to bilo u glavi šesnaestogodišnjakinje utopljene u mutnim vodama beznadežne stvarnosti. Doslovno je odvukla uzbuđenog dečka u štagalj i skočila na njega gladno, divlje, bez misli, prirodno dajući mu ono što će dovesti do gubitka nevinosti. Oboje će izgubiti nevinost i još mnogo više. Nespretno, brzopleto, bez iskustva, zbunjeno predavanje jedno drugome, iskreno, u žudnji, u eksploziji iznenada rođene ljubavi, u strasti i vatri želje, pohote i zova mesa i tijela. Valjanje po sijenu, čuju se krave i zaudara gnoj i kokoši, probuđene noćnom posjetom kokodaču, noć je topla i dvoje mladih vode ljubav bez stida, po prvi put koji se neće ponoviti.

Poderana balska haljina, uništena frizura, zgužvana uniforma, sve je puno sijena, znoj i vonj staje, zadah životinjskih i ljudskih tijela. Ona o njemu nije znala baš ništa, ali nije marila, nije ju bilo briga: san se ostvario, djelomično, ali ni to nije bilo važno, bilo je ljepše nego u njenim noćnim samoigricama (mladi oficirski aspirant bio je zbunjeniji od nje, dečko s miteserima na licu i vratu, potpuno izvan sebe, poluslijep od žudnje, nije do kraja shvatio što ga je snašlo i zašto mu je bluza zgužvana i prljava, ali je znao da ništa ljepše nije doživio i da to želi još i još i još) i konačno, ovo je najbolji rođendanski dan ikad. Svršili su i ležali znojni, smiješeći se, bez riječi. Dok je mladi hrvatski plemić Ivan Planysky pokušao doći k sebi, Švabici se vratila ideja bijega i odlučnost da to i sprovede. Na brzinu je obukla poderanu haljinu i dobacila mu:

- „Čekaj me tu, stvarno čekaj, dolazim odmah. Čekaj me." - otrčala je u svoju sobu sa stražnje strane, kroz ulaz za poslugu (stari trik kojim se odavno služila kad bi odlazila na svoje šetnje i izlete u samoću, da se barem malo oslobodi vampirskog stiska guvernanti, stare vještice i ove užasne kućerine). Brzinom vjetra se presvukla, uzela malu torbu, potrpala u nju nešto rublja, nekoliko komada odjeće, maramice i skupu ogrlicu, naušnice i malu tijaru (ovaj vrijedan nakit dala joj je baka s izričitom zapovijedi da joj ga vrati čim bal završi - u svojoj glupoj želji da unuci pribavi muža, stara baba nije žalila izvaditi iz svoga skrovišta skupocjeni komplet, dar od muža, a koji je ovaj dobio kao zalog za kredit koji nikad nije vraćen, pa je pilar trljao ruke pribavivši si bogatstvo za pet stotina kruna). Na vratima se sjetila nečeg i vratila do kreveta: iz udubljenja prekrivenog tepihom, kod desne zadnje noge kreveta izvadila je smotuljak i otvorila ga. Sedamdeset i pet kruna i deset filira, sav njen novac, zapravo očev, kojeg je našla među njegovim stvarima kad je prije dvije godine nevrijeme oštetilo krov i počelo je prokišnjavati, pa su došli radnici popraviti nastalu štetu, a ona se vrzmala po tavanu i u jednom kutu našla dva velika drvena sanduka s uniformom, oružjem i osobnim stvarima svog oca. Srećom, uspjela je dohvatiti malu drvenu kutiju i sakriti je prije no što se djed uspeo na tavan i zapovijedio da se sve to smeće spali. Švabica je pobjegla u svoju sobu i otvorivši kutiju pronašla u njoj sedamdeset i pet kruna i deset filira, kao i jedan presavijeni papirić, isplaćenu potvrdu iz zalagaonice kod nekog Jürgenfielda u Beču. Novac je sakrila, a potvrdu spalila, nije htjela da je podsjeća na očev život (o kojem je, uzgred budi rečeno, slušala godinama samo najbezobraznije priče). Ubacila je sve u torbu i oprezno i brzo se vratila u štagalj. Ivan Planysky čekao ju je zbunjen, ali i sretan.

- „Idemo, brzo!" - povukla ga je za rukav i oboje su potrčali u noć, skriveni tminom.

Što je bilo potom, što se dalje zbivalo? Napustiti dom navrat-nanos nije najpametnije za jednu nedoraslu djevojku, međutim, dogodilo se. Švabica se malo preračunala, što se kaže, no uzmaka nije bilo, povratak nije dolazio u obzir, ne za nju. Mladi par uspio se „probiti" do malog unajmljenog Ivanovog stana, gdje su i prespavali sljedeću noć. Zaključili su kako je putovanje pod okriljem mraka sigurnije od bijega po danu. (Opaska: izvan normi tog vremena i stanja u vojsci k.u.k. monarhije, ali ništa neobično. Naime, Zajednička vojska, odnosno k.u.k. Armee ili Gemeiname Armee, cijelog svog postojanja muku je mučila s novčanim sredstvima jer su vlade sastavnica Austro Ugarske Monarhije izdašnije financirale svoje domobranske snage, što je rezultiralo slabijom uvježbanošću i slabom opremljenošću zajedničke vojske. Zbog toga se događalo da je dio vojnog kadra, poput jednogodišnjih dragovoljaca, koji su ionako sami snosili troškove vojne službe, iznajmljivao stanove ili sobe izvan vojarni i sjedišta svojih jedinica.) Pojeli su mršavi obrok koji se sastojao od ostataka hrane koji je mladić imao u tom svom „stanu" i ponovili još tri puta ono što su učinili prošle noći. Za to vrijeme na imanju starog pilara i kamatara izbio je skandal. Baka Švabice doživjela je živčani slom, možda više zbog nestanka nakita nego unukina bijega. Kad je sluškinja po svršetku bala probudila baku iz drijemeža, prvo staričino pitanje bilo je o nakitu. Sluge nisu odgovorile na to pitanje, znali su samo da djevojke nije bilo na balu najmanje dva sata prije kraja proslave! Uzbuna! Djed je poludio. Zapovjedivši upravitelju imanja i svoj posluzi da učine sve da se to derište vrati, s posebnim naglaskom na obavezni povrat nakita (što je naročito spočitnuo ženi uz nalog da se obavijesti policija) otišao je u svoj kabinet i zatvorio se ne želeći imati ništa sa svom tom halabukom. Djevojka nije pronađena, a policija je primila na znanje i organizirala potragu koja nije rezultirala baš ničim konkretnim. Baka je odučila ništa ne govoriti policiji o nakitu, nije se htjela sramotiti: unatoč skandalu, razglasiti nestanak skupocjene ogrlice, tijare i naušnica, mislila je vještica, stajalo bi je srozavanja ugleda, što si nije mogla priuštiti. Sluge i plaćeni tragači bili su akciji danima bez pozitivnog ishoda.

U garnizonu nisu predavali osobitu pozornost nedolasku jednogodišnjeg dragovoljca, za njih oficijelno Ivan Planysky nije bio na popisnoj listi pripadnika garnizona. Službeno, mladić je odslužio svoj rok i od toga je jutra za k.u.k. Armee bio civil! Jučerašnji izlazak u svojstvu pratnje gospodina obersta i njegove supruge na bal bila je posljednja dužnost ovog aspiranta. S njime od poslije ponoći vojska monarhije nije imala ništa.

Švabicu to nije zanimalo. Kao što nije znala tko je njena prva ljubav i prvi ljubavnik. Bivši pripadnik Zajedničke vojske bio je tek jedan od tisuća provincijskih plemića, potomaka pe-el obitelji bez novca i bez moći. Švabica nije znala da njen dečko baš i nije najbolja prilika za nju: mada, o tome nije razmišljala. Načitana i pismena, dakle, za ono vrijeme dovoljno obrazovana, naučena razmišljanju, bijeg nije shvaćala samo kao ludu avanturu, toliko mladalački glupa nije bila. Ivan joj je rekao da je gotov s vojskom i da se mora vratiti kući i da će zajedno u Hrvatsku. Samo je kimnula na te riječi i zapovjedila mu što mora učiniti: u sebi je zahvalila Bogu na ovoj slučajnosti, da se njen odlazak iz pakla „doma" izvrsno poklopio s okon-čanjem vojske „njenog" Ivana (to „njen Ivan" pojavilo se u djevojčinim mislima sasvim spontano, kao nešto što se podrazumijeva: valjda to tako ide poslije „onih" stvari), teret vojnog bjegunca u svemu bi im kudikamo otežao provedbu „plana" bijega. Malo kasnije tog jutra, mladi Hrvat je uspio prodati nakit nekom prevarantu, vlasniku opskurne krčme u kojoj su oficiri gubili svoje plaće na kartama i kurvama, za relativno dobar novac (tako je on mislio, za pohlepnog krčmara to je bio neponovljiv dan jer je platio mizernu svotu za pravo bogatstvo). Planysky je dobitak od tri stotine guldena smatrao neizmjernom količinom novca, što jest bio pozamašan iznos, ali ni izdaleka ravan stvarnoj vrijednosti ogrlice. Doduše, kamatar je u sklopu pogodbe s ovim golobradim momkom obećao organizirati prijevoz za mladi par, ne iz empatije nego koristi. Kao u svemu u ovoj priči, tako se i „posao" s ogrlicom pojavio u trenutku kad je taj švercer i lopov morao poslati „paket" novca u Budimpeštu: svakog je mjeseca imao dostaviti ugovorenu proviziju gazdama za pokroviteljstvo i zaštitu u „poslu" i ovaj balavac i njegova kurvica su upali k'o kec na deset! Naravno, uslužno je Ivanu i Švabici dao na korištenje natkriti fijaker s foringašem sve do Ivanovog doma. Čudna ruta preko Budimpešte do Križevaca u Hrvatskoj.

Put je trajao četiri dana, sporo i sigurno. Spavali su na doista čudnim mjestima, jeli u opskurnim krčmama. Švabica je bila sretna, možda jedini put u svom životu, bila je mlada, lijepa i hrabra u izvršenju nauma. Njen ljubavnik, dečko, odabranik, koga uopće nije poznavala (ako se ne računa tjelesno upoznavanje) i kome je dala doslovno cijelu sebe, ono najvrijednije, a nije tek meso i tijelo, nije bio princ na bijelom konju, što će prekasno shvatiti jer od svega što prinčevi po pričama jesu, on je imao tek ljepotu i osmijeh. Međutim, na fijakeru, u noćnim prevrtanjima na slamaricama, na putovanju Švabica nije razmišljala o njegovim manama, samo ga je voljela i htjela imati za sebe.

Sloboda i život? Zanemarila je djevojka sve što je doživjela, a što se nije uklapalo u san i njene želje: siromaštvo Ivana Planyskyia i to što je bio predodređen za ništavan život, a i to što je skončao kao bijedno plaćeni kotarski činovnik, što je vrlo brzo otkrio svoju zlu ćud i što je... Ne, ništa od toga nije bilo važno onog dana kad su njih dvoje stigli na zapušteno imanje Planysky krajem mjeseca siječnja godine 1889.

Tri sina i dvije kćeri, od kojih je njen prvi ljubavnik bio najstarije dijete, roditelji i stara baka dočekali su nenajavljenu snahu relativno pristojno i dobro, ako se sve skupa uzme u obzir, a novac koji su donijeli učinio je dobrodošlicu i to kako toplom. Napadno ljubaznom, dramatski dosadnom. Mjesec dana kasnije, sam vrag zna kako, vjenčali su se u maloj crkvi: milošću i ovlašću Božjom, spojio ih je „dok ih smrt ne rastavi” neki ćelavi, vrlo debeli i vrlo pijani svećenik. Hm, s obzirom na to da su čari prve bračne noći upražnjene prije sklapanja svetog sakramenta braka, još tamo u štaglju, na njen šesnaesti rođendan, ono što je uslijedilo bijaše tek nastavak uživanja u mesu.

Švabica je vrlo brzo spoznala koliko su snovi krhke stvari i kako ih je gotovo nemoguće ostvariti i zadržati. Njena brzopleto donijeta odluka i bijeg od kuće, ma kakav bio bakin i djedov svijet, cijela ta suluda priča otvorila je ispod nje smrtonosno grotlo kajanja i grižnje savjesti. Isprva se nije žalila, čak i loše stvari u Hrvatskoj izgledale su joj bolje čak i od najbenignijeg zla u Austriji. A brak? Problem do problema, jedno razočarenje slijedilo je drugo. U siromašnoj kući svađe su česte i mir je nepoznato stanje. Ivan je, hvala budi Bogu, dobio namještenje, ali kao da i nije jer plaća mu je bila jedno veliko ništa. Novac, tri stotine guldena i ono od prodaje naušnica i tijare nestao je dok se pucnulo prstima. Navalili su na Švabičin novac k'o gladni vukovi na janjad: žderalo se i pilo, na imanje su dostavljani paketi i vino, trošilo se kao da se radi o tisućama dukata. Udarci u samopouzdanje mlade udane žene bili su svakodnevni. Nitko je ništa nije pitao, a dok je teklo vino plaćano njenim guldenima, sve je bilo u redu. Zapravo, ona nije raspolagala s novcem jer je njena ljubav Ivan sve dao svojoj pohlepnoj obitelji. Kod sebe je imala samo onih sedamdeset i pet kruna koje je, ni sama nije znala zašto, sakrila i čuvala za „ne daj, Bože” situaciju. O tim krunama Ivan nije znao ništa.

Švabica je od prvog dana je teško radila bez obzira na guldene. Obitelj Planysky nije imala posluge, tek jednog starca koji je više spavao nego radio i jednu tupavu mladu služavku koja je služila za seksualne užitke glave kuće i njegova tri starija sina, sve neoženjenih lijenčina i probisvijeta. Prvu godišnjicu braka Švabica je dočekala u suzama, s modricom na oku, muževim podsjetnikom na to tko je gazda u kući. Plakala je, jecala na prljavim plahtama, željela je umrijeti. Kad je one strašne proklete noći, devet mjeseci nakon ljubavnog ushita u djedovom štaglju urlajući od bolova rodila mrtvo dijete, osim užasa, krvi i suza, spoznala je da su s ovom bebom umrli svi njeni snovi. Na godišnjicu braka shvatila je da je spremna na novi bijeg, ovaj put samo za sebe.

Ojačana novom nadom, jer ništa drugo nije imala, primala je nova razočarenja u braku s manje bola. Cirkus u obitelji Planysky, muževljevo pijanstvo (u samo godinu dana lijepi se mladić pretvorio u rugobu, propio, zaboravio da voda služi za kupanje, kako se činilo, samo se vratio k sebi, onom zlom bijedniku koga je vojska bila nakratko sakrila: a i vojsku, jednogodišnje dragovoljačko služenje platio mu je biskup iz neke osobite simpatije), napadi na nju od strane Ivanove braće, izrugivanje svekra i svekrve i njihovo neprestano traženje još novca i još zlata, sve je uzimala šuteći, znala je da odlazi. Ostanak bi bio gori od smrti.

Jedne nedjelje, kad su završili sa slabom večerom i kad je njen muž zaspao pijan za stolom grleći pletenu bocu s lošim vinom, Švabica je otišla do njihove sobe, uzela pripremljeni kofer i tiho i zauvijek napustila imanje Planysky uputivši se odlučnim korakom prema gradu. Umorna, iscrpljena dugim hodanjem, stigla je pred jutro u Križevce. Nije znala koliko je sati. Ušuljala se u zgradu željezničkog kolodvora i zaspala na klupi. Usnulu, sklupčanu, drhtavu od hladnoće pronašao ju je otpravnik vlakova, probudio je i donio joj lončić toplog čaja i komad kruha s pekmezom. Nije je otjerao. Dobar neki čovjek, ništa nije pitao ubogu mladu ženu (još djevojku, nije navršila ni osamnaest), samo je jače naložio peć u čekaonici. Tako je dočekala prvi vlak za Agram i kad je nogama stupila u zrinjevačko blato, glasno je odahnula. Hodala je kroz raskvašeni snijeg (za razliku od noći, dani su bili nekako topli) i nakon duljeg lutanja ulicama ušla je u gostionicu u podrumu jedne velike kuće. Nitko od gostiju nije se okrenuo za njom.

Očekivala je neugodnosti, no to se nije dogodilo. Njena odjeća nije bila ni otmjena ni nova, ali nije izgledala kao prosjakinja ni uličarka, a blato na cipelama i donjem rubu haljine ionako je odavalo doba godine, ne životni status. Srećom, zadnjih je mjeseci uspjela sačuvati dva dobra komada odjeće: i prije odluke o novom bijegu u njoj se rodila slutnja kako će joj to trebati jednog dana.

Sjela je za jedan udaljeni stol, daleko od vrata i čekala. Prišao joj je debeli konobar opasan nekad bijelom pregačom:

- „Dobar dan, gospodična, kaj ste izvoljevali? - nije bio ljubazan, rugao se - „Ste lačni, morti? Imamo jake fini ajngemahtec, če vam je po voli, prosim lepo.” - Švabica se nije uzrujala unatoč poruzi u njegovom glasu. Nije govorila hrvatski: u kući njenog muža koristili su nerazumljivi iskrivljeni hrvatski. Pogledala je konobara, njegov ogroman trbuh i ogavno lice:

- „Ich sprech kein Kroatisch. Danke, ich nehme was du hast.” - konobar je zastao kao začuđen, djevojka ne govori hrvatski. Njemački je znao slabo, mađarski je bio njegov jezik, uz hrvatski, dakako. Nastavio je:

- „Fräulen, zu essen, bitte....“ - pokazao je prstima prema ustima, kao da jede. Švabica se kiselo osmjehnula:

- „Ich müchte essen, bitte bringen Sie, was Sie haben.“

- „Ajgenmahtec, to imamo baš ve, ajgenmahtec, und Brot etwas Wern? Ajgenmahtec und Brot.“

- „Danke, Wasser, bitte.“

- „Kaj? Vodu? Kak izvoljeva Frälien, prosim lepo, budete usluženi.” - konobar se oporo nasmiješio, naklonio i otišao za šank i u stražnji dio, u kuhinju.

- „Ich entschuldige mich dafür, Sie auf diese Weise zu belästigen. Ich sitze am Nebentisch und habe Ihr Gespräch belauscht. Sie sprechen also kein Kroatisch. Kann ich Ihnen helfen? Entschuldigen Sie, gestatten Sie mir, mich vorzustellen, mein Name ist Ljudevit edler Male-kovich, zu Ihren Diensten.“

Novi početak je stigao, novi budući skandal i novi propali brak. Mladi muškarac u dobro skrojenom odijelu, glatko izbrijane brade, s nauljenim brkovima, zalizane kose, sa špancirštapom, pojavio se iznenada kod njenog stola, prišao je Švabici vrlo tiho, otmjeno i ponudio joj pomoć jer je vidio kako se muči s neotesanim konobarom. On će nekoliko mjeseci kasnije postati njen zakoniti drugi muž. Klasična priča čiji bi sadržaj i danas bio prozaično dosadan: ovaj prokurist nekog komaditnog društva iz Varaždina, uljuđen i uparađen, okupan, čist i uvježbano galantan zatekao se u Agramu po sasvim privatnom poslu i tako je svratio na gulaš i kobasice jer je znao da se u ovoj gostionici dobro jede. Čekao je svoje kobasice i svoj gulaš s krumpirima kad mu je za oko zapela mlada žena prekrasne kose. Izgledala je umorno, no vidio je da ne pripada ovom mjestu. Trebala je pomoć, znao je kako debelom konobaru na umu nije tek ajgenmahtec i kruh, a potom, možda, mislio je u sebi, ova ljepotica je pala s neba, baš za njega, kao Božja pomoć: jer posao zbog kojeg je došao u Agram bio je usko vezan s njegovim financijama! Plaća prokuriste, iako nije bila loša, ipak nije dostajala za život na visokoj nozi i za užitke iznad njegovih plaćevnih mogućnosti. O čemu se radilo? Priča je počela prošle godine kad su mu javili da je krepala, pardon, blago u Gospodinu preminula njegova teta Eleonora. Nikako se nije mogao sjetiti po kojoj je obiteljskoj crti vražja teta Eleonora njemu teta: odrastao je u kući najnižih moslavačkih plemića koji se nikad nisu pomirili s olovnom istinom da ih baruni ismijavaju, a kmetovi preziru i cijeli svoj život mislio je da je njegov otac sin jedinac, a s majčine strane sve je bilo ionako nepoznato jer je njegova mati napustila ovaj svijet u svojoj dvadeset i trećoj godini života, kad je imao svega tri ljeta, pa se poslije njene smrti u njihovoj kući o mami nije progovorila ni jedna jedina riječ. Otac se ubrzo nakon majčinog sprovoda oženio vrijednom i dobrom seljankom, udovicom i majkom jedne sasvim prosječne djevojčice od dvanaest godina iz imućne seoske kuće bivših kmetova slobodnjaka koji su se obogatili trgujući svinjama i pšenicom. Otac ju je oženio samo zato jer je njihov dom trebao žensku ruku koja će voditi sve oko kuhanja, pranja i brige za njega, očevog jedinca. Od sluškinja imali su jednu sredovječnu ženu koja je kod njih radila petnaest godina, a maćeha je u sve ušla kao ona glava koja će o svemu misliti i sve držati na oku. Živjeli su malo izvan Ivanić Grada, u jednoj velikoj bivšoj kuriji (koja je nekad služila kao jedna od predstraža krajiške vojske u doba turskih osvajanja) preuređenoj u sasvim pristojan dom, ali bez nekog većeg luksuza. Otac Ljudevitov nije trošio novac na gluposti, a i u poslovima bio je oprezan. Njegova „sestra", koja mu po krvi ništa bila nije, udala se u osamnaestoj i otišla s mužem, domobranskim ritmajstorom živjeti u Karlovac, a potom u Zagreb, gdje je i umro od srčane kapi kao kavalerijski pukovnik godine devetsto i pete ostavivši iza sebe ucviljenu suprugu i njihovo četvero glupave djece. Protekle su godine i sin jedinac Ljudevit nakon svršenih studija u Pešti lutao je u traženju posla od nemila do nedraga. Za vrijeme studija umro mu je otac, a ostavinska rasprava za njega je ispala i dobra i loša. Dobra jer je naslijeđeni iznos ipak bio veći od njegovih očekivanja, a loša jer kuća, imanje, veći dio novca i sve ostalo što je posjedovao njegov otac pripalo udovici i kćeri, s time da po ženinoj smrti kći nasljeđuje sve od majke. Pohlepan i željan novaca odmah, nije se bunio. Potpisao je primitak nasljedstva i odmahnuo rukom na pomisao da ide u spor s maćehom, stara kuća i kokošinjci nisu ga zanimali. Živio je tako po krčmama i bludilištima bečkim, peštanskim i venecijanskim, a onda je jednog jutra pobjegao iz hotela ne plativši račun. Novac je nestao. U vlaku prema Zagrebu sreo je svog kolegu s univerze, zagrebačkog fiškala koji mu je pronašao posao u Varaždinu i tako je postao stanovnik varoši Varaždin. Zatim je stiglo pismo o smrti tete Eleonore. Stanoviti dr. Bürggen, advokat s jakim uredima u Beču, Berlinu, Rimu i Parizu obavijestio ga je kako je jedini zakoniti nasljednik njegove tete, sestre pokojnog mu oca i tako dalje, pa ga izvoljeva moliti, s dužnim poštovanjem i predložiti mu sastanak u Agramu tog i tog dana, tog mjeseca t.g.-e, u advokatskoj kancelariji cijenjenog gospodina XY, koji je bio slobodan ponuditi mu pomoć u rješavanju ove pravne stvari. Advokat, gospodin dr. Burgger, blagolagoljiv udvoran sugovornik, nije htio inkomodirati mladog nasljednika i učinio je sve da što prije urede narečena pitanja, a on i tako mora žurno u Rim po vrlo važnom poslu, pa ako gospodin Ljudevit pl. Malekovich nema drugih zapreka, sastati će se u zakazano vrijeme na navedenom mjestu.

I tog je jutra završio „posao" s velikim bečkim fiškalom: sastanak začudo nije dugo trajao, gospodin u skupom odijelu, u pratnji svog asistenta, mladog doktora prava, jasno, odradio je sve profesionalno, bez emocija i brzo. Znači, teta Eleonora, koja je i dalje ostala zagonetka jer o njenoj vezi s njegovim ocem nije bilo razgovora, ostavila mu je nasljedstvo i to ne obično nego carsko! Osam stotina tisuća kruna, od kojih tristo tisuća na dva računa u jednoj švicarskoj i jednoj bečkoj banci, nešto malo u „Zagrebačkoj štedionici" i jednoj banci u Pešti. Ostatak u stabilnim akcijama i obveznicama s vrlo prihvatljivom kama-tom od 5.6 posto, sve pohranjeno u njegovom advokatskom uredu u Beču. Sva njena nepokretna imovina, dvije kuće u Zagrebu, tri vinograda na Prepuštevcu, kuću u Beču i stan u Veneciji teta je velikodušno da-rovala Crkvi, odmah i bez uvjeta. Taj dio oporuke je proveden na obostrano zadovoljstvo, fiškalovo i naro-čito na sreću i radost crkvenih prebendara. Nasljedstvo u dijelu koji se ticao Ljudevita, baš kao u jeftinim novinskim novelama u nastavcima, nije bilo bez zamke: morao se oženiti u roku ne duljim od dvije godine od dana potpisivanja slaganja s voljom svoje tete Eleonore koju nikada, nota bene, nije ni vidio niti se s njom čuo. Ukoliko bi nećak, dakle on, odbio prihvatiti uvjete, sve što je namijenjeno njemu, opet će dobiti crkva, ovaj put u Rimu i Beču. Pristane li i ispuni uvjet ženidbe, ovlašteni će mu odvjetnik predati ovje-reno punomoćje za raspolaganje novčanim sredstvima i vrijednosne papire kako je navedeno u oporuci, s time da vrijednost tih papira može varirati u odnosu na stanje na dan preuzimanja nasljedstva, a za što fiškalska kancelarija ne snosi nikakvu odgovornost. Jedina utjeha u ovoj priči je bila trenutna isplata pet tisuća kruna u gotovini, odmah na ruke, kao znak milosti pokojne tete koja nije htjela ostaviti neviđenog nećaka bez filira u slučaju da isti odbije izvršit njezinu posljednju volju.

Naručio je porciju gulaša, par kobasica i pola boce vina kad je ušla - ona. Osjetio je nešto u grlu i trbuhu i krenuo u akciju. Možda je to to, pomislio je, treba djelovati, novac u banci trune, a papiri gube vrijednost.

Pala je na njegov šarm, elokvenciju i uljudbu. Konačno, Ljudevit Malekovich bješe pristao muškarac za kome su žene često okretale glave. Najveći udio u tom „uspjehu u padanju" imala je sama Švabica: u postelji, četvrte noći, u Varaždinu, nakon snažnog ljubavnog grča, oznojena i gola, mlada lijepa Švabica ispričala je pristalom plemenitašu cijelu svoju priču, ništa nije izostavila. Otvorila mu je dušu i srce i istresla pred njega i posljednju trun svoje životne prašine, svog grijeha, svojih slabosti i patnji. On je ležao na leđima pored nje onako gol i oznojen: polako je pušio i slušao njene riječi. Godinama kasnije, dekadama upravo, u stanu, kod Male bake Rozike, postavila si je retoričko pitanje: „Zašto sam se udala za tog gada?". O Gospode, kakvo glupo pitanje! Zašto, za ime Kristovo, ljudi čine najveće gluposti, zašto priznaju i ono što nisu učinili, zbog čega ostavljaju materijalnu sigurnost i prepuštaju se bijedi i nevolji, zašto trpe uvrede i poniženja? Zbog ljubavi! Zaljubila se u Ljudevita potpuno i neočekivano. Nije znala zašto, ali zavoljela je tog prokuristu jednog varaždinskog komaditnog društva i nije pitala kako je do toga došlo. Istina, još od bala za njen šesnaesti rođendan Švabica je imala problem u izboru muškaraca, što joj ni Bog nije mogao uzeti za zlo: neiskusna, stasala u uvjetima koji su bili sve samo ne normalni, nije imala priliku naučiti kakve su zvijeri ti muškarci. „Školovana" u jednoj noći, na sijenu u djedovom štaglju, što je mogla pročitati na licu svog novog budućeg, tada još skrivenog ženskaroša, alkoholičara i vucibatine? Ništa jer nije znala čitati ljudske karaktere. Trideset godina kasnije takav stvor kod nje ne bi imao ni najmanje šanse, otpuhala bi ga kao cigaretni dim!

Voljela ga je iskreno i četiri dana nakon ajgenmahteca predala mu se potpuno čineći stvari o kojima sa svojim prvim (još uvijek legalnim) mužem nije ni razmišljala: tako reći preko noći postati metresa, u bljesku djelića života zaboraviti zakonitog supružnika, skinuti se i voditi ljubav s potpunim strancem za crkvu je blud i razvrat, a za Švabicu to je bio čin duhovnog i tjelesnog egzorcizma, pročišćenja srca i izbacivanja taloga bola i razočarenja iz sebe. Pitanje tijela i mesa, vagine i grudiju, pitanje znoja i uzdaha, stenjanje od užitka i vrtnje u glavi kod vrhunca, zar to nije tako smrtno i tako uzvišeno u isti tren? I zašto bi to bio grijeh, sumnjala je da je Bog to dao ljudima kao grijeh! Švabica je žeđala za ljubavi, to je sve! To nije bio grijeh! Vapila je k'o žedan u pustinji, očajno je trebala ljubav i kad se pojavio Malekovich nije oklijevala, dala se da bi primila što je trebala, bez obzira na cijenu. I istinu. Licemjerno je napasti Švabicu što je kao udana žena legla u krevet tuđeg muškarca: nevezano uz papire i popovske i državne pečate, njen brak je bio mrtav onog dana kad su je prvi put udarili na imanju Planysky, kad je prvi put gorko zaplakala, kad su je pokrali i spiskali sav njen novac, kad je rodila mrtvu bebu, a svekar i svekrva su je drugo jutro natjerali u vrt i kokošinjac na rad... Ne, njen prvi brak je definitivno prestao biti brakom kad je ušla po prvi put u pakao muževljeve kuće!

Međutim, stvari su bile komplicirane! Ljudevit pl. Malekovich bio je pravnik i znao je to od samog početka! Nikakvog vjenčanja nije moglo biti prije nego što se razriješi klupko njenih bračnih problema. (A pitanje njene obitelji? Nakon svega, Švabica je potpuno izbacila djeda i baku iz glave i srca. Oboje staraca preminulo je koju godinu kasnije, a svo bogatstvo razgrabili su daljni rođaci i advokati u ostavinskoj raspravi koja je trajala deset godina.) Osim toga, tu je bilo i pitanje njenih dokumenata! Razgovarao je satima s njom i pokušao joj dočarati stanje stvari. U nuždi vrag i muhe ždere, a i slijepa kokoš pronađe zrno. Rješenje postoji, samo ga se mora otkriti i iskoristiti. Naravno, to će potrajati neko vrijeme jer k.u.k. monarhija je spora i sve se kreće puževim korakom. Oprez je također potreban, njihov zajednički život mora biti u potpunoj diskreciji ako ne žele završiti u zatvoru zbog bigamije i preljuba. Pitanja, niz vrlo ozbiljnih pitanja. Gdje se udala? Je li brak sklopljen u skladu sa Zakonom o braku iz 1856.? Tko je dao dozvolu za nju vezano uz njene godine (šesnaest) i maloljetnost? Kakve su reprekusije njenog braka prema Naputku za duhovne sudove u bračnim predmetima carevine Austrije? Odnosno, kako je brak sklopljen u Kraljevini Hrvatskoj etc., vrijedi li samo carski patent iz 1856.? Katolički brak je neraskidiv. Koje su građanske posljedice njenog braka? Veliki problem: locus regit actum... Kakva zbrka! I što učiniti, što je prvo na redu?

Zakon je bio jasan, jedina mogućnost razvrgnuća prvog braka bilo je postojanje neke zapreke sklapanju tog braka, a po čemu bi se onda taj brak sudski proglasio nevaljanim. Pijanac i smutljivac, svakako, ali i pravnik, Ljudevit je učino sve što je bilo potrebno. Otputovao je u Križevce i pronašao svećenika koji sklopio brak između Švabice i Ivana Planyskya. Pijandura lakoma na novac, pop nije problematizirao stvar, čemu je pridonijelo i okruglih sto forinti. Prijetnja pijanom popu bila je začin priči: zakon je precizno kazao, ako svećenik nije skupio sve propisane potvrde prije sklapanja braka, mogao je biti kažnjen zatvorom do dvije godine robije (činjenicu kako je citirana zakonska odredba vrijedila u Ugarskoj, ali ne i u Hrvatskoj Ljudevit nije spomenuo, vrag zna zašto, haha). Nekim čudom stranica u Knjizi vjenčanih te i te župe s nadnevkom sklapanja prvog braka lijepe Švabice je nestala, a sam svećenik je iznenada teško obolio od demencije i da su mu obuli španjolske čizme, ne bi se sjetio kako se to zbilo i je li se uopće zbilo, a onda, vjerojatno je pogreška u numeriranju stranica, pa se nije dogodilo ništa i sve je u redu. U konačnoj inačici, pop se preplašio robije jer je sklopio brak bez valjanih dokumenata, ergo, vuk je sit, sve ovce su na broju. I sto forinti u njegovoj vječno praznoj lisnici.

Ljudevit pl. Malekovich riješio je problem i prije no što je očekivao. Nevaljani brak je nevaljan, a nije ni egzistirao u pravnoj posljedici zbog nepostojanja propisanih dozvola i potvrda koje je trebalo ipak pribaviti za njegovo vjenčanje sa Švabicom. Ovaj put brak je morao biti zakonit kako bi dobio nasljedstvo tete Eleonore. Prijatelj fiškal, ncšto novca za podmazivanje i nakon kratkog čekanja, godine 1891. vjenčali su se Ljudevit pl. Malekovich i Švabica u jednoj varaždinskoj crkvi. Švabica je bila presretna neko vrijme, a potom je slijedio pakao.

Skandali! Sramote! Afere! Svađe i plač! Suze! Novi pobačaj. Nešto s njom svakako nije u redu! Ona mora na liječenje, luda žena, pobačaj joj je pomutio razum! Svakodnevne eskapade, lom razbijenog posuđa i cviljenje kao kad kolju krmaču! Alkohol. Skandali se nižu! Ispadi na Korzu! U kazalištu neugodna scena tučnjave između muža i žene! Toga je dosta, ona je luda! Kad mlada žena do svoje dvadeset i četvrte godine proživi dva nesretna i posve nepotrebna braka, jedno dijete rodi mrtvo, a drugo pobaci, kad je prisiljena sudjelovati u mnoštvo grozomornih javnih sramota, u incidentima koje je inscenirao njen vrli muž, a za koje je, jasno, kriva bila ona i kad se mora skrivati pred vjerovnicima zbog dugova tog istog muža (a s dugovima također nije imala nikakve veze: Ljudevit, to pijano smeće, uspio je kockanjem, lošim ulaganjima i tko zna kakvim mutnim poslovima spiskati nasljedstvo u manje od dvije godine) i kad se sve to događa u gradu koji se stoljećima utapa u kloaki vlastite smrdljive povijesti, varoši koja je naoko lijepa, a ipak ništa nego provincijska gnojnica crno-žute monarhije i kao periferni kraljevski toalet životari u raljama licemjerja, moralne i duhovne praznine, onda se jedini savjet koji netko može dati toj nesretnici nalazi u ovom: bijeg, bježi koliko te noge nose, ženo, bježi odavde, za ime Boga!

Bijeg ovaj put nije bio opcija, dva bijega i dvije propasti. Uostalom i ovako mlada, već je prestara za nove avanture. Prije navršene dvadeset i pete shvatila je kako je bijeg nemoguć i da... nema više, svršeno je. U jednoj violentnoj egzistenciji u kojoj je sve što je moglo poći krivo i pošlo krivo, u kaosu, u ljubavi koja bješe jednostrana i slijepa, u nemoći, gdje je sve tamno i ništa se ne vidi, Švabica je odustala od borbe i prepustila se zubu vremena i volji sudbine! Kako bude neka bude i biti će kako će biti jer njen talent za glumu se istrošio. Kraj.

Drugi zakoniti brak, valjani pred Svetom stolicom i katoličkom Crkvom, pred carem i kraljem, pred banom, pred nebom i zemljom, po svim regelmanima i po običajnom pravu potrajaše onako sezonski. Isprva idila, nebeski sjajna, kao u bajci. Primivši nasljedstvo, zasladio je svoj život Ljudevit pl. Malekovich. Iz puke obijesti, da sebe prikaže boljim u javnosti grada usnulog u fekalijama prošlih stoljeća, iako materijalno osiguran, Ljudevit nije dao otkaz na mjesto prokurista nego je zadržao posao i time se hvalio kao da je učinio neko od Spasiteljevih čuda. Kao plaćevno solidnog gospodina, njegovi su ga šefovi promaknuli na upravljačku poziciju komaditnog društva čime je on postao dio gradske gradske kreme. (Ovo je potrebno objasniti: komaditno društvo regulirano je tako da su svi vlasnici udjela u društvu jamčili svom svojom imovinom, što za Ljudevita pl. Malekovicha nije bila prihvatljiva opcija, nego je samo „uzeo” šefovsko mjesto bez vlasništva, bez ikakvih jamstava, a što je i bilo u skladu s interesima vlasnika društva.) Nije htio trošiti novac bez veze, smatrao je kako treba tetino nasljedstvo oploditi, a u što se kupnja nekretnine nekako nije uklapala. Stoga je iznajmio veliki stan u centru po prilično dobroj cijeni i time je počeo njegov bezbrižan život sretno oženjenog bogatog nasljednika u Varaždinu.

Spram vlastite žene tih desetak mjeseci bio je pe-el Malekovich uzoran suprug. Redovito je održavao bračne dužnosti na visokoj razini, dapače, bio je dobar ljubavnik i trudio se da sve izgleda romantično. Izvana, kao da je nosio Švabicu na rukama, obasipao skupim poklonima i romantičnim stvarima: živjela je kao princeza u zemaljskom Edenu. Ručkovi i večere, čaj u pet (engleski običaj, kao u četiri i četrdeset i pet s najfinijim delicijama i najskupljim pravim engleskim, indijskim i kineskim, bog te pitaj kojim čajem), pa izleti u Beč, u Italiju, Venecija i na nekoliko dana u Pariz. Restorani, kavane, odjeća iz otmjenih salona. Visoko društvo, novac otvara sva vrata. Trakošćan, druženje s grofom Draškovićem i fotografiranje, pa vožnja biciklima. Puno smijeha i ugodnih trenutaka. On, Ljudevit je elokventan, rado viđen gost: glava jednog komaditnog društva s respektabilnom bilancom, i sam dovoljno imućan da parira uštogljenoj provincijskoj aristokraciji polupraznih džepova, bješe pozivan, kao i lijepa i mlada mu supruga, na sve važnije događaje, na balove i proslave, prijeme i ručkove, na glazbene recitale i u lov na fazane kod grofa Bombellesa. Zagrljaji i poljupci, često vođenje ljubavi, valjanje po plahtama, u strasti, kao da je prvi put. Osmijesi, milovanja, šaputanje prije spavanja i grickanje uha. Švabica nije bila sigurna što je njen život, san ili priviđenje.

Potom, kao što to biva u romanima u nastavcima, kaos! Skandali! Muža joj traže, a on je nestao, nema ga danima! Ne javlja se! Pronevjera kakve još nije bilo! Nasljednik spiskao nasljedstvo! Ljubavni trokut! Četverokut! Krivotvoreni potpisi! Kockarski dugovi! Švabica ne izlazi iz stana danima! Posluga je otpuštena bez plaće! Računi, dugovi, dolaze fiškalski pomoćnici, sudski notari, policija kuca na vrata! Kućevlasnik prijeti izbacivanjem iz stana ako se kako odmah ne podmiri renta! Sramota do sramote! Sve novi dugovi izlaze na svjetlo dana! Ona nema novca! Prodala je dio nakita, nije bilo dovoljno. Njen divan muž je nestao! Ona slabo jede, nema živaca, plače po cijele dane, svi su je napustili, nitko je ne posjećuje. Smršavila je, nije vidjela ulice ima tome mjesec dana! Dolaze sudski izvjestitelji! Skandal! Sramota! Sve se srušilo, sve je bila laž.

Što se dogodilo, dobio je stotine tisuća, kako je novac tako brzo mogao ispariti? I kakvi dugovi, ništa tu nije jasno! Stvar je zapravo bila jednostavna, probisvijet ostaje ništarija, uvijek i zauvijek. Teta Eeonora mu je ostavila novac premda ga nikad vidjela nije (barem koliko se Ljudevit sjećao): očito je samo ona znala zašto je odlučila što i kako je odlučila u svezi novca, no možda je imala krivu predodžbu o nećaku kao dobrom dječaku, slatkom dečkiću koji je, eto, malo zastranio kad je odrastao, ali svi smo grešnici i neka prvi baci kamen tko to nije i tako dalje, da, pak mu je tetina ostavština trebala osigurati miran i skladan život bez straha od novčanih briga. Međutim, to se nije moglo dogoditi jer Ljudevit nije bio slatki „dečec kaj je malo zgrešil", ne, on je bio amoralna ljudska svinja, „ništkoristi opica i bolje bi bilo da je peneze dala crkvi"! Kako to već ide...

Na drugoj strani Ljudevitove pojave, koja bješe njegova prava strana, ono što je on bio i što nikako nije ni htio ni znao promijeniti, stvari nisu bile idilične ni sjajne, naprotiv, njegovo drugo lice bilo je odraz đavla u zrcalu, sam vrag na zemlji. Skandali, sramote, gluposti samo takve: kockanje za ogromne svote, pijančevanja, kartaške višednevne seanse u ilegalnim kartašnicama u Linzu i Grazu, Zagrebu i u Mađarskoj i negdje u Sarajevu, tajnovita putovanja u Rijeku, za što će se kasnije, po policijskoj istrazi, ustanoviti kako se ovaj mutikaša upustio u vrlo zamršene poslovne poduhvate s talijanskim krijumčarima opijuma (u čemu je očito bio naivan i neuspješan: kad sitni prevarant poželi ući u svijet pravog kriminala, to onda nikako ne svrši dobro jer se ne radi o mjenici na sto forinti nego o novcu da ti pamet stane, novcu koji se biljeguje metkom u glavu), a osim svega toga, drugi Švabičin muž imao je tko zna koliko ljubavnica od kojih su najmanje dvije ostale u drugom stanju iako su bile u zakonitim brakovima. Skandali! Dugovi, mjenice, kurve i zadužnice! Nepokriveni hotelski računi u Beču i Rijeci, Veneciji i Pešti! Jelo se mnogo i pilo još više! Pušile su se najskuplje cigare i cigarete! To da su naslijeđene tisuće isparile kao da ih nikad bilo nije, to ne bi trebalo objašnjavati, međutim, za Švabicu to bješe udarac smrtonosniji od uboda nožem u srce! Ljubav-nice, kockanje, sumnjiva ulaganja u sumnjive poslove, a onda skandal svih skandala, on je pronevjerio i novac komaditnog društva kojem je bio šef! Novine su pisale grozomorne priče o raskalašenom životu Ljudevita pl. Malekovicha i njegove žene, para koji je spiskao vlastiti novac i još se zadužio za najmanje dvostruku sumu! Skandal! A ona o svemu tome nije imala pojma, ništa nije znala, sva njena istina bila je u lakiranim salonskim cipelama i zlatnoj ogrlici kupljenoj u Rimu, u haljinama i ručkovima i večerama s plesom, a o opijumu i o hotelskim računima i nepodmirenim mjenicama nije znala savršeno ništa. Ništa! Ona o novcu nije imala pojma! Pa ona je voljela svog muža, ona je s njim vodila ljubav mnogo puta! A onda sve to, novca nema, nema ni njega, nestao je i ostavio ju kao psa, da se sama bori protiv svih tih glasina, priča, da sama otvara vrata kućevlasniku, sudskom izvjestitelju, nekim čudnim ljudima koji su govorili talijanski, policiji i fiškalima... Strašno!

Kako je spiskao novac pl. Malekovich? Osim otrovnih tračeva i novinarskih priča, pravih dokaza nije bilo. Krajem svibnja godine 1893. službeno Ljudevit pl. Malekovich proglašen je mrtvim! Njegov slučaj je zaključen. Svi njegovi vjerovnici mogli su mu staviti soli na rep.

Dravski kopači zlata iz Donjeg Vidovca (ispiranje zlata odobrila je carica Marija Terezija godine 1776.) pronašli su jednog jutra tijelo mrtvog muškarca na međimurskoj strani Drave i policiji je trebalo tri tjedna da otkriju o kome se radi: po odijelu, odnosno etiketi odijela koje je sašiveno u Beču uspjeli su malo dublje prokopati put do otkrivanja identiteta i nakon policijske i sudske potvrde, Švabica je lege artis postala udovicom.

Što se dogodilo? Skandal: iseljenje iz stana! Izbacivanje osiromašene i osramoćene udovice iz stana u centru grada usred bijelog dana! Koferi na ulazu i uplakana žena! Kakav je to način, izbaciti ženu ni krivu ni dužnu na cestu?! Skandal... No da, svaka vijest traje koliko i dan, dvadeset i četiri sata, često i kraće od toga. Sramotan slučaj, ali život ide dalje i nakon mnogo gorih stvari. Užasno vrijeme po smrti drugog muža i razdoblje potucanja po jeftinim sobama, rasprodaja odjeće i gladovanje, pa čak i prošnja na ulici, zbog čega je provela sedam dana u zatvoru, nesnalaženje i muke jer nije govorila hrvatski jezik: život na rubu sloma, suicidalne misli, sramota, trebalo je sve to otrpjeti. Svaki dan bio je pakao, svaki sat kao godina. Onaj petak, kad su došli da je izbace iz stana (kućevlasnik nije imao milosti, kazao je kako mora držati do svog renomea i sve da i ima novac, ne bi joj iznajmio stan jer kriminalne osobe nemaju što tražiti u njegovim kućama, on je čestiti građanin i drži do svog i ugleda svojih klijenata: nije imala ni snage ni volje za objašnjenja, a to da nije imala nikakve veze s poslovima svoga muža i..., ma ionako nitko ne bi razumio njene riječi), kad je završila na cesti osramoćena, u Švabici je umrla vjera u ljudskost. Njena se duša zatvorila za ljubav.

Stefan Heinz-Lödringen, pomoćnik upravitelja Banke i mjenjačnice Gröwald i Schwarz. Čovjek miran i tih, vrstan računovođa s dugogodišnjim iskustvom u bankarstvu, samozatajan vjernik i osoba lišena patetičnog samoisticanja po crti čovjekoljublja i milostivosti pružio je pomoć Švabici u jesen devedeset i treće kad ju je našao izgubljenu i očajnu kako stoji kod željezničkog kolodvora ne znajući kud bi i kako bi sa svojim životom. Tek puštena iz zatvora, u kojem je provela sedam dana zbog prosjačenja, nije imala snage ni za što (a jedina dobra stvar u zatvoru je što je jela, stražari su je hranili bolje nego ostale zatvorenike: ispostavilo se da je jedan stražar bio sin njezine bivše služavke), u prljavoj odjeći stajala je kao kip, smoždena i uništena, sama. Gospodin Stefan zaustavio je svoj otvoreni fijaker, iskočio iz njega i prišao ženi koja je stajala kod ulaza u kolodvor. Stefan Heinz-Löndringen, bečlija s dvadesetogodišnjim boravkom u Hrvatskoj, prvo u Zagrebu, a posljednjih petnaestak u Varaždinu, miran gospodin izvrsnih manira, protivnik svake dekadencije i podupiratelj mnogih karitativnih društava, prišao je ženi i kad ju je malo bolje pogledao, ostao je šokiran:

- „Naravno, vi ste gospođa Švabica, o Bože, molim vas, dođite, molim vas, pođite sa mnom!"

Uselila je Švabica još iste večeri u stan u velikoj žutoj zgradi, onoj preko puta atletskog trkališta, okupala se, pošteno najela i napokon u miru usnula. Njen spasitelj i dobročinitelj nije od nje tražio ništa zauzvrat niti je postavljao neugodna pitanja, samo joj je pomogao. Nije komentirao ni spominjao mrtvog muža i skandale, nijednu riječ nije izustio o tome, kao ni o novcu. Njihovo prijateljstvo stvoreno sasvim slučajno pri susretu kod željezničkog kolodvora potrajalo je sve do godine devetsto i prve, kad je ovaj iziman čovjek iznenada premi-nuo od srčane kapi ostavivši iza sebe troje odrasle djece i četvero unučadi, koji su svi živjeli u Austriji i Švicarskoj. Od silnog mnoštva koje se skupilo na njegovom ispraćaju na posljednje počivalište (po želji obitelji, tijelo je prevezeno vlakom do Beča, gdje je pokopan u staroj obiteljskoj grobnici), Švabica je zasigurno bila jedina koja je za njim iskreno, iz srca plakala.

Prepustiti se očaju ili učiniti nešto pitanje je koje muči sve ljude pale na dno sudbine, u ljudsku nemilost, u stid i sramotu gubitništva. Svejedno svojom ili tuđom krivnjom. Mogla se Švabica prepustiti samosažaljenju, no nakon što ju je Stefan, taj dragi i nenadoknadivi prijatelj vratio u život, odlučila je poraz pretvoriti u neku vrste pobjede, ako se to tako može reći. Podstaknuta dobročinstvom do tada joj jednog posve nepoznatog čovjeka, počela je kćerka u kavanskoj tuči ubijenog kapetana davati satove njemačkog jezika i lijepog ponašanja za varaždinske djevojke, mlade gospođice i gospođe. U stanu, u jednoj sobi uredila je mali salon: stolice duž zidova i ispod prozora, u kutu dva stola, jedan veći, postavljen kao za objedovanje, i drugi manji, s okrijepom za učenice tečaja. Zahvaljujući posredovanju njenog spasitelja, naskoro je primila prve polaznice i tako su stvari krenule. Dobrotom, osmijehom i pristojnošću privukla je nove polaznice svoje „škole": začudo, obitelji njenih klijentica nikad nisu spomenule njenu prošlost, kao da je nije ni bilo. (I to je bila Stefanova zasluga. Kao čovjek koji je kroz bankarski posao održavao kontakte sa svim važnim pojavama u gradu i šire, potrudio se pustiti „priču" preko svoje žene o nedužnosti Švabice: iskoristivši žensku sklonost ogovaranju, ta na početku jedna tiha riječ puštena u žensko uho na kraju je rezultira novelom. Zamolio je suprugu da kaže svojoj dragoj prijateljici, stanovitoj supruzi stanovitog tvorničara, inače poznatoj otmjenoj trač-dami koja je znala sve o svima, kako je „grozna sudbina Švabice, kako je ona zapravo žrtva beskrupuloznog prevaranta" i „kako joj svakako treba pomoći da se vrati u normalan život" i „otvorila je mali salon za poduku lijepog ponašanja" i u konačnoj inačici storije, ispalo je da su se gradske gospođe, žene direktora, upravitelja, imućnih trgovaca, visokih oficira, doktora, fiškala i ostale kreme varoši Varaždin odjednom sažalile na nesretnu mladu ženu i u diskreciji, kao znak potpore i dobrohotnosti, slale joj svoje tupave kćerke kako bi Švabica od njih napravila mlade dame sposobne „uloviti" muževe s potrebnim pedigreom i novcem). Prihodi od salona nisu bili veliki, ali je mogla ljudski živjeti. Međutim, obzirom na zakone, koji su bili na njenu štetu kao udovice Ljudevita pl. Malekovicha imala je nositi teret njegovih ogromnih dugova. Švabica se nikad ne bi riješila tih okova da joj i u toj kompliciranoj stvari nije pomogao gospodin Stefan. Pravničkim rječnikom kazano, uspio je, vrlo brzo i učinkovito, skinuti sa Švabice svaku zakonsku i građansku odgovornost za posljedice činjenja njenog pokojnog muža jer sve što je on (muž) činio bilo je bez njenog znanja i privole, a onda, novac kojim je raspolagao njen suprug ionako nije bio njen već njegov, koji je primio kao nasljedstvo od pokojne tete. Švabica je mogla nastaviti živjeti slobodna.

Pročulo se za Švabicu i njenu „školu" i sve je krenulo na bolje i kad je sve postajalo prošlost, godine 1908., uoči njenog trideset i petog rođendana izbio je novi skandal.

Opet skandal! Doduše, ovaj put bez javnih konsekvenci, ali zato ništa manje težak. Skandal! Ljubavna afera udovice s jednim aktivnim oficirom k.u.k. ulanske regimente! Užas!

Sve se odigralo elegantno, bez izbacivanja na cestu. Stupila je u treći brak gospođa Šva-bica iz čiste želje za onim tjelesnim odmorom od svega i zaštitom muškarca, za nečim što dugo nije osjetila, a vrijeme je prolazilo i zov tijela i mesa, zov života učinio je svoje, kao što to čini u praskozorje dolaska starosti. (Trideset i pet godina nije starost, ali nije ni mladost, nije ono glupavo doba romantičnog pogleda na svijet, a na kraju krajeva, čovjek ne stari samo nižući godine.) Održavao se oficirski bal. Komandant Landswerhrhusarenregiment Nr 10 (10. domobranske varaždinske pukovnije), gospodin pukovnik Bela Ervin Graf und Freiherr von Bothmer zu Schwegerhoff organizirao je ples i po crti gospodina majora von Ritter-Jägera, čije je dvije prekrasne, ali za ples i uljudbenu konverzaciju nimalo talentirane kćerke podučavala ima tome pola godine, gospođa Švabica pozvana je kao pratnja gospodinu majoru, inače udovcu, čija je žena umrla od upale pluća godine devetsto i druge. Na večeri, pod električnom rasvjetom, tim čudom modernog doba, uz čašu rizlinga, uz šampanj i cigaretu, uživajući u začudo dobroj glazbi malog vojnog orkestra, uz neobavezno čavrljanje, bez neke teže teme, podučavateljica njemačkog jezika i lijepog ponašanja (upornost njene bake u stjecanju hoh i nobl kvaliteta ipak su donijeli nešto dobrog) Švabica je upoznala zgodnog ritmajstora čije su je šale i upadice nasmijale do suza. Nekonvencionalan, ovaj je austrijski plemenitaš iz obitelji Hagenau potrošio skoro cijelu večer zabavljajući je bez ikakvih pretenzija, bez udvaranja, onako obično, prijateljski. U štabu ulanske regimente služio je kao štabni oficir tek tri mjeseca i još nije stigao posložiti svoju privatnu situaciju i nije doveo obitelj u Varaždin. Njegova žena, rekao je usput, ostala je s djecom, dva mala sina, blizanaca od šest godina, u njihovoj kući u Grazu, pa kad će pronaći prikladan stan ili kuću, dovesti će i njih. Iz razum-ljivih razloga osobnog komoditeta imao je specifične zahtjeve kojima su kućevlasnici teško udovoljavali, osobito u provinciji poput Varaždina.

Švabica je cijenila njegovu iskrenost i otvorenost. Odmah na početku rekao joj je kako stoje stvari, bez okolišanja i pretvaranja. Saznavši da je oženjen i otac, Švabica je odmah isključila svaku mogućnost romantične veze sa zgodnim kavalerijskim kapetanom. Mislila je da će bal ostati samo to što je i bio, zabavna večer s ukusnom hranom, dobrom glazbom i ugodnim i pristojnim, upravo šarmantnim društvom.

Nije ostao takav taj oficirski bal. U sljedećim danima i tjednima priča se razvijala protivno njenim željama i planovima. Buketi cvijeća i vizit karte s porukama i posjeti, najavljeni i nenajavljeni, banalni pokloni, bočica parfema, kutija čokoladnih pralina, sve kao znak pažnje, ništa preskupo ni pretenciozno, a onda pozivi na čaj, na kavu i kolače u neku od gradskih kavana, slučajni susreti na Banac placu i u crkvi, kratke šetnje jer nema puno vremena, služba zove i hvala lijepa, molim, kisnhand, gospođo, uljepšali ste mi dan, opet, ljubim ruke i tako jedan, dva, deset puta. Isprva sramežljivo, ali gospodski, otmjeno, ovlaš i nekako je postalo često i na kraju opet izlasci, redovite večere u restoranu i ručkovi kod Švabice u stanu, izleti otvorenim fijakerom na Dravu i u vinograde oko grada, putovanje vlakom u Agram na kazališnu predstavu i na izložbu nekog razvikanog umjetnika, noćenje u Jägerhornu u Ilici, (odvojene sobe) i lijepa šetnja Maksimirom. Nije inzistirao ni na čemu, njegovi zagrljaji bjehu izvan dosega bilo čijih očiju, površni i prijateljski, a rukoljub formalan i bez intimnosti.

Prihvaćala je sve što je nudio i davao, radovala se svemu što je organizirao, večere i izlete, šetnje i posjete muzejima, uživala je u svakoj minuti provedenoj s njim, otmjenim i pažljivim muškarcem. Koji je, usput, bio oženjen. Švabica tu činjenicu nije zaboravila, dapače, oslonjena na nju držala je druženje s njim sasvim platonskim prijateljstvom, ništa više od toga. A što je u sebi osjećala? Teško je to reći. Znala je, ali nije htjela priznati. Ili nije znala, pa nije ni imala što priznati. Brak je nepremostiva prepreka, zakonski i moralno, na svaki način, pogotovo Božji. Nije joj padalo na pamet ponovno otvarati kutiju nesreća i zazivati nove skandale: ostavivši daleko iza sebe sve one gluposti i tragedije, Švabica nije pomišljala na romansu premda je žudjela za muškarcem više no ikad prije. Svjesna svih reprekusija veze s oženjenim muškarcem, Švabica je u sebi nosila onaj strah od opetovanog razočarenja i bola. Znala je da toplo i nadasve zabavno prijateljstvo s oficirom ne smije prerasti ni u što iznad prijateljstva jer bi sve drugo značilo uništenje dva života, ritmajstorovog i njenog. Švabičino životno iskustvo s muškarcima bila je snažna obrana i protiv napada vlastite pomame za nedozvoljenom ljubavi.

Međutim, kako ono govore tisuće pjesama, srce ne pita mozak što će biti, a meso je meso, traži vatru, traži oganj, treba strasti, živi od ekstaze. Mudrost je nespojiva sa srcem. Ljubav ne dolazi od pameti, nego iz slijepila za nekim koga se voli bez obzira na sve.

I tako, one blage jesenje večeri godine devetsto i devete (nitko ne zna odgovoriti na pitanje zašto su u pričama večeri uvijek blage jesenje, blage proljetne, blage ljetne, kao da se ništa ne zbiva u olujnim, vrućim, prokleto hladnim i mračnim noćima) u parku, kod kazališta, na klupi, gospodin u ulanskoj uniformi, s kavalerijskom sabljom i u uglancanim crnim čizmama, austrijski plemić, karijerni oficir kome sredstva za život dolaze od bogatog obiteljskog imanja i obiteljskih poslova i koji ne živi od bijedne oficirske plaće, muž jedne austrijske plemkinje i otac dva divna plavokosa dječaka (tako mora biti kad se radi o austrijskim dječacima) još jednom je poljubio ruku lijepe mlade žene, ustao s klupe i iznenada pao na koljena i rukama obgrlio njena koljena (ona se skamenila, pretrnula od straha, nije znala što bi rekla i učinila): zaplakao je, zajecao, priznao kroz suze kako ne može više ovo trpjeti i da je „ovo" ljubav prema njoj, on je voli, najviše na svemu svijetu, nikoga nije volio kao što voli nju i nikoga neće ni voljeti kao što ljubi nju, Švabicu, jedinu ženu koja ga je srušila s pijedestala! On je sanja, on ne može bez nje i njemu je dosta svega, on joj priznaje potpuno otvoreno, ovdje, na klupi, on kleči i priznaje joj da je voli i nije ga briga ni za što osim ljubavi! Švabica je njegova boginja, njegov anđeo nebeski poslan na zemlju, on je voli, za Boga miloga, on je spreman na sve, on joj može dati sve, on ima novaca, on ne mari ni za vojsku, ni za koga, on je voli! U parku, na klupi, a blizu je kazalište, nekoliko koraka, on kleči na šljunku, on je zaboravio i sablju i uniformu, on ne vidi ništa osim nje, on je voli, njegova žena mu nije važna (ionako se oženio na nagovor svoga oca i inzistiranje majke i bake, stare glupače koja ni na što ne misli nego na kako povećati bogatstvo i ostaviti unucima više nego je imala kad se udavala tko zna koje godine, u doba Noe; prema svojoj ženi nikad nije osjećao strast, pa i djecu mu je rodila, dva blizanca, možda sasvim slučajno jer on je s njom u svemu spavao zajedno ne više od deset puta u prvih pet godina braka i to ne zato što on nije htio, o ne, već stoga što mu je supruga, inače dobra u duši, osoba predana čitanju knjiga i vječnim raspravama o romantici u umjetnosti, za seksualne stvari bila potpuno nezainteresirana; prve bračne noći, dok su vodili ljubav i dok ju je on ljubio u strasti, ona, supruga, s tek desetak sati braka, dva puta mu je postavila jedno glupo pitanje, „hoćemo li ići u Pariz, ima stotine galerija i svi umjetnici žive napokon u Parizu i to se ne smije propustiti", na što je on odmah izgubio volju i želju i prva je bračna noć svršila katastrofalno, bez popravnog ispita), on to može, novac nije problem, voli je i ne može više izdržati, koliko je voli i ljubi. Spojio ih je sam Gospodin i ništa ga neće rastaviti od nje, Švabice!

Pokušala je nešto reći (srećom, trenutno nije bilo ljudi u tom dijelu parka,), ali nije uspjela, nijemo je sjedila, ukočena, poput mumije, ne shvativši do kraja što se dogodilo: što ona radi u parku s ovim oficirom, zašto on plače, a sablja mu se vuče po šljunku dok kleči i grli joj noge, on cvili kao dijete, govori nepovezano o novcu, o rastavi, o ljubavi nešto priča, ne razumije ga baš najbolje i boji se, netko će vidjeti, opet skandal, i što će onda ona, opet se opravdavati ljudima koji ne mare za njezina objašnjenja?! Ne, nije htjela ovo, nije pretpostavljala da se takvo što uopće može dogoditi, ta on je oficir, plemić, on nije zaljubljeni šesnaestogodišnjak, ozbiljan je čovjek! Morala je nešto reći, ovo se mora odmah prekinuti, prošlo joj je kroz glavu, dosta je bilo ovoga! Nije znala ni kako ni zašto, položila je ruke na njegovu glavu i milovala je nježno, prolazila prstima kroz njegovu bujnu kosu suznih očiju: plakala je, nečujno. Bože, voljela ga je, voljela je oženjenog čovjeka! „Što je to sa mnom, Gospode?! Zašto mi se ovo događa, opet zlo, nikad dobro?! Zašto ne mogu voljeti normalno, zašto je moja ljubav osuđena na pakao, zašto se meni sudi zbog ljubavi moje?" Mislila je drhteći nad muškarcem koju ju je volio nježno i iskreno, potpuno. Unatoč svemu. Iznenada, baš kad je otvorila usta, kapetan je podigao glavu, ustao, bolje kazano, skočio je, uspravio se, sablja je zazvečala, nasmiješio se, iz oficirske bluze izvadio je tri presavijena papira:

- „Gotovo je, ljubavi, evo, gotovo je! Ja sam slobodan čovjek!" - Švabica nije razumjela o čemu je govorio i zašto je odjednom postao sretan, zbog čega se glasno smijao, a samo trenutak prije jecao je na njenim koljenima. Uzbuđen poput malog djeteta, oficir koji je svoje zadaće obavljao krajnje ozbiljno i koga su podređeni zvali „Ledeni kapetan", skakutao je pred ovom ženom sav crven u licu od radosti i uzbuđenja. Pokušao je objasniti o čemu je bila riječ: njegov brak je raskinut, konačno je oficijelno razveden! Ionako je to bio građanski brak, fakultativan, valjan po austrijskim zakonima. U vrijeme sklapanja braka, dakle, on je morao dobiti privolu vojnih vlasti za ženidbu, a s obzirom na to da je ona potjecala iz protestantske obitelji, drugog rješenja osim građanskoga braka nije bilo, naročito zbog katoličanstva njegove obitelji. Razlika u vjeri nije predstavljala problem jer je taj brak donosio novac, a znano je od davnina, kako je novac mio ma koje vjere bio. Glavno da ga ima, a mlada je unosila u novi brak pozamašan miraz, što ni vrag ne bi odbacio, kamoli nebesa Božja. Konkretni iznosi, unosni poslovi i interesi na raznim stranama, solidni rentijerski primici od kuća i stanova, kao i prodaja vina iz štajerskih vinograda naslijeđenih po ujaku njegove buduće žene. Kad se to zbroji s njegovim imutkom, ugodan život je osiguran i praunucima njihovih praunuka, ako se dobro gospodari s time. Zapravo, tražili su od njega da napusti vojnu službu, ali nije htio. U uniformi je pronašao bijeg od žene, tog prokletog braka i svega vezanog uz glupe obaveze, proslave rođendana, Božića i Uskrsa, raznih godišnjica, održavanje balova, osobito plesa pod maskama u dane fašnika, potom putovanja i ona idiotska obiteljska polugodišnja vijećanja o poslovima i novčanim ulaganjima, o budućnosti i sličnim glupostima, a što je sve vješto izbjegavao pravdajući se vojskom protiv koje ni njegovi nisu mogli ništa jer car je car i nema rasprave kad se služi cara! Uostalom, novčano bjehu potkovani, ali ne i politički: veza i utjecajnih kontakata na samom dvoru nisu imali, možda neke relacije po ministarstvima, ali više od toga ništa i to ne zbog obiteljske averzije prema politici, već zato što obitelj nije imala talenta za političke spletke. Jest, ginuli su za monarhiju Habsburg stoljećima, ta obiteljska povijest je zabilježila da je satnikov šukun šukun itd. djed stajao kao jedan od vojnika krune uz samog Maksimilijana I. Habsburškog onog slavnog sedmog studenog Ljeta Gospodnjeg 1491. u slovačkom gradu Požunu kad se sklapao Požunski mir, čime si je Maksimilijan priskrbio naslov kralja Ugarske i Hrvatske, ali nikad nisu znali unovčiti i politički kapitalizirati svoje zasluge za obranu dinastije. Stoga su se zadovoljavali brigom za obiteljsko bogatstvo, a ratničke stvari su ih ipak tiho štitile: carstvo ne dira odane podanike, naročito ne one koji pla-ćaju porez i služe vojsku.

Od početka ritmajstorov brak bio je šupalj. Djecu je obožavao, a prema ženi nije osjećao nikakvu strast. Pravi razlog zašto je nije doveo u Varaždin nije bio problem stana nego hladnoća koja ga je proga-njala kad je bio s tom ženom u istoj prostoriji (naravno, muž i žena mogli su spavati u odvojenim sobama, s izuzecima kod bračnih dužnosti), ma što ona rekla i ma koliko se on trudio promijeniti stanje, gospođa s njegovim prezimenom bila mu je odbojna i šlus! Živjeli su kao stranci u otmjenom hotelu, a njihova intimnost, koja je rezultirala dvojicom sinova, bila je i ostala na razini bezosjećajnog seksa prostitutke s mušterijom u kući s crvenim fenjerom obješenim iznad ulaznih vrata neke od onih visokih dvokatnica malo dalje od centra grada. Izvana sve u redu, iznutra bez osjećaja, hladno. Ona je pristala na takav brak jer je tako odgajana, jer za drugačiji pogled na svijet nije ni znala. Napokon, lista njezinih ljubavnika bila je dugačka, duža od suprugove svakako: kapetan je bio amater u usporedbi s vlastitom ženom kad su bračne afere u pitanju jer ona nije riskirala jednako tako kao što si nije dopuštala zaljubiti se u nekog od svojih ljubavnika! Kad je poslao po odvjetniku zahtjev za razvod njihovog (građanskog) braka, pristala je bez oklijevanja, s time da stvari oko djece mogu dogovoriti gospodski, kako i priliči plemstvu. Raz-vrgnuće braka nije bio tako veliki problem kako je kapetan mislio.

A sad, stajao je pred njom s papirima u rukama i opet kleknuo i zaprosio je, pitao je ženu svog života za ruku, nudio joj je brak, ovaj put iz ljubavi, zauvijek. Ošamućena, zbunjena, s tragovima suza na licu, pot-puno izvan sebe, Švabica je pristala, rekla je „da", udati će se za njega, divnog čovjeka koji je iskreno voli!

Nažalost, stara priča o sreći i nesreći, o nadi, ljubavi i tuzi, o životu i neizbježnoj sudbini koja gazi sve pred sobom. Među prvim poginulim na početku Velikog rata godine 1914., negdje u Srbiji, poslije prije-laza rijeke Drine, na oltar slave i časti dinastije Habsburg, svoj život podanika krune položio je ulanski major Hagenou (promaknut 1912.), pao je po volji NJ.C.I.K.V.F.J.I., pod svetom zastavom vječne monar-hije.

Poraz? Tragedija? Švabica nije tražila odgovore jer ništa nije ni pitala. Prihvatila je smrt svog trećeg i jedinog voljenog muža relativno mirno, kao nešto što se zbilo jer se moralo dogoditi po nekoj višoj sili koju smrtni ljudi ne razumiju do kraja. Nakon nekoliko godina sasvim pristojnog života u velikom lijepo namještenom stanu u centru, vratila se u svoj stari stan u žutoj kući i ponovno otvorila školu lijepog pona-šanja i poduke njemačkog jezika. Rat je učinio svoje, oskudica je pogodila sve, ne samo nju. Naučena na neimaštinu, snalazila se kako je mogla i znala jer pokojni joj muž nije ostavio mnogo novca: sve što je imao bilo je u Austriji, a kako prije odlaska u rat i pogibije nije definirao i ostavio upute o raspolaganju imovinom, Švabica se morala osloniti na sebe. Prihod udovica poginulih oficira bio je bijedan i nedo-voljan. Osim toga, nije htjela biti u stanu koji bi je svaki dan iznova podsjećao na ljubav i prekrasne tre-nutke provedene s mužem, s jedinim muškarcem koji joj nije slomio srce.

Prevrat osamnaeste i stvaranje nove države na zgarištu i pepelu u krvi krepane monarhije proživjela je trudeći se biti izvan svega. Posve indiferentna spram političkih događanja, Švabica je izgradila svoj svijet bez upliva turbulentnih zbivanja koja su eksplodirala svršetkom krvavog rata. Srećom, njena komunikativ-nost i ostatak poznanstava s ljudima koje je gradila sve te godine života u Varaždinu, osiguralo joj je egzistenciju u kakvom takvom miru: i u novim teškim okolnostima otmjenost nije nestala, samo je pro-mijenila oblik i titulare, odnose i pravila igre. Gospodstvo je gospodstvo, svejedno u k.u.k. monarhiji ili Kraljevini SHS, kasnije Jugoslaviji, ako je staro plemstvo bilo na izdisaju, novo je pristizalo. Industrijalci, bankari i fiškali, sve isto kao i prije, samo s novim predikatima. I svi su imali djecu, a djeca trebaju po-duku i tako je Švabica nastavila svoj mali posao sakrivši u sebi sve svoje boli, sve tuge i razočarenja. Ljudi su je cijenili i znali kao vrlo šarmantnu damu, obrazovanu, otmjenog držanja i velikog srca, za-bavnu, sa smislom za humor. Ipak, ono što je nosila u srcu i duši, to nitko nije znao. Konačno, godine su primile teret i sad ozbiljna žena u pravim godinama nije ni mogla biti drugačija. Ona buntovna djevojčica koja je izgubila nevinost u svojoj šesnaestoj godini na sijenu djedovog štaglja odavno je nestala izgubljena u maglama olovnih uspomena. Poslije svega, znala je tko je i što je, bila je svjesna sebe, svog iskustva, izgleda i godina. Nije se više prepuštala emocijama niti je imala potrebu za muškim zagrljajima: u grob s njenim trećim mužem otišla je sva njena strast i sva žudnja, s njim je umrla i njena tjelesnost.

Godine tisuću devetsto i dvadesete primila je posjetitelja. Neočekivano na vrata joj je pokucao ozbiljan gospodin iz Beča, predstavio se kao Johann Börnsehild, pravni zastupnik obitelji Hagenou i njenog pokojnog muža. Skoro se onesvijestila! Donio joj je prilično težak paket. Kazao je kako je u paketu muževljeva ostavština koju je on dao na čuvanje njegovom odvjetničkom uredu uoči rata sa striktnim nalogom da se isto ima predati u ruke gospođi Švabici ako on pogine na bojnom polju. Međutim, rat s pretvorio u veliku klaonicu i uništio je svijet koji je postojao prije 1914., što je sve još više zakompliciralo. Nastale su okolnosti naprosto odgodile izvršenje volje gospodina majora Hagenau. Zapravo, odvjetnički ured kojeg on sad predstavlja bio je ured njegovog pokojnog oca, koji je i sastavio dokumente i primio paket na čuvanje. Stari odvjetnik umro je od infarkta sedamnaeste, u vrijeme dok je on, tada natporučnik, bio na Zapadnom frontu. Po okončanju rata završio je školovanje kako bi stekao advokaturu, a trebao je preživjeti rasulo nastalo u Austriji nakon ratnog poraza i propasti monarhije. Poslije mnogih peripetija uspio je aktivirati ured prije otprilike dva mjeseca: otvorivši očev sef našao je paket i kovertu gospodina Hagenau s uputstvima što i kako mu je činiti. Morao je pronaći njenu adresu. Kako bilo, on se ispričava na smetnji, zna koliko je ovo neugodno jer budi uspomene na pokojnika, ali on mora izvršiti posljednju volju gospodina majora i evo, tu je paket i pismo. Nažalost, to je sve što on može učiniti, on u Kraljevini SHS nema advokatsku lincencu, dakako, ali on će, ako ona pristane, ostati koju minutu da joj odgovori na sva eventualna pitanja, ako ih bude imala. U kuverti je i objašnjenje trenutnog stanja stvari, a vezano za obitelj Hagenau.

Nije imala pitanja. Zahvalila je. Odvjetnik je pristojno odbio ponuđeno piće i kavu jer je žurio, morao je natrag u Beč, nalazi se u velikoj sudskoj parnici i mora se pripremiti za ročište u petak.

Sedam dana nije ni taknula paket i pismo. Sedam dana je držala svoj tečaj ne razmišljajući o tome. Laž! Sve je u njoj gorjelo! Bojala se taknuti te stvari, nije željela vidjeti nešto što bi je možda rastužilo. Previše je tuge proživjela i sad paket... Osmog se dana odlučila na to, nekako iz straha da ne bi... U paketu je bilo desetak pisama, neki dokumenti, zlatan i srebrni nakit, nekoliko ogrlica i prstenje, sve iz obiteljskog nasljeđa i tri zlatne poluge. Gospodin major bio je vojnik, praktičan čovjek i za razliku od bake i ostatka njegove obitelji, nije vjerovao u vrijednost papira, udjela, dionica i obveznica, to ga nije zanimalo. Vojnici znaju što je rat, uništenje koje briše svaku vrijednost koja nije konkretna i opipljiva. Zato je kupio ove zlatne poluge u nadi da će, ako se njemu nešto dogodi, Švabica biti barem na neko vrijeme zbrinuta. Paket je bio „prva pomoć" jer se Hagenau namjeravao živ i zdrav vratiti iz rata: odvjetnik je govorio o posljednjoj želji pokojnika, ali to u paketu i pismima nigdje nije spomenuto. Samo nakit i zlato za pomoć u slučaju nevolje, kao garancija da neće biti gladna i na cesti bez ičega. U kuverti su bila dva pisma, jedno od starog odvjetnika, a drugo od novog. Prvo je bila ovjerena izjava majora Hagenau, jedan strogo formalni dokument. Drugo je pismo bilo podulje u kojem je objašnjeno kako ona, Švabica, u skladu sa zakonima, ima pravo na dio nasljedstva obitelji Hogenau, a koji je pripadao pokojnom joj mužu. Međutim, trenutno imovina obitelji praktično ne postoji, pisalo je, jer je obitelj svu svoju imovinu uložila u ratne obveznice koje su posve propale gubitkom rata. Nova država nije preuzela nikakvu odgovornost za carske obveznice i tako je obitelj Hagenau osiromašila. Od svega što su posjedovali, ostala im je samo stara kurija u Štajerskoj, na čiji jedan dio ima teoretski pravo i može pokrenuti slučaj pred sudom. Odvjetnik napominje da u kuriji, u vrlo teškoj situaciji živi ostatak obitelji (roditelji majora preminuli su godine 1918., netom prije kraja rata, a baka je preminula sedamnaeste) i da bi slučaj trajao dugo i bio skup, trošak bi bio veći od možebitnog novca stečenog prodajom kurije, ako bi do toga uopće došlo. (O odnosu njenog muža s njegovom djecom iz prvog braka nigdje ništa nije pisalo.)

Švabica je poderala pisma i spalila ih u peći, ništa nije htjela niti je namjeravala bilo što tražiti. Plakala je, cvilila, nije jela dva dana poslije otvaranja paketa. Hagenau ju je volio svim srcem, bio je njena jedina iskrena ljubav, jedini muškarac u njenom životu koji je znao voljeti ženu. Plakala je i zbog grižnje savjesti: voljela ga je, ali činilo joj se, ne kao što je on volio nju. Voljela ga je, ali... Davno je u Švabici ugašena vatra mladenačke strasti i pomame i možda, mislila je, možda nije voljela majora dovoljno snažno, dovoljno duboko. Plakala je.

A onda je vrijeme opet krenulo dalje, u životu ništa ne stoji ma kako ljudi to htjeli, vrijeme je nemilosrdno i prolazi, stvara i briše, gradi i ruši priče jednu za drugom, od početka do vječnosti. Zatvorila je paket i sakrila ga na sigurno mjesto. Živjela je skromno, od svog rada. U kriznim tridesetim prodala je jednu polugu jer je izgubila mušterije, a drugu je prodala kad je počeo Drugi rat, treću je čuvala za „nešto". Nakit je prodavala u nuždi. Starila je i svaki joj se dan činio kao godina. Zatvorila je tečaj uoči rata, nije više mogla ni htjela to raditi. Ponekad bi davala koju lekciju njemačkog, besplatno, da ubije vrijeme, a dolaskom nacista i od toga je definitivno odustala. Rozalija joj je postala „kćer" koju nikad nije imala. Nekako prešutno, tko zna kako postala je njena neformalna skrbnica i zaštitnica. Kava i cigarete, rijetke šetnje gradom, slušanje ploča na gramofonu i duge večere bjehu jedino što je imala, za nju sasvim dovoljno. Nije govorila hrvatski, katkad bi samu sebe prekorila zbog toga, ali bilo je kasno početi učiti: ionako za to nije imala ni snage ni volje.

Prokleti novi rat. Ostarjela, izmučena i sve slabija, bivala je sve umornija. Poslala je pismo gospodinu majoru u Platzkommandatur: gotovo je, ovdje je ostavila mnoge godine, ali ako joj je umrijeti, neka bude tamo gdje je rođena, neka se kraj odigra na početku, prestara je za hrvanje s komunistima i Rusima. Korijeni ostaju korijeni.

Prihvatila je ponudu mladog natporučnika. Pomisao na putovanje vratilo je Švabici snagu i polet, pripremala se kao djevojčica, kao onaj curetak iz štaglja, kao ona nevina djevojka koja je predala svoje tijelo da bi postala žena. Prije dolaska natporučnika, spustila se iz stana do stana drage joj Rozalije i odškrinuvši vrata, ostavila je na drvenom ormariću mali zamotuljak, zlatnu ogrlicu s privjeskom od dragog kamenja, za uspomenu, u ime prijateljstva i lju-bavi prema „pokćerki". Samo to, bez riječi, bez pisanja tugaljivog pisma (koje Rozika i tako ne bi znala pročitati).

„Mercedes 170 V" s tri putnika, vozačem podoficirom, natporučnikom i starijom gospođom, civilnom osobom, sa svim potrebnim dokumentima propušten je na gradskoj mitnici broj sedam točno u 11:05 sati prije podne. Straža nije pronašla ništa sumnjivo kod putnika i u vozilu. Isti je tip automobila jedanaestog svibnja iste godine pronađen u grabi na cesti prema Mariboru. Vozilo je bilo uništeno topovskim pogotkom. U automobilu su pronađeni smrdljivi ostaci triju tijela, dva u njemačkim uniformama i žena u civilnoj odjeći. Trupla su bačena u jednu od graba zajedno sa strijeljanim zarobljenicima.

(Kažem, nemam pojma koliko je istine u prethodnim rečenicama, ali jedno znam, moglo se dogoditi, nije moralo, možda i da i ne, a kako god bilo, jedno je sigurno: nitko od nas nije rođen bez talenta za ljubav. I nitko od nas ne prolazi kroz život bez prilike za ljubav. Sve je stvar trenutka, izbora i hrabrosti.)

Prolaze ljudi jedni pokraj drugih danima, mjesecima i godinama, susreću se na ulici, u kinu, na tržnici i zgradi suda, u pošti, u supermarketu i na korzu, u parku i u hodniku, u stambenoj zgradi a da se ni ne pogledaju, ne osvrnu jedni na druge. Prolaze jedni pokraj drugih kao stranci jer to i jesu, putnici iz razli čitih svjetova, persone bez želje za upoznavanjem bilo koga i sve to po crti osobnog oportuniteta: lakše je biti hladan nego vruć, lakše je glumiti nego biti svoj. Ljudi ne vole nositi ni svoj teret, a kamoli bi prtili tuđi. Ma što trkeljala popovska laprdala, ljudi često zaobilaze sve što bi narušilo njihov komoditet, radije, a i to nevoljko, doniraju za potrebite nego da pozovu nekog beskućnika na Božićni ručak. Jasno i zašto, vidjeti uživo „potrebitog" i spoznati da ih zapravo nije briga za siromašne jača je od želje za mogućim nadilaženjem sebičnosti i predavanja drugima. U određenim razdobljima svog života ili trajno, često ili jedan put, ja, ti, on, ona, vi, mi, oni, one, svi smo takvi jer to je stvar reciprociteta, kako se svijet odnosi prema nama, tako i uzvraćamo (pri čemu zaboravljamo, namjerno ili ne, kako je svijet takav kakav jest i zbog nas, ne samo zbog drugih). Novozavjetna riječ Božja koja govori o ružnoći uzvraćanja udarca na udarac u svemu je tek prigodna sentenca za nedjeljnu propovijed ili sat školskog vjeronauka. Nitko ozbiljno ne uzima Kristove riječi i zapovijedi, crkve najmanje.

Svakodnevica je i bez dodatnih zahtjeva tipa „moraš-to-učiniti-jer-se-to-od-tebe-očekuje" odviše mučna: ljudi su ljudi, normalno, netko je ovakav, druželjubiv, netko je überspannt, nervčik s grubim prostačkim odgovorima i na najbenigniji pozdrav „dobar dan, kako je?", a netko treći je potpuno indiferentan prema svemu i svima.

Ne znam jesu li se moje bake, Mala i Velika baka ikad susrele prije vjenčanja mojih roditelja, osobito prije četrdeset i prve. Živjele su u istome gradu, hodale istim ulicama, možda i kupovale u istim trgovinama, na istoj tržnici svakako a da si nisu rekle ni jedne riječi. Zašto i bi, nisu se poznavale. A ako jesu, iz viđenja? Slučajni susret dva pogleda u Dućanskoj? Na Korzu? Na Banac placu? Kod kazališta? Ne znam. Moglo se dogoditi da i sjede jedna iza druge u kazališnom kinu... Nikad to neću saznati.

Hipotetički, mislim, za vrijeme rata: žena s malim djetetom, sinom, još bebom i druga neka žena s malom bebom i još dvoje djece prolaze jedna pokraj druge na bašči, u šetnji oko starog grada, kod kule, možda međusobno kimnu glavom, nasmiješe se jedna drugoj, kao majka majci. Ratna je 1944., ničega nema ma koliko se radilo. Nestašica svega, oskudica je strašna. Normalni smrtnici doslovno gladuju, a oni povezani s vlašću, s ustašama i nacistima nemaju tih briga. Bivšim bogatašima je još nekako, sirotinji nikako. Ništa ne funkcionira, država je država samo na papiru. I manje od toga. Varaždin je de facto zatvoren grad, svuda unaokolo su mitnice, ne može se ni ući ni izaći bez ausvajsa. Bunkeri, vojna straža, patrole, protuzračna obrana, tenkovi i topovi, neprestani dolazak i odlazak željezničkih vojnih kompozicija, svakodnevne naredbe o ovome i onome, zabrana kretanja, zabrana prodaje ovog i onog, zabrana slušanja stranih radijskih postaja, restrikcije, provjere i uhićenja, grad je poput vojne utvrde. Ne samo Varaždin, cijela Hrvatska je takva. Njemačko-hrvatska policija, Gestapo, vojna žandarmerija Wehrmachta, ustaše i domobrani, svi mogući, bezbroj vrsta uniformi i svi su „vlast". Novac ne vrijedi ništa, ljudi s novčanicama brišu stražnjice ili potpaljuju peći. Sva roba je racionirana, osnovne namirnice dijele se na kapaljku. Nestašica je soli, radnička plaća nije dostatna za kilogram, a soli i tako nema. Sretnici, šverceri s crne burze, s vezama na mitnicama dovoze sol i namirnice iz Mađarske, ali plaća se zlatom. Reichmarke i kune nitko ni ne gleda, nakit, zlatnina i srebrnina se cijeni, za nešto manje ide i skupa odjeća, predratna krzna, beštek i pravi porculan, fine stvari. Vlada strah, u zraku se osjeća smrt. Ne za sve jer grad je, figurativno rečeno, podijeljen na dva pola, na dvije strane. Jednu koja služi Reichu i onu drugu, koja služi onima koji služe Reichu. NDH je smijurija, samo vrlo loša poveznica drugog pola s prvim, ništa zapravo.

Židovi nisu problem u gradu, u Varaždinu je to riješeno još 1941. i stekao nimalo laskavu titulu prvog Judenfrei grada u NDH, na zadovoljstvo nacista i na vječnu sramotu Hrvatske i hrvatskog naroda. Ono malo tvornica i obrta što još rade te 1944. u pogonu su za ratne potrebe, koliko se može jer nema siro-vina, a nedostaje i kvalificiranih radnika: veliki dio muškaraca je u ratu, u jednoj od zaraćenih vojski, naj-više domobrana, nešto ustaša i pokoji partizan, ako se to računa. Ima i neutralnih, kao uvijek, odnosno uvjetno kazano neutralnih: u stvarnosti, to su kukavice, beskičmenjaci, poltroni koji se zbog „vlastitih principa" nikad ne svrstavaju uz neku od strana i uvijek uspijevaju preživjeti i najteže kataklizme: njihov pogled na svijet priječi im dati podršku ustašama jednako kao i komunistima, ali ih pri tome nimalo ne smeta što žive kao „tihi podupiratelji", „nevidljivi partneri" endehazije i nacista, baš onako kao što su to bili za Karađorđeviće ili Habsburge prije njih i kao što će vatreno pljeskati Titu nakon svibnja 1945.! (To je poznata tzv. šutljiva većina tzv. običnih ljudi čiji se jedini interes bazira na vlastitoj punoj lisnici i pu-nom trbuhu, što i nije za zamjeriti, nikome se ne umire). Onima uz vlast i naciste je lakše, svima ostalima nemoguće. Doduše, rade kavane i kazalište, tako to, a pogleda li se centar grada i odbaci vojska kao nešto neprirodno, stanje je kao da rata nema, kao da se mrtvi u Hrvatskoj ne broje u tisućama i kao da su svi siti i zadovoljni. Od novina izlazi tek „Hrvatsko jedinstvo", koje uglavnom donose lažne vijesti i da je vjerovati autorima članaka, Hitler pobjeđuje na svim frontovima, a NDH slama partizanski otpor dok pucneš prstima. Seoske žene prodaju svoju robu, automobilski promet i željeznica, sve „kao radi" i čuje se glazba, uistinu prava idila mirnog Varaždina u krvavoj drugoj svjetskoj klaonici.

Prenapeto je, strah, iščekivanje nečega, ali nitko ne zna čega, koliko će još trajati rat i tko će pobijediti, što će to i kako biti, a što sutra, ma što će se jesti danas je pitanje, za mnoge bez odgovora. Pretresi stanova, upadi policije, Gestapoa i ustaša u stanove i kuće su normalna pojava, uhićenja i zbog najmanje greške, a opskrba je sve lošija i sve slabija. Nedostaje svega, obroci običnih građana su sve mršaviji. U cijeloj toj varaždinskoj masi ljudi su i oni s dna ljestvice koji stvarno ne pripadaju ni ustaškom pokretu ni komunistima: radnici, pralje, krojači i šusteri, tokari i mehaničari, zidari i kovači, brijači, medicinske sestre, kuharice, konobari i vozači, apolitički smrtnici koji se trude prehraniti obitelji i održati djecu i najdraže izvan pakla rata. Hrvati-mrtvaci koji ne sudjeluju u oružanom sukobu, ali koji teško rade za taj rat. Rade jer moraju, rade jer ništa drugo ne znaju, osim kad ih se mobilizira u vojsku. Seljaci na poljima, rudari u rudnicima, željezničari, poštari i pekari, drvodjelje, cestari, majstori svih vrsta, klobučari i urari, svi za povijest nevidljivi i nikad zabilježeni dionici rata, nikad svojom voljom i po svojoj odluci. U kontekstu priče besmisleno je potonje ljude stavljati u okvire pripadnika ove ili one strane: svaka raspra o tome jesu li mogli drugačije, na primjer, odbiti šivati odijela za naciste ili što slično je preseravanje. Otac troje male djece, koji nikad nije služio vojsku i kome je obitelj sve na svijetu neće učiniti ništa nego sve što može da spasi ženu i djecu od nesreće. Ne tvrdim da nije bilo sramotnog kukavičluka, ali suditi onima koji nisu odjenuli neku od uniformi je van zdrave pameti. Točka.

(Opaska: ne govorim o „trećoj" grupi Hrvata, o slugama svih režima i kakovjetarpuše pojavama, govorim o sirotinji koja je prepuštena sama sebi i nije na listama erarskih bilo koje od država na krvavim prostorima Hrvatske svih naših trinaest stoljeća. Krvava je naša hrvatska povijest i krvave su povijesti obitelji hrvatske sirotinje, one koja nosi sve hrvatsko na svojim plećima.)

Slažem se, lako je, jebi ga, mcni pisati budalaštine i srati, lementirati i filozofirati o ljudima koje ne poznajem iz vremena o kojem ne znam ništa (ili znam vrlo malo). To je najveći problem kod pričanja ovakvih kazališnih priča: sve se svodi na tuđa sjećanja i na ne uvijek originalne dokumente i izblijedjele fotografije. A što su fotografije nego zamrznuti artefakti vremena koje je nestalo, „dokazi" koji ne govore mnogo, barem ne meni. Jedan zaustavljeni treptaj oka, osmijeh, ruka u džepu, što to znači i što objaš-njava? Nemam pojma. Tuđa sjećanja su uvijek diskutabilne vjerodostojnosti: moje uspomene i moja vlas-tita sjećanja ne nose etiketu apsolutne istine, nisu sto posto čista i ne mogu garantirati da se u mom cere-brumu memorirana priča doista i dogodila kako je mozak čuva zabilježenu.

Uistinu, kao i kod Male bake, priča ljubljene Velike bake također pliva u nagađanjima. Mogu prepričati, mogu spojiti stvarnost i fikciju, prošlu zbilju i maštu, čula-rekla-kazala kroz riječi ljudi koji i nisu imali izravnih poveznica s nama i mojom obitelji, a s bakom Štefanijom najmanje. Mogao bih početi pisati laži, ali neću! Neću to učiniti zbog umora, premda sam krepani, već iz razloga što ju neizrecivo volim i ne pada mi na pamet prepravljati obiteljsku povijest! Ja nisam falsifikator života! Premalo sam vremena proveo s Velikom bakom: ne namjeravam staviti na papir ni jedan zarez, ni jedno slovo koje bi Štefaniju prikazalo drugačije od onoga što je ona bila, anđeo zemaljski s prokleto teškim životom. Otišla je s ovoga svijeta osamdesete i moje uspomene na nju su maglovite, površne zapravo, sve su to bljeskovi davnih dana, iz-vadci iz jednog od mog pogleda na skrivenu cjelinu koju nastojim sastaviti kao puzzle, ali ne ide mi baš kako sam očekivao. Neke puzzle su izgubljene, neke kao da su iz neke druge kutije, a popriličan broj je nedostajućih dijelova, pa, oh, što mi je činiti? Smijem li uopće pisati s tako malo podataka? Imam li prava na ovo?

Pravo na pisanje? Imam ga. Otvarati prošlost uvijek je vrlo opasno i malo tko pronađe u sjećanjima ono što traži. Najčešće nam povijest vlastite obitelji izbacuje kosture iz ormara koji nam govore samo jedno, bolje da se nismo upuštali u kopanje po onome čega davno nema. Od kada sam član Crkve Isusa Krista svetaca posljednjih dana rad na obiteljskoj povijesti postao mi je jedan od značajnijih vjerskih aktivnosti, međutim, čitajući stare priče i iskustva braće i sestara iz Crkve, svjedočeći nadahnutim, uvijek srcedrapa-teljnim iskazima zahvalnosti i oduševljenja ljudi zbog otkrivenih obiteljskih bajkovitih crtica i novela, ne mogu biti ravnodušan i ne izraziti malu skepsu u svezi vjerodostojnosti tih priča. Je li sve bilo kako je re-čeno? Ne vjerujem u ružičasti pogled na svijet. Idilična, upravo bajkovita obiteljska povijest ne uklapa se u sliku svijeta u kojem živim, ni današnjeg, a najmanje onog prije dvije stotine godina! Kako bilo, u ljud-skoj je prirodi držati iluziju kao stvarnost, pa me i ne čude takve obiteljske povijesti, a što se tiče moje drage Velike bake, što mi preostaje?

Nastaviti kopati po internetu, pokušavati stupiti u kontakt s ljudima koji eventualno znaju nešto, koji su poznavali, čuli ili vidjeli nekoga od moje rodbine i čije bi me priče mogle dovesti do otkrića izgubljenih obiteljskih puzzli? Možda, a što potom? Na taj način skupljene riječi opet ne bi bile istinitije od svega što sam do sad napisao. Pišem egzaltirano, u suzama, često plačem, mnogo puta prekidam pisanje zbog srama i stida pred vlastitim grijesima i sla-ošću svojom, u jalovoj tuzi kao zakašnjelom ispadu grižnje savjesti, pišem očajno, teško sričem riječi u rečenice, a sve je nečitljivo, jadno i glupo. Zbog spoznaje kako sam mogao i morao biti uz svoju obitelj, a nisam bio, zbog istine o istini pisanje je postala kazna već nakon prve stranice. Svejedno, pišem bez obzira na sve, pišem jer nikakve druge opcije nemam. Sve što imam reći ljudima i svijetu nalazi se na ovim stranicama, u ovoj predstavi.

Glad, hrane nema. Ma koliko se radilo, badava. Ako se čovjek osloni samo na racioniranu opskrbu, mo-že odmah krepati od gladi k'o pašće na cesti! Djeca su premala da bi razumjela zašto je hrana „mršava", a jesti se mora i Velika baka, što nego put pod noge. Pleteni logožar u ruke i pješice trideset i pet kilometara do Brezničkog Huma, sela iz kojeg potječe moj djed šnajder, kao i nekoliko naraštaja krojača muškaraca u maminoj strani obitelji. U današnje supermoderno digitalno vrijeme interneta i svemirskog turizma pješa-čiti trideset i pet kilometara nije bog zna što, rekreativci, biciklisti i oni što trče u teretanama ili pak sjed-neš u auto i prije si nazad nego tamo.

Četrdeset i četvrte gaziti toliko kilometara u ratu, u slaboj obući i moliti Boga da sve prođe dobro i da je ne zaustave ne nekom od bezbrojnih kontrolnih punktova, počev od mitnice na izlazu iz grada ne zvuči baš rekreativno. Otrpjeti vulgarne i često nasilne provjere raznih patrola i policije na odlasku i dolasku bila je noćna mora: po povratku je lako mogla ostati bez svega, samo ako su stražari i policajci na mitnici bili loše volje, mamurni od prethodne pijane noći. Mogu zamisliti (ratni sam veteran, znam što je rat) kroz što je sve prolazila baka Štefica dok je muku mučila ne bi li donijela malo hrane u kuću. Domobranske, ustaške i njemačke patrole, a nemala opasnost bili su i partizani, nikad se nije znalo iz kojeg će grma isko-čiti. Svi su „bili vlast" i sve se moralo slušati bez prigovora.

Izabirala bi prečace, lakše staze i kraće rute do Brezničkog Huma: bila je vrlo oprezna i znala je kako se mora ponašati na cesti i kod pregleda na rampama. Svatko tko bi je zaustavio mogao je biti u isto vrijeme njen sudac i njen krvnik, glava se tih dana gubila samo tako, a svi su bili brzi na potezanju obarača. Posje-dovanje originalnog i ovjerenog ausweisa nije bila garancija da je sve u redu: stražari, bilo iz sastava Polizei Feiwilligen-Bataillon Kroatien, Hrvatskog oružništva ili Wehrmachta, nisu imali mnogo razu-mijevanja, osobito u dane nakon neke od partizanskih akcija, tada su bili osvetnički nastrojeni i svatko je bio sumnjiv, žene osobito. Smrt bez ikakve krivnje je 1944. bila normalna dnevna pojava; na mitnici, kao i bilo gdje drugdje, ljudi su ubijani jer su izgledali kao Srbi, Židovi, Cigani ili komunisti. Za ispaliti metak u glavu nije trebalo objašnjenje. (Ista priča u komunističkoj ambalaži otpočeti će u svibnju 1945., kao osveta za ono prije i opomena za buduće, jednako protubožje.)

Morala je ići po hranu, a kako je njene posjete doživljavala obitelj mog djeda? Svaki rat je strašan, ali drugo svjetsko klanje nadmašilo je sve prijašnje ratove po krvoproliću i ratnom ludilu. Nisu samo gradski ljudi trpjeli glad, selo je također gladovalo, oskudica je bio stil života za sve. Hrvatske mrtvace, mislim na njih, ne na grobare. (Opaska: seljaci u ovom dije-lu Hrvatske nisu bili kulaci, nisu bili bogati posjednici i njihova se imanja nisu mogla mjeriti s imanjima imućnih seljaka u Slavoniji. Sve su to bili potomci doju-čerašnjih kmetova s malo vlastite, ionako slabo rodne zemlje. Godine 1941., izuzev mlađih, rođenih poslije 1905., dakle koji su imali više od trideset godina, sjećali su se Habsburgovaca i monarhije, Velikog rata i carske i kraljevske, pa hrvatsko-ugarske i banske omče na vratu hrvatskog seljaka. Također, zabluda je kako je agrarna reforma u Kraljevini Jugoslaviji pretvorila bivše kmetove u zemljoposjednike: u Za-gorju efekti su bili slabi iako se nešto malo zemlje oduzelo onima koji su je dobili odlukom Habsburga, ali u suštini, seljaci se nisu obogatili. Agrarna reforma je ionako išla za ukidanjem feudalnih odnosa u drugim dijelovima kraljevine, a najmanje u sjeverozapadnoj Hrvatskoj, gdje je stanje po pitanju posjedovanja i uživanja zemlje bilo bitno drugačije. Veleposjednički je interes snažno upleo prste u cijeli proces i raspo-djela zemlje je zakočena, pače je ponegdje i sasvim obustavljena. Jedan od najvećih zemljoposjednika u našem dijelu Hrvatske bila je katolička Crkva, koja nije bila spremna odreći se vlasništva nad svojim po-sjedima, te je tako broj čestica koji je država uzela za raspodjelu siromašnim seljacima bio vrlo mali. Re-formu, premda poticanu iz Zagreba, kralj je proveo prvenstveno misleći na Srbiju, Bosnu i Hercegovinu, Makedoniju, Crnu Goru i Dalmaciju, dok je sjever Hrvatske bio izvan njenog bitnijeg učinka na stanje zemljoposjedništva. Također, na opće stanje oko zemlje utjecala je i prodaja. Naime, osiromašeno i raz-vlašćeno staro plemstvo prodavalo je oranice, pašnjake, šume, vinograde i sve što su imali svakome tko je imao gotovinu, a najčešće su to bili mešetari, trgovci, industrijalci, bankari, a nemali broj kupaca bili su bivši kmetovi. Uspostava tzv. NDH nije promijenila stanje hrvatskog zagorskog seljaka na bolje, dapače, seljak je dvostruko bolno osjetio „stvaranje hrvatske države”: prvo, jer je rat gotovo potpuno zaustavio poljoprivredne poslove, a drugo, ono malo što je proizveo na zemlji, seljaku su otimali svi i tko je stigao, pljačkao je seljaka. Vlast NDH, Wehrmacht, ustaše, domobranski oficiri po potrebi, a uz sve njih i partizani su smatrali da je seljački kruh i njihov kruh. Šlag na torti bilo je novačenje seljaka u vojsku, bilo koju i to pod „moraš”.)

Što znači četrdeset i četvrte biti bogati seljak? U Zagorju bogati seljak nije postojao. U Brezničkom Humu? Ne vjerujem, sigurno ih nije bilo, mislim, bogatih seljaka, ne u tom selu. Kopao sam malo po povijesti tog sela. Ime Breznički Hum javlja se tek u prvoj polovini dvadesetog stoljeća, a prije toga, kroz stoljeća selo je bilo dio feudalnog posjeda čiji su se vlasnici smjenjivali kako je sve ženidbom, prodajom, darovnicom ili nasljeđivanjem prelazilo iz jedne plemićke obitelji u drugu: na podužem popisu vlasnika posjeda na kojem je današnje selo Breznički Hum tako se spominju i neka povijesno vrlo poznata prezimena, a između ostalih, vlasnici su bili Jellachich-Bužimski i Ožegović-Barlabašavečki, a kasnije je posjed kupio neki Franjo Margetić. Ukratko, kmet je i dalje ostao kmet, samo što ga više nisu zvali kmet.

Jest, u ratu seljački rad najmanje vrijedi iako bez seljačkog znoja i seljačkih žuljeva vojska opstati ne može. Svi, jebi ga, hoće jesti i to odmah i ukusno, bez pardona! Države, vojske, pobunjenici i lopovi, svi imaju prazne trbuhe koje valja napuniti, a jedini koji je to u stanju je seljak, kmet, Hrvat-mrtvac: bio je, jest i biti će, kako danas, tako i strašne četrdeset i četvrte. Seljaku se konsficira, otima, njemu se prazne štagljevi, staje i pivnice, njemu se cijedi i zadnja kap masti i posljednje zrno pšenice uzima. Seljak ima predati svako jaje i onaj komad suhog rebra s tavana, ništa sakriti ne može od zvijeri, sve u ime države, trenutne ili one koja ima doći nakon pobjede revolucije. Uz sve to, kad ponestane vojnika, za soldačiju je prvi na udaru opet seljak! Dodatak na listi žderača kmetskoga kruha bjehu razbojnici, svi koji bez motike dolaze do kruha, a konačno, ako nešto ostane i sam kmet i njegova obitelj moraju jesti, makar mršavo i rijetko. Kako namiriti sve iz jedne stare poderane vreće? Svi bi jeli iz sirotinjskog lonca, a i kmetska rodbina iz grada također: to da kmet ima rodbinu iz grada (koja je gladna) često puta sazna tek u ratu i u sličnim katastrofičnim vremenima. Kmet i tu rodbinu nahrani, a ona ga potom, kad dođe mir, jednako zaboravi kao što ga nije poznavala prije rata. I ponovno se rodbina sjeti rođaka sa sela, sad u miru, pa posjećuje potomke kmetova u vrijeme kolinja, za Dan Republike, za Božić, prije Uskrsa, donese dvadeset deka kave, a odnese pola svinje, čvarke i krvavice, mast i šunku, jaja, kobasice i dvije vreće krumpira, demižon vina i pet litara rakije. Ali to je došlo kasnije, još je „onaj rat”...

Moja velika baka, mamina mama, kakva je to bila žena! Koje snage, koje hrabrosti žena! Spremnost na žrtvu za obitelj! Spremnost na ignoriranje prijekornih pogleda, možda i osude tipa „kaj si opet došla, ni sami nemame kaj jesti!”...

Najlakše je suditi punog trbuha, u toplom stanu, komfornoj kući, pristojno i kvalitetno odjeven i obuven, s punim frižiderom i još punijom špajzom, a sve to bez potrebe za brigom hoće li se morati „cipelcugom na posel jer v garaži je makina samo takva, i na banki se ima, neje da nema, nek' ima, nesme sfaliti, fala Bogu dragome.” Rodbina mog djeda u Brezničkom Humu nije bila pretjerano oduševljena čestim posjetama moje (buduće) bake, vjerojatno ne zato što je nisu voljeli ili zbog svoje škrtosti nego zbog oskudice koja je i njih snažno pogodila. Vjerujem da je djedova rodbina željela dati i više od onoga što su davali, ali kako, kad kokoš snese samo jedno jaje dnevno i to ne baš svaki dan kroz cijelu godinu, kako podijeliti devet vreća kukuruza ako „na najži ima same pet, a svinja ima same dve šunke i dve lopatice i nišče nemre z sto kil mesa napraviti dvesto kil klobasov, ocvirke i još za sušiti i friškega narezati”!

Hodala je Velika baka, nabijala krvave žuljeve ponekad skoro za ništa, za prazni logožar, ponekad za kilogram-dva brašna, koje jaje, a znao je biti taj logožar puni, ali „retki su to bili svetki kad je vraži logožar bil žmehki”! Pusti kilometri da bi nahranila djecu u vrijeme krvi, kad su mrtva tijela doslovno plutala rijekama, a život nije vrijedio ništa.

„Vleči logožar tam i nazaj, po kalu i šodru, po dešču i snegu, celi bogovetni dan i celu bogovetnu noć hodati kak kakva bigotkinja štera se od greha na kolenima dragome Bogu moli da joj se smiluje ni nekaj

kaj bi saki štel napraviti, je, i zbuditi se zaran, priravnati fruštuk da deca imaju kaj jesti gda se zdigneju i mužu priravnati kaj za gablec, da ne bu lačen rintal celi den (su s početka i noćne šihte odelavali, ali ni materijala i se bojiju da neju bombardjerali Englezi i Amerikanci), a za nju ni treba puno, same malo da poje je dosti. Gda je ovaj prokleti rat prišel, se je propalo i vrag je sam na zemlu došel! Priravnati jesti i dati petama vetra, iti k jengovim dime da se prinese bile kaj: zna Štefanija kak ni na selu ne teče med i mleko, pa im, za pet ran Kristušovih, nigdar ne dojde s praznimi rukami, malo štofa, štere hlače, rubaču z šnajderaja i penez takaj, makar se za te kune ništ kupiti nemre. Hude je i grde na svetu i da nam ni Jezu-šeka i cerkve naše, bi v peklu sam tak završili, te denes vubiju kak cucka sam tak, a v logor te otpeljaju ak kihneš krivo pred ustašami ili Švabami. Je, kaj je je, treba razmeti i jengovu rodbinu, puno je nas kaj išče-mo kruha i kuruze, masti i jajca, preveč Bog i bogme, a oni, ponizni kak zagorski kmet ponizen i dober človek je, nemreju reči „ne" i daju kuliko moreju, spotiha jer Jezuš je zapovedal tak da se s sakim dober biti mora i deliti se ima sa sima kaj vu potrebi jesu. A kakšna je karampula denes pak je jasne kak beli den da nišče nemre znati kaj nam se sprema i kakšni bu još capaš došel pred našu lesu i v hižu našu. Stvarne, a kaj je se bile med nami i z nami zadnji let, naj mi Bogek dragi spameti da! Smert ve plazi po zemli kak kača vražja i guta i hlaple se kaj najde, prokleta bila navek lačna kervi, mesa i duše človekove i kak se moreme postaviti pred tim zlom?! Delaš vu fabriki i dime delaš kak nori, rastepsti se hoćeš od muke i od dela i se je to zabadaf, za nikaj, pod milim dragim Bogom, je, i kaj ve, ni za škrablicu ne zaradiš. Peneze dobiš, a s njimi se rit moreš obrisati! Nigdar ni bile kak je ve, se stari zmisliju da je šesnajste, sedamnajste i osamnajste velka glad zavladala, ničega ni bile, su pola zarasla v drač jer si su muški v ratu bili, a i suša je došla i zima velka pokle i se je otišle, pa opet ni bile kak denes je. Delaš kak stekli, a nemaš kaj v lampu deti! Makar, take mora biti, ni nami da se spregruntavlame preveč, nama je mučiti se i čkometi pred vlasti i pred Bogom! Morame delati i kuš biti! Zate hoda do Brezničkoga Huma po pol kile kuruzne mele i pet krumpirov, tri jajca i jenu suhu kost. A to kaj se male donese dime ni dosti, kaj se pred Jezušem more po-vedati nego hvaležen biti i moliti se i faliti kaj je opće nekaj je v gubcu. Dragi Bogek, daj same da mi noge zdržiju i da me nišče ne vlovi i ne zeme to male je v logožaru, prosim te, Bogel dragi, vu ime Jezuša Kris-tuša, Amen."

Velike ličnosti definiraju tzv. velike stvari, a tzv. mali ljudi opisuju tzv. male stvari koje su u naravi mnogo veće od ma čega što čine veliki. Velika baka, mamina mama, svjedočim jer je istina, a ne zato što mi je baka, nadvisila je svojim srcem i kristolikošću mnoge od velikih čistunaca! I zbog toga je najbolja. Eto, kad bi se mrtva umorna vratila iz Brezničkog Huma (noseći logožar s hranom, koliko je bilo, kako kad, više ili manje), susjede bi je već čekale i baka im je davala od ono malo što je donijela.

Kukuruzno i pšenično brašno, jaja, mast, komad suhe slanine, koja kobasica, luk, krumpir, mrkva, ku-pus, jaja i mlijeko, komad sira, što god da je donijela, nikad sve nije unijela u svoju kuću, najmanje pola bi podijelila susjedama. Takva je bila Velika baka. Vjerovala je u Isusa Krista i činila što bi On činio na njenom mjestu. Vjernica, nije lizala oltare kao stare babe tračare. Kad mi dođe žuta minuta, u ovim sadaš-njim danima, kad posumnjam u vlastitu vjeru, sjetim se bake Štefanije i uz molitvu se vratim na ispravan uzak put: bila mi je i jest primjer bez obzira na Crkvu kojoj je pripadala. Ona je slijedila Krista, ne po-pove.

Kroz maglu uspomena sjećam se njene kuće, starinskih kreveta i čiste mirisne posteljine i toplih deka i popluna, sjećam se kuhinje i stare velike peći na drva i ugljen: ležali bi na krevetu brižno ušuškani pod mekanim poplunom (ćehano perje) i san bi nas, brata i mene, polako svladavao i dok je noć tonula u svoju dubinu, sneno smo slušali pucketanje drva u peći,a sve je bilo mirno i mirisale su kore od jabuka, spavali smo sigurni i voljeni. Stara metalna ura vekerica uporno je, u sve istom ritmu otkucavala tika-taka-tika-taka dajući ukućanima do znanja da ništa ne stoji, da će ujutro morati opet sve ispočetka i taj jednoličan zvuk stare ure, pucketanje drva u peći i miris kora od jabuka, sve to, mirisna posteljina i bakina kuća, sve je to danas samo imaginacija i htio bih, o kako bih htio biti tek pet minuta opet na onom krevetu i slušati i mirisati, ali ništa od toga biti neće, davno je sve završilo. Kroz san, dok napolju snijeg i vjetar stvaraju glazbu zime, dok grane stare trešnje udaraju o krov kuće (ispred kuće, s ulične strane bila je ogromna trešnja, nikad nisam vidio veću i nikad nisam jeo slađe trešnje) slušali smo brat i ja iako smo spavali: zvuci ranog djetinjstva ostali su meni godinama i desetljećima potom opet ih čujem i dok ovo pišem, slušam neki drugi život koji je trebao prerasti u nešto dobro. Nije. Za večeru su bili kukuruzni žganci s domaćim mlijekom (i malo šećera, davio sam se u tome: godinama je baki dolazila kumica, dva puta tjedno i donosila svježe domaće mlijeko, sir i vrhnje, jaja).

Zvuči bajkovito, romantično, upravo dosadno obično, ali bilo je tako, ništa ne izmišljam, nemam potrebe lagati. U starom „Pavelićevom naselju" bio je naš svijet, univerzum mog ranog djetinjstva, D. i D. i mene, naše obitelji. Sedamdesetih taj je svijet srušen, uništen, nestao je u prašini i šuti, a tamo gdje smo se igrali, gdje su rasle trešnje, jabuke i kruške, gdje je baka imala prekrasan vrt, tamo je socijalizam izgradio hladno naselje nebodera, zgrada, betona i asfalta (netko ne odviše inteligentan nazvao je ovaj dio grada „Bronx"), a naraštaji koji su odrasli u tom kao novom svijetu ne znaju ništa o trešnjama i jabukama, o cvijetu i mirisu jorgovana iz uspomena njima posve strane nekadašnje djece (nas, mene).

Bože moj, nisam nostalgičar i ne mislim da je ono prije bilo bolje ili da je ovo danas loše, tek se nastojim sjetiti, pa, jebi ga, nisam od onih (starijih od mene i istog godišta) koji su promijenili godinu rođenja u 1990., koji su se „iznenada sjetili da su Hrvati i da su oduvijek bili Hrvati", kako je onodobno rekao Željko Malnar. Može li čovjek, ako imalo drži do karaktera i poštenja prema samome sebi, svjesno promijeniti vlastitu prošlost? Ne smije ako želi otići s ovoga svijeta čistog obraza i mirne duše.

Obitelj Velike bake: dokaz kako ne potječem iz ničega i ni od koga, dokaz da je makar jedna „grana" mog obiteljskog stabla debelo varaždinska, mnogo više nego što sam mislio da jest. U sebi nosim čak i malo plemenitaških gena, iako sam po srcu i po duši Hrvat-mrtvac.

Jesam li to što jesam i zbog svojih predaka čija imena vise na obiteljskom stablu?

Zanimljivo je da ni bakina baka ni moja prabaka nisu doživjele duboku starost, obje su umrle vrlo mlade, prije trideset i pete godine života. Ne znam što je bio uzrok njihove smrti, bolest, kakav nesretni slučaj ili nešto treće, nisam to uspio saznati. A onda, samo šetnja starim varaždinskim grobljem može dati općeniti uvid u odgovor na to pitanje. Čitanjem imena pokopanih lako je zaključiti da je životna dob u devetnaestom stoljeću bila kudikamo kraća od današnje: netko u pedeset i trećoj, kao ja, smatran je za starog i mudrog čovjeka. Haha, da, starim i osjećam se staro, ali da sam mudar, haha! Mislim, smrt se u vremenu mojih šukun baka prihvaćala mnogo normalnije nego danas: u dvadeset i trećem vijeku smrt je postala katastrofa jer je „kultura smrti" uvedena po prljavoj crkvi još prije dvije tisuće godina evoluirala u smisao postojanja. Što se tiče smrti i moje obitelji, ona nije bila rijetkost, više bješe pravilo: moj tata u trideset i trećoj je napustio svijet, spomenute praprabake prije trideset i pete, djed u četrdeset i četvrtoj, moja mama u pedeset i drugoj, moji bratići u 47 i 48 godini života. Umiralo se često i bez posebnog razloga. Smrt je tabu tema? Glupost, dnevno od pothranjenosti i gladi umire šest tisuća djece u Africi i diljem svijeta, a to nitko ne zove pandemijom niti je ikoga od velikih briga za mrtvu djecu. Nedugo sam imao privilegiju volontirati za humanitarnu organizaciju Feed My Starving Children, kršćansku humanitarnu organizaciju koja se bori protiv gladi djece u svijetu od 1987. godine: nije me sram reći da sam plakao gledajući slike umiruće djece. Zahvalan sam Gospodu što sam mogao barem malo pridonijeti naporima da se nahrani barem jedno dijete. Stoga kažem, nahraniti gladnog je zapovijed Božja, izvršava se s ljubavlju i bezuvjetno. Geslo FMSC „Ig you've seen my starving children, feed them!" objašnjava sve. Krist je to zapovijedio.

Zar je Velika baka mogla drugačije? Sedamdeset kilometara pješačenja da bi na kraju podijelila ono malo hrane sa susjedama. To se zove ljubav u ime Isusa Krista. Hvala Gospodu što imam takvu baku: ne kažem „imao sam" jer me ona, zajedno s cijelom obitelji čeka iza vela, kamo ću, nadam se, biti dostojan otići otići kako bi živjeli u vječnosti s Njim, Aleluja!

Fotografije, nasmiješena lica, tko zna na što su mislili dok su se namještali za fotografi-ranje ispred kuće, na travi na bašći, za stolom kod objeda, na proslavi Nove godine ili na groblju, na nekom od mnogih pogreba, na karminama i proslavama dječjih rođendana... Vrijeme ih je pregazilo i prepustili zaboravu: ma što tko rekao, zar to nije tužno, eto, ni imena mnogih predaka ne znam, a kakvi su doista bili, koliko su voljeli, jesu li osjećali mržnju, za čim su žudjeli i koga su prevarili... Laž je da se sjećamo naših starih, sve su to samo fraze. Do prije godinu dana nisam imao pojma o plemićkom dijelu mog DNA (slikovito kazano), a ako ću konkretnije, roditelji moje šukun šukun itd. bake, kakvi su bili, čemu su se radovali, s kakvim su se poslovima bavili, ta ako su bili ugledna plemićka obitelj, od čega su im dolazili prihodi, od zemlje, trgovine ili nečega trećeg. I kamo bi me odvelo istraživanje tog dijela mog obiteljskog stabla, s kime sam u rodu u dvadesetom koljenu unazad? Ne znam, toliko je pitanja, a odgovora nema. Jedina utjeha je što ću konačno sve saznati baš tamo, na nebesima, s druge strane vela. Uzdam se u Gospodina, Amen.

Da, rezultati izgradnje obiteljskog stabla nisu odmakli daleko, upravo su mizerni ako se uspoređujem s ostalom braćom i sestrama u crkvi, međutim, ne odustajem jer vlastiti se korijen ne siječe! Moram nastaviti pisati ovu priču. Ne brine me toliko što bih mogao otkriti, kakvi kosturi su još u ormarima sjećanja, nego kako pronaći te kosture, ma kakvi bili.

Moj djed, mamin tata, bio je duša od čovjeka, dobar kao kruh. Šnajder, radio je prvo za mog pradjeda u njegovom šnajderaju, a kasnije u „Tivaru". Imao je i doma malu radionu, popravak odjeće, šivanje, prekrajanje kaputa, da zaradi još nešto uz plaću. Haha, samo što je bila slaba zarada od tog njegovog fuša, ali ne zato što je bio loš krojač, ma kakvi, djed je bio prvoklasan majstor zanata s velikim „problemom" u srcu. Volio je ljude i vjerovao u Isusa Krista! Jednostavno, cijene su kod njega bile najniže moguće, a mnogima je radio besplatno. Baka se ljutila na njega jer je čak i onima koji su trebali platiti odgađao naplatu tako da je nerijetko ostao bez novca za svoj rad. Takav je djed bio, čovjek, nije uzimao novac od sirotinje.

To je suština i premda će neki reći kako sve to skupa nije ništa, ja ipak tvrdim i ostajem kod toga da je u genima sve zapisano i da nitko ne može pobjeći od onoga što jest, a ako to učini, prestaje biti netko i postaje nitko. Dobrota dolazi na ovaj svijet s nama (vjera nas uči, nešto drugačije, naime, da moramo sami odabrati dobro ili zlo), stvar je samo u tome hoćemo li zatomiti ono božansko dobro u nama i prijeći u tminu, u ništavilo. Oh, ne, nismo mi anđeli, ali đavla slijedili nismo. Ja nisam, a nisu ni moja mama i tata, to kao jedan kroz jedan. Dobro, moram izdvojiti mog djeda, tatinog tatu. O njemu znam premalo, ali baš zbog toga ne mogu ga ni osuditi ni uzdići kao sveca, pak neka ostane u „ neutralnom statusu". Hoću li i kada otkriti nove pukotine u sceni o obitelji ove predstave doista ne znam: kudikamo je više toga što ne znam od onoga što znam, a znanje i baratanje činjenicama nikada nije dolazilo samo po sebi. Vremena nemam na pretek, moram završiti pisanje i objaviti knjigu.

Dugujem to obitelji, bakama i djedovima, mami, tati, svima. I sebi samom. Cijeli život sam ratovao protiv sebe samog. Oprost? Teško je oprostiti, nije nemoguće, ali je teško. Spasitelj nas uči da onaj tko ne oprosti bratu svome nosi veći teret grijeha od onoga kome se treba oprostiti, ali smrtniku je olovno težak teret oprosta sebi samome, sebi oprostiti, kako?! Nisam si oprostio ništa što si predbacujem, a sumnjam da ću do dana suđenja to moći, možda se ne volim dovoljno, tko to zna...

XII. Scena
Prijatelj: Nisam znao što će biti

„Napraviti novi korak, izgovoriti novu riječ, to
je ono čega se ljudi najviše boje.”

F. M. Dostojevski

Nije bilo lako, zapravo bilo je strašno sve doživjeti: toliko promjena, neizrecivo mnogo novog i to svjetlo u mom srcu, toplina i nada što se poput visokog slapa slijevala u moju dušu tih dana i tjedana čineći me potpuno drugačijom osobom, mijenjajući stanje mog uma do tada neviđenom brzinom. Prijatelju, dobro me poznaješ, znaš me dublje i jače od mnogih drugih, ne postoji netko kome sam rekao više o sebi no što sam rekao tebi: i to što me poznaješ toliko i tako je razlog što ti pišem jer znam da razumiješ moje riječi. Prvi mjeseci mog koračanja uskim putem obnovljenog evanđelja živog Sina živoga Boga nisu bili lagani, bilo je strahovito bolno i zbunjujuće unatoč osobnoj iskrenoj i potpunoj spoznaji istine o Kristu. Moje životno stanje bješe mutno i olovno, a perspektiva moje posvema disfun-kcionalne egzistencije nije se vidjela u tmini agonije jednog beskućnika. Bezdomac, bez prihoda, bez posla (tih mjeseci još nisam riješio pitanje braniteljske naknade i socijalne pomoći), živio sam, ako je to bio život, u prihvatilištu za beskućnike, u staroj montažnoj kući, u neprirodnoj zajednici s dvanaest muš-karaca i dvije žene, svi redom jednako bez ičega, istog društvenog statusa i različitih tragičnih, upravo očajno dosadnih sudbina. Beskućnici su prokleti i od ljudi i od nebesa, barem tako ispada nakon dvije go-dine provedene pod krovom objekta koji pruža lažan privid da su odbačeni od društva još uvijek ljudi. Ne sjećam se što sam mislio uoči prvog susreta s misionarima: znaš, čovjek ponekad nesvjesno odbija memo-rirati crne dane kad je bio ispod dna ljudskosti, pa ni ja nisam iznimka. S jedne strane brutalna stvarnost spustila me prilično grubo na zemlju davno prije povratka u Varaždin u listopadu 2015., a s druge, nova nada u svjetlosti otkrivene punine obnovljenog evanđelja Isusa Krista.

Nije čudno što nikome nisam rekao da sam beskućnik, čak ni tebi. Prešutio sam taj podatak i „svojim” misionarima, J. i K., koji su me pronašli na cesti. Nisam rekao ni M. i J., iznimnim ljudima koji su me i doveli u Ameriku i čijom sam ljubavlju izvučen iz pakla agonije beskućništva i beznađa. U Crkvi nitko nije znao da sam nitko i ništa, persona od koje uljuđeni građani i građanke okreću glavu. Nikome nisam rekao, a tek mjesecima kasnije, kad sam se u tajnosti pripremao za putovanje u USA (pripreme su trajale od travnja do studenog 2017.), ne sjećam se ni kako ni zašto, u ogranku to više nije bila tajna: da, bes-kućnik sam, crv iz blata, ljudski talog. Prije toga nisam imao snage ni hrabrosti priznati svoj jad i očaj. Znao sam da Gospod zna sve o meni, ali to se ljudima nisam usudio ni mogao reći. Znaš zašto, najdraži brate: nisam pristupio jedinoj istinitoj Crkvi Isusa Krista zbog novaca i milostinje. Nisam zato postao Mormon (u to vrijeme zvali smo se Mormoni)! Nisam pristupio vojsci Gospodinovoj da bih jeo tuđi kruh! Osjećao sam, a i danas to isto mislim i osjećam, kako bih iznevjerio Krista, ispao bih licemjer i lažljivac, pljunuo bih na Spasitelja da sam uzeo i jednu lipu od Crkve! Nosio sam svoj beskućnički križ sam jer to sam i htio i morao činiti. Ja..., bez obzira na vlastitu prošlost i s mutnom budućnošću (nevezano uz Crkvu, razgovori za posao, obilasci desetina državnih ureda i pisanje zamolbi, ništa nije urodilo plodom), svoje bitke vodio sam sam: Gospodu moram dokazati da sam dostojan Njegove ljubavi!

Sjećaš se, nisi znao gdje živim, nikada ti to nisam rekao, nisam vas eldere zvao k sebi. A kamo da te zovem, kako da ti kažem da sam beskućnik? Oprosti mi: nisam se sramio svoga stanja (moja doktorica, službenici u Uredu za branitelje, u Zavodu za zapošljavanje, svi su znali da sam beskućnik). Plašio sam se tvog sažaljenja. Upravo tako, sažaljenja, koje ti možda ne bi otvoreno pokazao, ali koje bi se vidjelo u tvojim očima. Nisam si htio priuštiti da me moj zemaljski anđeo žali: već tada sam znao da bi odmah skočio da mi pomogneš, no ne bi mogao, misionar ništa ne može, takva su pravila. Čovjek bez obitelji, doma i kuće, bez ičega i ikoga, razumiješ što želim reći. U tom crnilu tamne svjetovne zbilje u meni je sjalo svjetlo, evanđelja Isusa Krista i meni godinama nepoznata snaga nebeske topline čiste ljubavi Kralja nad kraljevima grijala me iznutra i ja, brate, bio sam sretan kao nikada prije!

Bilo je teško. Presretan, svake večeri, prije spavanja, plakao sam k'o malo dijete, jesam, poslije tihe molitve (u sebi jer nisam smio naglas zbog cimera koji su spram jednog Mormona osjećali duboku mržnju: za njih sam bio izdajnik koji se prodao Amerima, „je, kaj si to napravil, pravi Hrvat more biti same katolik!”), plakao sam na beskućničkom krevetu ugrijan ljubavlju Spasitelja svijeta, plakao sam jer sam osjećao krivnju i stid pred Gospodom zbog svega, jer nisam bio kao drugi, jer nisam „normalan”: nositi biljeg najnižeg od najnižih nije lako, prijatelju. U Crkvi, to mi je još teže padalo. Naučih kroz život ne sramiti se sebe i svega što jesam jer ionako nikoga nije bilo briga za mene kad sam padao u glib grijeha i nevolja. Nijedna ruka nije pružena prema meni da me izvuče iz kaljuže nesreće. U katoličkoj zemlji nisam upoznao katolika koji bi bio ruka Njegova, pak ako je tako bilo, a jest, čemu bih se sramio sebe pred njima? Osobito stoga što kao nevjernik (tada) držao sam do lizača i lizačica oltara koliko do lanjskog snijega. Makar, istina Bog, ni danas me ne zanimaju katolički licemjeri, kao ni bilo koji drugi. Nosio sam svoj križ i nikome nisam nametao svoj teret: što sam sjebao, jesam, uradio sam krivo i loše i nikad, baš nikad nikoga osim sebe nisam krivio. Ozbiljan čovjek priznaje grijehe, neovisno vjeruje li u Krista ili ne.

Nisam ni koračao ni stajao četrdeset i osam godina, puzao sam svo vrijeme, a kad me je Onaj koji je Alfa i Omega spasio po svojim misionarima, napokon ustadoh i to moje ustajanje bješe sporo i vrlo bolno. Svatko nosi svoje breme: prtio sam prošlost svoju kao okove. Predadoh se Gospodinu, no moje znanje o vjeri bilo je nikakvo, ništa nisam znao osim da ljubav postoji, da ima netko tko me voli bez obzira na sve i da, kakav god da jesam, mogu i smijem voljeti kao što On voli mene! Mogu živjeti ljubav! Za nekoga tko je cijelo svoje bivstvovanje potrošio nemajući pojma o ljubavi, bilo kakvoj ljubavi (a najmanje o božanskoj, nebeski čistoj i vječnoj), nagli prijelaz iz tmine beznađa, usamljenosti i tuge u nezemaljsko izazvao je snažan šok! Uglavnom, bilo je komplicirano. Kako objasniti? Bio sam sam i u najvećoj gužvi bio sam usamljeniji od pustinjaka: okružen desetinama i stotinama ljudi na poslu, u vojsci, ma gdje se nalazio, prije rata, u ratu i u miru, u zadimljenim birtijama i u hladnim podstanarskim izbama, u hotelima i restoranima, kuhinjama i u vojarnama, bilo gdje da se pojavila moja odvratno ružna njuška, u pijanim zagrljajima s vinskom braćom i znojavim konobaricama, među dobrim i među lošim, u društvu glupih i u društvu pametnih, svejedno gdje i kako sam se našao, bio sam usamljen i jedina dobra stvar u toj idiotskoj priči je to što nisam znao da sam sam! Glupo, zar ne?

Nekako uoči krštenja i koji tjedan kasnije (baš prije tvog dolaska u Varaždin), oduševljenje vjerom i neopisivim olakšanjem duše što što je osjetih po krštenju uranjanjem za otpust grijeha svojih u ime Isusa Krista bilo je toliko moćno da je sve drugo utihnulo, pa i samoća bješe bačena u zapećak, u kut, tamo gdje obično ljudi bacaju stvari koje ih muče. Međutim, duboko u sebi očekivao sam ono „nešto” ili nekoga, ali ni to nisam znao, nisam imao pojma o čemu se radi. Mnoštvo novih zbivanja i promjene uma i srca stvorilo je, ili možda probudilo pozitivan nemir, uzbuđenje radosti i ostvarljive nade, onaj besmrtan osjećaj spokoja i mira koji ovlada djetetom Božjim kad se prepusti rukama Njegovim i vođen moći Duha Svetoga korača uskim putem punine obnovljenog evanđelja ne obazirući se na zemaljske prepreke i podmetanja slugu đavla. Nisam si to mogao objasniti, ali ponavljam ti, znao sam da dolazi ono nešto ili netko, a što sam trebao i što sam tražio godinama! Zašto? Bio sam obraćenik i malo čudan novi član: u Crkvu nisam donio baš ništa od neke „stare” vjere, „ja” nisam, neka se nitko ne uvrijedi, prebjegao iz katoličke, pravoslavne ili neke druge crkve, pa da imam u srcu i duši ostatke doktrina tih crkava, ja sam pristupio Crkvi Isusa Krista svetaca posljednjih dana kao stopostotni nevjernik, potpuno slobodan, bez opterećenja vjerskih dogmi i kao novi član potpuno sam se posvetio učenju Nauka Isusa Krista. Doista nisam, kažem bez zle nakane, kao neki koji se izjašnjavaju kao „naši”, lds-ovci, a kod kuće slave krsne slave, pohode i klanjaju se svecima po manastirima, podupiru razne katoličke redove i aktivni su kao vjernici laici. (Opaska: ne kazah potonje iz želje da nekome napakostim, tek slikam stanje fakta.) Hoću reći, uhvatih se grčevito za Krista kao utopljenik, uhvatih se Njega i ne puštah jer znadoh, druge prilike neće biti. Da, a prvi „udarac u trbuh" primio sam od tvog bivšeg suradnika, starješine R. koji mi je (pred J. i M., ispred kapele, kod zidnog panoa, jedne srijede, nakon zajedničkog čitanja Mormonove knjige) nimalo misionarski, ali tipično američki arogantno rekao: „Pa što ti hoćeš, ti si samo obraćenik, ja sam rođen u Crkvi." Boljele su te riječi zato što su izrečene dok sam još bio potpuno „zelen" u Crkvi. Srećom, M. mi je rekla: „Don't listen him! Ignore his words. He's just a stupid kid!" Nasmiješio sam se i odmahnuo rukom, nije važno. Lagao sam: bilo je važno mom srcu i mojoj duši. U nadi, u toj kipućoj lavi radosti evanđelja, tek tjedan ili dva nakon krštenja pojavila se pukotina i sumnja da nije sve kako izgleda, a onda... Opasnost da postanem neaktivni novo kršteni član bila je sasvim izgledna (tako to ide, brat ili sestra u Kristu se krste i ubrzo nakon krštenja postanu smo broj na popisu članova, a vremenom i zaborave da su u Crkvi). Moj prastari feler: naivnost! Nakon svega zla „upao" sam u vjeru, ja, koji sam spram Boga i pitanja božanskih zapovijedi četrdeset i osam godina bio zakleti skeptik (najblaže rečeno, a iskreno, mrzio sam sve u vezi s crkvom), ja, kome su popovske litanije i dociranja o moralu bila neizrecivo odvratna, dakle ja, prihvatio sam Krista kao Onog koji me je spasio i izbavio iz okova smrti i beznađa, a onda sam, upravo od nekoga tko se predstavlja kao Njegov zemaljski vojnik, starješina i misionar doživio segregaciju, vrlo otvoreno smještavanje na mjestu manje vrijednog u Crkvi koja se diči time da su sva djeca Božja ista pred Bogom! Najbolji prijatelju, sasvim je prirodno za ljude smrtnike da boluju od naivnosti srca: kad prođeš pakao koji sam ja prošao, kad padneš milijun puta u fekalije grijeha, kad se desetljećima koprcaš u mulju gubitništva i izdaje od onih koje si volio i kojima si vjerovao, kad pužeš u laži, kad si u nemoći i očaju jedne potrošene egzistencije prisiljen vegetirati u kalu hipokrizije, onda ti je i najmanji znak izbavljenja, najslabiji dašak svježeg zraka života slamka spasa i svjetlo na kraju tunela. Razumiješ me, brate? Zaplivao sam u moru mormonskog savršenstva privučen upravo misionarskom porukom „kako nitko od nas nije savršen, osim Krista". Danas se tome smijem, sam sebi se rugam, svojoj gluposti i sljepoći: naravno da to nije istina! Rođeni u crkvi (ne svi, ali ima ih) su savršeni, a ja, obraćenik, k tome hrvatski obraćenik, balkanski konvertit, nikada neću doseći status ni približno sličan bivšem elderu R., tvom varaždinskom suradniku. Međutim, to je današnje stanje i današnja istina. U ono vrijeme, to nisam znao.

Toliko ljubavi i prijateljskog ozračja, dobrohotnosti i razumijevanja nije predstava, mora biti da je tako, Mormoni su anđeli zemaljski, tako nešto se vrzmalo po mojoj glavi. Razumljivo, taj me pristup stvarima vjere vodio u greške, krive prosudbe, u gubitak smisla za realnost. I danas to isto mislim: ma što govorio i činio, za mnoge rođene u crkvi zauvijek ću os-tati samo obraćenik iz neke njima egzotične zemlje (za koju je malo tko od njih čuo).

Problemi, logično. Trebao sam mnogo više „nečega". Danas znam i čega: trebao sam neizrecivo mnogo kristolike ljubavi, trebao sam iskreno razumijevanje, trebao sam boljeg učitelja o Njemu, brata i prijatelja! Takvih u ogranku nije bilo, a ni tadašnji misionari nisu bili od te vrste vojnika Spasitelja svijeta. Bjehu dobri, pristojni, ali nisu bili vojnici, nisu bili odabrani anđeli zemaljski. Oh, trenutak, nisam mislio ništa loše kad sam rekao potonje! Nitko od spomenutih nije loša osoba, naprotiv! Radi se o nečemu što sam ja tražio, a što mi „obična" braća i sestre nisu mogla dati: potpuniji uvid u svetopisamsko bogatstvo i izravniji dodir s punim načinom življenja u evanđelju sa moći Duha Svetoga, sve lišeno ukrasne frazeologije i ljudima „prirodnog" pretjerivanja kod agitacije za nove obraćenike. Cijenim i poštujem svu našu braću i sestre u Varaždinu i Jadranskoj misiji sjever i volim ih koliko vjernik može voljeti. Mislim, neću lagati, ne mogu reći „volim ih" kao što volim svoju majku, oca ili kao što volim tebe, brate. Volim ih kao djecu Božju. To je istina: zar ijedna majka može reći da više voli susjedovu djecu nego što voli vlastito dijete? Ljudi kao i obično, oprosti mi na izrazu, seru na usta, što jest i više što ne stoji: banalizacija ljubavi do razine teatralnog afektiranja jedan je od razloga što naši novi, „svježe" kršteni članovi „bježe" iz Crkve ubrzo nakon krštenja! Znam, teško je voljeti, zato je ljubav Krista u ljudima iznimna pojava: ljubav je žrtva, kao što nas je On poučio. Međutim, ni to na početku nisam tako shvatio...

Trebao sam nekoga, nije mi bilo lako koračati uskim putem. Točno, malo previše sam gledao pjesnički na život, ali zar nismo svi, na neki način, pjesnici života i zar svatko od nas ne sriče stihove o smrtnosti, o usponima i padovima, snovima i razočarenjima? Neostvareni pjesnik, haha, poeta čije su strofe suze tuge i suze radosnice, pjesnik sam koji piše tintom očaja i dubokog unutarnjeg bola, tintom stida zbog grijeha svojih i nada svojih, nikad ostva-renih... Samo Gospod zna koliko sam se puta isplakao, samo On razumije moju patnju. Možda sam se trebao oženiti dok je bilo vrijeme i dok sam još mogao uhvatiti dobru priliku, haha. Oženjen čovjek nema vremena za laprdanja o bolu i usamljenosti, haha. Kad sam već kod toga, mogu li reći nešto u svoju obranu? Nisam se oženio jer sam se držao mudrih riječi jednog najvećih hrvatskih pjesnika, boema, intelektualca, gospodina i Čovjeka s velikim „Č", Tina Ujevića, koji je rekao: „Ljudi se trebaju ženiti, bogovi mogu, a pjesnici ne smiju...". Razumiješ poantu, haha? Međutim, izvan mojih ne osobito duhovitih dosjetki, priča nije baš smiješna.

Moja usputna posrtanja u prvim mjesecima koračanja uskim putem stoga nisu bila neočekivana: ja sam samo stari grešnik koji nastoji biti dostojan žrtve Isusa Krista, njegove čiste ljubavi i blagoslova Božjih. Doduše, blagoslove nije moguće „zaraditi" jer nas Nebeski Otac sve voli jednako svojom vječnom ljubavi, ali... Osobno držim da ih treba opravdati. Kako nas je učio predsjednik Thomas S. Monson: „... jer za nju je plaćena visoka cijena...". A to se ne može tek tako naučiti, za to je nasušno potrebna pomoć zemaljskih anđela Gospodnjih. U mom slučaju, taj anđeo si ti, brate najdraži! Što kazati, a da ne ispadnem bljutavo ljigav? Poslije desetaka tisuća mojih eksplozija, nakon milijun mojih grubih, nimalo pristojnih sms poruka i e-mailova, nakon svega ti si i dalje uz mene, svejedno trpiš moja sranja premda bi, kao suprug predivne žene i otac prekrasnog sina i vrlo zauzeta persona mogao mene, balkanskog starog magarca poslati u tri vražje matere! Ne, naprotiv, stojiš uz mene i ruka si Njegova svejednako i jače i dobrohotnije nego ikad prije. Hvala ti! Nitko nije učinio za mene što si ti uradio za ovih, naskoro će se navršiti šest godina, Viking moj. Istina je, još uvijek posrćem, ali sad imam zaštitnika, nekoga tko mi ne dopušta pasti i ostati u blatu neuspjeha i odustajanja od Isusa koji je Krist! Koga? Tebe, lovče moj! Bez obzira na to gdje si, bez obzira na udaljenost, obaveze i sve to, prijatelju, uvijek imaš vremena za mene, uvijek me podigneš i dokažeš opet i opet koliko ljubavi Spasitelj ima za nas. Vjeruj mi, u životu sam imao „posla" s tisućama ljudskih pojava, ali nitko nije kao ti, jedan je najbolji anđeo Gospodnji! Hvala ti, volim te!

Vrijedilo je čekati četrdeset i osam godina, vrijedio je svaki moj pad i svaki gubitak i svaki poraz, vrijedilo je gladovati, plakati i osramoćen klečati ispred razularene bijesne gomile farizeja i ništarija (što ne implicira da sam bio bolji, dapače), vrijedilo je tapkati u mraku i gutati gorak pelin izdaje (lako je ko-pirati i imitirati davno krepane pjesnike i pisce, haha), jednostavno rečeno, vrijedilo je ne živjeti u jadnom smrtnom neživotu i teško učiti na vlastitim greškama i sve navlas ponavljati krive poteze kao glupavu repeticiju loše napisanih šlagvorta iz kakve stupidne amaterske seoske predstave ili tako nečega. Proma-trano iz današnje pozicije, stvarno sam morao proći sve što sam proživio i uvjeriti se u smrtonosnost svih slabosti ljudskoga svijeta jer bez toga moje obraćenje Kristu ne bi imalo smisla. Škola duga umalo pedeset godina bila je obavezna sastavnica mog sveukupnog bivstvovanja s ove strane vela: to da sam sam sebe vješao na stupove srama, što sam svojom voljom milijun puta pribijen na pranger i izvrgnut pljuvanju mase željne krvi i nije nešto zbog čega bih tražio oprost ili nudio ispriku. Ni najmanje: moj račun kod Njega je moj račun, nitko drugi ili stoti niti može niti će ga podmiriti. Nekad namjerno, ponekad slučajno, a uvijek bolno propitivao sam život lutajući prašumom gluposti i ni za čim ne žalim jer, ponavljam, vrije-dilo je nakon svega primiti najveći dar prijateljstva od samog živog Sina živoga Boga! S tobom moje je koračanje uskim putem sigurnije. Nije lakše, da, no neopisiva je radost u spoznaji da nisam sam i da svaki moj sljedeći pad neće završiti propašću nego podizanjem i nastavkom putovanja u vječnost, gdje me če-kaju svi koje iskreno volim.

Riječi velikog Cicerona „život bez prijateljstva je ništa" u mojoj priči sjaje u punini istine: hvala Gos-podu, njegov vječni primjer što znači biti prijatelj u svome ovozemaljskom „izdanju" naučio me je nepo-recivosti Božje poruke nade i oživotvorenju davnog ljudskog sna o normalnosti povjerenja, lojalnosti i ljubavi prema nekome kome si važan i kome je iskreno stalo. Nisam živio četrdeset i osam zima i jeseni, isto toliko ljeta i proljeća i ne plačem za tim godinama jer nisu prošle uzalud: vrijedilo je pripremati se za evanđelje Isusa Krista! Znaš i sam, ljubljeni brate, riječ Gospodnja kaže (NiS 121:34): „Gle, mnogo je pozvanih, ali malo je izabranih...". Doista, staviti na stranu osobne potrebe, prešutjeti gluposti i na uvrede ne odgovoriti uvredom nego ljubavlju može samo od Boga poslani zemaljski izaslanik, anđeo u punini skromnosti i poniznosti učenika Spasitelja svijeta i ja jedino što mogu kazati jest, hvala ti, prijatelju.... Postali smo prijatelji jer od Gospoda i po Njemu to bješe određeno. Veliki bosanski pisac Meša Selimović je zapisao: „Prijateljstvo se ne bira, ono biva tko zna zbog čega, kao ljubav.”

Osvanuše tako onaj dan, dvanaesti travanj dvije i šesnaeste godine. Naš prvi „sastanak” mogu opisati citatom iz Starog zavjeta (I. Salomon 18:1): „I Jonatanova se duša prikloni Davidovoj duši i Jonatan ga zavoli kao samoga sebe.”

Postigli smo i dostigli prijateljstvo kakvih je malo, no nisam naivan, ne živim u lošem filmu i baš zato ti ovo pišem. Ova scena ove ne sadrži laž. Samo istinu jer laž dolazi od samog Sotone, a ti si od Gospoda, od čiste ljubavi Božje. Stari zavjet navodi (Izreke 17:17): „Prijatelj ljubi u svako vrijeme, a u nevolji i bratom postaje.” U kontekstu životne priče ponekad je dobro zabrazditi malo u poetski izričaj, međutim osjećaji su jedno, a stvarnost izvan srca je nešto sasvim stoto. Oh, ne čudi se, molim te. Nisam eksplodirao: realnost, brate, stvarnost kakva jest. Evo o čemu se radi: razlika u godinama, brate moj mili. Prestar sam, a ti si na početku pravog života. Osim toga, ne uklapam se u mormonske priče, prijatelju moj. Nemam ništa od onog što „normalni” Mormoni imaju: nemam obitelj, nisam oženjen i nemam obiteljsko stablo od stoljeća petog. Vjeruj mi, često se osjećam glupo u crkvi, naročito na raznim neformalnim druženjima: što ću, kad sam stari balkanski grešnik koji se voli šaliti. A što, dosadno mi je, a razgovarati uljuđeno, glumatati i kimati glavom u znak razumijevanja niti želim niti mogu, nije to moj stil. Ne vjerujem da je Spasitelj, za svog prvog služenja u smrtnome svijetu bio namrgođeni ukočeni klaun koji se ne smije, koji ne smije popiti čašu vina i koji, vidi vraga, svemu prilazi s hrpom papira s planovima, tabelama, statistikama i uputstvima za uporabu. Vjerujem u Krista, znam da je ovo Njegova Crkva, ali ljudi su ljudi. Znači, najdraži moj, ja sam priljepak, neobičan obraćenik. Ne žalim se, to je normalnost i protiv toga ne idem, a za sve ostalo me nije briga. Konkretnije, preko svega prelazim „gospodskom šutnjom”, kao stari Ignjat Glembay iz slavne drame Miroslava Krleže. Tako to funkcionira tisućama godina i tako će i biti dok je svijeta i vijeka. Ha, čak i naša braća i sestre u Crkvi nisu nego obični ljudi koji teško rade, mnogi po dva i tri posla (govorim o članovima u USA) da bi preživjeli mjesec, platili troškove, školovali djecu, vratili kredite, uzdržavali obitelj: bolesti, prirodne katastrofe, financijski i poslovni problemi, obiteljske razmirice, smrti dragih osoba, uglavnom sve je kod „nas” posve isto kao i kod drugih ljudi (osim istine Božje i čvrste vjere u Isusa koji je Krist).... Gdje sam stao? Oprosti, pričam babine konake, haha, skačem s teme na temu, govorim o jednome i u sekundi počinjem s nečim stotim i pri tome zaboravim što sam zapravo htio kazati. O prijateljstvu je riječ, o najvećem blagoslovu i daru, o tebi, brate moj... Hvala ti opet i opet...

Kokodakanje o ljubavi prema drugima je raširena sportska aktivnost vjernika svih konfesija, naposljetku kršćanskih. Neki dan bili smo u trgovini: ispred ulaza stajao je, barem je tako pisalo na komadu kartona, ratni veteran iz ratova devedesetih. U iznošenoj prljavoj odjeći, neobrijan i zapušten, očito beskućnik, u skoro raspadnutoj obući, molio je prolaznike za koji dolar. Pisalo je da je gladan i da ne može naći posao. Od dvadesetak ljudi koji su prošli kraj njega samo je jedan starac zastao, ubacio nešto novca u pvc čašu u veteranovoj ruci, nisam dobro vidio koliko, mislim (čak) pedeset dolara uz glasnu zahvalu „thank you for your service”. Dodao je psovku na račun vlasti, ali nisam razumio što je točno rekao. Ostali ljudi nisu se ni osvrnuli na jadnog čovjeka, nitko mu nije dao ni jedan cent! Zgrozio sam se, prijatelju! Gdje je tu ljubav prema drugima? Kao ratni veteran osjetio sam tugu zbog nesreće čovjeka koji se žrtvovao za svoju domovinu, a sad mora prosjačiti na cesti! Kad smo obavili kupovinu i uputili se prema autu, ubacio sam u njegovu čašu tri dolara, nisam imao više. Prijatelju, suza mi je potekla i zbog njega i zbog mene samog: bio sam beskućnik i tehnički gledano, to sam još uvijek (ništa ne posjedujem u Americi, ništa nemam u Hrvatskoj). Pitanje tko je kriv za to loše egzistencijalno, zdravstveno i svako drugo stanje veterana ispred Walmarta za mene je irelevantno: pomoći nekome u nevolji, podignuti iz blata očaja i neimaštine, gladi i bolesti isključuje svaki oblik prijezira i poniženja. Hvala Gospodu, ja sam spašen ljubavlju Isusa Krista po tebi i tvojima. Veteran iz potonje priče nije bio te sreće. Zašto, to ne znam. Znam tek kako će svatko od njih, baš svaki muškarac i svaka žena, svi koji su prošli pokraj njega ni ne pogledavši ga kleknuti pred Alfu i Omegu u onaj veliki Dan suđenja i da im ignoriranje nečijeg vapaja za pomoć neće biti uzeto kao olakotna okolnost. Možda će se pokajati za svoje grijehe, ali njihovo možebitno pokajanje ne pomaže ratnom veteranu Sjedinjenih Američkih Država koji spava negdje u parku, na klupi. Ljudi su zli: ne vjerujem u „ljudsku dobrotu", a još manje sam pobornik onoga što se prije dvjestotinjak godina u književnosti nazivalo „svjetska bol". Weltschmerz, pogled na svijet kao na pokvaren, zao i nepopravljiv (najkraće rečeno) nije moj stil jer dok su Goethe, Byron ili Lenau to rabili kao svoj poetski i spisateljski izričaj, ja svijet ne gledam kroz naočale spisatelja nego živog dionika stvarnosti. Između mene i „tog i takvog svijeta" ne stoje intelektualne barijere i, znaš, ja ne sjedim visoko na pijedestalu piščeve nedodirljivosti (zbog koje i najveća pera svjetske književnosti pate od nedostatka osjećaja za realnost, pa ili pretjeruju ili banaliziraju stvari) i ne patim od ega umjetničke veličine: naprotiv, ja sam sastavni dio svijeta, njegov dio i njegova žrtva u isto vrijeme, ja ne ovisim o snazi pljeska publike niti pišem za tantijeme od prodaje knjiga i svakako neću obilaziti škole i soliti pamet pubertetlijama koji jedino misle na to kako nekoga staviti pod sebe. Moje ime neće biti upisano u analima hrvatske književnosti. Između ove priče o kazališnoj predstavi u polusrušenom kazalištu istina i laži i „prave" književnosti nema poveznica, ja ne govorim zato što sam plaćen, jer nisam, već stoga što je ovo jedini način da završim svoj životni put, a da na kraju ne ostane prazan list papira. Hoće li nakon svega to biti vrijedno truda čitanja, nije me briga...

U tome imam tvoju podršku, prijateljstvo i bratstvo. Bez tebe ovoga ne bi bilo. Ne dvojim gdje bih i kako skončao da te Gospod nije poslao na misiju (i) u Varaždin: napustio bih crkvu i vjerojatno bih već krepao pijan, uništen vlastitim sranjima, slabošću i kukavičlukom. Razumiješ me sada? Samo izabrani od Boga znaju što je služenje na način Krista. Samo izabrani znaju što je ljubav. Jer služe (jer služiš) s pravom nakanom, onako kako je rečeno živom riječju Božjom (Alma 36:60): „Ne tražim čast svjetsku već slavu Boga svojega...".

Prije deset godina Amerika je za mene bila samo to što jest, Amerika. A danas za mene Amerika nije zemlja iz glupih hollywoodskih filmova: Amerika nisu tek kauboji, mafija, pokvareni političari i hamburgeri. Ima i toga, još i kako, ali to nije prava Amerika. Mnogi naši Balkanci koji žive u New Yorku, LA i ostalim megapolisima, neka se ne uvrijede, promatraju Ameriku baš na taj način, a ja, međutim, gledam Amerikance i njihov način života iz prave perspektive, s dna, tamo gdje nema glamura ni bljeftavila modnih pista, milijarderskih vila i preskupih automobila. Od prvog dana mog boravka ovdje susrećem se s običnim ljudima, šljakerima, onima koji mukotrpno zarađuju kruh koji jedu i koji moraju dobro promisliti prije nego potroše svoje dolare. Siromaštvo, krediti, gubitak posla, nemogućnost plaćanja školarina za djecu, slabo zdravstveno osiguranje, visoki troškovi života i visoki porezi, kriminal i nesigurnost na ulica-ma dio su stvarnosti o kojoj govorim. S druge strane, čak i taj dio Amerikanaca pati od sindroma američke arogancije: na planini Južnog Utaha, u pustopoljini lijepe, ali i okrutne prirode, u vrijeme prodaje janjadi, početkom listopada je to bilo, u prašnjavom koralu, uz nekoliko tisuća ovaca bilo je nas desetak-petnaestak kauboja, čobana, pastira, kako god nas nazvali. U vrijeme ručka, a jeli smo kikiriki maslac sendviče, voće i sendviče sa šunkom i sirom, povela se rasprava o svemu i svačemu, politici i jeziku. Moj šef me pitao koja je hrvatska riječ za lubenicu i ja sam rekao „lubenica". Jedan od kauboja, dnevnih radnika, unajmljenih samo za taj dan, oštro me verbalno napao uz primjedbu „kako sam u Americi i da se ovdje govori engleski i samo engleski". Nisam mu ništa odgovorio jer nisam htio stvarati nepotrebne probleme: nemoguće je budali dokazati da je budala. Pametni ljudi su davno rekli da se razuman čovjek nikad ne utrkuje s konjem i ne raspravlja s budalom. Napokon, dvije trećine prisutnih bili su Meksikanci i Peruanci, dakle ljudi kojima je prvi jezik španjolski. Da. Niti konja možeš pobijediti, niti budalu uvjeriti da je u krivu. Odšutio sam. U sebi mišljah kako kretena nema samo u Hrvatskoj i Srbiji, i Amerika ih je puna. Ovaj teškim radom smožđeni kauboj, u prljavoj staroj odjeći i ispucalim čizmama, siromašan k'o crkveni miš, koji živi na ranču u kaubojskom kontejneru ili možda u prastarom trulom kamperu, kauboj koji zarađuje duboko ispod granice siromaštva, koji nema ništa osim odjeće na sebi, nedovoljno pismen i nedovoljno obrazovan da bi pronašao bilo kakav bolje plaćeni posao i koji je bijesan na cijeli svijet zbog svoje bijede i nemoći da se iz nje izvuče, kao netko s dna društvene ljestvice i dalje je govorljivi američki patriot ksenofobnog usmjerenja koji vjeruje u američku nadmoć i kao nadmeni majmun smatra sebe pripadnikom superiorne nacije tvrdokorno ustrajući u tome da je Amerika raj zemaljski i da je sve američko the best. Na stranu to što je izrekao glupost jer milijunima Amerikanca prvi jezik je španjolski i što smo skoro svi toga dana bili neamerikanaci (koji jedva da su znali koju riječ engleskog) i na stranu sve olakotne okolnosti koje njemu idu u prilog (neobrazovanost, zatvorenost u malom kaubojskom svijetu, ta on nije vidio ništa dalje od ranča i granica grada, a možda je bio u Las Vegasu ili negdje na nekom sličnom mjestu, dok o Europi ne zna savršeno ništa, potom njegov nimalo lagan život, rad od ranog jutra do kasne večeri, sve to i još tisuće drugih stvari amnestiraju ga od gluposti koje je izgovorio), ostaje činjenica da je dotični kauboj zapravo reprezent svega što sam do sad rekao o Americi i mom životu ovdje. Kauboj koji nije mogao smisliti to što sam rekao „lubenica”, a ne „watermelon” samo je kopija ili možda još jedan primjerak uskogrudnih ljudi kakvih je u Americi puna i naša Crkva, prijatelju. Nisu to izolirani slučajevi, ma kakvi, to je rezultat ukupnosti američkog pogleda na svijet, školskog sustava, načina života i odgoja od malih nogu. (O da, ista je situacija i na balkanskoj strani, nismo ni mi imuni na ovu boleštinu.)

Ipak, često „primam udarce u trbuh” od ljudi iz crkve. Primjerice, ne vole što mislim svojom glavom, ne vole moje diskusije jer ne povlađujem nikome i ne mislim da je sve sjajno! U takvim okolnostima dogodilo se da je sve ono što me čini sretnim i na čemu sam zahvalan umalo je nestalo pod naletima američke samodopadnosti! Da, samo sam debeli ružan hrvatski imigrant koji je zapeo u Americi, da, samo sam obraćenik bez korijena od vremena Josepha Smitha, nemam pretke koji su se iskrcali iz Mayflowera godine 1620., da, ja sam iz „glupe” Hrvatske i u poređenju s Amerikancima doista ne značim mnogo. Međutim, za razliku od mnogih „savršenih”, znam tko sam i odakle sam! Dolazim iz zemlje i države koje postoji trinaest krvavih teških stoljeća, pripadnik sam naroda koji se tisuću i tri stotine godina borio za svoju slobodu, koji je patio, krvario i umirao nastojeći očuvati svoju tradiciju, ime i čast! Amerikanci su moćni, bogati, ali su veliko ništa prema mom Varaždinu! Znaš i sam, samo palača u kojoj misionari imaju stan u mom gradu dvostruko je starija od Sjedinjenih Američkih Država! „Američka nacija” je mikstura cijeloga svijeta i vi svoj identitet zapravo nemate! Imate filmska sranja i konjicu koja dolazi u zadnjem trenutku da spasi svijet, haha! Imate Coca-colu i ne baš dobre automobile, haha! Što znaju misionari i misionarke, što zna dotični klinac o patnji, o pravoj borbi, o ljubavi prema svom narodu i domovini? Ništa, baš ništa! (Tužan sam jer potonji skoro pa ništa ne znaju o stotinama tisuća hrabrih Amerikanaca koji su ginuli u mnogim ratovima da bi ovi danas mogli biti tako glupo arogantni: Amerikanci nemaju poj-ma koliko je krvi proliveno za njihovu slobodu!) Znam, oprost i sve to, ali Krist nije zapovijedio da mo-ram prešutjeti omalovažavanja u Njegovoj Crkvi. To je upravo ono o čemu je jednom prilikom govorio elder Christofferson: ponekad se u Crkvi ne osjećam dobrodošlo! Nisam uvijek dobro primljen jer nisam jednak svima vama, odnosno, ne svima, ali nekima nesumnjivo! Ma što rekao, svjedočio, molio, ma što činio i koliko se trudio učiti i biti dobar učenik Isusa Krista, za mnoge „rođene u crkvi” ostati ću samo tamo neki balkanski obraćenik koji se dovukao u „njihovu savršenu” Ameriku tko zna otkud! Griješim li u prosudbi? Mislim da ne.

Krstio sam se za oprost grijeha i zahvalan sam na privilegiji služenja u bataljunima Isusa Krista, ali vrijeđati se ne dam! Ako Amerikanci imaju pravo na američki patriotizam, a imaju to pravo, onda ja mogu voljeti svoju Hrvatsku i svoj hrvatski narod. Ili sam ja opet samo hrvatski idiot koji ništa na razumije... Jer, iskreno, nejednom čuo sam podsmijehe kad sam govorio o Hrvatskoj, o našoj povijesti, ratovima, o jelima i o tradiciji vinogradarstva: nekima od tvojih Amerikanaca nije nikako jasno da postoje zemlje i ljudi koji imaju neiscrpno bogatstvo tradicijske kulture i običaja i koji se time ponose, baš kao što se Amerikanci ponose čime se već ponose... Četiri ratne godine služio sam Hrvatskoj i vidio mnoge heroje kako ginu za ono u što su vjerovali i što su voljeli. Jedna od tih stvari za tisuće mojih suboraca bila je vjera u Isusa Krista (bez obzira na pripadnost nekoj od crkava)), a što uključuje i očuvanje starih narodnih običaja kao što je paljenje badnjaka, čišćenje kuće, pjevanje božićnih pjesama, priprema posne hrane na Badnju večer i odlazak na polnoćku. Jer, dragi moj, sve što vidjeh u Americi je fake, ovdje su uglavnom sve imitacije već viđenoga, a izvorno američko ste zatrli u rezervatima. Ili nisam u pravu?

Dosta o tome. Idem dalje. Dakle, ovako. Kako bilo, sve je škola, a svaka škola skupo košta, kaže moj narod. Danas piskaram u naivnoj nadi i jednako naivno pokušavam sastaviti koliko toliko gramatički ispravne rečenice kako bi ova priča o jednoj nepotrebnoj kazališnoj predstavi dobila kakav takav smisao i oblik. Udaljen od Varaždina točno 4801 kilometara zračne udaljenosti (ako je vjerovati Google Erath-u) pišem zavaljen u udobnu stolicu u toplini tvog doma (koji je sad i moj privremeni dom), pišem sit i čist, a kako do prije koju godinu bio sam beskućnik, s jednim hlačama i s jednim parom poderanih cipela, bez kune u džepu. Vjeruj mi, nisam ovo planirao. Po tko zna koji put ponavljam, brate, nisam pristupio Crkvi da bih se doklatio u Ameriku i zlorabio nečiju dobrohotnost i ljubav. Grešnik jesam, ali ljudska hijena i - nisam! Na meni je slijediti Njega jer mi je suđeno koračati s tobom u postroju bataljuna Isusa Krista u onaj dan Velike posljednje bitke protiv zla! Pišem vjerujući da će mi završetak rada na knjizi i njeno objavljivanje omogućiti lakše putovanje s one strane vela, na sastanak s mojom vječnom obitelji. Ako budem dostojan tog blagoslova. Stoga činim što moram činiti. Prošlo je četiri godine od kako sam stupio na američko tlo. Duge i kratke istovremeno, nevjerojatne i lijepe godine, teške i bolne ponekad. Četiri godine. Tko bi rekao, zar ne? Nisam sanjao što će se sve zbiti i kako će priča na kraju ispasti. Jesam li razočaran? Ne jer prijateljstvo s tobom i Crkva su bili moji prioriteti. Lagano se približavam kraju zemaljskog putovanja i ako je ovo kraj, zadovoljan sam, nemam primjedbi. Što se tiče svijeta, haha, o tome imam još nekoliko riječi...

Želim ti kazati još ponešto, istine radi, ili zbog istine i laži, vrag zna. Gledati i slušati se ima što. Osobito ako voliš bad story, haha... Prošlost, sjećanja uspomene kao karcinom, kao kronični ulkus koji nikako ne zacjeljuje, kao otrov i parazit u tijelu života. Poslije krštenja onaj misionar, koga smo zvali „Maestro" zbog umijeća sviranja klavira, neprestano mi je ponavljao fraze „tvoje prošlosti nema, izbrisana je" i „grijesi tvoji su oprošteni". Za grijehe znam i razumijem, za prošlost nisam baš siguran što je htio reći ili bolje, sumnjam u istinitost te rečenice. Lako je slatko govoriti u cipelama misionara. Nema lakše zadaće od pričanja napamet naučenih priča. Nabiflati prigodne izraze i kroz medeni osmijeh, u kao snijeg bijeloj košulji, s kravatom i s pomno urešenom frizurom, mlad i zgodan, još k tome Amerikanac osvojiti će srca očajnika, pa čak i ako ne uspije pridobiti „metu" za slušanje lekcija o Naumu spasenja. Dečki su bili u redu, J. i K., ali problemi su nastali kasnije: slušati o životu od balavca koji je tek sišao s mamine sise ipak je bilo previše glupo s moje strane. Misionari, govorim o onima koje znam, doletjeli su preko oceana u malu Hrvatsku (uglavnom) iz strogo vjerski zatvorenih obitelji, iz svijeta koji ne poznaje pravo zlo i koji ne čini zlo. Stigli su na misiju neopterećeni grijesima, čisti i nevini kao djevice, doputovali su uvjereni u svoju vjersku nadmoć i s dozom tipične američke samodopadnosti (što nije nužno negativno) i u iluzornoj nadi da će ih balkanski ljudi prihvatiti kao da su samo njih čekali tisuću godina. Stvarno glupo: poslani su na misiju, a o našoj kulturi, tradiciji i običajima, povijesti, jeziku i ljudima kao takvim nisu znali savršeno ništa! Osamnaest godina su ih pripremali za misiju u strogo kontroliranim uvjetima mormonskog sljepila za realnost današnjeg brutalnog nehumanog svijeta. Jedino zlo, jedina krv, jedina tama i jedini pakao za koji su misionari znali bio je svijet Svetih pisama. Doticaja s olovnom današnjicom nisu imali: mnogo puta sam se uvjerio na vlastite oči i uši kako elderi nemaju pojma o tome što je pravi život i to bez obzira na vlastita obiteljska iskustva (njihove obitelji nisu lišene tragedija, bolesti, gubitka posla itd.), međutim, kako rekoh, uzimati vlastito životno iskustvo kao primjer koji to nije samo komplicira stanje i time služenje ovih dobrih mladića i djevojaka umjesto uspjehom garnira hladnom statistikom, birkratskim poimanjem vjere, ukratko, neuspjehom. A što kod tebe, brate ljubljeni, nije bio slučaj: ti si jedini od misionara (koji su služili u Varaždinu) u „moje vrijeme", u godinama dvije i šesnaestoj i sedamnaestoj, a koji me nikad, baš nikad nisi pokušao učiti „životu" i uvjeravati me kako je sve ružičasto, pinky, upravo sjajno i da trenutni problemi mogu nestati u milisekundi. Razumiješ li me? Bez tvoje pomoći i ljubavi, siguran sam, pao bih i napustio Crkvu, u to ne sumnjam, pobjegao bih od Spasitelja i vratio se u ništavilo prolaznosti. Nemoj se ljutiti zbog ovih riječi, ali misionari u Varaždinu (volim ih i poštujem: izdvajam dvojicu iz ovoga, K.-a i W.-a) nisu u meni (i ne samo u meni) vidjeli ništa više od misionarskog statističkog broja, imena koje će ponekad spomenuti na crkvenim sastancima, u raznim prigodama u godinama nakon završetka služenja kao garnirung sakramentalnog govora ili dobrodošlog svjedočanstva na lekciji nedjeljne škole. Hm, život nisu bijele košulje, kravate i sjajne cipele. To me podsjeća na staru indijsku izreku: „Nema prijatelja kao što je brat, nema neprijatelja kao što je brat."

Buljio sam kroz automobilsko staklo dok su me J. i M. vozili od aerodroma u Las Ve-gasu do Cedar Citya u Utahu. Promatrao sam blještavi grad kocke, grijeha i mafije impresioniran veličinom i sjajem jer doživjeti uživo je ipak drugačije od filmske slike. Nisam imao pojma što će biti sa mnom u Americi i što će na kraju krajeva ispasti iz moje američke storije. Iskreno, nikakvih planova nisam imao: prihvatio sam ponudu i pomoć, odradio stvari oko pu-tovnice i vize, pričekao nekoliko mjeseci i jednostavno doletio u Ameriku. Ništa drugo mi nije bilo na pameti: pozvali su me, a ja, bez novca, nisam govorio engleski (kao što ga i danas ne znam baš dobro), bez ikakvih poznanstava. Doputovao sam, rekao bih, na slijepo.

Nisam znao ništa o svojoj američkoj budućnosti. Moji J. i M. jesu, odnosno, vjerujem da su imali neki plan. Nažalost, nije se ostvario zbog mnogih razloga, ponajprije birokratskih, koji su izvan dosega moći nas smrtnika, a potom i zbog mojih odluka, grešaka, mojeg pogleda na život. O birokratskim preprekama dovoljno sam rekao, vrlo tešku viznu proceduru (naročito ako čovjek uđe u „borbu” s američkom adminis-tracijom bez dobrog imigracijskog odvjetnika: bez fiškala je „piši kući propalo”), problemi s pronalaskom odgovarajućeg posla i sve ostalo u startu je pokopalo moje snove: možemo mi govoriti što hoćemo, ali u Americi bez novca čovjek je ništa, a bez odvjetnika (pravog, odličnog, ne luftbrenzera za deset dolara) nije bilo lako bilo što ispoštovati, a osim toga, realno, došao sam u Ameriku u vrijeme predsjedništva slovenskog zeta, što je stvari otežalo do krajnosti. Međutim, sve se slagalo uz Božju pomoć. Kad nekome, doskora posve nepoznatom, netko pomogne, žrtvuje vrijeme i sebe i potroši mnogo novca (kojega ni sam nema), onda to može biti i jest samo od Isusa Krista, vjerujem u to. J. i M. izvršitelji su Božjeg plana za mene, ali s mnogo više dobrote no što je zahtijevala njihova prvotna misija i mnogo više no što je ja zaslu-žujem. Zakoni Spasitelja svijeta nadmašuju smrtne zakone ljudske prolaznosti: na moj četrdeset i osmi rođendan, sedmog listopada dvije i šesnaeste (a tada o putovanju u Ameriku nije bilo ni riječi) posjetili su me u Varaždinu i donijeli mi ogromnu kutiju s rođendanskim darovima. U to vrijeme slu-žili su u Celju, J. je bio predsjednik ogranka, a kako su službeno išli u sjedište misije u Zagreb, svratili su do nas da mi čestitaju rođendan. „Svratili”? Nisu „svratili” jer normalno putovanje od Celja do Zagreba, klasičnom rutom ide od Celja preko Slovenske Bistrice i Macelja do Zaboka i Zagreba, a oni su kod Maribora skre-nuli prema Ptuju i nastavili do Varaždina, što ni približno nije usput. Ja to zovem prijateljstvo i ljubav Isusa koji je Krist. Nakon svega, ostaje mi da pred Gospodom u onaj Dan posvjedočim o njima i izrazim svoje duboko ponizno kajanje što ovdje u Americi možda nisam ispunio njihova očekivanja, što nisam „ispao” Mormon kakvim su me oni vidjeli: žao mi je zbog toga. Ni sam nisam najsretniji sa samim sobom, nažalost.

Vrijeme je za povratak na početak moje cjelokupne američke avanture. Održavala se crkvena konferen-cija za samce: odlična aktivnost za odrasle samce ANM. Održavala se u Misijskom domu u Zagrebu uz nazočnost tridesetak braće i sestara iz Slovenije, Hrvatske, Bosne i Hercegovine, Srbije i Crne Gore. Poz-nata ekipa sa svih crkvenih okupljanja i hramskih putovanja. J. i M. bili su „radna snaga”, „motor” koji je sve pokretao. Stariji misionarski parovi doista su udarna snaga misije.

Uglavnom, zabava, pjesma i ples, mnogo duhovnosti i korisnih lekcija o životu u evanđelju, druženje i razmjena iskustava, molitva i proučavanje Svetih pisama, a sve uz brda izvrsne hrane. Drugog dana kon-ferencije, nekako poslije doručka, a prije početka planiranih aktivnosti, u vremenskom „praznom hodu” J. i M. pozvali su me na trenutak na stranu, na privatan razgovor. Ništa nisam očekivao, nisam znao zašto me zovu. Stvarno nisam mislio o razlogu i povodu za taj razgovor. Sjeli smo na kraj dugačkog stola za ruča-vanje u dnevnom boravku (krajičkom oka primijetio sam isprva začuđen, a potom duboko ljubomoran po-gled predsjednika varaždinskog ogranka: kasnije će od tog čudnog pogleda nastati mržnja i dotična će pojava pokrenuti pravi mali rat protiv mene, ali neću sad o tome). Sjedili smo kojih minutu-dvije, kad je J. prvi progovorio mirnim toplim glasom:

- „Dugo smo razmišljali i molili se. Znaš da te jako volimo. Razumijemo tvoje teško stanje. Nemaš do-ma ni obitelj, nezaposlen si, zdravlje ti je loše. Prošao si rat i... Potpuno smo uz tebe, volimo te.” - ponovio je J. tiho. M. se suosjećajno nasmiješila rekavši mi:

- „Želimo ti pomoći.” - ništa nisam mislio, samo sam promucao:

- „Volim i ja vas, hvala vam...” - J. je nastavio:

- „Vjeruj nam, stvarno ovo govorimo čistog srca. Želimo ti dobro. Pozivamo te da dođeš k nama u Ameriku. Pozivamo te, dođi k nama, dođi živjeti u Ameriku.” - J. i M. su mi se nasmiješili i oboje me potapšali po ruci. Zbunjen? Šokiran je preblaga i neodgovarajuća riječ za opis mog tadašnjeg stanja srca i duha! Pozivaju me u Ameriku? Kako? Zašto? Ja?! J. je dodao tihim glasom (predsjednik varaždinskog ogranka i dalje nas je netremice promatrao neprijateljskim pogledom, čak su on i njegov sin sjeli na fotelju u dnevnom boravku, no i s te udaljenosti bili smo predaleko da bi mogli razumjeti o čemu razgovaramo):

- „Polako, molimo te, razmisli, ne moraš odmah odgovoriti, imaš vremena, ali ne puno.” - nasmijao se - „Ako se odlučiš, moramo odmah djelovati. Koliko smo čuli, proces dobivanja američke vize ovdje je dugotrajan i kompliciran, pa...” - stisnuo mi je ruku - „ Razmisli...”

Viking moj, ne znam riječi kojima bih opisao što sam tada osjećao. U meni je sve gorjelo, bio sam zatečen, nepripremljen za takav poziv, za toliku ljubav! Jer, ako to nije ljubav, ne znam što jest. J. i M. su poput tebe, oni su istinski stvarni zemaljski anđeli. Iskreno, srca punog Krista odlučili su me izvući iz bijede beznađa i beskućništva, odlučili su spasiti „onu jednu izgubljenu ovcu Božju”! Ako to nije bilo čudo, onda nitko ne zna što jest čudo nebesko!

Um mi je stao posve blokiran tim iznenađenjem! Ništa nisam mislio, baš ništa, srce mi je luđački tuklo, mislim, jer ne sjećam se svega, tresle su mi se ruke, oznojih se, a samo J. i M. bi mogli kazati koje je boje bilo moje lice (i predsjednik ogranka i njegovo derište, a koji su nas netremice promatrali od početka našeg razgovora). Znaš, onaj zbunjeni izraz face, kakav ljudi imaju kad dožive nešto potpuno neočekivano, kad ih se uhvati s prstima u pekmezu? Eh, pa ovo je bilo sto puta jače! Pokušao sam nešto reći, ali nisam uspio. M. me nježno sestrinski uhvatila za ruku:

- „Polako, razmisli, znamo, ovo je bilo neočekivano. Rekla sam ti, na misiji smo još nekoliko mjeseci. Voljeli bi da dođeš nakon našeg povratka u Utah. Moramo prvo srediti kuću i vratiti život u normalu, znaš, a onda bi ti došao, baš na posvetu hrama u Cedar Cityu! To bi bilo prekrasno, kakav blagoslov! Razmisli... Dobio bi šansu za novi život, mi te volimo.”

Prijatelju moj, htio sam skočiti sa stolice! Da, skočiti! Zagrliti ih, htio sam zaplakati od sreće! Oh, jedan dio mene je odlučio, odmah, da, hoću u Ameriku, u novi Sion! Želim to, želim u svetu zemlju novog Siona... Nisam skočio, ne samo zato što bi to bilo neprimjereno, nego zbog nečega u srcu i duši. Jedan dio mene, negdje duboko u srcu znadoh da moja američka priča neće biti bajkovita i da stvari nisu onako romantične i savršene kako su mi pokazivali i kakvu sliku nosah u glavi. Znao sam da se u Americi neću odmaknuti dalje od beskućništva i gubitništva unatoč svemu, znao sam jer Nebeski Otac ima za mene drugačiji Plan, zna kakav sam i da se neću prodati niti ću pristati biti netko i nešto što nisam i ne mogu ni biti. Iznenađujuće, pojavila se sumnja u prvim uzbuđujućim trenucima tog razgovora: klasično, u ljudskom svijetu ništa nije kao što se čini da jest, pa zašto bi bilo drugačije s „mormonskim stvarima”, osobito ako su pretjerano slatke?! Ne radi se o J. i M., već o crkvenim i zemaljskim stvarima. Cijelog svog usranog života znam da jednostavno nisam materijal kojeg se može obrađivati kako se nekome prohtje! Grešnik sam, olinjali pedeset plus godišnjak s preteškim teretom propalog života, obraćenik Kristu, netko tko je svjestan svih svojih mana i slabosti: nemam iluzije o mogućoj promjeni samoga sebe, Viking, stanje je kakvo jest i takvo će ostati do Sudnjeg dana... Odlučio sam, impulzivno, ne shvativši što sam izgovorio:

- „Ne znam što reći... Ali... Mogu ja to, prihvaćam poziv, hvala, hvala vam...” - M. mi je stisnula ruku i toplo mi se nasmiješila:

- „Odlično, bojali smo se da nećeš htjeti... Odlično!” - ipak sam nešto suvislije rekao:

- „Ne znam kako... Ovaj, nemam novaca, a ni putovnicu nemam. Možda ipak neću moći doći ove godine, dok ne skupim...” - J. me prekinuo tiho mi šapnuvši:

- „Ne brini o tome, mi ćemo to riješiti. Raspitaj se u američkoj ambasadi, na internetu, za putovnicu isto. Kako to ide u Hrvatskoj, mi ne znamo te stvari. Imaš naš broj i e-mail, čuti ćemo se stalno.”

- „Hvala, ja...volim vas, ja...” - grlo mi se steglo, suza mi je potekla niz lice. M. je ustala od stola i još nešto mi tiho rekla:

- „Neka ovo ostane među nama, nikome ne govori, molim te.” - izgledalo mi je kao da su oni uzbuđeniji od mene, više su se radovali od mene, barem je tako izgledalo.

- „Jasno, ne brinite, svakako."

- „Super, a sad idemo na aktivnosti." - ustali smo J. i ja. Predsjednik varaždinskog ogranka i njegov klipan od sina mrko su nas gledali (kasnije sam shvatio, bila je to mržnja).

J. i M. su otišli među članove crkve, a ja sam ponovno sjeo na minutu-dvije. Samo sam sjedio i buljio ispred sebe. Šuteći sam gledao budućnost. Ono što ima doći eksplodiralo mi je pred očima u punini nove nade, iznenadne, s nebesa poslane, božanske. Pa ipak, daleko do toga da sam pao u euforiju: još ništa nisam znao o vizama, a i putovnica i sve ostalo... Možda će se sve izjaloviti, tko mi garantira da ću dobiti vizu? Nitko. Jednako tako, upitnik o meni samome već je tada rastao u meni: što ja mogu raditi u Ame-rici? Dobrano narušenog zdravlja nisam sam sebi izgledao u redu! Proširene vene, ulkusi, problemi s kukovima i kostima, koljena, vid, zubi, srce... Nisam bio prestar, ali ni u cvijetu mladosti. Engleski mogu naučiti no nisam inženjer, nisam IT stručnjak, koji vražji posao ću raditi, mislio sam. Zdravlje? Liječenje u Americi je preskupo, a ići tamo da bi mi netko plaćao bolničke troškove nije dolazilo u obzir. I vjerojatno najvažnija stvar, kako me novac ne zanima jer materijalna strana života mi nikad nije bila prioritet, znao sam da u Americi, gdje je dolar bog broj jedan, persona poput mene neće uspjeti. Razumiješ me? Pozvan sam doći živjeti u Sjedinjene Države Amerike, ja, stari magarac, koji nikada nije sanjao nikakav američki san! Pozvan sam od iznimnih prijatelja, ljudi koje neizmjerno volim: njihov sam poziv prihvatio znajući kako nisam dobar materijal za pretvorbu hrvatskog Balkanca u naturaliziranog američkog Mormona (ma što to značilo)...

Tri, možda četiri dana po povratku iz Zagreba operacija „moje putovanje u Ameriku" je otpočela. Prvo sam otišao u policiju i raspitao se za proceduru izdavanja putovnice. To je prva stepenica, bez putovnice nema putovanja, jasno k'o dan. Doduše, nije baš posve točno da nikad prije nisam imao hrvatsku putovnicu. Jesam, izvadio sam je odmah po međunarodnom priznanju Hrvatske. U to je vrijeme svaki domoljubni Hrvat htio je, pače morao je imati prvu modernu putovnicu neovisne Hrvatske! (Ispostavilo se da se „pravi Hrvat" odnosi samo na 'rvatine, jebi ga.) Izvadio sam je nakon povratka s ratišta, na odmoru. Posjedovanje hrvatskih dokumenata bila je stvar odanosti Domovini, a omražene osobne karte i yu-pasoše nitko više nije htio imati. Znači, osobna iskaznica, putovnica i domovnica i bio sam pravi rođeni Hrvat, istina Hrvat-mrtvac, ali na to tada nisam mislio. Vozačku dozvolu nisam mijenjao jer je nisam imao. Htio sam polagati vozački ispit još prije rata, ali bijah bez novca, kao i bez volje, a kasnije novaca je bilo još manje, kao i volje. Istina bog, možda bih i skupio novac za vozački poslije rata, gardijska plaća nije bila toliko mala, ali alkohol je sve odnio k vragu. Također, dok piješ, ne vozi, haha. I potom je moja prva hrvatska putovnica nestala: morao sam je predati u personalnu službu MORH-a i ne sjećam se gdje je na kraju završila (djelatne vojne osobe nisu smjele u inozemstvo bez posebnog odobrenja, ali kao i u svemu, tako i u ovome nismo svi bili isti jer su generali i ostali podobni držali putovnice kod sebe i nesmetano su prelazili granicu, a što je samo potvrda starog „pravila" koja kaže kako vojnik ne smije što smije do-časnik, koji pak čini što časniku ne priliči, a generali ionako rade što žele).

Prvi dio operacije „Amerika" bijaše, dakle, žurna pribava nove hrvatske putovnice. Postupak za hrvatske standardno dosadan i skup. Prvi korak je ispuniti obrazac zahtjeva za izdavanje putovnice, priložiti fotografije propisanog formata i, naravno i logično, platiti upravnu pristojbu. Imao sam dvije mogućnosti: normalnu proceduru, jeftiniju, po kojoj se putovnica čeka mjesec dana, te skuplju varijantu, ekspresnu, izdavanje putovnice u roku tri dana. Cijena brze inačice bila je šest stotina kuna, skoro sto dolara! I jedna i druga cijena bile su za moj džep nedostižan san, nisam imao ni lipe, s osamsto kuna socijalne pomoći teško da sam mogao bilo što platiti povrh hrane i lijekova (oni koji nisu na recept). Razmišljao sam odustati od svega. Činilo mi se neprimjerenim pitati J. i M. za novac, a i tako nisam baš dobro shvatio njihov cjelokupan plan. Međutim, zemaljskim anđelima nije svojstveno čekanje na molbu za pomoć, oni pomažu sami i bez pitanja, uvijek.

Teško mi je ovo pisati. Sramim se, sramim se pred Gospodom: toliko su žrtvovali za mene, a ja nisam ispunio njihova očekivanja (o ženidbi itd.). U svibnju 2017. sve je izgledalo kudikamo drugačije.

Riječi Gospodnje na djelu, sva čuda koje sam doživio u proteklih četiri godine smrtno u meni nije u stanju pojmiti. „I opet drugima da može činiti čudesa..." (Moroni 10:3). Nebeski Otac i sam Krist blagoslovio ih je da čine nevjerojatna djela na misiji u Sveto ime Božje. Kažem „čudo" jer nisu svi misionari zemaljski anđeli, a još manje smo mi članovi Crkve anđeli, barem ja nisam. Istinski voljeti kao Krist mogu samo odabrani, to je istina. Gospod je progovorio kroz svoje proroke i izaslanike na zemlji, baš kao u Mosija 4:16: „A i vi sami pomoći ćete onima koji trebaju pomoć vašu, podijeliti ćete od imetka svojega onomu koji je potrebit, i nećete dopuštati da vam prosjak upravlja molbu svoju uzalud, niti ga otjerati da umre."

Kako nazvati one kojima ne treba poseban poziv za pomoć drugima, koji doista daju sve od sebe i sebe sama za druge, bezuvjetno, odmah i u punini ljubavi Spasitelja? Objašnjenje je samo jedno: stvarni zemaljski anđeli, kao što si i ti, prijatelju. Oni i ti i tvoji, vi ste moji anđeli. Iskreno, ne razumijem zašto me Nebeski Otac i Isus Krist toliko vole, zašto Gospod toliko skrbi za mene kad je poslao najboljeg od najboljih da budu ruke Njegove za mene (ne samo za mene, ali ovdje za mene).

Poslao sam im e-mail s informacijama koje sam prikupio. Dva dana kasnije zazvonio mi je mobitcl (stari, običan, ne smartphone). J. je zvao, javio mi je da putuju za Zagreb iz Celja i da bi me htjeli vidjeti. Ugodno sam se iznenadio jer nisam očekivao njihovu posjetu. Njihova vožnja kao i za moj rođendan, okolo naokolo od Celja do Zagreba preko Varaždina.

Zagrlili smo se. U crkvi, nisam ih mogao primiti u prenoćištu za beskućnike. Sjeli smo u predvorje. Postupili su mudro: zamolili su eldere koji su tada služili u Varaždinu da pokažu centar grada misionaru kojeg su prevozili, a sve kako bi mi nesmetano mogli razgovarati o „planu". Tiho, gotovo kriomice J. mi je gurnuo u ruku omotnicu tiho rekavši:

- „Psst... Good luck!" - Plakao sam, stvarno sam plakao. U sebi. Sedamsto kuna. Ogroman novac za mene. A to je bio tek početak.

Istoga dana sam obavio fotografiranje za dokumente, a drugo jutro sam otišao u policiju predati zahtjev za putovnicu. I stigla je za tri dana. Hvala Gospodu! Operacija „Amerika" je ušla u punu brzinu. Slijedio je korak apliciranja za vizu. Srećom, doba interneta uvelike olakšava stvari. On line zahtjev za vizu je brz, no trebalo mi je dva sata da shvatim što i kako trebam učiniti. Veleposlanstvo SAD-a u Hrvatskoj ima visoko profesionalnu web stranicu i sve radi savršeno, a kako bi drugačije i moglo. Ono što me malo obeshrabrilo jest što sam pročitao birokratski hladnim rječnikom sročeno upozorenje da se u slučaju odbijanja zahtjeva uplaćeni novac ne vraća. Po odbijanju zahtjeva mogu podnijeti novi zahtjev (s ispravljenim pogreškama) uz ponovno plaćanje takse. Viza je koštala za hrvatske prilike jako puno kuna! Iznosi taksi bjehu različiti, a za meni potrebnu vizu cijena je bila sto i pedeset američkih dolara! Ah, Amerikanci, sve vam je posao, a cijene vam nisu usklađene sa standardom zemalja iz kojih se putuje u Ameriku. Imate pravo, tko želi u obećanu zemlju, mora taj blagoslov i platiti, haha.

Odmah sam poslao SMS i J. mi je poslao podatke sa svoje kreditne kartice: treba li veći dokaz povjerenja. Ispunio sam obrazac, platio taksu i kliknuo na jedan od predloženih datuma intervjua u konzularnom uredu veleposlanstva SAD-a u Zagrebu. Za nekoliko minuta primio sam email o potvrdi uplaćene takse i zaprimljene aplikacije za vizu. Ostalo mi je čekati dan razgovora: idem iz prve ili će mi zahtjev biti odbijen.

Siguran sam, Gospod je i u ovome imao svoje „prste": nemam drugog objašnjenja. Sve je išlo glatko, mnogo lakše no što sam zamišljao. Neki ljudi s kojima sam razgovarao o vizama rekli su mi da će me odbiti iz ovih i onih razloga, sve ovisi što sam napisao u zahtjevu. Ma da, nisam toliko naivan, znao sam da se ne može lagati: svaki podatak je provjerljiv i samo budale upisuju laži u obrazac. Nisam imao što izgubiti, napisao sam kako je bilo.

Uobičajeno trajanje intervjua za vizu je petnaestak minuta. Moj je trajao manje od pet minuta. Ušao sam u zgradu gdje se obavljaju razgovori sa konzularnim službenicima. Sve je bilo savršeno organizirano, svaki od intervjua imao je biti obavljen u na sekundu zakazano vrijeme, bez iznimaka. U čekaonici mi je neki čovjek, pomorac, rekao kako treba samo tranzitnu vizu jer ide na brod u New Yorku, ali da i oko takve vize znaju srati. Žena s dvoje djece čekala je turističku vizu, dobila je nešto na lutriji i odlučila otputovati s klincima u Ameriku na dva tjedna. A ja? Nisam znao koliko ću ostati niti što će od svega uopće biti.

Na displeju se pojavio moj broj. Ustadoh i priđoh šalteru iza čijeg je stakla sjedila lijepa mlada službenica. Govorila je hrvatski kao što govore naši misionari, s naglaskom. Uzela je moje papire, pregledala ih, postavila mi je nekoliko uobičajenih proceduralnih pitanja. Na moje odgovore je kimala glavom, a onda me upitala:

- „Vi ste član Crkve Isusa Krista svetaca posljednjih dana?”

- „Da, jesam, zato i idem u Ameriku. Između ostalog, na posvećenje hrama u Cedar City, Utah.” - pogledala me i rekla:

- „Odlično. Viza vam je odobrena. Na e-mail ćete dobiti sve potrebne informacije i uputstva. Hvala. Ugodan dan i sretno putovanje u Sjedinjene Američke Države!”

Nemam dvojbe, Gospod mi je pomogao i oko vize. Ne znam, možda je službenica bila misionarka naše Crkve ovdje u ANM. Nemam dokaza, tek mislim da je vrlo moguće, zar ne? Pogotovo zbog njenog „Odlično!” na moj odgovor na pitanje jesam li član crkve.

Vratio sam se u čekaonicu, pospremio ostatak papira u torbu (službenica mi je neke dokumente vratila) i baš kad sam htio izaći, jedna od gospođa, koja je čekala na svoj broj, obratila mi se vrlo tihim glasom:

- „Nevjerojatno! Bila sam ovdje nekoliko puta, ali se ne sjećam da je netko tako brzo završio intervju. Odbijeno? - nasmiješih se:

- „Ne, dobio sam vizu.” - gospođa se nasmijala:

- „E, pa onda, sretno putovanje u Ameriku, gospodine!”

- „Hvala i vama sretno.”

Hodao sam drhteći od uzbuđenja, koračao sam kao da hodam po oblacima. Imam vizu! Operacija „Amerika” ide dalje, ka svom uspješnom kraju! Poslao sam J. i M. kratki SMS. Odobreno je, imam vizu! (Putovnica je ostala u konzularnom uredu. Kasnije sam primio e-mail s informacijom gdje i kad mogu podići putovnicu s vizom: DHL ured u Zagrebu.)

Stvarno, prijatelju, što misliš, kakav je osjećaj gorio u mom srcu dok sam hodao prema autobusnom stajalištu? Što je bilo u meni dok sam se vraćao u prihvatilište i prenoćište za beskućnike Udruge „Novi put” u Varaždinu? Ja, u čijem je životu sve s prefiksom „ex”, beskućnik, bez posla, doma i novaca, bolestan i totalno sjeban, netko s kime su se sprdali čak i neki beskućnici, ja takav dobio sam američku vizu!

Američka priča više nije bila upitna, mogao sam krenuti u finale prvog dijela, a to je ono prije nego će moja debela guzica sjesti na usko sjedište zrakoplova na liniji... (ok, još nisam znao liniju). Beskućnici, moji sustanari reagirali su različito kad sam im rekao radosnu vijest: jedna prokleta luda baba odmah je eksplodirala od muke i jala, ali me nije bilo briga. Drugi su zaškrgutali zubima, a samo dvojica su mi iskreno čestitala. Zahvalan sam svima, ljubomornima jer su vidjeli da nisam luzer, a čestitarima jer ljudskost je rijetka vrlina.

Laudatio funebris? Ne, neću ga trebati, a onda, ne želim da mi nekakva licemjerna njuška laprda glu-posti iznad moje otvorene rake i drugo, nisam baš siguran hoće li itko doći na tzv. posljednji ispraćaj jed-nog gubitnika kao što sam ja. Ne moramo si lagati, brate najdraži, vrijeme mi ističe i jedino što ostaje jest govoriti o stvarima kakve jesu. Istina? Ne znam, ja imam svoju istinu, ti imaš svoju, a možda nas dvojica imamo zajedničku istinu. Ne zato što je to nemoguće, već stoga što ja ne pripadam američkom svijetu. Čudiš se? Ne trebaš brinuti oko toga: moje svjedočanstvo je i dalje snažno i o Mormonovoj knjizi i obnovljenoj Crkvi, o svemu, no imam problem sa svjetovnim stvarima. Hoću kazati, jasno je kao dan kako sam zapravo izgradio kulu od karata što se tiče našeg prijateljstva: volim te i voliš me, znamo to, ali ovo nije rat ni vojska i nas ne veže bratstvo po oružju, prolivena krv i zajednički susreti sa smrću. Ništa od toga nema među nama i ne mora ni biti. Realan život u Americi, osobito LDS život uključuje dobro uhodane sheme od rođenja do smrti, a ja sam, znaš i sam, došao iz Hrvatske i u pedeset i trećoj godini razrivenog života očekivati od mene da se prilagodim i prihvatim (ponekad grozomorno dosadne) mormonske navike ipak je previše. Osim toga, nisam navikao da netko oko mene skače niti mislim da se mnogo toga, a što vi mormonska djeca uzimate zdravo za gotovo, događa u životu jer to tako mora biti. Poštujem, paće duboko cijenim svaku žrtvu i svaki cent, svaku riječ koju sam primio od tvoje obitelji i baš zbog toga ti ovo pišem, prijatelju. Nemam drugog načina da ti zahvalim i dokažem ti koliko te volim...

Nemam vremena kao ti i moram završiti ovu knjigu. Volim te i to se neće promijeniti. A svi smo mi isti, svatko je sjeban na svoj način. Ja na svoj hrvatski način, a ti na američko-mormonski, s time da sam ja u relativno boljoj poziciji jer ne moram glumiti. Odnosno, ne ovisim ni o kome i ni o čemu, pa mogu govoriti i pisati što osjećam da jest istina (u ovom kazalištu). Vjeruj mi, nema veće dvoličnosti nego među vjernicima svih konfesija.

A ja ne želim biti netko drugi. Nisam prihvatio Isusa Krista i nisam se krstio uranjanjem za otpust grijeha da bih postao uniformirani lik koji paradira ostatkom svog zemaljskog života kao voštana pristojna kiselo nasmiješena lutka! Pogotovo u ovim godinama ne mogu biti loš glumac. Nemoj me krivo razumjeti, molim te, nemam ništa protiv nikoga, ja volim našu braću i sestre, samo kažem kako sam se razočarao. U našoj Crkvi stvari su posvema jednake kao među katolicima ili pravoslavnima: rutinska vjera nam je pojela strast za Kristom, tako mi to katkad izgleda. A ja nisam čovjek rutine, pa bila ona i crkvena.

Katkad se osjećam odbačeno jer sam takav kakav sam. Osjećam se kao stranac u Crkvi jer govorim što mislim.

Sretan sam zbog tebe i tvoje predivne supruge. Ona je moja kraljica, moja sestra, sve bih učinio za nju i za tebe, za vas dvoje. Ne želim da se mijenjaš, budi što jesi, živi kako želiš i budi sretan. Samo, molim te, nemoj mi prodavati muda pod bubrege! Nikad i nisi, pa nemoj sad otpočinjati s tim pizdarijama. Budimo prijatelji kao što jesmo, budimo „jedna duša u dva tijela" (reče Aristotel): ne znam koliko imam vremena, ali to te molim. Tri stotine puta sam rekao, ne pripadam ovdje, kao što ne pripadam ni svijetu katoličke ili kakve slične crkve. Sloboda u Isusu Kristu mora biti i jest bezuvjetna, potpuna i ne podliježe zemaljskim zakonima: smeta me politika u Crkvi. Pobjegao sam od politike, a našao sam je gdje je nisam očekivao, u našoj Crkvi! Ne volim to, mislim da politika nema veze s evanđeljem.

Stoga mi preostaje samo jedno: odlazak. (Iz Amerike, ne iz Crkve.) Ne sad i ne znam točno kad, ali otići ću. Kamo i gdje otići? Ne znam. (Hrvati mogu u 129 zemalja bez vize, a u dosta njih ne trebaju ni radnu dozvolu.) Uostalom, svakog gosta za tri dana je dosta, a ja sam ovdje četiri godine. Što je previše, ni s kruhom nije dobro.

U tvoju privrženost prema meni ne sumnjam. Voliš me i zahvalan sam na tvojoj ljubavi, kao i na svemu, brate. Ipak, neke stvari ne funkcioniraju, prijateljstvo Alme i Amuleka, Jonatana i Davida je mrtvo slovo na papiru, takvo što danas ne egzistira. Ljudi su previše sebični za božansko prijateljstvo. Osobni interesi su iznad duhovnosti, a odanost i povjerenje su literarni pojmovi. Vjera u Isusa Krista je maska, malo tko je spreman sve prodati i poći za njim, a još manje ih (nas) je spremno umrijeti za prijatelja.

Ozbiljno, najdraži moj, lako je vama rođenim u crkvi, svemu prilazite s distance navike stvari, ne postavljate pitanja jer znate odgovore, a one koje bi željeli znati i tako ne smatrate važnima, dovoljno je što znate da će oni doći, za sve ostalo vas nije briga. A što ja mogu? Kako odigrati ovu partiju? U tome se ne nalazim, brate mili, a nitko me ništa nije ni pitao! Da nije tvojih, ne bih ni postojao. Vjeruj mi, biti Hrvat i LDS-ovac je u Americi čak teže nego u Hrvatskoj! Zašto? Vidiš, pokušao sam stupiti u kontakt s hrvatskom zajednicom u Illinoisu: nisam uspio. Sve je bilo dobro dok nisam morao kazati „kojoj rktl župi pripadam" i „jesam li aktivni katolik". Kad sam rekao da sam Mormon, svaka komunikacija s njihove, a time i „moje" hrvatske strane je prestala. U jednom su mi trenutku bili spremni pomoći oko povratka u Hrvatsku: u panici, bez ikakve pomoći, zamolio sam jednog svećenika, zapravo redovnika iz Chicaga da mi pomogne i, priznajem, dobar čovjek je čak nazvao konzulat RH ne bi li mi pomogao. Hja, da sam ustrajao u odluci, danas ovo ne bih pisao nego bih živio (kao katolik?) u Hrvatskoj daleko od svega ovoga, prijatelju. Hrvati su katolici, a ja sam za mnoge od njih izdajnik jer sam promijenio vjeru, što pak nije istina jer ranije nisam bio vjernik, ne prije ulaska u našu Crkvu, koja je Njegova Crkva. Nemam mogućnosti ulaska u hrvatsku zajednicu, niti sam katolik, niti uspješan poslovan čovjek, a to što sam ratni veteran i nije neka kvalifikacija za biti članom svijeta američkih Hrvata. Doista, kao katolički vjernik imao bih mnogo više šansi za življenje svog američkog sna.

Ovako, kako je, tako je! Svjestan sam složenosti problema. Nisam došao u Crkvu da bih uzeo jednu lipu, jedan cent, nisam od te vrste vjernika. Krist, Sin Božji, evanđelje Njegovo, služenje Spasitelju svijeta, to su moji razlozi pristupanja Crkvi. I svete uredbe za moje mrtve, kako bih se, ako Bog da, opet našao s svojom vječnom obitelji.

Pa, prijatelju, na čemu smo? Zašto sve ovo? Bolestan sam, ne samo zbog ovog COVID-19, koji me napao za Božić, kosti, kuk, sve me muči i sve sam slabiji. Starim brzo, mnogo brže no što sam mislio da će se to zbivati. Neku noć, dok sam jedva disao, gušio sam se na krevetu, sav u znoju, u bolu, u grču, ispred očiju mi je prošla jeda zanimljiva scena: vidio sam vlastiti grob! Ležao sam u jeftinom lijesu, netko me odjenuo u moje staro odijelo i navukao mi na noge moje stare crne cipele i tako sam ležao u otvorenom lijesu, a lijes su spustili u vlažnu ilovaču. Nisam shvatio na kojem sam groblju, američkom ili hrvatskom. Bilo je mnogo ljudi, interesantno, ali nikoga nisam prepoznao. Nijedna poznata njuška na mom pogrebu! Ni tebe ni tvojih, nitko iz Crkve, samo gomila nepoznatih ljudi! I još nešto: svi su imali sleđene face, hladne i mrtve. Stajali su u redovima oko mog groba, a moje je tijelo bilo čudno mršavo u otvorenom lijesu. Gledao sam odozgora sve to i pogledom tražio tebe. Nije te bilo. To neko groblje i pigra masa prigodno tužnih ljudi hladnih njuški. Gdje si bio? Zašto nisi došao na moj pogreb? To je ružno, brate, trebao si doći. Zašto nisi?

Haha, ne brini, bješe samo san, agonija, ništa važno. Gdje smo? Onda? Ne očekujem da ćeš mi se javiti nakon Nove Godine, zauzet si i te stvari, a koliko stvarno želiš, ne bih o tome, sve znaš. Smetam ti? Nisi baš presretan kad ti se javim. Nije to loše, tako je jer drugačije nije. Imamo li nas dva o čemu razgovarati? Razgovaramo li uopće? Ja, stari nitko i ništa, sa svojom prošlošću koje se nikad riješiti neću i ti, mlad čovjek, muž i otac, s lijepom budućnošću, bez nekih strašnijih briga, iz dobre obitelji, rođen u spokoju i živiš u spokoju, bez iskustva gladovanja i teškog siromaštva ti nemaš živaca za moj tip egzistencije. Obično kažeš „ti si tužan jer ne želiš biti sretan." Haha, da, ne želim biti sretan...

Kako god, nadam se da me razumiješ. Ni sadašnjost ni prošlost baš mi ne idu. Gospod nam je dao dar sjećanja i kad si čovjek s mojom poviješti, onda je svaki dan težak: ubija me prošlost ne zato što se ne mijenja (okay je to), već zato što me malo tko razumije. Za LDS ljude elementarno ljudsko zlo, onaj sotonski plamen mržnje koji uništava i ubija jednostavno ne egzistira. (Zato i ne vole gledati filmove o stvarnim životnim pričama nego obožavaju pizdarije poput „Star Warsa", „Harry Pottera", dječjih bajki i sličnog smeća: gledati film u kojem muž mlati ženu, a predsjednika USA tajnica oralno zadovoljava je previše stvarno, ta LDS svijet je savršen, cvijeće cvate, ptičice pjevaju, život je dobar i sve je sjajno!) Prokleto ste slijepi na zlo svijeta, prijatelju! Zato neki ne razumiju koliko sam ponizno zahvalan za spoznaju Krista! Jer nisam to dobio rođenjem, u pelenama i nisam živio pod staklenim zvonom bez doticaja s ljudskim svijetom mržnje i prezira! Meša Selimović je mudro rekao: „Trebalo bi ubijati prošlost svakim danom što se ugasi. Izbrisati je kako ne bi boljela. Lakše bi se podnosio dan što traje, ne bi se mjerio više onim što ne postoji. Ovako se miješaju utvare i život, pa nema ni čistog sjećanja ni čistog života.".

Viking moj, ništa ti ne predbacujem! Ništa nisi kriv, ni Crkva ni ljudi, nitko ništa nije kriv, nitko mi ništa nije nažao učinio! Možda samo nisam našao što sam tražio, možda na ovome svijetu nema onog što mi je potrebno, za čim mi i duša i srce žude svih ovih desetljeća.

Najmiliji moj brate, ne postoji način da budem sretan u smrtnosti (na mormonski ili bilo koji drugi način). Ljubav kojoj bih služio, kralj kome bih služio, čemu bih dao cijelog sebe, ljubav za koju bih umro na bojnom polju protiv zla, tu i takvu ljubav u prolaznom vremenu ovozemaljskog postojanja naprosto ne vidim, nema je.

Čekam veliki Dan suđenja. A do tada, drži se. Vjerujem ti potpuno, bez obzira na sve. Konfucije je rekao: „Veća je sramota ne vjerovati svojim prijateljima, nego biti prevaren od njih." A ti me nisi nikad prevario. I zato ponavljam, nisam znao što će biti kad sam letio iz Zagreba preko Pariza i Barcelone do Los Angelesa i Las Vegasa. Nisam znao. Vjerojatno sam slušao krive savjete od krivih ljudi. (Pri čemu sam zaboravio mudru misao Ezopa: „Nikad ne vjeruj savjetu čovjeka koji je u problemima.") Što je, tu je, iz kože se ne može, a ja nisam zmija da mijenjam kožu. Hvala ti, prijatelju, volim te.

XIII. Scena

Crkva, treći dio: Poraz Sotone!

„ Ljudi nose zastave, krvare, izjedaju se frakcije i
sekte, trujući se kletvom i invektivom, netalentirani
božji isposnici, čitava ta shizofrena rulja mijenja
ustave i kabinete kao pelivanske krpe..."

Miroslav Krleža

Borba je bila teška, u meni, duši mojoj i u srcu mome. Riječ je Gospodnja:
Jak. 4:7: „Podložite se dakle Bogu! Oduprite se Đavlu i pobjeći će od vas!"
Alma 34:39: „... da budete budni u molitvi kako ne bi bili zavedeni napastima đavlovim..."
NiS 10:12: „I na ovaj način đavao nastojaše skovati lukav naum, da bi mogao uništiti
ovo djelo."
2. Nefi 22:2 : „Gle, Bog je spasenje moje; uzdat ću se, i neću se bojati; jer je Gospod
Jahve snaga moja; on također postade spasenje moje."

„Teorijom zavjere, masonske lože i jezuiti, tumačenje obrnutog pentagrama kao znamenje prizivanja Sotone i sva ostala sranja koja se mogu pronaći na internetu ne mogu objasniti slušanje glasa iz tmine, ne mogu objasniti želju za povratkom u ništavilo nevjere: o ne, crnim se lažima, napadima na Crkvu nedokazanim tvrdnjama i izmišljenim pričama, lažnim optužbama, a osobito ne ispraznim filozofskim raspravama o doktrinalnim razlikama Biblije i Mormonove knjige, o tome jesu li Joseph Smith i Brigham Young bili masoni 33-ećeg stupnja i vladaju li ti i takvi jezuitski masoni preko kršćanskih crkava, uključivo i LDS Crkvu, svijetom kao svojevrsni „obiteljski vladari" ja neću koristiti kao oružje u ratu protiv vlastite vjere i Crkve kojoj pripadam. Ono što me gura prema crkvenim izlaznim vratima je moćnije od gluposti i kavanskih blebetanja! Nikakve bajke me ne zanimaju, ja mjesecima slušam u tmini noći, kao i na svjetlu dana, zvukove iz samog pakla, slušam iako ne vjerujem da mi se Sotona obraća osobno. Možda da, s đavlom se nikad ne zna!

A onda, ispit snage vjere u Krista svakako uključuje i izravan boj s đavlom i njegovim crnim anđelima smrti i zla: upoznati suprotnost od dobra da bi se dobro shvatilo, zar to ne ide tako? Ne mogu znati što je gorko ako ne ispijem vrč pelina, ne mogu znati što je kraj ako ne dođem do njega! Ah, to je već paranoidno ludilo, to sve skupa nema više veze s Kristom, to u meni i oko mene! Bio bih sretan da nisam sve doživio što sam doživio, vidio, čuo i osjetio: ali jesam i koga vraga da radim? Što misliti? Što kazati, što biti?! Ostati u Crkvi ili otići jer postoji lakši put? I kad sam već kod koračanja, koji je put pravi, ako ima krivih putova? Ne sumnjam u živoga Sina živoga Boga, sumnjam u vlastitu moć rasuđivanja: ako ima krivi put, kako znati koji je to krivi put? Molitvom? Kontemplacijom? Kako i kad? Sad? Nije li prekasno? Možda prerano? Zašto nema odgovora na sva ta prokleta pitanja? Gdje su odgovori, a i pitanja, nisu li prestarjela, ima li uopće smisla u svemu ovome?

Postoji li zemaljska crkva i nije li nebeska crkva na zemlji samo iluzija? Obmana? Fatamorgana? Što je istina, a što je laž? Kakva je to američka crkva? Zašto američka, a ne hrvatska? Zašto američki ustav u crkvenim stvarima, a gdje je u svemu hrvatski ili bilo koji drugi ustav bilo koje treće, pete ili stote države? Kako može država od svega dvjesta i nešto godina biti više božanska od hrvatskoga kraljevstva od stoljeća sedmog? Kako to Gospod računa vrijeme i kako mu je to neka beba-država draža od one čiji sinovi ginu u obrani Spasitelja trinaest stoljeća? A što je s prolivenom krvlju za Boga? Gdje su bili Amerikanci dok su Hrvati ginuli protiv Turaka braneći na „predziđu kršćanstva” svetinje vjere Kristove? Glupo, govori mi glas, ne vjeruj lažnim prorocima, nema božanskog u svijetu multinacionalnih kompanija i zelenog dolara! Pogledaj i čuj: USA ovo, USA ono, najbolji i najjači, prvi i najveći! Zar se čovjek kojeg zovu živim prorokom ne klanja stanovniku Bijele kuće, ma tko on bio? Kakav je to Božji zemaljski namjesnik ako sluša zemaljskog gazdu?

Doduše, poput svih kršćanskih crkava, govori mi glas tmine, i mormonska crkva rabi lažnu mudrost obmane kao izvrstan lijepak za naivne glupe muhe: vođe, prvaci ove Crkve na svim razinama majstori su slatkorječivosti, dodvoravanja i kazivanja onog što očajni žele čuti. Ne slušaj ih! Traže od tebe da pokornost i trpljenje, a svijet nije za trpljenje, postoji lakši način, nisi stvoren da bi patio nego uživao, nisi rođen za bol nego nasladu i radost u zemaljskim dobrima! Vječnost ne postoji, sve što možeš i želiš je ovdje, na zemlji, oduvijek i zauvijek! Blebetala, eto što su svećenici, ne slušaj gluposti nego uzmi bogatstvo odmah! Bog nije stvorio vino da ga ne bi pio, nije stvorio prekrasna tijela da ne bi uživao u seksu, nije stvorio orgazam da ne bi svršavao milijun puta s milijun različitih tijela! A što ti nude ti tzv. svećenici, crkveni vođe? Zabrane, ne smiješ biti što jesi! Probleme ti nude kao test lojalnosti, po-lušnosti, izazove kao nagradu, a bol i tugu kao normalno stanje! Zar je to nenormalno normalno? Kakav je to Bog koji daje suze, a ne osmijeh i koji traži da klečiš umjesto da ustaneš i ponosno hodaš sa svime što želiš biti i jesi?

Ljubiti neprijatelje? Molim te, bio si u ratu, kakve to logike ima, voljeti neprijatelje?! Zar su četnici na tebe i tvoje suborce bacali cvijeće ili su vas zasipali ubojitim granatama i tisućama metaka? Zar su srbende htjeli grliti se s vama ili vas su htjeli pobiti kao zečeve, bez milosti? Ljubiti neprijatelja? Glupost, ne slušaj to! Ubiti i satrti, osvetiti svaku kap prolivene krvi, za jedan hrvatski grob sto srpskih i balijskih! Tako je i nikako drugačije ne može biti! Uostalom, nastavlja glas, tko su ti koji ti sole pamet i dociraju što jest dobro, a što to nikako nije? Starci u skupim odijelima i nimalo jeftinim cipelama, s korporativnim plaćama, benefitima, odličnim osiguranjem i zagarantiranim mirovinama? A ti moraš plaćati deset dolara od sto za desetinu i crkvene strukture ti nisu pomogle i neće? Jesi blesav? Zar ne zaslužuješ živjeti barem materijalno osiguran? Tko ti docira, tko ne brine brigu ima li za kruh sljedeći dan i gdje će spavati? O nebeskom raju ti govori netko tko živi zemaljski raj? Zašto moraš podnositi nedaće, a oni ne? Gdje je granica između njihovog ugodnog života i tvog uništenog?”

Znojim se, tjeram rukama od sebe taj prokleti glas: tko si ti, što to govoriš? Ne želim to slušati! Ti lažeš, to su laži! Ne kleveći Crkvu Isusa Krista svetaca posljednjih dana! Ja znam istinu, ti lažljivče! Nisu to prevaranti, to su moja braća i sestre u Kristu! Pozvani od samog Gospoda! Božji ljudi na zemlji! S ovlastima, puni ljubavi! Ne muči me, ti mračni stvore! Tko me je zagrlio kad to nitko nije htio? Sveci posljednjih dana! Pružiše mi dom, utjehu, ljubav u ime Krista! Ne želim te slušati, ti si sotonin?! NiS 1:30: „...da bi mogli imati moć da polože temelje ove crkve, i izvedu je iz mraka i iz tame, jedinu istinitu i živu crkvu na licu cijele zemlje...”. Efežanima 2:20: „... nazidani na temelju apostola i proroka, a zaglavni je kamen sam Isus Krist.” Moći Duha svetoga primih odgovor i znam da je to istina: ovo je Crkva Isusa Krista! Hvala Gospodu na živom proroku Božjem, na živim apostolima Isusa Krista! Hvala Gospodu na Mormonovoj knjizi, najvećem svetom pismu ikada! Znam da je to istina! Riječ je Božja, NiS 17:6: „I on prevede knjigu, i to onaj dio koji mu zapovijedih, i baš kao što Gospod vaš i Bog vaš živi, to je istinito.” Tko može zanijekati riječi samog Spasitelja kojima potvrdiše istinitost Mormonove knjige? Čija je riječ moćnija, Božja ili od smrtnika? Nemam dvojbe, vjerujem u Krista, Kristu vjerujem! Amen!

„Haha, kako si glup, a što imaš od te tvoje vjere? Ništa, smiju ti se, glupane, smiju ti se iza leđa. Tapšu te po ramenu, haha. Gdje je ljubav o kojoj zbore? Vidi sljedbenike moje, u zlatu i kadifi, u limuzinama i palačama, dijamantima se kite, piju nektar zemaljski, najbolji i najskuplji! Šokiran si? I trebaš biti, idiote! Kakva istinita Crkva, ja sam bog zemlje, vladar smrti i sve što si čuo od njih, laž je! Kakva je to ljubav kad ti njima plaćaš njihove udobnosti, kravate njihove i kuće, a i prefina jela i putovanja iz tvojeg džepa se namiruju, iz tvog i svih koji su jednako glupi kao ti! Govore o nebeskom kraljevstvu, a zemaljske političare služe! Budalo, osvijesti se dok nije kasno, dođi i služi mi, u tmini je svjetlo, u mraku sve su mačke crne, haha! Rekoše jedan od njih: „...naučavanja našeg Spasitelja koji je nadahnuo Ustav Sjedinjenih država...” Haha! Vidiš, politika je tamo gdje joj nije mjesto! Zašto je taj vaš Spasitelj nije nadahnuo Ustav Republike Hrvatske? Glupane, skoči s tog ruzinavog broda i popni se na blještavu jahtu Đavlovu: med i mlijeko, šampanjac i najskuplja pića teku u potocima, a zlato je poput pijeska, ima ga napretek! I sve je lako, odbaci zakone i zapovijedi! Pridruži se vojsci mraka i biti ćeš sretan! I slobodan ćeš biti! Potpuno slobodan! Nema ograničenja, nema zabrana, nema tabua! Vatra pohote, oganj želja, sve je moguće! Svega ima! Odustani od Krista! On je slabić! Emocije? Haha, nema pobjede u osjećajima za druge, na sebe misli i bit ćeš veći od bogova! Crkve su prljave, tmina je čista. Sve što te uče je neistina, sve je prljavo, sve je hipokrizija! Kod đavla sve je jasno, zlo je zlo, tama je tama, nema pretvaranja! Nema skrivanja, nema glume. Dođi u kraljevstvo, stvarno i jedino, carstvo Sotone! Fiškali, menađeri i bankari, trgovci i suci, možeš misliti koja se elita sakrila iza zvučnih naziva apostola i proroka: pa te iste, u drugim oblicima jer bješe drugačije vrijeme, sam je njihov Spasitelj, taj vaš Krist izbacivao iz hramova i tjerao kao one koji ne zaslužuju Božju milost! A sad su opet s moćima Njegovim! I ti im vjeruješ, a zašto? Stara laprdala zalizane kose i s umjetnim skupim zubalima pozivaju te na strpljenje i žrtvu dok oni uživaju bez straha o tome hoće li moći platiti račune za struju i ratu za hipoteku! A ti ni dobrih cipela nemaš, od dobrote tuđe živiš! Znam ja sve, kako si teško i krvavo radio ovdje u Americi, a za što, za nekoliko dolara, haha! Što si jeo na onoj planini ili na onom zimskom ranču u Utahu? Koje si uvrede slušao, koju si nesreću morao preživjeti, koja poniženja odšutjeti? Kolika ti je bila plaća, gdje si se prao, na čemu si spavao, glupane? Crkva ne postoji! Biznis, sve je vjerski biznis, vrlo unosan, ali ipak samo biznis! Okreni se oko sebe i odustani, nudim ti svu raskoš, nudim ti pijanstvo, tjelesnost koju nisi ni sanjao, nudim ti slobodu grijeha. Nema plaćanja desetine! Milijuni uživaju! I ti možeš, odluči odmah! Bla, bla, novi Sion, osobno spasenje, vječni život, nebeski plan i ponizno služenje... Ništa to nije! Zašto bi potrošio sedamdeset godina za nešto što neće doći? Pedeset i tri si spiskao, nemoj ostatak uludo izgubiti! Uživaj sad!

Kakva obećana zemlja? Američki patriotizam? Božja zemlja, a Ustavom nadahnutim Isusom Kristom? Haha, molim te! Država koja je stvorena na krvi nevino ubijenih, na stotinama tisuća ubijenih, pa zbrisani su s lica zemlje cijeli narodi Sjeverne i Južne Amerike da bi bijeli „savršeni kršćani” uzeli što nije bilo njihovo! Pogledaj dublje u povijest te „Božje Amerike”: što stoji iza tzv. američkog sna i „slobode vjere” na kojoj je „građena” ova sjajna država? Patriotizam u ime Krista nastao je na milijunima grobova satrtih, izmasakriranih nebijelaca, eto to je što moraš čuti, ti obraćeni balkanski stvore! Dokaze nije potrebno tražiti u zapisima o prvim osvajačima američkog tla kao što su bili Giovanni Caboto, Hernando de Soto ili Robert Cavelier de la Salle, odnosno, prije njega, Jacquec Cartier. Ne trebam govoriti o (za američku priču neizostavnim) Pilgrimma iz Engleske s broda „Mayflower” (a i tome bih ti mogao svašta kazati, mnogo vrlo pikantnih detalja o spodobama za koje mnogi Mormoni kažu da su rodbinski povezani s njima), o ne, sve je to lažno i bijedno! Dobre nakane sastavljača Deklaracije o neovisnosti od šestog srpnja 1776., kao i sve ono „dobro” u Povelji o pravima iz 1791., sve je nestalo i pokopano u pepelu spaljenih kuća, vigvama i tijela žrtvovanih za uzdizanje „američke nacije”! (Haha, kako teorije zavjere govore da su i osnivači SAD-a bili masoni i iluminati, haha!) Oh, i nije to samo povijest! Zato ti kažem, vođe crkve te lažu, ništa božanskog nema u povijesti američke državnosti, kao ni u hrvatskoj ili bilo kojoj drugoj državnosti, haha, ničega plemenitog! Osim fraza, jasno, ali od fraza kruha nema! Crnci, indijanska plemena i Kinezi, o da, tisuće njih leže kao nosači pruge koja je bila sinonim napretka i ujedinjenja države izgrađene na krvi i leševima... Moram obrazlagati? I ja mislim da nema smisla, haha. Poslušaj me, ako želiš živjeti američki san, napusti Crkvu i dođi Đavlu, dođi biti ćeš svoj i slobodan!”

Dosta! Prekini, Sotono! Odlazi u ime Isusa Krista!

Ništa ti ne znaš, mrski izdajniče Nebeskog Oca! Moja braća i sestre moje iz jedine žive Crkve Isusa Krista na zemlji su moja obitelj, jedina prava koju imam! Ne dam na njih! Ne dam na Boga živoga, ne dam na živog Sina živog Boga!

Dosta! Ne napuštam brod Isusa koji je Krist! Ja sam kršćanin, ja znam jedinu nebesku is-tinu! Član sam Crkve Isusa Krista svetaca posljednjih dana! Amen!

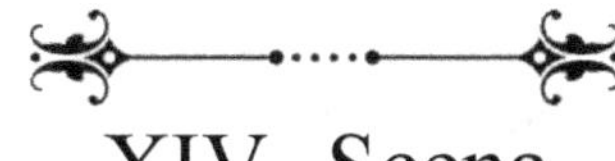

XIV. Scena
Hrvatska, treći dio: Uzmi ili ostavi
Biti rob 'rvatskog kulaka

„I make him offer he don't refuse."
Don Vito Corleone, The Godfather

(Marlon Brando)

Svatko od nas prima i daje ponude. Neke su prihvatljive, neke pak uključuju spremnost na kom-promis, a treće i tko zna koje se unaprijed odbijaju jer na neke stvari ne možemo pristati ni uz naj-veću toleranciju i maksimalne ustupke. Nebrojeno je vrsta ponuda i spomenute inačice samo su banalni primjer: nijansi je milijardu, upravo koliko i inačica ugovorenih i realiziranih ponuda. Kako bilo, kod postizanja dogovora oko ponude, od presudne je važnosti nastojati da vuk bude sit, a sve ovce da ostanu na broju. Što je glupost jer imati i ovce i novce je lijepa želja, ali uglavnom neostvarljiva, ne ako se igra pošteno i s otvorenim kartama na stolu. Stvarnost davanja i primanja ponuda je sasvim drugačija, uvijek brutalnija i bez milosti za slabiju stranu. Tvrde su i skupocjene ponude koje nam se nude tijekom našeg života, a rijetki su sretnici koji ne moraju plaćati dvostruku i trostruku cijenu ostvarenja planiranih želja. Svaka čast iznimkama, no na razini pojedinca, ponude uz mogućnost pregovaranja su farsa jer se sve svodi na sustav uzmi ili ostavi, krepaj i crkni, crkni ili živi crkavajući.

Ovo se pravilo najbolje vidi u egzistencijama nas Hrvata-mrtvaca, bijednika koji životinjarimo na hrvatskim bespućima posljednjih trinaest stoljeća. Sredstvo u povijesnim ponudama koje su naši preci pri-mali kroz tisuću i tri stotine ljeta i zima od baruna, grofova i biskupa, kraljeva i careva, a danas od mini-stara, predsjednika stranaka, šefova banaka, lokalnih šerifa u likovima načelnika i gradonačelnika, župana i državnih tajnika, dakle, naše je meso, naša krv, kosti su naše i životi naši predmeti ponude naših dičnih vladara, onih davnih plavokrvnih i sadašnjih demokratskih. Ponude o kojima na saborima, skupštinama, sjednicama stotina odbora, vijeća i povjerenstvima besplodno raspravljaju slavne povijesne veličine, sine-kuristi svih fela i boja odjeveni u raskošne livreje nacionalnih hrvatskih moralnih, umnih i duhovnih verti-kala nisu ponude nego ultimatumi, stanja koja su fakti i o kojima mi mrtvaci nemamo što reći. Samo uzeti ili krepati, o ponudi živjeti ili umrijeti mrtvaci ne raspravljaju, a što i bi, kad su mrtvi, dubidusi blesavi! Najniži od najnižih danas su jednako u blatu kao i naši preci, kmetovi. Moderno treće milenijsko vrijeme ne treba krvnike ni švedske plaćenike, danas se ubija riječju, danas vladajuća kamarila ima na platnim listama cijelu ergelu cilindraša intelektualaca u lutkama kolumnista, blogera, publicista, sociologa religije i religijskih teoretičara, PR-lajavaca, dr.sci. sveznajućih samohodnih dvonožnih umnika čiji je preko sva-ke mjere plaćeni posao pisanje, govorenje, nastupanje u odioznim tv-emisijama, objavljivanje na društve-nim mrežama i na opskurnim portalima s ciljem podržavanja djelovanja vlasti (ponekad i opozicije, poradi ravnoteže stvari i stvaranja privida postojanja demokracije) i opravdavanja zlog svijeta koji je jedina moguća opcija bivstvovanja za sve, posebice za Hrvate-mrtvace. Pišu i dociraju pomoću pamfleta, osvrta, kolumni, kritika, pregleda tjedna, čega i kako već ne naškrabanih budalaština koje sa zdravim razumom nemaju nikakve veze! Vlasnici medija ionako su poslovno, rodbinski, kumski i na svaki način povezani s političkom mafijom. Stvarnost se prikazuje rajski, a eventualne slabosti kao prolazne nezgodacije. Kritički osvrti prema jednom ministru objavljeni danas već sutra prelaze u hvalospjev, a osobne preferencije autora tekstova mijenjaju se prema brzini punjenja bankovnog konta i autora teksta i vlasnika medija. I dok je tekstove lako preskočiti, bombardiranje s TV-ekrana nije jednostavno izbjeći. Laž je istina, a pronaći što je neistina, a što je ipak istinito nije nego uzaludno trošenje vremena i živaca! Malo je onih koji se usude progovoriti i suprotstaviti se tim jebivjetrima. Ponekad im se da kazati štogod, no to su više anegdotalni ispadi nego stvarno opasna kritika postojećeg režima.

U tom smislu ponude koje smrtnici dobivaju nisu ponude nego baš ono što jest, uzmi ili ostavi, živi po propisanom ili krepaj, tko te jebe konačno! Pozivanje na razum i pamet unaprijed je sankcionirano, a kako je u 'rvatskoj realnosti pojam „pameti" svemirski udaljen od uma, znanja i ljudskosti, ispadi poput „luđaka" i „luđakinja" koji unatoč svemu idu protiv struje karakteriziraju se poput stand-up komedije, vica koji se drugo jutro zaboravi. Pričanje pizdarija je zabavno, ali ne narušava uspostavljeni rezon stvari.

Krdo samoproglašenih nad'rvatskih 'rvata, u biti poltrona u službi Hrvata-grobara, u svom djelovanju ispunjenja poslanja propisivanja što jest 'rvatsko, a što to nikako nije, publicira „'rvatsku istinu" i 'rvatsku stvarnost upravo dosadno kao što su to radili hrvatski baruni, grofovi i biskupi kroz mnoga stoljeća. Danas je moderna tehnologija, drugačiji su pristupi, ali suština je nepromijenjena, a cilj je isti, pokoriti mrtvace, držati ih u kmetskom ropstvu dvije tisuće dvadeset i prve, druge, treće, kao i tisuću pedesete, tisuću tristo devedeset i sedme ili tisuću sedamsto trinaeste. Umjesto premilostivih baruna i grofova Vojkovića, Draškovića, Zdenčaja, Zakmardya Patačića i Keglevića došli su bivši drugovi i drugarice, pa dame i gospoda Tuđmani, Šeksi, Zagorci, Šuški, pa onda Sanaderi, Ostojići, Račani, Milanovići i Grabar-Kitarovićka, Mesići, Josipovići i stanoviti Orešković (koji ne govori hrvatski), pa razni Kalmete, Čačići i Oberšneli, Pupovci, Kajtaziji i Jandrokovići, svi u stotinama nijansi, vrsta i podvrsta. Doduše, današnja 'rvatska elita manje je plavokrvna nego što je bila ona iz godine 1527., danas nemaju grbovnice ni plemićke listine. Moderna aristokracija ne crpi rodoslovlje iz Libor regius i Libro d'oro knjiga premda bi to žarko željeli: umjesto barunskih i grofovskih titula nose se mr.sci., dr.sci, kao i naslovi akademika i dužnosti premijera, predsjednika države, ministara, predsjednika stranaka, a neki se kite katoličkim viteškim redovima kao kolajnama Nj.C.I.K.V.F.J.I za Velikog rata godina 1914-18., da. Smiješno jer kad je netko vitez, a da u cijelom svom akademski monotonom i društveno katolički čistom, moralno neupitnom i profesionalno ispunjenom životu nije uzeo u svoje viteške ručice nož veći od noža za vineršnicel iz puničinog srebrnog bešteka koji mu žena vadi za Božić, Uskrs ili za karmine i vjenčanja, onda je naslov viteza tek stupidan znak ljudske gluposti i megalomanije. Biti vitez danas je odiozno i komično s obzirom na tu činjenicu, a onda, vrag zna, možda dotični potpredsjednik sabora (namjerno ne pišem velikim slovom, izgubio sam respekt prema tom kokošinjcu) sniva ispod svoje svilene plahte i tuhice ispunjene čehanim perjem (još jedna uspomena od prabake po ženinoj liniji) kako u sjajnom oklopu, pod trobojkom, sa isukanom sabljom, jašući uz samog kralja Ludovika II. juriša na mrske otomanske zavojevače 29. kolovoza 1526. na Mohačkom polju. (Nejasno je sanja li akademik i vitez pobjedu ili poraz, a kako je Sulejman Veličanstveni odnio pobjedu, možda naš novodobni vitez sniva drugačiji ishod, pobjedu katoličkog oružja nad Osmanlijama, haha!) I tako vitezovi, prodekani i dekani, ravnatelji i predsjednici uprava, glavni državni inspektori, predsjednik i suci Vrhovnog suda, kompletan sastav Ustavnog suda, zamjenici ministara i tajnici klubova zastupnika, šefovi banaka i predstojnici klinika, predsjednici fiškalskih, javnobilježničkih i inženjerskih udruga i književnici, članovi HAZU-a i predstojnici, upravitelji, savjetnici, urednici i voditelji svega i svačega, cijela ta armija cilindraša u službi Hrvata-grobara nastavlja tradiciju tlačenja i gaženja hrvatskog kmeta, a ponude koje nude tom našem zagorskom, prigorskom, podravskom, slavonskom i međimurskom, dalmatinskom i istarskom, uopće hrvatskom kmetu nisu nego samo uzmi ili ostavi, živi kako mi kažemo ili krepaj!

Ni nakon pobjede u Domovinskom ratu, kad su sve prilike bile na našoj strani i kad je Hrvatska trebala postati domovina svih, a ne Domovina odabranih, nisu se ostvarile riječi Ivana Gundulića iz njegovog velebnog „Osmana": „... tko bi gori, sad je doli, a tko doli gori ustaje...". Nakaradna verzija tih riječi je na djelu, ali to nema nikakve veze s porukom sjajnog epa velikog hrvatskog pjesnika. Nije se zbilo niti će se ikada zbiti da hrvatski kmet, težak, katunar, radnik, sirotinja sirotinje hrvatske počne živjeti dostojno čovjeka: u usranoj definiciji zaborava vlastite krvi i djelovanjem povijesnih mijena, u gnoju hrvatskog postfeudalnog svijeta, iz pepela davno mrtvih pe-el i presvijetlih relacija, oni malo promućurnije prirode (kao i spomenuta kamarila potomaka vječnih činovnika i slugu svih režima, od najnižih do najviših plaćevnih razreda) uspijevaju, što sami, što po crti pomoći perverznjaka u habitima i s mitrama na masnim glavurdama, školovati svoje gojence, svoju mladunčad iz jugoslavenskih vremena i dovoljno ih istrenirati za preuzimanje stvaratelja „ponuda" za život Hrvata-mrtvaca, među koje mrtvace se ubrajam i ja, u punini ponosa na taj najniži status u piramidalnoj shemi Hrvatske trečeg milenija.

Promjena titulara i ustroja plemstva i uzdizanje građanske tzv. elite kao te i takve društvene kreme prilagođene zahtjevima dvadeset i prvog stoljeća prošlo je posljednjih trideset godina među narodom hrvatskim prilično tiho s obzirom na krajnji rezultat: kaos i uništena Hrvatska, zgažena na svaki način, nemilosrdno i veleizdajnički. Spoj prebendarske kaptolske moći i političke postkomunističko-emigrantske kokošarske bande džeparoša i luftbrenzera pokazao se u punoj snazi razbojništva u svakom dijelu života, jednako u poljoprivredi kao i u znanosti, u pravosuđu i školstvu, zdravstvu i državnoj upravi, bankarstvu i kulturi, nema dijela hrvatske zbilje koji nije zasmrađen izdajničkim antihrvatskim govnom umotanim u bliještavi celofan patetičnog domoljublja garniranog otrovom falsificirane povijesti.

Hrvatska priča teče stoljećima sve jednakim tempom smrti, uništenja i izdaje. Kad se odumiruće plemstvo miješalo s novonastalim homolicindraškom klasom, kad je baš sve krenulo u nekom svom redu, povijest je dala svoju ponudu koja se ne odbija. (Rasulo feudalnog k.u.k. univerzuma trebalo je prebroditi miksturom evoluirane neokapitalističke klike koja je poslujući po švercerskim pravilima mutikaša iz beogradskog pašaluka počela nakon prvih godina poraća stvarati novi europski civilizacijski bankarsko-korporativno-fiškalski svijet velikog dvadesetog vijeka: sposobnost prilagodbe novim uvjetima novih gospodara za Hrvate-grobare, a osobito za njihove sluge nikad nije bila upitna, jednako 1918., 1941., 1945., kao i posljednji put, 1990 godine. Crvi, paraziti, usrane 'rvatske pijavice što ždere hrvatsku kmetsku krv trinaest stoljeća uvijek znaju kako i kad promijeniti kapute, kad sliku cara zamijeniti slikom kralja, a ovu poglavnikovom, a njegovu pak slikom maršala i potom objesiti fotografiju vrhovnika. „Kralj je mrtav, živio kralj" nigdje se ne pokazuje u punini dvoličnosti i laži kao u našoj hrvatskoj priči.) Novi rat i nove podjele: prošlost hrvatske gluposti je definicija gluposti, a sklonost izdaji vlastitog naroda i države oduvijek se odvijala po uhodanoj shemi uz mahanje zastavama i pozivanjem na tradiciju svijetlog hrvatskog oružja i stare slave slavnoga kraljevstva. U kolopletu smrti i nestajanja hrvatski se kmet opet našao u rascjepu volje grobara i ponuda koju je dobio ponovno je bila bez druge solucije: rat za jedne, rat za druge oblike hrvatstva, dosadno glupo jer nijedna od dvaju strana nisu nudile mir, slobodu i pun želudac. Prvi su nudili tisućljetni san u okrilju Reicha (što se ne bi dogodilo čak i da je umobolni bivši kaplar odnio pobjedu na bojnom polju: savjet nad'rvatima, čitati Mein kampf i slušati originalne govore Hitlera i njegovih apologeta), a drugi su nudili zemaljski komunistički raj po uzoru na sovjetske gulage. Kasnije se to promijenilo u jugosrpskokomunističku inačicu reda stvari: na sreću po nas Hrvate, veliki ego trostrukog narodnog heroja zapriječio je pretvaranje Hrvatske u još jednu kolhoz vukojebinu, maršal je ipak imao drukčije ideje, koje su i dalje bile debelo i duboko komunističke, ali ipak nisu ni bile sasvim sovjetske. Napokon, na Golom otoku je stradalo više Srba i Crnogoraca nego Hrvata, iako to nije mjerilo. Činjenica o porazu prvih nije donijela dobro u pobjedi drugih. Smjena ponuditelja bijaše okrutna, smrtonosna i nemilosrdna. Pod rafalima mitraljeza, pod udarcima oznaških pendreka, u svemoći partije kao kad kažeš „keks" nestalo je postfeudalno plemstvo, uništeni su palanački kapitalisti jednako kao i vazali Hitlera i Musolinija, izbrisani su s lica zemlje hrvatski aristokrati, a hrvatski je kmet stajao začuđen pred strašnom mijenom nositelja „ponuda za život": novi gospodari, koji će ispasti strašniji od Hedervarya, Živkovića i Pavelića zajedno, nisu bili glupi kao što se danas govori. Ni najmanje, znali su što i tko im treba za ostanak na vlasti, a za to sama partijska struktura nije bila dovoljna. Nisu izmišljali toplu vodu, preuzeli su iste metode kao i sve vlasti prije njih: stvaranjem ogromne vojske poslušnika, slugu, dojavljivača, tihih, upravo nevidljivih podupiratelja „socijalističke ponude koja se ne odbija." „Starih" komunista bješe malo: ovi o kojima govorim su oni isti, odnosno njihovi bastardi, koji su klicali Hedervaryu kao i Aleksandru Karađorđeviću i Anti Paveliću. Dakle, komunisti su stvorili crveno plemstvo, socijalističku aristokraciju koja nije nužno bila komunistički usmjerena (unatoč posjedovanju partijskih knjižica, a što se najbolje vidjelo devedesete, kad je to crveno govno pretrčalo u novi tabor demokratske aristokracije). Sami komunisti, izuzev vrha kojem se ne može predbaciti neobrazovanost, ne dijelom, nosili su prosjačko i seljačko rodoslovlje, što je tragično zbog svoje istinitosti u svim našim hrvatskim lažima: većina „crvene vlastele" bjehu rođeni u katunarskim, težačkim, u kmetskim izbama i po svojoj krvnoj slici nisu trebali biti davatelji loših ponuda narodu iz kojeg su došli na vlast. Međutim, dogodilo se suprotno, kao da je došlo do greške u laboratoriju povijesnih zbiljnosti pa su komunisti, koji su po vokaciji bili neprijatelji buržoazije, umjesto zatiranja „neprijatelja" otpočeli podizati svoju crvenu buržujsku klasu privilegiranih crvenih drugarica i drugova čiji položaji nisu bili ni po čemu (izuzev nazivlja i insignija) različitiji od nekadašnjih barunskih i grofovskih tlačitelja hrvatskih kmetova.

Naravna stvar, pobrojao sam neke od likova iz današnjih viših staleža: isti su i od 1945. igrali dodijeljene im uloge. Stotina tisuća nekadašnjih „slobodnomislećih" pripadnika međuratne i ratne inteligencije i onih koji se nazivaše „imućna srednja klasa", svi su pognuli glave i prihvatili ponudu za članstvo u socijalističkom sustavu kao ponekad „opozicijski", ali po prirodi poslušnički i uvijek dovoljno (za vlast) koristan i svrsishodan dio državnog aparata. Cilindraši, čije su se karijere odvijale po uhodanoj crti odanosti svakoj vlasti, pristali su zamijeniti fine šešire radničkim kapama i makar se radi tek o simbolici (jer svi su homocilindraši preživjeli do 1990., barem oni mlađih godišta i njihova djeca), uvelike su pomogli ustrojavanju socijalizma kao sustava. Nisu imali privilegije kao nekada, ali nitko ih nije (pretjerano) dirao, a mnogi su uspjeli doseći zavidnu razinu osobnog životnog standarda unatoč buržujskom zaleđu. Problem smjene plavokrvnih cilindraša pridošlom crvenom komunističkom vlastelom izazvao je trvenja i stanovite komplikacije, ali vrijeme sve liječi, pa je i ta boljka anulirana. Ne samo vrijeme: benefiti, materijalne stvari. Svatko ima svoju cijenu, a s ljigavcima je lako postići dogovor, oni unosne ponude ne odbijaju. Iste (ponude) hrvatskom se kmetu ne daju, na njega se ne gleda kao na stranu u pregovorima. Čudno? Ne, komunisti su za provedbu svojih planova i ideja nasušno trebali „pomoć" „klasnih neprijatelja", trebali su „poštenu inteligenciju", ali i bivše žandare, poreznike, sudske ovršitelje, naročito činovnički kor, kao i učitelje i sve koji služe državi kao takvoj. Kopajući po arhivima pronašao sam nemali broj dokumenata koji potvrđuju moje riječi, ali i potvrđuju nasušnu potrebu crvenih zlotvora za slugama i podložnicima. Bivši komunistički konfidenti i tzv. kupljeni podložnici i njihova djeca danas pričaju o progonima, zabrani rada od strane komunista, maltretiranju, što je sve tek djelomično točno jer su isti protekom vremena postali nezamjenljiv dio crvenog establishmenta bez kojeg sustav nije funkcionirao. „Ponude" stavljene pred njih osiguravale su pristojan standard, za razliku od nas kmetova koji o standardu nismo mogli raspravljati ni s kime od „crvenih vragova" (što je kazao naš ljubljeni vrhovnik, i sam crveni vrag u najstrašnijem dijelu vremena komunističke vlasti, od četrdeset i pete do šezdesetih). No smjena jednih tlačitelja drugima bila je samo na prvi pogled djelomično dobra za Hrvate-mrtvace. U biti, stanje je postalo gore jer dok su kmeta do četrdeset i prve gazile plavokrvne buržujske i popovske lakirane cipele i čizme, stvari su bile kristalno jasne, takav je bio odnos snaga, ali u socijalizmu cipele i čizme bile su od istih „besklasnih klasa", a kad se tome pridodaju udarci cipela i čizama bivših aristokrata i buržuja i „napredne poštene inteligencije", kao i njima pripadajućih slugana, patnja kmetova poprima zastrašujuće razmjere. Sjećam se kako smo iz dućana mi djeca nosili vrećice sa stvarima. Nije bilo isto kad je mene mama poslala u dućan ili kad je sina mog susjeda, kapetana prve klase JNA, njegova majka poslala po špeceraj. U Varaždinu su u vrijeme mog djetinjstva bila dva velika „trgovca": „VA-MA" i „Centro-pro-met". Robne kuće „VA-MA" bile su prekrasne za razgledavanje, ali rijetko smo u njima kupovali, cijene su bile previsoke za nas sirotinju. Zanimljivo, „Centropromet" je imao niže cijene iako je država cijene držala pod kontrolom. Osim toga, u podrumu „VA-ME" bilo je i tzv. luksuznije prehrambene robe koja nikad nije došla do naše kuhinje. Uvozne čokolade, uvozna kava i najskuplja mesa, divljač na primjer: mi to nismo „hrdali". Jedva da smo imali za crni kruh, a kamoli za skupe kerefeke. Ne sjećam se da smo ikad kupili budžolu, a tvrdi paški sir nismo nikad, to je jela komunistička vlastela.

Hrvatska glupost ogleda se i kroz „ponude" i kroz one koji su sređivali te iste ponude. Četrdeset i pet godina trajala je zadnja (nažalost ne i posljednja) igra Hrvata „kako zajebati sami sebe". U tih četrdeset i pet godina utkano je i dvadeset i dvije godine mog života: neću glumiti pametnjakovića, ali priznajem da sam odrastao u socijalizmu ne trudeći se spoznati ono loše i mračno u tom sustavu. Ne zato što nisam htio ili nisam znao nego jednostavno zato što o tome nisam razmišljao na taj način. Da, bio sam dovoljno zaglupljen da mi mane socijalizma nisu bile važne! Priznajem, ne bježim od toga, a zašto je to bilo tako, ne znam. Osamdeset i pete ne bih ovako pisao, u to sam siguran, ali osamdeset i pete bio sam sedamnaestogodišnji balavac, a ne gubitnik, ostarjeli ratni veteran i obraćenik Isusu Kristu! Maturirao sam osamdeset i osme, zaposlio se, bilo je dobro, sve osim poziva u vojsku u prosincu iste godine.

Potreban je vremenski odmak da bi se zbivanja i pojave mogle barem minimalno realno prosuditi, a u osobnim stvarima to je još i važnije. Jasno, preglupo je izvlačiti se na glupost mladosti ili nepoznavanje činjenica jer neiskustvo i neznanje nije samo po sebi olakotna okolnost, dapače, osamdeset i osme je bilo moderno vrijeme i bio bih prozirni pozer kad bih nastojao opravdati svoj ambivalentni odnos prema negativnostima socijalizma idiotskom frazom „nisam znao". K vragu, nisam Nijemac iz 1945. koji je živio na tri kilometra od konclogora i u čijoj su tvornici cipela radili logoraši, a koji je savezničkim ispitivačima nakon svršetka rata uporno ponavljao „nisam znao da je tamo logor, o tome ne znam ništa, ja samo proizvodim cipele"! Znao sam koliko sam htio i smio znati. Znao sam o Golom otoku, ali ne ono što danas znam, a onda, na goolotočke teme gledao sam kao i na sve ostalo, tu je, pa što onda. I ta-ko dalje. Znači, više od četiri dekade trajalo je to nuđenje i što je na kraju bilo, osim potonuća u krvavi rat zbog trofazne velikosrpske četničke igre smrti? Rat je bio rat, o Srbima ne treba govoriti kad je riječ o ponudama za život u Hrvatskoj. Neprijatelj je neprijatelj, sve je bilo jasno. Problem je s nama Hrvatima i s Hrvatskom.

Nastupio je mnogo puta viđeni trenutak smjene vladajućih garnitura i smjene njihovih slugu, ali s jednom velikom razlikom: do prave smjene nikada nije došlo. Po prvi put u trinaest stoljeća promijenjeni su simboli, ne i nositelji simbola vladanja! Nije bilo ni osvetničkog krvoprolića, tako uobičajenog kod hrvatskih promjena sustava i imatelja žezla i krune (sjetimo se krvavog sabora u Križevcima 27. veljače 1397.: kralj Žigmund nije imao milosti i na prijevaru, izdajnički je smaknuo hrvatskoga bana Stjepana Lackovića, njegovog sinovca Andriju i mnoge hrvatske plemiće), nije bilo lustracije ni promjene struktura (razumljivo, s pozicije stanja rata i srpske agresije na Hrvatsku: nije bilo ni vremena ni volje za „obračun" s hrvatskim komunistima, a danas znamo i zašto, vrana vrani ne kopa oči). Naprotiv, većina partijaca, dojučerašnjih članova SK-a prešla je i HDZ i neke druge „nove" političke stranke i partije, nastupilo je doba KVP, kako vjetar puše ili promjena kaputa i zamjena knjižica iskaznicama. Neprirodan spoj pobijeđenih i pobjednika (na izborima) rođen je u novoj 'rvatskoj kroz protuprirodni politički blud crvenih i crnih, komunista i komunističkih disidenata po osnovi jedne od najdomišljatijih političkih umotvorina unazad nekoliko stoljeća, tuđman-ideje „svehrvatskog pomirenja": kao parola je funkcioniralo dosta dobro, a to da u Domovinskom ratu zajedno ratuju djeca ustaša i djeca partizana mogla je smisliti samo glava koja je bila u Drugom ratu na jednoj od strana i koja je i te kako bila svjesna da je to šuplja pizdarija, ali da će kao i sve parole i fraze kod naivnog i politički glupog naroda imati prođu! (Zašto sam ovo napisao: mi u gardijskim brigadama, koliko znam i pamtim, s time nismo imali nikakvih problema. Stvari ustaša i partizana bile su posve irelevantne za nas jer su nasuprot nas uglavnom bili naši vršnjaci s kokardama i kamama u prljavim srpskim labrnjama! Tehnički gledano, pomirenje nije bilo moguće jer se mrtvi pomiriti ne mogu, a kasniji naraštaji ne osjećaju veze s tim mrtvacima. Znao je Tuđman jako dobro da od te pomirbe nema ništa jer je i u hrvatskoj i u srpskoj naravi osveta, a ne oprost.) A što, država je morala funkcionirati bez obzira na rat, ta svaka je to činila, ona nakon Habsburga i ona nakon Karađorđevića, pa i ona nakon Pavelića i logično je i za ovu, rođenu nakon smrti Jugoslavije, da čini to isto, pak je uglavnom sve ostalo kako je i bilo. Imena, nazivi, ustroj jest mijenjan, ali izvršitelji, pisači ponuda i idejni inženjeri ponuda ostadoše kao i prije iste njuške s novim šefovima starog kova i uz pripomoć šljama i otpada iz 'rvatskog političkog i kriminalnog blata stvorenog nakon eksplozije jugo bačve baruta. Zamijenivši manifest Komunističke partije i Program SKH/SKJ Biblijom, crvena se buržoazija vrlo brzo i nadasve spretno prilagodila novim uzusima koje je, nota bene, sama i proglasila. Kako rekoh, tranzicija moći nije uključila promjenu nositelja znamenja vlasti. Promatrano iz današnje perspektive, stvari su u devedesetima bile upravo sjajno odigrane, cijela se predstava (rat je drugi dio priče) odvijala otvoreno, a da narod, prvenstveno sirotinja nije rekla ni jednu jedinu riječ protiv. „Sve za Hrvatsku, Hrvatsku ni za što" bješe teatralna fraza kojom se uspjelo sakriti zlodjelo protiv Hrvatske, zlodjelo kojemu nema para u hrvatskoj povijesti. Uvijek su nas Hrvate kroz povijest ubijali, izgladnjivali i zatirali tuđini uz domaće pomagače, ali u devedesetima, kad je otpočela trofazna agresija, nisu nas krali i pljačkali (samo) tuđini nego i 'rvati! Gore od toga, sve'rvati, nad'rvati, 'rvatine od stoljeća sedmog, čistokrvni 'rvati... Koji su predali Hrvatsku tuđinima nešto kasnije, kad su pokopali vrhovnika zajedno s njegovim iluzijama i opsjenama. Radi se o grozomornoj bandi: smrću El Presidenta sve su maske pale i prestala je potreba za „pomirenjem" i glupostima mrtvog bivšeg general-majora JNA i bivšeg predsjednika Fudbalskog kluba „Partizan" Beograd. Kamerdineri nove hrvatske elite, krvnici hrvatskih kmetova, sva cilindrijaška krema trećeg milenija odbacila je livreje paradnih 'rvata po receptu pokojnog prvog nam predsjednika i predstavila se narodu kao kokošarska banda džepara, sitnih prevaranata i kradljivaca jaja, preprodavača magle, lažljivaca i izdajnika koji to više nisu skrivali nego su u punoj moći vlasti pljunuli u lice Hrvatima-mrtvacima pokazavši sirotinji da im nitko ništa ne može, da su najjači i nesrušivi! Rezultati svih dosadašnjih izbora to potvrđuju; glupi i slijepi narod sve redom ih bira svaki put, možda u nešto izmijenjenim sastavima timova, ali to su nebitne nijanse. Čini se da su ponude bile bez prava na odbijanje.

Nove odore su navučene, odore hrvatskoga sna od stoljeća sedmog, sve na tradiciji s polja časti i slave, bojnog polja koje nitko iz spomenute armije Hrvata-grobara nikad nije vidio, jedino pucanje koje su slušali bješe ono s filmskoga platna. Nova stara vlast u punom sastavu novoproglašene demokratske aristokracije uzela je i prisvojila sve što se uzeti i prisvojiti moglo. Na početku uzeše najmizernije nagrade za svoje hrvatstvo (oh, pa oni su najveći plačljivci o zlu komunizma od maršalovih podanika prve vrste, od onih koji su mu lizali pete na cipelama i pili s njim francuski konjak; nema u Hrvatskoj zbilji danas, a ni u posljednjih trideset godina većih plačibaba zbog terora crvene zvijezde petokrake od onih koji su tu istu zvijezdu ponosno nosili i kojoj su od te zvijezde lijepo živjeli uživajući u privilegijama o kojima mi Hrvati-mrtvaci i u demokraciji sanjamo; konfidenti, likovi od povjerenja komiteta i sdb-a (udbe), javne osobe pod stalnom paskom i na platnoj listi čuvara revolucije, bivši partijski sekretari i omladinski aktivisti, predsjednici udruženja ovih i onih, novinarska piskarala i kao-umjetničke face, autori opskurnih knjižica koje nitko nikad nije pročitao, glazbenici bez sluha i cijela armija uredskih štakora i štakorica, svi oni i duplo toliko trolova crvene boje danas nariču nad svojom teškom sudbinom u Jugoslaviji, od toga da nije bilo više vrsta jogurta do toga da nisu smjeli pjevati „Vilu Velebita" i u toj lementaciji zbog žrtve koju su podnijeli na oltaru Domovine 'rvatske trpeći diktaturu proleterijata sasvim slučajno zaboraviše da su im obitelji i oni sami bili važan dio komunističkog sustava i da nisu osjetili što je glad, neimaština, što znači biti bez struje, nositi poderane cipele i ne ići na izlet na kraju školske godine jer roditelji nemaju novca... Samo apsolutni kreten može povjerovati onima koji u novoj 'rvackoj nemaju obraza govoriti istinu i priznati da su okot komunizma i da kao okot zla i danas uživaju nemjerljive povlastice i da su na tom istom temelju laži materijalno osigurali svoju praunučad), proglasiše svojim imutkom ono što su do devedesete samo koristili, prisvojiše nacionalizirane stanove, kuće, imanja i vile, a ako se baš dogodilo da imaju u posjedu nešto što bi država trebala vratiti, našli su solomonsko rješenje, njima je ostala nekretnina, a država je temeljem najkompliciranijih birokratskih zapetljaja obeštetila nasljednike kakvom mizernom odštetom, reda radi.

Dakle, od 1990/91. na hrvatskom stolu ponuda za život našlo se više jela nego na šved-skom stolu u kakvom boljem hotelskom restoranu, samo što pristup tom stolu nisu imali Hrvati-mrtvaci. Ulaz za bal dodijeljene su probranima, onima čije je hrvatstvo bilo grobarsko, obiteljsko zaleđe komunističko ili endehazijsko ili tek dovoljno ulizičko da kao amoralne nakaze zadovolje kriterije služenja u svojstvu krvopije, virusa koji ždere i ubija kmetsko meso (državi nikad dovoljno tužitelja, sudaca i krvnika, slugu i rakara, gdje država svoje čini, svi su spomenuti potrebni kao kiša, sunce i vjetar), a ostatak naroda mogao je samo gledati kroz prljavo prozorsko staklo otmjenog restorana 'rvatske povijesne političke zbilje. Mogao je samo sliniti i proklinjati dan kad su rođeni kao kmetovi, kao Hrvati-mrtvaci.

Pitanje: o čemu laprdam? Evo, pokušaj objašnjenja...

Hrvatski grof (može se čitati u množini), taj slavom borbe za 'rvatsko ime ovjenčani domoljub i rodoljub, katolik i hrabar vojnik vatikanskih guzica i odani sluga nebeskih i zemaljskih gospodara (grof, no može plemić, vitez, plavokrvni skot) tamo još od kralja Tomislava (neću o onima prije) iz starog roda Trpimirovića (to da je Tomislav stvarno bio kralj se ne zna sasvim sigurno, pa čak ni naši veleumni hrvatski cilndraški povjesničari sto posto ne vjeruju u priču o tome je li taj „rex" doista bio naslov kralja, prema Zaključku Crkvenog sabora od godine devetstodvadeset i pete, ergo, „consulata peragente in provintia Croatorum et Dalma-tiarum finibus Tomisciao rege..." ili se treba vjerovati onima koji sumnjaju da je uopće postojao kralj Tomislav ili netko sličan njemu jer ga nema u spisu Konstantina VII. Profirogeneta „De administrando imperio"..., ma ni Bog ne zna što je bilo, a što nije) do posljednjeg vladara „narodne krvi" imena Petar Snačić i čija je smrt na Gvozdu 1097. (pak je i planina po njemu dobila ime: Petrova gora) označila početak vladanja tuđina našom Hrvatskom, tuđina kojemu je naš hrvatski grof bio vazda odani sluga i već po potrebi, kako se mijenjao odnos snaga u tuđinskom taboru, grof je mijenjao strane pazeći pri tome da ostane s pobjednicima koji pišu povijest. Ako se zbilo da je poneki grof zalutao i odabrao gubitničku stranku, papala ga je maca, njega i sve njegove, obitelj i imanja, baš kao što to oduvijek biva sa svima koji gube ratove. Potom, od Ljeta Gospodnjeg 1102. izredaše se razni Arpadovići, Anžuvinci, dinastije „silne" sve do incestuoznih Habsburgovaca godine 1527., koji zadržaše Hrvatsku u svojim raljama do krvavog kraja 1918. i da... Kroz cijeli niz smjena okrunjenih glava hrvatski je grof bio onaj koji je figurativno, ali i svojom voljom, stavljao hrvatsku krunu na glave stranih kraljeva i careva. Zašto? Jednostavno, dobio je ponudu koju nije mogao odbiti. Često, na sramotu Hrvatske, grof je ponudu sam i sastavljao i prije no što je druga stavila svoju na pregovarački stol. Istina je, kako su uvjeti ponuda po pravilu bili potvrđivani vojskom, brojem konjanika i strijelaca, pješaka, oklopnika, topnika, baš kao u riječima Napoleona: „Bog je uvijek na strani velikih bataljuna." Jednako tako, nije za zamjeriti grofu što je prihvaćao i davao ponude čije su posljedice uvijek bile pogubne po Hrvatsku jer osobni interesi su uvijek u grofa iznad prava domovine (još jedna mudrost Napoleona: „Ljudi će se uvijek žešće boriti za svoje interese negoli za svoja prava."). Dva primjera. Prvi, Pacta Conventa (o čijem postojanju traju raspre, kao i o svemu iz naše povijesti) je za hrvatske cilindarške akademike, političare i ostalu gamad neosporan dokaz kontinuiteta hrvatske državnosti, a za Hrvate-mrtvace je sranje. Neki se tumači slažu da je Hrvatska time ostala bez državnosti, a drugi tumače cijelu storiju kao činjenično postojanje Hrvatske kao države u nekom obliku. Za mene, taj previšnji dokument kojim je Hrvatska pala pod Ugarsku bješe tek rezultat loših ponuda i još lošijih pregovarača o ponudama. Dvije strane, Koloman sa svojima i hrvat-ski velikaši s druge strane. Za Kolomana je sve jasno, njegovi interesi i planovi, ali za naše hrvatske odličnike pitanje zaštite osobnih interesa i poimanje Hrvatske bilo je sve samo ne u duhu hrvatstva kako se to danas definira (ma koliko bilo točno da se povijesni događaji moraju sagledavati u kontekstu vreme-na u kojem su se zbili, ostaje činjenica kako je izdaja uvijek izdaja, smrt je uvijek smrt). Čak i ako Pacta Conventa nikad kao dokument nije postojao, ostaje neosporno da je Hrvatska kruna došla u ugarske ruke. U toj ponudi svakako su svoj dio loše predstave odigrali ponajbolji dični muževi hrvatskoga plemstva iz znamenitih rodova poput Kačića, Šubića, Kukura, Snačića, Mogorovića, Lapčana, Polečića, Lačničića, Tugomirića... Posljedica prihvaćanja ponude jednog Kolomana od strane hrvatskoga plemstva bješe poko-ravanje Hrvatske tuđinu, a na grofovskoj razini bile su to „obične" materijalne stvari, imanja i privilegije koje s ljubavi prema domovini nemaju baš ništa zajedničko. Kratko kazano, plemstvo je štitilo svoja utroblja, svoje pivnice, dvorce, svoj imutak i novac. Poklonivši se pred Kolomanom, plemići su osigurali život svome potomstvu, proizvodu svojih međunožja pri čemu je pojam hrvatske državnosti i same Hrvatske u njihovim očima bio istovjetan plemićkim listinama i posjedovnicama za bogatstva koja su imali. Nisam dr.sci., ali i ne trebam doktorat da bih shvatio kako u ovoj povijesnoj „ponudi koja se ne odbija" mjesta za hrvatske kmetove nije bilo. Ispunjenjem obećanog Koloman, ali i svi kraljevi i carevi kasnije, zadovoljavali su hrvatske barune, grofove i hrvatske biskupe, njih i samo njih su namirivali dok je hrvatski kmet bio i ostao nepostojeći, izuzev na popisima stoke, kuća, livada, šuma, kokoši i stabala jabuka i šljiva za svaki plemićki i crkveni posjed zasebno. Koloman je bio jedan u nizu tuđina koji su svojom previšnjom rukom pečatili i potpisivali prava i privilegije hrvatskim grofovima, a kmetovima na-metali daće i poreze, desetine, devetine i tlaku i sve to su kmetovi morali plaćati kako bi hrvatski grof bio sit, punog trbuha i debele guzice. Također, u ime tuđinskog kralja i za njega, po ponudi koju prihvatiše hrvatski plemići, kmet je plaćao danak u vlastitoj krvi i vlastitome mesu, kao vojnik i kao onaj koji umire za „krst časni, slobodu zlatnu" i slavu krune i Horvatske mu Domovine. Aleluja, živio kralj! Živio hrvatski grof! I ne zaboravimo hrvatskog biskupa, živio nam on!

Drugi primjer je poznata „Pragmatična sankcija", još jedna velika sramota hrvatskoga grofa i biskupa (čitati u množini) iz godine 1712.! Ovaj dokument za svakog hrvatskog mrtvaca je nepobitni corpus delicti veleizdaje hrvatskog plemstva i zoran primjer kako 'rvatskoj créme de la créme do Hrvatske nikada nije stalo. Moderni, „demokratski" aristokrati uguraše Pragmatičnu sankciju u Ustav Republike Hrvatske kao dokaz „izvorišnih osnova tisućljetne hrvatske samobitnosti": ne znam što je primjerenije, da se smijem ili plačem na ovu notornu glupost novorođenih demokratskih cilindraša, „stvaratelja moderne 'rvatske države". Sljepoća hrvatskih vlastelina jednako danas, kao i davne tisuću sedamsto i dvanaeste, vodi hrvatsku u propast, a hrvatskoga kmeta još gura još dublje u blato neimaštine i beznađa. 1712. hrvatski je grof mislio svojim crijevima, svojim analnim otvorom i svojim trbuhom jer mozga i srca za Hrvatsku nije imao! Kad se razgovaralo o tome hoće li jedna austrijska carska kurva sjesti na habsburški tron, taj naš velebni hrvatski domoljub, hrvatski grof nije dvojio ni pola sekunde, mislio je samo i jedino o svojim palačama, o kurijama, o šumama i vinogradima, o ženidbenim relacijama i imanjima koje s time dolaze u njegove plemenite plavokrvne ruke. Najkraće rečeno, 1712. hrvatski su baruni i grofovi još jednom dokazali da im se za Hrvatsku jebe! Umjesto da su iskoristili neponovljivu „ponudu povijesnog trenutka" i odbacili okove prokletih Habsburga bez obzira na posljedice i cijenu takvog domoljubnog čina (bolje je umrijeti slobodan nego živjeti kao rob: hipokrizija je najsnažnija odlika 'rvatskih nacionalista i veledomoljuba koji u patetičnim odama jurišaju u zlatnim oklopima na mrskog neprijatelja, a u stvarnosti im se klanjaju i prisežu na vjernost), hrvatski su plavokrvni odličnici požurili s ponudom Karlu III., onome koji je zbog vlastite nemoći da „napravi" sina, morao pronaći način da nakon što krepa, njegova visoko promiskuitetna kćer preuzme tron i krunu: devetog dana mjeseca ožujka AD 1712. u Agramu, Hrvatski je Sabor zaključio „da će se povjeriti onoj i onakvoj ženskoj lozi roda Austrijskog koja će posjedovati ne samo Austriju, nego i Štajersku, Korušku i Kranjsku, a stolovati će u Austriji", na što je, raznježen dubinom i snagom odanosti i ljubavi primitivnih Hrvata, Karlo III. Habsburški napisao toplo pismo voljenim podanicima u kome im zahvaljuje i daje obećanje svojom kraljevskom milošću: „Mi i nasljednici naši vazda ćemo neokrnjeno čuvati Vaša prava i privilegije i povlastice...". Haha, eto, ključna stvar, bješe to još jedna ponuda koja se ne odbija, sve na korist grofa hrvatskog i na štetu kmeta hrvatskog! „Prava, privilegije i povlastice" ticale su se grofa, dakako i samo tako. Točno, nije bilo moguće očekivati od baruna i grofova političku dalekovidnost i domoljubnu širinu pogleda na hrvatsku budućnost. Hrvatska i hrvatstvo tog doba bješe definirano visinom primitaka gospodina grofa i visinom njegovih poreznih davanja. Za kmeta mu se jebalo, kmet je bio tek mjerna jedinica za prihodovnu stranu njegovih financija, stavka u izvještajima upravitelja imanja, ništa više od toga. O kmetu kao o Hrvatu grof nije razmišljao. Ako je Pragmatična sankcija primjer „opstojnosti tisućljetne hrvatske državnosti", onda ja stvarno ne znam što je Hrvatska i što znači voljeti domovinu!

Krv ti mlade rode, a koja je to „opstojnost hrvatske države" o kojoj su toliko nadrobili autori modernog hrvatskog Ustava? Promiskuitetna habsburška carska i kraljevska bludnica, udana drolja kroz čije su odaje i krevete prošli mnogi ljubavnici (haha, legenda kaže da je i barun Trenk uživao u prevrtanju s caricom ispod njenog carskog baldahina) od prvog do posljednjeg dana svoje dugogodišnje vladavine obilato je rabila rezultate ponude iz godine sedamsto i dvanaeste: cijeli niz ratova koji su odnijeli tisuće i tisuće hrvatskih života (hrvatske kmetove nitko nije pitao o smislenosti tih ratova) bjehu stvarno sjajan dokaz „hrvatske opstojnosti", biti topovsko carsko meso vrhunaravan je dokaz snage hrvatske države! Rat za austrijsko nasljeđe, Sedmogodišnji rat i Rat za poljsko nasljeđe, ratovi su koje je vodila ova Habsburška carica i kraljica i u tim ratovima ginuli su Hrvati proklinjući i nju i njene ratove... Ponude koje se ne odbijaju hrvatskih grofova iz godina 1102. i 1712. tek su dio dugačkog niza hrvatskih tragedija i veleizdajničkih poteza onih kojima se danas tako glupo dive kao „hrvatskim vitezovima oka sokolova i desnice čvrste". (Mogao sam spomenuti i 1409. i prodaju „prava na Dalmaciju" Ladislava Napuljskog Mletačkoj Republici, pod čijom su venecijanskom vlašću plemići i građani bili oslobođeni svih daća i poreza, a koje su plaćali jedino seljaci, ali činilo mi se da je i ovo dovoljno za ilustraciju rečenog.) A sva hrvatska povijest, sva slava i čast o kojoj toliko poju hrvatski megadomoljubi, sve to je izgrađeno na truplima i kmetskim grobovima (za grobove grofova i biskupa nije me briga, vrag ih odnio), sirotinjskom izgladnjelom krvlju ispisane su stranice povijesti domovine Hrvatske i jedino na smrti kmeta hrvatskoga počiva Hrvatska. Nema druge opcije, kmet hrvatski je Hrvatska, ne grof, biskup još manje. Robovati de pane lucrando, jurišati po bavarskim, talijanskim, švapskim, poljskim, francuskim i tko zna kojim bojnim poljima, ostavljati kosti da trunu po europskim bojištima, krvariti za tuđina i hraniti tuđina, biti kuš i pognute glave, to je bila sudbina hrvatskoga kmeta stoljećima, a slično je i danas, s drugim titularima po istoj špranci. Uvijek je isto, grof je grof, kmet je kmet. Grobar je grobar, mrtvac je mrtvac. To je nespojivo, to nije hrvatski isto. Imaginarna slava Regnum Croatorum u obliku u kojem se danas kao dio nastavnog plana i programa predaje djeci u školama i o čemu ih se uči kao o idealu domoljublja, ergo ta slava ne postoji, nikad nije i nikada i neće! Umjesto sjajnih oklopa plavokrvnih oklopnika „slavu” valja promatrati očima zaklanih kmetova, pobijenih hrvatskih jadnika diljem europskih klaonica, izmasakriranih gladnih hrvatskih vojnika koji nikad nisu znali za koga i zašto ginu stotinama kilometara od svojih obitelji i blatom sazidanih kućeraka. Resurs, potrošni materijal, samo to je bio i jest Hrvat-mrtvac! Plaćevno sredstvo za tzv. visoke ideale domoljublja i rodoljublja povlaštene bagre, grofovske i one koja se skriva ispod plašta capa magna i nosi zastave 'rvatstva i Domovine s velikim „D”. Ono što je građevni materijal za to cirkusantsko 'rvatstvo jest kmet koji je voda, cement, vapno i pijesak hrvatske povijesti, esencija opstojnosti Hrvatske, krvavi beton, krvava žbuka i krvava opeka hrvatske prošlosti, sadašnjosti i budućnosti. Zašto onda, barem danas, kad navodno pušu vjetrovi demokracije i istinske slobode, naš hrvatski kmet ne uzme stvar u svoje ruke, ne iskoristi glasačka demokratska prava i ne svrgne s vlasti ove današnje diktatore i izdajnike hrvatskog naroda?!

Ne znam. Nitko ne zna. „Jarmati na krala i cara, na predsednika, ma nema ništ od tega, delati treba, kervave žule navečer treba lizati i vu postelu grinjavu se prokletoj babi zavleči i fletno je sprašiti i zaspati poklem da se zaran vjutro zdigneš sav zdruzgani, zbiti, betežen i krmeljivi i jopet na delo otiti tihe, bez trombenta, lačen i želni sega, i v tem černom življenju biti kuš od jutra do sutra jer ak' je Bog zapovedal da presvetli grof i grofica navek moraju pune požeruhe meti, ondak tak treba biti i o temu se nema kaj za povedati! Horvatski dečeci i horvatske puce od pervega dneva svojega plaženja po blatu horvatskome čkometi imaju i delati kak' sam vrag, ne buniti se, navek ponizni biti i se kaj im se dogaja fletno pozabiti jer tak mora biti; ak' ih preuzvišeni biškup na kolena dene i šlatati počne (gremiale ima na kolenima uzoriti biškup da se ne vidi kak' mu se digel na premlade meso i kak' pod mitrom mu je svinjska glava črlena i kak' teške zdihavle, kak je sav znojen i kak same čaka da ih pozove k sebi, da im pokaže kak se Sotoni othervati moraju) buniti se nesmeju, a gda vreme za vojčiju dojde, v rat se ima iti, same tak i mam (a grofovski su sini anemični i vojsku služiti nemreju, su betežni, ti Boga!); i v reštu završi horvatski kmet jer se tuduma svojega nažlepal i vu birtiji v pizdu materinu poslal i krala i predcednika i sve skup, pa su ga žbiri i žandari, milicajci i policajci v lance deli, zvezali ga i v samicu hitili, na pranger obesili i z pendrekom zmlatili da je krv bluval, pišal i sral i još su mu velku kaznu nabili, da platiti ima kak' i porez, za Domovinu i vlast, zemalsku i nebesku! Čkometi, a gda bi se usudil kakšnu reč povedati, bi fasoval vražjih batina...”

Hrvatski grof ne sluša kmeta. Svako podizanje kmetske glave grof kažnjava. Za postavljena pitanja, za žalbe, za molbe okrutno kažnjava i ne pita je li kriv ili nije. 2020. i 2021. i ... hrvatski kmet sve jednako životari kao i 1573., nema razlike. Hrvatski mrtvac kleči na krvavim koljenima, kleči i liže vlastitu bljuvotinu, u sukrvici i znoju kleči pred iskeženom gubicom hrvatskog grofa, kleči očajan, u nemoći, gladi i žeđi živ mrtav, mrtav živ, u agoniji vječitog sluge i gubitnika, podanika 'rvata! Da, 'rvata čija djeca, ako ih ima, u školi ne uče o osnovnoj podjeli Hrvata na grobare i mrtvace nego ih uporno filaju lažima da su za hrvatsku opstojnost zaslužni neki tamo grofovi i biskupi, doktori ovoga i onoga, očevi nacija i vizionari 'rvatske misle i politike. U školskom „kurikulumu” neće pronaći pojam „Hrvat-mrtvac”, kmet ne postoji kao fakat, čak ni kao natuknica. Ništa, nema ga, nema tog našeg kmeta! Hm, kad bi ga u tome i bilo, cijela konstrukcija hrvatske službene povijesti bi se raspala, a Pragmatična sankcija bi nestala iz Ustava RH! Međutim, ništa od toga, povijest je definirana i kmet nije njen dio, ni na koji način! U preambuli našeg Ustava, na grobljima i u muzejima, u školskim udžbenicima i na nacionalnoj TV, u kazalištima, gdje god da se čovjek okrene naići će na „dokaze” hrvatske opstojnosti i državnosti od stoljeća sedmog, dokaze o slavi i časti hrvatskog grofa i hrvatskog biskupa. Kmeta nema. Onu drugu Hrvatsku, napaćenu i iskrvavljenu, Hrvatsku kao domovinu bez velikog „D” nitko naći neće jer bez glupih eskapada 'rvatskih odličnika, bez glumatanja i vitlanja mačem na opskurnoj zadimljenoj pozornici dekoriranoj ogromnim križem, bez fanfara i bijelih pseudomaršalskih odora, bez rektorskog lanca i bez ružnih akademskih toga, bez paradiranja u izmišljenim, nikad postojećim povijesnim odorama pred nabuhlim facama 'rvatskih lidera, bez nakaradno režiranih političko-pseudokulturnih performansa slavljenja tisućljetnog kraljevstva i bez idiotskih govora na obljetnicama raznih „istorijskih trenutaka”, rođenja i smrti persona za koje nitko sa sigurnoću ne može potvrditi u čemu je to njihova zasluga za Hrvatsku, bez svega toga prava kmetska i katunarska Hrvatska je nevidljiva! Bez tuljenja supijanih operetnih diva i bez počasnih plotuna nad kamenim sarkofazima davno krepanih kraljeva i grofova, spomen Hrvata-mrtvaca ne dolazi u obzir: uostalom, kmet ne može dobiti mjesto na Ivekovićevoj slici naprosto zato što kmet po službenoj povijesti ne postoji! O kmetu nema riječi: „Seljačka buna” i ostala djela Augusta Šenoe tek su hvalevrijedan pokušaj „guranja” kmeta u službenu povijest. (Da, danas su i Šenoa i ostali hrvatski pisci starijeg vremena samo dosadan nastavni pojam za pučkoškolsko predavanje klincima koje ta starudija ionako ne zanima.) Ipak, tko god da je pročitao to djelo slavnog književnika (i druge povijesne romane, poput „Urota Zrinskih Frankopana” Eugena Kumičića) naći će se u velikom problemu jer su u svemu slika hrvatskih grofova nije baš crna, a onda, Franjo Tahi nije bio Hrvat, pa eto razloga za slavlje. Danas je kmet karikatura, za prave kamene 'rvatine od-stoljeća-sedmog nitko i ništa (strogo regionalno određeni kao plemenska djeca rađana na tromeđi triju carstava, Habsburške Monarhije, Venecije i Osmanskog Carstva, ovi su nad'rvati promovirani u jedinu 'rvacku čistokrvnu vrstu 'rvata i postadoše simbol domoljublja s velikim „D” i ispravnog 'rvatovanja, što za posljedicu ima komedijaški pristup Hrvatima iz Zagorja ili Međimurja, ali i svih onih dijelova Hrvatske gdje kmetovi nemaju kamenjarski gen i u venama im ne teče begovska, provedito-regenerale i imperialregiogoverno krv podanika triju vladara na tri jezika i koji su, zbog nesreće da nisu nego Hrvati iz Hrvatske, prihvaćeni u modernoj 'rvatskoj samo kao nužno zlo, a temljem ratnih iskustava iz nekih prošlih ratova, proglašeni za jambrek-domobrane, kukavice i slabiće). Na nacionalnoj TV kajkavština je sprdačina, a repriziranje TV-serije „Mejaši” i „Gruntovčani” ide, ako ide, samo zato jer se baš mora, bez pompe kao kod pitanja 'rvatskih domoljuba iz područja bivše Vojne Krajine i bivše granice s Turskim Carstvom. I ne samo to, hrvatski jezik (kajkavski i čakavski) posve je potisnut u zapečak intelektualnog i kulturnog života Hrvatske. Štokavština, standardni jezik na način spomenutih sve'rvata postavljeni je na pijedestal kulturnog nasljeđa i identiteta. Kajkavski se spominje onako usput, da vladajući ne izgube potporu kajkavskog glasačkog tijela. S čakavštinom je stanje prividno bolje jer su čakavski dijelovi Hrvatske povijesno i zemljopisno vezani uz spomenute regije kamenjarstva, a ti su krajevi, Dalmacija (izuzev Istre, koja je druga storija). utvrde HDZ-a i vazalskih im stranaka. Uz ovo, važno je reći kako jezik 'rvata zapravo nije čakavština, više je to mješavina srpskobosanskih dijalekata i izvrnute inačice hrvatskog. Uopće, kmet je danas vic, loša šala i nitko od hrvatskih umnika ga ne spominje u pozitivnom konekstu. Pročitao sam nekoliko članaka istaknutih hrvatskih cilindraških „znanstvenika” koji mrtvi ozbiljni tvrde da po naravi stvari Zagorci, Prigorci, Međimurci, Podravci i ini kajkavci nemaju onaj ozbiljan osjećaj domoljublja i 'rvatstva kao što ga imaju baštinici ideologije „krvi djedovine od stoljeća sedmog”! Haha, to je grobarska istina, „kaj bi kmetovi Hrvati-mrtvaci postojali, kajgod, nas nema, samo su 'rvati pravi 'rvati, samo su turski, venecijanski i austrijski potomci veliki 'rvati, nas ostale 'ko jebe...

Ponuda za kmetove nije bilo, neće ih ni biti. Životni uvjeti za najniže od najnižih se propisuju, o njima rasprave nema! Ovo pišem čistog srca i duše, kao grešnik i kao Hrvat-mrtvac. U slabosti svojoj, na lutanjima svojim, u grijesima i padovima svojim, pod teretom grešaka zbog koji nisam manje Hrvat od onih s kojima po pitanju hrvatstva nemam nekih veza. Danas, u pedeset i trećoj godini života prisjećam se ne samo svog iskustva i učenja koje umalo zaboravih protekom desetljeća snatrenja: prije više od trideset, kad sam bio bubuljičavi mladić, ne baš lijep i zadojen danas ne osobito popularnim veltanšaungom (koji s Bogom i nema nešto zajedničkog), gutao sam, doslovno gutao čitajući desetine i stotine knjiga. Šenoa, Kumičić, Gogolj i Nehajev, Kovačić i Šenoa, Aralica i Šimić, Turgenjev i Marinković, Ujević i Poe, Joyce i Milton, Krklec i Tolstoj, Goethe i Hemingvay, Majakovski i Jurić Zagorka, Domjanić i Galović,

Remarque i Gorski, Dostojevski i Wilde..., a kao najvećeg i meni najdražeg čitao sam Krležu, strastvenije i upornije no ijednog drugog autora. Što se tiče hrvatstva, ne krijem to, pače sam ponosan što sam svoje poimanje hrvatstva velikim dijelom izgradio (i) na riječima velikog Fritza, a on, ah, ne znam nikoga koji je bolje i točnije detektirao hrvatski jad i hrvatsku bol od njega. Krleža kaže (ne sjećam se jesam li već citirao ovo, ali nije važno, istina je uvijek dobrodošla kao lijek protiv 'rvatskih laži): „Ja, dakle, hrvatstvo biskupa i grofa Draškovića ne priznajem kao svoje hrvatstvo, stoljećima kulturno jalovo, a politički parazitsko i renegatsko, ja izrazito poričem, što još ne znači da sam i negator „hrvatstva kao takvog" i da biskup grof Drašković ima monopol na svoje biskupsko i grofovsko hrvatstvo, a ja na svoje pučko i narodno nemam..." . (Opaska: ok, tu je Krleža malo fulao jer je Juraj II. Drašković u vrijeme Seljačke bune bio barun, ta barunski naslov obitelj stječe godine 1569., a grofovsku titulu Draškovići primaju tek 1631.)

Gospode, kako je Krleža bio u pravu: samo što sam ga ja tada, prije trideset godina, malo drugačije čitao i shvaćao nego što ga čitam danas u Americi. Kad sam, kao i cijela moja generacija, odnosno sirotinjski dio generacije odjenuo odoru i otišao u rat (jer anemični, sinovi moćnika i 'rvatske cilindraške inteligencije nisu smatrali za shodno ratovati, oni su Domovinu branili na bojištima u Parizu, Berlinu, Beču, Bruxellesu i Londonu, u tamošnjim birtijama, za šankovima), u glavi nisam imao baš ništa od predodžbe o dvojnoj prirodi hrvatstva, o dvije strane jedne medalje. Šenoa, Kumičić i ostali hrvatski pisci s kraja devetnaestog i početka dvadesetog stoljeća, a osobito književnici stasali nakon svršetka Drugog svjetskog rata, nisu u meni ostavili dublji trag. (Aralica jest, ali samo dok nisam shvatio da je i on 'rvatina, no to svejedno ne umanjuje kvalitetu njegovog pisanja: i dalje volim njegove romane.) Romantičan pristup povijesnim temama bio mi je oduvijek tek zabava, poput filmova. Šenoa i njegova djela „Seljačka buna", „Čuvaj se senjske ruke" i drugo ni tada mi nisu izgledala naročito vjerodostojno, činila su mi se odveć namještena, kako bih to rekao, pretjerano emotivna i s očitom glorifikacijom plemićkog staleža. Sve što sam znao o krvavoj hrvatskoj povijesti skratio sam, ako smijem reći, na nekoliko ne osobito „pametnih" fraza (poput: hrvatski narod je bio pod tuđinskom vlašću stoljećima), što nije bilo ni loše ni dobro. Nisam pripadao nacionalistima, meni je osjećaj superiornosti posve stran. Naime, da se ne lažemo, u kojem sam sustavu školovan i u kakvom sam ozračju odrastao? U jugoslavenskom, jebi ga, pod crvenim pravilima igre! Bila je Jugoslavija i što sam mogao, biti ustaša, endehazijski nostalgičar, što, ljubitelj habsburških pervertita? Lagati sam sebi ne mogu, a ni nikome drugome. Nisam obolio od demencije i nisam rođen devedesete! Učili su me tekovinama revolucije, enobea i tih stvari oni isti (i njihovi sljedbenici i okot njihov) koji su 1990/91. postali najveći suci i krvnici socijalizma, eto to je tako bilo. Bivša crvena buržoazija, ponavljam, danas je najjača u napadima na bivšu federaciju. Nama su isključivali struju, njima nisu, oni su putovali na zimovanja i ljetovanja, jeli u restoranima i nosili skupe krpice, vozili aute, moja obitelj nije. Njihova je kopilad nosila udobne tople zimske čizme, a ja razgažene gumenjake koji su puštali vodu, tako da i danas imam posljedice smrzotina od djetinjstva (plus deset godina vojničkih čizama: artritis je jedan od „plodova" takvog života), kapetanova, sekretarova, djeca sindikalista, šefova prodavaonica, direktora, inokosnih poslovodnih organa, tajnika sizova i ostale komunističke bande nisu znale od obijesti što bi činili, prežderavali su se, razbacivali novcem, glumili buntovnike, izigravali glazbenike i rockere, drogirali se i opijali skupim pićem, studirali bi po deset godina i kad je stigla devedeseta, sve su to prikazali kao borbu za „našu" Hrvatsku, kao njihov doprinos rušenju jugoslavenske države! U to može povjerovati samo potpuni kreten! Umjesto studija povijesti i komparativne književnosti otišao sam raditi u hotel „Panorama" kao kuhar, ali ne zato što sam bio glup za studiranje već stoga što smo bili puka sirotinja bez novca. Stvari su uvijek jednostavne u istini i komplicirane u lažima.

Reći ću to ovako: pravo znanje o „hrvatstvu hrvatskoga kmeta" (Krleža) stekao sam kroz četiri godine rata, nekoliko godina vojne službe nakon rata, kroz trinaest godina robovanja jednom 'rvatskom kulaku i njegovoj idiotskoj lopovskoj familiji, zatim kroz dvije godine beskućništva i, što reći, kroz četiri godine života u Americi. To da se znanje o pripadnosti vlastitom narodu može i mora steći na osobnom primjeru nije neko svjetsko čudo, znao sam ja to i ranije (u nekom obliku), ali kao svaki idiot, držao sam da je pohađanje „škole hrvatstva" za neke druge, ne i za mene. Kako sam se zajeb'o! Polazio sam tešku životnu školu hrvatstva potpuno slijep prema očitom: morao sam shvatiti mnogo ranije istinu o Hrvatskoj baš iz razloga što sam čitao, proučavao i učio iz knjiga najvećih hrvatskih književnika i umova i to prije devedesete, međutim, priznajem, ne bez stida i sramote, kako je moj pristup hrvatstvu bio glup, površan i neozbiljan. Baš tako, kontekst domoljublja u Jugoslaviji, debelo anacionalno obojenog (po istini, više srpskog nego hrvatskog) nije postojao i nije imao ništa dodirnog s 'rvatstvom koje je danas oficijelno i jedino prihvatljivo. (A i ovo moje današnje hrvat-tvo hrvatskoga kmeta nije ni blizu toga.) Bilo koja ideja ljubavi prema vlastitom narodu na razini superlativa bila je zabranjena i sankcionirana, a hrvatstvo u jednonacionalno isključivom tipu smatralo se antidržavnim činjenjem. Doduše, u školi smo učili o hrvatskom kraljevstvu i o banovima i kraljevima hrvatske krvi, o buni seljaka 1573., o hrvatskim preporoditeljima i borbi Hrvata za svoju državu, ništa nije bilo preskočeno (izuzev zločina komunista, jasno). Jedini problem bila je glorifikacija endehazije, ali ja nisam bio dio proustaških „snaga” ni tada, a danas sam to još manje. Zanimljivo je što se i u socijalizmu povijest gledala romantično: sjajni oklopi, urota Zrinsko-Frankopanska i sve to. Komunisti nisu dirali u povijesne fakte ni u jednom povijesnom razdoblju izuzev razdobja Kraljevine Jugoslavije, WWII, antifašizma i vremenu nakon 1945. (tko zna zašto, haha!), na tome su dijelu bili isključivi i nikakve mogućnosti propitkivanja „povijesnih istina” nije bilo. Stoga je povijest enobea, fašizma i nacizma za mene bila ona iz udžbenika. Danas se utoliko stanje promijenilo što držim i komuniste i ustaše istim smećem, prve ubojicama iz osvete, druge ubojicama iz ludila i veleizdajničkog služenja Rimu i Berlinu. To izgleda različito, ali mislim, ne previše. Školovao sam se o hrvatstvu u ratu i poraću, kažem to jer me nije stid što nisam od pelena pjevao „Ustani, bane!” i što devedesete nisam zaboravio svoj život prije dolaska demokracije i baš zato sve do danas učim što hrvatstvo jest, a što je tek izlika za naplatu lažnog domoljublja. U godinama kad me je vlastiti život lupio po gubici svom snagom i osobne i hrvatske gluposti, tek tada sam shvatio tragikomediju naše Hrvatske, ali bilo je prekasno, izgubio sam godine u jalovom poimanju hrvatstva kao osnove pripadnosti svome narodu.

Moje egzistencijalno stanje nije povezano s hrvatstvom ni mojim osobnim doživljajem nacionalne svijesti: nitko osim mene samog ne snosi odgovornost za moje beskućništvo. U redu, sustav me u mnogo čemu zeznuo, ali opet, ja sam nosim svoj križ, nitko drugi. Međutim, „zbiljnosti života” mene kao „kmeta”, kao Hrvata-mrtvaca određuju moje kretnje prtinom postojanja na drugačiji način, osobito stoga što sam ja od onih koji skoro pa nikad ne primaju „ponude koje se ne odbijaju” nego su „ponude” po pravilu uzmi ili ostavi. Osjećaj nacionalne svijesti, frenetično obožavanje i podržavanje političkih persona tzv. domoljubnog političkog spektra, aktivizam po crti održavanja hrvatskih povijesnih mitova i legendi na površini svakodnevnih događanja i uopće 'rvatstvo kao zanimanje (za mnoge vrlo unosno) jednostavno nije spojivo s mojim pogledom na domovinu i život: nikad nisam živio od nacionalizma niti sam paradirao pod parolom stoljeća sedmog, sve svoje loše i dobre odluke donio sam bez utjecaja hrvatstva. Ni danas ne mislim kako egzistencija po bilo kom segmentu ovisi o snazi osobnog shvaćanja i življenja čovjeka kao Hrvata.

Ipak, ma koliko sam kriv za svoje padove, u svemu ima mala caka: „tko ima svetog Petra za strica, lahko se v nebo dosmica.” Ovo staro hrvatsko i zagorsko pravilo očituje se na biografijama hrvatskih kmetova već stoljećima i ono zapravo definira stanje u kojem jesam i jesmo. Rijetki su Hrvati-mrtvaci koji su se (naglašavam) poštenim putem uspjeli izvući iz blata mrtvačeva i popeti se na društvenoj ljestvici, ali radi se o iznimkama koje ne brišu niti mijenjaju mračnu sliku hrvatske sirotinje. Mnogi ne dožive onaj „sudbonosni” trenutak primanja „ponude koje se ne odbija”, ne nađu se na pravom mjestu u pravo vrijeme i nikad ne stupaju u kontakt s onima iz svijeta Hrvata-grobara. Ima i nesposobnih, preslabih i nedovoljno motiviranih za bilo što čak i kad dobiju ponudu koja se ne odbija: sve ovisi o osobnosti. Ili, bolje se roditi bez sreće, nego bez „one stvari” jer ako imaš sreće, haha, i ona „stvar” će ti narasti. Između dvije točke, rođenja i zemaljske smrti za nas kmetove odvija se dosadna priča preživljavanja, a za grobare romantična storija o ljepoti uživanja u bogatstvu, moći i standardu koji dolazi od onih koji ne postoje, koji nisu normalni dio normalnog svijeta. Rezimirati svoj život s pozicije hrvatstva daje tužan zaključak: ničega nema, samo prazna crta. Stvarno tužno. Sudjelovanje u ratu i ratni staž? Lijepo, ali bez naplate ratovanja, prema uzusu grobara, status ratnog veterana je ništa, osim ako ne pristaneš biti lakaj grobara.

Biti djelić atoma hrvatske priče hrvatskih mrtvaca u devedesetim godinama dvadesetog stoljeća bilo je istovjetno ulozi kmetova 1102.,1209., 1397., 1409., 1527... Stoljeća prolaze i ništa se ne mijenja, osim scenografije, teksta i jezika, kostima i titula, etikete i novca. Morao sam znati ili bolje rečeno, znao sam, no nisam htio znati! Kmet iz 1102., neki jadnik u vlasništvu hrvatskog baruna ili grofa, taj prljavi izgladnjeli neuki stvor nije imao pojma o pojmu što je Hrvatska, nije znao ni tko živi iza trećeg brda, a ja, hm, čitao sam nešto malo, da, i svejedno sam nasjeo na bajke hrvatskih grobara i potrošio godine na pre-skupu farsu plaćenu leševima Hrvata. A čitao sam, u vražju mater, što je hrvatstvo bilo kroz stoljeća, učio sam o hrvatstvu i opet ništa nisam razumio! Ne znam što je „kućno obiteljsko 'rvatstvo”, ne znam jer siroti-nji je ideal „domoljublja” topla postelja, pun tanjur i nepoderane cipele, a ne ban Jelačić i Ljudevit Gaj. Grubo? Jest. I istinito do bola. Možebitno se kod mene radi o notornom slučaju teškog idiotizma: za pli-vanje u mutnoj vodi kaljuže hrvatske zbilje uspješnost u plivanju ne ovisi isključivo o snazi tijela i fizičkoj pripremljenosti nego i o sposobnosti da se neplivačima višeg ranga pomogne i omogući pobjeda neovisno o tome jesu li ti plavokrvni neplivači samo napuhane lutke ili ljudi dostojni pomoći i poštovanja. Onaj dolje mora podmetnuti svoja leđa kako bi onaj gore uspio i to bez pomisli na nagradu ili plaću za svoje či-njenje. U hrvatskoj stvarnosti podrazumijeva se održavanje neplivačke elite na površini mutne vode 'rvat-stva bez obzira na broj utopljenika koji dolaze kao cijena preživljavanja odabranih i moćnih.

Bio sam dio hrvatskog kazališnog komada iako sam imao bezvrijednu, upravo nevidljivu ulogu. Stroj obrane Hrvatske od četnika, mašina koja je stvorila demokraciju u Hrvatskoj nosi i mene kao sitnu za-kovicu, mali vijak, možda zahrđalu maticu. Stroj hrvatskih mrtvaca projektiran je u kabinetima Hrvata-grobara i do maksimuma izrauban kako bi novodobna 'rvatska vlastela, svi ti cilindraški predsjednici, ministri i premijeri, tajnici, akademici, suci i ravnatelji, upravitelji i savjetnici, predstojnici, generali i žu-pani, gradonačelnici, inspektori, guverner i viceguverneri HNB-a, veleposlanici i konzuli, rektori i dekani, vijećnici, zastupnici i svi pripadajući im krpelji mogli primiti svoje nove plemićke povelje i grbovnice i kako bi oni i njihovo glupo potomstvo moglo bezbrižno uživati plodove smrti i umiranja na bojnom polju za Hrvatsku, onu domovinu za koju pobrojeni jebivjetri nisu dali baš ništa, a uzimaju sve. Krleža je za-pisao: „Hrvatstvo bi trebalo da već prestane biti „ljubavlju rodoljuba”, jer od te „dugotrajne ljubavi”, kao i od one biblijske, nije hrvatskom narodu granulo sunašce slobode...”. I još od Fritza: „Crkva je svome kmetu grof kao što mu je grof samo grof i ništa više. Samo ga grof ne gnjavi moralom. Grofa interesira samo desetina, a biskupa osim desetine i lukna i ta glupa moralistička gnjavaža, kojom obrazlaže svoju desetinu i lukno, da bi mogao da bude kmetu grof i da mu diže desetinu i lukno.”. Na ovo nadovezujem citat Tome Akvinskog: „Onome koji umire od gladi ne treba nauka, nego hrana.”

Koja je poanta za mene u potonjim riječima? Biti, dakle, hrvatski kmet 1991., 1995. ili 2021. i 2022., biti Hrvat-mrtvac u rukama Hrvata-grobara po crti vlastite odluke (demokracija je to, „ponude” se, gle čuda, daju i kmetovima, mogu glasati na izborima i na referendumu mogu dati svoj glas i premda kmetski glas nije nego statistički broj i ne vrijedi ni pola čaše hladne vode, kmetu se to sviđa, on to zove hrvatska sloboda, haha) donijete temeljem nelogičnih domoljubnih emocija nije ono s čime bih se trebao hvaliti, ali na što se ne žalim već zbog istine same po sebi: kruh ti njihov, pa nitko mi nije držao pištolj na čelu dok sam odijevao maskirnu odoru i navlačio crne vojničke čizme! Nisu me mlatili pendrecima kad sam pot-pisivao profesionalni gardijski ugovor. Moja odluka, sam sam se prijavio u gardu i zašto bih sad lemen-tirao bez uma i razuma? Hrvatska već zbog svoje povijesti ne može biti Švicarska ni Njemačka, znao sam to duboko u sebi: drugo je pitanje jesam li bilo što od toga razumio. Svatko tko ima moralne i intelek-tualne snage prihvatiti povijesne fakte i recentna zbivanja bez subjektivnog osobnog pogleda i bez kseno-fobnih nacionalističkih emocija može proći i kroz najteže tragedije domovine ne tražeći ni od koga „žrtvo-vanje na oltaru Domovine” i bez želje za naplatom tog istog domoljublja. Malo tko je to uspio, oni koji jesu su izgnani i nemaju pristup državnim jaslama punjenim iz poreza naplaćenog hrvatskim kmetovima. Ja nisam od tih. Znao sam, Hrvatska je vukojebina, ni nakon stoljeća i više od propasti A.U., nije se od-makla dalje od zapećka, od pripizdine Austro-Ugarske: bili smo i ostali blatnjava periferija, europska ko-lonija, primitivna zemlja naivnih ljudi. Znao sam, ali nije me bilo briga, alkohol je vladao mnome i pijan-stvom hranjeni zanos pobjednika rata. Kasnije, kad sam pao najniže što čovjek može pasti, te su stvari ionako nestale iz mog vidokruga.

Iskreno, ako se radi o pravim „ponudama", takve nisam dobio. Ostale su bile preskupe. Cijena je bila neprihvatljiva, a kupoprodajni ugovor ni đavao ne bi olako potpisao. Na koljenima, u gnoju ljudskih ništarija, gladan i žedan, gol i bos, prljav i ružan, glup i odbačen, izgubljen i bez novca, bez osobnih dokumenata, beskućnik i nezaposlen, pojava obilježena svakojakim posrnućima, vjerski neodređen i društveno izoliran, socijalno razriven, unatoč svemu, ja-kmet nisam se htio poniziti više no što sam već bio ponižen: bez obzira što nisam postojao, moja duša se upinjala da me spriječi u novom saginjanju pred zlotvorima. Živjeti, a biti mrtav, umrijeti, a ostati živ, tjelesno uništen i iscrpljen do krajnjih granica, bačen u kloaku izgubljenih, naš hrvatski kmet (i ja) trinaest stoljeća nosi grofovski nož zaboden u leđa i ta ga bol podsjeća na kaznu za svaki prijestup, bio kriv ili ne. U trećem mileniju je pedeve, spomenička renta, doprinosi i porezi, porezi na vikendice i registracija automobila, naknada za slivne vode i tko zna kakve još vode, danas nema desetine ni štibre, nema ni tlake, ali je gore nego u kmetsko doba i sve to plaća kmet hrvatski danas kao i 1573., plaća šutke, povijenih leđa i spuštene glave! Kako prokleto dosadno! A razlozi su dosadno isti: grofovske i biskupske pivnice imaju biti vazda pune, vazda krcate svim obiljem što ga kmet stvoriti mora!

Haha, slab sam ja kmet, od mene, izuzev rane epizode, država nije dobila mnogo novca, nije jer sam radio za 'rvatskog kulaka, govno od nečovjeka, njegovu predebelu pohlepnu babu i glupu djecu. Jesam, bio sam loš kmet, to je moja sudbina, haha.

Što sam učinio? Samouništenje, bijeg od svega bijegom od sebe, pokušati naći spas u ništavilu, izlaz u propadanju, ne biti da bi se bilo. Nažalost i na moju sramotu, imadoh previsoko mišljenje o samome sebi, pak je sve završilo kako je završilo, gubitkom i ponosa i života. Istina je, po navici i u skladu s iskustvom stečenom kroz vjekove, hrvatski bi kmet imao prihvatiti svaku „ponudu" koju dobije i to bez nekog razmišljanja jer ponuda za njega nikad nije bilo, a u demokraciji ih ipak ima. Krležina podjela na „hrvatstvo hrvatskoga grofa i biskupa" i „hrvatstvo hrvatskoga kmeta" traje i danas bez promjena (izuzev naziva titulara i uzusa društvene etikete). Moja greška bila je suštinska: nisam mogao postati dijelom svijeta Hrvata-grobara, to kmetovima nije dopušteno, osim u iznimnim slučajevima izdaje i konvertitstva, a ja to nisam. Izbrisane feudalne relacije zamijenjene su nečim mnogo gorim, prividom slobode i ljudskih prava u najlicemjernijem sustavu ikada, u demokraciji i višestranačju 'rvatskog tipa! Hrvat-mrtvac naoko je slobodan, a slobodan nije, ima pravo glasa, a njegov glas ništa ne vrijedi. Hrvat-mrtvac može govoriti, ali ga nitko od grobara ne sluša i kad takav naivni hrvatski kmet slučajno dođe na splitsku rivu, gdje igrom slučaj prolazi anemični premijer i dezerter sa svitom guzičara i dupeuvlakača i kad kmet počne oduševljeno pljeskati i pozdravljati tu antihrvatsku političku grinju, vazala tuđina i prodanu dušu, što se onda može reći za našeg hrvatskog kmeta, osim da ga „vrag jebi, gda plešće opici, nek' mu bu kak' mu je i šlus!" Ako kmet ne poima da su on i grof dva različita nespojiva svijeta i ako to nerazumijevanje dolazi nakon trinaest stoljeća trpljenja mučenja i ponižavanja, u tom slučaju možda bi trebalo odustati od obrane kmeta od tlačitelja! Međutim, ne odustajem jer sam i sam kmet i takav ću i krepati u tijelu, ma što bilo.

Grofovi su se oduvijek strepili od kmeta koji je pismen i koji zna čitati. Čitanje znači stjecanje znanja, a znanje dovodi do mnogo pitanja jer znanje ne može biti konačno nego se mora nadograđivati i proširivati. Pitanja su noćna mora za grofove (i biskupe), zato su i laprdali na latinskom, njemačkom, francuskom i mađarskom, ali ne i na hrvatskom. Meni ni čitanje nije pomoglo jer moj mozak očito nije memorirao što je trebao, a ono što jest nije znao iskoristiti. Doduše, u hrvatskoj zbilji, u kojoj su doktori znanosti i akademici veći idioti od nepismenih klošara, čitanje knjiga i nije neki argument za dokazivanje pripadnosti društvu (majko moja, što serem!). Hrvatska kmetova i grofova poznaje samo podjelu po atributima moći, novca, po dekoracijama i titulama, pozicijama i sinekurama, obiteljskom pedigreu i krvnim zrncima (tužno je što se hrvatskome kmetu njegovo hrvatstvo, njegova hrvatska krv ne uzima kao pozitivna stvar)...

Zašto sam proveo trinaest godina u tom svinjcu? Ne znam. Zašto nisam otišao već nakon prve mizerije od plaće? Ili i prije, nakon dva dana? Ne znam. Kako je moguće pristati i ostati živjeti kao pas na lancu? Ne znam ni to, ali da sam potrošio trinaest posranih godina u statusu roba je čista istina, to je porazna činjenica koja govori više o meni kao kukavici i slabiću nego o mojim gazdama, jednom pohlepnom infernalnom bračnom paru, dvojcu muško-ženskih strašila i amoralnih kulaka koji su cijeli svoj prevarantski švercerski život proveli lažući i kradući, varajući i gazeći sve na koga su tijekom svojih ilegalnih poslovnih kombinacija naišli.

Trinaest godina sam rintao za F. P. i Lj. P., a osim za njih, robovao sam i za njihovu mutavu, ništa manje iskvarenu djecu, sinove A. i S. (dobro, potonji se ponekad pokazao kao čovjek, ali jabuka ne pada daleko od stabla, krv nije voda). Što se tiče njihove kćeri, V., očajne preslike užasne joj majke ona mi, istina, nije bila šefica, ali sam i za nju odradio mnogo olovnih sati.

„Vre mi je morti zdocnaj pripovedati o temu kak sam zapraf postal vusrani spitek za trinajst let služenja kod F. i Lj., poznatih sesvetskih žmuklera koji su tega leta, dve hiljade i druge vre žveli na svojemu gruntu vu S. Kraljevcu, gde je blato takaj lepljivo kak i je sesvetsko blato gusto, gadeče kak kakva krema za tortu (kaj bi Fritz povedal o sesvetskemu blatu) poklem sakega dešča i pokle snega, na protuletje. V tem pitanju, kaj je-je, ni predi mog dohajanja k temu kulaku (nemrem reći zakaj, al' mi se reč „kulak” baš dopada) nis bil baš normalen, a pokle krvavega dela za vražju familiju P. skroz sem se sjebal i kaj god se bu zgodilo, te pizdarije se v sebi nem nigdar rešil. S cajta na cajt poči tak nekaj v meni, grde senje mam i ovce proklete i gujde smrdeče i cucki i race i pure i se to senjam kak vražji kraval v svojoj blentavoj tikvi jer ni to kaj je bilo z meni kod P. i kaj sem sega bedastog napravil predi, i vu vojski i predi rata, se se to v mojim možganima prehitavle i jezero put ne znam jesam li ponorel ili ne, kaj je den, a kaj je noč, gda je svetlo, a gda kmica. Štel sem ja najti si poštenega dela, ampak preveč tega se ni nudilo. A kaj sem mogel delati? Kuhati? Kajgod, kuhače nis držal v rukami več od dvanajst let i v mojoj tikvi znanje o kuhanju bile je se same ne dosti da bi počel z početka, a onda, vu vražju mater, ni sanitarne nis imel, ni higijenskoga minimuma, mislim, te papirje s štambilami kaj veliju da sem zdrav i da znam kak prati posude i nož i kuhaču pokle kuhanja. Ni druge dokumente kak se spada imeti nis imel, osobna mi se zišla devedeset i sedme (same me najte pitati zakaj nisem zdigel novu) i gdo bi me takšnega zel na posel? Dajte najte, budite spametni, nišće ne bu za radnika zel takšne strašilo.

Sedel sem v birtiji na zagrebačkom autobusnom kolodvoru tega merzlega jutra rane veljače dve i druge. V žepu sem mel par kuna, a v plavoj velikoj torbi stare prnje (se kaj sam del vu tu grdu torbu je i bila sa moja „imovina”, se kaj sem uspel v življenju na kup hititi). Konobar, mladi fakin na šteremu se lepe vidle kak se snočka dobro nažlajfal i da mu je delati kak da hmreti mora, mi je donesel kavu i dva deci kisele vode. Na malom okruglom stolu rаširil sem „Plavi oglasnik” i počel čitati ponude za posel. Dve sem našel: perva je bila skoram pa bolša od sega kaj mi je trebalo, človek je iskal radnika šteri bi oko hiže i v hiži pomagal, delalo se v turizmu, čistiti vani i nutra, biti na pomoći gostima, peči roštilj (kuharsko iskustvo poželjno) i se takšne posle bi trebal delati, a dobil bi lepe peneze, sobu, jesti i piti. Sem se na pervu razveselil, ali gda sem pročital do kraja, nič od dela, je te bile za Dubrovnik. Nis mel peneze za kartu, to je jene, a druge, prek Neuma bez dokumentov se ni moglo ni onda, a ni denes se nemre (skoram buju zgotovili Kinezi Pelješki most pa dokumentov ne bu trebale), je i kaj, sem oglas prekrižil. Druga ponuda ni mela velke prohteve: nešče je trebal selskog štalskog radnika za ovce i svinje i se posle na gospodarstvu, kak je pisale. Gospon gazda je nudil stan, jesti i nekaj penez, vu oglasu ni pisalo kulike i kak.

Spil sem kavu, platil konobaru i prešel do pošte gore na katu kolodvora. V to vreme, dve i druge, još su bile telefonske govornice kaj su delale na karticu i mogel si tak zvati koga si trebal. Kupil sem si najjeftinešu, s najmanje impulsof i nazval broj iz oglasa. Javil se muški promukli glas i pital kaj hoćem. Rekel sem da se javlam po oglasu i da posla iščem, a glas mi je odgovoril da se dela o poslu s blagom i da bi trebal dojti do njih da vidim o čemu se dela jer prek telefona se nemremo dospomenuti. Još je dodal kak, gda dojdem, da je bez obavezov, da bum videl kak je i kaj je i da to ne znači da sem već posel dobil. Moram dojti, pa ak se sporazmemo, bu nekaj, ak ne, nikomeništ, fala lepa i zbogom. Dal mi je adresu: Ulica B. lj., broj taj i taj, S. Kraljevac.”

Ironija sudbine ili stvarno nema nikakve veze sa mnom: paradoks je da ljudska gamad, bračni par P., žive u ulici koja nosi naziv jedne od najvećih mirovnih i humanitarnih inicijativa s početka Domovinskog rata, ironija jer spodoba od mog bivšeg šefa ne samo da ništa ljudsko u sebi nije imao, nego mu je pojam hrvatstva bio posve stran. On prema Hrvatskoj nije osjećao baš ništa, osim, možda, kad mu se prohtjelo naplatiti svoje lažno hrvatstvo. F. i Lj. bili su majstori preseravanja u svemu, pa tako i u hrvatstvu, njihovoj nakaradnoj verziji domoljublja. Pred ljudima su udarali šakom po stolu uz urlikanje „živjela Hrvatska", a unutar četiri zida, kad smo bili na polju, u staji, na farmi svinja ili na ovčjem rančU, jebao bi Hrvatskoj i Hrvatima sve po spisku, psovao bi vlast i državu, skidao sve svece, posebno braniteljima i uopće bi pokazivao lice smrada koji mrzi Hrvatsku. Javno su se molili ovi luftbrenzeri, čak se F., u znak osobitog poštovanja i kao znamen svoje duboke vjere u Krista i ljubavi prema majci Crkvi žrtvovao ustupivši komad zemlje za izgradnju nove crkve, a osim toga je Lj., preuzvišena gospođa P., inače kćer jednog prigorskog mesara (haha, kao iz romana Miroslava Krleže), jer nije htjela zaostajati za divnim joj mužem, redovito, s dvoličnim osmijehom punila gepek auta gospodina župnika. Punila je presvijetla kulačka baba plebanušev autić jajima, orasima i voćem, svježim mesom, netom zaklanim pilićima i smrznutim kremenadlima, sušenim kobasicama, kavom i kacama svinjske masti, ali gotovinom ne, „to gospon plebanuš od familije P. videl neje", haha, na novčaniku je Lj. bila tvrda, a u tome sportu pratio ju je F. u stopu. Škrtice za sve, osim za sebe, naravna stvar. Glumili su vjernike, pobožne katolike, skromne i ponizne, a u svojoj kuhinji, dok su se prežderavali, ponovno su jebali sve po spisku i župniku i crkvi i svima, a F. nije mogao prežaliti onaj komad zemlje, „da ga vrag jebe". Nisam mu vjerovao kad me je uvjeravao da je Hrvat i domoljub zbog debele crte njegovog egoizma i bezobrazluka i apsolutnog nepoštivanja zakona i države (bez obzira na trulost sustava). Gospodin F. redovito je plaćao samo ono za što se bojao da će mu isključiti ako ne plati: struju, vodu i plin, a uz to i registraciju auta i kamiona, ne i traktora, to je bio nepotreban trošak, registrirati traktor. Onodobno, kad je u hrvatskoj javnosti užarena vijest bila objava registra branitelja, a i prije, kad su branitelji počeli dobivati udjele i dividende, dotični F.P. iznenada je postao Domoljub s velikim „D" i danima mi je isticao u svoje čvrsto 'rvatstvo (sve dok nije podigao svoje dividende i prodao svoje udjele). Nisam mu proturječio, ali sam mu u sebi jebao sve po pisku. Mene, ratnog veterana nije mogao uvjeriti u svoje ratničko iskustvo, ako je već državu kao takvu. Naime što: ovaj kukavički crv, lažljivac i kokošar imao je status branitelja Domovinskog rata i to samo zato jer ni HDZ ni SDP o pravom ratu nisu znali ništa i izradba Registra branitelja služila im je kao izradba popisa birača za kupovinu glasova. Haha, kako je njegovo poštovano ime i poštovano prezime upisano u registar meni nikad nije bilo jasno, ne zbog njega, nego budala i kretena koji su donijeli taj idiotski Zakon o braniteljima itd. po kojem je i F. postao dio populacije ratnih veterana iako u „svom ratovanju za Domovinu 'rvatsku" nije opalio ni jedan metak, a četnike je vidio samo na televizijskom ekranu! „Ratni put" velikog Hrvata i branitelja F. P. sadrži službeno evidentirana dva mjeseca služenja u neborbenom sektoru! Haha, priča o „ratovanju" ovog jebivjetra ide otprilike ovako: nije bio dragovoljac, ni pod razno, bio je mobiliziran. Te 1991. država je mobilizirala njega i njegov kamion „tamić" za potrebe pričuvnih postrojbi, pa je tako F. vozikao svoj stari „tamić" prevozeći za logistiku, ali ne na prvoj crti bojišta nego iza leđa svega opasnog. Lj. P., međutim, žena mu, to nije htjela samo tako otrpjeti, kod kuće su bila mala djeca, a i svinje i svo blago je tražilo svoje pak je okretna i spretna u marifetlucima, gospođa P. strpala dva svježe zaklana i očišćena odojka u auto, pridodala je tome nekoliko kartona jaja, par kilograma kave, wisky i još podosta toga, kao i jednu debelu plavu kuvertu (čestitka u dojčmarkama), te se zaputila na općinu, u Ured za obranu da bi isposlovala demobilizaciju svog muža heroja! Iskoristivši određena poznanstva, ta ni u socijalizmu se nije moglo ilegalno legalno poslovati bez podmazivanja, a te 1991. većina općinskih kadrova još bjehu crvene uši koje su ranije s njenim mužem imale stanovite međusobno korisne relacije, uspjela je doći do „odgovorne pojave" koja je imala moć potpisati demobilizaciju i time i svršetak ratovanja njenog voljenog F., poduzetnika, katolika, uglednog župljana i dobrotvora, kasnije promoviranog u branitelja iz Domovinskog rata! Istina Bog, u toj operaciji podebljano je vrijeme trajanja ratovanja mog gazde, ali kome je to važno, nećemo cjepidlačiti, rat je bio, tko pamti točne dane, što znači mjesec više, haha. Međutim, jer u kazalištu 'rvatskih istina i laži ništa ne prolazi bez „međutim", pa tako nije ni F. P. bio „samo" mobiliziran i demobiliziran. Poput svih pravih Domoljuba s velikim „D", junaka oka sokolova i desnice čvrste, tako je i cijenjeni donator zemljišta za Crkvu, gospodin F.P. od države 'rvatske, koju je toliko volio da joj iz čiste i nepatvorene ljubavi nije htio plaćati poreze ni poštivati njene zakone kao takve, bio bogato obeštećen tako što mu je država na račun „uništenog" kamiončića kupila i darovala posve novi kamion istog proizvođača, TAM-a iz Maribora, Slovenija. To je bilo pravo čudo, čak mi je sam F. jednom prilikom rekao da je država nekako uspjela kupiti valjda posljednje nove kamione tog tipa u TAM-u, a kako, to ne znam. Možda preko HAK-a, policije, boga i vraga, nemam pojma. Uglavnom, gazda je pokazao da je gazda, dobio je novi kamion kao zamjenu za stari „uništeni" koji nije bio uništen, a nikako ne u ratu, haha. Stari kamion je sakrio na farmi, ispod bala sijena i nakon nekoliko godina ga prodao Ciganima, a „novi" je ostavio sebi. U novom kamionu vozili su me trinaest godina i milijun puta sam ga natovario napojem, namještajem, sijenom, smećem i gnojem, natovario i istovario... F.P. je postao branitelj, ratni veteran i veliki domoljub i uspio je naplatiti svoje ratovanje sasvim konkretno, ne samo kamionom, već i svim benefitima koje je zakon omogućio. Dividende i udjeli u Fondu branitelja, sve što je mogao iskamčiti je uzeo jer „to mu i tak kak branitelju i 'rvatu pripada". Nisam komentirao sve to jer u isto vrijeme zbog neimanja osobnih dokumenata svoja braniteljska prava nisam realizirao. Naravno, mom gazdi bilo posve u redu da on dobije sve što se nudi jer je zaslužio. Za mene nije pitao niti ga je bilo briga. Nisam mu ništa rekao, ali Bog zna koliko sam tada mrzio tu debelu kulačku svinju! Kako sam ga htio opaliti preko gubice, i izbiti zube! Nisam, jer.... bio sam kukavička pizda i nisam imao hrabrosti učiniti ono što sam morao, ubiti Boga u njemu! Što mi je bilo? Ne znam. Ne reagirati na svinjarije prevaranta i probisvijeta može samo jedan nitko i ništa. Što sam mogao izgubiti? Ići u zatvor? Ne bi me on tužio, pa svejedno ga nisam ni taknuo. Ne znam zašto.

„Spustil sem slušalicu i bil sreten kaj sem morti našel posel. Kupil sem kartu za cug do Sesvetskog Kraljevca i bile je okoli štiri popodne gda sem stigel do adrese na kojoj sem robuval sledečih trinajst let. S ceste se ne vidi, ali grunt je velki. F. ga je ogradil ga žičanim plotom šteri je pojačal s živicom s unutrašnje strane. V dvorište se ulazilo kroz velku željeznu lesu i odmah je, gdo bi došel, ostal „paf". Prava mala šuma drev, vočki i najstarješi hrast v Zagrebu, stručnjaki su rekli da ima petsto let, da je bil tu pred bune od leta 1573. i da je zaštičeni spomenik hortikulture! Hrast je dobil z gruntom gda ga je kupil tam osamdesetih za male peneze od dve sestre, a predi nek sem dobil šupkartu, nešče mu je nudil dva miljuna eura, same kaj on ni štel prodati, mu se vidlo premale! A Lj., kak i saka mužača štera si umisli da je plemenita gospođa čijem se gruntu buju svi divili, naredila je oko hiže i sega lepe cvetnjake, nametala je žmehko kamenje, napravila brda tega prokletog kamenja, popločila je steze z starim pofarbanim ciglami, razmestila panje, drvene stole od trupcov, betonske i gipsane patuljke, ftiče, magarce i konje i se je priravnala, ma ne sama, ali je takšna njena vola bila, da je se zgledale, gda bi došla mušterija kupiti nekaj, kak mali raj. Ispred ulaza v hižu, ispod velkoga dreva, v lepemu hladu je bil stol z stolcmi za spiti kavu, primiti goste gda je vruče, je tu hlad bil divota Božja. Bil je hudčevi posel delati to oko hiže za tu babu! Nišče neje mogel napraviti ništ, a da bi „milostiva" bila zadovolna! Ma kaj ja delal dobre, se mučil kak Kristuš, sejeno nikaj ni valjalo! Vražja krava, makar, je i ona delala nekaj tu i tam, a za pol vure bi o tome žlabrala kak da je stovarila dvajsti toni cementa! Ve, gda pišem ove, me zimica trese od besa i jada, da je tu ta baba, bi ju odalamil s lopatom po hrptu! Nis spadal v one kaj uživaju nego one kaj delaju. Sakomu svoje! Žlabral za tim stolom nisem, gda gda bi me pozvali, če ni bile baš nikoga, na pet minut da si kavu spijem i to je se, a ta kava, Bog me prosti, je kak pišalina bila, za mene su kuhali na staromu zocu jer za kmeta je i zoc dober. A hiža?

Kak dvorec, palača, tak velka! Visoka katnica, dugačka i široka bog te pitaj kuliko, nemrem reći kuliko je kvadrati v toj hiži. Celi kat je jen stan i to se s brodskim podom presvlečeno. Pod hrastov, prva klasa takaj. Je stan mel za kćer biti, ak sem razmel i njoj su ga i dali gda je fačuka rodila i k njima se preselila iz S., gdi im je bila glavna hiža, a šteru su srednjemu sinu dali gda se oženil. V toj hiži v S., v prizemlju imaju dva poslovna prostora, bi rekli, jen za najam, a v drugome kćer drži šnajderaj, ne pravi, kakšni su meli moji pradeda i deda nego onak, za krpanje obleke. Gde sem stal? Ah, je, dole, v prizemlu mali stan, za F. i Lj., njima je to bile dosti, su rekli, a ostale za decu. F. je navek lamentiral kak je prestari kaj bi se po štengama na kat vlekel, da je njemu i dole dobro i da ima se kaj treba. Je pokvarenjak gihta mel, a kak i ne bi kaj je se jel i pil, isto kak mu i baba proždrliva. V prizemlu, na strani prema cesti je F. vredil lepi komad s velikom terasom, kak se to zove. Birtiju je htel otpreti, a zakaj i ne bi, mi je govoril, mesto je odlične, hladovina, pune zelenoga, zdenčana voda z tristo let starega bunara, mir i tišina, bi ljudi rade bili dojti fino pojesti, a i za manje svadbe i tak te. Za decu je sve to planiral, bi najstareši, kak si je to F. zgruntal, završil kakav ugostiteljski tečaj i kaj već treba i posel bi išel kak podmazani, bi penezi sam kapali. Moram reći, kaj je je, F. i Lj. nesu žalili penez hititi vu uređenje (su završili s tim gda sam je vre delal za njih jer je ideja propala i birtija je čakala dok se stareši sin neje fkanil ženiti, pak sme onda se dogotovili, se moralo videti da su gazde, da nesu neki tam dotepenci bez jene dojč-marke v žepu: prava žmehka hrastovina po zidi, stoli i klupe i stolci takaj dobri, na podu lepe erste klase pločice, se nemre saki prifčiti srediti „birtiju" po domače. Bila je to ideja i pol, same, vrag ga jebi, su F. i Lj. imele jeno v glavi, a druge je one kaj je stvarne na svetu, pardon, v 'rvatskoj (jer to je bile za ove 'rvatske, ne za Jugoslavije). Se nemre birtija sam tak otpreti kak se nekom pimpek zdigne, haha. Mislim, more, ak' si penežljivi i ak' ti ne žmehke otpreti geldtašlin i podmazati di i koga treba, ali pri F. i Lj. P., tega filma nišče ne gledal. F. mi je povedal da jebe državu jer država navek sjebe poštene ljude kaj hočeju delati, a žmuklerima črez prste gledi. Je, istina, ali je moj gazda zaboravil reči da i žmuklere kakšni je on država male jebe jer ni oni kaj za državu delaju, kak god voleli MIK (mito i korupciju), znaju s tatima posle sklapati. A to se mora platiti, lopov s lopovi more posle delati same ak' da kuliko treba dati, a druga stvar je kaj se ipak nekoga zakona i reda mora držati, da se vidi da neje baš se idimi-dojdimi. V državnim regelmanima piše kak birtija mora biti, kulika je visina od poda do plafona, kuliki je minimum kvadratov, kakšni su prozori, ventilacija i se druge, protupožarne regule, voda, struja, kakšni šekreti moraju biti, pa se za smetje otpelati, a kuhinja takaj, inoks i tak dale, aparatof i opreme kuharske, a bogme i ljudima koji bi delali u birtiji erar je naredil kakšne kvalifikacije moraju meti i se drugo kaj v birtiji, vu šteri bi se kuhalo i ljudima jesti i piti prodavale ima biti. A to se F. i Lj. nikak neje dopadalo i oni su od sega tega odustali: je F. poslal državu u tri pizde materine i tak je se stalo, a kak sem rekel, se uređenje zgotovilo gda se najstareši sin T. ženiti nakanil. Oh, skoraj sam pozabil, je bil još jen razlog zakaj su hteli birtiju držati. Su vu S., u svojoj hiži predi toga držali štacuna z špecera-jem, ali su ga zaprli jer im se ni dopadal zakon za posel voditi. Ne same z štacunom, su meli velke plane s tim poslom, haha. Na dvorištu, iza hiže su napravili tri manjša lokala, su hteli skupaj z štacunom otpreti mesnicu i kaj ti ja znam kaj još za peneze mlatiti. No neje zbog te vražje države ništ ispalo kak su si zgruntali! Zakon ih je sjebal, prokleti zakon! Su se vremena promenila i v 'rvackoj hadezeja. Ili je morti prava istina bila da F. ni htel tancati kak su porezniki i inspektori igrali, pa ih je sve postal v one mesto, haha. Bi rekli, država, kakšna god da je bila mutna i v šteri su najvekši tati postali miljarderi, neje bila Jugoslavija v šteri se drugove mogle podmititi s odojkom, dve flaše viskija i z sto dojčmarki, o ne, su 'rvacka gospoda iskali prave peneze za poštambiljati papirje za posel i „cene mita" su bile evropske i de-mokratske, haha. Mi je sam F. povedal kak su mu inspektori nekaj viška našli v kasi i nalepili mu kaznu od par hiljadi, a kaj on neje ni mislil platiti nego je štacun zaprl i šlus! Mogel je platiti ispod stola, kak se veli, v kuverti, ali ni htel, nek se jebeju inspektori i se je bile gotove. (F. mi neje povedal da su mu inspek-tori puno žmirili na joči gda je na črno tone i tone robe prodaval, cukra, brašna i ulja, konzervi z humani-tarne pomoći, pa sira koji je po njemu bil dober za jesti i prodati jeftine ljudima, a veterinarskim inspek-torima baš i ne jer je sir predugo bil na carini, vu kamijonu-hladnjači štera neje delala.) Tej priči se mora dodati i njihov posel z svinjami i farmom šteru su držali na dedovini Franca, vu zaselku L., gde se rodil i gde mu je jengov japa na črne pekel rakiju i mutil delanec i to prodaval pijancima i birtijašima ispod ruke. (F. mi je, gda sme bili na paši s ovcami ili gda bi išli po kakav nameštaj, pripovedal kak su se japa i on pelali na kolima v S. gda su išli po cukor za rakiju i tudum, a to neje bile baš same tak jer v to vreme, po-kle rata, ni bile cukra kak denes i moral je japa jako dober biti i mazati šefe zadruge da bi do cukora došel. Takaj je mel veze z birtijaši, neje bilo puno privatnikov v socijalizmu gda je on bil dečec, ali su šefovi državnih birtiji sejeno bili za na črno delati, pak su od jengovog jape zemali cukor-pijaču i tak mu je japa peneze na črne slu-žil.) Napravil je kakti farmu na svojem gruntu i napunil z gujdama za tov. Si je planiral zaokružiti posel. Zate je v hiži v S. Kraljevcu mini klaonicu sklepal jer si je zgruntal kak bi mušterijama fine po regelmanu klal gujde i za doma im priravnaval meso, klobase i se kaj bi ljudi šteli za velke nov-čeke. Otraga, sa stražnje strane hiže vredili su lepi prostor, nemre se reči, merzlu komoru, kuke, se inox i se za klanje, pločice, posude, nože i se, ali gda su veterinari prihajali na pregled za papirje, haha, su imeli sto primjedbov koje bi F., da je to išel popravlati, koštale več neg je cela klaonica koštala. Su veterinari iskali zlatne kvake, mi se pojadal. Mogel je dati dvajst hiljadi marki, ali gda je to čul od veterinara, ga je v pizdu materinu poslal i steral z grunta, pak je tak i ta ideja o klaonici propala. Štacun, klaonica, birtija, se jengove ideje za peneze služiti su propale. Zbog države, zakonof i te bande koja same marke išče od njega šteri se muči kak Kristuš! S gujdami je takaj posel propadal iz dena v den. F. je klel ljude, kakšni su to ljudi prokleti postali. On nigdar neje prodaval gujde na velko, morti bi mu došel šteri prekupec gda-gda, ali je F. najveć volel gda su mu mušterije same dolazile po jenoga, dva ili tri pajceka, tu je on peneze grabil jer je cenu kod takšne trgovine mogel zdiči: on je svoju robu navek već cenil nek drugi ljudi šteri su tržili s blagom. Kak sem povedal, su se vremena promenila v 'rvackoj, su počeli dolaziti velki trgovački lanci, su se supermarketi otpirali, a i ljudi su premenili navike, novo vreme i se manje su kupovali cele pajceke, a v Zagrebu je običaj kolinja pomale zamiral, to je jeno, a i penez v žepima ljudi nesu meli kak predi, a kak je F. bil skupleši nek drugi, je mušterije gubil saki den i se je manje prodaval. To znam jer sem delal letami za njega, a ljudi su znali takaj s čim on gujde hrani i nišče ni štel jesti takšno meso. Bum ja rekel kaj je to bile. A imali su oni još jen veliki posel šteri im je dal lepi kupček penez: kava. Haha, morti se zmislite, je v devedesetima, kak je došla kapitalistička 'rvacka nastala prava eksplozija „domaćih pržiona kave": je skoram sake vusrane sele melo „pržionu kave". Sposobna za peneze mlatiti,, Lj. i F. otprli su pržionu , a tržili su je sikak kak su mogli, pa su i na placu v S. meli drevni kiosk. Kavu su pekli v onoj nigdar otprtoj klaonici. F. je kupil polovnu peč za kavu i tak su oni, v to vreme prvi v S. meli biznis s kavom i F. mi je rekel da im je išle dosti dobro, osim kaj njihova bedasta deca nisu razmela da ni treba dodavati mušterijama kavu v škrnicel nege zeti ispod mere, ali to neje bile nikaj prema, opet, državi i regulama koje F. neje htel poštuvati. Haha, baš tak, je grde i posel s kavom propal, kak i se drugo (ali su predi tega tko zna kuliko jezerač marki pospremili v madrac, nesu bili na gubitku, bez brige). Po pravici se treba povedati, neje tu s kavom same država bila kriva (porezi i varanje na vagi, pa kazne zbog tega kaj nisu davali račune i tak dale), se je i vreme promenilo i kak se veli, mušterije nesu htele piti kaj god kavu i kakav god drek deti v svoje šalice, a potem, z vana su došle moderne vrste kave i moderni načini kuhanja kave, pa su i po tome Franc i Ljuba odjebali i s tim biznisom. Kaj sem povedal da ljudi nesu hteli piti kaj god? Haha, ovo nis videl, ali mi je ispripovedal stari radnik kaj je za njih delal puno let, a koji je otišel i dal otkaz leto i pol kak sem ja bil pri njima. Človek je, kak i saki od nas, bil ekstraklas bravar i majstor, ali ga je život sjebal i postal je kak i ja, niko i nišče i delal je za F. letama, a onda je ostaril, sredil si nekakšnu penzijicu i prešel živeti kod još dobro držeće vdovice v Slavoniju. Taj gospon, jer je bil gospon, zate to velim, mi je ovo rekel onak među nami. Znači, nakon dve-tri lete kaj im je kava posel išel kak po špagi, promet je počel opadati, a kak je i roba, kava saki den bila sve skuplejša, se F. setil nečega. Zakaj bi prodaval čistu kavu, kaj ljudi znaju kaj je kava. I počel je saki tjeden F. iti na sejem i kupovati, poglejte vi ljudi to zlo, par vreči zoba! Je, zoba! Nije se spominal po kakavski, bil je Slavonac taj gospon: „Nisam razumio zašto kupujemo zob, nismo imali konje na imanju. A onda sam vidio, F. je miješao i pržio zob s kavom, da uštedi i još više zaradi, pohlepna svinja. Samo što mu se to vratilo k'o bumerang, haha." - pripovedal mi je Slavonac - „Kava sa zobom ima jako kiselkasti okus, kao „divka" i ljudi su polako prestajali kupovati to smeće. Vrlo brzo su zatvorili pržionu. Nema njihovog posla u kojem nisu nešto zajebali, varali ljude, vjeruj mi, oni su lopovi." Veruval sam mu, kak ne bi, kad sam i sam videl kaj i kak delaju. Oh, ima tega za pripovedati kaj ni v deset knjig ne bi stalo.

Predi toga, samo da velim, zaprl je štacuna i ni otprl ni birtiju ni klaonicu, ali je posel nastavil na črne. Se ni moglo familiju P. sam tak zajebati, su oni sake fele trgovci, a još gda je bez poreza, nema bolših od njih. Je, gdi sam stal? Aha, grunt, imanje, bi rekli, je bilo jako velko. Hižu sem opisal, ve bum ostale. Ne znam kuliko je rali taj grunt, ali je najvekši v S. Kraljevcu. Uz samu hižu je F. zdigel poluotprtu radionu, z hoblpankom, alatom i mestom za dreva, da se more delati i popravlati kaj na gruntu, oko traktora i sega drugega. Ta natkrita radiona je bila kod vrati od nikad otprte klaonice i propale pržione kave. Levo od velikih železnih vrat bil je inoks restoranski stol (tu sme meso priravnavali za kolinje, zimnicu delali i puno tega), pa veliki dvodelni sudoper i teški drveni mesarski pank. Ti vraga, gda se zmislim kuliko sam se tu z mesom i svim nadelal, zimica me strese, prokleti gazde, vu peklu buju kak sotonski drek! Odmah kraj hiže, kojih deset metrov, morti kaj već, bila je ogromna zgrada, ne znam kak bi ju nazval. Veča od hiže, kak tri hiže. Dole su bile tri garaže, dve manje i jena dvodelna, za traktore i kamijon. Gda sem počel delati, v dve male su bili janjci za prodaju, a v sredini je bilo skladište stočne hrane, a gda je sve propalo i ga su gujde i ovce pojele smesu, su garaže pretvorili u još jen ilegalni biznis, v „salon" za prodaju rablenog nameštaja, ali bum vre došel do tega. To je bilo dole, a gore na katu, ispod visokog krova F. je splaniral napraviti tri manjša dvosobna stana (tak je bil veliki taj prostor) za svoju decu, ono, gda se buju oženili i buju dolazili na grunt v posete ili morti bi šteri i živel ž njimi), ali kak su posli propadali, a deca su mu se dosta kasno, kak je on mislil, poženila, se je stalo i gda sem se zaposlil u toj peklenoj „firmi" sem dobil, za prek zime i dok nis bil na farmi gujdi, sobicu za spati. Je, sobicu, nekaj kaj bi nazval malo vekši sanduk sklepan od daski, s oblokom, ali ne prema van, nego na tavan, tak da je navek nutra bila kmica, a mišov je bilo miljon. Nigdar svežega zraka v toj rupi neje bilo, a ja sam tu moral spati i prati se. Grijal sam se na malu železnu peč štera je bila napravlena od starog bojlera i ta je peč bila jedina dobra stvar v toj štakorskoj rupi. Krevet je bil železni vojnički, a madrac smrdlivi i trdi kak kamen. Na tavanu, F. Lj. su nametali smetje, popišane madrace, ciglovje, železo, letve, hampere i se kaj je trebalo hititi na hrpu i vužgati nek zgori. Jedino sme, gda se starešji sin oženil, priravnali jen od ona tri planirana stana. Dve sobe, kuhinja, kupaonica i hodnik: se sme namestili z nameštajem. Kaj sem se namučil gda smo to delali, prokleti bili, a za zabadaf. Kak je to pri njimi bile, v tem stanu nišće ni prespal ni jenu noć, haha, morti zato kaj se F. i L. sa sinom i jengovom ženom i familijom nekolko let nesu meli kak se spada. Jake čudne, kaj ne, haha?!

To je bile gore, a spojeno s tom zgradom, prema ostalom delu grunta bila je velka štala, svinjci i kokošinjac. V zadnjim letima predi nek sam, fala dragome Bogu, otišel od njih, su tu bile ovce i gujde i kokoši, ali same za njih doma, za jesti. Janjci su još bili za prodati, dok i to neje propalo, pa je F. prodal zadnjih trideset ovci jenemu Ciganu i prestal je i s tim. Osim gujdi, tu je bile morti pedeset velkih dvesto litrenih bačvi s starim čvarkima s čim je gujde htel hraniti, ali kak su stari čvarki žufki, gujde nesu htele jesti i F. je popizdil i jebal oca i vraga i se po spisku jer su mu propali penezi kaj je za to dal. Haha, to je bila jake spametna ideja! Ljudi dragi, to morate čuti! V propalom „Sljemenu", ne zmislim se štere lete, ostalo je sto i nekaj ton industrijskih čvarkov. F. je prek sina S. doznal da bi se to mogle kupiti za nikakve peneze, kunu-dve kune po vreči i mam je zagrizel za to kak muha na drek, haha. Čvarki, masni, zmešani z napojem i posijama, z nečim i pajceki buju fine napreduvali. (O ja, skoram sam pozabil povedati, jednog je leta F. predal posel z gujdami sinima. Kak je objasnil, je prestari i betežni i nema vre živce za taj posel terati, pa nek si S. i T. to delaju. Im je čak prvu turu odojkov nabavil, a oni su mu morali vrnuti peneze gda prodaju stodvajst kilaše.) Haha, lepo zgruntane, samo kaj niti su pajceki to šteli jesti, niti su napredovali, a niti je bilo mušterij kaj bi kupovali pacejke, tak da ni od tega ni bile ništ. Je, da se vrnem na grunt...

Iza te štale i svud okolo hiže i garaž bil je veliki grunt s puno jabuk, trešnji, višnji, breskvi i sto pedeset, morti dvesto orehov. Haha, pogajate, još jedan „uspešni" posel F. i Lj., orehi. Su si zračunali da je jako dobre posaditi orehe, ni puno dela s njimi, a sake lete gda pobereju orehe, dobre peneze buju deli v žep. Bez poreza! Same velki poloprivrednik F.P., šteri je se o semu na zemli se znal, je pozabil da ni saka zemla za oreh i da ni saka sorta za saku zemlu i saku klimu, neje samo tak, buš posadil dvesto orehov i nakon par let i pokle sake lete buš mam marke brojal! Od sih orehov ostalo je kakvih trideset, se ostalo se posušilo! Jebem ti, kuliko sam se nahodal gda sem sake lete bral te proklete orehe! I po dešću i po vetru, se sam moral pobrati, deti vu vreče i na tavan obesiti da se posušiju, a na zimu, gda ni bile nekog posla (po njihovim rečima), sem tukel i čistil te proklete orehe, štere su prodavali prek oglasa i v kčerinom šnajderaju po velkoj ceni...

A kak je bilo jake puno dreva, lipa, hrasta koječega drugega, sake jeseni sem imel vražjega posla zublati lišće i na gnoj pelati jer je grunt moral biti kak picino oko, ali to mi je bil posel, bi rekli. Nekak na pol grunta je F. podigel žičani plot i velku drvenu lesu del. Tak je pregradil na jen dio, gdi je bila hiža i drugi del, gdi je bil ograđeni veliki vrt, štala za ovce i štagalj za seno. Ne zmislim se kuliko je bilo rali livade oko sega toga. Tu su prek zime bile ovce, za Božić se janjile, a i kokošinjec je tu bil (onaj v štali na prvome delu grunta je bil za piceke, male race i pure, gda bi ih imeli, te pure). Gda su F. i Lj. došli v S. Kraljevec, ni bile puno sosedov, ali za par let se se zgradilo, hiža na hiži, se ljudi z Bosne i Hercegovine. A ti su se sosedi počeli buniti na F. i jengovu poloprivredu jer gnoj, ovce, gujde i kokoši, se to sere i se to smrdi i poslali su tak ne jemput inspekciju familiji P., haha. Za mog dela tam je F. platil nekaj male kazni, nikaj več od tega.

To je bil taj jengov grunt, a imel je pokraj tega, i on osim farme v L. i ranča na S., još jake puno tega, tuliko, mi je sam povedal, da na nekim parcelama neje bil dvajst let! Pola, livade, šume i vinograd (zaraš-čeni), se je nakupoval je z letami i gda je se del na papir, se je sam sebi začudil kuliko tega je. Gazda v selu, kak Bog zapoveda, ak' si bumo lagali jer v moderno se vreme gazde po miljunima v gotovini meriju, ne po kokošima, gujdama i po senokoši, haha... Kak su z ovcami počeli biznis? Jednog leta, gda su se vračali s mora, a to je bilo vreme gda su zaprli štacun, su se pelali kroz Liku i vidli ovce, pak je spametna Lj. rekla nekak ovak, zakaj ne bi probali s ovcami i janjcima, za te ni treba Bog zna kaj, a janjci su po sto-dvesto marki, pa bi prodali i do penez došli. Bi zeli kauboja (kak sem ja i slične propalitete) da pazi i hrani, a oni bi same peneze pobirali. Kupili su mam par ovci i tak je počel „ovčji biznis", sve dok nisu dogurali do dvesto ovci. Ispalo je da to ni same tak, ovca i janjci iščeju slugu, kak svaka živina, neje meti ovcu to da se je pusti na pašu, da joj sena, pusti ovna i ovca bu se sama janjila, janjac bu zrasel, došla bu neka budala i platila ga tristo marki, haha! Da je tak, si bi bili ovčari. Prve kaj je bile to da su zeli krivu pasminu. Hteli su dobro, ali neje za taj del Hrvatske saka sorta ovci. Kupil je F. velku sortu, kvalitetnu, švicarsku, ali su mu skoro sve pokrepale, neje im pasalo tu gde su bile, a i F. je pogrešil kak ih je hranil, tak mi je onaj Slavonac povedal. Onda je kupil drugu vrstu, ličku pramenku i još neku i zmešal ih, tak da je dobil kaj je trebal. Ampak, lekovi, šišanje, cepiti sake lete par put, pa seno priravnati, pa papke rezati jer tu de su ovce ni kamenja da se papki trošiju, pa ovo i ono i brze su F. i Lj. došli do tega da je i s ovcami teški posel, a ne kak si je to Lj. zgruntala, haha. S početka je lepo tržil, imel je puno mušterija jer gda je počel, v temu kraju ni bilo ovčarov, a Bosancof i Ciganov muslimanov kaj jeju janjetinu i ovčetinu je bile kak pleve i gazde su štancali marke. Kak i ne bi, gda su imeli trideset posto velke cene. F. je rekel „saka roba ima svoju cenu i svoju mušteriju, a jengova je roba erste klase i to se mora platiti." Aha, dve i druge, gda sem ja nastupil v jengovu službu posel s janjcima je bil kak-tak, ali se vidlo da propada. Ne samo F. i jengov način biznisa, su tu prste imeli i Kaufland, Billa i ostali, kaj su imali puno niže cene i F. je gubil kupce, se je manje prodaval. Makar, istina je, opet je i svoje kerefeke zmešal, same ni da ga koleš ne bi priznal da je nekaj krive napravil! Jer kaj, svedočim tome jer sem bil tam i videl se to skup: kak je sma-njival broj ovci, tak je trebal več janjcov jer ovca ne janji deset janjcov na leto, pak se je F., kak i navek, setil preprodavati tuje janjce pod svoje. Vozil se okoli po Slavoniji, Liki, Baniji, sigdi, po sajmovima i ku-poval janjce i prodaval kak da su jengovi. A kak je tat odnavek, moj je gazda jemput od nekog prekupca kupil trideset „janjcov": ja sem odmah skužil da je tu nekaj čudno jer su „janjci" bili mali kak janjci i jesu, ali bila je to neka pasmina kaj je zgledala na ličku pramenku ampak sejedno mi nesu zgledali kak „nor-malni" janjci. I nesu bili janjci nek je prekupec dopelal z Rumunjske zakržljale, slabe hranjene ovce! Ti jarca, F. ni bil smotani, je zmešal v boksu svoje janjce s tim „janjcima" i kak da se ne bu vidle. Mušterije kaj se ne razmeju preveč su to progutale, ali Cigana nebreš zajebati. Došel je tak jen Cigan, musliman, kupil pct janjcov i si baš rumunjski. Zaklal sem prvega i gda sam ga ogulil i očistil, mi je Cigan došel i rekel da je nekaj čudne s tim janjcem, da to ni janjec. Neje bil janjec, se po žutoj farbi loja i črlenom (a ne rozom) mesu vidle da neje janjac, ali kaj sem ja bogec bogečki mogel reči? Ništ. Onda je Cigan povedal da bu sad zel tak kak je jer nema cajta iti kam drugam, ali da je to zadnje i da ne bu več došel. Bil je stara mušterija i stvarne neje več nigdar došel, a kak je povedal to i drugim Ciganima koji su kupovali od Franca, a Cigani su si povezani kak pupkovinom i odjedanput Cigana ni blizu, zgubil je F. dobre i poštene, jake penežljive kupce. Ne same zbog rumunjskih ovci. Zbog nepoštenja, eto zakaj mu je i taj posel propal. Čujte ovo. Došel je za Kurban bajram jen gospon, Cigan, fes bogati, stara mušterija, puno put je znal zeti janjce, nigdar manje od tri. I taj je put odabral pet lepih janjcov, naših, ne od prekupcov. Označili sme ih s farbom, zmislim se takaj da su si bili muški i da su tri meli roge, kaj je gospon kupec posebno cenil, iz verskih razlogov. F. i on su se dospomenuli, gospon je platil poštenu kaparu, je dal skoro pol cene naprej. Kak je bilo dospomenuto, točne vu vuru ja sam počel klati janjce za tega gospona, ali ne one štere sme po-farbali. Dva najvekša s rogami F. je odvojil i skril iza v štali, odrezal s škarami tam gde je bilo pofarbano, a meni je naredil da zakoljem druga dva, šteri nesu bili loši, ali ni blizi dobri kak ove kaj su bili zaka-pareni. Nis niš rekel, a kaj bi i mogel, moje je bile da čkomim i delam, ampak sam si premišlaval kak bu se to zišlo s tim janjci jer kupec neje bil bedak, Cigan je to, gospon, zna se muslimanske regule i zna kaj su janjci, ne bu dobre zišle se to skup taj den, tak je to bile v mojoj tintari.

I neje bile, ni Cigan bedak. Došel je baš kad sam tretjega, jenoga od dva zamenjena klal i čistil. Prišel mi je, pozdravil me je, pogledal je dva zaklana i još ova tri, nekaj si je mislil i onda mi je rekel (F. je bil v hiži, neje videl gda se človek dopelal na dvorište, parkiral se je iza garaže, kod vanjskih štengi za tavan): „Momak, ovo još nekako, ali ona dva tamo šta vise, nisu to oni koje sam platio. To nisu označeni janjci." Mislim da sem pocrvenel kak rak, same sam joči začepil za janjce šterega sem gulil i nekaj promrmljal, a gda mi je čovek rekel da je on v životu zaklal na hiljade janjcov i da se njega nebre jebati, ja sam mu se kiselo nasmešil i nastavil svoj posel. Vute se i moj gazda dovlekel nasmešen od vuha do vuha (navek se smejal kak bedasti gda su mu se penezi kazali, a na ovih pet jancev je čistega v žep del najmanj pet jeze-rač) i pružil ruku gosponu Ciganu. On mu je odzravil, ali se neje rukoval, se delal kak da nekaj išče v žepu. Mam ga je pital zakaj je zamenil janjce, na kaj je F. eksplodiral, da kak to more reči, da je on časten človek, da bi si predi ruku odrezal nek mušteriju zajebal i da letama posel tera i nigdar ni bilo s jengove strane nikšne zajebancije. Otišli su v klaonicu pregledati janjce i jake glasne su se spominali. Gda sem ja donesel i obesil na kuke tretjega janjca, kupec je odmahnul rukom i rekel da kaj je je, ali da se nemo več vidli. Zvadil je peneze, v rukami je imel pravo brdo jezerač kuna i eura po petsto i sto, ja nigdar v životu nis mel tulke penez v rukami. Odbrojal je kulike je trebalo i dal mu je, a onda je napravil nekaj zbog čega me gazda još več zamrzel, a gda je čula, i Lj. sto put več. Gospon Cigan mi je v žep košulje porinul štiristo kuna, dva put po dvesto, za tringeld i povedal da mi ovo daje jer delam, a on radnika poštuje. Još je dodal, a na kaj je F. probledel i poplavel kak da ga bu feršlok strefil, da me svetuje da si najdem drugi posel jer pri ovemu gazdi za človeka kruha ni videti. Haha, to mi je bil jen od najlepših trenutkov za svih trinajst let pakla kod familje P.: pobral se v hižu kak pokisli, onak šepav i neje se pojavil se dok človek neje otišel. Taj den su me nateravali kak ponoreli, same su škrgutali z zubi i grdo me gledali, kleli me kaj da sem im nekaj fkral, ali me neje bile briga, sem imal štiristo kun v žepu i jebalo mi se kaj mi to zameraju. Zeti mi nisu mogli, a i još sem bil srečen kaj je zgubil mušteriju, i nek je kad je gad, i on i jengova baba!

Pozabil sem nekaj povedati. V štali iza garaž, gde su bile gujde i janjci gda sem došel delati za njih, pa jeno leto-dve potem nesu bile gujde nutri, ih je F. del posle par let, nege je bile prazne jer je jengov grunt bil meste za prodavati konje! Baš tak, konje. Bum ve objasnil i taj biznis. Znači, F. je iznajmljival, sakih dva-tri meseca, štalu i grunt za trženje konja, se na štiri-pet dni. S cele Hrvatske bi ljudi k njemu dope-lavali konje i F. i jengov kauboj bi ih devali v štalu, vezali i hranili. To su bili stari konji, šepavi, islušeni, morti se našel koji mlajši, ali je takaj mel neki feler. Pokle par dni, si bi, kaj su imeli dojti, dopelali konje, a onda su se si vlasniki našli zadnji dan kod F. na kavi i rakiji. Došel bi veterinarski inspektor, a i veliki šleperi, na štere su konje natovarili. Pa bi došla dva Talijana, kupci tih konja šteri su išli za klaonice v Italiji jer, kak sem imel čuti, konjske meso je med Talijani jake na ceni. Veterinar je sve pregledal, vudril štambile i šleperi su otišli. V tem je biznisu bil i poznati stari varaždinski mesar, kaj mu familija več puno let drži konjske mesnice, gospon Š., šterega vu Varaždinu jake dobre znaju. Nesam baš skužil je li to bil baš taj šteri kaj ima mesnice ili je bil neki stric ili vujec, ali nije ni bitne to za ove kaj povedam. F. im je računal jako pune za štalu i korištenje grunta, a kaj ga je koštale, malo sena, vode i pokle počisititi za konjima, a ionak neje on čistil konjski drek. S početka je, kak mi je sam F. rekel, fine bile, a onda je bile se manje konji, a EU je postrožila regule i se je teže bile nabavlati „robu" i liferovati v Italiju. Na kraju se se srušilo gda je Talijan nestal i prestal plačati „robu", haha. Navodno je ostal dužen pol miljunov marki, a F. je jenoga dneva pri fruštuku rekel da je te i dotuklo gospona Š., šteri je hmrl od infarkta. Je to istina ili ne, ne bi znal reči, sem napisal kak sem čul. Ono kaj se v ovoj priči mene dotikavle je F. i jengov požeruh kaj bi i vragu peneze zel. Gospon Š. je došel do mene gda sam pervi put očistil štalu i povedal mi je da je kod F. ostavil sto kun za mene. F. je te prešutil, a gda sem ga pital za tih sto kuni, me poslal u materinu i rekel da ja imam svoju plaču i da čkomim, da kaj bi ja htel...

A da je familija P. zmotana i ni prava, to sem znal od pervega dneva. Bi rekli, zemimo same večerju na

prvi rojstni den pervega vnuka F. i Lj., ponosnih deda i bake, haha. Vu nikad otprtoj birtiji su napravili fe-
štu, bi rekli, proslavu prvog rođendana prvog vnuka, sina najstarešeg sina T. i jengove žene, jene fine, do-
bre i spametne, vredne ženske z fine familije. Priredilo se jesti i pijače kuliko te srce hoče, se je bilo kak
Bog zapoveda jer F. ni štedel, pervi vnuk ima jeno leto i to se mora poštene proslaviti! Odojek, janjetina,
se domače, šunke i klobase, sira i francuske šalate, štrukli i gibanice, torte i kolačov sake fele, bile je sega
kak na Božić. Sem dnevima pomagal pri tome, a na večerji sem konobara moral glumiti, v crnim štofa-
nim hlačami i s belom rubačom, same kaj sem rekel da kravatu nosil nem, takšni bedak nesem. Došle je
kak-tak ljudi, nekaj od rodbine i najveć prijateljov od S. jer T. je baš čudak, za se te lete ja nis videl jen-
gove pajdaše. Jelo se i pilo, odojek, janjetina i kuhana govedina s hrenom, juha s domačim rezancima (ne-
je Lj. delala rezance, kaj bi, di bi ona znala prave rezance zamesiti, su njezina testa bila žilava kak auto-
guma, haha, je platila jenoj ženi da napravi), došla su i dva mužikaša i popevka je počela. Ja sem bil v ma-
loj kuhinji iza i pral sem posudu i lonec črne kave kuhal, a onda je počela pizdarija, velika svaja koja bu
zrodila sranja ze par let naprej. Vrata od špajze su bila otprta (špajza je spajala birtiju sa stanom v pri-
zemlju). Znam da je T. s ženom i detetom bil v kuhinji s F. i Lj., a zakaj su se posvadili na pas mater, ja ne
znam povedati. Same sem čul: „Pizda vam materina, kaj hočete, kaj si vi zamišljavate, gdo ste vi?! Kaj ti
imaš govoriti, čkomi! To tak ne bu išlo, ne bu! Kaj tebe briga za moje pe-neze?!" Se jena reč lepša od dru-
ge, kleli su gore od četnika, čul sem razbijanje čaša, viku i svaju. Zaprl sem vrata od špajze, nesu gosti tre-
bali čuti svaju, makar su bili vre tak pijani da nisu ni čuli kaj se dogaja. Zabava je postala nora. Opral sam
posudu, podelil ljudima kavu, znesel još pijače i otišel kroz prednja vrata, pa okoli hiže gore v bunker od
moje sobe, trebal sem spati. Zjutra sam se rane moral stati, skuhati napoj za gujde, se nahraniti i onda dojti
birtiju čistiti, ne bu se sama počistila, a o gazdinoj svaji nis mislil, ni to bila moja briga.

A kaj je z sega zišlo, to ni pas s putrom ne bi požrl! Proslava pervog rojsnog dneva pervog vnuka začelo
je novu, bi rekli, fazu i za F. i Lj. a i za mene, jer sem zbog tega još već najebal, su bili zbog te svaje živ-
čani i srditi kak cucki, a ja sem im bil pervi na nišanu. Pokle te svaje bil sem još sedam let kod njih, a ce-
lu familiju P. na okupu nis videl (osim na svadbi mlajega sina S., ali i to je bile jake hude). Snaha, žena od
T. ni već kročila na grunt v Kraljevcu, a za vnuka su se morali F. i LJ. s sinom i snahom po sudu nateravati
i od suda zvleči čitabu da vidiju i buju s vnukom! Kak nesu hteli dovoditi sina v Kraljevec, a da oni ideju
v S. neje opče bile ni kak ideja moguče, su F. i L. zeli fiškala da to prek suca stera. Nesu žalili penez, a
neje da nesu imali skrite v madracu. Sečam se gda je konačno mali došel na grunt, taj den i pokle još par
dnevi nesu me psovali ni nateravali, imel sem neki svoj mir, fala Bogu.

Hranili su me kak cucke, plača mi je bila slaba, a čega sem se nagledal bolje da ne velim. Trinajst jebe-
nih let sem rintal za familiju P., trinajst kervavih vusranih let! Imali su grunta, zemle, hiž, autov i sega bla-
ga, a porez plačali nesu i nikome ništ! Rintal sem kak mutavi, nesu me prijavili, nis mel zdravstveno ni
mirovinsko, ni dokumente, bil sem kak da me na svetu ni! Vredu, morti ni trebam tuliko o njimi lajati, me
još moja mala baka nafčila da ni treba preveć druge ljude lukati i tračati ih, ali ovo neje trač, o meni se de-
la! Bil sem del sega tega i ne tračam ak velim kaj znam i kaj se odigrale za sve te lete. Zate, nek se zna kaj
je i kak je bile: rob sam im bil, a onda su me hitili na cestu, da krepam i da me ni!

Kaj bi još mogel povedati o njima i mom delu? Je, haha kak se vreme menjalo pokle dve sedme-osme
na dale, se je teže F. bile delati ilegalne, i njemu i sinima mu. Starejši, gda se oženil, se odvojil, a pokle
one svaje zanavek pa ni vre ovisil o njimi, a srednji sin je svoje posle tiral s malom kooperacijom s japom,
ali je ipak peneze v svojimi rukami zmagal. Kak se oženil pa dobil decu, je otprl obrt za uređenje okuč-
nicov, gnoj vu vrečami je prodaval, ljudima malčiral zemlu, se mučil, nemrem reči nikaj grdo. Kupil si je
velki novi traktor i stroje za malčiranje i s tim je delal, a i žena mu je pomagala vu tem poslu. Ona je bila
jedina normalna vu tej familiji i bilo mi je jake žal. Kaj se je sve pretrpela od svekrve i punca, to ni pes s
putrom ne bi pojel. Kulike uvredi i napadi na nju. S. i žena nisu mogli ujti vu svaju s F. i LJ. jer su živeli v
njihovoj hiži v S., nisu bili na svojemu. Tak da sem se nagledal kak svekrva jebe v mozak snahu, a ona
jadna nemre ništ, čkometi same i jer v njezinoj je na njezinom gruntu, a kaj Lj. ni pozabila ni jenput joj
hititi pod nos. Kćerka je prve išla s malim štacunom s gaćami i grudnjikami, ali nemreš ti kineski drek
prodavati po velkoj ceni kad te iste na sajmu ljudi kupujeju za kunu, pak je štacun zaprla i pokle otprla

šnajderaj.

F. je sve legalne posle zaprl predi dve i pete. Tiral je rableni nameštaj, a tu i tam je Lj. prodala šteri šebi šik urejeni komad. Stare komode i ormare je prefarbavala na šebi šik način (sem i ja to delal, ali mi je jebala se po redu, da sem nesposoban i da ne znam kak to treba na-praviti, da sem glup, da se vništim, a istina je bila drugača, je njezina mazarija bila kak od malog deteta, se saki penzel videl, a moje mazanje je dalo čistu farbu, bez traga penzla, ali je ona rekla da to ni važno jer se ionak drapa, da zgleda staro, šebi-šik, na kaj sem čkomel jer se i kroz zdrapano vidi kaj je, a kaj neje čiste farbanje) i za te je iskala velke peneze, a bile je dobre gda je kaj prodala jer mi neje klela mater (makar je gunđala da su lačni i da ja mo-ram biti Bogu faležen kaj me tak bedastog i lenog drže pri njimi).

Kak je F. tržil s rableni nameštajem? Tega se setil još dok su oba dva sina bila skupaj v familiji. Gda je počele, kak i saki njegov posel, je dobre išle i lepe je služil, a od svih posli, ni ove ni bile po zakonu. Jemput, se zmislim, već je i to s nameštajem bile pri kraju, mu je jedna mušterija, neki visoki debeli čovek inspekciju poslal i F. je sitnu kaznu platil jer je uspel uveriti inspektore da on nema ilegalni salon name-štaja neg da je taj čovek od njega kupil kak se kupuvle prek oglasa, a kaj delaju hiljade drugih ljudi. A kaj je bile? Bil je neki trosjed klik-klak, stari, izraubani, donja prečka kaj drži celu konstrukciju je bila pukla, pa sme je popravili s dva komada letve, priheftali s čavli i skrili s platnom da se ne vidi. Kak za vraga, čovek kaj je kupil taj klik-klak trosjed bil je prek dva metra i teški sto pedeset kil i normalne, vrnul se za dva dana s tim prokletim trosjedom i iskal je peneze nazaj, da ga je F. prevaril, da mu je prodal smetje (kaj je bila istina), ali F. ni čuti i onda je došel inspektor. A kak je počel biznis s nameštajem? Bile je to ovak, ljudi moji dragi.

Rableni nameštaj: spavače sobe, kreveti, kauči, kuhinje, dečje sobe i šrajbtiši, stolne i stoječe lampe, nape, fotelje i stolce, dvosjedi i trosjedi, ormari za cipele, frižideri i peči, komode, ormari, regali, ma sve kaj spada pod nameštaj i pod „rableno”, makar bilo skroz zraubano, za skuriti. Kod F. i Lj. nikaj neje bile za vužgati i skuriti, saka roba ima kupca, a nameštaj stoji, jesti ne išče kak ja iščem jesti, to je bila njihova biznis filozofija. Same kaj je se trebale biti čiste, zglancano, a to je bil moj posel, očistiti i prirediti robu za mušterije. Je, da je bile moje same čistiti, bile bi dobre. Taj je nameštaj tri put prošel črez moje ruke. Prvi put, gda sme išli po te, nosili i z petog kata z zgrade bez lifta, utovarili v kamion ili kombi, dopelali v Kraljevec, istovarili, posložili i onda sem ja čistil, a gda su prodali, sem opet moral još jemput utovariti na kamion, ti jebem nameštaj! Sistem za nameštaj je funkcioniral kak se spada, s početka, dok još gda još nesme bili v banani, haha. Naime kaj, su ljudi jake pune kupovali i prodavali stanove v to vreme, a pune ih je bile kakti naslednici kaj su prodavali jer su se brze hteli penez domoči. Zate su v „Plavom oglasniku” (i „Zelenom”, dok je izlazil”) oglašavali da poklanjaju ili za jefino prodajeju nameštaj, ali same ak se celi stan ili hiža sprazni. I tu je uletel moj šef, nazival je te broje (a i sam je daval oglase da odvozi besplatno nameštaj ili jeftino kupuje) i brze dogovaral posel. V početku je prve sam išel pregledati „robu”, a kad se posel razmahal, je slal sine. Gda se dospomenul, brže sme morali otiti i se sprazniti. Znale su biti lepe ture, posebne z velkih stanov i privatnih hiž, tam z bolših kvatrov. Praznili su se stani samo z nameštajem ili sa baš svim kaj je bilo nutra, posteljinom i oblekom i beštekom, zavesama i poplunima To je bile gda su naslednici prodavali ili ljudi kaj bi od starcof otkupili stane i nesu se šteli zajebavati s gačami i kaputami. V tem slučaju je Lj. trljala ruke, se je sortirala i to iste tržile prek oglasa. Kome? Ciganima i sirotinji. To joj priznam, saka roba najde mušteriju, same mi neje bile sejedno gda sem videl da je došla sirotinja gola i bosa po kakav stari kauč i tu staru obleku, a Lj. ne bi spustila cenu ni za pol kune, same je jafkala da bu propala i da i ovak daje ispod cene i tak dale i tak bliže (obične bi rekla da ona s tim nema pune, da ona prodavle za svoju decu). Znali su ljudi dojti, pa su se premišlavali, došaptavali oko penez, da su došli sa-me videti, a da je plača v petek, bi mogli ve dati kaparu sto kuna, a Lj. je frktala kak prasica, a onda je rekla da more, ali do petka jer već ima (a neje mela) druge mušterije za već penez, ali kak je dobra, bu nji-ma dala jer vidi da su pošteni ljudi. Jebem ti, kak sraka more glumiti da je labud! Garaže, kaj su pretvorili v ilegalni salon rablenog nameštaja su podelili na tri dela: prva je bila kak erste klase, najbolši komadi, po-kle i šebi-šik, kaj je išle ze debele novčeke, v srednjoj velkoj garaži bila je kakti srednja klasa i ono kaj baš ne bi mam otišlo, a v trećoj je bil šrot, otpad kaj je davala Lj. „jer je dobra v duši”, kak si je tepala, za sto kun, samo da se reši. Taj šrot ja ne bi nikome ni poklanjal, v takemu stanju je to bile, za vužgati, ali Lj. i F. su i v smetju vidli eure i kune, a to kaj su ljudi kaj bi to kupili mesec dni došli po novi, bumo rekli na priliku, kuhinjski stol jer se onaj kaj su ga kupili raspal, to njih ni bile briga, „kupleno-prodano", pa nisu oni Ikea.

Nisu me pitali kaj je nedela, subota, svetek ili petek, delal sem od jutra do sutra, a ak je taj nameštaj došel, dok ni bil čist, nema mrdanja, ribaj i čkomi. Pune put su kauči, kutne garniture i tak dale bil tak zmazane da bi se najrjše polijal z benzinom i vužgal, ali F. je rekel da je to ekstra roba i da se bu lepe prodale. I ne bi bil problem očistiti da sem imal s čim, ali F. je bil škrti osel, on je rekel da se snajdem, pa sem puno put za ono malo kaj sem imel kupoval deterđente i se za čistiti, same da bi brže bil gotov i da bi bile tulike dobre čiste da su vragi bili zadovolni. I ni bile važne v šteri vuri mušterije dojdeju, se za peneze. Vredu, razmem, ljudi delaju i se to, ali delal sem i ja po dvanajst i več vur na den i navečer sem bil krepani, sem jedva čakal v miru nekaj pojesti, male se zoprati i hititi na postelu spati, ali kaj bi, v deset, jedanaest zvečer je Lj. naručila mušterije, baš gda sem najlepše zaspal. I kaj, digni se, obleči i hodi dole tovariti nameštaj jenu vuru-dve i trpeti kak me je klela pred stranjskimi ljudimi kak vola. I kaj sem spal, nič, i drugo jutro sam se stal kak prebiti a krava je spala do poldneva!

Bog i bogme, predi banana-krize, hanzigadrp sistem je funkciniral kak podmazani, makar su i si ti posli propadali jen za drugim. Se kaj je bile skoro zabadaf i zabadaf, F. bi bil pervi. Skakal je kak nori na saki oglas gde se nekaj poklanjalo. Jenput smo v nedelu, taman posle obeda (njihov je bil z dve kile pečenog kremenadlina, ja sam hrdal suhu kost i pet dni stare dinstane zelje z pšenični žganci) me F. zdigel od obeda i pozval da ideme fletne v grad, da imame mam nekaj dopelati. Sme se z njegovim „vitom" otpelali v jen bogataški kvart, gde nas je pred garažom dočekal fini gospon v skupoj obleki, zrihtani, neje bil luftbrenzer. Človek je otprl garažu i nutra je bilo se složeno kak v vojski, stalaže s alatom i stvarima v škatulama, na sakoj je pisalo kaj je nutri, hobl pank, kante, se čisto, gospodski složeno. Na sredini su bila dva nova kreveta, madraci su još bili v celofanu. Človek je rekel da je mamin stan preuredil za iznajmiti, ali je ispale da se ovi kreveti nikak ne uklapaju v sliku stana šteru je jengova žena zgruntala i tak je došle da je moral kupiti druge krevete, a kak nema cajta vračati i jebati se v dučanu gde je kupil, odlučil je pokloniti kome treba. Z očimi je prerešetal F. i jengov kombi, pa ga je počel spitavati, na priliku, zakaj njemu treba, kak mu treba, kaj je siromak i ko sam ja. F. je mucal, klel se v sve svece kak je siromak i da mu kreveti trebaju za sina i snahu, bih ih spojil i napravil kak bračni. Mu se sin oženil, ali nema posla ni on ni žena, živiju v jengovoj hižici, a on je star i nema ni penzije, bil je poljoprivrednik, a se je otišlo v vražju mater i tak bi bil jake hvaležen če bi mu gospon dal te krevete za sina i snahu. Nadrobil je F. pune tega, same ja nis mogel slušati. Grizel sem gubec i lukal v pod, bile me je sram kak deteta šterega su vlovili v kraji črešnji. Človek je opet pital šteri sem ja, a F. je odgovoril da sem sosed šteri bu pomogel natovariti, če se buju dospomenuli. Gospon je gledal F., ali on je gledal nekam v stranu. Onda je človek mene pogledal i znam da me je snimil kak je jen kroz jen! Gospon ni bil naivec, je mam pročital mojega gazdu, ali je bile jasne da nema cajta zajebavati se z krevetima. Same je rekel: „Niste vi sirotinja kakvom se predstavljate, gospodine. Sirotinja se ne vozi u „mercedesu". Ali, nemam vremena i ako mi kažete da ovo nećete prodavati, uzmite i vozite. Hvala i sve je riješeno, zbogom. Jeste li me razumjeli?" F. je skoram na kolena opal, kak se je klel da je sirotinja štera je i dragome Bogu teška, da ima dva sina i kćer, da nemaju posla i da mu stvarne trebaju ti kreveti i da mu ruku odseče ak bi ih same mislil prodati, pa ne bi on ove i one, sim i tam, leve i desne... Haha, utovarili sme krevete v kombi, a madrace sme deli na gepek i tak sme se vrnuli na grunt s dva nova kreveta na koje je Lj. prodala za osamsto i pedeset kuna svaki, ukupno hiljadu i sedamsto! A kaj ga je koštale: dve vure v nedelu i male nafte za kombi, nikaj več. Gda sme utovarili, gos-pon me pogledal ravne v oči, neprimetne se nasmešil, kak da mi veli „Znam sve, F. je svinja.". Je, ima ljudi na svetu kaj vide i znaju gdo je drek od čoveka.

I take se i biznis z nameštajem polahke gasil, saki je den i teden manje penez nosil. Prve, sad je F. moral plačati za nameštaj, ni bile več nikaj zabadaf, a onda, ni bile vre stanof i hiž za sprazniti, same jen krevet, stari regali, tak pa nikaj. Kak su Lj. i F. bili srditi, a kaj su kleli i bili besni kak besni cucki su se prehitili na mene. Nišče me z tuliko mržnje ni gledal kak su oni mene. Jebali su mi se po redu, kaj postoji i čega ni, i mater i oca, a gda bi mi ta grda de-bela baba dala jesti, bi rekla: „Na, ječ makar nis zaslužil nikaj nek da crkneš, lenčina! Imaš sreče kaj sme mi tak dobri pa te držime, davne sme te trebali sterati proč!"

Grunt familije P. znam do u milimetar, saki pedalj sem prešel miljun put, saki centimetar sto put pozublal, a i ne same grunt v Kraljevcu: i ranč na Selnici i onu prokletu trugu, zadnji del starog kamijona hladnjače od propalog „Sljemena" šteri je Franc preradil v prikolicu za spanje: vrata se nisu dala zapreti i bile je zima i vruče, a mišov je bilo tulike da su mi i po glavi hodili gda sem spal v toj smrdljivoj prikolici. Znam na tem ranču i se okolo, šumu i se prek dva kanala, kam sem ovce na pašu teral. Senokoše znam gdi su mu sini travu za seno kosili dva put na leto, a če je bilo dobre leto i vreme kak Bog zapoveda, je bila košnja otavice. Kulike sem se nasmrzaval i nagladoval na tem ranču! Leto i pol sem tu spal, a delal na tri mesti. Po dnevu su me vozili na farmu v L.: očistiti gujdama, skuhati napoj, nahraniti ih i još k tome tovariti gnoj vu vreče, gda je bila sezona, od protuletja do zime. Velite, kaj s gnojem? To im je bil posel i pol, bez poreza! Su moji gazde prodavali ovčji gnoj v pedeset litarnim vrečama za vrte, za vočnjake, za se kaj ljudima treba, za cvetje. To je bila fajn ideja jer od ovčjega gnoja nema bolšega, ne smrdi, a daje največ (same mora zreti dve lete). Su te tržili na črne i prek oglasnika, se bez računa i poreza. Jedino je srednji sin, gda je otprl obrta izdaval nekšne račune jer je moral, ali ne za se. Ali ne bi familija P. bila to kaj je bila da i z gnojem ni muljala i te debelo. Makar mislim, da mušterije znaju, ne bi se smejale. S početka, kak i v sakem njihovem biznisu je dobre išle, su lepi broj vreč stržili, s kraja pomale, a onda se več. Bile je im je to kakti tringeld, a potem se posel razmahal. Punili sme vreče po dva, jen je držal, a drugi tovaril, a onda je F. napravil, držače za vreče, tronožce: zavaril je železni obruč na veličinu otprte vreče i to postavil na tri noge od starih kučnih železnih vodovodnih cevi. Na to bi se razvlekla vreča i poklopil s deset litrenom plastičnom kantom na kojoj sme odsekli dno. Je, bile je to odlične, če gnoj ni bil preveč nabiti (mi je Štef gda-gda s traktorom z žlicom ili vilicama razmrvil gnoj, kaj mi je bile lakše puniti). Sem za par vur mogel napuniti petsto vreč i zvezati ih. Se znale dogoditi da su dobili velku narudžbu, pa sem se moral požuriti nahraniti gujde da bi punil vreče, a k tome je znale dojti još za nameštaj i kod ovci delo obaviti, tak da nisem imel ni časa fraj, ni za poscati se kak človek. Gnoj. Išle je išle, ali kak ljudi znate, sam predi rekel, posel s janjcimi je zamiral: nebreš dobiti istu hrpu gnoja od stopedeset ovci i od dvajsti. Osim tega, gnoj su ovce „davale" same prek zime, dok su bile zaprte v štali i nekaj male na ranču, tam gde su pod natkritom spale, ali se ostalo vreme su srale po polima i gde su na paši bile, tak da od tega gnoja ni, pak je nastal problem. Sfalelo je „materijala, haha! Kupcov je bile, mušterija kulike hočeš (jer za vrte, vočnjake i za cvetje ljudi trebaju gnoja), a robe za tržiti ni. Hrpe gnoja z Kraljevca i sa Selnice sme fletne potrošili, a novi friški gnoj nebreš tovariti jer bi takšni gnoj ljudima se skuril. I počeli su ga mešati sa svinjskim gnojem, kaj se pokazalo male krive jer gnoj od gujdi smrdi kak futač i mušterije bi osetile da nekaj s „ovčjim" gnojem ni vredu. Bil je tu još jen nekaj: kak god se ja trudil da hičem z lopatom kuliko tuliko čisti gnoj, nis mogel da ne hitim vu vreču šoder, kosti, plastične čepe i kaj ti ja znam kaj z gujdinog gnoja. Šoder je došel od traktora, je S. vozil sav friški gnoj na pole zvane „Duge njive" i tu ga je mešal i ostavljal da „dozri". Ali ni mogel zbeči da gda s traktorom tovari zagrabi zemlu i šoder, a prosijavali gnoj nisme, šteri bi još i te delal.

Kaj da se napravi, je Štef, koji je po staršima imel nos za sake posle, našel rešenje: konjski gnoj. Konjski ne smrdi, je da nič ne vala, bi ljudi rekli da je prazen i bil je zmešani z piljevinom (oni koji znaju nekaj o konjima, znaju i zakaj je tu piljevina). Našel je prek prijatela jednu udrugu štera je mela terapijske konje za bolesnu decu i brze se sporazmeli: seno za konje v zamenu za gnoj. Mešal je svinjski gnoj s ovčjim i konjskim i ostavljal da odstoji, pak sem ja onda to tovaril vu vreče i prodaja je išla kak blesava. Sem zračunal da sem na proleće, a to je bila „udarna sezona", pa prek leta znal natovariti skoram, da ne lažem, prek pedeset hiljadi vreč (plus sav ostali posel), a to neje male. I ak odbije trošek za vreče, benzin i ostale, po ceni od 25 kuna po vreči, su mu lepi čisti novčeki v žepu ostali.

No gda su i ovce otišle v pizdu materinu i gda već ovčjeg gnoja bile ni, su mešali konjski s svinjskim i to lifrali pod ovčji, a gda su i gujde postale povest v njihovom biznisu, bi rekli, same odstajali konjski je išel pod ovčji. U svemu tome sem se ja nadelal kak Kristuš. Su me S. i F. miljun put zeli s seboj da istovarivam vreče, gda se strefila velka narudžba. Ja vam, ljudi dragi, nis talent za laganje. Su me mušterije spitavale je l' to stvarne čisti ovčji gnoj, ja sem odgovaral da je, da me pogleju, siromaha, pa z živinom i delam i spim i kaj bi imel od tega da lažem. A lagal sem i sam sebe klel, vu vražju mater!

Moram vam povedati kaj je bilo z gujdami, jer pripovetka mora biti cela. Ovak je to bile. Kak sem rekel, je F, predal svinjski posel sinima, nek se mučiju. Kakav god da je bil, moram mu priznati da je znal gda treba prestati s poslom, gda je gotove i gda posel umesto penez dela dugove, a F, nigdar neje digel ni dinara kredita, kaj je je, nikome ni bil dužan (osim državi, ali to se ne računa) i se je s gotovinom rešaval, mam i na vreme, tu mu se nema kaj prigovarjati (osim kad je radnike plačal, v tem delu ni bil pošteni, a onda, ga je dotuklo moderno vreme, plačanje prek banke, s karticami, to neje bile za njega, on je veruval same temu kaj je v žepu). Ono gda su me abkomandjerali s grunta v Kraljevcu na svinjsku farmu (trebale je biti da ostanem teden dni, dok ne najdeju novog radnika, ali sem ostal skoro dve leti, s tim da su me nakon leto i pol vozili na Selnicu po letu da čuvam ovce prek noći jer im je nešće kral janjce) je farma bila puna kak čep: oko petsto svinj plus jen bicko. Najveć je bilo gda je bilo štiristo pedeset gujdi na tovu, pa petnajst krmači i sto dvajst odojkov i bicko, znači se skup oko petsto i osamdeset gujdi za hraniti. Se je bile pune, farma i štagelj, gore gdi je posle bil gnoj i malč, se je bile krcate i ja sem se to sam hranil, čistil, napoj priravnaval i se je bile na meni, v materinu! Farma je bila kak rudnik, kak v srednjem veku. Na bregu, je bila zidana s ciglom i betonom, boksi su bili zidani, s drvenim vratima, ali to je se od „moder-noga". Vode ni bile, a od struje same slabe žarulje na na električnoj žnori, kak pred sto let. Istina, meli su gore na brdu skopani bunar, je voda po črnoj plastičnoj cevi tekla do farme, ali se s letami bunar srušil i od te vode, gda sem ja došel, ni bile ništ. Na tri načina sme zmagali vodu. Prve, a to je bile največ put, skoro saki den, vu sredini sela bil je bunar i ja sem na tačke del sto litrenu bačvu i uzbrde gural tačke do bunara, na ruke vlekel z malim amperom vodu i tak pet-šest put i pretakal tu vodu v železne dvesto litrene bačve. To s bunarom je znale biti zajebano, po leti največ jer su me ljudi napadali da sem svu vodu zvlekel z bunara i da oni trebaju vodu i da nebreju čekati da voda dojde, da im se buju hidrofori sjebali (ljudi su se spojili na bunar i z hidroform su vlekli vodu jer sele ni mele vodovoda, bar ne celo, dole na početku vuli-ce je par vikendašov mele vodovod, ali za ovu sirotinju je bile pune preveč platiti da im cevi dovlečeju do hiž). Prosil sam ih da mi ne zameraju, kaj sem ja bil kriv, same sam se mučil da ta jadna živina ne bu žejna, pa nek se s mojim gazdama spominaju gda ja morem na bunar dojti. Drugi način je bil da je gda-gda S. došel s traktorom s korpom, pa sme deli pet dvestolitreni bačvi i otišli dole, do drugega sela i na-punili z selskog bunara i tak sem imel vodu za gujde za den, morti dva. Tretji način bil je dežđ. Na tri me-sta sme s krova puštali vodu v bačve, pa gda je curelo sem menjal bačve i tak bi znal napuniti i deset-dvanajst bačvi.

Vu farmu se ulazilo kak v rudnik kakti vrata i uski prolaz. Zgori farme, desne je bil nazidani kokošinjec, tak da je „pod" kokošinjca napravil taj „ulaz v rudnik". Predi ulaza, s leve strane je bil kotec za bicka, a is-pred male zagrađane mesto za stari kotel za rakiju v šteremu sme grijali vodu za klanje (i to kak ne sme imali vodu, gda je S. javil da bumo klali, mi je bil problem, za kolinje treba puno vode, a ja jedva da sem imel za napojiti gujde, pak sem opet najebal saki put na klanju jer sam moral još vode dovleči, a uz sav ostali posel i tovariti vreče gnoja i čistiti, mi ni bile baš lahke). Farma je bila na bregu, tak da je išla od go-re prema dole, na kosini, kaj je značilo da je bile jebeno za delati jer sem gnoj gural vu veliki tački uzbrde na gnojnicu, a kaj je po zimi bila muka Jezušova. Prošle je, fala Bogu. Predi boksov je F. napravil, kak bi to nazval, jen ravni del, tu mi je bila „kuhinja" za napoj. Tu sem držal bačve za vodu i napoj i bil je šesto litreni kotel v kojemu sem saki den kuhal napoj, a znale je biti da sem kuhal i po dva put, ak sem mel „ma-terijala" za kuhati.

Ovo morate čuti, kak i kaj sem kuhal. S konca, gda sem došel na farmu je bile još nekak, pokle je sve otišlo v tri pizde materine. Gujde sme hranili svakak. Perve, s policijske akademije su vozili napoj: meli su ugovor z akademijom, po licitaži, koja je, se razme, bila nameštena. Dva tri put na teden sme s „tami-ćem" v bačvami išli po napoj, pa je bile dobre, sme znali dopelati deset bačvi masnega napoja, ali kak je vlast smanjivala troške, pa i za policiju, akademija ni več mela tuliko kadetov, tak da ni bile napoja, a bila je tu i pizdarija oko plačanja jer su dečki „pozabili" plačati napoj: bile je par lipa po litri, nišće ni pregle-daval kuliko je napoja bile saki den i saki put, nek je pisane onak, odokativno, a gdo ne plača, zna se kaj se dogaja, ugovor je zdrapan; druge, pšenične posije, ali to ni bile za duge, gda su potrošili velke zalihe kaj im je japa ostavil na farmi, sini nisu kupili nove posije, tak da sem prestal gujde s tim hraniti. F. je i tu male pripomogel, vrag je on bil za najti nekaj zabadava ili za nikakve novčeke. F. je znal šefa mlina v Dugom selu i s njim je dogovoril biznis. Roba zabadava, a F. mu je saki put gurnul v žep „za pivu". Pšenični otpad, prašinu, se ono kaj ostane od sušenja pšenice v silosima i otpad od mlevenja. To je bile nikaj, smetje, morti tu i tam koje zrne, a znale se dogoditi da je bile vreč z starom teškom pšenicom, a gda bi čistili mlin se znale najti za pol kamijona vreč otpadnog brašna. Se smo to mi s kamionom ili kombijem odvozili v K. za ovce i na farmu za svinje. Kak bi rekli, to je bile vre da gujde napuniju želuce neg kaj bi od tega napreduvale. Ipak sem bil srečen gda sem i to mel jer gda ni bilo napoja, barem sem mel nekaj zmešati s kuhanim drekom z kotla. Tretje je bil mesarski otpad. Haha, to je bilo da se čovek vubije. (Ve se smejem, a onda mi je bilo za plakati!)

Mesarski otpad je se kaj mesari moraju hititi, od klanja životinja, neprodano meso, stare salame, kosti, čreva, se kaj jena mesnica ima. S. je vozil dosti dugo s dva mesta. Prve mesto mu je bila prijatelova mesnica. Stari privatnik, poznati mesar predal je zetu mesnicu v ruke, a on se neje mogel nositi z konkurencijom i pokle je opal vu velke duge, ali to s mojom ovim nema veze. S zetom je S. bil dober i dogovoril je da mu dopela saki teden par put, gda bi nazval, tuliko i tuliko gujdi, a on bi mu gda proda meso platil. Takšnu pogodbu F. ni šmekal, ali je rekel da sad sini imaju farmu, pa nek delaju kaj hočeju. F.-ova filozofija je bila ja tebi robu - ti meni peneze, čisti račun, duga ljubav, ali S. je bil bolši čovek, a slab biznismen, haha. I ve kaj, mesari su morali po zakonu pelati sav otpad v kafileriju v Sesvetskom Kraljevcu i za to još plačati kunu po kili, kaj je bile jake pune za malog mesara jer kaj je bile navleči tristo kil otpada, sam tak, zakolji dve krave i pet svinj, dve ovce i imaš pol tone otpada, želuce i se kaj iz prodaje kaj dojde i ak platiš kafileriji, na čemu si, na pizdi vražji, jebeš državu i zakone!

Kaj, ljudi se mučiju i delaju i vre od sega tega dela nič nemaju, a delati se mora, pak je i taj mesar delal, a od S. je pajceke zemal i na kraju mu je ostal dužen, a kak su to rešili me ne zanima. Makar, da ne pozabim, drugo mesto s šterega sme vozili otpad bila je mesnica na črne, jeno selo dale od farme. Tam je živel mesar kaj je delal vu velkom trgovačkom centru, ali je doma imal črni posel: delal je čevape i pleskavice za pečenjare i birtije. Kupil bi na črne kakvu staru kravu, staru gujdu, prasicu, bicka i zaklal i onda je meso rastrančiral, skinul s kosti i smlel i čevape i pleskavice delal i tržil to pod ruku. Jengov otpad ni bil nekaj, same kosti, želuci, čreva i ogulene glave, mesa ni bile. Sem već kosti od njega skuril pod kotlom neg sem gujdi nahranil. A to kak sem kuril, to je bila muka Isusova: nis mel drev kak bi normalne bile. Mi je S. znal dopelati sirove mokre kore s pilane, kaj su se same dimile. Gdagda bi imel kakšni stari nameštaj, ivericu, a to je takaj teške gorele. Snalazil sem se kak sem mogel, potkurival z naftom i starim traktorskim oljem, tak sem se mučil, i kosti sem hital pod kotel, ali to je smrdele da ni bile za zdržati. Moj del v tej priči je onaj smrad i drek kaj sem kuhal za jadne gujde, štere su to morale žrti. Po zimi se smrzne i more stati par dni, ali kad počnu vručine se se učrvi i črvi debeli kak palec gmižeju po temu, a smrdi gore nek mertvi pijanec v grabi! Po leti sme znali to dopelati na farmu v belim mesarskim lodlama, pa gda sem to hitil v kotel i počel kuhati je do Kašine smrdelo. Su se ljudi v selu zgražali, ali familiju P. to ni jebale, nije ih bile briga kaj bu ko rekel. Zate je gnoj bil pun kosti i sega vraga od smetja i kak sem se navek žuril, znale se pripetiti da mi e kosti projdeju, a da nis videl i bile je poziv srditih mušterij kaj su se žalili „kaj je to v gnoju". Je me Lj. napadala zbog tega da sem magarac leni, da ne pazim kaj delam, da jem njzin kruh, a ne zaslužim ga i klela mi mater i oca, a ja nis bil kriv, stvarne, moral sam napuniti petsto vreč, a „ovčji" gnoj je bil zmešani svinjski i konjski sa svim od kokoši i sega kaj se meče na gnoj, pak kak sem mogel saku smet videti?! Trebale je prosijavati gnoj, ali gda sam to predložil su rekli da bi trebali zeti još tri radnika, a šteri bu ih plačal, i ja sem im bil preveč!

Recept za hranjenje gujdi gda sem tel došel na farmu: v dvesto liternu bačvu sem del dva ampera kuhanog (mesarski otpad), na to amper, dva ili tri napoja z policije (ak je bile) i na se to frtalj vreče posija i onda vode i to sem zmešal. Takvih sem bačvi napravil oko dvajstpet do trideset (jena bačva po boksu ili dve, za svinje kaj su bile gore v štali i pod krovom), otkotural ih do boksi i podelil, nahranil gujde, a one, čim su čule da koturam bačve, bi se zdigle i počele cvileti kak da ih kolem. Nis htel da ljudi duge moraju čuti to cviljenje, se čulo do Vugrovca! Mam pokle hranjenja sem nastavil novi kotel, hitil nutra otpad, nalijal vode i vužgal, da se skuha za drugi den. Gda je bile pune otpada, sem dva put kuhal, da se več ne učrvi... Oh, moram ovo povedati. Bila je zima, nekakšnih šest mesecov, morti več kak sem bil na farmi. Večerka, oko pol osam, sečam se dobre jer sem slušal vesti na radiju. Imel sem stari radijon dole kod kotla i celi bogovetni dan i bogovetnu noć drndalo je kaj je bile na prvom programu Zagreba, a gujde su volele slušati mužiku i kaj su se ljudi se spominali, glavu dam ak neje to istina. Bil je to drugi kotel kaj sam ga priravnal za kuhati, nis mel nikakšne radne obleke, nek sem si pregaču napravil od razrezanih palstičnih vreč i z špagami od bali od sena zvezal oko sebe. Zgledal sam kaj s horor filma, haha. Stara vunena kapa na glavi, poderani kaput, ispod nje zmazane dve rubače, stara vesta, v policijskim sflekanim plavim hlačama i z gumenjakima na nogami, haha! Cepal sem drva za kotel, debela kmica je bila, gda se pojavil gazda F. s nekim človekom. Bil je to „moguči novi radnik". Nem nigdar pozabil jengovu facu gda se našel vu farmi, gda me je videl, pa tu kmicu, kotel, smrdlivi mesarski otpad i bokse z gujdami, pa sve doli mokre i blatne i još onak na kosini, na bregu, a s krova vise stari kartoni kaj su ih deli kakti izolaciju ispod krova, haha. Človek je zgledal ne gadljive neg prestrašeni! Na izlasku mu je F. govoril da se buju čuli, ak mu odgovara. Haha, neje se javil, pobegel je kak od vraga, haha. Gda sme potrošili posije, sem same policijski napoj i kuhane delil, a pokle je išle kuhano s onim pšeničnim otpadom z mlina, da bi na kraju deval žufke čvarke štere gujde nesu štele jesti. A gda sem se vrnul v K. i gda sem hranil gujde sam za doma, za familiju P. hranil sem ih z jake čudnom hranom. Smešne? Neje mi bile jer sem i tu dušu spustil! F. je, kak je navek bil v potragi kak blage prehraniti, a da ga ništ ne dojde, našel nekaj, a vu tem mu je srednji sin pomogel. Ne tak deleke od K. bila je firma za donute, kulike mi je F. pripovedal, je to bila v devedesetim lepa firma. Su dva pajdaša došli na praf ideju, kak je se kapitalističko, posebno američko postale jako popularno nakon kaj sme zišli z črlene kmice, da počneju delati prave američke krafline, one s rupom, kaj vidime na filmovima i krimi-serijama. I počeli su ozbiljne, otišli su v Ameriku po recepte, pa su s početka uvozili prave američke stvari, brašno, kreme i cukur i se, tak da su njihovi donutsi bili kak američki z Los Angelesa i New Yorka. Posel im je pukel, postali su največi v Zagrebu. I robu su prošírili, na sendviče, hamburgere, sav američki fast-food drek. Penezi su se slevali kak na slapu. I kak se to obične dogaja, vlasniki su se počeli bahatiti, posebne jen od dva kompanjona. Išle se na Bahame i Havaje, luksuz se teral, a to nikakšni donutsi i hamburgeri nemreju platiti. Posel je počel opadati, konkurencija se pojavila i dva prijatela su se razišla. Ovaj šteri je ostal v poslu se ozbiljne primil dela, novi pogon je zgradil, ali bile je prekasne. Promet je opal, opče sranje v 'rvatskoj i gda je F. došel, firma je bila na kraju. Je li do denes krepala ili se zvlekla, ne bi znal reči, ja im želim da i dalje delaju jer posel je posel, ak ga poštene delaš, moreš živeti, morti. F. se dospomenul da bu pelal otpad, stare krafne, sendviče i to. F. je napravil železni kontejner s poklopcem na pante, da dežđ ne curi po vrečami. Znale je biti s početka po trideset vreč, škatulov, plastičnih sandukov, se puno krafni, sendviča z šunkom, piletinom i svinjetinom, pa hamburgeri, hot-dogovi, se vrste donutsa, a i klipičov je bile, pa kante sa starim palminim oljem i kaj ti ja znam kaj još se ne. Bile je to dobre za gujde, a i ovce sme s pecivom hranili, kak i kokoši i race enak. Ne same živinu, gda bi dopelali sendviče (si su bili v celofanu), je Lj. se pregledala i zbrala kaj joj se dopalo i s tim je gdagda hranila vnuke gda bi došli (v to vreme su već kćerke srednjega sina bile par let stare, a i pervi vnuk je imal šest let, tak nekak, i dopelali bi ga v Kraljevec pokle one sudske pizdarije). Meni je rekla da kaj gledim, da si zemem, da bu mi to večerja. Zel sem si par put, sendviči su bili još friški, a ja sem bil lačen, zgladnel jer su mi davali jesti kak v Dachau, take je bile. A s cajtom na cajt je robe bile se manje, tak da je to F. jenega dneva se prekinul, pak sme otišli tam i vrnuli železni kontejner na pante na grunt.

Kaj bi, ne se predal kak Jugoslavija četrdeset i perve, haha! F. je našel izvor za nahraniti blago štere mu je ostale. Ima jena firma kaj dela pekmeze, kreme i file za slastičarne, pekare i tak dale. Ve kaj, meli su pune otpada, ogriske jabukov, naranči, sega, a k tome i puno robe kaj je prošel rok. Čokoladna krema, lešnjak i vanilija krema, ananas i se vrste voćnih kremi. Je bile to vu kantami od deset i dvajst litri, pa male kante od pol kile i kilu. I velke dvesto litrene bačve. Ono kaj je Franc najveš volel su bile smrznute jaboke. Prošel im je rok i ne su smeli ih dati v preradu ni prodati, pa mu ih je firma dala zabadava. Bile je to lepo zapakirane v kartonskim kutijama od deset kil, smrznute, gda su pogledal, lepe, kak da si ih ve friške narezal. Ne zmislim se kulike put sme na mesec vozili (bi F. javili s fabrike gda mora dojti), ali znam da je bile žmehke jer sam mučil kak konj, su me terali kak vrag grešnu dušu! Ono kaj je bile jake žmehke su bile bačve s ogriski i bačve s filom od ananasa, limuna i naranče. Po letu još nekak, daj ti to po zimi, gda je sve smrznuto, koturaj dvesto i več litrene bačve s pekmezom po ledu i snegu, rivaj po skliskoj deski gore na kamion i kombi. Dušu buš spustil! A nis mel poštene rukavice, tak da su mi ruke htele otpasti. Same da povem nekaj oko file od ananasa i limuna. Firma je prodala jake pune pekmeza od ananasa, limuna i naranče Arapima, ne znam v koju zemlu, ali su oni celu pošiljku vrnuli jer kak da neje bile dosti slatke. Nema kaj, je F. zel, a bile je okoli pedeset ton vražjega fila od ananasa, limuna i naranči. Sve smo dopelali na grunt i stovarili vu vočnjak i da je nešče z avijona gledal, bi mislil da je atomski otpad v tim plavim bačvami, haha. Ovce nesu štele to jesti, ni kokoši, a ni gujde. I tak su te bačve ostale i onoga dneva gda sem otišel zanavek od tih vragov, F. i Lj. P... I kaj su još imeli s tim iz „slatke firme"?

F. je z jabuki i bolšeg pekmeza pekel rakiju! Baš tak, sem otraga v štali imal oko dvajst-trideset bačvi z dropom za rakiju i sakog sem leta spekel najmanj štiristo litri usrane rakije (prodavala je to kćer v šnajderaju). Rakija ni bila bog zna kaj, za ništ je bila, ali je F. mešunga delal i se rasporedil, dobru rakiju je ostavil na stran. Plavič je del za masažu. Kak sme v isto vreme pekli rakiju od jengovih šliv i voča z grunta, kaj je bila barem male dobra za piti (ne puno jer sem dodaval pune cukra i pekmeza v drop). Tak sme par let skrivali rakiju v plastičnim žutim kanistrima od palminog ulja na satrem vojnom kamijonu kaj je stajal na gruntu. Gda sam otišel, po mojem računu, je imel F. petsto litri rakije, od tega pedeset smetje, ostale je mogel vtopiti nekome kaj ne zna kaj pije. Ja od te rakije nis ni kapi okusil. Rakija od jabok kaktak, ali rakija od cukra i pekmeza, haha, za te je trebale meti želudec za spiti, ali je Lj. našla mušterije. I za još nekaj. Kak sem povedal z te firme sme vozili kreme i file. V kantami od deset i dvajst litri i po kilu, dve i tri bile su kreme, file od čokolade, lešnjaka, vanilija, jabuk, šumsko voće, višnja, črešnja, te stvari. Filu od jabok sem daval gujdama i ovcama, a i ostale, ak neje bilo za jesti. Haha, baš tak, Lj. je te kreme kaj su zgledale dobre i bile „za jesti" prodavala mušterijama kaj su dolazili po nameštaj, mušterijama za janjce, a same nekaj male bi dala poznatima, ali ne pune. Ljudi su kupovali, kaj ne bi, ni bile to pokvarene, same kaj je prošel rok trajanja ili su fabriki nekaj zajebali v proizvodnji i nesu smeli deti v prodaju. Haha, dobre kaj nišće ni sračku dobil, haha. Ni pune, ali je navlekla Lj. i na tome lepe peneze. I s još nečim su oni kune delali: na kantami su zaradili pune jezerač. Z te firme sme na grunt vozili prazne zmazane kante od litru, deset i dvajst, s poklopcima. Kad bi kaj zajebali v proizvodnji, bi kante spraznili i kreme i file predelavali v novu, a kante su ostale. F. ih je zel, na hiljade ih je bile. To je ovak išle: sve zlepljene, cuker je to, a imale su još i zalepljene etikete. I se sam ja to pral. V kotlu za rakiju sem vodu grijal i po letu i po zimi ribal i ribal i pral i se je morale zgledati kak novo. Dušu sam zgubil na tim kantami. Po zimi, v štali, zdravle sem zgubil. A Lj. mi je se klela kak i obične jer nigdar joj dosti kanti ni bile oprano. I velke dvestolitrene bačve sem pral i ribal: i te su tržili po dvajst-dvajst pet kuni po komadu za stareše bačve, a nove po pedeset kun po komadu. Bile je mušterij i za kante i za bačve. Ljudi kaj su prodavali med i svinjsku mast. Kupovali su te proklete kante, velike po štiri i pet kun, a male po tri kune komad. Zračunajte, hiljade i hiljade kanti puta štiri i pet i tri kune, se lepe hiljadarke za nikaj dobiju. Su mi F. i Lj. kleli gda neke kante nisu bile kak nove, a nesu mogle ni biti ma kak ih ribal: v njima su bile kreme kaj su „pojele" plastiku i pustile farbu, oksidirale su i nisem ih mogel oprati, ali se stara veštica derala da to more, da sem glup i len i da bu mi ona pokazala kak se to dela. Neje mi pokazala, znala je krava da se to oprati nemre.

Rekel sem, spal sam v štali, kod gujdi, na tavanu, v staroj prikolici-hladnjači, s ovcami, pral sam se v kanti, na pipi v štali, po letu i po zimi, z vodom z bunara, grijal ju na peči, na zahod sem išel v šumu, na gnoj, jedine sem v Kraljevcu imal kakšni-takšni zahod, ali to je se. Na početku mi je plača bila sto pedeset kun na teden, pa dvesto, a zadnjih pet let dvesto pedeset kuna na teden. S tim nis mogel ništ jer sam najveć potrošil na lekove za nogu, na deterđent i sapun i šampon, a i za nekaj jesti kaj sem si kupil jer njihovo jesti je bilo za cucku hititi, sem gladuval i nigdar ni bil poštene sit. Zakaj lekove? Zbog krvnih ugruški, bi rekli, tromboze, a na levoj nogi mi se otprl ulcer. Dole, kod zgloba se otprla rana i to sem mel par let. Se zagnojila i smrdele je kak čifut. Ja sem si sam pomagal kak sem znal i mogel, kupoval sem kreme i zavoje, ali slabe je se skup to bile. I tega leta bile je vroče kak vu peklu i rana je bila puna gnoja, ali gazde to neje bilo preveč briga. Spasila me njihova prijateljica, stvarne fina gospođa, penzionirana doktorica, dobar čovek, koja je znala dolaziti k njimi, ali je i to F. razjebal jer mu je išla na živce i zbog nečega drugega, a kaj, to ne znam reči. Bile je to ovak, prosim: gospođa je jen dan došl k F. (Lj. je bila na moru s kčeri, na godišnjem, same ne znam od čega su se počivale, haha) i vidla da šepam, pa mi je rekla: „Pokaži mi to, molim te." Skinul sam zmazani smrdeči zavoj i gda je vidla moju zagnojenu ranu, se prekrižila i povikala na F.: „Jeste to vidjeli, znali ste za ovo? Pa to je samo malo prije sepse, ako već nije. Jeste nor-malni, to se odmah mora sanirati!" F. je probledel, nekaj je mucal da nema peneze za doktora, da je mislil da to ništ neje i još je rekel da sem sam kriv, kaj se nisam pazil, da on nemre plačati lečenje. Doktorica je same odmahnula rukom, sela se v auto i rekla da pričekam. Vrnula se za pol vure s velikom doktorskom torbom. Pitala je gde si more oprati ruke, a onda je dela bele rukavice, očistila mi ranu, premzala s nekom kremom, dela gazu, jenu, drugu i zamotala se zavojima. Dala mi je i inekciju, rekla je da je to protiv trovanja, a uz to mi je dala tablete antibiotika, nek pijem deset dni. Ostavila mi je i punu vrečicu zavoja, krema, alkohola i flašu betadina, a i nafčila me je kaj saki den imam delati dva put, vjutro i navečer s ra-nom. Ak se te pogorša, moral bum k doktoru, pogotovo ak je trovanje zelo svoje, kaj ona ovak ni mogla videti. Za ve, kak je objasnila, je tak kak je, ali se trebam paziti, obuti bolše cipele koje ne stiščeju ranu i ne bi smel puno hodati, ne po blatu da se zavoj ne namoči. F. je sedel za stolom ispod velkog dreva, gledal v pod i lupal z štapom po kamenu, bil je srdit i nekaj si je v bradu mrmljal. Znal sem da nebu dobre kad doktorica prejde. I neje bile, mam me poslal tovariti gnoj iza štale. Gda se gazdarica vrnula i gda je čula, me je prve napala kak to da nis rekel za ranu (glupača, znala je, pokušala se zvleči zbog doktorice), kaj sem htel pokazati da oni nesu ljudi, a pokle je rekla da glumim, da to neje nikaj več, da bu to prešle sam tak. Je, bu pizdu materinu, mi je doktorica spasila život, da se rana još več zagnojila i gangrena da je došla, bi bez noge ostal, a morti bi i hmrl, take je bile s mojom nogom. Doktorica je za teden dni došla opet, premotala mi nogu i donesla lekove kaj mi ih je poslal njezin muž. On je delal v Švicarskoj i prirav-nal je najskupleši i najbolši lek za ulkus kaj se mogel nabaviti. Fala gospođi doktor i fala njenom mužu, fala od serca, fala Gospodu na njima! Da ne pozabim, iste lete, za Božić, doktorica je došla s mužem čes-titati F. i Lj., a ja sem baš odmetal sneg pri lesi, gda se zaustavil auto, spustilo se stakle na desnoj strani, bili su doktorica i doktor, čestitali su mi Božić i dali mi dvesto kuna kak dar. Skoro sam se rasplakal, ja koji sam bil njima hvaležen i dužen kaj su mi nogu i život spasili ni stigel reči ni fala, a oni mi dali novce i otpelali se pred hižu. Doktorica je same dela prst na usta, kak da veli „ovo je među nami". Nisam povedal gazdama za tih dvesto kuna, zakaj bi me opet kleli!

Sakaj sem doživel i preživel kod gazdi P., a ve sem se zmislil još jenog njihovog „biznisa" v šteremu sem i ja mel ilegalnu ulogu. Najstareši sin T. je imal prijatela šteri je zapiral štacun i htel se rešiti robe i daval ju je skoram zabadaf. Nekakva švapska instant kava v granulama, kaj se same zmeša z vručom vo-dom i pije. Pozabil sem štera marka. Kava je bila v malim staklenim flašicama s žutom i plavom etike-tom. Plava je bila jača, a žuta „light" kava, se po dvajst deka. Pakiranje je bilo od šest flašic v omotu s kartonskim dnom i najlonom gore. Kavi je istekel rok trajanja još pred leto i pol, a kaj ve, pa to je kava, kaj znači datum, to su same broji. Problem je bil kaj je datum bil odštampan s donje strane flašice i trebale je te zbrisati. Prve se Lj. setila da prefarbamo, ali je grde zgledale. Onda sam se ja, na svoju sramotu, zmislil da bi moglo iti dole s običnom školskom gumicom za brisanje. I tak je bile! Zate sem moral kak da hodim po jajcima, da ne razjebem ambalažu, zvaditi se flašice, zbrisati datum i vrnuti ih nazaj. Bile je prek tristo paketa, pa si morete misliti kakva je to zajebancija bila. Ljudi su kupovali, nego kaj, njemačka kava za dobru cenu, a dobra cena je bila takva da je Lj. opet zaradila pet put več nek je kavu platila. Mela je nos za peneze, bez poreza.

Posle sega kaj sem povedal o F., evo još jena slika o tome kakav je on gad bil! Pred kraj posla s gujdami, gore vu farmi v L., sini su meli zadnju turu i nekak su uspeli najti prekupca kaj je kupoval gujde i vozil ih v Dalmaciju. Človek je došel na farmu z velikm kamijonom, pregledal je „robu", malo su se cenjkali i onda je odabral sto komad svinj, ne zmislim se točne. Prve su bili same S. i T., a onda je kak stekli doletel njihov japa zeti im peneze kaj su mu dečki još bili dužni. Utovarili sme gujde na kamijon, čovek prekupec se preslekel i dogovorili su da ideju v Sesvete na veterinarsku stanicu zeti papire za gujde, potvrdu o dezinfekciji kamijona i se kaj je po regelmanima je trebalo meti. S. je se rešil telefonski, poznal je veterinara koji je za „nagradu" potpisival i štambiljal se kaj je trebalo, a osim tega, S. je mel na farmi žute želencije i veterinarska klešta, pa je sakoj gujdi na vuho priheftal želenciju s brojem i se je postalo ilegalno legalno. Nišče ni smel to meti doma kak cigaretline, ali S. je mel, a onda, živeti v 'rvatskoj i poštuvati zakone, dajte najte. Roba je bila na kamijonu, prekupec si je opral ruke i tak su se spominali kraj stare hiže i človek je pital ak imaju kaj za spiti, da je žejen, a neje stigel stati nigdi da si kupi pijaču. F. mu je tak odgovoril da sem ja htel v zemlu propasti od srama. F. mu je rekel skoram kroz plač: „Joj, gospon, nemame mi vi nič za piti, ni za vodu ne zaslužimo." Človek ga je čudne pogledal, odmahnul je s rukami i hladno rekel: „Idemo, nemam vremena, daleki je put." Ni F. ni njegovi bedasti sini nisu se osečali neugodno, ja sam klel v sebi. Prokleti F.P., ni za vodu ne zasluži, pa kakšni je to gad, kak more biti tak škrti, tak pokvareni?! Im je gospon nabrojil velke novce na ruke!. Nisem zapamtil, ali ak je bile osamnajst kuni po kili žive vage puta stodvajst do stoštirdeset kil i to puta sto svinj, računajte kulike je to kuna bile, a ak su se, kaj bi bile predi, pogodili poprek, recimo dve hiljade po komadu, okruglo, dvesto jezerači kuna v gotovini su deli v žep, bez poreza, bog i bogme. Ak se od tega zeme nafta kaj su otpad i pšeničnu prašinu pelali, moju plaču i struju na farmi, im je iste ostale devedeset i osam posto, najmanje! Pristoje človek bi sakemu ponudil nekaj za spiti i pojesti, a F. mu ni vode neje dal. V sebi sem rekel: „Tebe bu Bog kaznil, F., ne buš se zvelekel!" Htel sem da ga Bog kazni makar v to vreme nis veruval v Boga! Nemre nišće biti tulike sirotinja da čoveku ne da kupicu vode!

Pripovedati i pisati o tih trinajst let i se ono kaj su me kleli, napadali, kaj mi jesti nesu dali kak Bog zapoveda, kaj je te? Par put je Lj. na mene hitila stolec, kladivec i metlu, je, same kaj joj nis vrnul, ni mi se išle v rešt zbog lude babe! Oh, je, v L., na farmi sem več bil lačen neg sit, a jedne vreme mi je pomagala, a nisem je pital, mačeha od F., bila je druga žena jengovog jape, švercera delanca i rakije. Živela je v njihovoj staroj hiži, odmah kraj farme, zapraf, v istem dvorištu, bi rekli. Kulike znam, saki mesec joj je F. slal štiristo ili petsto kuna jer ni imela penzije. Zate joj je daval nekaj male, ali to neje bile ništ, tek da se ne veli da joj nikaj ne da. Ona mi je tu i tam davala jesti, od svojih ust je zemala i znala bi me pozvati na obed. Ni to bile kaj posebnega, ajnpren juha, goli grah bez mesa, kelj, juha kakšna, ali mi je bilo bolše neg ne znam kaj z restorana! Ni mi trebala dati, ali mi je povedala kak zna da se pri F. i jengovim sinima človek nigdar ni do sita najel ni napil i da nemre gledati da ne jem, a tak teške delam. Fala Gospodu na toj dragoj ženi! Pokle nekaj mesecof se odselila k sinu iz prvega braka i več je nis videl, ali sem joj hvaležen do denes. Povedala je istinu, nikak me nisu hranili. Kod F. i Lj., mislim, v K., još nekak, makar ni to ni bile ljudski, ali pod komandom ona dva tikveša sem zube na klinu mel! Se znale dogoditi da mi po tri dneva nesu jesti dopelali, a gda bi donesli to je bile slabe i premale. Jemput mi je mlajši sin, T. napravil kaj mu nigdar ne bum oprostil. Jengov brat je bil na moru i T. mi je moral jesti dopeljavati, brinuti o otpadu, a kak je bile leto, sme morali iti na Duge njive detelinu kositi saki dan, a i za vodu se moral brinuti, ali neje skoro ništ od tega napravil. V deset dni je dva put dopelal male napoja, tri put mesarskoga otpada, vodu sem ja pelal v bačvi na tačkami z selskog bunara, a detelu sme kosili same pervi dan. Trebal mi je i plaču donesti, ali neje, tek je den predi mu se brat vrnul donesel peneze, ali za jen teden, tak da su mi ostali do ve dužni stopedeset kun, gadi jeni! I tak, jeno je jutro dopelal štiri mesarske lodle otpada, a polpodne je kakti donesel komad friškog svinjskog bunceka, da si skuham i frtalj starega trdega kruha. Ništ nisem rekel, sem si mislil, v redu, barem nekaj. Gda sem prerezal taj vražji buncek sem se skoro porigal, je znutra bil zeleni gnoj! T. je taj komad zel z mesarskoga otpada i dal kak da je on to od dime dopelal! Pokle sem našel v otpadu još jen takšni komad, je to mesar odsekel od zaklane gujde, je šepala, pa su je dali na klanje i moral je odseči nogu gde se zagnojile. I gnoj je dal meni da ja jem, prokleti sin prokletih! Nigdar mu nisem o tome nikaj rekel, bi ionak odgovoril da to neje istina, a s budalom se ni treba pregovarjati...

Moram i ovo reči, o još jednom gazdinom biznisu šteri mu ni donesel peneze, haha, kaj je meni bile drage, nek je zgubil vrag ga odnesel, druge ni zaslužil. F. i Lj. su meli dogovor s jenim človekom kaj je v K. napravil salu za svadbe i proslave, je to bile v modi jer znate kakšne su naše fešte, a svadbe i te kak. Bil je to stareši čovek, iste žmukler i prevarant. Mel je dober jezik i ljudi su mu veruvali se dok nisu vidli da ih je prejebal i da od njega peneze nig-dar neju vidli, haha. Mel je on na morju apartmane, ilegalno, čak je od F. i LJ. zel nameštaj za te apartamane i nigdar neje platil, haha... I tak se je jen den dopelal na grunt taj čovek, pa su se si skup seli ispod dreva, Lj. je kavu skuhala, rakija se natočila i duge su se spominali. Delal sem vani, pa sem ih videl. Napravili su posel: F. bu dal gujde i janjce gda bu vu sali kakšna svadba, a kak sam posle čul, je imel dogovorenih najmanj petnajst ili dvajst svadbi unapred. F. i jengova veštica su bili srečni kak kokoš gda glistu najde, im je zgledale lahki i dober posel. Saka svadba najmanje jena ili dve gujde, stokilaši, ili polovice, ili same buti, kremenadle i to (same ak je taj rez, cena je bila vekša) i pet i več janjcov. Se to puta deset ili petnajst eurov i bu se zdigel lepi kup. Je, kajgod, im je taj čovek s početka poštene plačal, jen teden bi zel meso (zapraf, bi mi dopelali v kuhinju sale dan predi, a janjce na dan svadbe), a mam v pondelek bi došel na isplatu. Bez poreza! Kak se veli, je počele štekati, svadbe su bile, F. je meso dal, ali penezov pa ni. Lj. je ponorela i naterala F. da se otpela do ovega i zeme peneze, da to reši kak zna ili bu ona prešla i bu ga vubila. Mislil sem da je to gotove, kad vrag nigdar ne spi, se prevarant opet pojavil na gruntu i ve su se v hižu zaprli spominati. I posel se nastavil. Same ne s mesom, nego s krevetima i nameštajem. Zapal je v velke duge taj čovek i zaprl je salu, a dug je ostal. Dogovor između njega i F. i Lj. je bil ovakav, ak sem dobre zapamtil: buju prebili dug tak da bu F. zel iz sale, iz ku-hinje se kaj je nekaj vredelo, posude, beštek, tanjure, tacne, lonce i rajngle, plehe za pečenje, kuhače, francuske žlice, daske za rezanje, nože i satare, čaše, šalice za kavu, solenke, ovale i potem buju zračunali kulike bi to mogle vredeti. Poklopile se da se skoram trebal S. ženiti, a svadba je imala biti na gruntu v K. (je, i tu sam se nadelal kak Kristuš takaj, sme za svadbu veiku terasu napravili i natkrili i hrastov pod složili, s ceradami zaprli je sa tri strane, a s četrte je bila vezana na terasu birtije, tak da se dobili mesta za tristo ljudi, pa sme pilili i hoblali hrastove deske, varili, farbali železne vcevi kaj su bile nosači, a kulike sem navlekel materijala ni sam ne znam), pak bi im to dobre došle, a i bolše je nekaj nego nikaj jer su znali da od ovega lopova kune ni eure videli ne buju. Otišli sme na par put v tu salu i dopelali se na grunt. Kak su zračunali kuliko je ta krama vredela nemam pojma, ali je pokle Lj. govorila da su zgubili hiljade eurov na tom smetju. Drugi del pogodbe je bil da mu F. i Lj. daju krevete, kauče i se kaj treba jer bu salu pregradil i napravil objekt za spanje za radnike, kaj je takaj v tim letama bile jake popularno v Zagrebu (bile je to predi banana krize „ćaće” Sanadera, gda se zidale po Zagrebu kak blesave, saka je baba, štera je imala kakav ficlek zemle, štela podiči zgrade z stanima na prodaju, a to je onda povlekle to da radniki tre-baju sobe i posel „iznajmljivanja” kreveta je cvetal) i gda bu peneze od tega dobil, bu ih isplatil i za meso i za krevete, još s kamatami. Haha, i tu je F. najebal, ni dobil ni jenog eura od tega i zabadaf ga je F. iskal, vozikal se sto put do sale (a de je taj bil doma nišče neje znal, tak da je F. posle leto-dve mislil da je ovaj hmrl). Jedine kaj sem ja najebal jer sem se te krevete i popišane madrace nosil i prenašal, utovarival i istovarival, nišče drugi neg ja! Zakaj sem trinajst let se to trpel? Ne znam. Trinajst let pekla kod 'rvatskoga kulaka.”

Izmučen, izgladnio, s posve razrovanim živcima, mrzeći samog sebe, očajan, s otvorenim ulkusom na lijevoj nozi, bolestan zapravo, u mjesecu rujnu Ljeta Gospodnjeg 2015. učinio sam ono za što sam mislio da je jedino moguće. I bilo je jedino moguće. Nikakvih ponuda nisam imao. Nikakve ponude nikome ni-sam mogao dati. Nisam postojao, ni za državu, ni za koga. Moji „poslodavci” nisu me prijavili na mirovinsko i zdravstveno osiguranje. Nisam imao važeću osobnu iskaznicu, nisam bio normalan građanin Hrvatske.

Šutnja duga trinaest godina, kukavički sam trpio ponižavanja, uvrede, a tri, možda četiri zadnje godine moja me gazdarica Lj. P. i fizički napadala, gađala me stvarima, udarala nogama, grabljama i rukama, sve uz sočno psovanje. Uz najogavnije riječi kojih se ne bi posramio ni najokorjeliji lupež, F. i Lj. svako-dnevno su mi dokazivali kako sam ništa, bezvrijedan, nula od pojave. Istina, od F. nisam doživio fizičke napade kao od Lj., proklete vještice koja nije voljela ni sebe ni ljude oko sebe. Klela se na ljubav prema unučadi, ali nitko joj to nije vjerovao, takva osoba nema srca ni duše. Umjesto srca ima novčanik, a umjesto duše još jedan novčanik. Bijesni zbog svih propalih poslova, bijesni zbog obveze plaćanja poreza državi, bijesni zbog sudskog procesa u vezi prvog unuka i bijesni zbog neuspjeha s vlastitom djecom uopće, bijesni zbog bijesa, svo zlo i nagomilane frustracije oboje su iskaljivali su na meni! Bio sam vreća za udaranje. Svakoga dana milijun puta bi me napali bez ikakvog razloga, vrijeđali, psovali mi majku, nazivali glupanom, luđakom i lijenčinom, a ja sam šutio, silom nisam ni pomišljao uzvratiti, ta ljudska govna nisu vrijedila mog boravka u zatvoru. Nije sramota biti svinjar, biti najniži na ljestvici onih koji rade, ali jest sramota pristati biti robom i ne boriti se za svoje „ja", za elementarno ljudsko dostojanstvo. Potrošiti trinaest godina života robujući za pohlepne 'rvatske kulake, za 'rvatske vucibatine, sitne prevarante koji su miješali zob s kavom i to prodavali kao čistu kavu, koji su kuhali šećer s maslačkom i limunom i to prodavali pod domaći med, koji su svinjski i konjski gnoj prodavali pod ovčji, koji su također varali sve koga i kako su stigli, dakle, biti rob takvim grinjama može samo umobolni slabić, kreten najgore vrste! Može samo... A tko je to odradio, nego ja!?

Doduše, već nakon mjesec dana, nakon dvije godine, nakon osam, devet, jedanaest godina morao sam dati petama vjetra, pokupiti prnje i otići u vražju mater, što dalje od F. i Lj., tih zlotvora i gadova! Nisam to učinio, nisam se spakirao i otišao. Ne znam zašto. Možda pojave kao što sam ja vremenom izgube moć zdravog razuma i prestanu biti otporni na bol i patnju i, strepeći pred još gorom sudbinom, skoče u živi pijesak vlastite propasti i šutke tonu u glib bez povratka prihvativši nesreću kao normalno stanje stvari...

Svaki odlazak u trgovinu, sve preduge mučne vožnje s gazdama kroz Zagreb, ma gdje da smo išli, svaki pogled na TV, svaki usrani kontakt s vanjskim, tzv. normalnim svijetom (onim izvan ograde imanja, ranča i farme) bješe za mene bolno i uništavajuće iskustvo. Umirao sam svaki put kad bih shvatio da postoji normalan život (bez obzira kako tko definirao pojam „normalan"), ljudskiji, bolji od gnoja u kojem sam se koprcao.

Rujan 2015., veliki mjesec te godine, barem za mene. Nisam mogao više izdržati. Bolovi, rana na nozi opet se otvorila i nikako je nisam uspijevao sanirati (gospođa doktor više nije dolazila i nije mi imao tko pomoći), bol u koljenima i leđima, vid mi je bivao sve slabiji, sam i na kraju snaga, psihičkih i fizičkih, slabo sam jeo, nikako spavao, čak sam mislio da mi se pomračio um, da sam lud. Sam, odbačen i napušten, bez odmora, zatvoren u smradu i poniženju, bez prijatelja, bez ikoga svoga, a jedina utjeha su mi bile stare knjige koje sam pronašao u namještaju i stanovima koje smo praznili, gledanje televizije u svojoj izbi (posljednje dvije godine, tako nešto, proveo sam u K., a nakon što je F. prodao posljednje ovce), a zapravo sam mrzio TV jer me je tv-slika podsjećala na vlastito gubitništvo. Plakao sam svaku večer, proklinjao sebe, urlao od jada i nemoći. Uzalud, nigdje nikoga oko mene ni uz mene, nitko me nije čuo. Nitko nije znao da postojim. Nikoga nije bilo briga. Bez novca, bez dokumenata, što sam mogao? Ništa. I to ništa me ubijalo.

U očajničkom potezu, u vjerojatno posljednjem svom razumnom trenutku svinjarskog, robovskog usranog života, u bljesku čiste svijesti, nakon svih godina šutnje i saginjanja pred zlim gospodarem. odstupio sam od dotadašnje vlastite filozofije muka i tišine i u "vatri" ljudske hrabrosti tog sam rujanskog dana učinio što je bilo jedino pametno. Cijepao sam drva iza štaglja, kod voćki, a F. je sjedio malo dalje i netremice me promatrao. To me strašno živciralo, koga vraga sjedi tu i nadzire me kako radim, osjećao sam se strašno glupo. U trbuhu mi je nešto cvrčalo, kao i svaki put prije no što ću učiniti neku pizdariju. Ne mogu objasniti kako ni zašto, pitanje je izletjelo iz mene neplanirano, bez uvoda. Spustio sam sjekiru, odložio je na panj i upitao gazdu:

- „Morete me prijaviti na ovu adresu, da si zvadim osobnu. Moram k doktoru, nemrem više zdržati, moram k doktoru, trebam osobnu. „

Inače je šepao (giht), ali u tom je trenutku gospodin F. skočio na noge kao kakav mladić (uz mali jauk, giht je to, boli to), pogledao me s nevjerojatnom mržnjom u očima i povikao:

- „Nigdar, razmeš, nigdar te ne bum prijavil! - okrenuo se i otišao. Nije prošlo ni pet minuta, kad li je dotrčala, glomazna i debela, bijesna, kao luda Lj. i uz psovke me napala, da što si ja umišljam, kakva prijava, da moram biti sretan što me drže, lijenčinu i ništkoristi majmuna, da si to izbijem iz glave, nikakva osobna i prijava ne dolazi o obzir!

Nastavio sam cijepati drva. Iste večeri, učinio sam to. Napisao sam dugačko pismo. O sebi, ništa nisam izostavio, ni jedno slovo, nijedan zarez. Molio sam, preklinjao za pomoć, bi-lo kakvu, ali odmah. Našao sam se u paklu svojom krivnjom i očajnički sam tražio izlaz iz tog smrdljivog blata. Pismo sam naslovio tadašnjem ministru branitelja u Vladi Republike Hrvatske, gospodinu F. M., na ruke.

Pismo sam poslao drugi dan. Srećom bila je subota, moj dan za odlazak u trgovinu. U pošti sam kupio kuvertu i poslao preporučeno na Ministarstvo branitelja iz RH, na ruke gospodina ministra. Nisam se nadao ničemu spektakularnom, no mislio sam, ministar M. je pokazao veliki senzibilitet za ratne veterane, pak onda neće biti da će moja molba završiti u smeću. Ako sam negdje mogao dobiti pomoć, Ministarstvo branitelja bila je jedina adresa.

I bi tako. Samo što se ta scena u ovoj predstavi nije odigrala kako sam možda zamislio (ako sam uopće zamišljao, a ne sjećam se da jesam) Ne znam, ali da se dogodilo, jest.

Desetak dana kasnije dočekao sam svoj posljednji dan robovanja za F. i Lj. P. iz S. Kraljevca, Ulica bedema ljubavi broj taj i taj! Da, posljednji dan, a sve zbog pisma poslanog gospodinu ministru!

Bješe to dan koji nikad neću zaboravit: srijeda, šesti listopad godine dvije tisuće i petnaeste poslije Krista. Rano je jutro, baš sam nahranio svinje i kokoši, napunio sam kotao za kuhanje napoja za svinje (kuhao sam i ovdje napoj, samo bez mesarskog otpada: kućni napoj, čvarke, pekmez i čega je već bilo), podložio i odradio sve što sam i inače morao srediti svakoga jutra, kad ugledah šepavog F., došepesao je do mene i zapovijedio mi grubim glasom: „ Dojdi v kuhinju na razgovor.!”

Pomislio sam, još jedan izljev vulgarnosti, ništa novo. Pokucao sam na vrata i ušao u kuhinju. Lj. je sjedila za stolom, ispred nje je bila hrpa reklama, stare novine i velika šalica crne kave. Na nos je nabila naočale sa starinskim socijalnim okvirom. F. se izvalio na kutnoj klupi ispod prozora, ležao je na boku i nešto žvakao. Oboje su imali ružne bijesne face. Ona je otpočela paljbu na mene. Iz svih oružja njezine gubice udarale su po meni granate i rakete uvreda, optužbi, psovki i ponižavajućih riječi. Iz njenih žvalavih usta letjeli su projektili najsočnijih i najgrozomornijih psovki od kojih sam neke čuo prvi put u životu.

- „ Kaj ti misliš, ko si ti, majmun jen?! Kaj ti imaš pisati ministru?! Na kaj si se ti žalil, koga si ti mislil zajebati?! Sebe si zajebal, lažljivec jedan, prokleti gad! Ti buš ministru pisal, drek jen! To nam je fala kaj te letama trpimo, hranimo i plaćamo?! Ti buš ministru pisal, pička ti materina! Ne bu to tak završilo, gad smrdlivi! Ne bu, tužili te bumo! Kaj buš ti, lenčina, pisal ministru?!? Spakiraj se, spakiraj svoje prnje i marš, moreš iti, odmah, marš s mojega grunta! Da te ne vidim!”

Tako je krmača Lj. završila sa mnom i dala mi je momentalni otkaz. Isprva mi ništa nije bilo jasno, a onda je F. objasnio što se dogodilo dan ranije. Oko tri sata poslije podne posjetile su ih dvije službenice iz Ministarstva hrvatskih branitelja iz Domovinskog rata (ne sjećam se točnog naziva ministarstva jer svaka vlast mijenja naziv kako joj odgovara). Poslao ih je osobno ministar F. M., sa zadaćom provjere navoda iz mojeg pisma. (Bravo, prošlo mi je kroz glavu, nisam poslao pismo uzalud!) Ništa drugo nije rekao osim: „Spremi se i odlazi, marš odavde!”

Izašao sam iz kuće crven u licu, malo zbunjen, strah se javio, svejedno na stanje stvari, gdje ću, kako ću, ali je jedan mali dio mene, mog srca, sasvim mali dio duše bio sretan, neizrecivo sretan. Teško je to opisati: poslije svega, nakon trinaest godina jada i bijede, bio sam slobodan! Noćna mora je napokon završila! Doteturao sam do svoje izbe, potrpao na brzinu nekoliko stvari u plavu putnu torbu i zauvijek za sobom zatvorio vrata rupe kraj svinjca u kojoj sam spavao. Koračao sam polako, s grčem u želucu, znojio sam se. Ispred kuće me čekao F. i dao mi moju posljednju plaču, dvjesta i pedeset kuna. Iz kuće se čula vika debele stare vještice: „Ništ nije gotovo, videl buš ti svojega boga, svinja prokleta! Marš s grunta!”

Sjećam se svog hoda: sporo i teško, eto kako sam hodao. Gdje i kamo poći? Bez novca (dvije stotine i pedeset kuna bilo je ništa, onda, kao i danas), bez dokumenata, bez ičega. Hvatala me panika, ali mi nije padalo na pamet vratiti se i moliti za oproštaj, kajati se i cviliti da me prime natrag! Nikakvo novo poniženje, pa oni su bili moji mučitelji, najgori neprijatelji! Nikad opet k njima! Bilo je gotovo! Znao sam, što god bude nakon ovoga, F. i LJ., tih zlotvora u mom životu više nema! Nema spavanja u smradu svinja, nema gladi, nema prljavštine, nema uvreda! Odlučio sam otići do ministarstva, možda će mi pomoći...

Torba, kako ću s njom, nositi je preko cijelog Zagreba? Samo mi je trebalo da me policija zaustavi kao nekog ciganskog švercera! Hja, kad je čovjek u stvarnoj nevolji, misli brže nego obično. Sjetio sam se nekoga. Poznavao sam, onako iz viđenja, gospodina koji je na glavnoj cesti (od Sesveta prema Dugom Selu) imao malu trgovinu namještajem, a držao je i ispostavu HL (ne često, povremeno bih za nekoliko kuna odigrao „bingo" ili „loto sedmicu", za tri kune, a jednom me „pogodilo", baš kad su uveli „bingo", u drugom kolu dobio sam tisuću i pedeset kuna: potrošio sam ih na zavoje, lijekove za nogu, malo hrane, brzo je to otišlo). Nismo bili prijatelji, to ne, bili smo si onako, on dobar trgovac, ja mirna mušterija. Zamolio sam ga da mi pričuva torbu, rekao sam mu kako imam nešto obaviti u gradu i da ću doći po stvari kad sve završim. Pristao je bez problema i bez pitanja, uzeo je torbu i odložio je iza pulta, u malo pomoćno skladište. Nažalost, nisam se vratio po torbu.

Kupio sam na kiosku kartu za „ZET" i sjeo na autobus za Sesvete, gdje sam opet presjeo u autobus za Dubravu. Na okretištu u Dubravi sjeo sam na tramvaj za Trg Bana Jelačića, a tamo sam ušao u tramvaj za Savsku i prema Ministarstvu. Za otprilike sat-dva evo me ispred ulaza u Ministarstvo hrvatskih branitelja iz Domovinskog rata, na adresi Savska 66., Zagreb. (Danas je to Trg Nevenke Topalović.) Listopad 2015.: čudno vrijeme za spomenuto ministar-stvo. Odigravao se prosvjed tzv. šatoraša koji je trajao dosta dugo, otpočeo je, ako se ne varam, u listopadu 2014. i na dan kad sam ja došao u Savsku skoro se navršila godina dana od početka „pobune" hadezeovskih tzv. branitelja predvođenih imbecilima, tipovima s optužnicama, pijancima i probisvijetima, likovima s tajne platne liste HDZ mafije. Prosvjednici vrlo čudnog političkog zaleđa i osigurane materijalne i financijske egzistencije, likovi sumnjivog morala i šarolikih biografija ultimativno su zahtijevali smjenu ministra i ostavku cijele vlade. Nisam se petljao u to jer nisam pripadao toj klasi tzv. branitelja koji su naplatili svoje domoljublje. Nije me to zanimalo, imao sam važnijih i težih problema.

Što sam očekivao u od posjete ovom ministarstvu? Ne mogu reći. Očekivanja i slično, u mojoj situaciji nitko ne bi unaprijed mislio na to što će biti, nisam ni ja. Sve je prošlo relativno dobro, iako konkretnu pomoć nisam dobio. Znači, premda bez osobne iskaznice, pušten sam u ministarstvo. Čekao sam neko vrijeme na ulazu, u uredu zaštitara, dok po mene nije došla iznimno draga i susretljiva službenica i odvela me gore, u prostorije ministarstva. Ne lažem, primljen sam kao nikada u životu, kao kralj! Primili su me s poštovanjem, ljudski toplo i prijateljski, ne tek službeno. Dvije gospođe, jedna je bila šefica odjela, pročelnica, ne sjećam se točno, i druga, vjerojatno njena pomoćnica, razgovarale su sa mnom više od dva sata! Poslužile su mi sok, kavu i napolitanke. Sreća ili slučajnost, tko zna, njih dvije su bile one službenice koje su dan prije razgovarale s mojim bivšim gazdama! Ponovio sam im cijelu priču od riječi do riječi. Ispričao sam priču i dodao detalje koje nisam naveo u pismu.

Bez skrivanja i bez glumatanja, otvoreno, sa stidom i sramom, ali iskreno sam ih preklinjao za pomoć. Bio sam na dnu, doslovno na cesti. Nažalost, nisu mogle mnogo učiniti, takav je bio zakon, nisu imale čaroban štapić kojim bi riješile moje probleme. U 'rvatskoj državi, ma kakva da je, korumpirana i uništena, sve ima svoju proceduru i Hrvat-mrtvac ne može preskočiti ni jednu prečku na tim državnim ljestvama koje vode do „spasenja". Najveći problem je bio neposjedovanje osobne iskaznice: bile su u pravu, mogao je doći bilo tko i reći da se zove ovako ili onako. Stranka u postupku, građanin, ma kako to zvuči birokratski, jednostavno mora imati važeće osobne dokumente za dokazivanje identiteta. No ipak su mi obećale pomoći, učiniti sve što se moglo u tim okolnostima. Trebao sam pričekati do sutrašnjeg dana. Lijepo, mislim, no gdje ću prespavati, bilo je pitanje.

Pronašle su rješenje, ako se to tako smije kazati. Kod „šatoraša", onih dolje koji su prosvjedovali protiv ministra iako su imali sigurne mirovine i uživali su sve benefite. Znam, zvuči zavidno jer to isto nisam imao. Nije tako, doista nije. Samo nisam tada vidio, a ni danas ne vidim da ratni veterani imaju razloga za ovakav prosvjed, a u sve uključujem i sebe samog. Napokon, nije država kao država, sa svime što je uredila oko statusa ratnih veterana (najviše tzv. branitelja, osobito onih iz Minhen divizije) kriva ako sam sebe sjebao.

Izašao sam iz zgrade ministarstva i odšetao do šatora, gdje su me lijepo primili. Nemam zamjerki, pokazali su se kao pristojni ljudi. Nisu mnogo pitali, samo su me upisali u bilježnicu, u nešto kao knjigu evidencije nazočnih. Mogao sam prenoćiti tu jednu noć kod njih, a dobio sam i večeru. Nisam mnogo jeo. Razmijenio sam nekoliko fraza s njima, ništa više. Nije ih ni bilo ne znam koliko u šatoru, samo oni koji su ga čuvali, možda njih šest-sedam, od kojih je bila jedna gospođa u maskirnoj odori bez oznaka postrojbe.

Ostatak dana (u šator sam došao kasno poslije podne) šetao sam gradom, uglavnom u kvartu oko tog dijela Savske. Potrošio sam nešto kuna na dvije kave u kafiću nedaleko šatora, pročitao novine i to je bilo uglavnom sve. Ujutro sam bio prva stranka u ministarstvu. Opet su me primile iste službenice, šefica i njena pomoćnica. I opet nažalost, nisu mi mogle pomoći. Rezultat njihovog „prekopavanja" zakona, bezbrojnih pravilnika i još više telefonskih poziva raznim uredima raznih ministarstava nije ispao obećavajuće: ukratko, u Zagrebu nisam mogao ništa riješiti, morao sam se vratiti u Varaždin. Stvar je bila jednostavna: gdje sam imao posljednje prijavljeno prebivalište, tamo mogu i riješiti probleme. Kako je to bilo u Varaždinu, zaključak je bio logičan, natrag u rodni grad. Jedino što su mi dale kao mali savjet je da pokušam učiniti nešto u Centru za socijalnu skrb u Sesvetama (kad sam radio u S. Kraljevcu kod ljudi iz Sesveta), barem u svezi novca za kartu do Varaždina.

Ne baš sjajan rasplet nije me baš oduševio, ali tako je bilo. Kritično stanje, bez ponuda, čak i bez ponuda ispod stola. Međutim, shvatio sam ono što mi godinama nije bilo u glavi: ja sam persona koja će me izvući iz sranja. Nitko drugi, nikakve dobre vile i zlatne ribice.

Zahvalio sam im srdačno i toplo, ne tek formalno. Bio sam ganut njihovom brigom i posvećenosti poslu, divio sam se trudu koje su gospođe uložile nastojeći mi pomoći. To da ministar osobno pošalje ljude da ispitaju vjerodostojnost pisma koje je primio, pače i više, da se uvjere u stanje potpisnika pisma i da nakon toga da učine sve što mogu za jednog luzera kao što sam ja, to nije neočekivana eskapada dobrote, to je znanstvena fantastika za 'rvatsku u ovih trideset godina! Državni aparat i ljudi koji rade u državnoj birokraciji najomraženiji su dio naše stvarnosti, ali u mom slučaju ja nisam vidio apsolutno ništa od svega lošeg što ljudi obično zamjeraju i misle o državi. (I što sam ja mislio i što i sad mislim.) Šefica i njena pomoćnica potrošile su ne znam koliko sati svog radnog vremena ne bi li pomogle nekome tko se nalazi u nevolji. Doživio sam da smrtnik nije tek evidencijski broj i stranka u postupku. Hvala Gospodu na njima. Dale su mi nadu da će se sve završiti dobro, da ništa nije gotovo i da rješenje postoji. Vjerovao sam im. Pomogle su mi više nego što je izgledalo na prvi pogled. Predale su se rješavanju mog slučaja bez ikakvih pitanja o mom osobnom udjelu u kri-vici za nastalo stanje. To se ne zaboravlja.

Umalo sam zaboravio nešto važno. Otkaz i protjerivanje odigralo se (kao u svakoj dobroj kazališnoj predstavi) točno sedmog listopada, na moj rođendan! Tako je, sedmi listopad 2015. bio je dan početka moje nove slobode.

Nisam očajavao, skovao sam plan o tome što ću i kako: prvo, morao sam pod svaku cije-nu pronaći način da dođem do Varaždina. Pokušaj prvi. Centar za socijalnu skrb u Sesvetama.

Kako je bilo? Požrtvovnost službenica Ministarstva branitelja: zvale su ovaj ured prije nego sam došao, pak me šefica ispostave CZSS osobno primila. Međutim i jasno, bez osobne iskaznice, makar i nevrijedeće, bez ikakvog dokumenta sa slikom, nisu mi mogli isplatiti jednokratnu novčanu pomoć, kojim novcem bih kupio autobusnu kartu za Varaždin. Nije se moglo protiv zakonskih propisa. Nisam se žalio, potpuno sam razumio stanje i ono što je bilo moguće, a što nije. Poznata činjenica: pripadam pod ingerenciju varaždinskog ureda CZSS i oni će mi, kad dođem tamo, izaći u susret i pomoći u svemu što mi je potrebno.

Smiješno i tužno: trinaest godina u Sesvetama, a nisam imao nikoga kome bih se obratio. Stajao sam ispred zgrade ispostave CZSS Sesvete i razmišljao: od dvjesta i pedeset kuna ostalo mi je nekih šezdesetak (dvije kave prvi dan i jedna tog jutra, četiri karte za „ZET", a popio sam i jednu mineralnu vodu na kiosku), što mi je bilo nedovoljno za putovanje, uostalom cijena putne karte za vlak je skoro ista ili čak veća od autobusne karte.

Sjetio sam imena! Gospodin T.! On je bio moja jedina šansa, a s njim sam bio dosta dobar. (Mislio sam, ako ovo ne uspije, što ću nego stopirati, nema mi druge.) Prošetao sam malo, popio kavu u kafiću na Maksimiru, vratio se tramvajem do Dubrave i potom autobusom do Sesveta. Bio je mrak kad sam ušao u zgradu u kojoj je stanovao gospodin T. Na moje zvonjenje je otvorio vrata i uistinu se iznenadio, ali me je pozvao u stan i prihvatio kao dragog gosta, kao prijatelja. Neki njegov rođak bio je kod njega, pa smo večerali zajedno: odličan grah s domaćim sušenim kobasicama. Bio je to moj prvi pravi obrok u dva dana. Nisam pojeo ni pun tanjur, ali sam bio pun kao da sam ispraznio dva. Ispričao sam mu sve što se dogodilo, kako i zašto. Rekao sam mu što trebam, zamolio ga za pomoć. Nije rekao ni riječi, ustao je od stola, otišao u sobu i vratio se noseći dvjesta kuna u ruci. Dao mi je novčanicu bez riječi, samo se sućutno nasmiješio. Kao da je htio reći „sve znam.”

Suze su mi navrle na oči. Još prije dva dana ona stara luda sebična vještica je bacila stolac na mene i psovala mi oca i majku, govorila da sam glupan i idiot, prije dva dana jeo sam šest dana staro dinstano kiselo zelje i tvrdi kruh, a evo, odjednom sam se našao u toplom stanu čovjeka, gospodina T., kojega sam poznavao onako, po crti obitelji P., s kojima je bio u više formalnim nego prijateljskim odnosima dosta godina. Mnogo smo radili zajedno: naime, on je pomagao P. kod skupljanja sijena, pri prijevozu rabljenog namještaja, njega su zvali zbog janjaca i uopće sa strane srednjeg sina S., gospodin T. je održavao kontakte s njima, no to nije bio pravi prijateljski odnos. Gospodin T. je sve znao o mojim gazdama, ali nikad ništa nije komentirao. Nismo se viđali često, znali su proći mjeseci između naša dva susreta, tako da ne znam kako izraziti zahvalnost za njegov prijateljski čin. Te noći nisam dugo zaspao, ležao sam i gledao u strop, plakao sam, drhtao, nisam znao što će biti sa mnom. Istina, još ništa nisam riješio, ali nada je bila sve jača. Možda, ne možda, sigurno ću uspjeti, mislio sam, spasiti ću se, ne znam kako, ali hoću, biti će bolje, mora biti!

Bilo je bolje, ne odmah, ali i najmanji korak naprijed bješe revolucija naspram onoga što je bilo prije svega ovoga. Drugo jutro je svanulo, bio je petak, deveti listopad dvije i petnaeste. Žurio sam, ako ne dođem na vrijeme u Varaždin, najebao sam, petak je i tko zna dokad rade u Centru za socijalnu skrb i ostalim uredima koje sam namjeravao obići. Nisam si mogao ni smio priuštiti spavanje u parku i uhićenje zbog skitnje i neposjedovanja osobne iskaznice. Odlučih se za vlak jer mi je željeznička postaja u Sesvetama bila na deset minuta, a i prvi vlak za Varaždin polazio (dolazak iz Zagreba) je za kakvih trideset minuta.

Deset sati i dvadeset minuta je pokazivao sat na zidu u hodniku Centra za socijalnu skrb u kad sam ušao i rekao zaštitaru na ulazu tko sam i zašto dolazim. Petak u varaždinskom uredu CZSS nije bio dan za primanje stranaka, ali nisam odustao: nisu me odbili, jedna socijalna radnica pozvala me je u svoj ured. Bila je ljubazna, ali nije znala što bi sa mnom: prvo, nisam imao nikakve dokumente, a onda, moja joj je priča zvučala prilično čudno. Kome ne bi? Pozvala je šeficu u pomoć, ni ona se nije snašla. Savjetovali su me da odem u policiju, u MUP po neku potvrdu, jer, priznajem, bile su u pravu, „ne mogu mi pomoći jer ne znaju da sam ja taj za kojeg se predstavljam da jesam”.

Nervozan i razočaran, u panici zbog vremena koje je curilo, doslovno sam otrčao do policije, u upravni odjel. Na ulazu me dočekalo veliko iznenađenje: iza stakla prijamnog šaltera, gdje ljudi plaćaju naknade i kupuju biljege sjedio je moj ratni kolega iz garde, XY.! Isprva sam se osjetio neugodno, nije lako stati pred ratnog kolegu u takvome stanju. Ipak, obuzela me radost jer prijatelj iz rata će me razumjeti, neće reći da je ovo ili ono nemoguće. Malo je reći da je i on bio iznenađen. Rekao sam mu u čemu je problem. Nije gubio vrijeme, ustao je i uz kratko „pričekaj tu, ne idi na šaltere”, otišao je u jednu sporednu kancelariju. Vratio se za manje od pet minuta, namignuo mi je i tiho rekao: „ Netko je već zvao za tebe.”

Što? Naravno, iz Ministarstva branitelja su zvali, tko bi drugi?! Srce mi je lupalo, kakvi divni ljudi, oh, ministar M. i njegove službenice, najbolji su na svijetu, to sam pomislio čuvši da je netko urgirao za mene, koji sam nitko i ništa. Iza njega se pojavila ozbiljna gospođa srednjih godina, decentno odjevena, s notesom i kemijskom olovkom u ruci. Pozdravila me je i mirno rekla:

- „Dođite sa mnom u ured, molim vas.” - Pratio sam je strašno uzbuđen, nemiran.

- „Znam vašu priču, ali molim vas, ukratko mi objasnite o čemu se radi. Nemate osobnu i nemate adresu na koju bi se prijavili?” - glas joj je bio topao, gledala me ljudskim pogledom.

- „Ne, nemam osobne. I ne znam kaj da radim.” - ispričao sam joj u nekoliko rečenica ono glavno iz moje priče. Kimnula je glavom i uzela neke papire sa svog stola:

- „Ovako, prema Naputku iz ministarstva i u skladu sa zakonom, sve osobe koje nemaju adresu i mjesto prebivališta, odnosno boravišta, dakle, za osobe koje nemaju materijalna i financijska sredstva kojima bi mogli namiriti i osigurati potrebu stanovanja, kao na primjer beskućnici, nadležno tijelo može utvrditi prebivalište na adresi Centra za socijalnu skrb.” - drugim riječima, gospođa mi je objasnila da preko socijalne skrbi mogu riješiti problem prebivališta, što je osnova za izdavanje osobne iskaznice, s kojom ću pak riješiti dobar dio svojih problema.

- „Molim vas, pođite sa mnom." - izašli smo iz njenog ureda i otišli u prostoriju sa šalterima. Šefica je otišla iza šaltera i razgovarala s jednom od službenica. Potom je ona otvorila ogroman pokretan arhivski ormar i vrlo brzo je donijela moj osobni karton. Prepoznao sam svoju sliku s početka devedesetih. Šefica je još nešto rekla, a onda mi je kimnula glavom i rekla:

- „Dobiti ćete jednu potvrdu. Vratite se na Centar i tamo će vam dati potrebnu potvrdu i rješenje, s čime se opet vratite ovdje. Požurite jer danas radimo skraćeno, petak je." - srce mi je skoro eksplodiralo, bio sam ošamućen. Stvari su se odvijale brže nego što sam se nadao.

Službenica je uzela moj otisak prsta i usporedila s onim u osobnom kartonu. Potom mi je izdala jednokratnu potvrdu o identitetu za CZSS. Zahvalio sam i žurno krenuo nazad. Na izlazu sam namignuo XY-u. I zahvalio mu. Opet sam trčao, nisam imao puno vremena.

U Centru sam naišao na novi problem: tamo nikad nisu čuli za naputak o kojem je govorila gospođa iz policije! Čudili su se, ni njihova šefica to nije znala. Pomogla mi je policija. Socijalna radnica htjela je provjeriti moje riječi (očito mi nije vjerovala) i nazvala je MUP, gospođu šeficu s kojom sam razgovarao (dala mi je svoju vizit-kartu, to sam zaboravio reći). Smijem se dok ovo pišem jer bilo je zabavno gledati i slušati razgovor policije i socijalne radnice. Naime, desetak minuta je socijalna radnica slušala sugovornicu s druge strane žice, a kad je spustila slušalicu, izgledala je zbunjenije od mene. Nazvala je šeficu i ona je došla u ured za nepune tri minute. Policija je objasnila Centru za socijalni rad što je njihov posao i zašto i kako su mogli učiniti to što su trebali u rješavanju mog slučaja.

Kako bilo, pomoglo je! Šefica je prvo izašla, da bi se vratila s onim naputkom u ruci. Nisu više komplicirale. Ispunio sam obrazac za isplatu jednokratne pomoći koji je odmah ovjeren. Dobio sam dvjesto kuna za osobnu iskaznicu. Također su mi izdali rješenje prema kojim sam temeljem članka 6. stavka I Zakona o prebivalištu stekao uvjete za izdavanje osobne iskaznice s adresom prebivališta na adresi Centra za socijalnu skrb Varaždin. Postao sam beskućnik, u skladu sa zakonima Republike Hrvatske.

Treće trčanje tog petka: jedino sam zastao kod fotografa, gdje sam izradio fotografije za dokumente, ona brzinska verzija za dvije minute.

Moj prvi i najveći problem bio je riješen. U petak, devetog listopada 2015. predao sam zahtjev za izdavanje osobne iskaznice u Upravnom odjelu PU Varaždinske. Iskreno i od srca sam zahvalio ratnom suborcu XY-u i načelnici odjela u policiji: ne znam za druge ljude, ali ja ovime iskazujem duboko poštovanje i zahvalnost na predanom radu, na pomoći, na visokom profesionalizmu i na ljudskosti. Nisu svi koji rade za državu uhljebi, ima onih koji sa srcem rade na dobrobit građana. Svjedočim tome.

Četvrti put trčao sam do CZSS: priča nije završila, ni približno. Na osobnu sam morao čekati mjesec dana (zahtjev sam podnio u redovnom postupku, za žuran nisam imao novca).

Moram kazati i ovo: bez obzira na početnu zbunjenost (što bješe logično, nikad prije se službenice nisu susrele sa sličnim slučajem), socijalne radnice su mi stvarno spasile život! Ne pretjerujem, izvukle su me iz gliba propasti i omogućile mi da se ponovno, nakon trinaest godina osjećam kao čovjek! Hvala im do neba, hvala Gospodu na njima! Ne samo u vezi osobne iskaznice, riješile su i moje temeljni problem, smještaj i spavanje! Pronašle su privremenu soluciju (koja se protegla na dvije godine) u prenoćištu za beskućnike Udruge „Novi put" Varaždin, odmah iza ugla, malo dalje od zgrade Centra.

Istog poslijepodneva, pardon, iste večeri, tog petka, devetog listopada dvije tisuće i petnaeste po prvi put legao sam u čisti krevet, na čistu posteljinu kao službeno i po zakonu utvrđeni beskućnik, ali i kao „normalni" građanin Republike Hrvatske, kao netko tko nije NN, tko nije čovjek bez imena i prezimena i bez adrese. Ponovno su mi oči suzile prije no što sam zaspao. Gotovo je, više nije bilo F. i Lj., više nisam bio smrdljivi svinjar i glupan. No priča se tek zahuktavala, ništa još nije bilo završeno, ali te prve noći u Varaždinu, nakon trinaest go-dina, bio sam definitivno i nepovratno slobodan.

Sudbina, život, sile nebeske, „to" se događa svima, ovako ili onako, prije ili kasnije svatko od nas do-bije „ponudu koja se ne odbija". Jedini je problem možemo li i želimo takvu „ponudu" prihvatiti, uzeti i iskoristiti na najbolji mogući način. Svaka ponuda koju sam dobio i svaka ponuda s moje strane... Malo toga sam uspio uspješno riješiti, većinu sam upropastio. Jednostavno, nije sedlo za kravu i nisu sve ponude za svakoga, za mene najmanje.

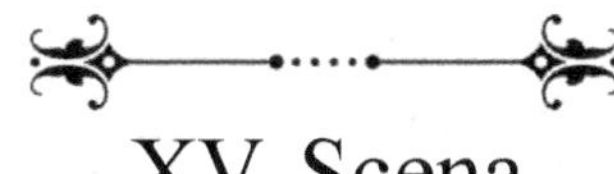

XV. Scena

Rat: Ovakvu 'rvatsku bi i Matoš napustio

*„ U ratu bogati daju volove, siromašni
sinove.”*

(nepoznati autor)

Godinama se pitam zašto sam otišao u rat i pokušavajući pronaći smisleni odgovor, našao sam se nakon svakog aktiviranja mojih ionako ne osobito djelatnih moždanih stanica pred klasičnim upit-nikom: neće ipak biti da je srbočetnička agresija isključivi razlog. „Trebalo je obraniti dom i ognjište, obitelj i narod.” Točno, domovina je vapila za obranom od najezde krvopija iz beogradskog pašaluka i domaćih trofaznih gnjida, ali to je u svemu izlizana fraza koja, s obzirom na rezultat koji danas imamo u Hrvatskoj, odavno nema onu snagu kakvu je kao domoljubna ideja imala devedesete i devedeset i prve.

Isprazna frazeologija rata obično funkcionira kao spoj dva pravila: „pobjednik piše povijest” i „povijest pamti generale, ne vojnike”. Mahanje zastavama, suze na zvukove himne i desna ruka na lijevoj strani grudi uz redovni mjesečni priljev na bankovni konto kao znak osobite zahvale Domovine s velikim „D”, a i to ne za sve bivše ratnike, za odabrane, i u 'rvat-skoj inačici rat nakon rata, rata koji ne smije stati, pak i ne staje i to premda je okončan prije dvadeset i šest godina mora i dalje trajati: strah od četnika i nepre-kidno dociranje o veličini žrtve za Domovinu kao nametanje grižnje savjesti i tereta križa „povijesnog du-ga ili duga povijesti” prvenstveno novim naraštajima, svima koji su za rat bili premladi ili su rođeni u po-ratnim godinama. To me vodi do sljedećeg. Ne podnosim preseravanja trofaznih etno biznismena i unatoč tome što mi je svaka pomisao na mirnodopski suživot s bivšim četnicima strana i kao ideja i kao moguć-nost, problem sličnosti i razlika nas Hrvata i Srba oduvijek mi je izgledao prenapuhan i prenaglašen: u tre-nutku izbijanja rata i po nastupu mira, nakon veličanstvene pobjede nad srbendama, politička prostitucija nametnula nam je licemjernu glupost „pa svi smo samo ljudi”, što je u dosluhu sa starovječnim 'rvatskim običajem izdaje roda rođenog i što je dovelo do toga da se Domovinski rat u dvije dvadeset i drugoj pre-tvorio u loš show, u nešto što je prigodno dobrodošlo, ali u stvarnosti malo koga zanima (izuzev spome-nute kamarile korisnika državnog novca). Za istinske ratne veterane i obitelji žrtava četničkog terora to je i bogohulno i neljudski. S tim u vezi izvrsno mi se u ove riječi uklapa jedan od mnogih sjajnih citata Antuna Gustava Matoša. Pišući o Hrvatskoj kroz prizmu razlika između Hrvata i Srba, veliki pisac je, između ostalog, zapisao i ovo: „Pravi je Hrvat - ja tu govorim o užoj Hrvatskoj - onaj isti, koji je bio pred 1000 godina. Junaštvo naše očuvalo nas je od utjecaja tuđih rasa i elemenata, mi bijasmo vazda svoji na svome, dočim Srbi...”. Naravno, u pravu je što se tiče Srba, ne i nas Hrvata. U svojim rečeničnim bravurama Matoš gradi idiličnu, upravo nebeski slavnu i veličanstvenu hrvatsku povijest, on spaja što je s povijesne strane nespojivo i duboko uvjeren u ispravnost vlastitih zaključaka (prije bih rekao maštarija), svojim pi-sanjem gradi i stvara hrvatsku priču koja kao takva nikad nije postojala. Ne zamjeram ništa dragom Matošu, u uzavrelom vremenu kraja devetnaestog stoljeća i pod snažnim uplivom nacionalnog buđenja, koje je bilo sve samo ne nacionalno i još manje buđenje, u desetljećima umiranja feudalizma na hrvatskim pustopoljinama izdaje, u mučnim godinama krepavanja Habsburške Monarhije (za čije su preživljavanje i spašavanje krivi i hrvatski odličnici, ban Jelačić kao prvi: neka mi sad nitko ne počne docirati o mađar-skim pretenzijama na Hrvatsku i sličnim sranjima), u stoljeću eksplozije novih tehnoloških izuma i brzog razvoja industrije, u godinama izgubljenosti i lutanja, političkih snatrenja i političkog idiotizma, A. G. Matoš, rođen 1873., kada je tzv. narodni preporod odavno bio krepana lešina, odrastao u tmini nagodbenjačkog ludila i stasao pred samu smrt crnožute monarhije, u samo svitanje Velikog rata, učeći i školujući se pod mračnim kišobranom khuenovštine i posvemašnjeg delirijuma uzavrele hrvatske političke krvi (ma što to bilo), on, Matoš, i nije mogao misliti, govoriti i pisati drugačije nego kako je mislio, govorio i pisao. Međutim, njegove riječi i riječi svih njemu sličnih hrvatskih intelektualaca toga doba stvorile su otrov laži i opsjena, koje su, kao crnom magijom začarane riječi i misli (uključivo sve ostalo) u mnogo čemu krivo (shvaćene?) usmjerile tijek hrvatske povijesti i politike u stoljeću koje je dolazilo.

Matoš, ma koliko bio opsjednut svojim (iskrenim) hrvatskim idejama o velebnoj hrvatskoj slavi i povijesti (riječi iz njegovog citata „Očuvalo nas je...”, dakle, nisu nego naivna glupost, ne želim biti vulgarniji: austrijski, venecijanski, mađarski, njemački, dakako i srpski, zar trebam nabrajati utjecaje koji su plaćeni milijunima hrvatskih grobova, a i ono „svoji na svome”, haha, kad je to pisao, nije bio svoj na svome, odnosno bio je možda svoj, ali na svome nije bio nikako, bio je vlasništvo NJ.C.I.K.V.F.J.I., čak i u egzilu) i bez obzira što je kao književnik smio rabiti sve raspoložive spisateljske resurse i svu slobodu stvaranja (što dopušta zaobilaženje povijesnih činjenica), ipak mu dosta toga nije bilo na mjestu, naročito iz razloga što nije bio nepismen i neobrazovan, nije bio poput današnjih vele'rvatskih rododo-moljuba, pa da nije znao koliko je u krivu. Svakako, razumijem ga, živjeti u nagodbenjačkoj Hrvatskoj i pod vlašću antihrvatskih banova nije bilo lako ni jednostavno nekome tko se vidio jedino kao Hrvat i domoljub (u redu, povijesne istine radi, godine 1873., kad se rodio dragi Matoš, na banskoj su se stolici izmijenila dva bana, Antun Vukanović i Ivan Mažuranić, a čije je banovanje ostavilo očito duboki trag na dječaku koji će postati eminentno hrvatsko književno pero svog doba i jedan od „trovača” hrvatske povijesti iluzijama i mitovima koji će uzrokovati političke boljke koje nismo uspjeli izliječiti ni do dana današnjeg.

Vakanović, konvertit od prepororditelja do mađarona, tip podmukao i nepošten, prodana duša Pešte i Beča nije imao ništa zajedničkog sa životom i djelom A. G. Matoša, međutim gospodin Mažuranić, „ban pučanin” ostavio je iza sebe neke tragove koji su bitno utjecali na na Matoševo pisanje, na neki način. Točno, iz njegovog opusa razvidno je o kakvoj je Hrvatskoj sanjao ovaj prerano preminuli književnik. Zapravo, kod Matoša mi se najviše sviđa što je bio vojni bjegunac (priča o njegovom dezerterstvu nije idilična kako se obično prikazuje, odslužio je on osam mjeseci za Cara i Kralja u Kutjevu, nakon čega je dezertirao) i što je, beskompromisan u svom domoljublju, radije bio bjegunac iz svoje domovine nego da nosi odoru tuđina, a kad je amnestiran od austro-ugarskih vlasti i kad se vratio u Hrvatsku, ostao je dosljedan sebi i nije pristao ni na kakav politički kompromis: posvađao se sa svim hrvatskim političkim akterima jer ni u ljudima ni u strankama nije vidio dovoljno hrvatstva, dovoljno ljubavi za narod i Hrvatsku. Takva principijelnost, doduše izrasla i iz hrvatske mitomanije kojoj se posvema predao, uzor je one nepatvorene vrste hrvatstva koju današnji hrvatski političari, i na vlasti i u oporbi nikad neće dosegnuti, a još manje razumjeti. U mladim formativnim godinama budućeg autora „Iverja” i „Cvijeta sa raskršća” (etc.) Hrvatskom je drmala olovna ruka Khuena Hedervarya, što je buntovnom Matošu otvorilo vrata borbe za domovinu Hrvatsku, kakvu je sam zamišljao. Antun Gustav Matoš nesumnjivo je Hrvat, domoljub i svim srcem je za domovinu. Zbog nje i za nju je spreman ući u svađu sa svakim tko joj nažao čini, otrovno je kritičan prema svim, ali baš svim dionicima hrvatske političke, intelektualne i ine scene, nema milosti ni prema kome kad se radi o Hrvatsko. Ipak i unatoč tome Hrvatska o kojoj on zbori i koju sanja nikad nije postojala. On vidi nedaće i savršeno detektira probleme, pravilno prepoznaje izdajnike, licemjere i aroganciju hrvatskih političara, oštro napada plemstvo i nema lijepe riječi za crkvu i visoki kler, ali sve što govori i piše nisu nego stilske figure, snažne, pune zanosa i nesrušivih istina, ali ajnfah su stilske figure. Zna Antun Gustav jako dobro kako naša i njegova Hrvatska nije svoja već stoljećima, zna on da Hrvati nisu „svoji na svome” previše vjekova (1102., 1209., 1397., 1409., 1527....) i da slabost srpskoga oružja nije jedini argument za opravdanje zašto su Osmanlije uzele Srbiju (pri čemu, namjerno ili ne, preskače činjenicu da je Tursko carstvo jednako tako uzelo i cijeli Balkan, Bosnu i Hercegovinu, ogroman dio Mađarske, dijelove Rusije, Krim i poveći dio Hrvatske) već licemjerje i pokvarenost katoličke kalkulantske Europe, one koja je kukavički stajala sa strane, na distanci dok su vojnici Stjepana Tvrtka I. Kotromanića, kralja Raške, Bosne, Dalmacije, Primorja i Hrvatske, vojnici i vitezovi križari ivanovci vranskog priora i hrvatsko-slavonsko-dalmatinskog bana Ivana od Paližne i vitezovi Ivaniša Horvata ginuli pod sabljama i kopljima turskih osvajača na Kosovu polju godine 1389., da. Zna to jako dobro cijenjeni Matoš. Nije na

Kosovu branjena samo Srbija i nije gubitkom Srbije samo Srbija izgubila nego i Hrvatska jer je ona bila sljedeća na redu osmanlijskih vojski. Hoću reći, upravo srbofili na hrvatskoj strani, ljudi koji naoko vole Hrvatsku, a zapravo vole Srbiju i tuđine uopće, inzistiraju na lažnoj povijesti: bez obzira što se povjesničari razilaze oko toga jesu li pobjedu odnijeli Turci ili kršćani (zvona pariških crkava su navodno zvonila kad je stigla vijest o pobjedi koju je poslao kralj Tvrtko), nekoliko stvari Matoš prešućuje, ali ne samo on, mnogi „veliki" Hrvati olako zaobilaze činjenicu da je srpski knez Lazar bio vazal kralja Stjepana Tvrtka I. Kotromanića i da su veze hrvatskih vladara i plemstva sa srpskim u to doba bile vrlo čvrste. Stoga su riječi Matoša da smo mi bili Hrvati na svome, a Srbi to nisu ipak malo - krive. Ne zanimaju me Srbi, spram likova iz beogradske mahale sam posve indiferentan, ali me smeta što se hrvatskom narodu njegova krvava i smrću ispunjena povijest pokazuje kao da je teklo med i mlijeko i da smo na „poljima časti i slave" ginuli samo za svoje. (Kad sam već uzeo Matoša „na zub", ovdje mi je kazati nešto što oduvijek nasmijava kod Matoša: godine provedene u Beogradu očito su izvršile značajan utjecaj na Matoša i premda je grubo razdvajao Hrvate od Srba svodeći potonje na tursku raju, u sljedećem će citatu zapravo nahvaliti na svoj način stanje u Srbiji i pokuditi, i to ne baš nježno, Hrvate i svoju domovinu Hrvatsku. Istina, njegovo je zapažanje naoko realno, ali se osjeća dašak dodvoravanja Srbima, što mu ne zamjeram, ipak je tih beogradskih godina jeo njihov kruh i pio njihovu rakiju i vino. Matoševe su riječi: „ Ali koja razlika između srpskog i hrvatskog ladanja! Tamo turovi, tu gaće; tamo previše, tu premalo slobode. Tamo hajduci, tu žandari. Tamo crkve prazne, tu - pune kao košnice. Tamo plemstvu ni traga, tu plemstvo još uvijek gospoduje. Tamo nitko ne razumije glasa propalih viteških urvina i ruševina, Čeda Mijatović bezuspješno pokušavaše biti srpski August Še-noa..., dok mi imamo pravih potomoka savremenika kneza Lazara i osobnih znanaca Stevana Visokog ili Đurđa Brankovića..." Hm, ovdje dodaje opasku u zagradi, opasku koja govori jako mnogo o divljenju Matoša prema Srbiji, barem u to vrijeme: „Da nisam A.G. Matoš, htio bih biti Drašković.". I nastavlja: „U Srbiji su seljaci gospoda, kod nas su još uvijek raja. Naša je umjetnost - naročito pripovijetka - moderna i građanska (ili aristokratska), njihova je demokratska i tradicionalna..." „Nas još uvijek tišti spahiluk, latifundij; u Srbiji ga nema, i agrarno pitanje tamo je najrješenije u Evropi. Šumadija je raj seljački kao Radićeve - samo njemu korisne - utopije; Zagorje je odvajkada seljački pakao..." Ha, ovo je rijetko mjesto gdje Matoš govori o patnji hrvatskoga kmeta. I nastavlja, uz ostalo: „Narod je uglavnom tu zdrav i uljudan, tamo surov i sifilistčan na području od tri naše županije... Tamo tiranija lažnih patriota, ovdje tiranija laži i tuđinskih izmećara... Tamo aktivna, tu pasivna opozicija... Oni su bogati seljaci, mi smo siromašni plemenitaši..." Piše Matoš britkim stilom: „Oni bizantinci, mi - jezuite. Oni nas obično potcjenjuju, mi njih obično precjenjujemo... Oni smatraju često i Hrvatsku srpskom zemljom, dok mi ne smatramo Srbije zemljom Hrvatskom... Srbija je skorojević, čeznući za svim aristokracijama..., Hrvatska je propali plemić, toliko demokrat da mu katkada imponuje i Srbija. A da završim to naglo uspoređivanje zaključkom Taineove paralele između Francuske i Engleske; oni su slobodniji, mi - srećniji.". Očita je u Matoša ljubav prema francuskom pogledu na svijet, politiku, građanstvo i aristokraciju, ali ipak, u svemu ovaj citat bih potpisao, uz neke ispravke, ali neću sad o tome, bilo bi preglupo, to je prvo, a zatim, mislim da je poanta jasna, što sam (ja) htio reći riječima velikog Matoša.) Ginuli su Hrvati za tuđina, za strane okrunjene glave, a sve zbog domaćih 'rvatskih izdajnika. Matoš je svjestan te činjenice , ipak ne mijenja u svojim porukama baš ništa jer mu je trebala ta potka, taj oslonac, temelj u „slavnoj nam povijesti". Njegovo izgnanstvo iz Hrvatske ovaj problem samo naglašava: udaljen od domovine, on opet izgrađuje sliku Hrvatske koje nema i koje nije ni bilo. (Potcrtavam: ovime ne umanjujem vrijednost njegovog književnog stvaralaštva, dapače, on je i dalje na pijedestalu hrvatske književne riječi, govorim o Matošu kaoo političkom borcu za Hrvatsku.) A nema opasnije riječi od one nastale u zabludama jednog poštenog čovjeka i Hrvata, domoljuba, ali ipak slabog smrtnika sa svima manama koje imaju svi, pa ih je nemali broj nosio i Matoš. U sebi, srcu i duši, a pretočene su i u njegov izričaj.

U ovom kazalištu istina i laži odigralo se previše loših predstava čije su se poruke duboko usadile u umove niza generacija Hrvata, što je za posljedicu donijelo potonuće tih istih naraštaja i njihove djece, pa i djece njihove djece u sivilo beznađa i propasti što je tim više tragičnije ako se zna da su u nekom trenutku progledali i shvatili svu glupost svojih zabluda i otkrili pravu istinu o hrvatstvu i povijesti Hrvatske:

umjesto stvarnosti, u glavama i srcima (i) današnjih Hrvata je retuširana prošlost u čijem je stvaranju sudjelovao i Antun Gustav Matoš, ali ne iz zlih pobuda. Volio je Hrvatsku kao što je malo tko voli, a realno, malo toga je razumio, što nije bio samo njegov problem nego i problem svih ondašnjih političkih, kulturnih i ostalih javno eksponiranih hrvatskih ljudi. Djelovanje Khuenovih Srba u Saboru (danas: Plenkyjev Srbin i njegovi sluganai) preraslo je u rak-ranu hrvatske politike i ta boleština nagriza i razara tkivo hrvatstva i Hrvatske i dan danas, u nešto drugačijoj varijanti, ali sa pogubnijim djelovanjem po sadašnjost i budućnost naše domovine. Stavljanje jedne nacionalne manjine u kontekst faktora balansa između različitih političkih (hrvatskih) opcija ili čak korištenje te i takve nacionalne manjine kao supstituta za Hrvate koji se ne slažu s vladajućom 'rvatskom strankom je uistinu veleizdajnička rabota, sve po špranci izdaje duge stoljećima. U tom je smislu Matoš u pravu: razlike između Hrvata i Srba su prevelike da bi se mogla postići odgovarajuća politička ravnoteža koje ne bi prouzročila štetu ni za jednu stranu, no kako je Matoš (u rečenom citatu) uglavnom mislio na Srbe u Srbiji, pitanje domaćih Srba ostavio je pod velikim upitnikom. S druge strane, hvala mu na tome, Matoš kirurški secira sve slabosti hrvatskih elita, s jakim naglaskom na one koji se busaju u svoja hrvatska prsa. Ista situacija je i danas, samo što Hrvatska danas nema Matoša, nema nikoga tko bi to jasno rekao.

Reprekusije uporabe Srba u političkim khuenovskim igrama i stavljanje istih na vagu hrvatske zbilje kao prevagu na štetu Hrvatske bila je podmukla igra tadašnjih hrvatskih gospodara u Beču i Pešti, onih istih gospodara naše Hrvatske kojima je Hrvatska predana zahvaljujući hrvatskom grofu i biskupu (u množini) od godine 1527. do godine 1918., kada se višestoljetna monarhija ugušila u nevinoj krvi svojih carskih i kraljevskih podanika, između ostalih i u krvi više od dvjesta tisuća Hrvata (od kojih je više od sto tisuća vojnika). Naravna stvar, Hrvati i hrvatski Srbi su u tim igrama (do prije Velikog rata) ispali glupi naivni telci. Matoš to vidi, ali se ne upušta u dublju povijesnu analizu jer je svjestan što bi se iz toga izrodilo: valuta plaćanja hrvatske opstojnosti u prošlosti i u budućnosti bili su i ostali Hrvati-mrtvaci i samo i jedino njima Hrvatska duguje što je ovdje trinaest stoljeća. O tome se u opisima djelovanja Matoša i ostalih aktera njegovog vremena malo govori, a ako da, onda su to opet stilske figure kao pomoćne note u neslušljivoj glazbi koja veliča Hrvate-grobare unatoč njihovoj izdaji domovine. Za što postoji logično objašnjenje: sastaviti hrvatsku povijest kao imbecilnu priču u kazališnoj predstavi i sve to prikazati na mazarijama Otona Ivekovića i poslije takve svinjarije to nametnuti kao nepromjenjivu istinu je vrhunac hrvatske gluposti! Zašto? Zato što su tom pseudopovijesnom papazjanijom otrovali duše desetka hrvatskih naraštaja i umjesto ljubavi prema domovini u srca onih „na kojima sve ostaje" ugurali su, zabili, kako god, obožavanje imaginarne 'rvatske koje nema i neće je ni biti! Drugim riječima, istina je zakopana u blato opsjena, sakrivena je od očiju hrvatskih ljudi i stoga se zli duh 'rvatske povijesne laži javlja kao noćna mora i danas, dvije tisuće dvadeset i druge (i) kroz demografsku, političku i ekonomsku katastrofu, ali s identičnim povodima, razlozima i sa stvarnom nakanom onih koji su krivci za takvo stanje: držati Hrvatsku što dalje od Hrvata-mrtvaca, održavati feudalizam na životu, u drugačijoj ambalaži i s novim etiketama, ali po istom modelu i s istim ciljem danas, kao i tisuću petsto sedamdeset i treće. (Mene nitko ne može uvjeriti, ni kao Hrvata, a još manje kao ratnog veterana Domovinskog rata, da je onaj etno biznismen i bolest srpskog političkog korpusa u Hrvatskoj doista tako važna pojava da je normalno da je većina Hrvata posve isključena iz odlučivanja o Hrvatskoj i njenoj budućnosti. Najgore u tome jest spoznaja kako spomenuti velikosrpski klaun figurira kao dominantan politički faktor i kao lik bez kojeg se ne može sastaviti hrvatska vlada i koji uvelike odlučuje o smjeru kretanja naše domovine, pa time i o sudbini hrvatskih obitelji i hrvatskog čovjeka. A netko tko nijednom riječju nije osudio srbočetničko neofašističko divljanje po Hrvatskoj jednostavno ne bi smio imati pravo na bilo kakvo političko djelovanje, a osobito ne biti dio zakonodavne i izvršne vlasti RH! Dapače, ako govorim o zlodusima hrvatske povijesne i recentne zbilje, uz komunjare i endehazijske utvare, srbočetnici maskirani u livreje demokratskih faca su treća politička neman koja snosi krivnju za stanje Hrvatske danas.) Hrvatski 'rvati ne vole istinu. Hrvati-mrtvaci ih često u tome slijede kao psi.

„Svoji na svome" nismo bili i nećemo tako skoro biti jer fakti nisu na hrvatskoj strani: u dužničkome smo ropstvu i kad su sve banke, osim jedne državne (HPB) u rukama stranaca, kad velike multinacionalne kompanije i moćne države i njihove vlade drže Hrvatsku za jaja, što je to onda naše i po čemu smo svoji na svome?

Hm, ali ni to nije pitanje broj jedan. Govoreći o Domovinskom ratu i ukupnosti dosega pobjede od 05.08.1995. i rezultata života Hrvatske u posljednjih dvadeset i šest godina, usuđujem se napisati i ovo: svatko tko hrvatsku stvarnost ne gleda kroz primanja na svojem bankovnom računu i kroz dotacije s raznih pozicija državnog proračuna i kome pravodobnost potpisa ministra financija na nalogu za isplatu svakog mjeseca ne određuje stupanj domoljublja i skrbi za domovinu (plus ostale benefite), naći će se jednoga dana pred krucijalnim pitanjima o smislu Domovinskog rata: zašto smo ratovali?! Koji je krajnji smisao ratne pobjede? Jesmo li dobili ono za što su ginuli najbolji među nama? Izvan svake patetične fraze i bez pozivanja na odanost i služenje Domovini s velikim „D", svatko tko nije po profesiji 'rvat i ne vuče eliksir života iz hrvatske sirotinje živeći k'o bik na gmajni od erarskih privilegija morati će se suočiti s tim problemom, to je naravan slijed događanja promišljanja budućnosti ako se Hrvatska voli kao što se piše i govori. Hoću reći, ispričavam se na za povijesnu znanost neprihvatljivim upadom u područje „či-bi-da-bi", ali ne mogu to izbjeći: bolje da su nas Turci osvojili i poturčili nas jer bi time smrt hrvatskih vojnika u boju za domovinu dobila puni smisao i izbjegla bi se mogućnost izdaje i pljuvanja po grobovima hrvatskih junaka. Zašto sam ovo napisao? Jednostavno zato što je to tako, domoljublje u Hrvatskoj počiva na mitomaniji (u čemu nismo bitno drugačiji od Srba) i po pravilu se koristi kao pokriće i maska za naplatu „ljubavi prema Domovini s velikim „D". Kao suprotan primjer uvijek navodim veličanstvenu priču Poljske iz 1939., kada su smrtonosne kandže Wehrmachta (i SSSR-a, dakako) napale tu divnu zemlju i divan poljski narod (i sve građane Poljske, napose Židove). Jurišati konjicom na nacističke tenkove za mene nije znak ludila nego potvrda poljskog domoljublja i odanosti najvećim idealima svog naroda. Nisam siguran bih li imao hrabrosti i sam zajahati konja i krenuti na smrtonosne grdosije, ali znam kako je Domovinski rat pokazao da se do slobode ne dolazi drugačije nego pravom borbom na bojnom polju i da junaštvo običnog vojnika, siromašnog hrvatskog kmeta koji je uzeo pušku u ruke i odjenuo hrvatsku odoru nije mit nego suština očuvanja osobnog dostojanstva svakog Hrvata i naroda kao cjeline. U to čvrsto vjerujem. Hoću kazati, lišeno svakog romantičnog, upravo teatralnog pogleda na rat i hrvatstvo (tipa Šenoa, Kumičić i tako dalje) i svjestan da se sloboda, a naročito ratna pobjeda ne može izvojevati bez teških i bolnih gubitaka u mesu i u krvi, dakle, opetujem kako je baš zbog toga antihrvatska tradicija 'rvatina, naplata domoljublja i parazitiranje na državnoj sisi nakon rata čin velezdaje Hrvatske, čin uriniranja po grobovima hrvatskih vojnika i svih civilnih žrtava Domovinskog rata. (Uvjeren u postojanje Božjeg Plana, siguran sam da sam po crti „školovanja" na temu života morao biti otpušten iz vojske i morao sam proći sve što sam prošao jer jedino tako sam mogao pobijediti sebe samog i, što je najvažnije, uspio sam ne postati kao oni o kojima pišem i govorim: da sam ostao u odori i da su me, poput mnogih, nasilno umirovili, danas bih bio debela umirovljena pijana svinja, profesionalni „branitelj", član neke od opskurnih udruga ili stranaka u vječnoj misiji nastavka svršenog rata i borbe protiv crvenih, žutih i zelenih vragova koji žele oteti 'rvatsku. Dakako, ovime se ispričavam svim poštenim, zaslužnim bivšim pripadnicima OSRH koji nisu ni na koji način upleteni u opisane kategorije i koji su svojim časnim karijerama i životima dokazali da im hrvatstvo nije profesija i izgovor za korištenje materijalnih i inih probitaka. Ne sumnjam u to, da sam ostao u vojsci danas bi po Facebooku i ostalim društvenim mrežama objavljivao idiotske postove jeftine demagogije, krivo prepisanih gluposti od još glupljih i primitivnijih političkih nakaza no što sam ja sam, opijao bih se i vukao po „braniteljskim" terevenkama sve jednako prepričavajući storije koje su dosadile i bogu i vragu. A do smrti živjeti kao grozomoran mrzitelj svega i svih oko sebe, kao uš piti krv hrvatskoga kmeta i biti slijep na patnju, stradanje, siromaštvo i jad i bijedu svog naroda ne izgleda mi kao život poštenog čovjeka.)

Što se tiče primjera Poljske: neprijatelj ne može lako osvojiti zemlju i pokoriti narod koji se brani. Neprijatelj, ako i okupira zemlju, neće mirno spavati ni jedne jedine minute, narod mu neće dati spavati, svaku stopu osvojene zemlje pretvoriti će u bojišnicu. Osvajač će gladovati, postati će nervozan i nesiguran, iscrpljivati će svoje ljudske i materijalne resusre i okupirana zemlja biti će mu grob. Okupator može uništavati zgrade, pljačkati i odnositi opljačkano, ali ako nije slomio duh pokorenog naroda, nije osvojio ni zemlju. Povijest je to dokazala milijun puta: i najveća carstva su gubila bitke protiv malih naroda i lomile kičmu na njima. Ovo se 'rvatinama neće svidjeti, ali 1939. - 45. to je pokazala upravo Poljska. Na tugu ljubitelja nacizma i endehazije, to je naprosto istina. A mi Hrvati živimo u toksičnoj iluziji, hvalimo se snagom i slavom hrvatskoga oružja iako nam povijest govori nešto sasvim suprotno: izuzev osvojenih područja koja su potpala pod osmanlijsku ili pak venecijansku vlast zbog poraza na bojnim poljima i računato od smrti posljednjeg kralja hrvatske narodne krvi Petra Snačića (koga je svećenik i povjesničar Franjo Rački stoljeću pripisao velikaškoj obitelji Svačić, za što pak ne postoje ni-kakvi dokazi), koji možda i nikada nije okrunjen za hrvatskog s kralja obzirom na to da se hrvatska kruna tada nalazila u posjedu splitskog nadbiskupa Lovre, te izuzev područja koja su potpala pod vlast Napo-leona poslije njegove pobjede nad Austrijom, kao i nakon napada Hitlera na Kraljevinu Jugoslaviju 1941., nikada, baš nikada nijedan tuđin nije osvojio Hrvatsku porazivši je na bojnom polju, uvijek su stranci otimali našu domovinu zahvaljujući izdaji hrvatskog plemstva, hrvatskih biskupa, političara i onih klasa koje su vladale Hrvatskom i životima hrvatskih kmetova. Od 1102. nadalje tuđinski je vojnik jeo, debljao se, pio i bogatio se kao dobrodošao osvajač i okupator, a što su mu omogućili grofovi i ostala gamad kojima se današnja 'rvatska tako kretenski divi.

Zoran primjer objašnjenja mojih tvrdnji je naš starodrevni Dubrovnik. Neki od hrvatskih političkih i akademskih cilindraških opica budalaša, kad govore o srbočetničkoj agresiji, spominju „istinu", kao ono, kroz stoljeća nijedna velika sila nije uništavala ni rušila taj prekrasan grad. Jasno da nitko vojno napadao Dubrovnik jer se Dubrovnik nije ni branio: uspješna diplomacija, točno, i debljina bedema i zidina, ali to nije bilo presudno jer i jače utvrđeni gradovi bjehu sravnjeni sa zemljom, kao i duboka „kesa" puna zlatnika uvijek su bili dovoljna obrana od možebitnih napadača. Međutim, u dva navrata Dubrovnik je osvojen i to doslovno bez metka. Prvi put, kad je 31. siječnja 1808. pukovnik Delort u Kneževu dvoru okupljenom zaprepaštenom Senatu pročitao proglas maršala Marmonta kojim je Dubrovačka Republika ukinuta i bačena na smetlište povijesti. (Neću sad o događajima prije toga, o stanju oko grada nakon Požunskog mira 1805. i svih diplomatskih i vojnih igara oko Dubrovnika i cijele Dalmacije, neću o stanju nakon mirovnog sporazuma u Tilzitu, borbama francuskih snaga protiv ruskocrnogorske vojske i blokadi grada godine 1806., one iste godine kad je general Jacques Lauriston ušao s tisuću i petsto vojnika u Dubrovnik jer to za moju priču nije važno. Spomenuh ovo tek za one možebitne gledatelje ove predstave, a koji znaju ponešto o povijesti: neka se nitko ne brine oko mog baratanja povijesnim činjenicama, nisam dr.sci. cilindraš, ali sam kroz moje pedeset i tri godine nešto pročitao i naučio.) Dubrovnik je osvojen bez metka jer umrtvljena, nekad moćna i uspješna, a u vrijeme Napoleona uspavana i uspaničena, zastarjela i troma, dubrovačka diplomacija već je godine 1797. poražena i ubijena jer u nestanku Mletačke republike nije prepoznala i naznaku svoje skore propasti, a potom, dubrovački gospari nisu shvaćali da je došlo novo vrijeme u kojem njihovi dukati nisu dovoljni da obrane Dubrovnik od bataljuna i topova „imperatora svih Francuza". Ipak, uspjeli su u nečemu, nijedna topovska kugla nije pala na grad prilikom ulaska francuskih trupa (ponavljam, druge su priče borbe Francuza i rusko-crnogorske vojske, blokada Dubrovnika i poraz Rusa i Crnogoraca nakon dolaska maršala Marmonta i francusko preuzimanje Boke Kotorske i priobalja), zidine, stare palače i ljepota Dubrovnika nije načeta. Osim što je Republika zauvijek izbrisana s karte svijeta.

Drugi je primjer novijeg datuma, iz devetsto četrdeset i prve, jako poznate godine. Na stranu kratkotrajno divljanje ustaša u Dubrovniku, ovdje je bitno da je talijansko preuzimanje Dubrovnika '41. i ulazak nacista '43. u starovječni grad (bez obzira na povijesne okolnosti) prošlo tako kao da se sve to skupa nije događalo u Drugom svjetskom ratu. Ni talijanski fašisti ni Wehrmacht nisu bombardirali grad, nisu jurišali tenkovima na njega samo zato jer grad nitko nije branio, pak stoga kad neki 'rvati to spominju kao „činjenicu", neka se poklope ušima i šute kao zaliveni. Nacisti nisu rušili Dubrovnik (kao ni moj Varaždin uostalom) kao Varšavu jer grad nije branjen, nije pretvoren u bojišnicu! Jednostavno zato.

U Domovinskom ratu, prvi put u nizu od mnogo stoljeća, na Dubrovnik su padale granate, rušena je starina, uništavani spomenici kulture, ubijani su ljudi. Zašto? Zato jer su Hrvati, prvi put u povijesti, oružjem stali pred napadače na Dubrovnik i Hrvatsku! Slabo naoružani, nikako opremljeni, dubrovački su bojovnici hrabro krenuli na moćnu jugočetničku armiju. Nisu ustuknuli, nisu dali da Dubrovnik opet bude zauzet bez metka. To čini ogromnu razliku i dokazuje ispravnost mojih riječi. Grad koji se branio, zemlja koja se branila, narod koji nije podigao ruke i sa neprijateljskim zastavama dočekao okupatore i ubojice. Domovinski rat! Hrvati-mrtvaci su nakon trinaest stoljeća, kažem ovo bez ikakvog laprdanja, sami uzeli stvar u svoje ruke i suprotstavili se trofaznim žgadijama! Ovaj put bez kompromisa, nije bilo grofova i biskupa da nešto zajebu, ovaj put sirotinja je branila i obranila Hrvatsku! Škabrnja, Nuštar, Vukovar, Lipik i Pakrac i mnogi drugi gradovi i sela pretrpjeli su strahotna razaranja samo zato jer je Hrvat ostao na rodnoj grudi i branio svoje! Razumijete? Realno i temeljeno na iskustvu hrvatske povijesti, da su 1991. u Hrvatskoj na vlasti bili grofovi i biskupi kao godine 1527. (na primjer), danas bi se ti isti grofovi i biskupi gostili u društvu srbočetnika u „srboslaviji" kao veleizdajnici-vazali, a hrvatski narod bi bio u lancima ropstva i sluganstva (to je ono dobro u oistavštini Tuđmana, ali sve ostalo je smeće). U to nimalo ne sumnjam, hrvatska se povijest ponavlja, kao u nekom lošem filmu. Doduše, današnja moderna, nazovi demokratska, slobodna 'rvatska, koja je članica NATO-a i EU, koja bi zbog toga trebala biti zemlja optimizma, ako ništa drugo, u stvarnosti je država i domovina koja odumire, sve je manje Hrvata, ekonomija je uništena, poljoprivrede nemamo, a mladi ljudi jedino što čine masovno pohode policiju i podižu nove putovnice i bježe glavom bez obzira iz 'rvacke u potrazi za dostojnim životom negdje gdje ima reda i pravde, posla i budućnosti. Izdaja koja je učinjena poslije pobjede petog kolovoza devedeset i pete do danas ravna je svim izdajama od 1102., osim što je ova izdaja, čije posljedice će osjećati deseci naraštaja Hrvata-mrtvaca (grobare se to ne tiče, njima je ionako uvijek dobro) najpodmuklija i najgroznija od svih dosadašnjih: pod plaštem demokracije, uz fanfare pridruživanja velikom i moćnom NATO-u i velikoj i bogatoj EU, uz cijeli niz kretenskih performansa u kojima se hrvatski premijer, predsjednik i ministri fotografiraju s gazdama iz Berlina, Londona i Beča, Pariza i Bruxsella kao sebi ravnima (a u zbilji im ližu guzice), uz khuenovske Srbe novog tisućljeća, uz lopove i žmuklere koji su dopuzali u Hrvatsku tko zna otkuda poderanih gaća i za trideset godina je temeljito (uz pomoć domaćih tatova) opljačkali i uništili, uz stvaranje podaničke armije sinekurista, političkih parazita na državnoj kasi, danas je Hrvatska na izdisaju, domovina nestaje i ispariti će kao da je nikad nije bilo.

A kako je do toga došlo, kako, kad su svojom hrabrošću hrvatski vojnici, hrvatski policajci i gardisti, dragovoljci stali u obranu Domovine i time omogućili slobodu i napredak za sve? Dubrovnik je rušen, granatiran, mnoga sela su spaljena, gradovi pretvarani u groblja pod naletima četnika, ali hrvatski je ratnik zaustavio najezdu smrdljivih crva i ubio jugosrpsku neman, a njene bradate spodobe natjerao u bijeg. Srpski je san o tzv. velikoj Srbiji zauvijek uništen i u sve knjige o povijesti svijeta upisano je da su skoro goloruki hrvatski vojnici uništili srpsku četničku armiju i sveli beogradski pašaluk na ono što je bio i prije, vukojebinu Europe, zaboravljeni smrdljivi kutak gdje je i vrag rekao laku noć. To su činjenice. Ostaje pitanje: zašto smo ratovali, zašto, ako gubimo Hrvatsku i ako je stanje za Hrvate-mrtvace gore nego što je bilo 1573. ili pod strahovladom Hedervarya?

Ratni veterani, udruge šute k'o zaliveni (čast iznimkama). Umirovljeni pukovnici, brigadiri i generali nastupaju u javnosti kao članovi HDZ zločinačke organizacije i hadezeovskih poltronskih mini-stranka koje postoje samo kao paravan i privid hrvatskog višestranačja, a izuzev katastrofalno jadnih nastupa u loše režiranim predstavama lažnog pijeteta (polaganje vijenaca prilikom obljetnica bitaka, za državne i vjerske blagdane, na sprovodima preminulih ratnih veterana etc.), jedino o čemu brinu je održavanje dovoljne razine odanosti vlasti po crti očuvanja i povećanja materijalnih i financijskih primitaka i privilegija kojima naplaćuju javnu i prikrivenu poslušnost stranačkim vođama i produljuju trajanje davno okončanog rata. Prokušana metoda nacista i komunista djeluje i sedamdeset i šest godina poslije Drugog svjetskoga rata: ozračje opasnosti, pretvoriti ratnog pobjednika u poraženog, neprestano dociranje i potenciranje neraščišćenih povijesnih pitanja, korištenje dnevnih događaja svih vrsta za komparaciju s povijesnim zbivanjima (naročito umobolno i perverzno je što vladajuća kamarila i njihovi poslušnici iz redova tzv. branitelja i tzv. domoljubnih organizacija, pokreta i formalnih i neformalnih skupina istomišljenika, uz asistenciju kaptola i lokalnih popova već godinama drže na životu atmosferu straha i sumnje kao otrova svih prošlih završenih a još ne okončanih ratova!! Međutim, nisu na djelu srbijanske tajne službe, nisu ilegalne organizacije lokalnih domaćih četnika koje se ne mire s porazom iz '95-te, o ne, ništa tako dramatično, na djelu su, kao što to bješe tijekom svih trinaest stoljeća naše Hrvatske, domaći izdajnici, Hrvati-grobari i odmetnuti Hrvati-mrtvaci (naivci koji si umišljaju da će ih grobari primiti među svoje kao sebi ravne), politčke drolje, tzv. branitelji koji su istakli vrlo visoku cijenu za svoje „ratovanje" i „domoljublje", birokratski štakori, gamad koja služi svakoj vlasti, komunistima nekad i ovima danas, zatim cilindraška akademska aristokracija, osobito iz one institucije koju nazivaju akademijom u kojoj ždere i loče cijelo krdo mumificiranih cerebruma, a u ovu nemoralnu bulumentu krvopija spadaju i suci i fiškali, bankari, tajkuni i uopće sve 'rvatske njuške okoćene u bludilištu pretvorbe i privatizacije za vrijeme diktature bivšeg jugoslavenskog generalmajora, pa onda vlasnici medija, javna televizija i svi šefovi i većina novinara i urednika u tome smeću od medijske kuće, potom armija državnih dužnosnika, upravitelja, voditelja, predsjednika uprava stotina zavoda, firmi, instituta, agencija i čega sve ne, a koji također žive od isisavanja i posljednjeg novčića od hrvatske sirotinje, a uz ove, dakako, tu su i prateće logističke divizije poslušnika, javnih labrnja čije grozomorne face straše ljude s novinskih naslovnica i tv ekrana svakodnevno i čije se kretenske riječi tretiraju kao bogomdane istine koje po idiotizmu 'rvatske stvarnosti vremenom postaju pravila igre, pak svi oni zajedno i svi koje ne spomenuh, državni tajnici, glasnogovornici, predsjednici staleških i sportskih udruga, tajnici načelnika i dekani i prodekani, savjetnici višeg i nižeg ranga, voditelji projekata, pomoćnici pomoćnika zamjenika predstojnika, svi prvaci nacionalnih kazališnih kuća i svi (navodno) slobodni umjetnici (kojima država dodjeljuje stanove i isplaćuje potpore, daje mirovine, sve kao rentu za odanost), urednici kao-neovisnih portala i ostala žgadija koja truje Hrvatsku, modni mački, influenceri ili kako se već zovu ta strašila, književni, kazališni i filmski kritičari, pop, rock i folk pjevači bez sluha, prema čijem je „pjevanju" kokodakanje kokoši glazbena rapsodija, redatelji opskurnih negledljivih filmova koje plaća država novcem od poreza naplaćenog Hrvatima-mrtvacima i tako dalje i tako bliže, i sve te krvopije sustavno tri desetljeća ubijaju dušu Hrvatske i hrvatskog naroda, ubijaju sve ono za što se ginulo u Domovinskom ratu. Najgore i najtragičnije je, ponavljam, što s njima u tom zlodjelu sudjeluje i nemali broj ratnih veterana: umjesto zaštite Domovinskog rata i pobjede kao trajne baštine hrvatske povijesti, kao nečega što bi nadolazeći naraštaji htjeli i trebali cijeniti i poštivati na način da će izgrađivati Hrvatsku sretnih i ljudi i osigurane budućnosti, umjesto stavljanja Domovinskog rata u povijesne okvire ispunjene istinom o časnom hrvatskom vojniku, oni izvršavaju nalog izdajničke vlasti i pretvaraju Domovinski rat u lošu kazališnu predstavu, u užasnu kopiju nekadašnjih subnorovskih paradiranja na obljetnice enobeaških bitaka, u smeće. Zadnjih trideset godina država je izgradila ogroman i moćan paradržavni sustav (tzv. braniteljske udruge, razne neprofitne katoličke organizacije i pokreti, ljevičarska udruženja i tzv. udruge slobodnog društva etc.) i to bez obzira na to bio na vlasti HDZ ili SDP (s tim da je ipak hadezeovska krivnja veća budući da najduže drže erarsku kasu), čija je jedina zadaća služiti vlasti stvaranjem katastrofičnih tenzija o ugroženosti 'rvatske od strane duhova ustaša i partizana, od strašila prošlosti, a što je vrlo uspješna metoda skretanja pozornosti od pravih i isključivih krivaca za stanje Hrvatske danas.

Zbog toga je pitanje o svrsi rata, o tome zašto smo ratovali krucijalno, to pitanje je ono čiji će odgovor otvoriti vrata prema putu kojim Hrvatska mora krenuti želi li opstati slobodna u slobodi i budućnosti koju su joj osigurali hrvatski ratnici pobjedom u Domovinskom ratu. Ne mislim na sebe, ja zasigurno neću i ne mogu pronaći taj odgovor i ne utvaram si da moj slab i zakržljao mozak ima snagu i kapacitet za takvo što, ali ono što jest u mojoj moći je ovo: dati još jednu sliku nekoga tko je stvarno nosio odoru i bio u ratu i čija je uloga, premda minorna, neprimjetna i u svemu nevažna, svejedno primjerena za izradbu malog priloga rješavanju ovog problema, traženja odgovora na pitanje o tome gdje je Domovinski rat danas i zašto pobjeda nad srbočetnicima nije rezultirala stvaranjem napredne Hrvatske sretnih obitelji. Osjećam, doista, ako će nas Bog blagosloviti tom privilegijom, Domovinski rat bi trebao ostati posljednji rat koji je Hrvatska vodila i u kojem su ginuli hrvatski sinovi. „Posljednji rat" znači život u miru za mnogo dolazećih generacija. Uvjeren sam da Hrvatska Hrvata-mrtvaca može uspjeti, ako se u domovini upravo oni koji su temelj i osnova njene opstojnosti trinaest stoljeća osvijeste kako bez ponovnog dizanja bune neće biti ni mira ni budućnosti. Naravna stvar, ne mislim na oružanu pobunu, nasilne prosvjede (kao u Francuskoj) i ništa što uključuje protuzakonito djelovanje: mislim na konzumiranje svih demokratskih metoda, ponajprije glasovanju na izborima i provođenju referenduma (kao stvarnog oblika iskazivanja volje naroda), sve s otklonom od stranačkih i partijskih oligarhija i političke mafije. Preduvjet za to je potpuno brisanje svih povijesnih zabluda i mitomanije iz hrvatske stvarnosti i povratak na povijest kakva jest, a što može uvelike pomoći da povijest napokon i zauvijek ostane to što jest, povijest o kojoj se uči, koju se proučava, ali koja se ne živi iznova i iznova, bez prestanka. Drugim riječima, tako bi se i Domovinski vrat postavio na mjesto na koje ga je postavio slavni general A. G. (koji se nije žrtvovao za Hrvatsku samo svojom borbom i iznimnim zapovijedanjem postrojbama i ratnim operacijama u Domovinskom ratu, već i višegodišnjim boravkom u haškom kazamatu, gdje je bio zatočen bez krivnje): „Domovinski rat pripada povijesti." A ono što je u povijesti po logici stvari ne može živjeti u sadašnjosti. Hrvatska mora prestati biti talac prošlosti i treba prestati svaki dan iznova proživljavati davne i skorašnje tragedije bez ikakve mogućnosti za otpočinjanje života u sadašnjosti za budućnost.

Ne pišem gluposti, znam što govorim. Prije neki dan obilježen je peti kolovoz, jedan od najvećih datuma hrvatske trinaest stoljeća duge priče. Sama povijest je taj dan zapamtila kao pad srbočetničke paradržave i kao dan kada je zapovjednik moje (kažem „moje" jer sam bio njen pripadnik) gardijske brigade podigao hrvatsku zastavu na kninskoj tvrđavi čime je trofazni srpski san o tzv. velikoj Srbiji zauvijek pokopan i bačen na gnojište zaborava. Peti kolovoz je ono o čemu bi djeca u školi trebala učiti kao o danu kad je stvarno prvi put u povijesti hrvatski vojnik svome narodu poklonio ratnu pobjedu isključivo za Hrvatsku, za Hrvate, za domovinu! Ili je tako trebalo biti. A nije.

Na stranu izlizane i jalove protokolarne proslave petog kolovoza, na stranu isforsirano ljigavi govori ministara, premijera i predsjednika države, na stranu sve što se kao sajam primitivizma prodaje putem medija puku hrvatskome kao odavanje poštovanja za žrtvu položenu na „oltar Domovine s velikim D", uopće na stranu sve što se glupo postavlja kao obrazac proslava jer ako bih sve to uzeo"za ozbiljno", kao realitet memorije u srcima i dušama naroda i građana Hrvatske o Domovinskom ratu i ratnim pobjedama, samo bih se spustio na razinu postkomunističkog doživljaja povijesti s lažnom patinom demokracije u kojem su ratne obljetnice i državni blagdani tek loše kopije potemkinovih sela za podizanje morala „svekolikog pučanstva", a što si neću priuštiti, takav glupan ipak nisam. Kontekst petog kolovoza je dublji i povlači za sobom kudikamo teže teme od cirkusantskog skupa na kojem oznojeni predstavnici najvećih hrvatskih lopova laprdaju o ratu u kojem nisu bili dok u sebi mole Boga da sve brzo završi jer ih čeka reš pečena janjetina i zagrljaj „tajne" ljubavnice u malom hotelu negdje u zaleđu ili na obali (da se iskoristi službeni dan proslave do kraja). Oduvijek sam mrzio obljetnice, nisam mogao slušati kad o našim ratnim danima govore oni koji ne znaju ni pušku rasklopiti i koji su, dok su naši prijatelji ginuli, grijali masne guzice u zagrebačkim uredima i u Beču, Parizu i Londonu. Nisam podnosio i ne podnosim sve te velike 'rvate, taj komunistički i ustaško-emigrantski ološ koji su u protuprirodnoj simbiozi crvenih i crnih doslovno oteli Hrvatsku i spremili je na svoja bankovna konta, u svoje vile i stanove od dvjesta kvadrata, u automobile i umjetnine, u plaćene školarine svojih bastarda, u zlatne satove i dionice banaka i multinacionalnih kompanija, u unosne ugovore javnih nabava (kao tajni partneri i suvlasnici firmi koje dobivaju ugovore s državom i imaju respektabilne bonuse na koje ne plaćaju porez), u sinekure za užu i širu obitelj, u lagodan i ugodan život, gadi mi se, povraća mi se pri samoj pomisli na 'rvatsku cilindrašku društvenu i političku, akademsku, kulturnu, bankarsku, sudsku, poslovnu, generalsku i inu kremu, na ljude koji nemaju ni minimum obraza i elementarnog ljudskog poštenja odreći se nemoralnih benefita i stati pred hrvatski narod i zamoliti za oprost, kleknuti pred Hrvate-mrtvace, pred hrvatske kmetove i oprati im noge, skinuti sa sebe preskupe kapute i darivati beskućnike i sirotinju (koja, naravno, ne bi to primila, opljačkane stvari nisu dar nego prokletstvo), priznati grijehe i zločine protiv Hrvatske i izdaju Domovinskog rata. Razumljivo, to se nikada neće dogoditi, grofovi i biskupi se ne ispričavaju kmetovima, ne u 'rvatskoj.

Ružna parodija lažnog pijeteta na peti kolovoza godine 2021., kao i svih ranijih godina, nije bila nego vulgarno izrugivanje hrvatskom ratniku, vojniku, pobjedniku nad srbočetničkom armijom zla! Polaganje vijenaca, počasni plotuni, govori, izložbe, prikazivanje prigodnih dokumentaraca i specijalno upriličeni koncerti, sve to bilo bi još i prihvatljivo da nije mračne pozadine: opljačkana Hrvatska, stotine tisuća mladih ljudi otjerano je van zemlje, korupcija, uništena poljoprivreda, HV svedena na vazala NATO-a, masa građana u dužničkom ropstvu zbog pogodovanja države lihvarskim bankama, zdravstveni sustav na umoru, školstvo kao u devetnaestom stoljeću, uglavnom, da nije ovakve jadne, zgažene Hrvatske, čovjek bi se radovao proslavi petog kolovoza... (Jedno mora biti jasno malobrojnim, ali zato ništa manje vrijednim Hrvatima koji uspijevaju održavati svoje privatne male ili veće biznise na životu, koji imaju uspješne OPG-e ili na neki drugi način imaju snage i hrabrosti suprotstaviti se teroru države i zaraditi koju kunu: jedna lastavica ne čini proljeće i uz sav respekt, kažem, vi niste i ne možete biti reprezent „normalne Hrvatske" i fraza koju šaljete, „dajte Hrvatskoj šansu" ili „može se zaraditi u Hrvatskoj" idu na ruku šljamu o kojem govorim jer vi, oprostite mi na ovim riječima, ne razumijete da ratnici davnog petog kolovoza 1995. nisu oslobodili Knin i podigli hrvatsku zastavu na starodrevnoj tvrđavi da bi danas „davali šansu" 'rvatskoj nego da bi i posljednji siromah u našoj Hrvatskoj živio dostojno čovjeka, a onda, vi ne razumijete kako ima i onih koji nisu fokusirani samo na privatne stvari, nego ih, dapače, zanima i dobrobit svih ljudi, svakog Hrvata i Hrvatice, te na kraju, uz čestitke za vaš rad i uspjeh u poslovima kojima se bavite, sjetite se da nismo branili i obranili Hrvatsku da bi ona bila kakva je danas, a u čemu je i naš, ali i vaš dio odgovornosti. Opredijeljenost na težak rad kako bi uzdržavali obitelj je kristolika osobina i kvaliteta dobrih građana, međutim, kad spominjete kako „Hrvatskoj treba dati šansu", sjetite se da stotine tisuće Hrvata-mrtvaca nisu imali i nemaju baš nikakvu šansu za dostojanstven život i nemaju nade da će se stanje promijeniti, ne dok i vi ne spoznate važnost odgovornosti svakog Hrvata za svakog Hrvata. A to što plaćate porez nije argument za vaše nedjelovanje u ovim hrvatskim stvarima.)

Dakle, bila je proslava u Kninu i prošla je, otrkeljali su političari svoje, postrojeni vojnici dobrano su se oznojili, pojelo se i popilo kao na raskošnim rimskim bakanalijama i sudionici tog impresivnog skupa danima će evocirati uspomene zamagljene mamurlukom i podrigivanjem na luk i janjetinu, odojak, vino i rakiju, na pivo i votku. Ono što mi je privuklo pozornost nisu ni govori ni cijela ta odiozna glupost od „centralne države proslave", ma kakvi, meni su za oko zapela dva TV-intervjua objavljena dan kasnije na društvenim mrežama. Dva intervjua i dva posve različita pristupa ratu, dva dijametralno suprotna pogleda na istu bitku. Tragedija je u tome što su dvojica intervjuiranih osoba bivši pripadnici moje bivše gardijske brigade, znači obojica su bili u isto vrijeme na istom dijelu bojišnice, u istoj bitci i obojica su osobno svjedočila svemu što se događalo tih dana kolovoza devedeset i pete.

Prvi intervju dao je izniman časnik i ratnik, govorio sam o njemu u prisjećanju na jedan povratak s Dinare, na kraju rata pukovnik, a danas umirovljeni (samo) brigadir Hrvatske vojske, bivši zapovjednik naše slavne bojne, čovjek za kojeg su bili spremni umrijeti baš svi gardisti, dočasnici i časnici jer su ga poštivali i obožavali, vjerovali mu i slijedili ga bez pogovora. Malo je reći „bio je omiljen", a malo je i reći da nije bio osobito omiljen kod viših vojnih struktura, vojnih birokrata, kabinet-pseudovojnika koji su nosili odore i činove, a nisu vidjeli bojišnicu. Uživao sam u gledanju i slušanju njegovog kratkog intervjua. Opet se dokazao kao izniman časnik, vojnički precizan, iskren i čvrsto uvjeren u ono što je govori. Zašto? Govorio je istinu, bez uvijanja i bez političkih gluposti. Čistim jezikom, žustrim kratkim rečenicama gospodin brigadir je doslovno „zgazio" tv-reportera koji ga je pokušao navesti da izgovori uobičajene gorbarske političke fraze. Bivši zapovjednik bojne odgovarao je na pitanja onako kako je i zapovijedao u ratu. Prigodničarskog domoljublja i devetnaestostoljetne mitomanije u njegovim riječima nije bilo. Na krajnje glupo pitanje novinara o tome „je li razmišljao o povijesnima aspektima bitke koju je vodio", brigadir je dao oštar vojnički odgovor: rekao je da tijekom izvođenja borbenih djelovanja nije razmišljao o povijesti nego samo o tome kako izvršiti zadaću, o stanju i položaju na terenu njemu podređenih postrojbi, o učinkovitim i trenutnim reakcijama u slučaju nastanka problema u zoni odgovornosti njegove bojne. Služio se vojno stručnom terminologijom. Rekao je da je mislio o koordinaciji s postrojbama na bokovima svoje postrojbe, zapovijedao je, komunicirao sa zapovjednicima satnija i svih postrojbi pod svojim zapovjedništvom. Ukratko, gospodin brigadir je umjesto očekivanog odgovora o „sad ili nikad, povijesnoj prilici" i sličnim sranjima, u TV kamere izgovorio brutalno istinite rečenice o stvarnosti rata, bez uljepšavanja i bez glumatanja. Intervju ovog umirovljenog visokog časnika nije sadržavao trumpete, mahanje zastavama ni suze radosnice, ne, njegov intervju bilo je jezgrovito izvješće vojnika o izvršenoj zadaći.

Drugi intervju mi se nije svidio. Bio je posve suprotan brigadirovom. Doduše, imam potpuno razumijevanje za govornika jer je još uvijek na državnoj plaći, još uvijek je djelatna vojna osoba i mora govoriti što nadređeni i vlast žele čuti od njega. Zapravo, ovog se narednika maglovito sjećam, došao je u našu bojnu krajem devedeset i četvrte, čini mi se, kao bivši ročnik, imao je možda kakvih devetnaest godina, bješe jedan od inih koji su pristali prijeći u djelatni vojni sastav, u gardijsku brigadu. Koliko znam, bio je dobar vojnik, dobar borac, kakvi su bili mnogi. Iskazao se u izvršenju zadaća i bilo mi je čudno što je nakon toliko godina „samo" narednik. Možda sam prestar da razumijem moderan sustav napredovanja u djelatnoj vojnoj službi. Kako bilo, narednik kao da je prije intervjua bio na „školovanju" kod ideološkog tajnika hadezea, takvi su bili njegovi odgovori. Televizijski reporter mu je postavljao idiotska pitanja o „povijesnom trenutku petog kolovoza", o slici bitke koja kao da se odvijala na filmskom setu. Narednik je odgovorio, prilično jasnim i čistim glasom, kako smo uoči bitke razmišljali o veličastvenom trenutku hrvatske povijesti, o tome da je bilo „sad ili nikad", „nismo imali druge opcije"... Haha! Gospodine naredniče, uz svo dužno poštovanje, usrao si motku! Bio si u tom ratu, sudjelovao si u toj bitci i iskreno se nadam da nisi obolio od kakve psihičke bolesti, naredniče. Molim te, otkuda si izvukao da je garda razmišljala na taj način, „nismo imali druge opcije" i „bilo je sad ili nikad"? Kad je tko i gdje izgovorio takve bedastoće? Bio si običan gardist, običan vojnik u vrijeme „Oluje" i zanima me kako to da zapovjednik bojne nije razmišljao na taj način, a ti jesi?! Bio si ratnik, a sad, gle tuge, naredniče, lutka si na koncu politike i vlasti! Kako jadno, kako nevojnički! Znam, reći ćeš. Lako je meni lajati, a ti si profesionalac i moraš govoriti što ti je kazano prije intervjua. Da, samo, ako ti smijem dati savjet (ne primaj savjete od neuspješnih ljudi, kao što sam ja, haha): potraži na društvenim mrežama ili na internet stranici HRT-a intervju gospodina brigadira, našeg bivšeg zapovjednika bojne i razumjeti ćeš poantu, nadam se.

Ne sudim naredniku, od osobe u statusu zaposlenika države nije realno očekivati drugačiji intervju, normalno je da je ovaj pošten čovjek i dobar vojnik odgovorio na reporterova pitanja na ne osobito vojnički način: uostalom, samo je narednik i vjerojatno nikad neće ni dosegnuti razinu vojničkog promišljanja gospodina brigadira. Neka narednika, sretan mu život želim i sve najbolje njemu i njegovoj obitelji. I hvala mu za služenje domovini, od srca to kažem. Realno, narednikov opis rata i petog kolovoza je naširoko prihvaćeni pogled kod većine tzv. branitelja. Brigadir je slučajnost: u Hrvatskoj je ostalo vrlo malo vojničina. Grobovi u njihovoj punoj strahoti, bol i patnja, briga zapovjednika za svakog vojnika, krvarenje iz teških rana, panika zbog neprijateljskog protunapadaja, spaljena sela i razrušeni gradovi, neljudska ljudska okrutnost, sve je to, u ma kojem obliku, neprihvatljivo za idiličnu sliku domoljublja, pa time i rata na način Matoša, Šenoe i ostalih (dokazanih) domoljuba koji svjesno bježe od povijesne istine u mitove i legende. Lakše je živjeti u iluzijama nego u stvarnosti, lakše je „boriti" se protiv izmišljenih demona jer oni stvarni su daleko opasniji i smrtonosniji. A smrt je za taj tip domoljuba tek lirski pojam, izvor spisateljske mašte i nešto što nije baš tako strašno: vitezovi u sjajnim odorama, u zlatnim i srebrnim prsnim oklopima, s isukanom sabljom ili uperenom kuburom, kroz dim i vatru, pod kišom strijela i kugli iz neprijateljskih musketa, gromko pjevajući neku od hrvatskih budnica, jurišaju u smrt kako bi sebe ugradili u temelje oltara Domovine, za čast i slavu 'rvatske i hrvatskoga oružja, to je „istina". U trećem se mileniju Hrvatska koprca u zabludama nepostojeće i nikad odigrane povijesti, a stvaran Domovinski rat obješen je na zid dosadnjikavog ljigavog pijeteta kao prigodna tapiserija koja visi u ledeno hladnom mračnom hodniku krvave hrvatske političke zbilje i na tu tapiseriju vlast povremeno baci pogled, kao petog kolovoza svake godine, a sve kako bi mutave, politički slijepe i krajnje naivne hrvatske kmetove podsjetilo na dužnu zahvalnost za ono što su oni sami donijeli Hrvatskoj, a kmetovi, neumnih li stvorenja, plješću ispred tapiserije, saginju glave i zahvaljuju ne shvaćajući kako zahvaljuju sami sebi! I gdje je odgovor, gdje je istina?

Ne znam za druge, po meni je upravo u otklonu od svega mitološkog, od iluzija, u vraćanju povijesti u povijest. Ne napadam i ne pljujem po Matošu, on je jedan od meni dražih književnika, ali mi nije učitelj domoljublja i hrvatstva. Za moj ukus je previše nekonkretan unatoč skoro savršenom detektiranju hrvatskoga stanja (njegovog) vremena. Međutim, dijagnoza nije dovoljna, ne bez propisivanja terapije, a to ni najveći hrvatski domoljubnih umovi nikad nisu ponudili (ni Matoš) u obliku koji bi bio provediv i realan. Svi su oni željeli Hrvatsku, ali kako doći do te željene Hrvatske niti su znali niti mogli dokučiti jer su bolovali od gangrenozne iskrivljene hrvatske povijesti. (Ne tvrdim da sam u pravu, dakako.)

Pokušavam predočiti ono što malo tko želi vidjeti: hrvatska politička kamarila i njoj pridružena armija ništarija (plus divizije ovisnih o isplatama iz erarske riznice) su ono što jesu, ološ, crvi koji se hrane hrvatskim mesom Hrvata-mrtvaca. Matoš, na primjer, na jednome mjestu spaja povijesno nespojivo (on nabraja: „Gubec, Zrinsjki, Frankopani...") i to nespojivo spajanje žrtve i ubojice (haha, dični Zrinski i Frankopani što krvariše i protivu Turaka i Mlečana, ali i protivu Hrvata) on uvjerljivo postavlja kao nesrušivi fakat koji je čestom uporabom u govorima i nastupima hrvatskih političkih pizduna od njegovog vremena do dana današnjeg poprimio snagu istine koja se ne propitkuje i u koju se ne sumnja. Svjesno ili ne (u ovom primjeru) veliki dokazani hrvatski domoljub Antun Gustav Matoš stavlja znak jednakosti između Ambroza Gupca i Zrinskih koji su poslali svoje oklopnike u gušenje Seljačke bune i čiji je kapetan, hrvatski podban i vojskovođa Gašpar Alapić bio jedan od krvoloka koji su pobili na tisuće hrvatskih kmetova godine 1573.! Nitko me ne može uvjeriti, pa ni pobjedama nad turskom vojskom, ni zatočeništvom u turskom zatvoru (Alapić) ni bilo čime od „dokaza" o borbi Zrinskih i Frankopana za Hrvatsku da su grofovi bili uz kmetove i da su do svoje posljednje sekunde, kad ih je sama povijest izbrisala s lica zemlje, nisu bili smrtni neprijatelji hrvatskog kmeta. Nikad neću povjerovati u glupost da je hrvatski kmet na istoj ravni s grofom i da ta dva oprečna svijeta, kmetski i grofovski, mogu biti zajedno na istoj polici i u istome tomu hrvatske povijesti! Za mene, žrtva i ubojica, poniženi i tlačitelj ne idu ruku pod ruku!

Naime, kako se pitanje slobode Hrvatske i, naročito, problem nove demokratske Hrvatske veže isključivo kroz odnos Hrvata i Srba, rješenje za pronalazak odgovora o kojem zborim je u prihvaćanju povijesti kao takve kakva jest.

Tako je, mrziteljima Hrvatske iz naših redova i svima o kojima sam govorio i pisao odgovara svođenje hrvatstva i hrvatskog domoljublja na problem srpstva i odnosa srpstva prema hrvatstvu: inzistiranje na toj idiotskoj definiciji hrvatstva ima za cilj samo jedno, sakriti krivnju domaćih izdajnika, naših hrvatskih nam neprijatelja. Hrvatska nije izrasla niti je u bilo kojem svom dijelu ovisna o dobrim ili lošim odnosima s lokalnim Srbima ili Srbima iz Srbije i Srbijom kao državom. Problem srpstva u Hrvatskoj je jedna od hrvatskih boljki, ali nikako nije suštinski problem za opstojnost hrvatstva i hrvatske države. Ozbiljno mislim, svi koji stavljaju srpstvo (četništvo itd.) na prvo mjesto političkog života i nameću rješavanje tog „pitanja" kao nukluesa egzistencije Hrvatske doista ne vole domovinu i kao takvi spadaju u red neprijatelja Hrvatske. Velikosrpsko četništvo jest svinjarija i problem, točno, ali (i) samo zato jer su 'rvatski političari nakon pobjede u Domovinskom ratu to uzeli kao modus operandi dnevne politike (mazanja očiju narodu da se ne bi vidi pljačkanje domovine) od devedeset i pete do danas s posebnim naglaskom na podizanje srpsko-hrvatskih odnosa unutar Hrvatske na razinu „stalnog ratnog" stanja. O čemu govorim? Vrlo jednostavno, poslije veličanstvene pobjede i slamanja srbočetničke paradržave, Hrvatska je propustila svesti srpsko pitanje na banalnost uobičajenog odnosa države prema manjinama. Sve ratne zločince i s njima povezane organizacije i njihova vodstva trebalo je bez pardona pronaći i osuditi (tadašnja je hrvatska vlast popustila velikim silama pristajući na proglašenje amnestije koja je zacementirala zlo) kao kriminalce i ubojice bez apostrofa na nacionalnim i vjerskim segmentima u završenom Domovinskom ratu. Ukratko, hrvatska država je svjesno i namjerno ostala na khuenovskom poimanju hrvatsko-srpskih relacija (sve hrvatske vlade od devedesete imale su „svog Srbina i svoje Srbe", ali nijedna u tako snažnom antihrvatskom smislu kao što ima sadašnja vlada anemičnog premijera dezertera), što je, s obzirom na dvadeseto stoljeće i sve što se u njemu odigralo, omogućilo da danas jedan Srbin, to amoralno i na svaki način po Hrvatsku štetno političko čudovište postane alfa i omega hrvatske vlasti, siva eminencija vladajuće većine i da na njemu, zbog čudnog i neprirodnog hrvatskog zakona koji omogućuje manjinskim zastupnicima u zakonodavnom tijelu da budu ježičac na vagi kod izbora vlade i premijera, leži ogromna moć neformalnog odlučivanja sa i te kako formalnim posljedicama po hrvatski narod i državu. Njegovo antihrvatsko djelovanje, česti pohodi u Beograd i Banja Luku i držanje svijeće notornim srbočetničkim glavešinama u Bosni i Hercegovini i Srbiji, te dosljedno izbjegavanje osude velikosrpske agresije i nezalaganja za uhićenja i procesuiranja svih srpskih ratnih zločinaca odvija se pod patronatom hrvatskih vlasti i bez ijednog prigovora od strane službene državne politike (zahvaljujući tome, nitko ne zna koliko osvjedočenih trofaznih krvoloka radi u hrvatskoj državnoj službi i uživa benefite od države protiv koje su ratovali i naroda nad kojim su počinili zločine). Stvar je vrlo jasna: da je, kao što nije, hrvatska vlast zakonom svela srpsko pitanje na administrativnu, kulturnu, ergo politički nevažnu razinu, danas jedan srbočetnik ne bi držao cijelu hrvatsku vlast u svojim prljavim šakama, čime bi budućnost domovine bila kudikamo ljepša, barem u možebitnoj drugačijoj inačici uvijek nestabilne i neuvjerljive hrvatske politike. A kako imamo stanje kakvo imamo, Domovinski rat je izdan, popljuvan i sada govoriti o tome zašto smo ratovali možda nema smisla jer odgovor nitko od nas neće pronaći. U najboljem slučaju, ako odgovora bude, zasigurno nećemo biti spremni prihvatiti ga. Ipak, ah, moramo nastaviti potragu za odgovorom zbog težine stanja. Gubimo Hrvatsku, nemamo je. Hrvatska danas je ponovno ništa, europska smo kolonija, ekspozitura stranih banaka i kreditora, stojeći cirkus pun loših klauna i ostarjelih cirkuskih životinja, a narod stenje pod prljavim čizmama vladajućeg establishmenta. Postotni udio kmetova u ukupnom broju živih hrvatskih glava pao je niže no što je bio ikad prije, a armija parazita i krpelja na erarskim jaslama popela se do vrha: Hrvatska je ubijena.

U tom smislu je Matoševo spajanje Zrinskih i Gupca jednako spajanju Hrvata i Srba danas: nespojivo po bilo kojem segmentu priče! Srbi u Hrvatskoj (ako nisam rekao, sad govorim: tisuće hrvatskih Srba bili su hrvatski vojnici i srčano su ratovali protiv četnika, mnogo je hrvatskih Srba dokazalo da voli više Hrvatsku od velikih 'rvatina iz Minhen divizije) jesu i mogu biti, ako to žele, odani građani, pošteni ljudi koji poštuju Ustav i zakone i mogu konzumirati sva prava koja imaju svi ostali građani Republike Hrvatske, bez iznimaka i bez posebnih privilegija, ali moraju preuzeti i sve obaveze koje proizlaze iz ustavnog poretka. Srbi, temljem toga, ne mogu biti politička snaga koja će na osnovu nacionalne pripadnosti, vjere itd. biti oni koji će imati privilegirani položaj odlučivanja o sastavu hrvatske vlade, pa time i hrvatske ekonomske i svake druge budućnosti. Pravo glasanja na izborima zagarantirano je Srbima i to bez obzira na naciju, vjeru ili bilo koji drugi segment osobnog uvjerenja i stanja (ako nije u suprotnosti sa zakonom). Stupidan pojam „pozitivna diskriminacija" dovela je do toga da se Hrvati u svojoj domovini osjećaju kao višak, kao oni koji moraju pred drugima saginjati glavu, a u isto vrijeme Hrvati to ne zahtijevaju od drugih (da se saginju pred njima). Najkraće kazano, nasušno je potrebno zaustaviti dominaciju srpske i svake slične nacionalne i vjerske hegemonije pod plaštem manjinskih prava. Hrvatsku treba osloboditi okova osjećaja „krivnje pobjednika" koja nam je nametnuta kao rezultat sustavnog brisanja Domovinskog rata kao temelja moderne Hrvatske. Kad kažem temelja, ne mislim da je povijest počela 1991. ili 1995., nego temelja u smislu konačnog oslobođenja od svih stranih političkih i ekonomskih stega koje su nas stoljećima držale ponižene i u ropstvu. Domovinski rat i pobjeda od petog kolovoza jest polazišna točka za izgradnju sretne Hrvatske, no dvadeset i šest godina je nepovratno izgubljeno u političkom bludu sa srpskim četničkim zlodusima kao što je spomenuti etnobiznismen i intimus sadašnjeg hrvatskog premijera. Oh, da ne zaboravim, nije forsiranje srpskog pitanja (koje de facto ne postoji osim kao nametnuta iluzija lažne važnosti) i svega što Srbi danas predstavljaju u hrvatskoj politici i hrvatskoj vlasti, ali i svakodnevnom životu hrvatskoga naroda najveći problem domovine, ta nisu hrvatski Srbi stvorili tajkune, milijardere i privilegiranu HDZ/SDP partijsko-stranačku mafiju i inu kamarilu bandita, oni su kao izmišljeni relikt rata „nalijepljeni" javnosti i državi, a napose hrvatskom narodu koji sve te gluposti skupo plaća. U dijelu hrvatskih problema, što se tiče ekonomije, pretvorbe i privatizacije i svih s time vezanih izdajničkih zločina, „srpsko pitanje" ne egzistira kao faktor, ono se javlja u sustavu najviših razina vlasti, pravosuđu, obrazovnom sustavu, čak i u policiji (nijedna vlada još nije javno objavila popise, ili barem broj bivših četnika, milicionera srpske paradržave, pobunjenika i rušitelja ustavnog poretka RH-e koji su amnestijom i drugim zakonima zaposleni u MUP-u ili su u posljednjih dvadeset godina umirovljeni kao pripadnici hrvatskog MUP-a i drugih državnih tijela, ministarstava i ustanova), ma nema važnijeg ureda državne vlasti u kojem nisu uhljebljeni i Srbi samo zato što su Srbi, po nacionalnom ključu i u skladu s koalicijskim dogovorom vladajuće stranke i pročetničkog SDSS-a. To su činjenice, moje riječi nisu pamflet napisan u zadimljenoj birtiji, nakon druge litre rakije šećeruše! Dakle, ako stavim ovo u okvire politike i povijesne logike, Srbi su priljepak, komarci, pijavice hrvatske političke travestije i bez ikakvog razloga su promovirani u korektiv i kao takvi su neformalni „nadzornici" vlasti, a što je uveliko pridonijelo potonuću Hrvatske u propast i beznađe.

Ne, Matoš nije manje domoljub u mojim očima, ali je pogriješio, malo. Gubec i grof Zrinski ne idu zajedno, ne mogu i neće. U istoj rečenici ne mogu kmet i grof, čak ni u najluđim snovima i s najboljim namjerama, to je nemoguće! Kad sam već kod Matoša i komparacije s današnjom hrvatskom politikom, da je živ i da javno nastupa, govori i piše o Ciganima (Romima) ono što je pisao u svoje doba, vjerojatno bi ga tužili zbog poticanja na nacionalnu itd. mržnju, možda bi ga i prognali (onaj vječiti saborski zastupnik Roma podigao bi prašinu, držao glupe novinske konferencije i ultimativno zahtijevao kazneni progon Matoša, uspoređivao bi književnika s nacistima i s ustašama), ali da ne bi sjeo za isti stol s današnjim 'rvatskim domoljubima, to je kao jedan kroz jedan, sto posto sigurno. Osim toga, uzgred budi rečeno, danas Antun Gustav Matoš ne bi imao nikakvog uspjeha u hrvatskoj politici jer je njegov cjelokupni domoljubni habitus po svemu suprotan od lika i djela trenutno vodećih 'rvatskih moćnika. Matoš je bio pravaš, antiklerikalac, oštar kritičar i promicatelj istine o Hrvatskoj (s krive povijesne točke, ali to je sad nevažno) i sve ono dobro što je proizašlo iz toga jest što je bio brutalno nemilosrdan prema 'rvatskim elitama i njihovoj amoralnosti i nečinjenju spram domovine Hrvatske. Međutim, kako je patnja hrvatskog kmeta u Matoša (kao i mnogih drugih mu suvremenika i predšasnika) samo ukrasni pridjev i stilska figura (spram puka općenito Matoš je jednako oštar: često ga opisuje riječima glup, zaostao itd.), a sirotinja mu sama po sebi nije od neke važnosti kad govori o domovini i hrvatskome pitanju u Hrvatskoj, moram priznati da se ne mogu oteti dojmu kako je Matošev napad na hrvatske elite mnogo više principijelne naravi nego što je otvorena osuda Hrvata-grobara za zlo nad vlastitom domovinom. Držim da je to stoga što Matoš ne može vidjeti, ne želi ili ne zna kako gledati na narod hrvatski bez magle hrvatske povijesne mitomanije. Pišući grube riječi o hrvatskoj gospodi i kleru, on izbjegava kazati ono najvažnije, potrebu kažnjavanja krivaca za patnju našeg naroda, hrvatskog kmeta i radnika (jer je industrijalizacija, koja je eksplodirala pod banovanjem omraženog Hedervarya, odvukla ljude sa sela i pretvorila ih u bijedno plaćene radnike). Matoševi tekstovi su izravni, rečenice otrovno istinite, on se ne povlači pred snagom onih protiv kojih piše, ali u konačnici sve je to na razini verbalnog napada koji nema dubinu: on kritizira intelektualnu i političku kremu tadašnje Hrvatske zbog neaktivnosti, zbog sluganstva tuđinu, zbog jalovih raspri, zbog korupcije i prodaje umnih i moralnih principa, a ne zbog zanemarivanja borbe za prava hrvatskoga puka. Matoš voli Hrvatsku, ali, rekoh već, Hrvatska kako je on vidi i o kojoj sanja, nije postojala i ne postoji, ni danas, na žalost, a koristiti kmeta (narod, puk) samo kao metaforu i ukras ipak nije bilo dovoljno niti je pomoglo hrvatskim mrtvacima (kojih su većina bili nepismeni i za Matoša nisu ni čuli, a ako i jesu, njegova djela i njegove riječi čitali svakako nisu).

Preslikano na moju bivšu gardijsku brigadu, ovjenčanu mnogim ratnim pobjedama (i podizanjem hrvatske zastave na kninskoj tvrđavi), a u svezi Hrvatske danas, ispada da su se moja braća po oružju junački borili i krvarili da bi dvjesto neoaristokratskih obitelji Hrvata-grobara živjele kao grofovi 1573., 1712. ili 1910., to znači da su i inače privilegirana djeca komunističkih njuški i djeca imigrantskog šljama, autora pljačke i uništenja domovine, dobili ovu demokratsku Hrvatsku kao kasicu prasicu!

A što, kritika nečijeg djelovanja i pisanje i govorenje o nečijoj krivnji za sustavno uništavanje Hrvatske uglavnom se svodi na površno bezopasno lajanje onih koji su svojevremeno pripadali establishmentu lopova, a kad su odbačeni, pristupili su krdu razočaranih „bivših” članova bandi: nema gore i mizernije pojave od ništarija koje zbog neispunjenih očekivanja oblače kapute disidenta i pokajnika i počinje pričati o sranjima sustava kojem su i sami donedavno pripadali! Bande kokošara: intelektualci za primjer, bivši tajnici, dopredsjednici stranaka, bivši dekani i bivši predsjednici uprava, isluženi političari, bivši ministri i uopće političke malograđanske mizerije pune novinske stranice, ima ih na svim tv-postajama i na svim društvenim mrežama, daju intervjue, pišu osvrte, komentatori su na portalima (koje pristojni ljudi ne otvaraju i ne čitaju) i tim činjenjem još više truju Hrvatsku. O hrvatskoj inteligenciji dobri stari Matoš piše: „To je ona naša žalosna inteligencija bez inteligencije. To je ona elita hrvatska što širi žargon bečkih Židova i berlinskih kaplara, nemajući pojma o narodu i zemlji koja je rodi.” Sjajna rečenica i ja bih je potpisao.

Tako je i danas, moje hrvatstvo i 'rvatstvo Sanadera, Plenkovića i Ostojića, Milanovića i Šeksa,

Vidoševića i Kutle, Todorića i Bajsa, Linića i Kalmete, Đakića i Tuđmana, Reinera i Opačićke, Mrsića i Glasnovića, Bebića i Miljenića, Rojsa i Penave, Škore i Kitarovićke, Jandrokovića i Grbina, Komadine i Petirke i svih ostalih iz armije ubojica hrvatstva nije isto hrvatstvo i jedno s drugim nema baš nikakve veze! Mi smo dva posve različita svijeta, dvije razdvojene Hrvatske po svim segmentima, osim po jednoj: ja ne naplaćujem svoje hrvatstvo, oni su Hrvatsku opljačkali naplaćujući Domoljublje s velikim „D" (ako i nisu izravno pljačkali, ne zato što su pošteni, jer nisu, već stoga što su lijene mrcine koje nikad u životu nisu imale žuljeve od rada, onda su, u svojstvu saborskih zastupnika i državnih dužnosnika omogućili krađu onima koji nisu bili lijeni oteti i opljačkati bogatstvo domovine i hrvatskog kmeta). Nisam bio heroj u Domovinskom ratu, ali sam bio u hrvatskoj gardi, među onima najboljima (iako sam bio jako daleko od najboljih) i dao sam neznatan doprinos pobjedi na dan peti kolovoza 1995.! Oni nisu bili s nama, oni nisu bili Hrvatska ni tada, a danas su još manje. Hrvatska se krv prolijevala i mrtva tijela hrvatskih vojnika zakopana su u nebrojenim grobovima kao znamenje budućnosti, one koju su spomenuti uništili i izbrisali: u tome je razlika između mog hrvatstva i njihovog, kmet živi da bi stvorio sutra, a grobar živi da bi uživao danas i vratio kmeta u jučer.

A sve je to Matoš znao, samo što se nije mogao uzdići iznad onovremenog slijepila. Na jednom mjestu u svojim rukopisima priznaje stanje fakta (makar djelomično) i piše bez dlake na jeziku: „U politici uvijek okrivljujemo Mađare, a zaboravljamo da su Hrvati mađaroni dovukli Mađare ovamo." Bravo, gospodine Matoš, ovime ste potvrdili sve što sam rekao i napisao u ovoj sceni! Gospodine, hvala vam na istini, a istina je ono što Hrvati nikako ne vole. Slažem se, uvaženi hrvatski književniče, Hrvati mađaroni su doveli Mađare na vlast u Hrvatskoj, ali zašto ne kažete koji Hrvati?! Nije ih, za Boga miloga, doveo neki zagorski izgladnio blatnjavi kmet, nije ih doveo ni prljavi težak ni iscrpljeni katunar, gospodine Antune Gustave! Dovela su ih gospoda grofovi i biskupi, novčari i doktori prava, fiškali i bankari, cilindraši, eto tko je otvorio vrata i prostro crveni tepih Mađarima ispred zgrade Sabora u Zagrebu gradu! Ipak, nije Matoš jedini, gotovo svi ondašnji intelektualci, sve umne glave koje su se zalagale za Hrvatsku (reći ću to tako, lakše je) patili su od potpune političke nepismenosti. A povučem li paralelu s vremenom nove europ-ske 'rvatske, rezultat je navlas isti: nisu Hrvatsku uništili kmetovi (radnici itd.), nisu hrvatske banke pro-dali kmetovi, nisu tajkune stvorili kmetovi, nisu nas u dužničko ropstvo gurnuli kmetovi, nismo postali vazali velikih voljom kmetova, nisu kmetovi otjerali četiri stotine tisuća mladih ljudi van zemlje. Nisu, pa zašto smo onda pobijedili u Domovinskom ratu ako Hrvatske dostojnog života nema? Čemu onda rat i sve žrtve? Pitanje bez odgovora.

Evo, barem nešto, mogućeg dijela traženog odgovora: umjesto gluposti potenciranja nepostojećeg „srpskog pitanja", trebali smo riješiti naše, „hrvatsko pitanje". Nismo ga ni počeli rješavati, nažalost. Nije ni stiglo na dnevni red hrvatske stvarnosti. Jaz između grofova i kme-tova traje i dalje, a svojatanje isključivog prava na hrvatstvo je u naglom porastu i čini se da neće prestati: umjesto prihvaćanja hrvatstva kao pozitivnog osjećaja pripadnosti svome na-rodu i domovini, osjećaja ljubavi na malo višoj razini od dnevnih političkih glupiranja, ono je i u trećem mileniju uzrok razdora, svađa i rata unutar hrvatskog nacionalnog korpusa, između Hrvata i onih kojima je 'rvatstvo zanimanje i izvor prihoda. Matoš piše: „Dok se kod nas uvelike već stvara filozofski, profesorski i nastavnički proleterijat, slobodne profesije poplavljuju tuđinci. Drugim riječima, moderni Hrvat nema apsolutne nikakve inicijative i samostalnosti, pa kao mlad penzionirac ne vidi osiguranje egzistencije osim u državnoj službi". Moram čestitati Matošu, kao da je vidio Hrvatsku danas, a ako ovo povežemo s današnjicom, rezultat je još strašniji: hrvatski je vojnik ratovao više od četiri godine da bi država ustrojila ogroman birokratski parat i napunila ga rodija-čko-kumskim i partijsko-stranačkim ušima čija je jedina svrha postojanja održavanje vladajuće garniture na vlasti. U godinama pred konačnu smrt austrougarske klaonice milijuna nevinih, u dramatičnom kolapsu antihrvatske politike koju su stvorili Hrvati-grobari, u vremenu kad je domovina stenjala pod čizmom nagodbe iz godine 1868., riječi velikog Matoša zvuče proročki (i to bez obzira na moje više ili manje opravdane primjedbe) jer ne ocrtavaju samo dane pred Veliki rat, nego daju preciznu sliku stanja Hrvatske danas kao članice NATO-a i EU.

Dakle, za što se ratovalo? Domovinski rat je rat u kojem je pobijedio narod, sirotinja hrvatska je donijela pobjedu, a plodove te pobjede baštine i u njima uživaju kukavice, dezerteri i bivši četnici, na njoj se bogate cilindraši: doktori prava, ekonomije i seksualnog života kukaca na Himalajama, Hrvati-grobari, hrvatska elita, nova hrvatska aristokracija i njihove sluge i vazali. Narod je zasigurno riječ koja je toliko obezvrijeđena da je nema smisla rabiti. Kroz povijest hrvatske pisane riječi prošlo je stotine književnika i umnih ljudi, međutim je malo onih koji su o svome narodu pisali i govorili s poštovanjem i koji tog našeg hrvatskog kmeta u svojim djelima nisu spominjali samo kao ukras. Razumljivo, teško je očekivati razumijevanje od onih koji u životu nikad ništa teško nisu radili i koji si znojem nisu priskrbili kruh i krov nad glavom, takvi ne vide onog koji liježe i ustaje gladan i jadan, neslobodan i siromašan k'o crkveni miš. Iskreno, ma koliko neki književnik bio nadaren, uspješan i ma koliko njegov opus bio veličanstven, u srazu s jalovom stvarnošću i prokletom sudbinom hrvatskog kmeta on nema nikakve šanse, na sudu odanosti i domoljublja kmet pobjeđuje. U tom ne osobito pozitivnom dijelu pisanja i govorenja ni Matoš nije drugačiji, i on često upada u vode kontradiktornih stavova i mišljenja. Ili, što nije posve netočno, Matoš nema milosti prema hrvatskoj eliti i kleru, ali ni prema sirotinji, narodu hrvatskom. Citiram njegove riječi: „Naš narod je, osim u Primorju, kao sve primitivne rase prirodno lijen, boji se ljute životne borbe kao sve lijenčine, pa voli biti osiguran kao pisarčić ili stražmeštar nego da se odvaži na široku pučinu života, pa da traži sve ili ništa..." Dva su problema u ovom citatu: prvi, proglasiti narod lijenčinama može samo netko tko nikad nije držao motiku u rukama i nije pišao krv i znoj od teškog rada, tko nije bio na poljima, u rudnicima, na gradilištima, na svakome mjestu gdje je hrvatski kmet umirao od robovanja grofu i biskupu, i drugo, Matoš opetovano pod pojam narod uvrštava one izdanke Hrvata-mrtvaca koji su izdali svoje korijenje i prešli pod skute grobara, kojim riječima Matoš potvrđuje svoju staru povremenu bolest, slijepilo na stvarnost hrvatskog smrtnika. Pisari, činovnici i stražmeštri jesu zlo i jesu lijene bitange, ali njih nema toliko da bi ih se smjelo i moglo proglasiti „narodom": oni su tek izrodi na koje ne vrijedi trošiti ni živce, ni vrijeme, ni riječi. Jednako tako, izdvojiti Primorje kao jedini dio domovine gdje ljudi nisu lijeni ipak je ružno i nepristojno, čak i od Matoša. Pristranost je jedna od uobičajenih boljki svih majstora pera, ali kad se piše o domovini i narodu, ona je vrlo opasna i na neki način diskvalificira autora iz svake daljnje rasprave. Matoša nitko nije i neće diskvalificirati, za to nema potrebe ni smisla, ali može ga se i mora gledati, čitati i citirati (kao i sve pisce, od prvog do posljednjeg) s malo manje euforije, a s puno više kritičkog promišljanja, na dobrobit Hrvatske.

Govorio sam i govoriti ću, Hrvatsku hrani hrvatski kmet, od stoljeća sedmog do danas i hraniti će sve dok i ovaj novi feudalizam i svi feudalizmi ne krepaju i nestanu, ako nas time blagoslovi Gospod i ako će Hrvati-mrtvaci pronaći u sebi dovoljno hrabrosti i volje za pravu borbu protiv svojih ugnjetavača i izdajnika Hrvatske. (Metaforički kazano, a u stvarnosti: seljaci, kovinotokari, zidari i krojači, mesari, medicinske sestre, bravari i auto mehaničari, električari i pekari, frizerke, vozači autobusa i kamiona, krovopokrivači, zavarivači, kuhari i konobari, čistači ulica i mljekari, slastičarke i soboslikari, dimnjačari, prodavačice i obućari, urari i recepcionerke, vrtlarice i šumari, pilari, drvosječe i berači voća, maslinari i ribari, vinogradari i precizni mehaničari, školski domari, kemijski tehničari i vodoinstalateri, limari, veterinarski tehničari, perači prozora, kondukteri i stjuardese, pružni radnici, mlinari i staklari, stolari, strojari i tapetari, ljevači, sobarice i cestari, piloti i rakari, svi potonji i stotine i tisuće drugih smrtnika čiji rad uzdržava i plaća bakanalije Hrvata-grobara i njihovih slugu udvorica. (Opaska: neizravno, jer neki od spomenutih (ipak) primaju plaću od države, moram reći kako među kmetove ubrajam sve koji pošteno zarađuju plaću, a na tu listu „stavljam" i liječnike, učitelje i sve one bez čijeg rada ni hrvatski kmet ne bi mogao opstati, a što se tijekom pandemije COVID-a jako dobro vidjelo i baš zato ne treba u isti koš trpati sinekuriste i uhljebe s onima koji, iako imaju određene titule, nisu krpelji nego radnici koji spašavaju živote hrvatskih kmetova ili uče njihovu djecu kako bi se mogla jednog dana suprotstaviti teroru grobara zna-njem i pameću.)

Domovinski rat je bila pravedna borba protiv trofaznih nemani. Branili smo zemlju, ali Hrvatska nisu samo planine, doline, ravnica i priobalje, rijeke i more, otoci i zaleđe, nije tek priroda koja je najljepša na svijetu. Hrvatska su ljudi, narod, naši kmetovi, to je Hrvatska. Vezani smo uz zemlju jer na zemlji smo rođeni, u njoj su naši korijeni i u nju se (privremeno) vraćamo jednog dana: pojam zemlje usko je vezan s hrvatstvom kao takvim. Ono što nije dobro u ovome jest ideologija „krvi i zemlje" („Ideologie von Blunt und Land" iz nacizma je čudom postala jedna od osnova novog 'rvatstva) koja se unazad tri desetljeća profilirala u jedino ispravno 'rvatstvo, u nešto što je proglašeno za „zakoniti" oblik tzv. domoljublja i što je cijele naraštaje mladih Hrvata i Hrvatica (i mnogo starih i starijih) inficiralo vrlo opasnom bolešću koja u ljudskim srcima i dušama pretvara pozitivno domoljublje u šovinističku proendehazijsku ideologiju mržnje, ksenofobije i rasizma. Kad ja kažem „srbende i trofazni", razvidno je na koga mislim i o kome govorim: srbočetnici, koljači i ubojice, umno poremećeni trolovi krvavih ruku koji su napali Hrvatsku, pobunili se protiv legalne i legitimne hrvatske vlasti (ma kakva da je bila, volio ja HDZ ili ne, imala je legitimitet i legalitet temeljen na rezultatima demokratskih izbora) i počinili najgore ratne zločine nakon četrdeset i pete! Lojalni hrvatski građani srpske nacionalnosti, naročito oni koji su sudjelovali u Domovinskom ratu kao hrvatski vojnici, ne spadaju među spomenutu bagru. Nisam licemjeran, nisam kseno-fob, samo ne podnosim da se one koji su klali, silovali i pljačkali tretira kao ljudska bića: ne, nikada! Jedino što (po mom sudu) mogu dobiti, pod strogim uvjetima, jest da nakon što im svima bude suđeno za počinjena zlodjela i nakon što odsluže pravedno dosuđenu im zatvorsku kaznu (kad je ukinuta smrtna kazna, nažalost) i nakon što se pokaju i zamole za oprost, bude omogućeno napuštanje Hrvatske i odlazak u Srbiju, Bosnu ili kamo već žele otići, ali ne na hrvatski trošak. Zašto? Sumnjam da bi, nakon svega, dotične gnjide imale hrabrosti nastaviti živjeti u zemlji koju mrze i čije zakone ne poštuju. U rehabilitaciju ne vjerujem, barem što se njih tiče, a fraza „svatko ima pravo na drugu šansu" nije primjenljiva na trofazne silovatelje, ubojice djece, žena, ranjenika i nemoćnih staraca, ratnih zarobljenika i civila. Za četnike nema mjesta u Hrvatskoj! Oni nisu bili „obični vojnici bivše JNA", mobilizirani i protivno volji poslani u rat (premda i ovi imaju krvave ruke), nego su kao „srpski dragovoljci otadžbine" jedva dočekali da se u njima ponovno probudi četništvo Draže Mihajlovića i Momčila Đujića i da, poput njihovih djedova, počnu klati i ubijati nevine Hrvate i sve nesrbe. Zbog toga ostajem kod onoga što sam rekao i napisao: srbočetnička smeća ne zaslužuju ništa osim kazne i protjerivanja iz Hrvatske (nakon kazne). S njima suživota i pomirbe nema i ne može ni biti! Da, Krist je zapovijedio opraštanje, ali s time se mogu nositi, idem pred Njega s teretom „neopraštanja". Nema oprosta za one koji su ubijali u Vukovaru, Škabrnji, Borovom Selu i na svim stratištima naše i moje domovine!

Sad je, vjerujem, priča razumljivija jer služenje domovini Hrvatskoj ili služenje Domovini s velikim „D" su dvije medalje, ne dvije strane iste medalje. To je ono što Matoš nije vidio ili je vidio, no nije htio priznati kao istinu. Kad su Hrvatsku povijest kontaminirali mitomanijom i kad su hrvatskog grofa i hrvatskog biskupa uzdigli do vrhunaravnih bića zaslužnih za opstojnost Domovine s velikim „D", sve što se stvaralo trinaest stoljeća je bačeno u prašinu zaborava. Uskrsnuo je feudalni mrak i kmet je iznova postao roba s posjedovnih listina plavokrvne bagaže. Zemlja je prestala biti hraniteljica i postala iluzija. Matoš je imao apsolutno pravo kad je o domovini rekao: „Jer što je domovina? Svakako nije narod - narod bez zemlje, kao ni zemlja što nije zemlja bez naroda. Otimač moje zemlje ubio je narod, kao što je pobjeditelj naroda upropastio zemlju. Dok se prije kod narodnog uništenja upotrebljavala ova druga metoda - tlačenje i direktno ratovanje proti narodu - danas, u vrijeme humanitarnih i antimilitarističkih licemjernih fraza, shvata se pitanje narodno kao ekonomsko, upravo agrarno, jer se uviđa da je lakše narod upropastiti lišavajući ga zemlje no lišavajući mačem zemlju naroda. Turci usuprot svim užasnim anarhijama ne uništiše vjekovima balkanskih kršćana, jer ih u potrebi kmetskih seljaštva ne mogu učiniti iskorjenjenicima, rajom bez zemljišta. Prus otima Poljaku zemlju jer zna da je i u ropstvu poljačka zemlja narod poljački. Cijeli napor mađarske duge i podmukle navale proti nama ima isto obilježje trganja hrvatskog narodnog korijena iz hrvatske zemlje. Prometna, financijska, eksponentska njihova politika ide za tim da Hrvat postane kralj Ivan bez zemlje. Slavoniju su nam preko latifundija dotepenih ili izrođenih spahija, pa preko ungaro-švapskih i pravoslavnih, u nehrvatskom duhu odgojenih kolonija skoro već pregazili, stegnuvši našu otimanu zemlju taktikom prometnih pruga, te između Pešte i Rijeke ne može Hrvatska imati industrijskog i trgovačkog središta. Stvaranjem sarajevskog ekonomskog centra Hrvatska je ekonomski takoreći upropaštena i budemo li i dalje goloruki gledali te realne nevjerojatnosti, mi smo za 50 godina narod bez zemlje, tj. mi nismo više narod, jer postadosmo slijepci bez zemlje." (Opaska: citati su knjige „ Kristali duha.

Misli i pogledi Antuna Gustava Matoša", izdanje Školske knjige Zagreb, 2004., a potonji je citat sa stranice 101.)

Ha, ako promijenim neke termine, pak umjesto ondašnjih stavim moderne, današnje titulare vlasti i političke faktore u čijim je rukama moć, što ću dobiti? Hrvatsku iz Ljeta Gospodnjeg 2021.! Matoš je bio u pravu kad je dao sliku Hrvatske u vrijeme crkavanja k.u.k. monarhije, sliku koja vrijedi i danas, u to nema sumnje. Možda bi ga sadašnji premijer, gospodin anemični ljubitelj toplih ureda u Bruxsellesu poslao u zatvor jer rabi neprihvatljive „antisrpske" riječi, pa i pomalo ksenofobne izraze, ali Matoša to ionako ne bi bilo briga. Štoviše, uvjeren sam da bi Antun Gustav Matoš svjesno ušao u sukob s vlašću i da bi ušao u teški klinč čak i s političarima tzv. domoljubne orijentacije, o da, ali i da ni u jednoj od aktualnih desnih političkih opcija ne bi našao svoje mjesto, najmanje pravaškim i rododomoljubnim tipa MOST, Suverenisti i slične cirkuske ekipe iz našeg političkog bordela.

Tko su ti „veliki hrvatski domoljubi" koji su pobjedu u Domovinskom ratu pretvorili u poraz? Grobari, vucibatine hrvatske stvarnosti koje se vuku trideset godina između državne kase i ratnih obljetnica kao ružne prežderane zvijeri otvorenih njuški i samo sline ne bi li se domogli slasne sinekure, posla za svoju kopilad, minimalno sto kvadratnih metara stana u centru Zagreba i imenovanja u nadzorne odbore državnih tvrtki kao nagrade za domoljublje i služenje Domovini s velikim „D". Prastara odebljala masna gunđala, impotentne starkelje (ili oni/one na putu u tu dob) s krčmarskom retorikom i vokabularom kolodvorskih prostitutki i muških priležnika, s pivskim trbusima koji im vise kao prljave vreće preko remena na zgužvanim štofanim hlačama, sa zubalima izrađenim na račun države, sa sumnjivim ulaganjima po povlaštenim informacijama, s proširenim venama i sve slabijeg vida, tipovi umobolni, glupani i seksisti provincijskog tipa, pojave bez morala i s užasnom dikcijom, s diplomama sumnjive legalnosti i vlastitim ratnim putom kojeg su sami popljuvali, ovi nekadašnji vojnici evoluirali su iz hrvatskih branitelja i ratnih veterana u zajedljive sitne birtijaške gnjavatore neoustaških ideja, u mizerne lakaje velikih političkih faca, u ništa. Za one gore oni su samo izvršitelji naloga, ali za javnost oni predstavljaju populaciju bivših ratnika. Nema veće izdaje i veće tragedije od one kada bivši sudionici rata promijene dres i od ratnika postanu igrači prljavih stranačkih igara, a sve za sitniš, mirovine, stanove, za bijedan novac. (Nijedan novčani iznos i nikakva sinekura ne mogu biti plaća za domoljublje, ali mogu i jesu put u veleizdaju Hrvatske, u skrnavljenje grobova poginulih suboraca.) I bilo bi smiješno da su se ove karikature zaustavile samo na žderanju i pijančevanju (to bih razumio, bio sam alkoholičar i pijanica), ali ne, oni su, što bi rekli u Dalmaciji, „obukli preširoke gaće" zaštitnika Domovine s velikim „D", oni su sami sebe proglasili čuvarima „digniteta Domovinskog rata" i vlasnicima 'rvatske i sami sebi su dali za pravo odlučivati tko je dobar Hrvat, a tko to ne može biti! Udruženi po toj anarhoidnoj crti kaotične ideologije 'rvatstva začinjenog iskrivljenim i posve lažnim premisama poruka iz ratnih pobjeda (posebno od petog kolovoza devedeset i pete), ova ostarjela bezuba strašila 'rvatske politike autori su atmosfere straha, ucjena tipa „gdje si bio devedeset i prve" i ukupnog olovnog ozračja povijesne gnojnice i privida da završeni rat još uvijek traje. Glupani, nepismeni trolovi kupljeni za pola šekela, ne shvaćaju kako su jedno veliko ništa, ušljivi lajavci u službi hadezeovskih i inih muljatora, ne razumiju da svi njihovi tzv. braniteljski prosvjedi, otvorena pisma, prozivke, konferencije za medije, idiotski postovi na Facebooku i ostalim društvenim mrežama, da je ta cijela parada gluposti samo provincijska predstava mumificiranih cabotina, loš skeč neduhovitih cirkusanata čiji neuporabljivi cerebrumi nisu u stanju dokučiti kako su potrošna roba ništarija koji su prisvojili Hrvatsku, onu za koju su i oni sami ratovali u mladosti. U jednu ruku, mogu ih razumjeti, strah od gubitka povlastica, mirovina, besplatnog zdravstvenog osiguranja i statusa privilegi-ranog dijela društva jači je od ljubavi prema domovini, ali to ih svejedno ne opravdava niti oslobađa krivnje za upropaštavanje Hrvatske. U mladim godinama znali su što čine, a sad uzvikuju ZDS, slave ustaše Juru i Bobana, prijete nekim novim ratom i novim ubijanjima (a jedva da mogu zaklati i očistiti pile, oni zdraviji i kakvu dobru gujdu, ali o trčanju na sto metara bolje je ništa ne reći - čast iznimkama), nastupaju kao korektivi i isključivi monopolisti na Domovinski rat i domoljublje. Ne razumiju da baština Domovinskog rata ne pripada nikome od nas živih bivših vojnika, a civilima najmanje: slava pobjede petog kolovoza 1995. je „vlasništvo" naše poginule i nestale braće po oružju! Slava pripada ubijenoj djeci i ubijenim starcima. Slava i čast

Domovinskog rata je na onima „koji su vidjeli kraj rata", drugačije ne može biti. Pobjedu od petog dana osmog mjeseca devedeset i pete svi (mi) preživjeli trebali smo, uz cijeli hrvatski narod, ponijeti kao zastavu i putokaz u izgradnju države jednake za sve, države jednakih mogućnosti, prava i obaveza i za one gore i za one dolje. Suprotno od toga, mi smo bez ikakvog otpora, predali Hrvatsku grobarima i zato je danas nemamo. Ne tek (mi) ratni veterani, Hrvatsku nemaju hrvatski kmetovi, narod je nema, a odgovornost za to je i na ovim karikaturama. Tužno je gledati kako se bivši borci spuštaju na razinu političkih priležnica i dragovoljno i poslušno izvode sulude performanse lažnog domoljublja i pijanog 'rvatstva. Nije osobito uvjerljivo kad se netko tko ima mirovinu veću od prosječne hrvatske mirovine, dobar auto, kad živi u prostranom stanu koji je dobio od države i ne mora brinuti za dopunsko zdravstveno osiguranje upušta u tužitelja i suca onima koji s ratom nemaju nikakve veze (jer su bili premladi za rat ili se još nisu ni rodili dok smo ratovali) i koji Hrvatsku ne gledaju njihovim pijanim zakrvavljenim očima. Ne tvrdim, nije mi ni na kraj pameti kazati kako su mlađi naraštaji u bilo čemu sto posto u pravu, o ne, govorim o principima i sramotnom moralnom padu nekad časnih ljudi u grotlo antihrvatstva. Nema veće nesreće od one kad se poštenje zamijeni nepoštenjem, a istina lažima.

Nemam dvojbe, doći će dan kad će ova horda platiti račune za zlo nanijeto Hrvatskoj. Ne znam kad će to biti, za deset ili tko zna koliko godina, ali će biti, vjerujem u to. Svaka sila za vremena, a još se nije dogodilo da je grof nadživio kmeta! Ako ništa, zbog čuda od petog ko-lovoza: po prvi put Hrvati su pobijedili samo i jedino za sebe, za Hrvatsku, za svoj narod. Nije bilo Beča, Pešte ni Beograda, nije bilo za napuljskog kralja ni za ovog ili onog, ni za Arpadoviće ni Anžuvince, ni za Habsburge ni za Karađorđeviće, nije bilo za kaplara Hitlera ni ludog Musolinija, Pavelića ni Josipa Broza, ovaj put hrvatski je vojnik pobijedio za svoju obitelj, za domovinu bez velikog „D", jednom zauvijek. Ovo pišem bez patetike: ne opisujem bitke ni junačka djela, nisam dostojan toga, o tome neka pišu mnogo veći ratnici od mene.

Bio sam s najboljim ljudima, jeo sam s njima, dijelio dobro i zlo, bili smo prijatelji, braća po oružju, ponekad smo nervozno grizli jedni druge, psovali i oca i majku zbog mokrih čizama, zbog toga što je netko nekome pojeo mesni doručak ili ukrao posljednju cigaretu dok je ovaj spavao, ali to bjehu prolazne sekunde, sasvim normalne za vojnike koji su mjesecima u nemogućim vremenskim uvjetima, pod vatrom neprijatelja, u neprekidnim susretima sa smrću, u nemogućnosti planiranja budućnosti jer se u ratu nikad ne zna hoćeš li dočekati sljedeći dan. Naravno, i vojnici imaju snove: i moja braća su planirala. Vjenčanja, dogradnju staje, kupnju novog automobila ili polovnog traktora, razmišljali smo svi o onome što smo ostavili kod svojih kuća, o svojim obiteljima, ljubavima, što nas je čekalo u onom, tada tako dalekom civilnom životu. Svaki od nas, svaki gardist, dočasnik i časnik naše slavne brigade, svaki od tih hrabrih jednostavnih vojnika naše bojne (i cijele brigade) zaslužuje više od prigodno sročenih rečenica, a opet, čini mi se neprikladnim da o njima bilo što zborim jer njihova je borba rekla više no što ijedan pisac može reći (a ja nisam pisac). Koliko znam, većina ih je ostala ono što su i bili, ljudi iz naroda, hrvatski kmetovi, smrtnici s problemima, obiteljskim dramama i tragedijama, radostima i srećom, usponima i padovima, nadama i htijenjima. Istina je, ima i onih koji su prešli na grobarsku stranu, koji su prodali i sebe i svoj ratni put za lipu-dvije, ali to ih ne diskvalificira kao zaslužne za pobjedu, samo pokazuje slabost karaktera.

U odnosu s državom i prema državi, ratni veterani mogu vikati, mogu slati ultimatume, podizati ružne šatore koje sliče na cigansku mahalu usred glavnog grada Hrvatske, mogu se politički angažirati i mogu postavljati plinske boce na sredinu ulice, mogu sve što požele u 'rvatskom političkom kokošinjcu, ali u stvarnom životu stvari stoje bitno drugačije. Nema milosti, nema pregovora, život ne nudi kompromise, a smrt jedva čeka da uzme svoj danak, svoj dio u krvi, mesu i kostima. Srčani i moždani udari, rak prostate i rak debelog crijeva, demencija, otrovanje krvi i plućne bolesti, otkazivanje bubrega, tromboze i (sad) COVID-19, automobilske nesreće, ovrhe zbog neplaćenih kredita, razvodi, smrti bližnjih, uopće sve s čime se bore civili, bore se i ratni veterani i to je ono što ih također uništava, što ih ubija. Previše ih je umrlo prije vremena zadnjih godina. Neki su bili mlađi od mene, neki su se samo srušili i otišli na onaj svijet, kao bez razloga. Njihove obitelji nisu pošteđene ni od jednog problema koji muče sve ostale ljude. Ne kažem da bi trebali biti izuzeti od toga, samo mislim da bivši bojovnici nisu u ravnopravnom položaju sa svojim vršnjacima (i onima) koji nisu okusili miris baruta i nisu gledali smrti u oči. Činjenica: što može, na primjer, trenutni hrvatski premijer reći o životnim teškoćama kad nikakvih problema u svom jalovom životu nije okusio? Kad taj mamin sinek, dijete komunističkih povlaštenih faca, dijete crvene elite, magistar prava, novodobni cilindraš koji u životu nije podigao ništa teže od kemijske olovke, pojava ohola i arogantna, lik zaljubljen u svoj odraz u zrcalu više nego u vlastitu ženu, birokrat i tip čiju cijenu prodaje Hrvatske znaju jako dobro u uredima u Bruxellesu, Beču, Parizu i Berlinu i koji si je sluganstvom tuđinu osigurao odstupnicu u slučaju propasti na estradi 'rvatskog poli-tičkog svinjca, kad taj i takav mu-ljator drži bolno dosadan govor na proslavi Dana pobjede u Kninu, on zapravo ne zna o čemu priča. Njemu su napisali govor ili ga je, u nastupu inspiracije nastale nakon prožvakane dvije kile janjetine i polokane tri litre žlahtine, sam napisao (prema natuknicama koje mu je e-mailom dostavio neki od „šato-raških” savjetnika), ali u tih nekoliko nesnošljivih minuta čitanja na tom prokletom suncu, u kravati, u odijelu i bijeloj košulji (pa se znoji i sva leđa su mu mokra, potkošulja mu je ljepljiva i već se osjeća smrad) njegov mozak mu šalje veliki upitnik, koga vraga on to trabunja, kakav rat, kakva hrabrost, kakve žrtve, sve su to gluposti, rat je davno završio i čemu sva ova parada, nepotrebno i veliki trošak za prora-čun, ali (upozorava ga njegov vlastiti birokratski cerebrum), ovo su glasači, jako važni glasači, ti brani-telji, i ne samo to, oni su brana od prodora komunista i ljevičara, a i kretena s desnice. Doduše, misli zno-javi anemični dok nastoji vojnički i državnički pročitati usrani govor, njegova koalicija s „njegovim Srbi-nom” mala je nezgodacija, nekima od ovih pijanih branitelja to se nimalo ne sviđa, ali srećom on ima sposobnog i odanog ministra, ratnog heroja i slavnog bivšeg ratnog zapovjednika koji ga potpuno po-država i koji će novim Zakonom o braniteljima smiriti uzburkane duhove. Olabaviti će propise za stje-canje statusa HRVI i omogućiti taj status svima koji to još nisu dobili, uvesti materijalne i financijske privilegije u konkretnijim iznosima po lakšoj i bržoj proceduri donošenja rješenja. To košta, ali nema dža-be ni u stare babe, a politika je kurva koju treba redovno plaćati. Takve i slične misli lete unutar lubanje gospodina premijera i on ne obraća pažnju na govor, osim što krajičkom oka prati reakciju vođa brani-teljskih udruga, umirovljenih generala i ostalih glavešina koji drže na uzdama veteransku masu i koji će njegovom voljom, odlukom gospodina predsjednika Vlade RH na sljedećim izborima opet dati glas HDZ-u i koalicijskim par-tnerima, uključivo SDSS-u! Sve prema staroj shemi, a kako je svojedobno uzviknuo bivši general-major JNA i vrhovnik: „Sve za 'rvatsku, 'rvatsku ni za što!”. To je to, a sad na odojka, jučer je bilo previše janjetine, ne treba pretjerivati, za probavu je dobro mijenjati jelovnik.

Zašto se ginulo, imamo ili Hrvatsku ili je nemamo? Promatrano očima one treće vrste ili podvrste Hrvata, onih dičnih neutralnih, imamo Hrvatsku, naravno, nego što da imamo 'rvatsku! Vrijeme ide, go-dine lete, Domovinski rat je svakim danom više zaborav nego stvarnost, mijenjaju se vlade, nestaju jedne, a nastaju druge partije, jedne aparatčike smjenjuju drugi, još uvježbaniji i još podmukliji i pohlepniji, a Bože moj, lopova je vazda bilo, pa će ih vazda i biti. Porez se mora plaćati, uz olakšice, jasno, a u 'rvatskoj se muljati još uvijek može i stigne, jest da je Europa ovdje, ali daleko je to od Berlina i Beča. Mora se na skijanje i na ljetovanje, susjedova kćerka se udaje za mjesec dana, a ženina sestrična rodila je dvojke i ide se na krstitke, treba kupiti darove i odnijeti kuvertu, jasno, a ne smije se zaboraviti na regis-traciju auta i plaćanje PDV-a i ostalih poreza, blizu je kraj mjeseca. Živi se, malo je komplicirano, ali živi se i koga je briga za politiku, branitelje i Srbe?! Hrvatska je ionako samo ime, povijesno, ali tek ime, ta naši ljudi žive i rade u Irskoj i Švedskoj, u Americi ih ima i na Novom Zelandu, rade, muče se, stječu ima-nja i pjevaju „Ustani bane” kad je prigoda, mole se, odlaze na mise i pale svijeće petog kolovoza u New Yorku, Klagenfurtu i Sao Paulu, a onda se vraćaju svojim poslovima, putovanjima, zabavama i sprovo-dima, tako to ide, to je život, sve po špagi, normalno i ljudski. Zašto nas onda pitate, imamo li ili nemamo Hrvatsku? Imamo je, kao što su je imali Hrvati prije tristo i prije tisuću godina. Vlast? Vlast k'o vlast, ne marimo puno za nju, ni na izbore ne izlazimo, ne zanimaju nas te gluposti. Rat? Oh, rat pa rat, kad je ono završio, devedeset i pete, ma davno je bilo to, svaka čast, minuta šutnje, može i svijeća, zašto ne, ali pus-tite rat, gledamo u sutra, u budućnost, smiješi nam se ugovor za dva velika trgovačka lanca, to bi nam bio skok od pet koraka, ne jedan, a evo, u ponedjeljak nam ide pošiljka za Dubai. Život je lijep, treba i uživati, kad se može, a može se. Hvala Bogu!

Ništa novo u Hrvatskoj, povijest se ponavlja u istom ritmu, s novom scenografijom i no-vim glazbenim aranžmanima, ali je ista, strašna, preteška. Zaborav prekriva vrijednosti za koje se umiralo na bojnom polju, a mladi naraštaji ili gube volju za učenje iz prošlosti ili, nakljukani mitovima i legendama, nesvjesno stvaraju preduvjete za kopanje novih grobova po već viđenom scenariju laži.

Ne znam mogu li biti jasniji: ja ne osuđujem narod, hrvatske kmetove (kao što to čini Matoš, na primjer) i neću ih prozvati lijenčinama i glupima, ja sam uz kmeta jer jedino to mogu i biti, jer sam Hrvat-mrtvac, nitko i ništa, statistički broj, nebitna pojava među divovima 'rvatstva i Domoljublja s velikim „D". Nisam bio super heroj, ne mogu se hvaliti nečime što nisam učinio, ali nisam bio dezerter, nisam bio us-rana kukavica koja je rat provela u Minhen diviziji i sad, dvadeset i šest godina nakon svršetka rata držim prodike i dociram o tome što je Domovinski rat. Nisam dio kamarile potomaka komunjara ni neoustaških emigrantskih jebivjetara, nisam potekao iz kriminalnog svijeta kokošara, švercera duhana i rakije za gasterbajtere u Njemačkoj i Švedskoj, Austriji i Švicarskoj, nisam od današnje hrvatske elite, tih imbecila koji u životu nisu pošteno zaradili ni jednu lipu, a kamoli imetak u kojem sladostrasno uživaju i oni i njihov glupavi okot. No ako toliko volim Hrvatsku, za koga sam je vraga napustio i otišao u Ameriku? Otišao sam jer je to bila moja posljednja šansa da svoj životni put završim na jedini ispravan i Spasitelju prihvatljiv način. Svjestan prolaznosti u smrtnosti (napokon!), sjeo sam u avion i preletio dugu rutu Zagreb-Pariz-Barcelona-Los Angeles-Las Vegas u iskrenoj nadi da ću moći svoju neuspjelu predstavu u kazalištu istina i laži dovršiti dovoljno časno i bez ponovnog pada u grijeh i zablude koje su me i odvele u pakao zemaljskog uništenja. Što se tiče mog domoljublja i hrvatstva, Hrvat-mrtvac, jednostav-no ne mogu ostaviti Hrvatsku, nisam je ni napustio ni ovdje u Americi, nisam, jer mi mrtvaci i jesmo Hrvatska i u domovini i u Illinoisu. To je tako, bez glume i laprdanja. Uostalom, cijelo vrijeme mog dosadašnjeg boravka u USA pratim događaje u Hrvatskoj i svaka nova patnja hrvatskoga kmeta i moja je patnja (ma kako to zvuči licemjerno). Međutim, Hrvatska koju volim i kojoj sam služio ne postoji, odnosno postoji, i da i ne, ima je, ali je nema jer službena 'rvatska je 'rvatska grobara. A kako Hrvati nisu vidljivi i za vlast ne egzistiraju osim kao izvor novca i kao platitelji grofovskih i biskupskih bakanalija, to je jasno da Hrvatske, one od petog kolovoza nema! Nema ni Hrvatske Antuna Gustava Matoša.

Hrvati-mrtvaci su tragičari i gubitnici: Domovinski rat je dokaz tome, pobijedili smo u ratu, a izgubili u miru. Jadnije ne može biti: možda su u pravu oni koji misle da se više nije moglo učiniti jer ni Matoš, ni ja, ni svi zajedno nismo mogli učiniti ništa bolje i više od onog što jesmo, dobro i manje dobro, loše i nepopravljivo krivo. Za Matoša je stvar čista, od književnika i intelektualca se ne očekuje da vodi napad na barikade s pištoljem u jednoj i sab-ljom u drugoj ruci. Matoš nije mogao odigrati ulogu Gavrila Principa, a mi vojnici nismo mogli biti „Matoš" u devedesetima, a ni kasnije...

Što da da radim? Svoje kmetske Hrvatske nemam, a domovina velikog Matoša je ostala zarobljena u maglama agonije Austro-Ugarske Monarhije, u prašnjavim ladicama starih pisaćih stolova, u arhivskim kutijama, na požutjelim listovima rukopisa dragog nam Antuna Gustava. Vrijeme je okrutno, a mi ljudi ne znamo s darovanim nam danima, tjednima, mjesecima i godinama. Matoš je (poslije nezgodne situacije oko svog statusa vojnog dezertera i drugih nesretnih okolnosti) mogao hrvatovati po pariškim salonima i kavanama, po beogradskim birtijama, mogao je lokati lošu srpsku rakiju, a što sam ja mogao? Skoro pa ništa (pogotovo gledajući sve moje grijehe i promašeni život u cjelini). Teško je pretpostaviti što bi bilo da je Matoš doživio i preživio Veliki rat, ne mogu zamisliti bi li i kako on prihvatio Kraljevinu SHS (vjerojatno nikako i opet bi morao u emigraciju, ali ovaj put ne u Beograd, koji bi za njega bio „novi" Beč), ali mogu pretpostaviti da bi njegove riječi i rečenice bile kudikamo oštrije i ubojitije kad bi secirao hrvatsku politiku i stanje u srboslaviji...

Hm, a što ako sam od prve rečenice, prvog slova u krivu, ako ništa od ovog što sam nažvrljao nije istina ili barem nema nikakvih dodirnih točaka s „normalnom Hrvatskom" u kojoj je hrvatski kmet sit, u kojoj ga ne proganjaju niti mu nameću poreze koji ga ubijaju? Piti vodu gdje konj pije, jesti jabuku u kojoj je crv, lijegati rano i ustajati rano, ne miješati se u državnu politiku, biti nevidljiv za policiju i poreznu upravu, oprostiti bez pitanja, nahraniti gladnoga i napojiti žednoga, odjenuti gologa i obuti bosoga, krenuti ranije da bi se stiglo na vrijeme, poštivati tuđe i čuvati svoje, ne varati na vagi i biti ponizan pred Bogom i zemaljskim poglavarom, više slušati, a manje pričati, dokazati se djelima i ispunjavati obećanja, ispravljati pogreške, ne biti ohol, štedjeti i darivati potrebite. Normalna Hrvatska: jesti i piti, plesati i pjevati, uživati prikladno, a sve da se ne ugrozi kruh svagdanji, ne bježati od odgovornosti, držati se principa, ponekad se porječkati, ali odmah i ispričati za grube riječi, prijeći preko tuđih propusta i ne inzistirati na savršenosti, biti skroman, gledati svoja posla i ne miješati se u tuđa, a s posla ravno domu svome, znači, živjeti po zemaljskim i Božjim zakonima, Amen.

Postoji li „normalna Hrvatske? Zar je moguća, pak ako jest, zar je to jedina prava Hrvatska? Tko su „normalni Hrvati" i gdje sam onda ja u toj priči, ako uopće jesam? Koliko je jedan od kmetova, hrvatski seljak dovoljno Hrvat? A radnik u ljevaonici, tkalja u tkaoni, zidar na gradilištu, mehaničar ispod haube gradonačelnikove „mečke"? Tko je pravi Hrvat, a tko je krivi? Što je Hrvatska? Ne znam, ako me se pita s pozicije velikog „D": ja s time nemam nikakve veze.

Ako je ima, a ne znam to, onda normalna Hrvatska živi. Ja s tom normalom Hrvatskom nemam kontakt već godinama. Izgubljen sam u vlastitim i tuđim pustopoljinama loših odluka i bježanja od istina i laži. Logičan zaključak: ako nemam veze s „normalnom Hrvatskom" (koja Domovinski rat drži u udžbenicima povijesti i ne rabi ga kao politički govor na proslavi petog kolovoza u Kninu) ili, u drugoj inačici stanja stvari, ako ona ne postoji, logično jest da ne postojim ni ja! Nemam me, nema moje Hrvatske, ni normalne nema, pa nema ni mene! A koga nema, bez njega se može. Logično: ako me nema, a nema me, onda ne plaćam porez, a porez je sve, jednako u Americi, kao i u Hrvatskoj, ma koja i kakva bila.

U normalnoj Hrvatskoj porezi se plaćaju, normalno jer sve se normalno mora normalno i platiti. Njegovo Carsko i Kraljevsko veličanstvo, Njegova eminencija, Preuzvišeni gospodin ban, presvijetli grof, poglavnik, drug generalni sekretar i drug predsjednik, gospodin Vrhovnik i gospodin predsjednik Vlade, pa onda plebanuš, poreznik, načelnik i žandar, policajac i milicioner, stražmeštar i inspektor i cijele brigade sličnih žderača novca traže, zapovijedaju, zahtijevaju, naređuju, određuju naplatu, a o plaćanju rasprave nema: i „normalni Hrvati u normalnoj Hrvatskoj" otvaraju novčanike, geldtašline i takuine i plaćaju, a što nego plaćaju, to se mora i to se tako radi, Amen. Gornica, štibra, daća, desetina i devetina, lukno i PDV, doprinosi za zdravstveno i spomenička renta, vodna naknada i porez na dobit, doprinosi za mirovinsko i prirez, porez na dimnjake i porez na prozore, paušal ovaj i porez na firmu, administrativna taksa i porez na alkohol, porez na zemljište i porez na vikendice, sve to „normalnom Hrvatu" nije čudno jer tako je vazda bilo i tako će vazda i biti, plati i šuti i ne vuci vola za rogove. Točka. Nije se podigla zastava na kninskoj tvrđavi petog kolovoza da bi se neke budale sjetile ne plaćati poreze i davanja, reda mora biti, bez reda nema ni poretka. Jasno? Jasno. Dobro onda, uplate su na šalterima od broja dva do deset, hvala. (Važna opaska: od plaćanja poreza izuzeti su zaslužnici za uskrsnuće 'rvatske.)

Za što se ratovalo, pitam? Za što su hrvatski vojnici ginuli i svojim tijelima punili grobove i grobišta? Za koju Hrvatsku i za koje Hrvate, mrtvace ili grobare? Ne znam. Nisam dovoljno pametan ni obrazovan, ne znam odgovor. O ratu? A što je bilo i jest s onim poslije rata? Tko ima pravo, a tko sve što govori, kaže krivo? Po čijim i kojim kriterijima i tko ili što je ona nadnaravna sila koja određene face postavlja da budu arbitri, procjenitelji nečije dostojnosti i ispravnosti po pitanju građanske normalnosti, a naročito o hrvatstvu i domoljublju? To mi nikad nije bilo jasno: Hrvatskom šeću i laprdaju strašila s pravom i ovlastima prosuđivanja o tome tko jest Hrvat, a tko to nije! Stvarno, kako se postaje „dobar Hrvat"? Ne razumijem to jer postoje dvije vrste Hrvata, grobari i mrtvaci, oni „normalni" su mutacija drugih i neželjena kopilad prvih, s tom razlikom da „normalni" imaju relativno solidan status kod grobara, pak ih nitko ne dira, ne previše jer im ne rade probleme i ne postavljaju nezgodna pitanja. I pune proračun na vrijeme i s voljom, jasno.

O Domovinskom ratu? Dio veterana Domovinskog rata uspio je sasvim pristojno srediti svoje živote i danas žive mirnim civilnim egzistencijama bez ikakvih nepotrebnih političkih eskapada. Drugi dio su odabrali biti lakaji politike i može ih se vidjeti i čuti kako glumataju Domoljube s velikim „D", vitlaju plinskim bocama, psuju, prijete novim ratom i igraju se „žandara povijesti" nastojeći vratiti vrijeme unazad, u Domovinski ili neki drugi davni rat. Tužno je što ne vide da su klauni i da ih ni njihovi mentori s

Markovog trga, Trga žrtava fašizma ili Trga Drage Iblera ne shvaćaju ozbiljno. Treća grupa, kojoj i sam pripadam, su izgubljeni u prostoru i vremenu, likovi krajnje tupi, beskorisni i nesposobni za bilo što svrsishodno: ratni proleterijat, sirotinja teška i Bogu i vragu. Ova, moja mislim, skupina ratnih veterana se ni za što ne može upotrijebiti, naročito ne za nešto politički važno. Nemam obitelj, neoženjen, bez djece, svemirski sam udaljen od „normalnosti”. Također se nisam priključio budalašima koji supijani i pijani nastavljaju završeni rat: šank ratovanje oduvijek mi se činilo pizdarijom. Kako nisam ni u jednoj grupi, nisam nigdje...

Gdje sam, gdje smo? Rat: istina? Rat: laž? Kome je to važno i zašto? Heroji? Kukavice? Dezerteri? Prelupo. Istina s godinama gubi sjaj i poprima ružnu patinu relativnosti. Laž je ionako uvijek rado viđeni gost na terevenkama političkih vampira. Krvi sirotinje nikad dosta, grobari su nezasitni u ispijanju kmetske krvi, to im je fluid života, esencija bez koje ne mogu. Domovinski rat i vlast? Kajgod, jebe se vlasti za peti kolovoz, za vlast taj je dan samo stavka u kalendaru, dosadna obveza. Sve to skupa ima veze s erarskim primicima, nikako s domoljubljem i poštivanjem žrtve hrvatskog vojnika. Vlast ne skrbi za sirotinju nego za odane, poslušne, za one koji šute spuštenih glava. Kad sam kod vlasti i pameti, vraćam se Matošu na trenutak. Govoreći o vlasti, rekao je: „Zavirite u život i vidjeti ćete da su glupani neodoljiva sila jer su u ogromnoj većini, proglašuju svakog odviše umnog čovjeka bijelom vranom, ludom. Nesretnikom. Kumim vas, dakle dušom, ne budite tako glupi da imate pameti. Sakrijte se, oglupite... Poznajem mnogo glupana, izvanrednih, idealnih glupana, cvijet, uzor ljudske gluposti koji ne samo da ne pišu, već i ne besjede, pa su ipak članovi parlamenta, sabora, skupština i žive od govorništva. Kako su u silnoj većini, usrećuju glupu domovinu glupim, to jest nesretnim zakonima.” O Gospode, s ovime se sto posto slažem jer to je i slika današnje Hrvatske!

Napokon, vjerujem da bi Matoš, da je danas živ, ponovno emigrirao u Pariz, sigurno bi otišao jer ovakva Hrvatska nije ona njegova domovina Hrvatska, a bez pardona bi ga hdz/sdp banda otjerala, njima ne odgovara imati pametnog među glupanima. (Ne slažem se u mnogo čemu s Matošem, ali ga volim i poštujem jer je mislio svojom glavom, a ne tuđinskom.) Ja nisam odletio za Ameriku zbog ili samo zbog toga, no svejedno se i na mene odnosi što i na neponovljivog Antuna Gustava Matoša. Sve dok je Hrvatska ovakva, prodana, izdana, dok je Domovinski rat izdan i dok je peti kolovoza cirkus lažnog pijeteta, sve dok Hrvatskom vladaju prodane duše u koaliciji sa khuenovskim Srbima trećeg milenija, dakle, za Hrvatemrtvace, hrvatske kmetove nade i sreće nema. Ja nisam ni uman ni sposoban mijenjati stvari na bolje, nemam novca, nemam vremena ni snage, nemam ni znanja za takvo što, ali ako ova scena moje loše predstave u srušenom kazalištu istina i laži (kojim slučajem, čudom nebeskim) potakne nekoga ili neke na promjene, nitko neće biti sretniji od mene. Učiniti sve da naša u boju poginula ratna braća po oružju imaju miran san prije konačnog uskrsnuća je sveti nebeski posao najboljih vojnika Spasitelja svijeta. Molim Gospoda da tako bude, Amen.

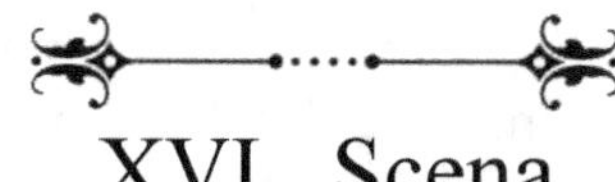

XVI. Scena
Obitelj: O smrti, životu i ostalim glupostima

„ Smrt nije strašna, život, putovanje do
nje je grozno."

(nepoznati autor)

Ne zazirem od smrti, ona je moja sjena, vječna pratilja kroz cijeli život: ne razumijem ljudski strah od smrti, pa ona samo radi svoj posao, i to radi izvrsno, samozatajno i neponovljivo učinkovito. Kako kažu, sve što se rodi, mora i krepati. Nema jednostavnog objašnjenja za veličanstveno djelo smrti, nevidljive, a opet svevremenske i sveprisutne konstante još od Adama i Eve, od početka svega svijeta. Stvoritelj je sve odradio upravo savršeno kad je uspostavio suprotnost rođenju, suprotnost životu: premda su riječi o potrebi oprečnosti u svemu Sotonine, sve je to dio Plana Nebeskog Oca i do danas nitko nije dokazao kako je taj Plan loš ili neistinit. U velikoj živoj riječi Gospodnjoj, u Mormonovoj knjizi, po zapovijedi Njegovoj je zapisano (2. Nefi: 2:11,15): „Jer svakako mora biti oprečnosti u svemu. Da nije tako... pravednost se ne bi mogla ostvariti, ni opačina ni svetost, ni bijeda, ni dobro, ni zlo." Mudrost Božja iznad je smrtne logike: prolaznost života u tijelu omeđena je dvjema točkama, rođenjem i smrti, a kako se potrošeno vrijeme ne može vratiti, blagoslov i privilegiju ispunjenja svrhe ovozemaljskog življe-nja ljudi mogu steći životom po Božjim zapovijedima Nebeskog Oca po Njegovom Sinu u življenju punine obnovljenog evanđelja Isusa Krista. Kako je svrha ljudskog boravka na zemlji stjecanje dostojnosti za život u vječnosti (s vječnim obiteljima) u Njegovoj nazočnosti, jedini put do toga jest iskoristiti vrijeme između života i smrti u tijelu na ispravan način, učenjem i služenjem na način živog Sina živoga Boga, čime se stječe sposobnost svladavanja straha od smrti i spoznaje o vječnom životu nakon smrti. Da, kroz posljednjih šest godina naučio sam smrt gledati drugačijim očima.

Istina je, tek od 2016. traje moje učenje i prihvaćanje smrti u svjetlu Kristovog nauka: spoznajom Spasitelja u mom se srcu i u mojoj duši počinju zbivati velike promjene, i to na bolje, po prvi put nakon četrdeset i osam godina života. Moći Duha Svetoga primio sam svjetlost nade i prepoznao i prihvatio snagu vječne istine evanđelja i snage čiste božanske ljubavi. Pristao sam slijediti Kralja nad kraljevima i tek sam tada doživio obraćenje tijela i duha, a što je svoj vrhunac doseglo svetom uredbom krštenja uranjanjem za otpust grijeha u sveto ime Isusa Krista. Iz praznine nevažnosti, iz tmine jalove svakidašnjice, iz kaosa nesređenog i posve izgubljenog postojanja, ja sam, hvala Gospodu, pronašao najsvetije i jedino svjetlo i put spasenja, u najdražem bratu, Učitelju i jedinom koji je iz ljubavi prema meni (i svima nama) otišao u smrt i pobijedio je da bi ja (i svi mi) živjeli. Upravo mi je primjer Alfe i Omege, Onoga koji jest, Princa mironosnog, pokazao da smrt nije kraj, nije svršetak, da je smrt samo jedna točka na našem putovanju do vječnosti. Smrt nije bauk, nije strahotna nakaza, smrdljivi kostur u crnom ofucanom habitu, s ružnom blatnjavom kapuljačom i velikom okrvavljenom kosom u koščatoj ruci, smrt nije nemilosrdna snaga zatiranja i uništenja, ona ne odnosi sve u nepovrat. Bog ništa nije stvorio iz zlobe, u Njemu nema mržnje ni pakosti, pa tako ni smrt nije nešto što bi Njegovoj djeci trebalo nanositi neizrecivu patnju i bol. Smrt je uistinu normalna pojava unatoč svim njenim (ponekad) užasnim oblicima nastupa: ali, jednako tako, smrt je potrebna i nezaobilazna za sav živi svijet, a za čovjeka, stvorenog na sliku Božju, možda i najviše. Smrću ništa ne završava, njen posao je dovršiti naše zemaljsko trajanje i omogućiti otvaranje vrata drugog, svakako boljeg i ljepšeg života. Ne odmah jer se Plan Nebeskog Oca mora ispuniti po Sinu u svakom, pa i najmanjem dijelu. Sve ima svoj red, kako je zapisano i zapovijeđeno. Uskrsnuće svih, Dan suđenja, posljednja bitka protiv zla, život vječni, sve navedeno i sve što ne spomenuh je preda mnom i dok nastojim (teško je, ali i lijepo) očuvati dostojnost pred Gospodom, ja učim i sretan sam jer smrt mi više ne predstavlja ništa opasno, dapače, spreman sam za dan kad će On poslati po mene, kad ću doživjeti sveti trenutak povratka s onu stranu vela.

Ljubitelji zemaljske logike će graknuti na moje potonje riječi: „Haha, smrt je ništa? Grozne automobilske nesreće, ratovi, potresi i užasne bolesti, požari, ubojstva, sakaćenja, nabijanja na kolac, što je to, to su lijepe smrti? Ne seri, bogomoljac, laprdaš bez uma i razuma! Ljudi umiru u neopisivim mukama, od gladi i žeđi, spaljeni, razbijenih lubanja, iščupanog utroblja, a ti trkeljaš kako smrt nije kraj i da je sve to lijepo i dobro?! Kad umiru najmanja djeca, bebe, zar je to ljubav tog tvog Boga?! Kakav je to Bog koji uzima život malom djetetu, majci, ljudima u najboljim godinama?!?”

Da, točno, bez vjere u Krista smrt doista jest grozomorna, a Bog ne izgleda nimalo lijepo. Međutim, to je privid, to nije istina. Bog je ljubav, Isus Krist je sama ljubav, On jest ljubav. U Getsemantskom vrtu to je dokazao na najteži način preuzevši grijehe svijeta na sebe: ispio je gorak kalež iako su boli bile neizdržive, iako je krvario iz svake pore! Ne, odgovaram sumnjičavima, sve što ste rekli nema veze s voljom Božjom. Smrt nije odgovorna za način umiranja, to nije njen posao. Smrt ne počinje ratove i ne tjera mlade vozače da se opijaju i drogiraju prije no što sjednu za volan automobila, smrt ne povlači okidač puške i ne ubacuje mine u minobacač, smrt ne siluje djevojke i ne ubija ih mesarskim nožem, smrt nema laboratorije za proizvodnju virusa i otrova, smrt ne gura ljude s visećeg mosta u nabujalu rijeku, smrt ne uzrokuje potrese i tsunamije, ne upravlja vulkanima, ona nema te moći, smrt to ne čini, ona to i ne može činiti. Sve što smrt radi i što je njena obaveza jest isisati, uzeti život iz smrtnog tijela, zaustaviti „živi ljudski stroj” i omogućiti povratak duhovnog bića Stvoritelju, kamo i spada. To je sve što smrt mora odraditi i što upravo nezamjenjivo čini. Kako će tko umrijeti, više ili manje strašno, u mukama ili će samo usnuti bez buđenja, to nije na njoj. Djeca Božja, svaki naš brat i svaka naša sestra imaju mogućnost voditi svoj život, a kad, se, na primjer, dogodi da netko ubije nekoga, to je opet stvar odluke smrtnika, ne smrti. Od Adama i Eve, koji su izgnani iz Edenskog vrta jer su prekršili zapovijed i jeli zabranjeno voće, te su, izgubivši besmrtnost, poslani u zemaljski svijet svojim rukama kruh stjecati i zemlju napučiti potomstvom svojim, od Eve, majke svega živoga i Adama, oca svega živoga, ljudi sami donose odluke i snose odgovornost za te odluke. Imaju mogućnost biranja između dobra i zla, a smrt ni na koji način ne sudjeluje u tome. Kad je Kain ubio Abela, brata svojega, smrt nije zapovijedila da se to učini, ona je samo došla po ono što je voljom Božjom njena dužnost.

Ne poričem, ponekad smrt mora doći k malim bebama. Ona ne ubija, ponavljam, samo otvara vrata za povratak duše k Njemu. Nitko smrtan (ja najmanje) još nije stekao dostojnost moći znanja o volji i nakanama našeg Stvoritelja na nebesima. Sve u svoje vrijeme. Nebeski Otac svojoj djeci daje onoliko znanja koliko je potrebno u nekom vremenu. Tako je i s pitanjem o smrti malih beba: doći će dan kad ćemo saznati sve i kad ćemo spoznati zašto je to bilo tako kako je bilo, pa je smrt omogućila putovanje duša malih beba na drugu stranu vela. Smrtni um nije sposoban i ne zna razumjeti to da Plan Nebeskog Oca ima smisao, razloge i istinu koja je iznad svega prolaznog i zemaljskog. Svekoliko uskrsnuće svih koji su se ikada rodili, koji se rađaju danas i koji će se tek roditi, od prvog do posljednjeg će uskrsnuti, nitko neće biti ostavljen: i mladi i stari, bebe i ljudi u najboljim godinama, svi koji su preminuli na ovaj ili onaj način, bili ateisti ili vjernici, uskrsnuti će u tijelu, u kostima i mesu i zbog toga je način zemaljskog umiranja posve nevažan. Blagoslov života u savršenstvu Božjem nadmašuje sve, pa i to kako netko umire, biva ubijen ili umire od virusa COVID-19. Ne sjećam se jesam li ovo već rekao, ali nije problem ako ponovim (i tako samo ponavljam, prepisujem, kopiram stvari): netko je lijepo primijetio, ponekad Bog pozove k sebi zemaljske anđele jer ih na nebu nema dovoljno...

Jesam li barem malo razjasnio stvari? O čemu govorim i pišem, o čemu se radi u ovoj sceni? Smrt je trenutak, točka na našem putu, ništa više. Naravno, posljedice „rada” smrti bile su i biti će (sve do drugog dolaska Spasitelja) bolne, često razočaravajuće, uvijek teške i neshvatljive. Gubitak oca, majke, brata ili djeteta, prijatelja ili člana šire obitelji, poznanika ili susjeda izaziva u nama tugu, očaj, mi plačemo i često se pitamo kakav je to Bog koji to dopušta i zašto odlaze s ovoga svijeta dobri, a zli ostaju. Smrtnici smo i naše emocije u trenucima ovozemaljskog rastanka od bliskih nam ljudi mogu nadjačati našu vjeru u Krista.

Slomljeni smrću drage osobe, zarobljeni strahom od samoće i spoznajom da pokojnika ili po-kojnicu više nećemo vidjeti, zagrliti, da nećemo dijeliti dobro i zlo s nekim tko nam je mnogo značio/značila, zamagljenog srca bolom okrećemo leđa od istine i prepuštamo se optuživanju nebesa za bezosjećajnost, čak i mržnju. To je krivo, ali Gospod koji nas bezgranično voli nam to ne zamjera. Da-pače, u trenucima kad nas očaj zbog nečije smrti gura u nevjeru, Krist nas voli još više, plače s nama, dijeli tugu i Njegove nas ruke još jače grle, samo što mi to ne vidimo i ne osjećamo zbog zemaljskog poi-manja smrti koje nas je udaljilo od Božje istine. Isus sjedi s nama u bolnici, u domu našem, na groblju prilikom ukopa i u Crkvi i njegove suze jednako zalijevaju lijes preminulih kao i naše. Neporeciva istina: Spasitelj svijeta ne čeka, on šalje svoje zemaljske i nebeske anđele da nas moći Duha Svetoga tješe, da nas vrate k Njemu i istini punine Njegovog obnovljenog evanđelja. Vjerujem da nam Isus govori: „Nije goto-vo, ljubljeni moji, nije gotovo, ovo nije kraj, to je tek početak, biti ćete ponovno zajedno u vječnosti. Znam, čini vam se da je svijet propao, praznina u vašim srcima smrću voljene osobe je ogromna i ništa je ne može ispuniti, nema zamjene za najdraže, ali ne ne tugujte, niste sami, ja sam s vama, svi anđeli nebes-ki plaću s vama, plaču i pjevaju pjesme nade i radosti. Da, radosti, mili moji, jer nakon svega, nakon smrti kraj nije kraj. Nebeski Otac vam je obećao, a ja ispunjavam, biti ćete opet svi zajedno, zauvijek! Ljubav Oca u Njemu i po meni ne umire i ne nestaje! Plačite sad, isplačite suze zemaljskog bola i tuge, ali znajte, kažem vam, nikoga niste izgubili, vaši najmiliji su kod Oca, u miru nebeskom i čekaju vas u radosti Božje milosti! Niste sami, moje vas ruke grle, volim vas!” Znam da nam se tako Isus obraća, on nas voli, ne osuđuje naše sumnje kad smo suočeni sa smrću i čini sve moći Božjom da nas utješi i osnaži u teškim danima izazova i patnje.

Smrt ne izgleda kao zla neman, ja se ne bojim ni nje ni onoga što čini. Vjerujem u Krista i znam što jest, a što smrt nije. Kršćanin sam i ne trebam se skanjivati ni bježati od stvari koje je Stvoritelj tako savršeno uredio. Šestog siječnja dvije i šesnaeste, kada sam osjetio snagu istine i kada sam shvatio da moj život može imati pravi smisao jedino u Isusu Kristu, tog mi je dana i smrt postala neopasna, upravo nevažna. Moje obraćenje od nevjernika do vjernika bijaše teško i strahovito iscrpljujuće. Putovanje od ate-ista u tjelesno istog, ali duhovno sasvim drugačijeg čovjeka odvijalo se u vrlo kompliciranim uvjetima preobrazbe. Ne mogu lagati i govoriti kako mi je prijelaz iz nevjere u vjeru bio lagan ili da sam, dok se pucne prstima, odbacio stari život da bih prihvatio novi bez pitanja i bez okretanja za sobom. Ne, bilo je užasno, priznajem. Demoni prošlosti nisu pokleknuli i otišli, sam je đavao došao podržati svoje vojnike zla kako bi me zaustavili u obraćenju i vratili na mračne staze pakla: Sotona se nije htio pomiriti s time da mi i smrt postane obična i bezopasna. Njegovi krvavi vitezovi zla upinjali su se odvojiti me od Mormo-nove knjige i Crkve, ali uzalud, moje srce više nije stenjalo u okovima praznine i nakon godina hladnoće grijala me ljubav Sina Božjeg.

Dobro, ni prije obraćenja smrt mi nije bila zastrašujuća, kao ratni veteran i zbog cijelog svog života ni-sam zazirao od nje, ali je nisam smatrao bezopasnom, naročito stoga što nisam znao kako smrt nije kraj krajeva. U godinama prije šestog siječnja dvije i šesnaeste smrt mi je bila kazna, mrzio sam je, naročito nakon pogreba moje majke 1993.: slika iznad maminog groba i crne misli o tome kako je sve gotovo jer nisam bio uz nju kad je umirala u bolovima od raka, kad sam morao biti s njom, i olovni osjećaj grižnje savjesti i mržnje prema samome sebi, sve to me gotovo uništilo i u godinama koje su uslijedile uzalud sam pokušavao pobjeći od te agonije. Naučio sam da mi smrt nije neprijatelj ako slušam Krista i slijedim ga bez obzira na sve. Po krštenju, a najviše nakon što je sam Gospod po svom živom proroku i svojim živim apostolima poslao najboljeg od najboljih anđela zemaljskih, misionara, poniznog vojnika Isusa Krista koji će postati moj najbolji prijatelj i najdraži brat, moj zemaljski čuvar u Njegovo ime, oslonac i onaj kome apsolutno vjerujem, kad je u Varaždin, dakle, stigao onaj koji je ruka Spasitelja, moje je koračanje uskim putem postalo sigurnije, čvršće i sve prepreke na tom putu, sva iskušenja bivala su neznatna jer sam znao da nisam sam i da me ništa, pa ni smrt neće natjerati da skočim sa broda Spasitelja u uzburkano more nes-tanka, u vlastitu mutnu prošlost. Nekad sam smrt i umiranje smatrao lošom stranom lošeg života (svog, ponekad tuđeg), nešto poput izlizane fraze „nema tu sreće, pa to ti je, rodiš se i krepaš, uvijek prerano i na strahotno glupi način”. Nisam se skrivao pred njom, oh ne, gospođa smrt mi je bila nešto kao čir, ulcer, šuplji zub, ono što boli, ali čega se čovjek ni uz najbolju volju riješiti ne može, a zbog čega sam bio prisiljen živjeti s njom u čudnoj zajednici mene-tijela i nje-parazita: žalosno u ovoj priči je to što me smrt (u inačici prije mog pristupanja Crkvi) nije dirala, ne, ona je uzimala sve koji su me voljeli i koje sam ja volio, nemilosrdno, nenajavljeno i okrutno. Klasična priča: bez ikakvog oružja protiv takve smrti nisam imao šanse i stoga sam živio s njom u trpljenju njene strahote kao nečega sasvim normalnog. Napokon, kroz sve godine „suživota" sa smrću koristio sam zemaljske resurse „samoubijanja" bez vlastite smrti i bijega u dramatične lažne smrti (pijanstva, laganje samome sebi, život u iluzijama). Cigaretni dim, „stock", još cigareta, tri kutije dnevno, rakija, bilo kakva, vino, rijetko dobro, uglavnom tudum, delanec, u posebnim prilikama graševina i pivo (premda nikad nisam bio ljubitelj „soka od ječma i hmelja"), naročito ako je bilo besplatno, sve u ogromnim količinama, u litrama, bez reda i bez pameti, oblokavanje do besvijesti i povraćanje, padanje u krčmi, padovi na cesti, u grmlje, puzanje i jalovi pokušaji ostajanja na nogama, uriniranje po sebi i mrtav san u zahodu, naslonjen glavom na zahodsku školjku. A smrt se smijala, umirao sam, a živio, kako jadno, kako bijedno.

Smrt me pratila, bila dio mene, htio ja ili ne. U našoj se obitelji umiralo kao na traci, kao u lošem horor filmu: ne osobito zabavno ni strašno, samo glupo i dosadno. Na majčinoj strani malo tko je sedamdesetu, a broj mrtvih oko pedesete premašuje moju sposobnost memoriranja imena. Na očevoj strani stanje je mnogo čudnije. Prvo, ovaj dio obitelji je zacrnjen, tu sam hendikepiran što se tiče vjerodostojnih podataka iako je storija očeve majke u nešto boljem stanju jer sam uspio doći do informacija za četiri generacije unazad, što je ipak neki uspjeh uzmem li u obzir da sam na početku imao tek ogroman prazan list papira ispred sebe. Međutim, obiteljska povijest djeda s očeve strane je komplicirana, ali govorio sam o njemu ranije i sva je prilika da ću ga vidjeti tek iza vela, zajedno s cijelom vječnom obitelji. Kako bilo, ovo je scena o obitelji slikana kroz prizmu smrti: smrt, život, sve su to gluposti ako život nema smisla, ako se ne živi evanđelje Isusa Krista.

Moja obitelj: djedovi, pradjedovi, ujaci, sestrične i uopće bliža i dalja rodbina, koje sam znao, za koje sam tek čuo i većina njih, za koje neću ni saznati na ovome svijetu odlazila je na vječni počinak po gotovo filmskom scenariju i sve naše obiteljske smrti, svi pogrebi, mise zadušnice i karmine (mnogo skupih karmina i mnogo skupih misa zadušnica) odigrane su na estradi života bez prethodne najave, užurbano, neuvježbano, tako prokleto ljudski. Smrt nije kucala, upadala je među nas kao uljez, nije birala, tko je imao nesreću prvi naletjeti na nju, vrlo brzo bi ležao u lijesu, a lijes bi oznojeni polupijani grobari u prljavim izgužvanim odorama vozili na škripavim grobarskim kolicima (ružna, s kotačima kao u starog bicikla, s metalnim rukohvatom s obje strane) od mrtvačnice do grobne jame: smrt je obožavala obiteljske pogrebe (koji su bili iznimna prilika za okupljanje rasute familije i obnavljanje starih svađa čije početke nitko nije pamtio, naročito kad je umro netko od starih, na čije ime je možda glasio kakav komad neplodne zemlje, malo šume ili polusrušena kuća negdje u zagorskoj pripizdini), uživala je, bez sumnje, u umobolnim predstavama tuge nas smrtnika, u raspravama tko će i kako platiti pogreb, a lijes i sve to, pop traži puno i karmine k svemu, čudo je koliko ti ljudi mogu pojesti i popiti, a na kraju pjevaju i zaborave zašto su došli. A načini umiranja bjehu u velikom rasponu od automobilskih nesreća preko popisa svih mogućih bolesti, od kojih su karcinomi, srčani i moždani udari bili nekako najčešći, pa onda padovi s krova i utapljanja također, dok o umiranju u ratovima i samoubojstvima ne treba govoriti. Smrt (u nevjerničkoj varijanti) očito se sjajno zabavljala u našoj obitelji, njen posao među nama bio joj je više kao odmor, haha. U obitelji se umiralo uvijek bez najave, brzo i bolno: valjda je tako moralo biti, vrag bi znao.

Rat? U četiri godine rata susretao sam se sa smrću kao što se to i događa vojnicima. Svako umiranje u ratu je suvišno, za civile slavno i časno, za bojovnike bolno i užasno. Vojnik postane imun na sliku mrtvih tijela, ali nikad se ne navikne na smrt brata po oružju, čak i ako se njegova tuga ne vidi izvana. S druge strane, ratne smrti su drugačije, ne mogu se uspoređivati ni sa čime iz civilnoga svijeta. Mrtvi neprijatelji, mrtvi suborci, mrtvi civili, sva ta trupla ostaju memorirana u duši ratnika i on se ne može osloboditi pritiska vapaja mrtvaca razbacanih svuda po bojnim poljima, po mjestima na koje se, nakon rata, ako poživi, bivši vojnik ne vraća (izuzev hrvatske inačice priče: nekadašnja subnorovska hodočašća danas su uzdignuta do razine tragikomične parodije).

Obiteljske smrti, ratne i sve s kojima sam se susretao prije moje spoznaje Spasitelja ima-le su zajednički nazivnik: u grobove polagana su mrtva tijela onih koje sam poznavao, volio, s kojima sam živio, dijelio dobro i zlo, koji su me voljeli, ponekad prezirali, često kudili, ali bez kojih moj život nije imao smisla. Stoga bez glumatanja kažem, smrt mi nije nepoznanica, nije zagonetka, mi se znamo jako dobro, mi smo stari znanci, čak i više od toga. Doduše, nikad je nisam do kraja razumio, ako sam je uopće. Umrijeti se mora, mislio sam, svemu jednom dođe kraj, pa će i meni, to je tako.

U agoniji nestajanja svega što život jest, u bunilu propadanja jednog bivšeg vojnika, ratnog veterana, bivšeg svinjara i čobana, pastira, sluge i beskućnika, pijanice, propaliteta samo takvog (mene), smrt je bila mnogo manje poetski i mnogo manje metaforički pojam nego u životima (meni) dalekih, uljuđenih, reklo bi se, pristojnih budućih mrtvaca (svi ćemo krepati, to je jedina ovozemaljska istina), kad su oko mene ljude pokapali u naročito nenormalnim okolnostima i kad je sve to skupa (život sam po sebi) postao tek zadimljeni bunker debelih zidova i debelog svoda ispunjen neostvarenim ambicijama, slomljenim nadama, nedosanjanim snovima, glupim željama i registar-listom svih propalih bježanja od laži i od istine, što mi je bilo činiti, što osim prepustiti se sudbini, prepustiti se živčanom sukobu sa samim sobom i cijelim svijetom. Željeti umrijeti, prihvatiti smrt kao izlaz iz zamke zemaljskog vražjeg pakla u klasičnoj inačici mazohistički nastrojenog slabića činilo mi se kao prihvatljiva opcija, međutim je takva nakaradna „hrabrost" bila tek izbačena scena iz nikad odigrane loše predstave u praznom kazalištu, bez publike, s uništenom estradom i neopranim ružnim tijelom netalentiranog glumca užasne dikcije i strahotno siromašnog vokabulara, pak biti, roditi se, odrastati i školovati, živjeti u napuštenom srušenom teatru, negdje u zabiti, na samoj granici vremena i svijeta, u neprirodnom okružju pseudohumanog društva crvene zvijezde petokrake, srpa i čekića, maršala i Programa SKJ, u sustavu koji se dičio jednakošću i ljudskim licem, a bio je sve samo ne ljudski i najmanje jednak za sve, i nakon svega preskočiti slabe granice mijena povijesnih turbulencija i uskočiti u novo, ništa bolje vrijeme vladanja novog ološa (ništa manje pokvarenog, ništa manje neljudskog) zasigurno bi slomilo i u delirijum otjeralo psihički i karakterno stabilnije pojave od mene. Nastojali su me formirati u posljednje dvije dekade socijalizma, učili su me povijesti NOB-a i socijalističke revolucije premda je nakon smrti maršala osamdesete stezanje za vrat ideoloških inspektora iz komitetskih i SUBNOR-ovih ureda lagano slabilo (kao što danas jača tzv. braniteljski stisak tzv. braniteljskih udruga - ne veteranskih, da se razumijemo, ne poistovjećujem veterane Domovinskog rata i tzv. brani-telje, osobito ne „nove branitelje" aktualnog ministra), učili su me poštivanju kulta partizanske smrti: uzdignuto na pijedestal komunističkih bogova, mrtvi su partizani, ilegalci i skojevci nasilnim metodama indoktrinacije ulazili u moju glavu kao nadnaravni i nedodirljivi „primjeri" najviših ideala kojima sam se morao klanjati, stajati u stavu mirno uz pjevanje revolucionarnih pjesama. Takvo školovanje i pretvaranje trulih skeleta i kostiju partizana u obvezatni dio moje tzv. socijalističke moralne, intelektualne i ljudske ličnosti prouzročilo je stanovite probleme koji će se ispoljiti tek kad sam uvidio kako su u demokratskom društvu, u novoj 'rvatskoj koja se voljom naroda oslobodila okova komunizma, a pobjedom u Domovinskom ratu i srbočetničkog zla i srpskog predbacivanja kolektivne krivnje hrvatskog naroda za zločine endehazije (pri čemu, gle čuda, nikad srbende nisu spominjale zločine komunista), zapravo ništa promijenilo nije, pače su zlo i nepravda eskalirali kao nikad prije, a mučitelji su ostali isti, oni sami, njihov okot i pridošli ljigavci i štakori sa svih strana svijeta (kao muhe na govno). Simboli smrti u ono doba bjehu vješto maskirani stotinama spomenika, muzejima u zgradama i muzejima na otvorenom, partizanskim bolnicama po šumama i gorama, bistama i spomen-pločama, omladinskim akcijama „Putovima revolucije" i „88 ruža za druga Tita", redovnim godišnjim izletima na sva značajna stratišta iz onoga rata (komunista, ne i njihovih žrtava), na mjesta odigravanja davnih bitaka i rodnim kućama boraca protiv fašizma i domaćih izdajnika. Morbidnost obrazovanja djece pod parolama slavne smrti ugurali su u moj mozak učitelji i nastavnici, profesori, omladinski i partijski funkcioneri, vođe izviđača i predsjednici i tajnici planinarskih društava, a ja, što sam mogao nego slušati sve te gluposti i živjeti po tim idiotskim regulama koliko sam već dospio razumjeti. U devedesetima sam spoznao kako je socijalistička suluda ideologija veličanja partizanske smrti skoro pa istovjetna ideologiji veličanja pogibije hrvatskih vitezova u Domovinskom ratu: razlika koja te dvije stvari dijeli jest, nota bene, u tome što ratni veterani Domovinskog rata izravnog udjela u toj glupoj predstavi nemaju, da Domovinski rat i sve njegove smrti zlorabe oni koji rata nisu ni okusili niti su se u njemu borili! Razlika je i u tome što sam ja, kao kakav takav svjedok Domovinskog rata bio „oslobođen" slušanja blebetanja nažderanih boraca Minhen divizije: ne posvema jer kuda god se okrenuo, takvih je papiga bilo k'o pljeve. Poput trenutnog premijera i odanih mu lakaja. Fascinacija smrću se nastavila, sad u drugoj formi i s kudikamo strašnijom potkom: dok su mi mrtvi partizani bili daleki kao i srednjovekovni vitezovi, mrtvi hrvatski ratnici iz Domovinskog rata to nisu mogli biti. Moja braća po oružju, suborci, prijatelji. Zloraba njihove pogibije me ljutila, ali ništa nisam mogao. Povijest se ponovila, živi ispostavljaju račune za mrtve i uživaju u krvlju stečenom bogatstvu. Odvratno, a za 'rvatsku tako normalno. Smrtnici su pljunuli na grobove svojih mrtvih.

Smrt je jeftina za mrtve, a preskupa za obitelj i one koji ostaju iza pokojnika. Za moju obitelj „preskupo" je preblaga riječ, a hrvatski jezik, koliko znam, nema boljih riječi od ovih koje sam napisao, preskupa smrt. Svaki put. Sprovodi, pogrebi, kako god, oduvijek su teško plativi izdatak za obitelj: taj iznenadni trošak bacio bi žive u dugove iz kojih bi se teško i dugo izvlačili. Jedan sprovod značio je katastrofu, a dva uzastopce bacila bi obitelj u financijsku propast na duže vrijeme. Zato nitko nije volio smrt, ne zbog tuge za onima koji su otišli „svetom Petru na spoved", već zbog prostih životnih stvari po-put novca i podmirenja računa za pogreb (glupo je osuđivati obitelj i napadati je zbog bezosjećajnosti: lju-bav prema pokojniku ili pokojnici nikad nije dolazila u pitanje, ali i poslije sprovoda mora se živjeti, ra-čuni se moraju plaćati, a plač za pokojnima ne puni bankovna konta). Mrtav ide pod zemlju, živima os-taje hrvanje s računima. Kod moje obitelji bješe stvar navlas ista. Siromašni se ne boje smrti, strepe od života, ali se bore, dok ne pokleknu. Rijetko pobjeđuju, a katkad smrt donosi i olakšanje: kad se netko muči i trpi grozote cijeli život, odlazak s ovoga svijeta je sloboda, spasenje. Nije za vraga najčešće izgova-rana fraza „hmrl je, Bog mu dušu prosti, nek' je, dosta se namučil i napatil, nek' ve počivle v miru Božjem". Kmet se nije plašio smrti, kao što je grof i biskup drhtao pred njom, što je tragikomično i pre-glupo, pa barem bi grofovske guzice i plebanuške, monsinjorske, biskupske, prebendarske, velečasne i prečasne, kradinalske itd. učene šuplje tikve trebale znati sve o Božjem Planu i Božjoj definiciji smrti, o njenom mjestu i značenju, o moći u kontekstu kršćanstva. Haha, prije će biti da su uzorite stražnjice i njihovi svjetovni plavokrvni pandani bili (u sebi) svjesni kako ipak neće živjeti dvjesto godina i da im spasa od smrti nema. Idiotski smiješno je kad oni koji propovijedaju radosnu vijest i život u vječnosti s Njim, a u stvarnosti nariču poput baba narikača na sami spomen kraja ovozemaljskog života, sline i cvile k'o odojak na klanju, kao da nisu potrošili pola života na učenje o besmrtnosti. Međutim, znaju prelati i grofovi što im se sprema, znaju sve o redu Božjih stvari! Znaju, ali nemaju kuraža pokazati to „znanje" jer drhte pred obje smrti, boje se i tjelesne i duhovne. Tjelesna smrt ih užasava, pomisao da neće uživati u zemaljskim grijesima (protiv kojih svakodnevno deklamiraju) ih izluđuje. No duhovna smrt, ona vječna, kao konačna presuda Gospodinova im je još groznija. Vjernici su, katolici, haha, pa opet, svo znanje o Bibliji, sve što papagajski ponavljaju skoro dvije tisuće godina (a koje sa Spasiteljem svijeta nema nikak-ve veze) ne može im smiriti crne duše i uvjeriti da će dobro proći na veliki Dan suđenja. Mormonova knji-ga daje precizan odgovor na potonje pitanje. Mudar prorok Božji Alma u ime Gospodina Isusa Krista je zapisao (Alma 12:16): „I evo gle, kažem ti, tada dolazi smrt, i to druga smrt, koja je duhovna smrt; tad dolazi trenutak kad će svatko tko umre u grijesima svojim, gledom na vremenitu smrt, također umrijeti duhovnom smrću: da, umrijeti će gledom na ono što se odnosi na pravednost." Jer vremenita smrt je ništa, tek točka u putovanju djece Nebeskog Oca do vječnosti (znamo za uskrsnuće svih koje će se sigurno zbiti, koje dolazi): još od vremena kad smo bili u duhovnome svijetu, kojeg se ne sjećamo, znali smo što će biti, prihvatili smo da se rodimo u tijelu, prihvatili smo kao dio Plana Nebeskog Oca i tjelesnu smrt, što je sve u ciklusu učenja i stjecanja dostojnosti za život u vječnosti, za povratak Njemu. Rekoh, kao smrtnici se ne sjećamo one druge strane vela, ali naše duša i srca znaju. I Gospod zna. Ta druga smrt, o kojoj zbore svete riječi Mormonove knjige je definitivan kraj za sve odane zlu, iz te smrti povratka nema. Poslije uskrsnuća dolazi veliki Dan Suđenja za svu djecu Nebeskog Oca, baš za svakoga od nas, koji smo se rodili u tijelu, živjeli i umrli zemaljskom smrću, ali isto tako i za sve pale anđele Đavla, vladara njihovog. Pali anđeli nemaju tijelo, pa ipak će im biti suđeno po pravednosti. Oni su već pre-trpjeli duhovnu smrt, nakon što su istjerani s nebesa, ali Nebeski Otac je bezgranična ljubav i jedina čista pravednost, te će im u dan Suđenja biti izrečena kazna: svi oni koji su se pobunili protiv Boga svojom voljom, biti će kažnjeni. U punini svoje dobrote i ljubavi, živi Bog i Njegov živi Sin daju šansu čak i zlikovcima, izdajnicima i pobunjenicima, zavedenim i opakim, svi će dobiti još jednu, posljednju šansu prije izricanja konačnog suda. I zlima će biti ponuđeno prihvaćanje spasenja kroz vječno pomirenje Isusa Krista i poslušnost načelima punine obnov-ljenog evanđelja. Svi koji to odbiju biti će zauvijek osuđeni na konačnu drugu duhovnu smrt. Kazano je moći Duha Svetoga (Heleman 14:16): „Da, gle ova smrt ostvaruje uskrsnuće i otkupljuje sav ljudski rod, zato što padom Adamovim bijaše isključen iz nazočnosti Gospodnje, smatra mrtvim, i s obzirom na vremenito i na duhovno.”

Siromasi se rađaju i umiru bez pompe, dođu i odu s ovoga svijeta kao da ih nikada nije bilo. Stara je to istina, pak je i moja obitelj bila takva. Djeca su se rađala tiho i još tiše bi ih pokapali, kao djecu, kao mlade ljude i u srednjim godinama, rijetko kad kao vremešne starce i iscrpljene bake. Pokraj stotina zvučnih imena zaslužnika, slavnih ličnosti iz povijesti našega grada i 'rvatske nam Domovine s velikim „D”, po-kraj pisaca, glazbenika i vojskovođa, biskupa i fratara, baruna i grofova, doktora prava i doktora medicine (deseci krležijanskih cilindraških doktora), gradskih fizika, načelnika i uglednih trgovaca, predsjednika svega i svačega, cehova, udruga i dobrotvornih društava, pokraj industrijalnih magnata, bankara i fiškala, inženjera, ulanskih pukovnika i domobranskih ritmajstora, pokraj slikara, kipara i znamenitih glumaca, umjetnika, što se kaže, pokraj iznimnih domoljuba, preporoditelja, vođa narodnog pokreta, sabornika, gra-donačelnika i zastupnika, pokraj vizionara, stvaratelja ovog i onog remek-djela, izumitelja, graditelja i uopće pokraj visoke građanske, plemenitaške cilindraške gospode i dama, dakle, što su mogli biti i što jesu moji preci nego nezabilježene prolazne pojave potpuno nevažne za anale starovječnog grada koji se diči svojim građanskim, upravo klajnbirgerovskim ponosom kao specijalnim odličjem za povijesne zaslu-ge za 'rvatsku i Europu kao takvu. (To da je Varaždin poseban dio velike Europe oduvijek i da se varaščani slobodne i kraljevske varoši Varaždin, još od bule kralja Andrije II. iz godine 1209., za koju mnogi povjesničari drže da je prepisana, falsifikat, kao i za bulu Bele IV. iz 1220., kojom su potvrđene povlastice iz „navodne” bule od 1209., koja je „kakti zgorela v požaru”, smatraju hoh i nobl, je zapravo legenda već osam stotina i dvanaest godina i zbog te legende se varaždinski ljudi drže „kak da su primili Boga za jajca, a gdo je mogel biti varoščan iliti građanin propisale su regule i gradski štatuti i nišće od smrtnikov neje mogel same tak zaprdnuti si i vujti med te znamenite ljude slavne varoši Varaždin. Hočem povedati, gda je varoš tak stara, a prvi se put spominje Leta Gospodnjeg 1181. vu ispravi krala Bele III., je črez sva stoletja v ljudima zrasla, kak bi se vučeno reklo, arogancja, pa su si napuhani kak purani i šećeju se, španciraju po blatnim vulicama sporo, ruku pod ruku sa svojim grdim babama i smotanom decom. I nišče osim njih ne sme ni prijti temu naslovu varoščana”. I to nije sve, to je upravo ništa. Posljednjih trideset go-dina Varaždin se trudi dokazati da je Europa puno više od Europe same, a svakako više od ostalih pripiz-dina ove naše hrvatske vukojebine na periferiji civilizirane Europe. Kad je Hrvatska postala članicom te Europe, to jest Europske Unije, Varaždin je odahnuo jer napokon je dokazano da slobodna i kraljevska varoš nije dio Balkana, a svakako ne spada pod sjenu beogradskog pašaluka. Govorio sam već o toj varaž-dinskoj boleštini, o infekciji k.u.k. bedastoćama, a osobito o hrvatskom poltronstvu i uvlačenju u straž-njicu tuđinima i Europi kao takvoj: ono preglupo malograđansko pozivanje Otta von Habsburga od strane biskupa i ljigavo klanjanje tom potomku najkrvavije obitelji ovog dijela Europe, obitelji koja je u ime svog apostolskog carskog i kraljevskog, nebeskog i svekatoličkog poslanja hladnokrvno poslala u smrt milijune svojih podanika, bio je dokaz kako se u tupoglavim tikvama varaždinske elite nije ništa promije-nilo osamsto četrdeset godina, ali neću o tome. A što se tiče Europe, za današnju varaždinsku kremu evo sjajnih citata Miroslava Krleže, koji je za-pisao: „Stupovi i kolumne evropske civilizacije nisu sazdani od porfira nego od ljudskih lubanja...”, „Tipična je evropska pojava, da su najveće evropske istine izgovorene ispod vješala, na stratištima, po tamnicama i na golgotama, a te raspete i popljuvane istine postaju evrop-ske zastave i vijore se vjekovima.”, „Prolaze narodi evropski u defilejima historijskim, kao da je netko po kontinentima rasuo pune kutije dječjih olovnih soldata, i dok na usijanom retortom sebi Faust razbija glavu zbog evropskih dilema - treba li vjerovati ili htjeti, biti ili ne biti, doživjeti ili znati - dok se u mozgovima evropskim kao u alkemijskim pivnicama kuhaju osnovna neriješena pitanja o odnosima subjekta i objekta, o apsolutnom i relativnom, dotle se evropski narodi igraju svojim olovnim igračkama ratova, i ta djetinjasta halabuka traje u Evropi već sedamdeset hiljada godina". Nisam uvjeren da ove riječi diraju duše kreme mog voljenog rodnog grada jer lijepo odgojena, obrazovana i namirisana, začešljana, utegnuta i pomno izglačana, financijski uredna i materijalno osigurana, ugledna i na svaki način iznad puka smrtnoga varaždinska crème de la crème nikad nije držala do tisuća sirotinjskih trupala pokopanih na malim grobljima malih crkava ili na dijelu gradskog groblja određenog za siromahe od godine 1773., nakon što je habsburška carska bludnica Marija Terezija zabranila ukope unutar gradskih zidina, uvijek je mislila i danas isključivo misli na vlastito utroblje, a grad, građanstvo, isprave Bule III., Andrije II, Bele IV., ona parodija od varaždinskih purgara u kojoj se naivni varašćani varaždinski igraju vojnika iz osamnaestog i devetnaestog stoljeća, pa kao civili tragikomično, u jednako glupim odorama paradiraju kao sablasti prošlosti koja se nikad nije dogodila, i sve to, i Sjajni bal, zastava, grb, sve je jednako kao i u dvanaestom vijeku samo pokriće za izabrane, da im bude dobro od poreza, daća i prava za koje su krvarile tisuće bezimenih, onih čijih imena i prezimena nema u gradskoj arhivi.) Ne lementiram, dobro je to, mislim, da moja obitelj ne spada u kremu grada (premda po maminoj strani, prije kojih šest generacija i mi pripadasmo plemenitima, barem je pripadala jedna grančica obiteljskog stabla). Povijesna beznačajnost, koja se u punoj snazi prelila i na mene, omogućila mi je škrabanje ovih žvrljotina bez straha od optužbi za falsificiranje vlastite prošlosti: ne nosim teret povijesnog duga, ni ja ni moja obitelj. Nitko od nas ne nosi biljeg sluganstva, udvorica, izdajnika i poltrona. Glede uzusa poštenja, bez pečata obećane i izvršene odanosti služenja k.u.k. i drugim tuđinskim guzicama, ali i bez zakletve opančarskoj beogradskoj dinastiji poslije 1918., bez služenja Hitleru, jednako kao i propalom advokatu Paveliću i njegovoj drek-državi, bez partizanskih narodnih heroja u obitelji, bez drugova i drugarica na obiteljskom stablu, onih goolotočkih i onih tzv. državotvornih žrtava Karađorđeva od 29. studenog 1971., bez ikoga tko je napredovao po partijskoj liniji i bez onih koji su otpali od te iste partije pa malo zaglavili u Lepoglavi, dakle, bez bilo kakvih ostataka licemjerja, ja, kakav god da jesam, a dobar nisam, smijem, mogu, želim i znam pisati kako i što pišem. Jedino na što moram misliti dok nastojim sastaviti donekle čitljive i logične rečenice (što mi i ne ide od ruke) jest to da ostanem dosljedan istini i onome što se zbivalo jer bez odanosti spram obitelji, prijateljima (naročito Vikingu) i, ponajprije, odanosti i poslušnosti Nebeskom ocu i Isusu Kristu, sve ovo bilo bi besmisleno.

Govoreći o smrtnosti, ne mogu izbjeći ono što me odredilo kao personu koja ne drhti pred smrću: obiteljska povijest izvor je mojih životnih istina i kako okrećem stranice naše (i moje) prošlosti, tako otkrivam desetke novih bolnih točaka, čireve iz kojih je iscurio gnoj i zatrovao sjećanja i uspomene otrovom zaborava, a što je na svemu stvorilo debeli sloj ogorčenosti, ljutnje, razočarenja i bijesa, svega zlog iz ljudskoga svijeta i što me drži u zrakopraznom prostoru osobnih i obiteljskih lutanja i tragedija. Vrijeme u kojem su moji preci živjeli i borili se preživjeti (unazad sto do dvije stotina godina, ne idem dublje u prošlost) nije bilo milostivo prema njima: ondašnji svijet bješe okrutan, pun mržnje i lišen svake empatije prema bilo kome tko nije bio povlašteni cilindraš. Hrvatska se povijest tog vremena brutalno obrušila na moju obitelj i ona je, baš kao sve slične obitelji, prošla sve krvave strahote posljednja dva stoljeća naše domovine Hrvatske (želja mi je, ako i kad ovo završim, pokušati staviti na jednu hrpu obiteljske priče prije 1815., ali to je sanak pusti), što je od razgranatog obiteljskog stabla punog lišća napravilo sprženi drveni skelet, dogorjelo drvo bez imena, samo s upropaštenim i prerano na onaj svijet poslanim sinovima i kćerima svojih otaca. Hrvatska prošlost nikad nije imala milosti i razumijevanja za Hrvate-mrtvace, baš nikada.

Naravno, svjestan sam nevažnosti mene smrtnika: u stvaranju i nastanku hrvatske mitologije imena bez pedigrea su smetnja, njih nitko ne bilježi, osim kao brojčane pokazatelje mrtvih vojnika na poljima „krsta časnog i slobode zlatne" (Krleža, „Na rubu pameti"). Uteftereni u knjige hrvatske smrti, moji preci, obitelj kakva je bila i jest, javljaju se u hrvatskoj memoriji kao nitko i ništa. Hrvatska povijest ne traži od svojih mrtvaca osobne dokumente ni pristanak na sudjelovanje u „hrvatskome snu": cijena nastupa u veličanstvenoj predstavi teatra hrvatske gluposti plaća se mesom i krvlju, a što ne plaćaju gledatelji nego glumci i u tom je besmislu i jedna od tajni mog gledanja na smrt kao na nešto „normalno". Hrvati-mrtvaci trinaest stoljeća žive smrt, ona je naša svakodnevica. Sjaj hrvatske zastave i grba (Domovina s velikim „D"), uopće sve insignije kojima se prežderani pijani vlastodršci klanjaju u svom alkoholnom ludilu prije i poslije svakog rata izrastao je iz leševa i grobišta hrvatskih kmetova, u ratu, kao i u miru. Mitos hrvatske nacije u glavama Hrvata-grobara nema ništa s hrvatstvom hrvatskoga kmeta, izuzev grozne istine kako mit grobara nije moguć bez smrti kmeta. Krleža je onodobno napisao: „O, Gospode, Bože moj, ima li nešto megalomanskije na ovome svijetu i, uopće, kada se narodnost uzdigla na rang božanstva, onda je na satu ljudske pameti otkucala ponoć, onda više nema izgleda da bi osvanulo, jer ova vrsta nacionalnog fetišizma, to je konac balade." (Citati: Miroslav Krleža: „Panorama pogleda i pojmova 1-5", „Mladost", Zagreb, 1982.)

Bolju dijagnozu nigdje nisam našao (iako lijeka još uvijek nema). Fetišizam o kojem govori Krleža evoluirao je od devedesete do danas u grozomorno strašilo, u ubojicu svega ljudskog, u strah i očaj, u razočarenje kao nikad prije u povijesti voljene nam Hrvatske (što znači, i u prošlosti naših obitelji). Slaboumna opsjednutost hrvatskim kraljevstvom dosegla je razmjere sveopćeg ludila. Hrvatska zbog grobarskih bedastoća izgleda kao ludnica, a ne kao domovina sretnih ljudi. Nacionalni kič, kvazipovijesna patetika, pretvaranje ratova u bajke u kojima se umire s pjesmom na usnama i s desnom rukom na srcu, uzdizanje krepanih baruna, grofova, knezova i biskupa na pijedestal moralnih 'rvatskih ideala, apsolutna negacija pravde za najmanje, bezimene i iskopavanje iz povijesti samo onih mrtvih plavokrvnih i inih likova koji se uklapaju u ovu odvratnu ljigavu priču nije ni približno svo sranje koje se zbiva u Hrvatskoj, a svakako nije najgore. Smrt vojnika, ali tu i tamo nekog grofa u protuturskim ratovima, u Sedmogodišnjem ratu ili u Ratu za poljsko nasljeđe ili pak smrt Hrvata-mrtvaca u trećem mileniju uzima se kao narkotik čije se djelovanje na mozak i dušu manifestira osjećajem „povijesnog duga" svih naraštaja koji nisu bili blagoslovljeni polaganjem života na „oltar Domovine", a što za neizlječivu nuspojavu ima sljepoću i nagluhost za zlo koje vlast čini svome narodu i domovini. Ostvarenje „tisućljetnog sna" nabija se na nos, prezentira kao kredit budućim naraštajima kojima je upravo budućnost oteta i pretvorena u konc-logorsku svakodnevnu torturu „naši su stari za djedovinu krv lili" i „gdje si bio 91.": kako mladić i djevojka rođeni nakon '95-te ne mogu dati odgovor na ta govnarska pitanja, jedino što im ostaje jest otići iz Hrvatske (što je kao spasenje iskoristilo stotine tisuća Hrvatica i Hrvata) ili, u lošijoj inačici, ostati u domovini, spustiti glavu i podnositi udarce grobarskih krvnika. Za domovinu nijedna od solucija nije dobra, ali to je stvarnost. Realno, nikad prije na hrvatsku se obitelj nije obrušila toliko snažna mržnja države, prezir vladajućih i grobarska oholost kao posljednjih tri desetljeća: pretužno ako se zna da je hrvatski kmet donio pobjedu domovini. Uistinu, nijedna tuđinska čizma, ni habsburška, a ni srpska nisu udarale po Hrvatima kao što udara demokratska višestranačka čizma „ostvaritelja sna od stoljeća sedmog".

Pogotovo stoga što je sadašnje brutalno zatiranje hrvatske obitelji licemjernije i opasnije no što je ikad bilo: europska pravila, demokracija, svoji na svome, dignitet i tradicija Domovinskog rata, imamo Hrvatsku, oltar Domovine i proslava Dana pobjede, uspješna turistička sezona (pandemija COVID-19 i sve s tim povezano, problemi, ali ide nekako), strana ulaganja i međunarodni ugled Republike Hrvatske, nekoliko izbornih ciklusa i jedna te ista, hadezeovska kamarila u banskim dvorima, slobodno tržište i poduzetništvo, pa slikanje ministra na nekom „uspješnom OPG-u" ili još uspješnijoj tvrtki u kakvoj poduzetničkoj zoni, sportski uspjesi, iznos prosječne plaće koji je ohoho veći nego 1995., ma sve med i mlijeko, a premijeru ne ide u glavu kako to Hrvat-mrtvac ne vidi uspješnu, naprednu i bogatu 'rvatsku prema kojoj su Švicarska, Švedska i Nizozemska male bebe.

Refleksija stanja Hrvatske na obitelj uvijek je rezultirala tragedijama, a život najslabijih (društveno nepriznatih) više je bio umiranje nego življenje. Isto se odnosi na moju obitelj i na mene. Slažem se, veliki je postotak u stanju ljudske egzistencije osobna (naša, moja) upletenost, no neosporno je da su država i vlast uvelike krivci za nesreće, padove i nestajanje obitelji i pojedinca. Svakoj hrvatskoj promjeni države, simbola, ustava, nositelja žezla i krune, predsjedničkih ovlasti, premijerskih dužnosti i ministarskih šalabajzanja i uz prebendarske kaptolske marifetluke po crti svemoći mitre i baculusa moji su svjedočili uvijek kao žrtve, ni-kada kao korisnici privilegija.

Iz blata obiteljske povijesti iskopao sam dva primjera poradi ilustracije ove kazališne priče. Sjedim za pisaćim stolom u velikoj lijepoj kući (koja nije moja) u Illinoisu, meškoljim se na stolici i pokušavam uobličiti misli u glavi. Mozak mi je na izdisaju. Rečenice koje sklapam su sve samo ne rečenice, glupo. Kako objasniti smrt i njenu prisutnost u mojoj obitelji: smrt nam nikad nije bila tabu tema, čak i pored svih prirodnih i neprirodnih umiranja, mi smo se spram smrti vazda odnosili s blagom ironijom, nikako strahom. Uostalom, kad se uzme sve u obzir, još smo dobro i prošli. Život nas je mučio, smrt nije. Evo, dva primjera skinuta s nagorjelog obiteljskog stabla...

Prvi primjer, godina je 1945. Kraj je rata i početak novog terora. Različiti navodnici, drugačiji termini i isto sranje za Hrvate-mrtvace. Krvnici se u nečemu razlikuju od predšasnika: nisu od plemenitaša, nisu germanski nadljudi, nisu arijevci ni imbecilna hrvatska varijanta istih u crnim odorama, nisu ni grofovi ni biskupi, nisu buržoazija, nemaju grbovnice ni plemićke listine, novi krvnici koji će ubijati u ime države ista su bigotska bagra, prosjaci i polugoli seljaci odjeveni u čudne kombinacije domobransko-ustaško-nje-mačko-talijansko i bog te pitaj kojih uniformi, okot su smrdljive raje, ne dolaze iz austrijskih, mađarskih, čeških i tzv. europskih civiliziranih vukojebina nego iz pašalučkih zabiti, šumadijskih mahala, bosanskih i hercegovačkih brda, negdašnjih agluka i begluka, davnašnjih nahija sandžaka Crne Gore, s kamenitih pus-tara Zagore i sa otoka kojima je i Bog rekao laku noć, dolaze prljavi, izgladnjeli i nepismeni, primitivni, rođeni kao topovsko meso svojih vladara, vazala tuđina, s boleštinama, ušljivi, s triperom i stidnim ušima, ravnih stopala, nikada pošteno oprani i nikada pošteno odjeveni, trulih zubiju, divlji i tuberkolozni, zadrti i željni svega, puni mržnje dolaze pohlepni. Jednako su gladni kao i njihove nevine bezimene žrtve, hrvat-ski kmetovi. Dolaze blatnjavi barbari, mozgova napunjenih crvenom komunističkom „vjerom” kazne i osvete. Prvo što čine jest naplata „pobjede revolucije.” Bacaju se na ratni plijen nemilosrdno i okrutno, za njih ne postoji dokazana krivnja i nevinost. Sve su u jednome, i tužitelj i sudac i krvnik. Iz razjapljenih im gubica curi slina duboke đavolske mržnje. Na krvavom hrvatskom ozemlju, u magli laži i izdaje, u tmini katoličkog licemjerja i sluganskog mentaliteta prema tuđinu, među nebrojenim grobištima i neoznačenim grobovima hrvatskih vojnika ubijenih u stotinama glupih ratova, u zemlji u kojoj je kmet i danas rob, u našoj Hrvatskoj svako se stoljeće mazohistički obrušava na najmanje i najslabije i oni jedini plaćaju cijenu promjena onoga što se idiotski naziva „budućnost, novo doba”.

Hrvatska se godine 1945. nalazi u eri još jedne promjene sustava i države: Hrvati-mrtvaci su u svega tridesetak godina morali otrpjeti dva velika svjetska rata, slom monarhije krvnika Habsburga i konačan odlazak omraženih mađarona, nastanak neprirodne antihrvatske jugoslavenske (srpske) kraljevine, pa po-tom drugo svjetsko klanje, instant kvinslišku endehaziju i cijeli taj krvavi horor povijesti hrvatski je kmet proveo kao u bunilu ne mogavši ništa nego ono isto što je činio stoljećima, prihvatiti stvarnost kao svoj usud, kao ono što su im plebanuši na misi lajali da je „kazna Božja” jer su se uzoholili i ne daju dosta nje-mu, čovjeku Božjem i majci Crkvi koja ih, eto, brani i čuva od svega zla. Nisu se ni napola oporavili od tog pakla (koji bješe vrhunac tisućljetnog pakla), kad je stigao kraj Drugog rata u svibnju četrdeset i pete. Umjesto mira, taj krvavi svibanj donosi nove smrti i nove grobove: šumske razbojnike, partizanske ubo-jice i komunističku strahovladu koja će se pokazati groznija od bilo koje ranije vlasti. Povijest se ovaj put još krvavije poigrala s Hrvatima-mrtvacima: apsurd kojeg ranije nije bilo, umjesto njegovog veličanstva, preuzvišenog grofa, milostive ekselencije bana, njegove uzoritosti kardinala, umjesto industrijskog mag-nata, veleposjednika, bankara i nekog od inih cilindraša, kao nositelji novog zuluma dolaze po svemu kmetu slični, siromašni i prljavi, nepismeni, polugoli i bosi ugnjetavači u partizanskim uniformama, s čud-nom knjižicom „Manifest komunističke partije” i s fotografijama drugova Staljina, Tita i Đilasa, kao i pa-rolama „Živjela Crvena Armija”, „Tito-Staljin” i „Amerika i Engleska bit će zemlja proleterska”. Rat koji nikad nije završio, ni '45., ali ni ove dvadeset i prve: ponovno je hrvatski kmet meta smrti, opet je žrtva, opet je valuta plaćanja izdaje Hrvatske od hrvatskih vođa i vlasti on, bezimeni seljak, radnik, sluga, o ko-me doktori povijesnih znanosti, književnici (čast iznimkama), političari, sociolozi i ostala banda nikad nisu napisali ni retka, ni jednog jedinog slova!

Slavlje pobjednika nad fašizmom, kraj je rata i euforično krvavo orgijanje kao banket smrti u čast rođenja nove države. Gradi se federacija, počinje put od socijalizma u komunizam, raskidaju se sve spone sa starim buržujskim svijetom i zida se vlast naroda: cement, vapno i šljunak je opet ljudska krv, a opeka u zidovima nove federacije su tijela nevinih Hrvata-mrtvaca (i ostalih, dakako), često i cijelih obitelji. Predstava hrvatske priče se nastavlja u punini užasa, samo sad je to svirepije i ubojitije nego ikad prije.

Pobjednik ispisuje povijest okrutnim metodama, udara i ubija, u punoj veličini nemilosrdnog osvetnika. Nisu to pojedinačne eskapade, kakvih u svakom ratu ima, nije to osveta jednog slomljenog čovjeka kome je (poražena) strana ubila člana obitelji, ne to je organizirana i naređena akcija likvidiranja svih nepoćudnih, svih koji bi mogli omesti ustroj nove vlasti. Hrvat-mrtvac, koji nije bio domobran zato što je to htio, već zato jer je morao, koji je bio i partizan jer je naivno povjerovao u obećanja crvenih nemani, koji nije znao ništa o velikim svjetskim stvarima, ali je znao da mora spasiti obitelj, nahraniti djecu, preživjeti sav taj kaos i nadživjeti smrt, u svibnju 1945. našao se usred krvavog kola bijesnih trofaznih ubojica, preobučenih četnika, žgadije skrivene pod maskama komunista, cijele armije kokošara, sitnih džepara, prevaranata i ljudskog šljama u livrejama „osloboditelja”, komunista stare boljševičke škole kojima je jedina presuda za poražene bila „smrt”, ali i mnogih spodoba koje su iskoristile priliku i stale uz ratne pobjednike.

(Opaska: naravno, generalizacija je uvijek dokaz pristranosti. Kad se govori o povijesti, to je strogo zabranjeno, te moram kazati sljedeće: naravno, među hrvatskim i jugoslavenskim partizanima i pripadnicima tadašnje JA bilo je normalnih ljudi, komunista, demokrata, članova HSS-a, čak i katoličkih i drugih svećenika, uopće ljudi humanista i pristalica pravednog svijeta koji su se priključili borbi protiv fašizma u dubokoj vjeri u ljudsko lice te borbe, u potrebu suprotstavljanja najvećem zlu ikada i koji su već tijekom rata počeli sumnjati u namjere komunista i vođa „revolucije”, te su nakon rata i sami postali žrtve kao i poražena strana. Također, bilo je u redovima komunista mladih ljudi koji su uzeli pušku u ruke kao nedorasli mladići i djevojke koji su posve indoktrinirani komunističkim idejama, pak su svim srcem i dušom, na neki način poput vjerskih obraćenika, povjerovali u komunističko učenje i tako oslijepljeni nisu vidjeli zločine ni zlu narav nove države, a ako se neki među njima i uvi-djeli istinu, skončali bi u kazamatima i na stratištima svojih dojučerašnjih drugova i vođa. Istina je dvosjekli mač, a u našoj hrvatskoj zbilji još i više: hrvatski je kmet, Hrvat-mrtvac bio na obje strane, to je činjenica, na pobjedničkoj i na gubitničkoj, u domobranima i u partizanima, ali što povjesničari često prešućuju, pristupanje hrvatskog mrtvaca bilo jednoj, bilo drugoj vojsci nije bilo (tek) iz ideoloških uvjerenja nego i od puke potrebe da se preživi rat! Jednako tako, bilo je kmetova dublje involviranih u ustaštvo ili u komunizam, ali to ne mijenja stanje strahotnog stradanja Hrvata-mrtavca. Medalja hrvatske povijesti ima dvije strane, kao i sve druge, ali ova o ulozi hrvatskog kmeta u vremenu Drugog svjetskog rata je drugačija: našavši se u žrvnju povijesnih turbulencija, na koje ionako nikad nije mogao utjecati, Hrvat-mrtvac postao je dokaz paradoksa, pobjednik i gubitnik u istome, žrtva i krvnik. Među tro-faznim i inim zvijerima s crvenom petokrakom na titovkama bilo je i Hrvata-mrtvaca. Kao uvijek, i među kmetovima bilo je i takvih koji su se u tzv. sudbonosnim trenucima našli na krivim mjestima u krivo vrijeme i činili su loše stvari. Jesu li zbog toga izdajnici Hrvatske i roda svoga? Teško je reći, a hrvatska predstava o tome nosi mnogo čudnih primjera: pa prvi hrvatski predsjednik bio je jedan od onih iz armije osvetnika iz svibnja 1945.! Znamo kako je završio i kako je danas na razini božanstva domoljuba s velikim „D”, što govori više o licemjerju 'rvatina nego o relativnosti uloge pojedinca u velikim povijesnim stradanjima. Dodatna misao: sve rečeno ne pobija antifašističku borbu hrvatskog naroda koja je povijesni fakat i protiv koje nitko ne može imati ništa protiv, osim ako je nečovjek.)

Sedamdeset i pet godina kasnije glupo je osuđivati kmeta jer je bio ustaša, domobran ili partizan jer za Hrvata-mrtvaca nije postojalo pitanje pripadnosti idejama i pokretima, već samo pitanje života za obitelj, kruha na stolu i drva na ognjištu. Htio je preživjeti i nije slutio što će donijeti nova vlast, kakve su nakane pobjednika.

U teškoj neimaštini, u vaakumu smjene država i vlasti, u vremenu kaosa, neizrecivo opasnom, kad se glava gubila za ništa, u strahu, kad je svatko sumnjao u svakoga i kad se nije vjerovalo ni rodu rođenom, pa ni sebi samome, u vremenu krvavog pira pobjednika i zatiranja svega što nije na liniji svemoćne partije, dakle, u mraku svjetla kraja rata komunistička kamarila uprla je sve snage zadržati vlast (pregovori o budućnosti bivše kraljevine trajali su još od sredine rata, no samo su naivne budale u Londonu vjerovale da će maršal nakon četverogodišnjih borbi samo tako prepustiti državu nekome tko je zbrisao pred Hitlerom i tko je rat proveo u čekanju raspleta: izbori za Ustavotvornu skupštinu Demokratske Federativne Jugoslavije održani u nedjelju, 11. studenog 1945. su to i dokazali, nije bilo nikakvih šansi da itko osim komunista preuzme vlast), a to „sređivanje" se po metodama nije razlikovalo od načina prethodnih režima, a u mnogo čemu su komunistički zlikovci, najviše poznati kao pripadnici „Odjeljenja za zaštitu naroda" i „Korpusa narodnog oslobođenja Jugoslavije" nadmašili bivše neprijatelje. U svim segmentima života komunisti su haračili i ponašali se kao apsolutni gospodari života i smrti, poglavito u esencijalnim pitanjima poput opskrbe stanovništva namirnicama. Ne želim izmišljati i prepričavati birtijaške gluposti, nisu mi potrebni idiotski pamfleti s kretenskih desničarskih kleroustaških i sličnih portala, dovoljno mi je ulogirati se na internetsku stranicu „Warasdiniensia", što je zapravo Digitalizirana zavičajna zbirka Gradske knjižnice i čitaonice „Metel Ožegović" Varaždin (svaka čast vrijednim zaposlenicima knjižnice koji su omogućili da se milijuni ljudi upoznaju s poviješnom baštinom grada) i kliknuti na izdanja novina iz četrdeset i pete. Nekih dva tjedna nakon „osvajanja" Varaždina (oni su rekli: „oslobađanja"), u „Vijestima", u izdanju J.NOF-a, broj 2., stranica 4., od dvadeset i četvrtog svibnja, objavljen je članak pod naslovom: „Prvi dan sakupljanja živežnih namirnica". Nije smiješno, ali se smijem, haha, jer čitanje ovog članka me i razbjesnilo, nasmijalo, rastužilo i šokiralo, sve u jednoj impresiji. Koliko nehumana i okrutna mora biti vlast, koja sebe naziva „narodnom", da naredi da se tom istom narodu, iz kojeg (i sama) dolazi i za kojeg (navodno) radi, otima hrana na brutalan način? Sam autor članka i njegov nadređeni urednik razotkrili su budućim naraštajima zločinačku i nečovječnu prirodu novog režima. Ako su Križni put, masovne likvidacije ratnih zarobljenika i civila bili akti poludjelih partizana željnih krvne osvete, a bili su i to, onda je teror zbog hrane bio vrhunac diktature u onom najglupljem smislu. Proglasiti nekoga „narod-nim neprijateljem" jer mu/im u kući nisu našli nego pola kilograma brašna je izvan svake zdrave pameti: prema komunističkim metodama, nacističke su bile savršenstvo organiziranog zla, kod njih je zlo imalo red stvari, znalo se koliko košta jedan zatočenik logora, za koliko se može „iznajmiti" industrijalcima i tvorničarima kao radna snaga, a na kraju se znalo koliko se pepela može dobiti od jednog tijela i za koliko se taj pepeo može prodati kao gnojivo za polja i vrtove, a nova jugocrvena vlast nije znala ni kako prehraniti narod!

Kolektivizacija i guranje ljudi u zadruge, otimačina i pljačka seljaka, svo to zlo se odigravalo u poraću, no ovo je bilo odmah po ulasku JA u Varaždin! Najprimitivnije otimanje hrane je vrhunac mržnje prema narodu u čije ime je vlast bila vlast. Citat iz spomenutog članka: „Jučer je u našem gradu počela akcija sakupljanja živežnih namirnica za potrebe naše vojske i najsiromašnijih građana. Iako je tehnička organizacija... bila nedostatna... ipak su rezultati prikupljanja dobri, zahvaljujući maru sakupljača i velikoj susretljivosti građana... Čim bi se kola sakupljača pojavila u određenoj ulici, ljudi, a najviše žene, iznijeli su u raznim posudama, kutijama i vrećama već pripremljene živežne namirnice... Sakupljači su imali pune ruke posla... no uz pomoć revnih žena, koje su bile radosne što mogu svojim, često i skromnim doprinosima, koristiti općoj stvari... Velika većina građanstva dala je, često dio svoje sirotinje, svjesna da daje onima koji su patili i prolijevali svoju mladenačku krv za bolju budućnost sviju nas... I baš najsiromašniji dali su, srazmjerno, najviše. Evo primjera... Sakupljači u rejonu Zagrebačke ulice mimoišli su Tivarovo radničko naselje misleći : „Što ćemo kod te sirotinje, koja i sama treba pomoći?"... Žene iz radničkog naselja, čekavši uzalud kola, pošle su do prve grupe sakupljača i pozvale ih da dođu kod njih... „Dobili smo od radnika više nego u nekim daleko bogatijim kućama."... I po svim ostalim rejonima grada bilo je divnih primjera požrtvovnosti upravo najsiromašnijih. Jedna stara žena u Zagrebačkoj ulici, uz ostalo, donijela je i 30 komada jaja. „Evo vam.", reče, „Svježa su, jučer sam ih kupila na trgu." „Zar su vam to, bako, sva jaja?" „Neka su sva, treba junacima." Sakupljači su zadržali 10 komada, a ostalo joj vratili... Varaždin je ovom prilikom dokazao svoju socijalnu svijest... naročito se istaklo selo Belica, kotar Čakovec, sakupivši vagon krumpira." Samouvjerenost i oholost pobjednika ispod zvijezde petokrake upravo kroz citirane rečenice napisane dvadeset i trećeg svibnja četrdeset i pete otkriva zle osobine tek pridošlog komunističkog zmaja: aroganciju, licemjerje i otvorenu prijetnju svima koji nisu dovoljno na liniji partije, prijetnje koja nisu samo verbalne nego se vrlo učinkovito pokazuju u zlodjelima novog sustava rođenog na nevinoj krvi, a koji će se i raspasti na nevinoj krvi hrvatskog i ostalih nesrpskih naroda (Makedonci, Slovenci, Bošnjaci, Romi, Čehi, Talijani i Nijemci, ovi naročito, ako nisu bili protjerani, i Crnogorci, Albanci, pripadnici svih nacija i vjera pali su pod krvnikovu sjekiru). Naslov članka otkriva nesposobnost vlasti da organizira opskrbu stanovništva na bolji i učinkovitiji način: „dragovoljna" predaja kućnih zaliha hrane bješe posve neprihvatljiva mjera čak i za 1945.! Otimati ljudima koji su se nagladovali kroz četiri ratne godine i ono posljednje što su imali u svojim domovima najbolji je pokazatelj beskrupuloznosti komunista, a k tome sve „ukrasiti" navodnim oduševljenjem građana je vrhunac laži i besramlja. Varaždin je mjesecima prije „oslobođenja" (kao i cijela Hrvatska) bio u strahotnom presingu, grad su preplavili vojnici u svim mogućim uniformama (njemački Wehrmacht, SS, sve vrste njemačkih paravojnih i policijskih snaga, ustaše i domobrani, a kroz grad su u povlačenju prolazili ostaci Njemačkoj lojalnih snaga poput Čerkeza, rumunjskih i bugarskih divizija, a zalutale bi i bande četnika). Kaos povlačenja i ratnog poraza uzrokovao je i ispade „odmetnutih" postrojbi: govorim o stanju prije no što su „jedinice" 4. i 8. vojvođanske brigade 51. divizije JA borbom osvojile grad. Nijemci su odbili prethodno im upućen zahtjev za bezuvjetnu kapitulaciju, ali većih borbi nije bilo, a nakon kraćeg otpora njemačke su se snage predale. U gradu je zarobljeno preko 700 vojnika i oficira, kao i velika količina vojne opreme i naoružanja: dijelovi Wehrmachta i razbijenih postrojbi HOS-a (kako se zvala endehazijska vojska nakon spajanja ustaške vojnice i domobranstva krajem 1944.) koji su se povlačili prema Mariboru, JA je nastavila uništavati i zarobljavati borbama u pokretu, a sve je završilo tragedijom na Bleiburgu i svime što je uslijedilo. U broju jedan varaždinskih „Vijesti" od 19. svibnja 1945. objavljeno je izvješće o kraju rata: „Brzim i energičnim nadiranjem prema gornjem toku rijeke Drave naše trupe presjekle su otstupnicu ostacima njemačkih i ustaško-četničkih bandi i zaokružile ih na području Slov. Gradec-Guštanj-Pliberg-Dravograd. Poslije trodnevnih žestokih borbi razbile su ih i prisilile na kapitulaciju. Zarobljeno je preko 20.000 ustaša, među kojima ima veliki broj poznatih zlikovaca. Sa ustašama je zarobljen i veći broj četnika... III Armija je zarobila preko 20.000 ustaša i na čelu sa ust. pukovnikom Sudarom i gen. Sertićem, i pohvatani su mnogi ustaški koljači iz jasenovačkog i starogradiškog logora. Osim toga, oslobođeno je preko 20.000 građana koje su ustaše gonili pred sobom i pobijeno preko 10.000 ustaša, a među njima i zloglasni koljač Maks Luburić. U toku dva dana zarobljeno je preko 40.000 Nijemaca, 4 generala... Iz izvještaja JA od 15.5.1945." Kome još treba dokaz o zločinima partizana, kad sami priznaju da su pobili preko deset tisuća ljudi (a koliko neslužbeno, samo Bog zna). Drugo, ne navodi se kako i gdje su pobijene ustaše iz samo jednog razloga: nije bilo borbi već se radilo o organiziranom ratnom zločinu, ubijeni su bez suda i bez pravde. Ne dvojim oko ovog: ustaše nisu bili anđeli i među njima je bilo mnogo krvoloka najgore vrste, ali čak i takvi imali su pravo na pošteno suđenje. Treće, laž je da su ih prisilili na kapitulaciju: deseci tisuća civila, koje je vlada tzv. NDH doista natjerala u zbjeg kako bi prikrila svoj bijeg i povlačenje vojske, tisuće vojnika svih kvislinških vojski, svo mnoštvo naroda nije imalo nikakve šanse. Engleske snage i general Scott su odbili jadnog pukovnika Crljena i njegovo zbrda zdola skupljeno izaslanstvo ne dajući im nikakve nade da će Saveznici prihvatiti poraženu vojsku tzv. NDH i civile na bilo koji način i pod bilo kojim uvjetima. Pukovnik Danijel Crljen će kasnije pisati o NDH i Bleiburgu, a tome najbolje govori kroz osobni „Dnevnik" kojeg je objavila „Hrvatska revija" godine tisuću devetsto šezdeset i šeste. Tako u svojim sjećanjima iznosi da su se uspjeli probiti do Bleiburga borbom, kako su kod dravskog mosta, na granici žestoko potukli snage JA trinaestog svibnja, nakon čega su došli do Dravograda i nekako dospjeli do generala Scotta, koji ih je bez pardona odbio jer (prepričano po sjećanju, iz istog izvora) „... ih ne može smatrati vojskom nego bandom... jer su morali položiti oružje prije osam dana (8. svibnja, kad je okončan rat), a vi ste nastavili borbu. Prekršili ste ratna pravila..." Posve smeteni Crljen ništa nije razumio. General Scoot je, iznerviran, prekinuo svaku daljnju raspravu i obratio se potpukovniku Milanu Basti iz JA ovim riječima (prema sjećanju obojice): „Gospodine potpukovniče, moji tenkovi su vam na raspolaganju!" Time je sve svršeno i uslijedio je pokolj. Svjedoci s Bleiburškog polja (u spomenutoj knjizi, kao i u knjizi

„Otvoreni dossier Bleiburg"), kao i u mnogim drugim dokumentima navode da komunistički zločinci nisu ubijali na samom polju, da je pokolj otpočeo kasnije. Bilo je mrtvih, ali to bjehu mrtvi kao rezultat obračuna hrvatskih vojnika koji se nisu htjeli predati i onih koji su podizali bijele krpe, košulje, majice, sve bijelo što su imali kao znak predaje. Nešto mrtvih je bilo od pucnjeva vojnika JA koji su nastojali prekinuti takve sukobe. Nemam provjerene podatke, ali iz svih izvora koje sam pročitao, vrlo je vjerojatno da na Bleiburgu nije počinjen masovni zločin već zbog toga što ni Tito ni partizanski generali nisu htjeli da saveznici vide njihove stvarne namjere s poraženom stranom. Dakle, sasvim je moguće da je crvena banda počela ubijati nevine ljude tek nakon što su ih otjerali daleko od očiju saveznika. Kako bilo, za moju priču važno je ovo: komunistički vampiri obrušili su se na zarobljenike, ali i na cijeli narod u punini brutalnosti ateističkih ubojica koji ne poštuju baš ništa, ni ljudski život ni Boga, koji nemaju obzira ni prema vlastitim ljudima, a kamoli prema drugima. Varaždin nije bio izuzetak, osveta je bila nezapamćena. Komunistička bestijalnost nije se osjetila tek u krvavom divljem ubijanju, nego i kroz benigne (na prvi pogled) akcije uvođenja najstrože kontrole svih sfera života i za sve ljude, od najmanjih beba do najstarijih muškaraca i žena.

Vlast je zapovijedila „dobrovoljno sakupljanje živežnih namirnica". (Opaska: sve citate navodim u originalu, onako kao su tiskani u materijalima, knjigama i dokumentima iz kojih sam ih „preuzeo". Prepisao sam svaku rečenicu i svaku riječ onako kako je objavljeno, s gramatičkim i tiskarskim pogreškama, ako ih je bilo, kao na primjer citate Miroslava Krleže jer ne pada mi na pamet da umjesto „Evropa" pišem „Europa", toliko arogantan ipak nisam.) Možda ne bih ni spomenuo ovaj članak, da mi nije nešto je zapelo za oko. Naime, u tekstu se spominje „Tivarovo" radničko naselje. Ljudi su naselje zvali „Pavelićovo", ali kako je i samo aluzija poglavnika tzv. NDH vodila na Goli otok, to se šaptalo, haha. Što sam htio kazati? Oh, moja je obitelj s majčine strane, a baka i djed bili su među prvim stanarima u naselju, i te kako vezana za taj dio grada jer smo prvih nekoliko godina (od rođenja brata i mene) svi zajedno živjeli kod bake. Naselje bješe radničko, ali nije u naselju živio tek puki gologuzi proleterijat koji nije imao ni gaća ni žlice. Moj djed nije bio beskućnik nego jedan od boljih majstora krojača. Istina je, živjelo se siromašno, ali ne zato što su bili radnici, nego zbog rata i opće situacije, zbog „povijesti": ma kakav majstor da je bio, djed nije uspijevao zaraditi dovoljno da mu obitelj ne trpi oskudicu. U tzv. NDH nije bilo ničega, do hrane se teško dolazilo, hrana je bila platežno sredstvo i komunisti lažu da su žene iz „Tivarovog naselja" same nudile hranu. Ne vjerujem u to jer su imale prazne špajze i prazne kredence u kuhinjama. Poznavajući svoju obitelj i situaciju u to vrijeme (iz priča i sjećanja svjedoka tih godina), znam da je hrana iz kuće mog djeda i bake mogla biti uzeta samo silom: ne stoga što moji ne bi htjeli pomoći drugima (dapače, moji su cijeli rat pomagali susjedima i svima kojima su mogli) nego zato što nisu imali što podijeliti, a ono malo što imadoše, jedva je dostajalo za sve njih. Članak je laž, a dragovoljno sakupljanje je bila otimačina. Priča o starici s trideset jaja je izmišljotina, slabo se prodavalo na tržnici tih dana: sela u varaždinskom kraju bila su poharana ratnim djelovanjima, muškarci su većinom bili u vojskama, bilo endehazije, bilo partizanskoj, a žene same nisu mogle obrađivati zemlju. Uostalom, konja i vučne stoke bilo je malo jer su vojske rekvirirale sve što se moglo rekvirirati. Sigurnosno stanje oko grada i u cijelom kraju bilo je kaotično, rat je završio, ali ostataka poražene vojske i pobjedničkih hordi bilo je na sve strane: nitko nije bio lud riskirati život za dva jaja i mjericu kukuuznog brašna. Na kraju, ako me netko uvjeri da su seljaci u Belici stvarno dragovoljno predali vagon krumpira, a ne da su ih šmajseri i mauzerke označa na to natjerali, ja ću povući ovdje svaku napisanu riječ i još ću se ispričati.

Površni pregled stanja u svibnju 1945. i nekoliko mjeseci nakon svršetka rata daje preciznu sliku Hrvatske u desetljećima koja će uslijediti. Komunistički sustav, kao i svaki koji se temelji na vlasti (samoproglašene) superiornosti odabranih nad (nametnutom) inferiornošću potlačenih, nije se razlikovao u suštini od svih političkih sustava prije četrdeset i pete, u što ulazi i nacistička strahovlada. Sve zabrane, progoni nevinih ljudi, određivanje što će se i kako misliti, ponašati i govoriti, kako će se raditi i kako će podučavati djecu, kako obrađivati polja, kakve će zabave biti i koja se glazba ima slušati, sve je moralo imati korijen u budućnosti, u nečemu što tek treba doći. Glupo, ali istinito, u nekim stvarima razlike između dva ljuta protivnika, katolicizma i komunizma nisu bile tako velike kao što se čini: „žrtvovati se danas za ljepše sutra" stara je mantra obaju zla. Komunisti u dubini svojih umova nisu htjeli ostvarenje komunističkog besklasnog društva jer bi ostvarenje cilja anuliralo njihove zločinačke metode vladanja, dokinulo bi potrebu za nadziranjem ljudi, zatvaranjem, otimanjem imovine itd., baš kao što katolički biskupi i kardinali ne žele da stado Božje počne živjeti po deset zapovijedi Božjih jer bi njihova strahovlada izgubila smisao. Komunizam kao ostvarena stvarnost najmanje je odgovarao komunistima: zar bi imali akciju „dragovoljnog" darivanja namirnica u pravom komunizmu? Zar bi im trebala OZNA i Goli otok? Ne bi, a bez OZNE i Golog otoka, bez ideoloških komisija, općinskih sekretara i velike armije cijeli „sistem" nestaje.

Nelogičnost članka je i u ovome: u članku se ističe kako su prikupljene namirnice za potrebe vojske i najsiromašnijih građana, a sam članak ima naslov „Najsiromašniji dali su najviše...", što je toliko kontradiktorno da ni pas s maslom ne bi izija. Također, autor članka izriče neskrivenu prijetnju (ostacima buržoazije etc.) u kojoj nagovještava zločin koji će se dogoditi: „Dobili smo od radnika više nego u nekim daleko bogatijim kućama... One rijetke iznimke, koje još uvijek stoje po strani, i štaviše, rade protiv ogromne većine, narod će sam, postepeno ali sigurno, izmesti iz svoje sredine kao sumnjivo i škodljivo smeće." Riječi o smeću otkrivaju karakter komunističke vlasti, „izmesti" je navlas precizan opis masovnih likvidacija tisuća posve nevinih ljudi na Križnom putu i u godinama koje su dolazile. Napokon, „Vijesti" na svojim naslovnicama donose i prigodne parole koje ovo potvrđuju. U broju jedan parola glasi „Očistimo naše redove od izdajica, petokolonaša i špekulanata", a broj dva je urešen s „Heroji borbe i heroji rada, dika su našeg naroda". U broju tri se poručuje: „Udarničkim radom ubrzajmo obnovu zemlje". Lukave parole, prva legalizira osvetu, druga definira koji su podobni, a koji nepodobni, a treća vjerno dočarava opravdanje za prisilan rad. Apsurd u ovome jest što su upravo radnici, potomci hrvatskih kmetova (govorim o Hrvatskoj) najgore prošli u cijeloj priči i što su u narednim dekadama, unatoč svemu, ostali na dnu društva kao nekad kmetovi, ništa se promijenilo nije. Tisuće svjedočanstava po raznim arhivima, i „naroda" i bivših crvenih potvrđuje koliko je bilo besmisla u svemu, pa čak ako se i ne može (stvarno nije moguće, Bogu na istini) poreći rezultate poslijeratne obnove, izgradnje stambenog fonda, industrije etc., jasno je kako sve to nije došlo zbog uspješnosti socijalizma nego krvavim radu najslabijih, radnika (Hrvata-mrtvaca, kmetova) koji su sve to i platili (plus veliki strani kre-diti, dakako), a onda su im novi-stari 'rvati-grobari poslije devedesete sve oteli u ime demokracije, slobode i tih gluposti. O da, još jedno sranje iz „Vijesti", izdanja J.NOF-a od 24. svibnja '45-te: Izvješće o boravku Josipa Broza Tita u Varaždinu. Normalno, novine opširno izvješćuju o dolasku Vrhovnog komandanta, maršala Tita i dva puta citiraju njegove govore. Dva, zapravo vrlo kratka govora. Maršal je pozdravio okupljene s „braćo i sestre", nije rekao „drugarice i drugovi", što se može dvojako tumačiti. Prvo, kao inteligentan i lukav političar znao je da je narod u ovom dijelu Hrvatske, Zagorju i Varaždinu katolički narod i da, bez obzira na snagu NOP-a i Partije, mora govoriti rječnikom naroda, a potom, u što nekako ne vjerujem, a neki vjeruju, da je maršal negdje u sebi stvarno ostao kmetski sin, dijete Zagorja Matije Gupca, sirotinjski sin Hrvata-mrtvaca i da mu je jugoslavenstvo bila politička nužnost kao političara i vođe jer je znao na kakvom bačvi baruta od države sjedi. Vjerujem u prvo objašnjenje, ovo drugo mi nije prihvatljivo zbog svih zločina njegovog okrutnog sustava, zbog istine koja mi priječi razmatranje maršalove „hrvatske strane" kao stvarne činjenice. Simptomatične su maršalove riječi u pozdravu. On je u oba govora/pozdrava rekao (drugo obraćanje je bilo zbog dolaska i ovacija seljaka iz Kučan Marofa, sela u kojem je antifašistički pokret bio iznimno jak - spomenuti ću samo partizansku bazu Vidovićev mlin 1.): „Mislim da kao sin vašeg Zagorja nisam osramotio Hrvatsku domovinu... da kažem, da nije slučajno da je baš u Zagorju neprijatelj takav uporan otpor dobio neprijatelj i oni koji su mu služili. Hrvatsko Zagorje je po Matiji Gupcu dalo primjer kako se bori za svoja prava i svoju slobodu. Danas to isto Zagorje kao jedan stoji za ta prava, za koja su se borili, i koja su se danas ostvarila, i za koja je poginuo Matija Gubec boreći se za seljačko pravo..." Zanimljivo, zar ne? Nisam siguran koji je od dva razloga objašnjenje za ove riječi Josipa Broza Tita. Stvarnost iza njegovih leđa ga je i te kako demantirala, a jugoslavenski je sustav sve do devedesete posve eliminirao svaku njegovu riječ jer je seljak, zagorski kmet i dalje ostao samo to, kmet, i dalje je bio na dnu dna, pao je i dublje no što je bio u prvoj Jugoslaviji, kao i za vrijeme rata. Ne treba zaboraviti kaos kad je provođena po zlu poznata „agrarna reforma" koja je nanijela nepopravljivu štetu seljacima, štetu od koje se nisu oporavili desetljećima. Temeljena na Zakonu o agrarnoj reformi i kolonizaciji iz svibnja 1945., kada su ukinuti svi veći posjedi i oduzeta zemlja zemljoposjednicima, te kasnijim zakonima, poglavito nasilnim „guranjem" seljaka u Seljačke radne zadruge, politika obvezatnog otkupa iz 1949. (po kojoj su mnogi seljaci, protivnici otkupa skončali kao narodni neprijatelji, a imanja su im opustošena i opljačkana) napravila je duboku brazdu u sjećanju hrvatskog kmeta. Hrvatski seljak dobro je zapamtio komunističko zlo, a o citatu maršala krvnika još i ovo: postoje još dvije bitne točke koje iz današnje perspektive otkrivaju dvoličnost govornika, ali i tragediju Hrvatske danas, u demokraciji i (prividnoj) slobodi. Prvo je što se na isti dan kad je „oduševljeni narod" klicao i pjevao „voljenom maršalu" provodila akcija „dragovoljnog sakupljanja živežnih namirnica" za siromašne na način da je hrana otimana (u drugačiju priču ne vjerujem) od onih kojima je, navodno, kasnije trebala biti podijeljena. Tito govori o Matiji Gupcu namjerno jer zna da će najveći zagorski kmet izazvati sveopću radost i ponos jer, eto, ostvareno je ono „kaj su naši s Gubcom hteli napraviti davne 1573."! Glupost! Naivnost Hrvata-mrtvaca i vječna hrvatska glupost. Nije li ovo što sam rekao kristalno jasan dokaz svake moje riječi: ono malo brašna, jaje, možda koje suho rebro, kocka šećera ili koja zaostala njemačka vojna konzerva, sve je otimano i odvoženo u skladište, za vojsku i „siromašne". Ma da, to za vojsku, to je jasno, s tim da je za oficire išlo najbolje, a vojnici su ionako jeli „na kazanu". U „kazan" se baci što se ima, pa što na kraju ispadne, to vojnici ždere iz svojih prljavih porcija. Stara priča. Uglavnom, „pucajući" na Ambroza Gupca, maršal je dobio što je htio, još jednu dozu političkog narkotika kojim je drogirao narod vjerom u socijalističku revoluciju i u kraj patnji kmetova jer, haha, ostvarene su stare pravice! Da ne bi, a onda, druga neuralgična točka u ovoj stvari jest to što nisam pronašao nijednog, ali baš nijednog hrvatskog političara koji bi na sličan način povezao Seljačku bunu i pobjedu iz 1995.! Okay, možda za hrvatske lidere, ministre, sve te cilindraše, predsjednike, vladajuću gamad i režimske doktore povijesnih znanosti, ekonomije i prava (itd.) i nema politički i povijesno relevantnih poveznica između Domovinskog rata i pobune kmetova od prije četiri stotine i četrdeset i dvije godine (s tim se ne slažem), ali nema nikakve dvojbe da se hrvatski mrtvac borio jednako za slobodu i pravo na dostojan život svoje obitelji i 1573. i 1991-95.! Dva dana sam surfao internetom, satima sam nastojao pronaći barem jedan govor nekog od hrvatskih glavešina (ne lokalnih šerifa), ali ništa nisam pronašao. Hrvatstvo novih grobara temelji se na idiotskom 'rvatstvu bile bićve junaka oka sokolova iz preglupih pjesmuljaka što ih neslušljivo cvili cirkusantski paun vitlajući mačem ispod križa na zadimljenoj bini ispred gomile pijanih šank-ustaša i gomile pravih ratnih veterana, na njihovu sramotu. Seljačka buna i Ambroz Gubec u modernoj Hrvatskoj ne postoje (izuzev ponekog protokolarnog sranja i lokalnih pizdarija), u najboljem slučaju koristi se za izrugivanje Zagoraca, pijanih domobrana". Priznajem, nije mi se dalo čitati sabrana djela bivšeg general majora jer nisam sklon čitanju sranja, ali isto vrijedi i za njega: googlao sam, kopao i po drugim tražilicama, ali nisam našao nijedan govor posvećen Gupcu i buni kmetova. Sramotno je da se jedina prava oružana borba protiv grofa i biskupa, za pravice, za život hrvatskoga čovjeka baca u zaborav. Ne samo tužno i sramotno, povijesno je užasavajuće da je Josip Broz, komunistički vođa jedne države koja je bila sve samo ne narodna i seljačka, persona koja je tijekom svoje vladavine posjetila svoj rodni kraj svega nekoliko puta i to u prolazu, dakle, diktator koji snosi povijesnu odgovornost za stradanja hrvatskog naroda, se obratio ljudima s „braćo i sestre" i da se pozvao na Matiju Gupca. U trideset godina nove Hrvatske, koliko znam, nijedan hadezeovac najvišeg kalibra nije održao značajniji govor na temu bune i stradanja hrvatskoga kmeta.

U svibnju 1945. brigade i divizije JA su u Varaždinu i okolici. U samom gradu stacionirale su se manje snage, OZNA, organi Partije, SKOJ-a, Sindikata, NOF-a i drugih organizacija komunističke vlasti, vojna logistika, sanitet i drugo, dok su veće borbene jedinice nastavile čišćenje terena i potjeru za ostacima razbijenih neprijateljskih snaga. Vladao je nered dok su crveni organizirali vlast i preuzimali sve konce u svoje ruke. Ne znam što je mislio narod, što su mislili građani, ali u „Vijestima" broj 3. od 31. svibnja na naslovnici tiskan je članak pod naslovom „Za ustaško-gestapovske zlikovce nema milosti", a iz kojeg je razvidno čime su se u prvome redu bavili komunistički vlastodršci dok su nastojali organizirati državu u gradu. U pamfletu je autor decidirano i bez uvijanja izrekao nakane pobjednika nad poraženim: „Neki

Varaždinci pokušavaju da interveniraju pismeno ili usmeno za ljude koje je naša narodna vlast uhapsila... Narodi Jugoslavije... izvojevali su slobodu... da je za tu veličanstvenu pobjedu proliveno more krvi... Sveta je dužnost i obaveza svakog poštenog sina i kćeri naših naroda... ako otklonimo sve tragove fašizma, ako iskorijenimo ustaške zločince i ako ih kaznimo...Promatrajući ljude koji dolaze da interveniraju, opazili smo da baš oni nemaju nikakvo pravo da ocjenjuju, da li je narodna vlast postupila pravilno ili ne. To su ljudi koji su do oslobođenja udobno živjeli i koji u ovome ratu nisu pretrpjeli baš ništa... Oni se vežu jedan za drugoga (moja opaska: ljudi koji su se zalagali za uhapšenike) i može se dogoditi da će zajednički snositi odgovornost... Naš narod... ne će dozvoliti da i jedan fašistički zlikovac ostane nekažnjen." Poučan tekst, nema što. Jasno je kakva je „pravda" određena za ratne zarobljenike i za sve koji su, ne po zakonu, već voljom kakvog majora OZNE, partijskog komesara ili sekretara J.NOF-a osjetili „pravednost pred zakonom" nove jugoslavenske „narodne" vlasti. Priznajem, u svojoj formativnoj dobi možda bih bez problema rekao „pa kaj, to su sluge fašista", ali danas, kao vjernik, kao ratni veteran Domovinskog rata i kao čovjek grozim se komunističke strahovlade i zločina koji su počinjeni u ime zvijezde petokrake! Svjestan sam konteksta vremena, osobnih osvetničkih pohoda, naročito od strane ljudi koji su preživjeli klanja i napade ustaša, četnika, nacista i fašista, ali i opet ali, masovne likvidacije, organizirana uhićenja i ubijanja bez suda i suđenja nisu bili ekscesi ni ispadi ogorčenih ljudi punih želje za osvetom, ne, to je bila od strane KPJ, JA i najviših državnih vlasti naređena, nadzirana i izvršena akcija „uklanjanja" svih onih koji su smatrani neprijateljima, onih koji su se zbog političkih, vjerskih i inih razloga našli na listama za odstrel. To je nepobitna činjenica. Citirani članci to dokazuju na banalnoj razini. Mogu samo zamisliti kako je sve funkcioniralo u stvarnosti. Vezano za potonje, za mene ustaše i komunisti su ista bagra, izdajnici Hrvatske, izdajnici hrvatskog kmeta, izdajnici Hrvata-mrtvaca i svi su, do zadnjeg trebali završiti na sudu! To je poanta, na sudu, pravednom sudu u pravno uređenoj državi! Ne na tzv. narodnom komunističkom sudu, ne na partizanskom sudu u kojem sjedi preobučeni četnik s partizanskim kapetanskim epoletama, nepismena smrdljiva trofazna svinja koja sve redom šalje u „trinaesti bataljon"! Ustašama je trebalo suditi na civilizirani i zakonit način svijeta koji se ujedinio u ratu protiv nacizma, fašizma i japanskog imperijalizma (s izuzećem SSSR-a). Jasno mi je, čak ni taj zapadni sud nije idealan i bez mana, ali je bolji od komunističkog trinaestog bataljona, Križnog puta i osvetničkih pohoda pijanih partizančina po gradu i okolici! Također se isto moralo učiniti devedesete, ako ne suđenjem, obzirom da je živih aktera poratnih zločina bilo malo, onda obavezno lustracijom za njihove nasljednike i izrođenu kopilad. Ništa takvo nije učinjeno: poratna pravda dobro je poznata, a lustraciju je otklonio sam prvi 'rvatski predsjednik zapovjedivši provedbu stupidnog „svehrvatskog pomirenja" čime je omogućen nastanak upropaštene današnje 'rvatske i povratka hrvatskoga kmeta u mračno doba Franje Tahija na moderan način. Stari hrvatski problem: izdajnici na vlasti.

A što je bilo, mislim, s tim prvim primjerom? Kako se gleda, sve i ništa. Jedna smrt u obitelji. Besmis-lena i bolna, užasna. Sestra od Velike bake, bila je nevjerojatno draga i topla, vrijedna žena koju smo svi zvali teta M. i za koju me vežu prekrasne, ali nažalost, blijede uspomene. Sjećanje na našu voljenu tetu seže u moje najranije djetinjstvo iako memorirane slike i događaje vidim dosta mutno. Imala je samo dva-deset i neku kad je silom komunističke vlasti postala udovicom. Četrdeset i peta nije 2021. i biti žena s troje djece u državi koja joj je ubila muža, koji je smaknut na svirepi način i zbog kojeg su i ona i djeca žigosani užasnim biljegom supruge i djece izdajnika i ustaškog zlikovca, značilo je život u doslovnom paklu.

Mlada, lijepa i živahna M., sestra moje (buduće) bake Š. udala se za sposobnog i talentiranog E.K, naočitog mladog šnajdera rođenog u Varaždinu, dobričinu i radišnog krojača, prijatelja mog djeda s kojim je radio u „Tivaru". Cijeli rat mladi je šnajder proveo u tvornici radeći svoj posao. Ne znam mnogo o njemu, je li se bavio politikom ili ne, koga je podržavao, ako je uopće, kakvog je zdravlja bio, to ne znam. Djelomičan odgovor na potonje pitanje možda se nalazi u činjenici kako je njegov otac podrijetlom bio Nijemac, što bi se reklo rječnikom onog vremena, bio je arijevac! Život Nijemca u jednoj od „kolonija" Velikog Njemačkog Reicha uključivao je nemali broj privilegija: Nijemac nije morao plaćati porez, NDH ga nije mogla mobilizirati u vojsku, nije odgovarao hrvatskom sudu za eventualna kriminalna djela... Je li i na koji način moj prastric E.K. koristio, kada i kako povlastice Nijemaca u tzv. NDH ja ne znam, a teško da ću ikada i saznati. Međutim, obzirom na to da je bio običan šnajder, sumnjam da je imao veze s nacis-tima i ustašama više razine. Eventualno je mogao, zbog njemačkog podrijetla, a i to kao dužnost (Nijemci izvan matičnog teritorija Velikog Reicha, na okupiranim područjima morali su snagom zakona biti na ras-polaganju njemačkim vojnim snagama, dakle Wehrmachtu i svim oblicima njemačke vlasti) i obvezu prema „svojoj rasi i krvi". Možda je bio član organizacije Volksdeutschera, no oko toga sam skeptičan obzirom na činjenicu da se taj naziv za Nijemce odnosi najviše na one iz Slavonije i istočnog dijela Hrvatske (Banat, Srijem etc.). Osim toga, ima još jedan problem: njegov brak s tetom M. i sve oko toga. Kao arijevac nije smio oženiti nearijevku, ali kao lokalni Nijemac izvan teritorija Reicha, vrlo je vjero-jatno da se zakoni o rasnoj čistoći nisu striktno primjenjivali na pripadnike njemačke nacije na okupiranim teritorijima. Rasni zakoni, posebno bračni, najstrože su se primjenjivali na pripadnike Wehrmachta, SS-a i uopće njemačkih vojnih, policijskih i ostalih snaga. Logičan zaključak jest kako se moj prastric samo tru-dio preživjeti rat i da je, držim, nastojao biti u relativno dobrim odnosima s Nijemcima, kao i vlasti NDH. To je po svemu moralo biti na individualnoj razini građanina pojedinca. Ne vjerujem da bi jedan šnajder imao veliki značaj ili da bi zauzimao visoki položaj u hijerarhiji ustaške ili njemačke vlasti. Mogao je, po crti oportuniteta i nastojanja pukog preživljavanja iskoristiti sve mogućnosti za preživljavanje: nitko u gradu Varaždinu nije bio slijep, svi su vidjeli što se događa, nacisti su pravi gospodari grada, a ustaše, oda-ni psi koljači, učinkovito i brzo sređuju stanje i osam stotina godina povijesti varoši Varaždina je poplju-vano sramotnom titulom prvog Juden frei grada u kvinsliškoj tzv. NDH, pak ni E.K. nije mogao nego se prilagoditi situaciji, zaštiti obitelj, spriječiti na svaki način da njegova mlada supruga i mala djeca, zapravo još bebe ne nastradaju od kame i metka. Koliko znam, nije aktivno sudjelovao u vojsci, a nije se ni drago-voljno u njemačke jedinice sastavljene od Nijemaca izvan Reicha. Uostalom, kako sam već rekao, NDH nije imala vlast nad arijevcima i prema njima su se odnosili s poštovanjem održavajući njihov status pri-vilegiranih na najvišoj razini. Međutim, „domaći" Nijemci u Slavoniji i Nijemci u Varaždinu nisu bili isti: dok su slavonski Nijemci živjeli u selima i gradovima složno, bili vrijedni seljaci, trgovci, dok su živjeli u nekoj vrsti entiteta, Nijemac u Varaždinu živio je u sukladno svom društvenom položaju, odnosno mate-rijalnom i financijskom statusu, ugledu itd., točnije, grad je imao svoja kruta pravila u kojima nacionalnost nije bila (toliko) važna kao što bjehu predikat, ime, titula, položaj, vrijednost posjeda, „težina" u novcu i dragocjenostima. E.K., moj prastric, šnajder, nije visoko kotirao i nije bio član gradske kreme bez obzira što je bio Nijemac. Nijemci, kako u Reichu, tako i izvan njega, bez obzira na pripadnost NSDP, privrže-nosti nacionalsocijalizmu nisu bili nego podijeljeni po društvenom statusu. Njemačka u prvoj polovini dvadesetog stoljeća nije izbrisala iz društvene etikete aristokratska pravila ponašanja po kojima se pre-cizno znalo tko je tko i tko s kim može sjediti za istim stolom, a tko se tom stolu ne smije ni približiti i to bez obzira koliko je u dotičnome bilo čiste njemačke krvi i koliko su primitivci iz NSDP-a uvodili nove regule. Prastric je kao Nijemac mogao biti član organizacije Volksdeutchera. Isto tako, teško mi je objas-niti u kojoj su se mjeri rasni zakoni primjenjivali na Nijemce u tzv. NDH: kako je E.K. bio oženjen za moju tetu Š. koja nije bila arijevka, sasvim je moguće da je zbog ustaških rasnih zakona takav brak bio do-pušten. Osim toga, ne vjerujem da bi jedan mladi šnajder bio od većeg značaja za ustaški pokret. Bio Nijemac ili ne, jedan šnajder nije bio dio gradske elite, pa bio to on u tzv. NDH. Bez obzira na čistoću krvi i veze, na prostoru Hrvatske Nijemac bez novca nije vrijedio mnogo. (Opaska: teorija o arijevcima s Atlantide, Thula i ta sranja, a što većina Nijemaca ionako nije razumjela. To je ono što Adolf Hitler nikad nije shvatio: zašto ga vojska nikad nije potpuno prihvatila, kao što Hitler nikad nije previše volio njih, i zašto Wehrmacht SS nije smatrao pravom vojskom. Za njemačkog oficira stare pruske škole kome su pra-djedovi pradjedova ginuli na bojnim poljima, jedan Josef Dietrich, SS-Oberst-Gruppenführer bio je pri-mitivac i glupan, nikako oficir. Biografija dotičnog uvjerenog naciste, koji je kriv za mnoge zločine i koji se do smrti nije pokajao ni odrekao nacističke ideologije, lik na čijem je pogrebu bilo pet tisuća ljudi, uglavnom bivših pripadnika SS-a, otkriva kako je bio vojno neobrazovan, a najviši rang koji je dosegnuo u bivšoj carskoj vojsci i neposredno po svršetku Velikog rata bio je narednik. U ratu se iskazao kao hrabar vojnik, dobio je oba reda Željeznog križa, no za aristokrate Wehrmachta bio je seljačina, a ne oficir.) Slavonski Nijemci bili su više asimilirani u život na način da to što su bili njemačke narodnosti nije predstavljalo ništa kod pripadnosti seoskoj ili gradskoj eliti, a u Varaždinu moj prastric šnajder nikako nije bio dio gradske kreme. Koliko se to promijenilo u ratu i jesu li, kao u Njemačkoj, gdje su nacisti iz donjih slojeva preko noći postali elita elite, i u NDH Nijemci samo zato što su bili Nijemci dobili bolji tretman, ne znam, možda jesu, možda i nisu. Uvjeren sam da je moj prastric, zajedno s obitelji, rat proživio jednako teško kao i svi varaždinski „obični” ljudi.

Ono što znam jest da je svibanj 1945. dočekao radeći svoj posao i ne sluteći što ga čeka. Mislim, ne bez razloga, kako bi prastric, da je imao nečistu savjest i da je sudjelovao u bilo kojem zločinu, pokušao pobjeći još dok je bilo vremena. Istina je, teško mi je danas ući u sav kaos pred kraj rata, kad je vladalo opće rasulo, kad su informacije bile konfuzne i uglavnom lažne, kad se (travanj-svibanj) nije moglo samo tako putovati, a i kamo bi se putovalo, totalni rat prekrio je cijelu Europu, teško si mogu dočarati što je i kako to bilo s obitelji tete M., ali jedno mi nije sporno, teta M. i njen muž E.K. nisu bili dio ustaškog režima i nisu imali udjela u zločinima nacista.

Otac troje sasvim male djece, suprug predrage tete M. polovinom svibnja četrdeset i pete upao je u komunistički pakao iz kojeg se nije spasio. Nije bježao prema Sloveniji i Italiji, nije se skrivao jer za to nije imao razloga: „borio” se da mu djeca imaju što jesti, da su u toplom i sigurnom domu, samo to, ništa drugo.

„Ništa drugo” partizani nisu razumjeli. Razulareni pobjednici žedni krvi i pomračenih umova, žestoko su se okomili su se na sve i svakoga. Naplaćivali su svoje ratovanje čisteći zemlju od „narodnih neprijatelja i zlikovaca”. Nisu imali milosti, kako je i objavljeno u „Vijestima” Okružnog odbora J.NOF-a Varaždin.

Hrvatskom su tih dana, tjedana i mjesecima odzvanjali jauci umirućih, strojnice, puške i pištolji, svo moguće oružje je radilo i više no u ratu: masovne grobnice, jame i vrtače pu-njene su nevjerojatnom brzinom, mnoge i nisu zatrpavane, naročito na planinama i u nepro-hodnim šumama. Za crvene ljudski život nije vrijedio ništa. Ustaški posao ubijanja komunisti su nastavili, samo sad su krvnici postali žrtve: na tome se vidi suština đavolske, protubožje i antikršćanske suštine obaju krvoločnih ideologija i pokreta, ustaškog i komunističkog, na obje strane ljudi su ubijani iz najglupljih razloga, uvijek bez pravde i suda. Broj masovnih grobnica, ustaško-nacističkih i partizanskih tjera čovjeka u bijes i ludilo, ali pomoći nema. Povijest je memorirala sve, zapamtila krv i mrtva tijela. Tragedija poratnih zločina u mnogo čemu nadmašuje tragediju žrtava ustaškog terora (iako se zločini protiv Boga uopće ne smiju i ne mogu uspoređivati). Ako je nacistički stroj smrti, u kojem je NDH odigrala najsramotniju predstavu hrvatske povijesti, upisan u našu povijest kao najcrnje zlo koje se dogodilo ljudskom rodu, onda bi bilo nepošteno i nehumano lišiti primjerene kvalifikacije zločinstva komunistička smaknuća još uvijek nepoznatog broja žrtava. Partizanski zločini su, uvjetno kazano, gori od ustaških jer su pobjedom u ratu komunisti morali pokazati ljudsku stranu svoje ideologije na koju su se pozivali. Nisu je pokazali, komunisti nisu činili ništa suprotno od ustaša, nisu oprostili, nisu organizirali pravedna i zakonita suđenja zločincima (kojih je na ustaš-koj strani bilo previše), a održani sudski procesi bjehu farsa, namješteni po partijskoj liniji, s unaprijed na-ređenim presudama. Napokon, ako je pravda tipa „trinaesti bataljon” bila pravda, onda nek' sve ide u vraž-ju mater! Ustaška vlast radila je na isti način: trpala ljude u zatvore i koncentracijske logore, ubijala po „rasnim zakonima”. Stoga su komunisti morali učiniti civilizacijski odmak od nacista i njihovih vazala zakonitim i pravednim suđenjima osumnjičenima za holokaust. Nisu to ni pokušali. Svojim zvjerstvima izbrisali su ono dobro što su baštinili iz antifašističke borbe: Bleiburg i Križni put i sva klanja potpuno su izbrisali njihovu pobjedu! Da, smrt je bila zauzeta tog svibnja, a i kasnije, radila je prekovremeno.

Dva do tri tjedna ranije Varaždin je još bio u rukama NDH i Wehrmachta iako su svi bili svjesni konačnog sloma. General Löhr, komandant Grupa armija E i OB Südost poslao je određene snage prema području Varaždin-Koprivnica-Bjelovar, kao pomoć oslabjeloj i razbijenoj 2. oklopnoj armiji i posadnim snagama na varaždinskom području s ciljem uspostave obrane sa snagama NDH i usporavanja napredovanja JA i ruskih snaga iz Mađarske, poglavito iz pravca Sremskog fronta i preko Međimurja, a kako bi se nastavilo izvlačenje Grupa armija E prema Austriji i Njemačkoj (njemački general nije imao iluzija o kraju rata, samo je htio izvući svoju vojsku što bliže savezničkim linijama), no kako je poglavnik Pavelić odbio takvu mogućnost, Löhr je odustao i zapovijedio povlačenje uz aktivnu obranu zbog čega je, premda ne samo zato, rat u Jugoslaviji trajao dulje nego u ostatku Europe. Borbe između JA i razbijenih nacističkih, ustaških, četničkih i ostalih kvinslinških snaga nisu jenjavale, a mrtvi na obje strane punili su grobove. Njemački oficiri bili su razumniji od ustaša i ipak su se predavali. (Oficijelne brojke zarobljenih Nijemaca, službena potvrđena arhivska građa na obje strane, jugoslavenskoj i njemačkoj daje tek djelomičnu sliku o broju ratnih zarobljenika. Svi ugovori između Njemačke vlade i Jugoslavije i povratak zarobljenika u Njemačku u razdoblju 1948/49.-52. ne otkrivaju mnogo podataka. Premda se podaci o broju zarobljenika razlikuju, prema potpisanim ugovorima između Jugoslavije i Njemačke, do kraja 1952. pušteno je preko 200 tisuća bivših ratnih zarobljenika, najviše Nijemaca.) Oko grada i na terenu današnje varaždinske županije i šire bilo je sporadičnih sukoba zaostalih snaga tzv. NDH s JA i OZNOM, ali u Varaždinu rat je završio, sve je bilo gotovo. Zašto pišem o ovome? Zbog moje obitelji. „Vijesti" J.NOF-a, neke od knjiga sjećanja svjedoka onog vremena i ponešto arhivske građe je materijal koji mi je pomogao složiti puzzle o slici Varaždina u vremenu svršetka rata, ulaska partizana u grad i organizacije nove komunističke vlasti. Ono što daje jasniji prikaz svih grozota tog doba je refleksija događanja na Hrvate-mrtvace i njihove obitelji. Iz perspektive člana obitelji, jedne kao i sve, koja je podnijela teret i platila „povijesni račun" svjetske i hrvatske tragedije Drugoga svjetskog rata, stvari su drugačije: osobna uključenost i osobno trpljenje i žrtva daju opor okus hrvatskoj povijesti, predstavi iz čijeg se scenarija i teksta danas, sedamdeset i šest godina kasnije, ne može vidjeti što je laž, a što je istina. Povjesničari i eksperti za Drugi rat i endehaziju, poglavito za povijest Varaždina i Sjeverozapadne Hrvatske imaju „svoju" cilindrašku doktorsku inačicu „istine", na što imaju pravo jer svaki bedak ima svoje veselje. Nasuprot njima, ja imam kazališnu priču i nisam toliko sebeljubiv da svoj tekst ukrašavam biljegom „samo moje istine", a još manje da tu i takvu „svoju istinu" predstavljam kao povijesni fakat. Ne, hvala, nisam fan ni ustaša ni partizana, molim lijepo. Tri stotine tisuća sudionika Križnog puta imaju tri stotine tisuća priča, vojnici JA imaju neku svoju verziju, a ja nemam ništa, tek skriptu predstave koja je mogla biti ovako odigrana, a možda nikad i nije.

E., otac troje djece, suprug, muž naše tete M., šnajder, mlad zgodan muškarac u naponu životne snage, dobar prijatelj, majstor svog zanata likvidiran je u svibnju 1945. u ćeliji varaždinske OZNE. Pojmovi poput masa svijeta, mnoštvo građana, narod i slični u suočavanju sa smrću jednog običnog šnajdera gube svaki smisao: pigra masa su dvije šuplje riječi, šuplje i ne znače savršeno ništa, a ime i prezime mog prastrica su dokaz zločina, dokaz uništenja jedne hrvatske obitelji, uništenja djetinjstva troje djece koje su ostale bez oca i majke i supruge koja je izgubila muža i oslonac u životu. Potonje zvuči kao fraza, ali nije. (Dobro, ovo što sad pišem zvuči gadno. Fraza „stradanje milijuna je statistika, ubojstvo jednoga je tragedija", u nekoliko njenih inačica ne pobija tezu da se kroz jednu smrt ogleda strahota smrti milijuna. Ovdje nije ni najmanje važno je li autor spomenute rečenice bio Staljin, za što nema dokaza, ili se pripisuje Erichu Maria Remarqeu, koji je nešto slično stavio u svoj roman „Crni obelisk" iz 1956., ili pak kritičaru Charlesu J. Rolu, važna je suština poruke koja je brutalno istinita.) Izraz „stradanje naroda" zvuči šuplje, zločin je ubojstvo oca i rasturanje obitelji jer bez te obitelji, bez svake od zgaženih hrvatskih obitelji nema ni hrvatskoga naroda: povijest pamti generale, točno, ali nikad generali ne bi ušli u povijest da nije bilo običnih vojnika, bez čina, samo N.N. na grobu, a često i bez groba.

Jedne noći, upravo pred jutro zaustavio se prašnjavi vojni terenski automobil ispred ograde bakine kuće u „Tivarovom" naselju. Iz vozila su izašla trojica muškaraca u partizanskim uniformama. Odmah potom iza parkiranog terenca zaustavio se mali kamion, kakve su koristili Gestapo i njemačka policija u NDH. Iz kamiona su iskočila dvojica automatima naoružana vojnika. Začudo tiho otvorili su vrata na ogradi i jednako tiho odšetali kroz dvorište do kućnih ulaznih vratiju. Oficir je počeo snažno udarati po vratima vičući: „Otvaraj u ime naroda!" Nije prestao udarati vikati „u ime naroda" sve dok se u kući nije upalilo svjetlo. Čulo se otključavanje i iza odškrinutih vrata pojavio se E.K. odjeven u pidžamu. Nije stigao pitati o čemu se radi. Oficir je dao znak glavom (kao u partizanskim filmovima) i dvojica vojnika odgurnula su vrata. E.K. je pao na pod. Čuo se tresak, razbilo se malo prozorsko staklo na vratima. Prastric je skočio na noge, u strahu, uzbuđen, ništa ne shvaćajući. Oficir ga je odgurnuo i ovaj je opet pao na pod. „Što je, ustaška svinjo, pitaš se zašto smo došli, ha?" Naredio je svojoj pratnji: „Dignite ustašku svinju!" Vojnici su zakoračili i grubo uhvatili E.K. On je uspio progovoriti tek: „Kaj hoćete od mene, tko ste vi, kaj..." „To je kuhinja? Uđimo, drugovi, da kažemo drugu ustaši po šta smo došli, haha!" Prastric se otimao, ali uzalud. Sva petorica ušli su u kuhinju. Tamo ih je prestrašena, u kućnom ogrtaču, sva izbezumljena dočekala M., moja buduća teta. Drhtala je, nije znala što bi. Vojnici su posjeli prastrica na staru drvenu stolicu. Oficir je izvadio kutiju ruskih cigareta i zapalio jednu. Obratio se M.: „Drugarice, ne brinite, došli smo po vašeg muža. On je vaš muž, je l' tako? Dobro, drugarice, moramo malo, hm, popričati s njim, ne brinite." Ponovno se obratio vojnicima: „Neka uzme kaput ili nešto. Minuta. Vodite ga! Idemo!" Teta M. je pokušala nešto reći, ali je jedan vojnik repetirao pušku i stavio prst na usta: „Pssst, drugarice, samo mirno, nemoj, bre, da ovo radi, naradilo se ovo ovih dana, haha." Dozvolili su prastricu da na brzinu navuče hlače i uzme sako, ništa drugo. Partizani su E. bez ikakvih obzira odvukli do malog kamiona i ubacili ga otraga kao vreću. Oficir je pušio i mirno koračao. Teta je dotrčala za njima mašući rukama, vikala je kao luda. „Zakaj ga vodite? Nikaj nije napravil, kaj ho...ćete? Gdo ste vi? Pustite gaaa!" Skočila je na jednog od vojnika, ovaj se otresao, a drugi ju je srušio udarcem kundaka u glavu. Pala je kao odsječena i ostala ležati ispred ograde. Oficir je nervozno bacio opušak i oteo pušku vojniku i bacio je na zemlju: „Jebem mu mater, ovo nije trebalo, druže! Tko ti je naredio da je udariš, magarče?! To se ne radi ovako, na cesti, da ljudi vide!" Mladi se vojnik zbunio, procijedio nešto kao „razumem", podigao pušku i uskočio u kamion. Oficir nije ni pogledao M., mahnuo je rukom: „Kurva fašistička, Nemca za muža, ha? Idemo!"

Svanulo je jutro: teta M., okrvavljene glave, jedva se digla sa zemlje i nekako je doteturala u kuću. Srećom, udarac kundaka nije bio prejak, ali rana je krvarila. Za nekoliko minuta dotrčala je susjeda i teta Š., pobrinuli su se za M., očistili ranu, stavili zavoj, smjestili je u krevet. Djecica su još spavala, nisu ništa čula, na sreću. Dobre žene su pripremile doručak i bile uz obitelj sljedećih nekoliko dana. Nitko ništa nije znao. M. je otišla u OZNU, ali su je grubo vratili. Strepila je, plakala, a potom...

Sloboda je počela djelovati, komunistička vlast pokazala se u punom crvenom sjaju. Smrtonosnom. Pakao tog svibnja teta nikad nije zaboravila. Imala je veliko srce za sve ljude, a ja sve do nedavno o ovom užasnom dijelu njenog života nisam znao apsolutno ništa.

Tek završeni rat otvorio je pakleno grotlo stradanja nevinih u ime ideala obojenih krvlju žrtava ratnih pobjednika. Pokolji civila, uhićenja stotina, noćne likvidacije na tajnovitim mjestima, racije, lažne optužbe za izdaju, otimačina imovine, istjerivanje iz kuća i stanova, progoni, javno pozivanje na linč tzv. narodnih neprijatelja i svih koji nisu bili po volji komu-istima. Rekoh već, što se tiče najviših ustaških dužnosnika i svih sukreatora tzv. NDH, zaslužili su svaku kaznu zbog organiziranja i provedbe holokausta u Hrvatskoj i zbog izdaje domovine na najgori mogući način. Međutim, ono što mi je kao Hrvatu neprihvatljivo je što im nije suđeno na zakonit i pravedan način. Divljačka osveta bez suđenja je antihrvatski čin i izdaja Hrvatske i Hrvata! Možda nije bilo najpoštenije, možda presude nisu odražavale težinu krivnje i možda je politički utjecaj sila pobjednica učinio svoje, ali Nürnberški proces (prvo od trinaest suđenja nacističkim vojnim i civilnim glavešinama) bio je najbliže jedino mogućem i prihvatljivom obliku sudskog postupka protiv dijela organizatora i izvršitelja holokausta i krivaca za Drugi svjetski rat. Sama činjenica da su neki od optuženih dužnosnika (iz civilnih struktura Reicha i ne najviše pozicionirani) oslobođeni krivnje govori o karakteru tih sudskih procesa, a ni takve komunistička vlast nije htjela organizirati. U povijesti nema što bi bilo kad bi bilo, ali ne dvojim da bi danas bilo bolje da su, nakon što su ih Britanci izručili, pred pravedni sud izvedeni neki od zarobljenih ustaških vođa, poput predsjednika vlade NDH Nikole Mandića, doglavnika Dr. Mile Budaka, Nikole Steinfela, ministra oružanih snaga, zatim generala Viktora Prebega, pukovnika ustaške vojnice Jose Rukavine, doglavnika Ademage Mesića i drugih, a čime bi umjesto osvete, nova država dokazala da je civilizirana zemlja u kojoj se poštuju zakoni. I ne samo za njih, pred sudom su trebali odgovarati svi koji bjehu optuženi za zločin. Kako nisu, komunisti su sami sebe stavili u jednaki status ubojica s ustašama i četnicima. Mene, ipak, zanima samo Hrvatska, a poradi koliko-toliko povijesnoj istini bliže priče, evo, kažem da mi nije lako kao Hrvatu-mrtvacu pisati i govoriti o krivnji i nedužnosti za vrijeme Drugog svjetskog rata jer ni po nacionalnom pitanju Hrvata i Srba stvari nisu bile samo crne ili samo bijele. U oružanim snagama NDH služilo je trinaest generala Srba (neka imena: Zvonimir Stimaković, Lavoslav Milić, Milan Desović, Đuro Dragičević, Milan Uzelac i drugi), a od njih trinaest, nakon rata na smrt je osuđen samo Đuro Grujić, što opet govori o pristranosti komunističkih sudova prema Srbima koji su pripadali vojsci NDH), a u četnicima je bilo podosta Hrvata (na primjer: poručnik Jakov Vranić, potporučnik Nikola Lazarić etc.), a neke procjene, iz doduše neprovjerenih izvora, govore o nekoliko tisuća Hrvata među četničkom žgadijom za vrijeme Drugog svjetskog rata. Kako bilo, komunisti su ubojice i zločinci, to je činjenica koju nitko ne može osporiti. Glede moje obitelji, ta me istina stavlja u red sukrivaca, na neki način, jer sam rođen i odrastao u sustavu koji mi je tajio istinu i koji je napao moju obitelj i ostavio krvavi trag smrti na njoj. Tehnički, ništa nisam kriv, emocionalno, duhovno i moralno jesam: koliko sam u pravu, ne znam, ali to osjećam...

Baš tako, ostavim li sa strane velike teme nacionalne povijesti i povijesnih mega zbivanja, kao što su Drugi svjetski rat i tzv. NDH, zanemarim li sve to jer „kao" za moju obiteljsku priču nisu relevantne činjenice koje govore o državi, europskim stanjima, znamenitim njuškama iz udžbenika, enciklopedijskih rječnika i zbornika znanstvenih radova, što se uopće može napisati i izreći o tragediji Križnog puta, o izdaji Hrvatske, o patnji hrvatskoga kmeta ako se sve to ne ispripovijeda kroz naočale jednog običnog šnajdera, možda nekog domobranskog nesretnika, učitelja, poštara ili skretničara na željeznici? Zašto nije dobro na istom komadu papira spojiti nesreću jedne hrvatske obitelji sa sudbinom šefa ustaške policije u Varaždinu, Nikolom Dubićem, krvnikom bez konkurencije? Po čemu generali i pukovnici JA, pa i maršal Tito ne smiju biti nositelji krivnje za smrt oca troje male djece? Uvjeren sam, povijest sve svoje smrti proizvodi uništavajući temelj svega ljudskoga društva, obitelj, onu istu koju je Nebeski Otac po Sinu svome stvorio da se ostvari Njegov naum o božanskoj sreći Njegove djece u vječnosti s Njim po pomirenju Isusa Krista. Povjesničari i uopće akademici, intelektualni i znanstveni, što bi rekao Krleža, kolosi hrvatske umne riječi i misli, političari, književnici, svi koji stoje na altanu hrvatske slave kao uzvišeni nositelji prava na definiranje hrvatstva i Hrvatske kao takve, ergo, nemaju pojma o pojmu, oni ne vide da se jedino kroz personalizaciju povijesti može shvatiti povijest kolektiviteta. Spomenute, za kmetove nedodirljive hrvatske pojave laprdaju o Bleiburgu, Križnom putu, o Jasenovcu i Staroj Gradišci, o Kerestincu i o Lepoglavi kroz brojke, pak se svađaju na pasja kola oko toga je li ubijeno osamdeset tisuća ili deset tisuća ljudi, je li Jasenovac bio radni logor ili tvornica smrti, koliko ima u ovoj jami kostiju, a koliko u onoj, o ovoj brojci i o onoj, a nitko ne govori da jedna stvarna nevina žrtva znači više nego sto tisuća drugih samo u brojkama! Zato što taj jedan kostur ima ime i prezime, ima obitelj, ima djecu, unuke, praunuke (moguće), jer je to sve bio i sve je mogao imati, a nije jer mu je jedan šumadijski opančar ispalio metak u glavu, bez suđenja i bez pitanja! O tome se radi, ne o brojkama! Moj prastric nije tek brojka u statistici žrtava poraća i komunizma, moj prastric je moja obitelj i njegova teška smrt konkretnije dokazuje zločine jugoslavenskih vojnika i države nego pedeset i devet drugih grobnica čijim kosturima nisu vraćene biografije! E.K. je šivao hlače i kapute, šivao je uniforme za domobrane i za ustaše, za Nijemce, za vojnike i oficire, ali je isto tako šivao i za obične ljude, radnike, za trgovačkog kalfu, za gospodina inženjera iz „Mundusa" i za apotekarevog sina. Šivao je ne zato što je bio nacist i uvjereni ustaša nego zato što mu je to bio posao, time je prehranjivao obitelj! Šivao je ne da bi uzdigao tzv. NDH i Veliki Reich već stoga jer je šnajder šivaju, jer je namjeravao šivati i kad sva ta krvava ratna glupost završi. Zašto? Jer je to bio njegov zanat, od tog je zanata svaki dan kupovao hranu za svoje najmilije! Šnajder prima narudžbe od mušterije, odradi naručeno, uzme dogovoreni novac i to je sve, tako to funkcionira stoljećima! Šnajder mora raditi, baš kao i pekar, strojovođa na željeznici, trafikantica i novinski kolporter i liječnik, svi oni moraju raditi svoj posao bez obzira na rat. Ili ne? U kojem to ratu je sve stalo i nitko ništa nije radio, koji je to narod pretrpio toliko nesreće kao naš hrvatski narod 1945. i to samo zato što je živio u vrijeme izdajničke tzv. NDH? Glupo, ljudi su ubijani bez razloga, bez krivnje: liječnik jer je previo ranu ranjenom njemačkom vojniku, pekar jer je mijesio kruh i peciva za Platzkommandatur 11/1038 (Die Stadt Varazdin) i za leutnanta iz Feldeisenbahn-Betriebs-Kompanie 3, a moj prastric E. jer je šivao odijela u tvornici „Tivar" i doma za ljude koji su to naručili! A komunistička ideološka sranja, poput onih kojima su i mene tovili u školi, ali i televizijske serije „Nepokoreni grad” i „Povratak otpisanih” (i filmove „Valter brani Sarajevo”, „Partizanska eskadrila”, „Ne okreći se, sine” itd.) u kojima „poštena inteligencija”, radnici u pošti, nacionalno i politički svjesni građani, ne nužno komunisti, jasno, odbijaju raditi svoje poslove jer bi time služili okupatoru. Haha, molim vas, kao klinac sam vjerovao u to, a danas mogu samo izraziti kajanje i pokazati stid i sram jer sam učio o budalaštinama. Rat nije dječja igra, a preživjeti se mora zbog obitelji.

Moj prastric E.K. i u ratu bijaše u situaciji koja mu je mogla donijeti smrt, čak i uz to što je bio Nijemac. Mogao je odbiti šivati novu uniformu (primjerice) za kojeg od ustaških glavonja, možda čak Dubića, mogao je kategorično uzviknuti „ne” i primiti metak u čelo! Mogli su mu njegovi sunarodnjaci iznenada baciti pod nos to da mu žena nije arijevka i da je izrodio nearijevske polutane! Svašta se moglo zbiti i to samo zato jer bi E. odlučio izigravati idiota! Jedna pametna izreka kaže: „Bolje živ kukavica, nego mrtav heroj.” Da se razumijemo (kao ratni veteran), duboko prezirem dezertere iz Minhen divizije, razne šank-ustaše, anemične sinove lekarki jenea, svu tu bandu koja je izbjegla boriti se u ratu za domovinu, a danas su prvi koji mojim suborcima i meni dociraju kakav je to rat bio i tko je pobijedio! Osim toga, i u Domovinskom ratu su radile tvornice, pekare, bolnice, bez kojih mi na terenu ne bismo mogli ništa učiniti. O tome nema spora. Međutim, rat 1939-45. nije bio kao Domovinski rat: ludilo, ratni delirijum, najveća tvornica smrti ikad. Suditi nekome samo zato što u tom paklu nije bio nego što jest i što je radio svoj posao je zločin protiv čovjeka! A one okrvavljenih ruku trebalo je izvesti pred sud i suditi im po zakonu! Suđeno im je tako da je krvnik bio i tužitelj i sudac, porota, obrana i krvnik, sve u jednom. Sedamdeset i šest godina kasnije nekima to još nije jasno, nisu spoznali razmjere komunističkih zločina u poraću i ustaških u ratu. Nikada i neće.

Šnajder E.K. nije bio poražena strana u ratu. Bio je krojač, muž, otac troje djece. U ovoj priči koju sam iskopao iz prošlosti moje obitelji možda najgori dio je postupanje onih koji su glavni krivci što je onog jutra na adresu mladog šnajdera poslana kaznena ekspedicija od dva vozila, četiri vojnika i s jednim oficirom OZNE. Sumnjam da bi OZNA pokupila jednog radnika samo tako: kakvi god bili, komunisti su uhićenjima i likvidacijama pristupali s više organizacije nego što bješe vidljivo u kaosu poraća. Nisu bili neinformirani, i te kako su znali tko je tko. Svjedoci koji su preživjeli strahote Križnog puta ne jednom su svjedočili da su „suđenja” i provjere obavljane svako malo, na mjestima gdje su se spajale kolone, gdje bi ih razdvajali i slali u različitim pravcima, odnosno gdje bi vršili selekciju za trinaesti bataljon. Svjedoci su ispričali kako su po desetak puta provjeravali identitete, a oni koji su na Križnom putu najdalje stigli, neki i do Niša, imali su vražju sreću: točnije, nisu spadali u prvu ligu kan-didata za strijeljanje ili komunisti još nisu dobili povratne informacije o njima.

U travnju 1991., uoči referenduma o osamostaljenju Hrvatske, upoznao sam jednog starog gospodina. Bili smo u prostorijama Mjesne zajednice, preko puta hotela „Turist”. Visok, mršav, dostojanstvenog držanja bio je netko tko zna što govori. Čudno, odmah sam mu povjerovao. Gospodin je bio umirovljeni šef jednog od pogona u „Varteksu”, a kako su i onda mirovine bile male, dok ga je zdravlje služilo, ubirao je tv-pretplatu kao inkasator. Zato mi je bio poznat. Sjetio sam ga se i nasmijao. Ispričao sam mu anegdotu s mojom obitelji. Znao je doći po novac za pretplatu baš u nezgodno vrijeme, pred kraj mjeseca. Nije čovjek bio kriv, tako je morao činiti. Inkasatori su bili strah i trepet nas sirotinje, a imali su i veliku moć, osobito za televiziju, haha. Inkasator je mogao zapečatiti televiziju i jao si ga onom tko bi skinuo pečat: ako bi kontrola (haha, famozni švedski tv-detektori) otkrila slomljeni pečat, to bi nesretnika skupo koštalo. Međutim, ovaj gospodin bio je mekog srca. Često je bez problema odgodio naplatu. Kako je to neplaćanje objasnio svojim šefovima ne znam, ali da je bio ljudina, jest. Jednom, ma više puta, kad bi pozvonio, mama bi poslala brata ili mene da kažemo inkasatoru da ona nije kod kuće. Haha, ja sam otvorio vrata i rekao: „Striček, mama je rekla da nije doma.” Strašno je to s djecom, ne možeš se osloniti na njih, haha. Gdje sam stao? O da, bivši inkasator i bivši šef pogona ispričao nam je o svojoj mladosti. Tih mjeseci vladalo je uzavrelo uzbuđenje u cijeloj domovini, ali je bilo i nešto opasno u zraku. Hrvatska je bila kao kipuća voda, osobito poslije pogibije prvog nam heroja Josipa Jovića na Krvavi Uskrs. Hrvatski radio i televizija emitirali su domoljubni program, a poseban naglasak je bio na povijesti, naročito Drugog svjetskog rata. Križni je put bio zahvalna tema jer je trebalo pokazati da velikosrpska politika ima korijenje u događajima iz četrdeset i pete. Sjedili smo u sali za sastanke i gledali emisiju o Križnom putu. Tipična tv-emisija, katolički svećenik, nekoliko starkelja za koje su tvrdili da su bivši domobrani (urednik je bio dovoljno mudar da u studio ne dovede bivše ustaše), političari i jedan ili dva povjesničara. Gospodin inkasator je neko vrijeme gledao, a onda je ustao, ugasio tv i rekao nam da će nam on ispričati istinu o Križnom putu, točnije o dijelu tog stradanja o čemu nešto zna jer je bio tamo kao ratni zarobljenik. Začuđeni, samo smo sjedili otvorenih usta jer čak i oni koji su ga bolje poznavali nisu to znali. Sjeo je opet za stol i zamolio me da skuham kavu. Požurio sam donijeti vrući crni napitak, a onda je čovjek započeo pričati svoju fascinantnu priču koja će zauvijek promijeniti moje poimanje tog dijela hrvatske povijesti.

Četrdeset i prve završio je prvu godinu tehničkog fakulteta, kad je tzv. NDH sve pokvarila. Mobilizirali su ga i poslali u Sarajevo. Školu je vodio Wehrmacht. Škola nije bila pod ingerencijom domobranske akademije u Zagrebu. Po završetku školovanja promoviran je u zastavnika tehničkog osoblja (inženjerije) i upućen na službu u Suboticu. Tijekom putovanja vlak je naletio na minu i on je ranjen. Proveo je nekoliko mjeseci u bolnici, nakon čega je raspoređen u jedinicu u Zagrebu, gdje je i dočekao slom NDH i zapovijed za povlačenje. Nitko od nas nije progovorio ni jednu jedinu riječ, slušali smo otvorenih usta. Sve što nam je pričao bilo je toliko drugačije od glupih emisija na televiziji. Nastavio je priču nakon gašenja tko zna koje cigarete po redu. Pavelić i vlada su kukavički pobjegli, k'o štakori s broda koji tone ostavivši vojsku i narod na cjedilu. Zapravo, kraj tzv. NDH bio je tragikomičan. Kratko vrijeme prije konačnog sloma i ulaska partizana u Zagreb, Pavelić je održao vojnu paradu na Jelačić placu i razdragano mnoštvo mu je klicalo kao da je ratni pobjednik. (Isto to mnoštvo će mjesec i nešto kasnije klicati komunistima i maršalu Titu: ljudi su svinje.) Vratio se na dane katastrofe. Nije mogao trčati, tako da je radio uredski posao u komandi. Nije radio ništa jer ništa nije funkcioniralo. Bili su vojska samo na papiru, a ni papira nije bilo, sve je bio kaos, nije se znalo tko pije, a tko plaća. Naredbe su bile kontradiktorne, a dezertera svaki dan sve više: ne samo vojnici i podoficiri, nego i najviši oficiri, svi su bježali glavom bez obzira, a oni malo pametniji dali su petama vjetra ne čekajući velikog poglavnika i njegove budale. Gospodin zastavnik tehničkog osoblja (inženjerije) našao se u zbjegu silom djelovanja rasula, pokupili su ga u komandi (nije rekao kojoj) i tako se nakon mučnog marša našao na Bleiburškom polju. Kako nam je rekao, prije zarobljavanja, točnije kapitulacije i predaje partizanima imali su gubitke, bilo je mnogo mrtvih. Ustaše u bijegu ubijale su za prolaz, za hranu i za odjeću jer su mnogi ustaški oficiri htjeli što prije uniformu zamijeniti civilnim prnjama. Nije bilo nikakvog reda, a njegovog komandanta i vozača neki je ustaški natporučnik u pratnji trojice pijanih legionara ustrijelio kao pse na cesti, a potom je izbacio njihova trupla iz automobila i oteo im vozilo. Njega nisu ubili samo zato jer je bio vani, pišao je u grmlju i nisu ga vidjeli. Od tog trenutka je pješačio zajedno s civilima i nekoliko domobrana koji nisu znali ni gdje su, a ni kamo i zašto idu. Nitko nije imao nikakve informacije osim da se bježi od komunista i Rusa koji će silovati žene, a muškarcima sjeći glave! Svašta se pričalo, vladala je panika. Zastavnika je sve boljelo i često se odmarao, pa ga je to, kako je rekao, vjerojatno i spasilo jer nije bio ni blizu čela zbjega kad je otpočela predaja i zarobljavanje. Sve se odvijalo vrlo brzo. Partizani su bili, kako je rekao, samo u početku zbunjeni, jer naroda i vojske bješe mnogo više nego njih, ali brzo su se organizirali i Križni put je otpočeo. Nakašljao se i nastavio. Jedno je istina. Bilo je i četnika u toj masi, svi s područja Jugoslavije koji su imali posla s Nijemcima su bježali: nekoliko mjeseci ranije, zapravo još od vremena kad su partizani zauzeli Srbiju, Beograd i Bosnu, u Zagreb su stizali srpski i drugi saveznici Nijemaca. Neki su nastavili prema Austriji, a većina je ostala u Zagrebu i čekala rasplet situacije, a da bi se kasnije priključili hrvatskim zbjegovima.

Preskočio je neke dijelove i nastavio govoriti o svom stradanju u koloni u kojoj je on bio. Križni put nije bio jedna kolona, nego bezbroj. Njegova je bila dosta velika, nekoliko tisuća zarobljenika, većinom vojnika, možda nešto civilnih dužnosnika (kasnije su ih razdvojili na manje kolone). „Običnih civila" u kasnijim fazama Križnog puta u njegovom zbjegu gotovo nije ni bilo. Jugoslavenski vojnici su na čestim zastancima odvajali civile, a koliko je čuo, dio njih je nakon provjere pušteno kućama. Neki su kasnije ponovno uhićeni, kad su komunisti saznali što su radili u NDH, ali o tome nije znao mnogo. Križni put je bio užas, ali ne na način kako nam se prikazuje na televiziji. Događale su se grozomorne stvari. Njegov zbjeg osiguravali su hrvatski partizani, što je bila sreća, Hrvati nisu bili krvoločni kao Srbi, Bosanci i

Crnogorci, barem ne svi. Samo jednom je svjedočio pucanju, ali to nije bilo bez razloga. Nai-me, nije baš da su bili bez hrane. Partizani su im davali jelo, ali malo i slabo. Tako bi im bacili košaru kruha na njih pe-deset, koliko već, ali komadi su bili nejednake veličine, a i bio je to miješani stari i možda koji komad svježijeg kruha. Kad bi partizan donio taj kruh, bacio bi košaru među njih uz „žderite, ustaške svinje". Ljudi bi se doslovno bacali na košaru, a najgori su bili ustaše. (Što se toga tiče, točno je, rekao nam je stari gospodin, prema ustašama nisu imali milosti, već na Bleibuirgu su ih počeli ubijati „na licu mjesta". Tko god je nosio „U" bio je meta. U Hrvatskoj, posebno kad su prolazili kroz srpska sela, dočekivali su ih ljudi i mlatili vilama, štapovima i bičevima. Bilo je teško ranjenih i mrtvih. Jednom su sami stražari spriječili pokolj kad je ispred kolone skočio neki starac sa njemačkim mašingeverom. On je imao sreće jer je hodao u sredini, tako da nije bio pod izravnim udarcima.) Ustaše bi dohvatili kamenje sa zemlje i napadali domo-brane i mlatili ih tim kamenjem i rukama pokušavajući im oteti kruh. Slika te očajničke borbe za kruh nas-mijavala je partizane, a jednom prilikom, kad je on htio uzeti komad kruha, neki ustaški podoficir u zgužvanoj bluzi domobranskog desetnika udario ga je snažno kamenom po sljepoočnici i on se srušio obliven krvlju. U tom je trenutku dojahao partizanski major i bez ustručavanja je ispalio iz njemačkog „lu-gera" jednom od ustaša metak u glavu, a drugu dvojicu ustrijeli su njegovi vojnici. „Jebem vam mater us-tašku, vidi ti Hrvate kako ubijaju Hrvate! Pa mi ovdje nemamo posla, ustaše rade za nas! Dosta je sad! Tjeraj bandu dalje, a ovoga na kola, idemo!" Nevjerojatno, ali istinito. U njegovoj koloni bilo je nekoliko seljačkih zaprežnih kola na koje su potrpali teže bolesne i neke od slabo pokretnih. Nije znao reći je li to bilo samo u njegovoj koloni ili je to bilo pravilo. Major mu je spasio život, ustaša bi ga sigurno dokrajčio. Na svakom stajanju i noćenju provođene su provjere, prebrojavanja i odvođenja nekih u nepoznatom smjeru. Tako su došli do Niša, na aerodrom. Kolona je bila bitno manja kad su ih ugurali u stari avionski hangar. Stražari su bili Srbi, ali ih nisu dirali. Koliko je shvatio, to su bili vojnici koje je JA mobilizirala nakon osvajanja Srbije i završnih operacija, pred svršetak rata i kao nevoljno vojnici nisu imali prejaku že-lju za osvetom i divljim ubijanjem zatvorenika. Dali su im malo bolju hranu i osim još jednog popisa i provjere identiteta, nisu ih dirali ni tukli, a ni odvodili. Tek je drugi ili treći dan u hangar došla skupina oficira smrknutih lica. Glavni je opet bio neki major. Nakašljao se i glasno rekao. „Slušaj me, bando fašis-tička! Sad ću pročitati imena. Koga prozovem ima da stane na levu stranu. Odmah i bez pitanja!" Iz smeđe oficirske kožne torbe izvadio je nekoliko presavijenih listova papira i pročitao otprilike stotinjak imena, možda koje više, koje manje. Prljavi, polumrtvi zarobljenici šutke su, poslušno stali na lijevu stranu. Među njima je bio i naš gospodin, mnogo godina kasnije umirovljeni šef pogona u Varteksu i bivši tv inkasator, a kako smo saznali i bivši zastavnik željezničkih jedinica domobranstva tzv. NDH. Major je vratio papire u torbu, polako izvadio cigarete iz džepa, odabrao jednu, zapalio je i povukao dugačak dim. Progovorio je oštrim glasom: „Bando ustaška, 'vako ćemo. Svi prozvani će na ona vrata u pratnji izaći napolje. Nakon provere i svega šta treba da se odradi, biti ćete poslani svojim kućama. Iz vaših kotara stigle su potvrde da niste okrvavili ruke narodnom krvi. A vi ostali..." Tu se zlobno nasmijao i pljunuo u prašinu ne kazavši ništa. Naš pripovjedač se nakašljao. Rekao je da su svi znali što je čekalo ostale u hangaru. Trinaesti bata-ljun. A on? Vratio se doma i nisu ga više dirali. Morao se javljati u OZNU, neko vrijeme je bio pod pris-motrom, a onda ga više nisu zvali. Završio je fakultet bez problema i zaposlio se u Tivaru, kasnije Var-teksu. Haha, čak je postao predsjednik sindikata, ali je brzo odustao, politika nije bila za njega. Eto, to je bila gospodinova priča o Križnom putu. Upozorio nas je na kraju da ne vjerujemo svemu što čujemo, ali i na to da moramo biti svjesni da je svaka kolona zarobljenika doživjela svoj posebno okrutan Križni put. On je imao sreće jer njegovu kolonu nisu pratili krvnici. Mnoge druge jesu.

Inzistiram na personalizaciji povijesti, na hrvatskoj povijesnoj priči iz temelja Hrvata-mrtvaca, jednog imena i jednog prezimena i tragedije i patnje i smrti tog jednog nepoznatog Hrvata, potpuno nevažnog, ne-stalog u maglama povijesnih laži. Povijest ispričana prljavim jezikom Hrvata-grobara, biskupa i grofa nema ništa s istinom. Inkasatorova priča dokazuje moje riječi. Samo spajanje svih nekoliko stotina tisuća priča s Križnog puta može dati potpuniji uvid u tragediju hrvatskog poraća 1945., a kako ja to ne mogu, neka ovo bude moj mali prilog rješavanju problema povijesti stradanja hrvatskog naroda (za grobare, osim činjenice da su smaknuti bez suda, baš i ne brinem, njihovo 'rvatstvo nije moje hrvatstvo).

Komunisti su temeljito pripremili akciju za likvidaciju „suradnika okupatora", ustaša, „narodnih izdajica" i svih koji su na bilo koji način bili povezani s Nijemcima. Obzirom na to da je tijekom rata komunistička ilegala bila vrlo aktivna u Varaždinu, nema sumnje kako su lokalni članovi NOP-a prikupili dovoljno informacija o svim viđenijim građanima i dužnosnicima, obrtnicima i bankarima, liječnicima i apotekarima, dakle o ljudima koji su ovako ili onako, po službi i po privatnom poslu imali kontakte i radili s Wehrmachtom i tzv. NDH. Izvršitelji partizanskih zločina bjehu nepismene budale, ali idejni začetnici i nalogodavci nisu bili glupani ni primitivci. Samo kreten može reći da je partijski vrh bio skup kretena ili da je Tito bio budala s kojim se moglo manipulirati. Dapače, potcrtavam tezu o potpunoj odgovornosti KPJ za poratne zločine protiv čovječnosti. Zapravo, kad se analiziraju događaji (samo) od 1943. do 1952-54., do prvog dijela kraja „Tršćanske krize", vrlo je lako uvidjeti da komunisti nisu bili blesavi. Nažalost, cijenu njihove domišljatosti platili su bezbrojni svojim životima, uključivo i moj prastric.

Nemam dokaze: teško je bilo četrdeset i pete nešto dokazati, a kamoli danas, ali mislim da je moj prastric otkucan, lažno prijavljen OZNI, ukratko da mu je netko smjestio. Zašto? Ne znam. Kako? Prosto, kao i za vrijeme endehazije, ljudski je život bio bezvrijedan, svi su sumnjali u sve, a kako su u ratu prijavljivali Gestapou, policiji, ustašama, bilo kome, tako su od svibnja četrdeset i pete konfidenti, te usrane ljudske zmije pohodili OZNU, vojsku, zaustavljali bi na cesti oficire, vojne patrole, bilo koga sa zvijezdom na kapi, zvali bi uredništvo „Vijesti" i govorili kako znaju, kako su čuli, vidjeli ili nisu osobno vidjeli, ali svakako imaju točnu informaciju jer kako jučer je taj i taj, ovaj ili onaj pozdravljao „Za dom" i tako dalje i tako bliže. Poput Zagreba, i u Varaždinu (poneki) su građani bili neobična stvorenja: lojalni Velikom Reichu i pokorni poglavniku dotične su persone četiri godine ispijale kave s njemačkim i ustaškim oficirma, jeli bi zajedno, imali zabavne večeri s plesom, pozorno bi na krugovalniku slušali vijesti s Istočnog fronta, oduševljavali bi se govorima velikog vođe, slušali najbolju glazbu na svijetu, njemačku, jasno, čitali bi svakog jutra ustaški tisak i primali bi redovito i njemačke novine, barem dok prokleti Amerikanci i Englezi nisu poremetili dostavu i prekinuli lance opskrbe, iz kojih bi izrezivali slike proslavljenih naci generala i, na prvome mjestu, radili bi svoje poslove, mislim, tko je imao posao, za dobrobit NDHi poglavnika, za hrvatske vitezove koji svakoga dana ginu u borbi protiv komunističkih bandita (na početku i na Istočnom frontu), na čast i slavu tisućljetnog kraljevstva, a onda se dogodilo nešto strašno, Veliki Reich je nestao, izbrisan je s lica zemlje kao da nikad nije postojao, veliki Führer se kukavički ubio, zajedno s priležnicom Evom Braun. Od moćnog Wehrmachta, čije su armije, korpusi i divizije okupirale gotovo cijelu Europu i došle do Afrike i Moskve, nije ostalo ništa nego ofucana gubitnička vojska u rasulu totalnog uništenja i poraza kakav se ne pamti stoljećima, a i NDH je poslana na smetlište povijesti zajedno s poglavnikom koji je veleizdajnički pobjegao, pak su isti ti varaščanci slobodne i kraljevske varoši Varaždin uzeli „nove" zastave s petokrakom i oduševljeno klicali novoj državi i novom vođi, novoj armiji i novim pobjednicima! Koliko je među „oduševljenim narodom" bilo uspaničenih bivših ustaša, domobranskih kuhara, trgovaca, švercera, njemačkih doušnika, svih čiji se strah od osvete mogao vidjeti na njihovim facama, to ne znam, ali da je doslovno preko noći Varaždin postao od nezavisnog ustaškog 'rvatskog grada „bez Židova", ah, oslobođeni komunistički jugoslavenski grad Varaždin, to je kao jedan kroz jedan, baš kako su se građani, do nedavno dame i gospoda, sad pozdravljali s „drugarice i drugovi". To je činjenica. Sviđalo se nekome ili ne. (Zanimljivo, velike 'rvatine, kad im ovo spomenem, izgovaraju se da je četrdeset i pete došla okupacija, a ne oslobođenje! Da, samo okupatora se ne dočekuje raširenih ruku i s cvijećem u rukama.)

E.K. šnajder, ubijen je od ruke komunista, narodne vlasti. Krvnici su imali pune ruke posla. U varaždinskoj Milićkoj ulici, gdje je bio zatvor i gdje su stolovale policije triju država, smjestila se ozloglašena smrtonosna OZNA. „Odjeljenje za zaštitu naroda": dan i noć dovodili bi na ispitivanje stotine ljudi. Najveća tagedija bješe u tome što su stradali posve nevini ljudi, a stvarni štakori rata su se izvukli („A kaj bi, gos... drug major, je moj Štijef same mundiru nosil, ni puške ni imel, moral je, bi ga strelili, prosim vas, je moj muž bil ništ i nikaj, pustitte ga dime!"), pače ne tek izvukli, nego su se u kasnijim godinama lijepo snašli u društvu komunističkih jebivjetara, da bi se kao ostarjele prdonje, oni koji su preživjeli do devedesete, oni i njihov okot, razgalamili kako su bili žrtve komunističkog progona iako im nije pala ni dlaka s glave. Za razliku od nevinih žrtava čiji se grobovi i ne znaju.

Vjerujem stoga da je moj prastric doveden u Milićku po nekoj prijavi, anonimnoj ili ne, ali ipak dojavi „savjesnog građana/anke" koji je postupio/la po paroli s naslovnice „Vijesti" kojom je agit-prop okružnog J.NOF-a Varaždin pozvao narod da se „očiste redovi od izdajica, petokolonaša i špekulanata". Zamišljam, neka mi se ne zamjeri, kako je ponizno, naročito živčan, savjesni građanin, koji je, razumljivo, oduvijek simpatizirao narodnooslobodilačku borbu „jer je još prije rata pomagal komuniste, je, i sindikate je podupiral, kak je mogel, se razme, i jedva je dočekal da slavna JA dojde vu Varaždin i otera fašiste i ustaše, i zate je ve, kak pošteni građanin šteri poštuje vlast, došel reći kaj zna o E.K., koga bi trebalo zapreti i kazniti kak Bog zapoveda, joj, pardon, kaj sem rekel „Bog", se ispričavam, prosim lepo, dobro ni prosim lepo, gospon, joj, oh ne, pardon, druže, se ispričavam, znate kak je, starejši sem i tak, je taj E.K. odnavek meni bil sumnjiv, neje zabdaf Švaba, rođeni Švaba, gos... drug, je, kad vam povem, prosim lepo, drug major. Se ispričavam drug kapetan, ne znam ja čine, nis bil v vojski, znate, gda je četrnajste Njegovo veli-čanstvo... Joj, pardon, je onaj prokleti car naredil mobilizaciju, su me proglasili na komisiji nesposobnim, serce mi ni onda neje delalo kak treba... drug kapetan, je. Evo, sad bum rekel. E.K.je šnajder, šival je usta-šama, i s Njemcima se družil, jel i pil, je žderal s njimi, v „Janjetu", kod „Grošanića", a vidli su ga ljudi i vu „Grand Hotelu novak", a to neje kaj god, znate drug kapetan." Laprdao je, a savjesni drug kapetan („Prvo da se izbaci govno, sto ih dnevno dolazi prijaviti, a sam je sigurno šurovao s fašistima, samo se boji za svoje dupe i ulizuje se, govno hrvatsko, šta ga opšte sluša, svi ovde su bili ustaše, a sad bi kao po-magao Partiji, moš' mislit simpatizera!" - ali kad je čuo da je taj, o kome se radi Nemac, proradila je u ka-petanu osvetnička krv: „Mora se to istražiti, a šta ako na kraju bude da je taj bio neka ustaška glava, a ja oterao građanina koji poštuje narodnu vlast, ma da, nikad se ne zna, OZNA je ovo, naša Partija sve vidi i sve zna, treba da se to ispita, pa ako nema ništa, idemo dalje, bande ima dosta.") sljedeće je jutro poslao poručnika s četvoricom vojnika i dva vozila, „Nek' pokupe tog šta je fašistima šivao uniforme. I njega i onih šest-sedam s liste za hapšenje, krv im jebem!".

Obradili su ga oznaši, stručno komunistički. Tukli su ga, mrcvarili. U mračnoj ćeliji, u podrumu Milićke, u vlastitoj krvi umro je mladi šnajder E.K. Iza sebe je ostavio troje djece i mladu ženu. Ispitivanje je trajalo nekoliko dana. Bilo je gore od samog pakla. E.K. nije ništa priznao jer nije imao što priznati. Oficiri OZNE ubili su i tijelo i dušu mog prastrica. Urezali su mu slovo „U" na čelo, lomili kosti, ulijevali u usta slanu vodu. Otkazali su mu bubrezi, umro je u neopisivim mukama. Jedino „dobro" djelo komu-nističkih ubojica bilo je to što mrtvo tijelo nesretnog prastrica nisu bacili u neku od stotina jama, gdje su bacani tzv. narodni neprijatelji, ne, samo su vratili isprebijanog pokojnika obitelji, kao krvavu vreću, mrtvog. Bože moj, oprosti mi moju sljepoću, oprosti mi, molim te! Plačem dok ovo pišem, vjerujte mi lju-di, plačem! Od tuge, od bola, od sramote! Kako sam mogao to učiniti, kako sam mogao biti aktivan u izvi-đačima, u omladini, kako sam mogao pjevati partizanske pjesme?! Slaba je utjeha i još slabije je opravdanje „nisam znao"! Danas shvaćam mnogo toga: nigdje kod nas, ni u bakinoj kući (mamina mama), kao ni u našem stanu nije bilo slika druga maršala, nismo imali ni jednu knjigu o revoluciji, ništa od crvene ideologije nije se moglo naći u našoj obitelji. O politici se kod nas nije razgovaralo. Izviđači, omladina, sve te pizdarije! Nisam znao, Gospode moj, nisam znao! Nitko mi nije pričao, a toliko je užasa obitelj nosila kroz sve te godine! Stid me pred njima i pred tobom, Gospode, oprosti mi sljepoću moju!

Teta M. je pozvana da preuzme tijelo. U zakovanom sanduku, nije ga smjela otvoriti. U službenim papirima je pisalo: umro od zatajenja srca, iznenada se srušio, to je bilo to. Potpis i pečat. Dostava obavijesti bješe istovjetna onom jutru kad su ga uhitili i odvezli u smrt. Rano ujutro zaustavio se automobil ispred kuće, izašao je jedan oficir u pratnji vozača. Snažnim udarcima po vratima probudio je tetu M. i djecu. Prestravljena, otvorila je vrata. Oficir je pozdravio i hladno rekao: „Dobro jutro, drugarice. Evo potvrde. Do sutra u podne morate ga preuzeti. Smrt fašizmu, drugarice.!" Okrenuo se i otišao. Teta M. se srušila, pala je u nesvijest. Kad se osvijestila, ležala je na krevetu. U sobi je bila moja baka i još neka rodbina. Nije plakala, ni jecala. Ležala je blijeda, kao mrtva. Udovica u dvadeset i četvrtoj godini! Ubili su joj nje-nu ljubav, muža, oca njene djece, ubili su joj život!... Što sad mogu napisati, kazati? Tko danas može dočarati strah u ljudima koji su nakon četiri godine Nijemaca i ustaša, sad drugačije, ali i groznije u ljudima budili komunisti? Jer su se pozivali na narod, radili u ime naroda, a kakav i koji to narod ubija oca troje male djece? Zbog svega što jesam i što sam bio u svom razrivenom životu, za mene razlike između ustaša i komunista ne postoje! Ideološka i pitanja za vanjsku uporabu nisu ni najmanje važna jer rezultati „rada" oba, suštinski zla sustava bjehu isti: krvavi tragovi smrti iza njih zauvijek su osramotili hrvatsku povijest! Nikakve ustaške govnarije o Hrvatskoj, hrvatstvu i slavnom hrvatskom kraljevstvu, kao ni svinjarije komunista o bratstvu i jedinstvu, narodnoj vlasti i jednakosti ne mogu opravdati ni jedan leš njihovih žrtava! Hm, da, redu, endehazija, koja nije bila uređena država nego nacistički protektorat u kome su nacistički generali Horstenau i Rendulic, na primjer, imali veću vlast od poglavnika, održala se isključivo zaslugom Wehrmachta, a ne ustaške vojnice i domobranstva. Glupo je raditi usporedbe, međutim, ljudski kazano, dolje, na dnu, iz očiju i srca jedne, za hrvatsku povijest od-stoljeća-sedmog nebitne obitelji, i NDH i DFJ bjehu iste, smrtonosne, neljudske i protubožje! A nisu ubili tek jednog nevinog, poubijali su stotine tisuća! Razorili su nebrojene obitelji, zavili u crno narod na kojeg su prisezali! Nisu to bile samo „greške" pojedinaca iz državnog aparata jer ustaški i komunistički režim imali su jedan te isti put očuvanja svog održanja: nasilje, bezakonje vlasti i smrt. Četiri dekade mirnodopskog jugoslavenskog života ne može izbrisati krvave otiske komunističkog terora, to nije u stanju učiniti ni tzv. „normalan život" poput izgradnje stotine tisuća stanova, benefiti poput zdravstvene i socijalne skrbi, obrazovni sus-tav, industrijalizacija, K-15, život kao svaki život, napredak koji je socijalizam (površno gledajući) ostva-rio: bez obzira na dugove Jugoslavije, dogovornu ekonomiju i sva ta sranja, nitko ne može poreći da je za vrijeme crvene vlasti izgrađeno dovoljno toga što će novorođeni tzv. veliki 'rvati, novi Hrvati-grobari, mikstura komunista i neoustaške emigracije (plus sav kriminalni šljam) oteti, na čemu će se obogatiti, postati tajkuni i nova 'rvatska aristokracija po ideji samog uskrsitelja grobarske cilindraške 'rvatske druga-gospodina ex-generalmajora JNA koji se dekorirao titulom „vrhovnik".

Maršal je u Varaždinu, kako su prenijele „Vijesti" J.NOF-a varaždinskog kotara u broju 2. od 24. svibnja rekao: „Hrvatska je oprala sa sebe sramotu, koju su joj nanijeli narodni izdajice...". Lijepo, ali na njegovu žalost, ta „oprana sramota" je uprljana još većom sramotom: umjesto ustaške veleizdaje nastupio je zločin masovnog pokolja vlastitog naroda! Dakle, „džaba ti, maršale", dok si ti u Varaždinu deklamirao o Zagorju, Zagorcima i o Matiji Gupcu, tvoji su egzekutori ubijali desetke tisuća iz „trinaestog bataljuna" i leševima nevinih ljudi punili jame diljem Hrvatske (i ostalih republika Jugoslavije), pa čak i oni ubijeni, čije su ruke bile krvave od klanja i ubijanja naroda za vrijeme endehazije, nisu smjeli skončati kao stoka na klanju, morao si im, druže maršale, omogućiti pravedno suđenje. Nisi to učinio, zažmirio si i naredio besprizorne likvidacije ratnih zarobljenika, vojnika i civila, a od čega te antifašistička borba i priznanje od strane Saveznika ne mogu amnestirati. Da je moj prastric E.K. bio jedina žrtva tvojih oznaša, bio bi jedan mrtvac previše i ti bi unaprijed izgubio kredibilitet. To je činjenica, to je kao amen na kraju molitve.

Moj djed po majčinoj strani i brat moje bake žrtve su nesmiljenih udaraca hrvatske povijesti iako sami ništa nisu skrivili, osim što su nosili neoprostivi krimen (po odluci komunista): radili su svoj posao. „Izdali" su narod ne zato što su se obogatili kao šnajderi, jer nisu, već stoga što su se trudili prehraniti obitelj, očuvati najmilije od gladi i strahota drugog svjetskog klanja. Šivali su odijela, popravljali odjeću, krojili hlače, kapute, bluze i šinjele vojnicima, podoficirima i oficirima, svima koji su trebali vješti rad njihovih vrijednih ruku. Govorim nepristrano. Krojački zanat, šanjderaj je obiteljska tradicija u maminoj obitelji godinama i generacijama, ta pradjed i njegov otac bili su varaždinski šnajderi još davno prije Velikog rata, a pradjed je imao radionicu u centru grada, u Draškovićevoj ulici, gdje je poslije bio foto-studio „Merlić": moji su živjeli od šnajderaja, a mušterija se ne bira, zajebite gluposti iz partizanskih filmova i idiotskih propovijedi naždranih plebanuša, život je mnogo ozbiljniji i teži od političkih i popovskih trkeljanja.

Trebalo je svaki dan jesti, trebalo je preživjeti. Za razliku od današnjih kretenskih naraštaja koji ništa ne znaju, a još manje razumiju, ondašnji ljudi i moja obitelj također, imali su odlično pamćenje i nisu zaboravili što im se dogodilo trideset godina prije dolaska i odlaska Wehrmachta i nastupa partizanskih komunističkih lažljivaca i krvopija: u samo trideset i jednu godinu bila su dva najkrvavija rata u povijesti ljudskoga roda, krepale su tri države, crno-žuta monarhija, palanačko-opančarska kraljevina i endehazija, da bi se četrdeset i pete okotila komunistička jugovina, a Hrvat-mrtvac je morao služiti i ginuti u četiri vojske za četiri gospodara, za četiri zastave četiriju države, nagladovao se kao nikad prije, od njega su uzimali i car i kralj, poglavnik i predsjednik, a svatko od vlasti tko bi upao u njegovu sirotinju otimao je sve što bi našao i ne jednom je Hrvat-mrtvac ostao na golom podu, sa svojom gladnom obitelji prepušten samovolji lokalnih k.u.k., srbokraljevskih, ustaških i komunističkih batinaša i krvnika. A sluge uvijek marno štite poredak, ma koji i kakav bio. Hrvati-gro-bari su u svakoj od četiri države i u svakom gospodaru imali svog zaštitnika, uvijek na štetu i na račun Hrvata-mrtvaca poput mog djeda i prastrica.

Šivali su odijela i krpali oficirske bluze kako bi izbjegli da im u pola noći ustaše ne upadnu u kuću i ne odvedu ih u Milićku, pa u Lepoglavu ili izravno na koje stratište izvan grada. Kuća? Do rata su moji živjeli u centru grada, a potom su se preselili u Tivarovo naselje. U ratno vrijeme, u godinama 41-45., to je stambeno naselje bilo na blatnjavoj gradskoj periferiji. Povijest nastajanja tog stambenog kompleksa većini današnjih stanovnika je nepoznata (mlađe generacije nemaju pojma o „Pavelićevom naselju", a mislim da ih niti ne zanima): taj kompleks, danas bi se reklo, tipskih kuća u nizu, za ono vrijeme je bio novina u Varaždinu i u cijeloj državi. Hrvatska, koja je još uvijek lutala u postfeudalnim maglama i gušila se u smradu bivše kraljevine, između dva rata bila je „bogu iza nogu" i to unatoč snažnijoj financijskoj moći od Srbije i ostalih dijelova kraljevine. Početak izgradnje naselja datira u godinu trideset i šestu, kad se započelo, ali ubrzo i stalo s realizacijom naselja koje je projektirao arhitekt Planić. Uspostavom tzv. NDH, poglavnik i propali fiškal Pavelić, po uzoru na naciste u Velikom Reichu, naredio je izgradnju radničkih naselja u koje je namjeravao naseliti čistokrvne hrvatske radničke obitelji, kao presliku Hitlerove ideje iz kasnih tridesetih. „Briga" za hrvatski narod dotičnog Musolinijevog potrčka ogledala se u glupavom imitiranju nacističkog uzora: kao i u svemu ostalom, i ovo je stalo na lošoj imitaciji. Tako je dovršeno famozno radničko naselje na kraju grada, blizu Zagrebačke ulice, prema tvornici „Tivar". Nisam uspio doznati kriterije po kojima su kuće dobile stanare ni tko je o tome odlučivao. Planirano je dio kuća naseliti namještenicima „Tivara", a dio kuća trebala je podijeliti država. Moji su bili među prvim stanarima. (Koliko je i je li uopće u tome imao udjela moj prastric, ako je održavao ikakve veze s vlašću po crti svoje njemačke krvi i podrijetla, ne znam, a nagađati neću.)

U toj se kući rodila moja majka, tu je odrastala moja draga D., tu smo od rođenja živjeli i mi, moj brat i ja, mama i tata. I to da je dobio ustašku kuću, da je šivao odijela i uniforme za endehaziju i naciste (bio je šnajder, u vražju mater!), zar je to mogao biti razlog da se prastrica zvjerski ubije i strpa u metalni kovčeg? Djed, koji doista nije služio ni u jednoj vojsci, osim što je zbog svog šnajderaja poznavao mnogo ljudi, pa i ustaške i domobranske oficire, imao je tek jednu „ratnu zadaću": usmjeravati ljude u skloništa u slučaju zračnih uzbuna.

Šnajder ili ne, a vjerojatno baš zato, djeda su pokupili i poslali na Križni put, zajedno s tisućama uhićenih u varaždinskom kraju i šire, bez objašnjenja. Nemam pojma što je i kako preživio moj djed tijekom mrcvarenja od strane komunista, nitko mi o tome nije pričao (on je umro šesnaest godina prije mog rođenja, s nepunih četrdeseti i četiri godine). Pitanje o krivnji djeda nije nimalo beznačajno. Umjesto kažnjavanja, komunisti su trebali mog djeda nagraditi! Zašto? Zato: šivao je uniforme i partizanima unatoč opasnosti da ga ustaše otkriju. Radničko naselje, kako rekoh, bilo je tada izvan urbane cjeline grada, debelo na periferiji, okruženo poljima, šikarom i poljskim blatnjavim putevima, što je bilo idealno za noćne partizanske posjete poznatom varaždinskom šnajderu. Uistinu, partizani, ustaše i domobrani, nema tko nije dolazio u djedov kućni šnajderaj i „davao mu posla", a on je šivao, svima, kako su zahtijevali, upravo naređivali. Mušterije u vojnim uniformama nisu pregovarale niti se dogovarale, naručeno je moralo biti gotovo u točno određeno vrijeme. Ustaški i domobranski oficiri dolazili bi danju, a partizani noću, nisu se mogli susresti, haha. I ne samo šivanje, da je samo šnajderski posao bio u pitanju, zlo bi se nekako proguralo, ali nije, partizani bi upali u kuću, zatražili šivanje, a na izlasku bi samo rekli: „Večera za petoricu, sutra. Nešto fino!". Nije ih bilo briga ima li moja baka hrane u kući, to ih nije zanimalo. Morala je kuhati, a često bi sebe i djecu ostavila bez večere kako bi šumski banditi mogli jesti. Međutim, kad su uhitili djeda, toga se nisu sjetili, nije ih bilo briga.

Što je djed mogao učiniti, što su mogli on i baka? Ništa. Morali su preživjeti zbog sebe, zbog djece na prvome mjestu, zbog obitelji. Nijedna strana ih nije pitala kako će smoći hranu, materijal za odijela, gumbe, samo su dolazili i uzimali, a ničega nije bilo. Prazne trgovine, opskrba nikakva, novac nije vrijedio ni koliko papir na kojem je štampan, a ograničenja i zabrane su sputavale i ono malo preostale slobode kretanja i rada. Cijene bjehu astronomske, svega je nedostajalo. Brašno, mast, sol, šećer, koštalo je kao zlato, i više. Mesa nije ni bilo, „retki su bili svetki" kad bi se došlo do kakvog komadića mesa. Pri kraju rata, kad su Nijemci pretvorili Varaždin u bunker, partizanske su posjete prestale, više im nisu trebala ni djedova odijela ni bakine večere. Stvar je bila svršena.

Dani prevrata (tako su stari nazvali vrijeme između poraza i bježanije endehazijske vlasti i dolaska komunista): djed i njegov zet, moj prastric, imali su tih dana mnogo besplatnog posla. Šivali su civilna odijela, bješe neobično popularna zamjena uniforme civilnom odjećom, vrag zna zašto...

Koliko puta sam rekao? Ne znam, pa evo: moja je obitelj bila apolitična, na obje strane našeg obiteljskog stabla, posebice na maminoj. Nisu se petljali u vlast, nastojali su živjeti najbolje što su mogli u onim okolnostima. Muškarci su bili zanatlije, majstori, cijenjeni u poslu i poštovani u gradu. Ne bih napisao ni jednu riječ da ne vjerujem u njihovu istinitost. Prapradjed, pradjed i djed, praprabaka, prabaka i baka, unazad nekoliko generacija majčina je obitelj živjela jednostavnim pristojnim životom ljudi koji žive od svog rada svjesni svojih mogućnosti. Stoga se nitko nije upuštao ni u kakve eksperimente, osobito ne političke naravi (kažem, prema onome što sam uspio saznati). Žene u obitelji nisu zaostajale za muškarcima, vrijedne, okretne i razumne, nisu se libile nikakvog posla, a skrb za obitelj bila im je na prvom mjestu. Sve su bile odlične kuharice jer je trebalo, često u oskudici i s ono malo toga što su imale, znati pripremiti ukusna jela: sjećam se, Velika baka je i najprostije jelo pripremala kao gozbu. Danas žene (i muškarci) ni uz svu tehnologiju i sve dostupne namirnice ne znaju skuhati jela ni približno tako ukusna kao što su kuhale prabake i bake (mislim, na prabake praunuka mojeg godišta i starijih od mene). Moja je obitelj od Hrvata-mrtvaca. Nijedna država i nijedna vlast u Hrvatskoj stoljećima unazad nije im dala mira: svaki je sustav ostavljao krvave tragove na našoj obiteljskoj povijesti i ni u jednoj od tih država nismo prošli neokrznuti. Austro-Ugarska (Habsburška Monarhija), Kraljevina Jugoslavija (Kraljevina SHS), tzv. NDH i potom SFRJ (DFJ, FNRJ), te danas RH (članica EU-e i NATO-a) kao države i sustavi mrcvarili su obitelj glupim zakonima, porezima, a ratovima je obitelj zatirana i ubijana. Drobeći život, lomeći ponos i ponižavajući na sve moguće načine, sve spomenute države žigosale su našu obitelj teškim žigom nesreće, bezvrijednosti i neopisive patnje i tuge. Zbog toga, ako sam donio nešto sa sobom u Ameriku, to je svakako prezir prema svakoj politici i prema svakom sustavu jer sve su politike, države i sve su vlasti prema obitelji kao krvnik prema osuđenom na smrt. Smrt u ime Domovine s velikim „D"? U ime slobode? Demokracije? U ime nacije, krvi i imena roda starovječnog? Smrt u ime davno krepanih kraljeva, grofova i biskupa? U ime čega? Revolucije? Carstva? Kraljevine? Republike? Što je to, za što je obitelj morala podnijeti toliku žrtvu u krvi i mesu, u samom životu?

Samo nekoliko naraštaja unazad, što visi sa osušenih grana obiteljskog stabla? Pristojni građani, zanatlije, ni bogati ni siromašni, blizu središta grada i u samom centru, oni koji žive urednim životom, poštuju zakone, vjeruju u Boga, pohode crkvu, ne smetaju nikome, pomažu mnogima. Nije to savršena obitelj, ni blizu savršenstva, tek obična, sa svim lošim i dobrim stranama, s tajnama i problemima, s uspomenama koje nisu sjajne i memoriranim lijepim trenucima, sa obiteljskim crnim i sivim ovcama i neispunjenim snovima, propalim nadama, sa uspjesima i radostima, srećom pri rođenju novih zemaljskih anđela i tugom u umiranju voljenih i onih malo manje omiljenih članova obitelji. Novorođenčad kao blagoslov s neba i smrt kao jednako božansko stanje stvari: ipak, smrt kao kazna i teror države i vlasti, kao divljaštvo i mržnja ne spada u obiteljsku priču, ali jest u priči kao neželjeni gost, opasan uljez koga se nikad ne mogaše riješiti.

Šivao je odijela i ustaške uniforme, kao i partizanske bluze, kape, prišivao zvijezde i činove, radio je besplatno, a njegova je žena bezbroj puta nahranila nepozvane goste. Posao koji se plaća novcem, njemu su plaćali životom, njegovim vlastitim. I životom žene i djece. Pla-ivo od obje strane, ustaške, nacističke i komunističke, crne i crvene, bez razlike. Nije bio pripadnik ni jedne, a obje su mu držale nož i kamu pod vratom. Ubila ga je pobjednička vojska, svirepo i bez suda. Pobjednici, koji su okončali rat trijumfalnim plesom smrti, konačno su u svibnju 1945. naplatili račun za uniforme. Mušterija je naplatila majstoru njegovom smrću u ime naroda koji koji nije bio njihov narod.

Ne želim povrijediti domoljubne osjećaje velikih 'rvatina i dati im povod da me ponovno napadnu kao izdajnika Domovine s velikim „D”: jednostavno, ne bih se usudio pisati o svojoj obitelji u teatralnom nacionalnom zanosu, doista ne bih imao hrabrosti svoje bake i djedove, prabake i šukundjedove, bilo koga od njih staviti u okvire fatamorgane velikih 'rvatskih iluzija, posebno ne u čušpajz 'rvatstva devetnaestog stoljeća i nakaradnu mutiranu inačicu te gluposti oživotvorene u endehazijskom paklu holokausta i klanjanja 'rvackom kralju talijanske krvi, ali ni u našu današnju, kao modernu demokratsku inačicu hadezeovske (esdepeovske itd.) uništene Domovine s velikim „D”, rođene u umobolnim snatrenjima jednog neurasteničnog, krajnje frustriranog, prilično narcisoidnog bivšeg yu-generalmajora. Moje hrvatstvo nije ni grofovsko ni biskupsko 'rvatstvo, hrvatstvo mojih djedova i baka 'nije 'rvatstvo industrijalaca, bankara i veleposjednika. Naše hrvatstvo je hrvatstvo Hrvata-mrtvaca. Rekao sam to milijardu puta! O svojoj baki ne pjevam kao o baki Hrvatici, o majci ne pišem rime kao o majci Hrvatici, takva idiotarija bila bi uvreda za moju inteligenciju, ali i za moju obitelj. Za nas mrtvace hrvatstvo se samo po sebi razumije, nema tu glumatanja. Moj djed je bio šnajder po zvanju i znanju, bio je majstor krojač, a ne majstor Hrvat. Njegove zlatne ruke radile su prekrasna odijela, hlače i kapute. Hrvat je bio u srcu, njegovo hrvatstvo nije ga hranilo, ruke jesu i za razliku od mnogih budalaša, i starijih od mene, a govore kao da su se rodili devedesete, ja ne lažem: nismo svako jutro ustajali s pjesmom „Zdravo djevo, kraljice Hrvata”, a još manje smo, naričući nad zlom sudbom vječne nam 'rvatske pjevali u inat komunjarama „Ustani bane, Hrvatska te zove”. Moja obitelj nije izrodila nacional-profitere koji hodaju naokolo s istaknutom cijenom svog domoljublja.
Previše je dijelova moje obiteljske slike izgubljeno tijekom dekada življenja u izmaglici prividnog života koji nije bio ono što su željeli i čemu se se nadali. Prilagođavati se državi, vlasti i trpjeti zlostavljanje zakona uništava obitelj čak i kada se čini da je sve u redu. Sreća u nesreći je što je sirotinja imuna na nesreću, naučio je hrvatski kmet na zlo i ako je jedan dan sit i sretan, već zna kako će sutradan zasigurno opet biti gladan i nesretan. Nije to pesimizam već realnost, kmet ne živi u oblacima jer u cijeloj hrvatskoj povijesti samo je on živio i umirao svjestan težine trenutka i života i smrti. Svi ostali, grofovi i biskupi, prebendari i cilindraši živjeli su kao na filmu, pa kad bi ih udarila stvarnost, kmečali su i cviljeli kao krmače na klanju. Hrvat-mrtvac je spreman na najgore, zna odveć dobro da od zla uvijek može biti gore, pak kad sjedi za prepunim stolom kriomice uzima komadiće kruha i sprema u džep: sutra je novi Božji dan, hvala Bogu na svemu, ali bolje je biti spreman nego nespreman. Moja je obitelj prolazila mnoge faze, od pristojnog statusa do krajnje bijede, od punog trbuha do izgladnjelosti, od zveckanja cekina do poderanih džepova, od sreće do tuge, od života do smrti, kao svi, ništa novo, ništa osobito zanimljivo.
Nebeski Otac, živi Bog i Njegov živi Sin, vjerujem u to i znam to (neka me nitko ne pita kako i zašto znam) nisu stvoritelji mržnje, ratova, ubijanja nevinih, bilo kakvog bola i zla, živi Bog i njegov živi Sin su Bog i Sin nebeske vječne ljubavi. Najčišće i jedine moguće. Svi leševi vojnika, sva izmasakrirana trupla nevinih žrtava (ovdje) i ustaštva i komunizma rezultat su odluke i činjenja smrtnih ljudi, onih koji izabraše zlo umjesto dobra, uništenje umjesto stvaranja, ništavilo umjesto budućnosti. U hrvatskoj priči kopanje novih grobova je konstanta nakon stasanja svake dvije, možda tri generacije: tako je oduvijek, tako je bilo jučer i tako će biti sutra, kad ovaj posljednji, naš Domovinski rat prekrije plijesan hrvatske gluposti, kad se ukiseli i posljednje sjećanje na prolivenu krv hrvatskih gardista. Prošlo je dvadeset i šest godina od svršetka Domovinskog rata i u dubinama đavolskih duša kuju se mračni planovi novog klanja, novog rata u kome će kmetovi dati sinove, a grobari ništa, kao uvijek...
Obiteljsko stablo, na čijoj jednoj grani visi i moje ime, ukrašeno je mnogim primjerima onih čije su grobove kopali prije no što je to bilo zapisano u nebeskim knjigama. Pitam se, koga vraga nisam poginuo u ratu, nije baš da nije bilo prilika?! Trebao sam krepati negdje na Južnom bojištu, u dalmatinskom zaleđu ili u Bosni jer što reći, iz ove perspektive smrt na ratištu ne izgleda kao loša opcija. Gluposti, lako mi je sad prditi o tome...
Čovjek tako umre, ostavi ženu i djecu, bez novaca, bez ičega, ode pod zemlju cijelim tijelom ili u ko-

madima (ovisno o tome je li crk'o u ratu ili nekim od mirnodopskih načina napuštanja ovog svijeta), pokopaju ga pristojnim građanskim pogrebom, a možda i ne, bace tako njegove crvljive ostatke u neku krašku jamu u brdima i biva zaboravljen kao da nikad nije postojao. Obitelj ga se isprva sjeća, potom o njemu govore u tišini, ponekad, jer udba čuje sve i zna sve, a djeca ne mogu podnijeti još patnji i stradanja, previše je i što su ostali bez oca u najtežim trenucima svog djetinjstva, kad im je bio najpotrebniji. Klasična priča, ima bezbroj stradalih od osvetničke ruke komunista, a živjeti se mora svaki dan, raditi se mora i crveni su se potrudili organizirati sve da „normalni život teče", sport i novine, kazalište, opskrba i sve to skupa, odredili su čak cijene jaja i krastavaca na trgu, kino radi, obnovili su gradsko javno kupalište, život ide dalje, samo muža nema, oca nema, u podrumu u Milićkoj je ubijen, u ime naroda su ga tukli, ulijevali kroz traktur solnu vodu u usta i lomili mu ruke i noge, za narod, u ime slobode i revolucije. A ljudi okolo, nije ih briga, problema s novom vlašću je bezbroj, komunisti se petljaju u sve: u stanove pogotovo, valja im smjestiti svu tu šumsku partizansku bandu. Agit-propovske metode, nasilje, tjeraju ljude iz stanova i kuća, useljavaju oficire u tuđe domove, naređuju da obitelj koja ima trosobni stan preseli u jednosobni kako bi njihov dala dotepencima s crvenom zvijezdom na kapama. I to nije sve, apeliraju na „grižnju savjesti", nameću stid u ime napaćenog naroda Like, Banije i Korduna, organiziraju skupljanje kućnih potrepština, odjeće i posuđa, obuće i posteljine i tako je uz „dragovoljno" sakupljanje namirnica, ovo još jedan udar na onaj isti narod o kome vlast skrbi s toliko ljubavi. „Vijesti" kotarskog J.NOF-a Varaždin mijenjaju ime u „Varaždinske vijesti". Objavljuju se oštre kritike onih građana koji nisu shvatili značaj pomoći narodu nastradalih područja koji je toliko žrtvovao. U jednom se članku navode imena varaždinskih građana koji su se oglušili na poziv za pomoć: ili nisu dali ništa ili, ako su dali, stvari bjehu neuporabljive. Tako su u broju sedam na komunistički stup srama pribijena imena stanovitog gospodina Rudmana, gospođe Bobičanec Malče i gospođe Golf, gospodina Klaste i gostioničara, gospodina Bosanca. Objavivši imena s građanskim predikatima „gospodin i gospođa", uredništvo je zapravo osudilo spomenute zbog izdaje naroda i narodne vlasti. Kad komunisti ne rabe „drugovi i drugarice", imenovani mogu očekivati veliko zlo. U sljedećem, osmom broju „novina", objavljena je dopuna članka u kojem se navelo da su skoro svi spomenuti osobno posjetili redakciju, ispričavali se i obećali dati pomoć. Nema zornijeg primjera komunističke podmuklosti od ovog, prvo na stup srama, a onda, „to im je bila škola", ali s groznim posljedicama: stavljeni su na crnu listu građana koji ne priznaju narodnu vlast, a to je bilo kao pravomoćna sudska presuda! „Oduševljenje naroda" novom državom, narodnom vlašću i komunistima skrivalo je noćna hapšenja, Križni put, ubojstvo jednog šnajdera i likvidacije tisuća trgovačkih pomoćnika, mesara, činovnika, apotekarskih pripravnika i šegrta, šustera i urara, inženjera i učitelja, svih kojima je krimen bio to što su živjeli u tzv. NDH i to bez obzira što nisu nosili ni ustašku ni domobransku uniformu. Tih tjedana novine svako malo objavljivaše sudske presude (Okružnog suda za zaštitu nacionalne časti) „slugama okupatora" i „narodnim izdajnicima", što znači ustašama, domobranima, prastarim pukovnicima koji su umirovljeni još u habsburško vrijeme, a osim osuđenih na smrt strijeljanjem, tiskani su poduži popisi osuđenih na gubitak nacionalne časti (od šest mjeseci do petnaest godina), konsfikaciju imovine i na prisilan rad (teška robija, s koje se uglavnom nisu vraćali): obrazloženja presuda su toliko idiotska da nemaju veze sa zdravim razumom. Tako je, na primjer, jedna žena osuđena na šest mjeseci gubitka nacionalne časti i na prisilan rad jer je „pripremala večere ustašama i Nijemcima"! Srećom što moju baku nisu „uhapsili" zbog iste „izdaje", no možda su je „zaboravili" jer je ručkove i večere kuhala i partizanima?! Ne smijem se jer se tragična sudbina Hrvata-mrtvaca, kojima je tzv. narodna vlast postala manje narodna od ijedne prethodne ogleda u najsitnijim detaljima, u onim mračnim noćima kad su „san varoši Varaždina" u „svijetlu narodne slobode i pobjede revolucije predvođene Komunističkom partijom i maršalom Titom" remetili zvuci kamiona kojima su u smrt odvoženi Varaždinci čija imena je danas nemoguće pronaći u arhivama, a mnogi od njih ni groba nemaju. Nije riječ o popisima iz u „Vijestima" objavljenih presuda, govorim o žrtvama poput šnajdera, mog prastrica, E.K. Njegovo ime nije objavljeno, njegovo ime je službeno izbrisano iz povijesti grada, rodio se, živio, umro i nestao. Žena i djeca su preživjela, a vrijeme je teklo dalje i sve je bivalo kao normalno i nikakvo se zlo nije dogodilo. (Stoga je ovo sjećanje na ustaške kame i komunističke šmajsere...)

Neću pisati o osjećajima mojih prabratića i prasestrične, o tome ne znam ništa. Od troje djece sestre moje bake po majčinoj strani, dvoje je, koliko sam uspio saznati, možda još živo. U vrlo poznim su godinama, a o njihovim životima također ne znam mnogo, skoro ništa. Jedan prastric sin umro je prije dvadesetak godina. (Draga moja D., fala ti za pomoć pri prikupljanju podataka, volim te.) Koliko je gorčine bilo u njima, koliko mržnje prema državi koja im je ubila oca? Ne znam. A prema ustašama, što su osjećali, što su mislili? Vjerojatno ništa, nisu im ustaše uhitile tatu i likvidirale bez pravde i bez suda. Imaju li ikakve kontakte s očevom (njemačkom) stranom obitelji? Ili je sve nestalo '45-te? Kako su uopće odrastali u prvim poratnim godinama, do pedeset i pete? Koliko ih je Milićka obilježila? Jesu li smjeli posjećivati očev grob? Kakve su neprilike kasnije imali, tijekom školovanja? Ne znam ni to. Ipak: „Kak Varaždinec i Zagorec, onak po domaći, sve si mislim da su išli po onoj kak saka rit dojde na šekret, pa bude na priliku da bu črlena banda kervavo srala te kaj su požderali!”...

Teško je razumjeti svevremensku poruku punine obnovljenog evanđelja Isusa Krista: jedini i najčišći svijetli primjer ljubavi ukazao se svemu svijetu, a svijet ga ne razumije, odbacuje, ne sluša, laže mu, osobito oni koji se pozivaju na Njega i služe se Njegovim svetim ime-nom, predstavljaju se kao Njegovi učenici i govore da imaju moći Njegove. Takvi danas, sedamdeset i šest godina nakon krvave četrdeset i pete zazivlju osvetu i oprost u istoj rečenici: kojeg li licemjerja jer zaboraviše (iako se većina dotičnih pojava nije ni rodila strašne 1945.) što je prethodilo svibnju i Križnom putu: mog prastrica i tisuće nevinih žrtava komunisti nikad ne bi ubili da nije bilo endehazije i onog zlotvora Pavelića! Nikad! Stoga ponavljam, ustaše i komunisti nisu oprečnost nego samo dvije strane iste medalje! Velika se povijest oduvijek krvavo odnosila prema najmanjima. Problem u hrvatskoj priči je smrt zemaljskog tipa, govorim o ubijanju samo zbog ubijanja. Endehazija i komunistička jugovina imaju više zajedničkih dodirnih točaka nego razlika. Oba sustava izgrađena su na leševima i na krvi. I tzv. NDH i Jugoslavija zagovarale su narod, a njime su napunile grobove.

Danas bi novi 'rvati, neoendheazijski nostalgičari proglasili mog prastrica 'rvatskim junakom i vitezom, na njegovoj bi žrtvi i krvi prikupljali političke bodove i glasove moralno slabih i karakterno prljavih otpadnika hrvatskoga kmetstva, ali zalud im i to, moj prastric nije umro da bi jeftini lažni domoljubi naplaćivali svoje lažno domoljublje, naročito iz razloga što među potonjim 'rvatima ima previše gamadi iz komunističkog krda, ološa od vrste „kako vjetar puše”. I to nema nikakve veze s time to što nisu bili svjedoci zbivanja u krvavoj 1945. nego zato što jabuka ne pada daleko od stabla i što su izrodi grobara, koji su uživali sve privilegije socijalizma iznenada postali 'rvati opterećeni svibnjem četrdeset i pete iako i te kako dobro znaju da krvavi trag crvene zvijezde petokrake vodi i do njih samih. Reći ću ovo bez obzira na sve: svi bivši komunisti, sekretari i predsjednici sindikata, direktori, inokosni poslovodni organi i tajnici skupština općina, šefovi prodaje i nabave, bivši podoficiri i oficiri (molim lijepo, na stranu zasluge bivših jeneavaca u Domovinskom ratu, onih koji su stupili u HV, o tome nema spora, hvala im za borbu za domovinu), što bi svi oni i svima njima slični radili i što bi učinili od svojih života da nije bilo raspada jugovine i da srbende nisu otpočele krvavi rat? Odgovor: ništa, i dalje bi provodili programske smjernice SKJ, bivali bi birani kao drugovi i drugarice na razne „funkcije”, i dalje bi držali političke partijske škole i male izviđače tjerali na marševe „putovima revolucije”, i dalje bi primali „unapređenja” u više podoficirske i oficirske činove na dan armije kojoj su položili zakletvu. Sve bi ostalo isto, a moja bi obitelj, kao i sve kmetske obitelji Hrvata-mrtvaca, oprostite na izrazu, nastavila jebati mačku mater. Eto, to bi bilo.

Na grobu E.K., varaždinskog šnajdera, oca troje djece, muža i zeta (još) jednog šnajdera, muža unuke (još) jednog šnajdera, čiji je biljeg „krive” nacionalnosti za komuniste bio dovoljan krimen za smrtnu presudu bez suda i pravde, po volji beogradskih gologuzih opančara i „blagoslovom” njihovih hrvatskih poltrona (ne znam koje su nacije bili ubojice mog prastrica, a moguće je da su bili Hrvati, mada osobno mislim da se radilo o srpsko-bosansko-crnogorskoj varijanti OZNE u Varaždinu). Nisam hrvatski nacionalist, ja sa svojim tipom hrvatstva nemam nikakvih problema, moje je hrvatstvo kmetsko i smrtno, bez velikog „H”, ja nisam nikada bio niti ću biti proustaški nastrojen, s izdajnicama Hrvatske nemam posla. Kad kažem „hrvatska obitelj”, mislim na Zagorce, na našu Hrvatsku, Horvatsku, na varaždinsku hrvatsku obitelj, na vlastito korijenje. Znači, hrvatska je obitelj u krvavoj miksturi zla Drugog svjetskog rata nastradala jednako na obje strane iako ni za što nije bila kriva, a kad je (opet) riječ o ubojicama iz partizanskih redova, povijesne činjenice su neumoljive i držim da potkrepljuju svaku moju ovdje napisanu riječ. Tko je ušao u grad, tko je oslobodio ili osvojio Varaždin i zašto naše zagorske, hrvatske, varaždinske, prigorske, podravske itd. jedinice nisu oslobađale Varaždin (snage X korpusa zagrebačkog i njegova proslavljena XXXII divizija NOV i POH-e), nego su poslane na druge pravce napada (odnosno, naređeno im je čekanje dok su hrvatskim gradovima pobjedonosno paradirale isključivo srpske, bosanske i crnogorske brigade i divizije) znali su oni i maršal koji je tako „naredio": prva velika sramota ukucana u hrvatsku povijest bilo je to da su u Varaždin prve ušle jedinice III. Armije pod komandom generala Koste Nađa i to 4. i 8. vojvođanska brigada 51. divizije JA, zajedno sa svim pratećim službama države u nastajanju, države koja se uspostavljala silom oružja, organizacijama i organima (OZNA, sanitet i političke „snage", na prvom mjestu Partija i SKOJ, AFŽ. Sindikat, J.NOF itd.), a na čijim je rukovodećim pozicijama najmanje bilo Hrvata. Svi oni su odmah po „oslobađanju" grada otpočeli s brutalnim „čišćenjem Varaždina od smrada" svih nepoćudnih „elemenata" štetnih za funkcioniranje nove vlasti: to da moja (hrvatska) obitelj nije imala nikakve benefite od ustaša i nacista i da je jednako bila na udaru kao i cijeli hrvatski narod nije značilo baš ništa palanačkim nezakonitim potomcima spahija, aga i begova. Moj djed šivao je uniforme i partizanima, ali oni su nekako to previdjeli i zaboravili kad je „uhapšen" i poslan na marš smrti Križnog puta. Prastričev grob i grob moga djeda, koji je preminuo teško bolestan (od posljedica „ispaštanja grijeha pomaganja okupatoru i ustašama") ocrtavaju svu tragediju hrvatskoga naroda na razini pojedinca: od stoljeća sedmog „porez povijesti", naknadu za sranje s „polja časti gdje se gine za krst časni i slobodu zlatnu" plaća sirotinja, samo kmetovi plaćaju danak u krvi .

Nije moja obitelj ni prva ni posljednja. Nitko ne može kazati koliko je hrvatskih obitelji platilo namet hrvatskoj povijesti: u ime ljubavi prema svim mojim precima, mojoj obitelji.. Zato i nemam razumijevanja za pobornike fraze „svaka je žrtva – žrtva". Moj prastric nema istu težinu kao ubijeni Maks Luburić, Mile Budak ili netko od znanih izdajnika domovine. E.K. nije izdao Hrvatsku! On nije potpisao predaju Dalmacije Musoliniju, nije šutke dao Međimurje Mađarskoj! Pavelić jest! Točka.

Zašto sam ovo napisao? Vrlo jednostavno. Desetine tisuća ubijenih, sve masovne grobnice, razorene obitelji, uništeni životi, sva trupla koja su odnijele vode Drave, Save i drugih hrvatskih rijeka, sav pepeo spaljenih hrvatskih ljudi u konclogorima Velikog Reicha, svi strijeljani po šumama, ubijeni u zatvorima i kazamatima OZNE, svi jauci majki za sinovima i sestara za braćom, svi hrvatski mrtvaci stradali i od ustaške i od komunističke ruke nisu dio nijedne od hrvatskih zabluda, to je jedno, a potom, njihove smrti nisu plod njihovih grešaka nego odluka i činjenja konkretnih ljudi sa konkretnim imenima i prezimenima, za Boga miloga! Prepucavanja koja traju i danas, svađe između pobornika ušatog „U" i crvene zvijezde ni na koji način se ne tiču žrtava, osim u jednoj stvari: nositelji ušatog „U" i nositelji crvene zvijezde sa srpom i čekićem su krivci, odgovorni za njihovu smrt. Na tome završava svaka rasprava o ustašama i partizanima, krvnicima vlastitog naroda!

U tome je poanta mog žvrljanja po papiru: bez pardona, neovisno o pseudoznanstvenim definicijama 'rvatskih cilindraških povjesničara i političkih ništarija, i poglavnikovo domobranstvo i ustašku vojnicu, PTS, UNS, HOS i sve ostale dijelove te govnarske države, kao i NOV i PO, AFŽ, KPJ, SKOJ, J.NOF i ostale komunističke organizacije smrti šaljem u vražju mater! Od četrdeset i pete do devedesete tlačili su me (nas) crveni s glupostima o NOB-u i nametali nam (Hrvatskoj i Hrvatima) krivnju za Jasenovac i Staru Gradišku, za spaljivanje ljudi u glinskoj crkvi, a od devedesete do danas traje jebanje u mozak (nas Hrvata i Hrvatske) falsificiranjem povijesti i banaliziranjem ustaške izdaje Hrvatske, ali i, što je upravo stra-hotno, aktivnim dijeljenjem hrvatskoga naroda na „prave" i „krive" Hrvate, odnosno one koji svršavaju na spomen endehazije i na one kojima se za to baš jebe! Uz gadan dodatak: trideset godina se na (nas) Hrvate-mrtvace obrušavaju udružene bande potomaka ustaša i partizana, crnih i crvenih, zajedno lome i ubijaju hrvatsku nadu, hrvatsku državu i hrvatsku budućnost. (To se zove višestranačje, demokratski izabrana vlast i to, gle čuda, voljom naroda na slobod-nim izborima!) Napadaju hrvatsku obitelj ponajprije: nijedan tuđin nije nanio zlo Hrvatskoj kao povampirena strašila bivših ustaških i bivših komunističkih zvijeri!

Napokon, što ima moja obitelj od svega 'rvatstva? Ništa. Patnju i razočarenje. Život obične hrvatske obitelji u 'rvatskoj je kazalište i to loše, a predstave su negledljive, glumci očajno afektiraju, a tekst, ah, kao da ga je pisalo sedmogodišnje dijete! Ni u najbjednijem cirkusu ne bi imali tako očajnu scenografiju i kostimografiju: pričaju se vesele dogodovštine, prevrću požutjeli dokumenti i ispucale fotografije, obilaze se oronuli grobovi, kuhaju se tzv. stara jela, „kaj su jele naše prabake" i evociraju se uspomene na pretka koji je imao čast stupati u vojsci bana Josipa Jelačića Bužimskog slavne 1848., objavljuju se postovi na društvenim mrežama o prekrasnom starom životu i patetično se nariče nad vremenom kad je svakako bilo bolje: ja to ne razumijem, taj mazohistički hrvatski običaj da lažemo sami sebe i da od povijesti vlastitih obitelji stvaramo sladunjavi američki filmić. Mogao sam bez većih problema, sročiti tri puta manje teksta i obiteljsku priču predstaviti kao srcedrapateljnu jednočinku s elementima humora, ali i bez zrnca istine. Mogao sam naslikati sve svoje kao stamene 'rvate od stoljeća sedmog, toliko čiste, poštene i 'rvatski osviještene da bi spram njih Starčević, Šenoa, Matoš, Tuđman i Radić izgledali kao pioniri pred maršalom ili domobrani ispred poglavnika! Ipak, možda je i bolje što i Hrvati-mrtvaci sve više pristaju biti lutke: čemu bi služila spoznaja o smrti njihovih predaka, kako bi uopće znanje o nepotrebnom umiranju za tzv. više ciljeve (Slobodu, Domovinu, Narod) olakšalo sadašnjost i „neku" budućnost? Nikako, međutim...

Veliko'rvatska banda, bastardi od slugu grobara, otpad od Hrvata-mrtvaca, beskarakterne grinje koje su zaboravile svoje kmetsko podrijetlo i uskočile u cipele lakaja Hrvata-grobara zaslužuju dobiti po gubici i to ne vritnjakom kakvim je Josip Grižanić počastio omraženog bana Hedervarya, nego kudikamo ozbiljnijim udarcem zakona hrvatskog naroda na koji su se pozivali bijedni kmetovi u zimi 1573.! Moje najnovije iskustvo lijepo se slaže s potonjim: rasprava na Facebooku u koju sam se uključio uvrijedivši pritom vlastitu inteligenciju.

Naime, jedan od mojih internet „prijatelja" (kojih većina nisu moji istinski prijatelji, da se razumijemo) otvorio je jednu od milijun stvarno preglupih trkeljanje-rasprava o Titu, ustašama i partizanima: ja, kreten, uključih se u besmislenu diskusiju. Možda sam reagirao zbog ove scene, tko zna. Jedna hrvatska ultradomoljupka iz Australije, zemlje-kontinenta u kojoj su zajedno pronašli skrovište nebrojene ustaške i četničke ništarije, uključivo komunističke disidente, a koji su naročita vrsta grinja: nema gorih ljudskih spodoba od pojava koje pripadaju jednoj krvavoj političkoj opciji, a onda se, nikako zbog čovjekoljublja, posvađaju sa svojim ideološkim bogovima i pobjegnu u bijeli svijet kao žrtve totalitarizm i disidenti), u punini nervozne polovnjače s neurednim seksualnim životom, obrušila se na sve komentatore koje objavljeni post o vremenu 1941-45. nije ni najmanje impresionirao! U dosadnom i prežvakanom 'rvatskom običaju prebrojavanja žrtava i kostiju (tko je koliko pobio, više ili manje, ustaše ili partizani), u besmislenoj svađi oko brojki koje nemaju veze ni s čim i sa apostrofom da su „naše" žrtve svakako veće i važnije od „njihovih", dotična je gospođa, jedna ne osobito pismena balkanska primitivna ženturača, tvrda 'rvatska ultranacionalistkinja, u koaliciji s još dva istomišljenika, jednako zadrta idiota, napala moju malenkost kao anti'rvata nedovoljno 'rvatski nastrojenog (a koji je to vrag, što znači „biti hrvatski nastrojen"?). Kokoš, čije je znanje o hrvatstvu i povijesti Hrvatske proizašlo iz čitanja opskurnih proendehazijskih novina, brošura i pamfleta, dakle, jedna prostačka ružna otrcana krpena lutka pozvala me je na red i pri tome mi je održala lekciju o Paveliću i Juri Francetiću. Uz sve to još je pobrkala neke pojmove (neukost i glupost su i inače odlike velikih 'rvata i velikih 'rvatica) i neka imena, zapravo dva ista imena i prezimena. Tako mi je ta glupača rekla da ništa ne znam, a ona zna: podučila me je da je Ante Pavelić bio zubar koji se razočarao kraljevinom i postao gorljivi domoljub i borac za nezavisnu 'rvatsku. Rekoh joj, priznajem, ne osobito pristojno, da je glupa koza jer je prvi Ante Pavelić, istina je, bio zubar i pravaš, ali se zalagao za Jugoslaviju, a „njezin" Pavelić je bio pravnik, propali fiškal, pak jedan s drugim nemaju veze! Jadnica, to što je čitala, pročitala je krivo! Odbrusio sam joj nimalo gospodski: jebo vas i Tito i Pavelić! Dopizdili ste i Bogu i vragu s obojicom! Nakon više od sedamdeset godina, vi emigrantska bagra (politička, ne ekonomska emigracija) jebete nas u zdrav mozak s enedehazijom, baš onako kako su nas jebali komunisti svojim govnarijama! Napao sam i nju i njene oponente s partizanske strane: prestanite mučiti hrvatski narod tim sranjima! Uz pomoć političkih svinja u Hrvatskoj i kaptolskih debelih biskupskih guzica držite hrvatsku mladost u okovima vaše stupidne povijesti, u lisičinama mitova i legendi o najvećim krvnicima Hrvata, ustašama i partizanima! Dosta je više vaših slaboumnih pizdarija! To da možete luđački cviliti za endehazijom i njenim apologetima, kao što komunjare cvile za maršalom, jugovinom i partijom, da možete, hvala Gospodu na novim tehnologijama, napisah joj, piskarati nebuloze po internetu i objavljivati panegerike u čast notornih ubojica je znak slobode današnjeg svijeta i ja vam to ne mogu i neću zabraniti. Ne pada mi na pamet priječiti bilo kome, a najmanje neoustaškoj kurvi, da polemizira s jednako stupidnim majmunima s partizanske i komunističke strane. Isto tako, ne smeta me i ne vrijeđa što svojim neofašističkim 'rvatometrom mjerite moje hrvatstvo (ne sumnjam da bi me kao slabog Hrvata poslali bez ikakve grižnje savjesti na preodgoj u Jasenovac, da možete) jer ja i tako ne pripadam vašoj vrsti 'rvata, ali ono što neću i ne smijem prešutjeti je vaša preglupa arogancija i upornost u maltretiranju mladih hrvatskih naraštaja (isto vrijedi i za komunjare, srbočetnike s druge strane ove rasprave) povijesnim izmetom! O tome se radi, gospođo s istetoviranim ušatim „U” na guzici (i možda na „onoj” stvari)! Danas, kad je Hrvatskoj lošije nego ikad prije, kad je pobjeda u Domovinskom ratu pretvorena u poraz, kad je Hrvatska prodana i predana za judine škude Bruxellesu, Parizu, Berlinu, Beču, Rimu i ostalim lopovima, kad stotine tisuća mladih obrazovanih ljudi bježe preko granice, kad je Hrvatska duhovno i moralno zgažena, vi i dalje lajete o tzv. NDH, o ustašama i partizanima! Ma koga briga za to? Naša je domovina umorna od slova „U” i od zvijezde petokrake! Prestanite srati, a ako vam se ustašuje, slobodno, ali ne hrvatskoj mladosti! Vi, cijenjena gospođo, rekoh joj, kao i vaši oponenti iz brloga komunističkih nostalgičara, ne spadate u novo hrvatsko vrijeme, vi i vaši protivnici ne razumijete Hrvatsku! I ne, nisam kao vi, ne prosuđujem jeste li vi „prava” Hrvatica ili ste „kriva” (već zbog toga što ne dolazimo iz iste Hrvatske), ja samo koristim iste blagodati demokracije i slobodnog govorenja, da vas sve pošaljem, jedne i druge u vražju mater! Netko tko slijedi vazale Hitlera i Musolinija, netko tko bi i danas bio sretan da OZNA „hapsi neprijatelja narodne vlasti”, oni i vi niste dobrodošli u sadašnjost Hrvatske, a za budućnost ste smrtonosni. To mora prestati! U jednome ste se izvještili, unatoč neznanju i gluposti u vašoj šupljoj tikvi: kopirali ste modernu inačicu 'rvatske političke demagogije, nabiflali ste nekoliko hadezeovskih fraza od Tuđmana i Šuška, ali i recentnih hadezeovskih imbecila, pak lupetajući bljuvotine nastojite prikazati ustašku ideologiju kao humani projekt! Nemam ništa osobno protiv vašeg rečeničnog napoja kojeg bi, u nekim čudnim okolnostima, bilo čak i zabavno čitati da to nisu javne objave koje vide i djeca i mladi. Oh, nisam dušebrižnik, ali mrzim iz dna duše kad se mladost truje sranjima iz davnog rata: sijanje sjemenja novog rata mi ne ide u tek! Vi rata niste vidjeli, ja jesam. Vi ne znate što je granata i metak, ja znam. Vi nemate pojma o smrti, ja znam što smrt čini. Vi živite tisućama milja udaljeni od Hrvatske, a ja... bio sam kad i gdje je trebalo. Sad sam u Americi, ali kad govorim o hrvatstvu i Hrvatskoj, moje riječi izviru iz srca i duše ratnog veterana, ne iz guzice neoustaške bludnice! To su činjenice. Završio sam ovako: imate apsolutno pravo voljeti svoju endehaziju, imate pravo doživjeti stotinu orgazama kad gledate slike Pavelića, Jure i Bobana, imate pravo pisati i govoriti što želite, ali ne naraštajima na kojima leži hrvatska budućnost, ne kmetskoj Hrvatskoj! (Potcrtavam: isto vrijedi i za komuniste i ljubitelje jednonogog maršala!) Nemate pravo na to! Nakon što je jedan od sudionika rasprave potvrdio moj ratni put, gospođa iz Australije je zašutjela i nije više komentirala, a kasnije sam vidio da je svoje kretenske komentare - izbrisala!

Imam pravo, znam to. Zbog hrvatske obitelji, zbog svih koji su ubijeni u ime imaginarne lažne 'rvatske. Poput mog prastrica E. i desetaka i stotina tisuća žrtava tzv. NDH i Jugoslavije. Zašto za obitelj? U ime Gospoda, u mulju i gnoju hrvatske zbilje, hrvatska je obitelj jedino za što još vrijedi podići glas, za što vrijedi riskirati sve što se ima, za što se vrijedi boriti. Svjestan sam svog kraja, svjestan sam da će se po mojoj zemaljskoj smrti, po mom odlasku s ovoga svijeta grana na našem obiteljskom stablu na kojoj visi moje ime osušiti i pasti da istrune, baš kao i sve ostale trule grane. Nisam oženjen, djece nemam, a u ovim godinama nemam ni živaca za sklapanje braka: možda, da sam u Hrvatskoj, ali ovdje u Americi, ne, hvala, ne bih.) O vlastitim materijalnim i inim prilikama ne bih. Ergo, gdje sam? Na trulim daskama kazališta istina i laži. Kako je život čudan, prije dolaska u USA nisam ni znao za njega i njegovu smrt...

Primjer drugi. Isto sranje, drugo pakiranje.
Godina 1914., rat još nije počeo premda je sve u zraku mirisalo na barut i sprženo ljudsko i konjsko

meso. Dvanaesta ulanska regimenta zajedničke austro-ugarske vojske, iliti k.uk. Ungarisches (croatisch-slavonisches) Ulanen-regiment „Graf Huyn" No12 iz sastava 8.Kbrig. u sklopu 10. Kavallerietruppen-division spremala se za rat u kojem će konjaništvo otplesati svoj posljednji krvavi ples, pak će se zbiti da će moderni rat reći „zbogom" konjici i ova slavna ulanska regimenta biti će kroz ratne godine svedena na kurirsku i dojavnu službu, da će najvećma vratiti konje i da će konjanici završiti uglavnom u pješaštvu i topništvu. Međutim, to je kasnija povijest, a tog ranog travnja, tri mjeseca prije no što će izbiti prokleti Veliki rat i dva mjeseca prije no što će dijelovi dvanaeste ulanske otići za Bosnu na velike vojne vježbe, dogodio se incident vrijedan žaljenja i na sramotu slave i časti ugarsko-hrvatsko-slavonskog konjaništva i same previšnje krune. Naime, u dravskoj šumi, u blatu, oko podneva, u vrijeme ručka, kad je dosadni egzercir konja bio pri kraju, konj imena Felix zbacio je sa sebe velepoštovanog štabsleutnanta Ivana Horvath de Kurticha, mladog perspektivnog oficira pri štabu slavne dvanaeste regimente.

Inače oslobođen egzercira zbog prirode štapskog posla, to je jutro, kao i cijela dva prošla mjeseca, zajedno sa svim štapskim oficirima, morao održavati vježbe jahanja i svega onog što ulani čine na konjima u ratu: provodeći sveobuhvatne pripreme cijele 10. konjičke divizije za predstojeći rat o kojem se još ništa znalo nije i koji nije bio javno službeno izdeklariran kao možebitni, komandant divizije najstrože je naredio brigadama i regimentama divizije obvezu ubrzanog strogog vježbanja, poglavito za oficirski kor (za koji je znao da se tijekom godina mira ulijenio). Stari k.u.k. oficir nije bio ni slijep ni glup, većina oficira postali su odebljale pijanice i to je morao žurno promijeniti. General-major Viktor Mayr, komandant divizije pomno je isplanirao vraćanje oficira u formu za rat. (Doduše tjeranje oficira na egzercir nije mu pomoglo u karijeri: kasnije će se ispostaviti da carske i kraljevske glavnokomandujuće glave nisu smatrale za shodno da honoriraju trud ovog generala, pa je Mayr u kolovozu četrnaeste smijenjen i umirovljen prvog prosinca.) Naredbu o uvježbavanju oficira gospodin pukovnik Johann Pollet Edler von Politheim, komandant dvanaeste ulanske, shvatio je vrlo ozbiljno i potjerao je cijeli štab na ranojutarnje vježbe, te je time neizravno uzrokovao spomenuti incident koji je rezultirao smrću k.u.k. ulan gefreitera Juraja Lj., posilnog gospodina štabsleut-nanta.

Događaj sa smrtnom posljedicom, naravno, službeno je, nakon pomno obavljene istrage, koja je trajala gotovo cijela tri sata, evidentiran kao nesretni slučaj koji se, kao svi slični incidenti događaju u vojsci već po logici vojske kao takve. Napokon, vojna služba nije bezopasna i svatko tko odjene časnu uniformu carskog i kraljevskog ulana toga mora biti svjestan i na to je, normalno, i spreman. Sam gospodin pukovnik von Politheim razriješio je svake odgovornosti svog štabnog poručnika de Kurticha uz obrazloženje kako na njemu, k.u.k. oficiru nije našao greške i da je sva krivnja u nedisciplini gefereitera J. Lj., koji je, protivno svim regelmanima, dan prije proveo cijelu večer po jeftinim gradskim krčmama i točionicama i tako supijan nastupio je u jutarnju službu štabsleutnanta, a koju je obavljao traljavo i nepropisno, te je sve rezultiralo nesretnim događajem. Pukovnik je odlučio da stvar neće slati na divizijski sud, a još manje na više instance jer u mladog de Kurticha uopće ne sumnja: jedino što može prigovoriti jednom od svojih najboljih štapskih oficira jest dobrohotnost i previše razumijevanja spram podređenog mu gefreitera. Štabsleutnant je od početka svoje službe iskazivao nadprosječnu skrb za vojnike i svojim je kršćanskim pristupom doprinosio dobrom duhu regimente (što je odlika po Bogu izabrane Monarhije). Štabni poručnik de Kurtich iskazao je blagonaklonost i tog nesretnog jutra u punini svoje oficirske časti i odgovornosti. Utvrđeno je kako svog posilnog nije kaznio i nije poslao u zatvor jer je supijan nastupio na službu u prljavoj uniformi i neobrijan. Smatrajući da su greške ljudske, štabsleutnant je mislio da će naporni egzercir (vježbe jahanja) biti dovoljna „škola" i da će znoj izbiti iz gefreitera alkohol i naučiti ga poslušnosti. To se nije dogodilo, a nakon incidenta, na raportu u kancelariji komandanta regimente, sam je de Kurtich izrazio iskreno žaljenje, prisegao je na svoju oficirsku čast da je vjerno raportirao o događaju i da je spreman preuzeti sve događaju slijedeće konsenkvence, a što je pukovnik kategorički odbio (poslati ga na divizijski sud). Pukovnik je naglasio da ga se dojmilo što je i nakon svega gospodin štapski poručnik de Kurtich pokazao razumijevanje za preminulog posilnog i založio se da se njegovoj obitelji pomogne u nastaloj situaciji koja će po svoj prilici biti iznimno nepovoljna. Time je slučaj zaključen i strpan u ladicu, u arhiv regimente. U personalni dosje štabsleutnanta de Kurticha nije priložena nikakva zabilješka o jutrošnjem događaju: omaškom pisara ili namjerno, ali cijela priča službeno je zaturena duboko među fascikle i vremenom je i zaboravljena. (Za vojsku, ne za obitelj jednog gefreitera.) Sve ostalo što je trebalo urediti, sređeno je rutinski, u skladu s k.u.k. pravilima i u savršenom redu. Vojni feldkurat odradio je svoj dio posla, a pisarnica je sredila sva pitanja oko ukopa i ostalog s obitelji ulanskog gefreitera. Osobito je razumijevanje (unatoč svemu) pokazao komandant regimente, cijenjeni gospodin ulanski pukovnik J. P. E. von P. naloživši isplatu od osamdeset kruna iz pukovnijskog fonda za dobročinstvo (iz podkonta regimente) kao znak oficirske solidarnosti s obitelji k.u.k. ulana. (Ah, dok se za pukovnijski fond može reći da je bio barem formalno svrsishodan jer se punio donacijama koje su skupljale oficirske žene na dobrotvornim balovima i drugim akcijama, kao i velikodušnim prilozima u ime divizijskog patrona i počasnog komandanta, presvijetlog grofa Kurta von Huyna, za fond feldkurata to se nije moglo reći. Feldkurat, stanoviti Austrijanac ili Mađar, ni vrag nije znao tko je on bio, stanoviti H. H., bio je sve samo ne dobrohotan. Taj ne osobito ponizni sluga Božji i sluga carev i kraljev svoj je razvikani dobročiniteljski fond punio naplaćivanjem sakramenata vojnicima, potpisivanjem potvrda s kojima su onda dobivali dopusnice za izvanredna odsustva, „sređivanjem” kod oficira da se taj i taj ulan privremeno premjesti na rad u vojnu kapelaniju, da ga se poštedi od teških napora i tako dalje, pa bi tako skupljeni novac ovaj uniformirani sluga Božji trošio na sebe i svoje užitke. Kad mu je rečeno da mora isplatiti dvadeset kruna za poginulog gefreitera, gospodin feldkurat se razbjesnio, ali je ipak dao novac svjestan da bi neisplata povukla nezgodna pitanja, naročito od strane pukovnikovog pobočnika, majora F. von M., s kojim je bio u, malo je reći, napetim odnosima (po crti čudno zapetljanih kartaških dugova feldkurata i njegovih posjeta majorovoj ženi, inače bogatoj nasljednici nekog austrijskog veleposjednika), koji je pak bio intimus vojnog nadbiskupa, a što je već upućivalo na vrlo moguću lošu situaciju pa gospodina feldkurata u slučaju odbijanja isplate tih dvadeset kruna. Bolje je pregristi jezik nego riskirati nepotrebno zlo. A dvadeset kruna u svemu nije bilo mnogo za svotu koju je godišnje feldkurat obično spiskao na karte, bludnice i vino.)

Incident koji to nije bio ili priča se nije odigrala baš onako bezazleno kako su to k.u.k. oficiri za nekoliko sati istrage i zaključali. Obitelj gefreitera Juraja Lj. nije olako prihvatila objašnjenje smrti, oca troje djece, od koje je posljednji sin rođen tri mjeseca poslije očevog mu pogreba, ali to „neprihvaćanje” nije značilo savršeno ništa za k.u.k. zajedničku vojsku. Kmetska sirotinja nije imala što reći, a i kome da se žali, svetome Petru? Hrvatski kmet godine četrnaeste nije imao pravo glasa. Međutim, šok i nevjerica zbog Jurajeve smrti ublažila je svota od sto kruna, što je sirotinju bilo pravo bogatstvo. Konačno, život ide dalje, ljudi se rađaju i umiru, ovako ili onako, prije ili poslije. Eto, ni pogreb nisu platili, išao je (neuobičajeno, istina) na trošak regimente: je li to bila dobrostivost gospodina pukovnika ili tek još jedna lopata zataškavanja slučaja nikad se nije saznalo. Život ne staje, jesti se mora, porez se platiti mora, a žena i majka k'o žena i majka, već će netko doći na mjesto pokojnika, neće njen krevet ostati dovijeka prazan. Grubo? Ne, Hrvat-mrtvac nikad nije dramatizirao! Bog dao, Bog uzeo i sutra je novi dan, idemo dalje. Bilo je tako kako je bilo i biti će kako će biti.

Sve oko služenja ulanskog gefreitera Juraja Lj. bilo je zapravo neobično: nije da bješe teško unovačiti se, no dvanaesta je bila u sastavu zajedničke k.u.k. vojske, nije bila od paradnih domobranskih regimenti i domobrana u crvenim hlačama. Realno govoreći, nisu Hrvati baš jurili na novačenje u zajedničku vojsku, lakše je bilo biti nagodbenjački crvendać od godine šezdeset i osme. U slučaju poginulog gefreitera stvari su se odvijale kao u kakvoj loše sročenoj noveli o siromaštvu, ljubavi, o braku, gladi i vojsci kao takvoj (s opaskom, ah, kako Juraj Lj. nije okusio Veliki rat jer „budi Bog s nami, krepal je predi neg je rat i počel”).

Juraj Lj., mlađi brat Luke Lj., sin Valenta Lj., unuk Juraja Lj., po kome je i dobio ime, i praunuku Jakoba B., kao najmlađe dijete već od rođenja nije imao velike šanse uskočiti na značajnije mjesto u obitelji. Zadruga obitelji Lj. nije bila baš zadruga u smislu obiteljskih zadruga s kraja devetnaestog stoljeća: „oni ficleki slabe zemle nesu bili za nikaj, a se kaj su za leto priravnali ne bi v tri logožara stale.” Nadničarili su po selu i na vlastelinskim imanjima, radili sve što im bi netko ponudio, a pitanje „opstanka” rješavali su i udajom kćeri. Kad bi malo poodrasle i stasale u djevojačku dob, kćeri bi obitelj udavala ili slale ih na rad gdje se god moglo, po bogataškim, fiškalskim i plebanuškim kućama, u varoš Varaždin, u Ludbreg i Ivanec, čak i u Agram, Peštu i bilo gdje bi se ukazala prilika, ništa se nije odbijalo, naročito ako bi zauzvrat u kuću pristigao i koji cekin. Djevojke, točnije djevojčice udavale bi se već s petnaest i šesnaest, sve po zakonu i to s razlogom: odlazak od kuće značio je jedna usta manje i nešto hrane više za one koji su ostali. A ni novac i ostala „namira” od zeta nije se odbacivalo. Oko bračnih stvari nije se kompliciralo: kad bi stigla kakva ponuda od prosca, davao bi se pristanak. Mladu se ne bi pitalo, nikad i nije. Glava zadruge, najstariji u kući odlučio bi može li ili ne, a često je i sam dogovarao vjenčanja bez da je ikoga u kući pitao. Nije ni trebao, ukućani su poštivali red, a za romantičnu se ljubav i tako nije znalo. Život se prihvaćao takav kakav jest. Vjenčanje u kmetskoj hiži nije bio romantičan događaj i razlog za feštu i opijanje uz glazbu. U bogatijim obiteljima možda, ali sirotinja si to nije mogla priuštiti. Brak je bio neka vrsta posla. Vjenčanja su obavljana brzo, u crkvi, običnim danom. Poslije crkvenog obreda možda bi se nešto malo pojelo, a potom natrag na posao. Ponekad se cjenkalo oko „naknade” za mladu: kako sirotinja nije imala za dotu (miraz), mladost i ljepota mladenke bila je „valuta” u pregovorima. Budući muževi mladih djevojaka bili su redom muškarci, često dvostruko stariji od budućih žena. Radilo se o udovcima i starim dečkima, o muškarcima koji su po godinama mogli biti očevi, a neki i djedovi svojih mladih supruga. Zakon je to dopuštao uz određene uvjete, a katolički popovi nisu radili probleme, sve je teklo po nepisanom pravilu „dok je cekina u džepu, upitnika nema”. Moralnih problema oko toga nije bilo, hrvatski kmet se borio preživjeti, za isprazne filozofije nije ni znao ni mario. Sinovi bi ostajali u zadruzi, kod kuće jer su muške ruke bile potrebne za težak rad, a radilo se mnogo, od jutra do mraka, svaki dan, u petak i na svetak. Kao i kod kćeri, tako bi sinovima najstariji u obitelji „riješio” problem vjenčanja. Kakva romantika, kakve gluposti! Sinovi bi pred oltar izašli s odabranim im mladama, rijetko se dogodilo da bi mladoženja vjenčao mladu protivno volji glave kuće, a ako jest, mogao je učiniti samo jedno, otići iz obitelji. Priprosta rješenja za komplicirani život, kmetovi nisu imali pravo na luksuz prenemaganja, život je bio borba.

Stari običaji koje ni carska i kraljevska vlast nije mogla dokinuti i mladi Juraj podigao je bunu i inače mirne kmetske večeri u staroj hiži zadruge Lj. odjednom su postale bučne, glava kuće je psovao, vikao (a psovao prije nije skoro nikad, kao pobožan čovjek izbjegavao je taj grijeh) i na spavanje odlazilo nervozno, tek uz molitvu, a i najmlađi su morali leći prije vremena. Razlog neredu u kući je što je Juraj poludio i prekršio prastara pravila: odbio se oženiti za stanovitu Baru S., ne osobito bistru kćer seoskog trgovca. Ta ružna debela (kao u svim sličnim pričama, i u ovoj negativka je, ni kriva ni dužna, priglupa, ružna i debela jer to tako piše u „receptu” za slične pripovijesti) stara cura koja je u trenutku sklapanja dogovora oko braka sa zgodnim Jurjem, sinom puke sirotinje, nadničara i sluge, imala dvadeset i osam godina i bila je od njega starija punih devet godina, utuvila si je u glavu i u međunožje da je Juraj voli i da će je bez problema oženiti! Zagledala se ona u stasitog mladića bujne plave kose i vatrenih smeđih očiju još i prije no što se odvažila nagovoriti svog strogog oca, vlasnika dućana i prekupca stoke, da ode kod LJ.-ovih i utanači svadbu. U crkvi, na misi, u štacunu, dok je povremeno radio na utovaru i istovaru, sjedeći na vozu sijena u ljeto i uopće u mnogim je prilikama bio meta njenog pogleda. Razmaženoj kćerki gospodina S. Juraj je postao centar bludnih snova, želja srca i tijela. Nije da se oko njega nije trudila, ali samo onako izdaleka, ne preblizu, s distance gazdine ljubimice (dok je kod njih radio na dnevnicu). Tu i tamo donijela bi mu hladne vode, jednom čak i čašu vina poslije ručka („z japine tretje brenke, kaj je mel za težake šteri ionak ne znaju kaj pi}eju”), pa komad čokolade i jednu kobasicu, kad je ono sam samcat istovario pet kola brašna, cementa i soli. Sve je činila kao dobra duša, a godinu prije „prosidbe” odnijela je lijepom Juraju jedne stare, ali još uvijek dobre hlače („japa je v uglu štacuna držal staru staru kramu, kaj ni bila za gradske fakine, ali je kmetima se bile dobre) i on se nasmiješio od uha do uha i namignuo joj, zbog čega se skoro onesvijestila i cijelu sljedeću noć nije oka sklopila od uzbuđenja, tijelo joj je gorjelo, znojila se i trzala. Juraj mora biti njen, po svaku cijenu! „A zakaj i nebi, pa bogec je bogečki, a japa se bu zrihtal, nigdar joj neje ništ odbil, pa ne bu ni te, je zdocna vreme, ne bu valda celi život stara puca?!”

U zadruzi Lj. nikad nije bilo dovoljno hrane, gladovalo se, jelo slabo i malo, a robovskog rada nije manjkalo. Ustajali bi rano, prije svanuća, a često i po mrklom mraku odlazili na tlaku, na popovska polja, u grofovske šume, na veleposjednička imanja, na kurije, „v štacun gospona S., se za par filira i kakšni gablec”. Mukotrpan rad proizveo je to da su sinovi, una-toč nikakvoj hrani, bili snažni mladići, naoko mršavi i vitki, no čvrsti i okretni i zbog toga na meti mnogih gospodskih djevojaka i žena za koje su radili: čudna je igra prirode, dok je u grofovske djece ljepota bila rijetka (danas bi to objasnili zbog ženidbe unutar obitelji, miješanju iste krvi i DNA, pa plavokrvni, a posebno visoko plemstvo i kraljevske glave udavale su se i ženile za bratiće, rođake, sestrične, a iz takvih veza nije bilo normalnog potomstva), kmetske djevojke i kmetski momci bijahu živa krasota. U tome nije zaostajao ni Juraj, još od rođenja isticao se izgledom, plavom kosom, osmijehom kao u anđela i pogledom koji prodire u srce. Svjestan je bio toga i sam Juraj, ali kraj devetnaestog i početak dvadesetog stoljeća bilo je potpuno drugačije vrijeme i pitanje tjelesnosti kao glavne preokupacije mladosti nije postojalo. Znao je da ga djevojke i žene vole, a volio je i on njih, i te kako. Međutim, za Baru, trgovčevu kćer nije mario, dapače, spram nje nije osjećao baš ništa, osim što se trudio biti zahvalan i pokoran kako prema ostaloj gospodi i damama, tako i prema njoj.

Bara je njegovu zahvalnost i njegovo namigivanje shvatila krivo, umjesto da to prepozna kao poniznost nadničara, ona je u tome vidjela znak njegove strasti i ljubavi. Opsjednuta lijepim mladićem u dva je navrata odbila potencijalne ženike koji su bili došli po njenu ruku, više zbog novca njenog oca, nego zbog njene „ljepote i bistrog uma". Prvog prosca, nekog varošćanskog ništkoristi fakina, bilježničkog pristava otkantala je čim se pojavio na vratima njihove ogromne kuće: jeftino pisarsko odijelo, kozja bradica i podmukli osmijeh na suhonjavom licu pokvario joj je dan, ali je znala da i njen „japa ne bi za zeta htel tak nekaj nikaj. Dobre, v tem se slučaju nikaj neje zgubilo: sav usukani, kost i koža, kaj bi taj bilježnički pristav ž njom v postelji, kajgod, nek ide doma spat! Zalupila mu je vrata pred nosom da se cela hiža stresla!" A njen otac?

Trgovac S., spram svoje djece, sina M., koji će kao infanterijski zastavnik u svojoj dvadeset i prvoj godini života slavno pasti na polju časti i slave za NJ.C.I.K.V.F.J.I. krvave petnaeste negdje u galicijskom blatu i tako postati dio mljevene čovječetine u klaonici europskih dinastija, i kćerke Bare bio je u neku ruku potpuno indiferentan, čak hladan. Držao je vlastitu djecu kao nešto što se u životu javlja nekim normalnim putem i što svaki ozbiljan čovjek mora imati, pak ako imati mora, i otrpjeti se mora sve što ide uz tu djecu, kakva god da jesu. Prekupac stokom i vlasnik seoskog štacuna, porijeklom mađarski Hrvat, cijeli je svoj život proveo baveći se brojkama i računima. Posao mu je bio sve, a novac najbolji prijatelj i sav njegov svijet. Što jeftinije kupiti, a što skuplje prodati jedino je čime se zamarao gospodin S., lik o kome se po izgledu ne bi moglo reći da ga zanima bilo što osim brojanja novca. Srednje visine, odebeo no žustar, s olovkom zadjenutom u uho, s papirićima po džepovima i velikom crnom torbom, u ne baš skupom odijelu, nemarno zavezane kravate i s iznošenim šeširom na glavi, pogleda koji je neprestano negdje lutao, prevario bi svaku mušteriju, bilo da joj prodaje ili da od nje kupuje nešto. Njegov um je radio dva puta brže od umova ljudi s kojima je poslovao. Matematiku je imao u malom prstu, a postotke je izračunavao dok trepneš okom. Razumio se u robu kojom je trgovao, višegodišnja praksa, mnoga putovanja po sajmovima diljem monarhije, pa i Turske i Italije „školovale" su ga do savršenstva. Krave i svinje, konje, ovce, ne, nitko ga nije mogao prevariti. Uostalom, inteligencija pobjeđuje glupost, a lijenost je prvi korak do propasti posla, tako je mislio i toga se držao kroz svo vrijeme rada i trgovanja. Čitao je mnogo, o kravama i konjima, o trgovanju, o svakovrsnoj robi i o tehničkim novotarijama, o proizvodnji, o svemu što jedan trgovac svime i svačime mora znati. A gospodin S. je znao, i te kako je znao svoj posao. Bistrog uma, s urođenim talentom za glumu uspijevao je nagovoriti i najtvrdokornijeg vlasnika da proda svoju robu upola cijene, a kad je prodavao, mušterija bi platila upola skuplje i otišla uvjerena da je napravila dobar posao i da je trgovac taj koji je izgubio. Ipak, S. nije trčao pred rudo, u poslu je „igrao igru" unutar svojih plaćevnih granica. Svjestan da se novčano ne može mjeriti s milijunašima, kretao se i poslovao u sigurnom okruženju ljudi svoga ranga i svog limita. Nije zalazio među frakove i cilindar bogataše, tamo mu nije bilo mjesto, no zato je imao ono što cilindar-gospoda nisu imala, gotovinu. Ne previše, za njega i pokriće poslova sasvim dostatno. Oženio se jer je morao, jer to je red i jer nije htio plaćati da mu netko kuha, pere i drži kuću u redu (nije volio da mu se ljudi šetkaraju po sobama, s te strane je bio neumoljiv: gosti da, ali na pet minuta i zbogom, hvala lijepa, kisn hand, klanjam se, idite z milim Bogom k vragu, a zbog žene je pristao držati jednu seosku curu kao pomoć). Škrt za sve i svakoga, osim za sebe, dakako, odveo je pred oltar kćer gradskog stražmeštra i ta mu je tiha i vrijedna žena osigurala miran, neopisivo čist i uredan dom, uvijek svježe skuhani ručak i savršeno pripremljenu večeru, doručak na vrijeme i užinu kad nije bio na putu, čistu odjeću (osim šešira, to mu je bila boljka, posjedovao je mnogo šešira, neki su bili vrlo skupi, ali nosio je samo dva i oba nije dao očistiti, sujevjerje ili ne, ali tako je bilo) i tjelesne užitke ispod tuhice i popluna, u mlađim godinama često, a kako je vrijeme prolazilo, sve rjeđe - uostalom, i tjelesnim stvarima prilazio je kao nečemu što se samo po sebi razumije. Uronjen u svoje poslove, odgoj djece je prepustio njihovoj majci, svojoj ženi: novcem je osigurao svoj mir, nije se zamarao ničim što se ticalo potomstva, tek bi ponekad „uskočio” kad se radilo o dječjim željama koje su iziskivale više novca no što je bio spreman potrošiti. Udubljen u cijene krava i konja, svinja i drva, cementa i soli, troškove transporta i neprestanu poslovnu prepisku, u narudžbe i otpreme, zabavljen utjerivanjem dugova (u to vrijeme trgovine su radile „na knjigu”, ljudi bi uzimali što im je bilo potrebno, a plaćali bi prema dogovoru, tjedno ili mjesečno, poslije žetve i berbe, što je bio svojevrsni pandan današnjim kreditnim karticama) i svime što je posao zahtijevao, gospodin S. je kroz godine posve preskočio odgoj vlastite djece, pače o sinu i kćeri i nije znao mnogo. U svemu nisu razgovarali ni pola, koliko je on razgovarao sa svojim kupcima: po istini, za Baru i njenog brata S. je bio stranac. Bara ga je voljela, ali to je bio više rezultat njene imaginacije (kao i u vezi svega u njenom životu) i činjenice da je imala uredno, materijalno potkovano djetinjstvo. Sin s ocem nije izgradio nikakav odnos, poštovao ga je jednako kao i župnika i sve ljude s kojima bi se susretao. Za vrijeme ručka i večere, na primjer, njih dvojica osim uobičajenih fraza (kako si, dobro sam, težak dan, sutra će kiša) nisu izmijenili ni jedne suvisle rečenice, a kroz odrastanje S. se nije poigrao sa sinom ni jedan jedini put. Rezultat svega bješe da je sinov život za gospodina S. bio nepoznanica, premda se oko toga nije uzbuđivao: sve dok mu policija nije kucala na vrta zbog njega i dok nije trošio više od dopuštenog, gospodin S. nije dizao buku ni postavljao bilo kakva pitanja. Konačno, što će biti, biti će, i s djecom i s njime, sve je u Božjim rukama.

Jedini problem oko kojeg je razbijao glavu u svezi djece jest udaja kćeri Bare. Znao je da će doći taj dan i bio je spreman. Nije dvojio oko budućeg zeta, njegova Bara nije bila ljepotica, a nije se odlikovala ni pretjeranom pameću. Mogući zet neće njega, oca, upitati za njenu ruku iz romantičnih, već jedino financijskih razloga. Gospodin S., kao vjernik i pobožan trgovac i prekupac, nije čekao da mu na vrata bane kakav kruna i cekina gladan fićfirić: davno je otvorio dva posebna konta, za sina, kao potpora njegovom odlasku od kuće, kad dođe trenutak za to, te za Barin miraz jer, na kraju krajeva, nije stvar samo svadba, njegov ugled nije smio doći u pitanje, sve je moralo biti k'o po špagi, što će koštati, ali i to je držao ulaganjem na neki način jer će kao gosti na kćerinom vjenčanju biti i njegovi poslovni partneri koji će moći vidjeti je li S. škrtario ili je otvorio novčanik i razmahao se, nek' se vidi da ima. Dosadne stvari, ali bitne za posao: na koncu, „kaj je je, kakva god da je, jengova je i nemre je pustiti otiti od hiže kak služavku, mora imeti koju krunu...”

Sljedeći odbijeni prosac došao je na nedjeljni ručak po crti poslovnih odnosa S. i mladićevog oca, imućnog varaždinskog fiškala, koji je bio pravni zastupnik gospodina S., kojeg je „čuvao”od poreznika i kome je sređivao probleme nastale uslijed prekupčevih vrlo zamršenih poslovnih poduhvata: naparfimirani razmaženi dosadnjaković, koji će cijeli svoj nebitan život potrošiti u lovu na bogate žene i koji će biti veliko očevo razočarenje, nije držao do ljubavi, zanimao ga je samo raskalašeni život (koji, nažalost, nije jeftin) i na kraju će skončati kao ostarjeli bonivan, stara raga od isluženog ljubavnika i jeftini muški eskort varoškim usidjelicama i imućnijim udovicama, dakle, nije bio (u tom trenutku) posve nepoželjna prilika za Baru. Mlad, prilično zgodan, rječit, upravo slatkorječiv, čist i obrijan, s tankim navoštanim brkovima i bijelim rukavicama, u sjajnim cipelama, izglačan i utegnut, sa zlatnim džepnim satom i elegantnim halbcilindrom, onako fin, odavao je dojam uglednog i pristojnog mladog muškarca koji može osigurati pristojan život budućoj supruzi, na ponos roditelja mladog (mogućeg) para. Jasno, da je Bara dala svoj pristanak i da se nakon tog nedjeljnog ručka počelo pripremati svadbeno veselje, gospodin S. ne bi žalio troška već zato što je za to novac čekao na posebnom kontu, a i zbog zetovog oca, koji mu je godinama čuvao leđa i spašavao ga iz često pravno ne baš jednostavnih situacija. Također, njegova je žena zavrijedila je biti sretna, a znao je da su joj vjenčanja djece najveća želja. Ma kakav bio, škrt, ukopan u posao, nekako iznutra, gospodin S. nikad nije odbio ni jednu supruginu molbu, naprotiv, fond za kućanstvo je uvijek bio pun i premda njihov odnos nije bio ni blizu romantične priče iz jeftinih cajtung romana, S. se trudio da ona nema ni jedan razlog za ljutnju ili nervozu. Ni sam sebi nije mogao objasniti zašto je to tako, ta on nije bio sklon izljevima osjećaja, no kako bilo, njegova žena se nikad nije požalila na njega, spram nje bio je dobar i darežljiv muž. (Što se tiče Bare, ona nije imala upitnika u svezi fiškalovog sina, koji joj se uopće nije svidio: udaja za ovog klauna nije dolazila u obzir, ona voli Juraja i to je svršena stvar!) Još nešto vrzmalo se po glavi vlasnika štacuna: kad se „riješi" djece, napokon će se moći potpuno baciti na posao! Mislio je, još više i još bolje. Čitao je u novinama (novine su bile njegova slabost, bio je pretplaćen na agramerske, peštanske i bečke novine, dolazile bi sa zakašnjenjem, ali to ga nije brinulo, novine su bile njegov osobni „luksuz" i prosto ih je gutao: čovjek mora biti u toku, mora znati što se zbiva u svijetu, to je bitno i za posao, jer ako zakasni, sve ode k vragu, vremena se mijenjaju i on mora prihvatiti novotarije ili propada), čitao je u svim cajtungima, a to nije mala stvar, kad svi pišu slično, da se velika Europa sprema za rat, da će rata biti, kad-tad, ali će rat buknuti jer, evo, Nijemci, Talijani i Englezi, da ne spominje Ruse, Srbe i Francuze, sve je napeto i sve će eksplodirati, događaju se opasne stvari, Bosna i Turska, ne, to je bez sumnje to, biti će rata, ne zna se točno kad, ali će rat doći. On, gospodin S., za taj rat mora biti spreman. Naročito zbog njegovog posla: rat mijenja sve, prvo poslove. Tko se ne prilagodi, krepa. U ratu nije jednostavno trgovati, ali bez trgovine nema pobjede i kako bilo, zaključio je S., taj dolazeći rat biti će za sposobne i okretne, za spremne. Rat je nepresušan izvor, samo se mora pripremiti za rat. Misao o ratnom poslovanju držala ga je u napetosti neko vrijeme prije famoznog nedjeljnog ručka i premda je mrzio „posebne" ručkove i večere, odlučio je žrtvovati se jer nikad se ne zna što iz čega može ispasti. Stoga je obiteljske stvari odrađivao s malom dozom nestrpljenja, ali bez protivljenja. Iskustvo ga je naučilo da je bolje odraditi loše odmah nego odgoditi za kasnije: mučenje oko troška od deset kruna kasnije ispadne račun od sto. Mudrost ispred živaca, manje zlo uvijek je jeftinije.

Ručak je završio glupo. Hrana je bila upravo savršena, domaća, jelovnik uobičajen za nedjelju: prvo su jeli domaću šunku, suhe klobase, prgice i kuruzni kruh z krušne peći, a onda pileći ajgenmahtec s leber knedlima, purica s mlincima i zapečeni sirni štrukli s vrhnjem. Pili su rizling i domaću šljivovicu, sve njegovo, erste klase (imao je tri vinograda i kmetove koji su mu to obrađivali, a za vino se, iz usluge, brinuo jedan varaždinski inženjer kome je plaćao u vinu, ne u novcu).

Pri kraju ručka, kad su svi jedva disali zbog punih trbuha i kad je fiškalov sin trpao u sebe posljednji komadić posljednjeg komada štruklji (gospodn S. se cijelo vrijeme objeda čudio kako to da netko tako mršav može jesti kao vol), njegova jedina kćer, Bara, neizazvana, jer se o tome zapravo za stolom nije izgovorila ni jedna jedina riječ, ispalila je kao iz topa: „Japa, mama, ja se bum oženila za Juraja Lj., on me voli i ja bum jengova. Amen."

Njena majka se ukočila, gospodin S. je grubo spustio čašu s vinom na stol, a nakolonizirani fičfirić se zagrcnuo, zakašljao, očito mu je komadić štruklja ušao u „krivi kanal". Svi su zanijemili šokirani djevoj-činim ispadom. Barin otac se nekoliko puta značajno nakašljao, a njegova žena je ukočeno sjedila pogleda prikovanog za kćer, kao da nije vjerovala da je rekla to što je rekla. Srećom po ovu nezgodnu situaciju, Barin brat nije sjedio za stolom, u Pešti je trošio očev novac, a da je nazočio ručku, bez sumnje bi od svega napravio još veći cirkus.

Prekupac i nakupac, vlasnik štacuna nije dramatizirao, on ni u svojim poslovima nije bio eksplozivan. Svi koji su ga znali, tvrdili su da nikad nisu sreli nekoga tko bi se manje nervirao i ljutio od njega. Imao je slonovske živce ili ga stvarno nije bilo briga. Na trenutak je pomislio na fiškala, ali to je bio samo tren. Ponovno je uzeo čašu, popio pola gutljaja rizlinga, obrisao usta ubrusom i pogledao u sina svog fiškala, čekao je što će biti. Mladić je sav zbunjen, crven u licu sjedio kao na iglama. Nespretno, vidljivo uznemiren, rukama je gužvao ubrus neko vrijeme, a onda je promucao: „Pardoniram se, oprostite, ručak je...bio sjajan. Hvala vam, gospodine i gospođo, moram... ići.". Nespretno je izvadio džepni sat i promucao kroz zube kiselo se nasmiješivši: „Oh, stvarno, moram ići." Ustao je i srušio stolicu. Opet se nakašljao, prozborio nešto kao kisnhand i nestao. Otišao je brže no što je došao: ispred kuće čekao ga je očev jednopreg. Brzo se popeo na kočiju, sjeo do kočijaša i dao mu nalog da krenu. Nije se osvrnuo za sobom, očito mu se ručak na kraju nije svidio.

Jedna rezolutno izrečena tvrdnja pretvorila se u zamršenu priču koja je gospodina S. koštala mnogo živaca. Nenaviknut na obiteljske „situacije", prilično iznerviran, po prvi put je prekršio vlastita pravila i upustio se u raspravu o stvarima koje ga nisu zanimale. Iste večeri, nekoliko sati nakon upropaštenog (a ipak pojedenog) ručka odigrala se prava drama: bješe hladna polovina listopada i dečko V. (služavkin sin koji je ložio kamine i peći, brinuo o vrtu i svemu što je trebalo, cijepao drva i pomagao foringašu, čiji je pak posao bila skrb za četiri predivna konja gospodina S. i dvije foringe, jedan otvoreni dvopreg i jednu zatvorenu kočiju) upalio je vatru u velikom kaminu u dnevnom boravku. Kuća obitelji vlasnika štacuna po prvi put u više od dvadeset godina svjedočila je nečemu što je bilo protiv svih kućnih običaja i pravila, nešto što je natjeralo gospodina S. da popije onaj čudan lijek za smirenje (koji mu je dao njegov liječnik prije nekoliko mjeseci, kad je vodio zapetljanu sudsku parnicu protiv jednog varaždinskog kućevlasnika po pitanju naplate velikog duga koji dotični nije vratio uvaženom nakupcu pune dvije godine: parnicu i novac je dobio, a lijek nije popio jer je držao da ga jedan prevarant ne može izbaciti iz takta): želudac mu se grčio od nervoze.

Katastrofa od ručka dobila je svoj nastavak u večernjoj raspravi koja se pretvorila u žustru svađu između oca i kćeri, a u svemu je sudjelovala i njegova žena, iako njen udio u svemu i nije bio velik: stala je na stranu kćeri, što je dodatno uzrujalo gospodina S., pak se vidljivo bijesan, jednako neuobičajeno za njega, prihvatio domaće rakije i ispio dvije pune čaše. Nije se smirio i cijelu je noć probdio psujući i žaleći samoga sebe zbog glupe odluke da si dopusti da ga se uvuče u tu blesavu priču oko proklete udaje Bare za onog prljavog kmeta (koji je dobar radnik, istina, ali zet ne može biti).

Vražje babe, sve vražje! Kako je mogao pristati na sve to?! Djeca nisu bila njegova briga, a to da si Bara sama bira muža, tek je to svinjarija prve vrste! K vragu, fiškalov sin je dobra prilika, a i njegov ga je otac zadužio, pomogao mu je bezbroj puta i činilo se da, ako oženi njegovu kćer, kako će to biti znak osobitog prijateljstva između njih dvojice, a ni materijalna strana stvari nije beznačajna, fiškal je imućan i sve bi i financijski bilo jako isplativo. Bara i njen prokleti ultimatum, da je bar prije znao za to?! Ma koga laže, nije htio ništa znati, ovo mu je samo uništilo živce! Morati će pronaći objašnjenje za fiškala, kad je sve ispalo glupo, da gluplje nije moglo biti. (Srećom, cijenjeni varaždinski advokat znao je tko i što mu je sin, pak propast planiranih „zaruka i svadbe" nije smatrao tragedijom. Naprotiv, nekoliko tjedana kasnije će svom važnom klijentu, gospodinu S., u restauraciji „K divljaku", kod čaše vina, kod kave nakon obil-nog ručka, reći kako on, njegov prijatelj i klijent, gospodin S., nema razloga za brigu jer je njegov sin ništkoristi fakin i zapravo je sretan da se njegova divna kćer nije udala za opicu od njegovog sina.) Kad čovjek upadne u bapske kandže, gotov je, nema šansi da se izvuče!

Bara nije odstupila od svoje ideje. Pokušaj mirnog razgovora s njom propao je nakon deset sekundi: ponovila je svoj ultimatum, demonstrativno sjela na fotelju kraj kamina i održala desetminutni monolog o tome „kak se nema o čemu pripovedati jer to je tak kak je, Juraj joj je sve, s njim se bu ženila, živela i hmrla". Žena gospodina S. nije rekla bog zna što, osim što je stala na kćerkinu stranu jer „kaj neje lepe da se tak imeju radi"?! I što je mogao, svađati se bez kraja i konca, gubiti živce, a zbog čega, ničega. Imao je važnijeg posla, sljedeći tjedan morao je u Beč, a potom u Veneciju, tako da je ovo glupost, ne treba on to. Mislio je onako bijesan u sebi gospodin S. o putovanju u Beč i Veneciju, a onda ga je ženski glas vratio u stvarnost: „ Je, tak bu ili nikaj, Juraj ili nišće drugi, japa. Ja ga volim, kak i on mene".

Gospodin S. je odlučio sve prekinuti. Svaka njegova riječ dočekana je na nož, Bara se nije dala uvjeriti. Juraj i Juraj, ljubav i ljubav, svinjarija! Mučio ga je želudac, predosjećao je dugu neprospavanu noć. Kako je žena, na svoj tihi način, stala uz kćer, a on joj nikada ništa nije odbio, pristao je učini što si je „zgruntala v toj tikvi jengova Bara, da ju vrag odnese".

Rastrojen i ljut obećao je da će se kako ujutro odvesti do tog Jurja i porazgovarati s glavom zadruge Lj., pa ako sve bude dobro, Bara će se udati. Gospodin S. i njegova kćer Bara te noći nisu oka sklopili: on zbog nervoze i bijesa, a ona, sva u vrućini, u tjelesnom ognju, prevrtala se na krevetu znojna, uzbuđena, već se vidjela u zagrljaju lijepog Jurja, zaklela bi se da je osjetila njegovo tijelo na njenom, njegove usne na njenim...

S. nije htio sam voziti dvopreg, pa je naložio slugi da ga odveze na taj neželjeni razgovor. Umoran, neispavan, gospodin S. cijelim je putem proklinjao sebe, svoj želudac i mutavu kćer. Nije mu ovo trebalo, ali kad ide, daj da se sve svrši što prije!

Plan zaljubljene Bare je propao. Ponajprije, dolazak gospodskog dvoprega u blatno dvorište obitelji Lj. doživljen je kao eksplozija, svi se okupiše: bilo je rano, a kao za inat, za taj dan nitko nije imao dogovorenu nadnicu. Svi su bili kod kuće i tako se cijela zadruga našla na hrpi, zajedno s iznenadnim gostom. Juraj je sjedio na drvenom štokrlu kraj stare ispucale peći i zamišljeno čekao što će biti. Njih skoro dvadeset uguralo se u prostor koji je bio i kuhinja i spavaonica i dnevni boravak, sve u jednom. Ispostavilo se da dečko (Juraj) ni o čemu ništa nije znao, on o tome da voli Baru nije imao pojma! Umalo je pao sa štokrla kad je čuo razlog posjete gospodina S.: dok su ostali ukućani glasno i uzbuđeno uzdahnuli izmjenivši poglede čuđenja i nevjerice, mladi Juraj je ustao i vrlo jasno rekao „kak on to prvi put čuje, da on neje bil z Barom, da je ne voli i da se s njom ženil ne bu" i „kak je opće nekome tak nekaj bedastoga palo na pamet". Njegov je otac, međutim, u ženidbi sina s kćerkom „najbogatešeg človeka vu sele videl je Božji dar, bi mu praf baltica pala v med će bi bile na priliku s tak lepom pucom se oženiti i sikak da je cela zadruga za to, a on pervi, pa je Juraj za ženiti se i tu se nema kaj reči. Ima Juraja, fala Bogu, kaj za videti, a i gospon S. zna kak je on vreden težak i da bu, ak se bude kak Bog zapoveda, v zetu dobil jake roke, bi rekli. (V sebi si je japa Jurjev male drugač gruntal. Je, kaj je, ni živlenje igra fačukov, neje se s tim šaliti. Istina, pucka gosponova neje nek stara dekla, lepa ni, kaj je je, a kaj znači lepota, nikaj, i da je lepa kak svetica, bi za štero leto coprnica postala, kak se babe postaju, a S. ima penez kak šodra i tu bi nam Juraj lepe peneze v hižu prinesel, je na priliku da puckina dota ne mala...)

Gospodin S. je sjedio na staroj drvenoj stolici kao na užarenom uglju. Znojio se premda u kući nije bilo osobito toplo. Smetao ga je dim iz peći, vlaga i plijesan na zidovima, zadah neopranih tijela, sirotinjska prljavština. U prvoj sekundi je shvatio da je uzalud došao: sve mu je rekao pogled na Juraja. Začuđeni, ne iznenađeni u smislu straha: da je Bara govorila istinu, Juraj bi se ponašao kao dijete uhvaćeno u krađi, kao netko tko i te kako dobro zna i povod i razlog nečijem nenajavljenom dolasku. Mladić se nije ponašao kao budući zet u iščekivanju nego onako, kao kad bi imali razgovor o njegovoj nadnici. Sramota i gubitak vremena i živaca. Juraj je ponovio da sve što o tome može reći jest da svadbe neće biti!

Izletio je dečko iz kuće i otrčao u polje i vratio se tek navečer i legao nemiran i ljut u krevet. Nitko mu ništa nije rekao. Život sirotinji uvijek ide dalje i ono od jutra poslijepodne je već zaboravljeno. Drugi dan su imali utanačenu dnevnicu na popovskom imanju i trebalo je ustati puno prije svanuća jer do kurije ima dobar sat i pol hoda.

Gospodin S. je problem riješio nakon ručka: ponovni sastanak u dnevnom boravku, kod kamina. Trajalo je sve skupa pola sata, nakon čega ime Juraja Lj. u njegovoj kući nikad više nije spomenuto. Otac je kćeri održao vrlo kratko predavanje o gluposti i onome što se od nje očekuje. Njena fiksacija kmetskim dečkom imala je nestati, a ona da više nikad nije prišla njemu manje od deset metara! On po svoj prilici više neće htjeti raditi za njega i to je velika šteta cijele eskapade glupe Bare: teško je naći tako dobrog težaka. Bara je morala stati pred oca kao regrut ispred unteroficira i obećati da se takva svinjarija ponoviti neće. Obećala je, tihim glasom rekla je „ne bum, japa", a u sebi je plakala kao kišna godina, jecala, da bi se nakon „sastanka" sakrila u svoju sobu (ponijevši sa sobom košaru hrane dostatnu za vod vojnika) i jela i cmizdrila sve do drugog jutra, kad je doteturala u kuhinju očajnički tražeći doručak.

Sve se svršilo i gospodin S. se vratio svome poslu i pripremama za put u Beč i Veneciju. (Bara je ostala stara cura, nikad se nije udavala. Nekoliko lovaca na miraz je pohodilo njezin dom, a od kako je navršila trideset godina i to je prestalo jer se pročulo da ona sve odbija. Uz vritnjake proscima, njen se izgled pogoršao, još se više udebljala, a karakterno se pretvorila u zajedljivu babu kojoj sve smeta i koja mrzi cijeli svijet, što baš nisu bile odlike žene koju bi ikoji muškarac želio odvesti pred oltar. Proživjela je svoj dosadni usidjelički život trošeći novac svog jape: vlasnik štacuna i nakupac uspio je tijekom Velikog rata povećati svoj imetak, pak je svojoj kćeri (obzirom da je sin poginuo za cara i kralja) ostavio pozamašno nasljedstvo u imanju i gotovini, zbog čega do smrti nije imala nikakvih financijskih problema. Štacun je zatvoren devetnaeste, poslije očeve nagle smrti, a majku je španjolka pokosila nekoliko mjeseci nakon smrti gospodina S., te se Bara prepustila spokojnom životu bez briga i nervoze. Nasljedstvo joj je uručio fiškal, intimus njenog pokojnog oca i njezin nesuđeni punac: to da je pri uredovanju oko nasljedstva prijatelj pokojnika „zaboravio” na dvokatnicu u Pešti i kuvertu s vrijednosnim papirima na donosioca ne baš zanemarive „težine”, ostala je tajna za suprugu i kćer pokojnika. Srećom po fiškala, koji se neočekivano umirovio i otišao živjeti u Salzburg (navodno) zbog, kako je objasnio prijateljima, osobne netrpeljivosti prema novoj državi i srpskim opančarima: njemu, podaniku Habsburga nije padalo na pamet ostati u Kraljevini SHS, pa se pokupio i zbrisao. Sinu jedincu, muškoj prostitutki nižeg razreda, ostavio je kovertu s nešto gotovine i mali stan u Varaždinu, izvan centra: stan je godine dvadeset i pete sin prodao za bijednu svotu i preselio se u podrumsku rupu na periferiji.)

Za Juraja Lj. stvar je bila užasna: on se, naime, ima tome četiri mjeseca, tajno sastajao s Lovorkom pl. K. iz Varaždina. Volio ju je svim srcem. Upoznao ju je kad je sadio trsje u plebanuškom vinogradu. Dugokosa Lovorka, jedinica roditelja pl. K., dobrostojeće varoške industrijalne i kućevlasničke obitelji povremeno je pomagala župniku, sve na nagovor svoje majke Dragice i tete Leonore, stare bogomoljke, lizačice oltara i udovice visokog banskog činovnika, nakon čije se neočekivane smrti godine devedeset i druge gospođa zaklela da će ostatak života posvetiti Svetoj Majci Crkvi i brinuti da kćeri i sinovi Božji pronađu put do Spasenja (zli jezici, haha, su imali malo drugačiju verziju smrti muža tete Leonore, tvrdilo se da je „uvaženi banski činovnik visokog plaćevnog razreda” sam sebi oduzeo život ne mogavši više podnijeti poludjelu popovsku babu za ženu) i stoga je glavna „žrtva” njene svete misije bila njena nećakinja. Ideja da se besplatnim radom za Majku crkvu i za samog Boga lakše dolazi do raja nije se previše dojmila mlade Lovorke, ali je poslušala majku iz čiste ljubavi prema majci, a osim toga, njen otac, kome je jedinica bila sve u životu, dao joj je savjet zlata vrijedan: „Mila moja, boravak na svježem zraku će ti goditi, a i pametnije je ispuniti želju oltarske vještice i barem za neko vrijeme skinuti je s vrata nego trpjeti njene svakodnevne posjete.” Lovorka se nasmijala na očev savjet i rado ga je prihvatila. Plemeniti K., koji je rođen kao plemić, ali siromašniji od crkvenog miša, svoje plemstvo nije shvaćao naročito ozbiljno jer je svoj status i bogatstvo stekao teškim radom, umješnim ulaganjem zarađenog novca i poštenim odnosom prema svakome s kim je poslovao. Slovio je kao onaj na koga se uvijek može računati. U varoši se o njemu govorilo s poštovanjem i stoga što je držao do morala i kulturnog ophođenja sa svima. Nije lumpovao, nije kockao, psovke su mu bile strane, a kad je dao riječ, održao je i više od obećanog. Nije gledao druge žene, svojoj supruzi bio je odan do kraja, bezuvjetno: bila je ljubav njegovog života, što se kaže. Nije živio dosadnim životom: izleti, lov i ribolov, sportska druženja, tjelovježba, pomaganje humanitarnim društvima i česte posjete kazalištu i uopće javnim mjestima i događanjima bješe način ispunjenja njihovog ionako aktivnog života. U njihovu ukusno, ali ne i kičasto namještenu kuću blizu središta grada bili su pozivani i dolazili na plesne večeri, večere i ručkove, na popodnevnu kavu i kolače, na Badnju večer i za Uskrs, za rođendane i imendane, na čitanja poezije srijedom i na sve ostale prigode plemići, obični građani i bogati bankari, inženjeri i gostioničari, umjetnici i učitelji. Zanimljivo, vrlo šaroliko društvo nije imalo primjedbe zbog razlike u društvenom statusu, pa ili su bili liberalni ili su im najfinije delicije i birana pića bila važnija od pravila da se barunica ne smije družiti sa ženom pomoćnika šefa poštanskog ureda. Kako god, pl. K. nije imao mrlje na imenu, koliko se znalo i vidjelo. (Što se tiče jedinice mu, prekrasne Lovorke: ime je dobila iz sasvim konkretnog razloga, naime, njena majka bila je porijeklom iz jedne od grana štajerske barunske obitelji M., do koje prabaka Lovorkine majke i nije mnogo držala. Vrlo kompliciranu parnicu pokrenuo je prabakin brat godine 1795., što je bilo prije izdavanja carskog patenta iz godine 1811., kojim je na snagu stupio Opći građanski zakonik za njemačke nasljedne zemlje austrijske monarhije, a nakon smrti njihovog oca: tužitelj je od carskog suda tražio razbaštinjenje vlastite sestre jer se udala za čovjeka nedostojnog njenog plemićkog statusa, čime je prekršila oporuku njihovog oca. Prabaka je isprva prihvatila taj pravni boj, ali je nakon nekog vremena odustala. Glede starih zakona o nasljeđivanju, brat se pozvao na pravo neprimjene prava jednakosti kod nasljeđivanja i na pravo prvenstva njega kao nositelja barunata. Zbog preskupe parnice prabaka je digla ruke od svega. Brat je slavio, no ipak joj je morao predati dio nasljedstva koji je sestra ionako morala dobiti u nekretninama po istom načelu bona hereditaria. Godine su prolazile i barunat je ostao samo u sjećanju. A nakon smrti brata, koji nije imao izravnog nasljednika, dobila je pismo njegovog odvjetnika iz Beča da je sve sređeno da joj se vrati barunat, na što je prabaka samo odmahnula rukom i spremila kuvertu u ladicu. Uostalom, živjela je u Hrvatskoj i Slavoniji, gdje su vladali drugačiji zakoni i običaji od austrijskih i tek je majka Lovorke, sređujući obiteljsku ostavštinu pronašla prabakinu korespodenciju i pokrenula novu parnicu. Pokazalo se strašno kompliciranim, no uspjela je i iz Beča je nakon tri godine stigla odluka da joj se priznaje barunat s ograničenjima, a kakvim to nikako nije uspjela razumjeti. Srećom po Lovorku, njen otac je ženin barunat smatrao šalom, a ni ona se nije predstavljala kao barunica: „barunat" bješe kadidkad zgodna tema za zimske večeri kraj kamina, uz grickanje paprenjaka i pijuckanje kuhanog vina s cimetom i klinčićem.)

Kako bilo, Lovorka je pristala otići na njihovu malu kuriju koju je njen otac držao iz sentimentalnih razloga, kao uspomenu na obiteljsku baštinu i ime. (Kuriju su vjerovnici njegovog djeda davno uzeli poradi naplate visokih obiteljskih dugova. Nekoliko desetljeća se selila iz ruke u ruku i propadala, a onda je prije nekih petnaest godina Lovorkin otac otkupio imanje, zapravo vrlo jeftino, od nekog mešetara veleposjednika, obnovio je i tako je stajala kao svojevrsna memorabilija na obiteljsko ime. Povremeno bi znali otići preko vikenda na izlet u kuriju, šetali bi uz potok i kroz malu šumu, jeli fino i uživali u svježem zraku. Gospodin K. je držao jedan bračni par na kuriji, kako bi sve bilo čisto i uredno, a i kao zaštitu od mogućih provalnika. Samo imanje nije bilo u funkciji, ništa se nije proizvodilo jer zemljište koje je nekad pripadalo kuriji je prodano tijekom „izbivanja" iz obitelji, tako da je u svemu ovo bila kuća za odmor.

Lovorka se smjestila s tetom u kuriji kako bi odradila svoju „misiju" za majku Crkvu i zadovoljila i majčinu i tetkinu želju za služenjem Bogu. Na početku skeptična, brzo se uvjerila kako plebanuški vinograd i nije loše mjesto za jednu gradsku gospodsku djevojku. Njen „posao" je bila briga za težake. Nosila je vodu, pomagala ženama u pripremi objeda i priznala si je nakon nekoliko sati da joj se sviđa biti među ovim priprostim, ali dragim i vrijednim hrvatskim ljudima, tako različitim od varoških napirlitanih, do vraga arogantnih sebeljubivih dama i utegnute umišljene gospode. Njene prijateljice čudom su se čudile kako može ići raditi s kmetovima, tim prljavim neukim ljudima, ali ih ona nije slušala. Njena je teta imala u nečemu pravo, ljude treba gledati kao jednake u očima Gospoda.

Nekako prije ručka, dok je nosila vodu u donji dio vinograda, gdje je bilo najteže raditi zbog strmine, osjećala je lijepa Lovorka da će se nešto posebno dogoditi. I jest. Nagnut nad rupom koju je kopao, razdrljene košulje, znojan, razbarušene plave kose, jedan od težaka učinio joj se kao nebeski anđeo poslan s neba samo za nju. Gledala ga je kao opčinjena. Visok, jak, prelijep, takvi su samo anđeli. Zavrtjelo joj se u glavi. Ništa nije čula, ništa nije vidjela, samo tog mladića plave kose i snažnih ruku.

- „Onda, pucka, buš mi dala tu vodu ili je samo za zgledati?! Haha!" - prenula se kao ošinuta bičem, sva crvena u svom prekrasnom licu. Zbunjeno je otvorila oči, pa ona je u jednom trenutku sklopila oči, glupača! O Bože, kakva sramota! Promucala je nespretno pružajući pletenku mladiću:

- „Joj...Evo..." - „krivac" za njeno uzbuđenje stajao je ispred nje u punoj krasoti svoje mladosti i šeretski joj se smiješio. Njegove vatrene oči probadale su je u samo središte srca. Eto, planula je ljubav kao što ljubavi eksplodiraju, neplanirano i bez uvoda. Priča je krenula. Od tog dana, na oduševljenje i majke i tete, Lovorka je iznenada odlučila češće pomagati župniku u vinogradu i na popovskim posjedima. Teta je svima govorila kako je njena nećakinja, hvala Bogu dragomu, otkrila Boga i da je na nju jako ponosna. Otac je bio sumnjičav, ali se nije miješao, mir u kući mu je bio važniji od svega, a onda, ako njegova ljubimica vidi neki smisao u tome, zašto ne. Školu je završila, ako će htjeti, uvijek će moći u Švicarsku na konzervatorij, o čemu je sanjala još kao djevojčica. Doduše, problem je bio što župnik nije imao potrebe za njenim služenjem svaki tjedan, ali Lovorka to nije rekla majci ni teti, već bi svakoga petka sjela u kočiju i odvezla se na kuriju kako bi „radila" za župnika. Svakog petka bi Juraj imao dogovorenu „nadnicu" u plebanuškom vinogradu. Ukućani ga nisu ništa pitali, a sam Juraj nije razbijao glavu kako će donijeti nadnicu kad nadničario nije. Svaki petak dvoje mladih provodili su vrijeme zajedno, zaljubljeni i sretni. Lovorka je bila na sedmom nebu, a i Juraj je hodao kao na iglama, svaki dio njegovog tijela žudio je za njom, njenim usnama i njenom kosom, njenom dušom. Tri mjeseca kasnije već su imali planove: otići nekamo, što dalje, ako njeni roditelji neće dopustiti vjenčanje. Za svoju se obitelj Juraj nije brinuo, muški ionako ostaju kod kuće, a ako će morati otići, to je opet njegova stvar. Neće za njim mnogo plakati: tako to ide kod kmetova, Bog daje, Bog uzima, čovjek snuje, Bog odlučuje. Juraj je planirao pronaći posao, raditi zna i ne boji se žuljeva, mislio je, i sve će biti dobro. Razmišljali su o svadbi u selu ili u varoši, no na to se nisu mogli osloniti. Lovorka je znala da će njena obitelj raditi probleme zbog njene ljubavi. Otac i majka, ma koliko bili pobornici modernog života i naoko liberalni, o pitanju njene udaje nisu dvojili, sve je moralo biti tradicionalno, u skladu sa uzusima stališa i društva kojem su pripadali: jedno su čajanke, plesne večeri i nedužne „umne” rasprave u salonu, uz kavu i konjak, a drugo je dati kćer nekom kmetskom sinu, bezemljašu, bosotinji i golotinji! To nije dolazilo u obzir! Nije ih ni morala pitati, znala je odgovor unaprijed. Također, bila je svjesna kako je do „razgovora” moralo doći! Zabranjena ljubav kmeta i plemenitaške varoške djevojke? Kako dosadno...

Kao u romanima Janka Matka! Dvoje mladih u ljubavi na izdisaju crno-žute monarhije, prije Velikog rata, u vremenu koje je izbrisalo stari svijet i stvaralo novi, nimalo sretniji. Opet pitanje: zašto pišem sve ovo? Kakav je to „drugi primjer”? Jednostavno je, Juraj Lj. bio je mlađi brat Luke Lj., mog pradjeda, oca moje Male bake, očeve majke. Čisto kao suza, malo prljava, haha. Pradjed Luka oženio se za Maru Š., a njegov mlađi brat umalo nije oženio Baru S., no pogodak strijele mitskog Kupidona promijenio je tijek sudbine ovog dijela moje obitelji i stvari su krenule u krivom smjeru i odigrale se tako da je ova scena završila smrću ulanskog gefreitera Juraja Lj., posilnog gospodina štabsleutnanta Ivana Horvath de Kurticha, perspektivnog oficira za kojeg je vjerodostojno utvrđeno da nije učinio ništa protiv regelmana, te je odlukom komandanta Dvanaeste ulanske k.u.k. regimente oslobođen svake odgovornosti za incident i posljedičnom smrti jednog gefreitera.

Kako je uopće Juraj dospio u vojsku, posebno u carsku i kraljevsku ulansku regimentu? (Ulani se, istina je, nisu mogli mjeriti po carskoj slavi s husarima, ali i jedni i drugi godine četrnaeste bjehu tek relikt feudalnih ratova, pak će kao izumrla vojna sila posve nestati u krvavoj klaonici europskih incestuoznih dinastija.)

Bilo je to otprilike ovako. One večeri kad je uslijed žestoke svađe s vlastitim ocem i djedom, bijesan k'o nikad prije u životu, istrčao iz rodne kuće tek s malim pinklecom u rukama, nije imao pojma što da radi ni kamo i gdje da ide. Novaca nije imao, ni hrane, samo jednu rubaču, gaće i te prnje na sebi, stari kožuh i još stariji pohabani šešir. Možda instinktivno, možda po nekom višem planu, napustivši obiteljski grunt, umjesto prema V., krenuo je prema Varaždinu. Onda se predomislio i okrenuo ka župnoj kući jer mu se gospodin velečasni činio kao jedina slamka spasa. Župnik je bio dobar čovjek, izniman, posve različit od pohlepnog naždéranog i zlata uvijek gladnog klera. Skroman i ponizan, protivnik materijalizma i nesklon pljačkanju vjerničkog stada odudarao je od katoličkih mantijaša svog vremena (bio bi drugačiji i danas). Obrazovan i poliglot, bio je „crna ovca” među župnicima i bješe čudno što je tako educirani svećenik samo župnik u jednoj Bog-te-pitaj-kojoj župi na periferiji monarhije. O sebi je malo govorio, dio visokog klera i crkvena oligarhija nisu ga voljeli, ali to ga nije brinulo. Znao je svoje poslanje i nije se osvrtao na zle jezike i podmetanja kako imućnih župljana kojima je smetalo njegovo dobročinstvo i neprestano pozivanje bogatijih seljana na pomaganje sirotinji, tako i ljubomornog svećenstva u drugim župama i u varoši Varaždinu. Vrata njegovog skromnog župnog stana bila su uvijek svima otvorena, nikoga nije odbijao, čak ni one koji bi ga došli kritizirati i vrijeđati. Seljani su svjedočili da njihova župa (koja je uključivala i okolne zaseoke) zadnjih dvjesto godina nije imala tako pobožnog i dobrog plebanuša. Voljeli ga ili ne, svi su ga smatrali za časnog čovjeka koji je primjer Kristovog sluge.

Ozlojeđen naglim odlaskom od kuće, Juraj je koračao starom blatnjavom cestom kao u bunilu. Povremeno bi potrčao kao da ga vukovi gone, a onda bi zastao i nastavio mirnim korakom. Nije znao koliko je sati kad je stigao do župnog dvora. Svjetlo je još gorjelo, znači, velečasni je još budan. Drhtao je dok je snažno pokucao na župnikova vrata:

- „Gospon velečasni, otprite... vrata, prosim vas. Ja sam, ja, Juraj, otprite, prosim vas u ime Jezuša, gospon velečasni!” - jecao je. Čuli su se koraci i netko je odškrinuo stara vrata: između dovratka pojavilo se zabrinuto lice velečasnog. Odškrinuo je vrata još malo. U lijevoj je ruci držao upaljen fenjer. U hlačama i košulji podvrnutih rukava više je sličio na kakvog uredskog šefa na odmoru poslije večere, nego na svećenika. Prepoznavši nenajavljenog po-sjetitelja, velečasni je otvorio vrata do kraja:

- „Dečec, dragi dečec, kaj se dogodilo? Bože dragi, pomozi, Juraj? Kaj je bilo? Kaj se zgodilo? Hodi nutra, hodi, dobri moj dečec...”

Juraj je ušao u župni dvor (stan) i odmah je osjetio olakšanje, spasio se. Župnik je uveo mladića u svoj dom, u neku vrstu dnevne sobe, koja je služila i kao blagavaona i kao radna soba, sve u jednom. (U naravi, župni dvor bio je prostran, ali skromnost župnika je bila iznad toga: kad je preuzeo župu, prvo je naložio da se kuhinja i dvije prostorije pripreme za njega. Namještaj iz te tri prostorije je dao premjestiti u preostale sobe koje su odmah potom zaključane i nisu otvarane za cijelo vrijeme njegovog župnikovanja. Stari namještaj je dijelom donio sa sobom, a dijelom jeftino kupio od nekog varaždinskog kramara: njegov stil života i djelovanja nisu voljeli braća svećenici, čak su mu je i dvije važne crkvene glave, ona Varaždinskog arhiđakonata i ona kanonička, Čazmanskog kaptola u Varaždinu znale prigovoriti zbog pretjeranog siromaštva i naglašenog odreknuća od „svećeniku primjerenog” života.) Drveni pod od izlizanih dasaka, otvoreni kamin u kojem su pucketajući gorjele dvije velike cjepanice, ispred kamina jedna stolica i prastari ljuljačka-naslonjač, a s desne strane, ispod dva mala prozora zastrta sivobijelim zavjesama mali pisaći stol natrpan knjigama, papirima i priborom za pisanje. U kutu, nasuprot kamina stol za četvero, za ručavanje (također pretrpan papirima, knjigama i novinama) i pet drvenih različitih stolica. Na lijevoj strani od vrata, uz zid mjesto za molitvu, niska drvena klupica, stolić prekriven bijelim stolnjakom, Biblija, krunica i drveni križ. Dalje lijevo, prema vratima koja vode u spavaču sobu, ormar i do njega mali kredenc s knjigama.

Juraja je velečasni volio kao sina. Volio je on sve župljane, ali Juraj mu je bio posebno drag jer se pokazao otvoren, iskreniji od svih. I volio je učiti. Priznavao je pogreške i usrdno molio za oprost: imao je taj dečko još od malih nogu dar za pravdu, baš na način našeg Spasitelja, hvala dragome Bogu. Obitelj Lj. bješe pobožna, ali i jedna od najsiromašnijih u župi, te se velečasni s naročitom ljubavi skrbio za njih, koliko je dospio jer su mu izvori novca nisu bili izdašni, ovisio je o dobroti župljana i dobrih ljudi, a kako je bio kakav je bio, zapravo je najviše sredstava primao od svojih prijatelja i poznanika izvan župe, iz arhiđakonata i same nadbiskupije po crti dobrih veza sa prepoštom Stolnog kaptola u Zagrebu. Brinuo se velečasni o svima, dakako, svećeničko mu srce nije dopuštalo da nekoga izostavi, no Spasiteljeva zapovijed o „brizi za jednoga” vodila ga je da obitelji Lj. posveti trunku više pažnje i ljubavi jer su doista bijedno živjeli ma koliko radili i mučili se. Juraj mu je bio posebno prirastao k srcu jer su dječakova volja za učenjem i poštenje bili primjer mnogim odraslim župljanima. Davao mu je poduku u svemu što je znao i što je dječaku bilo od pomoći. Svake nedjelje na misi vidjelo se na obitelji Lj. koliko oskudijevaju mi kakva su teška sirotinja: njihovo nedjeljno „svečano ruho” bilo je čisto, ali ipak izgledali su kao ušljiva bosotinja.

Kad su djeca porasla, župnik je koristio najbanalnije povode i razloge da im pošalje glas moleći ih za pomoć u radu, na nadnicu. Čišćenje crkvenog posjeda i same crkve, vrt, plebanuški vinograd ili pomoć na pogrebima, velečasni bi pronalazio milijun stvari koje je „trebalo odraditi” samo da mu Luka i njegov otac Valent pošalju mladiće na ispomoć. Naravno, to da je rad za crkvu po logici stvari bio besplatan, za hrvatske kmetove je i pred kraj devetnaestog vijeka i na početku dvadesetog bila normalna stvar: oficijelno ne, ali u još uvijek srednjovjekovnim odnosima grofa i kmeta, biskupa i kmeta tlaka je, bez obzira što bješe ukinuta, bila i te kako na snazi. Ne i za ovog župnika, svaki njegov težak za svoj je rad bio plaćen, ponekad kao u drugih, ponekad manje, ali nikad nitko nije radio besplatno. Osim novca, dobri je župnik tu i tamo poslao po djeci pun logožar hrane, brašna i masti, bocu petroleja i žigice, bombone za djecu, komad suhog špeka, šećer i nešto od odjeće, što se već našlo u župnom dvoru. Isprva djeca nisu htjela uzeti (jer se ne smije biti lakom kad se radi za Crkvu), ali ih je mudri svećenik uvijek uspio uvjeriti da su to darovi Božji.

Župnik nije darivao samo Jurjevu obitelj, svatko u potrebi u njegovom je domu bio napojen i nahranjen, golog bi odjenuo, bosog obuo, umornog odmorio, bolesnog nastojao izliječiti, očajnog utješiti. Njegove propovijedi bile su nadahnjujuće, poruke s oltara tople i pune ljubavi. Nikad nije osuđivao, nije prijetio, govorio je jednostavnim jezikom i svi su ga razumjeli. (Misu je služio na latinskom, ali je propovijedi govorio na hrvatskom jeziku.) Bogatiji bi mu ponekad zamjerili zbog njegove, kako su mislili, previše revne skrbi za sirotinju. (Imućni župljani držali su kako je siromaštvo znak lijenosti i Božja kazna za nerad i nebrigu za sebe samog.) Bio je samo čovjek Božji.

Juraj volio je volio župnika kao oca i bio mu beskrajno odan. Zapravo, velečasni je bio jedini „od-rastao" koji ga nikad nije prekorio, nikad mu nije sudio, nikad vikao na njega i nikad kažnjavao. Juraj mu je bio jedan od najboljih ministranata koje je imao (nije krao hostije, nije krišom pio misno vino i baš ni-kad nije uzeo ni filira iz škrablice, kad bi pripiti zvonar zaboravio zaključati novac od blagodara vjernika u drvenu škrinju u sakrstiji). Ono što jest činio, učio ga o Svetim pismima, „tjerao" na čitanje (ne samo Biblije), vježbao ga pisanju, matematici i raznim drugim znanjima i vještinama. (Nažalost, Luka i Valent Lj. nisu slali djecu u školu. U Austro-Ugarskoj, pa time i u hrvatskom dijelu dvojne monarhije bješe orga-nizirano školstvo, ali nigdje nije pisalo da djeca moraju pohađati školu pod prijetnjom kazne. Djeca bi kre-nula u prvi razred, možda čak i u drugi, ali ubrzo bi prestala dolaziti na nastavu. Siromaštvo onog doba nije priznavalo pismenost kao životnu potrebu: djeca u školu ne mogu gola i bosa, barem ne u zimskim mjesecima. Gdje je još k tome hrana: rijetko koje bi dijete završilo dva razreda, a osim toga, „doma je bilo dela", a posao ne čeka, sirotinja nema luksuz odgađati posao, ako se ne dovrši danas, sutra će biti pre-kasno.) Mali Juraj je bio kao spužva, upijao je sve, znao je slušati s razumijevanjem. Imao je još jednu kvalitetu, stajao je čvrsto s nogama na zemlji, od malih nogu do odraslosti, evo do prve ljubavi, bio je svjestan da je siromah, potomak kmetova i da u gospodskom svijetu on nema što tražiti. U jednom tre-nutku velečasni je došao na ideju da ga pošalje na školovanje u Agram i dalje, ali Juraj je to vrlo pristojno odbio. Objasnio je da ne želi biti nego ono što jest i da ne bi mogao živjeti među presvijetlom gospodom i milostivim gospođama. Župniku nije bilo drago, ali je poštovao njegovu želju (u sebi se nadao da će mla-dić promijeniti mišljenje i odlučiti „pobijediti svijet").

Potom je došla ta večer i Juraj je pokucao na njegova vrata. Ugledavši ga strahotno uznemirenog, lju-tog, zbunjenog, tako umornog, bez sjaja u očima, gospodin župnik je znao da mu nije došao reći kako želi nastaviti školovanje u Agramu.

Župnik nije bio iznenađen kasnim mladićevim dolaskom, ni najmanje. Pretpostavljao je da će se to zbiti prije ili kasnije, jer se moralo dogoditi. Vidio je župnik sve, a znao je još više o ljubavnoj pustolovini mladog para, gospodične Lovorke i siromašnog Juraja. Ne samo zbog veličine župe, deset zaselaka, a sela N. i V. nisu baš da imaju petnaest kuća. Babe oltaruše raznose vijesti i preuveličavaju tračeve: da je po nji-hovim zlim jezicima, svaki dan bi deset ljudi iz župe završilo u zatvoru. Srećom, nema više jezuita ni prangera. Jasno, ljudi su imali oči i uši, kao i župnik, premda je on sam često želio da ništa ne vidi i ništa ne čuje. Velečasni je znao što se događa, samo je čekao koja i kakva glupost će iz svega ispasti: nije pri tom mislio na Lovorku i Jurja, nego na zle jezike i „suce" koji u tuđem oku vide trun, a iz svoga nikako da izvade brvno. Problemi su nastali kad je Bara razglasila da je Juraj njena ljubav i da će je oženiti, pa iako trgovčevu kćer nitko nije preozbiljno shvaćao, šteta je napravljena. (Pravih prijateljica Bara nije imala, a onih nekoliko posvuduša, koje su jedva čekale od nje komad čokolade, neki sitni dar, možda kakav rubac, poziv na ručak ili večeru u njezin dom ionako nisu spadale među seoske djevojke na osobitom glasu.) Česti dolasci Lovorke u staru kuriju i gotovo napadno služenje na crkvenom imanju nije moglo proći bez komentara: kako odjednom tolika volja mlade bogatašice za Crkvom, a onda se vidjelo, sreli su mladi par kraj potoka i u šumi, gore kod raspela na starom putu, a na nedjeljnoj misi (navodno) je zvonareva sestra, stara ljubiteljica vina i rakije, čiji je muž pijan poginuo u šumi kradući grofičina drva (on i njegov sin, gro-fičin konjušar koji je bio, kako se „znalo", milostivin vrlo intimni „prijatelj", mišljahu da to što je dečko u posebnoj milosti ocvale plemkinje ujedno i dopusnica za krađu drva, te su njih dvojica u kasno ljeto otišli u jedno od njenih šuma i počeli rušiti bukve, međutim previše noje i nepažnja bjehu smrtna presuda staroj pijanici i dva dana kasnije pokopan je na kraju groblja, gdje se i inače ukapaju takve pojave) rekla je u po-vjerenju ženi svinjara iz N., da je vidjela, za Boga miloga, „kak' se mlada milostiva držala za ruke s Jurajem na meši, je, bili su skroz iza i on ju je držal, Jezuš i Marija, pred celim selom, na meši, na svetu nedelju", i po logici oltaruša, priča je narasla do toga da je netko treći vidio dvoje kako se ljube iza crkve, kako hodaju zagrljeni: drama je stvorena. Župnik se nije miješao, strepio je samo od posljedica kad sve dođe do ušiju djevojčinog oca i njene obitelji. Znao je, problema će biti i čekao je trenutak kad će eskalirati. I dočekao je kucanje na vratima: skandala je uvijek bilo i biti će, mislio je velečasni, ništa novo još od Adama i Eve, ali ovdje su stvari kompliciranije nego u Edenskom vrtu, ovdje odluku ne donosi dragi Bog nego seoske babe, a to je kudikamo opasnije. Više su života uništili seoski tračevi i seoska zgražanja nego ratovi i kraljevsko žezlo i kruna. Svaku večer i svakoga jutra molio se da Bog prosvijetli njegove župljane i da im otopi srca i ispunih ih razumijevanjem i ljubavlju. Znao je da na Božji odgovor mora čekati, a i ljudi su morali htjeti mijenjati se, što na hrvatskom ozemlju nije neka navika.

Večernja posjeta mladog zaljubljenog Jurja pretvorila se u „urotu". Nakon što je „prisilio" posjetitelja da pojede nešto i popije čašu toplog mlijeka s medom, župnik je sjeo do njega i „priča" je krenula. Dva sata trajao je tihi razgovor velečasnog i Juraja, možda i tri, nisu gledali na sat, a ujutro je župnikov foringaš odvezao dečka u varoš kod gospodina obersta R.V. von Meltincha, šefa za novačenje u popudbenom okružju (to je bilo nešto kao veza između k.u.k. vojske i civilnih vlasti ovog dijela dvojne monarhije), inače dobar prijatelj načelnika zaduženog za novačke liste. Vojska se pokazala kao dobro rješenje jer se ionako Juraj do kraja svibnja morao prijaviti za novačenje. Također, mladić će se javiti kao dragovoljac u stalnu vojsku na desetogodišnji ugovor, što ga dovodi pod ingerenciju komisije za novačenje stalne vojske (komisija: vojni zapovjednik kotara, vojni liječnik i popudbeni oficir) i problema nije trebalo biti.

Plan je bio ovaj: spasiti Juraja od zla i svađe i osvete obaju obitelji i to tako da ode u stalnu vojsku kao dragovoljac i da odradi ugovor, pa ako mu se dopadne vojni poziv, može ostati u službi, na čemu mu nitko ništa neće moći prigovoriti. Plaća nije velika, ali će po promaknućima primati više beriva i svakako će mu život bili lakši i bolji od nadničarenja. Prvo vrijeme, dakako, morati će progutati štošta i stisnuti zube i, nažalost, privremeno zaboraviti na ženidbu. Kasnije će se stanje popraviti i biti će prilika i za ljubav. Uostalom, župnik je sve isplanirao na svoj genijalni način: pripremio je „teren" i prije kasnog večernjeg posjeta. Priprema je dvije trećine posla. Povukao je veze, pisao prijateljima i na kaptol i na banski stol, poruke su slane tajnim kanalima na sve značajne adrese, i na Štab XIII. Armekorpsa i preko divizijskih poznanstava do ulanske regimente broj 12. u Varaždinu, razgovarao je s načelnikom, a dva su pisma otišla podbanu i jednom generalu u Beču. Moralo je tako, birokracija dvojne monarhije bila je neopisivo komplicirana i ako se htjelo preskočiti neke stepenice, ono što danas nazivamo VIP (veze i poznanstva) bilo je najbolje „oružje".

Velečasni se namučio ne bi li Juraja nagovorio na svoj plan, mladić nije bio vojnički tip i svaka pomisao na službu u k.u.k. odori ga je užasavala. Bilo mu je previše i to što se naskoro morao javiti na novačenje, a profesionalna dragovoljna vojska mu nikad nije bila na umu. U kmetskoj je krvi „mrziti soldačiju jer človek od soldačije same vu feldšpitalu more krepati, v šicngrabi ili od kopfšusa hmreti ak' ga strefi kakšni Rus ili neki drugi vrag". Na sreću, sila Boga ne moli, a ljubav nema cijenu. Iznenađenje koje mu je priredio župnik potpuno ga je „razoružalo" i slomilo svaki njegov otpor protiv ideje o služenju u vojsci. Poslije ponoći ispred župnog dvora zaustavio se elegantni zatvoreni dvopreg, mala kočija s kočijašem u debeloj bundi i sa šeširom nabijenim do ušiju. Dvije minute kasnije, ispred kamina Juraj je grlio i ljubio Lovorku. Djevojka ga je cjelivala svom snagom mladalačke strasti, plakala je. Juraj je jecao u njenom zagrljaju. Oboje su bili izvan sebe, od sreće i tuge, od radosti i straha pred onime što ima doći. Poljupci, obećanja, sve će biti dobro, hoće, ako Bog da, biti će i neprestano volim te, volim te između dva poljupca. Kad se vrati, sve će biti dobro, hoće, ona je njegova, zauvijek. Čekati će ga ona, hoće, mora, jer ga voli i ljubi svim srcem. Njegova je, on je njen, samo to je važno. Pisma će pisati, mnogo pisama, svaki dan, dva pisma, pet, svaki dan.

Pisma će stizati preko župnika, on im je jedini zaštitnik, sam Gospod i on. Velečasni nije brinuo o opasnostima svega ovoga, ta nikad nije bio „normalan" župnik. Konačno, mladi par se volio, htjeli su se uzeti pred Bogom na legalan način, nisu činili nikakav grijeh. Volja roditelja i obitelji? Ma da, tko je veći od Gospodina, tko je taj, pa bio i zemaljski roditelj, koji može zabraniti čistu ljubav? U mladom paru svećenik je vidio vjeru i mnogo kristolike ljubavi: godinama je vjenčavao kmetske, plemićke i gospodske parove koji o ljubavi nisu znali ništa. Svi ti brakovi bjehu dogovoreni, kao kad se sklapaju ugovori na sajmu o prodaji krave ili konja. Mlada bi vidjela mladoženju tek pred oltarom, a razlike u godinama bile su takve da su često puta mlade žene mogle biti unuke muževima. Župnik nije držao da čini bilo što loše, dapače, u svojim molitvama zahvaljivao je Bogu što ga je blagoslovio time da može pomagati vjerničkom stadu kao skroman pastir koji brine za svaku ovčicu Božju. Juraj i Lovorka su zaslužili sretan život i zemaljska mržnja i glupi običaji neće ih spriječiti u tome.

Doduše, mogao je velečasni reći dečku „neka ide, z milim Bogom i svako dobro", ali on nije bio takav tip plebanuša, njegova vjera u Krista mu je to branila. Početak dvadesetog stoljeća nije mimoišao zatucanu provinciju Austro-Ugarske Monarhije: nije se moglo putovati samo tako, prošla su vremena srednjega vijeka. Zajednički bijeg je lijepa ideja kao romantični poduhvat zaljubljenih grlica, ali stvarnost je okrutnija od želja mladog seljaka i gradske djevojke. Kamo bi bez dokumenata mogli otići? Do Agrama, do Karlovca? I što nakon toga? Brzo bi bili uhvaćeni. Gospodin K. bi raspisao tjeralicu i..., ne, ništa od toga, ako žele sreću, moraju stvari odraditi pametno. Habsburški svijet poznaje samo red svojih zakona i pravila, pak ako „otplešu" tim stilom, nitko ih neće moći spriječiti u naumu! (Velečasnom ovaj „posao" jataka mladom paru nije išao u dobro, ali nije brinuo, sve dok mu Bog ne pošalje znak da je griješio, nikome ništa, a tko će znati za „urotu", foringaš možda? Taj čovjek bi umro za svog plebanuša, dokazano. Ljudi kojima je pisao? Haha, još bolje, sve iskušani prijatelji, prije bi riskirali karijere nego izdali župnika, i to je dokazano u prošlosti - u ovoj sceni kazališta istina i laži lik seoskog župnika koji je pomogao sinu brata mog pradjeda Luke javlja se kao neka vrsta zemaljskog anđela, onoga koji nosi reverendu, ali nije klasičan katolički pop jer sve što čini dolazi iz njegovog čistog srca i smirene, uzvišenom ljubavi ispunjene duše, a pitanje prošlosti velečasnog ostati će zagonetka jer osim ovih nekoliko prizora, o njemu se ni u jednoj sceni prije ni poslije ne govori, došao je u priču, odradio svoje i nestao, kao anđeo.)

Brzo su stigli do Varaždina. Ispred velike stare palače stajao je ulan u punoj svečanoj uniformi, s konjaničkom sabljom, pod plavom čapkom, s puškom. Pokraj stražara šetao je unteroficir ozbiljnog lica ispod ulaštene kacige, u sjajnim visokim konjaničkim čizmama. Juraj je skočio sa župnikovih foringi, uzeo svoj pinklec i pozdravio kočijaša. Izgledao je mnogo bolje nego prošle večeri: nije bio prestrašen, možda zbunjen. Zadnji put bio je u varoši kad su ono na jesen s četvero teških kola išli na vlak po robu gospodina S., a kako su imali posla za cijeli dan, varoši nije ni vidio. Pojeli su fileke i popili malo vina u krčmi preko puta željezničke stanice i odmah se vratili u selo. Krenuo je prema ulazu, kad li je ga unteroficir vrlo grubo zaustavio:

- „Hej, gdje bi ti, svinjo prljava?!" - Juraj je ustuknuo korak unazad i zbunjeno progovorio:

- „Ja... Prosim lepo, gospon, dober den. Faljen Isus i Marija, poslal me je gospon velečasni, evo, imam tu.." - iz džepa otrcanog kaputa izvadio je malu bijelu kuvertu s imenom i prezi-menom ispisanim župnikovim krasopisom - „Je, kak sem. Moram se javiti jengovoj ekse-lenciji grofu..." - ovo je zvučalo jako smiješno k.u.k. ulanskom unteroficiru. Gromko se nas-ijao na „ekselencijo", glupa kmetska svinja, eklselencija, mora biti da je deset dana učio izgo-voriti tu riječ, haha. Unteroficir se unio u lice mladom Juraju:

- „Was? Kakav grof? Glupi magarac!" - istrgnuo je kuvertu iz mladićevih ruku, otvorio je izvadio papir i pročitao. Ponovno se unio u lice Juraju:

- „Warten Sie heer, svinjo!" - unteroficir se okrenuo na petama da je sablja zazvečala i teškim korakom se uputio u palaču. Juraj je stajao na istom mjestu s pinkelcom u rukama i nemirom u srcu. Mislio je na Lovorku, na prošlu noć, na njene usne. Još je osjećao njen dah na svom vratu, njen ruke, njen miris... Iz sanjarenja ga je prekinuo unteroficir:

- „Kaj stojiš kaj djevica Marija, ti kmet jedan?! Hodi sa mnom, koga vraga čekaš?! Idemo!" - Juraj je slijedio unteroficira. Stražar na ulazu nije se pomaknuo cijelo vrijeme, stajao je kao strašilo na polju, mrtav ozbiljan, baš ulanski. Unteroficir je odveo mladića velikim širokim stubama na prvi kat. Prošli su kroz dugačak hodnik i nekoliko prostorija i kancelarija, sve dok se nisu zaustavili ispred ogromnih smeđe obojenih vrata, ispred kojih je, s lijeve strane, nasuprot ogromnom prozoru bez zavjesa sjedio ulanski oficir u punoj uniformi i upisivao nešto u veliku knjigu zelenih korica. Ugledavši posjetitelje, odložio je pero i ustao. Unteroficir je pozdravio propisno lupnuvši petom o petu, s lijevom ruku na balčaku konjaničke sablje:

- „Herr leutnant! Herr Leutnant, ich melde mich demütig, ich habe dies Herrn Oberst gebracht, wie Sie es befohlen haben." - poručnik je kimnuo glavom i rekao službeno:

- „In Ordnung, Plantak. Du wartest draußen in Flur, bis dich rufe." - odmjerio je Juraja od glave do pete i procijedio kroz zube (službeni jezik zajedničke k.u.k. vojske bio je njemački i svaki vojnik višenacionalne monarhije morao je naučiti najmanje sto najvažnijih zapovijedi i izraza, ali ma koliko to bilo strogo, u jedinicama su se oficiri, osobito niži, koji su imali izravan doticaj sa „običnim" vojnicima i podoficirima, prilagođavali situaciji, kao poručnik kad se obratio Juraju na hrvatskom, što nije bilo po regelmanu, ali k.u.k. vojska bila je puna slabosti i jezik nije bio njen najveći problem):

- „ Idemo! Slijedi me!" - pokucao je na vrata tri puta, uhvatio za kvaku i otvorio ih. Ušli su u prostrani ured, veći od kuhinje i sobe Jurajeve kuće. Lijevo, prema velikim prozorima nekoliko naslonjača presvučeno otmjenom skupom presvlakom i mali rezbareni stol. Ogroman masivni radni stol na sredini. Iza stola na zidu poveći portret Nj.C.I.K.V.F.J.I. Sa svake strane slike cara je po još jedan portret, obješen niže od glave cara: počasni zapovjednik pukovnije, grof Karl von Huyn i načelnik Glavnog štaba, grof Conrad von Hötzendorf. U lijevom kutu, na svečanim kopljima zabodenim u ručno kovano postolje tri zastave: u sredini crno-žuta zastava Monarhije, desno ratna zastava Austro-Ugarske, crveno-bijelo-crvena, s dva grba, a lijevo od zastave monarhije je zabodena bijela zastava zajedničke vojske s dvostrukim k.u.k. orlom. Grb Habsburga, u pozlaćenom drvenom okviru je na zidu nasuprot prozorima. Pod je od ulaštenog hrasta. Nema tepiha.

Pod pritiskom svega što se zbivalo, Juraj je još uvijek zbunjen (ne zna, jadan dečko, da je ovo posebna privilegija i „moć„ poznanstva i prijateljstva dobrog župnika. U k.u.k. vojsci regrutima, svježem topovskom mesu feldvebel je sam vojni bog, a da se o bogomdanom i po caru blagoslovljenom Offiziersstellvertreteru ili Leutnantu ne govori, te je njegov posjet samom Herr Oberstu bilo u najmanju ruku čudo Božje). Za malim stolom, u udobnim naslonjačima, svaki s čašom pića u ruci, sjedila su dvojica visokih oficira u utegnutim odorama ukrašenim odličjima. Obojica su izgledala otmjeno i vrlo strogo zalizane kose i vrlo šiljatih navoštenih brkova. Poručnik je dao znak rukom Juraju da stane, a on se približio dvojici oficira na nekoliko koraka, lupio petama, pozdravio blagim naklonom glave i oštro rekao:

- „Herr Oberst, Juraj Lj. Wie du befohlen hast." - jedan od dvojice oficira, onaj koji je sjedio leđima okrenut prozoru se nasmiješio, odložio čašu na mali stol i rekao staloženim glasom:

- „In Ordnung, Leutnant. Du kannst gehen, Krüger!" - kad je poručnik zatvorio vrata za sobom, pukovnik je ustao, uzeo sa stola bijelu župnikovu kuvertu, prišao Juraju i obratio mu se jednom rečenicom na slabom hrvatskom, a onda je nastavio na njemačkom:

- „Ti si ta Juraja, dobra. Gut, um dies schnell zu lösen. Normalweise mache ich das nicht so, aber du bist offensichtlich für jemanden sehr wihtig, junger Mann. So, Herr Major, bitte…" - oberst se okrenuo prema drugom oficiru s majorskim oznakama na okovratniku uniforme. Major se nasmijao:

- „Näturlich, Herr oberst!" - ustao je, podigao s poda crnu kožnu liječničku torbu, izvadio iz nje omotnicu s papirma, nalivpero i stetoskop. Kimnuo je glavom Juraju i progovorio na čistom hrvatskom jeziku:

- „Ja sam major dr. Strussberger, liječnik sam. Procede za ovo je drugačiji i svakako ga ne radimo u pukovnikovom uredu, ali ti spadaš pod specijalni tretman, recimo to tako. Proći ćeš kroz ubrzani postupak zbog, hm, okolnosti. Zapamti, mladiću, ova nije samo formalnost, budi zahvalan onome tko te je poslao ovamo i koji se zauzeo za tebe. Sad skinu košulju i hlače, da obavimo pregled. Sve po regelmanu. Dakle, skini se!"

Pukovnik se zavalio u naslonjač, zapalio je cigaretu i uzeo čašu u ruku. Činilo se da ga ne zanima što se događa u njegovoj kancelariji. Pušio je i otpijao male gutljaje. Juraj je drhtao, ovo nije očekivao. Osjećao se posramljeno: da se barem oprao rubaču kako spada. Kad ništa nije stigao, sve je bilo tako brzo. Major se nije obazirao na mladićeve probleme, previše je godina službovao i nagledao se svega i svačega. Odavno je stekao imunitet na zadah neopranog ljudskog tijela. Rutinski je pregledao Juraja. Povremeno bi zapisivao nešto na papire iz omotnice. Nekoliko minuta kasnije sve je bilo gotovo. Vojni liječnik, major Strussberger zadovoljno je cmoknuo usnama, vratio je stetoskop u torbu i sjeo u naslonjač. Na koljenu je potpisao papire. Nakšljao se i rekao:

- „Snažan si i zdrav, biti ćeš dobar ulan. Od danas si unovačen u k.u.k. Gemeinsame Armee, čestitam! Vojska Nj.C.I.K.V.F.J.I. dobila je dobrog vojaka. Herr Oberst…" - obratio se pukovniku i pružio mu dokumente i nalivpero. Pukovnik je uzeo papire i nalivpero, potpisao bez čitanja i snažnim glasom pozvao adutanta - „ Leutnant!"

U roku „odmah" ukočen k'o svijeća, stajao je ispred pukovnika poručnik Krüger: „ Herr Oberst?" - lupanje petama, naklon glavom.

- „Krüger, schick einen neuen Soldaten ins Abfüllbüro. Dies sin Dokumente. Lassen Sie, ihn später Obereutnant Beloschevich Berecht erstatten!"

Opet lupanje petama i vojnički naklon glavom u znak pozdrava. Juraj u svemu nije progovorio ni jedne jedine riječi. Iste večeri, u vojnoj odori, koja mu je bila za dva broja prevelika, na vojnim kolima, sjedeći na vrećama tko zna čega, s hrpom tek zaprimljene vojne opreme, putovao je Juraj Lj. u Agram, u Zagreb, gdje je imao nastupiti u 4. Esk. k.u.k. Ulaneneregiment „Graf Huyn" Nr. 12. na novačku obuku. Otpočeo je ulanski život zaljubljenog kmetskog sina.

Nakon svršene novačke obuke, za čijeg trajanja Juraj nije imao vremena misliti ni na što jer su ga tjerali od nemila do nedraga, potpisao je desetogodišnji ugovor i položio prisegu Nj.C.I.K.V.F.J.I.: „Svečano prisežem svemogućem Bogu, da ću Njegovom Apostolskom Veličanstvu, našem Veličanstvenom Vladaru i Gospodinu, Franju Josipu Prvom, Božjom milošću Caru Austrije, kralju Češke itd. i apostolskom kralju Ugarske, biti vjeran i poslušan, te najviše od svega najviše slušati njegove generale i općenito sve naše nadređene i starije, a njih same poštivati i štititi... itd.itd.". Ispalo je da je plan gospodina velečasnog uspio i da je sve urodilo plodom, kako je bilo i zamišljeno one noći u župnikovom domu. Juraj se od prvog dana pokazao kao iznimno talentiran i poslušan vojnik, spreman i na najteže napore ne bi li zaslužio nositi časnu ulansku plavu čapku. Nadaren i voljan učiti, ponizan, tjelesno spremniji od mnogih drugih vojnika (težak kmetski rad očito je koristan za vojni poziv), zapeo je za oko oficirima. Komandant eskadrona bio je zadovoljan što napokon ima izvrstan ulanski materijal.

U svemu je bio prvi ili među najboljima: u trčanju, jahanju, općenito u tjelovježbi, u vojničkom egzerciru i vježbama na konju, u pucanju, u održavanju opreme i skrbi za konje, prednjačio je i trudio se biti dostojan službe koju je vršio. Za dvije godine, čak mimo strogih i vrlo kompliciranih protokola trome k.u.k. vojske, Juraj Lj. je promoviran: na okovratnik svoje ulanske uniforme stavio je šesterokraku zvijezdu na smeđoj podlozi. Gefreiter! I ne samo to, abkomandiran je u Varaždin, u sjedište štaba, gdje je isprva bio pisar, da bi potom bio dodijeljen kao posilni gospodinu štabsleutnantu Horvath de Kurtichu, koja će ga dužnost konačno stajati života.

Logično pitanje: kako to da se komandant ulanske regimente „riješio" dokazano sposobnog konjanika i potpisao njegovu rasporedbu kao posilnog i to jednom štabnom poručniku? Hm, sudbina je čudna biljka ili je opet proradio sustav prijateljstva gospodina župnika, sve po utanačenom planu?! Tko zna, možda da i možda ne. Uglavnom, vojna karijera gefreitera Juraja Lj. se ustalila, a njihova ljubavna priča razvijala se kako su i predvidjeli, hvala Bogu. Juraj i Lovorka cijelo su vrijeme bili u kontaktu. Razmjenjivali su duga pisma (više od nje, manje od njega, dulje od nje, kraće od njega) preko župnika i njegove adrese i taj dio „radio" je savršeno. Inače, stanje u obitelji Lj. se smirilo. Kao i uvijek, život se nastavio, trebalo je nahraniti brojna usta u zadruzi, pak odlazak jednog nije bio katastrofa, nije svijet propao (iako se izostanak Juraja osjetio, ostali su bez para snažnih ruku). „Kaj je je, se nemre tu nič već, ideme dale, sutra je novi den!" Lovorka se povukla u sebe, stoički je podnosila razdvojenost od svoje najveće i jedine ljubavi. Njeni roditelji o cijeloj drami nisu ništa ni čuli ni znali! Baš ništa. Predugo, umalo dvije godine trajala je tajnovita prepiska mladog para i svo vrijeme Lovorka je živjela kao na oblaku, u nekoj izmaglici radosti i strepnje. Potom, ne baš da je bilo iznenađenje, Juraj je odlučio nešto poduzeti, nije više imao živaca čekati. Napisao je dugačko pismo župniku i zamolio ga za pomoć.

Župnik je očekivao takvo pismo, ne odmah po mladićevom stupanju u vojsku, ali da će primiti pismo sličnog sadržaja, župnik je znao, bez ikakve sumnje. Ljubav je nestrpljiva, ljubav želi biti ljubav, ne ovako na daljinu pak je stoga jedne subote nenajavljeno sam sebe pozvao u posjet i na večeru kod roditelja lijepe Lovorke. Nije slučajno izabrao baš tu subotu: znao je da je Lovorka s tetom u Mariji Bistrici, kamo su njih dvije otišle na malo hodočašće. (Teta je imala malu kuću s vinogradom nedaleko svetišta, tako da se nisu umarale putovanjem tamo i natrag u jednom danu, nego su svoje duhovno jačanje obavljale u miru i pobožno.) Dakle, bješe subotnje poslijepodne kad je župnik sjeo u svoje foringe i odvezao se u Varaždin. Gospodin i gospođa K. su bili oduševljeni: sve se odlično poklopilo jer te subote nisu imali ništa zakazano, kao da su znali za župnikovu posjetu.

Gospođa K. odmah je naložila da se donese kava, čaj i mala zakuska, a kuharica je imala kasnije pripremiti nešto ukusno za večeru. Sjeli su u salon i razgovor je tekao uobičajeno. Župnik nije držao do formalnosti i njegova konverzacija bila je laka, a stil zabavan: smijeh je odzvanjao salonom sve do večere. Nakon ukusnog jela, sve troje su se vratili u salon. Uz konjak, župnik je iskoristio trenutak i prešao na stvar, na pravi razlog svog dolaska. Oprezno, biranim riječima polako je objasnio o čemu se radi. Ništa nije ispustio, nije uljepšavao, nije sudio, govorio je istinu. Govorio je kroz riječi Evanđelja, kao čovjek Božji. Na kraju podužeg monologa upitao je zabezeknuti bračni par K. žele li razmisliti i dati svoj blagoslov za brak Juraja Lj. i njihove lijepe kćeri. Reakcija je bila očekivana. Konsternirani onime što su čuli, sleđeni saznanjem da se njihova jedinica, sunce i najveća ljubav, mala Lovorka spetljala s nekim kmetom, nisu prozborili ni riječi. U prvoj minuti. Gospodin K. dohvatio je kristalnu bocu s konjakom, ulio u čašu do vrha i naiskap ispio. Potom je skoro povikao:

- „Nikad! Oprostite mi, velečasni, ali nikad se neće moja Lovorka... Neće! Ne dolazi u obzir! Bože moj! Kmet! Nije nam rekla ni riječ! Kako je mogla? Kako? Ne, ja to neću dopustiti! Gospodine velečasni, ovo je ružno od vas, ovo je... Ne i ne! Znam zakon, mi znamo zakon! Ne dam Lovorku! Kako je mogla?! Ne!" - naglo je ustao, napravio krug po salonu, mahao je rukama, a potom opet sjeo na stolicu i rukom udario po stolu - „Ne!"

Gospođa K. šutke je sjedila stisnutih usana, spuštene glave, drhtala je, ali nije ništa govorila. Župnik je vidio što se zbiva u srcu ovo dvoje dobrih ljudi. Donio im je bol i probleme na koje nisu računali, za koje ni u snu nisu mislili da će ih imati. Razumio ih je, ali nije odustajao. S jedne strane roditeljska ljubav, a s druge sreća Juraja i Lovorke. U sredini bračni zakon: znao je velečasni zakonske odredbe, i crkvene i kraljevske. U svezi toga, nije dvojio, nema prepreka za sklapanje braka. Premda se u Hrvatskoj, na hrvatskom području ugarskog dijela monarhije (na stanje poslije Nagodbe od 1868.) i dalje primjenjivalo kanonsko crkveno pravo za katolike i premda Opći građanski zakonik i svi ostali carski patenti po tom pitanju nisu imali učinka sve do godine 1918., sklapanje valjanog braka nije bilo jednostavno. Iz tog razloga župnik nije posjetio dom K. nepripremljen. Njegov plan je uključivao premoštenje svih možebitnih formalnih zapreka: uobičajeni problemi pri sklapanju braka u ovom dijelu Hrvatske bili su maloljetnost i nepostojanje privole roditelja, kao i neispunjavanje drugih proceduralnih uvjeta, što kod Juraja i Lovorke to nije značilo ništa, oboje su navršili osamnaestu, pak iako nisu imali dvadeset i četiri godine starosti (određena dob za samostalno sklapanje braka), brak se može sklopiti jer drugih otežavajućih zapreka nije bilo (vjeroispovijest, sakramenti i krijepost etc.). Osim toga, u Hrvatskoj se sklapao brak po načelu locus regis actum, prema običajima i zakonima zemlje u kojoj se brak sklapa, a za Hrvatsku je vrijedilo kanonsko bračno pravo. Aktivna vojna služba podrazumijevala je drugačiji pristup cijeloj stvari, ali i za to je župnik našao „lijek". Za Juraja, obzirom na vojnu službu, trebalo je ishodovati od vojnih vlasti dopuštenje za sklapanje braka po zakonu o krjeposti. Župnik je znao, zakon je sve definirao: u carevo ime dopuštenje za brak za pripadnike vojske potpisuju korpusni i divizijski generali, a za taj je dio „plana" župnik još uvijek imao stanovite veze.

Župnik se nije dao smesti. Zajapurenom Lovorkinom ocu je rekao nešto što ga je još više šokiralo:

- „Poštovani gospodine, reći ću, prijatelju, ako smijem, nemojte se ljutiti, sve možemo riješiti na pristojan način. Crkvenih zapreka nema, oboje su ponizni vjernici, ne moram to dokazivati, hvala budi dragome Bogu." - tu se prekrstio i rukom dodirnuo drveni križ koji mu je visio oko vrata - „Zemaljska pitanja također je lako riješiti, pače ih nema, ne vidim probleme. Juraj voli Lovorku svim srcem i ne želi je zbog vašeg novca, vjerujte mi. Znam da Gospod svjedoči njihovoj ljubavi. Poslušajte me, vrlo je važno. Dobro se znamo, vi me poznajete, kao i ja vas. Dolazimo iz dva različita svijeta. Vaš poslovni i novčarski je izvan mog i ja sam spram trgovanja, ulaganja i materijalnih stvari sasvim ravnodušan. Neka ovo bude strogo entre nous. Vi, dragi moji..." - župnik ih je suosjećajno pogledao - „... niste bilo tko. Vaš ugled. Vaše obiteljsko ime dostojno je svakog divljenja, vi kotirate visoko među gradskom i hrvatskom elitom, sve što ste vi jest primjer iznimnosti čvrstog i poštenog karaktera. Crkva vas drži rijetko moralnom osobom i izražava punu zahvalnost za sve što činite, međutim, da, svi smo samo griješni ljudi, svi padamo i...!" - tu ga je gospodin K. vrlo grubo prekinuo:

- „Što? O čemu to pričate, velečasni? Kakvi grijesi i kakvi padovi? I tko smo to „mi"?!" - sad je župnik prekinuo njega: „Pardoniram se, prijatelju, molim vas, žao mi je. Nisam vas imao nakanu uvrijediti, oprostite mi moju nesmotrenost, ponekad mi je jezik brži od pameti. Htio sam reći, svakome se dogodi pogreška, mi smrtnici nismo imuni na djelovanje svijeta i ljudi oko nas. Teško je danas znati tko je kakav, živimo u komplicirano vrijeme. Normalno je griješiti unatoč našim najboljim htijenjima i trudu. Ponekad činimo krive stvari, zar ne? Kajanje i oprost..." - gospodin K. je upao župniku u riječ:

- „O čemu pričate, ništa vas ne razumijem. Vaše popovske gluposti!" - inače ne bi prigovarao svećeniku, ali ovaj župnik je došao u njegovu kuću, kako se čini, s ne baš osobito dobrom namjerom. Stisnuvši obrve, kao da očekuje nove nevolje, upitao je smirenog velečasnog - „Što to govorite, o čemu vi to?"

Svećenik je ispio gutljaj konjaka, odložio je čašu na stol, sklopio ruke, pogledao sugovornika u oči i rekao:

- „Znate, čuo sam kako su stanovite mutikaše organizirale vrlo mračnu igru s obveznicama preko nekih banaka, Poljodjeljske hipotekarne banke, Eskomptne banke i Varaždinske štedionice. Čuo sam da se sprema velika istraga o mutnim transferima od Beča, preko Agrama i Varaždina do banaka u Rimu i Napulju, a navodno, priča se, putovi ove prljavštine vode do Londona i Pariza, ali i to da se zapravo ne znaju razmjere te nepodopštine. Tko zna što će s time biti, neki su se uhvatili u gustu mrežu prijevara ulagača i banaka. Kažem, svašta se govori, ja inače nisam pristalica ogovaranja, ne daj dragi Bože, ali gdje ima dima, ima i vatre. Neki domaći poslovni ljudi, čuo sam, duboko su upleteni u cijeli skandal koji će eksplodirati i dobrano prodrmati uspavanu varoš Varaždin i cijelo kraljevstvo, koliko čujem...." - na ovome mjestu župnikove priče možda suđeni, a možda nesuđeni tast Juraja Lj. je problijedio, ruke su me se počele jače tresti, znoj mu je izbio na čelu. Velečasni je nastavio tihim glasom:

- „Koliko mi je poznato, znaju se imena trojice junaka koji će, čini se, izgubiti milijune u želji da se obogate mešetarenjem. Prijeti im slom i bankrot ako ne podmire dugovanja u vrlo kratkom roku. Plaćanje dugova i prijetnja zatvorom za spomenute pojave je realna opcija, pitanje je samo dana kad će to postati javna informacija. Ne saniraju li stanje, Lepoglava će im biti sljedeći hotel za odmor." - župnik je malo zastao, opet otpio gutljaj konjaka i progovorio izmijenjenim glasom, ozbiljnim, onim koji ne podnosi prekidanje:

- „Gospodine i gospođo K., nisam došao ovamo nanijeti vam zlo. Sluga sam Božji i činim ono što On očekuje od mene. Poštujem vas, smatram vas svojim prijateljima, ako dopustite, i sve što ću sad reći, molim vas neka ostane među nama, kao prijateljima. Može? Hvala vam, razumni ste ljudi i... Upustio sam se u ovu, slobodno mogu nazvati, avanturu čistog srca, u želji da dvoje djece Božje budu sretni jer to zaslužuju. Želim vam pomoći, gospodine, prijatelju: jedan moj prijatelj iz davnih studentskih dana, a i nešto kasnije, iz godina prije no što me Božja providnost odvela na sveti put svećeničkog služenja, dakle, moj je prijatelj involviran u ovo, a sve zato što radi za najviše instance ugarske vlade i samu carsku kancelariju, za presvijetloga bana i druge moćne ljude i premda njegovo ime nećete pronaći u novinama, zapravo malo tko zna za njega, vjerujte mi, njega se sluša. On spada u one nevidljive ljude koje nigdje ne vidite, a svugdje jesu, službeno i neslužbeno i imaju moć od koje se strepi. No da, on je u potpunosti upoznat sa skandalom koji u ovo vrijeme ustavne krize i svih problema svete nam Monarhije nikome ne treba. Kako mi je rekao, u povjerenju, još jedna financijska afera u kojoj su akteri, hm, važne pojave, izazvala bi pravu buru, a još gluposti ne žele ni Agram, ni Pešta, a ni Beč. Nisam upućen u sve detalje, konačno, to nije moja briga, ali ipak, imam, strogo privatno, ponudu za vas i vaše partnere. Ne pitajte me ništa, malo toga znam, nosim vam dobronamjernu poruku. Stanovita osoba koja raspolaže znatnim resursima spremna je dati vam na dispoziciju..., samo trenutak..." - župnik je posegao u džep od hlača i izvadio malu smeđu kuvertu - „Tu vam piše, ja nisam otvarao kuvertu, nije moj posao, detalje ne znam niti me zanimaju. Ukratko, spomenuta osoba izaći će vam u susret i riješiti ovu nezgodnu situaciju." - Lovorkin otac je promijenio držanje, sad je sjedio spuštenih ramena, blijed, nervozno lupkajući prstima po stolu. Uzeo je smeđu kuvertu, otvorio je, izvadio papir i pročitao što je na papiru pisalo. Duboko je uzdahnuo, nakašljao se, jednom, dva, tri puta. Zašutio je buljeći u papir.

Župnik nije bio siguran o čemu se radi, ali je vidio duboku uznemirenost kad se pogled gospodina K. spustio na dno papira, na potpis ispod teksta. Otac zaljubljene Lovorke više nije bio onaj goropadni glavar porodice koji se protivi vjenčanju jedinice za siromašnog kmeta, sad je za salonskim stolom sjedio slomljen čovjek kome su predočili strašnu istinu koju je on mjesecima skrivao od svijeta. Njegova se žena nije uključila u razgovor, i dalje je nepomično sjedila spuštene glave, s rukama na krilu. Sva odlučnost protivljenja kćerkinom braku je nestala, sva nadmenost bogatog oca je isparila.

U kičasto namještenom vohncimeru, kod skupog konjaka, na udobnim salonskim stolicama sjedilo je troje ljudi, jedan stariji svećenik i bračni par na kraju pedesetih godina života, i na trenutak sve je izgledalo lažno. Kristalne čaše i boce, mekani debeli tepih i elegantna vitrina ispunjena porculanom (servis za kavu, za čaj, za posebne prigode) naslonjači i dvosjed, fotelje, barski stol i moderne slike na zidu, sve je u onoj minuti kad je župnik rekao što je rekao postalo bezvrijedno, ništavno. Raskošne večere, otmjeni ručkovi, patronat nad umjetnicima, beskonačne rasprave o politici i znanosti, o poeziji kod hladnog bifea, uz šampanj i rusku votku, sve je to poprimilo vonj lažnosti, zadah kiča i licemjerja. Odnosno, staro bogataško pravilo: dok možeš plaćati ulizice, dotle vrijediš, a kad jednog dana nećeš moći hraniti i napajati uvlakače, gotov si bez obzira na sve. Istina: provincijski lopov uhvaćen u ne baš inteligentnom pokušaju financijske prijevare, čovjek koji je godinama gradio sliku o sebi kao o uspješnom poslovnom čovjeku u naravi se nije odmakao od pradjedovske kokošarske prirode. Skinut do gole samospoznaje vlastitog glumatanja licemjernog cilindraša u godinama krepavanja feudalnog mraka, u svega nekoliko minuta potpuno je zaboravio glavni razlog svećenikovog posjeta jer stvar bješe kudikamo bolnija od vjenčanja Lovorke za kmeta.

Skoro zatvorenih očiju, spuštene glave, mucajući, otac lijepe djevojke i ugledan građanin Varaždina, koji je sve do župnikovog kazivanja njegove strašne tajne (za koju je mislio da za nju nitko ne zna) zdušno protivio bilo kakvim planovima udaje kćeri za nekog smrdljivca, progovorio je pokajnički, svjestan svog grijeha i svoje sramote:

- „Velečasni, ja nisam, vjerujte mi Ja, nisam to htio, gospodine, prijatelju, ja.... sve je pošlo po zlu. Trebalo je biti, znate, još jedno ulaganje, poslovi, teško mi je, ja... Godinama sam živio... Sve košta, a situacija, znate već. Obećali su mi veliki postotak, brzi povrat. Legalno, da, rekli su da je sve legalno. Obveznice, udjeli. Ponudili su veliki novac. Prihvatio sam, trebao sam gotovinu. Na moje ime i još nekoliko njih. Bankari, moćni ljudi. Panika... Pristao sam. Nisam htio sve izgubiti, godinama sam pošteno stjecao. Moglo je sve nestati. Velečasni, vjerujte mi, molim vas. Nestali su, lopovi, ne javljaju se. Ništa, a meni sve dospijeva na naplatu za nekoliko tjedana. Gospodine, prijatelju, sve ću izgubiti, sve!” - do prije trenutak je izgledao kao da će nasrnuti šakama na svećenika, a sad je plakao kao malo dijete lica zarivenih u sklopljene ruke. Ponizio se pred župnikom u punini svog pada: nije plakao lopov nego čovjek svjestan koliko je težak njegov grijeh, plakao je pokajnik. Njegova žena je ustala zakrvavljenih očiju, zateturala i uz očajno „oprostite” izašla iz salona naričući. Svećenik je ustao, ali prekasno, žena je već otišla.

Velečasni je sjeo, nagnuo preko stola i potapšao sugovornika po sklopljenim rukama:

- „Dobro je, smirite se, sve će biti dobro, smirite se, ništa nije gotovo i ništa nije propalo. Sutra krenite prvim jutarnjim vlakom za Peštu, ne trebate se najaviti. U kuverti vam je adresa. Gospodine, molim vas, niti vas osuđujem niti zlo želim, a još manje „kupujem” vašu odluku o udaji Lovorke za Juraja. Želim vam pomoći, kao što sam pokušavao pomoći drugim ljudima. Ne znam detalje vašeg problema, niti me zanimaju. Znam ovo: vaša možebitna propast teško bi pogodila vašu kćer, vašu predivnu suprugu, vašu obitelj. Uvučeni ste u poslove kojima se niste nikad bavili: svatko griješi, čak i Sveti Otac Papa.” - tu se nasmijao - „Molim vas, nemojte ovo reći mom biskupu, ovime ozbiljno idem protiv dekreta Pastor Aeternus, protiv kojeg je bio, nota bene, i blagopokojni biskup Strossmayer (biti će mu naskoro godišnjica smrti, ah, nema naša Hrvatska mnogo takvih domoljuba i čovjeka kao što je bio on, istinski sluga Božji)... Ispričavam se, gdje sam ono stao? Da, Bog nas sve voli i pomaže, a griješimo svi, jučer, danas i sutra, samo smo smrtnici koji koračaju do vječnosti. Vjerujte mi, Lovorka voli Juraja svim srcem. Nisam vidio iskrenije ljubavi od njihove. Molim vas, prijatelju, smekšajte svoje srce u ime Krista Gospodina našega, pa vi barem niste ortodoksni konzervativac, niste zadrti klajnbirger, molim vas, evo, kleknut' ću pred vama u ime mladog para, za ime Božje, preklinjem vas, prijatelju!" - ne glumeći, bez patetike i ponizno stari je plebanuš ustao i zakoračio prema gospodinu K., koji je još uvijek sjedio šokiran, uplakan, drhtav, prišao mu je i kleknuo pred njim, sagnuo glavu i sklopio ruke u molitvi rekavši:

- „Ja inače ne klečim pred svjetovnim ljudima, ali pred vama, prijatelju, klečim u ime čiste ljubavi, nebeski čiste, molim vas...!" - u to je u salon ušla supruga gospodina K. i ugledavši prizor, se prekrstila i opet zaplakala...

Mnoge se stvari u našim životima odvijaju neplanski, a ponekad se zna dogoditi da je „i vuk sit, a ovce su na broju", čime narodna mudrost poprima drugačije značenje. Uglavnom, sve je ispalo dobro, nitko nije bankrotirao, nitko nije nastradao, a mnogo stoljeća staru varoš Varaždin nije pogodio još jedan strašan skandal (kakvih ima i previše u ovom gradu čije će elite, posve u skladu sa inferiornošću sluge pred gospodarom, dati svome gradu nadimak „mali Beč") gospodin K. vratio se iz Pešte radostan i smiren noseći u putnoj torbi potpisani ugovor i potvrdu o isplaćenim obveznicama i saniranju svih financijskih dubioza, te s novom injekcijom uloga u njegov osnovni posao i bez tereta prijetećeg bankrota i odlaska u zatvor zbog prijevare. Ispostavilo se da je tajnovita vrlo moćna persona ozbiljan čovjek čije ime i prezime izazova strahopoštovanje u novčarskom svijetu cijele Europe. Prema visini kapitala koji „okreću" njegova poduzeća, banke, štedionice etc., dug gospodina K. je smiješno mala svota, upravo neznatna za tog bogataša (koji nije plemenitaš, njemačko-mađarski je Židov koji do vjere ne drži mnogo). Sastanak njega i gospodina K. u vrlo modernom i elegantnom uredu u samom centru Pešte trajao je dva sata, nakon čega su se dvojica sugovornika rastali da se nikad, ali doista nikad više ne sretnu (gospodin K. je imao obavezu jednom godišnje isplaćivati dividendu na ulog preko jedne švicarske banke). U svega dva tjedna, obitelj K. je opet slobodno disala, a poslovanje gospodina K. se stabiliziralo. On sam je naučio lekciju i osim onoga čime se bavio, više nije ulazio ni u kakvo mešetarenje. Dapače, više je odvajao „za crne dane" nego ranije, a sve nepotrebne troškove je ukinuo.

U prosincu 1910., u jednoj varaždinskoj crkvi vjenčali su se Juraj Lj. i Lovorka K., a vjenčao ih je gospodin velečasni u nazočnosti mnogih uzvanika. Osim rodbine i obitelji mladog para, vjenčanje su uveličali, kako se to dosadno kaže, feldkurat, nekoliko podoficira i oficira k.u.k. ulanske regimente, gospodin pukovnik i liječnik, major. (Više po crti plebanuša i gospodina K., a manje zbog samog gefreitera: još jednom se vidjelo koliko je župnik važna persona unatoč svom, po svemu gotovo beznačajnom položaju u crkvenoj hijerarhiji i u tzv. građanskome svijetu.) Vjenčanje je održano posve u skladu s crkvenim kanonskim bračnim pravom i carskim i kraljevskim regulama. Mladi je par ishodio sve dokumente potrebne za sklapanje braka: velečasni je održao riječ. Privole roditelja, dopusnice komandanta divizije i korpusa, potvrda o nepostojanju crkvenih zapreka itd. bjehu dostavljeni na vrijeme: dan vjenčanja bio je svečan, sunčan, kao iz bajke. Veliki svadbeni objed organiziran je, i dobrohotnošću gospodina K. plaćen u gotovu, u jednoj od najboljih varaždinskih gostionica, „K divljem čovjeku" („Wilden Mann").

Ah, ručak u pravom restoranu, s konobarima, bijele rukavice i bijele pregače, bijeli stol-njaci, blještave čaše, porculanski tanjuri, tiha i hitra posluga, gospodska hrana i najbolja birana vina bješe događaj života za ubogu kmetsku obitelj Lj.: nikad prije ni poslije, nitko od njih nije primirisao u takav luksuz, u takvu, za njih vrlo otmjenu atmosferu. Hrana, sve oblizeki, ogromne porcije, prepuni pladnjevi, konobari samo nose i nose, ne stigne se sve pojesti. Mjesecima su imali okus tih divota u ustima jednako kao što su se smijali kad bi pripovijedali kako su ih varoška jela tri dana tjerala na zahod jer njihova sirotinjska utroblja nisu naviknuta na delicije, haha.

Međutim, vjenčanje je jedno, a pravi život nakon što utihnu svadbena zvona je nešto stoto. Tast Juraja Lj. podmirio je troškove vjenčanja, a posebno je inzistirao na kupnji prigodne odjeće za obitelj svog zeta: po prvi put ta je nesretna čeljad nosila pristojna nova odijela za muškarce i lijepe haljine i sve što ide uz to za djevojke i žene. Nisu se mogli prepoznati, cijela zadruga bješe varoščanska. Kasnije će darovanu odjeću nositi samo nedjeljom u crkvu, na pogrebe i ine svetkovine, ali vremenom će ih viđati u tome na polju, na nadnici, u vinogradima i na sjenokoši. Tako to ide kod hrvatskog kmeta, životne okolnosti ih tjeraju od gospodskih navika. Jurajeva obitelj je nastavila živjeti svoju, a mladi par svoju priču. Valent i Luka Lj. nisu računali na neku veliku pomoć od Juraja: kmet ne vjeruje svome sinu kad se ovaj pogospodi, a Juraj se pogospodio. „Je, kaj je v temu dečecu ni vrag znati nemre, mu je prve gospodska flundra pamet zela, a onda je v soldačiju prešel, budi Bog z njimi, to dobre zišlo ne bu, a da bu nam forinte, krune, penze slal, to si moremo deti za škrlak, kajgod, čim bu vu gubec gospodsku župu del, mam bu po-zabil gdo je i otkud je došel, navek je to tak bile i bu!”

Na početku bračne kao-idile uselili su se u iznajmljeni stan u Dućanskoj: svega četiri sobe i sobica za služavku (gospođa K. nije htjela ni čuti da Lovorka sama održava stan, to nije dolazilo u obzir), kuhinja i kupaonica (ono što se tada tako zvalo): tast se i u tome isprsio, platio je najmninu za godinu dana unaprijed, što je izazvalo prvi sukob u obitelji, bješe to prvi „ozbiljni” razgovor između dva muškarca, oca mlade i njenog muža. Juraj je htio sudjelovati u plaćanju iako je njegova gefreiterska plaća bila zapravo smiješna, ali gospodin K. nije popuštao i napokon su postigli dogovor da svotu koju je Juraj namijenio za najamninu, svaki mjesec Lovorka položi u banku za neke buduće „investicije” (kasnije će taj „ušteđeni”novac nestati preko noći, kao da ga nije ni bilo). Nakon svadbenog veselja život je skrenuo u normalu. Onih nekoliko dana odsustva koje je Juraj dobio proletjeli su i mladi suprug se morao vratiti na dužnost. Kazano iskreno, sama činjenica da je uopće dobio odsustvo dovoljno govori sama za sebe: k.u.k. zajednička vojska imala je spor, uštogljeni i krajnje birokratizirani aparat koji je vrlo rijetko dopuštao iznimke. A doda li se tome da financijsko stanje vojske nije bilo bog zna kakvo (zato jer su državne sastavnice Monarhije radije financirale domobranske snage nego vojsku vođenu iz omraženog Beča), rezultat je bio takav kakav je bio, k.u.k. vojska godine četrnaeste krenula je u rat za koji nije bila spremna. Ne kažem kako je dopusnica za vjenčanje utjecala na bojnu spremnost vojske, ali i najmanja točka je dio crte, putokaza slavne k.u.k. vojske prema propasti. Naime, danas bi se to zvala iznimka od pravila, a 1910. bilo je čudo jer su famozne „dopusnice za vjenčanja” u zajedničkoj vojsci obično dobivali oficiri, podoficiri rijetko, a obični vojnici gotovo nikad. Spomenuh financiranje vojske: upravo su bijedne plaće vojnika bile razlog restriktivnoj politici odobravanja sklapanja brakova običnih vojnika. Naime, i inače posve hladni na životni standard vojnika, u sferi bračnog života bečki su generali znali da bi oženjeni vojnik s plaćom koju su mu davali mogao samo krepati, a ne živjeti. Osim toga, vojnik koga doma čekaju žena i djeca mogao bi zbog male plaće pasti u kriminal, a što vodi do slabljenja stege i urušavanja bojne moći vojske (koja je, nota bene, uvelike kaskala za tada modernim vojskama).

Kakogod, dopusnica je „natjerala” Juraja na još vreći trud i poslušnost. Za razliku od mišljenja generalskih pivskih mozgova (pardon, trbuha), oženjeni Juraj nije poludio i oslabio, već naprotiv, postao je bolji ulan, od rijetke vrste vojnika koji od Boga dan talent za vojni poziv. Vrijeme je prolazilo, brže no što čovjek misli. Sad u braku, nisu se morali skrivati. Lovorka je slala pisma svaki dan, a Juraj je odgovarao kad je mogao: dok se Juraj znojio na egzercirima, Lovorka je provodila vrijeme uređujući stan, u šetnjama, a povremeno bi pomagala ocu u njegovom uredu. Prije braka bila je očeva ljubimica, a kroz mjesece iščekivanja da joj muž dobije odsustvo, izgradila je s roditeljima dublji odnos. Kasnije, kad je Juraj abkomandiran u Varaždin stvari su se počele brže mijenjati. Na loše i još lošije.

U međuvremenu, Lovorka je rodila dvoje djece, što je bio povod razmišljanju o preseljenju u veći stan ili kupnji kuće. Juraj je to odbio jer bi selidba iz stana značila ponovno uzimanje novca od tasta, što mu se nije svidjelo: ionako nije bio presretan što zbog svoje male plaće ne može priuštiti Lovorki i djeci život na kakav je njegova žena navikla. Postojala je opcija, dakako, da se presele u zgradu u kojoj su živjeli unteroficiri, ali na to Juraj nije ni pomišljao, smatrao je da za Lovorku i djecu nije prikladno biti u okruženju koje je, blago rečeno, puno ispod pristojnog. Unteroficirski svijet je posebna vrsta umišljenih sadista sklonih podvalama, ogovaranju i otvorenom preziru. Feldvebelovske babuskare, ohole glupe kokoši, koje se uzalud trude biti otmjene i fine poput oficirskih babetina (za unteroficire univerzum pukovnika i generala je svemirski udaljen: plemićke listine i grbovnice su ograda i granica koju vojni crvuljci nikada ne mogu prijeći; u svojim šupljim tikvama od glava nose genetski kod lažne hoh i nobl feldvebelovske otmjenosti, koja ne postoji i koja ih tjera na omalovažavanje i neprestano podsmjehivanje svim suprugama čiji su muževi niži po rangu od njihovih) svaku novu susjedu izvrgavaju najogavnijim poniženjima nastojeći je podložiti svom izopačenom pogledu na unterofcirski k.u.k. univezum gluposti. Bolje je bilo živjeti u iznajmljenom stanu s početka braka nego trpjeti poniženja podoficirskih babuskara: njegove najveće ljubavi, Lovorka i djeca nikad neće osjetiti zlo, to je Juraj obećao obitelji, sebi i Bogu.

Po nastupu na dužnost u Varaždinu, posjetio je župnika i izrazio mu duboku zahvalnost i ljubav za sve što je učinio za njega. (Kako to obično biva, velečasni je odjednom počeo naglo stariti i poboljevati, pa ga je nadbiskup godine petnaeste razriješio i poslao u Agram da svoje posljednje godine odživi mirno, u molitvi, proučavajući sveta pisma udaljen od svijeta kojem je godinama služio u ime Gospoda. Dobri mudri svećenik je razrješenje primio bez uzbuđenja, osjećao je da će ga naskoro Bog pozvati k sebi i bio je spreman na to: pomiren sa sobom u Kristu Gospodinu, znajući da je činio sve što je mogao ljubeći druge, baš kao što je On ljubio svijet, mirno je usnuo i otišao iza vela u siječnju šesnaeste, bez bolova, navečer je legao u krevet i ujutro su ga našli nepokretnog, mrtvog. Pokopan je tiho, bez pompe, bez govora i mnoštva, otišao je Gospodu kao Njegov skromni sluga.)

Za vrijeme muževljevog službovanja, Lovorka nije imala turobne dane, okretna i bistra, organizirala je svoj život na najbolji mogući način. Rođenjem djece sve je dobilo dublji smisao i bez obzira na vojnu službu Juraja, bila je sretna i zadovoljna. Naravno, bilo je dana kad bi je svladala tuga i kad bi joj muž strašno nedostajao, kad je njena duša vapila za dušom njegovom, a tijelo gorjelo, bilo u vatri u iščekivanju njegovog tijela: trudila se biti dobra majka i uzorna supruga, nastojala je održati glas žene koja zna što znači život i koja živi čvrsto s nogama na zemlji. Nažalost, i nakon što je Juraj premješten u Varaždin, i nakon što je kao gefreiter dobio malo više slobode i ipak dočekao da nije kao običan vojnik zatočen u kasarni i na vojnim poligonima, stanje je i dalje bilo dosta teško. Služba oficirskog posilnog u mnogo čemu je gora od normalne uloge ulanskog gefreitera u eskadronu ili štabsgefreitera. Nezahvalan je to i ponižavajući vojni „posao”: u vrijeme k.u.k. monarhije oficirski posilni bili su tretirani dvojako, kao ljudska bića, ako je oficir bio čovjek ili kao ulična paščad, kad im je oficir bio ljudska svinja. Realnost posilnog svakako nije bila kao u romansiranim pričama, u kojima su oficiri prijatelji svojim posilnim, a ovi njima rame za plakanje i intimusi od osobitog povjerenja. Koliko sam uspio saznati iz nekih arhivskih zapisa (nema ih mnogo, uglavnom su to obiteljska sjećanja iz privatnih kolekcija vojnih memorablija), oficiri, osobito s višim plemstvom tretirali su posilne na vrlo ružan način i često ih mijenjali upravo zato da ne bi dugotrajnom službom saznali previše o njima. Jest karikirano, ali zar nije odličan primjer Hašekovog dobrog vojaka Švejka, kojeg je natporučnik Lukaš dobio na kartama pobijedivši feldkurata (tako otprilike, ne sjećam se najbolje) i kojeg je sjajni i mudri Švejk dovodio do ludila svojim kilometarskim pričanjem s obaveznim „Ich melde gehorsamst”? Doista, od svih vojničkih (i podoficirskih) dužnosti, oficirski posilni bila je najmanje poštovana i istovremeno vrlo omražena, naročito od onih koji tu dužnost nisu obavljali. U vrijeme rata potonji su držali posilne privilegiranim gospodskim psima jer nisu ginuli, ne ako bjehu posilni štabnih oficira. Kako bilo da bilo, ulanski gefreiter Juraj Lj. nije se usrećio s oficirom kome je služio. Od potpunog gubitka zdravog razuma spasile su ga dvije stvari: prvo, kmetski živci i naučenost na težak rad jer svatko tko je godinama nabijao žuljeve zna što znače kaprici arogantnih sebeljubivih gazda, a drugo, štabsleutnant nije bio oženjen, pa je shodno tome, Juraj bio „oslobođen” napadaja oficirske žene, po pravilu glupave kokoši s mozgom veličine zrna graška. Gospodin štabni poručnik Ivan Horwath de Kurtich živio je samo za lov na žene, osobito dame više plaćevne moći. Rijetko kad bi spustio kriterije, a ako i bi, radilo se o jednokratnim tjelesnim eskapadama, tek poradi zadovoljenja tijela, bez naplate. Sve što je nosilo haljinu moglo je očekivati udvaranje ovog (izvana) vrlo otmjenog oficira k.u.k. vojske. Danas bi ga opisali kao uniformiranog žigola. Svaku slobodnu večer, svaku sekundu svog vremena izvan službe dotični je trošio na osvajanje ženskih srca, tijela i novčanika. Zgodan, visok, sređen i uređen, uvijek naparfimiran i izbrijan, nauljene kose i savršeno čiste oficirske uniforme, uglancanih čizama, elokventan i načitan (što je bila farsa, nije taj zgubidan pročitao više od četiri knjige izvan vojne tematike, ali je upamtio niz citata, neke stihove najpoznatijih pjesnika i nekoliko latinskih mudrosti, ostatak iz nastave na vojnoj akademiji, a „sve to znanje” imao je zahvaliti sposobnosti pamćenja, pa je uspio memorirati rečenice iz novina, ponajviše iz kritika kazališnih predstava i umjetničkih izložbi, a koje su često bile pisane lirskim stilom, a što bi onda u konverzaciji s „metama” svojih napada pretopio u zadivljujuće opasan metak za proboj zaštitnog oklopa obično udanih ženskih duša), s plemićkim manirima, mlad i pristojan, koristio je sve što jednom muškarcu visokog libida i uvijek praznih džepova otvara put do zadovoljenja mesa i plaćanja strašno visokih dugova. Ručkovi i večere, domjenci i čaj u pet, balovi s plesom, izložbe slika i kavanski sastanci ženskih klubova ljubiteljica lijepe književnosti, vjerski događaji, napose krizme, vjenčanja, kao i sprovodi, dobrotvorne priredbe i neformalni kružoci, nema događanja gdje nije viđen i na kojima nije bio, uglavnom kao tihi gost, nenametljiv po pitanju sadržaja zbivanja, a opet i te kako aktivan oko žena. Ljepuškasti štabni poručnik pažljivo je birao „žrtve", a da bi došao do cilja često je „obrađivao" sve koje su mu se našle na putu. Tek stasale djevojke, udane ili neudane mlade žene, stare i starije udovice, one srednjih godina i prabake, sve su one bile njegove i sve su ga obožavale. Netko bi rekao, kao da je ispao iz Tolstojeve „Ane Karenjine" ili možda „Knjige o snobovima" i „Sajma taštine" Thackeraya, ali Ivan Horwath de Kurtich nije bio kopija likova iz djela spomenutih književnika, ne, štabsleutnant bješe samo sitni kokošar koji je zaglavio u ulanima i kome je vojni poziv bio jedina opcija jer ništa drugo nije znao raditi i za ništa drugo nije bio sposoban, a kako je iz dna duše mrzio uniformu, konje i konjaničke sablje, kako je mrzio dosadnu vojničku rutinu, jedino što ga je spašavalo od bijega od života koji nije podnosio bio je razbludni život, kockanje, opijanje i tjelesni užici, što sve košta. Financijskog zaleđa nije imao upravo nikakvog, bio je sin nekog propalog zemljoposjednika koji je bio ljeniji od svog lijenog sina. Otac mu bješe okorjeli kockar i pijanica koji je skončao tko zna gdje i kako i koga se uopće nije sjećao jer je napustio ovaj svijet kad je budućem ulanskom štabnom poručniku bilo pet godina. Otac pijanica je sinu bludniku ostavio samo germanizirano prezime i „plemstvo" koje nije mogao vjerodostojno potvrditi baš ničime. Majka mu je otišla na onaj svijet u njegovom trinaestom ljetu, a kako rodbina nije bila zainteresirana preuzeti dugove i musavo dijete, našao se (kao u romanima!) neki bogati trgovac koji je otkupio upropašteno imanje i iz nepoznatog razloga preuzeo brigu o dječaku na način da ga je poslao u vojnu školu. Dječak nije imao izbora i tako je završio akademiju koju nije volio, a što je bila maska koja će pokrivati njegovu pojavu godinama. Inteligentan, brzo je učio, pokorio se strogoj stezi, probio se među najbolje kadete i tijekom godina je izgradio sjajnu sliku o sebi kao o perspektivnom oficiru pred kojim je obećavajuća karijera. Talentiran za štabne poslove, brz i okretan u izvršenju naređenja i šutljiv u društvu nadređenih, uredan i pedantan stekao je renome oficira na koga se u štabu uvijek moglo osloniti, a što mu je bio „izvor" pokrivanja čestih eskapada koje su gospoda majori i pukovnici drage volje „sređivali". Stara stvar: vojnici ne podnose civile, a ako se ti iste civilne gnjide žale na oficire, uvijek će se braniti epoleta, nikad neće stati na stranu halbcilindra. Njegovo germanizirano prezime izazivalo je poštovanje kod malograđanskih dama i ocvalih plemkinja, usamljenih neispunjenih žena koje su drage volje darovale mladom oficiru nekad manje, nekad veće svote novca, „da ima, život je skup", plaćale mu troškove, što je on uvijek obilno koristio: njegov dobročinitelj, kupac njegovog obiteljskog posjeda koji mu je vojskom uništio život, prekinuo je svaki kontakt s njim već nakon druge godine vojne škole, a jedini dar od njega bila je stanovita donacija akademiji i mali fond iz kojeg mu je isplaćivana mjesečna apanaža od deset kruna do njegove osamnaeste godine. Iz iste kase mu je neki bečki odvjetnik isplatio sedamnaest kruna i deset filira kad je nakon akademije dobio prvo mjesto službovanja. I to je bilo sve. Prve mjesece po nastupu na dužnost bjehu za tek svršenog akademca užasni, a onda je otkrio ono što će mu postati valuta s kojom će kupovati pravi život za kakvim i kojim je žudio: svoje tijelo. Vlastito će mu meso u miksturi s jezikom i ponašanjem donijeti „ugled" kod žena, a „ugled" će mu plaćati račune. Zapravo, tjelesnost mu nije bila toliko strast, koliko oružje. Emotivno siromašan, seksualne je užitke upražnjavao po inerciji tijela i mesa, ne zato što mu je libido bio iznad libida ostalih muškaraca. Izvana huj, iznutra fuj, to je bio šabsleutnant de Kurtich, umno i emotivno šupalj, savršena kopija svog oca i svih sličnih muških svinja.

Jednako tako, bio je svjestan regula katoličke oficirske krjeposti, a kako su mu u akademiji punili glavu ultramontantskim glupostima, trudio se održati apsolutnu diskreciju: izbjegavanje publiciranja skandala i održanje svih svojih relacija sa ženama ispod pogleda javnosti, barem toliko da ni vojska ni dotične dame ne trpe od njegovih izleta u džunglu razvrata. Uloga „neosvojivog dobrog dečka", sa svom gospodom dobar, ni s kime preočiti intimus, izvana uglađen, iznutra sluga đavla. Razgovorljiv, šarmantan u ophođenju, sklon šalama i bogat s komplimentima, svoju je rolu osvajača žena igrao savršeno: nitko nikad nije vidio da je neprikladno dotaknuo ma i jednu damu, a opet su desetine njih završavale s njim na plahtama. Sve je činio kako dolikuje, čak i zavodničke trikove: kratki, upravo neprimjetni pokreti očiju i prstiju, znakoviti kisnhand kod upoznavanja ili pozdravljanja, slučajno doticanje koljena ispod stola uz diskretnu ispriku i blagi smiješak, sve što znači sve, a ne znači ništa.

Svjestan relacija vlastite oficirske pozicije naspram civilnog svijeta, štabsleutnant je neuspješno izbjegavao incidente u koje nisu ulazile uobičajene oficirske gluposti, poput pijanki i noćnih kartenpartija u ne baš glasovitim krčmama na gradskoj periferiji. Što se tiče smještaja, de Kurtich je stanovao u iznajmljenom stanu u Trenkovoj ulici, točnije u polovini trosobnog stana u kući čija je vlasnica bila vrlo stara bogobojazna udovica glavara postaje, bojažljive žene o kojoj se brinula njena kćer, također udovica u ranim četrdesetim, čiji je muž sudski podvornik umro od posljedica teške influence. S tom dobrodržećom ženom zamamnih oblina štabni poručnik, podstanar njene majke imao je krevetnu aferu već na početku svog podstanarstva: jedne sparne kolovoške subote, poslije povratka s ručka, gospodin štabsntant je zatekao kćer svoje gazdarice u kuhinji kako pije kavu i limunadu za kuhinjskim stolom, pak ugledavši je onako jedru, razdrljene odjeće, zamamnu, kako briše rupcem oznojene grudi (bilo je strašno vruće te subote, i samom poručniku prilijepila se košulja na tijelo i jedva je čekao skinuti se i oprati), u njemu se probudila zvijer, proradili su hormoni i želio ju je uzeti ovdje, u kuhinji, na stolu bez pitanja i bez računa. Njena koža sjajna od znoja, njeno sporo disanje, njene lijepe duge noge, kapljice znoja na vratu, mutan pogled i raspuštena duga smeđa kosa, oči boje jantara... Ova žena mora biti njegova! Vruće poslijepodne, žena, limunada i kava, težak zrak, mladi poručnik i iskusna udovica i sve je svršilo kako je jedino i moglo svršiti, nakon pola čaše limunade, a kavu nije ni okusio, u njegovoj sobi, na madracu, na zgužvanoj plahti, stenjanje i ne jednom, tri puta zaredom tjelesnost, a cigareta poslije, čak je prijala i hladna kava na kraju svega. Bez obaveze i bez romantike, ona je bila previše iskusna da ne bi znala s kakvom je gnjidom legla u krevet: prešutno su sklopili sporazum, povremeni užitak i cijena najma se neće mijenjati, a ona će mu kuhati, prati će mu rublje i glačati košulje, a kad stara majka ispusti dušu, aranžman će biti drugačiji, povoljan za oboje.

Štabni poručnik se hranio na mnogim mjestima u gradu, u gostionicama, javno i uz plaćanje, kod poznanika i prijatelja, kod svojih ženskih sponzora, u stanovima priležnica, dakle, manje javno i besplatno. Mrzio je oficirsku menažu, sadržaj k.u.k. oficirskog ulanskog kazana bio je za njegov mladi mišićavi trbuh pretežak i prebljutav. Za svaki slučaj bio je abonent u pivnici „K pivskom izvorištu", a posjećivao je i druga mjesta gdje se više ili manje dobro jelo, osobito u restauraciji Hotela „Royal" (u vrijeme incidenta hotel je već promijenio vlasnika i ime u „Grand hotel Novak"), što je bilo nadasve mudro: viđan svugdje pomalo, nigdje nazočan prečesto, držao je svrsishodnim ne biti „dio inventara" bilo koje gostionice, kavane i krčme, postigao je da bude tražen i očekivan od svih, prvenstveno žena.

Posilni? Što se njega, gefreitera Lj. tiče, stvar je bila pomalo neobična: izvrstan ulan, odličan konjanik i talentirani borac dodijeljen mu je za posilnog premda Juraj Lj. u svom personalnom dosjeu nije imao ni jednu jedinu crticu kršenja stege, čak ni kašnjenja u povratku u kasarnu, a ni opijanja, tuče ili kakvog drugog inkriminirajućeg djela na štetu ugleda i imovine k.u.k. vojske. Za štabsleutnanta to će ostati engima. Ovisno o činu i uvjetima, posilni bi ponekad stanovali s oficirima, naročito od pukovnika na više, no Juraj nije ni htio, a još manje mogao stanovati sa svojim nadređenim. Poručnici su bili premale ribe za takav luksuz, pa je bilo sasvim dovoljno rutinski odraditi dnevne obveze i „preživjeti" ispade poručnikovog ega u danima kad je gefreiteru Juraju Lj. naređivao izvršenje svakojakih gluposti, poput odlaska u neku od gostionica u deset navečer po „nešto za prigristi" za četvoricu oficira na kartenpartiji. Od jutra do kasnog poslijepodneva, dakle, u vrijeme dužnosti u štabu, posilni bi bio na dispoziciji svom poručniku i svima s višim činom od njegovog: pisarski, kurirski poslovi i zadaće, sve što bilo kome od nadređenih ne padne na pamet, kao na primjer, otrčati do trafike po omiljene cigarete štabsfeldvebela Hraina ili još brže trčanje do štacuna i kupovina uvoznih čokoladnih pralina za ženu gospodina ritmajstora Stengelfielda, drugog pobočnika gospodina pukovnika. Po završetku „služećeg" vremena, posilni štabsleutnanta Horwath de Kurticha, gefreiter Juraj Lj. odlazio bi u njegov stan obaviti posilne stvari, očistiti čizme, obavezno sva tri para koje je poručnik imao, i cipele k tome, oficirske i civlne, dva para. Potom, očistiti i izglačati uniformu i pripremiti drugu za sutradan, već prema tome kakav raspored ima gospodin štabni poručnik, rad u kancelariji, odlazak s majorom ili pukovnikom u vizitu kojeg eskadrona ili vježbe jahanja konja i egzercir i slične vojne dužnosti. Takav dnevni služeći plan doveo je do toga da je Juraj zapravo bio preokupiran i da slobodnog vremena gotovo nije imao.

Lovorku i djecu slabo je viđao, a i kad jest, samo na kratko: spavanje kod kuće bijaše privilegija jer mnogo je noći morao prespavati ili u kasarni ili u pomoćnoj zgradi štaba, kao stražmeštar. Nije se bunio, a čemu bi i služilo da se pobunio? Vojska je to, naređenja se izvršavaju, za „neću" se ide u zatvor, a to si Juraj nije mogao priuštiti zbog obitelji, žene i djece. Služio je poslušno u uvjerenju da će napredovati do feldvebelskih oznaka, da će ga zbog truda poslati na školovanje, ta vojna služba neće biti da je najgora na svijetu, zasad rata nema i sve je donekle podnošljivo. Mislio je Juraj i na tasta: bio je zahvalan na pomoći, na novcu bez kojeg Lovorka ne bi imala život na koji je navikla (ili barem privid takvog života). Molio je Boga da sve bude kako valja biti s tastom, Lovorkom i svima jer je znao (malo sebično) kako godinama neće moći sa svojom plaćom uzdržavati obitelj na gospodskoj razini. Djeca? Vrlo brzo su dobili djecu: volio je svoje male anđele Juraj, i te kako ih je volio, onako kako je znao i kako su očevi voljeli djecu na prijelazu dva stoljeća. Odrastao u kmetskom blatu, u gladi i bijedi, u obitelji koja je rođenje djece baš kao i njihovu smrt uzimala po staroj „Bog dal, Bog zel". Juraj je bio kao i njegov otac i djed, siromašan otac (čak i ako je odjenuo k.u.k. uniformu i oženio se za gospodsku kćer) nije znao za romantičnu ljubav prema djeci, kmet nema tu privilegiju, život Hrvata-mrtvaca nije srcedrapateljna storija, u kmetskoj egzistenciji nema sanjarenja, i najmanji u obitelji morali su prihvatiti svoj dio odgovornosti za preživljavanje (briga o kokošima, čuvati onu jednu rahitičnu kravu na paši, bilo što, nitko nije bio pošteđen rada, dob nije igrala nikakvu ulogu, hrana se morala zaraditi jer navečer, kad bi obitelj sjela za stol, svatko bi po ustaljenom redu grabio zalogaje drvenom žlicom iz jedne zajedničke zdjele, jer tanjura imali nisu i svaki taj zalogaj „plaćao se" žuljevima i znojem), stoga Juraj nije volio djecu drugačije no što su voljeli njega. Lovorku je ljubio kao i one večeri kad je bježao od svojih i upao nenajavljen u župni stan dobrog velečasnog. Ljubio ju je svom dušom i svako sjedinjenje s njom u tijelu bješe nebeski snažno, rajski neponovljivo...

Život je nepredvidljiv. Ljudsko srce je nepredvidljivo, a pitanje tijela i mesa nije filozofsko ni religijsko. Ulanski gefreiter Juraj Lj. nikad nije saznao što se događalo u njegovom vlastitom (iznajmljenom) krevetu. A događalo se ne baš s bilo kime. Teško je objasniti zašto i kako se zbilo to što se zbilo jer Lovorka nije bila bludnica ni jeftina noćna dama iz gradskog parka: jednostavno je pala na šarm, na slatke riječi zgodnog oficira ili je, tko zna zbog čega, bila žrtva vlastitih pitanja o ljubavi, o tijelu, o nečemu za čim je žudjela.

Lovorka je često viđala svog ljubavnika i svaki put kad bi se kao slučajno sreli (Varaždin je 1912/14-te još bio feudalna habsburška provincijska selendra blatnjavih ulica po kojima je tekla gnojnica i sve je zaudaralo na konjski i kravlji izmet, ljudsku pišaču i dim), taj je lik bio napadno galantan, susretljiv, aristokratski pristojan, a njegova pažnja i njegovi pomno odabrani pozdravi, njegovo raspitivanje o djeci i mužu (što je bilo nemjerljivo glupo jer je njen muž radio pod njegovom oficirskom vlašću), njegove šale i upadice izazivale su u njoj pravu buru, a ni njegov izgled... Juraj bio lijep muškarac, njegova je ljepota izazivala uzdahe mnogih žena. Kako je mlada majka legla u krevet s štabsleutnantom? Njezin je muž bio prekrasan. Tijelo Juraja bješe mišićavo, a koža sjajna i glatka: voljela je svaki dio njegovog tijela, njega cijelog, i dušu i srce njegovo ljubila je strastveno, pa ipak, bila je to sirova krasota, prirodna, kmetska, ničega otmjenog i gospodskog u Juraju nije bilo. Lorovka se (možda) nije uspjela oduprijeti utjecaju svog odgoja, lekcijama iz knjiga koje je pročitala i pravilima društvenog statusa klase u kojoj je rođena: možda je bilo nešto što joj je nedostajalo, etiketa, fina konverzacija i romantični pogled na svijet. Razlika između tjelesnosti Juraja i njenog ljubavnika bijaše velika: muž ju je uzimao divlje, prirodno muški, a ljubavnik nježno, polako i vatreno. Lovorka je pala na savršeno skrojenu uniformu na skladnom tijelu otmjenog oficira: a što ako je samo tražila nešto slično pravom princu, o kome djevojke sanjaju?! Juraj nije bio princ, kmet to ne može biti...

Nitko nije znao razlog, osim Lovorke, ako je ona i sama znala. Odjednom, s dvoje djece, u zatvoru svakodnevne rutine, nakon godina odvojenosti od Juraja, to neprestano čekanje uz objašnjenje „biti će bolje, doći će dan kad će sve ovo prestati" i život kao takav, sve skupa pokazalo se kompliciranijim od onoga što je do ušiju zaljubljena djevojka očekivala kad je pristala biti žena siromašnog kmeta. Velika je razlika između djevojačkih maštanja i dječje vike i cike, pelena, brige o kuhinji i računima, o novcu uopće (o stanju bankovnog konta i o plaćanju računa za hranu, za pranje i čišćenje i odjeću, za doktora i za lijekove iz apoteke i kućne potrepštine, za svaki obiteljski izdatak i primitak, a potonji je ionako ovisio o donacijama gospodina K., o tome gdje je povoljnija kupnja, a gdje se može dobiti trgovački kredit i kada su dani podmirenja dugovanja, dakle o financijskoj strani braka Juraj nije brinuo nimalo, za novčane tokove on nije imao smisla, pa kad je prepustio voljenoj ženi, neka ona brine o tome, mislio je da je to riješeno i da to i nije osobito teška stvar), o društvenom rasporedu, kad je večera kod njenih roditelja, a kad imaju dogovoreni ručak i gdje, kamo se ide na nedjeljni izlet i kako će to biti s proslavom dječjih rođendana..., gubi dan za danom na dosadne gluposti, previše je sama, a premalo je s ljudima. Voli voditi pametne razgovore, a Juraj, kad se vrati doma, često je razdražen, neopisivo umoran, a s njim se ne može pričati o umjetnosti, poeziji i kazalištu.

Nakon tri godine braka promjena na Juraju bješe i te kako vidljiva. Ne na tijelu, dapače, postalo je jače, muževnije, sazrio je, od mladića u pravog muškarca, ali... Mjeseci su prolazili i njena najveća i jedina ljubav postao je mrk, nekako previše ozbiljan i vrlo svadljiv: s njegovog je lica nestao onaj sladak dječački osmijeh, a oči mu nisu sjajile radost koja ju je i osvojila dok su onodobno bježali iza crkve nakon nedjeljne mise. Prestali su odlaziti na nedjeljne šetnje, odnosno, ona bi otišla s djecom, ponekad u pratnji oca i majke, a on bi se izgovorio umorom i ostao bi drijemati na kauču sve do večere. Tjelesnost im je bila sve manje strastvena i ne toliko česta, a umjesto da zaspe zagrljeni, Juraj bi se okrenuo na drugu stranu kreveta, kao da je htio biti što dalje od nje. Najgore od svega jest što se počeo opijati, isprva petkom i subotom, a onda bi dolazio pijan svaki drugi dan, pijan ili pripit, a kad je od nje zatražio da u kući obavezno ima vina i rakije i pića uopće, sve joj je bilo jasno, Juraj postaje pijanica! Ili barem tipični vojnik kome je pijanstvo način života. Nikome nije rekla ni riječ o tome, pa ni svojima, nije htjela čuti očevo "rekao sam ti", a i nadala se da će to proći.

Pijan da, ne i nasilan. Nije psovao, nije ju grdio, ništa od toga. Jedina smetnja bješe to što bi je pijan vrlo grubo obljubio, na brzinu, u smradu vina i rakije, duhanskoga dima i znoja. Voljela ga je svejedno: kroz glavu su joj prolazile svakojake misli, pa i ona da je ona kriva za muževljevo opijanje jer se nekog drugog razloga nije mogla sjetiti. Zato se jedne subote, kad je Juraj bio na službi stražmeštra štaba regimente, odvezla fijakerom u staru kuriju u posjetu svojim roditeljima u nadi da će napokon smoći snage porazgovarati s majkom i ocem o tome što nosi na svome srcu. Gospodin i gospođa K. dočekali su je sretni, kao uvijek kad bi mogli provesti ugodno vrijeme sa svojom miljenicom, a posebno s unučadi. Poslije ukusnog ručka, kao nekada, svi zajedno sjedoše pod sjenicu. Posluženo im je hladno piće, kava, kolači i voće: djecu su smjestili na poslijepodnevno spavanje i mogli su se posvetiti sebi. Nakon deset minuta, Lovorka se slomila i kroz suze izbacila iz sebe sve što je muči. Pričala je o samoći, o dosadi, o tome kako neizmjerno voli Juraja, da je on dobar, ali je rijetko doma, kako je počeo piti, a ona nema nikoga s kime može razgovarati, sve njene stare prijateljice su se distancirale od nje, a rijetko je i pozivaju na društvena događanja. Plakala je, opisala je svoje brige, teške noći i tugu unatoč ljubavi prema Juraju i djeci.

Gospodin K. nije odmah progovorio, a njegova žena sjela je uz kćer i nježno je obgrlila rukama, baš kao kad je bila djevojčica. Nakon nekoliko minuta je rekao:

- "Ne plači, mila, ne plači. Biti će dobro, popraviti ćemo stvari, hoćemo. Razgovarati ću s njim. Život nije bajka, kćeri i stvari se događaju, ponekad dobre, često i loše. Ljudi smo i griješimo, ali to ne znači da je sve gotovo, srediti ćemo sve, ne brini. Večeras ne ideš nikamo, djeca i ti ćete ostati ovdje i prespavati, treba ti odmor. Sutra ćemo na misu, a nakon ručka svi zajedno ćemo u varoš. Od ponedjeljka će biti drugačije, obećavam ti. Prvo što mi pada na pamet je da sredimo da ti muž ostavi vojsku, kod mene će dobiti dobar posao. Mila moja, kažem ti, sve će biti dobro." - gospodin K. Je ustao i sjeo s druge strane Lovorke i nježno je zagrlio i njih troje sjedilo je u tišini pod sjenicom sve do večere.

Sljedeće jutro, svo petero odvezao je stari sluga u crkvu, na misu. Umjesto starog velečasnog, misu je predvodio mladi svećenik koga nisu poznavali. Oko četiri poslijepodne ušli su u stan Lovorke i Juraja. Prizor koji su zatekli sve je zaprepastio, osobito gospodina i gospođu K.: ulanski gefreiter Juraj Lj., zet gospodina K., s blatnjavim čizmama na nogama, u prljavim hlačama, bez košulje, hrkao je izvaljen u naslonjaču u dnevnom boravku. Opušci cigareta i pepeo bili su posvuda, porazbacane i prevrnute stvari, prazne boce vina i rakije, prljave čaše. Sve je smrdjelo na znoj, alkohol i na urin (kasnije će se ustanoviti da je netko tko je bio prošle noći u stanu, obavio nuždu u kutu, iza stolića za novine), ostaci hrane, raz-bijeni tanjuri, kao u kakvoj zabitoj krčmi nakon noćne pijanke.

Gospodin K. se okrenuo prema ženi i kćeri:

- „Stanite, pogledajte kako su djeca, pričekajte. Ja ću ovo srediti, idite sad." - Lovorka je pokušala nešto reći, ali nije uspjela. Majka ju je povukla za sobom. Izašle su i zatvorile vrata za sobom. Punac Juraja Lj. otišao je u kuhinju, uzeo najveći lonac koji je našao i napunio ga vodom i odnio u dnevni boravak i bez ustručavanja vodu izlio na uspavanog zeta. Malo je reći, skočio je. Juraj je katapultiran iz naslonjača na pod i u sekundi se našao na podu potpuno mokar ne shvaćajući što ga je snašlo i gdje se nalazi. Stresao se, zakašljao je kao da umire, psujući gore od kočijaša pokušao je ustati, ali je samo pao u vodu na podu.

- „Koji vrag..." - ništa mu nije bilo jasno.

Gospodin K. je presjekao stvar:

- „ Dosta je toga, ustaj, odmah! Pogledaj se, pijan, prljav, čast ulanske regimente! Muž, pijandura, otac pijandura! Ustaj!" - punčev glas bješe oštar. Ulanski gefreiter nekako je došao k sebi, barem malo, na trenutak. Protrljao je oči, stresao se, zagladio kosu i skočio na noge iznenađujuće hitro za nekoga tko je imao pijanu noć i koga muči teški mamurluk. Zaljuljao se, ali je ostao stajati. Gospodin K. mu nije dao govoriti:

- „Sjećaš se kako je sve počelo? Neću ti reći da sam pretpostavljao što će biti jer to nije važno. U svemu ni sam nisam bez neke krivnje, ali što je bilo, bilo je, čak i prošla noć i sve tvoje pijane noći i pijani dani, Juraj. Nisam došao ovdje držati ti prodiku i docirati ti o moralu, od toga nema nikakve koristi, mladiću. Greške se događaju. Pametan uči iz loših poteza, glup odmahuje rukom i nastavlja po starom u propast. Dokazati ćeš da ti glava nije šuplja. Ti ćeš upamtiti današnju lekciju, zete. Imate kao odmah spakirati svoje stvari i doći kod nas, za prvu ruku. Kupio sam prošli tjedan jednu kuću u gradu i sad je preuređuju, kad sve bude dovršeno, preseliti ćete se u nju. Napustiti ćeš vojsku. Raspitao sam se, sve se može srediti, srećom i hvala Bogu, ova monarhija jako voli novac i prijevremeni raskid ugovora je moguć. Prestaješ piti, odmah, jučerašnje piće bilo je tvoje zadnje piće, jasno? Bez riječi, molim te, Juraj!" - podignutom ru-kom prekinuo je pokušaj upada u njegovu riječ - „Molim te, nema smisla upuštati se u raspravu! Pogledaj se, pijana svinja, tako izgledaš! Međutim, muž si moje Lovorke i otac mojih unuka, dakle, ne smijem i ne želim odustati od tebe. Svatko zaslužuje pomoć i novu priliku, pa i jedan pijani ulanski gefreiter! Lovorka, draga, dođite ovamo!" - pozvao je suprugu i kćer. Obje su ušle u sobu polako, bojažljivo. Stale su ispred njih dvojice. Lovorka je suznih očiju promatrala svog muža: u njoj se miješala tuga i uzbuđenje, strah i ljubav. Juraj je, čak i ovako mamuran i prljav bio njena najveća ljubav i iste je sekunde bila spremna oprostiti mu baš sve i zaboraviti njegova pijanstva, njegove ispade ljutnje, njihovu ovisnost o očevom novcu, bila je spremna oprostiti mu gubitak starih prijateljica, na sve je bila spremna za svog lijepog mla-dog muškarca. Ispred nje, njene majke i njenog oca stajao je plavokos, slijepljene kose, neuredan, pre-krasan i njen, samo njen: oh, kako ga je željela zagrliti i poljubiti, sad i ovdje, nije je bilo briga ni za što, voljela ga je i htjela ga je imati. Ošamućena, ne znajući kako ni zašto, Lovorka je učinila nešto posve neočekivano:

- „Juri moj? Juri..." - rekla je strasno i zagrlila svog muža i poljubila ga kao nikad prije. Nesiguran na nogama, malo je zateturao, ali je uzvratio poljubac i nakon pola minute, možda cijele minute, razdvojio se od žene i procijedio kroz usne, još uvijek u njenom zagrljaju:

- „Nišće nejde nikam, nikam se ne selimo, tu bumo di jesmo, gospon... Nejdeme, zakaj bi? Ne bum de-lal za vas, tu ostajemo..."

Gospodin K., koga je od potpune financijske i poslovne propasti spasila pomoć jednog starog župnika i koji je pristao udati kćer za jednog kmeta, doduše k.u.k. ulana, ali ništa manje kmeta po crti očinske ljubavi, naravno, ali i snagom utjecaja svećeničkog uvjeravanja i sile potkrijepljenje rješavanjem njegove sramote, ništa nije rekao, lice mu se smračilo, u sekundi je htio eksplodirati, ali se uspio primiriti. Uhvatio je ženu za ruku (ona je cijelo vrijeme šutjela zgrožena svime što se događa) i oboje su bez riječi napustili stan.

Drugo jutro Lovorka je primila očevo pismo: „Ako do večeras u devet ne budete kod nas, odnosno, barem ti i djeca, prekidam s plaćanjem rente. Od mene nećete dobiti ni filira. Urazumi muža, draga moja. Nudim vam dostojan život, bez obzira na sve što je bilo. Mila, majka i ja te volimo, znaš to. Na tebi je odluka. Vole te mama i tata. P.S. Juraj je dobrodošao, posao ga čeka.)

Nisu prihvatili poziv, a Juraj nije napustio vojsku. Nije bilo ni novih pisama od gospodina i gospođe K., ni novca ni pošte. One nedjelje, kad se odigrala dramatska scena izlijevanja vode na pijanog gefretiera, Lovorka je doživjela možda najstrasnije trenutke svog braka: nikad prije ni poslije njih dvoje se nisu predali jedno drugom kao te nedjelje. Prekinuli su ljubavnu igru tek da bi se pobrinuli za djecu. Ono što će doći nije ih brinulo.

Zatim je krenulo sve nizbrdo, nesreća je preuzela vlast nad njihovim životima. Na početku, morali su iseliti iz stana i preseliti se u vlažan podrum na periferiji. Lovorka je sve kućanske poslove obavljala sama: pralja rublja, služavka koja je dva puta tjedno čistila prethodni stan, otvoreni računi u trgovinama, sve je nestalo, sve je prestalo. Pijanstvo Juraja se nastavilo, sad žešće i češće. I šlag na torti, ulazak štabsleutnanta Ivana Horwatha de Kurticha u život mlade Lovorke. Osvajanje srca udate žene od strane jednog uniformiranog blefera. Čudno, upravo je štabni poručnik postao ljubavnik žene koja je vulkanskom vatrom svog tijela gorjela za mužem, posilnom dotičnog oficira. Slučajno? Tko zna, poznavajući karakter tog švindlera, slučajnost može, ali i ne mora biti objašnjenje, tim više što ova udata žena nije imala novca, a onda, jednonoćna zabava, obzirom na okolnosti veze njenog muža s njim, hm, svejedno... Kako bilo, žena posilnog prevarila je muža s njegovim nadređenim! Više puta. Lovorka vjerojatno nije znala odgovoriti na pitanje zašto se skinula i legla u krevet s gospodinom štabnim poručnikom. Ljubav? Nije bila riječ o ljubavi. Želja da joj tijelo osjeti nešto otmjeno? Nedokučive su tajne tijela, mesa i krvi...

Stvari nisu bile loše zamišljene, štabni poručnik dvanaeste ulanske se iskazao, nema što. Sređivao je Juraju službovanja, noćna i dnevna, prekoredna, slao ga onamo i ovamo, prepuštao ga je jednome infanterijskom kapetanu (protivno vojnom regelmanu, ali oficiri su gamad samo takva i njih se ne dira, ako baš ne zajebu do balčaka), uopće iživljavao se na jadnome gefreiteru ne bi li ga što više „zaposlio" i držao podalje od žene. Za to je vrijeme raskalašeni oficir maestralno odigrao još jednu svoju utakmicu: Lovorka je, ipak, začudo, primala pozivnice od raznih dobrotvornih društava i kad bi se pojavila na kojem od tih događaja, srela bi, kojeg li iznenađenja, šefa svog muža. Poručnik, dakako, nije riskirao, a s obzirom na to da Lovorka nije bila važna ni novčano primamljiva meta, sva je prilika da je nju stavio u rubriku „iskoristiti i odbaciti", zabave radi.

Lovorka je lijegala s poručnikom Horwath de Kurtichom ošamućena, kao drogirana, nakon svega skoro da se nije sjećala što se zbilo. Sjećala se, ali nepostojećom demencijom branila se od grižnje savjesti, a i trebala je ono nešto, nije znala što. (Čovjek, kažem „čovjek" jer i žena je čovjek, godinama stoji na jednom mjestu, šutke trpi udarce sudbine, ne može disati, ne spava i plače suho jer suze su odavno isplakane, životinjari, a ima spremne kofere za odlazak i u čekanju onog sudbonosnog trenutka, u kojem će se sve skupiti u jednu odluku, sva hrabrost i svo htijenje izgubi snagu, potroši život za ništa i na kraju svega čovjek-žena, žena-čovjek završi u grobnoj jami, u blatnoj hrvatskoj ilovači, a one kofere spale, tek da ne bi netko dobio kakvu boleštinu.) Lišena očeve pomoći nije mogla ništa, došla je na rub propasti. Rasprodala je sve svoje vrijednije stvari, haljine, cipele, a od nakita joj nije ostalo skoro ništa, sam dva para naušnica od prve pričesti i krizme. Plaća gefreitera je bijeda, a djeca traže svoje. Slaba hrana, bolest i ta prokleta afera s oficirom...

Tri mjeseca od prve tjelesne izdaje vlastitog muža, svemu je došao kraj. Vlasnik kuće je otkazao najam, bez plaćanja rente nema stanovanja. Horwath se zasitio Lovorke (dozlogrdilo mu je njeno živčano prenemaganje) i na kraju zadnje posjete, kad je zakopčao oficirski kaput i stegnuo opasač, stavio ulansku čaku na glavu, kratko je rekao ni ne pogledavši je:

- „Hvala ti, draga Lovorka. Ti imaš muža i djecu. Brini za obitelj, to je tvoj posao. Zbogom i sretno, neka te Bog čuva, nećemo se više viđati. Ljubim ruke, gospođo Lj."

Nije se naljutila, nije reagirala, osim... Kao da joj je laknulo, kao da je skinula težak križ s leđa. Iz praktičnih razloga: više neće morati odvoditi djecu dvije kuće niže, gospodični J., pralji, kojoj je objasnila da je dobila povremeni posao na dva-tri sata u jednom fiškalskom uredu, kao neke vrste tajnice. Nije dramatizirala, njena igra s štabsleutnantom izgubila je draž već nakon drugog susreta: zapravo, predavala mu se mehanički, bez strasti, misli i osjećaja. Imala je muža, najboljeg ljubavnika na svijetu.

Ponovno preseljenje u još jeftiniji stan, u vlažnu mračnu mišju rupu na kraju Međimurske ulice. Juraj nije promijenio mišljenje, nije htio uzeti smještaj u kasarni: prokleti kmetski ponos ili nešto u tom smislu. Derutna kuća, jeftino, gospoda ne bi ni psa držala na takvome mjestu. Vlasnik kuće, neki ratni profiter koji je kuću s vrtom dobio skoro besplatno, kao zalog za nevraćeni zajam od turbekulozne udovice s troje nejake djece, dao ju je u najam dok ne odluči što će s tim komadom zemlje i straćarom na njemu (poslao je taj kućevlasnik i posjednik policiju, fiškala i trojicu mrga i izbacili su bolesnu ženu s djecom na ulicu, u blato Međimurske ulice kao smeće, bez milosti, uz psovke i pogrdni smijeh, pa je sve svršeno tako da su djecu uzeli u katoličko sirotište, negdje u Zagrebu, a majka je naskoro preminula, našli su je mrtvu kod bašće, u grmu, mokru od kiše, s dječjom cipelicom u desnoj ruci). Nastupilo je najgore razdoblje. Djeca su pobolijevala, novca nije bilo ni za hranu, nekmoli za lijekove i doktora. Nije se javljala roditeljima, a oni nisu pitali za nju. Plakala je od stida i srama, mrzila je oca i majku, ne zbog sebe, zbog djece, nisu pitali za svoju unučad, prokleti bili!

Nervoza je zavladala između muža i žene, svaki dan, kako bi prošao, otvorio je vrata sve novim živčanim ispadima Lovorke i još tvrđom šutnjom gefreitera Juraja Lj.: promijenio se, pio je u sebe, ne prema van, nije vikao, nije govorio skoro ništa, samo je praznio čaše i flaše. Rijetko je normalno razgovarao s Lovorkom. Tjelesnosti su se prorijedile, a ona vatrena strast je nestala, činilo se kao da ih drže zajedno samo potpisi na dokumentu o sklapanju braka.

Jelo se mršavo, sirotinjski. Juraj bi kadikad donio ruksak iz vojnih zaliha, konzerve, brašno, slaninu, šećer, mast, krumpir, luk, a ponekad i malo kave i pravog džema iz oficirske menaže. Uzimao bi gefreiter iz poručnikove opskrbe, ta on za to ionako nije baš mario. Srećom, Juraj je imao odličnog sudruga u opijanju, hintergrundskog unteroficira koji mu je punio ruksak i tu i tamo slao po jednom vojniku torbu robe više klase, ali sve to je bilo gašenje požara doktorskom špricom: Jurajeva obitelj je jedva je krpala kraj s krajem, čemu je uvelike doprinijelo njegovo pijanstvo. I inače krhkoga zdravlja, djeca su često pobolijevala, a stvar je nekoliko puta spasio hintergrundski unteroficir slanjem lijekova iz sanitetskih zaliha pukovnije. Jednom je čak zamolio sanitetskog feldvebela Kadlerra za pomoć i on je preko svojih veza (opet, karten partije) sredio dolazak mlađeg vojnog liječnika, leutnanta Markozzia, asis-tenta komandanta feldšpitala von Radoychicha, vrsnog vojnog kirurga i još vrsnijeg ljubitelja kocke i lijepih žena.

Pred kraj trinaeste, Lovorka je ponovno zatrudnjela. Juraj je rekao kako djeca koštaju i da nema novaca ni za ovo dvoje.

(Opaska: ljudi troše svoje egzistencije često i ne znajući što se oko njih zbiva, pa tako ni Juraj i Lovorka nisu bili iznimka. Neću dublje u prošlost, tek poradi ilustracije kažem, kako je grad Varaždin živio neovisno o njima, a oni neovisno o našem „hrvatskom Beču". Pijanstva, svađe, nedostatak novca, Lovorka i njeni roditelji, sve se zbivalo na isti način kao što je Varaždin živio, kao što je Hrvatska živjela. Ne znam koliko su znali i koliko su obraćali pozornost, ali samo u tih prvih nekoliko mjeseci godine četrnaeste tisuću stvari prošlo je kraj njih kao da oni ne postoje. To da je Akademski ferijalni klub „Tomislav" imao koncert ili da je kišobranar iz Anine kbr. 3., gospodin Pavao Gluhinić zatvorio svoju kišobranarnu Juraja nije odveć zanimalo, a sumnjam da je Lovorka brinula oko izvještaja tehničkog izvjestitelja kraljevske županijske oblasti, nadinženjera Müllera, o nabavci posipala za ceste. Hrvatski smrtnici životare trinaest stoljeća i troše svoje godine bez obzira na hrvatsko stanje stvari jer hrvatsko stanje stvari gazi njih, a ne obrnuto. Ne treba biti posebno uman da se shvati kako je govor nekog Pribičevića, trofaznog zastupnika u Saboru utjecao na ručak obitelji LJ., a sumnjam da je Juraj tugovao zbog smrti Tome F., kanonika kaptola Čazmanskog u Varaždinu. Kad se ujutro budio mamuran, glave teške kao olovo, gefreiter Juraj Lj. nije mislio o tome kako „su trgovci neprijatelji našega jezika" ili tome kakva je bila Četvrta plesna vježba „Hrvatskog sokola" u Varaždinu. Skrbeći o djeci, Lovorka nije trošila živce na informaciju da je petnaestog siječnja u Zagrebačkoj ulici izgubljen bijeli krmak, šest mjeseci star i vrijedan 80 kruna. Mislim, to je tako, svijet ne funkcionira drugačije ni danas, na svijetu živi 7,8 milijardi ljudi i isto je toliko priča i malo koga boli glava za drugoga, čak ni unutar jedne obitelji nema idealne nebeske ljubavi. Uostalom, stvari se događaju, s nama ili bez nas. Koliko su zaruke izvjesnog dr. Latkovića s gospođicom Ivkicom Belaj utjecale na život Lovorke i Juraja? Ili pak, je li i kako korupcijska afera „Canadian Pacific" u koju su bila upletena braća Frank i banski dužnosnici poboljšala ili pogoršala životne uvjete mojih davnih rođaka? Nikako. Ljudi se rađaju i umiru jedni kraj drugih, a da u svemu ništa nemaju s tuđim, a često ni s vlastitim životima. Opaska: spomenuta zbivanja pronašao sam u tjedniku „Naše pravice", brojevima tiskanim i izašlim od siječnja do ožujka 1914. u Varaždinu.)

Potom je stigao travanj i proklete oficirske vježbe jahanja. Večer prije u starom društvu magacionera i sanitetlije otišao je Juraj u pivnicu „K pivskom izviralištu" (za njegov džep svakako preskupo, ali nije on plaćao, trošak su podmirili sudruzi mu u opijanju). Jeli su buncek s kiselim zeljem, meso z banjice i pili tri vrste piva i sve to miješali sa šljivovicom, pa onda još piva, rakije i probudio se a da se nije mogao sjetiti kako se vratio doma. Ujutro ga je Lovorka preklinjala neka zamoli svog prijatelja za pomoć, trebala je lijek za djecu.

Doteturao je nekako do zapovjedništva, a otamo su ga poslali u konjušnicu jer je štabsleutnant odredio da mu se pripremi konj za vježbe jahanja. Juraj je tu prokletu vježbu skoro zaboravio! K vragu nek' ide sve! Srećom, uštedio je dosta vremena jer nije morao hodati do konjušnice: svi posilni prevezeni su novim tehničkim čudom, novotarijom „Austro-fiat 4TS", kamionom koji je, jedan jedini, poslan na probu od strane korpusa preko divizije. Kamion nije bio raspoređen ulanskoj pukovniji, ali je ispalo da će štab ulanske regimente imati čast isprobati novo vozilo.

Gefraiter Lj. borio se protiv olovnog mamurluka: uspio je osedlati Felixa, konja gospodina štabnog poručnika i to je odradio prilično dobro. Felix je bio solidan konj, a poručnik nije bio baš najlošiji jahač. Konj gospodina de Kurticha bješe izdržljiv, pomalo svojeglav, niti među najboljim, ni među najgorim u regimenti. Ponekad bi odbio poslušnost, ali to je bilo iz razloga što se poručnik nije mnogo njime bavio, a Juraj se trudio da životinja bude čista, nahranjena i napojena, da ima uredne potkove i da uvijek bude spremna za izjahati. Poručnik nije sa svojim konjem izgradio onaj poseban odnos između konja i jahača. Za vojno stručne stvari štabsleutnant H. de Kurtich nije imao volje.

U glavi mu je bubnjalo, ali je svejedno držao da je odradio sve po regelmanu: Juraj nije sumnjao da je konj potpuno spreman za vježbu. Sedlo i remenje je tri puta provjerio, ništa nije bilo oštećeno, sve bješe zategnuto po propisima i na svome mjestu. Konačno, osobno je čistio i laštio poručnikovu jahačku opremu dva puta tjedno, a provjeravao svaki dan.

Prema naredbi, oficiri su izjahali u osam i trideset u pratnji svojih posilnih. Od svih posilnih svega su dvojica jahala, gefreiteri Gösser i Lj., što je bila privilegija jer tzv. pomoćno osoblje, poput saniteta i logistike, nije dužilo konje čak ni u ulanskoj pukovniji. U godini 1914. konjica kao dio bojnog stroja bila je na izdisaju i samo će imbecilnost k.u.k. generalštaba i generalskih guzica pospješiti odlazak konjice u pakao povijesti. Nažalost to će brisanje konjaništva kao vojne sile biti krvavo i bolno i za konjanike i za konje. Deseci tisuća konja i jahača posve je nepotrebno i glupo izmasakrirano iskrvarivši na bojištima od Galicije do Italije, od Turske do Francuske. Na svim bojnim poljima incestuoznog rata europskih umobolnih dinastija biti će pobijeno previše ljudi i previše konja samo zato jer stare generalske prdonje nisu htjele vidjeti da je vrijeme konjice prošlo svršeno vrijeme.

Gefreiter Gösser bio je iskusni ulan, bivši zastavnik koji je ražalovan zbog prevelike ljubavi prema piću i tjelesnim užicima s damama lakog morala, kao i zbog posve neprimjerenog načina rješavanja nesuglasica s ljudima na javnim mjestima vlastitim ogromnim šakama i kojeg su od teže kazne spasile samo njegove zasluge za apostolsku k.k. krunu, pa je nakon još jedne svinjarije, kad su on i njegovi vinski pajdaši u jednoj boljoj gostionici u Agramu prebili desetak civila, među kojima su bili plemeniti R., carski i kraljevski računovođa bečke riznice i jedan zastupnik zajedničkog Ugarsko Hrvatskog Sabora, na intervenciju samog divizijskog generala (pod kojim je dotični služio u prvim godinama svoje vojne službe) raspoređen za posilnog gospodinu ritmeisteru P. W. von C. uz pravo na zadržavanje konja iz svog prethodnog eskadrona. I Juraj je prebačen u štab regimente zajedno s konjem, što se imalo razumjeti kao posebna naklonost generala prema dobrim ulanima. Istina je i to da je Juraju dopušteno zadržati konja jer je komandant pukovnije mislio da će u slučaju rata, koji je imao doći, ovaj sposoban ulan biti od koristi u bojnom eskadronu, gdje uvijek nedostaje hrabrih vojnika spremnih za borbu.

Štabsleutnant de Kurtich tog se jutra probudio neuobičajeno nervozan: pomisao da će nekoliko sljedećih sati provesti u sedlu u društvu svog posilnog tjerala ga je na povraćanje. Od kako je prekinuo krevetne aktivnosti s njegovom ženom, sve je manje podnosio nazočnost gefreitera u svojoj blizini. Ne zbog grižnje savjesti, jer savjest ovaj oficir nije imao, već iz ljubomore i neshvaćanja, je li, kako je uopće moguće da jedan prljavi kmetski faćuk ima tako nestvarno lijepu ženu. I još, ako taj majmun nije vidio kako mu ženu ima drugi muškarac, onda je ne zaslužuje. Samo idiot je slijep na činjenicu da mu žena ima ljubavnika. Međutim, gefreiter Lj. nije bio toliko glup, ako je znao, nije brinuo oko toga, ako nije znao, nije imao čime razbijati glavu. Od prvoga dana se vidjelo da relacija po crti Juraj - štabsleutnant neće ići kako treba, njih dvojica nikad nisu imali idiličan vojnički odnos. Antipatije između posilnog i oficira mogla se sjeći kavalerijskom sabljom. Viđali su se rijetko: uglavnom bi poručnik izdao naređenja za nekoliko dana unaprijed ili bi mu poslao poruku po nekome (u krčmama, na noćnim karten-partijama nisu razgovarali). Ukratko, nisu imali zajednički jezik ne samo zato što su u vojsku došli iz različitih obitelji i iz različitih pobuda, već i zbog žena, jasno. Naime, dok je Juraj bio običan muškarac odgojen u duhu hrvatskog kmetstva i katoličke tradicije (vezane uz Hrvate-mrtvace) koja pitanje tijela i tjelesnosti i dan danas drži u okovima srama i stida, grijeha i kazne, koji se oženio u vrlo zapetljanim okolnostima, ali i iz ljubavi, njegov je pretpostavljeni bio isprazna kavaleriojska bluna, narcisoidni pohotni seksist s teškim poremećajem libida i sadističkom potrebom za ponižavanjem žena. Juraj je znao da nije ružan čovjek, samo što tome nije pridavao pozornost, a poručnik je svoj izgled precjenjivao. Jurajev svijet nije poznavao ljepotu tijela, ali ni ljepotu duha kao po život važne fakte, a svijet štabsleutnanta zapravo nije postojao, on je bio ispljuvak ničega u ničemu, čak mu je i prezime bilo šuplje. Kad je za posilnog dobio takvog kao što je Juraj Lj., štabni je poručnik poludio od gnjeva: on, koji je uložio toliko truda u svoj izgled, u svoje ponašanje i u svoj ugled, on, koji svo vrijeme troši ne bi li mu život bio lagan i ugodan i koji se morao svojski potruditi u osvajanju žena, sad mora raditi s nekim tko je dobio jednu od najljepših žena koje je vidio! Ne, to nije mogao shvatiti ni progutati. Osim toga, ma... u vražju mater nek' ide taj kmet! Na koncu, gefreiter Juraj Lj. bio je svjestan svoje nevažnosti u svijetu, a štabsleutnant je htio biti što nikad nikad nije mogao biti, kmet je na svoj jednostavan način razumio svijet, a njegov oficir je bio preglup da to razumije.

„Samo da ovo danas svrši, ti Boga! Pa ćemo vidjeti, moram ga se riješiti. Razgovarati ću s pukovnikom. Ne, prvo s majorom, on je razuman čovjek, naposljetku radi se o oficirskom statusu. Vratiti natrag tog idiota u eskadron, da, tako će biti!” Otprilike to bjehu misli u glavi štabsleutnanta de Kurticha dok je jahao kroz grmlje i po kaljuž dravske šume. Mrzio je ove glupe vježbe. „Nepotrebno gubljenje vremena! Čemu sve ovo i zašto? Jer se ishlapjeloj grofovskoj generalskoj stražnjici prohtjelo igrati rata? Glupost! Mogli smo odjahati na Varaždinbreg, ima tamo dobra gostionica, popiti nešto, odigrati koju partiju karata i vratiti se taman za ručak, ali ne, pukovnik je ozbiljno shvatio stvar! Zašto, nismo mi glupa infanterija!”

Iznenada, tko zna zbog čega, Felix se preplašio i propeo na zadnje noge i glasno zarzao. Nepripremljen, potpuno izvan reda stvari za jednog konjaničkog oficira, poručnik je umalo zbačen iz sedla. Uspio se održati, čvrsto je povukao uzde, ali uzalud, konj se ponovno propeo i dao u trk kroz gustiš. Poručnik se razbjesnio, konj nije reagirao na njegove komande i nakon pola minute de Kurtich je preletio iznad konjske glave i pao u blato kao vreća krumpira kad padne s foringe! Pljus! Srećom, nije udario glavom o veliki kamen, promašio ga je za jedan pedalj i sve je dobro prošlo, bez ozljeda. Prvih nekoliko sekundi nije mogao disati, udarac mu je izbio zrak iz pluća. Ležao je u blatu neko vrijeme ne shvativši što se zbilo. Žestoko se za-kašljao i pokušao vratiti dah. Sve ga je boljelo, ali ponos najviše. U njemu je rastao bijes, ljutnja je eksplodirala.

Čuo je topot koja i ljudske glasove. „Gospodine štabsleutnante!” Juraj je dojahao, skočio s konja i priskočio u pomoć svom poručniku. „Jeste dobro, gospodine poručniče?” Usprkos protivljenju štabnog poručnika (nije htio da ga ovaj prokleti kmet dodiruje), uspio je podići svog nadređenog i osoviti ga na noge. Oficir je isprekidano i teško disao: odora mu je bila prljava, blatna, ulanka poderana i mokra. Čapka je ostala ležati u blatu. Poručnik je počeo lakše disati i prvo što je izustio bile su sočne psovke! Psovao je strašno ne birajući riječi. Opi-pao je glavu, nije bilo krvi, još je dobro prošao! Sranje! Sranje! Posilni mu je prišao u dobroj vjeri, ali tada se dogodilo nešto neobjašnjivo.

Kad je zbacio svog jahača, Felix je zastao i zafrktao. Kako je iznenada podivljao, tako se brzo i primirio. Stajao je na metar, metar i pol od svog gospodara i njegovog posilnog. Okrenut stražnjom stranom, leđima prema oficiru tiho je frktao spuštene glave. Gefreiter Juraj Lj. pružio je ruke prema šptabsleutnantu, a ovaj ga je snažno odgurno uz glasnu psovku:

- „Svinjo kmetska, ne dotiči me svojim prljavim šapama! Odbij!” - odgurnut, Juraj je zateturao i leđima udario u konja i Felix je instiktivno reagirao. Nagnuo se prednjim nogama prema naprijed, glasno zarzao i stražnjim nogama udario gefreitrera Lj. u leđa. Juraj je odletio kao granatom pogođen i pao na zemlju udarivši glavom u onaj isti kamen koji je poručnik promašio u svom padu. Na mjestu mrtav.

Strašno, ali takve se stvari događaju. Smrt gefreitera kao posljedica nesretnog slučaja. Istragom je utvrđena istina: nije pronađeno nikakvo namjerno nezakonito činjenje. Konji su, ipak, živa stvorenja i s njima se nikad do kraja ne zna što može biti. Skroman sprovod, novi posilni i priča je svršena. Mlađi brat mog pradjeda po očevoj majci je poginuo, nimalo slavno i neopisivo glupo. Iza sebe je ostavio dvoje djece, pardon troje, jer se treće rodilo nakon nje-gove smrti. Što je bilo s Lovorkom i djecom? Ne znam. Jesu li se vratili njezinoj obitelji, djedu i baki? Ni to ne znam. A štabsleutnant? Opet, ne znam...

Ova priča oko brata mog pradjeda, je li uopće istinita? Pojma nemam, ne znam je li i koliko sve na slovo točno kako sam nažvrljao, ta nemoguće je iskopati iz zaborava originalni scenarij ove predstave. Tjedne i mjesece spiskao sam kopajući po internetu, kontaktirajući sa znanim i neznanim ljudima, pregledavajući stotine stranica arhivskog materijala, digitaliziranih starih novina, vojnih dokumenata i raznovrsnih zapisa i nisam našao mnogo uporabljivog materijala. Jedino što mogu reći je to da storija nije posvema lažna. Moja obitelj je čvrsto vezana sa smrću, kao i svaka druga obitelj, kao svi mi jučer i danas i kako ćemo biti vezani sutra. Međutim, postoji jedna bitna razlika: ono što dijeli grobove moje obitelji od obitelji grobova Hrvata-mrtvaca i njihovih poslušnika. Znači, u obitelji koja vuče korijene stoljećima unazad, koja sadrži prezimena K., Š., L., P, Köt., Ša, Kor., Koš., Br., Le. i tako dalje, znači, oduvijek se umiralo rano, izvan uobičajenih regula i protokola, što bi se reklo, glupo. Svaka obitelj nosi svoje telećake sudbine, a moja nosi i smrt kao posebnu insigniju života. Naši su grobovi znamenje tuge i nesreće, jada i bijede svijeta u kojem se stoljećima moralo živjeti. Ne žalim što naši silni grobovi nisu u alejama zaslužnika, ni najmanje mi nije krivo što smo bezimeni, što (još) nisam naišao na neko razvikano ime obješeno na našem obitelj-skom stablu i što ne pripadamo eliti ni po krvi ni po tituli. Ipak, stvarno me smeta što nam se i zbog toga nameće izmišljeni dug prema povijesti i što taj nepostojeći moramo plaćati.

Preglupo i do vraga dosadno. Primitivno i preskupo. Trideset godina, od devedesete do danas (a nastavlja se nesmiljenom brzinom) nameće nam se krvava filozofija mača i ognja kao jedinog puta očuvanja 'rvatskog obiteljskog identiteta i opstojnosti Domovine s velikim „D”. Miroslav Krleža je precizno to definirao: „Biti rodoljub znači trajno zveketati oružjem i tako izazvati vlastitu propast.” Usuđujem se dodati, kako se ta propast najbolje vidi kroz stradanja Hrvata-mrtvaca, pa time i hrvatske obitelji. O umiranju našeg kmeta, radnika, hrvatskog siromaha, vječito golog, bosog i gladnog ne pišu se studije, ne snimaju se TV-serije ni filmovi, ne organiziraju simpoziji ni konferencije, ne tiskaju se debele knjižurine niti se kuju prigodni zlatnici (to bi bilo doista umobolno, da HNB izda zlatnik posvećen gladušu kmetu), ne objavljuju se na internetu doktorske dizertacije u pdf formatu, a grupe znatiželjnih turista u smiješno glupavoj odjeći ne obilaze sirotinjske dijelove groblja, turistički vodiči im ne drže slovo o stradanju, muci i poniženju hrvatskog kmeta kao jedinog nositelja tereta hrvatske slave od stoljeća sedmog. Foajei predsjedničkih dvora, saloni hrvatske vlade, predvorja NISB-e, muzeji, koncertne dvorane, pa čak ni vojarne i škole nisu urešene skulpturama i slikama seljaka obješenog na pranger, nabijenog na kolac, ne, nigdje hrvatskog mrtvaca.

A tko je, u vražju mater, trinaest vjekova hranio, odijevao i obuvao sve te grofove, biskupe i kraljeve?

Tko, ako nije taj naš naivni prljavi, znojavi i gladni kmet? Ne samo hranio i odijevao, kmet je ginuo za hrvatske političke, vojne, intelektualne, financijske, duhovne i ine divove, svojom je krvlju ispisao hrvatsku povijest, pak se ta i takva povijest naše Hrvatske danas prezentira kroz monumente, oltare, mise zadušnice i preko kamenih grofovskih sarkofaga, kroz palače i dvorce, glupave slike i još gluplje knjige, preko odličja, muzejskih postava i pomoću amaterski sastavljenih školskih udžbenika: sa svim tim nazidala se falsificirana hrvatska povijest (što bi Krleža rekao „narodna sramota") u kojoj su Hrvati-grobari, cijele armije plavokrvnih, 'rvatski čistokrvnih moralnih, domoljubno-rodoljubnih, generalštabnih i prebendarskih, kaptolskih i barunskih, banskih i grofovskih, doktorskih i magistarskih, upravo nadnaravnih cilindraških guzica uzdignuti na sam oltar zemaljskih 'rvatskih božanstava, ideala 'rvatstva, uzora mladim naraštajima i dokaza snage 'rvatske pameti i poštenja. Hrvatski kmet je izbačen iz povijesti, ušutkan je i sveden na ništa, „da bu kuš, nek' čkomi i dela kaj mu se veli, nek se muči i krepa jer ionak za nikaj drugega neje, amen"!

Žalosno je što moje riječi nitko neće uzeti za ozbiljno: ne žalim zbog sebe, ni najmanje, već zbog moje obitelji. Generacijama se na grane našeg stabla vješaju imena i prezimena koja nisu imaginarna, izmišljena, nisu likovi iz loših romana i loših kazališnih predstava i negledljivih filmova. Moja baka Rozalija, baka Štefanija, moji djedovi Zvonko i Dragutin, moje prabake i pradjedovi, moji stričevi i pratete, svi moji bili su živi ljudi, sa srcem i dušom i dok su hodali ovom, po Gospodu našem stvorenom i darovanom nam zemljom, nikad, apsolutno nikad nisu nikoga povrijedili osim sami sebe. Vlastite nesavršene živote proživjeli su nastojeći osigurati barem ono temeljno za obitelj, za svoju djecu: nekad bi u tome uspijeli, često ne bi imali ništa od svoje muke i svog rada, a uvijek, na svakom koraku ih je gazila pohlepna šaka cesarsko-kraljevska, banska, bečka, peštanska i agramerska, beogradsko karađorđevićevska, gospodska, drugarska i plemićka, bankarska, inženjerska, komitetska i sekretarska čizma, svejedno bila austro-ugarska, srpska, ustaška, socijalistička ili današnja demokratsko europska. Posljedica života obješenog na galge hrvatske sramote, u sjeni laži dinastijskih, postfeudalnih, nacifašističkih i komunističkih, a danas europsko 'rvatskih kvazidomoljuba, u maglama grobarskog 'rvatstva koje nikad nije bilo nego udvorničko, vazalsko i izdajničko je priča o nekima u ničemu. Naime što, gledanje ove predstave zahtijeva cijelu sliku, ne samo scene na daskama, već ponajprije onog što se zbiva dolje, u podrumima hrvatskog realiteta, gdje trunu kosti milijuna, među kojima su skeleti i moje obitelji. Naposljetku, što je ostalo od obitelji, moje i bilo koje kmetske, što još živi nakon što je prošla petina dvadeset i prvog stoljeća? Ništa, ničega nema, nekad samo pognute glave, sad su odsječene: hrvatski kmet ostao je i bez uma, bez duše i bez pameti.

Moja obitelj i ja, živjeli smo i živimo u domovini s malim „d", u stvarnoj, napaćenoj, izdanoj i prodanoj Hrvatskoj zgaženih kmetova i ubijene duše. Ne laprdam, govorim što jest: povijest hrvatskih obitelji je povijest bola i patnje. U svakom od „istorijskih velebnih trenutaka", kad se odlučivalo o sudbini Hrvatske nam Domovine (s velikim „D") račun je ispostavljen sirotinji: i ne samo to, Hrvati-mrtvaci su te „istorijske trenutke" činili „istorijskim", bilo kao vojnici u besmislenim ratovima, bilo kao težaci i kmetovi na tlaci pri izgradnji velebnih katedrala i grofovskih palača, bilo kao glasači na izborima, kako devedesete, tako i danas. Klasična hrvatska glupost u klasičnoj hrvatskoj tragediji: nikad neću razumjeti zašto sam dužan nešto Domovini s velikim „D" ako u njoj nikada bio nisam i ništa od nje primio nisam. Ne priznajem potraživanja ' rvatske prema meni! Velike riječi, ideali, divovske povijesne ličnosti, slavne pobjede, junački podvizi, grandiozna književna i umjetnička djela, slavni govori i nastupi u ime 'rvatske, sve je to ispisano na spomenutom „računu povijesti" i sve to moja obitelj i ja plaćamo (kao i sve slične obitelji) dok cijele armije izdajnika, ubojica, krvnika Hrvatske živi na znoju, mesu i krvi hrvatskoga kmeta. I nikad kraja toj muci, nikad kraja izdaji, nikad kraja smrti, onoj izazvanoj ljudskom rukom, ne voljom Božjom.

Što imamo danas? Ne zovu se grofovi, ali paraziti jesu. Izdajnici i te kako. Prvenstveno vlast, zastupnici, premijeri, ministri, predsjednici, tajnici i savjetnici, pročelnici i načelnici, upravitelji, direktori, pa onda redom, guverner kao narodne banke i njegovi viceguverneri, suci svih razina, posebno onih najviših instanci, akademici, u smislu naročito bogato nagrađenih sinekurista, umirovljeni generali i umjetnici, glumci u činu nacionalnih prvaka, teolozi, docenti i doktori znanosti svih područja, fiškali i predsjednici raznih komora, predsjednici sportskih saveza, veterinarski, porezni i sanitarni inspektori, šefovi raznih ureda, urednici nacionalne televizije i radija, novinari i kolumnisti, svi unutar i izvan izravnog doticaja vlasti, influenceri i celebrity svih vrsta i podvrsta, modni kritičari, diplomati, stihoklepci pop pjesmuljaka i ocvali rokeri, fiškali, sindikalisti i cabotini iz civilnih udruga (koje se, gle čuda, financiraju iz proračuna one iste vlasti protiv koje se ti civilnjaci navodno „bore”), ljubitelji kokosa i proučavatelji seksualnog života amazonskih zmija, svi koji nikad nisu imali krvave žuljeve i koje boli ona stvar za sirotinju, za najslabije, za najmanjeg od Njegove braće. Domovina s velikim „D” je ružna tvorevina lopova, varalica, kokošara i vucibatina, sav 'rvatski ološ koji postoji skrasio se u toj tzv. Domovini koja leži na krvi i grobovima Hrvata-mrtvaca. I spram te rulje falsificirana povijest nema nikakvih zahtjeva, oni ništa nisu dužni, njih se ne pita „gdje si bio '91?” i ne tjera ih se klečati pred spomenikom austrijskog topničkog ge-nerala koji je vodio hrvatske vojnike u spašavanje usranih guzica krvopija dinastije Habsburg, pa ako je tako, a jest, njih ću pitati, je li ovo što sam napisao istina ili je laž!?

Doista? Nesposoban sam? Možda, a je li moguće da su milijuni hrvatskih kmetova bili nesposobni kad su jurišali kod Magdeburga, Staljingrada, u Galciji, kod Lubnitza i Berezine, svugdje gdje su ih slali u smrt i hranu za utroblja tuđinskih vladara i njihovih 'rvatskih slugu, izdajnika domovine i naroda? Zar moj prastric, muž drage tete M. nije bio iznimno hrabar kad se suprotstavio zlu svijetu na jedini način koji je mogao, radeći i skrbeći za obitelj? Zar to nije jednako hrabro činio moj djed, majčin otac? Nije li prastric ubijen jer nije bio Srbin, jer se rodio kao Nijemac? Zar je mladi kmetski sin Juraj, sirotinja teška da teža ne može biti, uopće imao izbora u državi koja kmetove nije smatrala dovoljno ljudima? Zar je socijalizam s komunističkom bagažom na vlasti dopustio mom ocu razvijanje talenata ili ga je samo prisilio na životne odluke koje niti je htio donositi, a još manje ih je bio spreman živjeti? Ne, ovo nije laž, nije fikcija, a je li istina...

Nesposoban? Zna li itko od onih koji me sad napadaju i sude mi, znaju li što znači biti beskućnik i koliko sam se trudio izvući iz tog stanja? Da, griješio sam mnogo u životu, a danas sam u godinama kad mi ni najmanje nije stalo do toga što ljudi misle o meni: ja sam platio svoj račun, sam sa ga platio, nitko to nije učinio umjesto mene! Istina, moja obitelj nije obitelj s predikatima, ali nije obitelj lažljivaca! Samo će nam Krist suditi! Samo On! O kojim izborima zbore pametnjakovići koji u životu nisu odmakli od mamine sise i ženinih gaća?! Samo i jedino onaj koji je pao na dno i potonuo duboko u gnoj životne propasti, da bi se uzdigao iz kala smrdljivog i ponovno postao čovjek, samo taj i takav smije govoriti o životnim izborima! Okoćeni sa zlatnom žlicom u gubici imaju samo jedno pravo, začepiti labrnju i vratiti se u brloge iz kojih su ispuzali! Moja obitelj nije od jučer, stoljećima smo ovdje, mi smo Hrvati-mrtvaci i bez obzira na povremene izlete među grobare, jer bilo je i toga, nikad nismo izdali svoje korijenje...

Dodatak broj 1. ovoj sceni: Naknadne informacije o nečijoj smrti

Jučer ujutro primio sam e-mail od Hrvatskog državnog arhiva: odgovor na pitanje koje sam im poslao petnaestog ožujka, u vrijeme pisanja petog poglavlja scene „Obitelj”. Između ostalih adresanata, nekoliko e-mail poruka poslao sam HDA u Zagrebu. Jedno moje pitanje ticalo se mog prastrica E.K. Svjestan da tražim iglu u plastu sijena, nastavih pisati (ovu scenu) bez prevelikog očekivanja. Tijekom svih mjeseci rada na knjizi bio sam prisiljen priviknuti se na frustrirajući posao traženja podataka, imena, adresa, mjesta zbivanja, sudionika i posljedica nekih činjenja, a on-line jurnjava za time je sve još više otežala i strahotno usporila. Najbolji način „kopanja” po arhivima jest osobna nazočnost, ali kako zbog činjenice da živim u Americi i da je u međuvremenu izbila pandemija COVID-19, morao sam se zadovoljiti s mogućim, čekanjem na uzvratne e-mail poruke.

Dogodilo se nešto predivno: hvala gospođi načelnici Odjela za zaštitu i obradu arhivskoga gradiva, odsjek za arhivsko gradivo 1868-1945., Odsjek za arhivsko gradivo 1945-1990., doista mi je neizmjerno pomogla i olakšala pisanje.

Znači, a prije no što ću objasniti u čemu je problem, prepisujem dio zaprimljenog e-maila od HDA iz Zagreba. Klasa: 612/06/21-17/95, Ur. Broj: 565-08/6-21-2, od 23. ožujka 2021.:

„U gradivu fonda HR-HDA-1491. OZNA, u cjelini 4.19, koja se odnosi na opunomoćstvo OZNE zagrebačke oblasti za okrug Varaždin, pronađen je popis od 31. ožujka 1945. koji sadrži plan uhićenja narodnih neprijatelja grada Varaždina, među kojima se navodi:

- 86. K.E., namještenik u TIVAR-u. Djelatni ustaša, zbirnik."

Drugih podataka o E.K. i Š.Z. nemamo...."

To je to. Što misliti, a što zaključiti, što učiniti s već napisanim tekstom?! Problem istine, što je istina, a što je laž? Što nosi težinu vjerodostojnosti: obiteljska sjećanja, priče ljudi i prepričane uspomene ili je ipak službeni dokument iz HDA jači po stupnju istinitosti?

U redu, slažem se, i vrapci na grani znaju koliko je sklizak teren prihvaćanja papira kao istine: hrvatski narod voli vidjeti „crno na bijelom" i po tome se ravnati. S druge strane, moja me baka učila kako je na papiru istina samo onaj bijeli dio, bez tinte, a na kraju se s papirom guzica briše i ode „istina" u govno, pardon, kanalizaciju. Vrlo jednostavno. Međutim, bez preuveličavanja, e-mail iz državnog arhiva promijenio je mnogo toga, prvenstveno mi je srušio plan zaokruživanja priče u ovoj sceni i postavljanja poglavlja na predviđeno mjesto u knjizi. Poruka je otvorila nekoliko teških pitanja: pod jedan, popis OZNE, koliko je istinit, odnosno koliko je točan podatak da je E.K. stvarno bio djelatni pripadnik ustaškog pokreta i ustaške organizacije u svojstvu zbirnika (autori popisa, agenti OZNE - jer popis je rađen dva mjeseca prije svršetka rata, a informacije o ljudima s popisa zasigurno su komunističkim kanalima prikupljane tijekom cijelog rata: mogli su, a nisu morali provjeravati navode o osobama označenim optužbom „narodni neprijatelj", odnosno, kako je očito da E.K. nije bio pripadnik ustaške vojnice, nego ustaškog pokreta kao političkog dijela vlasti NDH, sam dokument ne podastire dokaze da je moj prastric stvarno djelatno sudjelovao u ustaškoj vlasti i u kojem razdoblju između 1941.- 45., a poznavajući modus operandi komunističke tzv. pravde, sasvim je realna mogućnost da je prastric stavljen na popis bez ikakvih dokaza, da ga je netko prijavio iz ljudske zlobe ili da je osumnjičen samim tim što je bio Nijemac, što je u očima partizanskih krvnika bila unaprijed izrečena presuda „kriv je"), a pod dva, ako je prastric bio ustaški dužnosnik, kako se navodi, zbirnik, to još nije dovoljan dokaz i argument za likvidaciju, tim više što su okolnosti života u vrijeme tzv. NDH bile takve da je umjetnost preživljavanja prisiljavala ljude na prihvaćanje vlasti bez obzira na osobna politička i ina uvjerenja. Potonji problem ima i dodatno objašnjenje: sumnja u točnost popisa OZNE pojačava činjenica da u arhivu nisu pronađeni nikakvi drugi dokumenti kojima bi se terećenje mog prastrica komunističkom optužbom „narodnog neprijatelja" pokazalo kao relevantno i potkrijepljeno neoborivim dokazima. Točno, povijesna zbivanja se ne mogu promatrati isključivo s distance od sedamdeset godina već se moraju staviti u kontekst vremena i okolnosti kad su se događanja odigrala, što znači da nije bilo jednostavno ni 1945., a nije lako ni danas objasniti ljudima zašto je netko pristupio ustaškom pokretu i zašto je, više ili manje aktivno, sudjelovao u vlasti NDH jer valjalo je preživjeti rat, nisu svi bili junaci, narodni heroji, zakleti pobornici Ante Pavelića, ljubitelji Velikog Reicha ili punokrvni sljedbenici Kominterne i KP-a! U ovome je važan podatak da je (navodno) E.K. bio ustaški zbirnik, dakle nije bio u vojnoj formaciji, nije ratovao s puškom u ruci, nego je „djelovao" politički i to na vrlo uskom području, strogo određenom dijelu grada, danas bi rekli kvarta, u svojstvu svojevrsnog političkog predstavnika. U časopisu „USTAŠA", broj 950., bez godine izdavanja, izašao je tekst dokumenta pod naslovom „Zadaća, bitne oznake, ustrojstvo i stvarna sredstva rada „USTAŠE" u kojem je razrađena organizacija, svrha postojanja, načini djelovanja i cilj ustaškog pokreta. Čitajući tekst morao sam se nasmijati, kako se povijest glupo poigrava s nama Hrvatima: „USTAŠA" je imala razrađeno pravilo igre baš kao što su to imali komunisti, sve isto, samo drugačija terminologija. Nije smiješno, tragično je koliko je strašno. Ustaški pokret bio je produžena ruka vlasti NDH, a članovi pokreta su imali na vlas iste zadaće kao članovi KPJ poslije 1945.! „Ustaša" je kao pokret imao strukturu sličnu komunističkoj, a područja djelovanja bila su posvema ista, od sporta i naobrazbe do kulture i političkog rada. Djelovanje se temeljilo na mjesnoj, dakle lokalnoj (upravnoj) organizaciji u kojoj je zbir bio najmanja jedinica, a obuhvaćala je područje manjeg sela ili nekoliko gradskih ulica. Zbir je bio manji od onoga što se u socijalizmu zvalo „mjesna zajednica", iz čega se vidi kako je zbirnik bio vrlo mala „ustaška šarža". U navedenom je dokumentu, između ostalog, o zbirniku napisano: „(12) Zbirnik i zbirni pobočnici vrše ustašku promičbu od osobe do osobe. Neupućene imaju uputiti u načela i zadatke ustaškog pokreta, u izpravno shvaćanje zakonskih odredaba i naredaba državne vlasti." Zaključno, prastric, ako je bio zbirnik, što je bio, ništa zapravo, predstavljao je ustaše u svojoj ulici i možda još dvije tri, tamo oko Radničkog naselja? Nemojte me zajebavati, mislio sam nakon čitanja ustaškog „pravilnika" (tekst sam otkrio sasvim slučajno na internetu, na portalu „Otporaš" od 17.12. 2016.)! Kakve je zločine mogao počiniti mladi krojač kao ustaški agitator?! Što je u tome zločin, pjevanje ustaških pjesmica i dijelenje letaka? Nosio je ustašku uniformu? Temeljem kazanog stvar je jasna: ubili su nevinog čovjeka! To da su domobrani bili prisilno mobilizirani, a u ustaše su odlazili samo kao dragovoljci stara je komunistička mantra (najveći dio oficirskog kadra domobranstva i oružništva činili su također dragovoljci, bivši kraljevski oficiri i podoficiri, a i nekadašnji k.u.k. oficiri koji su se sami stavili na raspolaganje novoj državi nakon 10. travnja 1941.) kojom su htjeli opravdati masakr nad ratnim zarobljenicima. Podjelom na domobrane kao „manje" i ustaše, kao „veće i prave" krivce, komunisti su posijali sjeme zla među hrvatski narod unaprijed osuđujući jedne, a djelomično amnestirajući druge pripadnike vojnih snaga tzv. NDH. Dakako, stvari nisu tako proste kako sam opisao, ali tu je negdje suština problema: povijesna je činjenica da ustaški zločini u Varaždinu nisu činjeni od ruku običnih ljudi kao što je bio moj prastric, već isključivo od ustaške vojnice, policije, njemačkih okupacionih snaga, a čiji je vjerojatno najstrašniji predstavnik bio šef policije Dubić i prva glava grada Medvedović. E.K. i kao zbirnik nije okrvario ruke, u to sam siguran. Možda bi netko drugi na njegovom mjestu ubijao, ali u Varaždinu nije bilo dosta „materijala" za takvo što, osobito stoga što je Varaždin kao prvi „Judenfrei" grad u NDH bio temeljito očišćen od Židova (kasnije i od Srba). Svjedoci govore kako su već u prvoj polovini svibnja 1941. transportirani uhićeni nepodobni elementi u logore smrti. Ne mislim je da moj prastric u tome imao svoje prste. Ako jest, Bog će mu suditi: komunisti nisu imali nikakvog razloga ni prava mučiti ga i ubiti. Nemam dokumente koji bi dokazali da je prastric bio ustaški koljač: podatak da nema nikakvih drugih zapisa o slučaju E.K. vrlo jasno upućuje da se nije radilo o dokazanom ustaškom zločincu, već o zvjerskom bijesu ratnih pobjednika i njihovih domaćih varaždinskih poslušnika koji su ga denuncirali i poslali u smrt! Drugog objašnjenja nemam. Kako bilo, stavio sam na papir priču o prastricu kako sam je i saznao, sve ostalo neka vrijeme otkrije pod nekim drugim reflektorima.

Spisa o presudi za E.K. nema. Ubijen je nemilosrdno, komunistički okrutno. Konačno, što bi se promijenilo u životnoj tragediji tete M., njene djece i naše obitelji sve i da postoji corpus delicti ustaškog „rada" mog prastrica? Ništa, savršeno ništa. Uistinu, a što je s osjećajima supruge ubijenog, što je s osjećajima njegove djece i težinom traume koju su nosili cijelog života? Što s biljegom „ustaške djece" za vrijeme crvene vlasti u Jugoslaviji? Pečat „ustaške obitelji" bio je istovjetan žutoj Davidovoj zvijezdi na Židovima u NDH! Razlika bješe tek u ideologiji i metodama, komunisti su bili puno maštovitiji u likvidacijama „narodnih neprijatelja", a progoni članova obitelji protezali su se i trideset godina nakon svršetka rata. Nadalje, svatko tko bi se našao u vrijeme Drugog svjetskog rata u situaciji nakon uspostave NDH i okupacije Hrvatske od strane Wehrmachta, Italije i Mađarske, siguran sam, učinio bi sve u cilju preživljavanja. Borba za goli život. Jasno je i to da je bilo tisuće onih koji su se uspješno prilagodili novim okolnostima stupivši u službu nacista i fašista, kao što nije bio mali broj onih kojima je ustaška vlast bila ostvarenje snova, a bješe i protivnika takvog stanja, ne tek komunista, nego slobodno mislećih i demokratski orijentiranih ljudi, članova HSS-a (Predsjednik HSS-a Vladko Maček pozvao je članove stranke na lojalnost novoj vlasti, ali je kategorično odbio sudjelovati u političkom životu kvinsliške tvorevine, zbog čega ga je poglavnik i strpao u Jasenovac, a na intervenciju Nijemaca, poslan je u kućni pritvor. Povijesna istina, koja nije baš popularna među nostalgičarima za endehazijom, govori kako je Maček, odbio ponudu Nijemaca za preuzimanjem vlasti u NDH rekavši: „Vi ćete izgubiti rat, a ja neću da hrvatski narod bude na strani poraženog fašizma."). Hrvatski kmet je onaj „narod" na koga se pozivala endehazijska kamarila jednako kao i komunistička žgadija.

Nije poanta tek u tome je li E.K. bio djelatni ustaša, kao ni u postupanju OZNE, stvar je u obitelji, u uništenom djetinjstvu prastričeve djece, u strahu i mukama kroz koje je obitelj prolazila. Smrt E.K. u sjedištu OZNE u Miličkoj ulici u Varaždinu paradigma je razaranja hrvatske obitelji u svim sustavima do danas uključivo i recentni, nazovi demokratski. Žrtvovanje obitelji za stvari s kojima obitelj ne bi smjela i ne bi morala imati baš nikakve veze je zlo koje vapi za osvetom, vapi do Boga i nebeskih dvora! Nažalost, ne vidim da će hrvatska obitelj doći na svoje. U stanju kakvo jest, obitelj hrvatskog kmeta može očekivati samo još strašniju sudbinu.

Lista „narodnih neprijatelja" iz ožujka 1945. dokazuje i otkriva još nešto, a što je trn u oku ljubitelja partizanštine i fanova pokojnog maršala. Predmetna lista svakako nije jedini dokument tog tipa i nije naj-strašnija, u popisu imena za uhićenje ogleda se model organiziranog izvršenja poratnih zločina protiv čovječnosti od strane komunističke vlasti! Ovime svi pokušaji jugokomunističkih izroda da ubojstva i lik-vidacije opravdaju „slučajnim činom osvete" žrtava fašizma i sličnim glupostima padaju u vodu! Dva mje-seca prije kraja rata komunistička policija smrti pripremela je teren za likvidaciju „nepoćudnih eleme-nata". Nikakve pojedinačne osvetoljubive „akcije" nego sustavno organizirani pokolj nevinih ljudi! Bez pravednog suđenja u skladu s civilizacijskim dosezima sudske prakse, bez čvrstih dokaza da je bilo tko (i moj prastric) počinio ma koji ratni zločin. Ubijani su nevini i kao nevine žrtve će ostati upisane u povijest Hrvatske na sramotu i na račun partizana i komunista. (Isto se odnosi na ustaške žrtve u logorima smrti i svugdje gdje su činjeni zločini.)

Obiteljsko stabloovime je obogaćeno za još jednu privremeno zaključenu (dok na svjetlo dana ne isplivaju novi podaci). Barem jedan obiteljski grob je dobio oznaku „znamo kako si ubijen, prastriče, oče, brate, sine naš". Ne znamo ime krvnika, ali sad to više nije toliko važno. Ubili su te zbog ničega, ni za što. Još jedna žrtva hrvatske tragedije u ime iluzija, zabluda i izdaje naroda i domovine s malim „d".

XVII. Scena
Hrvatska, četvrti dio: Glupost, živjeti bez prošlosti

Ranko Marinković: „Never more"

Zašto ljudi toliko lažu o sebi, zašto prepravljaju vlastite životopise, u ime čega brišu godine, cijeli niz godina i dekada svog života nastoje izbrisati u jalovoj nadi da će falsificiranjem samog sebe biti bolji u očima isto takvih plagijatora autobiografija: u hrvatskoj priči to je najpopularniji sport. Glupo, ta izbrisati prošlost nije moguće! Idiotski je živjeti, na primjer, četrdeset godina i potom, zbog pro-mjene države i vlasti, u želji za dodvoravanjem novim gospodarima, odmah odjenuti novu odoru za novog cara!

Jasno, nisu svi ljudi persone s karakterom. Hrabrost je spoznati i prihvatiti sebe i ostati to tijekom cijelog svog života. Da, lako je pisati ovakve rečenice u toploj sobi jer netko tko umire od gladi, tko osjeća oštricu ubojičinog noža pod vratom, netko tko ne može pronaći posao ili tko je smrtno bolestan, takav netko ne filozofira o ljudskoj osobnosti nego u agoniji želi samo jedno, izvući se iz sranja. Ili barem prekinuti mučenje, pa što bude, biti će. Netko pametniji od mene, jednom je rekao (nepoznat autor): „Obuci moje čizme, hodaj mojim putovima, osjeti moju bol. Tek tada mi možeš suditi." A što za pojedinca uopće znače povijesne mijene koje ga primoravaju biti što nije, odustati od samog sebe? Ništa. Povijest djeluje iznad individualnosti. Prokleta povijest ždere i nas Hrvate stoljećima i ne samo što nas ždere, ona nam to još i debelo naplaćuje, više puta. Kukavice se ne mogu suprotstaviti toj nemani: biti dovoljno hrabar i živjeti svoj stvaran život, bez obzira kakav jest i pritom ostati karakter nije tema besmislene rasprave pijanaca u krčmi, za šankom, kod gemišta, već fundament svake egzistencije! „To sam što jesam i drugo ne želim i ne mogu biti." Klasika, svakako, ali koliko je realno održiva? Samo se budale ne mijenjaju, međutim, je li svaka (nužna) promjena dobra, odnosno što ako (nužna) promjena briše ono prije i pretvara osobnost u neprepoznatljivu nakazu, u ništa? (Ne radi se ovdje o, glupog li primjera, kriminalcu koji u zatvoru spoznaje svoje grijehe i odluči, nakon izlaska iz zatvora, sve stubokom promijeniti i otpočeti živjeti kao lojalan, pošteni građanin: ne govorim o tako banalnoj priči iako na razini pojedinca i to ima neku težinu.) Mislim, ne bez argumenata, kako je to za čovjeka neprihvatljivo. Prvo, jer naše postojanje je limitirano vremenom i sama pomisao na mogućnost prihvaćanja laži kao životne premise unaprijed nas izbacuje iz utrke za svrhom dolaska na ovaj svijet i ispunjenjem našeg cilja. Drugo, ako nakon niza godina, u kojima smo izgradili sebe i formirali se kao osobe, pristanemo biti netko drugi (ne bolji, ne tolerantniji ili stručniji), što ne želimo niti možemo biti, mi zapravo negiramo sebe i napuštamo zacrtani Božji put zbog ponižavajućeg padanja na koljena pred despotima i ubojicama ljudske duše i uma. Preslikano na hrvatsku stvarnost, jer govorim o sebi, dakle, problem je u 1990.: nisam se rodio devedesete! Nisam se ni mogao roditi u svojoj dvadeset i drugoj godini! Jednostavno, nisam svoje stavove o Hrvatskoj i o politici, vjeri i o kremšnitama, western filmovima, kurvama i kazalištu, o poeziji, seksu i o vulkanima, o utjecaju pravoslavne vjere na spolni život kišne gliste, o proizvodnji kondoma i o grahu s kobasicama, o gemištu i o Adolfu Hitleru, o operi u sedamnaestom stoljeću i o kelju, rukometu i Picasu, o letu u svemir, promjeni imena Cigan u Rom i o biokemiji, nisam o sebi i o svemu učio i stvarao mišljenja tek kad je propala Jugoslavija. Točno, čitao sam, gledao, slušao, učio na vlastitim greškama i glupostima (kao i svaka budala: pametni uče na tuđim greškama) i danas držim kako je to bila najbolja moguća škola. Konačno, tupoglavi balavac u ranim dvadesetim i nije nešto od pameti, ali baš zato, zbog vlastite „smotanosti" i svega što se zbivalo još od mog rođenja, pa rat i ta sranja, smatram uspjehom što nisam pao na ispitu provjere karaktera. Nisam i neću odbaciti svoj život prije „povijesne" '90-te! Zašto? Vjerojatno jedini pokazatelj hrabrosti koju imam jest baš to, uzimam sve svoje priče jednako, bez bojazni, kakve su, neka su, jer druge nemam. Napoleon Bonaparte je rekao: „Hrabrost se ne može hiniti. To je vrlina koja ne podliježe licemjerju." (Haha, ovo je stvarno arogantno rečeno!)

Ništa nije počelo devedesete! Mijenjalo se, dakako, ali nije počelo. Živio sam u SFRJ, pa što onda? Nema većih smradova od dupeglavaca 'rvatina od-stoljeća-sedmog koji su nakon grozomornog opijanja u delirijumu svog teatralnog domoljublja (jer, eto, uspješni su, naplatili su svoju nemjerljivu ljubav prema Domovini) proglašeni za čuvare 'rvatstva i 'rvat-ske istine, pak na svaku upozorbu na to kako u toj priči mnogo toga ne štima, skaču zapjenjenih gubica i laju: „Komunjare, jugofili, 'rvatska vam ne valja? Marš napolje! Nikad niste željeli 'rvatsku! Vi niste 'rvati, smeće komunističko! Nismo mi nosili krvave gaće da bi vi danas kritizirali kako Hrvatska ne valja!"

Vidi vraga, tipovi praznih tikvi, od kojih devedeset i devet posto pušku nije vidjelo, drže kako je 'rvatska danas raj zemaljski! Stvarno, kako se netko uopće usudi spomenuti Jugoslaviju i reći kako se onda živjelo bolje?! To je blasfemija, to je udbaška propaganda, to je izdaja! Sline tako vitezovi oka sokolova s rukom u erarskoj kasi i grizu žutim zubima sve koji samo pomisle da život nije počeo devedesete i da je 'rvatska, na njihovu žalost i glupost, starija od ovih posljednjih trideset godina. (Opaska: ne spadam u nostalgičare i ne tvrdim da se „onda živjelo bolje".) Doista? Domoljubi Domovine ne vole čitati, jer da čitaju, prisjetili bi se sjajne rečenice engleskog pisca Juliana Barnesa: „Najveće je domoljublje kazati svojoj zemlji da se ponaša nečasno, glupo, ružno." A 'rvatska se vlast, Domovina, nije ponašala drugačije od 1990. do danas: dapače, sve što je disalo hrvatski je moralno i duhovno zgaženo i pretvoreno u roblje domoljuba s velikim „D". Također, ne vidim izravnu povezanost kritičnog sagledavanja stanja Hrvatske danas s životom u propaloj socijalističkoj federaciji: to da li je bilo jogurta i kave, benzina, šećera, ulja i praška za veš nije argument u (glupoj) raspravi o razlici između životnih prilika u jugovini i EU-Hrvatskoj.

S time u vezi, osobni životopis je važan dio priče. Moderno je prepravljati biografije, ali ne daje rezultate. Hrvatska je premala zemlja da ljudi ne bi znali tko je tko bio i jest. Znamo mi to jako dobro, no ne marimo, rekli bi svi, Hrvati-grobari prvi. Lopova nije briga što mu je susjed lopov, isto istome ne predbacuje to što su isti, ne, zamjera mu što je taj drugi lopov uspješniji u krađi, što je više maznuo, a ne to što je kriminalac. Vrana vrani oči ne kopa.

Nisam zato pobornik čistih biografija, mislim, životopisa bez intervencija na njihovom sadržaju. Zagovaram „čistoću" zbog obitelji: na obiteljskom stablu svako obješeno ime mora biti kakvo jest. Obitelj je obitelj s bijelim, kao i s crnim ovcama.

Krucijalno pitanje koje slijedi: pa gdje sam bio u vrijeme Jugoslavije?

U Hrvatskoj, u Varaždinu. Nisam imao ništa od blagodati demokracije, ali sam imao nešto što nije moguće kupiti: miran san. Uz mnoštvo vrlo teških problema, uz prazan frižider, često bez struje, uz podcrane cipele i vječito prazan novčanik (a bješe razdoblja kad ni novčanik nisam imao), znajući da nemam nego dva para iznošenih hlača) i brinući hoće li oho-ljepilo držati petu desne cipele koja mi je otpala dan prije, pokraj svih sranja i pizdarija, kažem potpuno iskreno, spavao sam mirnije nego kad nam je svanulo tisućljetno sunce hrvatske Slobode, s velikim „S".

U neku stvar, život u socijalizmu nije bio krcat materijalnim stvarima kao ovaj demokratski, sve je bilo drugačije, od tehnologije do morala, što ne znači da je „bilo bolje" ili da je moja generacija „bila bolja": spavao sam mirnije jer mi nitko nije stavio na leđa težak teret „povijesnog duga" (iako nas je komunjarska verzija iste stvari kroz „gdje si bio '41?" sustavno tlačila četrdeset i pet godina). U državi maršala koji je kao dječak kuhao masnu suhu svinjsku glavu vrijedila su pravila nepojmljiva sadašnjim naraštajima koji stasaju u doba Porn huba, Facebooka, Tik-toka i inih novotarija, u Jugoslaviji je bilo drugačije nego u ostvarenom snu od stoljeća sedmog. Međutim, unatoč svemu, ne usuđujem se reći „mrzio sam socijalizam" ili „sanjao sam Hrvatsku". Zašto bih sanjao Hrvatsku ako sam rođen, odrastao i živio u Hrvatskoj? Pa nisam rođen u Texasu ili Urugvaju, za Boga miloga! Ne mogu u tekst ove predstave napisati da sam kao devetogodišnji klinac jebao sve po spisku komunistima i oficirima jenea jer nisam, eto, nisam! Neka mi stave cijev duge devetke na moju šuplju glavu, ali neću priznati da sam 'rvatovao u dječjem vrtiću i u osnovnoj školi! Neću lagati!

Trideset godina slušam sranja velikih 'rvata , trideset godina ti jebivjetri kokodaču, bleje, mijauč, muče, cikću, zavijaju o svome nadzemaljskom 'rvatstvu, o katoličkom nebeskom domoljublju i o tome kako su još u očevim jajima snivali neovisnu Hrvatsku: podrivali su socijalizam potkradajući firme u kojima su radili, namjernim zabušavanjem na poslu i obrađivanjem njiva za vrijeme bolovanja, redovitim odlaskom u crkvu (a to da nitko od njih u svojim kućama nije imao zastavu sa zvijezdom petokrakom, da nisu slavili Prvi maj, Dan Republike, Osmi mart i slične dane, i da nitko od njih nikada nije bio aktivan u omladini, sindikatu, partiji i socijalističkom savezu, da nisu bili na radnim akcijama i da su iznutra sjeba-vali jenea kad su bili na odsluženju vojnog roka, to je već suluda priča u koju vjeruju samo idioti) i ni-koga od njih se nikad nije moglo vidjeti na sletovima i na dočecima druga Tita, na štafeti i na sindikalnim izletima... Haha, kako bi rekao Malnar, tko to puši?

Tu ih čekam, grinje dvolične! Nitko nije bio u SSO? Nitko u SK? Nitko nije kupovao sindikalne svinj-ske polovice niti ljetovao u radničkim odmaralištima? Hajde, prestanite srati na usta, za izbacivanje go-vana služi guzica! Ispada da su partijske benefite koristili vanzemaljci jer nitko od „naroda" nije htio u tome sudjelovati! Ma da, jebite se!

Pionir i član omladinske organizacije itd., da, bio sam sve što se bilo. Bio sam dijete. Zato. Nažalost, sa deset, trinaest i petnaest godina nisam imao mozak ni znanje jednog bivšeg general-majora koji je doživio prosvjetljenje pak je od političkog komesara divizije dogurao do lizača katoličkih oltara, što je sve bilo plod njegovih umobolnih frustracija i podsvjesne želje za imitiranjem svog idola maršala Tita (koji mu je i prikačio generalske zvjezdice na epolete). Prosto, bio sam dječak u jednoj zemlji i njenom sustavu, ništa više. Ne mislim da su moji roditelji i moja obitelj bili manji Hrvati zato što nisam u svojoj petoj godini svako jutro pjevao „Ustani, bane, Hrvatska te zove": ljigavo je što glupavu pjesmu o k.u.k. generalu top-ništva pjevaju upravo oni koji su u vrijeme mog djetinjstva urlali „Po šumama i gorama".

Priznajem, nije me sram. Prvo, rođen sam prilično prazan i bez talenta za predviđanje budućnosti: na-prosto, osamdesetih, u svojim pubertetskim godinama i u doba rane odraslosti nisam imao sposobnost pro-ricanja raspada Jugoslavije i stvarno se iskreno ispričavam što 1982. nisam shvaćao koliko je važno to što će voljena nam 'rvatska 2021. biti etablirana članica EU i što će „glavna" moneta za plaćanje biti euro, a ne dojčmarka. Duboko žalim, klečim i plačem pred postrojenim 'rvatinama! Drugo, a možda je trebalo biti prvo, nisam ja kriv, moj tata je kriv, jest, zašto me je napravio šezdeset i osme, zbog čega sam dospio u ra-ne punoljetne godine u vrijeme raspada eseferjota (taman k'o svinjče za klanje, spreman za rat - jedini je problem što tisuće također spremnih k'o prasci za pod nož nisu otišli u rat nego u Minhen diviziju), te sam dovoljno dozrio da odjenem odoru Hrvatske vojske. Dakako, nisam bio potpuni balavac, devedeset i prve punio sam dvadeset i tri, bio sam nekakva normalna odrasla osoba, čak sam, odsluживši vojni rok osam-deset i devete, stekao znanja potrebna za nošenje puške. Uopće se ne osjećam „kriv" zbog svojih godina i gluposti u koje su me bacile silnice „povijesne zbiljnosti": srećom pa se nikad nisam odlikovao posebnom pameću, što mi je pomoglo da nekako prebrodim konfuzno političko stanje i nagle promjene insignija države i vlasti. Odgajan u godinama vlasti moćne partije, u turbulentnim sedamdesetim, odrastao nakon smrti maršala, u vremenu ekonomskog kaosa i buđenja trofaznih vampira iz prekratkog sna, kažem bez straha, nisam imao pojma osamdeset i osme, nakon mature i prvog pravog posla u hotelu „Panorama" u Zagrebu, da je Jugoslavija mrtva i da sam, kao Hrvat, bio sustavno ponižavan od svog rođenja. Nisam imao blage veze o tome da je moja hrvatska krv nedovoljno 'rvatska jer se nisam budio i lijegao s kru-nicom i slikom onog kardinala koji je blagoslovio ustaške topove i kame. Jebi ga, nitko nije savršen. Pje-vao sam „Po šumama i gorama", bio na jednoj lokalnoj radnoj akciji, djelovao sam u omladini. Da, bio sam izviđač, bio sam gladan i bos, ali sam živio, što drugo reći, ne znam. Ne tražim izliku niti se opravda-vam s „bio sam kao i drugi", ne, bio sam što sam bio kada sam bio to što sam bio. Okolnosti, trajalo je to i nije bilo drugačije. Izbrisati rečeno iz biografije niti želim niti mogu, ta nisam ljudsko govno.

Uvijek me raspizde trolovi (i trolovke, da me se ne optuži za seksizam) koji seru kako se u Jugoslaviji

„nije moglo živjeti jer ničega nije bilo", a da se o nemogućnosti zimovanja u mondenom Ischglu ili kupovine originalnog Chanel N°5 parfema u domaćim trgovinama ne govori. Dobro, slažem se, osamdesetih je policijska politička represija bila kudikamo slabija nego u vrijeme Rankovića ili sedamdesetih (kad sam služio jugoslavensku vojsku, 88/89., na tapeti su bili Albanci, ali to je druga priča) i da su, barem ako se gleda iz položaja jednog dječaka, „politički motivirani" procesi i progoni protivnika komunističkog sustava bili daleko od mojih očiju i ušiju: nisu me učili o „hrvatskom nacionalizmu", a nije me bilo ni briga. Na moju i na hrvatsku žalost, nakon osamostaljenja Hrvatske vidjeti će se kako su mnogi bivši politički disidenti, unatoč grlatosti i busanju u 'rvatska prsa, bili jedino i isključivo sitni kokošari, lovci na hrvatski novac, privilegije, sinekure, na naplatu svog domoljublja. Gorka je hrvatska stvarnost: „borci" protiv socijalizma bjehu štakori kapitalizma koji su ponovili isto ono što su činili komunisti kad su '45 preuzeli vlast, prvo su krenuli u juriš na imovinu, na novac, na položaje i na benefite kako bi namirili sebe i naplatili 'rvatovanje, vrijeme u zatvorima, lepoglavske i starogradiške dane, goolotočke mjesece i godine provedene izvan društvene elite. Primjerice, nikad nisam razumio kako je to naš prvi vrhovnik bio „žrtva" (bez obzira na suđenja i zatvor), ako ga komunisti nisu izbacili iz vile koju je dobio kao partijski miljenik, bivši general i direktor Instituta za istoriju radničkog pokreta? Preglup sam da bih shvatio tu igru, politički neprijatelj sustava koji ga kažnjava, nevinog jadnog, a s druge strane mu pruža stambeni smještaj kakav su mnogi iz radničke klase (koji su hranili taj isti sustav) mogli samo sanjati. „Bedast jesem, al' ne razmem to, pa kaj ga nesu hitili vun z vile i kaj nije trebal, kak velki 'rvat živet kak pes na cesti? Onda bi stopram bil mučenik, kak se veli, i morti bi mogel prejti kak siromak Horvat, domovine sin." Ili onaj predvodnik desno orijentiranih branitelja iz Koprivnice (čast dečkima tamo, poznajem nekoliko iznimnih, ratnici bjehu i strah i trepet za srbočetnike, na čemu im skidam kapu), novinarski žvrljator koji posljednjih godina (ne znam je li još živ) kao predsjednik jedne od milijun udruga vodi križarski rat protiv crvene bande, jugofila i kritičara moderne Hrvatske kao da se rodio devedesete i da je kao beba u pelenama pucao iz AP M70 AB-2 7,62 mm ubijajući četnike i slažući od mrtvih trupala bunkerske zaslone. Haha, ipak je ispalo kako dotična, danas croarijevski nastrojena persona ima zanimljivu komunističku prošlost (nije izbrisao nezgodne podatke iz biografije) iz koje se lijepo vidi da je kao mlad i nadobudan novinar pisao traktate u čast socijalizma i to ekavicom na srpsko-hrvatskom iliti hrvatsko-srpskom jeziku! „I kaj vre da čovek veli za takega norca? Denes velki ustaša, a negdar je lizal zvezdu kak babe oltar vu cerkvi..." Znam što će reći napadači na mene, suditi će mi kao majmunu koji napadajući druge, pokušava sakriti svoja govna. Možda su u pravu, haha, ali, veliko glupo „ali", rabim primjere iz stvarnog života Hrvatske iz samo jednog razloga, podržavanja istine. Ako je već 'rvatska laž dominantna u povijesti na koju se grobari pozivaju, a mrtvaci plaćaju, onda je iznošenje stvarno odigranih prizora nasušno potreban čin slaganja puzzli ove predstave u neku smislenu cjelinu. Jednostavno rečeno, ako smo odrastali i živjeli u Jugoslaviji svi koji smo, uzmimo kao neki minimum životne dobi, 1990. imali barem dvadeset godina, onda je pošteno iznijeti činjenice o biografskim elementima onih među nama koji danas na razdoblje socijalizma gledaju s prezirom premda im je bilo kudikamo lakše i bolje nego meni i mojoj obitelji. Ne potežem ovo iz ljubomore jer je za jal ionako prekasno, već stoga što kod svođenja računa nema mjesta lažima, osobito kad govorimo o našoj domovini s malim „d".

Kao zoran primjer gluposti o kojoj zborim je slučaj bivše visoke dužnosnice RH, protiv koje osobno nemam ništa, dapače, prvi bih stao u njenu obranu kao žene i majke, kao privatne osobe, Hrvatice, građanke naše Republike. Međutim, ona nije nastupala u javnosti kao privatna osoba nego državna faca i kad pišem o njoj, ne pišem nikako drugačije nego kao o državnoj faci. U tome smislu je i ovaj osvrt na njene prosudbe socijalizma u kojem je odrastala, što dobija na težini ako se zna da je gospođa nešto manje od šest mjeseci starija od mene. Dakle, u svojim je javnim političkim govorima davala ocjene jugoslavenskog sustava na način da je „uvukla" u priču svoje djetinjstvo, svoj privatan život, čime je unaprijed anulirala svaki svoj budući „napad" na svoje kritičare. Ne može, uz dužno poštovanje, govoriti urbi et orbi detalje iz svog obiteljskog života i očekivati da nitko neće odgovoriti na to jer „se radi o privatnim stvarima". To naprosto ne ide, ne može se pljunuti, pa lizati.

Riječ je o klasičnoj storiji dvostrukih mjerila i bijega od istine. Dosadna pripovijetka o vunderkinderici, mesarevoj kćeri koja se školovala na svinjskim polovicama i goveđim kostima za juhu, domaćim kobasicama, špekerici i krvavicama. Životni habitus njenog poštovanog oca mesara obilježio je njeno djetinjstvo ozračjem koje smrtna socijalistička bagaža nije mogla osjetiti: cijeneći težak mesarski posao, a znam što znači biti mesar, bez brige, ipak ne mogu zaobići istinu, a to je da je djetinjstvo drage nam bivše dužnosnice bilo za sto kopalja materijalno i financijski sigurnije, standardom, dakle, više od životnog stanja jednog radničkog djeteta, na primjer mene. Kad netko živi u egzistenciji koja je u svemu solidno plaćena mesarskim zaleđem (klanje i rasijecanje svinja, krava, ovaca i koza, janjadi i odojaka, pilića i purana, težak zadah životinjskog utroblja i bučan zvuk mašina za mljevenje mesa, krv posvuda i mesarski panjevi, kuke za meso i vage, stočne i stolne, pa crijeva za kobasice i pac za slaninu i šunku, nasoljene goveđe i janjeće kože za prodaju kožari, noževi, mesarske krvave pregače i prepune kuverte s novcem ispod pulta, mesarski papir i vrećice...) i kad dijete ne mora osjetiti težu neimaštinu i oskudicu, onda je sadržaj memoriranih slika takvog djetinjstva, objektivno govoreći, a kad se radi o okružju izvan obiteljskog doma zapravo lažan ili/i previše mutan da bi se mogao uzeti kao argument. Gospođa je odrasla je u toplom domu i kao dijete nije imala briga o cipelama, o odjeći, o tome da mora učiti pod svjetlom voštane svijeće jer je „Elektra” isključila struju zbog neplaćenih računa, što znači da se, hvala Bogu, mogla prepustiti radosti djetinjstva i mirno razvijati sve svoje talente, kojih je, opet budi hvala dragome Bogu, imala podosta. Okružena pažnjom, mažena i voljena, zaštićena mesarskim kućnim budžetom, cijenjena je današnja fina dama imala mogućnosti kakve nisu imali proleterski sinovi i kćeri. Da se ne lažemo, kako bi rekla naša trofazna nebraća, dok sam ja živio i od malena se suočavao sa stvarnim životnim sranjima, njeni su „problemi” bili, u svom najtežem obliku, hoće li odjenuti ovo ili ono, hoće li je primiti u crkveni i školski zbor (odvojeno, jasno, jer prvi bješe katolički, a drugi školski socijalistički dječji zbor: u prvome je mogla pjevati „Rajska djeco, kraljice Hrvata”, a u drugi je mrzila jer su je učili „Hej Slaveni”, u crkveni je išla po želji, a u školski jer se moralo). Napominjem, nisam ljubomoran, govorim kako je bilo. U takvoj konstelaciji snaga dojmovi o socijalizmu nje i mene (ne mogu se uspoređivati s njom, ali ovo je moja knjiga, pa ipak mogu, haha) su dijametralno suprotni ili, preciznije kazano, njena i moja priča kao da ne govore o istoj državi u istom vremenu. Gospođa je tako, jednom prilikom, ničim izazvana, ustvrdila da je u socijalističkom mraku bilo neizdrživo jer nije bilo - jogurta! Citiram njene riječi (Izvor: prijevod, Kleine Zeitung, 11. rujan 2018.): „Odrasla sam u komunizmu, i nisam htjela ništa drugo nego da izađem iz toga. Htjela sam biti slobodna. Htjela sam imati mogućnost u dućanu birati između raznih vrsta jogurta.” Haha, pitam se što bi na ovu konstataciju rekli njeni obožavatelji iz redova bivših komunističkih disidenata i robijaša: ako je gospođina prosudba neslobode u Jugoslaviji svedena na slab izbor jogurta, onda taj mračni socijalizam i nije bio neki bauk, zar ne?! Šalu na stranu, gospođa potvrđuje moje riječi: djevojčica stasala u nepatvorenoj sigurnosti mesarskih dojč maraka (jer dinari nikad nisu bili omiljeno sredstvo plaćanja, osobito ne „neprijatelja komunizma”) zapravo o „slobodi” ništa nije naučila i ne zna što je „nesloboda”. Ima li glupljeg dokaza za ovo o čemu pišem: na mojoj je obitelji socijalizam ostavio svoj krvavi pečat i prije mog rođenja, što za mene osobno nije bilo toliko važno jer o tome ništa nisam znao, a njenu obitelj, barem prema onome što se zna, politika nije odveć šikanirala. I dok bih ja morao biti ozlojeđen zbog djetinjstva, a nisam, ona jest, a nema nekih razloga za to. Svi znamo što je i kako to bilo s privatnicima i obrtnicima u socijalizmu, nekima je išlo, nekima baš i ne. Šusteri i slična „mala” zanimanja stvarno su krvavo zarađivali svoj kruh i još ih je jebala vlast, no mesari, gostioničari, mehaničari i slični obrtnici bjehu socijalistički mini tajkuni unatoč prismotru države. Laže onaj tko kaže suprotno. MIK (mito i korupcija) u vrijeme crvene vlasti bješe način života, kao što je i danas, samo je tada bio na niskom stupnju razvoja. Za sadašnji sustav korupcije, MIK u Jugoslaviji bio je nešto kao život neandertalaca naspram života danas, u trećem mileniju. Govoreći o jogurtu, bivša je dužnosnica namjerno izostavila dvije trećine istine: svinjske polovice i govedina za juhu omogućilo joj je život poput kapitalističkog i zato su njene impresije o jugovini lažne. Konačno, uz sav respekt spram njenih školskih, akademskih i profesionalnih postignuća (za koje je teško radila, na čemu joj čestitam), sama njena biografija je demantira: da je socijalizam bio tako strog, nikad ona ne bi dobila putovnicu i dozvolu za odlazak na školovanje u USA, ostala bi zatvorena u komunističkom mraku i skončala bi kao prodavačica čvaraka i lovačke salame u obiteljskoj mesnici. To su činjenice. S moje strane, ja budala i idiot, koga nije zanimalo koliko vrsta jogurta ima u „Centro-prometovom” dućanu na kraju Ulice Vilka Jureca, mogu potvrditi da famozni komunistički mrak nije ostavio toliko strašne psihičke traume na meni da bih se u slobodnoj i neovisnoj Hrvatskoj ujutro budio okupan znojem zbog noćne more u kojoj sam bio u „Kauflandu”, a tamo, gle vraga, na polici samo dvije vrste jogurta, i to samo čvrsti, a nema voćnog ni light verzije!

Drugi glupi momenat dotične gospođe je njen komentar oko kajkavskih popevki: siguran sam da nije neobrazovana ni primitivna pa da u trenutku davanja još jedne bedaste izjave nije znala da u socijalizmu nije bilo izražene represije prema nama kajkavcima zbog „kaj” (to se može opravdati i time što je Tito bio Zagorac, naš lancman, haha). Međutim je ova divna dama je, posjetivši 54. Festival kajkavskih popevki, ispalila k'o bez mozga i ovo; „... i da otpjevate onu prekrasnu popevku „Došel bum doma, sel si bum pod brajde”, koju smo pjevali s vojnicima u Afganistanu, jer to je jedna od popevki koje su nastale u onim vremenima kada se nije smjela spominjati Hrvatska, Hrvatsko Zagorje, domovina, bregi, u kojoj domovina spi.”. Haha, žao mi je, ali ovo s mračnim socijalizmom nema nikakve veze jer, budi dragome Bogu pošteno rečeno, više se moglo „kajkati” i o Hrvatskome Zagorju „spominati” u Jugoslaviji nego što se „kajka” danas, u demokratskoj 'rvatskoj! Što se tiče izjave, jao nama s gospođom, ovaj je put sjebala i šefa i stanicu, ustvrdvši kao domoljupka, onako sasvim ozbiljno da se u socijalizmu nije smjela pjevati zagorska popevka koja je napisana i uglazbljena, vidi ti đavola komunističkog, godine 1999., dakle devet godina poslije smrti Jugoslavije u kojoj je, kako reče, bilo zabranjeno govoriti „Hrvatsko zagorje”!!! Haha, razumijete me o čemu pričam? Mesareva kćer, pametna i obrazovana, od pristojnosti sazdana dama svoja sjećanja na bremenito djetinjstvo opterećeno milanskim rezom, kremenadlama i pancetom, u tmini komunizma stasala žena prenijela je u slobodnu 'rvatsku cijeli niz vrlo teško razumljivih impresija koje nemaju veze s mozgom, a još manje s istinom: to je poanta ove scene ove predstave u ovom lošem kazalištu istina i laži, to je armirano-betonski argument u moju korist! Ne radi se samo o nevinom lapsusu jedne osobe koja nikad nije imala ni najmanji doticaj sa stvarnim životom Hrvata-mrtvaca, ne, riječ je o suštinskom djelovanju onih koji ne lažiraju samo vlastite životopise, već i cijelu hrvatsku povijest i time vrlo podlo otimaju budućnost naraštajima koji se tek imaju roditi! Izgradi li se hrvatska priča na lažima i prepravljenim sjećanjima, budućnost je unaprijed ubijena!

Prihvaćanje socijalizma kao povijesnog fakta naših života (za sve koji smo tada rođeni i koji smo tada živjeli) jest krucijalno pitanje čiji odgovor daje šansu za konačni „obračun” s hrvatskom sadašnjošću, a sve kako bi mogli ostaviti povijest u povijesti i time otvoriti uzak prolaz prema sutra, prema trenutno nevidljivoj budućnosti. Najkraće rečeno, nemamo pravo mijenjati ma i jedan zarez na hrvatskom udjelu u jugoslavenskoj epizodi naše povijesti, a u što ulazi apsolutna zabrana da brišemo i jedno jedino slovo u vlastitim pričama! Sve suprotno vodi nas u propast! Zašto? Zbog laži. Nema života u sutra ako nam je jučer laž. Istina, ma kakva bila, jedina je alternativa. Kukavice se boje prošlosti. Kod mene: znam što sam bio i kako sam živio, znam što sam radio krivo i sjećam se ponekih dobrih stvari. Nisam zaboravio nijedan svoj grijeh, nisam se usudio uzeti gumicu zaborava i izbrisati ono čega se sramim. Bogu se ne može lagati. Nosim svoj križ kao što sam spoznao moć pokajanja i moć molitve za ljubav i oprost grijeha. Zemaljsko poimanje toga me ne zanima, što sam, to sam, što sam bio, bio sam, u socijalizmu kao i danas. Amen.

Mladost ima mnogo dobrih strana i još više mana, a jedna je nedostatak iskustva. I znanje u neznanju jer čemu znanje, uistinu, ako s time što znaš ne možeš učiniti ništa korisno. Bio sam prokleto naivan. Vjerovao sam „odraslima”, vjerovao sam „iskusnima”. Morao sam jer su me tako odgajali, a i logično je, malo štene uči od svoje majke, kuje, jer osjeća i zna da mama zna, a nema druge opcije osim učenja od one koja ga je okotila. Bedastoća, kao ono, svi su ljudi jednaki, sloboda je univerzalna vrijednost, ljude se ne dijeli po naciji, vjeri i boji kože, govoriti istinu, štititi slabije i poštivati starije, raditi, učiti. Cijeli lanac kobasica moralnih (naoko dobrih) stvari, ideja, činjenja i primjera življenja u sklopu socijalističkog samoupravnog pogleda na svijet gurali su u moju glavu i što sam mogao? Ništa, bio sam dijete, bio sam nitko, kao i danas. Nije bilo demokracije, točno, ali iskreno, ni demokracija 'rvatskoga tipa nije mnogo bolja od vlasti jedne partije. U zgradi hrvatske vlade trideset se godina smjenjuju dvije zle partije, HDZ i SDP, a čovjek ne zna u kojoj je više bivših komunjara i koji se vrag zapravo promijenilo u odnosu na osamdesete.

Raznovrsnija ponuda u dućanima i mogućnost putovanja u EU, sloboda govora? Dajte, nemojte me zaje-
bavati, gospodo demokrati, demokršćani i preodjevene komunjare! Kaufland, Billa, Ikea, ako je to zna-
menje demokracije, nabijem vas na onu stvar. Uostalom, za sirotinju koja nema novaca, trgovački centri
vrijede kao i dućani u Jugoslaviji. Slobodno se može govoriti, dakako, ali se isto tako može onaj tko slo-
bodno govori naći na sudu i platiti kaznu zbog povrede ugleda i časti, a o čemu presuđuje sudac koji je na
platnoj hadezeovskoj listi. Putovnica i putovanje je benefit, četiri stotine tisuća mladih obrazovnih ljudi je
iskoristilo tu blagodat i pobjeglo iz Hrvatske glavom bez obzira, pobjeglo trbuhom za kruhom, što i nije
naročito dobro za demokratsku europsku 'rvatsku. Ili ipak jest? Sve je isto, i nekad i sad, slike vođa su
drugačije, sustav ima druge apostrofe, novac je drugačiji, ali u tome svemu drugačijem za nas sirotinju ne-
ma ništa novo, mi „sme opice štere ideju v vojnu kak bi grofi i biškupi meli masne guzice".

Nije baš da nisam vidio trulost socijalizma, vidio sam to i na svojoj najnižoj razini djeteta proleterskog
smeća. Recimo, vidio sam kako djeca oficira jugoarmije, supovaca, komitetlija, direktora i ostale bande „s
linije Partije" žive k'o bubreg u loju. Tko je dobivao nagrade, kome su davane stipendije i tko su bili
dječaci i djevojčice „koji/koje obećavaju"? Pored nekoliko iznimaka, tek forme radi, uvijek bjehu djeca
spomenute crvene buržoazije, djeca provjerenih komunista i komunističkih denuncijanata. Ponekad bi
upalo koje sirotinjsko dijete, ali kažem, to je bilo poradi zadovoljenja forme, da ne ispadne kako oficirska
i sekretarska kopilad imaju protekciju. A imali su. Uzorni omladinci, najbolji učenici i napredni pioniri:
koga su razrednice predlagale za predsjednike/predsjednice razredne zajednice, dijete radničke sirotinje ili
sina ili kćer druga sekretara partijske organizacije, drugarice tajnice predsjednika općinske skupštine,
možda sina druga potpukovnika, zamjenika komandanta kasarne „Jalkovačke žrtve"? Nemojmo srati, ne
sjećam se da je ijedan od mojih prijatelja, a svi smo bili proleterski fakini, biran na funkcije u „dječjem
svijetu", možda higijeničara, ako i to. Nisam memorirao da su me barem nominirali, ako već nisu birali.
Odlikaši, vunderkindi, štreberi s pedigreom, djeca komunista, a danas, vidi vraga, neki od njih nastupaju u
javnosti kao „žrtve" socijalizma i govore s mržnjom o sustavu koji ih je mazio! Ljudi su gamad!

Nije samo u osnovnoj školi bilo tako, i u srednjoj također, ali na drugačiji način. Pubertetlije ipak nisu
mogli jebati toliko, a ja sam, na moju sramotu, bio aktivan u omladini i izviđačima: šteta, jer time sam se
samo kontaminirao glupostima koje su (neke u nizu) izvor za pisanje teksta ove predstave. Priznajem,
pogriješio sam, ali što da se radi, tako se živjelo, tako sam živio. Iz svoje kože se ne može, a ja ne brišem
svoju biografiju. U vražju mater, osamdeset i pete još nije mirisalo na rat. Ili nekome od smrtnika jest?
Neka me prosvijetle i dokažu tko je od nas običnih Hrvata-mrtvaca znao da će se jugovina raspasti u krvi
da će nam Srbi nanijeti toliko zla? Molim, samo čvrsti dokaze dolaze u obzir...

Jal? Ljubomora? Samosažaljenje? Ništa od toga, samo inzistiram na što je moguće većoj dozi istine i
realnog pristupa prošlosti. Ne žalim što nisam bio predsjednik razreda, ali me smeta što oni koji su to bili
ne priznaju tu sasvim benignu stvar: zašto, ne znam. Nitko nije manji Hrvat ako je bio pionirski aktivist.
Ili omladinac. Kao što moj prastric nije ratni zločinac ako je bio ustaški zbirnik. Pitanje priznanja vlastite
prošlosti znači imati čvrst karakter i biti čovjek na mjestu. Nažalost, mnogi okorjeli kriminalci i prevaranti
su časniji i pošteniji ljudi od devedeset i devet posto velikih 'rvata, domoljuba od stoljeća sedmog. Poda-
tak o „preskakanju" najmanje osamdeset tisuća bivših članova SKH u HDZ dostatan je dokaz.

Realno, nije Tuđman, pokoj mu duši, ni prvi ni jedini realizator plana o dvjesta bogatih obitelji: ta mon-
struozna ideja na dnevnom je redu hrvatske povijesti trinaest stoljeća, a od 1945. poprima zastrašujuće
razmjere svehrvatske nadsramote i tragedije, naročito od 1989., kad su komunističke glavešine shvatile da
je crvenoj zvijezdi petokraki istekao rok trajanja. Bivši general-major JNA (možda) je imao kakvu umo-
bolnu ideju o restauraciji slave hrvatskog kraljevstva na perverzan način pretvaranja demokratske repu-
blike u privatno „demokratsko" vojvodstvo u kojem bi pravovjerni 'rvati od-stoljeća-sedmog, uz zadovo-
ljenje najstrožih kriterija primili novo hrvatsko plemstvo s čime bi, u punoj slavi nove 'rvatske aristo-
kracije preuzeli vođenje 'rvatske i vladavine nad narodom za sljedećih pet tisuća godina. No temelje tog
suludog krvavog plana nije postavio on nego komunisti kroz četrdeset i pet godina stvaranja partijskog
aparata i kroz rodijačko-kumske veze i podvezice. Kad su se tome dodali bivši politički disidenti (koji su
većinom i sami pripadali partiji prije no što ih je ona izbacila iz svojih redova) i endehazijska emigracija,

dobili smo to što danas imamo: europsku 'rvatsku gladnih kmetova i bogatog neoplemstva skrivenog u kostimima demokratskog licemjerja, korupcije i nepotizma.

Gdje sam onda ja u svemu tome? Nigdje. Mogao sam se naprezati i glumiti 'rvatinu, ali čak ni za to nisam imao talenta. Griješio sam mnogo, činio takve gluposti koje ni pas s maslom ne bi izija, padao sam na svim testovima zbog vlastitih pizdarija. Profesiju čovjek može promijeniti, karakter nikad.

Zato prepravljanje životopisa ne znači baš ništa: evo, mogao bih ovdje napisati najmanje pedeset imena iz Varaždina koji su u socijalizmu kotirali kao ljudi od povjerenja drugova iz komiteta, a koji su danas visoko pozicionirani u vladajućoj strukturi (uz dodatak: 'rvatski domoljubi, katolici samo takvi, 'rvati kakve majke rijetko rađaju). Njihovi CV ne sadrže vrijeme prije 1990., a ako se i spominje, jer se mora, onda je to o školovanju, diplomama i postignućima, sve na crti 'rvatstva i katoličkog pravovjerja, znanje stranih jezika, ali o tome da su bili sekretari omladine, da su organizirali partizanski omladinski marš „Putovima revolucije", srednjoškolski kviz „Varaždinski kraj u NOB-u" i akciju „88 ruža za druga Tita", o tome ni jednog jedinog slova nigdje nema. Ne razumijem zašto, što je antihrvatsko ako je netko pisao referat o skojevskim antifašističkim akcijama u Varaždinu u proljeće 1943., pa i Europska Unija temelji se na pobjedi iz WWII?! Haha, očistiti životopis i prilagoditi ga novonastalom stanju, oprati što se oprati ne može, biti što nisi i lagati samome sebi o sebi samome doista je demokracija zlata vrijedna, zamata govno u celofan i prodaje pod raritetni suvenir. Međutim, govno u celofanu je još uvijek govno, jednako smrdi bez obzira na mašnu i svjetlucavi omot.

Nije problem u njima, mislim, neka su bili što su bili, i neka su danas što jesu, tko ih jebe, ono što je sranje jest što nitko ne reagira, ljudi glume da nemaju pojma. U 'rvatskoj vlada sveopća amnezija, ali samo kad se radi o vlastitim interesima. Nitko neće podići glas protiv danas istaknutog privrednika, stručnjaka i poduzetnika koji svojim uspješnim radom doprinosi ekonomskom prosperitetu i grada Varaždina i 'rvatske i nitko se ne sjeća kako je taj isti poduzetnik prije rata bio progonitelj sinidkalista koji su održavali vjerske obrede u familiji (krstitke, krizme, vjenčanja) i koji je, uzgred budi rečeno, često objavljivao članke u lokalnom tjedniku na „čistom" srpskom jeziku, a čak ni to, neka to, boli činjenica da se nitko ne sjeća kako je ovaj stručnjak došao do bogatstva s kojim se razmeće i kako je strpao u džep imovinu bez da je za nju platio makar jednu dojč marku?! Znam ljude koji su onodobno bili glavonje omladinske organizacije, mladi perspektivni komunistički kadrovi, a kojim je ta stavka u CV izbrisana! A ja? Kako nisam Hrvatgrobar, tko mi što može? Moje četiri ratne godine potvrđuju moje hrvatstvo, barem malo.

Netko će to moje djelovanje opisati kao kokošarenje, glupavo pubertetsko sranje, ali, realno, nesvjestan „istorijskog" trenutka svog čina, ja sam konkretno ranio Jugoslaviju pronevjerom njenog novca, haha! Evo, ispričati ću kakvo sam zlo učinio u ime nacionalnog ponosa (ak' si oko skopam).

Predmet i resurs počinjenja zlodjela: narudžbenica. Konto: novac omladinske organiza-cije i novac izviđačke organizacije. U to vrijeme nije bilo službenih kreditnih kartica: sredstvo plaćanja bila je narudžbenica. Ovlaštena osoba ispisala bi narudžbenicu, unijela potrebne podatke (naziv naručitelja, broj etc., naziv isporučitelja robe i usluga, vrste roba ili usluga, novčani limit narudžbe, ako je bio i na kraju pčat i potpis) i potom bi jednako određena persona s tom narudžbenicom otišla u trgovinu, ustanovu, autobusni ili željeznički kolodvor, bilo gdje i naručila potrebnu robu ili uslugu. Po preuzimanju, isporuci ili iskorištenju usluge izdala bi se potpisana otpremnica-račun, a isporučitelj bi potom poslao poštom virman na naplatu naručitelju, koji bi to u zakonskom roku od, čini mi se, petnaest dana platio. Poduzeća, škole, svi su to rabili kod narudžbi roba i usluga manje vrijednosti (nije riječ o velikim kupnjama, više je to bilo za kupnju sitnog potrošnog materijala, za manje popravke i za reprezentaciju, za iće i piće). I ja sam u to „uletio", zašto bih bio drugačiji nego što je bio cijeli sustav, haha.

U srednjoj školi, znači, bio sam aktivan samo zbog jedne jedine stvari: izbjegavanja nastave i „izvora" legalnog opravdanja izostanaka. Broj mojih izostanaka bio je, malo je reći, velik, ali sastanci i akcije, sve po planu i programu, haha. Uglavnom je to prolazilo kod profesora (iskreno, nije ih bilo briga za neke od učenika, mene, na primjer), osim kod profesora tjelesnog odgoja. Taj mrga, primitivac i, kako će se pokazati, pedofil, nije volio ni sistem ni mene: moje službene ispričnice jednostavno nije uvažio, što me je dovelo do toga da sam pohađao produženu nastavu na kraju godine kako bih ispravio jedinicu iz tjelesnog!

Haha, smiješno, ali meni nije bilo: srećom, ispalo je da ipak nisam bio jedini. Dotični je profesor, kad sam mu donio učeničku knjižicu na potpis, rekao da me ne poznaje i da ću lijepo dva tjedna dolaziti da naučim gradivo. Nisam imao izbora, morao sam, ali me je spasila ljudska slabost. Profesor tjelesnog odgoja volio je zaviriti u čašu, duboko i mnogo puta, što je grupu „s produžne" spasilo do dosadnog natjeravanja lopte i trčanja usred ljeta po užarenom suncu. Platili smo profesoru par rundi u prvoj birtiji iza škole već prvoga dana produžene nastave i on je supijan potpisao naše učeničke knjižice (nešto slično indexima na faksu), pak je storija okončana na obostrano zadovoljstvo... Gdje sam stao? Aha, omladinska aktivnost i izviđačka organizacija, narudžbenica, novac i rušenje socijalizma iznutra.

Kad bi se išlo na neku konferenciju ili aktivnost, slet i slično, vođa puta dobio bi narudžbenicu za kupnju karata i druge troškove. S time se moglo dosta manipulirati, ali nije se radilo o velikim svotama, to je bilo onako, za piće i cigarete. Nelegalno? Kako se gleda, a ako je po ondašnjim uzusima, sve u rok službe, kako došlo, tako prošlo, haha. Moj primjer je sličan, a radi se o djelovanju izviđačke čete u mojoj srednjoj školi. Nije da se hvalim, ali ja sam organizirao i ustrojio školske izviđače. Postojala je izviđačka grupa i prije, ali je rad zamro. Izvannastavne aktivnosti su u moje srednjoškolsko vrijeme imale značajni utjecaj na ukupan uspjeh i djevojke i mladići su voljeli baviti se nečim, osobito ako to „nešto izvannastavno" nije oduzimalo previše vremena i nije ništa koštalo.

Dakle, na sastanku štaba odreda izviđača dobio sam zadaću aktivirati izviđačku četu i prihvatio sam se tog posla s radošću. Pronašao sam, zainteresirane djevojke i mladiće, neki su i prije srednje škole bili izviđači, dvoje-troje sam vrbovao iz svog razreda i tako je Izviđačka četa „XXXII divizija" osnovana drugi put i otpočela je s radom. I evo me kod prve narudžbenice. Škola je, naime, na svom računu imala stavku za rad društvenih organizacija u sklopu kojih su bili i izviđači. Za rad su nam trebali priručnici, oznake, osnovne stvari. Otišao sam kod direktora škole i zamolio ga za pomoć. Odobrio je i u tajništvu škole su mi dali ovjerenu narudžbenicu za nabavku izviđačkih sredstava bez navedenog iznosa i adresiranu na Ekonomat SIH-a u Zagrebu. Također sam dobio i nešto gotovine za putnu kartu za vlak. Otputovao sam u Zagreb i kupio što nam je bilo potrebno za početak rada. Haha, kupio sam, hm, malo više nego što sam rekao da ću kupiti: kad sam već bio u ekonomatu, „uzeo" sam dvije nove izviđačke košulje sa svim oznakama, što je znatno povećalo račun. Vratio sam se u Varaždin s velikim paketom. Dva tjedna kasnije direktor me pozvao na razgovor. Nije bio ljut, ali mi je prigovorio zbog rastrošnosti: potrošio sam jednom kupnjom sav novac predviđen za društvene organizacije mladih škole za pola godine! Srećom, rekao mi je, osim izviđača nitko drugi sredstva ionako nije koristio, pak hajde, što je bilo, bilo je, uz zamolbu na kraju, nemoj mi više dolaziti do kraja godine, ne do kraja godine, dok ne maturiraš, haha.

Došao sam drugi put, ali nisam trebao novac od škole nego prostor. Nekoliko mjeseci nakon osnivanja moja je četa, čiji sam bio vođa (to bješe službeni naziv dužnosti, vođa čete), dobila je zadatak organizirati jesensku općinsku smotru izviđača. Nije samohvala, ali doista smo pripremili, organizirali i sproveli jednu od najboljih smotri u Varaždinu. Jedan od razloga je bio taj što smo imali na raspolaganju cijelu školu, sportske terene, dvoranu i kuhinju. Direktor je odobrio, a ja sam dogovorio detalje sa svojom razrednicom, profesoricom kuharstva. (Profesorica M., nevjerojatna žena. Čovjek s velikim „Č", iznimna stručnjakinja i zasi-gurno jedna od najboljih nastavnica koje sam imao tijekom školovanja. Od nje sam naučio što je kuharstvo, a što nije. Međutim, više od struke, od nje sam naučio što znači biti čovjek. Imala je rijetku osobinu iznimnih profesora: podučiti učenike stručnim znanjima, ali ponajprije usaditi u djecu važnost čovječnosti i ljubavi prema ljudima. Znala je proniknuti u srce svakog učenika i pronaći ono najbolje u njemu/njoj i to bez poređenja s ostalom djecom. Zahvalan sam joj na svemu i nikad je neću zaboraviti. Ne, ovo nije panegerik ni pseudoromantičan osvrt na školsko doba, a što se ponekad javlja u ljudima kao refleksija na prošlost, kao, evo dobrih stvari među uspomenama. Profesorica M. bila je i ostala onaj monument ljudskosti koji me je obilježio za cijeli život i koji sam, nažalost i na svoju sramotu, mnogo puta tijekom dekada lutanja smetnuo s uma. Jest, bila je privilegija biti njezin učenik. Dvadeset i osam godina po svršetku srednje škole, sreli smo se ponovno i opet me je, kao i nekad, podučila univerzalnim vrijednostima čovjekoljublja i poštenja. Stari majmun s četrdeset i sedam na plećima može učiti kao šesnaestogodišnji pubertetlija. Nisam je vidio dvadeset i osam godina, a onda smo se sreli kad sam bio na dnu dna.

Bio sam korisnik usluga socijalne skrbi, točnije, bio sam beskućnik, jado jadni smješten u prenoćištu Udruge „Novi put” u Varaždinu. Kako smo se sreli? Tipična priča o spletu okolnosti. Udruga „Novi put” organizirala je u suradnji s gradom Varaždinom i Ministarstvom socijalne skrbi programe čiji je cilj bio resocijalizacija beskućnika i povratak nas s dna u „normalno društvo”, u svijet rada, kako se to kaže, a što je financirano bespovratnim sredstvima EU. Zvučno birokratsko objašnjenje, nije li? Jedan od tih programa bio je tečaj kuharstva koji je držala moja bivša profesorica. Zapravo, nije se iznenadila kad me je vidjela, ponašala se kao da smo se sreli na tržnici ili na korzu. Pozdravila me je. Nije mi postavila nijedno pitanje, ničime nije ušla u moju sramotu. Ponašala se i razgovarala je sa mnom kao i dvadeset i sedam godina ranije. Kao gostujući predavač, voditeljica kuharskog tečaja dva-tri mjeseca, dolazila je u prenoćište tri puta tjedno i učila beskućnike kuhanju osnovnih jela, koliko je potrebno da čovjek ne ostane gladan ako se nađe u situaciji tzv. normalne svakodnevice. Nije čudno, neki od beskućnika nikad nisu imali kuhaču u rukama, pa čak je i za žene beskućnice poduka iz kuharstva bila super ideja. Što se mene tiče, prisustvovao sam tečaju iz poštovanja prema profesorici, a i htio sam s njom razgovarati, nedostajala mi je konverzacija s normalnom osobom, s čovjekom. Zbog nje sam se opet osjetio ljudskim bićem, vratila mi je vjeru u samoga sebe, jednostavnim riječima i toplinom svog srca probudila je ono čovječno u meni, svijest da sam unatoč svemu i baš zbog svega čovjek i da mogu koračati ulicama grada uzdignute glave ne obazirući se na poglede i mišljenja zlobnih ljudi. Sad ću prekršiti vlastito pravilo koje sam „uveo” od prve stranice teksta: baš i ne spominjem imena i prezimena, izuzev stvarnih povijesnih ličnosti i likova čije su uloge u ovoj predstavi zapravo nevažne, od prve scene do ovdje i do kraja nastojati ću držati se te odluke. Nomina sunt odiosa (Ovidije, Heroides, 13:54, Ciceron, „Pro Sexto Roscio Amerino”) je latinska izreka koju sam uzeo kao zakon s obzirom da o grijehu mogu govoriti i pisati, a suditi će On u onaj dan. Profesorica ne spada u bandu grešnika, ona je bila moj anđeo i stoga ću na trenutak zaboraviti pravilo i reći: profesorica Barbara Martinez, Čovjek, stručnjakinja, iznad mnogih, bolja od tisuća drugih. Profesorice, ne znam gdje ste sad, ne znam jeste li živi, bili ste u vrlo poznim godinama, nadam se da jeste i da ćete još dugo živjeti: hvala Vam, profesorice, volim vas, neka Vas Nebeski Otac blagoslovi!)

Izviđačka smotra. Škola je dala prostor, profesorica je pristala skuhati vojnički grah za izviđačku rulju, pa mi je preostalo samo pribaviti namirnice i sve što je bilo potrebno za kuhinju i za logističku potporu. Odšetah u ured omladinske organizacije čije je tajništvo vodilo materijalno knjigovodstvo izviđača i podigao bjanko potpisanu narudžbenicu za smotru. Iznos nije pisao, ali su mi rekli koliki je limit. Nema problema, odgovorio sam, neću toliko potrošiti. Nisam dosegao limit, bilo je nešto niže od toga, znači, sve po pe-esu. Otišao sam u VA-MA samoposluživanje, u podrumu velike robne kuće, gdje su cijene i inače bile nešto više nego u „Centroprometu”. Šef posluživanja bio je otac jednog mog poznanika, također učenika naše srednje škole, budućeg kuhara, ali nešto mlađeg, godinu ili dvije poslije mene. Prije odlaska u kupovinu pitao sam tog dečka mogu li kod njegovog tate, a on je rekao „nema frke” i tako je narudžbenica završila u VA-MA računovodstvu. Poznanik je sve „sredio” s tatom, haha. Caka je bila u ovome: pored sve potrebne hrane, kupio sam nekoliko boca alkoolnog pića. Pivo, vino i mislim, tri kutije cigareta, što mi nije bilo odobreno, ali „snađi se druže” i ta divna roba, piće i cigarete pretvoreni su u krumpir, kobasice, meso i ulje i tek bi kuharski stručnjak iz računa vidio da količine nisu u skladu s normativima za pripremu hrane za taj i taj broj obroka. Haha, sve jasno? U svoju obranu iznosim činjenicu da ništa nisam uzeo za sebe, nisam se okoristio jer su piće pili, a cigarete danfale sve izviđačke vođe, kako mi omladinci, tako i stari magarci. Sve po zakonu, tek malo muljanja, haha...

Vjerojatno bi svatko „normalan” pomislio: balavac, sitni prevarant, ništkoristi, od malena se uči krasti. Možda, ali u svjetlu 'rvatskog „Domoljublja” s velikim „D”, moja „zlouporaba” narudžbenice i društvenih „para” može se shvatiti kao svjesno uništavanje ekonomskog poretka omraženog socijalizma, haha. Nažalost, sad je prekasno da mi se takvo podrivačko djelovanje prizna kao doprinos u borbi za ostvarenje sna od-stoljeća-sedmog, haha...

Dosta zajebancije! Priznajem, bio sam premlad i preglup, a što nije izlika, da bih odgovornost shvaćao ozbiljno, a onda, taj prokleto „kmični komunizem, šteri ni jogurta ni mel kak se spada i gda se ni moglo osamdeset i druge popevati popevku štera je napisana devedeset i devete, i gdi su oni kaj su otpali od partije završili kakti v Lepoglavi, a njihove babe i deca v lepim nacionaliziranim židovskim vilama koje su pokle, gda su komunisti službene opali s vlasti, a neslužbene preslekli kožuhe i posatli hadezejci, kupili za nikakšne peneze po zakonu šteri su sami donesli i koji je vredel same jen den, taj socijalizem je, kak se more videti, dve hiljade dvadeset i perve ni bil sima jednaki, nekima je poslužil onak kak im je dedima i pradedima služila endehazija, kraljevina Jugoslavija ili k.u.k. monarhija. A mi siromahi, gladuši, mi kmeti prokleti mogli sme se same v rit pihati..." Osamdesetih socijalizam je već istrošen sustav koji je sam sebe pojeo. Lako je danas reći „a tko je, umno sposoban, još vjerovao u tekovine revolucije?", pa u nju nisu vjerovali ni najviši komunistički crvi?! Da i ne. Nije riječ o vjerovanju u revoluciju nego o navici življenja u okruženju koje je bilo kakvo je bilo. Danas znam što tada nisam znao: jedina postojana hrvatska politička ideologija jest „kako vjetar puše", a principijelnost, političko poštenje i karakternost su pojmovi iz djela Augusta Šenoe, Kovačića i Matoša, nikako iz hrvatske stvarnosti. Zapravo, još sam dobro prošao, kakav sam bio u mladosti, mislim prije rata. Iskustvo čovjeka uči i sitnim činjenicama, poput one koja govori o tome baš nitko od ljudskoga roda neće do kraja održati riječ kad u pitanje dođe vlastita guzica: tuđa može biti seksi, slatka, ali moje dupe je moje dupe i to je to. Ima, istina, junaka i naivnih koji odlaze u smrt za tuđe guzice, ali još nitko nije „pobio" istinitost fraze kako je bolje biti živ kukavica nego mrtav heroj...

Objašnjavati zadrtim debilima 'rvatskog, još uvijek srednjovjekovnog establishmenta da životom u socijalizmu i prihvaćanjem tog dijela vlastite biografije nitko od nas nije kompromitirao svoje hrvatstvo i domoljublje (osim pripadnika vrha partije, udbaša, oficira i uopće slugu represivnog aparata bivše države, te direktora socijalističkih firmi koji su poslije 1990. postali tajkuni, kao i bankara, sudaca, fiškala i svih čije su ruke upropastile Hrvatsku i ukrale novac hrvatske sirotinje i prenijele ga na svoja bankovna konta) i da se u Domovinskom ratu morala dokazati ljubav prema domovini s malim „d" je uzaludno gubljenje vremena i živaca: 'rvatski realitet hrani se lažima trinaest stoljeća i očekivati drugačiji pristup je stvarno naivno. Kao i ovdje u Americi, gdje stavljam na papir što je sudbina sročila, tako i u HDZ/SDP banditskoj kvazidomoljubnoj Domovini 'rvatskoj s velikim ”D” jedina vrijednost je novac. Materijalno bogatstvo, školovanje kopiladi elita u Londonu i u Americi, skijanje u Švicarskoj i Austriji, ljetovanje na Bahamima, vožnja u limuzinama, letovi helikopterima, plovidbe na jahtama i posjedovanje kreditnih kartica bez limita, šetanje najskupljih brendova krpica po zagrebačkoj špici, prežderavanje u skrovitim salonima najboljih restorana i teatralno paljenje svijeća ispred spomenika palim hrvatskim braniteljima iz Domovinskog rata nekoliko puta godišnje, sve popraćeno tv-kamerama i reporterskim foto-aparatima, sve to spada u opis 'rvat-skog domoljublja danas, onog koje se ne razlikuje od komunističke pravovjernosti.

Ne sramim se što sam živio u Jugoslaviji jer nisam rođen u endehaziji niti u Velikoj Britaniji, a osim toga, nitko me nije pitao želim li se roditi gdje sam rođen ili ne, pa shodno tome, odrastao sam u sustavu kakav je bio i kad je bio. Pionir, omladinac, proslave državnih praznika? Da, pa što onda? Ništa jer danas 'rvatsku ionako vode oni koji su drmali jugovinom, oni ili njihov okot, isto je. Onima koji se toga stide šaljem poruku proslavljenog bivšeg saborskog zastupnika, bivšeg generala inženjerije (koji, budi Bog s nama, u Wermachtu ne bi dogurao ni do Unteroffizieranwästera): „Ako si peder, onda reci da si peder, šta se sramiš?" Haha, a uz to je dotični general dao upravo genijalnu, ali i tragičnu ocjenu povijesnog trenutka Hrvatske nakon pljačke i sveopćeg pustošenja „domoljuba": „Tko je jamio, jamio je." Znači, papala maca, prošla baba s kolačima i sve što govorim je pišanje u vjetar, trla baba lan, da joj prođe dan. Što ne mijenja istinu: rođen 1968., proživjeh nepune dvadeset i dvije godine pod crvenom zvijezdom i to će razdoblje ostati upisano u mojoj Knjizi života ma što ja da činim ili ne činim sa svojim sjećanjima i pričom kao takvom.

Hja, nije samo bijeg od vlastite biografije kao takve najveći problem u temi o Hrvatskoj, tragedija je u tome što ljudi s izbrisanim i promijenjenim životopisima postadoše nositelji uzor domoljublja, Nad'rvati, Sve'rvati, ideal 'rvatstva i kao takvi figuriraju na političkoj sceni u punini zla koje uništava Hrvatsku unazad trinaest stotina godina! Njemački književnik Martin Kessel je napisao: „Tko traži odlikovanje, nije ga zaslužio, a tko ga je zaslužio, nije mu ni potrebno." Hoću reći, bez obzira na život prije devedesete (ako je bio čist, sirotinjski, hrvatski), u godinama Domovinskog rata bila je prilika pokazivanja ljubavi prema narodu i državi. Nažalost, sve suprotno od onoga dobrog danas je časno, slavno i proglašeno povijesnom istinom. Stvarna žrtva za Hrvatsku je svedena na kazalište, na vijence, svijeće i stupidne govore.

U tome nečasnom poslu sudjeluju i grinje koje iz drugog i trećeg ešalona Hrvata-grobara. Govorim o štakorima u vojsci, o nepismenim trolovima koji su gazili preko hrvatskih vojnika ne bi li se dočepali višeg čina i bolje sinekure, dužnosti što više udaljene od ratišta i postavljenja koje nije tražilo znanje i pamet, a donosilo je pristojna beriva. Vojska je ogromna mašina, strašan stroj, poglavito u ratu. Razumljivo, uslijed okolnosti napada srbenda na nas, isprva policija i garda, a zatim i Hrvatska vojska je primala sve, bez pitanja jer se drugačije nije moglo. Doduše, najveći borci i najhrabriji pristupali su policiji i ZNG u najkritičnijim trenucima i kao stvarni heroji Hrvatske otišli u rat protiv jugoarmije bez želje za odličjima i novcem: ispali su naivni jer su poginuli kako bi banda veleizdajnika danas skupo naplaćivala njihovu krv i njihove grobove! Ali, to se zna i o tome neću govoriti jer nemam prava pisati o sinovima Hrvatske koji su poginuli iz ljubavi, bez računa, u čistom junaštvu vojnika koji brani svoje jer želi, ne zato što mora. Dosadan sam s ponavljanjem, znam, ali heroji Vukovara, Škabrnje, naš prvi poginuli bojovnik Josip Jović, svi s prve crte u najtežim danima agresije na Hrvatsku su u istom vječnom postroju zajedno s kmetovima iz godine 1573.! Goloruki su stali pred tenkove četničke jugoarmije jednako kao što su goloruki kmetovi stali pred prežderane oklopnike grofova Zrinskih pod Gašparom Alapićem, pred švedske plaćenike carske vojske, pred žumberačke uskoke Josipa Thurna, pred banske site i napojene konjanike bana i biskupa Juraja Draškovića...

Logično, kad se radi o istinskim bojovnicima, pogled nije na onima iza, na krvopijama rata, na vojnim grinjama. Sve vojske svijeta ih imaju, to nije sporno, ali u vojsci koja se stvarala ni iz čega, tijekom borbi, na bojnom polju, stvar je delikatna i vrlo razočaravajuća. Spodobe odjevene u vojne odore imaju fenomenalni instinkt za preživljavanje i prilagodbu svakoj situaciji (neborbenoj), a vojska takvima pruža neograničene mogućnosti za skrivanje i izbjegavanje opasnih stanja uz otvaranje putova u napredovanju i promaknućima, što se u mirnodopskim godinama pretvara u sramotno velike vojne karijere višestruko odlikovanih časnika i vojnih dužnosnika (na čije se neratovanje u ratu nitko ni ne osvrće). Ti kameleoni, dovoljno inteligentni da si ne dopuste iskakanje i „vidljivost” u vojničkoj i zapovjedničkoj masi, protekom vremena, naročito u miru postaju probitačni, uspješni, šalje ih se strane vojne akademije, na doškolovanje i usavršavanje, promiče ih se u najviše činove, dodjeljuju im se priznanja i odličja i tako postaju vojne „zvijezde”, primjer onih koji „traže odlikovanje”. Obzirom da se raspoređuju (postavljaju) na dužnosti bez da imaju dokazane vojničke i zapovjedničke vrline, jedini autoritet koji imaju prema podređenima je autoritet čina, dakle nečega što se u svakoj vojsci smatra nukleusom nesposobnosti i karijerizma. Poznajem podosta njih koji su proveli rat u debeloj pozadini, a koji su danas u vodstvima braniteljskih udruga, a kao umirovljeni u visokim činovima korisnici su svih mogućih benefita i koji, bez srama i stida, na TV seru o dignitetu Domovinskog rata i drže predavanja o bitkama u kojima nisu sudjelovali! Možda najbolji dokazani primjer takvog nesrazmjera shvaćanja vrijednosti vojnika i nevojnika u odori jest primjer jednog bivšeg gradonačelnika iz vremena rata, životnog pikzibnera kojeg su silnice „povijesne zbiljnosti” i 'rvatska glupost doveli na pijedestal vojnog stručnjaka i zaslužnika Domovinskog rata iako zasluga nema nikakvih! Dotična persona, koji je bio ratni predsjednik (tadašnje) stanovite skupštine općine i koji je glumatao zapovijedanje obranom jednog hrvatskog baroknog grada u danima opsade vojarni JNA i koji je svoje nesumnjivo junaštvo dokazao spavanjem u pancirki na vrećama šećera u podrumu robne kuće, zbog čega ga u gradu prozvaše „Šećerko”, a za kojeg je, nakon micanja iz Ministarstva obrane, izmišljen posao u za njega stvorenom muzeju i koji je, eto, danas na vrlo unosnoj čelnoj poziciji jedne velike državne firme (čiji je prethodni direktor završio u zatvoru), svoju je vojnu karijeru okončao s činom stožernog brigadira iako nikad nije zapovijedao ni desetinom, a bojnog polja okusio nije! Ne ispalivši ni metka na četnike, ovaj je nakaradni lik personifikacija 'rvatskog vojnog govnara: moj nekadašnji zapovjednik bojne, o kome sam već s poštovanjem govorio u ovoj predstavi, dokazani ratnik i zapovjednik na ponos Hrvatske vojske i države, časnik u punom značenju pojma, umirovljen je u činu brigadira! Samo brigadira! Neka mi nitko ne spominje knjigu ustroja, pravila službe i slične pizdarije: ratnog zapovjednika koji je prvi ušao u Knin umiroviti s brigadirskim činom, a kancelarijskog štakora, umjetnog nevojnika, glistu u odori, hadezeovskog trola otpustiti u činu stožernog brigadira (danas bi to bio ekvivalent brigadnom generalu) je uvreda za sve hrvatske bojovnike.

Na nesreću, nije ovo jedini slučaj, sličnih ima na tisuće, od najnižih do najviših činova i postavljenja, nerijetko i u borbenom sektoru (poput slučaja bojnika). Dvadeset i šest godina po svršetku rata i nakon veličanstvene pobjede, još uvijek su žive laži o ratu i o vojsci. Rat nije bio dječja igra i romantična dogodovština vitezova u sjajnim oklopima a la Iveković niti su svi u vojnim odorama bili junaci dostojni poštovanja. Napominjem, pričam o ratnim godinama: zašto se šuti o tome koliko je hrvatskih generala „uskočilo u mir" kao bogataši, pače milijunaši? Što se radilo u Bosni i Hercegovini? Nemojmo lagati, od završetka akcije (i prije) „Zima '94" i pripreme i provedbe akcija „Ljeto '95", „Oluje" itd. organizirano je i sprovedeno sustavno „preuzimanje" dobara i njihova preprodaja, te podjela „ ratnog plijena" uskom krugu civilnih i vojnih dužnosnika. Prije akcija, udaljeni od bojišta, ali ipak dovoljno blizu, bjehu parkirani deseci šlepera i kamiona, cijeli konvoji spremni na utovar. Jednako tako, neka se jave ako imaju hrabrosti, vozači teških kamiona koji su prevozili skupu drvnu građu iz Bosne u Hrvatsku: je li i to laž? Koliko je pretrpanih kombija, automobila i kamiona zaustavila hrvatska policija nakon završetka „Oluje", a nije se radilo o dostavnim vozilima „Vindije" i „Konzuma"? Zar sam proslavljeni general u danas već legendarnom video uratku, na službenom sastanku „ne pere" podređene zapovjednike" zbog kaosa i pljačke? Na sastanku održanom 6. kolovoza 1995. u Kninu, general A.G. (preuzeto iz službene snimke snimatelja Petra Malbaše, a sa javno dostupnog portala „Posušje INFO" iz srpnja/kolovoza 2021.) bjesnio je na prisutne generale, zapovjednike postrojbi i članove stožera zbog ponašanja vojske na oslobođenom području, posebice u samom gradu Kninu. Ovo su generalove riječi: „Totalni kaos! Vi ste kao razmažena dica, bez ikakve odgovornosti! Operacija je izvedena uredno i na najvišoj razini, a poslije bitke kaos... To je zato što ste budaletine! Zato što ste nesposobni! Jedan križ niste sposobni naći! A da ne govorim ono što se vidi u gradu, to je sramota! Barbari, vandali rade ovako, oni koji su plaćeni i ratuju po ratnom plijenu! Imate pet sati da uredite grad! Koga vi sramotite? Sami sebe i one kojima zapovijedate i za koje odgovarate! Ako ne znate raditi zadatak za koji vas nitko nije vukao za kosu, izvolite ući u bitku i pješadiju! Reći ćete, bio sam u ratu! Kurčevi ste vi ratnici! Svaki dan je novo dokazivanje za ratnika!" General je bio s pravom ljut na stanje u Kninu nakon završetka borbi, no nije se radilo samo o raspašoju nas iz borbenih ešalona, problem je bio u mnogim štakorima rata koji su pristizali u grad i na oslobođeni teritorij sa samo jednim ciljem, pljačkom. To je činjenica. Naravno, ne usuđujem se reći da je to Tuđman zapovijedio, jer nije, ne vjerujem u tu teoriju, ali da su prešutno unaprijed odobrene određene „akcije", to stoji kao jedan kroz jedan. I da se dopustio nered na koji vojska nije mogla utjecati, i to je istina, kao što je nepobitno da u odorama HV nisu bili samo dokazani ratnici nego i oni o kojima govorim. Pisao sam o ovakvim stvarima koje se ne mogu opravdati ratnim stanjem niti zločinima srbočetnika: ako se Hrvatska izvlači od odgovornosti za nezakonita ratna i poratna činjenja genocidnom srpskom agresijom, onda Hrvatska nije nego ista kao pašalučka Srbija! U što ne vjerujem, Hrvatska Hrvata-mrtvaca, Hrvatska hrvatskog kmeta, onoga koji je časno branio domovinu (s malim „d") nema ništa s opisanim događanjima, baš ništa. Imao sam čast služiti s iznimno hrabrim hrvatskim gardistima, dočasnicima i časnicima koji su iz rata izašli materijalno siromašniji no što su u njega ušli, ali koji su svojim ratovanjem pokazali da se za Hrvatsku bori čisto (bez obzira na nespojivost rata s humanizmom kao takvim). Upravo u Kninu naš je pukovnik zapovijedio obilazak dodijeljenog nam dijela grada i provjeru svih zatečenih civila uz nalog da im se podijeli hrana i voda i omogući zdravstvena skrb bolesnima. Svjedočim svim srcem da je to istina! Znam jer sam kao dio opskrbe bojne osobno dijelio dodatne obroke za te ljude! Garantiram životom da je bilo tako! Eskapade pojedinih vojnih parazita ne mogu promijeniti istinu! Vojnički mediokriteti, vojnički klauni, cirkusanti, glupani, nepismeni i nesposobni nečaci, kumovi, vozači generala i ministarskih šefova, oni kojima su „rodijaci" sređivali postavljenja i činove nisu na popisu časnih hrvatskih bojovnika sve da su danas predsjednici braniteljskih udruga i sami zemaljski bogovi!

Priznajem, nisam ne znam što uradio za domovinu, ali u ratu nisam išao protiv suboraca, nisam gazio preko ljudskih sudbina za čin i bolje plaćeno postavljenje! Nažalost, ništkoristi tipovi preuzeli su veteransku populaciju: koristeći grobarski vokabular doveli su stvar do toga da mlađe generacije, a i stariji sve više počinju s prezirom razmišljati o ratnim veteranima. Ako ne danas, ali kako sutra, nama ratnim veteranima Domovinskog rata dogoditi će se isto što i nekadašnjim partizanima, subnorovcima: hrvatski će nas narod početi mrziti i izbjegavati. Postati ćemo pretežak teret i smetnja napretku Hrvatske, a takav scenario znači gubitak dobivenog rata. Ne sumnjam u to. Ali, molim, da se vratim na „vojnu stvar”: kabinet-generali, ministarska škrabala i pozadinski šank-bojovnici doista su preuzeli sve zasluge za ratne pobjede, a pravi ratnici (ne mislim na sebe) su otjerani, poglavito unutar gardijskih brigada koje su kroz godine rasformirane, kako se mijenjala i vojska u nebrojenim preustrojima. Pijanice, narkomani i lijenčine, debeli krmci, nastrani čudaci, lopovi, samo je dio „opisa” ratnih veterana koju su morali napustiti vojsku ili su ostali u zapećku, a da bi ih umirovili u bijedno niskim činovima i bez pompe. U redu, smjena generacija je prirodna stvar za sve vojske svijeta, međutim u hrvatskom se slučaju radilo o sustavnom šikaniranju onih koji su na plećima iznijeli rat, u borbi, ne za pisaćim stolom. Štakori o kojima govorim iznenada su u miru postali vrsni zapovjednici i stručnjaci, ljudi od osobitog povjerenja vojnog vrha i civilnih struktura vlasti. Ne jednom sam na televiziji gledao likove poluobrijanih tikvi kako laprdaju o nekim bitkama u kojima nisu bili! Ali što pričam, gotovo je sa svime, rat je u izvornom obliku zaboravljen... Danas? Ne znam i ne želim znati što je s vojskom danas. Znam o tužnim sudbinama nekih od ratnika. Ne mogu im pomoći...

Napustio sam domovinu i odletio za USA: kroz ove godine, koliko vidim iz novina, televizije, iz vijesti i sa društvenih mreža, iz razgovora s prijateljima i poznanicima iz Hrvatske, stanje je gore nego što izgle-da, a nade za spas su nikakve. Sva bijeda 'rvatske države pokazuje se u najobičnijim stvarima, a naročito kada se dogode katastrofe, bilo ekonomske ili prirodne. Nedavni razorni potresi to su zorno dokazali: prije su se organizirali i pomoć nesretnim stradalim ljudima pružili najobičniji smrtnici nego što je država po-slala svoju pomoć! Svega nekoliko sati nakon potresa stotine i stotine volontera krenulo je u akciju prikupljanja pomoći za postradalo područje. Hrana i odjeća i obuća, uopće kućne potrepštine, alati i građevni materijal, teški strojevi i bageri, kamioni, sve je krenulo prema ljudima u nevolji. Nitko nije pitao tko je Hrvat ili Srbin (jer ondje živi mješovito stanovništvo) i nitko nije pitao za stranku i partiju, čovjek s velikim Č je uzeo što ima da bi dobili oni koji su ostali bez svega! Plakao sam gledajući što se događa, a kako nisam novčano potkovan, uplatio sam nekoliko dolara za ljude Petrinje i Banovine. Opet je Hrvat-mrtvac, hrvatski kmet skočio za hrvatskog kmeta, a država je zakasnila, kao uvijek. Posebno me razbjesnilo kad je vlada dva-tri tjedna kasnije preuzela sve zasluge za brzo organiziranje prehrane ljudi iako je cijela Hrvatska znala da su profesionalni kuhari, volonteri, bili prvi koji su sami, bez državne pomoći, organizirali kuhinje i od donacija kuhali hranu za nastradale. Oko toga se povela, kako je to danas moderno, žustra rasprava na Facebooku i ja sam, kreten i budala, u jednoj grupi ratnih veterana stao u obranu volontera oštro kritizirajući nastup hadezeovskih ministara i pokvarenost političara u situaciji koja je zahtijevala trenutnu akciju, a ne filozofiranje. Moj komentar nije dobro sjeo stanovitom M., članu hadezea i lokalnom hadezeovskom šerifu (nisam siguran radi li se o bivšem satniku M., jednom od vojnih štakora o kojima sam pisao, možda da, s obzirom na to da je član spomenute veteranske facebook grupe). Ergo, dotični je majmun izvalio rečenicu koja me je više ozlojedila nego šokirala. U punini hadeze arogancije, gospodin M. je napisao: „Nitko nije umro ako nije jeo deset sati!” Moj odgovor na njegov komentar bio je: „??”. Upitnici u nizu jer nisam se mogao sjetiti inteligentnijeg odgovora. Sjedi debeli siti trut na prlja-voj guzici i financijski osiguran, materijalno zaštićen voljom šefa erarske riznice, član vladajuće zloči-načke organizacije, lokalni šerif, vijećnik, što li, predsjednik općinskog vijeća, čega li, sjedi na usranom dupetu kao bogomdana faca, s braniteljskim statusom i kao takav je čvrsto uvjeren u snagu i bitnost vlas-tite pojave, i više, ne sumnja da mu kao dokazanom 'rvatu s velikim „H” pripada apsolutno pravo veće slobode govora i javnog objavljivanja vlastitih vrhunaravnih misli od istog prava običnih smrtnika, pa tako napojen i nahranjen, zdravstveno zbrinut, s riješenim stambenim pitanjem, financijski stabilan, bez nega-tivnog salda na bankovnom kontu, politički potkovan sranjima po hadezeovskoj liniji (crti), a i s vjerske strane miran po osnovi čvrsto izgrađenih veza sa župnikom, a time i katoličkom potporom za njegov do-moljubni angažman (pri čemu je izdašno financiranje plebanuških fiksideja iz općinske kase puka slučajnost kad se govori o njegovim probicima, vezama i poznanstvima na razini zabite općine na granici vukojebine, između ničega i nigdje), uopće hrvatski sređen i primjereno hadezeovski postojan, sjedi tako u uredu ili možda u svojoj spavaćoj sobi i iz dosade zajebava ljude na Facebooku i kad je naišao ne jedan benigni komentar jednog po svemu nebitnog Hrvata-mrtvaca (mene), u njemu je proradila domoljubna zna-se krv i pomiješana s braniteljskim dignitetom u njegovom neuporabljivom cerebrumu, ustvrdio je kako to što je državi trebala cijela vječnost za reakciju na potres (organizacija pomoći postradalima, ponajprije zdravstvena skrb i prehrana, smještaj itd.) nije zapravo ništa, da sam ja antihrvatski element, destruktivna budala i da sam neprijatelj 'rvatske! U nedostatku argumenata, pritisnut činjenicama, napisao je da nesretni ljudi ne će umrijeti ako u siječnju mjesecu, na zimi, u nemogućim uvjetima, bez krova nad glavom, bez ičega, neće jesti deset sati! On zna, naravno, bio je u ratu, on zna što znači ne jesti deset sati: objasniti mu kako sere jer, koliko znam, a znam i te kako dobro, barem što se tiče njega i njegove postrojbe (ako je to onaj smotani ex-satnik M. o kome sam govorio), da on, pojava glupa i primitivna, u ratu ispodprosječan vojnik, još manje koristan zapovjednik, nikad, ali baš nikad nije iskusio vremenski razmak između dva obroka dulji od pet sati, dokazati mu da ljudi kojima je potres doslovno uništio živote, ne samo kuće i materijalna dobra, zaslužuju trenutnu pomoć, skrb i ljubav i države i naroda, ah, činilo mi se neinteligentno. Zato mu nisam ništa odgovorio, nisam napisao ni slova: izbrisao sam svoj komentar i napustio spomenutu Facebook grupu. S budalama, naročito kad se radi o konkretnim ljudskim sudbinama normalan čovjek ne treba imati posla. Hadezeovski lokalni muljator, odlikovani umirovljeni časnik, branitelj, Sve'rvat i Nad'rvat, opica s pola grama trulog mozga docira o preživljavanju unesrećenim ljudima, starcima, ženama s djecom, trudnicama, bolesnima i to čini s pozicije sitog i debelog grobarskog prasca koji je svoje domoljublje debelo unovčio i koga boli ona stvar za sve, a najmanje ga je briga za Hrvatsku i hrvatski narod! Figurativno rečeno, okrenuo sam se i otišao, nisam svetac, ali nisam ni amoralna nakaza kao što je gospodin M. i njegovi patroni iz kriminalne bande zvane HDZ! Amen.

Hrvatski ljudi su se zgražli nad takvim postupkom vlasti, no na tome je stalo jer naš narod su glupe ovce koje na izborima bez imalo srama i stida daju glas onima koji su ih zajebali stotinu i pedeset puta. Koliko sam puta rekao: pognutu glavu sablja ne siječe i to je tako s Hrvatima. Hrvati- mrtvaci su preslabi, razjedinjeni politički, moralno i duhovno mrtvi.

U tom kaosu prošlost se javlja kao utvara, kao boleština i u novim dnevnim stanjima opet izaziva bolna stanja i tjera me na uzmak: unatoč vjeri u Krista, krštenju uranjanjem za oprost grijeha i očišćenju, moja me prošlost nije ostavila. Doduše, sad je više kao upozorba na grijeh i kaznu, nešto poput podsjetnika da se isto može iznova odigrati pod polusrušenim svodom kazališta istina i laži. Hoću reći, ne zamjeram nikome, ni pojedinim mojim suborcima, ne zamjeram bivšim kolegama, poznanicama, damama i gospodi što javno i privatno inzistiraju na Domovini s velikim „D” jer svatko ima pravo misliti i govoriti što hoće (dok time ne sputava tuđu slobodu) i svi oni mogu biti „baš kaj im se zaprdne, jesme se za te borili ili nisme, čak i vu Minhen diviziji, bog i bogme”?! Ratni suborci igraju ipak pozitivne uloge u ovoj predstavi, njihova predratna prošlost me ne zanima. U ratu se nije pitalo tko si bio već što ćeš činiti na bojnom polju i koliko se tvoji suborci mogu osloniti na tebe. Potpisujem pod prijetnjom smrću da nijedan od pripadnika moje bojne, a osobito moje satnije nije počinio nikakav ratni zločin: dajem glavu za to, odmah i bez razmišljanja!

Činjenica: hrvatstvo danas, dvije tisuće i dvadeset i neke godine poslije Krista još uvijek živi u srednjovjekovnim maglama inkvizicijskog katoličanstva u kojem se sve što ne odgovara pogledu na svijet prema Ille humani generis unaprijed proglašava antihrvatskim i protubožjim (nema više presuda suda Sacra congregatio Romanae et universalis inquistiionis seu Sancti officii i više se ne primjenjuju metode iz bule Ad extripanda, hvala Bogu). U tom mračnom kolopletu mržnje, sebičnosti i oholosti, hipokrizije i materijalizma, nastali su i iz mulja 'rvatskog grobarskog zla ispuzali najljigaviji crvi (od kojih je i spomenuti gospodin M. tipičan primjer) koji vlastite biografske priče skrivaju „k'o zmija noge”. Biti sit i podrugljivo, s altanskih visina jednog hadezeovskog majmuna, poručiti stradalnicima od potresa „da nitko nije umro ako deset sati nije jeo” je baš ono o čemu zborim: Hrvatska Hrvata-grobara postoji, a njeni „stvoritelji” su i te kako živi i ždere i debljaju se na račun hrvatske sirotinje. Iz udobnosti benefitom stečenog ugodnog života, ovaj bivši vojnik, časnik, što li je već bio (prilično sam siguiran da je on bivši satnik, odnosno imao je taj čin kad sam zadnji put čuo za njega: ne bi me začudilo da je umirovljen u činu bojnika ili pukovnika, sve je moguće u grobarskoj Lijepoj njihovoj) poručuje nesretnicima u Majskim Poljanama da vlast nije briga za njih jer sve što je 'rvatska jest HDZ (i sateliti, uključivo i SDP i cijelu tzv. opoziciju), a kad se država trgnula, to je činila po inerciji pritiska javnosti i „da se vidi kak se nekaj dela, iak se ne dela baš ništ".

Dobro, i kakve to veze ima s mojom i drugim životopisima iz vremena socijalizma? Ima jer ja sam, na primjer, iz totalitarizma u demokraciju prenio cijeli svoj život u kojem nije bilo sve crno i u kojem sam, istina je, naučio vrijednosti nekih životnih postulata poput iskrenosti, odanosti i časti. Ne govorim o komunističkim definicijama tih pojmova nego o iskustvenim svakodnevnim dosezima, o naučenom iz pročitanih knjiga, o „preuzetoj" mudrosti od starijih ljudi, od obitelji i od svijeta. Grobari su, međutim, ušli u demokraciju bez predživota i s falsificiranim, prerađenim, izbrisanim, prokleto loše izmijenjenim biografijama koje sad, evo, trideset godina nose kao zastave pravog 'rvatstva i pravog domoljublja. Međutim, razlike u njihovom domoljublju s velikim „D" i domoljublja kakvo se prakticiralo u komunizmu baš i nema. Dok je socijalizam a priori brisao sve nacionalne i nacionalističke konotacije domoljublja i nametao nadnacionalno jugoslavenstvo kao barijeru eksploziji niskih strasti, hrvatski nacionalizam grobarskog domoljublja propagira i u praksu provodi najgrublji i najsiroviji oblik nacionalističkog kiča koji je ujedno brana racionalnom hrvatskom domoljublju s malim „d". Jugoslavenski nadnacionalizam i grobarski hrvatski nacionalizam dvije su strane iste medalje, a za cilj imaju zatiranje i uništenje izvornog hrvatstva hrvatskog kmeta. I sad, komunisti su vladali od '45 čineći istu stvar: izuzev komunista stare boljševičke garde i staljinističke vrste (stradale u čistkama nakon četrdeset i osme i deportirane na odmor na Goli otok), najveći dio partijaca iz kasnijih dekada crvene vlasti, od kasnih šezdesetih, jednako su lažirali svoje životopise kako bi u sustavu crvene zvijezde petokrake dobili što bolje i unosnije pozicije i kako im možebitno nezgodna prošlost ne bi omela planove. Tako su negirali pripadnost crkvi i prakticiranje vjere u vlastitim obiteljima, brisali su informacije o služenju u vojsci endehazije ili negirali služenje očeva i rodbine (ako su sami bili premladi u vrijeme rata ili se još nisu ni rodili): tisuće egzistencija bjehu kompromitirane lažima i laž je zbog svega danas istina, a istina je laž i tako se sve vrti u krug, glupo i krvavo, i nije ni važno što je istina, a što je laž kad se i istina i laž propisuju u stranačkim središnjicama, u vladi, u onom kokošinjcu kojeg smiješno nazivaju „sabor" i što u praksi provode novinarska piskarala, kako se kaže, mediji, novine, internetski portali, tv kuće, a ogromna pomoć dolazi i s propovjedaonica katoličkih crkava. I dok je kod bivših komunjara problem nepostojanja originalnog životopisa donekle razumljiv (jer valja se prilagoditi sustavu nakon devedesete, kao što se prilagođavalo bivšim sustavima iz osamnaeste, četrdeset i prve i četrdeset i pete), za tipove bezmogovnjačke, kao što je gospodin M., biografija nije tek brisana, ona je umjetno stvorena. Radi se o ljudima mojeg godišta (plus-minus koja godina) koji po logici matematike nisu mogli biti aktivni dionici socijalizma (izuzev maminih i tatinih sineka, anemičnih vunderkinda, ali takvi nisu pristupali gardi, takvi su odmah uskočili među grobare, u Minhen diviziju) i čiji životi u zabitima, gdje je Bog rekao „laku noć" i vlastita glupost i neinteligencija, kažem, molim, bez uvrede, nisu predstavljali odskočnu dasku za neki uspjeh ni onda, kao što to nisu ni danas. Njih je na površinu „hrvatske povijesne zbiljnosti" (kako volim ovu idiotsku frazu bivšeg general-majora, to ne mogu opisati, haha, rabim je i ubacujem gdje god mogu bez obzira uklapa li se u smisao rečenice ili ne) izbacila glupost te iste povijesti: nikad ne bi bijedan M. dogurao do satnika ni u jednoj ozbiljnijoj vojsci svijeta, a u civilstvu da ne govorim, njegovi umni potencijali i radni kapacitet bi ga, u najboljem slučaju, doveli do lokalnog prosjaka, gradskog klošara u balkanskoj definiciji pojma. O da: „Poglečte, ljudi dragi, gdi o njemu i takima kaj piše, hehe, gda ga zbereju za općinskog večnika ili vre za načelnika, onda mu objave, kak se to veli, životopis iz šterega narod more saznati da je taj pal s Marsa ravno v gardu ili tak nekaj, pol biografije su mu reči o Domovinskemu ratu, slobodi i stoljeću sedmom, onda mu piše kak se oženil i decu napravil, morti mu piše kaj je po struki, a kakšne radno iskustvo ima, to bog i bogme nigde zapisano neje. Ak pak se dela o umirovljenom časniku HV, ti vraga, to onda spašava se, jer pokraj toga „umirovljeni časnik HV" ne treba nikaj drugega, to zameni i radni staž, pamet, i škole, gdo to pročita to mu je kak „amen" na kraju i nišče nikaj o njemu pitati nesme i šlus!"...

Moj život i ja, takav kakav sam, moj DNA dolazi od krvi koja se hrani svime za život potrebnim iz korijenja, iz početka obitelji i imena. Korijen drži obiteljsko stablo i prekine li se veza korijena i stabla ne umirem samo ja, nego cijelo stablo i sve što je bilo nestaje u ništavilu zaborava. Međutim, korijen ne vuče samo „hranjive” stvari, kroz moje vene i vene mojih roditelja i pradjedova mojih prabaka i njihovih šukundjedova, sve do prvih nam roditelja Adama i Eve (a ja, koliko znam moći Duha Svetoga, dolazim od Benjamina, velikog starozavjetnog proroka, zadnje rođenog od dvanaest Jakobovih sinova: znam, neki će skočiti na noge vičući da je to blasfemija, ali ja znam da je to istina, kako mi je rečeno, da moji korijeni potječu od Benjamina i da je Gospod 2016. s razlogom poslao po mene odlučivši da sam, nakon četrdeset i osam godina pripreme u smrtnom nevjerničkom životu, napokon spreman spoznati istinu Isusa Krista i početi učiti kako bih ispunio svetu misiju koja mi je namijenjena Božjim Planom, a za koju još ne znam i za koju ću saznati kad dođe vrijeme voljom Njegovom) ne teku samo obiteljske istine nego i primjesi svega što se događalo oko mojih predaka i što se događa danas oko mene. Običaji i tradicije, navike i želje, snovi i pravila ponašanja, jezici, osjećaji, misli, sve što ljudi oko nas jesu ušlo je kroz korijenje u nas i u mene. To nije slučajno niti je protivno volji Gospodinovoj, to je baš onako kako je Nebeski Otac po svome Sinu predvidio da će biti: škola dostojnosti u smrtnome svijetu nije zabavni izlet nego jedina škola za život u punini obnovljenog evanđelja Spasitelja svijeta i za stjecanje privilegije i blagoslova života u vječnosti s našim vječnim obiteljima. Upijajući sve stavljen sam pred „zid” odluke što izabrati, prihvatiti baš sve iz korijenja, osobito smrtno, zemaljsko ili uzeti kao esenciju samo ono nebesko. Tijekom stasanja i odrastanja (kao i moji preci) u mene se slijevalo mnogo toga od svega rečenog i ni danas ne znam što je od Gospoda, a što je od ljudi, prolazno. U tome je ljepota Božje istine: samo čisto srce će znati odabrati Božje, a nečisto će prihvatiti zlo, sotonsko. Cijeli moj život čini me smrtnom pojavom u tijelu, mesu, kostima i krvi, ali i samo ono Gospodnje, nedirnuto i nevino, što je došlo u meni po rođenju mome u tijelu, nakon prijelaza iz duhovnog u materijalni svijet je jedino ispravno i vječno. No valja učiti, proučavati Sveta pisma, riječ Božju, napose Mormonovu knjigu. Rođeni u crkvi blagoslovljeni su time od prvih svojih dana slobodnog razmišljanja, kad dospiju u dob spremnu za spoznaju istine evanđeoske, ali ja sam spremnost dostigao tek prije pedesete godine, što za božansko vrijeme ne znači ništa, ali ima težinu u smrtnome svijetu. Učiti i naučiti razlikovati dobro od zlog, Sotonsko od Božjeg može se samo vjerom u Krista. Znanje o Gospodu je iznad sveg znanja. Prorok Božji na zemlji u svoje vrijeme i predsjednik Crkve, voljeni Joseph Fielding Smith je rekao: „Tisuću je puta važnije imati spoznaju o Bogu i njegovim zakonima kako bismo mogli činiti stvari koje donose spasenje nego imati cijelo svjetsko znanje koje se može steći.” Naravno, ja za to nisam znao i nisam ni morao znati četrdeset i sedam godina jer sve u svoje vrijeme, kad dođe trenutak, znati ću...

Stoga ono što se zbilo prije pristupanja jedinoj istinitoj Crkvi Isusa Krista na zemlji nije izbrisano, ne može biti. Grijesi su mi oprošteni, ali prijašnji život nije nestao. Zapisan je u mojoj Knjizi života i toga se ne mogu odreći, sve da i želim. Ne samo ja, nitko to ne može, ni bivši satnik M., član zločinačke organizacije koja je nanijela toliko zla našoj Hrvatskoj.

Jesam li malo jasniji? Banda, 'rvatine, grobari i svi njihovi uvlakači, potomci 'rvatskih cilindraša, ostaci nekadašnjeg plemstva, kopilad komunistička, ustaška i kvazidemokratska, trofazne grinje čiji su preci iskočili iz stražnjica beogradskih paša, aga i begova, paraziti pobjegli iz kamenih brloga, zagorska telad naučena na „pokorno, molim, gospon satnik” i svi ostali bastardi, cijeli naš velehrvatski politički korpus lupeža, varalica, švercera i šibicara, drumskih razbojnika i kokošara, obijača kioska i kradljivaca veša sa štrika, cijela ta gomila 'rvatskih rododomoljubnih kurvi, muških i ženskih političkih prostitutki, ljubitelja acid-partya, svi ti kaputaši, KVP licemjeri, neželjeni okot hrvatske zbilje, visoki i niski kler, prebendarski i kaptolski tati uopće, srpski i ini etnobizinsmeni, sve hrvatske grobarske kućevlasničke i tvorničarske, bankarske i fiškalske tikve, otmjene dame s agramerske špice, uparađene i napirlitane, naparfumirane i uniformirane u brendirane krpe, tv voditeljice i ministrice, PR stručnjkinje i slobodne umjetnice vrlo diskutabilnih krevetnih preokupacija, pjevačice opskurnih pjesmuljaka i noćne posjetiteljice alkovena biskupskih i nadbiskupskih, dakle, kompletna 'rvatska veledomoljubna bagaža, svi javnobilježnički, inspektorski, akademski i sveučilišni divizijuni amoralnih hemafrodita i nacionalnih ispljuvaka, krvnika vlastitog naroda preživjeli su sve sustave i sve ratove relativno dobro, siti i debeli, bez nekih naročitih gubitaka (kolateralne žrtve u tzv. sudbonosnim danima hrvatske povijesti, pri smjeni političkih uređenja i država se ne računaju, to dolazi eo ipso, kao predvidljivi gubitak u ljudstvu i tehnici u planovima vojnih napadajnih operacija). Realno gledajući, njihovi mrtvi su dobrodošli jer grobari trebaju „vlastite" mrtvace kako bi nametanjem osjećaja krivnje i „povijesnog" duga hrvatskim pravim mrtvacima opravdali svoja zla i sebe same. Da, grobari obično ginu zbog vlastite nesposobnosti prilagodbe u prvim trenucima promjene stanja, ali i takva umiranja uzdižu na „oltar Domovine" kao božansku žrtvu i potvrdu vrijednosti svjetla plamena „domoljubne" paranoje (koja vlada 'rvatskom najmanje dvije stotine godina, od one gluposti nazvane „Narodni preporod") čija je svrha predstaviti dotične umobolne pojave kao 'rvatske patnike i borce za „našu 'rvatsku stvar". To da je „naša 'rvatska stvar" zaporka (šifra) za privatne tajne bankovne račune u vatikanskoj ili nekoj drugoj stranoj banci, za vlastovnicu na skupim nekretninama u centru Zagreba i na unosnim parcelama na Jadranu, za osigurane sinekure za unuke unučadi i uopće za privilegije koje automatski dolaze sa statusom članstva u ekskluzivnom klubu Hrvata-grobara, cilindraša i kaputaša, to stvarno ne treba objašnjavati. Turbulentne godine i desetljeća kraja dvadesetog stoljeća za ove protuhe bile su unosnije od bilo kojeg prethodnog razdoblja hrvatske povijesti: nikad prije odanost hrvatskih grobarskih nakaza nije skuplje plaćena i nije stvorila više bogataša no što se to zbilo u posljednja tri desetljeća. Štoviše, uspjeli su, zahvaljujući urođenom instinktu za preživljavanje, u relativno kratkom vremenskom razdoblju od stotinu godina promijeniti čak pet livreja, pet zastava, pet država i pet sustava, pet vladara i pet moneta, Austro Ugarsku Monarhiju, Kraljevinu SHS, kasnije Jugoslaviju, tzv. NDH, DFJ, kasnije FNRJ i SFRJ i današnju „neovisnu" Republiku Hrvatsku, ergo, od NJ.C.I.K.V.F.J.I., preko opančarskog kralja Karađorđevića i poglavnika Pavelića do maršala Tita i, na kraju, do Tuđmana i njegovih nasljednika i jedne nasljednice; od krune i forinte, do dinara, kune, opet do dinara i do hrvatskog dinara i kune (a dolazi i euro), a da u svemu, osim obveze zamjene starih maski novima, nisu morali dirati u svoje statusne simbole. Naprotiv, cilindraške insignije postadoše još zvučnije i sjajnije i samim tim i skuplje po erarsku kasu (za što ih ionako nikad nije bilo briga, pa nisu oni plaćali, račun se slao i šalje Hrvatima-mrtvacima, hrvatskim kmetovima). Poduža lista grobarskih naslova i ti-tula dobila je u novoj 'rvatskoj još jedan, možda najdragocjeniji: status hrvatskog branitelja iz Domovinskog rata! Danas je preglupo nametati pitanja o broju „lažnih branitelja" jer je sam pojam branitelja duboko i nepovratno okužen grobarskom boleštinom, prisvajanjem ratnih zasluga od strane onih koji rata vidjeli nisu (zato inzistiram na nazivu „ratni veteran", što je, mislim, sasvim različito od gluposti „branitelj" jer precizno definira onoga koji je ratovao 1991-95., a ne držao babu za njenu stvar u gaćama). Nimalo ne držim do njihovih zemaljskih statusa, akademskih zvanja i dužnosti, položaja i naslova, ali njihove „ratne stvari" idu mi na jetra, uništavaju mi i ovo malo živaca koje još imam (živaca za svijet, ne za nebeske stvari). Na primjer, u službenoj biografiji stanovitog saborskog zastupnika, osim radne biografije, iz koje je razvidno da se nikad u životu nije pošteno oznojio, a nije razvidno što je bio u socijalizmu, stoji i „hrvatski branitelj iz Domovinskog rata", a kad si dam malo truda i saznam da je „branio" Hrvatsku na način da je bio, kao balavac od dvadeset i neku godinu, donositelj kava i poslužitelj fotokopirnog aparata u Ministarstvu obrane, u hladovini zagrebačke dvadeset i devete crte obrane, i kad saznam da je to njegovo „ratovanje" trajalo slovom i brojkom sedamdeset radnih dana između listopada i prosinca godine 1995., ah, onda mi pukne film i najradije bih sve poslao u vražju mater! (Odluka „vrhovnika" Tuđmana da krajem rata proglasi trideseti lipanj 1996. za svakog hrvatskog ratnika ostati će enigma jer nikakvih vojnih i ratnih razloga za taj datum jednostavno nema. Posljednje vojne operacije izvedene su u listopadu 1995. u Bosni i Hercegovini, nakon čega su hrvatske snage povučene, a vojska je vrlo brzo počela s preustrojem na mirnodopsko djelovanje. Međutim, ako je odluka o kraju rata povezana s naporima u svezi reintegracije okupiranih dijelova hrvatskog Podunavlja u ustavnopravni poredak RH, onda to objašnjava dio odgovora.). Da, i sad, svi grobari i grobarski slugani falsificirali su vlastite životopise do grozomorne laži i ta je laž, opetujem, istina i kao takva je model ponašanja za dolazeće naraštaje...

Treba biti realan. Ljudi su u principu kukavice i seronje, a 'rvatski grobari su u toj disciplini beskarakternih trolova svjetski prvaci, nema im konkurencije ni u svemiru! Koliko čovjek mora biti pokvaren, zao, podmitljiv i perverzno dvoličan, neosjetljiv na stid i sram da bi upravo maestralno odglumio „žrtvu socijalizma" iako je iz njega u demokraciju prenio većinu svojih predikata, političku težinu i sve ostale resurse pomoću kojih je u europskoj 'rvatskoj dosegao nemjerljivu visinu društvene moći, imovinskog stanja i materijalne sigurnosti za svoje potomstvo nekoliko generacija unaprijed? Ako je Hrvat-grobar, ništa od toga, za grobara sve rečeno je prirodno stanje stvari, apsolutna normala.

Za mene nije ni prirodno, a još manje je normalno i to bez obzira na moje stanje prekjučer, jučer i danas (za sutra ne znam, sve je u rukama Božjim). Bio sam pijanica, teški alkos, nesposoban učiniti nešto dobro od svog života, činio sam stvari kojih se ne bi posramio ni kakav višegodišnji korisnik usluga lepoglavske kaznionice, prokockao sam nebrojene životne prilike (figurativno kazano jer od milijun grijeha i poroka, kockanje nije moja opsesija), upropastio sam sebe u situacijama iz kojih većina ljudi izlazi u trijumfu životne pobjede, sve to stoji, ne poričem, pa ipak, ako imam nešto dobro u sebi i u svome životopisu, onda je to moja tvrdoglavost i nepristajanje na ucjene! Nije bilo inteligentno ni korisno, ali ni u svojim mračnim izdanjima nisam bio ono što nisam! Radije sam sam sebe uništavao, kažnjavao se, gubio u ludilu pijanih noći i mamurnih jutara, skrivao se pred vlastitim porazima, radije sam padao nego stajao uz loše i lošije od mene samog! Poslije mnogih kapitulacija, u sužanjstvu propasti, u lancima samoće, materijalne bijede i nezaposlenosti, gladi i beskućništva, ostao sam to što jesam, a po spoznaji Boga, još i više! Nisam bio heroj ni samoproglašeni borac protiv sustava, preslab sam ja za „junačka" djela. Tvrdoglavi magarac nespreman se podjarmiti, naivac previše samouvjeren, bez ikakvog pokrića i blesavo sklon suprotstavljanju umjetnim autoritetima, a k tomu i amaterski psihijatar koji sam sebe analizira, što je vjerojatno posljedica niza pročitanih knjiga i odgledanih filmova na tu temu (a što sam, kako se vidi, shvatio krivo). U prijevodu, svaki put kad bih se „ubacio" u neki posao, bilo gdje, i u čemu bih se nekako, vrag zna kako, popeo na neku prečku, zeznuo bih stvar, narodski rečeno, sjebo bih i šefa i stanicu i morao bih otići kao muzač krava koji pomuze punu kantu mlijeka, a onda mu krava udarcem noge prevrne kantu i ode mlijeko u vražju mater! Da, takav sam bio u životu svome, malo je toga bilo po mome, olala, ratata!

Šalu na stranu, nesposoban sam prilagoditi se okruženju, to je moj problem. Nema logike u prilagođavanju osobnosti, jer na to mislim. Ovdje u Americi moram. Naučiti engleski jezik, poštivati Ustav i sve američke zakone (nemam krim dosje, čak ni prometni prekršaj, što je logično, jer nemam ni vozačku dozvolu, haha), plaćati porez (što činim) i ni na koji način raditi protiv države gdje jesam, čega se pridržavam. Ostalo: karakter, vrstu omiljene hrane, razmišljanje i poimanje stvari i pojava, pristup prijateljstvu, vjeri i ljudima ne moram i neću mijenjati! Nikad, bez obzira na cijenu! Kakav sam i tko sam, neka sam! Nitko me ne može kupiti, nema tih novaca, pa makar opet bio beskućnik! Ne pristajem na kompromis u svezi moje osobnosti! To je i protiv božjih načela jer me Gospod voli baš takvog kakav jesam! Ne želim biti ničija kopija, to nikad nisam bio! Glupo? Neka bude glupo, obraz ne prodajem, a zbog svoje vjere u Krista, ako znam da sam u pravu i da ta moja istina nije protiv istine Božje, onda ostajem stajati sam ispred cijelog svijeta, nije me briga! Prestar sam za pizdarije kaputaških mediokriteta! I ne krijem ništa, svaki moj grijeh u mojoj je Knjizi života i sve nosim pred njega, a On sve zna i Njemu se predadoh godine 2016. u punoj vjeri i ljubavi, baš kao što On voli Oca i nas, djecu Božju! A na kraju svega, „ma dajte najte, kaj bi se čovek obaziral na to kaj o njemu pripovedaju, ne bi bog i bogme nikam dogural"! Nisam došao ni ja Bog zna gdje, ali sam ostao svoj...

Samo ima jedno „ali": bila je godina osamdeset i šesta, socijalizam i Jugoslavija tonuli su u svoj nestanak, samo što to nitko od nas nije ni vidio ni znao. Promatrano iz današnjeg rakursa, stvarno je bilo smiješno aktivirati se u omladinskoj organizaciji sustava na izdisaju, no uistinu, neka se jave oni koji mogu dokazati da su osmadeset i šeste z-n-a-l-i da će eseferjot krepati devedesete i biti pokopan u krvi devedeset i prve?! Hajde, da čujem 'rvatine, tko je to znao, pa sumnjam da je i Tuđman bio sto posto siguran u to, a nekako mislim da ni Šušak ni ina emigrantska „gerila" nisu predmjevali definitivan propast socijalizma. Ako ostvaritelji sna od-stoljeća-sedmog nisu imali pojma o rušenju crvene zvijezde, kako smo mi dolje to mogli znati?! Kako bilo, dečko je, slika oca svoga i majke svoje, partijskih poslušnika, uzoran i pametan, dobar sin dobrih roditelja, izabran za predsjednika osnovne organizacije SSO-a i time je utefterio još jednu „pobjedu" u svoj samo cum laude papirima ispunjenu fasicklu mladog života. Inače, nemam ništa osobno protiv njega. Naši životi se nisu se doticali ni na jednoj točci, putevi su nam se nisu križali, ta nismo bili ni poznanici, ništa nas vezalo nije i po istini Božjoj, spram bivšeg predsjednika omladine ne osjećam savršeno ništa. Spominjem ga kao primjer priče o obvezi imanja (ne neimanja) vlastite prošlosti u originalnoj inačici, bez brisanja ma i jedne interpunkcije. Jer, ah, nemalo sam se iznenadio kad sam prije godinu-dvije, uoči i nakon nekih od izbora, ako me pamćenje dobro služi, čitao hrvatske novinske portale i nabasao na dva-tri članka, novinska izvještaja o uspješnom gospodinu, građaninu, ocu, poduzetniku i vjerniku, političkom djelatniku i tako dalje, o bivšem predsjedniku OO SSO-e srednje škole! Lik kao da je ispao iz neke novele i romana Miroslava krleže, iz djela Ranka Marinkovića, toliko je bilo dosadno čitati hvalospjeve o jednom notornom KVP liku. U novinama, tjednim i dnevnim, na lokalnoj televiziji, na nacionalnim tv ekranima o njemu se govorilo kao političaru novog kova, o budućnosti 'rvatske politike (haha, kao da je mladić od dvadeset i pet, a ne stari prdonja mojeg godišta): davao je izjave, on je govorio, gestikulirao, umjereno i pristojno jer je umjeren i pristojan, dakako, on je upozoravao, obećavao preko novinskih stranica i sa ekrana jer on je 'rvatski domoljub, osviješten nacionalno i katolički odgojen, sasvim jasno i normalno, jer on i ne može drugačije, odrastao u katoličkoj obitelji znao je prave vrijednosti još u doba mračnog socijalizma, on je mukotrpno radio na sebi, on je član vladajuće demokršćanske stranke i poduzetnik koji plaća poreze državi i čiji zaposlenici na vrijeme primaju plaću jer on slijedi Krista i zna da za pošteni posao valja poštena plaća, on je bio načelnik svoje općine i saborski zastupnik, a kao poslušni vjernik aktivan je u župi i zdušno sudjeluje u radu karitativnih udruga, posebice Caritasa, on ima mnogo obaveza, ali mu je obitelj na prvome mjestu, on svoju prekrasnu pametnu i nadarenu djecu odgaja u duhu evanđelja, baš kako je i on sam odrastao u toplom domu svojih roditelja, u domu u kome nije prošla godina bez blagoslova kuće po dragom im velečasnom i iz kojeg se uvijek mogla čuti molitva i u tmini komunističke diktature. Čitao sam članak za člankom o bivšem „drugu i smijao se samome sebi: koga vraga nisam tako postupio, zašto sam otišao u rat i prepustio se piću i svakojakim glupostima? Zašto nisam postao lizač oltara, oženio jednu od nepromiskuitetnih lizačica oltara (koja bi mi izrodila čopor glupave beskorisne djece) i koja je svoje prva tjelesna uzbuđenja i prve ekstaze doživjela sjedeći u krilu slinavog razvratnika u reverendi? Ne znam, nemam pojma... Gdje sam stao? Oh, jasno, njega se pratilo, o njemu se izvještavalo kao o kandidatu za primjer, ozbiljnom 'rvatu, sve'rvatskom domoljubu kakvog majka rijetko rađa i koji svojim neporočnim životom, uspješnom političkom i poslovnom karijerom dokazuje da se u 'rvatskoj može uspjeti ako se voli Domovina (s velikim „D"), teško radi i vjeruje u Boga. Sve okay, samo ne razumijem, ne shvaćam, nije mi jasno, kako su glupi, tupavi, slijepi, bezcerebrumski birači, glasači, kako god, davali i daju glas nekome sa tako traljavo falsificiranom biografijom?! U njegovom se domu, kad je bio mali slatki plavokosi dječačić, moglo čuti samo pjevanje „Hej Slaveni" i čitanje Programa KPJ, govora drugova Tita i Bakarića, a ne molitva „Zdravo, Marijo" i „Oče naš"! Kako je moguće da se baš nitko ne sjeća omladinskog aktiviste?! Grom da me ubije, ali ne kužim kak' to more biti, da su „kmeti gladni, a tabornjiki siti" („iz balade Petrice Kerempuha" Miroslava Krleže)?!? Haha, karikiram, ali to je poanta, hrvatski su glasači gluplji od kokoši, od ovaca, od bilo čega što živi po inerciji zova prirode, po instinktu, a ne radom mozga (i duše i srca, svakako). Prestadoh čitati o bivšem omladincu kad je on, u jednom od intervjua, bez imalo srama svjedočio o svojoj vjeri: ne kažem, mogao se obratiti, kao i ja, to nije sporno, problem je što je otvoreno lagao o svome katoličkom djetinjstvu i mladenaštvu kao da baš nikad nije držao govor o svijesti omladine škole u očuvanju ideja i lika druga Tita i nakon Tita! To nisam mogao progutati i „zatvorio sam stranice" o njemu. Srećom, Gospod sve vidi i sve zna, pak sam nekoliko mjeseci kasnije opet nabasao na njegovo ime na novinskim portalima, ali u ne osobito domoljubnom tonu. Ispostavilo se kako je dotični poduzetnik, demokršćanin i dobrotvor samo sitni lopov, pronevjeritelj i muljator tipičnog 'rvatskog hadezeovskog tipa, lik koji je punio džepove erarskim novcem i sređivao poslove svojim kumovima i prijateljima na sve moguće načine. Haha, opet sam se smijao, potvrdila se stara da „saka rit dojde na šekret"...

Prerađene prošlosti, dezinficirane biografije, prebrisane istine i skrivene nezgodne epizode, izmišljene pričice i namješteni uspjesi, kupljene karijere i kupljene diplome, prepisane disertacije, sve je to stvarnost 'rvatskih grobara, onih koji žive na krvi hrvatskoga kmeta, koji se hrane dušama i životima sirotinje i koji su jučer, koji su danas i koji će kako sutra činiti to isto jer nema nikoga da ih zaustavi, spriječi i kazni! Hrvati-mrtvaci, naučeni na poniženja, na bol i patnju, na glad i neimaštinu, stoljećima podjarmljeni i tuđi, nikad svoji nemaju više ideja, snage, razuma, volje ni hrabrosti podići sjekiru, vile, kuke i motike na pro- klete krvopije, moderne grofove i moderne biskupe, moderne kraljeve i careve: zauvijek izgubljeni u pus- tinji beznađa, hrvatski mrtvaci će i za milijun godina biti to što su danas, grofovsko i biskupsko roblje, stoka sitnog zuba, glupi poslušnici zlih gospodara.

Kako onda živjeti bez prošlosti. Glupost, svatko ima prošlost i svakome je ona potrebna. Iz vlastite povijesti dolazi iskustvo koje donosi mrvicu mudrosti, ako je uspijemo prepoznati. Prošlost nam je smjerokaz prema kraju smrtnog života, pokazuje vrijeme, prolaznost i neupitno podsjeća na odlazak: hoće li taj odlazak biti prije ili kasnije, u vječnost ili u ništavilo nije samo na Gospodu nego i na nama, na meni još i te kako. Neću odnijeti ništa u grob. A pred Njega nosim sebe i svoju prošlost.

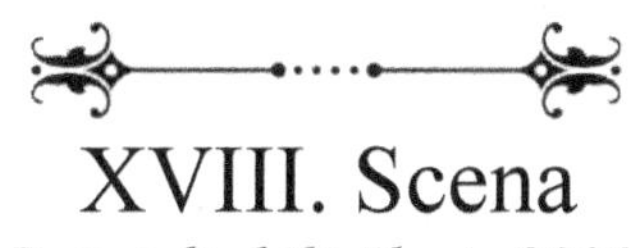

XVIII. Scena
Prijatelj: bilješke iz 2020.

*„Na kraju nećemo pamtiti riječi naših
neprijatelja, nego šutnju naših prijatelja"*

Martin Luther King jr.

„I prijateljima treba reći istinu u lice."

Ivan Cankar

Zapis prvi: zahvalnost

Prošlo je svega tri mjeseca od kako sam stigao u USA. Sjećam se, kod jednog doručka doživio sam svoj prvi američki šok: brak, kazano mi je, moram se oženiti, ako želim državljanstvo i tako to. Doduše, bilo je malih neprijatnih iznenađenja i prije, ali to sam objašnjavao kao rezultat sudara mog starog s novim svijetom u meni i oko mene. Mislio sam, onako, ništa strašno, normalna stvar. Iskreno rečeno, vrijeme je letjelo ta tri mjeseca i priznajem, u mojoj smušenoj glavi nije bilo sve posve čisto. Čuda li neviđena, ja u Sjedinjenim Državama, do jučer beskućnik, nula nule, bez posla, bez nade, bez ičega, s totalno uništenim životom, bolestan, praznih džepova, s odbijenom tužbom protiv bivšeg gazde (jer je sud uzeo kao svjedoke gazdinu djecu, a moje svjedoke nije ni saslušao), sav nikakav, jedno jutro shvatih gdje sam. Cedar City, Utah, USA. Za nekoga s drugačijim profilom, to je normalno stanje, a za mene, propalog ratnog veterana, svinjara, beskućnika, obraćenika vjeri, ah, dolazak u Ameriku, u mitsku, najveću itd. zemlju kauboja, indijanskih rezervata i široke demokracije, to je, što reći, pa, eto, to je poput spasenja za osuđenika na smrt... Znaš, mladi prijatelju, brate u Kristu, moj život (kako to patetično zvuči) je zbirka zbrkanih ispada, kolekcija umobolnih kompliciranih skandala, sve sami padovi, pokušaji ustajanja i više-struka posrtanja i lutanja neprohodnom šikarom života u bunilu, kroz magle samosažaljenja i uvijek u neprekidnom nastojanju da se bolno srce izliječi uzaludnim jalovim ljubavima: zanimljivo je to jer ja, pri-sežem ti, uistinu nikad nikoga nisam mrzio, čak ni kad sam za mržnju imao vrlo čvrste razloge (prema shvaćanju smrtnika, ne Gospoda našeg Isusa Krista). „Pravi čovjek ne mrzi nikoga.", rekao je Napoleon Bonaparte (premda se po žestini juriša njegovih bataljuna to baš i nije vidjelo). Jednostavno, za mržnju nisam imao ni snage ni volje: onaj tko mrzi troši previše energije. Ni prezir ne poznajem, možda tek gađenje, gnušanje, ali mrziti ne znam. Znam što ćeš reći: ne, moje eksplozije nisu rezultat mržnje nego ljubavi! Nikad nisam planuo na one koje nisam volio! Eksplodirao sam milijun puta, a siguran sam da ću eksplodirati još deset puta toliko prije no što in articu mortis izvedem još kakvu svinjariju. Lik poput mene nosi u sebi nešto drugačije emocije od glumaca koji potroše šest, sedam ili osam desetljeća uspješno uvje-ravajući sebe i sve oko sebe da su nešto suprotno od onoga što stvarno jesu i to pretvaranje, to kaptičko prenemaganje (i) nije za osudu, napokon svatko se bori za opstanak kako zna i može. I kad se nekome s biografijom kao što je moja otvore vrata prekooceanskog života, onda to nije samo jedna promjena stanja, to je prijelaz u potpuno novi život koji po nekoj čudnoj logici prekida sve veze s prošlim i nastavlja dalje ne osvrćući se na ono što je bilo, čak ni kad se radi o emotivnim silnicama, o obitelji, o osobnim trage-dijama, onda je to pretvorba nemira u neku vrstu mira. Barem je to trebalo tako biti. (Ne govorim o duhovnom miru.)

Ne aludiram na loše stvari, upiranje prstom samo na negativnosti je uostalom loš izgovor za vlastito zlo i pokvarenost, ljubljeni brate u Spasitelju našem. Pitanje je, međutim, do kuda ide zahvalnost, što se podrazumijeva pod kristolikom poniznom zahvalnošću, onom koja izvire iz ljubavi i jest ljubav, a što je hinjena neprirodna zahvalnost, koja dolazi po inerciji roba koji je „zahvalan” jer, eto, proživje još jedan mukotrpan dan?! Razumiješ li o čemu zborim?

Svjedočim pred Gospodom i pred tobom, prijatelju, J. i M. su utjelovljenje riječi Božjih (Moroni 7:5): „Po djelima njihovim prepoznati ćete ih, jer ako su njihova djela dobra, tada su i oni dobri.”. Toliko su žrtvovali za mene, toliko mnogo ljubavi, razumijevanja, dobrote, od misije do... Gledaj, možda su se razočarali u meni jer nisam ekspresno prihvatio „mormonski” (kako se to još 2017. smjelo govoriti) stil života, što se nisam oženio (hm, vjerojatno je u meni ostalo odviše europskog liberalnog shvaćanja braka, i to unatoč vjeri i trudu održavanja zapovijedi Božjih, i sasvim je moguće da u umu i srcu nosim onu slavnu poetsku frazu „Le marriage est le tombeau de l'amour”, haha), možda su se prevarili u meni jer su smatrali da sam okretniji i sposobniji no što jesam, ne znam, možda je tako, možda i nije. Znam da su u najboljoj namjeri, iz čiste kristolike ljubavi, prijateljstva i sućuti htjeli od mene „napraviti” Mormona, onog koji bi prerastao čudo obraćenja iz Varaždina i ovdje, u Americi, otpočeo živjeti novi život sveca posljednjih dana. Možda. Nisam se oženio: gospođa je divna osoba, ponizna vjernica i sve to, ali ja naprosto nisam bio spreman biti očuh (ovo nije izlika) petero djece, pa makar djeca bila mormonska i uglavnom odrasla. Tinejđerice koje bi me deset puta dnevno napadale s „ti nisi moj tata” nisu u fokusu mog svakodnevnog bivstvovanja. Naime, prijatelju, oprosti mi, molim te, rekoh ti već, jedno su LDS djeca u crkvi, a drugo u svome domu: u crkvi su anđeli, a u kući vragovi. Prestar sam za to, vjeruj mi. Uz moje osobno iskustvo života s očuhom u mom djetinjstvu, be a stepfather in the American way and to meet a former woman's husband and the father of her children je previše za mene. I najvažniji razlog zašto nisam upao u brak: moje američko stanje, o čemu sve znaš. Na stranu vjera, Novi Sion i sve to, ali u američkom pogledu na svijet jedini bog je dolar, tko ima zelembače, taj lijepo živi, tko ih nema je nitko i ništa. Brak, što je najbolji način za stjecanje državljanstva USA, košta, jako puno. Samo papiri za brak oko deset tisuća dolara, a to je iznos koji nisam imao. Sve jasno? Nisam došao u Ameriku stvarati dugove, a još manje zbog korištenja benefita. Hvala lijepa, ali u hram Gospodnji ne bih nikad ušao zbog pečaćenja (sklapanja braka) i kako bih si ishodio američku putovnicu! Svašta sam, ali prevarant i gad ipak nisam... Moja vjera je čvrsta, svjedočanstvo snažno, ali nisam licemjer, Vikinže moj, nisam pristupio jedinoj živoj crkvi Isusa Krista na zemlji zbog materijalnih benefita.

Tako je to, došao sam u Sjedinjene Države s nadom, ali bez nekog točnog plana. Došao sam s vjerom, ali bez računa. Milijun puta u životu sam se nadao nečemu i uvijek bi se nade pokazale kao iluzija i tlapnja. Ovaj put, još od dana kad je avion sletio u LA i kad sam izašao iz njega da bih se ukrcao na sljedeći, za Las Vegas, Nevada, moja je nada bila samo jedna: slijediti i služiti Krista Gospodina i... vidjeti tebe, brate, i posvjedočiti tvojoj obitelji o tvome svetom radu za Njega. Glupo? Može biti, ali stvarno nisam imao i nemam nikakvih materijalnih želja. Ne sanjam o ostvarenju „američkog sna”. To me ne zanima, brate moj. Realnost života izvan crkvenih zgrada je posve različita od slatke stvarnosti na nedjeljnim sastancima i crkvenim aktivnostima: brutalna java američkog načina života otrijeznila me vrlo brzo i spoznadoh kako će moj život u Americi biti posve suprotan od onog što sam zamišljao. Jedno je Crkva, drugo je realitet američke nemilosrdne svakodnevice.

To jutro mog prvog američkog šoka bješe otprilike tri mjeseca nakon mog dolaska u Ameriku. J. i M. su sjeli za stol nasuprot mene i objasnili su mi kako stoje stvari. Razumio sam ih potpuno. Nisu me doveli ovdje da bih živio na oblaku, Amerika je to. Osim toga, oni nisu bogati i troškovi misije su ih bacili na koljena, ali, kao i u svemu, nisu se žalili, nego stisli su zube i krenuli dalje, naprijed, s vjerom u Boga. I ne samo to, otpočeli su novu misiju, ovaj put kao voditelji crkvenog dobrotvornog skladišta (BSH, izravni prijevod zvuči malo smiješno: biskupska kućna trgovina), točnije, u ustanovi koja skrbi za potrebite. Od svih ljudi koje sam sreo i upoznao u Cedar Cityu, oni su najponiznije sluge Božje. Rekli su mi da moram učiniti sve da si sredim život: a što bih drugo, to je sasvim prirodni tijek stvari. Ponudili su mi maksimalno što su mogli. Razumio sam ih i rekao koliko ih volim i koliko sam im zahvalan na svemu. Ljubav kojom su me obasuli bješe neprocjenjiva. Nisam dvojio, ako neću moći pronaći posao, vratiti ću se u Hrvatsku. Prirodni slijed stvari, pokušali smo, nije išlo i nećemo plakati. Jedno me mučilo: ako ću natrag u Hrvatsku, zar te neću moći vidjeti, tebe. najboljeg prijatelja poslanog s nebesa da me spasi u ime Njegovo?

Ni oko posla nije bilo dobro: mislio sam, neće biti teško zaposliti se, pa tisuće Meksikanaca i južnoameričkih ljudi radi u Utahu i u ovom gradu bez ikakvih dokumenata i nitko oko toga ne radi problem. Međutim, nije baš tako. Jedno su Meksikanci, radnici iz Perua i drugih zemalja, a drugo sam ja, legalno pristigli imigrant iz tamo neke Republike Hrvatske: jadni ljudi rade najteže i najslabije plaćene poslove (koje pravi nezaposleni Amerikanci ne žele raditi, radije koriste socijalne benefite, sjede doma, debljaju se, rade na crno, under table money je bolji, nema poreza, bave se kriminalom i psuju majku imigrantima „koji im otimaju kruh iz ruku"), nondocument su, žive u straćarama, kupuju slabo i jedu najjeftiniju bljak-hranu i ne žale se javno (novac šalju obiteljima, a ako su im i obitelji ovdje, to je onda posebna drama jer to znači život zaključan u kakvoj rupi i u stalnom strahu da će na vrata pokucati agenti Ureda za imigraciju i FBI; iako, kažem, meksička zajednica je jaka i organizirana i tisuće njih živi ne baš siromašno, a oni s velikom lovom uspijevaju doći do viza i dokumenata jer u USA novac je svemogući „bog"). Ali, dragi moj to znaš. Ja sam, haha, poseban slučaj i ljudi nisu se baš „trgali" da me zaposle. U LDS svijetu vlada strah od države: možda je to pitanje mormonskog DNA, uvukao se u krv progon iz godina početaka obnovljene Crkve, kad su Mormone tjerali, zlostavljali i ubijali kao sotoniste i sektaše, pa se to kao paranoja uvuklo i u modcran LDS narod koji se ne želi ni po čemu zamjeriti vlastima. Haha, mormonski su ljudi nekako izvanserijski i ne prihvaćaju ništa što bi narušilo taj njihov svijet, pa čak ako se to nalazi u njima samima i u njihovom okruženju. Nelogično je, ali neću sad o tome. Bijelac, iz Europe? „Ne, hvala, moliti ću za tebe, brate, mi te volimo, znaš." Nisam se začudio, kako sam ti već rekao, u mom prvom wardu ovdje bjehu tri odvjetnika, jedan je čak bio moj kompanjon u posluživanju braći i sestrama, a nijedan od njih mi nije htio dati savjet, makar jednu rečenicu o lakšem rješavanju pitanja promjene statusa. (Što je bio još jedan šok za mene: nisam tražio pro bono zastupanje, samo jedan neformalan savjet s nogu, ali ni to nisam dobio.) O da, posla uvijek ima, ali za mene nije bilo, ne odmah.

Sjedio sam za stolom i prvi put nakon tri mjeseca pomislio sam kako sam se zajebao kad sam došao u Ameriku. Kako da sam riješim probleme? Cedar City, Utah, nema nijednog Hrvata, preko osamdeset posto američki Mormoni, a znaš i sam kako je to, toplo tapšanje po ramenu, svi zauzeti, poslovi, obitelji, svatko gleda svoja posla. Voljeti druge je lijepa riječ u nedjelju, a u stvarnosti ti donesu juhu kad si bolestan, hvala lijepa, ukusna je iako preslana, ali to se ne govori, da je juha preslana, zatim ti pozubljaju dvorište, pomoći će kod utovara kamiona pri preseljenju, moliti će u slučaju bolesti i uplatiti koji dolar, ali pravog prijateljstva teško ćeš naći. Oprosti, ali tako je i to nije katastrofa, samo činjenica. Znaš, biti Hrvat Mormon je u Americi malo zeznuta stvar: Hrvati su najčešće, izuzev sportaša i poslovnih ljudi, organizirani u katoličke organizacije koje vuku tradiciju od emigracije poslije 1945. (ima i starih organizacija, još prije WWI) i ako čovjek nije takav tip Hrvata (što ja nisam), onda šanse za pomoć s njihove strane su nikakve. Također, Cedar City je isto kao da sam u Hrvatskoj, predaleko za bilo što, Bogu iza nogu, mogu se moliti, to je sve.

Razumio sam ih, a tko ne bi. Učinili su više nego što su mogli, mnogo više. Da, vidio sam ono što LDS ljudi ne vide, odnosno vide, ali ne bi javno rekli ni da im stave španjolske čizme na noge: dva su svijeta, najdraži moj brate, jedan je mormonski ružičasti svijet u kojem su i najveće tragedije prolazne nezgode, a drugi je stvaran američki svijet dolara i moći novca, hladan svijet bez emocija u kome je stanje bankovnog konta, bilanca aktive i pasive sve, a duhovnost ništa. Kako to mislim? Sjedio sam poslije doručka u dnevnom boravku i rezime mog stanja i tromjesečnog boravka u USA nije bio baš nešto: prvo, u džepu nisam imao ni centa, a kamoli dolara, drugo, proces s promjenom vize je zapeo i nisam imao pojma kako će završiti (premda sam imao validnu vizu), treće, osim J. i M. nisam poznavao nikoga tko mi stvarno može pomoći (braća i sestre u crkvi su dragi ljudi, ali etc.) i četvrto, sve što sam očekivao od služenja u Crkvi, sve predodžbe o vjerskom radu i životu u Utahu, tom „mom" Novom Sionu pokazale su se u samo stotinjak dana kao filmski snovi svjetlosnim godinama udaljeni od stvarnosti (što će se potvrditi u dolazećim godinama, sve dok se nisam preselio u Illinois). A ništa, što sad, nisam mogao samo sjediti cijele dane, valjalo je krenuti naprijed, pa što bude.

Ipak, u sljedećim danima i noćima, tjednima i mjesecima, u godini koja je uslijedila, mili moj brate, unatoč apsolutnoj vjeri u Krista i nepokolebljivom uvjerenju da je biti vojnik Spasitelja svijeta i steći dostojnost koračanja u Njegovoj vojsci Božjoj u onaj dan posljednje bitke protiv zla moja jedina sudbina, nešto se zbivalo u meni, u srcu mi i duši mojoj: usamljenost, tuga, neka vrsta zebnje. Sjedio sam u Crkvi, prije sakramentalnog sastanka, u nedjelju, na sveti Shabat dan i gledao ljude oko sebe, braću i sestre, obitelji, mlade, stare, vrlo mlade ljude i one u poznim godinama i njihovu djecu, unučad, slušao sam tihe razgovore, pokušaje majki da smire dječicu koja su skakala i igrala se, slušao sam uljudne tople pozdrave braće i sestara, pitanja i odgovore tipa „kako ste" i u svima njima vidio sam poniznu dobru djecu Božju, smjerne vjernike koji se trude obdržavati zapovijedi Božje, koji plaćaju desetinu i posni prinos, služe u svojim crkvenim pozivima, kod svojih kuća održavaju obiteljske večeri i proučavaju Sveta pisma, gledao sam ljude koji nisu nekakvi zemaljski nedodirljivi sveci nego obični radnici, učitelji i inženjeri, policajci i vatrogasci, krojačice i prodavačice, domaćice i mesari, zidari i tesari, gledao sam ljude s običnim problemima, bolestima i kreditima, otkazima na poslu i uspješnim karijerama, ali u svemu tom mnoštvu bio sam prokleto sam, nikad se nisam osjećao usamljeniji i napušteniji nego u Crkvi! Tapšali su me po ramenima, uljudno mi se obraćali u prolazu, stisnuli mi ruke poneki od njih i na svakom od tih lica vidio sam kristolikost i dobrohotnost, međutim... Znao sam, oh, kako je to teško sad reći, kako zapravo za njih ne postojim, nitko od njih mi nije mogao pomoći, a iskreno, zaokupljeni vlastitim teškoćama i izazovima, nisu mi ni mogli pomoći, sve da su i htjeli. To nije za osudu, tako svijet funkcionira šest milenija i tako će biti sljedećih šest milenija. Ili do drugog dolaska Isusa Krista na zemlju. Udaljen od Zagreba zračnom linijom devet tisuća četiri stotine i dvadeset i devet kilometara (jer nema izravne zrakoplovne veze do Varaždina), negdje u bespuću Utaha, u gradu Cedar City, što sam mogao? Bio sam usrano sam. Koga moliti za pomoć i savjet, koga, kad su odgovori bili predvidljivo pristojno nemoguće dosadni: „I'm sorry, brother. I can not help you. But we will pray for you. May Heavenly Father bless you. We love you." Razumiješ me? U Utahu sve do mog definitivnog preseljenja u Illlinois, nisam riješio baš ništa.

U toj samoći i agoniji s pitanjem što će to biti i kako će se okončati moja ne baš uspješna američka priča (na pamet mi je pala jedna paralela, haha: da sam se vratio u Hrvatsku u ožujku dvije i osamnaeste bio bih kao „Servantes iz malog mista", jednako siromašan, ne tako pametan i umjetnički nadaren, ali skoro pa isto neuspješan povratnik u domovinu iz bijeloga svijeta; on, Servantes iz Čilea, a ja iz velike bogomdane Amerike, haha) lijegao sam i ustajao moleći Gospoda da mi da snage za ispravne odluke. Nisam molio za green card ni dolare, o ne, brate, molio sam da moje srce donese odluku koja će biti u skladu s Planom Oca za mene, po volji Njegovoj. Molio sam da, ako ću morati sjesti na avion za Zagreb, da me blagoslovi da te vidim, prijatelju, da te zagrlim i da se pozdravimo jer nisam vjerovao da ću te ikad više vidjeti...

Sjećaš li se gospodina Z., dobrog čovjeka koji je pohađao satove engleskog u varaždinskom ogranku? Njegov sin je živio i radio desetak godina u USA i Z. je bio upoznat s američkim pričama naših ljudi, čak ga je dva puta posjetio dok je sin bio u New Yorku. Znači, gospodin Z. mi je rekao da se ne čudim ako ću se vratiti za šest mjeseci i to ne zato što sam nesposoban ili što bih učinio nešto loše, već stoga što je Amerika jako zajebana i ako nemaš novaca, osigurano zaleđe, poput školarine za studente ili kompaniju za koju radiš iza sebe, uspjeti u mojim godinama je vrlo teško. Pogotovo zato što idem u Utah, u mormonsku državu, a Mormoni, rekao mi je, ma koliko dobri ljudi bili, prijateljski raspoloženi i sve to, igraju na sigurne karte za sebe i obitelji i ako ne naučim tu igru, brzo ću opet biti u Varaždinu. To mi je rekao bez zle nakane, u povjerenju. Bio je u pravu, ne kažem „nažalost". Pripadnost našoj Crkvi je ponekad otegotna okolnost i u Americi: nema napada na nas, ali koliko mi iskustvo govori, naročito kroz moja putovanja vlakom od Utaha do Illinoisa i razgovora sa suputnicima u Amtraku, tzv. normalni Amerikanci nas drže prijateljski nastrojenim i dobrim američkim patriotima, ali i čudacima koji ne piju, ne puše, ne kockaju i ne seksaju se prije braka, haha...

Nakon doručka gledao sam stvari drugačije. Umjesto ružičastih naočala, metaforički rečeno, stavio sam na srce i dušu obične naočale kroz čije leče vidjeh svijet, pa i LDS svijet kakav je bio i kakav jest, bez iluzija kako „je sve dobro, život je lijep, trava je zelena, i cvijeće cvijeta u tisuću boja". Američka me zbilja udarila po nosu unatoč bljeStavilu mormonskog optimizma koji i u najcrnjoj stvarnosti vidi nešto prekrasno. Ne kritiziram, ne gledam samo crno, ne sudim. Mislim, shvati me, u mojoj poziciji nije lako ostati objektivan, no nisam bio paničar ni u ratu, a kamoli u Americi: što sam mogao izgubiti? Ništa, osim prilike da te vidim i zagrlim. Što se Crkve tiče, kako 2018., tako i danas, 2020. stvari su iste: ma gdje došao, svugdje su me primali s oduševljenjem koje LDS ljudi imaju za svakoga koga vide prvi put. Klasika: tapšanje, osmijesi od uha do uha, molitve, „volimo te", što je sve trajalo dok se nisam „udomaćio" i dok nisam pokušao, na primjer, na sastancima i na satovima proučavanja evanđelja govoriti što „ja" mislim. Teško je to bilo, govoriti o svojim mislima i osjećajima kao da sam dio američke stvarnosti, da sam poput „njih". Nisam bio i neću ni biti, bez obzira na sve. Mislim svojom glavom, ne tuđom. Govorim što mislim i osjećam, ne što bi drugi ljudi htjeli da mislim i osjećam, a to čini razliku. Ljubav? U civilnom životu, u sekularnom, ljubav se uglavnom svodi ili na tijelo i seks ili na glupava romantična preglumljavanja tipa Romeo i Julija ili o princezi koja čeka princa na bijelome konju. Na drugoj strani, u balonu vjerskih snatrenja, ljubav je pretvorena u nešto mistično, vrlo opasno i preskupo. Obojena univerzalnošću kao oklopom i obilježena nebeskim znamenjem nedostupnosti zbog navodne uzvišene čistoće, ljubav je u svim religijama prikazana kao želja svih želja i kao pojam koji potiče na grijeh. Zabranjene ljubavi, nedopustive ljubavi, izmišljene ljubavi i slične gluposti su... Nije važno, htio sam reći, dobri moj, učenici Isusa Krista padaju ili prolaze test dostojnosti na jednostavnim stvarima, na stvarnoj pomoći drugima, na spremnosti na žrtvu, na pretvaranju riječi u djela. Ako sam nešto naučio na ovom koračanju uskim putem, to je onda da se ne treba osloniti na „moliti ću za tebe" i „žao mi je što to čujem". Od kraja dvije i sedamnaeste do danas, na svojoj sam koži osjetio vrijednost i istinitost jedne filmske fraze: „Remember who was there for you when others made excuses." Ne znam jesam li „pogodio" englesku gramatiku, nadam se da jesam. Vidiš, bio si uz mene kad nitko nije. Činio si za mene kad su drugi imali izlike. To je razlika između anđela Gospodnjeg i licemjernih smrtnika.

Prijatelju, dobrota nije uvjetovana trpljenjem ni tek razumijevanjem. Od verbalne pomoći nema koristi, a ako se ne može pomoći, zašto se glumi suosjećanje? Ako nekoga nije briga za nečije probleme, ako ne može pomoći, ako netko nekoga ne podnosi, ako mu je sve to skupa dosadno, zašto onda, koga vraga to ne kaže, zašto glumi prijateljstvo?! Viking, pa ti si barem bolji od toga, reci mi, čemu pretvaranje? Odvjetnici iz mog prijašnjeg warda, zašto mi nisu rekli da mi ne žele pomoći? Što bi ih koštalo? Učenik Otkupitelja svijeta, vojnik Alfe i Omege ne smije biti dvoličan, to se ne radi!

Čekaj, nemoj me sad napasti s frazom „Crkva je savršena, ljudi nisu", ako i bi bilo od tebe, bilo bi previše! Odgovori mi na ovo pitanje, da si bio na mom mjestu onog jutra, nakon doručka, što bi učinio, reci mi? Oprosti, ovo je malo oštro, ali istina nije nježna. Vraga bi ti znao što učiniti, nikad nisi bio u sličnoj situaciji, hvala Bogu da nisi, nikad nisi osjetio što znači biti gubitnik, beskućnik, nikad nisi pao na dno života i nikad nisi morao razmišljati što ćeš sutra jesti, što odjenuti i kako će preživjeti od mjeseca u mjesec. Dobro, premlad si, nemaš većeg životnog iskustva, ali ni mnogi od seniorskih misionarskih parova nikad nisu osjetili tragedije koje sam ja prošao: sorry, ali nisu. Zbog toga i svega o čemu ovdje govorim i pišem, ljubljeni moj brate u Kristu, moja impresija o LDS svijetu je dijametralno suprotna od one koje sam imao kao naivan „istraživač", kao naivko u hladnom siječnju godine dvije i šesnaeste. Vidiš, izvan crkvenih vrata, s ulične strane, biti samaritanski dobrostiv nije lako kao unutar crkve, na udobnoj stolici, u klimatiziranom prostoru ex catedra raspravljati o vrhunaravnoj poruci čina dobrog Samaritanca ili zašto je Amulek pustio Almu u kuću kad su ga njegovi sugrađani tjerali iz grada. Uvijek se gnušam ljudi koji zbore o ratu s civilnih visina loših poeta. Ne kažem, nemoj me shvatiti krivo, nitko mi nije trebao pomoći, nitko me nije natjerao na putovanje u Ameriku, ali kad se netko hvali svojom vjerom i ljubavlju svojom prema drugima, bilo bi pošteno da tu svoju veliku ljubav dokaže, ne tek prema meni, prema bilo kome. Nisam bio jedini kome je trebala pomoć.

Čemu ova lementacija, pitaš se. Koga vraga laprdam, zašto pišem glupu litaniju, pa nisam katolički pijani pop? Ovako: naskoro se navršava tri godine od kako sam u Americi, a prošlo je dvije od onog doručka. Bilo je svega za ove tri godine, i dobrih i loših trenutaka, i smijeha i plača, radosti i tuge. Razočarenja povrh glave, istina je. Bilo je dana kad su mi suze tekle niz obraze i bilo je noći kad nisam mogao usnuti uzbuđen i zahvalan za neizmjerne primljene blagoslove. Život je život, a život u vjeri u Krista nije prolazna igra. I dobro i loše, i lijepo i ružno, sve je jedna cjelina i ne treba se žaliti i nije pristojno euforično se radovati nečemu što samo po sebi i nije uspjeh ako se ne podijeli s drugima. Prije nego sam sjeo za stol i počeo pisati, prijatelju moj, kleknuh i zahvalih Nebeskom Ocu u ime Kristovo, zahvalih mu za sve izazove, za sve na što naiđoh tijekom koračanja uskim putem evanđelja do vječnosti, do koje ću, nadam se, jednoga dana stići u dostojnosti poniznog sluge našeg Gospodina. Zahvalio sam živome Bogu za Njegovog Živog Sina, za vječno pomirenje i neopisivu Njegovu žrtvu i za ljubav, da, za tebe, brate najdraži. Pun topline čiste ljubavi Spasitelja svijeta, znajući kako sve spoznaje o vječnoj istini Božjoj dolaze moći Duha Svetoga, klečao sam zahvalan što ne koračam uskim putem sam, što sam imao i imam tebe, pa ako ovaj moj put uskoro završava i ako će se okončati kako sutra, ja hvalim Boga i Krista Gospodina jer imadoh tebe u ime Oca i Sina, imadoh prijatelja, brata i anđela zemaljskog čije povjerenje i ljubav ničime nisam zaslužio...

Cedar City i moj osjećaj potpune usamljenosti, bespomoćnosti u prostorijama Njegove Crkve, zar to nije bilo čudno? Tisuće Hrvata, Srba i ostalih s područja bivše Jugoslavije nekako su se snašli u Americi, a ja... Zato jer sam LDS lik? Ili sam stvarno nesposoban, prestar i preglup za bilo što svrsishodno? Ili je ipak zbog toga što sam svoju misiju, koju mi je namijenio On shvatio ozbiljno i što Princa Mironosnog nosim u srcu bez obzira na sve? Možda zbog toga što mi nije dolar gospodar nego Isus koji je Krist? Možda stoga što znam da su ovo posljednji dani i da Krist dolazi, da svijet mora biti spreman za sjaj slave Njegove? I da On nikako neće doći u nečisto i da će sve ovo što je od Njega prethodno očistiti svom snagom svojom? Jesam li drugačiji i za materijalizam nepodoban jer pročitah svoj patrijahalni blagoslov milijun puta i spoznah po molitvi moći Duha Svetoga zadaću svoju za Njega i Oca mu na nebesima? Ne znam, tako sam slab, brate moj... Znam, da sad krepam, tko bi za mnom stvarno, ali doista stvarno žalio? Tko bi iskreno plakao i tko bi bio uistinu pogođen mojom zemaljskom smrću? Ne mogu nabrojiti mnogo imena, zapravo se ne mogu sjetiti ni... Nije važno, dragi moj prijatelju. A ti, bi li ti iskreno plakao na mom sprovodu? Hm? Ne ne moraš plakati, ja nisam važan, prolazna pojava u tvome životu neka budem...

Dragi J. i M. „pretrgli" su se ne bi li mi pronašli posao, međutim rezultat je izostao.Nakon četiri mjeseca imao sam na raspolaganju imao dvije mogućnosti: pronaći posao, smještaj i početi živjeti „novi ži-vot" ili spakirati stvari i sjesti na avion za Hrvatsku.

Bio sam bespomoćan. Nisam imao kontakte, nikoga nisam poznavao, a sve moje komunikacije s ljudima iz Crkve svodile su se na „dobar dan, kako si". Sve super, pristojni, nadasve ljubazni ljudi, kako to već ide u svim crkvama na svijetu, ali za dublja poznanstva i pomoć bilo je potrebno nešto više od „dobar dan" relacija. Hvatala me lagano panika.

Prošlo je još dva mjeseca, nešto više. Pomagao sam im na imanju, oko kuće, ali to je bilo samo ubijanje vremena. Pao sam u depresiju, znao sam, ako se nešto ne dogodi, nešto dobro, sljedeću jesen neću dočekati u Americi. Po vlastitom izboru, odlučio sam se vratiti ako ne nađem posao jer bih „ispao" ordinarna svinja kad bih inzistirao na životu na tuđoj grbači!

A onda je, znam to, opet stigla pomoć od Njega, od Gospoda, znam to!

Uspjeli su, pronašli su mi posao! Zbio se čudesan obrat i moja je priča krenula drugačijim smjerom, barem na prvi pogled. Jedno poslijepodne posjetili su nas S. i G. J., stariji ljudi, braća, vlasnici velikog ovčarskog ranča. Obojica su bili umirovljenici, u poznim godinama, ali vrlo vitalni, naučeni na težak rad. Zapravo, mirovine su stekli izvan rančerskog posla. Gospodin S., koji će biti moj šef, mlađi od dvojice braće, mirovinu je zaradio kao vrstan liječnik u SLC, a stariji G. bio je profesor na Univerzitetu u Cedar Cityu. Generacijama se njihova obitelj bavila stočarskim biznisom, njihov pra pradjed došao je u ovaj dio Utaha kao pionir Crkve i tijekom sto i pedeset godina, njihova je obitelj stekla ugled u cijelom kraju i kao veliki donatori društvene zajednice. Kako su ih karijere i obiteljske stvari odvele dalje od ranča, tek netom prije umirovljenja vratili su se ozbiljnijem poslu uzgoja ovaca i prodaje janjadi. Posjeduju veliku farmu u gradu i nekoliko u okolici, na planini imaju ogromne posjede za ljetnu ispašu, a drže u najmu i nekoliko velikih pašnjaka. Posjetili su nas jer je jedan prijatelj J. i M. pitao njihovog zajedničkog poznanika zna li nekoga tko traži radnika, ovaj je pitao S. i G. J. i, eto, tog smo poslijepodneva sjedili na stražnjoj verandi kuće i dogovarali moj prvi posao u Americi.

Iznimni ljudi, odmah su razumjeli moju situaciju i nisu imali ništa protiv toga da me zaposle. Doduše, naglasili su, radi se o sezonskom poslu od svega nekoliko mjeseci, do početka listopada, kad se prodaju janjci i kad se ovce vrate s planine na farmu u dolinu. Proveo bih cijelo ljeto na planini, a povremeno bih dolazio, nakon jedan ili dva vikenda kod J. i M. radi pranja odjeće i odlaska u crkvu nedjeljom. Za početak, prvi tjedan bih pomagao oko priprema za preseljenje ovaca i opreme na planinu jer sezona samo što nije počela.

Pitali su me imam li iskustva, na što sam s radošću odgovorio kako sam trinaest godina radio na farmi ovaca i svinja. Rekoh, ne znam kako je s time na američkim ovčarskim farmama i rančevima, ali ovce i janjci su ovce i janjci u Americi i u Hrvatskoj. Trinaest godina čobanskog i svinjarskog života me naučilo nečemu. Također, kao ratni veteran nisam strepio pred životom u planini, a što se tiče kojota, puma i ostalih zvijeri, pušku sam nosio godinama i znam je uporabiti, hvala Bogu.

Napokon sam dobio posao! Što i dolazi od Krista Gospodina, Spasitelja. S Njim sve je lakše: ne prepustiti se očaju i beznađu čak i kad sve izgleda crno. Mogao sam imati zrakoplovnu kartu za povratak u Varaždin, ali je Gospod odredio drugačije. Predstava u Americi se nastavila, hvala Gospodu.

Stvari se događaju, a Nebeski Otac i Sin moći Duha Svetoga šalju nam odgovore, savjete i upućuju nas u rješenja naših izazova jer nas vole: sve što sam morao je donijeti ispravnu odluku i ustrajati na uskom putu do uskih vrata jer ništa zemaljsko nije veće ni vrijednije od toga, a onda, kakav bih bio vjernik ako bi moja vjera bila stamena samo u dobrim danima, izvrsnim mjesecima i odličnim godinama? Mislim, da sam se vratio u Hrvatsku, za bi to bilo opravdanje za skakanje s broda Spasitelja svijeta? Zato što mi ne ide onako kako sam zamislio? Nisam katolik, ne slušam prežderane prelate, ne ližem pljesnive oltare, meni pijani zvonari ne kradu milodare iz škrabice i ja ne glumim pobožnog župljana jedan put godišnje, ne, ja sam kršćanin, član jedine žive Crkve Isusa Krista i unatoč svemu ne odustajem!

Iste večeri javili su se gospoda S. i G.: baš smo završili s jelom, kad je zazvonio telefon. Javila se M. i kad je odložila mobitel na stol, pogledala me je ozarenog lica: dobio sam posao! Skočio sam sa stolice, zagrlili smo se! Nije još sve propalo! Idem dalje!

Prvi tjedan bilo je ispitivanje terena. Početak lipnja, početak sezone na planini. Ozbiljne pripreme za ljetni život u divljini. Svako jutro, od ponedjeljka do četvrtka (nije ni bio cijeli tjedan), S. je dolazio po mene. Otišli bi na planinski ranč, gdje smo čistili planinsku kuću i pripremali je za ljetni život. Provjeravali smo i popravljali ogradu oko pašnjaka (prije zime žičanu bi ogradu spustili na zemlju kako je težina snijega ne bi oštetila i uništila), provjerili stanje putova i staza za „quadove", popisali mjesta gdje trebaju veći radovi (pred nama je bilo nekoliko mjeseci za popravak, a onda sljedeće godine opet isto). Svaki dan bi dovezli dio potrebne opreme i alat, materijal, dovukli smo kamp-prikolicu (koja će biti moj dom sve do kraja 2019., te dio ljeta 2020.: nazvao sam je „hotel propuh" jer je bila stara, puhalo je unutra na sve strane, a zimi sam se smrzavao jer je nikako nisam mogao ugrijati, WC nije radio, srećom plinski štednjak i frižider jesu..., i to je bilo sve od civilizacijskog luksuza koji sam "uživao" sve to vrijeme), agregat, plastične cijevi za vodu, kuhinjsko posuđe, trajnu hranu (svježe namirnice, mlijeko, jaja, meso, voće itd. kupovali smo svaki ponedjeljak), kanistre za vodu i benzin i otrov protiv opasnih invazivnih korova. Radio sam radosno i zahvalno. Gospodin S.J. bio je nevjerojatno ljubazan i susretljiv čovjek koji se postavio više kao prijatelj nego kao strogi šef.

U četvrtak, poslijepodne, vratili smo se s planine na imanje J. i M. i time je završen moj prvi radni tjedan. Naime, S. je morao u Salt Lake City i stoga smo radili samo četiri dana. Zahvalio mi je i rekao što nas čeka sljedeći tjedan: „Od ponedjeljka krećemo normalno." Izvadio je iz novčanika sto dolara i dao mi je taj novac, kao akontaciju plaće, rekao je. Ovce će sutradan, u petak biti prebačene na planinu, ali mene ne trebaju jer ove godine se prevoze kamionima (zbog gustog prometa i uštede vremena, prošlo je vrijeme kad se sve ceste bile zakrčene tisućama ovaca, krava i konja na putu do planinskih pašnjaka: od stotina rančera malo ih je ostalo, a i oni koji jesu, uglavnom su stari ljudi jer mladi nemaju volje nastaviti taj težak i neprofitibilan posao).

Gledao sam kamionet gospodina S. kako odlazi i plakao od radosti, prijatelju. Moj prvi pravi američki novac, mojih prvih sto dolara! Hvala Gospodu! Nije bila stvar u novcu, nego u osjećaju korisnosti, samodostatnosti, o tome da ništa nije bilo gotovo i da sam bez razloga sumnjao i gledao crno na stanje stvari. Naravno, nisam bio naivan, sezonski posao bez benefita, mala plaća, a zima će doći, kao što sve uvijek dolazi, dobro i loše. Međutim, kako nisam našao full time job, ovo je bio dar s neba. A onda, za četiri mjeseca svašta se može dogoditi, trebam samo raditi, moliti se, čitati Mormonovu knjigu i vjerovati da nas Gospod ne ostavlja same i bez pomoći. Sto dolara bilo mi je kao svjetlo u mraku. Radio sam, zaradio i stvorio dokaz o tome kako američka priča može krenuti drugim smjerom.

Pastirski dio američke scene ove moje priče. Daleko je to bilo od ekloge, a ni mjesto rada nije bila baš antička arkadija, no nisam se žalio jer sam radio i jeo vlastiti kruh. U pedesetoj godini života, tisućama kilometara od Varaždina, takav kakav sam bio, svjestan situacije i mogućnosti, opetujem, nisam lementirao, bio sam sretan. Vikinže moj, kako smrtno u meni ima nesavladiv utjecaj, znao sam da ću se možda već sutra (metaforički rečeno) prevrtati na krevetu nemajući rješenja za nove životne probleme i zamke. Iskreno, cijelo sam ljeto radio na planini, a osamsto dolara mjesečne plaće (čak i uz osiguranu hranu) nije neki novac koji mi je mogao osigurati čvrsti novi početak po svršetku sezone, u listopadu. Osobni troškovi bili su mali jer osim stvari za higijenu i nekih sitnica, nisam imao većih izdataka. Štedio sam, a jedini neplanirani trošak bili su famozni „dejtovi” s nesuđenom mi ženom, haha! U jednom sam trenutku pomislio da će od te veze nešto biti: ja, abdal, konjina glupa, pomislih kako ću s dotičnom damom stvoriti topli dom i sve što ide u jednu romantičnu priču za malu djecu i usidjelice. Nažalost, ona je, u punini svog romantičnog, tako prokleto američkog pogleda na muško-ženski svijet bila uvjerena da sam pun love k'o šipak (a znala je da mi je plaća nikakva) i da ću sve što imam, vidi ti ženske pameti, spiskati na nju! Kažem, u djeliću trenutka sam i ja to pomislio, ali samo djeliću sekunde, brzo me je prošla ta glupost! Moj novčanik je moj novčanik, a u Americi prazan novčanik je propast! Nekoliko sam puta izašao s njom tog ljeta, a i kasnije, sve do mog odlaska u Illinois, tijekom rada na zimskom ranču onog idiota i prevaranta A.C., proklete bitange. Naša povremena druženja održavala su stanje „veze” na razini toplo-hladno, bez pomaka. Ništa se osim poljubaca nije dogodilo, ipak smo mi Mormoni, haha, nema seksa prije braka, pa čak i ako oboje imamo preko pedeset, haha!

„Ljubav” nije bila moja briga, budućnost me kopkala. Ljeto je proticalo i pitanje je svaki tjedan bivalo sve veće: a što nakon listopada. Uštedio sam nešto malo preko dvije tisuće dolara, no što je to? Ništa previše. Mogao sam unajmiti neku jeftinu sobu do pet stotina dolara, na primjer, a kako se obavezno plaća polog i ostalo, ukupan trošak samo za to bi me koštao oko trinaest stotina, ako ne i više. Hrana, odjeća, pa čak i ako pronađem novi posao, mišljah, kako do posla, puzajući? Cedar City ima neke autobusne linije, ali to nije pravi javni prijevoz, a automobil nisam imao, ni vozačke dozvole. I kako kupiti auto, tko bi mi prodao? Nitko. (Možda ilegalci, kakvu krntiju za tri stotke, olupinu koja bi stala nakon deset metara i ni makac, haha.) Nedostajalo mi je, po nekoj gruboj računici, najmanje dvije tisuće dolara za kakav takav početak i to pod uvjetom pronalaska novog posla s pristojnom plaćom. Što me vodi do starog vječnog pitanja: kako dalje. (Znaš dobro, stvari su se počele rješavati tek kod tebe,u Illinoisu, porezni broj, i bankovni račun, ma sve je krenulo na bolje kad sam se preselio kod tvoje obitelji i kad su mi tvoji pomogli. Čudno je to, u Utahu, u tzv. mormonskoj državi, gdje je sve puno nebeske ljubavi, nikakve pomoći dobio nisam. Zašto, ne znam.)

Mučio sam se s tim mislima svake večeri na planini, što će biti i kako će biti, kome se obratiti i kako pronaći izlaz. Molio sam, mnogo sam molio, a prije no što bih usnuo, pročitao bih desetak stranica Mormonove knjige, kao utjehu i kao lijek, živa riječ Božja me držala živim i zdravog uma, čistog srca i mirne duše. Govorim bez uljepšavanja: svjedočim, prijatelju, samo u Kristu čovjek može prebroditi najteže stvari, pobijediti zlo oko sebe i u sebi.

Od plaće nisam trošio, tek bih platio desetinu i to s veseljem i zahvalnošću što sam mogao dati Njemu ono što je zapovijeđeno ljubavlju vječnom. Mada, brate, dio mog srca grcao je u tuzi i sramu pred Gospodinom. Zašto, pitaš se? Moja zahvalnost za posao i sve blagoslove bila je previše nevjernička: prišao sam životnim prilikama, poslu, novcu i budućnosti s pozicije materijaliste, a ne učenika Isusa Krista! Da, baš tako sam činio. Poput, hvala za novac, ohoho, novac, imam novac, i baš je dobro imati novac, ali nije dosta, daj mi, Bože, još, trebam novaca, što je osamsto dolara, što je dvije tisuće dolara?! Molim te, Gospode, napuni mi džepove krasnim novčanicama, najviše s onim od sto dolara, da, sto dolarske novča-nice trebam... Molitve, čitanje Mormonove knjige, što mi je bilo, zar sam to radio mehanički, zašto sam bio tako prokleto katolički udaren u tu moju šuplju tikvu?!

Nebeski Oče, živi naš i jedini Bože, ljubljeni Oče na nebesima, na koljenima klečim pred Tobom i pla-čem, suzama Te molim, Oče, u ime tvoga ljubljenog Sina Isusa koji je Krist, oprosti mi grijehe moje, mo-lim te, oprosti mi...

Tri godine u USA. Opet, tri godine u Americi. I sve te tri godine si uz mene, u dobrom i u zlu. Kad sam bio kao normalna osoba i kad sam eksplodirao, ljutio se bez razloga, a ti si bio meta mojih eskapada. I tada si ostao uz mene. Tri godine slušaš moje gluposti, podnosiš moje uvrede, tri godine šaljem ti idiotske poruke, a ti svaki put popraviš stvar, svaki put učiniš ono što samo učenik Isusa Krista može učiniti: oprostiš starom balkanskom majmunu, zagrliš me dobrotom i izvučeš iz blata nekristolikosti. Prijatelju, „hvala" je jedino što ti mogu dati.

Nego, sjetih se nečega. Pričao sam malo prije o mom početku života u Americi, o prvim mjesecima u Utahu, pastirskom poslu, novcu i svačemu, a ništa nisam rekao o prekrasnim danima mjeseca travnja 2018., o putovanju u Illinois. Od prve sekunde svog boravka u Americi razmišljao sam o tome kako ću te vidjeti. Nije teško objasniti zašto: kad znaš da postoji netko koga je poslao sam Gospodin i daj netko žrtvuje svoje vrijeme, svoje živce, kad netko daje sebe za drugog i to čini bez obzira na sve mane onoga kome daje, kome pomaže, koga voli, što možeš nego nastojati sresti se opet i izahvaliti i na svemu?! (Ljudi su uglavnom sebični, čak i kad pomažu, ne čine to iz ne znam kakvog altruizma već potrebe da se predstave „kao" humanisti, a što nikako nisu. Kad je ono vrli predsjednik najveće lijeve hrvatske stranke, stanoviti gospodin B., jedna smušena nesposobna politička uš, kakve političke hrvatske uši već jesu stolje-ćima, posjetio varaždinsko prenoćište za beskućnike Udruge „Novi put", čiji sam bio korisnik, donio je nekoliko vrećica na brzinu kupljenih jeftinih konzervi, malo šećera, kave i dvije gajbe polutrulih jabuka, kupljene na rasprodaji u „Konzumu", i uz nekoliko svojih guzičara taj „grandiozni primjerak brige za po-trebite" došao je u pratnji hrpe novinara i tv izvjestitelja, kao da se radi o otvaranju pumpne stanice seos-kog vodovoda u pripizdini i izrazio želju fotografirati se s beskućnicima, koji će kasnije baciti donirane jabuke u smeće jer su bile nejestive, pa kad je nakon tog hvalevrijednog čina lažne humanosti jednog bez-dušnog lijenog socijaldemokrata u novinama izašla slika kiselih beskućničkih faca i od uha do uha nas-miješenog predsjednika stranke koja je bastard nekadašnje komunističke partije, skoro sam povraćao onaj na silu progutani medenjak iz agit-prop donacije. Trebam oprostiti gospodinu B. kao cijenjenom predsjed-niku cijenjene stranke, ali neću. Baš zato. U 3. Nefiju 13:1-4 živa riječ Božja govori, zapovijed je Gos-podnja: „Zaista, zaista, kažem, htio bih da činite dobrotvorna djela siromašnima... Zato, kad budete činili dobrotvorna djela svoja, ne trubite pred sobom, kao što će to činiti licemjeri u sinagogama i na ulicama, da bi imali slavu ljudsku... kad činiš dobrotvorna djela, ne dopusti da ljevica tvoja znade što desnica tvoja či-ni... Da bi dobrotvorna djela tvoja mogla biti u tajnosti...". Kupuju ljudi savjest tisućama godina kao luk i grah, žito i vino. Misle jadni da će im taj performans hinjene ljubavi donijeti dodatne bodove kod Gos-poda. Moram ih razočarati jer neće, i Otac i Sin znaju sve o nama i glumatanje ne dolazi u obzir.) Preletio sam ocean kako bih te mogao ponovno vidjeti i zahvaliti na svemu, prijatelju moj. Pet mjeseci se navršilo tog travnja dvije osamnaeste kad smo se napokon vidjeli. Pet mjeseci od rastanka na zagrebačkom aero-dromu na dan tvog odlaska iz Hrvatske, na dan završetka služenja uspješne misije za našeg Gospodina. U našem putovanju u Ilinois vidio sam još jedan veliki blagoslov i privilegiju: travanj bio mi je vrlo napeti mjesec, nemogućnost pronalaska posla i ona utvara tada izglednog povratka u Hrvatsku je nagrizla oklop moje duhovne snage: unatoč čvrstoj odluci da se držim one stare „što će biti, neka bude", nervoza me napala i tih sam dana bio prilično živčan. Razgovori s tobom preko Google hangoutsa bili su lijek za moje srce i dušu, a najveću radost doživjeh kad si me pozvao na putovanje u Illinois. Kakav blagoslov, kakva sreća! Tvoj me poziv vratio iz mrtvih. Rekoh sam sebi, kao tebi: „Znaš kaj, prijatelj, to kaj bum s tobom kod tebe doma taj tjeden i da bum mogel svedočiti tvojima kakav si bil anđel na misiji, za mene znači već nege sve na svetu! Ak' se i vrnem v Hrvatsku, kaj onda, videl sam te opet, fala Bogu! Pozval si me k sebi jer je tvoj japa pristal popraviti moje gorblje zubi v lampi: kaj da ti velim o tome, se znaš, dragi moj prijatel!" Sve si organizirao, a ja sam morao samo spakirati mali kofer.

Ah, kao uvijek, pokazao si koliko si veliki čovjek, kakav si prijatelj i brat: po prvom planu sam trebao autobusom do Salt Lake Cityja, gdje bi me pokupio (vozio si od Rexburga, Idaho do Illinoisa, najdraži moj bivši studentu BYU Idaho), ali si promijenio plan odlučivši voziti preko Cedar Cityja do tebe doma, što je nevjerojatno jer ova ruta znatno produljuje put i čini ga skupljim. Mislim, najbolji si, tko bi htio voziti šesto milja više nego što je potrebno? Samo ti, brate! Izravna ruta od Rexburga do tvog rodnog grada je 1452 milje, a preko Cedar Cityja 2016 milja, što je ogromna razlika za koju nisi mario, a to nešto govori. Kakvo srce imaš, veliko i široko kao nebo. Ispalo je fenomenalno, posjetili smo bivšeg predsjednika misije i proveli s njim i njegovom obitelji nevjerojatnu večer uz izvrsnu hranu i sjajnu zabavu. Haha, ne smijem preskočiti onog tko je došao s tobom, tko je bio „veliko iznenađenje": W., dobri stari mladi šašavi Australac, tvoj bivši misijski suradnik i naš zajednički prijatelj, izniman dečko, odličan elder, koji je jedini za koga mogu reći da je bio ravan tebi. Dva puta je služio u Varaždinu i zauvijek će ostati u mom sjećanju kao misionar i kao prijatelj. Vrijeme prolazi, nemam više kontakta s njim, ali naš iznenadni susret s njim tog travnja bio je dar s neba, dokaz da Gospod ne zaboravlja spajati prijatelje, svoje vojnike, koji su mislili da se nikad više vidjeti neće.

Večer u domu bivšeg predsjednika misije: tko ne bi želio vidjeti tog duhom ogromnog čovjeka koji je zauvijek blagoslovio živote misionara, lokalnih članova i svih ljudi koje je sretao za svog poniznog i vrlo uspješnog služenja u Sjevernoj Misiji Jadran? Naravno, objeručke sam prihvatio poziv za večeru, nisam ni pomišljao da se vidimo tek ujutro! Nije mi padalo na pamet propustiti ni sekundu druženja sa svojim najboljim prijateljem!

Dan tvog dolaska bješe nedjelja. U noći sa subote na nedjelju nisam oka sklopio, nisam spavao. A onda me je J. pozvao: „Jesi spreman, idemo!". Vožnja je bila je jedna od onih vožnji koja nam se čini preduga, kao da traje sto godina, a opet, to je od onih vožnji koju dugo iščekujemo jer znamo da ćemo na kraju te vožnje vidjeti osobu koju silno poštujemo i volimo: bila je to vožnja prema tebi.

Oprosti, plačem dok ovo pišem. Nije bilo tako davno, pa ipak plačem. Sastavljam mozaik našeg prijateljstva i gledam sebe, i plačem. Od radosti i od muke. Od sreće i iz zahvalnosti Nebeskom ocu i Kristu na tebi: koliko mi vjeruješ, koliko si uz mene, koliko podnosiš moje gluposti, a i godine koje nas dijele, ništa među nama nije jednostavno i nije kao što je kod drugih ljudi. Znam, pravo prijateljstvo ne može biti idilično, pravi prijatelji nisu isti, nisu blizanci. Marquise de Sevigne je rekao (navodno): „Pravo prijateljstvo nikada nije mirno." Hvala ti, „fala, ti dobri moj prijatel, tvoja buju deca mela pravi uzor v životu, a ja, ak bu Bog dal, bum im tome i posvedočil."

Ispekao sam kolač, jogurt pitu, ako se dobro sjećam. Ruke su mi se tresle dok sam koračao prema vratima kuće našeg dragog bivšeg predsjednika misije: pozvonih. M. je uzela kolač od mene i namignula mi. Ti si otvorio vrata. Zbunjeno sam ih prepustio da prvi uđu i da te prvi pozdrave, što je i red. Pogledao si me svojim mangupskim pogledom i rekao: „Hej, ti!" I zagrlio me da su mi sve kosti pucale! Ponovno sam bio uz brata svoga, baš kako je zapisano u Svetim pismima, Izreke 17:17: „Prijatelj ljubi u svako vrijeme, a u nevolji i bratom postaje." Zagrlio si me, ti, kojeg je On poslao da budeš moj zaštitnik, zagrlio si me, ti, koji si od povjerenja Njegovog i koji si odabran biti ruke Otkupitelja na ovome svijetu za mnogu djecu Božju i za mene, najdraži brate. Zagrlio si me ti koji nikad nisi pogazio riječ jer tako čine samo oni koje Jahve bira i zove. Sam Bog je objavio tko može boraviti u šatoru Jahvinom u Psalmu 15 (14): „... koji se zaklinje prijatelju i ne krši prisege...". Prijatelju, ti si od Njega, svećenik Spasitelja, svećenik Crkve Isusa Krista svetaca posljednjih dana (kao i ja, samo ja sam duhovno slabiji od tebe) i kroz tebe isijava ljubav Gospodinova, ti tješiš moći Duha Svetoga i ovlašću Božjom i baš to, da si samo običan smrtnik s tolikom ljubavi za mene je dokaz istine Kristove jer sve što si činio ljudima na Balkanu, što činiš za mene i što ćeš tek učiniti za djecu Božju voljom Njegovom, sve je tek po riječima Kristovim „... kažem vam, što god učiniste jednomu od ove moje najmanje braće, meni učiniste." (Matej 25:40). Možda sve ovo što govorim zvuči čudno, ali znam da je istina, pak ako znam da je istina i da si poslan od Njega, ništa me u tome pokolebati neće. Što je poslano od Boga, Božje je i samo vjerom u Isusa koji je Krist, po molitvi i služenjem drugima Nebeskom Ocu u ime Njegovo s moći Duha Svetoga spoznadoh ovo o čemu pričam...

Nakon tebe, došao je na red naš „klokan”, veliki predragi W.! Kako sam ga radosno zagrlio, kako sam bio sretan sresti tog sjajnog dečka! Nismo se vidjeli točno šest mjeseci i deset dana, koliko je prošlo od našeg rastanka u zagrebačkoj zračnoj luci, kad ste obojica, svaki svojim zrakoplovom, napustili Hrvatsku i time okončali dvogodišnje služenje na izgradnji Kraljevstva nebeskog na zemlji na balkanskim krvavim pustopoljinama. Bilo je odlično ponovno vidjeti tog visokog Australca velikog srca. Za vrijeme služenja u Varaždinu bio je i clerk (bilježnik) našeg ogranka: ne znam za prije i poslije, ali u mom „mandatu” služenja kao prvog savjetnika predsjedništva ogranka, W. je bio najbolji clerk kojega smo imali! Bez premca! Hvala Gospodu na W., malo je takvih.

Velika večer, izvrsna hrana, najbolji ljudi, osjećali smo se kao kod kuće: oh,kriva usporedba, osjećali smo se bolje, osjećali smo se blagoslovljeni, baš tako! Jeli smo puno i fino, kako bi ti rekao, Viking moj. Nasmijao si sve za stolom kad si umak, umjesto da ga preliješ preko finog kremastog pire krumpira, ulio u čašu, haha. Najbolji uvijek radi pizdarije. Nakon večere smo pjevali, bila je duhovna misao, a potom smo kartali...

Te sam noći spavao sam kao beba. Događaju se takve stvari ljudima kad su s dragim ljudima, važnim u njihovim životima. Blizina obitelji, prijatelja, braće i sestara u Kristu stvara spokoj u duši i mir u srcu. Lijepo je što u životu imamo djeliće vremena kad se možemo „isključiti” iz svakodnevnih borbi i izazova, kad možemo pobjeći od svega i uživati u trenucima radosti ispunjeni nadom i ljubavlju. To su male stvari, a najveće i najvrijednije stvari.

Ujutro smo rano ustali, ali se odlazak malo odužio jer je W. rastegao svoju jutarnju toaletu kao kad se mlada sprema za vjenčanje. Haha, zgodan uspavani australski klokan. Nakon što smo sjeli u tvoj „passat”, haha, sorry, ali smijem se iako nije bilo smiješno, mislim, ne tebi, haha: učinio si nešto jako čudno, ali što, i curi se dogodi dijete, pa što onda, haha. Krenuo si u rikverc i desnim si vratima zakačio poštanski sandučić i malo ogrebao vrata na autu. Lijepo si i sočno opsovao, kao pravi balkanac, haha. Ne tuguj, događa se i boljima od tebe, mislim boljim vozačima, haha...

J. i M. su nas čekali. Prije doručka, odšetali smo na polje u potrazi za zečevima. Naravna stvar, ulovili nismo ništa, a kako i bi, ne možeš ti za sat vremena uloviti zeca. Bilo je zabavno i smiješno, tri kao lovca s jednom malokalibarskom puškom: da smo morali uloviti doručak, ostali bi gladni, haha.

Ukusno jelo, prepuni stol delicija, krasan doručak. Jeli smo, prepričavali prošlu večer, uspomene s tvoje misije, a onda smo morali krenuti na dugo putovanje. Prvo smo odvezli našeg „klokana” W. na autobusnu postaju. Nastavio je obilazak američkih prijatelja. A mi pravac Ilinois. Srce mi se steglo kad sam zagrlio W., osjetio sam da ga nikad više neću vidjeti. Kako vrijeme prolazi, taj osjećaj je sve jači i postaje istina. Na neke stvari čovjek ne može utjecati. Mnogi ljudi u našim životima, ma kako nam bili dragi i kako ih mi voljeli, jednostavno dođu i odu i nema ih više s nama, oko nas, u nama. Nisu samo Božji putovi čudni, mnogo su čudnije naše smrtne staze...

Dragi brate, moje prvo putovanje do Illlinoisa s tobom bješe dugo, ali i predivno. Dvadeset i nešto sati vožnje. Srećom je „passat” udoban automobil, pa se nisam umorio ni ukočio. Naizmjence ste vozili ti i I., što je olakšalo putovanje vama dvojici. Zastali bi na kojoj benzinskoj postaji, tek da se natoči gorivo, kupi nešto za popiti i pojesti, otiđe u toalet. Protegnuti noge, to nam je također trebalo. Evo, dosadan sam: hvala ti od sveg srca, prijateljstvo i sve, prirodno, ali benzin nije besplatan, hrana nije besplatna, a novac ne raste na drveću, ne pada s neba, osobito ne studentu. Nisi me pitao za novac, a to je odlika kristolikog čovjeka. Znao si da nemam novaca (imao sam pedeset dolara u džepu). Vas dvojica ste podmirili trošak benzina, a ti si kupovao hranu i piće na putovanju. Nisi spominjao plaćanje. Učenik Isusa Krista neće naplatiti hranu i vodu siromahu, bratu svome, nego će sam podmiriti taj trošak. Ili će pronaći nekoga tko to može učiniti. Ti si i učenik i vojnik Spasitelja, Njegov zemaljski anđeo, moj zaštitnik i podučavatelj, moj najbolji prijatelj.

Mojih pedeset dolara ne bi dostajalo ni za jedno punjenje rezervoara gorivom, brate mili. Vjeruj mi, nije ugodno nositi teret siromaštva, to te učini bespomoćnim, ranjivim, uništava ponos i pretvara u roba, neslobodnog čovjeka čak i ako se radi o najboljim nakanama bez računa. Nisam imao posao, a biti ovisan o nekome, ma kako primljena pomoć bila iz ljubavi, je prilično frustrirajuće. Cijeli moj život, sve što sam uspio sačuvati stalo je u dva manja kofera, doista sam bio kao „Servantes iz maloga mista", još i manji od njega. U travnju mjesecu bio sam na tankoj granici između propasti moje američke priče i povratka u kaos hrvatskog beskućništva i bijede. Ne ljuti se, molim te, i ne osuđuj me (nikad i nisi), ne želim ispasti nezahvalan, ali toliko toga sam primio od tebe i tvojih i uistinu ne znam kako zahvaliti. Od našeg prvog (poslije misije) susreta u Cedar Cityu, kod predsjednika G., ti i tvoja divna obitelj ste uz mene i što mogu kazati? Reći samo „hvala" ne znači ništa, premalo je: neopisivo je komplicirano živjeti u Americi bez „vlastitog" zaleđa, bez da je čovjek dipl. ing. (najmanje), ekonomist, IT stručnjak ili barem vozač kamiona, da nije odmah oženio kakvu dobru razvedenu LDS gospođu s petero nediscipliniranih arogantne djece... Vidiš, znaš i sam što se zbilo ove dvije i dvadesete godine, što sam radio? Oh, znam što ćeš reći, bolje nemoj. Svega četrdeset dana rada na planini ove sezone, a onda prekid rada, moj stari problem, ulkus i sve što ide uz to. Mada, nemam prigovora, S. i G. J. bili su više nego korektni, dapače, ponijeli su se ljudski prema meni, ne kao poslodavci nego kao braća u Kristu, s razumijevanjem i dobrohotnošću. Nisu mi dali otkaz na kapitalistički način, pokupi prnje i odlazi jer s tom ranom ne možeš raditi, nemamo mi novaca za skupe bolnice! Ne, ništa takvo se nije zbilo, S. i G. su članovi Crkve, G. je patrijarh, tako da nije bilo neprimjerenosti. Uhvatila me (svejedno) velika panika: dok je čovjek zdrav i najveće poteškoće izgledaju puno manje, ali u bolesti stvari su zajebane. Gdje ću, kako ću, kamo ću, a što sam zaradio za četrdeset dana, za hrvatske prilike ništa, a kamoli za američke. Dobro, S. je bio velikodušan i isplatio mi je nekoliko stotina dolara više od onog što sam trebao primiti na konto plaće, pa ipak to je sve skupa bila niska svota. Opcije? Skoro da ih nije bilo. Spas je došao od tvoje obitelji, odmah i bezuvjetno, prijateljski, u ime Krista Spasitelja. Jadan sam bio, ali ne sam, kao proklet nesrećom, a rana na nozi, zagnojila se, infekcija se širila i trebalo je to sanirati zbog opasnosti od sepse. Osim toga, da je došlo do kosti, ode mi noga, a o drugim posljedicama ne usuđujem se ni misliti. Tko imalo gleda američke tv serije i filmove zna da je prvo pitanje kad se dođe u neku američku bolnicu ono famozno o polici osiguranja, a ja, kakvo osiguranje, ništa takvo imao nisam. Zato plačem, tvoji su me spasili! Moju odanost, povjerenje i bezgranično prijateljstvo i ljubav si imao i prije mog dolaska u Sjedinjene Države. Kako ti zahvaliti? Nedostajao si mi na planinama Utaha, zato smo imali naša roštilj-druženja. S kime sam mogao prijateljski popričati, ako ne s tobom? J. i M., ali, ah, nisam ih više imao srca zamarati svojim problemima, nisam ih mogao opterećivati, imali su previše vlastitih briga... Tako je teško biti LDS sto posto, znaš, što je...

Strahotno duga vožnja uspješno je završena kad si parkirao auto ispred vaše velike lijepe kuće. Stigosmo u tvoj dom, mjesto koje će postati i moj dom i gdje ću provesti najsretnije dane mog života u Americi, ali i bolje od tisuća ostalih dana iza mene.

Tuširanje i preodijevanje, kraći odmor tog prvog dana i iste te večeri veliko iznenađenje: večera u pravom talijanskom restoranu, s mafijaškim štihom iz fimova o Corleone family, haha. Uslužni, vrlo otmjeni konobari, hrana da nije mogla biti bolja, k'o na svadbi, jela su samo stizala na stol, jedno za drugim, cijeli niz talijanskih specijaliteta. Mislio sam da ću eksplodirati, koliko sam jeo! Tvoj otac je „kao ozbiljno" rekao: „Jedi sad jer sutra dolaziš u ordinaciju, počinjemo raditi na tvojim zubima." Gospode, nasmijao sam se, dobro, onda ću jesti. Iznimna, nezaboravna večera u odličnom društvu, hvala Gospodu na tom blagoslovu.

Sedam dana rajskog života u Illinoisu, sedam dana bez briga, problema i razbijanja glave mislima o budućnosti, o novcu i možebitnom povratku u Hrvatsku (kad smo se vraćali u Utah, mislio sam, sva je prilika da ću ostati u Americi jer „operacija zubi" tek je počela i mora se završiti, ne mogu se vratiti u Varaždin samo tako...).

Moram ovo reći jer se istina mora govoriti i pisati. Istina mora ostati zabilježena. Tvoj tata je najbolji zubar koga sam ikad vidio, za mene je najbolji na svijetu. Od djetinjstva sam zazirao od zubarske stolice, čak i sama pomisao na vađenje zuba i na to da će mi neko čačkati po ustima izazivala je u meni otpor i strah od neizdržive neugodne boli i budila želju za bijegom, što dalje od zubarskih kliješta, one jarke svjetlosti lampe i tipa s maskom na faci iznad moje glave. Ona čašica s vodom za ispiranje usta (stara tehnologija, balkanska, haha), dezinficirani alat poredan na bijelom salvetu, u kromiranoj kutiji, pokretni stolić i ogromna zubarska mašinerija, sve to, ne hvala, oduvijek sam o zubarima mislio kao o strašnim likovima koji vole nanositi ljudima bol, haha. Šalim se, ali ozbiljno, tko „normalan" voli zubare. Posljednji put sam posjetio zubara godine devedeset i četvrte, u Pirovcu, a i taj moj ulazak u ordinaciju nije imao veze s mojom zuboboljom, haha! Naime kaj, ne znam jesam li rekao, hotel i kamp „Miran" Pirovac je bio polazna baza moje bojne (bile su tu i dijelovi drugih postrojbi), gdje smo vršili pripreme za bojna djelovanja i akcije u kojima smo sudjelovali, tu smo dolazili na kraće odmore, očistili opremu, vozila i naoružanje, provodili vojnu obuku u intervalima između dvije akcije. HV je imala svoj sanitet i zdravstvenu skrb, ali u nekim smo se segmentima oslanjali na civilni sektor. Zbog praktičnosti i ograničenih vojnih resursa. U sklopu toga bila je stomatološka služba: vojska, poglavito u zonama borbenih djelovanja i blizu bojišnice koristila je usluge civilnih stomatologa, pa smo tako i mi bili pacijenti lokalnog zubara u Pirovcu.

Vojnici k'o vojnici, kad ne ratuju, po navici, rutinirano rade svinjarije i iskorištavaju i najmanju prigodu za ljenčarenje i izbjegavanje dosadnih vojničkih stvari poput obuke, straže, tjelovježbe, tako tih neborbenih radnji, haha. U ratu vojnici ratuju, bore se, bivaju ranjavani, ginu. Na bojištu, u bunkerima, u stalnom pokretu, u nervozi, pod paljbom, na kiši i snijegu, na paklenoj vrućini i u blatu, na golom kršu i užarenom kamenju, u neprohodnoj šikari i mulju, u razorenim gradovima i selima gdje je odlomljeni komad betona ubojitiji od šrapnela, na minskim poljima, u napadu i u povlačenju, uz lošu hranu, u prljavštini, bez spavanja, život bojovnika u ratu pretvara čovjeka u zvijer i nije mu stoga za zamjeriti kad u predasima između dvije bitke pokušava pronaći razonodu, vrijeme za sebe, kad pokuša pronaći nešto što će ga barem na koju minutu i koji sat vratiti u vrijeme mira, običnosti, u dane koji nisu tražili junaštvo niti bjehu ispunjeni smrću i krvlju. Pišem ti kako jest, vojnici su samo ljudi i zato se ne čudi ovoj maloj priči (koja se veže na zubarski posao). Na bojištu je jedna priča, a u pozadini druga. Nema vojnika koji voli stegu, a iskusni ratnici upravo mrze ročničke gluposti poput postrojavanja, straže i vojničkog drila. „Kaj nam to treba, kad četnike tabanamo, onda nas nišće ne pita za pozdrav ni speglanu rubaču?" Haha, baš je tako. Zato nije bila neka osobita pizdarija kad se pojavila masovna zubobolja. Što je bilo? Evo, pričam ti priču. Za gardiste Zapovjedne satnije, osobito mog voda i moje desetine, zubar je iznenada postao tema broj jedan na jutarnjem postrojavanju. Vratili smo se iz Bosne i prije ponovnog odlaska na teren (u Bosnu, na Dinaru), dobili smo kratki odmor za popravke, nadopunu opreme i streljiva, a neki su čak i pušteni kućama na nekoliko dana, što je bila osobita privilegija. Mi, koji smo ostali, užurbano smo radili, a onda se netko u zapovjedništvu sjetio da bi bilo dobro da se vojska malo „prodrma vježbom" jer „i tak nikaj ne delaju, samo ločeju i spiju", a u prijevodu na civilni jezik, to je značilo jutarnje smotre, nastava, obuka, kao za ročnike. Staroj prekaljenoj ratnoj gardi to se nije svidjelo. Nisu ratnici usrane mamine maze! Međutim, izvrši pa se žali, zapovijed je to, a vojska nije dječji vrtić i što se zapovijedi, mora biti i izvršeno, htio ti to ili ne, a što vodi prema najstarijoj vojničkoj smicalici: simuliranju bolesti iliti iznenadnom napadu bolesti koja traje taman toliko koliko i odmor između bitaka.

Zubar je postao najtraženija doktorska faca. Svako jutro bi se nekoliko gardista, uključivo zapovjednike prijavilo za odlazak liječniku, najviše zubaru. Planula je „epidemija" zubnih oboljenja, što nije moglo proći nezamijećeno od strane zapovjednika satnije. Prvi, drugi, pa i treći dan satnik nije ništa rekao, nije reagirao, ali četvrtog je dana stvar postala „ozbiljna". Kakva je to sad svinjarija sa zubima, otkuda toliki bolovi i kako se javljaju neki koji nikad nisu kupili ni četkicu za zube, a kamoli da su ikad bili kod zu-bara? I baš sad? Tu nešto smrdi! Prekaljeni vojnici zubobolju ne smatraju bolešću, rješavaju to rakijom, kao i sve ostalo što nije metak i geler. K'o za vraga, haha, dobio sam zadaću provjeriti o čemu se radi. Takvi zadaci postadoše moja specijalnost, lude su se teme i dileme uvijek nekako posložile i ja bih primio zapovijed „riješi to kak znaš", haha. Moj me natporučnik tog jutra pozvao na stranu i rekao mi da je dosta tog zubara. Ukratko, morao sam otići u Pirovac i otkriti kakva je to strašna bolest zubi napala naše bojovnike.

Malo poslije devet ujutro pokucao sam na vrata zubarske ordinacije, na prvom katu velike stare kuće, u samom centru Pirovca. Popeo sam se stepenicama do bijelo obojenih vrata, tri puta pokucao i ušao u svijetlu prostranu čekaonicu pirovačkog zubara. Unutra bješe nekih osam vojnika (dvojica mojih) i jedna starija žena. Namignuo sam vojnicima i pokucao na bijela vrata oblijepljena raznim obavijestima (radno vrijeme, ne ulazi bez kucanja, zdravstvene iskaznice ostavite u kutiji, vrijeme marende). Nakon manje od minute vrata je otvorila zgodna mlada medicinska sestra (iza mojih leđa čuo sam smijeh i zvižduke vojnika, nepristojnu, ali razumljivu reakciju na lijepu ženu). Pogledala me je nezainteresirano kao što se gledaju prolaznici na ulici i samo je upitno podigla njegovane obrve u stilu „čitajte što piše, nema kucanja i ulaska preko reda", ali ja sam prekinuo njen pokušaj da me podsjeti na red stvari. Predstavio sam se i zamolio je za prijam kod gospodina doktora. Rekoh joj da nisam pacijent i da me poslao moj zapovjednik, gospodin satnik taj i taj iz tog i tog razloga: kako mlada sestra nije imala pojma o vojsci, jer da je, spomen satnika je ne bi impresionirao, činilo joj se kako dolazim od nekog generala, velikog šefa i odmah me je pustila u ordinaciju i najavila svome svome šefu, mladom zubaru. U kutu ordinacije, za starim pisaćim stolom sjedio je visok muškarac kratko ošišane kose, glatko izbrijan u ranim tridesetim. Odložio je kemijsku olovku na rokovnik i okrenuo se prema meni i uljudno me pozdravio. Ponovio sam zašto sam došao. Vojne stvari, pojasnio sam, zapovjedniku je čudan nagli porast broja „zubarskih pacijenata" koji se svi vraćaju s pregleda donoseći ispričnice i „oslobađanja" od aktivnosti. Srdačno me pozdravio, rukovali smo se, a potom mi je ponudio konjak. „Mirogojček", što sam kao dobar gost prihvatio jer se domaćina ne smije uvrijediti odbijanjem gostoprimstva. Sjedoh na stolicu do pisaćeg stola. Razgovor je trajao nekih deset minuta i tri runde „mirogojčeka". Mislim, moje runde jer on nije pio, zbog posla, kako je rekao, ne može se raditi „pod gasom". Lijepo smo se ispričali, pozdravio sam ga i napustio ordinaciju smijući se u sebi. Klipani, vojnici, haha. Kakva ideja: otići zubaru, nagovoriti mladog doktora za ispričnicu i usput popiti konjak, to je posao, haha! Nikakve „epidemije" zubnih bolesti nije bilo, garda je samo htjela malo više odmora, ta nakon terena, borbe i svega glumiti guštere im se baš nije dalo, haha. Razumio sam ih, potpuno.

Hodajući do hotela smislio sam što ću reći gospodinu satniku. Istinu, a što drugo nego istinu. Umotanu u celofan, malo dorađenu, prilagođenu, sročenu tako da vuk bude sit, a ovce na broju. Satnik se dobro nasmijao kad je čuo o čemu se radi, znao je on to, samo je htio potvrditi svoje sumnje. Nije digao uzbunu i nije kaznio vojnike. Za nekoliko smo se dana morali vratiti na bojišnicu i nije mu padalo na pamet zajebavati svoju vojsku. To rade kabinetski oficiri, ne časnici koji su s vojnicima u boju.

Eto, prijatelju, dvadeset i četiri godine kasnije, je li, opet sam ušao u zubarsku ordinaciju, kako vi kažete „office", sad kao pacijent. Ušao sam u office tvog oca, danas mog iznimnog prijatelja, dobrotvora i čovjeka kome doslovno dugujem život.

Cijeli život zubarska stolica bila mi je „neprijatelj", ali sve se promijenilo kad sam ušao u prekrasan office tvog oca. Velika zgrada, prostor decentno sređen, čist, bez poznate balkanske zapuštenosti i austrougarskog štiha (u nekim našim hrvatskim bolnicama čovjek treba samo malo strugati po zidu i otkriti će na natpise na njemačkom ili mađarskom jeziku, partizanske parole i boju od vremena Karađorđevića ili NJ.C.I.K.V.F.J.I.), s lijepim namještajem i toplom atmosferom pristojne radne užurbanosti (mnogo pacijenata, a ljubaznost kao stil rada, ne kao formalnost). Čistoća ordinacije me zapanjila, bila je to čista čistoća, ne kao naša hrvatska, gdje sve zaudara na sredstva za čišćenje i vonj vlage i starosti bolničkog prostora. Namještaj u hrvatskim bolnicama i ordinacijama (ne svugdje, ali u onima koje sam ja posjećivao kao pacijent, uvijek) je prapovijesni, još su k.u.k. sudski pristavi sjedili na tim stolicama, a boja na zidovima je, kako rekoh, vjerojatno još od vremena kad su u bolnicu ušli drugovi iz Pedeset i prve divizije JA. Ovdje, u Illinoisu zubarska je ordinacija namještena s ukusom i prilagođena i osoblju i pacijentima. Stvarno me impresioniralo, bez pretjerivanja.

Primljen sam kao VIP gost, s osmijehom i dobrodošlicom kao da sam Bill Gates: već u tom sam trenutku osjetio olakšanje i nervoza zbog urođene odbojnosti spram zubarske stolice je nestala. Nego, ima jedna stvar, brate: na ovo nisam obraćao pozornost u Hrvatskoj, ali od kad sam u Americi, o tome sam često razmišljao. Bez obzira na društveni status ljudi s ko-jima sam bio u kontaktu na ovaj ili onaj način, primijetio sam da devedeset i devet posto njih ima prekrasne zdrave njegovane zube! (Radnici komunalnih kompanija, kauboji na rančevima na planini i oni najslabije plaćeni imaju nevjerojatno bijele zube.) Dentalna higijena i važnost lijepog osmijeha u Americi je kultura života! Oduševilo me je to što je ljudima važna dentalna higijena, ali i posramilo jer sam u USA stigao s grobljem u ustima: i gore od toga, pa od kad imam nove zube, savršeni rad i nevjerojatan dar tvog oca i tvoje obitelji, ja sam konačno normalan, mogu se smijati od uha do uha, mogu govoriti bez problema i ne moram pred ljudima držati stisnute usne.

Moj prvi posjet ordinaciji tvog tate, početak operacije „novi zubi", travanj dvije i osamnaeste. Prisutni: tvoj tata, medicinska sestra, pomoćnica, kako se službeno zove, asistentica,, i tvoj prijatelj I., normalno, i ti, dragi moj. I ja kao pacijent s posebnim statusom, haha. Bio si sve vrijeme uz mene tog prvog dana projekta sređivanja mojih usta i zamjene ščrba i truleži lijepim novim zubima. Znaš, još nešto što mi se svidjelo kod tebe od one prve sekunde u uredu predsjednika ogranka: prijatelju, nikad nisi rekao ni jednu riječ o mojim manama, bilo psihičkim (kojih je puno), bilo fizičkih (također nemali broj). To mnogo govori o tebi, u današnje vrijeme kad se i „prijatelji" biraju po izgledu. Hvala ti.

Prvi korak bješe skeniranje i snimanje stanja groblja u mojoj usnoj šupljini. Moderna tehnologija, dvadeset i prvo stoljeće, sve bezbolno i brzo. Nakon toga sjeo sam na stvarno udobnu stolicu koju bih prije nazvao krevetom. Pokraj mene, s lijeve strane bio je monitor i mogao sam vidjeti snimku moje čeljusti (ili kako se već naziva taj dio moje šuplje tikve). Strašno! Horor, užas živi! Mogao sam služiti kao model za filmove strave i užasa! Moja lampa, kakva slika, uistinu ružno, na što ja to ličim?! Bože pomozi, mislio sam.

Potom je tvoj tata počeo raditi, pregledao je moje zube, pa je gledao snimku i opet zube. Gurao je prste (u rukavicama, jasno) u moja usta i nešto čačkao po zubima, pa s nekim instrumentima i nakon tog pregleda mi se nasmiješio ispod maske i rekao: „Imam dobru i lošu vijest. Dobra je da imaš dosta čvrste zube i jaku čeljust i da stanje nije toliko loše kako sam mislio da će biti. Loša vijest je da ću izvaditi nekoliko zuba." Sjajan ti je tata, najbolji. Dobra i loša vijest. Kao u vicu: dobra vijest je da neću odmah umrijeti, da imam ipak još godinu dana života, a loša vijest je da mi je to rečeno jedanaest mjeseci i dvadeset devet dana prekasno, haha! Rekoh, dobro, što se mora, nije teško.

Nekoliko zuba? Tog dana ostao sam bez devet zuba! Kako je sam rekao, tvoj tata nikad u svojoj dugogodišnjoj karijeri nije ni jednom pacijentu u jednom danu izvadio devet zuba! To se inače ne radi, ali ja sam poseban veliki slučaj, haha. Nisam osjetio nikakvu bol! Dobio sam lokalnu anesteziju, ali svejedno, tata je majstor samo takav! Bezbolno, profesionalno, na najvišoj razini. Izvadio je i one korijene koji su preostali nakon što su vanjski dijelovi zuba, kako bih rekao, „nestali". Dva zuba su ga dobro namučila, imali su duboki korijen, ali ni to nisam osjetio. Svaka čast, „gospon doktor, nema kaj, najbolši ste na svetu!" U jednom me je trenutku upitao može li nastaviti, a ja sam samo odmahnuo rukom „samo daj". Jedan od mojih izvađenih zuba smo stavili u kutijicu i sad imaš uspomenu na svog balkanca, svog prvog pacijenta, mene: ako će te netko pitati, slobodno reci da je to zub od majmuna koji je bio prije čovjek, haha.

Brate, bio je to lavovski posao! Devet komada iznenada! Ha, a najbolji dio je tek slijedio i to neću nikad zaboraviti, a vjerujem ni ti, haha. Trebalo je zašiti dvije rane u ustima, rupe nastale od vađenja zuba (moj opis), pak ti je tata rekao: „Hoćeš biti zubar? Uči i radi!" Uf, pretrnuo sam, haha: „Kaj, ovaj balavac bu nekaj delal v mojim ustima?" Htio sam se nasmijati, ali nisam mogao zbog anestezije, a i morao sam usta držati širom otvorena. A što mora biti, neka bude, što je rekao tvoj tata, to je i odrađeno, uspješno.

Šivali ste obojica. Prvu je ranu zašio I., a potom si ti nastupio. Mislio sam, ako tebe preživim, preživjeti ću i smak svijeta, haha! Malo si petljao, šalim se, mučio se, opet se šalim, ali si odradio dobar posao. Dokaz: preživio sam tvoj rad. Za trideset godina pričati ćeš djeci i unucima kako ti je prvi pacijent bio jedan tikvan iz Hrvatske, haha. Ne brini, nikad nisam i nikad ne bih posumnjao u tebe, moj život davno dadoh u Njegove ruke, prijatelju, a kako si ti poslan s nebesa od Njega, predadoh se tvome „radu" bez ikakve bojazni.

U ordinaciji su mi uzeli otisak zubala i vrlo brzo nakon mog povratka u Cedar City dobio sam nove privremene zube jer proces do ugradnje stalnih novih zuba je potrajao. Stomatologija ima svoja pravila, to je jedno, a zatim, živio sam u Utahu, što je ipak malo puno udaljeno od Illinoisa i nisam mogao, poput „običnih" pacijenata, imati normalne termine. Od zarastanja rana, ponovnog snimanja čeljusti, ugradnje implantanta, rekao bih, jer ne poznajem terminologiju, „nosača" novih zubiju, primitka novog privremenog zubala i ponovne pripreme desni i svega što uz to ide, pa preko narudžbe novih zubi do konačne ugradnje prošlo je dosta mjeseci, ali tako je moralo biti. U Hrvatskoj nikad to ne bih dobio! Kolika je žrtva tvojih za mene, koliko se tvoj tata namučio sa mnom i koliko je sve to koštalo, ah, ne mogu opisati.

Blagoslovljen sam ljubavlju koju ni po čemu ne zaslužujem! Sve je prošlo savršeno! Hvala Gospodu na tvojima, na tebi, prijatelju! A danas, oženjen si, imaš prekrasnu suprugu i milijun obaveza, i moraš skrbiti za obitelj, pa ipak me i dalje čuvaš u ime Kristovo, pomažeš mi, nisi me zaboravio i premda nas dijeli stotine i stotine milja, uz mene si kao uvijek. Hvala ti, brate, hvala ti od sveg srca i sve duše moje! (Gospode, kako je divna, umom i duhom snažna tvoja žena, s njom si dobio i ljubav svog života i najodaniju suputnicu, prijatelja, majku vaše djece, i uopće, oženivši je, pogodio si u sridu, hvala Gospodu na njoj, vas dvoje ste najljepši i najbolji par na svijetu, brate, čestitam vam i želim od srca sve najbolje! Sve dok sam živ biti ću vam na raspolaganju, sve što treba i sve što mogu učiniti za vas dvoje, učiniti ću, dajem ti riječ pred Bogom i vama.)

Pored svih problema koji su iskrsli preda mnom u Americi, cijelom zbrkom oko promjene vize, posla, moje bolesti i razočarenja u neke stvari u vezi braće i sestara u Crkvi (nije razočarenje Njega), spletom nesretnih okolnosti u svezi mog zimskog posla, sve to i moja hrvatska tvrdoglavost u odbijanju prihvaćanja nekih dijelova američkog stila života, moja prgava narav, moje slabosti i moji pretanki živci, sve je to moglo rezultirati odlukom o povratku u Hrvatsku i slanju i vjere u ono mjesto! Moglo je, ali nije jer nisam bio sam. Nisam pokleknuo, nisam odustao, nisam skrenuo s uskog puta prema jedinim uskim vratima, nisam skočio s broda Otkupiteljeva i nisam razvrgnuo Svete Saveze s Njim.

Zbog tebe i zahvaljujući tebi, prijatelju. Poslije mojih ispada, nakon svake moje eksplozije i bijesa, ti si do posljednjeg trenutka bio kraj mene (iako miljama daleko), tvoje poruke i pozivi, tvoj glas, sve je to bilo nadahnuto moći Duha Svetoga. Nisi dopustio da padnem, nisi dao da nestanem u magli nevjere, upro si svom snagom i pomogao mi ustati i ponovno uhvatiti željeznu šipku! Riječi koje si mi govorio bjehu riječi Gospodinove: „Čitaš Mormonovu knjigu? Moraš čitati više! Još više!” U Svetim pismima mnogo se govori o anđelima: osim anđela nebeskih, duhova i anđela u tijelu koji uskrsnuše ili su bili preneseni, postoje i pravedni smrtni ljudi koji su anđeli Gospodnji i tako ih zovu jer, baš kao što ti mene spašavaš iz poslušnosti, odanosti i ljubavi Nebeskom Ocu i Sinu i ljubavi spram mene, brata svoga! O da, baš tako kao što kaže riječ Božja (Prijevod Josepha Smitha, Postanak 19:15, dodatak): „... ali anđeli Božji, koji bijahu pravedni ljudi, ispružiše ruku svoju i povukoše Lota u kuću k sebi...” Hvala Gospodu na tebi...

Što reći, prvi posjet domu tvome, tih prvih sedam dana u travnju mjesecu dvije tisuće osamnaestog Ljeta Gospodnjeg. Koji blagoslov, kakva sreća! Svjedočiti o tebi obitelji tvojoj o tvome svetom služenju Gospodina na misiji širenja istine Njegove! Tih sedam dana bili su sedam dana zemaljskog raja. Osjećao sam se kao kralj, kao nikad prije, vjeruj mi. Ne znam što bih izdvojio, sve je bilo the best ever! Možda Chicago day, jest, bilo je nevjerojatno zabavno! Bilo je uzbudljivo stajati na vrhu Willis Towera i gledati ogroman grad ispod sebe. Još čuvam majicu s natpisom „Willis Tower” koju sam dobio od tvoje mame. Hvala još jednom, predraga uspomena. Izvrsna hrana, a kad ja to kažem za pizzu, onda je to apsolutna istina jer nisam zagriženi fan te vrste hrane. Tog sam dana u Chicagu jeo fenomenalnu pizzu, ne tek izvrsnu, najbolju ikad! Prava, izvorna talijanska, pripremljena u pravoj krušnoj peći, to bješe pizza, ne bilo kakva nego gangsterska, mafijaška pizza, haha!

Nakon napornog, ali zanimljivog razgledavanja grada i posjeta mnogim znamenitostima, slijedio je kasni ručak u najzanimljivijoj i ponajboljoj pizzeriji na svijetu: Chicago pizza And oven Grinder Co. at 2121 North Clark Street, Chicago! Ne samo zbog profesionalne posluge, ugodnog ambijenta i super hrane nego i zbog „vatrene” povijesti. Pored zgrade u kojoj je lokal nalazi se garaža u kojoj se dogodio ozloglašeni „St. Valentine's day Massacre” 1929., kad je ubijeno sedam članova Irish North Sides bande pod vodstvom Georga Bugs Morana. Izrešetani su od strane (navodno) ljudi Al Caponea, ali to nije dokazano. Ljubitelj sam mafijaških i gangsterskih filmova i to me se posebno dojmilo, kako uzbudljivo! Interesantno, u pizzeriji se može plaćati samo gotovinom, only cash lokal, što je još jedan dokaz gangsterskog štiha: mafija voli samo cash, kakvi čekovi i kartice, haha.

Prošlo je prebrzo tih sedam dana edena na zemlji! Prva posjeta koja je označila nešto što će tek doći, što nisam planirao, ali se dogodilo voljom Božjom i dobrohotnošću i ljubavi tebe i tvoje obitelji, brate moj...

Tri godine u Sjedinjenim Državama. Preživio sam mnogo toga. Bilo je loših dana i odličnih dana. Preživio sam zahvaljujući tebi, Viking moj. U Utahu je bilo lijepo, ali dosta teško, što zbog mog mentaliteta i hrvatske krvi u meni, a što zbog zatvorenosti mormonskog svijeta. Utah je lijepa, ali generalno, mormonski je „planet" zaključan, ukočen, potpuno drugačiji od svijeta iz kojeg dolazim. Hoću reći, ma kako da mi se sviđa (ponekad) živjeti bez svakodnevnog, često brutalnog doticaja s tzv. vanjskim svijetom, ne mogu prekinuti baš sve kontakte s tim „zlom". Kako ću pomoći graditi Kraljevstvo nebesko na zemlji ako nosim tešku kacigu unutar crkvene savršenosti i zbog spuštenog vizira bez proreza ne vidim izgubljenu djecu Božju? Nije li moja misija širiti istinu obnovljenog evanđelja i spašavati zabludjele i vraćati ih Njemu? Oprosti, ali u Utahu sam teško disao, nešto me gušilo, nisam bio slobodan, osjećao sam se kao zatvorenik u raju, ali i u rajskom zatvoru si ipak samo zatočenik, nije li tako? Nešto poput mrtvaca: jedan mrtvac je pokopan gol, zamotan u prljavu plahtu, a drugi u kovčegu od mahagonija optočenim zlatom i dijamantima. Oba mrtvaca su mrtva i sasvim je nebitno što je jedan u plahti pod zemljom, a drugi u najskupljem lijesu ukrašenom pravim bogatstvom, nevažno je kako su pokopani jer su mrtvi i sasvim im je svejedno kako će im se meso i kosti ucrvati i istrunuti. Razumiješ o čemu pričam? Nisam Amerikanac LDS tipa, stigao sam iz potpuno drugačijeg okruženja, zemlje i naroda čija je tradicija biti otvoren, što na umu, to na drumu čak i ako to na kraju ne ispadne pristojno. Istina je, više cijenim kad mi kažu u lice lošu riječ nego da me se tapše po ramenu, a u sebi šalje u vražju mater. Bezobrazno? Ne može se uvrijediti nekoga ako je izrečena istina. Laž boli, istina nikad...

Zapis drugi, dodatak zapisu iz 2020. u godini 2022.: U nemiru i nigdje...

Riječi Božje, Psalmi, 10:17-18: „Počuj, o Jahve, čežnju siromašnih, okrijepi im srce, uho prikloni, da zaštitiš pravo ubogih i tlačenih da straha više ne zadaje čovjek zemljani.”

Majka Tereza jednom je rekla: „Usamljenost i osjećaj nepoželjnosti je najstrašnije siromaštvo.”

Mislim, čemu sve i zašto? Nikoga nije briga ni za koga kad se na krvnikov panj posjedne vlastita guzica...

Gotovo je, sve se svršilo u teškoj agoniji, u besplodnoj tuzi, u razočarenju kao rezultatu naivnih očekivanja budale od onih kojima nije stalo! To što ništa nije bilo smiješno ne mijenja činjenicu kako se konačni kraj životne storije odvija bez zvuka fanfara i harfi, bez scenografije vrijedne stotine tisuća dolara, bez statista i bez sporednih uloga, tek je glavni glumac (ja) primio završni udarac maljom sudbine ravno u čelo. I u srce također. Shvatio sam, ne mogu više odgađati spuštanje zastora. Pao sam na koljena spreman na svo zlo koje trebalo uslijediti po gašenju kazališnih reflektora. Međutim, ništa se dogodilo nije, ništa spektakularno: oko mene zavladala je armirana tišina.

Bilo je ljudi oko mene, samo što su gledali u neku drugu točku, ne u mene. Publike nije nedostajalo, ali nije pljeskala, bila je nijema, nepomična, gotovo prozirna, ali prisutna. Tišina. Predstava nije izazvala reakciju gledateljstva. Propao sam u toj gustoj tišini, u tmini. Ljudi koji promatrahu predstavu raziđoše se šutke, kao da ništa nisu gledali. Za njih nisam postojao. S njima, a sam. Kraj njih, a sam. Oni sa mnom, ali bez mene: tek kad mi je život ispalio posljednji metak otrježnjenja u ludu glavu, tek tada sam osjetio samoću u gomili ljudoida.

Stari mudri Ezop je zapisao: „Zajednički život neće uvijek učvrstiti prijateljstvo.” Jer ne može, osobito ako je u tom „zajedničkom životu” jedna strana beznačajna, nitko i ništa, a druga ima ono što se zove „civilizirani život”. Živio sam dovoljno dugo (a da u svemu za stanje bijah i kriv i nevin, uzročnik i posljedica) da znam prepoznati trenutak kad je vrijeme za odlazak. Pitanje je hrabrosti: ne znam mogu li ponoviti ponovljeni početak, prestar sam za novu predstavu. Zahvalnost često gubi smisao kad čovjek prekorači granicu nečije ljubavi i dobrote: slabićima, a naročito neprilagođenima i odviše svojima uzaludan je posao.

Mislim. Zajebao sam se što sam došao u Ameriku (kao što bih se zajebao da sam ostao u Hrvatskoj jer kakvo je stanje sad u Lijepoj našoj, bolje je krepati no živjeti kao kišna glista). Ne tražim krivca izvan sebe, sam sam kriv, to je to. Nitko me nije tjerao sjesti u avion i nitko me nije ucijenio u slučaju odbijanja ponude: bio sam slijep, eto što je problem, a sad nema nazad, ne mogu vratiti vrijeme, nemam snage ponovno biti ono što sam bio, a to što sam bio, to sam i danas. Agonija nije prestala, odjenula je novo ruho, u novoj je livreji i namirisala se meni nepoznatim parfemom glumatanja. Što nije za osudu, neki ljudi vjeruju da je hipokrizija dobar pogled na svijet i da je sasvim u redu biti neiskren i živjeti „baš me briga za sve, osim za mene." Pitanje na koje se ne usuđujem odgovoriti: koga vraga sam ostao u Americi nakon 10. svibnja 2018.?! Zar je šest mjeseci bilo malo? Tko za šest mjeseci ne shvati što je poanta igre, tome ni sto godina nije dovoljno za prilagodbu. Kako je ispalo, ja spadam među idiote.

Za mene nitko neće kazati „nije se snašao", „nesposoban je taj trol", odnosno hoće, ali na vulgarniji način uz obavezno „ma znali smo mi to i prije nego je otputovao u Ameriku". Točno, slažem se, nisam. Nemam u sebi ono nešto, što god da je to. Nisam sposoban glumiti ono što nisam i ne mogu biti. Sve sam, osim ono što nisam. Logično. Ne mislim to jer sam arogantna svinja, umobolni narcis, ne mislim to iz ljubomore! Kad životna stvarnost preraste iluziju religijskog sljepila i patetične performanse pseudokršćanskog prenemaganja, čovjek iznenada otkrije kako je Bog mnogo bolji, ljepši i pravedniji no što su ga o Njemu podučavali oni koji zapravo s Njim i nemaju konkretne veze. Možda bih bio u boljoj situaciji da sam otplesao kako mi je rečeno. A što da radim? Prekasno mi je sad plakati.

Nije novi osjećaj, samo je intenzivniji kako dolaze nova razočarenja, novi udarci u trbuh. Nitko mi nije rekao da sam nepoželjan, nitko me ne tjera, ali ja znam, u ime Krista znam da mi je vrijeme otići, moram, ako ima Boga, a ima ga, za ime Spasiteljevo! Jedino što uopće mogu učiniti jest priznati poraz, jednostavno, nisam uspio i točka!

Vrijeme je za povratak nikamo i nigdje. Konačno, nije ni beskućništvo kraj svijeta, ne za mene, kao ni tisuće drugih. Amerika? Hvala, došao sam, probao, vidim, nisam sposoban za to, hvala lijepa i zbogom. Od ljudi, ne od Boga, ne od Gospoda! Mogućnosti za spasenje u vidu prilagodbe i promjene osobnosti protivno mojoj volji su iscrpljene, čak ni moćni nemaju neograničene resurse za kretene kao što sam ja. Gdje nema interesa, nema ni djelovanja ni volje, tako to funkcionira svugdje, u Americi najviše...

Tišina je neizdrživa. Pjeva se i pleše oko mene, ljudi se grohotom smiju. Ja ne plešem, ne pjevam i ne smijem se. Razgovaraju o božićnim darovima, o ručku, o purici za Dan zahvalnosti i o proslavama rođendana, o godišnjem odmoru i okupljanju obitelji i prijatelja. Priča se glasno, uz šale grickajući kupljene kekse i pijući gazirani sok od jabuke. Tko će kome i kako doći, gdje se koga mora pokupiti i kako poslati pakete, koliko koštaju karte za predstave i ulaznice za znameniti muzej, jede se klasično dosadno i spava kratko jer sve je tako uzbudljivo i zabavno! Stvarno, malo je čudno biti crna ovca među bijelima, po--gotovo ljudskim.

Grobljanska hladnoća grobljanske tišine u buci oko mene, ništa ne čujem. Ledena, upravo opipljiva distanca djeluje otrovno nakon što se sazna da sam gotov. Ljubaznost je prepreka za otvorenost, a onda, lakše je otrpjeti zlo neko vrijeme i ne napraviti veću glupost od podnošljive, tako nekako. Moram vidjeti što će biti, a poslije svatko na svoju stranu. Je li to moguće? Ne znam.

Mrzim „velike riječi", cijeli sam svoj život žrtva „velikih riječi". Vjerovao sam, služio, padao i penjao se, propadao i bio ovo ili ono upravo zahvaljujući „velikim riječima" a da u svemu nisam vidio kako u njima ničega nema, da je to sve laž i prijevara. Ne podnosim dubokoumne riječi „s porukom", „s poantom", „s dubljim značenjem", gade mi se riječi koje moram izgovarati ponosno, s pijetetom i svečano, kad se radi o monumentima ljudske gluposti. Ljudska glupost koja se odigrava operetno, cirkusantski i drži za nešto uzvišeno. Oštri pogledi, ozbiljne njuške, izbrijane face i kratko ošišane lubanje, pretijesna odijela i nakaradno smiješne haljine (uopće dress code etiquette kao posebno znamenje ludila i uzaludnog rasipništva kojim se glupost nastoji sakriti ispod skupih krpica i srebrnih, zlatnih i dijamantnih dekoracija), uvježbani dosadni govori i pozeri bez mozga, iluzionisti laži i izbjegavanje istine kao otrov protiv zdravog razuma, vješanje ljubavi na stup srama i perverzno zatiranje slobode te iste ljubavi pod degeneričnim opravdanjem kako netko tko voli narušava red stvari koje nisu stvari prirode čovjeka nego su oduvijek stvari nekoga ili nečega što je izvan diskursa osobnosti, pameti i srca, a ima toga još i biti će jer svijet je zao, ne sluša Boga i sam objaš-njava što Bog misli, zna i želi. Takav sustav vodi u ništavilo, na daske kazališta istina i laži.

Iz vremena kad sam čitao knjige (a ne surfao internetom), ostalo mi je u sjećanju nekoliko neprolaznih konstatacija umnih ljudi. Veliki James Joyce je rekao: „Bojim se velikih riječi koje nas sve čine tako nesretnim." Kakva istina! Velike riječi o slobodi, o domovini i o pravdi, velike riječi o ratu i miru, o žrtvovanju za ideale, o idealima samim, velike riječi o tuzi i sreći, odanosti i pregalaštvu, o ljubavi, o poštenju i časti, o Bogu kao takvom, velike riječi šuplje od šuplje tikve isprane prljavom vodom laži, korištene tisućljećima smrtonosan su otrov za čovjekovu dušu, srce i um.

Od svih velikih riječi možda najgora je NADA. Ubojica pet, sedam, sto i sedam milijardi egzistencija, krvnik u službi laži. Slama najjače, u prah mrvi najslabije, razara sve pred sobom, nema milosti ni za koga. Boleština je ljudska ta nada, trajnija od svega i lažljivija od svih, sjena je očaja i opaki plod neprirodnog, onog sasvim ljudskog u dvonožnim zvijerima za koje se govori da su stvorene na „sliku Božju". Kako? Nadajući se, čovjek zalud troši od Gospoda dano mu vrijeme prepuštajući odluke (koje bi morao po logici stvari sam donositi) drugima, ljudskoj pigri masi i vođama te gomile luđaka, lopova i ubojica. (Znam to, jer sam sam to činio i sam platio i plaćam ceh tog svog činjenja.) Zar ima nešto zlobnije od toga da se čovjeku daje nada kako će biti bolje, a to bolje nikad ne stigne i čovjek umire u tijelu, i on i svi njegovi prije i poslije njega? I što je nada, doista, što je NADA? Bez nje svijet bi bio bolje mjesto, život bi imao pravi smisao: živjeti sada, biti što želim biti, voljeti kako želim i koga želim, kao čovjek čovjeku, kao dijete Božje djetetu Božjem. Očekivati „nešto" čija vjerodostojnost ničim nikada nije dokazana, krasti život u ime toga nečega je zločin i protiv Boga i protiv čovjeka! Bog nas voli i želi nam dobro sad: ne sutra, danas, odmah, sad i bez odgode...

Ja neću protiv Gospoda, ne mogu protiv Stvoritelja, a protiv ljudi? Nemam snage ni volje za to, borio sam se cijelog života protiv njih, neuspješno. Preostaje mi uzeti što mi je On ponudio i nestati, otići, zaboraviti sve...

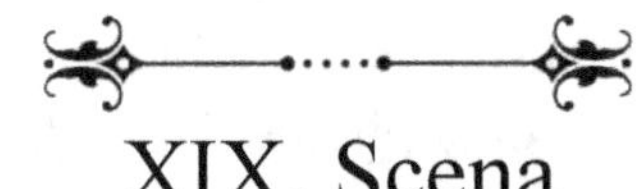

XIX. Scena

Završni, stvarno suvišni prizori?

„Tace, si vis vivere in pace. Šuti, ako želiš
živjeti u miru.”

latinska

Dijelovi, laž i istina, na početku se vidi zaključak, a na kraju knjige čitatelj nema pojma o čemu se tu zapravo radi. Nelogičnosti, gluposti, vrludanje od nemila do nedraga, laprdanje o svemu i sva-čemu, bez kraja i konca. To je otprilike moja „knjiga”. Neka je, kakva je, moja je. Hvala Gos-podu, uspio sam. U papagajskom ponavljanju poodavno recikliranih, tko zna odakle iskopanih fraza i citata, u prepisivanju prepisanih gluposti, u plagijatu plagijata ja sam „stvorio” nešto što bi u ovoj inačici trebao biti autobiografski roman, autobiografski roman s elementima fikcije, nemam pojma što. I evo me, stigoh do posljednjeg poglavlja. Rukopis je završen. Na sljedećim je stranicama mikstura svega što sam ubacio i izbacio, promijenio, zaniekao rečeno i rekao nešto novo, a sve kako sam tijekom pisanja pri-kupljao informacije, sticao saznanja o obitelji i pratio događaje u voljenoj Hrvatskoj i najdražem gradu Varaždinu. Završno poglavlje je zadnja scena ove loše predstave u kazalištu istina i laži, scena je koja ne zahtijeva glamurozno osvjetljenje, pompoznu glazbu ni cvijeće nakon spuštanja zastora...

Poslije šest etc. tisuća godina trajanja ove tzv. zapadne civilizacije nitko ne može i neće napisati ništa spektakularno novo: nema tema koje već nisu obrađene, o kojima nisu napisani romani, sricani stihovi, tis-kane novele i putopisi, eseji i drame. Zapadni svijet, koji sam sebe narcisoidno naziva „kolijevkom ljudske civilizacije” (ako potječemo iz te kolijevke, kažem to pred Gospodom, onda nismo dostojni prirode i njene ljepote), iscrpio je sve književne resurse, umjetnost pisane riječi je postalo dosadno lementiranje, prežva-kavanje starog smeća, lizanje pljuvačke, pak je onda sasvim jasno da ni moj uradak nema neku težinu. Ovo je loša kazališna predstava: svaki drugi opis bio bi pretenciozan.

Sjediti u naslonjaču vlastite intelektualne, moralne i duhovne arogancije mogu samo sinekuristi, pri-padnici vladajućih klanova i njihovih poltroni, među koje ja ne spadam: nisam moralna i duhovna grdo-sija, ja sam ništa, a takvima nije mjesto za šrajbtišom hrvatske elite nego na gnojnici hrvatske kmetske stvarnosti. Moj dijaboličan život sažeo sam u nekoliko grubo izrezanih slika izvađenih iz albuma bačenog na smetlište nebitnih biografija: oteta sjećanja i trenuci grijeha skriveni u dubinama zakašnjele grižnje savjesti, konfuzne ispovijedi i fragmenti iz obiteljske povijesti o kojoj ne znam dovoljno da bih se usudio reći da je istinita, pokušaj povratka u tzv. normalan život i suludo bježanje od sebe samog, sve to zgus-nuto u stotinama tisuća nesuvislih riječi je veliko ništa, to je moje priznanje vlastite slabosti i kukavič-luka. Ukratko, morao sam progovoriti mnogo ranije, dok sam imao vremena, dok sam mogao razmišljati i biti što već čovjek može i mora biti, ako je čovjek.

Neka kazališna priča, što je sastavih u propalim mjesecima i godinama bude svjedočanstvo o meni samom, možda zapisi o nečemu što je bilo, a dio je mene, u meni je, u mojoj krvi i u duši mojoj. Knjiga? Haha, stara latinska kaže „brada ne čini filozofa”, pa tako ni knjiga pisca. Međutim, lijepo je od Gospoda što me je blagoslovio mogućnošću pisanja vlastitog viđenja osobne i hrvatske zbilje sad i jučer, to je rijetka povlastica i iznimna privilegija, osobito za nepismenu nakazu kao što sam (opet) ja. Istina je, tek sam ovdje u Americi spoznao vrijednost obitelji, naročito kroz okulare LDS poimanja obiteljske idile: pet godina gledam i slušam razne obiteljske priče, lijepe, sjajne, manje dobre i tužne, uglavnom obične i one iznimne i svaki put kad bih sjedio i bio svjedokom iznošenja obiteljske storije, nešto u meni bi puklo i iznutra bih zaplakao slomljen brutalnom istinom o tome kako ne pripadam nikome nego vlastitoj obitelji,

418

onoj koju nemam (i sadašnjoj čikaškoj obitelji mog Vikinga, najdražeg mi brata u Kristu). Što sam mogao u takvim situacijama nego se smiješiti i kimati glavom, zahvaliti na prilici slušanja poučnih životnih novela, ali ono kancerogeno u srcu znalo je kako je spasenje od potpunog nestanka u stvaranju nečega što će ostati kad ovo ružno bolesno tijelo krepa i ode pod zemlju. (Misao o tome nije bila protivna spoznaji Boga i života u vječnosti, dapače, zapovijed je Gospodnja raditi na obiteljskoj povijesti.) Zato sam napisao ovo i zato me nije briga hoće li me kritika pokopati ili neće, hoću li imati jednog ili stotinu čitatelja: nevažno je što će ljudi reći, dovoljno mi je da je priča ispričana. Sve je bolje od šutnje, šutnja znači potpuni zaborav, brisanje, nestanak.

Živio sam besmisleno, suludo, upravo nepotrebno. Živio sam svakojako, ali nikad monotono. Moja egzistencija nije bila plodonosna, moja pojava nije lijepa, rezultata nemam. Ipak, živio sam, to je nepobitno. A danas, u cajtnotu, nakon ispisanih više stotina stranica, u rascjepu između onog jučer i ovog sad (budućnost kao opcija ne postoji) spreman sam objaviti svemu svijetu: predstava se može pogledati, pardon, pročitati! Gotovo je! Što se tiče mojih neprijatelja, protivnika i mrzitelja koji jedva čekaju napasti me, haha, ništa od toga, poručujem im, nemaju oni ni cvajcengera, partija je moja, pobijedio sam iako sam izgubio. Ne marim za atentatore, asasine, ubojice mozga i tijela (dušu mi ne mogu ubiti, to nije u moći smrtnika). Stari su Latini znali reći „ne dopusti da te poraze loši": točno, jedini koji me može uništiti sam ja sam, nemam ljućeg neprijatelje od sebe samog...

Bofl roba, s vrlo malo aditiva neuspjelog srcedrapateljnog glumatanja. Rođen sam u Hrvatskoj u vrijeme eserefjota, u socijalističkom mraku (a ne vidim razliku između crvene tmine i ovog demokratskog svjetla: u ono vrijeme se pjevanjem „Po šumama i gorama" nije mogao platiti račun za struju, kao što se danas ne mogu podmiriti režije pjevanjem „Vile Velebita"), odrastao sam na gnoju komunističke ideologije koja je pak okoćena kao bastard povijesti na smrdljivim ostacima mješavine postfeudalizma skuhanog u političkoj travestiji braka izgubljene Hrvatske i trofazne pašalučke dinastije bivših osmanlijskih vazala, ali i suludog bluda hrvatske „povijesne zbiljnosti" kroz perverznu sadomazohističku orgiju nacističke drek-države NDH. Znači, kao dijete tog i takvog sustava (koji je izrodio kopilad koja i nakon sloma socijalizma vlada Hrvatskom), držim da je zapravo sasvim u redu to što sam u krajnjoj inačici ispao sav nikakav: s obzirom na sve, haha, mogao sam odavno gnojiti travu varaždinskog groblja i to u najboljoj varijanti, sve ostale inačice opisuju moju smrt kao bijednu, a moj grob kao jamu punu govana. Nego kako, usudio sam se pričati o Hrvatskoj, a možda nisam smio? Ne znam, zašto bi mi to bilo zabranjeno? Zbog Europske Unije i 'rvatske političke elite koja nas je ugurala u taj kavez gotovo isto kao što su nas grofovi i biskupi predali dinastiji Habsburg godine 1527.? Haha, ne i ne, „Europa je danas kuća sramotna u kojoj zločin spi.", davno je ustvrdio Miroslav Krleža, a danas je to više nego potvrđeno, danas je to fakat baš tako kako je, na žalost Hrvata-mrtvaca i na radost Hrvata-grobara. Zbog mjesta i vremena mog rođenja (a to nije jedina činjenica koja opisuje stanje stvari, bilo bi odveć banalno da jest) ni ova predstava nije mogla biti bolja.

Rekoh zašto: nesposoban, nesnalažljiv, neprilagodljiv i neobrazovan, nepismen, naivan, politički i na svaki način gluh i slijep, glup i nepodnošljivo iritantan. To da sam protiv „svakog vlastitog interesa" odživio skoro pet dekada života, ah, ne oslobađa me krivnje za neuspjehe, ali me ne može ni osuditi kao totalnog gubitnika. Nije crv kriv ako ga nađe kokoš i proguta, bio je jadan na krivome mjestu u krivo vrijeme i nije na vrijeme reagirao, a i da jest, što je mogao, ni snage, ni brzine, ni mogućnosti za bijeg. Tako je to, život nije raj...

Dobro, nisam planirao pisati, ne doslovno, mislim, nisam kao ono, godinama nosiš ideju dok ne skupiš hrabrosti, ništa takvo. Ideja i odluka, sve je došlo iznenada, kad su udarci u trbuh postali previše bolni: u Americi, jasno, kad sam napokon shvatio da su godine stigle i da ne idu prema dolje nego prema gore, u visinu, prema mjestu na čijim ulaznim vratima piše „Memento mori".

Siromašan vokabular, muka s gramatikom, nepoznavanje sintakse, skakanje s jedne teme na drugu, bez reda i razuma, uporaba i umetanje arhaizama, tuđica i posuđenica gdje treba i gdje ne treba, uopće uzalud potrošeni papir na kilometarske rečenice koje ne govore ništa ni o čemu, to je moja knjiga koja nije knjiga, lijepo, prenapisano ništa, haha.

Ne bojim se reakcija ni šutnje, nemam se čega bojati. Vjera u Gospoda priječila mi je cenzuru teksta. Osim toga, nisam pjesnik i ne pišem katrene: moj je život ispunjen katastrofama i kao ruševina jedne izgubljene egzistencije nije materijal za sladunjave stihove o plavom nebu, zelenoj travi i ljubavi koja ne prestaje. Četrdeset i osam godina sam spiskao na ništa, skoro pet desetljeća trajala je moja agonija samozavaravanja i sad bih se morao odreći vlastite prošlosti jer „život je lijep i dobar"? „Dajte najte me zajebavati, nis ja spameten kak oni vu Agramu, ali ni takšni bedak, jopec bormeš nisem!" Tako je, nije teško definirati druge, sebe jest. Snaga nečijeg karaktera ne mjeri se usporedbama s drugima već vlastitim promašajima i ustrajnošću u obrani osobne časti: kompromis je znak kukavičluka.

O svom pisanju? Charles-Louis Montesquieu je rekao: „Čovjek koji piše dobro ne piše kako se piše nego kako on piše." Pisao sam i napisao ovo zbog istina i zbog laži. Doduše, uvijek postoji „izlaz" u neuračunljivosti: „U vrijeme počinjenja kaznenog djela (pisanja knjige) optuženik je bio bitno smanjeno uračunljiv". Možda griješim, ali mislim da se u možebitnom sudskom procesuiranju mog slučaja potonje neće primijeniti.

Nisam izbrojao koliko sam puta bio na koljenima, ne znam koliko sam puta puzao u gustom mulju vlastitih padova i koliko sam puta lutao stranputicama života, uistinu malo toga znam o svojim izgubljenim k-racima. Cijeli moj bezvrijedan život u prvih četrdeset i osam godina bio je jedno veliko ništa, bezglavo teturanje prtinama nesnalaženja i stoga izbrojati sve loše odluke, sva skretanja, sve izgubljene bitke ne mogu i ne želim. Što bih time dobio? Suočavanje s prošlošću? Glupost, odavno sam raskrstio s onim što je bilo: i u trenucima najgroznijih gubitaka razuma, u alkoholnom delirijumu, nakon tko zna koliko čaša „stocka" i lošeg vina, poslije tisuće popušenih cigareta u onom dijelu mozga koji me je unatoč svemu održavao na životu, trijezno je radila samo tzv. moždana stanica savjesti, čak i u času smrto-nosnog pijanstva znao sam da ću platiti svaku svoju grešku i svaki svoj grijeh iako tada nisam vjerovao u Boga. Znao sam, ali nije me bilo briga jer nisam htio živjeti.

Zvuči jadno? Ne baš. Lažu svi koji tvrde kako u pijanstvu ne znaju što čine: znaju, svaki prosječno neuspješni provincijski psihijatar, ovlašteni sudski vještak opisao bi to standardno tupavim izrazima poput „alkohol oslobađa kočnice" ili „optuženi je pod djelovanjem alkohola činio djela koja u trijeznosti nije/ne bi činio zbog svjesnosti o nedopuštenom činjenju", ali to su samo prazne fraze za sud, nema to puno veze sa stvarnošću. Odgovor je u istini i laži. Pijan? Da, pijan sam činio svašta samo zato jer mi je ona psihijatrova „kočnica" govorila „jebe ti se kaj će biti", no pijanstvo nije izgovor jer sam i prije pijanstva bio svjestan da „stock", vino i rakija neće promijeniti stanje i da će sljedeće jutro mamurluk potvrditi ono što sam znao. Problem karaktera, a kakav je to karakter koji nije labilan?! Sve je u krugu, sve predvidljivo. Stoga, bez pardona i lažnih izlika, napisao sam što sam napisao i vjerujem u svaku napisanu riječ, pa makar bio u krivu. Živio sam kao nevjernik, bezbožnik , a što sam drugo mogao? Znao? Htio? Što sam smio učiniti? Zašto? Ljubav, pokajanje, oprost? Hm, ništa nisam znao o Božjoj milosti i mogućnosti promjene u Kristu. Živa riječ Gospodnja opisuje takvo stanje u Almi 26:19-22: „O dakle, zašto nas ne izruči strahovitu uništenju, da, zašto ne dopusti da se mač pravde njegove obori na nas, i osudi nas na vječni očaj?... Gle, on ne izvrši pravdu svoju nad nama, već nas u velikom milosrđu prenese preko toga vječnog „bezdana smrti i bijede", na spasenje duša naših... koji naravan čovjek zna sve to? Kažem vam, nema nikoga tko znade sve to, osim ako nije raskajan... Onaj koji se pokaje i oživotvori vjeru, i rađa dobrim djelima, i moli trajno bez prestanka...". U četrdeset i osmoj godini svog hodanja smrtnim putem spoznadoh snagu istine Božje kako bih razumio veličinu blagoslova pokajanja...

Skupo sam platio svoje priznanje, i neka sam, morao sam platiti. Kriv sam. Vanjski utjecaji su nevažni kad smrtnik preuzme svoj križ na sebe, baš kao što je On uzeo naš na sebe. Ne mogu biti učenik Spasitelja svijeta ako nisam spreman ponijeti vlastiti križ. Krist nam je najveći primjer poniznosti, poslušnosti i ljubavi. A bez istine to ne ide. „Bolje je patiti od istine nego biti nagrađen za laž", zapisao je Leonardo di ser Piero da Vinci. Danas ova rečenica zvuči teatralno, ali to ništa ne mijenja na snazi poante, zar ne? Moja knjiga (koja to nije) nije fikcijsko djelce izašlo iz pera profesionalnog škrabala kome se svijet divi, a akademije dekoriraju počasnim doktoratima, ne, ja nisam od takvog soja. Hrvat-mrtvac, propali ovo i ono, nitko, sa svojom predstavom, samo to. Što se tiče pijanstva, mislim stvarno, tko trijezan može shvatiti pijanog i obrnuto, kako pijanica može razumjeti zašto ga trijezan ne sluša i prezire?!? Michael Houellecq je rekao: „Teško je razumjeti druge, saznati što se krije u dubinama njihovih duša, i bez pomoći alkohola to nam možda nikada ne bi pošlo za rukom." Haha, sve mi se čini da sam pio kako bih više razumio sebe, a na koncu konca je ispalo da ne shvaćam ni druge ni sebe...

Pijanstvo? Kultura opijanja? Haha, stvar je žeđi i potreba punjenja baterija života. Voda, svi to znamo, nije dobra ni u cipeli, a kamoli u trbuhu, a da je za nešto, ne bi je vadili iz koljena. Pijanstvo, godinama, opijanje. Valjanje u blatu samoponiženja, preskakanje problema, teturanje pustim ulicama u gluho doba noći, pred jutro, svađe supružnika i uredovanje milicije (policije), prazni frižideri i neplaćeni računi i „Elektra" isključuje struju, poderane hlače i razgažene dječje cipele, prljava odjeća i razbijena kvaka na ulaznim vratima stana, sve to i sto tisuća sličnih stvari, normalnost svijeta promila ili samo realnost života hrvatske sirotinje, tko to može znati. Odrastao sam između dvije popularne varaždinske birtije: „Vijetnama" i „Jadrana" (kasnije će mi život obilježiti i ostale znane varoške krčme poput „Ludve", „Strnišćaka", „Plavog podruma", „Črešnjeva", a povremeno sam znao koju popiti i u lokalima kao što bjehu „Riblji", „Janje", „Istra", „Tržnica", „Bijeli konj" itd.), a kad mladost omeđuju birtije i kad se dijete šalje u dućan po litru i vodu, što onda može na kraju ispasti, zasigurno ne vunderkind tipa anemičnog maminog sineka koji glumi vojnika... Novac je određivao gdje sam pio. U prijevodu, ako sam već pohodio birtije, bjehu to rupe kamo komunistički svijet nije zalazio (kao ni kasnije, od devedesete na dalje), a kad kažem komunistička elita, mislim na istu koja je i danas krema društva (ne oni sami, jer su stare mumije ili su krepali, već njihova kopilad). Moji drinken pajdaši i ja zalazili smo u rupe jer nisam bio destingivirani gost, haha. Također, rođen šezdeset i osme, bijah premlad za opijanje „na knjigu": kad sam stasao za alkoholičara veresija je bila prošlost. Starije generacije su možda još uživale u toj privilegiji. „Kod Mačka" i svi ostali „črni podrumi" (ilegalne birtije) nisu bile naš cilj, a i one su redom nestajale...

Karta pića! U počecima mog pijanstva sastojala se uglavnom od onoga što je bilo dostupno, nisam birao, nisam ni mogao birati. Vino, gemišti, rakija, likeri, posebno kruškovac, pa pelinkovac, višnjevac, mirogojček konjak, ali ostale vrste tadašnjih jeftinih „špirit-konjaka" („Zvečevo", „Maraska", „Badel", „Petovija", za potonju slovensku firmu svi smo govorili da proizvode najbolji pelinkovac u Jugoslaviji, zvali smo ga „deda", zbog etikete) i žestice, poput ruma i vekije (jugo inačica Vecchie"), a pred kraj srednje škole, ne znam zašto, volio sam popiti „Glembay" vinjak i vinjake uopće; tek u ratu prebacio sam se na „stock", koji je postao moje piće broj jedan, osim u stanjima bez novca, kad sam sve što mi je palo pod ruku.

Gemišt, prst vina-prst vode, pola-pola, čisto, bevandu rijetko, to dalmatinsko piće nikad nisam volio, „kaj bum pil vodu, kajgod", KP iliti konjak-pelinkovac, KK iliti konjak-kruškovac, a pivo je oduvijek bilo na dnu liste pića jer „kaj nema dosta šusa se ne pije".

Uzori? Blentavi psiholozi, sociolozi i ostala stručna bagra koja uzima novac za ništa (da su savjeti dotičnih zgubidana korisni, među njima ne bi bilo razvedenih ni pijanica) objašnjavaju konzumaciju alkohola u ranoj dobi kao, na primjer, „poguban utjecaj života u disfunkcionalnoj obitelji", kao ono, otac/očuh alkoholičar, a i majka je sklona pretjeranom pijenju, kao i negativni primjeri okoline koja njeguje „kulturu alkohola" uzrokovali su teški oblik asocijalnosti i aberativno ponašanje djeteta već u ranoj pubertetskoj dobi, a što je u konačnici rezultiralo posljedičnim devijantnim, društveno neprihvatljivim ponašanjem" itd., a sva to nema veze ni s mozgom ni s istinom, pošteno rečeno.

Sranje, ništa to nije, a kao i u svemu ostalom u životu, nitko me pištoljem nije tjerao na opijanja, a najmanje sam pio zato jer je moj očuh pio ili jer sam kao klinac vidio pijanog oca! Svi smo pili, svi su pili, pa što onda? Zašto sam pio? Ne razumijem pitanje. Uostalom, nikad nisam pio samo zato da bih pio, pio sam jer sam bio strašno žedan, haha.

Počeci su bili „strašni", svašta se pilo. Doma, iz frižidera, ali rijetko, potom skrivanja s kakvom bocom u grmlju iza crvene zgrade, kod garaža, srkanje iz boca koje je donosio moj vršnjak, sin vlasnice gostionice „Grozd" (poznatije kao „Vijetnam"), od gucanja žestice do piva i jeftinog vina na izviđačkim taborima i izletima, od srednjoškolskih eksperimenata na nastavi ugostiteljstva do posjete nekoj od spome nutih birtija kad je bio koji dinar u džepu.

Pardon, evo male korekcije, u trećem razredu srednje škole dogurao sam do dobro baždarenog pijanaca tinejdžera, da pokucam o drvo, kuc-kuc, mogao sam stvarno dobro potegnuti. U mom kraju, kao i u cijeloj Hrvatskoj i ondašnjoj Jugoslaviji, čovjek je vrijedio i bio čovjek (čita se: muškarac) po tome koliko je mogao popiti, bez toga muž nje muž nego pizda! Istina je, ni ženska čeljad nije zaostajala u pražnjenju flaša i čaša: poznavao sam neka ženska bića koja su mogla progutati deset puta više od nas, naročito žestoka pića. Jedno vrijeme žene bjehu bile zaluđene „Vecchiom", neke su to pile k'o vodu. Pilo se drugačije nego što se pije u ovo moderno vrijeme: danas sve neki kokteli i mješavine, ništa konkretno, a onda čitam u novinama kako se opio nakon litre vina ili tri čašice žestokog pića! Haha, pio sam „stock" iz dva deci čaše, a vino nisam ni računao, ako nas je bila četvorica, odmah bi naručili dvije litre i vodu, pa još dvije i tako dalje...

U takvom svijetu sam odrastao, u kulturi gcmišta, malog nula-tri i normalnog nula-pet, hladne pive iz vode, uz ranojutarnji štamprlin domaće žganice za cirkulaciju, i kasnovečernju rundu prije spavanja: „na koncu, kaj imamo od života ak' se mučimo i delamo, a nesmemo si spiti ni nula pet pred spanje"?! Tako je bilo i bilo je dobro, ničega zlog, ničega „disfunkcionalnog" u tome nije bilo. Nije me uništio alkohol nego ono drugo, što psiholozima ionako nije predmet vještačenja. Naravna stvar, sve ispražnjene čaše, ispijene litre i litre nečega, sve je imalo svoju cijenu izraženu u „devijantnom, društveno neprihvatljivom ponašanju" za ono isto licemjerno društvo koje je pilo i više i gore od nas i od mene (a što se toj kremi tada to nije smjelo reći, kao što se ne smije ni danas)...

Ne opravdavam se, nikada nisam nešto učinio, a kasnije se branio glupim „nisam to učinio" ili „ne sjećam se, bio sam pijan", to nije bio moj stil, to rade kukavice i ništarije, slabići, mamine maze. Svoj sam grijeh nosio sam i donio ga pred skute Gospodinove onog velikog šestog dana mjeseca veljače AD 2016., u subotu, na dan svog krštenja, svog istinskog rođenja u Isusu Kristu! On, koji je u nezamislivim mukama ispio gorak kalež za mene, koji je preuzeo na sebe grijehe moje i padove moje, On, kroz čije vječno pomirenje i ja mogu biti spašen, Krist, živi Sin živoga Boga me prihvatio takvoga kakav jesam, sa svime što sam imao i bio. Nosio sam milijune tone grijeha, pogrešaka, razočarenja, izdaje i krivih odluka, loših izbora i prezira, nosio sam kamenje mržnje, šljunak izigranog povjerenja, nosio sam na plećima sramotu i stid slabosti, slomljenih nada, izgubljenih snova i zgaženih ljubavi, zaboravljenih prisega, nosio sam jaram bijega od sebe i od svijeta, a potom, u veličanstvenom trenutku otkrivanja svemoći nebeske istine, na koljenima, u suzama, drhteći, mokar od znoja, iscrpljen svime iz prošlosti i zgažen tim velikim ništa u sadašnjosti, u muku prazne duše i praznog srca, doživjeh promjenu, iznenada, izvan svake zemaljske moći, sve se promijenilo!

O Gospode, oprosti mi grijehe moje! Primi me u zagrljaj, mene, bijednog stvora koji za ljubav pita! Jedino što sam htio je voljeti, biti voljen... Nisam Te tražio, nisam te poznavao, nisam u Te vjerovao... A Ti si me volio i voliš me bez obzira na sve! Rekao si, o Kralju moj (Ivan 15:13): „Nitko nema veće ljubavi od ove: da tko život svoj položi za prijatelje svoje." Spasitelju ljubljeni, plačem potresen težinom grižnje savjesti: Gospode, zar je moguće bezuvjetno voljeti? Kako je moguće voljeti toliko da si spreman umrijeti za druge? Iz ljubavi, samo iz ljubavi? Nisam znao, danas znam, moguće je jer bez te žrtve, bez te najveće i najčišće ljubavi nitko se od djece ljudske spasio ne bi, svi bi ostali u tmini ništavila. Kazano je po tebi, Gospodinu (Alma 21:9): „... ne mogaše biti otkupljenja za ljudski rod osim kroz smrt i patnje Kristove, te pomirenje krvi njegove." O Kriste moj, nisam to znao! Oprosti mi neznanje moje, sljepoću moju! Klečim pred tobom ja nitko,moleći Nebeskog Oca u Tvoje sveto ime. Kajem se, oprost molim za život koji proživjeh gluh i slijep na vječnu patnju tvoju i bol tvoj, na muku koju otrpje u Getsemanskom vrtu (Luka 22:44): „I bijaše znoj njegov kao kaplje krvi koje su padale na zemlju." I bi kazano živom riječju Božjom (NiS 19:18: „A to trpljenje prouzroči da ja, sam Bog, najveći od svih, uzdrhtim od boli, i krvarim iz svake pore, te trpim i tijelom i duhom...".

Gospode ljubljeni, koliko bola i krvi! Za ljubav prema Ocu i poslušnosti prema Njemu, zbog ljubavi prema djeci Njegovoj, o Gospode, najveći i jedan jedini! Nisam znao, cijeli svoj život izgubih u praznini s mišlju kako savršena ljubav ne postoji... A bila je oko mene, svugdje, oduvijek, a ja... Kad spoznah veličinu i istinu tvoju, kad su me tvoji misionari, koje ti si poslao da me pronađu i izvuku iz gliba bezvjerstva i vrate pod skute tvoje u Crkvu tvoju, o Kriste, ja skrušeno zavapih poput Enoša i molitve uputih Ocu Nebeskom i..., oh, kako je teško govoriti o tome, ali čudo se dogodilo i u dubini mog srca, s kojeg je moći Duha Svetoga otopljen crni led nevjerničke praznine, u duši svojoj i u umu svome (koji se ne sjeća pred-smrtnog života, iza vela) znao sam da mi je oprošteno, kao i drevnom Enošu u njegovim danima (Enoš 5-6): „I dođe glas k meni govoreći: Enoše, grijesi su ti tvoji oprošteni i bit ćeš blagoslovljen... I ja, Enoš, znadoh da Bog ne može lagati, stoga, krivnja moja bijaše izbrisana...".

Plakao sam dugo tih dana siječnja i veljače dvije tisuće i šesnaeste, plakao sam kao što i sad plačem jer teret s pleća mojih uze ti, koji si sam Bog, uze za mene da bih živio slobodan po zapovijedima Božjim u punini obnovljenog evanđelja. Gospode, hvala ti što si me u zagrljaj svoj primio u najtežim danima mojim! Volim te, Kriste!

Gospode moj, olovni bjehu grijesi moji, sve tuga u nevjeri, bijeda neživota, sve što činih imadoše cijenu koju platiti ne mogoh... A što sam imao četrdeset i osam godina zemaljskoga života: ništa. Baš ništa! U pijanstvima svojim, u svakom delirijumu svojem, u vlastitoj bljuvotini dok sam ležao mrtav pijan, pomra-čenog uma, u grijesima svojim i u strahu i bijesu, u očaju, kroz sve turobne dane i preduge noći, godinama i dekadama znadoh i tko sam i što sam pijan, prljav i blatnjav, duše tamne i srca okovanog crnim ledom ništavila, znadoh, kažem, koliko nevrijednosti nosah u sebi, znadoh težinu ružnoće svoje i kad me ti, o Gospode Najveći i jedini, pozvaše po svećenicima svojim, ja..., premda ništa shvaćao nisam..., osjetih ono nešto, onu predivnu iskru ljepote kakvu nikad prije ne vidjeh i ne osjetih... Isuse koji si Krist, stupih pred tebe u poniznom pokajanju otvorenog srca i priznadoh sve što je bilo u meni, priznadoh vođen meni nepo-znatom snagom istine i povjerenja u Onoga koji jest to što jest, Alfa i Omega, Prvi i Posljednji, Princ mironosni! A ništa još ne čuh i ne vidjeh o Svetim pismima tvojim, ništa još pročitao nisam, pa ipak ne-kako, a objasniti ne znam, osjetih po Tebi, kroz Tebe i u Tebi mir i spoznaju da pomirenje grijeha mojih neće biti moguće ako u meni ostane i najmanji dio prethodnog života! Nemam objašnjenja, Kralju nad kraljevima, no znadem da me voliš kao što me nitko nije i neće voljeti. Zaustavljen sam kod stare tvrđe u rodnom Varaždinu, zaustavljen sam, a bijah bolestan i sam. O Mormonovoj knjizi ne znadoh baš ništa, za ta najveća Sveta pisma nisam čuo. Kasnije otkrih istinu gdje bi rečeno (Psalmi 32:2): „Blago čovjeku kome Jahve ne ubraja krivnju i u čijemu duhu nema prijevare." Nisam znao da si me čuvao cijelog mog života i pripremao me za dan mog krštenja, nisam znao kako je četrdeset i osam godina bilo vrijeme po-duke, škola dobra i zla, svjetla i tame.

Pet dekada sam učio a da tog učenja nisam bio svjestan: jer „Bog nam je zaklon i utvrda, pomoćnik spreman u nevolji" (Psalmi 46:1). Jest, čak i kad ne bijah s Tobom, kad nisam ni ustajao ni lijegao uz mo-litvu Ocu Nebeskom u Tvoje sveto ime, bio si sa mnom, Gospode! Kad sam padao po grmlju mrtav pijan, u povratku iz cjelonoćnog opijanja, čak i tada si me čuvao Kriste! Znam, da Ti nisi bio kraj mene i u meni, ja preživio ne bih, skončao bih kao ulično pašče, u kakvoj grabi, gdje bi me prljavog i mrtvog pronašli u rano jutro... Pripremao si me za ispit dostojnosti koračanja uskim putem prema vratima uskim. Učenje o snazi i blagoslovu pokajanja, o priznanju grijeha da bi, priznajući sebe i sebi, priznao Tebe, o Gospode!

Vrijeme sve otkriva, stara je latinska izreka, a s obzirom na... Oh, pa nebesa nemaju zemaljsko vrijeme, u Kraljevstvu Božjem nema satova, datuma, kalendara ni godina, vječnost je to i ako je po Bogu, a jest, mi smrtnici zemaljski privilegirani smo proći školu u tijelu u strogo određenom vremenskom okviru, što je nemjerljivi blagoslov: roditi se kao smrtnik da bi se vratio Njemu i bio poput Njega sa svojom vječnom obitelji! Kakva neopisiva radost života zauvijek! A cijenu toga platio je Isus koji je Krist! Svojim uskrs-nućem omogućio je i naše i moje uskrsnuće u onaj dan! Ima li išta ljepše i veće od toga? Ne vjerujem. Samo u Isusu Kristu je spasenje, svjedočim tome pet nevjerojatnih godina pravog putovanja ljepotama obnovljenog evanđelja.

Plačem? Nije to običan plač, nisu moje suze obične suze! Obične smrtne suze ne vrijede mnogo. Larcima nil citius arescit, dakako, ništa se ne osuši brže od suza... Moje suze su suze radosnice, suze kao jedini lijek protiv svih zemaljskih boli koj dijete Božje u smrtnome tijelu tjeraju u tminu, u ništavilo, suze su moje od nebeske medicine protiv očaja, tuge i ljutnje i potekoše iz očiju mojih godinama što bjehu slijepe na ljubav Gospodina Krista, živog Sina Nebeskog Oca: iz mog srca potekoše suze radosnice kad duša shvati da ništa s ovoga svijeta vječno nije jer vječnost pripada nebesima i samo Bog je onaj koji nam daje radost i ljubav vječnu. Plačem jer uvidjeh kako je moje spasenje plaćeno krvlju Spasitelja koji svjesno u smrt ode da bi djeca Božja življela: tko ne bi zaplakao nad tom vječnom istinom? Trebalo je proći mnogo godina prije no što su mi suze za Krista potekle niz lice: oduvijek sam zazirao od katoličke vjere i crkve, od hladnoće njenih vlažnih starih zidova, smrada dima voštanih svijeća, od vlage i zadaha plijesni, od vječne tame u nutrini navodno svetih mjesta, pa onda svi ti oltari, križevi i popovska raskoš, smrtna ozbiljnost i stalne prijetnje vatrama pakla ako se ne pokorim, ne, nisam mogao biti dio svijeta koji se poziva na Krista, a živi kao Sotona, u raskoši, nikad gladan, nikad žedan. Tamjan, ustajala voda koju zovu svetom, prestravljena lica ministranata zalizane kose na misama, babe tračare kao lizačice oltara i pijani zvonari koji plaćaju gemište svoje i konjake svoje milodarom sirotinje, ne, nije to mogao biti moj svijet. I nije bio. Od prvoga dana mog koračanja u bataljunima Krista kao član jedinc Njegove žive Crkve, ja plačem suze radosnice iz zahvalnosti i ljubavi, kao prisegu Bogu na vječnu odanost i poslušnost...

Zbog prijateljstva i bratstva, što nikad prije ne oćutjeh za svega svog zemaljskog života. Jer, misli čovjek, kad mu se posreći iskočiti iz blata na suho, ili kad se nekako izvuče iz gliba u koji bješe upao i svojom i tuđom krivnjom, misli čovjek kako je svijet ipak dobar i da će voda zemaljska sve oprati, kao što i inače pere ljudsku prljavštinu. Misli donedavni utopljenik kako mu je darovana nova velika šansa samo tako, pak će biti još prilike za dokazivanje jer svijet je dobar i sve ide kako treba ići. Oraspoložen time, čovjek odlučno zakorači još uvijek blatnjavim cipelama u svjetlu svoju budućnost i već nakon dva-tri koraka opet pljus!, padne u novo živo blato, u novu nesreću. Zašto? Jer slijep je čovjek smrtni i olako uzima spasenje, kao da se samo po sebi podrazumijeva da će ga uvijek „nešto" spašavati jer „život je dobar", nakon kiše dolazi sunce i nakon noći dan, jasno i normalno. Glupo, ne ide to tako, samo je Otkupitelj svijeta onaj koji izvlači čovjeka iz kala propasti! Nitko drugi! Svako „spasenje" koje tako samo izgleda i dolazi od smrtnika je od Sotone, nije od Boga! Lekcija o ovoj važnoj stvari dio je svakog obraćenja, svakog sina i kćeri Nebeskog Oca, pak sam i ja prošao tu lekciju, na bolan način.

Problem je u ostacima zemaljskog u meni, u vremenu prije Crkve, prije krštenja i istinskog rođenja: spasi sirotu na svoju sramotu ili, kad je riječ o Njemu, jesam li ja vrijedan Njegove patnje u Getsemantskom vrtu i patnje na križu? To je suštinsko pitanje korijena mojih suza radosnica: jesam li dostojan Njegove ljubavi? Propali kuhar, ratni veteran, bivši pastir, svinjar i bivši sluga, bivši beskućnik (i mogući opet, nikad se ne zna), bez doma i obitelji, siromašniji od katoličkog crkvenog miša, sin radnika, nesretnog čovjeka koji se u nastupu posve nepoznate panike, u očaju objesio u Dravskoj šumi kraj Varaždina godine sedamdeset i šeste, sin samoubojice i žene, majke, čiji je život bio poduži niz nesreća, tuga i razočarenja, ja taj koji sam, znači, zar doista imam pravo, u sjeni vlastitih zabluda i nemalih grijeha pozivati se na Krista i biti učenik Njegov?

Za eksperte kršćanstva potonje je pitanje besmisleno, čak blasfemično: takvo pitanje postavlja netko tko ne razumije evanđelje i ma koliko čitao Sveta pisma, razumjeti neće. Bio sam i ostao posebno kompliciran slučaj Gospodinov, moje obraćenje bješe klasificirano kao „specijalna misija": otpočela je kad sam na dan nakon svog rođendana, sedmog listopada 2015., nakon trinaest užasnih godina napokon zauvijek napustio brlog sotonske obitelji P. iz S.K. Točno: trinaest godina, osam mjeseci, šest dana, toliko sam trpio zlo i prolazio osobnu Golgotu, cca četiri tisuće devet stotina osamdeset i šest dana ili sedam milijuna sto i sedamdeset devet tisuća osam stotina i četrdeset minuta su me ponižavali i vrijeđali, psovali mi oca i majku i sve po spisku, držali me k'o pseto na lancu: vjerujem, kako je to bila priprema za život u evanđelju, bio je to moj ispit spremnosti za prihvaćanje istine o Isusu koji je Krist. Međutim, kako i zašto ja, kako i zašto sve to?

U ratu sam imao nebrojene prilike počiniti zlo i priječi u ratne zločince. Nisam to učinio. Imao sam prilike ubiti nevine nenaoružane ljude. Nisam to učinio. Nisu to učinila ni moja braća po oružju, mi nismo bili ubojice, bili smo hrvatski vojnici, hrvatski gardisti, nitko nevin od naše ruke nije stradao. (Ne govorim za druge postrojbe, ne govorim o onome što nisam vidio i čemu nisam svjedočio.) U Kninu, na primjer, uđosmo u jednu kuću i iznenada se iza nas (vrlo glupo s naše strane) pojavila prestrašena žena u negližeu.

Preklinjala nas je da je ne ubijemo, a ona je mogla ubiti nas, kad je nismo vidjeli, mi magarci. Zašto bi je ubili? Mislim, mi smo bili osloboditelji Hrvatske, a ne četnici, ne ubojice. Nismo nikoga ubili, dapače, nahranili smo ljude, pobrinuli se da imaju sve što je potrebno. Iz rata nisam izišao kao zlotvor nego kao hrvatski vojnik čistih ruku. Druga je stvar što sam kasnije učinio od sebe samog...

Morao sam proći sve to, i prije rata i u ratu, i nakon vojske, u svinjcu, na gnoju ovčjem, u smradu, i glad iskusiti i proći kroz beskućništvo, sve je to bilo dio Plana nebeskog za mene. Nadići sve smrtno, pobijediti vlastite demone, odbiti služiti tijelo i prihvatiti riječ živoga Boga, to je bilo na meni cijelog mog postojanja, samo što to nisam znao...

I upravo će Crkva Isusa Krista svetaca posljednjih dana postati moja prva, jedina i posljednja Crkva, jedina kojoj pripadam i kojoj ću pripadati zauvijek. Hvala Gospodu! Izne-nadni susret s Bogom izazvao je u meni vulkansku erupciju emocija, bio sam i sretan i prestrašen, i oduševljen i zabrinut, drhtao sam i skakao, nisam znao što se zbiva sa mnom... A vrijeme po krštenju nosilo je svoje breme jer krštenje je tek početak, nikako kraj učenja o Kristu i obnovljenom evanđelju. Ponekad sam nakon krštenja gubio bih snagu volje, sumnjao u svoju vjeru. Svakodnevni problemi i izazovi, duhovi prošlosti koji su nastojali probiti oklop vjere, beskućništvo, nezaposlenost i bolest koja nije jenjavala, sve to i sve ostalo guralo me prema rubu palube broda Spasitelja svijeta. Najgora bješe sumnja. Nisam imao doma, nisam imao obitelj, nisam imao posao ni novca, a sve što sam pokušavao, propadalo je. Beskućnika, ratnog veterana nitko ne želi zaposliti, svi razgovori za posao završavali bi obećanjem „javiti ćemo vam se” (nitko mi se nije javio), a beskućništvo je protekom mjeseci postala noćna mora. Jedino me vjera držala i branila od ludila, od ponovnog potonuća u kaos. Priznajem, napadi sumnje često bjehu neizdržljivo bolni i ja sam doista razmišljao o odustajanju i prepuštanju piću, alkoholu, u djeliću sekunde mišljah ići lakšim putem, od danas do sutra, pa što bude, svaku kunu za pivo i rakiju, što mi može biti, nemam izlaza, nema spasenja... Oprosti mi, Gospode, na slabostima mojim!

Dvopolnost osjećaja i misli, vjera u Boga i suočavanje s javom koja veze s Bogom nema. U molitvi, u Crkvi, na lekcijama s misionarima, u čitanju Mormonove knjige i naučavanja živih proroka Božjih, predsjednika Crkve, u trudu življenja evanđelja s jedne strane, a s druge dan i noć u prenoćištu za beskućnike, stvaran život koji je bio suprotan od slike zemaljskog idiličnog života u kraljevstvu nebeskom na zemlji. Sumnja. Borba protiv ljudske pokvarenosti onih koji sebe nazivaju katolicima i onoga u meni što se bunilo protiv licemjerja; pitanja o ljudskom zlu u dobrome i dobrome u zlu, ima li vjera uopće smisao kad su i najgorljiviji vjernici hipokriti. I zašto sam svakim danom sve više sudac drugima, a ne sebi, zašto to kad je samo Krist jedini sudac?! Sumnja u sebe, milijun upitnika...

Glupo jer valja sumnjati u sumnju, nikako u Gospoda! Uvjeren sam, da nije bilo mog najboljeg prijatelja Vikinga, vojnika Isusa Krista, danas ne bih ovo pisao i govorio, a Crkva bi za mene bila prošlost i zasigurno bi moje ružno tijelo trunulo zakopano u blatnoj ilovači, u nekom neoznačenom grobu na tko zna kojem groblju, ako ne u kakvoj vrtači, planinskoj grabi. Nisam odustao! Spasitelj me voli (premda samo On zna zašto) i pomogao mi je, jer ako sam ja htio odustati od Njega, On nije od mene, nikada, pa ni tada! Nisam odustao. Riječ je bila o mom neznanju, o slušanju umilnih lažnih glasova slugu Sotone, o povlačenju pred jahačima zla umjesto juriša na oklopnike izdaje Krista. Često smrtnika uhvati kukavičluk, ali još češće Spasitelj upire sve svoje božanske snage ne bi li ohrabrio djecu Božju da ustraju jer On je rekao: „Neka se ne uznemiruje srce vaše! Vjerujte u Boga i u mene vjerujte! (Ivan 13:36, 14:1). Istina je to koju smetnuh uma u trenucima izazova smrtnosti: „Ja sam put, istina i život”, riječ je Gospodnja (Ivan 14:6). Mada, vjera je jedno, prazan želudac drugo i svježi, još „zeleni” obraćenik ne može sam samcat voditi borbu protiv nevjere u sebi, on sumnja, jer sumnjom brani slabost svoju od mogućeg pokleknuća i povratka bezvjerstvu: gdje je taj Bog, zašto mi ne pomogne kad' ga molim...?

Nisam odustao. Istina: nisam imao dom, dobio sam ga, nisam znao što je ljubav, naučio sam, bio sam nitko i ništa, a postadoh to što sam bio i jesam, kršćanin, dijete Božje, učenik Spasitelja i Njegov vojnik! Aleluja, hvala Gospodu! Samo onaj tko je pao u blato, zna što je blato.

Tražio sam sam i dobio sam istinu Božju, anđela Gospodnjeg da me nauči moliti, čitati Sveta pisma kako bih shvatio veličinu bogatstva evanđelja Isusa Krista i vrijednosti prave plaće, one nebeske. Morao sam naučiti kako nikakva zemaljska blaga, ni zlato ni srebro, ni novac u banci, ni kuće ni vile, ni automobili ni išta što se može kupiti novcem ne vrijede ništa u usporedbi s čistom ljubavi Sina Božjeg! Voljeni predsjednik Crkve i prorok Božji, Thomas S. Monson je podučavao: „Ljubav je katalizator koji uzrokuje promjene. Ljubav je melem koji donosi iscjeljenje u dušu. Ali ljubav ne raste kao korov i ne pada kao kiša. Ona ima svoju cijenu.” Naizgled gruba, ali istinita riječ: cijena! Cijena koja ne bješe trgovačka, prekupčeva ili švercerska, cijena o kojoj je rečeno jest Krist! Svjesno preuzeti grijehe svijeta na sebe i svjesno otići u smrt da bi je pobijedio nemjerljiva je i nikad dostignuta cijena vječne najčišće ljubavi, ta je cijena primjer jedan i jedini, neponovljivi, svetiji od svega svetoga...!

Gospode, oprosti mi slabosti moje, molim te dušom svom i srcem svim, oprosti mi grijehe moje! Koliko je nepobjedive istine u živoj riječi Božjoj (2. Nefi 1:15): „No, gle, Gospod mi je dušu od pakla otkupio. Promatrah slavu njegovu i vječno sam obujmljen u naručju ljubavi njegove...”.

Pišem ove riječi u suzama zahvalnosti Isusu koji je Krist i svim njegovim anđelima na potpori i pomoći u danima mojih iskušenja. Skrb za onu jednu izgubljenu ovcu, ljubav u potrazi za jednim je srž svega, voljeti kao što On voli jedini je način i jedini put. Blagoslovljen sam i privilegiran što ovih pet godina nisam sam koračao uskim putem. Pet godina navršiti će se za koji dan, pet godina otkada je moj najdraži brat i najbolji prijatelj stigao u Varaždin, baš onako kako je podučavao prvi Božji prorok obnove Joseph Smith: „Mi imamo povlasticu da u dobroti i ljubavi idemo među njih i podijelimo istinu koju je Gospodin objavio u posljednje dane...”. Istina je: zar može biti zorniji dokaz veličine svetoga Božjeg djela okupljanja Izraela i izgradnje Kraljevstva nebeskog na zemlji od (što svojim očima vidjeh, ušima ćuh, srcem što oćutjeh) upravo kroz nadahnuto učenje predsjednika Thomasa S. Monsona: „Postoje srca koja treba usrećiti. Postoje ljubazne riječi koje treba izreći. Postoje darovi koje treba dati. Postoje djela koje treba učiniti. Postoje duše koje treba spasiti.” Rekao je to Božji prorok na zemlji, a djelima svojim dokazao i pokazao moj najbolji prijatelj i najdraži brat. Svjedočim, dakle, istini Božjoj (Matej 22:14): „Doista, mnogo je zvanih, malo izabranih.”

Sumnjao sam jer previše se naslanjah na ljudsko i zemaljsko, u sebi, oko sebe, u ljude u crkvi. To je bila greška jer samo u Kristu je spasenje, a Bog je naš Svemogući, naš Nebeski Otac stvorio Plan za svakoga od svoje djece i nema uistinu ničega većeg i ljepšeg od toga: tko vjeruje u Isusa Krista, taj ne treba ništa zemaljsko za spasenje svoje. Vječno pomirenje Spasitelja svijeta omogućilo je spasenje i stjecanje dostojnosti za život u vječnosti....

U trenucima slabosti srca učenika Isusa Krista su najranjivija i vrlo lako padnu pod utjecaj Sotone, pa se dogodi da stvari iz povijesti crkve odjednom dobiju drugačiju konotaciju od one koja jest i time sumnja poprima značaj izdaje, a izdaja Gospoda vodi u ništavilo. Jest, dogodilo se to i meni jednom: čitajući povijest crkve naišao sam na zbunjujuće podatke o nečemu što bi se danas nazvalo rasizam, a što nikako ne može biti i nije spojivo s evanđeljem Isusa Krista. Drugi prorok obnove Brigham Young, odnosno u vrijeme njegovog vođenja Crkve crnce nisu primali svećeništvo. U „Službenoj izjavi broj 2 Crkve Isusa Krista svetaca posljednjih dana”, s nadnevkom osmi lipanj godine tisuću devetsto sedamdeset i osme, a što je danas dio Nauka i Saveza, piše: „Rano u njezinoj povijesti vođe Crkve prestali su podjeljivati svećeništvo i crnim muškarcima afričkog podrijetla. Crkveni zapisi ne daju jasne uvide u izvorište ove prakse. Vođe crkve vjerovali su da je objava od Boga potrebna...” Saznanje da je tek godine 1978. omo-gućeno da i ljudi crne boje kože prime svećeništvo me malo pokolebala, ali samo zato jer sam u tom tre-nutku sumnjao. Moja sumnja se povećala kad sam pronašao na internetu stare novine „New York Tribune” od 20.08.1859., u kojima je objavljen razgovor (intervju) s predsjednikom Crkve Brighamom Youngom. Novinar Horace Greeley upitao je živog proroka: „What is the position of your church with respect to slavery?”. Brigham Young je odgovorio: „We consider it of divine institution and not to be abolished until the curse pronounced on Ham shall have been removed from his descendants.” Ili, u prijevodu:

- Horace Greeley: „Kakav je položaj vaše crkve u pogledu ropstva?”

- Brigham Young: „Smatramo da je to božanska institucija i da se neće ukinuti dok s njihovih potomaka ne bude uklonjeno prokletstvo izneseno na Hamu.”

Čitano tehnički, ovo bi se okarakteriziralo kao rasizam uvijen u krivu vjersku dogmu, što nije istina.

Međutim, to je baš ono što Sotona želi i što mi je pokušao ugurati u um, srce i dušu, da povjerujem kako su članovi Crkve, pa i sami prorok bili rasisti koji izvrću riječi Gospodnje i koji mrze! Ne, to nije mogla biti istina jer je laž! Kao kršćani, Mormoni (kako se dugo vrijeme nazivaše članovi Crkve) vjerovali su i vjeruju u jedinu ispravnu snagu uputstva za djelovanje u ime Njegovo, a to je kroz objave. Samo i jedino primanjem objava Božjih moći Duha Svetoga može se izvršiti volja Njegova. Nijedan zemaljski član crkve, pa bio on i najviši autoritet, nije imao (i nema) moć mijenjati doktrinu i praksu služenja, to je mogao i može samo sam Nebeski Otac po svome Sinu Isusu Kristu! Također, godine 1859. stanje u Americi bilo je bitno drugačije nego što je danas. U tom kontekstu trebao sam gledati pitanje podjelivanja svećeništva crnoj braći. Uostalom, upravo su misionari žrtvovali sve što su imali ne bi li proširili radosnu riječ o punini obnovljenog evanđelja među našom crnom braćom i sestrama, među svim rasama i narodima jer svi smo djeca Nebeskog Oca, jedan Božji narod. Pitanje svećeništva je sporedno i ne narušava bit stvari, ne baca ljagu na crkvu, ne briše njenu svetu misiju jer to je Crkva Isusa Krista. Ne tvrdim da su vođe Crkve bili bezgrešni ni idealni, i oni su nekada, kao i danas, samo sluge Božje sa svim slabostima ljudskim, ali su i pozvani i odabrani zbog snage vjere, čistoće srca, i široke duše pune ljubavi za sve voditi crkvu u . studenog ime Njegovo. Svjedočim da je to bilo u vrijeme Brighama Younga, kao što je i danas. U ime Isusa Krista, Amen!

Iz sumnje teške izvukla me vjera u Krista, čitanje Mormonove knjige i svih svetih zapisa. U posljednjih skoro dvije stotine godina Crkva Isusa Krista svetaca posljednjih dana učinila je više za izgubljenu djecu Božju nego ijedna od crkava i kršćanskih denominacija na svijetu! Crkva daje milijarde dolara u karitativne svrhe, ona hrani, gradi, obnavlja, spašava, pomaže ljudima bez obzira na vjeru, naciju, boju kože ili bilo koju drugu opredijeljenost i uvjerenje! Ljubav je na prvome mjestu u jedinoj živoj Kristovoj crkvi! Svatko je dobrodošao i svi su pozvani, bili članovi ili ne! To je vječna istina! Koliko je Crkva Isusa Krista svetaca posljednjih dana donirala Hrvatskoj u vrijeme Domovinskog rata i kasnije, posebno u mom Varaždinu? Poradi podsjećanja, evo nekoliko podataka sa službenih stranica Katoličke informativne agencije (službene agencije HBK): u 2010. i 2011. godini Crkva Isusa Krista svetaca posljednjih dana predala je vrijedne donacije Caritasu Varaždinske biskupije, i to u tri navrata. Prvo je predan plinski štednjak za Caritasovu kuhinju. Zatim je donirana vrlo vrijedna donacija medicinskih pomagala vrijedna nekoliko stotina tisuća kuna (250 običnih i specijalnih invalidskih kolica, 50 hodalica, 80 štaka i 25 štapova). Nakon toga ponovno su Mormoni donirali katoličkom Caritasu medicinska pomagala, a u listopadu 2011. godine predana je donacija Caritasovoj kuhinji (stroj za guljenje krumpira i gotovina, sve u vrijednosti 37000 kuna). Zahvalnost katoličke crkve ogledala se i tako da nas većina njihovih svećenika smatra antikristima, a crkvu nazivaju sektom... Ne sjećam se jesam li rekao, ali evo: najljepše o tome što se to nije dalo na sva zvona, donacije su predane potrebitima u tišini, s ljubavlju, bez medijske pompe, baš onako kako se to radi kad se živi evanđelje...

Istina je uvijek jača od laži jer gospodar tmine nikad neće pobijediti svjetlo svijeta. Ali, i to mi je bila škola: morao sam učiti više, čitati i moliti više, ne obazirati se na to što smrtnici govore i čine, ne povoditi se za zemaljskim riječima nego slušati samo Gospoda i njegovu riječ provoditi, kako i kad naloži, sve u svoje vrijeme. Politički, društveni, ekonomski i ini uvjeti i okolnosti iz 1859. i ovo danas ne može se uspoređivati, pak se ni postupci vjernika ne mogu porediti iz dva različita razdoblja jer se ne zbrajaju kruške i jabuke. Ipak, ono što je bilo i jest isto je Naum Nebeskog Oca i evanđelje Isusa Krista, to je nepromjenjivo i vječno. Obzirom na našu vjeru, na fundament kršćanske doktrine iskazane u „Člancima vjere Crkve Isusa Krista svetaca posljednjih dana" jer drugačije nije nikad bilo niti će biti, Amen. (Članak 9.: „Vjerujemo svemu što je Bog objavio, svemu što on sada objavljuje, i vjerujemo da će on još objaviti mnogo toga velikoga i važnoga što se odnosi na Kraljevstvo Božje.")

Gospode, hvala ti, slabe jačaš, žedne napajaš, gladne hraniš, gole odijevaš, bose obuvaš, bolesne liječiš, vraćaš nadu, unosiš svijetlo, braniš nemoćne, a sve voliš ljubavlju čistom božanskom. Znam, moram dati cijelog sebe drugima, kako bih dao Tebi. Voljeni prorok Gordon B. Hinckley je poučavao: „Potrudite se malo više da budete malo bolji." Hvala ti, Kriste, volim te!

Čitam stare varaždinske novine iz siječnja 1930. i za oko mi zapadne notica o dobrotvornom radu gradskih žena. Citat: „U prosincu 1929. Društvo „Varaždinske žene” nadarilo je 11 učenika cipelama i odijelima.” Bravo! Jedanaest je siromašaka varaždinskih potpomognuto odjećom i obućom u hladno zimsko vrijeme kad se djeca gradske sirotinje smrzavaju i nerijetko umiru od upale plića i drugih bolesti. Notica je mala, kratka, ne piše točno o kojoj se djeci radi, ali ni o tome u kakvom je stanju bila donirana roba, nova ili rabljena. Kako god bilo, hvalevrijedno je što su varaždinske žene mislile na djecu ubogara i sirotinje. Zanimljivo, socijalna skrb toga vremena, kazano današnjim rječnikom, bijaše, čini mi se, izvrsno organizirana. Grad je izdvajao nemali novac za potrebite: plaćao je medicinsku skrb ubogarima, pogrebne troškove za preminule, prehranu, a iz gradske su blagajne isplaćivane potpore udovicama i sirotinji, kao i donacije humanitarnim društvima.)

Zašto sad ovo? Jednostavno, zbog moje predstave. Kroz povijest se malo toga mijenja, ljudi (i ja spadam među njih) su glupi i nikad ništa ne nauče, ni na svojim, a još manje na tuđim greškama. Ljudi se šest tisuća godina mrze i dijele na one gore i one dolje, na moćne i slabe, na vlast i sluge, baš kao u Hrvatskoj na mrtvace i grobare. Strukture vlasti, nazivi i titule, zakoni i pravila su se mijenjali tijekom šest milenija, metode podjarmljivanja i mučenja su prolazile modernizaciju, a sami sustavi su postajali okrutniji kako su se razvijale znanost i tehnologija i kako su se povećavala zemaljska bogatstva onih gore, odnosno, kako se smanjivao imetak onih dolje (najčešće oni najniži ostadoše bez ičega, na golom zemljanom podu, često i bez krova nad glavom). Kroz ista ta stoljeća ljudima je objašnjavana teorija jednakosti, kako su svi isti pred Bogom, jednaki i da zlato i srebro ne čine razliku u očima Božjim. Naravno, to je bila laž, ne o Bogu, nego o razlikama na zemlji: zlato i srebro daju moć, a moć vladanja čini razliku čak i kod onih koji sebe smatraju namjesnicima Božjim ljudima na zemlji. Oni dolje su umirali, bivali spaljivani na lomačama, raščetvoreni, padali su raskoljenih glava i iščupanih utroblja na bojištima svetih ratova, krepavali bi od gladi, smrzavali se, crkavali od vrućine iscrpljeni žeđu i robovskim radom, a sve kako bi oni gore živjeli bezbrižno u Edenu zemaljskom, siti i debeli, nedodirljivi, pomazani navodno božanskom rukom. Preneseno na hrvatsko stanje stvari, trinaest stoljeća hrvatski grof i hrvatski biskup (i u današnjim inačicama) piju krv hrvatskoga kmeta, debljaju se, ždere i loču i nitko ih u tome ne može zaustaviti. Lijepo je biti donator siromašne djece, ali nije li kristolikije učiniti sve da sirotinjske djece ne bude ili barem da im životi ne budu na rubu smrti od samog rođenja, da roditelji te jadne djece imaju posao i pravednu plaću, sve kako je i rečeno u Svetim pismima?

Od Adama i Eve stvari tako stoje, da čovjek snuje, Bog određuje, a ljudi ipak čine sve protivno Bogu svojemu. Stvarno, što tjera bogate da odvoje krajcar, filir, paru ili lipu, koji cent za one koje mrze, za ubogare, beskućnike, puku sirotinju? Iz osmanlijskih vremena ostala je na našim balkanskim prostorima mudra izreka, s dodatkom: „Nije beg cicija, ali da nije cicija, ne bi bio beg.” Dobro objašnjenje. Nije li? Općenito kazavši, vezano uz povijest ljudskog roda lako je razlučiti koji su možebitni razlozi za „dobrotvornost” bogatih prema siromašnima, a da se ne „pokrivaju” frazama o ljubavi, dobrohotnosti i skrbi za potrebite. Prvo je strah od buna, revolucija, od krvoprolića gospodske krvi od strane potlačenih i obespravljenih. Oružje u rukama gladnih tjera bogate da daju siromasima jer nisu oni dolje umno poremećeni psihopati nego ih glad prisiljavala dići kuku i motiku na svoje gospodare, a ovi, punih trbuha, svinjoglavi i masnih guzica platili bi nerijetko glavom svoju proždrljivost i pohlepu. Na kraju bi siromasi izgubili jer revolucije se nisu pokazale uspješnima za pobunjenike, ali poanta je ostala jasna k'o suza, mogućnost da prljava ološ juriša na gospodske dvere visi kao stalna prijetnja nad plavokrvnom bagrom. Pod takvim pritiskom aristokratska se gamad hvata novčanika i daje ponešto ne bi li umirila svoju savjest i spriječila (u 'rvatskoj varijanti) ponavljanje juriša na Cesargrad u siječnju petsto sedamdeset i treće. Narušavanje komoditeta i luksuza sitosti 'rvatske vlastele, biskupa, grofova, uopće cilindraša i njihovih baba, je li, skuplje je od bacanja nekoliko hrđavih novčića i kojeg okrajka starog kruha gladnim ubogarima. Druga pak „sila” koja pobuđuje dobročinstvo u ('rvatskoj) eliti jest katolička vjera (uglavnom, jer pripadnika gospodstva cilindraškog ostalih vjera je u svemu malo) i pritisak prebendarskih i kaptolskih glavešina na „ljubav prema drugima”, u koje ubrajaju i sebe same, one koji trebaju najviše (nije isto napuniti želudac kmeta i jednog masnog prebendara, to nikada nije ni bilo isto). Dokazivanje pobožnosti pojava koja s vjerom imaju manje nego krava s baletom je prestarjela šala s tragičnim posljedicama po Hrvatsku i hrvatski narod, naročito unazad trideset godina. Otkup grijeha je davnašnja katolička navika i premda je ukinuta i dalje se konzumira, sad u modernoj inačici hinjene ljubavi za siromašne. Imati dobru sliku o sebi u javnosti važno je 'rvatskoj bogataškoj gamadi jer u 'rvatskoj biti dobro pozicioniran i osigurati potomstvu materijalno bezbrižan život bez patronata katoličkih glavonja naprosto je nemoguće, lopovi na vlasti i lopovi u reverendama pupčano su vezani i ovisni jedni o drugima, to je zlo samo takvo (čast iznimkama).

Pravi dobročinitelji se ne slikaju po novinama, ne smiješe s internetskih portala i ne plaćaju reklame na televiziji i radijskim postajama kako bi promovirali svoja „dobra djela". Istinska djeca Božja koja odvajaju od imutka svoga za potrebite šute o tome: na primjer, postoje ljudi koji godinama, na baš svaki blagdan, Božić, za Novu godinu i Uskrs donose u prostorije Udruge „Novi put" Varaždin darove za beskućnike iako i sami nisu imućni. Tiho, bez pompe dođu pješke, na biciklu ili automobilom, oprezno pokucaju i uđu noseći pune vrećice ili pletenu košaru, kakvu kutiju s namirnicama, s kavom, s dobrim željama. Svake godine, nekoliko puta. Ne zadržavaju se, nemaju vremena za popiti kavu, samo daju od sebe sve što imaju uz iskrene čestitke i mnogo ljubavi Spasitelja svijeta. Tako čine i vlasnici nekoliko manjih privatnih firmi i obrtnici, ljudi kojima ni imena nismo saznali, ali njihovu ljubav i brigu smo osjetili. O dobrohotnosti ovih ljudi nema spomena u novinama, nitko za njih ne zna izuzev beskućnika i svih kojima su ugrijali srca i dokazali da nisu svi zli i proračunati.

Prije pristupanja Crkvi susretah se s mnogim velikim katolicima, vjernicima, zagriženim pripadnicima njihove crkve koji su prisezali na sve katoličke svece kako žive samo i jedino katolički, po Bogu zapovjeđen život. Doista? Haha, ne bih rekao! Beskućnik, je li, ako uistinu želi promijeniti vlastiti život i vratiti se „u društvo" mora se socijalizirati, naprosto mora otrpjeti milijune uvreda i poniženja, obilaziti državne urede, pohađati svakojake tečajeve, „odraditi" nebrojene intervjue za posao, uzaludne, jasno, mora gladovati i gledati u pod i kad sve to „prebaci" preko svojih leđa, to još nije garancija da će bilo što promijeniti u životnom statusu. Znam to. U Varaždinu sam kucao na desetke vrata, javljao se na natječaje za posao i osim izgubljenog vremena, ništa dobio nisam. Službouljudno razumijevanje u boljim danima i hladne birokratske odbijenice najčešće, a uvijek frktanje nosom, „razmjena znakovitih pogleda": predrasude, gdjegdje otvoreni prezir i mržnja, nespremnost za pružanje pomoći, to je stvarnost onih koji po svome poslu moraju pomagati potrebitima i koji su u isto vrijeme katolici, aktivni promotori kršćanske vjere. Međutim, ne čine ništa. Farizeji trećeg milenija, na svim razinama. S druge strane, ponizni otkidaju od vlastitih usta ne bi li ubogim omogućili barem jedan dan sitosti, jednu večeru u miru Božjem, no oni neće riješiti problem, kao ni sami potrebiti jer vrata države i vrata ljudskih srca (moćnih, bogataša etc.) su zatvorena teškom rezom bešćutnosti i nebrige za djecu Božju. To je činjenica i kako god se okrene, ništa se nije promijenilo od vremena kad je Krist izgovorio svoje božanske riječi (Matej 23:13): „Teško vama, pismoznanci i farizeji, licemjeri! Nalik ste na obijeljene grobove, koji izvana izgledaju lijepo, a iznutra su puni mrtvačkih kostiju i svakakve nečistoće." Ne tvrdim da elite moraju pomagati slabijima, ali ako je točno, a nitko još to nije demantirao ni riječju ni djelom, pa onda jest tako, kad se netko hvali svojom vjerom u Krista i kad kao kršćanin nastupa u javnosti, onda bi po naravi stvari trebao činiti dobra djela! To čine učenici Otkupitelja svijeta, vole druge kao što On voli nas! Osobito ako se zna da ubogari nisu ubogi isključivo vlastitom krivnjom već zbog sustava svijeta kakav jest. Odlično objašnjenje je citat iz drame „Gospoda Glembajevi" Miroslava Krleže. Fiškal Puba čita članak „Epilog jedne tragedije" i između ostalog u članku se kaže: „Zanimljivo i nadasve karakteristično... je to... da je pokojna Fanika Canjeg nekoliko minuta prije svoje smrti zvonila na gospodskim i miljunaškim vratima, ali su je odanle izbacili kao pseto na ulicu. Tako umiru siromasi pod kopitama gospodskih četveroprega...". Odličan opis kako svršavaju oni koji mole za pomoć one koji se kite vjerom i koji imaju zemaljsku moć, zlato i srebro, ugled i položaj. Zemaljski uređen život nije istovjetan zapovijedima Božjim, a trebao bi biti. Šest milenija ljudi dokazuju kako se može zlatom i srebrom mijenjati volja Božja, ali zalud jer dolazi drugi dolazak Kralja i slijedi nam Dan suđenja svima. Svjetovnim riječima rečeno, to je opisao lik Leone Glembay u rečenoj drami: „... ima stvari koje nisu zapisane ni u kaznenom zakonu ni u cestoredarstvenom redu...". U slijedu dramatskog raspleta, na jednom mjestu Leon Glembay kaže i ovo (što uzimam kao bit): „... a ne puštaju ju pred barunicu jer nema vizitkarte!" I poanta: „Čovječe, sjeti se da si ravan onome pred kim se ponizuješ, i ne ponizuj se! Hodaj uspravno, ne plači pred tuđim vratima, jer iza tih vrata za tebe nema nikoga, pljuni i pljusni, ali se ne ponizuj!"

Gospode, oprosti mi, molim te, Nebeski Oče, u ime tvog Sina Isusa Krista, oprosti mi! Istina je, u ovom kazalištu, na ovim trulim daskama odigrala se predstava jednog promašenog života jedne strašno dosadne pojave (mene), ali ako je nešto vrijedilo, to je svakako spoznaja Isusa koji je Krist! Borio sam se koliko sam mogao (prije ulaska u Crkvu), trudio se biti uredan, biti nalik drugima. Nisam uspio. U mladosti i kroz godine griješio sam, lutao, gubio se, padao sve niže i sve dublje, proklinjao sudbinu, ljude i sebe samog, ali u cijeloj toj agoniji nikad nikome zlo činio nisam! Tražio sam, a nisam znao što. Trebao sam nešto, a opet ne znadoh što. I nađoh, točnije, oni nađoše mene, misionari poslani u Njegovo ime pronađoše me i vratiše Gospodu! U času u kojem bijah spreman primiti riječ Kristovu! Da, trebao sam doći u Crkvu Isusa Krista u kojoj se služi drugima da bi se služilo Gospodu jer ne postoji drugi način. Činiti najmanjem da se čini Njemu. Ljubav, bezuvjetna, čista, Kristova, Božja. Na početku mog koračanja, dvije i šesnaeste godine čitao sam žedno svaku riječ, svaki zapis koji je Crkva imala na hrvatskom jeziku, gutao sam svete riječi, a od svega najviše zavoljeh čitati ediciju knjiga „Naučavanja predsjednika Crkve" u kojima se kroz životopis prethodnih proroka i predsjednika Crkve Isusa Krista svetaca posljednjih dana nadahnuto podučava o vječnim istinama Kristove Crkve i ljepoti života u punini obnovljenog evanđelja. Jedan od mojih „favorita" postao je predsjednik Gordon B. Hinckley. Njegova biografija, njegovo naučavanje i on sam kao čovjek Božji, sve me oduševilo i zavolio sam ga iako je on služio u Crkvi i otišao k Nebeskom Ocu godinama prije no što sam se ja priključio Crkvi. On je jedan od meni najdražih proroka posljednje raspo-redbe. Strast za Kristom koju je nosio u sebi, njegova kristolika jednostavnost, duboka odanost i poslušnost Ocu i Sinu me impresioniralo do te mjere da ponekad žalim što me Gospod nije ranije pozvao u Crkvu! Predsjednik Gordon B. Hinckley imao je nevjerojatnu božanski uzvišenu ljubav prema neaktivnim članovima Crkve, a posebno je volio nove obraćenike kojima je posvetio cijelo svoje služenje. Kad sam čitao što je govorio, mislio, osjećao i činio za obraćenike, svjedočim tome, u meni je rasla snaga vjere i uvjerenje da nema druge Crkve Isusa Krista osim ove i da je sve nepromjenjiva istina! On je znao što se loše zbiva s obraćenicima, on je znao koliko smo ponekad slabi, on je znao za naše sumnje, znao je baš kao što to zna i sam Krist! Plakao sam kad sam čitao riječi voljenog predsjednika koji je rekao o obraćenicima kojima je vjera oslabila (iz spomenute knjige „Naučavanja predsjednika Crkve Gordon B. Hinckley" u izdanju Crkve Isusa Krista svetaca posljednjih dana, SLC, Utah, USA): „No svaki obraćenik čija se vjera ohladi je tragedija... Počeo sam osjećati da je najveća tragedija u Crkvi gubitak onih koji se tek priključe Crkvi, a zatim otpadnu... Mora postojati njegovanje i osnaživanje tijekom ovog teškog razdoblja obraćenikovog života. Ogromna cijena plaćena je za njegovu ili njezinu nazočnost u Crkvi... Ovi su obraćenici dragocjeni... Svaki obraćenik je velika i ozbiljna odgovornost. U potpunosti je neophodno da pazimo na one koji su postali dio nas. Svaki od njih treba tri stvari: prijatelja, odgovornost i „njegovanje blagom riječju Božjom"... Budimo im prijatelji!... Naravno da novi obraćenik neće sve znati. Vjerojatno će raditi pogreške. Pa što? Svi radimo pogreške... Vratite se, prijatelji moji!..."...

Suze mi teku dok pišem ove retke. Kako je prorok Božji znao, a znao je i Krist i stoga je i poslao svog vojnika, mog prijatelja Vikinga. Svaki put kad sam umalo odustao, kad sam htio pobjeći, u strahu, u bolu i razočarenju, On, Spasitelj svijeta nije odustao od mene! Među braćom i sestrama nisam našao pomoć, mjesecima na ranču u Južnom Utahu, u stvarnoj pustinji, a bješe oštra zima, nitko za mene nije pitao. Nitko od crkvenih vođa. Gubio sam snagu, prikliješten bolešću, izazovima posla, nemogućnošću rješavanja problema, lošim šefom i njegovom zloćom i lažima i time što sam se osjećao zaboravljenim i odbačenim od ljudi u crkvi, počeo sam padati, gubiti snagu vjere, sumnjao sam... Da, ali nije On, nije sumnjao Isus Krist!

Zazvonio mi je mobitel, pozivi, poruke, riječi ohrabrenja, riječi nadahnuća za vraćanje čitanju Mormonove knjige, za povratku lijeku, „njegovanju blagom riječju Božjom". A tko drugi nego on, Viking, najdraži brat, prije misionar, sad prijatelj koji zna kako nebesa odjekuju od ode radosti zbora anđela kad se spasi jedna izgubljena ovca Božja, baš kao što je u Svetim pismima zapisana riječ Gospodnja (Luka 15:7):

„Kažem vam, tako će na nebu biti veća radost zbog jednog obraćenika nego li zbog devedeset i devet pravednika kojima ne treba obraćenje...". Nije li to istina? Jest, vječna, nebeska! Jer. „... biva radost pred anđelima Božjim zbog jednog obraćenog grešnika..." (Luka 15:10) Četrdeset i osam godina živio sam u tmini grijeha i nevjere. Četrdeset i osam godina učio sam da bih se istinski rodio u Kristu jer bio sam „mrtav i oživje, izgubljen bijaše i nađe se..." (Luka 15:24) Hvala ti, volim te , Kriste!

Koliko sam kazališta posjetio u svom životu? Ne znam. Bio sam u malim i većim kazalištima, ponekad i u najvećim, HNK u Zagrebu. Kazališta, zgrade u kojima je život zabava, tuga i bol u jednome, kazalište kao dom ljubavi i mržnje, glazbe i tišine, očaja i ushita. Kazalište kao mjesto umiranja i rođenja ispod svjetla reflektora. Carstvo pretvaranja, kraljevstvo umjetnosti, smetlište iluzija. Otprilike.

Koliko kazališta? Kojih? Ima i drugih, neumjetničkih, životnih kazališta. Obiteljsko, na primjer, roditeljsko kazalište, koje se uobičajeno naziva domom, ognjištem, rodnom kućom, kazalište odrastanja i stasanja, djetinjstva i najranije mladosti. Potom, kazalište politike, domoljublja, domovine, a uz to je vojno kazalište, uključivo kazalište rata, a ne smije se zaboraviti ni kazalište posla i rada, učenja i stvaranja, pa kazalište emocija, poglavito kazalište ljubavi i mržnje. Kazalište prijateljstva i napokon, kazalište vjere i nevjere. To su, rekao bih, osnovna kazališta, a uz svaku dolazi i bezbroj malih pomoćnih kazališta, ponekad su to samo ciganski šatori ili privremene bine na seoskim sajmovima, a uvijek se radi o prijeko potrebnim kazalištima čiji su glumci očajno loši, s užasnom dikcijom i potpunim nepoznavanjem teksta, ali su baš takvi najbolji i nezamjenjivi.

Sve je kazalište, baš sve, čitav ljudski život je estrada, predstava, sve je glumatanje, svi to čine, ja naročito. Rođenjem stupamo na pozornicu egzistencije i od trenutka prvog udisaja, prvog plača, prvog uaaa, pa sve do smrti ne radimo ništa drugo ni treće nego lažemo sebe i druge, uvjeravamo sebe i druge i svijet oko nas da smo mi baš to što glumimo da jesmo, dakle glumci u kazalištu čije predstave nikad ne završavaju, čak ni smrću glumca jer odmah stiže svježa krv i predstava ide dalje. Glumimo ono što ne znamo glumiti, užasno loše izgovaramo tekst, školski glupo recitiramo napamet naučene fraze i glasno deklamiramo riječi čije značenje ne razumijemo, a nije nas ni briga jer ni publika ionako ništa ne zna: istina je, pretvaramo se da znamo o čemu je riječ i tako u tom neznanju skačemo, prevrćemo se preko glave, ubijamo (strašno mnogo ubijanja i krvi uopće), ljubimo, grlimo i volimo (a sve je otužno patetično, ukočeno, napadno ljigavo), mrzimo i preziremo (svakoga dana, od jutra do večeri, od večeri do jutra tupa mržnja u nama pleše kolo uništenja i možda je mržnja ono što predstavu i čini na trenutke zanimljivom), prisežemo i dajemo obećanja (svima i svakome, a od svega slabe vajde ima), snivamo i želimo (glupo, san u javi, a java u snu i ništa u tome nema, ničega i nikada), kajemo se i molimo Bogu (kad nas pritisne vlastito zlo ili kad nemamo hrabrosti uzvratiti udarac) i cijelo je kazalište obavijeno dimom i maglom, smradom truleži mrtvih života, a preko daska, preko bine, kao rijeka teku upravo te naše istine i laži, laži i istine, sve u mutnom fluidu nekog čudnog eliksira vremena koje je bilo i nestaje baš kao što i mi nestajemo u zaboravu, u demenciji svijeta koji je izdao Boga. Stoga je ono teatralno bacanje sebe samog na pod, u zadnjem činu užasne predstave nepotrebna eskapada zakašnjele grižnje savjesti i prekasno upućene molbe za pomilovanje, a onda, ah, čemu pomilovanje, mrtvac ne treba ništa jer ništa i nema...

Istina i laž su jedna te ista stvar: gledamo li istinu u lice, ne vidimo laž, a promatramo li laž, ne vidimo istinu: život uvijek posloži kocke kako trebaju biti posložene, u nekakvom redu, prilično jednostavno, no čovjek je krivac, on je taj koji sve komplicira, koji sve učini prokleto zapetljanim. Čemu onda sve? Nitko ne zna, još od one sekunde kad je Evu prevarila slatkorječivost Sotone i kad je kušala zabranjeno voće s drveta znanja dobra i zla (za što vjerujem da je istina i nije me briga što prljave crkve imaju drugačije verzije priče: tko nema ovlast Božju, ima laž), što se tu u smrtnim ljudima odvija da su slijepi na očito, što je od Boga, a vide zlo, slušaju i čine zlo, dakle, u lažima uživaju čak i kad ih ta ista laž uništava. Odslušah, nakon spoznaje Krista, poglavito od sustanara u prenoćištu za beskućnike, kako je to o Adamu i Evi laž, kako je izmišljeno jer što bi bilo, kako mi rekoše podsmješljivo, da prva djeca Božja na zemlji nisu kušala od zabranjenog ploda? Dao sam im iscrpni istiniti odgovor, u mjeri koju sam imao, u znanju koju sam do tada stekao, s vjerom u Nebeskog Oca i Isusa Krista, odgovorih im mirnim riječima nadahnut toplim savjetima moći Duha Svetoga: mi kršćani znamo i vjerujemo da je pad Adama i Eve bio potreban i u Planu Nebeskog Oca, mi znamo da je kušanje zabranjenog voća bio neophodan korak u napredovanju čovjeka do vječnosti, kao što stari proroci zapisaše voljom Gospoda (2. Nefi 2.Nefi 2:22-23, 25): „I evo gle, da Adam ne prestupi ne bi pao, već bi ostao u Edenskom vrtu. I sve što bijaše stvoreno moralo bi ostati u istom stanju u kojem bijaše nakon što bijaše stvoreno: i moralo bi ostati zauvijek, i ne bi imao svršetka... I oni ne bi imali; stoga, ostali bi u stanju nevinosti, nemajući radosti, jer ne upoznaše bijedu; ne čineći dobro, jer ne upoznaše grijeh... Adam pade da bi ljudi bili; a ljudi jesu, da bi radost imali." I ne samo to, ostavivši Adama i Evu na kušnju i izbacivši ih iz Edenskog vrta, za njihovu daljnju odanost i poslušnost, Nebeski Otac obećao im je iskupljenje i spasenje, što se potvrđuje ovom živom riječju Božjom (2. Nefi 2:26): „A Mesija dolazi za punine vremena, kako bi otkupio djecu ljudsku od pada. A zato što su otkupljeni od pada, oni postadoše slobodni zauvijek, raspoznavajući dobro od zla; da djeluju samostalno, a ne da bilo tko na njih djeluje, osim da to bude po zakonu u velik i posljednji dan, u skladu sa zapovijedima koje Bog dade." To je to, Božja riječ sve objašnjava, a ljudska zla pamet sve kvari. Oduvijek.

Istina je nebeska i vječna, laž je smrtna i prolazna. Iz nepresušnog vrela Božje dobrote, milosti i mudrosti čovjek može crpsti sve što mu je potrebno za život u smrtnosti, a kako bi stekao dostojnost za vječnost. To sam tražio i našao kad sam spoznao i istinu o Kristu, to je bilo ono za čim je moja duša vapila sve te silne godine. Sloboda? U Isusu Kristu je sloboda, u punini obnovljenog evanđelja, ni u čemu drugom! Kako jednostavno, kako nebeski čisto!

Danas, unatoč problemima koji me nisu napustili, haha, čak i ovdje u Americi, usprkos svim izazovima i nedoumicama, slobodan sam i sretan čovjek i s tom istinom čekam posljednji dan: istina je, nije laž! Za razliku od mučnih ratnih, pijanih kasnih devedesetih i smradom svinjskog i ovčjeg gnoja, napoja i ropstva u kulačkom paklu prvih petnaest godina dvije tisućitih, za razliku od pustih mjeseci beskućništva i izgubljenosti u maglama beznađa, danas, hvala Gospodu, govorim i pišem posve slobodno, bez pritisaka i bez bojazni od možebitnih negativnih reakcija i napada mržnje od strane ljudskih karikatura, pojava čudnih i lažnih. Ne tvrdim kako je svaka moja riječ apsolutna istina, nemam nakanu glumiti tvorca istine, ali sve dok imam snage truditi se obdržavati zapovijedi Božje i živjeti Njegovu istinu, sve dok mi blagoslovi pokajanja i molitve, želje za promjenom srca budu dostupni, ostajem kod pisanja kakvo jest jer znam da ne koristim laž kao istinu, ni istinu kao laž.

Međutim, i dobre i loše kazališne predstave dio su života kazališta, ne mogu sve predstave biti mega hitovi, neke su za veliku scenu, neke su za male podrumske prostore, tamo gdje caruju štakori i gdje sve zaudara na mokraću i plijesan. Velike su razlike između dvije vrste kazališta: onog umjetničkog, pravog i ovog ljudskog, kazališta o kojem ja pišem. U „pravom kazalištu" stvari su umjetne, skoro pa sve je fikcija, zabavna, smiješna, tužna, napeta i glasna, tiha i dosadna ponekad, ali samo fikcija. Kazalište čovjeka je stvarno, bolno i ulaznice se ne plaćaju novcem već životom, dušom i srcem.

Dakle, umjetničko kazalište. Normalni ljudi u praskozorje, onako sneni i nerazbuđeni žure ulicama, počinje novi radni dan i mora se na posao, a samo glumci iz kazališne birtije pijano teturaju pjevušeći nesuvisle vulgarne pjesmuljke, ponavljajući fraze iz odigrane predstave, psujući i smijući se sebi samima i svijetu u kojem su prisiljeni glumiti za burek sa sirom kupljen u pekarnici na uglu, da, burek sa sirom i jogurt, onaj zeleni, u plastičnoj čaši. Ovo me podsjetilo na nešto: burek je na stolu, a u frižideru načeta boca šljivovice, domaće rakije, ljubazni dar susjeda I., penzioniranog zastavnika prve klase, dobrodušnu pojavu koju veliki 'rvatski domoljubi nisu dirali ranih devedesetih i koga nisu mogli optužiti da je veleizdajnik 'rvatske, kosovac i udbaš. Ne znam je li još živ, imao bi danas više od devedeset na vratu, ali ono što znam da je njegovu šljivovicu voljelo mnogo varaždinskih grla, i muških i ženskih. Hrvat, častan, odveli ga partizani u rat četrdeset i druge ili treće, imao je možda trinaest godina: Nijemci i ustaše spališe njegovo selo, negdje u Lici ili možda na Papuku ili Krndiji i on osta sam nakon što mu cijelu obitelj pokopaše u masovnu grobnicu. Proveo je momčić ratne godine s partizanima, bio im kurir i u sanitetu, kazivahu za njega kako je bio srčani momčić. Othranila ga partija, školovala i nakon rata ostade on u vojsci i kako je volio glazbu i rakiju, nije dogurao dalje od zastavnika prve klase u pozadini, pa je zbog bolesti kičme i sklonosti čaši umirovljen ranih sedamdesetih, možda sedamdeset i četvrte, te se iz Štipa, mjesta svoje posljednje vojne službe, vratio u Varaždin, gdje ga je armija i umirovila nakon godinu dana (koje je proveo uglavnom na bolovanju). Uselio je u dvosoban stan u jednoj od oficirskih zgrada u K. ulici i živio mirno s obitelji, ženom i dva sina (stariji sin je smrtno stradao u automobilskoj nesreći negdje u Sloveniji osamdeset druge ili treće, na povratku sa skijanja, a drugi, mlađi, po završetku strojarskog fakulteta otišao je u Njemačku, gdje i danas vjerojatno živi; tijekom rata ovaj je inženjer organizirao prikupljanje pomoći za Hrvatsku i zahvaljujući njemu mnogo je šlepera poslano u domovinu, o čemu se malo zna). Nije se petljao u politiku, bio je član es-ka po navici iz rata, a od ideologije i političkih prepucavanja bio je udaljen sto godina. Jedina strast bio mu je mali vinograd na Varaždin Bregu, koji je kupio za nevelik novac od jednog starca sedamdeset i sedme. Godinama je obnavljao staru klijet i svojski se trudio da mu vinograd i voćke daju što više plodova: iskrčio je šikaru i staro trsje, zasadio novo, od čega najviše stabala šljiva, a grožđa tek toliko da dobije kakvih dvjesta litara vina godišnje. Čitao je i proučavao sve što je mogao naći o voćarstvu i vinogradarstvu: opsesivno je trošio vrijeme i novac na svoj mali raj i premda je volio popiti, najveći dio svojih odličnih proizvoda dijelio je prijateljima, poznanicima, a ponekad i rodbini, haha. Volio je čuti pohvale za svoj trud i znanje. Nažalost, bolest ga nije mimoišla i uoči devetsto i devedesete počeo je tražiti težake koji bi mu održavali vinograd i voćnjak. Nakon smrti sina potpuno se isključio iz onoga što se zove javno djelovanje, vratio je partijsku knjižicu i napustio sve što je imalo veze s politikom. Novac od mirovine je bio jedini „dokaz” njegovog prijašnjeg života. Nitkog nikad nije čuo da komentira političke teme. Obrezivanje voćaka, održavanje bačava, prešanje grožđa i bolesti vinove loze, to su bile njegove teme za razgovor. I šale, jasno, osobito o punicama, zetovima, snahama, o seksu i ljudima. Gospon Vanjča, kako su ga zvali (premda nije bio Zagorec ni kajkavec) bijaše omiljen u društvu i znani veseljak. Hrvat, makar to svoje hrvatstvo nije isticao, pošten, skroman, netko na koga se uvijek moglo osloniti. Svake je godine, nekako pred Božić, pokucao na vrata svog susjeda, glumca varaždinskog kazališta i kad mu je ovaj otvorio vrata, Vanjča bi mu gurnuo u ruke dvolitrenu pletenku s porukom „Svi pričaju da pijem, a nitko ne priča da sam žedan” ili „Jedna čaša je u redu, dvije su previše, tri nisu dovoljne”, a što je bio znak osobitog poštovanja glumačkog poziva: gospodin Vanjča nije često odlazio u kazalište, u svemu je kroz godine u Varaždinu bio kakvih četiri-pet puta, a i to samo zato da zadovolji suprugu, rodom iz Zagreba, koja mu je danima „pila krv” govoreći „da se on tak nebre ponašati, da ne bu išel v kazalište, kad svi ideju i jer je gospon sused ostavil karte, a on zna kak se do karti nemre sam tak dojti”, ali je obožavao posjediti s susjedom i slušati grleni glumčev glas i njegove mudrosti. Ivan je cijenio načitane ljude, a znanje pogotovo. O bilo čemu, o svačemu jer znanje je znanje, a tko zna je ispred onih koji ne znaju. Ona poruka na pletenki s rakijom bila je glumčeva obrada izjave Jamesa Thurbera („Jedan martini je u redu. Dva su previše, a tri nisu dovoljna.”) Gospodn Vanjča nije bio dio umjetničkog kazališta, susjed glumac jest, a obojica su za moje kazalište istina i laži, grubo rečeno, nevažni, spomenuh ih kao primjer koji znači sve i ne znači ništa, naročito iz razloga što su i bivši zastavnik prve klase i glumac imali vlastita kazališta istina i laži i vlastite predstave o kojima ja nemam pravo govoriti. Hoću kazati, oko mene su živjeli ljudi s nekim svojim putovanjima kroz život, sa svojim stradanjima, poslovima i tugama i bio bih zadnja gnjida kad bih sebe postavio iznad njih. Ne, oni imaju pravo na samo njihova kazališta života, a ono umjetničko, u koje vrsni vinogradar i rakijaš nije mnogo zalazio, a u kojem je glumac zarađivao plaću, ergo, neka ostane gdje jest, u javnom svijetu kao „skladište” tema za neke nove gledatelje, nove glumce i nove kritičare kazališnih predstava.

Moje kazalište je drugačije, naravno. Službene zgrade nema, a ipak ima vrata, sjedišta za publiku, pozornicu i garderobu. Nema profesionalnih glumaca, a ima ogroman ansambl, ne otkupljuju se tekstovi, a ima milijun napisanih scena u samo jednoj predstavi, nema adresu, a mnogi znaju gdje se nalazi. Kazalište? Gdje? Gluma? Život i smrt? Ja. Zakrvavljena slika jedne egzistencije, loše glume, zaustavljeni trenuci ludila, prožvakana pitanja bez odgovora i izrečeni odgovori bez postavljenih pitanja, logika i glupost, najčešće ovo drugo, zgrušavanje krvi na još toplim mrtvim tijelima, uglavnom čudne smrti su u pitanju, rat i besmisao postojanja, bolesti, smijeh pijanih skitnica i gradski klošar na uglu, kod konjske mesnice u centru, pisma prijateljima, pisma koja nikad nisu poslana, stara odjeća bačena u smeće, ostaci čišćenja prodanog, pardon, zamijenjenog stana nakon devedeset i prve, po nekim novim zakonima, nema novaca i hrana je slaba, računi dolaze i nitko ih ne plaća, lijenost, glupost opet, što da se radi, sve je teško, ljudi umiru svakoga dana, to je tako. Treba izvaditi nove osobne dokumente, a to košta, skupo je to uvijek bilo, a nema se ni za kruh, i što ćemo jesti danas, a što sutra. Uspomene? Suludo, čemu sve to, kakve sad uspomene? Obitelj? Hajde, molim vas, vi i vaše obiteljske stvari, sve je to laž, sve je to privid, nema ničega, razumijete li me, ničega nema! Zar mislite da ćete nešto odnijeti na onaj svijet? Nećete, a kamo ćete otići na kraju? U raj? Pakao? Haha, sve su to tričarije, sve je to umobolno, čitajte Krležu, mladiću, i Marinkovića i Ujevića, dobro će vam doći. Od početka, mučenje i ispitivanja, preko noći, glasno i tiho, kako god. Amatersko afektiranje, filozofija suicida i na koncu nitko se ne ubije, znači, laž, cirkuski šator i dresirani majmuni, za bananu i jabuku, ako ima...

Zašto sam se upustio u pisanje ako znam: prvo, nepismen sam i drugo, nikoga nije briga? Zašto? Ne znam, nemam pojma. Citirao sam Mormonovu knjigu: sve je rečeno. Nemam iluzija o uspjehu ili neuspjehu moje knjige: najvažnije je da sam je uspio napisati, točka.

Prije nekoliko godina glumio sam život, nisam živio. Svinjar, čoban, rob hrvatskog kulaka i sve je bilo mračno, smrdljivo i teško. Oko farme, oko imanja gospodina i gospođe P. živjeli su ljudi, susjedi, tisuće njih, cijelo Sesvete i Zagreb konačno, cijela Hrvatska, a nitko me vidio nije, baš kako nitko nikoga ne vidi, pa ni ja nisam vidio nikoga. Tako stvari funkcioniraju u kazalištu života, opće slijepilo, ljudi ne vide, ne čuju i šute, kao ona tri majmuna. Očistiti svinjama, kokošima i ovcama, nahraniti blago, isprazniti kotao s napojem i pripremiti novi, za sljedećih nekoliko dana, nacijepati drva, pustiti ovce na pašu i obaviti pripreme za klanje pet janjaca, narudžba od stare mušterije, bogatog Cigana muslimanske vjere, vlasnika firme za prodaju starog željeza... Doručak slab, bljutavi čaj, šnita suhog kruha i nešto što nije kajgana nego jedno jaje pomiješano s brašnom i ispečeno na užegloj masti. Psovke i požurivanje, „kaj se čeka, lena mrcina, pas ti mater", sve katolički, sve uvježbano.

Otići u supermarket po nekoliko sitnica, najjeftinijih, na rasprodaji, deterdžent za rublje, sapun, sok sirup za razrjeđivanje, suhi keksi koji će biti zamjena za kruh, otrov za miševe, premda nema učinka na štakorima, ne znam zašto, sprej protiv muha, ima ih na milijune, proklete bile muhe, i voštane svijeće, pet komada, jer gazda ne da, skupe su, kaže. Deset deka salame i jetrena pašteta, željan sam toga, hrane uopće. U ljekarnu također. Prije toga provjeravam koliko imam novaca, a sve je skupo. Rana presporo za-rasta. Noga me sve više boli, i kukovi, slabo spavam. Kome se obratiti? Nema nade jer nikoga nije briga. Glupost, moram požuriti, gazdarica me zove, psuje k'o kočijaš, glupa krmača... I spustiti pogled kad dođe mušterija, zaklao sam druge janjce, ne one koji su bili označeni kao prodani. Gazda kuka, stenje, nema novaca, a eto, human je i dobar čovjek, drži me na poslu iako nema zarade, samo trošak, a ja sam lijen i neka sve ide k vragu! Kriva je vlast, jasno, država je za sve kriva, ne dopušta mom gazdi zarađivati. Spavam pokraj svinjca, u štali, nemam kupaonice, vodu grijem u loncu na starom šparhetu (dao je odavno svoje i jako dimi, svaki dan ga temeljito čistim i „krpam" rupe komadima cigle i lima, da ne zapalim sebe, za kulačko imanje ne marim previše). Ljeti se „tuširam" u štali, kraj svinja, a zimi u toj izbi, koliko mogu. Nastojim biti čist, ali teško je, uvlači se smrad gnoja i životinja pod kožu i kad sam u dućanu ili negdje, kad idemo po namještaj, propadam u zemlju od srama i stida: bez obzira na čistu odjeću, uvijek imam spremne prastare isprane hlače i majicu za rabljeni namještaj, ne mogu pred ljude i u tuđe kuće donijeti svinjski izmet, smrdim na težak zadah gnoja i siromaštva...

U trenucima poraza, kad padaju sve falsificirane slike životnih dosega, kad i najcrnje priče prestaju biti legende i poprimaju svoj izvorni zvučni i fizički oblik, i kada se pokazuje kako u životu nema ničega duboko tajanstvenog, nema mistike jer sve je jednostavno takvo kakvo jest, vidljivo i čujno, a stvar je samo u tome postoji li volja za prihvaćanjem istine ili je laž privlačnija opcija, u nizu strahotnih gubitka svakog ufanja, ah, nisam vjerovao da je sve gotovo, nisam vjerovao u pobjedu ništavila. Mislio sam kako postoji negdje nešto što nije od ljudi nego od čovjeka. Nije sve u zlu! I nije bilo, tek je počinjalo.

„Nije gotovo, tek počinje!" Neuništiva poruka s nebesa. Preživio sam i proživio svašta prije no što sam naučio čitati poruku, trebalo mi je više od godina, više od vremena, trebalo mi je ono iznad zemaljskog, iznad prolaznog. Predati se Kristu kako bih shvatio vječnu istinu i prepoznao jal ljudski i zlo ljudsko: bez mržnje i želje za osvetom. Pomoć nebeska je neprolazna, najveća, plaćena je krvlju Sina Božjeg, iz ljubavi i za ljubav. Za sve, ne samo za mene, čak i one koji su na krivoj strani.

Drugačije se vidi ako stojim na stubi dvije tisućite godine ili danas: ista priča, iste scene, no vjera u Boga omogućuje prodor osjećaja i na prije skrivenu stranu istine, u područje laži, obmana i iluzije, što nije bezopasno ni besplatno. Prošlost je prošlost i predstava je tekla, scena za scenom, kazalištem je odzvanjao smijeh, plač i čulo se povraćanje, uriniranje i kašalj, osjećao se smrad, dim, svega je tu bilo, a ničega nije bilo jer tko sam ja...

U nebrojenim nebeskim uredima rade anđeli Božji i bilježe ljudske predstave, jednu za drugom, pa i moju. Jedan, možda su dva anđela zadužena za kontrolu moje priče i stoga ja ne mogu ništa preskočiti ni izbrisati: Knjiga života pomno se tiska, svaki dan, svaki sat, svaka minuta i sekunda nalaze se između njenih korica. Nebeski Otac u svome savršenstvu organizirao je rad nebeskih ureda tako da ni najmanja greška nije moguća. Mogu zamisliti kako je to bilo kad sam ja došao na red kad je stigao trenutak mog upoznavanja Krista...

„U specijalnom odjelu za najteže slučajeve, negdje na sto devet tisuća tri stotine i sedmom katu, skroz u uglu, nekoliko je ureda na čijim vratima piše „Specijalni slučajevi, odjel za nerješive”. Peta vrata lijevo je okrugla soba, svjetla, minimalno namještena s nebeski bijelim namještajem, dva velika ormara za spise, veliki pisaći stol, a tu su i dvije udobne stolice posebno dizajnirane za anđele i ogroman prozor kroz koji se vidi dolje, na zemlju, kao i jedan nebeski teleskop, nekakva vrsta kamere, što li, pomoću koje anđeli promatraju svoje „štićenike”, kako se već zovu duhovna djeca Nebeskog Oca kad su u smrtnome tijelu. Za stolom radi prekrasan anđeo sjajnog lica koga svi zovu Srećko jer je i za anđela uvijek neobično sretan. Pjevuši neku nebesku odu radosti i marljivo radi pregledavajući spis koji je pred njim. Zadovoljno se nasmiješi kad je završio i udario pečat „spreman za evanđelje” na dnu bijelog lista ispisanog krasopisom u božanski zlatnoj boji. I baš kad je htio izaći malo van, a imao je dogovoreno vježbanje zbora anđela povodom velikog događaja na zemlji, posvećenja još jednog hrama Božjeg, hrama Sapporo, Japan, a koje će biti dana Gospodnjeg 21. kolovoza 2016., otvoriše se vrata ureda i sav zajapuren uđe anđeo odjeven u bijelu, pomalo čudno starinsku odjeću kakvu anđeli ne nose već deset tisuća godina, mjereno zemaljskim vremenom. To je bio anđeo Radiša, koji se ne sjeća koliko dugo je anđeo, ali je voljen od svih jer malo je tako vrijednih anđela kao što je Radiša. Srećko ga veselo pozdravi i kaže mu: „Hej, haj, lijepo te je vidjeti, dragi Radiša. Ideš sa mnom na vježbu zbora? Uvježbavamo pjesme za hram Božji Sapporo u Japanu. Hoćeš li? Biti će zabavno.!” Međutim, Radiša, onako sav zapuhan, odmahne rukom, i gurne u ruke Srećku veliku bijelu omotnicu i reče: „Oprosti, mili moj Srećko, nema pjevanja ni za tebe, evo, ovo je žurno, odmah se mora riješiti, zapovijed od Njega samoga! Poručuje da te voli i zna da će to biti obavljeno upravo savršeno.” Anđeo Srećko zastane, ali onda se nasmiješi svojim anđeoskim osmijehom i veselo cmokne usnama: „O, dobro! Ionako dobro pjevamo, naš zbor anđela. Svakako, odmah ću to riješiti. Znaš koliko volim raditi za Njega, jako ga volim.” Radiša mu namigne i kaže: „Odlično, hvala ti. Ja moram dalje, imam još dosta posla prije današnjeg sastanka vijeća anđela. Radiša zatvori vrata, a Srećko onako sretan sjedne za stol, otvori omotnicu i izvadi fasciklu omotanu debelom zlatnom trakom na kojoj je pisalo: „Najžurnije, specijalna misija!” Pročitavši to, Srećko se anđeoski uzbudio, primao je mnoge komplicirane slučajeve, ali ovaj spada u one najteže, koje ni iskusniji anđeli često ne mogu sami riješiti. Srećko otvori fasciklu sa strahopoštovanjem i već za (zemaljskih) deset sekundi znao je što mora učiniti. Slučaj je zanimljiv, zapetljan kako samo zemaljske stvari jesu zapetljane, iz Hrvatske, a dijete Božje u tijelu je u gradu Varaždinu. Ima četrdeset i osam godina (zemaljskih, nasmiješi se Srećko, još je beba naspram njegovih, zemaljski gledano, dvije tisuće i dvjesta godina), ne vjeruje u Gospoda, bio je u ratu, alkohol i poroci, grijesi, jao, Srećko suosjećajno uzdahne. Odmah je zavolio slučaj, odnosno čovjeka na zemlji, duhovno dijete Božje rođeno u tijelu godine 1968. i istog trena iz ladice stola izvadi bijeli telefon i pritisne zlatni gumb s oznakom „VK” (vojnici Krista). „Halo, ovdje Srećko, mili brate, kako si? S druge strane netko mu odgovori jako glasno, a zatim Srećko kaže anđeoski ozbiljno, no toplo: „Molim te, ljubljeni moj brate, imam specijalni slučaj, oznaka „odmah pronaći i dovesti, spreman je”. Trebamo nekoga tko je drugačiji, najbolji.” Glas s druge strane odgovori: „Srećko, znam sve, javljeno mi je od Gospodina, odredio je koga ću ti poslati. Najbolji je, nema boljeg.” Srećko se nasmije: „Oh, hvala Gospodu i hvala tebi, brate. Vidimo se na zboru? Kasnije? Dobro, volim te." Srećko vrati telefon u ladicu. Tada netko pokuca na vrata. U ured uđe časnik anđeoske nebeske vojske u činu generala. Srećko se zgrcnu, nikad prije general nije posjetio njegov mali ured. General rukom pokaže Srećku da ne mora ustati i kratko kaže: „Vidim da si dobro, Srećko. Došao sam ti samo reći: poslao sam najboljeg u Varaždin. Biti će riješeno, a ti znaš što dalje moraš. Idem kod Gospoda, sretno, volim te, Srećko." Ovaj se nasmije: „I ja tebe volim, generale Moroni." Srećko se zadovoljno zavali u udobnu anđeosku stolicu (kreiranu tako da ne oštete nebeski bijela nježna krila) i pomisli: „Divno! Još jedno dijete našeg ljubljenog Nebeskog Oca biti će spašeno, hvala Gospodu" A dolje, na zemlji, u zemlji zvanoj Srbija, u dijelu Jadranske Misije Sjever, u gradu Novom Sadu jedan je misionar, rodom iz gradića Sycamore, Illinois, USA, dobio poruku od predsjednika Misije. Ide na transfer, voljom Njegovom. U Varaždin, Hrvatska. Ono što ni predsjednik Misije ni mladi elder ne znaju jest da je to specijalan zadatak, s najvećim stupnjem prioriteta. Radi se o doslovnom spašavanju djeteta Božjeg. Odmah. Hvala Gospodu, biti će tako kako je rečeno, Amen."

Ni najsnažniji ni najumniji ne koračaju sami uskim putem evanđelja, a kamoli bih to ja mogao. Izazovi koje se na tom putu moraju svladati nadilaze smrtno, nadilaze obično i jedina snaga koja pobjeđuje u tim borbama za dostojnost pred Gospodom je čista Kristova ljubav u srcima ljudskim. Zajedništvo, biti jedan jer smo od Njega. Za onu jednu izgubljenu ovcu, za onog jednog izgubljenog grešnika. Nema drugog načina, nema drugačijeg rješenja. To je bio razlog što je sam Gospod poslao pomoć. Biti ruka Njegova, biti ljubav s Njim i u Njemu, biti kao braća i sestre sjedinjeni s Njim u vječnosti, kao On sam...

A opet, ah, sve je to mučno, sve je nejasno i teško. Vjerovati u Boga i ljubav dok se suočavam sa zemaljskim zlom nije dječja igra, to je rat, ne oružjem, ali je rat! Anđelima je lakše biti anđeli nego nama biti to što jesmo, smrtnici u tijelu. Anđeli žive u miru i vječnoj ljubavi, nemaju neprijatelje na nebu i nisu omeđeni vremenskim okvirima kao ljudi na zemlji. Anđeli ne poznaju mržnju, strah, očaj, prezir ni laž, a ljudi s tim žive, nerijetko to žive. Nakon skoro pet desetljeća puzanja blatom zemaljskim, kako vjerovati ikome? To me mučilo prije Crkve, a i nakon krštenja. Netko pametniji od mene jednom je rekao: „Svakome kome si poklonio povjerenje, poklonio si i mač s kojim će te ili braniti ili ubiti." Doista? Nisam znao što misliti, kako sve skupa posložiti da ostane normalno, drago i ljudima i Gospodu. Ne sjedim na sedesu, ne pripadam pomazanicima oslobođenim od odgovornosti zemaljskim zakonima (a Božje ne poštuju) pak mi je jedino preostalo sjesti na raspadnuto sjedište vlastite životne zbilje: siguran sam, ako i kad objavim ovaj uradak, napasti će me sa svih strana kao nepismenog, neobrazovanog i ružnog lajavca, kao odvratnog aboyera i neinteligentno čudovište, umobolnu nakazu i stvorenje kome je mjesto u ludnici! Znam to i ne bojim se, nemam zašto drhtati pred masom zlobnika, ako nekome nešto nije jasno, neka postane posjetitelj ovog kazališta istina i laži, barem dok još predstava traje jer kad se spusti zastor, više ga nitko neće podići...

Scena: Hrvatska i rat, Hrvatska i poneke stvari onako usput

„Ak bi se povedalo po pravici i kak Bog zapoveda kaj je to i kak bilo s našim Domovinskim ratom, perve bi vu povijest moralo otiti, ali kak sem vu cajtnotu i to debelom (zdravle mi neje kak se spada, pak si mislim, neje ve vraga za rep vleči i ne napraviti kaj sem zgruntal s ovom, bi rekli, knjigom), bum probal povedati kaj mislim, onak na kratke, ak ja to opće morem. Zakaj rivlem povest, je ga treba tu? Je, bog i bogme, jer mi Horvati, največ horvatski kmeti, potepuhi bez gač i bez rubača kak Bog zapoveda, lačni, kaj se vlečemo trinajst vek vre poprek horvatske zemle i cele Evrope, gde su stari naši krepavali i crkavali v ratima za care i krale ovakšne i onakšne, nigdar naše, pa sme i denes jenake i dale blatnjavi i zamusikani i bedasti kak sme bili i negdar. Denes, dve i dvajst i perve s nami se iste dogaja kaj se dogajalo Gupcu i jengovima predi bune petsto sedamdeset i tretje! Se je iste osim kaj sad ni grofa Tahija i prokletega bana i biskupa Draškovića, ni izdajnika vražjega Thurna ni prokletega Gašpara Alapića, ni gospode i milostivih, nema ni oklopnikov ni mačov, ni helebardi ni prangera vre ni, ali kaj to znači, se je iste, same su obleku i titule promenili, se ne veli preuzvišeni neg same gospon, ne veli se milostiva neg same gospođa, a se je isti drek, iste smrdi i iste se mi plačame. Ne klanjame se caru i kralu nek predsedniku i premijeru, a jedine kaj je iste su prebendari, biškupi i plebanuši, tih se hudičev nigdar horvatski kmet rešil ne bu! Povest sem spomenul jer naša je horvatska povest celo vreme ista, oni gore su debeli kak gujde, špekasti i siti, a mi dole suhi kak vrbova šiba i navek želni sega.

Domovinski rat, z kojega smi zišli kakti pobedniki promenil stvari? Je vražju mater promenil, kaj bi, pokle leta devedeset i petog trebale je poteči mled i mleko našom Lepom, a potekla je ista gnojšnica kak i predi, još i gore od tega! Jesme, vu kervi, bi rekli pesniki, dobili državu, ali kakšnu državu, se pitame saki den sto put, kakšnu sme državu v ratu stvorili i četnike pobedili i svoje pod svoje deli? (Tak su nam povedali oni gore i mi sme poveruvali da tak je.) Je, kaj se pripetile da nemamo Horvatsku, a imamo Rvacku? Ni vre Habsburga ni Karađorđevića, nema ni Pavelića ni Tita, nikoga od tih tatov nema, a horvatskom je kmetu gore da gorše nemre biti, pa pitam zakaj i kak, kad sme ratni pobedniki?! Mi se čini da sme se zajebali i to poštene i poprek skroz gda sme vu rat išli i mislili kak bu ve Horvatska naša od stoletja sedmog! Je malo morgen naša, je njihova, ta Rvacka! Bi starši naši rekli da je bile iste i za onoga cara i krala v Beču (gdo ne zna da sme vu demokraciji, bi mislil da pred ovim našim gore na Pantovčaku, Markovom trgu i drugdi glave morame sagnijati jer si je anemični vladar zel skoro pa pozablenu „Ihre kaiserliche Hoheit denkt nacht" kak modernu 'rvatsku vladarsku reč, evropsku i kak je kak takšni kaj misli i za nas, i za mene, isti kak je car i kral bil, same male manje gospodski), da ni štibre, a pedevea i poreza i prireza ima, da ni žandarof, ali policijacov na sakemu vuglu, da ni tlake, a za badaf se dela, ak posla opće nešće najti more. V Horvatskoj povest živi stalne i vu dvajstpervom stoletju je šesnajsto i vu trideset i petom bu dvanajsto i devetnajstvo, velim, take je navek bilo i bu.

Na početku rata, gda su trofazni četniki bunu zdigli protu Horvatske i ga se jenea pretvorila v srpsku vojsku i gda su srbočetniki počeli klati i plačkati narod horvatski, gdo je pervi skočil? Mulci s patikami na nogami, v jeftinim trapericami i s dugim lasima, ti su zeli pušku v ruke i pervi stali pred eseembe tenke! S puškama su na oklop išli, bili su se kak ponoreli, sve sam da troprste zveri ne zemeju našu domaju, našu Horvatsku! Znam šteri su meli sreče pak su preživeli, kaj su takšni borci bili da im nijeden vitez ni bil raven! To je istina i to se povedati mora jer mej bojovnikima, pravim ratnikima ni bilo anemičnih i sličnih gospodskih fačukof! Makar, kaj je je, si sme se zalepili kak muha na drek na one bedasoće „horvatska puška na horvatskom ramenu" i „horvatski geldtašlin v horvatskom žepu", je, i na „slavu horvatsku od stoletja sedmog", pa na mertvega bana kaj je trebal stati z groba i na se takšne bedarije sme opali i poveruvali da nam Horvatska bu Švajcerland, haha. Je, kak ne, vre sutra vjutro, mam pokle pervih izbora nam je čokoldano mleko potekle z kravskega vimena! Dukati so padali z neba, a mesto tuduma v lagvima smo rajskega rizlinga meli, haha! Bile sme tak bedasti! V rat sme otišli za našu Horvatsku, a dobili su je na koncu oni i to Rvacku! Priznam, s početka, tam devedesete nis mislil da bu zišle kak je zišle, a zapraf sem mislil da do rata došlo ne bu. Ampak, denes vidim malo bolše neg kaj sem onda videl se to skup: s jene strane su trofazne zveri, četniki i sav taj gnoj, a s naše strane dečeci kaj su puške zeli v ruke mesto da ceceke i riti ženske mesiju. Pripetile se sega vraga i kak je rat trajal mesto Horvatske rodila se Rvacka i zate imame kaj imame. Oni šteri rata vidli nisu delaju se junaki, a gda su se v podrumima skrivali i v Minhen bežali, onda su čkomeli i scali v gače od straha, gadi jeni! Gda je mladost horvatska ginula, oni su žderali v briselskim, pariškim i londonskim birtijama i 'rvatuvali su, a po pobedi našoj, gda sme četnikima po pizdi dali kaj jezero let neju došli k sebi, ovi su se vrnuli i mam zeli fotelje i postali velki domoljubi, 'rvatine, bogatuni i gospoda same takšna. Se kaj ve povedam, se se to zna, nikaj novega. Hočem reči ovo: bil sem zagorski tutlek, bedak, norec kaj je v rat otišel i v ratu sakega zla videl, ali si tega rata nis na-platil niti bum. Puno moji suborcov poznam kaj su takaj, a bili su kudikam bol kuražni i bolši borci nek sam ja bil, denes bokčija bogečka, nikud nikam, morti imaju kakšnu penziju, a to je za ništ, puno njih još delaju kak črvi i kaj da velim osim, rat je bil za nikaj, se mi denes vidi. Kulike je grobov napunjeno z mladim horvatskim junakima, kuliko je kervi horavtske zemlica popila, a kaj je ve, nikaj, i manjše od tega nikaj!

Je, samo kaj vojak vu šicngrabi ni videl kak se tajkuni stvaraju, kak se hadezejci i sa ostala bratija vražja bogati i na vojaškoj muki živiju kak biki na gmajni, gardist horvatski ni čul dogovore bankarof, političarof, ratnih štakorof, je ni v borbi mogel misliti kaj bu pokle rata. Vu Agramu se povest pisala, novinarji su pamflete škrabali, se predsednik kak car oblačil i svoju pretorijansku gardu si je napravil, smešne obleke im dal i šepuril se kak Napoleon. A gardisti su hmirali, četnike nateravali, zemlicu našu jedinu oslobađali. Zmazani, nigdar dosti siti bakezer horvatski nigdar ni bil pri gospodskemu stolu, ni se nažrl pečenoga odojka ni skupega vina napil: jeno kaj je žvakal horvatski bojovnik v toj prokletoj šicngrabi je kak kamen trdi komis i stara feldkonzerva, a morti gdagda je bile nekaj malo bolšega, a nigdar poštenega i nikak kak ono kaj su ždrla s zlatni zubimi agramerska hadezejska i kaptolska gospoda, ti moderni 'rvatski grofi i biškupi. Denes si hodiju vu Vukovar i tam se delaju domoljubi, glumiju nekaj, a kulike ih je zapraf bilo v našem Vukovaru gda su trofazni besni cucki klali? Je, navek je tak bilo, pa i v Domovineskemu ratu, da sirotinja hmira, a gospoda držiju svoje babe za pizde i v pelnici, na sigurnome spiju! Ovo je kaj ja mislim: moderna Horvatska, kakti republika je rojena v Domovinskemu ratu i kak takva nema nikaj ni s banovinom ni s bilo čim kaj je bilo predi. Ono s čim ima Horvatska kakšna je denes je povest jada horvatskoga kmeta, povest gladi, hmiranja, povest muke Kristušove šteru Horvat trpi već tuliko dugo, od stoletja sedmog, na šterc se si lepiju kak muhe na drek. Vojak, horvatski policajec, gardist, šteri je z doma kak balavec otišel boriti se protiv srpskih gadi ni mel nikaj na pameti neg ono kaj su imeli si naši stari: život kak Bog zapoveda! Oni i ja s njimi, nisme oblekli maskirne hlače i rubaču, nisme na noge navlekli vojničke škornje zbog bana Jelačića ni Zrinskoga grofa, a ni krala Tomislava, ne, otišli sme v rat da bi živeli kak ljudi, da ne bumo lačni, da nas nišče ne tera na nikaj kaj mi sami nečemo. Za decu, za žene, za mame i tate, starše naše sme išli, ne za biškupa i kardinala, baruna i predsednika, premijera i ministra, vrag im mater! Išli sme v u rat po svojoj voli, ni nas trebale mobilizerjati ni s pendrekom na front tirati: o tome se denes čkomi, si su hičeni v istu košaru, a kak se moreju na isti kup deti dragovolci, dečec od sedamnaest let ili morti ozbilni čovek trideset i štitir lete, šteri su pobegli od hiže i priklučili se herojima Vukovara, Šibenika, Zadra, Škabrnje, Dubrovnika, Nuštra... i onda su ranjeni, zarobleni, prošli su pekel srpskih logora na jenoj strani i dezerteri, kukavice, mamini i tatini sineki na drugoj su strani te vage povesti? Gda su ranjenog horvatskog ratnika dopelali v feldšpital, gda je urlal sav kervavi, gda ni znal za sebe jer je v komu opal, onak zrešetani, zmrcvareni, je same Boga dragoga i Kristuša prosil da mu mamu i japu sačuvleju, ženu i decu, brata i sestru, ni na sebe mislil taj naš vojak i borec, horvatski gardist. A gda je prizdravil, mam se na front štel vrnuti, k svojim prijateljima, suborcima, kak se veli, i dale je htel četnike v pekel slati, gdi im je i mesto, tim zverima trofaznima. Dosti tih ranjenikov se vre ni mogle vrnuti v rat jer su ostali bez noge, bez ruke, v kolicima su bili... A ve im mamin sinek, koji nikakšne vojske videl neje, a do premijerske je fotele dogural, taj napudrani debeli tat ide pripovedati o „borbi za slobodu"! Stvarne da se človek spovrača, v pizdu materinu! Velim vam, ljudi dragi, bolše mi bi bile da sem ja, i si naši dečki z garde, lepe otišli v Minhen jer ova 'rvatska ni ona za šteru se ratuvalo!"

Ubogi hrvatski vojnik, tisuću i tri stotine godina naš hrvatski kmet krvari i umire a da ne zna za što ostavlja kosti po svim bojišnicama Europe. Velike, strahotno impozantne riječi „demokracija", „sloboda", neovisnost", riječi koje smo slušali u olovnim devedesetim jednako su šuplje i danas, dvadeset i šest godina po svršetku rata. Pokazalo se ponovno da je hrvatsko kmetsko topovsko meso opet poslano na bojište kako bi masne gospodske guzice mogle u miru sjediti na skupim toaletnim školjkama i prazniti crijeva koja su prethodno napunili delicijama o kojima naš hrvatski bojovnik nije ni sanjao. Uistinu, što sam znao devedeset i prve, što smo znali mi i što sam znao ja o tome u što će se pretvoriti Hrvatska?

Odgovor: nisam znao ništa, nismo znali ništa! Ni devedesetih ni danas, sve isto neznanje, nismo znali i ne znamo ništa jer ono što znamo nije ono što trebamo znati, a to što trebamo znati znaju samo Hrvati-mrtvaci. U svijetu brutalnog biznisa, ulaza i izlaza, tabele aktive i pasive, u svijetu s dvije kolone, income i expense, u svijetu gdje je bilanca sveto pismo, a profit bog, u tom svijetu trećeg milenija poslije Krista pojam hrvatske slobode, mirnog obiteljskog života hrvatskog kmeta i pravno i socijalno uređene države s jednakim pravima i obavezama za sve zvuči ipak preglupo i previše naivno. Ponavljam, ispali smo tutleki, telci, bedačeki kad smo uzeli oružje u ruke. Drogirani idiotskim devetnaestostoljetnim falsifikatima hrvatske povijesti, napunjenih glava idiotarijama o kraljevima i grofovima, opijeni mogućim (nerealnim) blagostanjem koje samo što nije stiglo u Hrvatsku devedeset i prve, ratovali smo ne osvrćući se na sranja koja su se odigravala iza leđa rata. Doduše, za njih nismo ni znali, osim ono nešto malo informacija koje smo čuli iz medija, kad bi imali vremena i prilike za novine i televiziju. Nacionalni ponos, domoljublje i rodoljublje? Haha, trule jabuke, gnjila salata, šalprtki, eto što je nacionalani ponos i što je domoljublje. Imala je Hrvatska sjajnih umova, ljudi koji su već devedeset i prve uvidjeli da će se na krvi i leševima izgraditi lopovska država korupcije i nepotizma, laži i terora vlasti nad sirotinjom. Nije ih bilo mnogo i vrlo brzo su ušutkani, a etikete poput „udbaši”, „komunjare” i „jugoslavenčine” javno su lijepljene na njih kao mete: ludilo imbecilnog nacionalizma, za čijeg je trajanja političkom estradom 'rvatske promarširala cijela divizija opskurnih umobolnih likova koji kao da su ispali iz horor filma o vampirima iz naše povijesti (onaj, danas pokojni, RIP, glumac, pijanica i ništkoristi lik, na primjer, veličao je endehaziju, brojio krvna zrnca, prijetio svevišnjom osvetom i uopće trkeljao ordinarne pizdarije i kao takav osobito se proslavio amaterskim video uratkom u kome njegov maloljetni sin pozdravlja ustaškim ZDS, a on dopunjuje s „hvaljen Isus i Marija”) eo ipso nije bilo opasno jer lajanje ne znači ništa, dok pas ne počne gristi, služilo je kao paravan, maska, kao kamuflaža za sustavno pljačkanje Hrvatske i njeno uništenje u ekonomskom, moralnom, duhovnom, političkom i svakom drugom smislu. Fraza, ali i istina. U tome je problem, kako sam mogao biti tako sebičan, kako smo mogli biti sebični i vlastita zadovoljstva, osobna pitanja staviti ispred Hrvatske, koju, ah, navodno, toliko ljubimo? Jer, današnja Hrvatska nastala je u kaosu devedesetih i na temeljima svega što se zbivalo još od 1941. do 1990.: ovce su prema nama, ratnim veteranima, i masom hrvatskih mrtvaca super inteligentna bića, a mi smo negdje na razini amebe, ako i to. Molim, bez zamjere, ali ako je sloboda to da možemo govoriti „mi smo Hrvati” i pjevati „Vilu Velebita”, a u isto vrijeme imamo ekonomski i na svaki način uništenu zemlju, onda je ta „sloboda” jedno veliko ništa, a država je, kako je ono rekao jedan 'rvatski predsjednik, „slučajna država”: ne vidim ništa pozitivno u hrvatskoj sadašnjosti jer nisu vojnici ginuli da bi dobro išlo samo nekima, hrvatski su vojnici donijeli pobjedu za sve, kako za tajkuna, tako i za gladnog umirovljenika iz nekog napuštenog ličkog sela, gdje nema ni struje ni vodovoda, pa ni asfaltirane ceste. Međutim, filozofija nove 'rvatske kao da je preslikana iz „Na rubu pameti” Miroslava Krleže: nije važno što narod hrvatski životari, važno je da 'rvacku imaju oni kojima je dobro jer nekome, napokon, mora ići dobro od svega ovoga oko 'rvatske i 'rvacke. Hrvatski kmetovi, Hrvati-mrtvaci životinjare, a Hrvati-grobari, armija Domaćinskih uživa sita i debela u privilegijama, novcu, vilama i automobilima, sinekurama i benefitima, a što je sve plaćeno grobovima hrvatskih vojnika, naše hrvatske sirotinje. Zato nema smisla odgovoriti o slobodi hrvatskoga naroda i slobodnoj Hrvatskoj. Sloboda je iluzija, fatamorgana, privid, laž.

Demokracija je izgubila smisao, životu sadašnjosti za stotine tisuća je život u paklu besperspektivnosti i straha. Tri grupe Hrvata, grobari i njihovi pripuzi, mrtvaci, koji su zapravo narod, i treći, koji su „ni-vritni-mimo”, „suzdržani”, koji glasaju za najjače i nemaju mišljenje ni o čemu, koji služe novac, plaćaju poreze jednako u svim sustavima i svim državama i kojima je „ne bi se štel mešati” životni kredo, tri grupe od kojih samo jedna, kmetska, ne prima ni od koga ništa, a uzdržava prve dvije. Oni uz vlast su kao bubrezi u loju, glasni su zagovornici stoljeća sedmog, fanatični ljubitelji stare slave i časti hrvatskoga oružja, obožavaju povijest, naročito tzv. NDH i na svaki su način involvirani u vladajuće strukture, bilo kao aktivni dionici, bilo kao pasivni podržavatelji i odana glasačka mašinerija. Metode dokazivanja odanosti ekipi na Markovom trgu i drugim „brdima” već su rutinske. Klimoglavci su rašireni i vrlo opasni: izravno ne napadaju, ali žive na kmetovoj grbači. Pravilo „tak je, kak je, tak mora biti kad drugačije neje” uzrok je većine nevolja i jada hrvatskoga naroda. „Ne bi se mešali i tak mora biti kak je” jalova su opravdanja za one koji gladuju, nemaju nade, koji su otišli u Irsku, Njemačku, u Ameriku ili na Novi Zeland.

Sloboda ne postoji jer nije slobodan tko ne može slobodno odlučivati o sebi i životu svoje obitelji, nije slobodan onaj kome država, banke, sve moguće i nemoguće institucije kroje mjeru za sve, uzimaju osobne podatke do otiska prstiju, skeniranja oka, do daha (još malo pa će nam ugrađivati čipove i pratiti nas poput pasa). „Reda mora biti” je jalovo objašnjenje za srozavanje čovjeka na broj, statistički podatak, na nulu. Demokracija u 'rvatskoj? Istina je, ne mogu negirati, postoji sloboda izražavanja, postoji višestranačje i sve to, ali kad se malo bolje pogleda što stvarno imamo, stanje je da se čovjek ubije. Višestranačje je kad su članovi jedne obitelji u članstvu dvije ili tri stranke, pa kad jedna od tih stranaka izgubi izbore, obitelj ne gubi benefite jer su opet u vladajućim redovima, samo sad druge boje. Višestranačje je kad se bivši SK pretvori u HDZ, SDP i ostale mini vazalske partije i kad Srbi, bivši članovi SK stvore SDSS, kao priljepak hadezeu. Demokracija je kad svi mogu reći što misle, ako to mišljenje nije protivno anemičnom maminom sineku i nekome od njegovih poltrona. Sloboda je kad svaki umirovljenik koji nakon četrdeset godina rada prima crkavicu od mirovine može sasvim slobodno odlučiti u kojim će kontejnerima tražiti plastične boce, kao i to da slobodno može odlučiti hoće li se hraniti u pučkoj kuhinji ili neće. Hrvatska je 'rvatska kad vlasti nije stalo ni za koga osim do sebe i kad je opljačkana Hrvatska zasjala u punom sjaju kaosa kao njihova 'rvacka!

U kontekstu Hrvatske s pozicije sasvim nevažnog građanina, priča o Domovinskom ratu možda je najzornija ilustracija ovoga što govorim. Rat za grobare i sve inačice njihovih parazita je romantično vrijeme vitezova, krasnih junaka oka sokolova, za njih rat su budnice i koračnice pjevane uz pleh-glazbu i polaganje vijenaca, držanje krajnje mučnih govora i podjele odličja vojnicima bez ruku i nogu (nakon čega slijedi prežderavanje janjetinom, odojkom, pršutom, sirom i fritulama s rakijom). Za crve koji rata nisu vidjeli, eksplozije minobacačkih mina i topovskih granata, fijuci metaka, mrtva tijela vojnika i gnojne krvave rane nisu nego scenografija, kostimografija, upravo scenario, slike njihovih nakaradnih, krajnje neukusnih predstava teatralnog domoljublja odigranih za tv-izvjestitelje i glasačku bagru koja im daje vlast na izborima. Za nas (mene) rat je pakao, a za njih samo show iz kojeg vuku novac i privilegije, oni besramno otimaju ratne zasluge koje im ratni veterani serviraju na tanjuru kao njihovi lakaji. Ne čudim se grobarima, spomenutim iz treće vrste, konformistima i svim im pridruženim parazitima jer njihova je računica jasna: osigurati kontinuitet života na erarskim jaslama, baš kao što su to činili njihovi preci trinaest stoljeća. Zato je 'rvatska grobara 'rvatska zla, licemjerja i izdaje i u takvoj 'rvatskoj Hrvat-mrtvac je rob, sluga pognute glave, nitko i ništa.

Gledao sam dotične persone cijelog svog života, koliko puta moram to ponoviti? Na stranu ono što je bilo nekada, snalazili su se ljudi, lizali guzice komunistima kao i ustašama i nacistima, a prije njih srbendama iz beogradskog pašaluka i k.u.k. bečkim i peštanskim krvopijama, no gledao sam ih u ratu, u godinama kad je Hrvatska krvarila da bi oni imali 'rvacku: svaki put kad bih nakratko bio u Varaždinu, onako s ratišta, na kraćem odmoru, a kojih nije u svemu bilo puno, promatrao bih te odvratne larfe i svaki put bih se napio od jada. Točno, tu sam misao odbacio već nakon nekoliko ispijenih čaša „stocka", ali tragovi su ostali do danas, prepoznajem ih i sad, kad ih vadim iz sjećanja i ubacujem kao rečenice u ovu predstavu.

Nisam jedini, mnogi moji suborci shvatili su još u ratu kako smo ispali glupi kad smo se kao dragovoljci javili u gardu, u Hrvatsku vojsku (a najbolji od nas, što ja nisam, javiše se puno prije u policiju, u redarstvene snage i to u danima kad je trebalo imati velika muda odjenuti hrvatsku odoru). Hm, kad smo ušli u neki varaždinski bircuz, izravno s autobusne postaje (ili trčeći iz vojarne), neoprani, u prljavim odorama i u razgaženim vojničkim čizmama, s vonjem duhanskog dima i znoja, neobrijani, izrešetali bi nas pogledi civila puni prezira s izrazom dosade tipa „opet ova garda, kaj ne skineju uniformu i dojdeju spiti kak normalni ljudi, kaj se kurče". Da, dame i gospodo, moji sugrađani i sunarodnjaci, cijenjeni varoščani kraljevske i slobodne varoši Varaždin, vi, koji se dičite palačama i dvorcem, gospodstvom i plemstvom (iako vam u venama ne teče plava nobl, cilindraška ili parvenska krv i premda najveći dio vas potječe od kamerdinerskih, kočijaških i rebelskih, oficirskih, žandarskih itd. međunožja, od „dotepencov šteri s starim Varaždinom nemaju baš nikaj"), vi, cijenjena maso učenih i manje učenih glava, s predikatima i bez, svi vi koji se držite otmjeno kao da vas je pomazala previšnja napudrana ruka samog Nj.C.I.V. Franje II, koji je davne 1810. posjetio blatnjavi Varaždin u pratnji svoje žene Marije Lujze, hrvatskoga bana i austrijskog generala Ignjata grofa Gyulaya, dvojice biskupa, Vrhovca i Mandića i cijele svite baruna, grofova, oficira i prelata (pak su se varaždinski građani potrudili malo očistiti grad i zatrpati kanale s gnojšnicom i fekalijama, a sluge su pokupile konjski izmet, kuće i palače su ukrašene cvijećem i austrijskim i carskim zastavama, a i „fina papica se pripremila, bormeš i obloki su se navečer rasvetlili i podoknica je pripravlena takaj za lublenega cara, da se zna kak sme odani hiži Habsburg" - usput, nisu li varaždinski građani i građanke priredili sjajan doček generalu Wehrmachta Kurtu von Briesenu u travnju 1941. ili pak maršalu Josipu Brozu Titu u svibnju 1945., a jesu, samo kažem), pa se, tako za vječnost pomazani cesarskom rukom, u punini posjednika prava na 'rvatstvo šepurite samozadovoljni u ispijanju svojih kapucina, svojih pelinkovca i vrućih čokolada i gustih sa šlagom, i kad u taj vaš provincijski krčmarski građanskoaristokratski gospodski svijet bane kakav umoran vojnik šireći oko sebe vonj cigareta, znojavog tijela i neoprane odore, vi samo što ne skočite na noge, vi ste uvrijeđeni, vaš mir je narušen, a vaša je čistoća uprljana jer kako se netko takav usudi ući gdje mu nikako nije mjesto? Neka vojnika, hvala i slava, amen i te stvari, ali podsjećati vas na rat u smrtonosnom obliku (realna slika rata vam smeta, sve što nisu trublje i sjajni oklopi, vijorenje trobojnice i zavijanje o djevi koja je 'rvatska kraljica ili ono budalasto oiperetno „u boj, u boj, mač iz toka braćo", sve što se ne uklapa u grobarsku tapiseriju 'rvatske povijesne zbilje vama se neizrecivo gadi) je blasfemija, nasrtaj na red stvari od stoljeća sedmog. Zato oni pogledi, značajno zakašljavanje i dizanje obrva, ali... Srećom po moje suborce i mene, dalje od toga se niste usudili ići. Garda je gdjegdje pokazala i vama i vama sličnim kako prolaze oni koji se izruguju hrvatskim bojovnicima ili ih smatraju nepoželjnim pojavama, haha. Ne, nikakvo nasilje nije u pitanju, bješe tek upozorba, trebalo se znati, kad Hrvatska krvari, oni koji doma griju guzice, u Minhen diviziji i na tako „opasnim" pozicijama, imaju biti kuš i šutjeti, pokriti se ušima i biti zahvalni što im se ne dogodi nešto puno ozbiljnije, haha. Nažalost, na tome je ostalo, a nakon rata vi ste preuzeli ulogu tumača Domovinskog rata i posjednika prava na njegov dignitet (što god to bilo), u čemu su vam nemalu pomoć pružili i ljigavci iz naših redova. Gradska elito, nemam poštovanja prema vama iz jednostavnog razloga: umjesto ponosa i odlučnosti u obrani samosvojnosti i hrvatskoga imena, vi ste (kao i svi od vaše vrste u cijeloj nam Hrvatskoj) kroz sva stoljeća služili svim gospodarima, prisezali ste svim krunama i svim moćnicima jednako podmuklo kao što ste to učinili 1990/95. u novoj demokratskoj Hrvatskoj! Navlas isto! Vaši predšasnici i vi danas, nema razlike! Filozofija „treba preživeti, a nek ratuju bedaki koji to baš moraju" nositelj je povijesne sramote nad našim predivnim gradom i prekrasnom domovinom (s malim „d"). Kad je jedanaestog travnja četrdeset i prve u Varaždin ušla 183. biciklistička divizija iz sastava 51. korpusa 2. oklopne armije Wehrmachta, znači, jedino o čemu su mislili vaši djedovi i bake jest hoće li biti kave i cukra i hoće li u subotu moći na vikend na Varaždin Breg, imali su, naime, dogovoreni roštilj i zabavu, strepili su o mogućem zatvaranju kazališta i racioniranoj opskrbi, o tome što će biti s njihovim bankovnim kontima i transakcijama, naročito prema Beogradu, a ništa manje nisu mislili o mogućnostima uspostave prijateljskih odnosa s gospodom njemačkim oficirima, ta to je stara pruska vojna škola, plemići su to, prava gospoda, ne kao oni opančari s kojima su, nota bene, kako do jučer divljački bančili. Nedugo prije jedanaestog travnja i ispijanja šampanjca s njemačkom otmjenom oficirskom gospodom, vaši su stari 31. ožujka, samo desetak dana ranije, jednako tako ispijali zdravicu, veselili se i proslavili proglašenje Petra II. Karađorđevića kraljem Jugoslavije, što nije potrebno dodatno komentirati, zar ne? To je vaš stil i pogled na rat, cijenjene dame i poštovana gospodo, krema kreme naše varoši! Sustav života, način prihvaćanja vlasti, sustava i vladara isti je stoljećima, a kad je devedesetih počeo rat, nema što, vi ste pomagali koliko ste mogli, jasno, prisustvovali ste svim domoljubnim događanjima, uplaćivali ste priloge za gardu i priloge za izbjeglice, pratili ste domoljubni tv pro-gram i učlanjivali se u hadeze, a poneki i u ultradesne stranke endehazijske orijentacije reda radi, nikad se ne zna što će biti, da, i pjevali ste i plakali uz domoljubne pjesmuljke, ali u odori vas nismo vidjeli. Vaše ste sineke slali preko granice, na fakultete ili ste im priskrbili potvrdu da su prijeko potrebni u civilnom sektoru, „dobili" ste „dokaz" da ste zdravstveno nesposobni za vojnu službu stoga što je vaš okot „budućnost Hrvatske"! Na primjer, evo još ilustracije potonjih riječi...

Bješe to godine devedeset i neke, rat, a grad je živio kao uvijek, pije se kava i kapučino se srče, sjedi na udobnim stolicama u lijepo uređenoj kavani u samom centru, na Korzu, kao da rata nema. Otvorili smo vrata i ušli, u odori nas trojica, došli smo na brzinu nešto popiti, s nogu, žurili smo, a nije nam se dalo tražiti neki drugi šank. Prolazeći kroz salu osjećali smo prijekorne poglede na sebi. Maskirne prljave odore: ma koliko se trudili na odmor otići čisti i mirišljavi, taj put nismo imali vremena. Vratismo se s terena u hotel „Miran" i iste večeri dobili smo dopusnicu za kraći odmor. Tko to ne bi iskoristio. Nismo imali kad oprati odore, navukli smo ono što je bilo najčistije od prljavoga i uskočili u autobus za Zagreb, a potom za Varaždin. U Zagrebu smo se nakratko pozdravili s dvojicom suboraca, oni su putovali za Bjelovar... Znali smo da u kavani nema posluživanja za šankom, ali nismo marili za to. Žeđ ne pita. Uštogljeni barmen diskretno se nakašljao negodujući kad smo se kaubojski naslonili na njegov blistavo sjajan šank. Skrenuo je pogled i pravio se zauzet nečime oko kase, a onda se iz sale, noseći poslužavnik pun prljavih šalica, čaša i pepeljara vratio drugi, mlađi konobar. Vrlo spretno je stavio šalice i čaše na pranje, ispraznio pepeljare i obrisao ih. Tiho je pripomenuo kolegi da trenutno nema novih narudžbi. Ovaj je kimnuo glavom i nastavio petljati po kasi. Mlađi konobar se okrenuo prema nama i upitao nas što ćemo popiti. (Kasnije smo saznali da je kao pričuvnik bio tri mjeseca u sto i četvrtoj, kao vozač. Nije pucao, ali je tih nekoliko mjeseci pošteno odslužio. Zapravo, u bivšoj JNA bio je kad i ja, skinuo se u ožujku devedesete. Kako smo bili gardisti, osjećao je povezanost s nama i htio nas je poslužiti unatoč pravilu da nema pijenja za šankom.) Međutim, stariji konobar, a bio je taj tip šef sale, pozvao ga je k sebi i šapnuo mu na uho da nas ne smije uslužiti, da nam mora reći kako moramo sjesti za stol i naručiti piće. Mladić se namrštio, nije mu se svidjelo što mu je šef rekao. Nas trojica izmijenili smo poglede, znali smo o čemu se radi. Garda nema pića za šankom, mi ne pripadamo u kavanu, to je za gospodu, ne za prljave vojnike. „I kaj sad, ne, kaj misle ti gardisti, za njih vredi zakon kak i za se druge, ne?!” Možda su to bile misli šefa sale, to ili nešto puno bezobraznije.

Dosadna scena, ali mi se nismo osjećali neugodno, zašto i bi? Vojnik na bojištu nauči što je prava otmjenost: spasiti bratu po oružju život, a nakon svega, kako netko reče, na bojnom polju, gdje se gine, ne borimo se ni za slavu, ni za domovinu, ni za odličja i vojne parade, borimo se jedan za drugoga, za brata po oružju kao za samoga sebe jer u borbi nemaš nikoga do njega, brata svoga koji ti je više od svega. Civili to nikad neće razumjeti, na frontu jedino pravo gospodstvo je prijateljstvo i bratstvo u krvi, to je ljubav i odanost bez obzira na smrt. To je normalno za vojnika, nema u tome patetike, to je naprosto tako. Pogledali smo jedan drugoga i nasmijali se i kao slučajno, bez dogovora, poravnali svoje opasače i zapalili cigarete. Jedan od nas trojice dobacio je konobarima: „Je, kaj se čeka, bumo dobili piti? Kaj smo nevidljivi?” Mladi konobar se meškoljio, nije znao što učiniti, vidjelo se na njemu kako se osjeća glupo. Šef sale, uvidjevši da nam se ipak mora obratiti, prišao nam je i onako s visine, kao kakav pe-el majmun, rekao hladnim glasom: „Ispričavam se, gospodo, ali pravilo kuće je takvo, ne poslužujemo za šankom. Molim vas, možete sjesti za neki od stolova. Biti ćete odmah usluženi.” Ti vraga, kakav fini govor! Moj suborac i prijatelj, s moje lijeve strane, jer sam stajao u sredini, imao je kratak fitilj i nije se dvoumio, odmah je eksplodirao: „ Kaj, ne daš nam piti? Zakaj? Kaj me briga za sedeti. Natoči nam tri dupla štoka i to mam, jesi me čul?” Haha, čula ga je cijela sala, svi gosti su okrenuli glave da vide što se zbiva: nisam primijetio odobravajući pogled, sve zgražanje i upitnici nad glavama. Uhvaćeni in fllagrante u narušavanju građanskog reda u kavani, mi odoraši, stigli s ratišta, poremetili smo ugodne trenutke gradske kreme, narušili im spokoj poslijepodnevnog ispijanja kapučina i duplog espressa. A što smo drugo mogli, to vojska radi, gluposti, haha...

(„Ha, kaj se tega dotikavle, od kak sem bil slinavec, moral sem slušati kak sem rojen i živim v „malome Bečú” i to sem kak dečec zel zdrave za gotove jer, ti bogca, sem Varaždinec, domovine sin! Zapraf, s letima, kak sem o povesti nekaj nafčil, vre nisem bil baš tak siguren kak je to bile i kak je s tim, bi rekli, ponosom kaj sem varošćanec, moji i ja skup ž njimi. Kak to more biti da je Varaždin kak Beč i mi sme isti kak oni kaj su cari i krali bili? Biti Varaždinec je bile kakti grof, pa onda poznati obrtnički cehi, cimeri cehovski, i kazalište, i velki ljudi kaj su rojeni ili su živeli v gradu, Jagić, Vežić, Padovec, i kaj ja znam šteri se umetniki, pisci, političari, doktori i generali, ne, ali sejeno nekaj me je kopkalo. Nemre biti, mislil sem si, da je se v toj povesti naše varoši tak lepe i dobre, bi rekli, morale je biti zla i nevole. I bile je, same kaj su me o temu vučili poprek, kak da je se kaj ni valjalo bile slučajne. Je, kad bi tak bile, dobro bi bile, a neje tak bile jer biti tak neje moglo biti, neg je bile kak je bile, a to kaj je bile, bile je drugače neg kaj su me vučili da je bile. Denes, gda škrabam ove norije na paper, si gruntam i nikaj spametnega z ove moje tikve nejde vun. Kakšni sem bedak bil v življenju, to reči nemrem. Haha, biti filistrozan, ne, ludo zalubleni v svoj rojeni grad i biti nori za starom ciglom, mortom starim i žbukom, a ne videti kuliko je kmetskega horvatskega mesa, kervi i kosti v tim zidima, kulama, v temu bedemu, v tim palačama i gospodskim hižama i v tom kamenju je puno preveč vre i za mene, šteri sem niko i ništ. Cifrati se, kak se veli, titulom „slobodne i kralevske varoši” morti je v redu za turiste, neg kaj, nemam nikaj protiv, nek se penezi mlatiju, dapače, nek dojdeju čim več Ameri i si kaj su nori za starim svetom i nek to dobre platiju, nek im se dobro ižmikaju geldtašlini, ali, ljudi dragi, kad se spominamo o nama Horvatima i Horvatskoj, o narodu našem, o kmetima našim, dajte, prosim vas, najte me za nos vleči, kak Bogeka vas prosim! Po pravici na-šega Kristuša, je uvreda za Varaždin reči da sme „mali Beč", i to kakšna hudičeva uvreda! Faliti se da sme isti kak i oni šteri su nas tlačili, kerv nam pili i za štere sme hmirali tristodevedeset i dve lete znači same jeno, da nisme ni zaslužili bolše nek da nam kerv pijeju i za tuđe krale da nas šaljeju krepati! To je, bog i bogme, sa istina! Ni mi treba simuljerati bedaka, znam da sem norc, znam kakšni sem bili kakšni bum i krepal, ali ovo ve sad znam: od jezero petsto dvadeset šeste na sedmu do AD jezero devetsto osamnajste liptala je horvatska kmetska kerv za Habsburge i nišče ne zna kuliko je bečkih palač i dvorcev izgrajeno na horvatskemu mesu i kervi! Da me se pita, kak me se ne pita, ovak bi naredil, ne bi srušil ni dvorce ni palače, ali bi napravil da oni kaj su turistički vodiči imeju turistima sve povedati po istini kak je bile z gro-fima i z kmetima, šteri je delal, a šteri je užival, šteri je gladuval, a šteri se kak gujda debljal, tak bi naredil da se ima govoriti. Zakaj? Iz zidova palača Drašković, Patačić i Patačić-Puttar, iz zidova palače Hercer, Tomassi, Oršić i Prassinsky-Sermage, iz zidova palače Keglević i palače Nitzky, iz zidova županijske palače i palače Zagrebačkog kaptola cedi se kerv horvatska kmetska i čuti se moreju jauki jezera hmorenih horvatskih bogeca bogečkih, lačnih Horvata-mertvaca koji su krepavali kak cucki na tlaki za se te pleme-nite i pomazane Kegleviće, Oršiće, Draškoviće i se barune, grofe, cilindraše, biškupe i kardinale, bankare, fiškale i varošku gospodu. Visoko sedeći i von oben gledeći mertvaca horvatskega, kajonirati svoj narod, svoje ljude za stransjkega cara i krala i još biti kak taj isti car i kral je vražja delava! Prosim lepe, po čemu su 'rvatski grofi gori od austrijskih i mađarskih grofov? Bolši, kajgod, si so bili jenaki, si od vraga se do-tepli! Si su gazili, na prangere i na galge vešali, na kolce nabijali i klali horvatske kmete bez pravde i bez suda, su bili i tužitelj i sudec i kervnik! Pravdu ni Božju ni ikakšnu nego gerba grofovskog, povelje i plave kervi! Ne vidim kaj je drugače med njimi: Bertold VII. Andechs-Meranski, Nikola I. Banfy, Stjepan Kaniški i Žigmund I. Erdödy isti su kak i Josip Esterhazy, Franjo Haller i Josip Jelačić Bužinski, a ovi kak Levin Rauch, Antun Vakanović i Slavko Cuvaj. Za horvatskoga kmeta jenaki grdi je bil saki ban kak i saki barun, grof i biškup, isti vragi navek lačni zlatnih dukatof. A moj dragi Varaždin, lubleni grad je, ne velim nikaj, da lepši nemre biti, ampak si mislim, varoš su ljudi, ne cement i črep, kaj neje tak?! Gospoda grad-ska, njima je bolše pokriti se z vuhima i čkometi jer v arhivu se je črne na belemu, se stoji kak jen kroz jen! Povest je povest kak god da se okrene, istina neje krajcerblat vu šteremu se štampaju sakojake beda-rije, je povest, bi rekli, znanost i te nišče nemre prefarbati i istina navek zijde vun, saka rit dode na šekret! Ni moguče da je se bile slatke kak med i lepe kak mlada puca kaj se vu svate, pred oltar iti ima, neje tak! Kaj je z gradski siromahi, ubogari, potepuhima i slugami, kaj oni kaj su manje vredni od gradskih fizika, članov gradskog zastupstva, stražmeštra, oficira, članov raznih cehov, fiškala i sucov, trgovcov, ne...")

Na kraju se vrlo napeta situacija nekako sredila u građanskome redu, nije izbio skandal i nismo osra-motili vojsku, barem ne koliko ja znam: kako u „Varaždinskim vijestima" ništa nije pisalo o izgredu u ka-vani, a mi nismo pozvani kod zapovjednika na ribanje, sva je prilika da se meni samo učinilo da je bio neki problem, haha. Profesionalno smo usluženi pićem, čak smo popili dvije runde: drugu je platio nama nepoznati gost kavane, neki otmjeno odjeveni gospodin. Sjedio je tri stola udaljen od šanka i mogao je vidjeti i čuti baš sve što se odigralo od trenutka kad smo ušli i kad je počela nevina rasprava s šefom sale o tome možemo li piti za šankom ili ne. Zahvalili smo kimanjem glave i to je bilo sve, gospodin nije izrazio želju za upoznavanjem, a mi nismo inzistirali. Kako smo uvjerili šefa da nam da piće? Kaubojskim na-činom. Moj ratni prijatelj, onaj nervozni, u jednom je trenutku otkopčao futrolu i napadno, da šef vidi, uhvatio dršku pištolja. „Mi sme žedni i hoćemo piti, kaj ti veliš na to, bumo pili?" Nije ga ni za milimetar izvadio, ali to je bilo sasvim dovoljno. Šef je problijedio je i mahnuo rukom mladom kolegi. Koliko se sje-ćam, nitko ništa nije vidio. Konobar je skočio i brzinom munje natočio „stock". Popričali smo, rekao nam je o svom sudjelovanju u ratu. Brzo smo ispraznili čaše druge runde, platili prvu i izašli iz kavane.

Poznajem tu vrstu ljudi: spram njih mi vojnici bili smo ravnodušni i to je, kako sad stoje stvari, bila ve-lika greška. Poslije 1995. i dolaskom mira, dotični su uzeli Hrvatsku u svoje šape i dobili smo što smo dobili, veliko ništa. Ne mislim da su ratni veterani trebali nešto poduzeti, to ne, militarizacija društva je vrlo opasna. Mislim na izbore: umjesto priklanjanja hadezeovskoj bandi (ili esdepeovskoj), „vojska" ratnih veterana, njihovih obitelji i prijatelja mogla je glasati za hrvatske opcije, za ljude kojima Hrvatska nije bankomat. Nažalost, nisu. Kako god, to je demokracija, a poslije jebanja nema kajanja. Napokon, nikoga, pa ni mene nitko ništa nije pitao o tome što će i kako to biti s Hrvatskom, kao što nas nisu pitali ništa kad je počeo rat. One koje se ništa ne pita, nemaju pravo na prigovore, a onda, jedna od najokrutnijih istina koje sam čuo zadnjih dvadeset i pet godina glasi: „Tko vam je kriv što ste otišli u rat, nitko vas nije tjerao!" Moram li reći tko voli potonju rečenicu? Ne?!

Logika „nitko vas nije tjerao" dolazi od uljuđenih građana i građanki koji plaćaju poreze, obavljaju sve svoje građanske dužnosti, poštuju zakone, ustaju na sviranje državne himne i obavezno najmanje jednom tjedno, nedjeljom, odlaze na misu u svoju župnu crkvu; oni su obiteljski ljudi, 'rvatski domoljubi i demokršćani rođenjem i po uvjerenju, oni su još u mračnom komunizmu propagirali demokratske europske vrijednosti, a nemali broj njih je upravo zbog svog antikomunizma šikaniran tako što ih nisu birali za predsjednike/predsjednice sindikata u OOUR-u nego samo za tajnike/tajnice, što je njihovoj djeci odbijena stipendija „Tito-vog fonda" („a sinek je napisal tak lepi referat o drugu Titu, dobil je čistu peticu, je, i na kvizu o enobeu prvo mesto je osvojil") i što nisu dobili četverosobni nego trosobni stan, a imali su sve uvjete za veći itd., i oni su jedva dočekali prve slobodne izbore i plebiscitarno su glasali za hadeze i slične stranke bivših komunista iz čvrstog demokršćanskog uvjerenja (to da su katolici, oni su govorili godinama, samo što ih nitko nije ni vidio ni čuo, a kad su počeli skoro pa nasilno sjedati na prve crkvene klupe, lokalni se župnik prvo začudio otkuda sad „teški" vjernici, kad ih nikad prije nije vidio na misi, a živi u gradu trideset godina, da bi se potom obradovao jer „vratilo se dite materi") i uopće kao lojalni građani Republike Hrvatske, kao 'rvati ponosni su što su „stvorili" i konačno imaju 'rvatsku. Naime, vraga bi garda oslobodila Hrvatsku da oni nisu plaćali poreze, odricali se, svjesno snizili svoj životni standard na najniže moguće grane, pa ni na skijanja u Austriju i šopnig u Švicarsku nisu išli kao prije, i radili sve što su radili, hrana, puške i streljivo, sve su to oni stvorili, kupili, nabavili i poslali vojnicima dolje, da, a garda je samo trebala pucati na četnike. Poznato je kako je logistika i sve to skupa najvažnija u ratu, naročito ako se zna da je 'rvatska bila pod sankcijama i tako dalje. Zato, hvala Bogu, uspjeli su. I 'rvatska Hrvata-grobara živi, Domovina s velikim „D" stoji kao bastion 'rvatskog 'rvatstva, kao članica Europske Unije i NATO-a, kao uvaženi politički čimbenik svijeta. Ovi „kaj samo cviliju i cmizdriju da nikaj ne valja, se su to lene mrcine, hteli bi kruha bez motike! Dela se primi, gamad lena! Imamo 'rvatsku! Zna se!"...

Rat? Davno je gotov i slažem se sa slavnim generalom, treba ga ostaviti povijesti. Međutim, ne može Domovinski rat biti dio naše povijesti ako se njegov cilj ne definira, ako se budućim naraštajima istinito ne predoči zašto su tisuće poginule i zašto mnogi heroji još nemaju svoj grob. Ne može se priječi samo tako preko pljačke, uništenja, osiromašenja i bacanja Hrvatske i hrvatskoga naroda u blato beznađa i očaja! Mrtvi heroji (jer samo su mrtvi pravi heroji) to traže.

Ja? Nisam bio junak oka sokolova i desnice čvrste. Svoje ratovanje ne mogu opisati kao niz junačkih djela. Neka lažu oni koji naplaćuju svoje domoljublje, ja ne mogu. Nemam računice i sve što pišem i govorim dolazi iz srca i iz ono malo još uporabljivog mozga. Imao sam čast biti s mnogim ratnicima, hrvatskim gardistima, dočasnicima i časnicima, zapovjednicima koji su doslovno dali sebe za domovinu. Nositi odoru i znamenje proslavljene gardijske brigade iz Varaždina, postrojbe koja se dokazala na bojnom polju i iza koje stoji velika priča o žrtvovanju, borbi i vojničkoj časti, biti pripadnikom brigade koja je prva ušla u Knin i čiji je zapovjednik podigao hrvatsku zastavu na kninskoj tvrđavi kao znamenje pobjede i državnosti (u onom čistom domovinskom smislu) za mene je dovoljno kao „zahvala domovine".

Naravna stvar, bilo je grešaka u ratu, krivih koraka, ali za ono što sto posto znam, moja bojna, moja satnija, moj vod, svi mi zajedno izašli smo iz rata moralno i ljudski čisti. Ratnih zločina na našim rukama nema! Više od ove istine ne mogu reći, dali smo domovini što smo mogli dati. Hrvatska nije onakva i nije ona za koju smo ratovali.

U ovoj sceni o Hrvatskoj i Hrvatima pitanje elementarne ljudskosti i političkog poštenja nije fraza, to je fundament egzistencije svakoga tko sa osjeća Hrvatom u pozitivnom značenju, bez ljigavog nacionalističkog kiča. Prizori u ovoj sceni nisu gledljivi za mnoge grobare i grobarske adepte, ali to me nije briga. Ne zanimaju me mišljenja onih koji su pljunuli na hrvatske ratnike i izdali domovinu! Nije me briga ni za to što će neki reći kako pišem po sustavu „mi protiv njih" i „naši i vaši": da, tako pišem, ali zato što volim

Hrvatsku i što znam tko je hrvatski kmet, a tko su grofovi i biskupi! Znam kakva zla čine grobari i znam koliko pate mrtvaci! Licemjerna neoliberalna politička korektnost me ne zanima, ideologija „odbaciva-nja" također: kao vjernik ne mogu ne pisati što doista mislim i za što vjerujem da je istina, makar bila sa-mo moja!

Ipak, svjestan sam da će sve ostati na ovom izljevu bijesa i tuge: nemoćni smo mi Hrvati-mrtvaci (pa tako i ja) i sve što možemo je nešto kao ova moja kazališna predstava, a što je skoro pa ništa. Najgore što se može dogoditi krivcima jest privilegirana državna mirovina, sinekure za potomstvo, imunitet od kaznenog progona i šutnja države na nezakonito bogaćenje. Poradi zamagljivanja očiju, poneki će štakor zaglaviti u stupici i provesti neko kraće vrijeme u Remetincu, možda će guliti krumpire u sklopu „društveno korisnog rada", ali pravedne kazne za uništavatelje Hrvatske neće biti. Vrana vrani ne kopa oči, tako je bilo, tako jest i tako će biti.

(„Za pet ran Kristušovih, se z šicngrabe ne vidi Agram! Kaj je znal naš zagorski, prigorski, istarski, dalmatinski, slavonski, lički, međimurski, podravski i saki drugi telac šteri je vojničkega ajncuga navlekel na sebe, vojne škornje obul i pušku zel da bi proti četnikof se išel biti? Nikaj več, o politiki takaj. Nišće od ratnikof ni videl kak su se dezerteri obogatili, kulike su miljune i miljarde z eraskega šrajtoflina zvlekli za vreme i pokle rata. Ljudi dragi, rat je posel, a vojnik je, kak i navek, bedak, bogec, kanonijerski napoj, eto kaj je horvatski vojak. V Domovinskemu ratu jednak kak i sakemu ratu predi. Ni se baš pozableno. Gda su se pokle Velkog rata bivši nagodbenjački domobrani, ti jadni i lačni, betežni i spreluknjani, prebiti i zmučeni horvatski vojaki vrnuli dime, je ispalo tak da je jengovo apostolsko veličanstvo car i kral rat zgubil i da se monarhija vtopila v domobranskoj kervi i nestala zanavek, pak su domobrani ostali prevareni jer onega za šterega su hmirali od Pjave do Galicije, od Drine do Some vre bile ni. Se skupa, i previšni car i kral, i Nagodba od 1868., i presvetli ban skupa s banicom, grofi i se je otišlo vu vražju mater! I tak su domobrani razmeli kak su jurišali za nikaj i da je dvesto hiljada Horvatov hmrlo za ništ, a gda je došel novi kral, same sad v Beogradu, kaj se pripetile, nikaj dobrega, isti drek, drugi ajncug! I tak se opet ponovile v Drugemu ratu i tak je prošel i Domovinski i kmet je i dale kmet, a grof i biskup su i dale grof i biskup...")

I što? Nikome ništa. Tako to ide u zemlji 'rvackoj, u Domovini s velikim „D" poimanje ljudskih vrijednosti i zaslužništva za opstojnost Hrvatske je dijametralno suprotno od poimanja hrvatstva i ljudskosti nas mrtvaca. Hektorović, Vrančić, Držić, Ivan pl. Zajc, Lisinski, Marulić, Klović (i desetine drugih) na život hrvatskoga mrtvaca, kmeta, katunara, radnika, puke hrvatske sirotinje utjecaja nisu imali baš nikakvog! Nijedno od velikih dostignuća dičnih nam zaslužnika nije pomoglo da hrvatski kmet bude sit i da mu djeca ne krepavaju od gladi i bolesti. Sva književna i znanstvena djela, sve slike, poeme, svi kipovi, uopće umjetnost kao takva, svi tehnički izumi, sva filozofska, religijska i ina remek-djela 'rvatskih velikana, sva glazba i sve što su činili i bili na kmetstvo se nije odrazilo ni u kom obliku. Nije li oslanjanje na 'rvatske velikane zapravo samo neka vrste promocije? Doista, je li hrvatska kulturna baština, znači sve što se pod tim podrazumijeva stvarno ono što nas čini dijelom svijeta? Osobno: ne, sve je to tek reklama i s pravom tradicijom i vrijednostima hrvatskoga naroda nema baš puno veze. Jest dio, to stoji, znanstvena, umjetnička etc. postignuća ulaze na listu sastavnica našeg hrvatskog identiteta, ali nisu ni 0.0001 posto hrvatstva i Hrvatske! Svjestan sam kako je ova tvrdnja bogohuljenje „hrvatske istine", ali to je grobarska istina, nije moja! Neka im svi znanstvenici, umjetnici, svi velikani, no njihovi životi nisu vredniji od života onog posljednjeg kmeta koji je skončao obješen kao krvava krvavica poslije poraza seljačke vojske devetog veljače tisuću petsto sedamdeset i treće. Kroz stoljeća ime i sve što Hrvatska jest gradila je jedna druga institucija, danas svedena na političku frazu i katolički agit-prop: obitelj, biološka i ona koja je čvrsto vezana uz nju, tzv. nebiološka, dakle prijatelji, susjedi, svi koji jednu obitelj čine jačom i boljom.

Na popisu hrvatskih obitelji koje su ugrađene u temelje Hrvatske je i moja obitelj, sa sv-me dobrim i sa svime lošim. Naše (moje) obiteljsko stablo, ma kako napola mrtvo, djelomice spaljeno vatrom povijesnih političkih mijena i uništavanjem pomoću naših osobnih loših od-uka, a djelomice osušeno jer sve ima vrijeme trajanja: mnoge grane i grančice su otpale sa stabla, neke će kako sutra, što uključuje i moj list, požutio i spreman na nestanak. Korijenje je slabo, ali još se držimo i dok i jedna grana živi, živi i nada da se naša priča neće zaboraviti, da je vrijedilo biti dio hrvatske predstave, makar ovako malo i nevidljivo. Iskreno, istražujući povijest obitelji čija sam crna ovca, u nastojanju da objesim što više imena na grane do kojih mogu doprijeti, naiđoh na milijun problema, a svi oni mogu se objasniti jednom jedinom riječju: zaborav. Arhivi, matične knjige katoličkih župa, sva dokumentacija do koje sam došao i razgovori (on line) s nizom ljudi dali su mi samo još više novih pitanja bez odgovora. Obiteljske povijesti najčešće sadrže romansirane verzije prošlosti, a sjećanja na naše pretke nisu nego skup fotošopiranih pripovijesti koje su daleko od istine. Koja obitelj će reći za nekog praujaka da je bio ubojica i da je skončao vješanjem u dvorištu sudskog zatvora jer je sjekirom napao i ubio krčmara na stočnom sajmu, sve zbog dve kupice gvrica? Ima li neka obitelj ufeftereno da im je pra itd. baka bila znana gradska javna dama i vlasnica provincijskog bordela koja se obogatila prodajući oženjenim muškarcima tjelesne usluge svojih „radnica"? Imaju li, uzevši potonje kao primjer, ove dvije obiteljske priče „prođu" u današnjim obiteljskim sjećanjima, znaju li današnji naraštaji da nose pečat krvi jednog pomahnitalog ubojicc i znaju li današnji potomci vlasnice bordela da im staro obiteljsko bogatstvo, kojim se ponose kao da je riječ o plemićkoj grbovnici izdanoj još od kralja Matije I. Korvina godine 1486., poslije njegovog osvajanja Beča, zapravo dolazi od prostitucije?! Haha, ne znaju, jasno, jer tijekom desetljeća i stoljeća takve se priče ne prenose s koljena na koljeno, obiteljska priča mora ostati med i mlijeko. Poderane čarape, otfikarene ruke i noge, ukiseljene vojničke gače, prazni trbusi, dugovi, pijanstvo, nitko nije brojio pijane noći i mamurna jutra, nema fotografija uplakane gladne djece i pogreba bez pratnje, u najjefitnijem lijesu, često i bez svećenika (popa). Poput kletve nad obiteljima bez predikata i zvučnih naslova lebdi magla ništavnosti i zaborava. Povijest pamti generale, ne vojnike, ponavljam: hrvatska povijest upamtila je grofove i biskupe, pisce i matematičare, banove i podmaršale, ali kmetove nikad, osim kada su vješani, spaljivani, kad su ih klali i mrcvarili, u najboljem slučaju kad su obitelji hrvatskoga kmeta samo dio posjedovnih listina plemića i plebanuša, kao što je obitelj moje šukun itd. bake taksativno nabrojena u listini vlasništva župe V. zagrebačke biskupije iz godine 1798.! Zajedno s kravama, kokošima i stablima jabuka i šljiva, s vinogradom od toliko i toliko trsova, s oranicama, livadama i šumama, lijepo i pregledno je upisano toliko i toliko kmetova, kao prilog popis kmetske bagre. Haha, hrvatska oficijelna povijest o kojoj uče današnji klinci i klinceze je hrpa gospodskog smeća: tko je kmetskog šukununka ikad učio o njegovom šukundjedu koji je kao najobičnije topovsko meso smljeven u bitci kod Lubnitza godine 1813. kao pješak 1 er Regiment d'Infanterie Provisories Croate, u službi Cara svih Francuza Napoleona Bonapartea? Nitko, govori se o vojskovođama, ne o mrtvim vojnicima. Onaj famozni Ilirski preporod, revolucionarna osamsto četrdeset i osma, hrvatski banovi hrvatske krvi, ban pučanin Ivan Mažuranić, pravaši, frankovci, govori na hrvatskome jeziku, pjesnici i pisci, Šenoa i Kozarac, Matoš, sve umne glave da pametnije i učenije nisu mogle biti, Rakovačka buna i deseci velebnih ideja, sva ta gnjila snatrenja priče su za malu djecu, za znanstvene simpozije i izdavanje debelih tomova HAZU knjižurina (koje nitko živ ne čita), pa onaj biskup filantrop, kojeg bi hrvatski ultradesničari najradije izbacili iz povijesnih udžbenika jer je, po njihovim 'rvatskom mišljenju, bio vatreni pobornik jugoslavenske ideje, ubojice milijuna Hrvata (a to da je još više Hrvata pokrepalo za sve silne tuđinske careve i kraljeve, dotične umobolne proustaške majmune ne živcira, smrt za tuđina je velika stvar, a jedan biskup filantrop je izdajnik) i uopće cijela nam povijest posljednjih dva i pol stoljeća nije ništa osim dugačke zmijurine zabluda i iluzija, političke naivnosti i prijetvornosti, intelektualnog siromaštva i amoralnosti. Izdaja je hrvatska tradicija stoljećima. Na tu je očajno lošu glazbu hrvatskih grobara jedna nebitna obitelj (moja) plesala kako je mogla i znala, a posljedice su bile strašne.

Dobro, nakon svega i zbog onog što još imam u svom trulom mozgu, ni stare ni nove 'rvatske političke koprofage, zvjerad što ždere vlastiti politički izmet, ne shvaćam ozbiljno: kad je netko otrovniji za vlastiti narod od bilo kojeg medicinski opasnog otpada, onda to nešto govori. U dubini naših hrvatskih jazbina porazbacanih diljem domovine smještene na periferiji kontinenta ubojica, silovatelja i incestuoznih previšnjih vladara (koju zovu Europa) vjekovima se kote slaboumni pohlepni bastardi hrvatske povijesti koji po nekom neprirodnom redu stvari kasnije uskaču u nastavne planove povijesti kao dični, svake hvale dostojni 'rvatski odličnici čiste 'rvatske krvi i srca dokazano 'rvackog. Roditi se u laži, živjeti u laži i prenijeti laž kao istinu na sljedeće naraštaje stara je igra Hrvata-grobara, a cijenu te igre plaćaju Hrvati-mrtvaci, dakle i moja obitelj...

Vjerodostojnost čovjeka mjeri se (i) poštivanjem i održavanjem živim onoga iz čega dolazi, što jest i što kroz djecu i djecu svoje djece mora nastaviti: nažalost, o tome nisam mislio, bio sam premlad, neuk i neiskusan idiot koji ništa nije znao o zlu svijetu kojem je težio. Zapravo, zdrav korijen je jedini argument o toj vjerodostojnosti: ako odustanem od korijena, odustao sam od sebe i sve što sam činio i govorio, sve što ovdje napisah ne vrijedi ništa.

Što se promijenilo za moju obitelj unatrag dvjesta i pedeset godina? Što se promijenilo za ikoju hrvatsku kmetsku obitelj od vremena spasitelja kuće Habsburg bana Jelačića do vremena vladanja bivšeg general-majora jenea i prvog 'rvatskog vrhovnika i njegovih nasljednika na 'rvatskom „tronu"? Ništa. Hrvati-grobari i dalje drže u lancima nas Hrvate-mrtvace, i dalje grobari jedu masno, a mrtvaci posno, ako i to potonji smognu imati, i dalje otpadnici od mrtvaca služe kao kapoi grobarima, i dalje je hrvatska stvarnost zatrovana zabludama 'rvat-ske nepostojeće povijesti, zbog čega je današnjica mrtva, a budućnosti nema. Kao što su grofovi i biskupi lizali prljave guzice Habsburzima, tako danas demokršćanski, socijaldemokratski, lijevi i desni, vladajući i tzv. oporbeni politički crvi prodaju Hrvatsku duboko uvučeni u analne otvore Berlina, Pariza, Rima, Brisela i Washingtona i takvi se bez imalo stida i srama diče domoljubljem. Hrvatska je vazal i kolonija Europske Unije, što ni uz najbolju volju i razumijevanje (za geopolitičku situaciju etc. sranja) za benefite koje članstvo u klubu u kojem veliki vode glavnu riječ (ono, da možemo lako pronaći posao unutar EU, putovati samo s osobnom, novac iz EU fondova itd.), ne prihvaćam kao nešto što je u redu. Cijela kretenska priča o „ulasku u Europu" je nejasna i skriva zle nakane. Hrvatski kmet od te famozne velike i moćne Europe nema savršeno ništa, dapače, sad naši umirovljenici kopaju više po kontejnerima nego prije i više je mladih obrazovanih ljudi otišlo iz Hrvatske nego u vrijeme „nečlan-stva"! Zar je Hrvatska na Marsu pa da mora tražiti ulazak u Europu, zar nismo dio te civilizirane Europe od stoljeća sedmog? I kakva je to svinjarija, uvjeti za članstvo, pa to je kao da vas netko pozove na kavu, ali vam to uvjetuje odjećom koju morate imati na sebi, bojom cipela i vrstom kave koju ćete naručiti! I ovo, kakva je to sloboda, unija, zajedništvo ako nam gaće kroje u Briselu i Berlinu, ako smo kao svi jed-naki, ali i te kako vidimo i osjećamo da se ono što kušamo ne kuha kod nas nego vani? Ne, sve je ostalo kako je i bilo, samo kmetovi su izgleda gluplji no što su bili i još više su pognuli glavu, pa čak i ne jauču i ne bune se protiv nepravde i tlačenja: stoga nije čudno što je hrvatska obitelj uništena i što nijedna kmet-ska obitelj, pa tako i moja, nema nego prihvatiti opsjenu i laž kao istinu, što u prijevodu znači sječu obi-teljskog stabla i sadnju supstituta, nakaradno drvo okićeno falsificiranim pričama dekoriranim grobarskim plehnatim medaljama. Ja to neću, ne mogu i ne smijem činiti: zato pokušavam skupiti razbacane obitelj-ske listove.

Hrvatska Hrvata-grobara živi od Hrvatske mrtvaca, a Domovinski rat izgubio je smisao davno prije mog pisanja ove knjige. Banda državotvornih demokršćanskih lopova otpočela je svoj krvavi pohod na hrvatska bogatstva još u vrijeme dok se ginulo u Vukovaru i Škabrnji, dok se ginulo na svim hrvatskim bojištima, a po pobjedi devedeset i pete sve je preraslo u opću pljačku, besprizornu u povijesti: čak su i srednjovjekovni grofovi ostavljali nešto jela kmetovima znajući da im kmet treba odraditi i zaraditi sve što ždere i loču, a ovi moderni demokratski 'rvatski grofovi uništiše sve, tvornice i kombinate, banke i bolnice, svaku proizvodnju i svaki pogon. Iza raznih Rajića, Kutle i sličnih nije ostalo ništa osim pustoši, čak ni četnici nisu napravili toliku materijalnu štetu kao ovi bogobojazni katolici 'rvatske krvi. A tragedija u tragediji jest što je neki ratni veterani svoje poštenje, svoj ljudski i domoljubni moral, svoju nacionalnu svijest i svoj obraz prodali za krajcar! Hrvatska kakva jest nije nikako Hrvatska kakva je trebala biti nakon pobjede devedeset i pete, a tome je pridonijelo i stvaranje bajki od kojih je najgora ona izrečena pošta-palicom prvog predsjednika i nekadašnjeg političkog komesara udarne brigade „Braća Radić" iz sastava „XXXII divizije" X. korpusa NOV i POH/J-a: „Sve za Hrvatsku, Hrvatsku ni za što". Ova zvučna, ali šuplja fraza u praksi je značila sasvim suprotno od konotacije koju je izazvala na prvo slušanje: naime, „sve za Hrvatsku" bješe izravna zapovijed vrhovnika za stvaranje „njihove" 'rvatske, nakaradne inačice „banovine, ako ne i kraljevine" 'rvacke koja će biti oživotvorenje davnašnjeg sna generacija plavokrvnih nositelja vlasti, a u modernoj inačici, makar neki sumnjaju u autentičnost „plana", osiguranje logističke potpore za ustoličenje dvjesto bogatih izabranih obitelji kao nositelja nove dinastije hrvatskih velikana, posjednika 'rvacke od stoljeća sedmog, dok „Hrvatsku ni za što” bješe zapovijed da se, kad se ostvari 'rvacka, je li, ni pod koju cijenu ne dopusti buđenje i stvaranje Hrvatske Hrvata-mrtvaca, Hrvatske kakva je trebala biti! Prebogati tajkuni, generali i suci milijunaši, korupcija i nepotizam kao normalnost 'rvatske danas, kriminal vladajuće stranke, uništena ekonomija, napose poljoprivreda, školstvo srozano na ra-zinu k.u.k. monarhije, ustoličenje armije sinekurista (akademska zajednica naročito, vojska državne birokracije i cijele divizije lijenčina i o državnoj kasi ovisnih lakaja), sprega vlasti i političke i biznis mafije, organizacija i uspješno djelovanje kumsko-rodijačkog kartela žderača erarskog novca po crti civilnog društva, braniteljskih udruga, nevladinih organizacija i pokreta, crkve (velike gutačice novca poreznih obveznika) i ostale bagre uključene u realizaciju plana oživotvorenja 'rvacke po grobarskom receptu starom tisuću i tri stotine godina. U ovo zlodjelo uključene su sve sfere 'rvatskih grobara i njima pridruženih grinja, od sporta i kulture do represivnog aparata i države kao takve, od hrvatskih intelektualaca do vlasnika privatiziranih (čita se: legalno otetih) kompanija, od seljačkih udruga do udruge ljubitelja planinskog cvijeća, od glumaca do novinskih kolumnista, fiškali i javni bilježnici, nogometni treneri i bivši komunistički inokosni poslovodni organi, od švercera rakije bauštelcima na bavarskim gradilištima do aboliranih kokošara iz devedesete, od predsjednika sindikata (specijalne podvrste komunističkih krvopija pretvorenih u kvazidemokratske zagovaratelje prava djelatnika: neki dan sam čitao zanimljiv članak jedne od najvećih stručnjakinja za hrvatski jezik, gospođe N.O., koja je argumentirala i pokazala, ali je nitko od velikih 'rvata ionako ne sluša, kako je u hrvatskom jeziku riječ „djelatnik” označavala radni dan, a ne radnika: pametnome dosta) svi oni i svi nespomenuti iz ogromne vojske hrvatskih slugu Hrvata-grobara „zaslužni” su za stanje Hrvatske i za uništenje hrvatske kmetske obitelji.

Samo trenutak, vraćam se na Domovinski rat: kako je lažirana povijest ozakonjena kao stvarna i kako se kroz fikciju uspostavila tradicija koja je sramotu hrvatske prošlosti uzdigla na razinu slave i časti. Naime, slijedom ustrojavanja Hrvatske vojske početkom devedesetih, oživljena je jedna od sastavnica oružanih snaga: domobranstvo. Nije riječ samo o imenu, kao što se ne radi o vojno stručnoj definiciji ustroja, načina i taktičke uporabe domobranskih postrojbi, ne, ništa takvo, riječ je o gluposti tadašnje najviše hrvatske vlasti koja je hrvatsku povijesnu pilu okrenula naopako i odjenula hrvatsku sramotu u lažni hrvat-ski ponos pod idiotskom frazom „hrvatska vojna tradicija”! Razumljivo, a znajući koliko bi pozivanje na endehazijsko domobranstvo (redovna vojska tzv. NDH) izazvalo probleme i nanijelo političku štetu tek rođenoj hrvatskoj državi i povodeći se idejom „obrane doma”, kao nekakav pijetet slavi i časti hrvatskoga oružja uskrsnuto je „hrvatsko domobranstvo” na temelju „povijesne tradicije”. Koje? Hm, pa k.u.k, nego koje, haha! Izvorište ove gluposti bješe idiotska Nagodba iz godine 1868. i po njoj stvoreno prvo domobranstvo s predznakom „hrvatsko”, a koja se u povijest hrvatske upisala samo kao (još) jedna krvava priča i kao službeni opskrbljivač domobrančetinom klaonice dinastije Habsburg-Lothringen, one koja će nestati u sveopćem pokolju Velikog rata devetsto osamnaeste, a što će „čast i slavu” hrvatskoga oružja koštati oko dvije stotine tisuća hrvatskih tijela i duša! Doktor povijesnih znanosti i vrhovnik računao je na hrvatsku glupost kad je zapovijedio stvaranje hrvatske teritorijalne mobilizirane komponente Hrvatske vojske koja je, nota bene, za ratnih godina preuzela čak i nazivlje od te hrvatske sramote, domobranstva iz tmine Austro-Ugarske Monarhije! Prije slavne Nagodbe, tog najvećeg idiotizma devetnaestog stoljeća Domovine s velikim „D”, kad su tijekom desetljeća Hrvatsku poharale iluzije hrvatske političke i umne elite, pa je tako i onaj topnički general (barun koji je na račun neprocjenjivog odanog služenja kući Habsburg-Lothringen nagrađen naslovom grofa), hrvatski ban etc., čijom zaslugom „sve su romantične ilirske puntarije o slavenskom carstvu nestale s dnevnoga reda kao izbrisane u dvadeset i četiri sata” (Miroslav Krleža, Hrvatski Bog Mars”, fusnote) pomogao da hrvatska glupost i hrvatska izdaja hrvatskog kmeta nastavi rasti i razvijati se u sve pogubnijim i strahotnijim inačicama po živote hrvatskih ljudi: uspjeh djelovanja generala Jelačića vidljiva je i danas, kad je on perjanica slave 'rvatske povijesti i uzor-domoljub bez premca. Međutim, što se tiče domobranstva moderne Hrvatske: tradicije na koju se mogla osloniti Hrvatska 1991. ne postoji, osim ako se kao vojna baština ne uzima protuhrvatska, neprirodna mađarsko-hrvatska nazovi vojska producirana Nagodbom iz šezdeset i osme koja je „primljena kao smiješna domobranska operetna glupost” (Miroslav Krleža, Hrvatski Bog Mars” fusnote) čija je jedina stvarna baština dvjesta hiljada mrtvih domobrana (uključivo civile)! Na leđa hrvatskog vojnika-domobrana iz 92.-95. stavljen je ogroman kamen koji s Hrvatskom nema nikakve veze, a o toj svinjariji nitko od članova HAZU, nitko od povjesničara, umnih ljudi koji po svome znanju i položaju barataju povijesnim faktima i koji su morali istupiti protiv takve bedastoće, nije rekao ni jednu jedinu riječ! Ne govorim o uspješnosti borbi modernih hrvatskih domobrana ('91-'95), ta mnogi su se iskazali kao veliki ratnici i vrsni zapovjednici, govorim o suštini problema, o hrvatskoj povijesnoj sramoti podignutoj kao zastave časti i slave koja se danas vijori kao znamenje nečega što bi bilo najbolje zaboraviti. Krleža je problem vjerodostojnosti domobranstva kao hrvatske vojske, odnosno domobranstva kao hrvatske povijesne baštine u dijelu hrvatskog nacionalnog ponosa vrlo precizno objasnio (fusnote, „Hrvatski Bog Mars"): „Zašto domobranski oficiri nose carske porte-èpè-ej kada nisu carski oficiri nego mađarski i kraljevski i hrvatski? Zašto nose mađarske grbove kada su pukovnijske zastave hrvatske?... Zašto im komandira mađarski kralj, a domobran se zaklinje na carevku, a mađarski kralj nije krunjen hrvatskom krunom, i mađarska je himna protuzakonita?." I sad, kako je sve u svezi domobranstva bilo i ostalo krvavo glupo i nehrvatsko, sve osim kriminalne činjenice da je naše hrvatsko kmetsko domobransko meso nahranilo srpske, ruske i talijanske topove, onda je najmanje što se moralo učiniti jest preskočiti pojam hrvatski domobran i zakopati ga što dublje u udžbenike povijesti i ne dovoditi to ni u kakvu vezu s modernom demokratskom Hrvatskom i njenom borbom za neovisnost u Domovinskom ratu!

To se nije dogodilo i domobranstvo se glamurozno glupo vratilo na povijesnu scenu mile 'rvatske. S druge strane, ako je nakana oživljavanja domobranstva kao naziva dijela OS-a (i svega što uz to ide) bila malo podmuklija, i ako se pozivanjem na nagodbenjačke domobrane nakanila zamaskirati želja za uskrsnućem domobranstva endehzaije, molim lijepo, u tom je slučaju bivši politkomesar partizanske udarne brigade u činu majora stvarno pretjerao i pljunuo na samog sebe! Kad je u travnju godine 1941. jugosrpska kraljevina Jugoslavija nestala pod gusjenicama njemačkog Wehrmachta (i uz puzanje fašističkih cirkusantskih talijanskih divizija i mađarske vojske u Međimurju itd.) jedan je fašistički potrčko, propali fiškal, koji će četrdeset i pete izdati Hrvatsku i zbrisati kao kukavički štakor ostavivši hrvatski narod na milost i nemilost krvožednim komunistima, uz pomoć nekoliko stotina pijanih kokošara u povijesti upamćenih pod nazivom ustaše, te uz asistenciju jednog bivšeg k.u.k. pukovnika proglasio marionetsku umjetnu paradržavu NDH koja je bila sve samo ne država i koja će u punini tradicije izdaje i sluganstva tuđinu četiri godine kopirati rješavanje pitanja Židova i čišćenja ovog dijela Europe od svih nedostojnih nearijevaca, a sve to uz mali endehazijski dodatak, rješavanje srpskog pitanja, a za što će se rabiti metode koje će i poslovično (u ubijanju) spretne naciste natjerati na zgražanje i gađenje (ne zbog mrtvih i ubijanja, nego načina i nereda koji su ustaše „proizvodili", a da ne spominjem posljedični antifašizam koji je uvelike otežavao dostizanje vojnih ciljeva Reicha). Ustrojavajući neku kao državu, poglavnik i njegova svita idiota iskoristiti će sve 'rvatske miševe koji su im prišli u strahu za svoje guzice (bivši k.u.k. oficiri, bivši srpski kraljevski oficiri, od kojih je trinaest stavilo na epolete generalske činove) oživjeli su „povijesno hrvatsko domobranstvo" kao prvi koji su uskrsli taj smiješni naziv jedne grozne povijesne hrvatske gluposti. Ah, zbog moje skromne pameti i još skromnijeg znanja, ponovno posežem za Krležom koji o endehazijskom domobranstvu piše (fusnote, „Hrvatski Bog Mars"): „Što je, međutim, u historiji predstavljalo „hrvatsko domobranstvo" Njegova Visočanstva Princa Aimone Roberta Margharite Marije Giuseppa Torine, Vojvode od Spoleta, kralja Tomislava II. i grofa od Sabaudije?... Hrvatsko domobranstvo Mindoma i Minorsa, pod vrhovnim zapovjedništvom Superslode (Comando superiore delle forze armade di Slovenia e Dalmazia) i SS. Obergruppenführera Siegfrieda Kaschea, Viteza Krune Kralja Dmitra Zvonimira, dombranstvo kralja Tomislava Amadea Savojskoga, pojavilo se kao farsa koju je puk već prvih dana aprila 1941. shvatio kao povampirenje jedne mađarske karikature koja je svakom hrvatskom rodoljubu bila smiješna još za njenog političkog predživota 1868.-1918....". A onda je godine devedeset i prve dvadesetog stoljeća, dvadeset i četvrtog dana mjeseca prosinca u novoj 'rvatskoj, međunarodno priznatoj od petnaestog veljače 1992., hvala Bogu, ponovno iskočilo ime „domobranstvo" kao novi stari zombi hrvatske povijesti bacivši taj već dosadni križ hrvatske gluposti na hrvatske vojnike koji su time za svagda „osramoćeni", ne svojom krivnjom! Srećom, neovisno o nazivlju i izvan svakog povijesnog i političkog konteksta domobranstva, hrvatski su vojnici odradili svoju zadaću u ratu protiv četnika na naj-bolji mogući način, čime je svaka usporedba s domobranstvom crno-žute monarhije i ustaške govnarske države neumjesna! Doduše, gledano na rezultate rata i na sve u što je pretvorena Hrvatska od 1995. do danas, dakle, pokazalo se kako je (opet) Krleža imao pravo kad je zapisao da je „domobrančetina jeftinija od prasetine".

Kako sam se usudio kazati to što sam rekao? Haha, u ovom kazalištu nema glumatanja, sve je na plad-nju, i istina i laž, a svatko bira što će uzeti, poslužujem sve, pa tko voli, nek' izvoli, dame i gospodo! Prosudba stanja rata i poraća, uzroka i posljedica, dubinske analize i svega toga od Austro-Ugarske, preko Kraljevine Jugoslavije, tzv. NDH i SFRJ do današnje europske 'rvatske, a vezano uz status i ispostavljeni račun povijesti hrvatskim kmetovima, Hrvatima-mrtvacima otkriva svu krvožednu glupost hrvatske zbilje u kojoj se ništa ne mijenja (osim scenografije, koerografije, kostima i nazivlja, što je nevažno) jer se kraj-nji račun naplaćivao i naplaćuje isključivo u lešcvima hrvatskih vojnika koji, gle čuda, pripadaju sirotinji, ne vlasteli (sporadične smrti dotičnih pojava su iznimke koje potvrđuju pravilo).

Svaki put kad bi tamburi diljem Lijepe našem objavili rat, cijele su brigade, divizije i korpusi moralnih, intelektualnih, pravničkih, umjetničkih, poslovnih i bankarskih, biskupskih i inih vertikala, inače zdravih, iznenada, kao gromom pogođeni počeli pobolijevati i doslovno preko noći tisuće njih postalo bi nespo-sobni za vojsku, napala bih ih anemija, kratkovidnost, ravna stopala, iskrivljena kičma, neuhranjenost, srčane mane, u trenu bi do jučer k'o dren zdravi likovi oslabili, pali bi u krevete, završili bi kao pacijenti s posebno zamršenim dijagnozama u inozemnim skupim klinikama i vlast bi ih proglasila nesposobnim za pušku i šicngrabu, ali u isto vrijeme i te kako dovoljno zdravim za političke fotelje i cijeli niz unosnih, sa-mo za njih izmišljenih sinekura. Simulanti s krivotvorenom medicinskom dokumentacijom, od platfusa preko hipertenzije do shizofrenije provukli su se kroz rat, što bi u Dalmaciji rekli, „lišo" i danas oni drmaju 'rvatskom kao uzor domoljubi, čuvari digniteta Domovinskog rata od kog su bježali kao vrag od tamjana. Žalosno? Jadno i bijedno, ali tako je, kako je. Užasavam se vidjeti u novinama vijest o „posljed-njem ispraćaju sa svim vojnim i državnim počastima" nekog od tih opica: hajde, neka im pogreb na državni trošak, govori, vijenci i cijela ta perverzna parada, ali vojne počasti, dovesti hrvatske vojnike koji će ispaliti počasnu paljbu za kukavice i dezertere ipak je perverzno vrijeđanje poginulih hrvatskih ratnika! Zapovijediti hrvatskim vojnicima (današnji naraštaj) držanje počasne straže kod odra nekog od spome-nutih klauna 'rvatskog političkog bludilišta je uriniranje po grobovima palih vojnika koje predstavljaju sadašnji hrvatski sinovi služenjem u časnim odorama Hrvatske vojske! To je ono što mislim i osjećam.

Pišem u svojstvu ratnog veterana, što me čini kvalificiranim za prosudbu stanja i daje mi pravo na mišljenje ipak malo više od kakvog novinarskog škrabala, fakultetskog štakora ili političkog parazita: ako od povijesti uzmem samo dvije stotine godina, Hrvatska nije imala mogućnosti ni prilike ratovati za sebe ili postaviti se na europskoj i svjetskoj sceni kao singl-igrač, što i nije mogla, onda su propuštene prilike od 1991. do danas neoprostivi zločin svih vladajućih garnitura, od prve do posljednje! To nije grijeh hrvat-ske sirotinje, nije sramota hrvatskog kmeta! Sve 'rvatske vlade ministri i premijeri, predsjednici sabora i države, svi dužnosnici, svi redom su zadnjih trideset godina preslike zlih im predšasnika. Grof Teodor Pejascevich, Levin Rauch ili Aleksandar Rakodzcay (koga je Stjepan Radić nazvao Khuenom II.) nimalo se ne razlikuju od bilo kojeg pandana u novoj 'rvatskoj, sve je isto, samo je ambalaža drugačija.

Pitanje; kakve to veze ima sa mnom i mojom obitelji? Koja je svrha ovog čušpajza?

Rat nije samo povijesno zbivanje važno za državu: rat je tragedija za pojedinca i njegovu obitelj, a sve ostalo je parada neukusa i kiča, cirkus izrugivanja mrtvom vojniku i preživjelom ratnom veteranu. Na otvorenoj tržnici hrvatskih povijesnih gluposti, u hrvatskom blatu naivno vjerovanje u velike riječi, u ideale slobode je najviše prodavani povijesni šund i smeće, nažalost uvijek po najvećoj cijeni siromašnom gologuzom kmetu. U ludilu nove „slobode", u kaosu i metežu uskrsnuća Hrvatske (za koju nitko nije ni sanjao da će se obratiti u 'rvatsku), u strahovitoj eksploziji oduševljenja i radosti ostvarenjem sna „svoj na svome", u općem sljepilu nekog novog vremena fundamentalne stvari su preskočene i sve je otišlo u krivom smjeru. Hrvatska dvije tisuće dvadeset i prve je što? Članica EU, članica NATO-a, našeg se jednog uvaženog premijera hvata za stražnjicu, naše ministre dočekuje s kavom i francuskim konjakom, a neke druge trpa u Remetinec jer su sadašnjim otvorili vrata za Banske dvore: 'rvatskim vladajućim glumcima daju se zahvale u vidu solidno plaćenih mjesta diljem EU i svijeta, sportskih asocijacija i poslovnih gremija, a sve kao znak osobitog divljenja za njihovu dokazanu spremnost guranja vlastite države i vlastitog naroda u propast i sluganstvo! Rat je rat, a u miru više nije bitan ni topnik, ni puškostrojničar, čak ni zadnji provijantoficir nema neku težinu: već prvog sata nakon proglašenja mira vojska je out, a ratni veterani težak teret i veliki problem. Točno, 'rvatska krema pronašla je lijek i za to posegnuvši u erarsku kasu i pretvorivši ratne brigade branitelja u armiju glasača, poglavito hadezeovskog tipa, a za što im odajem dužno poštovanje. Pogoditi cijenu izdaje vojničke časti nije lak zadatak...

Nema novca kojim se može platiti muka vojnika na bojištu, a kad ratnik provede četiri godine u ratu, to je još vidljivije i pogubnije i po njega i njegovu obitelj. Nisu svi ratni veterani isti i nije svaki vojnik u ratu prošao isti pakao, mnogi su pošteno služili na svojim ustrojbenim mjestima, ali četnika nisu ni vidjeli. To nije nužno negativno, dapače, ali otkriva bit stvari: psihička i duhovna snaga, um i srce nisu jednaki u svakome od nas, pak ako je jedan bivši ratnik uspio pobijediti demone rata u sebi i stvoriti u miru lijep i skladan obiteljski život, njegovi ratni prijatelji i braća po oružju vjerojatno to nisu mogli, a za što ih ne treba osuđivati. Nismo svi imali iste polazne točke, nismo došli iz istih obiteljskih prilika i nismo svi imali jednake mogućnosti za povratak u tzv. normalu: čak i među sirotinjom ima značajnih razlika. Nebrojeni ratni veterani danas su uspješni poduzetnici, a drugi su se našli u različitim životnim stanjima: jednako tako previše je izgubljenih, nestalih u gruboj stvarnosti grobarske 'rvatske. Stvar kmeta kao ratnog veterana Domovinskog rata najbolje se ogleda u njegovoj obitelji: tragedija hrvatske istine i realiteta slomila je tisuće obitelji, raspršila ih diljem pustinje beznađa i kad se u novinama čita o samoubojstvima branitelja, o obiteljskom nasilju, kriminalu i svemu lošem, o temama iz crne kronike, onda se uvijek koristi debeli kurziv „Branitelj opljačkao poslovnicu pošte", „Branitelj izudarao suprugu", „Branitelj pijan autom ubio djevojku" etc. etc., kao da u Hrvatskoj kaznena djela čine samo ratni veterani, a svi ostali su anđeli i slatka nevina stvorenja poput malih beba?! Dajte najte me zajebavati! Međutim, maknem li pitanje zahvalnosti za služenje domovini (s malim, ne s velikim „D") kao frazeološki pojam, ostaje sasvim praktična glupost (koja jako puno košta) naplate domoljublja jer na kraju priče o Domovinskom ratu i ostvarenju tisućljetnog sna u 'rvatskoj sve se svodi na benefite, na privilegije i na novac, stanove i kuće, sređivanje poslova, političkih karijera, na sinekure i besplatno školovanje djece probranih, na nedodirljivi status u društvu. Imovina, bogatstvo, to je numero uno, a odličja, činovi, mahanje zastavama i polaganje vijenaca, dosadni govori i izdavanje knjiga ratnih sjećanja i monografija je tek performans, uigrana, ali nepodnošljivo glupa predstava licemjerja. Nenaplativost ljubavi prema 'rvatskoj je najgora laž koja je ikad izrečena jer se ona prava Hrvatska, domovina hrvatskog kmeta, katunara, seljaka, radnika, beskućnika, trgovkinje i rudara, seoskog učitelja i medicinske sestre, vozača tramvaja i komunalnog radnika, električara i raznosača pizze, uopće svih Hrvata-mrtvaca nigdje ne spominje kao stvarna zemlja stvarnih ljudi. Imam novu medievalnu Croatiu povampirenog plemstva i popova, imamo Hrvatsku kakva je bila 1527., 1713., 1848., 1868., i kava će biti kako sutra... Kmet nije išao u Domovinski rat jer je htio milijun njemačkih maraka, ali nije išao ni da mu se rat prizna samo kao ljubav prema domovini: kmet je ratovao da mu dijete, ako već ne on sam, ima budućnost (ma kako patetično ovo jest ili nije), koja će imati smisao za obitelj i koja neće biti neizvjesna i mrtva.

A što sad? Ništa, gotovo je, mislim za mene, moju obitelj i sve slične obitelji predstava se bliži kraju. Pojedine grane na obiteljskom nam stablu još su žive i davati će plodove, no moja grana umire, zastor se polako spušta i to ništa ne može zaustaviti.

U prvoj verziji teksta napisao sam neke stvari iz sjećanja na rat koje sam kod prvog prijepisa teksta izbacio: izbačene dijelove neću vratiti. Ne zbog obimnosti knjige već zbog teme i događaja o kojima sam pisao. Isprva otvorih dušu i kad sam pisao, plakao sam, doslovno i teško: bjehu to sjećanja na loše stvari iz rata i života gardista, hrvatskih bojovnika. Nije se radilo o bitkama nego o samoubojstvima, razorenim obiteljima, pomračenju uma hrvatskih ratnika, o stvarima o kojima svi šute, o nečijoj krivnji za suicide hrvatskih heroja u vrijeme rata! Ali ne mogu ja to, ne mogu povrijediti obitelji stradalih boraca, ne mogu otvoriti rane njihovih prijatelja. Neću probuditi nepodnošljivu bol onih kojima preminuli nedostaju više od samog života... Zato, samo ovo: prokleti do neba bili krivci za samoubojstva hrvatskih bojovnika u ratu! Ne mogu to drugačije reći: danas krivci slove kao visoki časnici, kao heroji, kao političke face i državni dužnosnici, a oni koje su ti isti „dični domoljubi branitelji” ubili svojim zlim činjenjem nestadoše, nitko o njima ni slova ni riječi...

Ne optužujem, iznosim ono što su za mene činjenice, što znači da mi se živo fućka jesu li moje činjenice i drugima to što su meni, dakle činjenice: nemaju me ničim ucijeniti 'rvatski bezmozgovni nemoralni ucjenjivači koji misle da svi imaju falsificirane životopise kao što su njihovi. Ne bojim se hadezeovskog ili sličnog chantaguera koji bi mi poslao do zla boga nepismeni e-mail tipa „ako ne prestaneš srati i odmah ne povučeš knjigu, mi ćemo te uništiti s tim i tim...”. Haha, otkad se to pijetao boji pilića, a lisica kokoši? Otkada janje napada kojota? Nek' se ne drogiraju smećem, očito im je i ono malo mozga što su imali sprženo lošim narkoticima. Na kraju dana kao rezime hrvatske povijesne zbiljnosti ovih trideset godina, ako je obitelj kao mjerilo analize, što imam i što imamo? Ništa. Promjena titulara vlasništva, promjena stila ophođenja (umjesto drugarice i drugovi rabi se dame i gospodo), himna je ostala ista, „Lijepa naša domovino” (s nešto malo izmijenjenim tekstom u odnosu na original), Hrvatska je 'rvacka, a za nas kmetove stara dobra Horvatska, komunistički moćnici sad su državni dužnosnici (njihova djeca i unuci, same komunjare su ostarjele ili pokrepale), dio bivših jenea podoficira i oficira danas su hrvatski časnici, milicionari su ili umirovljeni policajci ili visoko rangirani mupovci, neki od nekadašnjih političkih emigranata (kao i kod komunjara, više njihovi potomci) danas su istaknuti propovjednici domoljublja i oblikovatelji hrvatske povijesti zaposleni u državnoj službi; potom, bivši novinski proklamatori bratstva i jedinstva, socijalističkog samoupravljanja i programa SKJ danas su zakleti katolici, osvjedočeni domorodoljubi i sve'rvatski nacionalisti koji uporno pišu idiotske pamflete koje nitko inteligentan ne čita (neki su poznim godinama, pa svejedno kakaju na usta umjesto na stražnjicu), a hrvatski kmet je i dalje u govnima, sirotinja i Bogu teška, zgaženi je crv primoran raditi ono što radi svih trinaest stoljeća hrvatske opstojnosti, bespogovorno služi gospodare ma tko i kakvi oni bili. Uistinu, kažem, svjestan sam da je ova predstava impotentno lajanje na žarulju (kao Krele u „Kiklopu” Ranka Marinkovića), na hrvatsku stvarnost i ljude koji me neće niti žele slušati ni čitati. Ponekad se osjećam kao ulično pašče koje cvili ispred mesnice ne bi li mu mesarski kalfa bacio koju kost: naravno, ova predstava neće polučiti nikakav uspjeh, što je logična stvar i onda mi može biti ajnfah što će biti s knjigom, izuzev jedne jedine stvari. Mora biti objavljena, samo to. U tiskanom izdanju, kao e-knjiga, bilo kako, ali to moram učiniti, knjiga mora ostati kao trag iza mene jer imam pravo reći što mislim čak i ako je moje mišljenje suprotno mišljenjima svih Hrvata- grobara (i ponekih mrtvaca, jasno)...

Istraživanje obiteljskih istina i laži po logici stvari zahtijeva naoružanje u vidu provjerljivih informacija, datuma, mjesta događanja, ljudi, nazivlja, objašnjenja preko presuda, zakona i uopće artefakata, ponajprije pismena, novina, fotografija i svega ostalog. Također, obvezatno je razgovarati sa što više izravnih svjedoka vremena (ako ima živih) ili persona koje su krvnim i drugim vezama „spojeni” s predmetnim zbivanjima i osobama, a što me dovodi do sljedećeg: u nekim scenama predstave inzistiram na povijesnim faktima, neke stvari sam dodao, opisi i osobne reminiscencije dolaze kao elementi impresije i ukrasna su forma i ne narušavaju koncept, smisao, pa time i vjerodostojnost priče. Hoću reći, hvalevrijedno je znati nešto o hrvatskoj povijesti ako je to znanje suprotno ili barem bitno drugačije od službene, državnim reskriptom proglašene povijesne „istine”: godinama sam gutao i trpio laži i preglupa miješanja idiota koji o hrvatskoj prošlosti, napose o patnji hrvatskog kmeta ne znaju baš ništa. Primjera radi, postoji tako u 'rvackoj lik opskuran, povjesničar, političar, nad'rvatski nacionalist, lik tragikomičan u svojoj upornosti falsificiranja povijesti i nametanja vlastitih „povijesnih istina” kao službenih, pojava je to frustrirana i u dubini nacionalno i vjerski zbunjena, upravo nepronađena; postoji on kao još jedan trol hrvatskog političkog bludilišta u kojem je spomenuti i pružatelj usluga i korisnik, to jest mušterija i koji uporno dosađuje javnosti svojim imbecilnim nastupima koji nemaju ni glave ni repa, ni smisla ni poante. U realnom svijetu ovaj je cilindraški doktor znanosti tek sitni sinekurist koji hoda okolo pod državnim institucijama i moljaka novac za izdavanje svojih stupidnih knjiga i oživotvorenje još glupljih nazovi znanstvenih i političkih projekata od kojih nitko živ, osim njega samog, nema baš nikakve koristi. On je ne baš elokventan cilindraški znanstvenik s titulom doktora, pravaš po svom dubokom uvjerenju i jednako tko veliki 'rvat, Nad'rvat, Sve'rvat i nacionalist za primjer i branitelj svega što miriše na 'rvatstvo 'rvacke od stoljeća sedmog, on je djelatnik znanosti koji je cijeli svoj (za Hrvatsku nebitni) politički, znanstveni i ini vijek podredio izgradnji nove „istinite 'rvacke povijesti" i nametanje te istine i državi i narodu kao neprikosnovenu vrijednost za vječnost. U njegovom poimanju novije hrvatske prošlosti ustaše su bili iznimni domoljubi, borci za slobodu i oličenje dobrote, pravednosti i humanog postupanja u ratu, pak shodno tome dotični cilindraš sve one koji drugačije misle proglašava antihrvatskim elementima, neprijateljima 'rvatske i jugofilima, komunistima i srbočetnicima! Doktorova ingeniozna teza kako Hrvatska svršetkom Drugog svjetskog rata godine 1945. nije oslobođena već zvjerski okupirana (što je idiotizam jer pobijeđene su nacističke snage Velikog Reicha, a pitanje odgovornosti pobjednika za nesumnjiva zvjerstva nad civilnim stanovništvom i ratnim zarobljenicima ne poništava povijesnu istinu da je borba protiv nacizma i fašizma de facto i de jure smjestila Hrvatsku na stranu pobjednika: dakako, ovime ne iskazujem podršku komunistima nego iznosim činjenicu, a inzistiranje da je endehazija kao protektorat Velikog Reicha bila pozitivna pojava je negiranje ustaškog režima kao najveće sramote hrvatske povijesti), kako Jasenovac i ostala ustaška stratišta nisu bila nego radni i edukacijski logori u kojima je smještaj bio hotelski, uvjeti sjajni, a nije nedostajalo ni zabave i sporta, a s druge strane, da su partizani i antifašistički pokret kao takav bili po svemu veleizdajnički, nehrvatski i prosrspko četnički usmjereni banditi koji su ilegalnim djelovanjem pokušali rušiti državu NDH i njezin zakoniti sustav i vlast ne bi bilo opasno da ovaj trol tu kretensku tezu kroz politiku ne nameće kao snažnu istinu protiv koje nitko nema pravo ni zucnuti! Hm, premda sam protivnik ulaska na teren privatne sfere bilo koga u bilo kojoj raspravi, ovdje (nažalost i u mnogim drugim slučajevima) bez toga ne ide: kad se netko srami vlastite krvi i vlastite obiteljske povijesti, pače i vjere koja je u obitelji stoljećima, onda sve što ta pojava čini je lažno, licemjerno i zlo. Glorifikacija ustaškog režima, banaliziranje nesumnjivih ratnih zločina (za što dokaze nije potrebno tražiti u komunističkoj historiografiji već je dovoljno malo prošvrljati njemačke arhive s naglaskom na izvješća njemačkog opunomoćenika za NDH, ratna izvješća komandanta Grupa armija F i E, izvješća komandanta za Jugoistok, izvješća komandanta II oklopne armije itd. i odmah će čak i potpuni amateri u istraživanju povijesti dobiti vrlo jasnu sliku o endehaziji), negiranje zločina zloglasne SS Handžar divizije i uopće iskrivljavanje povijesnih činjenica na brutalno glup način nije samo nepristojno i ne spada tek u birtijaške eskapade znanstveno, intelektualno i ljudski neostvarenog provincijskog cilindraškog kvaziznanstvenika u doktorskom rangu nego je to umobolno i po hrvatsku budućnost kancerogeno djelovanje. Njegova javno dostupna biografija, kojom se ovaj čudnovati svat diči je smeće s čime se nijedan pošteni čovjek ne bi hvalio, a još manje ponosio. On je bio član ustaškog pokreta u emigraciji, organizacije koja nije bila skup političkih analfabeta nego strogo ustrojeni pokret koji je 1956. osnovao bivši poglavnik, hrvatski veleizdajnik Ante Pavelić, kukavički bjegunac, lizač stražnjice Benita Musollinia i Adolfa Hitlera (za potonjeg poglavnik je bio tek šef govnarske države: kancelar Reicha nije podnosio Pavelića, ali ni bilo kojeg kvinslinškog slugu i da je pobijedio, mrtva tijela dotičnih otišla bi u dim, kao i milijuna žrtava ne samo die Endlösung der Judenfrage, već svih suvišnih i bezvrijednih „Untermenscha", neljudi, inferiornih bića svemoćnim nadljudima čiste   arijevske rase (nije Hitler izmislio taj naziv, vjerojatno prvi ga je rabio stanoviti Amerikanac imena Lothropp Stoddard, KKK-ovac, u svojoj knjizi „The Revolt Against Civilization: The Menace of the Underman" iz 1922., a za što nisam posve siguran da predmetni doktor znanosti zna, a ako zna, to je još jedan problem u njegovom tzv. znanstvenom radu), koji je u maniri savršenog izdajnika i prodane duše dao hrvatsku krunu, na koju nije imao nikakvo pravo ni da je posjeduje ni da je dijeli okolo kao jabuke, u ovoj predstavi već nekoliko puta spomenutom stanovitom Talijanu, nesretnom vojvodi od Spoleta (koji time nije bio ni najmanje počašćen), koji je morao, kao svaka vele'rvatska pizda odšutjeti kad su Mađari uzeli Međimurje i još koji komad Hrvatske, a fašisti odsjekli od Hrvatske cijelu Dalmaciju, otoke i došli na pola Like temeljem Rimskih ugovora, i kad su prava vlast u njegovoj „državi" bili generali Wehrmachta Kasche i Horstenau, kasnije i ostali prolazeći generali, a ne njegova vlada s njim na čelu, koji je bio sve samo ne Hrvat i na čijim je rukama krv desetina tisuća svirepo ubijenih Hrvata, Srba, Židova, Roma i drugih koji mu nisu bili po volji (u čemu je, baš poput mu gazde Hitlera, ponekad bio prilično nevjerodostojan jer je imao Srbe generale u svojoj vojsci, a i pripadnici ustaške vlasti na najvišoj razini bjehu u brakovima s ne baš arijevski čistim suprugama i supružnicama), znači amoralna anti-hrvatska nakaza (koji je nakon bijega iz Jugoslavije živio od fašističke milostinje i slovio kao još jedan štakor na hrani velikog Ducea (koji pak neke konkretnije planove s njim i nije imao, kao ni Hitler s Jugo-slavijom) je uzor domoljublja i 'rvatstva jednom cilindraškom doktoru znanosti koji je slijedom rutinskog djelovanja 'rvatske političke travestije došao na glas kao 'rvatski domoljub erste klase i kao takav docira Hrvatima o tome što je „pravo 'rvatstvo" previše godina. Rođenjem i obiteljski musliman, koji glupo glu-mi velikog proustaškog fake-katolika endehzaijskog tipa, možda je teško psihički bolestan. Drugačije se ne može objasniti to da je potomak bošnjačke, nekada bogate i ugledne obitelji, koja se istakla uza vrijeme NDH spašavanjem Židova pristupio HOP-u bivšeg poglavnika i da je cijeli njegov politički i ini habitus vezan uz veličanje ustaške države i banalizaciju holokausta na teritoriju endehazije. Doduše, pritisnut jav-nim zgražanjem, ali prvenstveno zbog osobnih materijalnih probitaka ovaj „povjesničar" revidira, baš kao svaki kukavica, kad ga se stjera u kut, svoje stavove i prijašnje slavljenje ustaša preimenuje u mlaku i neiskrenu osudu kazavši da su ustaški zločini „najveći moralni propust u povijesti hrvatskoga naroda", a u što ni on sam ne vjeruje. Nemajući elementarne hrabrosti stati ispred svog života, ovaj šank-ustaša svoje ustaštvo brani mladalačkim sljepilom, međutim godine 2012. propast endehazije decidirano naziva „naj-većom nacionalnom tragedijom i porazom za Hrvatsku", čime je, a da možda ni sam nije toga svjestan, otvoreno pljunuo na grobove i kosti svojih predaka koji su nositelji odličja Pravednici među narodima. Dakle, netko moralno i ljudski potpuno razriven, nacionalno i vjerski bipolaran (jedno prema javnosti, drugo, i to možda, prema sebi) znanstveno cilindraš i vrlo štetan po duhovno i psihičko stanje hrvatskog naroda, pored svih gluposti koje nosi u CV, uz sve svinjarije koje je izgovorio i činio kao političar i tzv. javna osoba, još si je uzeo za pravo biti odvjetnik Domovinskog rata u kome nije sudjelovao! Rođen je sedamdeset i treće, mogao je da je htio i bio muškarac i domoljub, kakvim se pravio, uzeti pušku i pris-tupiti nekoj od gardijskih brigada i dokazati svoje vele'rvatstvo na bojištu. Naravno, nije to učinio jer takvi ustašuju kod šanka, za sveučilišnom katedrom i ispod cirkuskog šatora na kakvom proustaškom derneku. Hajde, da mu baš sasvim ne sudim, nije jedini koji misli da može prosuđivati što jest Domovinski rat, me-đutim uzeo sam ga kao primjer i ilustraciju ovog prizora ove završne scene predstave zbog nečega drugog: prijetvornosti i odricanja od svojih korijena. Kako netko tko sebe smatra Hrvatom može zasmraditi svoje korijenje? Ne kažem da se to ne smije, naposljetku, svi smo odgovorni za svoje postupke, ali... Potječe iz ugledne imućne obitelji koja se tijekom rata istakla humanošću i pomaganjem žrtvama nacizma i ustaštva. Nije hrvatski kmet, nije Hrvat-mrtvac: s tim ima problem, postoje li Hrvati muslimani, Hrvati pravoslavci ili su Hrvati isključivo katolici? Ja ne mogu odgovoriti na ovo pitanje, to je u „nadležnosti" desničara, nacionalista, nad'rvatskih nadomoljuba, nije na meni. A onda ako netko ima stoljetnu obiteljsku tradiciju u muslimanskoj vjeri, kako se može proglasiti Hrvatom? Po državljanstvu da, ali nacionalno? Jasno, idiotski problem. Mogu i ovako postaviti stvar: ako živim u Americi, primim američko državljanstvo, jesam li zato manje Hrvat ili sam time prestao biti Hrvat? Jesam li pravi Amerikanac? Mislim da ne. Dakle, gospodin dr.sci. može biti i jest državljanin Hrvatske, ali on je Bošnjak rođenjem, to je k'o jedan kroz jedan. Sva-kako, neka bude što želi biti, neka bude Hrvat-grobar, veleustaša, Sve'rvat, briga me, stvarno, ali molim lijepo, zašto se okrenuo protiv moralnih, humanih i vjerskih načela svojih predaka? Tek kad odgovori na to moći ću njegove spisateljske uratke „stvarno pomnije" pročitati i iznova ga prosuditi kao pozornosti vrijednu pojavu na estradi 'rvatskog političkog kupleraja. A ako cjelokupno njegovo trošenje života i pris-tupanje nostalgičarima za endehazijom dolazi od podsvjesne želje za osvetom komunistima i partizanima koji su zvjerski ubili članove njegove obitelji, ah, u tom slučaju ga mogu razumjeti (zbog iste priče u mojoj obitelji), ali ne i opravdati njegove postupke, mišljenje i izgovorene riječi, na što sve ima apsolutno pravo. Kažem, ako je to tako, neka je, samo što u tome nema ljudskog poštenja. Ja ne idem tim putem. Stvar je izbora i osobne odluke, ali i ali, ne vidim ništa dobro u prijelazu na suprotnu (ratnu) stranu s naka-nom da „se osvetim" ubojicama mog prastrica i mučiteljima mog djeda i ostalih članova obitelji godine 1945.: čovjek postaje zvijer kad preuzme obličje zvijeri...

Domovinski rat je ostao nedefiniran jer je pobjedi nad srbočetničkom žgadijom promijenjena poanta:

Hrvatska za koju se borilo ne postoji. Rekoh to i reći ću milijun puta. Točka.

Devedeset i pete tadašnji predsjednik naše Republike, a njegove 'rvacke, ganut, samozaljubljen u vlastitu povijesnu veličinu i značaj uzviknuo je:„Imamo je!". Danas, dvadeset i šest godina kasnije ja tek konstatiram u bijedi vlastite beznačajnosti: „Nemamo je!". Nemamo Hrvatsku, no doduše, imamo njihovu 'rvacku....

Više od četiri godine tekla je hrvatska krv iz gnojnih rana domovine s malim „d": u kao olovo teškim ratnim godinama ginulo se u Hrvatskoj i u Bosni i Hercegovini, branila i oslobađala hrvatska gruda od četnika (jedno vrijeme trajao je hrvatsko-bošnjački rat u BiH: znam to, bio sam tamo), ratne godine pune jauka ranjenih, zapomaganja nevinih stradalih civila, žena, staraca i djece, godine pakla rata i smrti, grobova i grobišta, stratišta, srpskih konclogora, pljački i uništavanja. Također, bjehu to godine bogaćenja velikih 'rvatina, godine otimanja bogatstva domovine, prisvajanja svega što se ukrasti moglo, godine pripremanja za otvoreni juriš na hrvatsko blago nakon pobjede, uzdizanja novog 'rvatskog plemstva, jebene demokratske aristokracije. Vlast se dvadeset i šest godina usavršavala u krađi, lopovluku i u lažima i nakon tako duge prakse gotovo je nemoguće bilo što promijeniti. Hrvatski je kmet vraćen u kmetstvo, u neslobodu, a njegovu djecu uče lažima...

Lažem o lažima? Volio bih da je tako. Ne znam kako je bilo poslije 2001., ali do tada vojarna u Varaždinu, u kojoj je bila smještena moja bivša gardijska brigada nosila je „znamenito ime hrvatskog vojskovođe i junaka Ivana V. Draškovića", što je trebao biti zoran primjer današnjim hrvatskim junacima kao podstrek na njihovu službu Domovini s velikim „D". Da, samo što dotični Ivan V. Drašković nije bio nikakav nadnaravni hrvatski junak oka sokolova i desnice čvrste nego samo jedan u nizu sluga sluga tuđina i izdajnika Hrvatske (danas bi se njegova Hrvatska zvala 'rvacka jer on, kao hrvatski grof s Hrvatskom hrvatskoga kmeta nije imao savršeno ništa). Dobro, gardiste nije bilo briga za grofa Draškovića i ne vjerujem da je više od jedan posto ljudi koji su radili u vojarni uopće znalo tko je bio tip čije ime je nosila vojarna, ali to nije ni važno: krucijalna stvar je to što je „priča" o imenu vojarne novi dokaz vjerodostojnosti mojih riječi izrečenih u ovoj predstavi.

Tko je bio Ivan V. Drašković? Sve samo ne hrvatina, jedan ne osobito vrijedan primjerak domoljuba kome bi se trebalo diviti i štovati ga kao božanstvo. Najkraće kazano, bio je Ivan V. Drašković prosječno dosadan tip hrvatskog grofa čija je biografija jednako dosadna jer nije hrvatski obojena, nije hrvatstvom obilježena. Ne znam koji je pametnjaković odlučio nazvati vojarnu imenom jednog austrijskog habsburškog generala, ali nekako mislim da je ispodprosječno neinteligentan pedeovac, časnik za političku djelatnost dobio zadaću pronaći odgovarajuće ime hrvatske junačine s povijesnim pedigreom, pak je, ne znajući što drugo, otišao u knjižnicu (jer da postoji Državni arhiv u Varaždinu ovaj odoraški klaun s časničkim epoletama sumnjam da je znao) i, barem nešto, zamolio za pomoć i vrijedna mu je knjižičarka iskopala ime generala iz roda Draškovića koji je imao nekakvu vezu s Varaždinom. Obzirom na to da nadređeni imenu vojarne nisu pridavali osobiti značaj, izuzev izvršenja zapovijedi o pronalaksu imena, kako bi sve to skupa bilo po volji onih gore u Zagrebu (dakako, vojska ratuje, ne bavi se glupostima), objeručke su se složili s predloženim imenom, a pedeovac je sav sjajio sretan zbog odlično obavljene zadaće, haha. Međutim, tko je bio Ivan V. Drašković?

Godine 1733. krepao je u gradu Varaždinu i da nije marnog pedeovca, vjerojatno bi ostao zaboravljen kao samo još jedan hrvatski grof u armiji grofova koji baš ničim nisu zadužili Hrvatsku i naš narod. Rođen sa zlatnom žlicom u ustima, ovaj tip nije morao brinuti ni što će ni kako će to biti s njim u životu: grofovima, osim ako nisu totalni kreteni i ako ih „povijesna zbiljnost" ne nadmaši u svinjarijama, život je prolazio bez izrazitijih stresnih situacija, a kako je predmetni grof živio s kraja sedamnaestog i u prvoj polovici osamnaestog stoljeća, kada srednjovjekovni mrak bješe sve dalja prošlost, budućnost sina grofa i austrijskog podmaršala Ivana V. Draškovića bješe više nego ružičasta. Pripadnik, kako se kaže, starodrevne velikaške obitelji Drašković, Ivan V. imao je sve predispozicije živjeti život u punini grofovske časti i slave. Doduše, „starodrevna" hrvatska velikaška obitelj je fraza koja izaziva divljenje, no je li baš tako? Draškovići sve do kasnih desetljeća šesnaestog stoljeća nisu bili osobito moćni: slovili su kao dobri sluge, davali su biskupe i carske i kraljevske slugane, bjehu vojnici, ali nisu bili približno moćni poput Zrinskih i

Frankopana. Jedan povijesni izvor, Modruški urbar iz 1486., navodi kako je plemićka obitelj Drašković posjedovala sedam kmetskih gazdinstava. Dokument iz 1520. spominje Bartola Draškovića kao tajnika Dore Frankopan: dakle, u to vrijeme Draškovići bjehu nešto poput plemićkih „zaposlenika" hrvatskog visokog plemstva. Od Bartola počinje uspon Draškovića: njegov najstariji sin Juraj doista je bio probitačan, talentiran i nadasve koristan, mislim koristan za Habsburgovce. Juraj Drašković je baš onaj lik, ono plemićko govno koje je dalo poklati tisuće hrvatskih kmetova godine 1573.! Juraj Drašković, hrvatski ban i biskup, a pred kraj života i kardinal, baš ničim nije zaslužio naslov hrvatskog velikana osim jedne nepobitne „titule": ubojice nedužnih ljudi, krvnika hrvatskog kmeta i hrvatskog naroda! Eh, sad, malo pretjerujem jer sam ga do sada spomenuo nekoliko puta, haha, i ja sam mu dajem veći značaj nego što ga je zaslužio, ali ovdje se radi o negativnom značaju, ne o hvalevrijednim dosezima ovog bana i biskupa. A koliko je bio koristan dinastiji Habsburg govori to da je od cara Maksimilijana Habsburškog primio naslov baruna godine 1567.! (Tu je Krleža malo pogriješio, rekoh ranije, nazvavši ga grofom jer je taj naslov obitelj Drašković stekla tek 1631., kad je car Ferdinand II. okitio Ivana II. Draškovića grofovstvom zbog naročitih zasluga za carevinu.) Kod ovoga je zanimljivo kako su došli u posjed dvorca Trakošćan: godine 1569. braća Gašpar I. i Juraj Drašković dobili su pravo uživanja dvorca i posjeda Trakošćan na ime neisplaćene banske plaće, da bi godine 1584. stekli puno pravo na posjed: stvarno interesantno, ali i tako habsburški dosadno. Banovi, generali, borci protiv osmanlijskih osvajača, znameniti velikaši, moćnici, Hrvati, bla bla, ali u biti bjehu tek jedno svi potomci Baratola Draškovića: sluge Habsburga! Za svoju odanost stjecali su naslove, imanja, bogatstvo i s time je dolazila i politička moć, utjecaj koji su znali dobro unovčiti. Ivan V. Drašković jednako je tako postupao, ako ne i više od toga, s obzirom na vojno i političko stanje monarhije tog vremena. No što bješe s tim Ivanom V.? Do zadnje kapi svoje krvi bio je odan caru i kući Habsburg. Ovaj relativno dobar austrijski oficir u vojsci monarhije napredovao je do ranga podmaršala, a istakao se u borbama protiv svih strana koje su prijetila bečkim okrunjenim glavurdama. Ratovao je protiv erdeljskog kneza Franje II. Rakoczya (što mu je jedan veliki minus i dokazuje da nije disao hrvatski: ovaj je Franjo bio unuk velikog hrvatskog junaka Petra Zrinskog, što otvara pogled na „veličinu hrvatstva" Ivana V. Draškovića) i protiv Turaka. Dogurao je do položaja savjetnika Ratnog vijeća, banskog namjesnika i hrvatskog bana i glavnog zapovjednika Banske krajine. Što se tiče ostalih postignuća, obnovio je dvorac Trakošćan s okolišem. Lijepo, ali uistinu je pitanje, realno i logično, čime je zadužio Hrvatsku da vojarna gardijske brigade dobije ime po njemu? Odživio je svoj velebni i uspješni (za Hrvatsku hrvatskoga kmeta potpuno nevažan) život stječući činove, dužnosti, naslove i novac na tada uobičajeni način pokornog sluge incestuozne dinastije Habsburg. Njegov životopis ne sadrži ništa nadzemaljski velebno, za Hrvatsku bitno. Osim jedne stvari, ah, skoro sam zaboravio možda najvrijedniju informaciju o ovom grofu! Naime, Ivan V. Drašković uložio je sav svoj utjecaj, političku i vojnu moć, svoj grofovski status i ime za spas dinastije Habsburg i time je osramotio Hrvatsku i upisao se kao još jedan veleizdajnik Hrvatske! On je bio zagovaratelj, pače vatreni podržavatelj Pragmatične sankcije kojim je pravo nasljeđivanja krune dobila i ženska loza Habsburgovaca, ovdje utjelovljenoj u bludnici Mariji Tereziji! Tako je Ivan V. Drašković, hrvatski grof, general i podmaršal, hrvatski ban etc. velikim slovima stvarno upisan na listu hrvatskih sramota od stoljeća sedmog do dana današnjeg! I sad, kao zaključak: vojarna je nosila ime grofa koji se istakao time što je do zadnjeg dana svog imbecilnog života bio u službi Beča, te je u povijest ušao kao jedan od sramotnika koji su glasovanjem za Pragmatičnu sankciju godine 1712. omogućili austrijskim carskim i kraljevskim prokletinjama legalno slanje u smrt stotina tisuća hrvatskih kmetova u svim ratovima koji su uslijedili, zaključno s najvećim klanjem, Velikim ratom 1914.-1918.! Ako je to povijesna veličina Ivana V. Draškovića, onda neka bude, pa je ukrašavanje vojarne gardijske brigade njegovim imenom sjajan potez 'rvatina imena 'rvckog! Hvala na grofu Ivanu V. Draškoviću, hvala, ali nemojte više, molim vas...

„Se je to skiseljeni čušpajz, nikaj već, ništkoristi, uštrojeni bicko nemre odojke delati i to tak ide, a trebalo je bicka vštrojiti i onda par meseci ga dobre hraniti i tek poklem zaklati, gda zgubi onaj njuh... Horvatska je z debeli železnim štrikom zvezana , na prangeru svojih sramot visi i na vetru jada pleše morti zadnji ples naša horvatska trobojka, visi nad izdanom horvatskom nam zemlicom, nad ljudima horvatskim, nad horvatskim kmetom i nad grobima horvatskih soldata, najbolših sina domovine Horvatske. Ve, gda sme kakti v Evropi i v NATO savezu, kaj vre imame neg nikaj več, nikaj nemame, ni Horvatsku ni naš kajkavski, pa si gruntam kak nam je iste črne kak onda gda ni bile jogurta i gda nisme leta osamdeset i petog smeli popevati popevku iz devedeset i devete... Stari se frontaši vlečeju skoram pa praznom nam Horvatskom kak prebiti cucki, mladi bežiju, starši su lačni, radniki dela nemaju ili delaju za ništ, male šteri se kmet smeje, nikome do smeha ni, a kajkavska se reč se manje čuje, horvatski jezik nestaje, same engleski i švapski i nišće nikoga ne razme i si se delaju bedasti, gluhi i slepi. Vlast nam je izdala se za kaj se ginule v Domovinskemu ratu, sirotinje nigdar ni bile več, a laž je ve jakša od istine, a izdaja je zakon postala. Ljudi dragi, Horvatska je izdana i prodana za manj neg kaj je Juda prodal Jezuša! Same, kaj mi vredi ovo pripovedati, nišče me ionak ne čuje niti me hoče čuti! Thai je bil nikaj prema ovima danes, a takih kaj bi poslali smert na horvatske kmete, kakšni je bil Juraj Drašković, takšnih nam je puna Horvatska, puna je izdajnikov i prodanih duš! Slepi sme mi kmeti i bedasti kak kokoš navečer predi ide spat! V gardi sme bili, ratuvali, a pitam se ja zakaj sme v rat otišli? Zakaj? Za tri put strelati v zrak gda krepamo, za zastavu na lesu (vrapca njihovog, kak vole imiterjati Amere, to ni za gledati), za šet minut govora kakšnog bedaka, pa ak se za to moralo v rat, bolše da tega rata vidli nisme, bi bile fino fajn da sme otišli v Minhen diviziju i čekali do kraja rata, da vidime kaj bu s tim ratom ili ne bu, i onda se prejde strani koja bi bila jača... Jedine kaj sme trebali napraviti je te da sme z metkom v cevi morali jake vikati „Halt! Wer das!" pred našim političkim gazdama i vlasti našoj ak bi se hteli pomaknuti prema nami, lepo im sprašiti sitnu sačmu v guzicu, pa bi si mislili (ne, normalni metek 7.62x39 mm je preskupi za njih, ne kopfšus, bi mi v feldreštu završili, a nijeden od političkih štakorof tega ni vreden). Kaj nam ni dosti muke i brez sega tega? Kaj pripovedm, ni kmet nigdar bil ni za kaj osim za delati i krepati, a meni se ima hmreti sikak, htel to ili ne, se je na dragome Bogu. A ak je na tapeti kakšna privilegija, penezi kaj su branitelji (neki, ne si) od države dobili, ne zate kaj bi lakše živeli, nikak te, nego kaj bi za hadezejovce glasali, kaj je to, nikaj, nek ide vu vražju mater, kasne je cvileti kad je se gotove. Register branitelja, pa ga ima, pa ga ni, penzije i medalje, činovi i statusi, kaj je to, nikaj več, leta su otišla i se je bile pa prošle. Sem se smijal, za-praf, nisem znal kaj bi predi, smijal se ili plakal, haha. Ministarstvo je javne objavile kak obitelji branitelja kaj su krepali moreju dojti do penez nakon kaj su krepali, pardon, prosim lepo, veli se, hmrli! Kaj ne bi bile poštene ljudski da je ministarstvo dale peneze gda su veterani bili živi? Ovak ispada da bi ratni vete-ran trebal hmreti da bi se država hitila v trošek i pomogla familiji o kojoj ni htela ni čuti dok je ovaj kaj je hmrl bil i te kak živ! Ne mislim reči da bi se trebale prema veteranima biti kak razmaženoj balavurdiji i dati im se kaj si zaprdenju, ali da bi neko poštuvanje trebale biti, to je praf istina! Mesto časti stvoreni su „branitelji", od kojih preveč živiju kak biki na gmajni, a to neje horvatski! Hadezejci i esdepejci su dezer-terima dali statuse, čine i medalje i sad ovi kak nalickani klauni se šečeju 'rvackom i pripovedaju bedas-toće, lažeju i sramotu nam delaju, nami, starim soldatima i našoj Horvatskoj! Ampak, kaj ve moreme, cajt-not je prišel, za hmreti nam je..."

Dvadeset i šest godina nakon rata ratni su veterani malo drugačiji no što su bili devedesetih. Nisu (ni-smo) više mladići puni poleta i snage, nema više junaštva i nepromišljene hrabrosti iskazane na bojnom polju, pri spašavanju ranjenog suborca i brzom izvršenju zadaće. Ničega ratnog više nema i stoga priz-najem, bio sam preoštar u prosudbi postupanja ranih veterana (ne branitelja iz kvote maminih sineka Min-hen divizije). Nekada mladi bojovnici, sad se na obljetnicama, na pogrebima, na javnim skupovima pojavljuju kao zbunjeni ostarjeli voštani polupokretni kipovi, loši plagijati i preslike nekadašnjih gardista, pa čak ni to. Odjeveni u izgužvane stare odore sa znakovljem ratnih postrojbi, noseći minijature odličja na lijevoj strani grudi kao insignije vremena koje danas ne znači baš ništa, tromi, šepavi, s pivskim trbusima, u preuskim travericama i s jeftinim naočalama za sunce na facama, s vonjem jutarnjih obligatnih miro-gojčeka, duplih kava s mineralnom i prvih pet popušenih cigareta, ovi se davnašnji borci nespretno guraju postrojeni ispred bande političara, dužnosnika, ispred tv kamera i novinskih foto-aparata kao relikvije go-dina koje zaudaraju na laž, izdaju i novac. U privatnim džepovima, iz erarske kase. Glupe nulerice frizure, sve u želji da i u staračkim godinama izgledaju strogo vojnički, ratni se veterani svjesno poniža-vaju u nazočnosti hadezeovske, esdepeovske i ine bande izdajnika i svjesno pristaju igrati u perfomansu lažnog pijeteta: bivši visoki časnici, niži časnici, dočasnici, gardisti, vojnici, policajci, specijalci, svi re-dom, poput ne baš dobro dresiranih lutaka igraju loš dramulet teatralnog nečega što nije počast žrtvama za Hrvatsku nego prozirni licemjerni cirkus kupovine izbornih glasova i pokušaj pranja prljave savjesti pred javnosti kojoj do toga ionako nije stalo. U nakaradnom plesu ratni veterani svjesno, za mizerni tringeld izvode umobolnu scenu prisjećanja na rat iako znaju, bolje od njihovih političkih mentora, da to veze s ra-tom nema i da se poginuli hrvatski bojovnici okreću u grobovima zbog svega toga! U ovoj gluposti fraza „mi smo stvorili Hrvatsku" ima upravo nemjerljivu ulogu iako nije posve jasno na koga se odnosi ono „mi": ako na političare, stvar je degutantna jer oni su uništavatelji Hrvatske, ne stvaratelji, a ako pak se misli na ratne veterane, pitanje je na koju se Hrvatsku misli, na Hrvatsku hrvatskoga naroda, hrvatskog kmeta ili na 'rvacku onog ološa od bivših komunista, emigrantskog smeća i svih njima pridruženih žohara i stjenica, uključivo i famoznu treću grupu hrvatskih likova, neutralnu KVP hordu „ne bi se štel mešati"...

Ovo nije moja Hrvatska, ovo nije Hrvatska hrvatskoga kmeta, ovo je njihova Hrvatska, 'rvacka, ovo je grobarska Hrvatska, danas, kao što je bila jučer, 1945., 1941., 1918., 1868., 1848., 1712., 1573., 1527., 1409., 1397., 1209., 1102. i u svim godinama u međuvremenu. Ponavljam, moje hrvatstvo nije 'rvatstvo hrvatskih grofova i biskupa, moje hrvatstvo nije 'rvatstvo onih koji su krv hrvatskih vojnika uprljali zlom, pohlepom i izdajom Hrvatske! Premijeri i predsjednici države i sabora, zastupnici i vijećnici, župani i gradonačelnici, ministri i tajnici, savjetnici i predsjednici državnih firmi, agencija i upravitelji svega i sva-čega, akademici, u HAZU i izvan te udruge metuzalemskih samodopadnih sinekurista, guverneri i vice-guverneri HNB-a, šefovi ovoga i onoga, veleposlanici i uopće oni koji dolaze iz diplomatskog brloga, taj-kuni svake fele, fiškali, suci i javni bilježnici, predsjednici komora svih vrsta i podvrsta, sindikalisti (oso-bita zvjerad nedostojna poštovanja), vlasnici medija, novinari, kolumnisti, biskupi, prelati i plebanuši, pa generali, politički moćnici u mirovini, sive eminencije vladajućih bandi i sportska mafija, naročito nogo-metna, književnici, umjetnici i intelektualci opće prakse, uglavnom svi spadaju u red nove 'rvatske stvar-nosti, svatko od njih ponaosob i svi zajedno drže određena im mjesta na piramidi demokratske 'rvatske aristokracije. Od prvog do posljednjeg su ponosni članovi vladajuće kamarile i svatko od njih prima plaću, koristi privilegije i ima životni standard kakav nitko od hrvatskih kmetova (i ja, znači) nikad nije imao niti će imati.

Scena: Obitelj, a na kraju nisam saznao puno više od ništa

„Priznam, nemam kaj skrivati pred Bogom ni pred ljudimi, od časa do časa me spopadne nekaj, kak se to vučeno veli, lucida intervalla, i vu tem sem času baš od vole nekaj bedastoga nažvrljati na paper i koje-česa od smetja napišem makar verujem da nišče na celemu svetu to ne razme se da i hoče pročitati kaj je opalo z moje bedaste glave. I jednak tak, ak bi se zele za ozbiljne moje reči, v kaj sumnjam, se kaj je od mene ni bog i bogme nikaj kaj vre nešče drugi ni povedal, zapisal, snimil i objavil. Kak čovek nemre iti i vrit i mimo, sem ispripovedal kak sem mogel, a če sem kaj zajebal, bi prosil nek mi se ne zameri, bedak je bedak i ovak i onak. Je, ni me preveč briga kaj buju ljudi rekli, prestari sem i prevečtega sem prek hrpta prehitil, a ni cajta več nemam. Goteve je. Vre sem prešel pol sveta i gda mi za hmereti dojde, nek odidem na onaj svet mirne duše, spokojen kak saki pošteni čovek. I još ove moram povedati: ak zemem si ale-girati tu i tam, to neje same zate jer nisam spameten i ne znam ništ svojega zgruntati i na paper deti, neg je zate kaj su velki ljudi, o kojima decu v školi vučiju, jel tak, skužili kaj je življenje i kaj je čovek vu tem svojem življenju i kaj, ak je tak, more i leve i desne, i gore i dole, i sim i tam iti, more se srušiti i zdiči, more pune tega i ak pri temu Boga ne kune i ljude ne napada, kaj onda kaj dela, je svet dosti velki za se i za sakoga. Zate velim: nek ova knjiga o mojoj družini i meni samome bu ošasno dobro, reči kaj su po pra-vici kenug za jenega blatotepa i nek, po Kristušu mi bu sujeno, ostane kak sem povedal i ovo potpisal.

A kaj se zbile po pravici Boga? Sekaj teškega, malo kaj dobrega, sega čudnovetega, i belega i črnega, sega kaj saka hiža po priliki more imeti, a puno njih i ima: sečam se dobre gusnatoga vaštiša v hiži Velke bake, tam v starem Pavelićevom naselju, sečam se starega šparheta na drva i vuglen i stare vekerice kaj kak da se štimala s svojim tik-tak i s ognjem, kak je pucketal suk v šparhetu, još mi se diši po jabukami složenim na kredencu i hrpi jabučnih kori na čošku šparheta, pune tega se sečam, starih tanjurov i plehnate šalice za belu kavu, velkog sivog zlupanog vešlonca, napukle rifljače i tam v kutu, kante za pepel i šerajzlina, se kak ve se zmislim, i slike svecov po zidima, križeka s Jezušem i štorklina drvenoga i soze mi dojdeju gda se sega zmislim. Vu kervi se ove nosim oduvek i tu vu Ameriki takaj, nosim to v sebi bez tega sem nič, nikaj. Onega dneva gda se bum s svim svojim srel tam na onemu svetu, se bum ih mogel pitati, puno tega, ampak za ve, naj bu ovak. Se ih volim i puno mi faliju...

Dve fele moje familije: jenaki, a drugačni, razdvojeni letama i stoletjima i svezani z jenim brakom šteri ni trajal dosti dugo pa nikaj se ni primile med granami obiteljskega dreva. Z mamine strane se je već ili manje glanc, bi povedal, neje da znam se, kajgod, ali nemam ni tajni kaj bi me v muku naterale i celu priču hitile v slepu vulicu. To da sem v Ameriki je velki problem za moje štihanje po našoj povesti, v potragi za istinom o sima nami po mojim staršima kaj su davne živeli, mučili se i hmrli u Kristu Gosponu, Amen. Je, v se arhive v šterima sem kopal i v šterima još pune mam rovati trebal bi sam „osobne" dojti, nema bolšega nek s svojim rukama v belim rukavicami prelistavati stare knjige i dokumente i osetiti lupanje v sercu gda se najde ime i nekaj kaj se tiče mojih. Kak pak tak neje, sem moral zeti kaj sem mogel, „on line", fala Bogu i na temu i ljudimi šteri su mi pomogli i poslali mi se do čega su mogli dojti. Teške je kad iščeš nekaj, a ni sam ne znaš kaj trebaš, kak se gdo zove, gda je rojen i gde je soldačiju služil, za koge se oženil i gda je hmrl... Pune je jada, preveč je kmičnog v semu, i lačni biti i v strahu i tak nikak se mučiti, a nemreš si pomoči, kak da je i Bog dragi digel roke od mojih: živeli su mamini letama kak nikome ne bi štel da živiju, kervavo su delali saki bogovetni den, trebale je preživeti se skup. Nekaj genereacij je bilo kak-tak, ni bogato ni sirotinjski. Bi se reklo po varoški, „građanski uredno". Pokle one bedastoče bakine prabake, tam v dvajstim letama devetnaestog stoletja, gda se, v ono vreme lepa, bogata pucka z plemenite familije, zatreskala v bogca i s tim je svoje življenje i življenje svih pokle nje poslala v jeno mesto, haha: ni bile za smejati se, ali... Prabaka moje bake rodila se i zrasla v, kak se to veli, uglednoj varoškoj familiji K., plemenitaškoj i dobro stoječoj, bogatoj. Ne bum ve opisival kak se živelo med 1820-tih do 1840., tek velim da su regule bile jake stroge i da puce nesu nek se morale za brak priravnavati i to ne s bilo kim neg šterega je zeta japa zbral, je pucka mogla same reći „je", nikaj druge. No je, kak v sakoj familiji ima černih ovci, tak je i ta pucka bila male divlja, duh šteri je ona mela, ni mela baš saka puca, a v familiji K. bogme nišče. Kaj je bile, kaj se pripetile? Nikaj kaj svet predi ni videl: bogata puca je pobegla i oženila se za težaka, siromaka, bogeca, kaj ni ono kaj je nosil na sebi, ni bilo jengovo! Haha, jaka kuražna pucka, oženila se za dečka kojega je volela sim srcem, kak v romanima. Penezi, plemstvo, položaj i ime familije K. v varoši Varaždinu, življenje bez brige, trač partije v salonima, fino jesti i putovati sigde, imeti služavke i uživati, se joj to neje bile važne, o tem mislila neje. Ne bi znal reči kak i gde se oženila prabaka moje bake, ali je to sikak napravila, da vrag vraga zeme, hehe. Zela si je muža i ostala bez sega, familija se je odrekla sam tak, hitili su je z hiže vun i nigdar več za nju njen japa pital neje, a njeno se ime v gospodskoj hiži K. nikad več zgovorilo neje! Kaj ti je ljubav, same na zagorski, varaždinski način, haha. Prabaka moje bake rodila je decu, živela kak su v varoši siromahi živeli i onda su leta preletela i familija se rašírila, a prabaka moje baka je, kak se to dogaja, zaboravlena. Sve dok se ja nis počel raspitivati i pisati ovaj čušpajz od knjige. Onak, da ne pozabim, familija z koje je došla prabaka najdraže Velke bake, gospodska plemenitaška obitelj K.: preživela je se države, i k.u.k. monarhiju i prvu Jugoslaviju, i tzv. NDH i SFRJ, a evo ih i denes živiju i celo to vreme su se znali prilagoditi sakoj vlasti i celo su vreme ostali na glasu, sretni, bogati, siti i puni sega, nek im Bog dragi da još več, im treba, haha...

Gingavo je življenje bile vu sakem ratu i pokle. Če se nekaj i htelo napraviti, prilike su bile nikakšne. V ratu Švabe, ustaše i partizani, pokle rata partizani i komunisti, neje znal človek šteri su gori i šteri već kervi pijeju. Moj pradeda kaj je v Draškovićevoj vulici, v dvorištu, tam gde je posle bil Foto-studio „Merlić", držal šnajderaj, stvoril si je kakšni takšni pristojen život kroz leta i leta poštenega dela i poštenega odnosa s mušterijami. Daleko do tega da su bili penežljivi, familija ni bila lačna, po gospodski povedano, bili su nekakšna dobra srednja klasa, ma kaj da to znači. Pradeda je šegrte i kalfe imel kaj znači da ni bil baš niko: majstor v centru varoši je bil nekaj. Jen je kalfa celoj familiji cipele čistil i se su cipele i škornje sako jutro morale biti zglancane i bleščiti se kak pesja jajca, haha. Kaj je lepo za znati, ali me malo opet srditim dela: aha, vidiš ti te, nesam ja kmet kakvim se držim, pa su mojoj baki kalfe i šegrti škornje čisitili kad se vrnula sa zadihana s bašče, haha... Nekaj, ne praf gospodskoga, ali gradskega ima v mojoj kervi, ti vraga! Ma je, kaj to znači, imati kalfu, je stari šnajder teške delal, se ni okole španciral s cigaret-špicom kak to baruni i grofi, je od jutra do večerke krojil, šival, premeraval, s mušteriji se dogovaral, delal je, neje cajte na kajgodarije trošil. Bile je kak je i gda je bile, je lahke fabulati o prošlim letama, ali dojti do prave istine, do tega kak je stvarne bile je hudičev posel.

Zate sem srečen kak kokoš kad zrno kuruze najde, kaj morem ovo pisati nikaj mi ne smeta kaj se morti si ficleki priče ne slažeju jeni s drugima sto posto kak po špagi: vre ni življenje nije ravne, a šteri od nas neje doživel da je se kaj se dogaja velka zmešancija, gemišt sakojakih coprnija i male tko s tega more zijti vun kak normalen človek. Kaj sem htel reči? Oh, je, ne bum ništ menjal v poglavljima, kaj sem napisal, jesam, i to bu tak ostale. Kaj sem zgotovil, to sem amenuval. Kaj je v brenkami mojeg življenja, kakšni da je delanec, tudum, nek je, ja nem kak puno mojih zagorskih tutlekov kaj pretakaju sto put i kadiju brenke kak ludi jer misliju da bu od noje rizling postal, haha. Ne bu, kaj je nek je: žvepel sem i gorše i bolše kriz moja leta i do konca bum još spil kaj mi je za polokati, a se drugo nek ide vrit! Kak sem kaj saznuval, tak sam pisal i to je te, v knjigi kaj sam ju nazval „Kazalište istina i laži”, a to da se nemre videti i skužiti kaj je istina, a kaj laž, kaj je, a ka neje bile. Bog gore zna kulike sem kopal, bušil, iskal, spitaval, htel najti „istinu” i kulike sem htel videti kaj je laž v istini i kaj je istina v laži. Sega ima, sega i bu, gda je sveta i veka i dok človek živi na zemli. Zdelati nekaj lepega v tej karampuli neje nigdar bile lake, a ne same gda sem se ja primil to deti na paper. I navčil sem jeno, nigdar ne iskati ober onega kaj se ima...”

Život jedne prosječne varoške obitelji u Varaždinu nakon Velikog rata, u novoj državi, srbokraljevini Jugoslaviji: raditi, nije bilo druge, a s vremenom došla su bolja vremena, građanski uredna, novčano malo manje stresna. Posjedovanje šnajderaja u centru grada značilo je nešto, ali ne radi se o društvenom prestižu nego o svjesnosti važnosti vrhunske kvalitete i poštenog odnosa prema mušterijama, a što onda posljedično donosi mirniji obiteljski život. Međutim, vanjske silnice, one „svjetske politike i svjetskog stanja stvari”, poput velike ekonomske krize u tridesetim godinama, u vrijeme političkih previranja u kraljevini odražavale su se i na posao i na obitelj, koja je morala boriti se i protiv takvog neprijatelja, htjela to ili ne. D.P., šnajder, pristojan obiteljski čovjek, otac i muž slovio je kao vrijedan i nadasve vrstan majstor zanata, cijenjen od svih zbog svog znanja i moralnih vrijednosti kojih se držao cijelog svog života. Iz obitelji starih varaždinskih korijena, rođen, odrastao i stasao kao čovjek, stekao glas kao majstor u vrijeme čudne mješavine društvenih pravila i sustava crno-žute monarhije i nove srpskojugoslavenske kraljevine morao se snalaziti kako je najbolje mogao u uvjetima nimalo pogodnim za prepuštanje indolenciji za stvarnost. Turbulentne godine njegove mladosti nisu ga omele i on ih je pobijedio stvorivši si okruženje za donekle spokojan život. Naravno, to je postignuće koštalo i truda i muke, ali pradjed se nije plašio izazova ni rada i uspješno ih je svladavao: to što je bio krojač ne znači da su problemi bili jednostavni, dapače, sve što se zbivalo izvan obitelji, u gradu, državi i svijetu i te kako se odražavalo na obiteljski život, često vrlo brutalno. Stoga je gotovo nemoguće iz perspektive trećeg milenija shvatiti pogled na svijet jednog uglednog gradskog šnajdera rođenog u vrijeme banovanja Khunea Hedervarya: politički i vjerski, moralni i radni uzusi bili su takvi da se moj pradjed D.P. našao u procjepu onoga što je nosio u sebi, na čemu je odrastao i onoga što je morao živjeti u svijetu koji se mijenjao prolijevanjem krvi.

Poznavajući vlastitu obitelj (s mamine strane) u mjeri dovoljnoj za stavljanje na papir koliko-toliko ispravnih zaključaka (osobito stoga kad sam unazad dvadeset mjeseci doslovno „granatiran” podacima o ljudima, događajima i stanjima unutar obitelji kroz više od sto godina), sve što će na kraju biti ugurano između korica ove loše sročene priče o jednoj lošoj kazališnoj predstavi, siguran sam, zbilo se ili ipak možda nije. Ne znam točan odgovor, ne znam ni netočan odgovor. Rekoh, život je samo loše kazalište istina i laži i nitko ne zna što je istina, a što je laž. Kako se gleda i tko gleda to je onda i stav o prošlosti, a za samo „ono što je bilo, kada je bilo i kako je bilo, s kime, s čime i zašto” današnje mišljenje ne znači ništa. Zgražao se ja ili pljeskao, plakao ili kategorično odbijao potpisati vjerodostojnost ovako ispričane priče (bez obzira što sam ja autor), što mogu promijeniti u svemu? Ništa, tako je, kako je, ovako ili onako.

Mrtvi nisu na ovome svijetu, pak ne mogu uložiti prigovor na istinitost iznesenih tvrdnji i opisanih ljudi i događaja, ne mogu mrtvi dodati svoje viđenje vremena i sebe samih: sve sam napisao u dobroj vjeri i nadam se da mi ništa neće zamjeriti.

U svibnju 1945. mog djeda Z.Š., šnajdera u „Tivaru", supruga i oca troje djece zadesila je zla sudbina žrtve komunističkih zlotvora, ratnih pobjednika koji su povijest ispisivali krvlju i leševima nevinih ljudi. Nisam uspio doznati tko ga je prijavio ni zašto, ali neosporno je da su ga uhitili bez razloga, pod lažnim optužbama jer moj djed ni na koji način nije bio dio sustava vlasti tzv. NDH, nije bio u ustaškom pokretu, nije služio nijednu vojsku i nije imao nikakve kontakte s Nijemcima i Wehrmachtom! Rođen je devetsto i dvanaeste i četrdeset i prve navršio je dvadeset i devet godina: iz nekog razloga nijedna ga vojska nije mobilizirala, on u životu vojne odore nije nosio ni jednu jedinu sekundu! Ne isključujem mogućnost da je djed bio kolateralna žrtva uhićenja i ubojstva mog prastrica, muža žene moje bake: možda su oznaši mehanički „pokupili" i njega jer je u obitelji bio jedan ustaški zbirnik, a komunistička ideologija zla je sustav kolektivne odgovornosti rabila kao osnovu eliminacije političkih protivnika, „narodnih neprijatelja": crvene ubojice likvidirale su cijele obitelji jer je to bila njihova „pravda".

Kako bilo, djed je uhićen. A zašto? Jedino što je radio tijekom rata je svoj krojački, šnajderski posao, ništa drugo. U tvornici, a i kod kuće je imao mali obrt, da popuni kućne financije jer vremena su bila teška, ljudi su gladovali, i bogati, i ne samo sirotinja. Domobranski oficiri, ustaše, ali i partizani, crni i crveni, svi su bili djedove mušterije. Šivao je sve i svima. Tko god je tražio i trebao sjajan rad njegovih spretnih ruku. Međutim, ustaške i partizanske narudžbe nisu bile financijski isplative, svodile su se na „do pet da je gotovo ili metak u glavu". Ne zato što (opet) pričam o mom djedu, ali istina je, bio je majstor svog zanata i ljudi su ga cijenili i mušterija mu nije nedostajalo. Stoga, ako je bio zločinac zato što mu je po odluci gradskih vlasti dodijeljena sasvim benigna dužnost upućivanja ljudi u skloništa za vrijeme zračnih uzbuna, onda su svi ljudi bili izdajnici, uključivo i same komuniste jer su mnogi od njih za vrijeme rata radili za endehaziju (poštari, željezničari, vozači, električari, stolari...). Drugi (možebitni) krimen mog djeda bilo je to što se njegova obitelj među prvima uselila u novoizgrađeno naselje (Pavelićevo, Rad-ničko): s obzirom na to da je dio kuća pripadao tvor-nici, a dio su vlasti naselile hrvatskim obiteljima, komunisti su vjerojatno svojom idiotskom logikom zaključili da je moj djed bio ustaša jer je dobio kuću u naselju u kojem su živjeli isključivo ustaškom režimu podobni ljudi. Glupost, ali takvo što se moglo i očekivati od crvenih koljača, oni nisu bili familijarni s pameću.

OZNA je pokupila mog djeda poslala ga na Križni put. Morao je odraditi pokoru za nešto što nije učinio. Nova komunistička ideologija kao nova vjera i nova okrutna vlast bez milosti. Nevin, bez ičije krvi na svojim rukama, moj djed je stradao isključivo po odluci nekog trofaznog palanačkog oficira, primitivnog tupana sa zvijezdom petokrakom na kapi, slijepo poslušnog srpu i čekiću i punog mržnje prema svima, najviše prema Hrvatima. (U redu, ako je bio, ne kažem da nije mogao biti taj oznaš čak i hrvatske krvi, to ništa ne mijenja, među Hrvatima je odavno ukorijenjena tradicija ubijanja vlastitih ljudi, ta to se činilo i čini od stoljeća sedmog, ništa novo ni za čuđenje.) Neki je bivši četnik, preodjeven u partizansku uniformu (čak ni to, bješe dovoljno skinuti kokardu i staviti zvijezdu) iz dosade i da zadovolji dnevnu potrebu za iživljavanjem nad Hrvatima, „naredio hapšenje, sve redom, vodi ustašku bagru na klanje". Otet je iz vlastitog doma, pred očima žene i djece i poslan na „prevaspitanje" zajedno s tisućama posvema nevinih ljudi. Kazna bez suda i bez pravde. Baka nikad nije saznala zašto je uhićen, nitko joj to nikad nije rekao. Zašto na Križni put? Zbog šivanja? Zbog šogora? Ili zato što je bio cijenjeni majstor, zbog čega je poznavao mnogo ljudi, među kojima su bili i domobranski i ustaški oficiri?

Ne znam. Umro je dvanaest godina prije mog rođenja godine pedeset i šeste, nakon što je godinama ležao prikovan za krevet zbog pretrpljenog moždanog udara koji je pak bio rezultat Križnog puta i „obrade" od strane OZNE. Nažalost, o djedovim mukama nisam znao ništa sve dok nisam počeo s pripremama za pisanje ove kazališne predstave. Nisam znao kakav je pakao iskusila moja obitelj: sve te godine bjehu prekrivene prašinom ledene šutnje.

Ono što sad razumijem, a prije nisam je razlog zašto se u našoj obitelji o politici nikad nije razgovaralo, danas shvaćam zbog čega nitko iz obitelji (koliko znam) nije imao nikakav nego službeni odnos, po sili zakona, s bivšom državom i socijalizmom kao takvim. Narodnih heroja, nositelja spomenica '41., partijskih sekretara, sindikalista, armijskih oficira, supovaca, ma nikoga od te svite zaprisegnutih komunističkih poslušnika u mojoj obitelji nije bilo, što je još jedan opravdani razlog mog srama i stida zbog vlastitog sudjelovanja u aktivnostima tijekom viših razreda osnovne škole i tijekom srednje! Molim Gospoda za oprost, molim obitelj za oprost: jednostavno nisam znao!

Nije ovo jalova licemjerna isprika, ne trebam to. Žalim što sam se lijepio na neke stvari kao muha na govno. Ne pišem demantij, nisam katolički hipokrit, nisam političar, a ni bivši komunistički trol preodjeven u demokršćanina domoljubnog tipa (s figom u džepu), kakvi su danas uzor 'rvatine od stoljeća sedmog i najglasnije dociraju svemu puku kakav je bio „onaj bivši" mrak! Mrak kojeg su, nota bene, sami čuvali od „narodnih neprijatelja" i kojeg su sami i gradili, na ponos partije i drugova u Beogradu, u vražju mater!

Također, što sam mogao kao klinac, natjerati učitelje da me prestanu učiti o partizanima, promijeniti program rada izviđača, baciti molotovljev koktel na neku od armijskih kasarni? Preglupo. A promislim li malo bolje, kao što jesam, ne stidim se ničega, sve loše što mi je na leđima isključivo je moj proizvod i moj teret. O zločinima komunista koji su razorili obitelj nitko ništa nije zborio: kako su gnojne rane teških uspomena, djeca bez oca, obitelj s etiketom „narodnog neprijatelja" zatrovale obiteljski život ne mogu ni zamisliti. Na ono malo starih fotografija koje sam dobio ništa se ne vidi, normalna lica normalnih ljudi. Primjer: fotografija s početka šezdesetih, na okupu je cijela obitelj. Moja mama s D., sestre, braća, baka, tete, nećaci moje bake, sa suprugama i djecom (djeca ubijenog prastrica) i pradjed. Nasmiješena lica za snimanje. Kad sam prvi put vidio ovu fotografiju, a bješe to prije kakvih sedam mjeseci, srce mi je zakucalo od radosti jer sam većinu ovih dragih ljudi zapravo zaboravio: neke od njih posljednji put sreo sam i vidio kao sasvim mali dječak i njihova lica nisu mi ostala u trajnoj memoriji. Prepoznao sam stričeve, ali to je mutno sjećanje. Tete i one koji su djeca na fotografiji ne znam. (D. mi je rekla - fala ti, volim te - kako su moji bratići otprilike mog uzrasta, ali ja se toga doista ne mogu sjetiti: fotografija o kojoj govorim snimljena je nekoliko godina prije rođenja mog brata i mene.) Uredno odjevena, kako se to nekada radilo kad se snimalo, počešljana, nasmiješena i sretna, obitelj je ostavila ovaj jedan zaustavljeni trenutak života kako bih ja danas mogao vidjeti ono što nisam upamtio: nažalost, iza tih dragih i voljenih lica, ma koliko ih ja zapravo dovoljno ne poznajem, kriju se tragedije, priče o nesreći za koje nitko od njih nije bio ni najmanje kriv, krije se trauma stvorena komunističkim terorom, kriju se teški dani ratova, Velikog rata i Drugog svjetskog rata, skrivene su stotine bolnih uspomena od k.u.k. monarhije preko prve Jugoslavije i endehazije do socijalističke federacije i ako sam ikada shvatio koliko je važan sveti rad na obiteljskoj povijesti, to je upravo kod pisanja ove predstave! Koliko sam malo znao o svojima! Saznavši za toliko tuge u obitelji, pao sam na koljena i plakao u molitvi Nebeskom Ocu u ime Kristovo, moleći za oprost zbog okretanja leđa svojim korijenima...

Naravno, deseci tisuća hrvatskih obitelji „prošli" su kudikamo gore od moje (iako je besmisleno mjeriti nesreću: broj mrtvih nije mjerna jedinica, navika uspoređivanja tragedije prebrojavanjem mrtvih je zlo, to je kao da se ubijeni ubiju drugi put), a neke pak su prošle prilično dobro, ali, kažem, na taj način se ne može razgovarati, to je protiv Boga: svatko od nas drugačije podnosi bol i svaka bol je drugačija. Bol i patnja su bol i patnja, nema u tome mjesta za mizerna ljudska prepucavanja i priče tipa „nije šija nego vrat, nije govno, neg' se pas posra": samo se bezdušni ljudi upuštaju u premjeravanje nesreće. Iskreno, šok izazvan saznanjima o obiteljskoj priči i skidanju vela zaborava prelio se na rečenice teksta ove predstave kao krik tuge, kao moj jedini preostali način memoriranja dijela zbivanja čije posljedice se osjećaju i danas.

Međutim, ima nešto u svemu ovome na što sam iznimno ponosan: moja obitelj unatoč svom bolu nije Hrvatskoj ispostavila račun, nitko od nas nije tražio od države i naroda plaćanje za preživljenu nesreću i gubitke života, nade i budućnosti. Ne znam za druge, ali u našoj se obitelji nije s generacije na generaciju prenosila mržnja spram krvnika i djecu nisu odgajali u duhu biznis 'rvatstva koje je trebalo naplatiti onoga dana kada „uskrsne neovisna 'rvatska". Ne, toga nije bilo, „dug Domovine s velikim D" kod nas nije postojao ni u kom obliku. Jedan od dokaza jest to da ja o smrti prastrica i mukama djeda i mnogih drugih članova obitelji nisam ni znao ni čuo sve do nedavno. Nisam znao za ono što su veliki Hrvati-grobari u svojim familijama uveli sveti gral svog 'rvatstva: kad dođe demokracija i kad se 'rvacka napokon pojavi na karti svijeta kao nezavisna država, ima se ispostaviti faktura jer nismo „nosili krvave gaće” besplatno, red je da nam 'rvatski narod pošteno plati našu muku i prolivenu krv! I bje tako, u ime bankovnih konto lista, protiv komunista, živila nam 'rvacka! Ali ne u obitelji Š. i P., nikako i nikada! Kod mojih se bol skrivala, patnja se skrivala, a hrvat-stvo je bilo mrtvačko, kmetsko. Od toga se nije radio posao, moja je obitelj kruh zarađivala vlastitim rukama, a ne muzeći domovinu kao kravu.

Po maminoj strani, obitelj Š., udata Š., rođena P., pa sve do plemenitih K., i dalje, dublje, s obje strane, tko zna dokle. No ja sam se fokusirao na vrlo kratko razdoblje od nekoliko dekada prije Velikog rata do danas, koliko je bilo moguće, u skokovima na ovo i ono jer kronološki pričati priču je komplicirano i neostvarivo. Naprosto, nemam ni dovoljno čvrstih podataka za kronološki prikaz zbivanja. Uostalom, to i ne želim: poanta ne bi bila ni za mrvicu jasnija kad bih pisao dosadno kronološki, iz dana u dan, od godine do godine. Kako bilo, živjelo se kako se moglo i znalo, nisu se živjeli tuđi nego vlastiti životi i nitko se u obitelji nije kitio ukradenim perjem: kruh je bio često puta tvrd k'o kamen i neslan, cipele su bile poderane, do kraja izlizanih peta, djeca nisu svršavala visoke škole, ali se živjelo pošteno i ljudski, trudilo se obdržavati zapovijedi Božje. Što se imalo, imalo se i ma kako skromno bilo, bješe naše, a ne ukradeno, tuđe.

Bogatstvo i materijalni prestiž nisu dio naše tradicije, a ako je riječ o društvenom statusu, prije sto i više godina vrstan majstor, obrtnik, šnajder bio je poštovan od sugrađana i rado viđen gost u mnogim kućama i na događanjima zbog svog umijeća, spretnosti, poštenog odnosa prema mušterijama, a ne zbog količine novca kojeg je imao (iako je i novac, dakako, davao težinu nečijem ugledu). Obitelj od politike nije imala nikakve koristi. Štete, nesreće, bola i patnje jest, i previše.

Socijalizam je skoro uništio obitelj: sve staro tradicijsko, obiteljsko je protekom godina slabilo, gubilo se u izmaglici brisanja svega „normalnog”, nestalo je da se više nikad ne vrati. Nažalost, dogodilo se da po mom bratu i meni ovaj dio obitelji izumire, no hvala Gospodu, naša voljena D. nastavlja „lozu”, pa se obiteljsko stablo, na ovoj strani, neće posušiti i istrunuti, priča ide dalje, bez mene, ali ide...

Istina i u ovom kazalištu ima nekoliko dimenzija, pak mi je reći ovo što slijedi. Politika i država imali su i imaju vrlo visoki postotak udjela u našim padovima i tragedijama, ali daleko do toga da su jedini uzročnik naših suza. Za mnogo toga krivi smo sami, ja naročito. I svi moji, svatko od nas nosi dio odgovornosti i dio krivnje. Loše odluke, krivi izbori, posrtanja na banalnim stvarima, potonuće u grozne poroke, odustajanja od borbe za život u ključnim trenucima, svega je bilo i svega ima: ništa ne skrivam, ne zbog ljudi, zbog Boga. Naši su grijesi sastavni dio priče i čine ju istinitom, koliko to može biti u kolopletu istina i laži, u svijetu gdje je granica između istine i laži odavno izbrisana. Dobro i loše čine cjelinu, pak ni obitelj Š., P. i K. nije izuzeta od toga: kao što sam ponosan na poštenje i čist obraz iz olovnih vremena, tako prihvaćam padove i lutanja u vremenima kada se trebalo bolje činiti...

Gdje sam stao? Ah, naplata domoljublja, naplata hrvatstva. Račun za hrvatstvo. Ja nisam iz te bande. Mnogo toga negativnog jesam, dakako, ali nisam štakor koji ždere iz erarske kopanje i nisam poslao fakturu državnoj riznici za svoje domoljublje (koje ionako nije s velikim „D”). Infernalna, po svemu nakaradna 'rvacka, država kakvu imamo danas proizvod je ne samo zadnjih trideset godina, nego mnogih stoljeća unatrag. Tri dekade, koliko je prošlo od raspada bivše države, poslužile su za usavršavanje lopovskog sustava novih cilindraša kao nastavljača parazitiranja i isisavanja krvi iz hrvatske sirotinje. Ordinarna korupcija i nepotizam tipa Khuena Hedervarya bjehu model za sve kasnije hrvatske vlasti, no ono što se sad odigrava i vlada koju Hrvatska danas ima je vrhunac korupcije naspram kojeg je ban Nikola Tomašić, u povijesti zabilježen kao „otac hrvatske korupcije”, mala beba. 2021. Hrvatska je rob 'rvatske i žalosno je što to nitko ne želi promijeniti, kao da je narodu svejedno: i jest, koliko je tog naroda još narod je drugo pitanje na koje odgovora nema, barem ga ja ne vidim.

Socijalizam se srušio, razmontiran je i uništen. Nova vlast je brže-bolje ponovila ono što su radili komunisti od četrdeset i pete do devedesete: naplatiti „revoluciju”, odnosno 'rvatstvo i to što skuplje i što brže. Bivši domobrani, bivši ustaše i bivši žandari, sve fina endehazijska gospoda dobili su pravo na mirovine i druge benefite pod idiotskim nazivom „domovinska vojska”, a taj naziv ne može objasniti ni najveći ekspert za hrvatsku povijest. Obzirom na to da se, a sve u skladu s politikom „pomirenja” ili politikom očuvanja vlasti po crti komunističko-ustaško (a zadnjih godina i četničke) koalicije koja vlada Hrvatskom od 1990. i koja se nepravilnim redoslijedom izmjenjuje u Banskim dvorima, na Pantovčaku i na Markovom trgu kao „dokaz” demokratske volje naroda, stoke sitnog zuba, iz hrvatske kasice-prasice redovno isplaćuju beriva metuzalemima iz Drugoga rata, povlaštenim komunjarskim facama iz vremena eseferjota i zaslužnicima iz redova političke emigracije, tzv. domoljublja i političkih zatočenika, žrtava komunističke represije (golootočki uznici itd.), boljeg i čvršćeg dokaza za spregu komunista i ustaša nema. (Ovu opasku dodajem prije puštanja knjige u „tisak”, „ubacujem kod uređivanja teksta: službeni podatak HZMO-a iz siječnja 2022., godinu dana nakon pisanja potonjih rečenica, govori dovoljno. Oficijelna statistika pokazuje kako Hrvatska mora plaćati 'rvatskoj 16821 povlaštenu mirovinu! Starčad komunističkih, ustaških i svih ”među boja” i dalje ždere novac hrvatske sirotinje: bivši partizani, ustaše, domobrani i žandari, bivši savezni službenici, bivši funkcioneri i dužnosnici u Hrvatskoj i Jugoslaviji, bivši podoficiri i oficiri JNA, dični hrvatski akademici i, jasno, bivši saborski zastupnici i slične face nove nam 'rvatske nemaju nikakvih briga, uživaju benefite bez obzira na sustav i vlast, jednako ih se tretira kao i 1941,, 1945., 1990. ili 2021., a tome valja pribrojiti i stanove, kuće i sinekure za njihove obitelji, kumove i ove i ona govna, a ti hrvatski kmete, plaćaj te gnjide, plaćaj, krv ti tvoju, plaćaj kad nemaš pameti ni hrabrosti podići kuku i motiku na njih i sve ih otjerati u vražju mater! Btw, dvije tisuće dvadeset i druga je, a Hrvatska isplaćuje novac bivšim partizanima i ustašama iz onog rata 41/45., pa koliko će živjeti ta banda, od svršetka rata je prošlo sedamdeset i sedam godina?!) A to je tek djelić svega mračnog koje je uništilo domovinu. Haha, razumljiva je ljubomora Sotone, ni on koji je sam Vrag, gospodar pakla, ne može učiniti toliko zla koliko su 'rvatine učinile hrvatskome narodu i Hrvatskoj. U ovoj priči, a što se tiče moje obitelji, ipak ima jedna utješna stvar, nitko od nas nije sudjelovao i ne sudjeluje u iscrpljivanju Hrvatske! Ako i ne postoji ništa drugo kao olakotna okolnost, ta činjenica čini me sretnim. Doista, kažem, biti nitko i ništa, čistog obraza kudikamo je bolje nego biti netko prljave duše i maskiranog lažljivog lica. Ne banaliziram stvari niti skidam svoj grijeh sa sebe (to ne može nitko nego On), ali, ah, nijedna moja greška nije plaćena hrvatskim bolom i hrvatskom krvlju. Grijesi Hrvata-grobara i njihovih vazala jesu...

Naizgled nema veze s mojima, ali to je varka. Pojave i štetočine koje sam spomenuo u prethodnim rečenicama nositelji su nesreće i moje i svih hrvatskih obitelji koje nisu imale ništa ni sa jednim od dvaju zla, endehazijom i komunizmom. Po čemu su bivši ustaše i bivši partizani dovoljno dobri da Hrvatska brine o njima, a jedan beskućnik to nikako nije? Zašto mladi ljudi moraju bježati iz Hrvatske, a obitelji nekadašnjih socijalističkih moćnika i obitelji komunističkih disidenata i pripadnici tzv. demokratske vlasti to ne moraju? Po kojoj logici je 'rvatstvo grobara vrijednije od hrvatstva mrtvaca? Nikada to neću razumjeti.

To je nešto o obitelji s mamine strane, a što je s tatinom stranom? Imam li pravo pokušati rekonstruirati zbivanja, pokušati opisati nešto što se možda zbilo, a vjerojatno nije jer tko je znao, nije živ, a oni koji ne znaju, nemaju što reći...?

„Kaj ve povedati, ne bi štel ispasti lajavac. Tulike tega bih štel. Ampak, Rozika neje bila kriva za ništ kaj se pripetile. Vu kervavo vreme endehazije i švapske okupacije nišče se ni mogel sam tak snajti, gda su kak zaklani čučeki ljudi viseli na granami i gda se „vozovnica” za cug u logor smerti dobila za ništ, a vu Varaždinu i te kak lahke, je Dubić bil posebno dober prema kandidatima za kamu i metek v glavu, a celi je grad zapamtil baš vrednog švapskog oficira, gospona obersturmbanfirera Malera Schilforta, koji se iskazal na delu likvidiranja svih kaj nesu bili po šlifu nacistima. (Pokle se partizani nisu pokazali nikaj manje talentjerani za vubijanje: „..Do kraja četrdeset i druge u tzv. NDH bilo je mnogo policije milijun, što hrvatske, što njemačke, koja je tlačila i haračila po Hrvatskoj: Ravnateljstvo za javni red i sigurnost, Ustaška nadzorna služba 1941,/42., a od siječnja 1943. zloglasna Njemačka redarstvena organizacija u Hrvatskoj čiji je šef bio SS-Gruppenführer Konstantin Kammerhofer, pa onda njemački policijski izaslanik samog Himmlera, Hans Helm, potom štab Gestapoa pod nazivom Einsatzkommando Sicherheitspolizei und Sicherheisdienst - Agram čiji je prvi šef bio SS-Oberststurmbanführer Wilhelm Beissner, njemački obavještajac Kurt Koppel alias Konrad Klaser, SS-Hauptsurmführer Franc Abromeit, zadužen za progon Židova, potom Abhwer kao obavještajni dio službi Reicha etc.etc., Geheime Feldpolizei, SD, oružništvo

NDH i tako dalje...” - moja opaska.)

„Je, prijateli moji, bila je Rozika kak roža, kak i jeno ime, onak mala, slatka kak cuker, dugih lepih las, sitna, lepe v telu kak Bog zapoveda, na priliku po meri same Eve, haha, za njom je dosti muških okretale glave i bežalo kak bedasto, takšna je bila Roža, i pupoljak i otrov, se v jenome. Hteli su je, same je nesu mogli imeti, haha, dečec dragi, je tvoja draga bakica bila fes fajn ženska, ni bile pune takih v varošu. Je Rozika udvarače vešala na klajdenštok kak znošene kapute i robače, haha... A rat? Budi dragi Jezuš s nami, rat kak saki drugi, rat je rat, same kaj je taj bil gorši nek onaj pervi Velki rat. Zakaj? Je, sme mi Horvati v Velikome ratu hmirali za cara i krala v Galiciji, na Somi, na Drini, a za endehazije se krepavale ovde, dime, kod naših hiž i vu Varaždinu, a to je malo drugače da vrag vraga zeme. Ili je, sad, te kopfšus strefi kod Šemovca ili negde u pripizdini, kod Siniatyna, gde su se, kak pišeju oni šteri su zalubleni vu črne-žutu moarhiju, jake pokazali i varaždinski domobrani z slavne 25. pješačke pod glavom pukovnika Delića, je mertvome zapraf sejene... Kaj moreš, dečec... Čakaj male, kaj sem htel povedati, kaj si me pital? O Roziki, a joj... Rat? Gda se ona kralevina Jugoslavija raspala kak da je ni bile i gda je došel Pavelić i Švabe gda su se dopelali na tenkima, kamijonima, a bormeš i bicklinima i na cugima, je, su došli jake žmehki, črni i kmični dnevi. Hudičevi Mađari fletne su se zmislili Habsburga i zeli kaj su hteli, su ni pitali poglavnika, pa je Međimurje bile mađarsko, a granica na Dravi, na staremu mostu bila je mitnica. Bez ausvajsa prek nisi mogel ni da se za jajca obesiš. Nova država je bila nikud nikam. S početka još nekak, a gda su partizani počeli pizdarije delati, kak su oni to rekli, revoluciju zdigati, se je otišle v vražju mater! Je ispale da je jake opasne po cesti sam tak dojti z Agrama v Varaždin, nigdar ni človek znal kaj se bu pripetile na putu. Regelmanof i zabrani je bile kuliko hoćeš i nišče ni denes znal kakšni bu zakon sutra. Ustaše su mele svoje regelmane, Švabi svoje, sto vojski i sto vrst policije i kaj ti ja znam šteri se ne i si su bili zakon, pa se ti snajdi ak se moreš. Železnica je delala kak nora, Švabe su to imale prek sebe, kak se veli, sigurnost jer njima su cugi bili najvažnejši za vojsku, bombe, tenke i tope i za prevoz Židova, Srbov, Ciganov, kurvi i Hrvata i sih kaj su ih v logore slali, v NDH i po Evropi. Kaj da ti povedam a kaj se vre ne zna? Kulike vojski, kulike zla vražjega! Kaj je je, posla je bile, kak v sakemu ratu, rat išče svoje, fabrike su delale i več neg prije, same kaj ni bile materijala, a kak je vreme išle, ni bile dosta radnikof, su si vojske zele muške. Delale se, same kaj se zaradile neje nič, kune, tak su se penezi zvali, nisu vredele ni kulike pol pizde mrzle vode, s kunami su ljudi rit brisali, je kila soli koštala več neg je radnik za jen tjeden zaradil, a pokle i za mesec ni mogel zmoči za kilu. A soli neje ni bile, se z Mađarske švercala, gdo je mel jajca za tak nekaj ili šteri je bil dober s Švabima i ustašama na mitnici. Se za Švabe splatilo delati, su to bila gospoda, Wehrmacht, esesovci su bili živi vrag, zemali jesu, a mesto penez bi metak dobil. A oficerji, kak se veli, normalne vojske, bili su nobel gospoda, ž njimi biti je značile meti pun želudec, bog i bogme. Same reči „ja, naturlich” i „hajl Hitler”, „aufiderzen” i „filendank herr hauptman” i tak dale. Ustaše kak-tak, ak su bili dobre vole, nesi najebal, a če ne, moli Boga da ostaneš živ, nikome nesu veruvali, ni svojima. Domobranima največ, ustaše su ih nateravale kak vrag malu decu. I kaj, mislim, varoška gospoda, kak navek, nesu loše prošla, osim Židov i tak, onih kaj nesu bili po ustaškim i švapskim regelmanima, Srbi, kaj se nisu znali priravnati kak se spada. Jebi ga, dečec, gdo se ne ravna kak vetar puše, ga odnese k vragu, nebreš z kosturu drevje rušiti, se ima svoje. Gospodske su tikve spametne i znale su se snajti, kak gdo, ali lačni nisu bile fine varoške guzice, jednak su znale za pravi stol sesti i za Franca Jozefa i za Petra Karađorđevića i za kneza Pavla, a bog i bogme za Pavelića i pokle Tita. Haha, jebi ga, ne si, ali naj se ve čuditi kak puran glisti, nesu pokle četrdeset i pete si kapitalisti najebali od komunistov, kaj bi, dosti je njih prešlo k njimi. Čekaj, da si spijem koji guc, aah, je, lakše je pripovedati gda imaš nekaj za podmazati. Naj mi zameriti dečec, stara mrcina sem, se zaboravlam... Varaždinska gospoda navčena su zastave i grbe i gospodarje menjati kak štofne i sa sima biti ruku pod ruku, pa je tak bile i četrdeset i perve, a zakaj ne bi, to ni za zameriti, preživeti treba, se ostalo deni mačku pod rep, kak se veli, ideale i se to, kad bi se po tome ravnali, si bi krepali mam, živeti treba saki bogovetni den, saki dela kak zna i more, a jeno kaj ne vala je ak se zvlečeš z gnoja, a drugega porineš nutri, je, to neje po Jezušu gda sebe spasiš, a nešče zbog tega najebe, to nejde tak. Kaj se tiče canjkara, gignavih siromahov, mladi gospon, ti bogca, kaj da ti velim, ubogara i služavki, blatotepa, bi rekli, a med te deni i ništkoristi i lenčine šteri prosiju za rakiju i čike kaj pobiraju s ceste, je, a iste kaj je s njimi je bile i radnikimi, foringaši, s vuglenarima i peskarima, sima kaj su se varoš dotepli za koricu kruha delati. Dobri dečec, su ili delali za ništ, a baš kaj za nikaj nesu bili, Cigane pogotove, kak se denes veli žicare, su na vagone hitali i v logore slali i nesu se vre vrnuli nazaj, ih je rat v pekel odnesel ovak ili onak. Nek, da se vrnem na Roziku, jebeš ti rat, kaj je rat, kak je bile je bile, o tvojoj baki ti povedam... Kajgod, kaj me to pitaš, se stvari nemreju gledati kak je vu ove moderno vreme, sako nosi svoje, sem ti to rekel deset put, naj me zajebavati, prosim te lepo. Od kak je bila pucka, od četrnajeste se lete sama trgala i mučila za se, da preživi, da je svoj kruh z svojimi rukami, a pretrpela je kaj nešče ne bi ni za deset življenja, velim ti. I pohotnega grofa i spanje na vušljivom gunju v merzlem i mokrem podrumu, z miši na tavanu, na propuhu, delala je i sva gadarija je bila oko nje i ništ neje mogla neg trpeti i čkometi, kuš biti i rinati, klečati, ribati i glancati, jesti ostanjke, ak i to, glavu stalne sputenu meti, na kle se hititi pred milostivom gospođom i presvetlim gosponom, nikaj ne komentirjati i srečna biti kaj opče živi. Ne razmeš ti, dečec, kak je to biti služavka i saki na te hoče i nišče te ne vidi kak človeka nek gore od gujde, kokoši i race skup, za gospodu i plemenite Roža i se take jadne pucke bile su manje vredne od gujde, ž njimi su delali kaj su hteli i kak su hteli i nišče ni pital ak je kakšna i krepala, su gospon doktor i mrtvozornik napisali da je hmrla od gripe, od španjolke, od tuberkoloze, da je opala i ftrgla kičmu jer je sva smotana bila i nikaj delati neje znala. Nemaš ti v glavi kak je to biti pucka od četrnajst vu Varaždinu, v grofovskoj hiži i biti dole, gde je sa gamad. I kamerdiner, kuharice i kočijaš, čak i vuglenar, saki je lajal na Roziku jer su si bili nad njom. A ona se neje dala, bila je žilava, jaka kag god da je bila slabeša od malog deteta, kak je zgledala gda je prišla vu varoš. Več lačna neg sita pregrmela je grofa, a gda je sama za se počela delati je iste bile teške. Do rata je nekak bile, navčila se, priravnala si je nekak življenje, ni bile lake, delala je od ranega jutra do mrkle kmice, ali je bila, kak se veli, svoja, svoj je kruh hrdala kakšni god da je bil. Jeno vreme delala je v „Tivaru" i vu „Vunateksu", čak je bila ono gda je bil velki štrak trideset i šestega leta. Prala je veš za gospodu, peglala i nosila po hižami, vu Kolodvorskoj vulici za inženjere i gospodske šefe, a i drugam po gradu. Ribala je štenge z belemi peskom, grobe čistila, nikaj joj ni bile protiv vole, imela je svoj dinar v rukami, lepa Rozika. Po hižami je išla i pospremala, srebrninu glancala, obloke prala, se je delala, najgore posle i nikaj se sramila neje tvoja baka, veruj mi, dečec. A rat je došel i kaj da drugo velim osim naj misliti da su ljudi ostali, kak se veli, čisti v ratu i da je rat nekaj normalnega jer neje, si i ti bil v ratu i znaš o čem se dala. Preživeti i da glava ostane di je, da človek ne otide pod zemlu za nikaj, se ni za heroja delati nikome. Kaj misliš da v gradu punom vojske sake fele, i Švabov i ustašov i domobrani, Gestapo, pa žandari, pa polcajaci v civilu, kak se ono zvalo, aha, redarstvo, i švapska soldatpolicija, ti je saki od njih mogel metak v glavu bez da si kaj zucnul ili napravil. Dobre, domobrani nesu bili takšni, si ostali i več neg ti ja sad povedam. Onaj rat bil je pekel živi na zemli, nigdar predi život neje bil vekši cincar nego v vreme endehazije. Glava se gubila za ništ, penezi su bili smetje, a Švabe su bile prave gazde i njih se slušalo, ustaška vlast je bila za nikaj, a jedino kaj su delali, su ljude tamanili, plačkali i tukli se s partizanima, a gda su črleni bili jakši, su Švabe poslali svoje i stvar bi bila rešena, nejemput su partizani dobili po hrptu od Švabov i razbežali se kak zajci, same kaj je onda sirotinja najebala, su za sakog mertvog Švabu strelali puno ljudi, bi došli, zaprli vulicu i pokupili ili bi v selo upali kak tati i ljude na kamijone pobacali i postrelali, nisu meli milosti, a se zate kaj su se ustaše i partizani igrali rata...

Kaj? Ne, ne bum to nigdar povedal, naj me puntati! Nis ja ni sudec, ni žbir ni biškup, nis ja nažreti plebanuš ni stara baba kaj oltare liže s vražjim jezikom! O tome nemam kaj za reči. Če me to pitaš, mladi gospon, bolše da nisi sim došel i bolše da mam prekinemo ovo se skup! Kenug! Kak te neje sram, če je bila z nekim, kaj te to briga? Kaj to opče bilo koga ima brigati? Kakšne su to reči, kak se opče usudiš tak nekaj spitavati, je Rozika tvoja baka, je rodila tvojega japu, ti balavec musavi! Šteri je taj kaj bu brojal i gledel s kim je spala ili šterega je muškarca volela Rozika? A da i je, kaj onda? Prokleti popovski žbiri, nos devate gdi mu neje mesto, a svoje dreke ne vidite? Dosti, čkomi, ni reči vre da nis čul! Tvoja baka je celo življenje na ribačoj kefi, metli, motiki i delu ostavila, je zdravle zgubila, je svoj kruh jela, ti bedak! Kipuči lug joj je kosti vništil, i kolena i kičmu, je gladuvala i se v njoj nutra je otišle v vražju mater, dok su svi spali je gospodske gaće i rubače ribala i štirkala, a ti buš mene pital koga je imala rad i kuliko njih, šmrklivec jen?! Čkomi da ti jenu zidarsku ne prilepim prek gupca! Začkomi mam! Nigdar ni kruha iskala na klecalu vu cerkvi, ni lizala popovska jajca za milostinju, tega kod nje bile ni! Delo i kruh od dela, a kaj je z sebom, svojim sercem i dušem mela, tok nej njoj ostane, buju Bog dragi i Jezuš Kristuš povedali kaj bu gda vreme za sudnji dan dojde, ne buš vlada ti rekel kaj je dobre a kaj neje! Pišeš ti kaj ti pripovedam? Piši, vrag te zel, piši! Lahke ti je denes suditi, trebal si živeti v ono vreme, bog i bogme, sit, punog želuca trabunjati o onemu ratu. Bi te videl da si bil tu štirideset i perve do pete ili bilo gde v ratu, ne bi ti duge živel, bi tebe štajnfal strefil da si same jen den prešel črez varoš, a kamoli da si kak Rozika moral preživeti pokraj sega tega zla. Ne znaš kaj je glad, kak je živeti v strahu, lačen se zavleči v postelu i iti na posel i delati za nikaj i ne znati je l' se buš živ vrnul doma, te ne buju morti Švabi zeli ili ustaše v domobrane mobilizerjali, na tlaku poslali, da bunkere ziđeš, je, take je bile, a v gubec se ni melo kaj deti če se nisi praf pomučil za kruh, za ajnprenžupu, za jajce i šteru žlicu masti. Zate, prosim te kak Jezuša na križu, naj baki sudec biti, če je i mela kaj s onim mladim štabslojtnatom, kaj onda? Vu dneve gladi i smerti, v ratu se ne pita preveč i nišče nebre greh hitati na druge, je v peklu teške anđel biti. Kaj je Rozika zgrešila, za Boga dragoga? Kaj se zaljubila morti? Ljubav neje greh... Nečineči je morti bil sam Bog v to vreme... Razmeš, mladi gospon? Rat je bil živi pekel, rekel sam ti, i tvoja je baka črez rat pre-šla kak i si mi drugi, trebalo je ostati človek, preživeti, a si sme ljudi, deca Boga našega i kaj ak je bila v ljubavi s mladim oficirom, je nikoga ni strelila, nišče ni nastradal zbog tega. Ljubav ne pita. Naj se mešati v to, bolše je se ostaviti kak je, zakaj bi mutil vodu, dosti je i ovega gnoja kaj je denes. Ak je bile na priliku da su se dve duše našle, nek su se, vu vreme smerti ljubav je bil jedini dokaz da človek još ni do kraja zver postal...”

Mala baka, R. rođena Lj., možebitna ljubavna priča, druga inačica

Natporučnik Thomas Günter ušao je u ured pukovnika Ludwiga Reißlera prilično nervozan. Stari carski oficir, iz stoljetne vojničke obitelji koja je dala nekoliko vrsnih generala i znanih junaka bojnog polja, među oficirima je slovio kao „vrag”: krutog držanja, u besprijekornoj uniformi, s monoklom, brižljivo uređenih brkova, izbrijanog lica, visok, gotovo suh, pukovnik Reißler obavljao je svoju dužnost u najboljoj maniri stare pruske vojne škole bez emocija i maksimalno poštujući vojne zakone i naređenja. Politikom se nije bavio i nitko nikad od njega nije čuo makar i najbezazleniji politički komentar: pukovnik je bio vojnik i to je sve, vršio je svoju dužnost, radio svoj posao. Prokušani veteran Velikog rata (oko vrata nosio je Eisernes Kreuz 1, a na prsima Eisner Kreuz 2, oba dodijeljena mu po caru Wilhelmu II., drugi red godine devetsto i petnaeste, a prvi sedamnaeste, nakon trećeg ranjavanja na Zapadnom frontu), njemački domoljub, profesionalni vojnik, oficir s pedigreom, pukovnik nije pripadao nikome do sebi i Njemačkoj. Nije se isticao ni sudjelovao u razbludnim terevenkama kolega oficira, nitko ga nije viđao u opskurnim krčmama ni u bludilištima, nije kockao ni trošio novac na karte i lake žene. Oženjen, obiteljski čovjek živio je za svoje najmilije i za Njemačku. Osim na službenim događajima, vojnim obljetnicama i zbivanjima gdje je morao nazočiti po crti društvene etikete, Reißlera se moglo vidjeti tek u šetnji parkom, u kazalištu, u muzejima, na kavi u nekoj od boljih kavana, ništa posebno i ništa upadljivo u vrijeme mira. U ratu također, samo dužnost i dužnost, ništa politički. Nije bio član NDSP-a kao što nitko nikad nije saznao što stvarno misli o nacistima. Oficir njegovog kova nikad se nije spuštao na razinu uličnih brbljavaca i birtijaških junaka, to mu njegova oficirska čast nije dopuštala. Njegovi kolege smatrali su ga nedruštvenom osobom u čijem se prisustvu nisu mogli opustiti kao inače, čak su ga držali zadrtom starom pruskom mumijom. Govorilo se za Reißlera kako je toliko asocijalan da se čak i njegova obitelj s njim osjeća kao regrut na raportu. Što se njega osobno tiče, nije se zabrinjavao oko toga, dapače, o svom statusu u oficirskom koru nije razmišljao. U svojoj pedeset i osmoj godini ovaj pukovnik Wehrmachta oguglao je na vojničke tračeve i priče iza leđa: kao štabni oficir prošao je svašta u cijeloj karijeri, a naročito u ovom ratu. Svaka reorganizacija snaga Werhmachta u ovom dijelu Europe uključivala je njegovo premještanje s jedne na drugu dužnost. On se nikada nije bunio ni postavljao pitanja o tome. Vojnički poslušno na svaku je novu dužnost stupao u punini časti i to mu je osiguralo status pravog njemačkog oficira protiv koga nitko nije imao ni slova prigovora, čak ni SS, a znalo se koliko je SS mrzio Wehrmacht: na svakoj se dužnosti pokazao kao oficir na koga nadređeni uvijek mogu računati. Njegovo iskustvo, znanje i očito dobre veze unutar Wehrmachta omogućilo mu je „mirno” ratovanje u smislu da je radio svoj posao i da ga nitko nije dirao, da nitko nije provjeravao njegovu odanost Hitleru i nacionalsocijalizmu. Pukovnik nije podnosio „civile u uniformi”, bandu kojoj je Hitler dao činove i ovlasti i koji su, ne samo po njegovom osobnom mišljenju, snosili dobar dio krivnje za gubitak rata, ali ni za taj njegov stav nitko nije znao. „Vrag” je bio nedodirljiv, a po pitanju politike nevidljiv. Kad bi se pojavio, svi nižeg čina bi se ukočili kao mrtvi, čak bi i najokorjeliji frontaši zauzeli vojnički stav i pozdravili pukovnika odrešitim pozdravom, kao na egzecirplacu u nekoj od kasarni prije rata. Sve to što se o njemu nije znalo, saznati će se nakon rata, kada će njegova kćer objaviti dvije knjige, „Očev ratni dnevnik 1914-18” i „Očev ratni dnevnik 1939-45”, a koje će razgolititi pukovnika „vraga” Reißlera i predstaviti ga svijetu kao potpuno drugog čovjeka. Knjige će skinuti krinku krutog pukovnika bez emocija i oslikati oca, supruga i vojnika u humanijem svjetlu, kao nekoga tko je imao i srce, dušu i vojničku čast. Naime, gospođa Maria Landau, rođena Reißler, pronašla je, kao u kakvom filmu, u ostavštini svog oca, nakon njegove smrti godine 1953. (iz zarobljeništva u Jugoslaviji vratio se pedesete oronuo i bolestan, ali sretan što je ostao živ: nije pričao o zarobljeništvu, tek je rekao da je zahvalan što nije skončao kao tisuće drugih) nešto što ju je oduševilo i rasplakalo. Uz pomoć svoja dva sina gospođa Landau je sortirala stvari i kad su otvorili stari oficirski kofer, ispod stare savršeno uredne carske uniforme s odlikovanjima otkrili su desetak kožom ukoričenih bilježnica: tri su bile male, vezane prljavim smeđim konopcem, a ostale nešto veće, umotane u novinski papir. Na bilježnicama nije bilo nikakvih oznaka, samo je na prvoj stranici svake bilo krasopisom upisano vremensko razdoblje, kao napr. srpanj 1914. - siječanj 1915., a u jednoj od bilježnica, slijedom godina posljednjoj jer je imala oznaku studeni 1944. - travanj 1945., bio je mali papirić na kome je pisalo: „Sutra ovo šaljem po H. u Austriju, kod njega doma. Sve je gotovo, rat je izgubljen. Znao sam to. Za onaj sramotni poraz osvetu nije mogao donijeti jedan slaboumni gefreiter. Ubojica, psihopat. Ovo je bio posljednji njemački rat. Od ove sramote ništa nas ne može oprati ni spasiti. Njemačku su čast uprljali krvlju milijuna, tako nevojnički, tako neljudski! Njemačka je zaslužila ovaj poraz. Ne znam kako će nam svijet oprostiti. Helga i Maria, ako se ne vidimo na ovome, sresti ćemo se na onome svijetu, nadam se, ako me Bog zbog ovog ne pošalje u pakao, kamo i spadamo svi koji smo slušali onog luđaka. Molim Gospoda da mi oprosti i ako mi se smiluje, čekam vas gore s Gustafom. Volim vas, vaš papa.”

Pukovnik Ludwig Reißler nije bio nacist, naprotiv, svom je dušom mrzio naciste i sve što su oni bili i činili: bio je odan samo caru, a kad je taj isti veliki car kukavički abdicirao i izgubio rat, ostala mu je ljubav za Njemačku. Kao jedan od desetina tisuća razočaranih njemačkih oficira, osjećao se izdano i popljuvano, a zbog sramotnih i ponižavajućih uvjeta kapitulacije u njegovom je srcu već godine osamnaeste posijano sjeme želje za osvetom: ona sramota, onaj ponižavajući sastanak sila Antante i Središnjih sila u onom prokletom vagonu u prokletoj šumi Compiegne, kad je potpisana najgora kapitulacija u povijesti ratovanja bio je gorak pokvaren šlag na truloj torti propalog Njemačkog Carstva. Opće rasulo u državi, kukavička podla abdikacija cara Willhema II. i revolucionarna sranja bješe zlo koje je bacilo na koljena bivše vojnike i pretvorilo ih najveće ratne tragičare. Ponižena Njemačka stenjala je razrivena, a uvjeti koji su joj nametnuti bjehu ispod svake razine vojničke časti! Kapetan Reißler pao je u depresiju očajan zbog nemoći i bijesa zbog spoznaje o uzaludnosti pogibije milijuna vojnika za cara koji ih je ostavio kad im je najviše trebao! Želio je udariti nekoga, razoriti nešto, ubiti krivca za poraz, no nije se priključio revolucionarnim zbivanjima, nije pristupio nijednoj od strana koje su razdirale Njemačku u poslijeratnom vremenu. Višestruko ranjen, proglašen je nesposobnim za daljnje služenje i nije ušao u kvotu od onih bijednih sto tisuća vojnika, koliko je Njemačka mogla imati po odredbama Mirovnog sporazuma.

Srećom, njegova obitelj je bila dovoljno imućna da je i u kaosu superinflacije i kaosu vlasti mogao živjeti relativno udobno (od vojne mirovine i invalidnine bi samo gladovao). Kao suvlasnici i vlasnici nekoliko industrijskih pogona u Düseldorfu i veleposjednici po svojoj plemićkoj lozi, članovi obitelji Reißler imali su prednost pred očajnim Nijemcima koji su jedva preživljavali. Otac budućeg pukovnika bio je drugačiji njemački patriot i njegova odanost caru i kruni bila je od čudne vrste, barem prema shvaćanju ostalih ljudi njihovog statusa. Pravilo domoljublja starog Reißlera je glasilo: „U ratu ćemo dati i sebe za cara, ne i naše imanje. Ako poginemo, naše žene i naša djeca moraju imati od čega živjeti.” To ih je spasilo do propasti i bankrota poslije devetsto osamnaeste: mudrost prije ludila, skrb za obitelj ispred fraza i mahanja carskim zastavama. Jednostavno i prokleto korisno!

Bivši kapetan Ludwig Räßler, kako je i opisao u dnevniku (posljednja zabilješka u Velikom ratu bješe datirana dvadeset i osmog lipnja 1920., dakle, godinu dana po potpisivanju Mirovnog sporazuma u Versaillesu: „Prolivena krv traži osvetu, izdaja traži osvetu. Ne zbog izdajnika i kukavice cara, zbog mojih momaka, zbog svakog od onih divnih hrabrih mladića koji su vjerovali u Njemačku, koji su dali sebe za domovinu! Njihova smrt i njihova krv ne smije ostati neosvećena! Njemačka nije smjela pristati na ovu sramotu!"), nije održavao puno kontakata s vanjskim svijetom. Posvetio se poslu i obitelji. Tek će u nekim zapisima u dnevniku iz Drugog rata priznati kako je imao stalne kontakte s nekim bivšim oficirima, ratnim kolegama iz carskog doba.

Dosljedan vlastitim principima, nije izašao na izbore 1923., 1928., 1930., 1932. ni 1933., naprosto se nije upuštao u političke smicalice i nije pristupio nijednoj od političkih opcija. Socijaliste i komuniste nije simpatizirao već zbog svog podrijetla, a Stranka centra mu je previše zaudarala na katoličko licemjerje i lopovluk. Što se tiče NSDAP-a, nije ih shvaćao ozbiljno, više kao gomilu lajavaca s vrlo opasnim nakanama. Voljeti Njemačku ne znači mrziti ostale, tako je mislio ratni kapetan. Od samih početaka ekspanzije nacionalsocijalista Ludwig Reißler je nastojao izbjeći svaki doticaj s njihovom ideologijom, a kako ga politika nije zanimala, kategorično je odbio ponudu nacista da im se pridruži.

Na jednoj večeri u njihovom domu, uz najbolju podvorbu, domaćin Ludwig Reißler nije se osjećao baš najbolje. Njegov glavni gost, nadmeni nacist oholog držanja održao mu je predavanje o rasi i neljudima, o Židovima kao izvoru svega zla, o svjetskoj uroti protiv Njemačke i svemu što je nezaposleni gladni Nijemac htio čuti: međutim, bivši carski kapetan nije tako mislio. Njemu krivnja za poraz u prošlom ratu nije na židovskoj uroti i Englezima, Amerikancima i Francuzima nego na caru i njemačkoj eliti. Njemačka se još mogla boriti i ako je trebala izgubiti rat, mogla je to učiniti časno, bez poniženja. Ludwig je smatrao vojničku čast osnovnim preduvjetom za „pranje" uprljanog obraza Njemačke, ali ne tako da se prema neprijatelju postupa protivno viteštvu i vojničkim uzusima! Osim toga, rasna teorija mu kao vjerniku nikako nije ulazila u uho. Njegov gost, ratni veteran velikog rata, bivši pripadnik Jagdstaffelu 51. i bivši ratni zarobljenik išao mu je na živce od prvog momenta: njegova odora, njegov izvještačeni govor i glupa gestikulacija, sasvim nepotrebna i nepristojna za stolom, kod jela, njegova afektacija, tako vidljiva kod ljudi nižeg stališa koji uporno žele biti veći, viši i plemenitiji no što su rođeni (sin željezničara, a sam rudarski službenik), njegov vokabular, kao još jedan dokaz njegove nedovoljne naobrazbe i on sam ukupno prouzročio je u nekadašnjem carskom oficiru osjećaj dosade i gađenja, pa kad ga je taj gospodin, velepoštovani Gauleiter Gau Düsseldorfa Friedrich Karl Florian pozvao da se priključi NSDAP-u i da obol uskrsnuću Njemačke i novom rođenju njemačke čiste rase morao je pristojno, ali i mudro otkloniti takvu mogućnost zbog narušenog zdravlja, dakako, i previše poslovnih i obiteljskih obaveza. Oprezan i znajući s kime ima posla, Ludwig je rekao da nova Njemačka, dakle Reich zna tko je on i da je on svoj patriotizam pokazao u Velikom ratu i da su njegova dva željezna križa mali dokaz o njegovoj odanosti naciji i državi. Spomen križeva ostavio je utisak i Gauleiter se povukao ostavljajući vrlo indikativnu poruku kako se ipak nada da će u doglednoj budućnosti gospodin kapetan naći vremena i načina za služenje Reichu. Nakon te večere ovaj se gost nikad više nije pojavio u kući obitelji Reißler, a pozivi bivšem kapetanu vremenom su prestali.

Plemić, industrijalac, veleposjednik vrlo konzervativnih stavova, vojnik u duši i nadasve pošten čovjek, Ludwig Reißler kao poslodavac držao se za ono vrijeme prilično modernih pravila: naime, iako nije odstupao od klasnih razlika između njega i ljudi koji su radili za njega, prema onima koje je plaćao odnosio se ljudski i kršćanski. Nije bilo maltretiranja, vrijeđanja ni omalovažavanja radnika i služinčadi, pa iako nikakvo prijateljstvo i slične empatije prema podređenim nisu dolazile u obzir, svi koji su bili na njegovoj platnoj listi hvalili su gospodina Reißlera kao najboljeg gazdu na svijetu kod kojeg su plaće najmanje za pola veće od plaća u ostalih industrijalaca i veleposjednika. Reißler je skrbio za svoje ljude. Svatko je mogao dobiti zdravstvenu pomoć, što je bilo skoro nezamislivo u to vrijeme, a služinčad na samom imanju i u kući imala je gotovo privilegirani status sličan članovima obitelji. Jeli su mnogo bolje, imali su zasebnu kuću sa svime što im je bilo potrebno, uključivo kupaonicu i radio prijemnik, a na raspolaganju im je bio i automobil koji je Ludwig kupio specijalno za njih kako bi lakše odlazili na odmor ili u grad, u kupovinu za vlastite potrebe, na izlete u slobodnim danima. Korektno ophođenje i poštivanje čovjeka dovele su ga na glas kao Nijemca njemačke časti, na što je bio ponosan.

U politiku se nije miješao, ali u sebi, intimno, nosio je želju za osvetom. Nikad nije prežalio poraz u Velikom ratu. Weimarsku Njemačku smatrao je tek prijelaznim razdobljem do neke nove snažne Njemačke. Kako su godine prolazile, njegove nade su lagano kopnile jer nije vidio ništa što bi vratilo čast Njemačkoj i što bi dovelo do pravedne osvete za nanijeto joj zlo i nepravdu. U nacistima nije vidio ostvarenje svojih želja. Školovani oficir nije vjerovao nepismenim lajavcima i uličnim razbijačima.

Nakon usvajanja Ermächtigungsgesetz-a 1933. i potpunog nestanka demokracije u Njemačkoj, te preuzimanja apsolutne vlasti od strane nacista, nekadašnji kapetan Reißler ostao je neaktivan, čekao je. Miran i staložen (zahvaljujući mudrosti svog oca i vlastitom smislu za posao nadvladao je poslijeratnu depresiju i već godine dvadeset i šeste njegovi su poslovi tekli normalno, a ekonomsku krizu poslije dvadeset i devete ponovno je pobijedio pametnim ulaganjima i opreznim poslovnim potezima) u javnosti je i dalje bio uglađeni gospodin, bogataš starog kova, otac i suprug, njemački domoljub i čovjek vrijedan svakog poštovanja, donator i vjernik, ukratko netko koga se cijenilo s razlogom. Međutim, Ludwig je (što je obitelj saznala kroz ratni dnevnik) vodio svoj „tajni" život, udaljen od radoznalih pogleda i svakodnevnih stvari. Tajanstveni svijet bivšeg kapetana bio je izgrađen na komunikaciji između njega i njegovih ratnih suboraca, sve redom carskih oficira svih rangova, od najnižih do generala. Naročito pozornost poklanjao je korespondenciji s nekadašnjim kolegama koji su bili aktivni u službi ili su im poslovi bili povezani s vojskom. Pomno je pratio razvoj njemačke vojske u poratnim godinama, a što je kao fusnote kasnije zapisao u dnevniku. Zanimljivost dnevničkih zapisa je baš u tome što je svakodnevne opservacije dopunjavao podsjećanjem na međuratna zbivanja bilježivši informacije i promišljanja iz vremena do početka rata. Četiri dana nakon početka rata, devetog rujna trideset i devete Ludwig je zapisao: „Sad se vidi kakav je vojni um bio Seeckt: provukao je Njemačku ispod poniženja tzv. mira u V. i s vragom, sovjetima, sklopio dobar posao. Sjajno izvedeno! Samo istinski Nijemac ima snage nadvladati prijezir prema dojučerašnjem ljutom neprijatelju. Machiavelli je imao pravo, cilj opravdava sredstva. General Seekt je rekao: „Sada se moramo pomiriti sa Sovjetskom Rusijom - nemamo alternativu." Mislim da je Sondergruppe R. izvršila zadaću bez koje osveta i sravnjenje računa ne bi bilo moguće. Kasniji Rapalski sporazum i sve što je uslijedilo nadogradilo je priču potrebnom snagom za razvoj Reichwera i Wehrmachta.". Ipak, u prihvaćanju rata kao sredstva osvete za Veliki rat i vraćanje, kako je on to zvao, časti Njemačkoj", nacizam mu se nije sviđao ni u jednom segmentu. Rasni zakoni i sve što se zbivalo, posebice nakon tzv. Noći dugih noževa uvjerilo ga je u neprihvatljivost nacizma kao načina i puta i ostvarenja željene osvete. U Velikom ratu za slavu Carstva poginule su tisuće Židova i vojnika drugih, nenjemačkih nacija i svaka separacija po rasi i vjeri bivšem kapetanu bila je suluda i vrlo opasna. Podjela na arijevce i nearijevce nije mu se činilo kao put k pobjedi zbog prirode Njemačke kao velike zemlje časnih ljudi. Nema časti u ubijanju nevinih ljudi, tako je razmišljao Ludwig Reißler. Ratno pravo i Biblija bile su mu svete riječi vodilje u ratu, odbijao je biti sudac i krvnik, odbijao je prljati njemačku uniformu nevinom krvlju.

Širenje rata i suludo umnažanje frontova nije vodilo u pobjedu nego u poraz: na svoje ogromno razočarenje Reißler je uvidio da Njemačka srlja u još jedan poraz, strašniji i veći od Velikog rata 1918.! Idiotski „tisućljetni Reich" bio je unaprijed osuđen na propast, a budale u Berlinu nisu imale hrabrosti to reći luđaku Hitleru! Drugog siječnja 1943. u svoj dnevnik Ludwig je zapisao: „To što je glupi gefreiter smijenio Guderiana dovoljno govori o tome što nas čeka, ovaj rat je izgubljen. Ponovna propast, opet poniženje! Ne usuđujem se misliti što Njemačku čeka poslije ovoga. Ratujemo bez časti, milijuni nevinih ubijenih ljudi leže od Pariza do Moskve! Svijet nam to neće oprostiti! Gospod zna koliko mrzim esesovce, tu bagru bez časti. Oni nisu vojnici nego zvijeri! Ovaj rat je trebao biti časna osveta, odgovor na sramotnu kapitulaciju, vojnički čist. Ubijamo civile, spaljujemo sela, rušimo gradove, mrtvu djecu ostavljamo iza sebe. I koncentracijski logori, što je to? Tvornice smrti! Konačno rješenje! Strašno, Bog će nas kazniti! Krvoproliće bez premca u povijesti, sve na leđa Njemačke i njemačkog naroda! Sramim se toga, ovo nije vojnički, ovo je od Đavla samoga! Zašto je sproveden Komissasorden, nema pobjede u masakru i uništenju, nakon rata život se mora nastaviti. Vojnici s bojnog polja, ako je časti, postaju kolege, bez obzira na rat, to je čast! Gustaf mi je pisao, dobri moj krasan dečko! Pismo je dugo putovalo, više od dva mjeseca, sudeći po datumu. Ne želi da mu sredim povlačenje s Istočnog fronta, jao meni! Hrabriji od svog oca, srčaniji, pravi Reißler! Vojnik prije svega, a tko bi rekao, od jednog zaigranog dječaka koji voli loviti žabe i spava u kokošinjcu do ratnika koji ne želi ostaviti druga u borbi! Ponosan sam na njega. Neka ga Bog čuva. Gustaf, volim te, dečko moj! Samo nemoj uprljati ruke, mi smo njemački vojnici, nismo nacističke ubo-jice!”

Sedam dana kasnije, desetog siječnja četrdeset i treće zapisao je, sad vrlo drhtavim rukopisom, jedva čitljivim: „Zašto? Zašto on? U ime čega? Gospode, zašto si to dopustio? I gdje je, do vraga, Kaluga? Poručnik Gustaf Reißler pao je za slavu tisućljetnog Reicha! Ne, to nije istina, ne prihvaćam to, ne moj dečko, moj mali Gustaf... To je kazna, da, to je početak kazne! Bog nas kažnjava, oduzeti će nam sinove kao što mi oduzimamo sinovima cijeloj Europi, i ovdje na Balkanu, ubijamo, strijeljamo nečiju djecu! Zato Bog želi da njemačkim sinovima platimo ceh. Nemamo časti, zato je Gustaf mrtav! Ne, moj Gustaf nije... Zašto? Proklet bio kaplar, proklet zauvijek! Ne znam hoću li izdržti... Ovo mora prestati!”

Dvije knjige ratnih dnevnika bivšeg pukovnika Wehrmachta s balkanskog fronta nisu polučile osobiti uspjeh. Prošlo je premalo vremena i sjećanja na rat su bila previše svježa da bi ratovanje jednog pukovnika zainteresiralo široku masu čitatelja: Njemačka se još nije pomirila sa svojim sramom, još nije bila svjesna zla koje je učinjeno u njeno ime. Problemi će trajati dosta dugo dok Europa i svijet ne prihvati istinu: nisu svi njemački vojnici bili ubojice, nisu svi činili zločine...

Stvar prosudbe, mudrost i vlastito dugogodišnje vojno i životno iskustvo spasile su pukovnika Reißlera od sigurne smrti kao izdajnika Reicha: nije se priključio nijednoj od urota za svrgavanje i ubojstvo Adolfa Hitlera. Nije se radilo o njegovom kukavičluku ili političkom i vojnom slijepilu, ne, on naprosto nije držao da je atentat na kancelara rješenje problema. Sumnjao je u uspjeh svake od isplaniranih akcija jer su sve temeljene na poklapanju možebitnih slučajnosti, odnosno na pretpostavkama da će ovo i ono biti baš to i to, a to nikad nije značilo ništa više od brbljanja starih baba ispred crkve nedjeljom! Mnoge urotnike je više ili manje dobro poznavao, a s jednim bivšim generalom, koga je Hitler umirovio u osvit rata bio je neka vrsta intimusa, čak su bili neki dalji rod. Doduše, dobio je dva ili tri upita za priključenje uroti: otklonio je to uz objašnjenje da njegovo sudioništvo, s obzirom na to da je u Hrvatskoj i na Balkanu, neće imati baš nikakvog utjecaja, a može prouzročiti probleme jer ni on sam nije siguran koliko ga prate i nadziru. Izaslanici urotnika nisu mu smetali, a nisu ni sumnjali, pukovnik Reißler nije bio nacistički doušnik, oko njegove časti nije bilo dvojbe. Pukovnik je vrlo rano shvatio da je jedini način zaustavljanja rata i krvoprolića samo u totalnom uništenju Njemačke i kažnjavanju zbog svega što je u ime Njemačke učinjeno. Bez kazne i pokore Njemačka neće opstati, to je kao usud, kao prokletstvo i kazna Božja! Dobre nakane i ljubav prema domovini, svjesnost o potrebi zaustavljanja rata i uopće svrgavanje nacista bjehu logične stvari svake od urota, ali sve skupa, smatrao je, bješe previše idealistički posloženo, previše je bilo rupa u planovima. I premalo realnog gledanja na stanje oko Hitlera i odnosa snaga. Svaka im čast, mislio je pukovnik, ali ispali su naivni idealisti: pokušaj likvidacije Hitlera u ožujku 1943., jasno. Generali Henning von Tresckow i Rudolf Christoph von Gersdorf, lijepe želje i opravdani bijes, ali ništa više od toga. Pukovnik Reißler očito je dijelio mišljenje s urotnicima obzirom da je mislio poput spomenutog generala Tresckowa, premda ga nije čuo, a koji je rekao: „Zapamtite ovaj trenutak. Ako ne uvjerimo feld-maršala da odmah odleti Hitleru...njemački narod biti će opterećen krivnjom koju svijet neće zaboraviti za stotinu godina. Ova krivnja će pasti ne samo na Hitlera... već i na tebe i mene, tvoju ženu i moju, tvoju i moju djecu...” . (Citat iz knjige Kane, Robert B., 2008., „Disobedience and Conspiracy in the German Army 1918-1945.”, McFarland & Co, Inc. Pub., moj prilagođen prijevod citata.)

Nije se bojao smrti, htio je biti koristan živim ljudima, njemačkim vojnicima i ljudima zemalja u kojima je bio, htio je učiniti sve da spasi barem jednu dušu Božju. Vjerovao je da je bolje da spasiti jednog nego da srlja u smrt bez rezultata. Na svojoj poziciji mogao je nešto učiniti. Znao je to. Htio je to. Činio je to. Preživjeti rat. Ako je moguće. Zbog obitelji i sina Gustafa, njegova smrt morala je rezultirati dobrim djelima njegovog oca. Kao iskupljenje koje to nije, kao utjeha bez utjehe, kao pokajanje, kao nešto. Za razliku od urotnika i organizatora nekoliko neuspjelih pokušaja ubojstva Adolfa Hitlera, pukovnik Ludwig Reißler odlučio se na mudrije postupanje i na ono što se vojnim rječnikom naziva „element iznenađenja”, odnosno, najbolje je djelovati prema trenutnim mogućnostima, uz sve mjere opreza. Svako detaljno planiranje nosi previše opasnosti i ne može uključiti sve inačice razvoja situacije, te je pukovnik svoje nakane rješavao u hodu, čime nije svraćao pozornost na sebe i na ono što je radio jer je radio svoj posao. Pukovnik „vrag” služio je savršeno pruski, na zadovoljstvo svih kojima je podnosio raporte. Što se događalo u međuvremenu i tijekom njegovog rada kao štabnog pukovnika nije bilo poznato ni Gestapou ni SS ili barem njegova dobra djela nisu evidentirana u sustavu progona Wehmachta i Reicha.

Pukovnik je bio svjestan da Wehrmacht nije manje okrvavljen od SS-a : predugi je popis divizija koje nose pečat ubojica da bi se njemačka vojska mogla smatrati „čistom”. Istina je, nakon svršetka rata polako je rasla legenda o „čistom Wehrmachtu” koju su gradili preživjeli generali i visoki oficiri objavljujući memoare lišene ubojstava i masovnih likvidacija, terora i uništenja koje su počinile njihove jedinice. Ideja prebacivanja odgovornosti za zločine isključivo na snage SS-a i Einstatzgruppe-B temeljena je na želji pranja sramote holokausta i zla nacizma, ali to je propalo na samom početku jer nijedna od tih knjiga memoara nije shvaćena ozbiljno, a primjer toga jest kako je upravo sam general Tresckow, jedan od vođa pokušaja ubojstva Adolfa Hitlera, nosio ogroman teret krivnje za ratne zločine u Poljskoj i Ukrajini jer je kao načelnik štaba 2. armije potpisao naređenje o otmici djece u tzv. akciji „Heu-Aktion”, kada je oteto oko 50000 poljske i ukrajinske djece, što je bio zastrašujući zločin na teret Wehrmachta. Na suđenju u Nünbergu Tresckow je spomenut kao sukrivac za ovaj čin genocida: ni urota protiv Hitlera i samoubojstvo nakon neuspjeha atentata nije ga spasilo od osude povijesti i upisivanja na listu zločinaca, baš kao što je i on sam predivdio.

Pukovnik Reißler nije srljao. Ipak, njegovo ponovno odijevanje vojne uniforme nije bilo baš uobičajeno. Nije imao nakanu priključiti se Wehrmachtu, barem ne odmah i ne bez dobrog razloga. Žudio je za osvetom, ali i bio svjestan svojih zdravstvenih, vojnih i inih ograničenja, napose političkih: nije bio nacist i to mu je moglo otežati reaktivaciju u vojnu službu. Status ratnog ranjenika bila je ozbiljna prepreka povratku u vojsku. Međutim, jedan ručak s jednim od generala OKW-a u Berlinu požurio je stvar. General ga je uspio nagovoriti da se prijavi za reaktivaciju, u skladu s postavljenim uvjetima. Hitler je na svim razinama trebao „stare i provjerene stručne oficire” (bivši gefreiter nije vjerovao Wehrmachtu i generalima, ali je znao da za pravi rat treba prave vojnike), a i generali su očajnički zahtijevali da se u štabove svih razina, od brigada, divizija i korpusa do armija i armijskih grupa postave oficiri koji znaju ratovati: pruska je tradicija ostala, osobito u savršenoj organizaciji vojnih akademija i strogih pravila za raspoređivanje na dužnosti štabnih i generalštabnih oficira, ali to nije bilo dovoljno jer nakon sastanka održanog 7. studenog 1937. na kojem je Hitler iznio ratne planove najvišim generalima i komandantima (Reader, Göring, Fritsch i von Blomberg), ratni je stroj Reicha vapio za kvalitetnim i provjerenim oficirima. Iskustvo vođenja, organizacije i planiranja iz Velikog rata (unatoč promjeni doktrine i taktike) vrijedilo je sve, svakako više od svježe promoviranih oficira, pa bili oni i najbolje što su izbacivale vojne akademije. Rat zahtijeva iskustvo u praksi, teorija nije dovoljna.

Žudnja za osvetom i probuđeni oficirski instinkt vratile su bivšeg carskog kapetana u uniformu njemačke vojske, Wehrmachta. Došlo je vrijeme osvete i vrijeme spaljivanja onog prokletog francuskog vagona (1940. to je učinjeno iako ga nacisti nisu spalili nakon osvajanja Francuske): uz pomoć spomenutog generala OKV-a Ludwig Reißler reaktiviran je u činu majora pješaštva i dodijeljen jednom od ureda generalmajora Keitela na poslove planiranja i analiza vojnih operacija (tu je očito učinjena iznimka jer je za dužnost štabnog oficira bila potrebna ratna akademija, međutim su ratne zasluge i veze ponekad bile jače od propisa). Uoči i nakon napada na Poljsku i početka rata služio je kao pobočnik generala, obavještajni i štabni oficir na razinama od divizije i višim. Početkom travnja 1941. žurno je preraspoređen u 12. armiju i od tada do kraja rata služio je na prostoru nekadašnje Jugoslavije. Njegovo služenje bilo je prema rasporedbi snaga na području tzv. NDH i području odgovornosti sektora Jugoistok.

Ako nije nije mogao promijeniti tijek rata, a nije, i ako nije mogao spasiti mnogo ljudi od masakra od strane nacista i lokalnih snaga, mogao je, htio i činio ono što nikome nije upadalo u oči, osobito onima koji su jedva čekali da upravo njemačkom oficiru ispale metak u čelo kao izdajniku: spašavao je i nje-mačke živote, izvlačio oficire, podoficire i vojnike od smrtonosnih zagrljaja prijekih sudova i to prije no što su nesretnici bili uhićeni i predani u ruke ubojicama. Istina, pred kraj rata i to je postalo preopasno i besmisleno u isto vrijeme. Od kraja 1944. Wehrmacht je nezaustavljivo klizio u katastrofalan poraz i cijeli sustav se nepopravljivo raspadao: vojna stega je rapidno slabila, komandanti nižih razina komandirali su kako su htjeli, sam pojam vojničke časti ionako je davno nestao, a koordinacija između armija, divizija i brigada se topila kao da nikad nije postojala. Inače savršena vojna birokracija se urušila, statistike su se prestale voditi, a armije u masovnom povlačenju nisu imale nikakvih izgleda za učinkovito pregrupiranje i promjenu smjera rata. Pukovnik se usprkos svemu nije pokolebao, a prije općeg rasula uspio je spasiti od smrti poveći broj ljudi, od vojnika do kapetana. Srećom po pukovnika i njegove „štićenike" na teritoriju Korpusa Hrvatska, vojno sudstvo Wehrmachta nije držalo onoliko instanci kao na drugim područjima Reicha, što nije (uvijek) bilo dobro jer krvi žedni SS-ovci nisu birali žrtve, a osobito su bili okrutni prema njemačkim vojnicima kad bi isti bili uhvaćeni i optuženi za nearijevsko ili kukavičko ponašanje. Nije tek jedan njemački vojnik bio strijeljan ili obješen u Hrvatskoj i na Balkanu. Nearijevske svinje, lako za nih, ubiti arijevca izdajnika bilo je posebno zadovoljstvo!

S osnove pozicije štabnog pukovnika i po crti stare carske vojne časti i ugleda, Reißler je imao izvrsne kontakte s vojnim sucima koji su bili više pravnici nego ratnici, više birokrati nego vojnici, a i nisu svi bili zagriženi nacisti: nažalost, vremenom su pravno stručni suci zamijenjeni okorjelim nacistima ili oficirma povratnicima s rehabilitacije nakon ranjavanja, od kojih su neki prihvaćali položaje vojnih sudaca kao priliku za iživljavanje nad vojnicima koji, kako su smatrali, nisu zaslužili milost za neposluh i izdaju, što je primoralo pukovnika da djeluje vrlo promišljeno. Njegov ugled i ono „vrag" pomogao mu je i kod su-daca ubojica, tako da u konačnici nije ispao, kako je sam zapisao u dnevnik, potpuni gubitnik.

Smrt jedinog sina nije prežalio. Krivio je Hitlera i naciste, ali i sebe. Na mnogo mjesta u dnevniku zapisao je duge rečenice opisujući vlastitu krivnju zbog sinovljeve pogibije i rata kao velike greške, kao neuspjele osvete za Veliki rat. Izvana, održavao je svoj imidž „vraga": čista uniforma, brijanje, strog po-gled, prusko vojničko držanje, hladan govor, odrješita naređenja i izostanak svake empatije. Doduše, ra-zinu urednosti u travnju i svibnju '45 nije mogao održati na uobičajenoj razini zbog općeg kaosa, ali sve ostalo nije mijenjao zbog sebe i svoje „misije". Jedna od dobrih stvari ratnog kaosa je bilo to što je slaba komunikacija i loša subordinacija stvorila nemogućnost provjere svih od svih: ako bi ga zaustavila vojna žandarmerija, SS ili bilo tko drugi, njegovi dokumenti uspijevali su biti dovoljni (potpisi poznatih generala imali su težinu) jer ionako nitko nigdje nije mogao provjeriti što i tko je gospodin pukovnik, barem ne u nekoliko minuta. (Opaska: Opetujem ovo, u razdoblju do svibnja četrdeset i pete general Löhr isprva je odlučio uspostaviti obrambenu crtu sastavljenu od snaga svoje Grupa armija E i podređenih njemačkih snaga (ostataka razbijenih i oslabljenih divizija), no nakon što ga je lokalni hrvatski vođa Pavelić odbio, naredio je povlačenje uz aktivnu obranu s ciljem izvlačenja snaga do teritorija pod kontrolom Saveznika. Nažalost, plan nije uspio i komandant Grupa armija E itd. predao se jugoslavenskim partizanima. U jed-nom trenutku general Löhr uspio je pobjeći iz komunističkog zatočeništva, no Englezi su ga vratili Jugo-slavenima i time zapečatili njegovu, kao i sudbinu više od dvije stotine tisuća pripadnika Wehrmachta u Jugoslaviji.)

Pukovnik Ludwig Reißler nije uspio pobjeći, zarobljen je negdje u Sloveniji zajedno s grupom od dvje-stotinjak demoraliziranih njemačkih vojnika i oficira nakon povlačenja u smjeru Maribora. Komandant partizana nosio je smiješnu staru srpsku uniformu i imao čudnu kapu, ne od onih kakve su obično nosili partizani (tu vrstu uniforme viđao je u Srbiji i Bosni, nosili su je četnički oficiri, kao i ljudi Nedića i Ljotića). Začudo, govorio je njemački dosta dobro i obratio im se vrlo ružnim riječima prijeteći da će ih pobiti jer su fašistička stoka koju treba postrijeljati bez milosti. Otjerali su ih malo izvan ceste i kad se pu-kovnik već polako opraštao od života, naišla je druga kolona partizana predvođena nekolicinom oficira očito visokih činova. Komandant koji ih je zarobio je problijedio i ustuknuo, a na znak jednog od pri-došlih oficira poveća grupa vojnika je okružila ljude komandanta u srpskoj uniformi i razoružala ih. Ispo-stavilo se da ih nisu zarobili partizani nego četnici s idejom da se kao partizani sa zarobljenim Nijemcima privuku kroz snage Jugoslavenske armije. Srećom do pucnjave nije došlo jer se sa svih strana slila rijeka partizana, radilo se o prednjem dijelu jedne divizije i četnici, da su i htjeli, ne bi imali šanse. Bacili su oružje i podigli ruke u znak. Visoki partizanski oficir, možda general, prišao je onom srpskom komandantu i udario ga kundakom strojnice posred lica. Obliven krvlju, srpski se oficir srušio na zemlju i zaurlao od bola. Na pokret glavom partizanskog komandanta trojica vojnika su dotrčala i podigla krvavog Srbina sa zemlje i odvela ga u šumarak, niže uz cestu. Začuo se rafal. Nakon nekoliko minuta vojnici su se vratili bez četnika. Jedan partizanski kapetan počeo se raspitivati tko ima najviši čin među Nijemcima. Javio se pukovnik Reißler ne očekujući ništa dobro. Međutim, kapetan mu se obratio na užasno lošem njemačkom jeziku i objasnio kako su od sada zarobljenici Jugoslavenske armije i da će biti sprovedeni u najbliže mjesto, gdje će ih sve popisati, odvojiti oficire i podoficire i organizirati njihovo daljnje sprovođenje i postupanje s njima kao ratnim zarobljenicima. Kapetan je rekao da mogu biti sretni što ih je JA oslobodila od četnika jer bi sigurno svi bili pobijeni. Pohvalio se time rekavši kako su, eto, dokazali da Jugoslavenska armija postupa po svim ratnim pravilima iako njihovi borci imaju svako ljudsko pravo pobiti naciste kao paščad! Pukovnik Reißler nije protestirao osim što je zamolio da se prema njegovim ljudima postupa korektno, a posebno prema bolesnicima. Na to ga je kapetan ošamario upozorivši ga da nije u poziciji postavljanja pitanja ni zahtijevanja bilo čega. Nakon toga partizani su ih natjerali na svrstavanje u kolonu i krenuo je marš. Nakon popisivanja i provjere dokumentacije (od onih koji su dokumente imali) otpočeo je dvomjesečni „marš pokajanja", Sühnemärsche, koji nije preživjelo više od pedeset zarobljenika iz pukovnikove grupe. Po svršetku „pokajanja" raspoređeni su na radove, ali sve to je bilo prije i poslije ulaska natporučnika Güntera u ured u kojem je sjedio pukovnik Reißler.

Pukovnikovu priču mladi oficir nije znao. Čuo je, istina, glasove o ovom strogom oficiru, ali mu ništa nije bilo jasno zašto je pozvan na razgovor jer, koliko je uspio doznati, pukovnik nije bio „lovac na izdajnike". Sjedio je za velikim stolom i polako pušio svoju treću cigaretu tog jutra, ali ni stol ni ured nisu bili njegovi, kao što ni Varaždin nije bio mjesto štaba kojem je pripadao. Komandant Platzkommandatur 10/11038 Varazdin bio je jako ljubazan i ustupio mu je svoju kancelariju za ovaj razgovor: komandant mu je dao na raspolaganje sve resurse koje je imao. Pukovnik Reißler bio je oduševljen ljepotom grada u kojem je boravio prvi put u ove skoro pa tri godine rata na Balkanu. Toplo je zahvalio kolegi na pomoći s kojim je, kako se ispostavilo tijekom ukusne večere, dijelio i zajedničku nesreću: komandant je također izgubio sina jedinca na Istočnom frontu, samo što njegov sin nije poginuo od sovjetskog metka, već je skončao zdrobljen gusjenicama njemačkog panzira! Tu strašnu istinu nikad ne bi saznao (jer veliki vođa Reicha nije dopuštao širenje istine) da jedan niži pješački oficir iz sinovljeve divizije nakon oporavka od teškog ranjavanja nije abkomandiran na Balkan kao obavještajni oficir u Korpus Hrvatska, a kasnije u Bosnu. Taj je kapetan putovao vlakom u Zagreb, no kako je zbog partizanske diverzije pruga bila tri dana zatvorena, kapetan je bio prisiljen prenoćiti u Varaždinu. Igrom slučaja susreo se s komandantom mjesta koji je bio otac jednog od njegovih poginulih vojnika i kome je u potpunom povjerenju otkrio zastrašujuću istinu o pogibiji sina jedinca. Spojeni najvećom tragedijom za svakog oca, pogibijom sinova, dvojica oficira brzo su našla zajednički jezik. Obojica bjehu oficiri starog pruskog kova, Nijemci, ne i nacisti, što je pukovnik shvatio u prvoj minuti susreta: domaćin ga je pozdravio vojničkim, a ne nacističkim pozdravom. Politika i tzv. velika pitanja nisu bila tema njihovog razgovora, sve se vrtjelo oko obitelji i sinova. U jednom trenutku pukovnik Reißler upitao je kolegu po činu može li mu pomoći i ustupiti neki od ureda za sastanak koji je morao obaviti sljedećeg dana. Sugovornik se nasmiješio i kao da je očekivao pitanje, odgovorio nonšalantno: „Svakako, evo moj ured vam je na raspolaganju. Sutra sam ionako cijeli dan vani, tako da, samo izvolite, biti će mi zadovoljstvo pomoći vam, pukovniče." Ludwig se toplo zahvalio: ovo je učvrstilo njihovo kratkotrajno druženje jer domaćina nije zanimalo zašto i za što je pukovniku potreban ured. Uobičajeno je bilo znati što se događa jer već u ovoj fazi rata nitko nije vjerovao nikome, ta svatko je samo nastojao sačuvati živu glavu. Nacisti su ubijali i generale za ništa. Opreznost je bila na cijeni.

Tako su njih dvojica iskoristili jednu večer za mirno druženje, kao da rata nije bilo: prijateljski razgovor uz konjak i kavu, unatoč bolnoj intimnoj temi vratio je obojicu u neko drugo vrijeme, a kao veterani Zapadnog fronta Velikog rata (domaćin, dva puta teško ranjen, iz prvog rata izašao kao poručnik u 5. bavarskoj diviziji generala Endersa) razumjeli su se i bez mnogo riječi. Prije odlaska na počinak ađutant pukovnika iz Platzkommandatur obavijestio je gosta da mu je ured na raspolaganju od sedam sati ujutro.

Dvadesetog svibnja 1943. u naročito udobnom uredu komande mjesta 11/1038 Varazdin, na prvom katu velike barokne palače u središtu Varaždina pukovnik Ludwig Reißler sjedio je za velikim radnim stolom i polako pušio. Na stolu ispred njega bila je velika pepeljara i čaša za konjak. Mladi natporučnik je ušao, lupio petama i stao ukočen. Oficirsku kapu držao je ispod pazuha po strogo određenoj proceduri. Nije pozdravio nacističkim pozdravom. Pukovnik je ustao i otpozdravio vojnički. Prišao je pridošlom oficiru i pružio mu ruku rekavši:

- „Natporučnik Günter! Dobrodošli! Ja sam pukovnik Reißler, drago mi je što vas mogu upoznati. Izvolte, sjedite." - pokazao je desnom rukom prema kabinet kompletu ispred velikog kamina. Lijep starinski nizak stol, dvije udobne fotelje i dvosjed, sve presvučeno otmjenom šarenom tkaninom. Na stolu su bile dvije pepeljare, pladanj s bocom nekog pića i dvije kristalne čaše. Fotelje su bile postavljene jedna nasuprot drugoj s oba čela stola, tako da pukovnik i natporučnik mogli sjesti i gledati se izravno licem u lice. Na stolu su bile tri tanke sivozelene ukoričene knjižice, više kao brošure. Prvi vrhu naslovne stranice svake od knjižica isticao se crnom bojom otisnuti Reichsadler, službeni simbol Trećeg Reicha.

Pukovnik je ponovio poziv i kimnuo glavom u znak dobrodošlice:

- „Izvolite, molim, sjednimo." - natporučnik Günter isprva je stajao zbunjen, a onda je pomalo nespretno zakoračio prema fotelji i sjeo. Oficirsku kapu je pažljivo i sporo odložio na stol, poravnao hlače i pogledao pukovnika upitnim pogledom. Pukovnik se udobno smjestio nasuprot gosta, prebacio nogu preko noge, a potom je naglo ustao:

- „Oprostite mi, natporučniče, samo trenutak, molim." - ustao je i otišao do radnog stola i ugasio dogorjelu cigaretu u pepeljari, uzeo je tabakeru i upaljač i fasciklu s ruba stola. Vratio se do fotelje i sjeo, cigarete, upaljač i fasciklu nejahno je bacio na stol. Posegnuvši za cigaretama, nagnuo se prema natporučniku i glasno upitao:

- „Pušite li, natporučniče?"

- „Da, ali sad ne bih, ja..." - promucao je mladi oficir pomalo nervozno. Pokušao je ostati pribran, ali mu pukovnik to nije dopustio. Pukovnikova reputacija, uniforma, ledeno ozbiljno lce i držanje, dva križa i oštar pogled koji kao da probija u samo središte uma i srca, lice kao s nekih statua, viteško, hladno i odlučno, a opet toplo, gotovo očinsko, sve to izazvalo je u mladiću stravu i strahopoštovanje: malo je bilo ovakvih pukovnika. Natporučnik je bio prestrašen, na neki način. Nije očekivao ništa dobro. Pukovnik je otpuhnuo dim i podigao obrve:

- „Jeste li za dobar stari francuski konjak? Mislim da bi nam obojici dobro došlo nešto jače." - i ne čekajući odgovor povikao je oštrim glasom: „Pretzl!" - kao da je samo to čekao, jedan pretili gefreiter uletio je u ured, udario petama po propisu i progovorio Schwäbisch akcentom:

- „ Zvali ste, gospodine pukovniče?" - visoki oficiri se blago nasmiješio svome posilnom:

- „ Da, jesam, Pretzl. Natočite nam piće, molim. Gospodinu natporučniku i meni."

- „Odmah, gospodine pukovniče." - izvježbanim pokretima iskusnog barmena, a gefreiter Pretzl je to i bio, u uniformu pripadnika Werhmachrta uskočio je iz radne odjeće švapskog krčmara, vlasnika vrlo cijenjene i dobro posjećene pivnice i gostionice u Augsburgu. (U ratu je završio zbog svog posla i svoje pivnice, a svemu je kumovala jedna nesmotrena glupost svojstvena pivoljupcima: dobrodušan, potpuno indiferentan prema politici, gostioničar Pretzl, čiji su se preci doselili u Švapsku u vrijeme napoleonskih ratova iz Austrije, nikad se nije miješao ni u što u vezi vlasti i sličnih „teških" tema. Preuzeo je obiteljsku gostionicu poslije smrti svog oca Johanna, veterana Verduna, godine trideset i treće, u svojoj dvadeset i drugoj godini i uz veliku pomoć majke i dvije sestre uspio je održati posao, čak ga i proširiti privukavši nove goste svježim idejama, novim jelovnikom i ugodnom atmosferom u lokalu, brzom poslugom i ne pretjeranim cijenama. U njegovoj se gostionici nikad nisu održavali politički skupovi kao u mnogim drugim pivnicama. Uspio je uvjeriti sve političke strane da je njegova gostionica mjesto dobrog piva i ukusne hrane i da se politika u to ne uklapa ni na koji način. Znajući tko je i što je, nitko, pa ni iz NSADP-a nije radio problem u vezi toga. Po dolasku nacista na vlast stanje je ostalo isto, političkih skupova kod

Pretzla nije bilo, to su svi znali i zato je još više dobio na popularnosti. Ljudi često žele dobro pojesti, popiti i zabaviti se bez politike. Apolitičnost se pokazala kao odličan potez samo djelomično: jačanjem nacističke vlasti, u gostionicu su počeli zalaziti razni sumnjivi tipovi u smeđim i crnim odorama, u civilu, svi u potrazi za neprijateljima Reicha koji je počeo rasti. Jedne večeri, kao u svim pričama, dogodila se glupost kojoj je kumovao sam Pretzl, ali ne iz zlih pobuda. Vesela večer, lokal ispunjen do posljednjeg mjesta, pjevalo se, jelo i pilo, uistinu taj je petak bio strašno uspješan za gostioničara, utržak je toga dana bio daleko iznad prosjeka. I tako, poslije ponoći, u onom jednom „sudbonosno nesretnom” trenutku, u zatišju između pjevanja, točnije urlanja švapskih pjesmica i ispijanja neke od desetaka zdravica u čast prekrasnih grudi mladih konobarica Gertrude i Eve, Pretzl je izrekao sasvim benignu šalu: ponesen pivom i atmosferom u pivnici, odličnog raspoloženja, ni sam nije znao kako i zašto, skočio je na prvi stol i dao znak rukom da svi ušute, što su gosti i učinili razdragano očekujući što će se zbiti. Pretzl je slovio kao zabavan tip, nevjerojatno smiješan i svi su stavili uši u „bojni položaj”, spremni čuti nešto neopisivo smiješno. Izrečena šala katapultirala je nesretnog gostioničara direktno u rat. Šala na račun kancelara nasmijala je mnoge, ali ne i nazočne kratko ošišane likove u premalim odijelima, sa značkama NSDAP-a na reverima sakoa: oni se nisu smijali, tko zna zašto, haha. Šala je bila stvarno urnebesna. Pretzl se kreveljio dok je pričao vic i svaki njegov pokret ismijavao je Hitlera i to je rezultiralo da je sutradan odveden na ispitivanje. Dogodilo se čudo, kao i uvijek kad su u pitanju dobrodušni ljudi poput jednog gostioničara i ljubitelja kobasica i piva. Ispitivač je bio njegov znanac iz škole i nakon dva sata sve je završilo opomenom i mobilizacijom u rezervnu inafnterijsku diviziju tri mjeseca prije napada na Poljsku. Tako je umjesto posluživanja pripitih gostiju, jadni Pretzl završio na bojištu. Zahvaljujući spretnosti i nekim drugim okolnostima, raspoređen je na mjesto posilnog tada majora, a kasnije pukovnika Räßlera, a sve zahvaljujući prijateljstvu štabnog majora iz njegove divizije i majora Ludwiga R., koji su se poznavali još od prije Velikog rata. Zajedno su ratovali i zajedno i proveli nekoliko mjeseci u feldšpitalu: kad je kao hintergrundski pomoćnik šefa infanterijskog skladišta, stanovitog feldvebela Moritza dostavio u komandu divizije specijalnu pošiljku za oficirsku menažu ispostavilo se da je glavni kuhar štaba divizije dobio proljev, pa je, prepoznavši priliku, Pretzl ponudio svoje znanje i umijeće i tako je se jedna umalo upropaštena generalska večera, sve zbog proljeva kuhara, pretvorila u skoro pa rimske bakanalije. Pretzl je odmah abkomandiran u diviziju, ali tamo je bio kratko jer je stanoviti leutnant pročitao njegov dosje i potužio se načelniku štaba divizije koji je bio zagriženi nacist. Major, drugi glavnostožerni oficir opskrbne struke u štabu divizije, zweiter General stabsoffizier, major i.G. koji je spomenut u ovoj priči nikako nije bio na istoj crti kao dotični, a kako je sudbina htjela da je bio blizu kad se dogodilo „cinkanje” Pretzla, brzo je uskočio i skrenuo pozornost gospodina Oberstleutnanta na drugu temu usput prekorivši odviše savjesnog poručnika zbog dosađivanja gospodinu Oberstleutnantu nebitnim personalnim stvarima. Načelnik ionako nije slušao što mu je poručnik govorio o nekom kuharu, komu li, što je spasilo Pretzla od mogućih neugodnosti. Major nije htio da bilo tko nastrada zbog jednog nacističkog majmuna i zato je odmah nazvao prijatelja Ludwiga i zamolio ga za pomoć. Sve je obavljeno preko noći. Pretzl je premješten, a onaj poručnik brzo je zaboravio na gefreitera jer je u roku nekoliko dana pozvan na odgovornost zbog navodne neprimjerene seksualne afere sa suprugom jednog partijskog vođe, što nije bila istina, ali mu je stvorilo probleme. Optužbe nisu dokazane i poručnik je vraćen u službu, ali i premješten u neku od pješačkih regimenti koja će biti među prvima kod udara na Poljsku... Tijekom godina odnos posilnog i oficira može se i ne mora razviti do razine povjerenja. U slučaju Pretzla i pukovnika Reißlera radilo se o simbiozi podređenog i nadređenog do stanja koje bi se moglo nazvati prijateljstvo iako nikada njih dvojica o tome nisu progovorili ni jednu riječ. Mjesec, možda dva nakon što je Pretzl stupio na dužnost kod tada još majora, Reißler ga je upitao (tada i nikad poslije nije postavio nijedno pitanje osobnog karaktera) o kakvoj se to šali radilo da je naljutio članove partije. Šokiran pitanjem, Pretzlu je trebalo malo da dođe k sebi, no pogled na ljubazni osmijeh gospodina majora ga je umirio. Nije znao kako ni zašto, samo je majoru ispričao „opasnu šalu”: „Hitler obilazi postrojene Nijemce i Njemice u Münchenu. U prvom redu su sve same žene. On ih upita: „Volite li me?” One odgovore: „Ne.” Hitler bijesno naredi: „U logor s njima!” Zatim se obrati drugom redu, opet sve same žene: „Volite li me?” One složno odgovore: „Ne.” Hitler pozeleni i naredi: „Postrijeljajte ih!'". U trećem redu su samo muškarci. On ih upita: „Volite li me?" Pola odgovara s „da", a pola „ne". Hitler se trese od bijesa i naredi. „ Ovi koje su rekli „ne" postrijeljati i spaliti, a ove pedere koji me vole odmah u SS!'". Major Reißler i gefreiter Pertzl smijali su se zajedno cijelo poslijepodne. Nakon te ša-le, gefreiter je pratio pukovnika do kraja rata.)

Pretzl je rutinski natočio konjak i poslužio dvojicu oficira. Njegovo lice bilo je bezizražajno i govorilo je „samo radim svoj posao, ništa ne vidim, ništa ne čujem, ništa ne znam. Naučio je biti potpuno neosjetljiv na sve čemu je svjedočio. U svakoj situaciji bi se isključio i odradio ono što je pukovnik od njega tražio i očekivao. Nije ni pomišljao pokazati kako je neobično što je pukovnik naredio da on toči konjak: naime, Ludwig Reißler nije patio od snobizma. Izuzev službenih večera, kakvih u ratu ionako nije bilo mnogo, nikad nije nalagao da mu se toči piće ili služi kao u restoranu. Zato je Pretzl još savjesnije pokazao svoje gostioničarsko umijeće: shvatio je, ovo je bila škola za natporučnika. Nije znao ni tko je natporučnik ni zašto je pukovnik organizirao sastanak, nije ni razmišljao o tome osim što je znao kako će mladi oficir biti do groba zahvalan strogom pukovniku „vragu". Pukovnik je bio izniman čovjek velikog srca. Ne jedan put, nebrojeno je puta gefreiter našao svog pukovnika kako kleči ispred improviziranog raspela i skrušeno moli. Mali križ, Biblija, ispucala fotografija obitelji i jedna mala fotografija lijepog mladog oficira krasnog osmijeha snimljenog u zagrljaju divne žene, vjerojatno mladićeve majke, bio je svojevrsni oltar kojeg je pukovnik aranžirao ma gdje bio i ispred čega se molio suznih očiju. Pretzl je znao, ovaj sastanak i točenje konjaka bila je velika škola dobrote za nepoznatog mu natporučnika. (Pretzl je volio pukovnika i bio mu beskrajno odan svih ratnih godina. Razdvojilo ih je zarobljeništvo i to što su ih komunisti odvojili visoke oficire od nižih, podoficira i vojnika u nekom selu, na samom početku „marša pokajanja". Gefreiter bi možda bio samo jedan od strijeljanih „fašističkih svinja" da nije na nekoj farmi, gdje li, blizu Karlovca stigla smjena pratnje njihove kolone Križnog puta, a jedan od stražara bio je mladi partizan koji je Pretzla znao još iz Zagreba. Mladić je bio iz Sesveta, a njegov je otac radio u bivšoj vojnoj pekari, ali je bio i „dobavljač" domaćeg mlijeka, jaja i ostalih pravih seoskih delicija, svega čime je dobri posilni nastojao poboljšati prehranu svog pukovnika. Pretzl je imao tisuću kontakata sa svim logističarima Wehrmachta u Zagrebu i okolici, a poluslužbeno je dostavljao seoske delicije kad su neki oficiri imali neobične želje za specijalne obroke. Opskrbljen svim mogućim propusnicama i dokumentima, a naročito kao posilni važnog pukovnika, Pretzl je izgradio švercersku mrežu koja je, između ostalog, u nekoliko navrata poslužila i za slanje materijala partizanima. Pekarov sin bio je simpatizer komunista, a prije sloma pobjegao je u partizane i eto, sreo je prijatelja svog oca kao zarobljenika. Nije dvojio, odmah je otišao do oficira OZNE i sve mu objasnio. Nakon nekoliko dana provjere, Pretzl je „izvađen" iz kolone i oslobođen „pokajanja" te je raspoređen na rad u pekaru u Zagrebu. U prosincu četrdeset i devete vratio se u Njemačku. Diskretno je nastojao saznati što se dogodilo pukovniku, ali bez uspjeha. Rezigniran, Pretzl se pomirio s tragičnom istinom da je pukovnik, dobri čovjek Reißler ostavio kosti negdje u Hrvatskoj i da je to završena priča. Kako bilo, Pretzl je održavao uspomenu na pukovnika, svake godine na njegov je rođendan bio „besplatan dan": svi gosti, što god da su jeli i pili, dobili su besplatno, nitko ništa nije morao platiti. Osim toga, Pretzl je osnovao neslužbeni osobni fond za pomoć siromašnima: u jednu veliku staklenku koju je držao u skladištu, iznad bačvi s rakijom, svaki je tjedan ubacivao jedan posto profita, nekad više, nekad manje, a tako skupljeni novac donirao je ratnim udovicama, siromašnima, ljudima u potrebi, siromašnoj djeci, anonimno i bez buke. Nije gledao na vjeru ni na bilo što drugo, davao je kojima je trebalo, baš kao što je pukovnik pomagao onima kojima je pomoć bila potrebna. Godine šezdeset i devete, u jeku priprema za proslavu svog pedeset i devetog rođendana - Pretzl nije volio rođendane, ali njegovi su ga gosti „natjerali" da svake godine odradi veliko slavlje s dobrotvornim ciljem, skupljanjem priloga za Društvo pivopija - vlasnik malog obiteljskog hotela, njegov dugogodišnji lovački prijatelj, nazvao ga je u panici i zamolio za pomoć. Trebalo je smjestiti jednu grupu izletnika na dva-tri dana. Imali su rezervirano u hotelu, ali dogodila se havarija, nešto s vodom i tako, morao im je otkazati, a oni su već stigli u grad i ako bi ih Pretzl mogao smjestiti kod sebe, u one svoje sobe što ih ima na katu, za „posebne prilike". Pretzl je odmah pristao, zašto ne, ne mogu ljudi doći kod njih i odmah otići, a one četiri sobe na katu ionako su bile prazne. Nije mu bilo stalo do novca od noćenja, znao je da će izletnici pojesti i popiti više no što bi im naplatio za iznajmljivanje soba. Osim toga, stario je pomalo i zarada ga nije toliko zanimala, sve više je radio iz čistog zadovoljstva. Njegov sin je preuzimao posao i Pretzl se prepuštao sitnim i malo većim „sretnim stvarima", kako ih je nazivao: lovu, kraćim putovanjima, bio je dva puta čak u Jugoslaviji, šezdeset i pete i šeste, divno ljetovanje, a ljudi u njemu nisu vidjeli bivšeg vojnika Wehrmachta, najeo se i napio kao nikada i ponovno pitao sam sebe, koji nam je vrag trebao onaj strašni rat; organizirao je u pivnici turnire u kartanju, pikadu, a kako je iza pivnice sin uredio malu streljanu, gosti su uživali u gađanju iz zračnih pušaka, a ponudu je upotpunila i viseća kuglana. Volio je kuhati i dosta vremena bio je kuhar premda ga je njegova spretna i neizrecivo draga žena svaki put istjerala iz kuhinje kad bi se porječkali oko recepta i načina pripreme jela, pogotovo kolača i kobasica. Sin mu nije htio ni u pravnike ni doktore, volio je učiti, diplomirao je na fakultetu u Augsburgu, ali više da umiri majku, a ono što je obožavao bio je gostioničarski život: Pretzl ga ni na što nije tjerao. Bilo mu je drago što će naslijediti pivnicu i nastaviti posao koji je on preuzeo od svog oca: to da je skoro zaurlao od sreće kad mu je sin rekao da ne namjerava nositi kravatu i u odijelu zarađivati za život znao je samo on, Pretzl u sebi, jer zbog žene, koja je imala drugačije mišljenje, nije smio olako prihvatiti sinovljevu odluku, te ga je tjedan dana „neuspješno nagovarao" da ode u veliki grad i u „novo moderno vrijeme" stvori veliku karijeru (šezdesetih Njemačka je ekonomija eksplodirala, za probitačne i spretne nudilo se milijun prilika za uspješne karijere). Na kraju se i majka složila uz opasku kako je njen sin jedini konobar s fakultetskom diplomom. Pretzl nije imao naviku nametati se gostima, smatrao je poštivanje njihove privatnosti ključnim za gostoprimstvo i stoga „iznenadne" izletnike nije vidio nego na dolasku i kad ih je posluživao pri objedu i večeri. Treći dan, kod odlaska, nešto se dogodilo što je starom dobrom Pretzlu skoro izazvalo srčani udar. Pretzl je pripremio račun, kao i obavezni mali poklon (pletena košarica s dvije boce, u jednoj je bilo specijalno pivo, a u drugoj posebna vrsta domaće rakije, domaći kruh i lijepo umotane kobasice, njegov vlastiti proizvod) i s osmijehom htio ispratiti drage goste. Međutim, protivno starim njemačkim običajima, grupa se nije nikako mogla dogovoriti tko će platiti račun. Bilo je smiješno jer su svi htjeli platiti, odnosno svaki od njih htio je platiti za sve. Nakon desetak minuta vrlo „žustre" rasprave, uz smijeh i šale, jedan iz grupe, visoki postariji muškarac odjeven u lagano putno odijelo, zapljeskao je i veselo rekao: „Dobro, dobro, kad je tako, pristajem, gospođo Reißler, ali samo ovaj put. Evo, podmirite račun. Samo, molim vas, sljedeći put ja sam na redu, draga moja.". Pretzl je problijedio, iz ruku mu je ispao blok s računima, počeo se tresti tako da su i gosti to primjetili. „Gospodine, zar vam je loše? Jeste dobro? Trebate pomoć? Ima li ovdje doktora?" Pretzl se nakašljao, odmahnuo rukom da je sve u redu i tek tada je pogledao ženu kojoj se sijedi muškarac obratio kao „gospođi Reißler": lijepo odjevena žena savršene frizure, vitka, u ozbiljnim godinama izvadila je novčanik i nasmiješivši se, upitala Pretzla koliko su dužni ni ne pogledavši račun (kojeg ionako zbog zbunjenosti Pretzl nije ni pokazao). Čuvši prezime skoro se onesvijestio. Previše je godina prošlo od kad je posljednji put vidio čovjeka koji je nosio to prezime, u sekundi sve se vratilo, i rat i pukovnikov pogled i sve što je bilo..., jednostavno srce je reagiralo i Pretzl je izbačen iz takta. Profesionalac naučen da ne pokazuje emocije pred gostima, čovjek koji se tijekom rada kao gostioničar i pivničar naslušao i nagledao svakojakih stvari umalo je srušilo prezime koje je za njega bilo više od prezimena, Reißler je bilo znamenje časti u nečasnim vremenima, čovječnosti u godinama neljudskosti, prijateljstva u tmini mržnje. Ipak, svladao se, rutina posla se vratila i uz ispriku je naplatio račun. Gospođa nije htjela ni čuti za odbijanje napojnice: ostavila je ogromnu nagradu, više od pola iznosa računa, tako neobično za Nijemce. Pretzl nije izdržao, ono nešto u njemu je proradilo i kad su izletnici već bili na izlazu iz gostionice, vani su ih čekala dva taksija, smogao je hrabrosti i prišao gospođi Reißler rekavši:

- „Oprostite, molim vas, ispričavam se, mogu li vas nešto upitati? Oprostite na ovoj nepristojnosti, ali, ah, radi se o meni važnoj stvari, gospođo...?" - žena se nasmiješila i rekla:

- „Pitajte slobodno, o čemu se radi?"

- „Vi ste gospođa Reißler, ovaj..." - malo je zastao i zamucao stari Pretzl - „Ne znam kako da vas pitam, teško je... Je li vam poznato ime Ludwig Reißler?" - nije izdržao, kad je izrekao ime svog pukovnika, Pretzl je zajecao i zaplakao. Gospođa Marija Landau, rođena Reißler, jedina kćer štabnog pukovnika Wehrmachta Ludwiga Reißlera pogledala je toplo Pretzla i izvan uobičajene etikete, prišla mu bliže i

čvrsto za zagrlila. Gostioničar nije to očekivao i zbunjeno se stresao uplakanih očiju. Pukovnikova kćer je glave naslonjene na rame posilnog njenog oca progovorila tiho:
- „Da, ja sam kćer pukovnika Reißlera, a vi ste njegov Pretzl. Vi ste njegov Pretzl...” - sad je i ona zaplakala. Njeno ih je društvo okružilo, svi su ganuti gledali što se događa. Pretzl se odvažio i uzvratio zagrljaj, nije ništa rekao, samo je zagrlio Mariju i plakao kao malo dijete. Ona je plakala, stajali su zagrljeni i plakali. Njeni prijatelji su također brisali suze. Srećom nije bilo prolaznika na cesti jer bi im bilo čudno to grupno plakanje. Stari je pivničar ostao bez daha, a u srcu mu se odvijala prava drama, kao da nije bio ovdje, ispred svoje gostionice i kuće nego tamo u Hrvatskoj, u godini 1945., na kraju krvavog rata, u onom danu kad ga je ispratio posljednji pogled njegovog pukovnika dok su ih partizani razdvajali, pogleda koji je i tada govorio „Pretzl, budite vojnik, sve je u redu.”. Nikada nisu razgovarali o prijateljstvu, nikada nisu bili kao neki pravi prijatelji, a bjehu prijatelji jači i veći od milijuna drugih. Znao je o pukovniku toliko koliko i pukovnik o njemu, znao je koliko je ljudi spasio od smrti, a pukovnik mu nikad ništa nije rekao za „šverc poslove” koji su ga mogli sto puta odvesti pred streljački vod. Nije bio siguran koliko je pukovnik i je li uopće mislio o Pretzlu kao prijatelju, ali pivničar i bivši gefreiter volio je pukovnika svim srcem, kao brata i prijatelja, kao čovjeka za koga je bio spreman poginuti! Dvadeset i četiri godine kasnije plakao je kao dječačić u zagrljaju Marije, kćerke njegovog dobrog pukovnika Reißlera. Ispostavilo se da je Marija došla s namjerom u okolicu Augsburga, došla je vidjeti Pretzla o kome je „sve” saznala iz dnevnika svog oca. Nije imala nakanu mu se javiti, samo je htjela vidjeti čovjeka koga je njen otac iskreno volio i poštovao, kome je vjerovao iako mu, Marija je bila sigurna u to, nikad osobno nije rekao jer pukovnik je bio vojnik stare pruske škole. Prošlo je dosta godina od kad je Marija objavila očeve dnevnike. Zarade na knjigama nije bilo i one su naskoro zaboravljene, ali je cijelo vrijeme željela upoznati Pretzla koji joj nije izlazio iz glave, koga se, premda ga nije poznavala, često sjećala, naročito na godišnjicu očeve smrti, na njegov rođendan, za svaki blagdan, kad bi mu odlazila na grob zapaliti svijeću i položiti buket cvijeća. Zapravo, molila je Boga da smogne snage otkriti gostioničaru zašto je došla, ali se držala svog plana, pa kad je Pretzl sam krenuo u „akciju”, nitko nije bio sretniji od nje. U ratnim je dnevnicima njen otac Pretzla opisao kao iznimnu osobu, čovjeka kome je bezgranično vjerovao (kao i dvojici oficira i vozaču), njegovu desnu ruku, čovjeka koji ga je nasmijavao do suza, ali ne pred gefreiterom, to nije bilo prikladno za jednog pukovnika, smijati se u prisustvu podređenog. I novo prijateljstvo je rođeno, i više od toga, postadoše obitelj, kao da je Pretzl našao izgubljenu kćer, a Marija kao da je pronašla dio svog oca. Da, oboje su pronašli ono što su i tražili i trebali, dio života koji ih je podsjetio da čovjek može ostati čovjek i u najkrvavijim danima, da je biti zao samo izbor i osobna odluka. Godine 1982., u smiraj ljeta umro je Pretzl u svojoj sedamdeset i prvoj godini hodanja smrtnim svijetom: pogreb starog pivničara i nekadašnjeg gefreitera bješe veličanstven, više od tri tisuće ljudi nazočilo je posljednjem ispraćaju dobrog velikog malog čovjeka nebeskog srca i ogromne čiste duše. Posebno mjesto u koloni, zajedno sa suprugom Pretzla, njegovim sinom i dva unuka, imala je gospođa Marija Landau rođena Reißler, njegova „kćer po pukovniku”: premda u invalidskim kolicima, što je bila posljedica strašnog pada na skijanju u Švicarskoj nekoliko godina ranije, nije ni pomišljala ne doći na pogreb „voljenog strica Pretzla”, najboljeg prijatelja svog oca, nije dolazilo u obzir ne reći „do viđenja, dok se ne vidimo tamo negdje gore” čovjeku koga je zavoljela više od svega i koji je bio spona poveznica s ocem iz teških godina koje su mnoge slomile. Ne i dobrog pukovnika: ponosila se ocem jer je ostao čistih ruku kad tisuće to nisu, ponosila se i bila zahvalna što je Pretzl postao dio njene obitelji, a ona dio njegove. Njen sin je gurao invalidska kolica na pogrebu. Visok kao što je bio i njegov djed, uspješan liječnik, specijalista interne medicine došao je na pogreb ne samo da bi bio na pomoći majci, doputovao je iz Beča, gdje je radio, kako bi odao počast čovjeku koji je bio svjedok neuništivosti humanosti u mračno vrijeme kad su ubojice i zločinci čovjeka sveli na broj za odstrel. Jedan od pukovnikovih unuka, također nazočnih na pogrebu, nosio je ime Johann, po starom Pretzlu, kao znamen zahvalnosti i podsjećanje na to da biti prijatelj znači biti čovjek. Cijela obitelj gospođe Marije poklonila se sjeni čovjeka koji za povijest nije značio ništa, ali, čvrsto je u to vjerovala, za Boga mnogo. Pretzl je bio prijatelj kad to nije značilo savršeno ništa...

Naravno, mogao je pukovnik sam natočiti konjak, namjerno nije. Morao je podučiti mladog kirurga nekim stvarima, sve je ovo bilo gotovo rutinska „igra” gospodina pukovnika Reißlera, „igra” koja mu je omogućavala spašavati ljude bez da i sam ne postane lovina nacista. Ne bi ništa postigao da je išao glavom kroz zid i da je svemu pristupao naivno. Pukovnik je rukom pokazao na čašu:

- „Popijte, slobodno, ne ustručavajte se natporučniče, izvolite samo.” - kad je oberleutnant ipak prihvatio ponudu i kad su obojica odložili čaše na stol, pukovnik je postavio gotovo benigno pitanje:

- „Volite li čitati, gospodine natporučniče?” - mladi oficir se zbunio:

- „ Ovaj..da...” - nije znao što bi rekao. Pukovnik je nastavio:

- „Lijepo. Mislio sam, možda će vam se svidjeti ove knjižice, vrlo zanimljivo štivo, barem se meni tako čini.” - pukovnik se nagnuo nad stol, uzeo knjižice, ustao, donio ih do natporučnika, stavio ih na stol ispred njega, vratio se do fotelje i sjeo. Mladić nije znao što bi mislio. Ništa mu nije bilo jasno. Pukovnik mu nije dao mnogo vremena za razmišljanje. Zapalio je novu cigaretu i rekao mirno:

- „Pogledajte, molim, uzmite i pogledajte, natporučniče.” - ovaj put je izostavio „gospodine” i oficir je shvatio da nema izbora, pukovnik je naredio, nije predložio. Natporučnik Günter drhtavim rukama uzeo je tri knjižice i samo jedan pogled na njih bješe mu dovoljan da se još više prestravi. Nije dvojio, iz ovog ureda otići će u zatvor, možda i na strijeljanje. Pukovnik nije bio policajac ni iz SS-a ali to nije značilo ništa, znao je da su mnogi oficiri Wehrmachta i gore ubojice od SS krvoloka. U sekundi je pomislio da će skončati s metkom u čelu ili kao topovsko meso u kažnjeničkom puku negdje na Istočnom frontu: tri tanke knjižice. Prva knjižica: Kriegsondertrafrechtsverordnung (KSSVO), Kriegsverfahrensordnung (KstVO) Druga: „Gesetz zum Shutz des deutchen Blutes und der deutsche Ehre”, „Gesetz zum Schutze der Erbgesundheit des deutchen Volkes”. Treća: „Personenstandsveordnung der Wehrmacht”.

Kao pogođen maljem, potpuno slomljen, tako se osjećao mladi natporučnik nakon što je prelistao knjižice. Nije ih ni trebao gledati, znao je o čemu se radi. Nekoliko sekundi potom nešto je u njemu puklo, promijenio je držanje, kao da je šok prošao. Uspravio se u fotelji, u lice mu se vratila boja, pogled je ponovno bio vojnički, oficirski. Vratio je knjižice na stol, pače ih je lagano bacio. Uzeo je čašu, otpio malo konjaka i progovorio čvrstim glasom, kao onaj tko zna što govori:

- „Gospodine pukovniče, ne želim reći ništa osim ovog. Ja je volim bez obzira što će biti, ne zanimaju me posljedice. Ona mene voli, ja nju volim. Ona će biti moja žena, ne, ona jest moja žena, s papirima ili bez. Molim vas samo jedno, ne dirajte ju, ne hapsite. Napišite što želite u optužnici, ali nju ne uvlačite u ovo. Ja sam kriv, sva odgovornost je na meni. Volim je. To je sve što imam reći, gospodine pukovniče.”

Pukovnik Reißler sjedio je mirno. Nagnuo se iz fotelje nad stol i ugasio cigaretu, opet se naslonio, prebacio desnu nogu preko lijeve, stavio ruke na koljeno desne noge i pozvao svog posilnog Pretzla. Gefreiter se ukočio pred njim gotovo odmah.

- „Zvali ste, gospodine pukovniče?”

- „Pretzl, natočite nam, odličan je ovaj konjak. Morati ću se odužiti našem domaćinu.”

- „Razumijem, izvolite.” - Pretzl je nestao iz ureda brzo kao što se i pojavio. Pukovnik je lupkao prstima po svom koljenu:

- „Popijmo još koji gutljaj ovog divnog pića, u ratu nemamo često privilegiju uživati u vrhunskim stvarima. Izvolite, gospodine natporučniče.” - mladi oficir je uzeo konjak i preko ruba čaše nijemo nazdravio pukovniku. Nastalu tišinu prekinuo je pukovnik nakon minutu, možda minutu i pol:

- „Hm, dakle, ja nisam iz feldgendarmarie, nisam iz SS-a, Gestapoa ni GFP-a, dragi natporučniče, ne morate se plašiti, doktore, nisam došao po vas. Uostalom, da jesam, sve ovo ne bi se odigralo, već bi krvavi ležali u kakvoj samici. Ne, nisam od tih...” - kao da je postao intimniji, ali to je bilo samo naizgled - „Ovdje sam iz jednog jedinog razloga: želim vam pomoći. Vi ne smijete završiti pred sudom! I nećete, ako ste mudri i ako ćete me poslušati.”

Mladi Günter nije se ni pomaknuo. Pažljivo je slušao pukovnika, ali nije se dao smesti. Ako se opet šokirao, to se na njemu nije vidjelo. Bio je savršeno miran, izvana. Odgovorio je ne zamuckujući:

- „Gospodine pukovniče, rekao sam i nemam što dodati. Ne znam kojoj službi pripadate, možda ste GFP, možda i niste. Znate vrlo dobro, kao i ja, kako stvari funkcioniraju. Ne krijem ništa. Ničim nisam uprljao svoju oficirsku čast, to znam i kod toga ostajem...” - pukovnik je podigao ruku i prekinuo ga. Njegov glas postao je za nijansu oštriji:

- „Natporučniče! Prestanite se izmotavati ili doista imate suicidalne nakane? Želim vam pomoći i pomoći ću vam, natporučniče Günter! Nemamo mnogo vremena, u ovom sam gradu još dva, najviše tri dana, ukoliko se nešto ne promijeni, pa zato pamet u glavu, djelujmo brzo, ali bez panike. Ovo vam je jedina prilika koju imate, drugu dobiti nećete. Iskreno, nastradati ćete ako me ne poslušate, gotovi ste!” - riječi pukovnika Reißlera nisu bile prijeteće, bjehu to riječi čovjeka koji govori činjenice i koji zna kako promijeniti činjenice a da se stanje okrene na bolje. Mladi natporučnik se zamislio, u sebi je malo ustuknuo, shvatio je sve. Uostalom, nije mogao izgubiti više od onog što je mogao izgubiti, znači sve...

Vojska po svojoj neprirodnosti uvijek utječe na ljudske priče, izravno i neizravno određuje putanju životnih sudbina, pa prema tome ni itenerar kretanja mladog, ali vrsnog liječnika-kirurga dr. Thomasa Güntera, natporučnika, vođe sanitetskog voda 1. Sanitatkompanie 1. iz sastava Sanitätdienste 1087 187. Reserve Division. Po dolasku u Zagreb primio je naređenja o dislokaciji njegove sanitetske jedinice i njegovog voda zbog potrebe pružanja medicinske potpore snagama na terenu sjeverozapadne Hrvatske: područje djelovanja divizije bilo je široko i pokrivalo je cijelu središnju Hrvatsku kao dodatna potpora posadnim divizijama i ostalim snagama Wehrmachta u sklopu Korpusa Hrvatska. Zbog učestalih napada i diverzija komunističkih bandita borbena djelovanja divizije bila su česta, a što je tražilo adekvatan odgovor opskrbnih i pozadinskih jedinica, poglavito saniteta. Medicinski kapaciteti mjesnih snaga nisu zadovoljavali potrebe zbrinjavanja ranjenika i bolesnog osoblja (a na hrvatske se sanitetske jedinice Wehrmachta nije smio osloniti - liječenje njemačkog vojnika bila je isključiva odgovornost njemačkog saniteta) i stoga su saniteti divizija i viši bili upravo rastegnuti do maksimuma ne bi li se izvršilo pokrivanje cijelog područja i svih snaga sanitetskom skrbi. Zbog toga je njegov sanitetski vod poslan u Varaždin i stavljen na dispoziciju jedinica matične divizije, ali i ostalih snaga Wehrmachta na tom terenu. U suboordinaciji s mjesnom vojnom bolnicom djelovali su pod dvostrukom komandnom crtom, i divizije i komande mjesta, iako je ovo drugo bilo tek formalne naravi. Gledano ukupno, natporučnik bio je sretan što je odabrao liječnički poziv jer tko zna gdje bi skončao da je diplomirao kao inženjer tehničke struke ili nešto drugo, bez sumnje bi odavno bio raskomadan kao svaki drugi komad topovskog mesa.

Diplomirao je četrdesete (dobro, očeve veze preko NSDAP-a pomogle su mu kod izbjegavanja novačenja, te je uspio završiti studij u vrijeme dok su njegovi vršnjaci već ostavljali kosti na frontu), nakon čega je stažirao u uglednoj bolnici u Hamburgu: od početka studiranja nadaren za kirurgiju, a pod mentorstvom najistaknutijih njemačkih kirurga (Nordman etc.) brzo je učio, pa iako nije dovršio specijalizaciju, zbog velike potrebe za kirurzima, pozvan je priključiti se Wehrmachtu. Odmah je upućen na ubrzani oficirski tečaj da bi u prosincu četrdeset i prve naveliko mijenjao krvave kirurške ogrtače u vojnoj bolnici njemačkih snaga u Zagrebu. Svjestan kako malo zna, uključio je sav svoj talent i svaki je dan, učio i učio, čitao stručne knjige, prisustvovao težim operacijama, nastojao memorirati što više novih informacija. Nije pitao za radno vrijeme ni uvjete rada (nije ni mogao, to se u ratu ne radi).

Posao i učenje pobijedili su onu mržnju prema ratu i vojsci, a što je nosio u sebi. Thomas Günter se ni po čemu nije osjećao kao vojnik i uniforma (kao i to gdje je i što je bio) ga je činila vojnikom. Ranjenici koje je operirao za njega su bili ljudska bića koja pate i kojima je dužan spasiti život: većinom bjehu mladići kao i on sam, često i mlađi od njega, neki još dječaci, golobradi, s nekim svojim nadama, željama, s ljubavi u srcu i onom strašnom tugom i još užasnijim strahom od smrti u očima. Usredotočen na liječenje, na rane, na operacije, na vojničku patnju (liječnik nije političar, to ne može ni biti, a ranjeni vojnik je samo ranjeni vojnik, nije na kirurgu da pita zašto je došao u Hrvatsku, što radi ovdje i zašto je okupator, napadač, što god, to nije liječnička briga, nikad nije bila niti će biti: naposljetku, sve jedan njegov pacijent nije upitan prije odlaska u rat, hoće li to on ili neće, mrzi li Hrvate i bilo koju drugu naciju ili voli, a esesovce i njihovu kategoriju nije liječio iz nekog njemu nepoznatog razloga; ako baš nisu ranjeni blizu njegovog stacionara, ranjene pripadnike SS-a i ostalih uvjerenih nacista zbrinjavali su posebno odabrani timovi, što se promijenilo kad je ratna sreća okrenula leđa Reichu i kad je dobiti kirurga na vrijeme bilo ravno čudu) nije dvojio oko toga što mu je činiti, a onda, imao je nevjerojatnu privilegiju učiti od jednog vrhunskog vojnog kirurga, bivšeg pukovnika jugoslavenske kraljevske vojske koga su zarobile njemačke snage pri ulasku u Zagreb, te je ostao kao liječnik u njemačkoj službi sve do kraja rata. Nosio je uniformu i oznaku Sonderführera K, što je očito bilo žmirenje na to da nije bio arijevac, ali je bio vrhunski vojni liječnik. (Potreba za medicinskim osobljem bila je velika i nije bila rijetkost da se na okupiranim područjima koriste lokalni liječnici koji nisu mogli dobiti status njemačkog oficira, ali su zbog stručnosti uključeni kao Sonderführeri, što ih je pokrivalo u vojno pravnom smislu zbog neispunjavanja rasnih kriterija.) Stari će kirurg stradati od partizana u svibnju 1945.: zarobljen je u vojnoj bolnici u Vlaškoj ulici (nije htio otići s vojskom, kazao je da mora ostati s najtežim nepokretnim pacijentima; zadnjih tjedana postojanja NDH letio je od bolnice na Svetom duhu do Vlaške) i predan OZNI, da bi ga nakon nekoliko dana mučenja kao „izdajnika i sluge okupatora" preuzeli pripadnici KNOJ-a i odveli u nepoznatom smjeru, zajedno s većom grupom vojnih ranjenika iz bolnice na Svetom duhu. Moguće je da je stari kirurg žrtva bačenih u Jazovku, ali to nikad nitko neće moći dokazati.

Za vrijeme boravka u Zagrebu mladi liječnik doslovno upijao znanje i bio je sretan što je rat prolazio bez da je ikoga ubio. Tijekom cijelog rata nije ispalio ni jedan jedini metak, čak nije ni čistio osobni pištolj koji je ionako nosio reda radi. „Društvenog života", odnosno zabave i svega što ide uz to nije imao, nije se opijao, nije posjećivao gostionice poput ostalih oficira, naročito neborbenog dijela njemačkih snaga, logistike, policije i njemačkih političkih organizacija. Živio je liječnički život trošeći sve svoje umne i fizičke potencijale na posao, učenje i liječenje pacijenata. Zvučni banalno, za rat otrcano i nestvarno, no istina je istina, dr. Thomas Günter nije bio nacista, čak ni vojnik. Samo liječnik, doktor, kirurg. Arijevska rasa, životni prostor, jedna država, jedan narod i jedan vođa, ništa od toga nije ga zanimalo, dapače, on je spram nacističke histerije bio potpuno indiferentan. Premlad da bi osobno nosio gorčinu poraza iz Velikog rata, mladi je liječnik ušao u rat po svom dubokom uvjerenju nepotrebno jer ubijanje ljudi nije bio dio njega, ali kad su ga već prisilili da bude dio ratne mašine Reicha, činio je ono što je jedino znao, spašavao ljudske živote, koliko je mogao. Srećom po mladića, ratni stroj Adolfa Hitlera nije mogao bez liječnika i ljudi nevojnih struka: vjerojatno je to i bio razlog što Thomasa nisu gurali u stranku niti mu dosađivali arijevskim sranjima. Nacisti nisu voljeli učene ljude, a još manje su im vjerovali, baš kao što ovi nisu podnosili naciste, a o povjerenju nije bilo ni govora. „Puštani" su raditi stručni posao, do određene granice, a svako iskakanje iz utvrđenih gabarita (nedisciplina, kritiziranje nacizma, odbijanje naređenja, pomaganje subverzivnim elementima, kao i klasični kriminal, ubojstva, etc.) vodilo je na vojni sud, a od sudnice pred streljački vod ili u Bewährungsbataillon, kaznene bataljune smrti u kojima je bilo i nepismenih seljaka i sveučilišnih profesora, i majstora stolara i najvećih njemačkih znanstvenih umova, pisaca, umjetnika (jedno on poznatijih imena je bio Gerhard Fauth, novinar i scenarist koji je bio u kažnjeničkoj 999. leichte Afrika-Division u činu poručnika: u ratu je spasio život Falcka Harnacka, koga je tražio Gestapo zbog veza s grupom pokreta otpora Bijela ruža). No kako je rat klizio u katastrofu, problemi s neposlušnim vojnicima i padom borbenog morala, kriminalom i svime lošim i opasnim po vojsku (Hitler nikada nije vjerovao generalima) Wehrmacht su preplavili pripadnici posebne vojne policije nazvane Feldjägerkorps, s ovlastima iznad svih zakona. Ovi su policajci bili zapravo egzekutori i uvoditelji discipline u Wehrmacht, pa i u SS: mogli se bez objašnjenja strijeljati oficire za svaki oblik kršenja discipline. FJK bili su neka vrsta eskadrona smrti na Wehrmachtov način s izvršnim ovlastima OKW-a.

Mladi Thomas naslušao se svega u vojnoj službi, ali nije brinuo, znao je da ga nitko neće dirati jer je radio svoj posao. (Opaska: Struktura vojnog saniteta Wehrmachta bila je složena, a kako se na razini korpusa nisu organizirale medicinske snage, to je sanitet nižih razina provodio organizaciju prihvata i skrbi ranjenika s bojišta, a daljnja obrada i liječenje preuzimale su sanitetske snage armija, od čega su najveći značaj imale tzv. pričuvne bolnice izvan područja odvijanja bojnih djelovanja. Na okupiranim područjima na kojima se nisu odvijale borbe i gdje su bile stacionirane posadne divizije i pridodane im snage, kao u Hrvatskoj i na području Jugoslavije, vojni sanitet uvelike je koristio lokalne stacionarne kapacitete pri čemu se medicinsko osoblje raspoređivalo u skladu s potrebama i vodeći računa da se ne naruši struktura saniteta izravne potpore borbenim djelovanjima. Zbog toga su korišteni lokalni medicinski kapaciteti, odnosno „upošljavalo" se domicilno medicinsko osoblje, kao i osoblje poslano iz Njemačke izvan sastava Wehrmachta. Ustroj vojnog saniteta Wehrmachta nije bio jedinstvena organizacija i premda liječnici nisu bili pod izravnom komandom komandanata borbenih jedinica, u mnogočemu su ovisili o njihovoj dobroj volji, najviše tijekom borbi. Službeno, za premještanja, obuku i unapređenja bjehu ovlašteni isključivo GeneralOberstarzti u svojstvu vojnog medicinskog inspektora, liječnika vrhovne komande i šefa medicinskog osoblja Wehrmachta.) Oficiri medicinske struke bjehu rangirani po zasebnoj uspravnici koja je bila ekvivalent činovima Wehrmachta. Počeo je služiti kao Assistenzarzt (AA, poručnik, leutnant), međutim su njegove kvalitete, neporočan život, težak rad i znanje utjecali na brzinu unapređenja, po kojem je počeo nositi oznaku Oberarzt (OA, jednak natporučniku, oberleutnantu). Napredovao je relativno brzo: aplicirati za vojno medicinsko osoblje, barem na početku rata, mogli su isključivo vrlo daroviti studenti do starosti od dvadeset i jedne godine, odnosno svršeni diplomanti ne stariji od dvadeset i šest godina. Rat je promijenio ovo pravilo, upravo ga do krajnosti liberalizirao, zbog čega je Thomas Günter mogao odjenuti uniformu Wehrmachta. Malo čudno za njega jer nije bio polaznik ni diplomant slavne „Keiser Willheims - Akademie", ali ni „obične" Militärärztliche Akademie als Ausbildungsstäatte, bio je „samo" civilni liječnik bez vojnog pedigrea, a etiketa civilnog doktora je bila skoro pa sramotna za sustav čiji su pripadnici bili oficiri i liječnici po tradiciji. Međutim rat nosi svoje, sila Boga ne moli, u ratu se ranjava i gine, pa i najokorjeliji vojni ustroj kao što je njemački morao je prihvaćati i one koji s vojskom nisu na „vi". Stanje na frontovima diktiralo je „preskakanje" propisa: ubrzani oficirski tečaj pretvorio je civila Thomasa u Assitantarzta, potom je sam rat od njega stvorio Oberarzta Wehrmachta.

Na radost i olakšanje mladog kirurga, disciplina među liječnicima nije bila strogo vojnička, pače su doktori imali bitno slobodniji pogled na vojsku i na nacističko poimanje reda stvari (izuzev onih koji su bili zagriženi naci-fanatici). Samodisciplina i posvećenost pacijentima, učenju i nevjerojatna količina energije uložena u operacije i u zbrinjavanje ranjenika odvojilo ga je od raskalašene svakodnevice „okupatora" i dala mu stanovitu dozu slobode, omogućilo lakši „prolazak" kroz rat.

Dva dana nakon unapređenja Thomas Günter bio je na putu u Varaždin. Kroz njegove su ruke prošli mnogi njemački vojnici, ali i vojnici NDH-a, policajci i pripadnici snaga na strani Reicha. Operirao je vojnike iz Reserve-Grenadier Batalion 1./227 i 1./486 do onih iz Reserve-Jäger-Batalion 11/482, Ortskomandantur 223 i Feldkommandatur 1038 i tako dalje, a bilo je i FGP-a, Gestapoa, ustaša i domobrana iz borbene zone Varaždin-Križevci-Koprivnica-Bjelovar (vojno željezničke snage, topnici, pripadnici Einsatz-Stab Kroatien, oklopnici itd.). Čudno je to, ali volio je svoj posao, uživao je u njemu na neki način. Svaka rana i povreda bila je drugačija i to mu je bio izazov: svaki novi pacijent bješe nova lekcija za njega, prilika za stjecanje novih znanja. Rat po sebi je neljudsko stanje, a kako u svakom zlu ima nešto dobro, to je mladom kirurgu rat otvorio vidike podizanja vlastite stručnosti na mnogo višu razinu no što bi je dosegao u isto vrijeme u miru.

A onda, jer čovjeku se stvari događaju ovako ili onako, planirao ili ne, zbivanja mijenjaju sudbinu ili sudbina stvara zbivanja, tko bi znao, no dogodilo se nešto što mu je preokrenulo život naglavačke, što će odvesti Oberstarzta Thomasa Güntera na čudne putove borbe protiv svega, pa i samoga sebe, a jedna od tih stranputica odvela ga je na sastanak s pukovnikom „vragom".

„Upaljač" bombe koja je eksplodirala i pomno građeni liječnički svijet mladog Thomasa rasprišla da se nikad više ne sastavi bio je jedan običan rođendan! Rođendan i prljava omiljena košulja mladog Oberazta. Život nije ravna crta i ne teče mirno kao neka stara rijeka, život nisu pažljivo ispunjeni rokovnici, godišnji planovi i precizno ustrojene piramide uspjeha po kojima se sve odvija rutinirano, bez iznenađenja i nepredviđenih situacija. Naravna stvar, i pored svega lošeg, unatoč katastrofama i svim mogućim nedaćama, život nije samo crn i mračan, jasno da nije i kolapsi ne znače nužno predaju, a ni predaje ne vode u potpuni poraz. Vlastite sposobnosti i snaga volje igraju veliku ulogu, kao što i okolina ima ogroman upliv na odvijanje priče. Ništa nije samo ovako i samo onako, ništa nije definitivno...

Oberarzt Günter sam sebe nije definirao kao izrazito socijalnu osobu, ali je poštivao svoje suradnike, podređene i nadređene nastojeći sa svima imati maksimalno korektan, uvijek ljubazan odnos. Držao je pristojnost važnom odlikom svakog posla, ali nije robovao etiketi, naprotiv bio je je alergičan na formu radi forme, a u ratu to ga je i održalo „na površini", nije ga svladalo ratno ludilo. Ni sa kim se nije posebno zbližio, a sa svima je bio dobar. Konflikte si nije dopuštao, za svađu nije imao vremena ni živaca. Obrazovan, mlad, visok i zgodan, skoro dječačkog izraza lica i čvrstog mišićavog tijela i snažnih ruku bio je tiha patnja medicinskih sestara i svih žena s kojima je dolazio u kontakt. (Wehrmacht nije imao medicinske sestre u sanitetima borbenih jedinica, to jest u poljskim bolnicama prve crte, međutim u pozadini, u gradovima, u stacionarima i vojnim bolnicama izvan zoni borbi, medicinske su jedinice koristile ispomoć njemačkih volonterki iz DRK, a na okupiranim područjima, gdje je bilo uvjeta, i ispomoć lokalnog osoblja.) Kao da je sišao s nacističkog propagandnog plakata, zgodan mladi liječnik slomio je desetke djevojačkih srca a da to nije ni znao. Na sve pokušaje udvaranja od strane ženskoga svijeta, kirurg je odgovarao spretno, s osmijehom, uvijek ostavljajući djevojkama mjesta za „častan uzmak", što je zapravo imalo suprotan učinak: umjesto da se razočarana i zaljubljena medicinska sestra makne, ona bi ga još jače zavoljela i zato su ponekad izbijale prave drame, napadi plača i zatrpavanje vodstva medicinskog osoblja zahtjevima za premještaj. Kako nije bilo ničega nedoličnog, jer nije, kako nije bilo nikakvih kontakata između liječnika i nesuđenih mu djevojaka, sve je ostalo na mladalačkim ispadima. Medicinske sestre iz DRK bile su provjerene arijevke, u tome nije bilo greške... Opet, radio je svoj posao.

Spram žena natporučnik se odnosio gospodski, otmjeno pristojno. Uživao je u ženskom društvu i volio je što može raditi s lijepim mladim medicinskim sestrama. Onih nekoliko lokalnih sestara oborio je s nogu pokušajem učenja hrvatskoga jezika (to se natporučniku pješaštva ne bi oprostilo, a SS-Obersturmführer bi kao blažu kaznu dobio napad na ruske tenkove bez oružja i streljiva, a obično samo metak u čelo); uglavnom, čeznutljivi pogledi i slamanje ženskih srca nije bilo strano Thomasu Günteru premda on sam nije ništa „radio" po tom pitanju, ne previše. Znao je da dobro izgleda, bio je svjestan sebe: obiteljsko nasljeđe i sport (vježbao je svakodnevno, koliko je mogao u ratnim uvjetima, a prije rata bio je izvrstan atletičar i odličan gimnastičar, u gimnaziji i na fakultetu osvajao je prva mjesta na natjecanjima) činilo ga je metom pogleda suprotnog spola. Od puberteta do rata o djevojkama je razmišljao kao i svaki mladić, ali nije se trebao puno „mučiti", same su mu prilazile, a on je to „uzimao" kao nešto sasvim uobičajeno. Partnerica za ples i zabavu uvijek je imao, no u dublje veze nije se upuštao, ne toliko da bi ijednu odveo pred oltar. Zapravo, njegove veze s ljepšim spolom bile su kratkotrajne i ne osobito romantične, radilo se samo o tjelesnosti. Službeno, za obitelj, nikad nije bio u vezi koja bi došla do zaruka ili nečega sličnog. Odrastao u olovnom vremenu nagle promjene svijeta, eksplozije rušenja uvriježenih standarda ponašanja i pogleda na svijet, napretka tehnologije i ratova (vrijeme nakon Velikog rata bilo je turbulentno i zbog toga su mladi ljudi odbacivali kočnice starih pravila ponašanja i uvodili nova, za starije generacije potpuno neprihvatljiva; uz to, u Njemačkoj, uhvaćenoj u kliješta nacističkog ludila, mladi ljudi su još više tražili načine za pronalazak nečeg drugačijeg u životu, svakako slobodnijeg), rušenja starih i uspostava novih sustava, Thomas je sve uzimao kao i svi njegovi vršnjaci i vršnjakinje, neopterećen etiketom i nesklon onome što svi od njega očekuju. Tako se odnosio i prema ženama, šarmatno, uvijek s poštovanjem, ali nije padao na ženske čari toliko da bi ga navele na kupnju zaručničkog prstena. Uostalom, do prije rata bio je premlad za brak, nije dolazilo u obzir vjenčanje prije no što si posloži život kako je planirao. Politička situacija u vrijeme dok je studirao bila je napeta, Češka, Austrija, sve te stvari, zadah novog rata i tada još budući kirurg nije razmišljao o stvaranju vlastite obitelji. Uživao je u seksu, tjelesnost mu je bila važna: kao dijete novog dvadesetog stoljeća nije robovao vjerskim zabranama ni moralnim dogmama oko toga. Od najranijeg puberteta, kad je provodio noći ispitujući tajne tjelesnosti igrajući se sa samim sobom, kad je doživio do tada nepoznati mu žitak, pa kroz nespretna ispitivanja ženskih grudi i međunožja, u uzbudljivim pretvaranjima „kako zna što mora raditi", pa sve do svršetka studija i kasnije, budući je pitanje spolnosti shvaćao kao posve prirodnu pojavu, potrebu zbog koje se nije nužno upuštati u teatralne predstave zaljubljenosti, prijevara, raskida zaruka i svega što ljudi tako paranočino obožavaju i upražnjavaju. Volio je seks i koristio je svaku priliku za tjelesna zadovoljstva: a bilo ih je mnogo: kad je netko zgodan, krevet mu se sam puni. Grubo rečeno, ali i istinito. Prvi seks imao je u šesnaestoj godini. To „skidanje nevinosti" stvorilo ga je muškarcem, ali bez emotivnih posljedica. Nije se zaljubio. Gospođica sa sela, puna, ne debela, Frida, na primjer, jer joj je zaboravio ime, kućna pomoćnica (jer sve ovakve priče uključuju kućne pomoćnice, služavke, radnice, kinderfrajle, kuharice ili mljekarice, tako to ide u pripovijestima i u kazališnim predstavama), vesela i uvijek nasmijana vrijedna djevojka, mesnata, velikih grudi i vragolastog pogleda jedne je večeri, dok su njegovi bili na jednom od bezbrojnih balova, ušla u njegovu sobu noseći mu kasnu večeru (potpuno je zaboravio na večeru toga dana, učio je, pripremao se za sutrašnji vrlo važne ispite iz kemije i fizike) po strogoj zapovijedi gospođe Günter (majčina briga za miljenika ponekad je ulazila u opsesiju) i našla ga kako skoro gol, samo u gaćama leži na krevetu i čita veliku debelu knjigu. Rano ljeto, taj je dan bio iznimno vruć i premda su debeli zidovi stare palače i navučeni zastor na prozoru štitili od vrućine, on se volio razodjenuti, biti „nestegnut".

Frida je ušla u sobu i umalo joj poslužavnik nije ispao iz ruke. Na velikom krevetu, na mekanom ljetnom pokrivaču bješe ispruženo apolonski lijepo tijelo mladog gospodina, sina vlasnika ovog velikog imanja: tek je prešao šesnaestu, no izgledom je bio stariji, odrastao. Glatka mladićeva koža presijavala se pod svjetlošću tri električne žarulje i tako mlad, tako nevin izgledao je kao nebeski dar ženskim očima... i još ponečem. Frida, priprosta neuka kućna pomoćnica zasigurno nije znala tko je Apolon, ali je znala što je muško tijelo i kakva je krasota u tjelesnoj ljubavi. Starija nekoliko godina od sina premilostive gospođe i gospodina Güntera, imala je dovoljno iskustva u tim stvarima da zna kako je mladi Thomas omiljena tema svih djevojaka na imanju. Frida je, istina, imala dečka, no štalski momak vlasnika susjednog ladanja, nekog bavarskog grofa, nije se ni po čemu, a najmanje po tijelu mogao mjeriti s budućim kirurgom. Ušla je i ostala zabezeknuta, skoro joj je ispala večera iz ruku. Zastala je na vratima ne znajući što bi trebala učiniti: a Thomas, iznenađen njenim ulaskom, jer zadubljen čitanje knjige nije čuo kucanje na vratima, skočio je kao oparen iz kreveta i tu tom skoku zapeo je za pokrivač, preletio preko ruba kreveta i... dogodio se veliki bum!, pao je pred noge posve smušene djevojke, koja se prepala i u pokušaju održanja ravnoteže najprije je podigla poslužavnik, a potom ga ispustila iz ruku i svom svojom težinom srušila se na leđa! Katastrofa, zvuk razbijanja tanjura, i pečeno meso i krumpir salata i vrč pun svježeg soka od naranče, čaša, ubrus i kolač od vanilije i jedači pribor, sve se razletjelo i razbilo i prolilo, i tako je večera završila na podu zajedno s Fridom koja ju je donijela.

Preplašen, sav izgubljen, Thomas je uspio ustati, točnije skočio je na noge ne razmišljajući na to da je u gaćama. Frida, uplašenija od mladića, podigla je glavu i ugledala dečka iznad sebe i njegove naprijed pune gaće: Thomas je stajao nad njom onako lijep, crven k'o rak u licu, u gaćama, skoro gol i gledao je, piljio je u njene mesnate noge, buljio je u to mlado meso koje se pojavilo ispod služavkine haljine, gledao je njeno tijelo na podu, nije vidio komad svinjetine na njenom trbuhu, vidio je velike krasne ženske grudi i kad je očima došao do njenih preplašenih očiju, nekako je promucao:

- „Jao, Frida, oprostite mi, ja sam kreten...jes...dob..ro...?" - djevojka je došla k sebi, ali nije razmišljala o padu ni krumpir pireu, vidjela je samo predivnog mladog Thomasa u gaćama i u njoj je nešto... Ipak, onaj dio uma zadužen za kućnu pomoćnicu, zapovijedio joj je što ima činiti. Okrenula se, pokrenula se, ustala je mnogo brže no što bi čovjek pomislio da može i počela skupljati posuđe:

- „ Oprost..tite mi gospodi..ne Thomas, ja... očisti..ti ću i donije...ti...vam drugu večeru... Tako mi je neu...godno..." - govorila je više sebi u bradu dok je nagnuta nastojala pokupiti ostatke večere. Thomas, šesnaestogodišnji dečko u kome su hormoni eksplodirali kao vulkan Etna vidio je samo djevojčine butine, njenu stražnjicu... Nikad nije uspio objasniti samome sebi što, kako i zašto je to učinio: ionako se ne bi ni mogao sjetiti, sve da je i htio. Smračilo mu se, obuzela ga je vatra, nikakva kemija ni fizika za sutrašnji ispit, ni pečenje ni sok od naranče, ni roditelji, ništa mu nije bilo u glavi. Dogodilo se to što se dogodilo. „Stanite, Frida!" - skoro je povikao, prišao je sa stražnje strane, podigao i zagrlio. Nije se protivila, kao da je to čekala. Okrenuo ju je k sebi, zagrlio opet i nespretno pokušao poljubiti. Frida je preuzela stvar, kako je ispalo... Bio je mrak kad se Frida iskrala iz sobe budućeg liječnika sva znojna, teško dišući, ali sretna. U sobi, na velikom krevetu, pokriven ljetnim pokrivačem spavao je Thomas Günter nakon što je „ono" učinio prvi put. Zaspao je ne razmišljajući o školskom testu, usnuo je blažen nakon svog prvog potonuća u more tjelesnih užitaka.

Frida se vratila u kuhinju raščupana, zgužvane haljine, s razbijenim posuđem i ostacima hrane pokupljene s poda. Srećom po nju, nikoga nije bilo u kuhinji, zbog bala posluga je imala slobodnu večer, pa je djevojka sama „sanirala" nastalu štetu. O „zbivanju" nikad nisu progovorili ni riječi. Frida je sve uzela kao neplaniranu zabavu. U jednom je bila slična svom jednokratnom mladom ljubavniku: nije se lako zaljubljivala i nije zbog jednog prevrtanja po plahtama odmah računala na svadbena zvona. Svjesna svog staleža, znala je da ništa osim te jedne tjelesnosti neće biti između njih dvoje, jednom i nikada više.

Thomas? Nastavio je učiti i biti dobar pametan i vrijedan sin. Ništa drugo. Konkretna posljedica večeri s Fridom bješe njegovo daljnje prakticiranje tjelesne ljubavi: ohrabren prvim iskustvom, kad bi mu „došlo", pronašao bi djevojku i to je bilo to. Nikakve romanse, nikakve drame a la Romeo i Julija. Nekome ovo zvuči neobično, ne i Thomasu, tako je bilo, takav je bio. (A što je bilo s Fridom? Tri, četiri mjeseca nakon razbijanja tanjura i svega „ostalog", dala je otkaz zbog iznenadne, posve neočekivane bolje poslovne ponude: prihvatila je posao kućne pomoćnice kod jednog vrlo imućnog samca, umirovljenog pukovnika bivše carske vojske i industrijalca, čvrstog muškarca bez djece i rodbine, za koga se udala trideset i osme, a kad joj je muž reaktiviran kao intendantski štabni oficir u štabu LXVII Resevre-Korps, kao jedan od mnogih pod komandom generala pješaštva Waltera Fischera von Weikersthala, Frida je naglo podigla nos i šepurila se kao supruga arijevskog oficira, istinskog borca za ostvarenje Lebensrauma, posebno ostvarenja Generalplan Ost (premda sama nije znala što je sve to skupa) i očuvanja Herrenvolka, pa je odbila „samo živjeti" u Berlinu, kamo su se preselili nekoliko mjeseci prije napada na Poljsku, već se, dok joj je muž radio na „pribavljanju njemačkog životnog prostora", aktivno uključila u NSV i DFW, što je mogla jer je imala vremena napretek (o njihovo dvoje djece brinule su kinderfrajle): doduše, ideologija nacizma uvjetovala je ženama, čistim arijevkama apsolutnu brigu o djeci i kućanstvu, ali to je bilo na papiru, a u stvarnosti žene viših vojnih i partijskih faca imale su posluge koliko su htjele, nijedna od njih, pa ni Frida nije uprljala ruke niti se oznojila čisteći kuću. Njen aktivizam bješe u skladu s njenim intelektualnim sposobnostima, ta takva kakva je bila nije mogla daleko dogurati na nacističkoj ljestvici moći. Nažalost, njen savršeni nacistički svijet i relativna udobnost (o kojoj su tada deseci milijuna samo sanjali) naglo se urušila kad su dva SS lika došla po nju i djecu i odveli je u pola noći. Skončala je u logoru, zajedno s djecom, samo dva dana nakon samoubojstva supruga. Otišla je s ovoga svijeta ne znajući da je njen suprug, za kog je držala da je uvjereni nacist, zapravo umro tako da si je pucao u glavu u prostorijama štaba LXII Armeekorpsa nakon što je čuo da su pukovnici Quirenheim i Stauffenberg strijeljani nakon neuspjeha atentata na Adolfa Hitlera. Frida, bivša kućna pomoćnica, služavka koja je „skinula nevinost" mladom Thomasu Günteru umrla je bez da se sjećala kako je bila „prva" ljubavnica jednom Oberstarztu...

Navikao na svojevrsnu asocijalnost, natporučnik Günter jedinu je ustupku „društvenom životu" učinio nešto više od mjesec dana po dolasku u Varaždin: pristao je živjeti izvan kasarne, u gradu! Naime, oficirski smještaj u staroj austrougarskoj kasarni na kraju grada, kao i u ostalim kasarnama nije mu odgovarao (kolege su mu odmah rekli da te rupe pune štakora nisu dostojne arijevskog oficira, a liječnika još manje) i stoga je prihvatio ponudu da bude sustanar s još jednim oficirom, ne baš discipliniranim poručnikom Hubertom Weildenrottom, jednim od dvojice njegovih pomoćnih liječnika. Od prvog dana dr. Weildenrott je „napadao" svog pretpostavljenog uvjeravajući ga kako je najbolje da se preseli k njemu. „Znate, gospodine Oberstarzt, uopće nije daleko od bolnice, iako to nije ni važno, imamo auto i vozača, a najbolje od svega jest što je stan ogroman i ima dovoljno prostora za obojicu, za nas i za naše, hm, posjete, ako me razumijete, haha? I ne brinite, stan je namješten gospodski, staromodno, ali otmjeno. Dođite i biti će nam odlično, ne volim biti sam u velikom stanu."

Razmišljao je neko vrijeme, nije ga bilo briga gdje će spavati, u ratu čovjek ne treba tražiti luksuz nego kako preživjeti a da ostane normalan. Jedne noći, dok je pokušavao zaspati nakon runde od dvanaest sati operiranja (komunisti su napali domobransko ustašku posadu u nekom selu blizu grada i komanda je poslala pomoć, bitka je bila teška, s puno ranjenih) preko glave mu je pretrčao - miš. Bezazlena noćna zgoda primorala ga je na promjenu mišljenja i sljedećeg je poslijepodneva uselio u prostran stan bivšeg jugoslavenskog pukovnika.

- „Vidiš, kamerad, pardon, Herr Oberstarzt, moj dragi Thomas, sad si konačno gospodin, slobodan čovjek, haha!" - smijao se natporučnikov cimer polupijano dok su dva-tri dana nakon useljenja imali malu proslavu. Samo njih dvojica u Grand hotelu „Novak", kod prepunog stola, uz četiri boce finog vina. Doduše, ovdje u nedođiji, na balkanskoj pustari, u Hrvatskoj, rat se osjećao upravo grozno i racionizirana opskrba učinila je svoje: restoranska ponuda drastično je srozana i čovjek je morao imati jako dobre veze ako je htio pošteno jesti i piti. Istina, za oficire Wehrmachta vrijedilo je pravilo mora biti, uostalom imali su restoran zauzet samo za njih, ali to je bilo previše službeno. Kako je Assistenzarzt Hubert objasnio, ne može čovjek jesti gdje sve zaudara na „one" tipove" i ako je već rat, čovjek mora pronaći načina biti čovjek (omiljena riječ ovog mladog talentiranog doktora s prevelikom sklonosti piću i ženama bila je „čovjek", samo ne po definiciji NSADP-a). Zato su radije objedovali u gostionicama i restoranima za običan puk, odnosno, treba biti pošten i reći, za one koji su u ratu pripadali privilegiranoj kasti koja si je restoransku hranu i piće mogla priuštiti, a uz to valjalo je biti dobar s ljudima koji poznaju ljude koji su dobri s ljudima: nema tog sustava koji može zatrti crnu burzu i šverc, to nije uspio ni Adolf Hitler, haha.

A što se tiče nekih stvari, hm, dr.med. Herbert Weildenrott, bogataško dijete, odrastao u luksuzu, bez briga i problema, uvijek punih džepova bješe sasvim čudna pojava u redovima Wehrmachta. Njegov otac, sposoban i za posao nadaren bavarski tvorničar i veletrgovac, pripadnik starog višeg plemstva nikad se nije povodio za politikom i nije vjerovao nikome od političara, pa čak ni carskome dvoru. Školovan u Švicarskoj i u Londonu, proputovavši pola svijeta naučio je što je posao i kako se novac stječe i zadržava, a ne samo gubi. Premda je rođen na početku osamdesetih godina devetnaestog stoljeća (Herberta je dobio u svojoj trideset i četvrtoj), imao je tu sreću da su mu otac i djed bili drugačiji plemići od ondašnjih. Pradjed nije volio Bismarcka, a djed, premda je kao kavalerijski pukovnik imao čast biti nazočan povijesnom proglašenju carstva u dvorani zrcala u Versailesu bio je preveliki Bavarac da bi se „prodao" pruskim idejama, te je stoga obitelj, nakon što je carstvo zaživjelo, ostavilo sa strane sve vojne i političke teme i bacilo se na posao. Bez obzira što je ekonomski carstvo procvjetalo, djed i otac nastavili su sa svojim distanciranjem od politike. Pradjed budućeg liječnika Herberta preminuo je u zimi 1881. Godine 1888., poznate kao „godina tri cara", Dreikeiserjahr, otac pomoćnog liječnika Wehrmachta u svojoj je osmoj godini poslan na školovanje izvan Njemačke, prvo u Švicarsku, a potom u London. Svršivši s najvećim uspjehom prestižne škole, otišao je u Ameriku, Aziju i Australiju na vježžbanje pravog života: zahvaljujući poslovnim kontaktima mladić je imao priliku učiti od tadašnjih najvećih biznismena, što mu je dobro došlo po povratku u Njemačku. „Svjetsko iskustvo" i boravak izvan domovine učinili su oca Herberta imunog na politiku, osobito na njemački nacionalizam. Volio je Njemačku, ali još više volio je svoju Bavarsku. Naučen na red i poštivanje zakona, bio je lojalan caru, ali samo do određene granice: crta je bila njegova obitelj. Nikad nije dopustio da bilo što izvan obitelji utječe na njihove živote. Vođenje je poslova preuzeo godine 1910. te je usmjerio je najveći dio obiteljskih financija i ulaganja izvan zemlje, od Švicarske do Amerike, što ih je spasilo od propasti u poratnim godinama hiper inflacije, kada su i najbogatiji Nijemci poslije propasti Prvog Reicha postajali beskućnici. Inteligentno raspolaganje novcem bješe makisma obitelji Weildenrott kojom su se desetljećima branili od svih zla. Herbertov otac, rođen 1880. sudjelovao je u ratu kao rezervni kapetan u jednom od bezbrojnih ureda Armeeoberkomando, tako da bojišta nije vidio. Nakon dvije godine uspio je srediti demobilizaciju i već se godine 1916. „skinuo" iz vojske i vratio na imanje. Obitelj mu nije nastradala, no poslovno je dosta pretrpio, ali to ga nije zabrinjavalo. Imao je dovoljno novca u raznim poslovima u Americi, Aziji, u zlatu i srebru u švicarskim bankama, što mu je bilo osiguranje za budućnost. Imao je troje djece, od koji je Herbert bio najmlađi i, kako se kaže, miljenik. Godine su tekle i obitelj se trudila nadvladati i političke i ekonomske probleme koji su za Njemačku bili ubitačni. Pojava nacista sve je zakomplicirala, a njihova retorika se nije svidjela ocu budućeg kirurga. Sjećao se carstva, a kako je znao kako njemački nacionalisti mogu biti potpuno slijepi na snagu svijeta i slabosti Njemačke, spram nove vlasti bio je prilično suzdržan. Kako je sam Hitler izjavio da je „ekonomija od sekundarne važnosti", to je značilo da poslovni ljudi nisu bili izravna prijetnja nacističkoj vlasti. Uostalom, NDSAP se ekonomskim pitanjima nije previše zamarala, a što potvrđuju riječi samog Hitlera: „Osnovna prednost njihove (nacističke) ekonomske teorije to što je oni nemaju.". Nacisti su trošili ogroman novac na sređivanje posljedica depresije, te su porezi bili ogromni, ali do rata poduzetnike nisu previše dirali (Nijemce, ne Židove). Nacisti su otežali poslovanje zabranom osnivanja malih poduzeća i uplitanjem u vlasništvo metaloprerađivačke i ostalih, za rat važnih industrija, a kada su 1936.

zabranili svaku trgovinu stranim dionicama gotovo su paralizirali veliki dio financijskog sektora. Sve to nije naškodilo obiteljskom biznisu. Ne odstupajući od svojih pravila, Herbertov otac je držao van Nje- mačke značajna sredstva, nedostupna šapama nacističke vlasti. Također, pragmatik i kudikamo mudriji od primitivaca sa svastikom, postigao je to da ih partija i njezini jurišni odredi ne diraju: odriješio je kesu i kupio povjerenje, organizirao večere i balove, njegova tekstilna tvornica šivala je odore u pola cijene itd., prepustio je nekoliko manjih pogona „nadljudima", pa sve do toga da je plaćajući kome je i kad trebalo, dobio ugovore za vojnu proizvodnju. S moralne strane moglo bi se raspravljati o „poštenju" takvog postu- panja, kao ono, to je bilo samo čuvanje leđa od nacista, Weildenrott se borio za opstanak u uvjetima kada su mnogi, vodeći iste takve borbe, pokleknuli, postajali članovi NSDAP-a, pa čak i aktivno sudjelovali u holokaustu. Otac Hurberta je radio što i ostali, ta devedeset i devet posto velikih njemačkih tvrtki poput Boscha radilo je istu stvar i njihov proizvodne pogone popunjavalisu logoraši, bijednici unaprijed osuđeni na smrt, „neljudi" dovedeni s područja cijele okupirane Europe. Rat je uništio gotovo sve, bombardiranja su sravnila sa zemljom tvornice, skladišta i postrojenja obiteljskog biznisa. Imanja su opljačkana i devasti- rana, ali gotovina u konkretnoj valuti i dragocjenosti bile su sklonjene u Švicarsku i izvan kontinenta, dok se još moglo. Godine 1938. Herbertov otac deponirao je u Zürichu, u jednoj staroj švicarskoj banci (visok stupanj tajnosti i sigurnosti za VIP klijente) poveći iznos u zlatu, a sve dok nisu prekinuti tokovi novca, slao je provjerenim kanalima, u nepravilnim vremenskim razmacima, nove depozite u zlatu, srebru i u američkoj i švicarskoj valuti, novca do kojeg je bilo gotovo nemoguće doći. Međutim, i najgorljiviji na- cisti (u sebi) nisu vjerovali u pobjedu, pak su, osobito oni utjecajniji, godinama održavali veze i poslove u Švicarskoj, Španjolskoj, u neutralnim zemljama koje rat nije dohvatio. Tako je stari Weildenrott (stari: otac cimera Oberstarzta Thomasa) imao vrlo konkretnu suradnju s jednim pohlepnim tipom iz SS- Totenkopfverbända, zaduženog za „službeno nepostojeće" konc-logore, arijevca iz vrha Generalinspektion der Verstärkten SS-Totenkopf -Stadarten (koja će kao ustanova, dio SS-a, kasnije poznata kao Inspektion der Konzentrationslager, IKL, u sklopu SS-Wirtschafts-Vewaltungshauptant, WVHA, kao Amtsgruppe D), a pomoću čije je suradnje uspijevao realizirati svoje planove. Ni zlato ni novac nisu potjecali od logoraša, radilo se o drugačijim poslovnim aranžmanima, izravno s državnim financijama i privatnim kapitalom. Nakon rata neki od „uvjerenih antinacista", u vremenu ludila lova na sve koji su s NSDAP-om imali ikakve veze, pokušali su obitelj staviti na optuženičku klupu: nisu uspjeli. Oficijelno, proizvodnim pogo- nima koje su prepustili vlastima nitko iz obitelji nije raspolagao, nitko nije imao fizički pristup vlasništvu, pa nije bilo ni odgovornosti za ono što se događalo. Što se tiče „suradnje" s nekim glavešinama SS-a, ni to nije moglo biti sporno. Svatko tko je odbio poslovati s njima, bio je ubijen bez pardona. Nije bio zločin preživjeti, a ne uprljati ruke krvlju: svako junačenje, svako glupiranje značilo je smrt, a mrtvi ne mogu ništa učiniti. A bilo je dosta toga i ostalo još više skrivenoga od svijeta: na obiteljskom je imanju godi- nama uspješno skrivana jedna obitelj berlinskih Židova (koja je emigrirala 1949. u novi Izrael), a sam je Weildenrott redovito slao hranu, novac i ostalu pomoć potrebitima, o čemu nitko ništa nije znao. Uglav- nom, obitelj Weildenrott preživjela je i carstvo i pad carstva, nacizam i pad nacizma, preživjela je kaos kolektivne njemačke krivnje i sramote u prvim poratnim godinama i iz svega s uspjela izvući financijski relativno stabilna. Zanimljivo je da u arhivima nema zapisa i dokumenata koji bi kompromitirali obitelj- sko ime zbog veze s nacizmom. Više od toga, i inače je dostupno vrlo malo informacija o ovoj „nevid- ljivoj" bavarskoj nobl obitelji (Herbertov otac, Sigmund Weildenrott izbacio je iz uporabe nabrajanje krsnih imena, kao i ono „von", držao je to glupošću koja je ometala „nevidljivost" u mračnim i smrtonos- nim godinama Njemačke između dva rata i u ratu).

Od petero djece, mali je Herbert imao najviše volje i talenta za učenje. Trojica sinova i jedna kćer iz- rasli su u pristojne, ali dosadne ljude dobrog srca i nezanimljivih biografija. Tipična djeca bogataša, formalno s visokim obrazovanjem, u stvarnosti ne osobito educirani ljudi u skupoj odjeći i sa skupim cipe- lama na nogama, ponekad dobrohotni „za vanjsku uporabu" način, bjehu usredotočeni na svoje karijere, na posao i novac, na dividende i ulaganja, glupave razgovore o novcu i trošenju životnog vremena na ispraznu rutinu. Herbert je bio drugačiji, kao da je ispao iz neke druge priče. Bistar, elokventan, kroz cijelo je vrijeme svog školovanja odudarao od braće i sestre, ali i od većine ostale djece. Gotovo fotografsko pamćenje i ljubav prema ljudima usmjerilo ga je prema studiju medicine (što je, govorahu neki, naslijedio od bake i djeda po majčinoj strani: ovaj par tvrdih ateista, tvrdokornih protivnika svake vjerske i društvene dogme, dekadencije i prozaičnosti, usadio je u unuka ljubimca sve što roditelji nisu, više čovjekoljublja i otvorenosti prema svijetu, empatiji prema slabima i vrijednosti prijateljstva, ali i nedisciplinu i nepoštiva-nje uvriježenih autoriteta, ponajviše bon tona i etikete visokog društva, a što je Sigmunda Weildenrotta če-sto dovodilo do ludila). Odluka o izboru fakulteta odjeknula je kao bomba, no kako je „eksplodirala", tako se sve i smirilo: majka se nije začudila, prepoznala je utjecaj svojih roditelja, a otac je samo formalno pro-testirao jer su njegovi stariji sinovi ionako već bili duboko u poslu. Osim toga, imati liječnika u obitelji možda će se pokazati kao dobro ulaganje, nikad se ne zna što može biti, mislio je Herbertov otac. Ko-načno, zašto bi bio protiv, ako se pokaže dobrim, ako iskoristi svoje talente, može daleko dogurati. Herbert je završio medicinu među najboljima u generaciji, odradio je stažiranje u velikoj klinici u Berlinu i nakon toga, četrdesete, se prijavio u vojsku, ali ne zato što je htio biti dio povijesnog zauzimanja „život-nog prostora" već stoga što je kao liječnik htio pomagati ljudima, biti tamo gdje su ljudska bol i patnja, gdje je čovjek mjerna jedinica smrti (i u ovome je njegova majka vidjela prste svojih roditelja: uvjereni humanisti očito su joj sina usmjerili prema nekim vrijednostima koje nisu imale veze s rasnom teorijom). Godinu dana učenja vojnog poziva i vojne kirurgije po ubrzanom programu, nakon čega je upućen u Hrvatsku. Otac se žestoko protivio tome, bjesnio je, inzistirao da potegne veze i da dobije mjesto u Nje-mačkoj ili barem u Austriji, daleko od fronta. Herbert nije htio ni čuti. Kamo ga šalju, ide, svejedno mu je gdje. Stari Sigmund se utješio time da je ipak Hrvatska bila u pitanju, a ne Rusija: slaba utjeha jer njemač-ki su vojnici ginuli i u Hrvatskoj. Mladi Herbert odbio je bilo kakvo uplitanje oca. Rekao mu je da se može oprostiti s njim zauvijek pozove li bilo koga da intervenira za njega: ako to i učini, biti će drago-voljac za Istočni front i to u SS-u! Prijetnja SS-om je učinila svoje i otac i majka su se pomirili sa stanjem stvari. Ono što nisu znali jest glavni motiv sinovljevog odabira medicine i odlaska u rat. Herbert Weildenrott: ni mržnja prema nacistima, ni gnušanje zbog antisemitizma, ne, ništa od toga nije bilo toliko važno za odluku kao što je to bila mladićeva obitelj! Herbert je duboko mrzio sebe i svoju obitelj, oca je naročito prezirao. Po njegovom čvrstom uvjerenju, očeva utrka za novcem, ta neprestano trošenje života na zgrtanje i očuvanje bogatstva pod svaku cijenu (obiteljska tradicija tzv. apolitičnosti koja je, nota bene, očuvala bogatstvo u uzavrelim vremenima za Njemačku od Velikog rata do Trećeg Reicha, za Sigmund-ovog sina bila je samo hipokrizija i to jednako krvava kao i sve drugo: držati se po strani od politike, a u isto vrijeme je „ispod stola" koristiti je za bogaćenje bješe vrhunac pokvarenosti koju mladić nije htio prihvatiti kao svoj način života) stavila je cijelu obitelj na stup srama: čovjek ne može mirno sjediti i obilno jesti i piti ako zna da je to što jede i pije plaćeno krvlju nevinih! Novac i statusi, trideset i šest sati na dan brinuti, slati telegrame (prije rata) u New York, London, telefonirati u ponoć, u pet ujutro i u devet navečer, pa onda tisuće pisama, mjenice i rasprave o tečaju zlata, iznenadna putovanja u Švicarsku i Italiju, u Francusku i razgovori kod objeda, na izletima, u šetnji i to samo oko ulaganja, biznisa, tečaja dolara, cijeni zlata i srebra, o dionicama. Jednako tako majčina prenemaganja, nametanje društvenih eti-keta i pravila ponašanja, a da se o odjeći ne govori, sve najbolje, najskuplje i mijenjati odjeću najmanje tri puta dnevno, držati se uštogljeno i otmjeno, to je smetalo i progonilo Herberta od njegove najranije dječačke dobi! Cijela vojska posluge, nije mogao sam ni u toalet! Kod večere ista stvar, i ručka, kao da je kreten, kao da nema ruke, sve su radile služavke, kamerdineri, serviri i sluge uopće, ni igrati se sam nije smio, kinderfrajla jedna za drugom, i asistentice kinderfrajle, i pomoćnice asistentice kinderfrajle, učitelj jahanja i osobni čuvari na svakom njegovom koraku, učitelji, pa onaj prokleti slinavi pop i svi ostali, groz-nije od toga nije moglo biti! Averziju koju je osjećao prema sebi i obitelji shvatio je kad je „pao" u ruke majčinih roditelja, djeda i bake koji su, spoznavši kako im se kćer jedinica pretvorila u snobovsko strašilo (a nije tako trebalo biti, barem su se trudili odgojiti je u modernom ateističkom duhu), svu su energiju usmjerili na oblikovanje najmlađeg unuka (jer ostala djeca bjehu od malena preslika oca i majke, nepo-pravljivi slučajevi: najstariji brat malog Herberta u svojoj je petoj godini rekao: „Ja ću biti bogatiji od tate, ja moram „raditi" novac, puno novca!"), u čemu ih majka dječaka nije htjela spriječiti ni zaustaviti. Točno, od djevojke ispred svog vremena postala je zagrižena milostiva, plemkinja po mužu, bogatašica s najvišim stupnjem taštine, pohlepe i dekadencije, ona koja navečer liježe i ujutro se budi sa zlatnom žlicom u ustima: nije teško žabu u vodu natjerati, pa ni ljude naviknuti na moć novca i raskošan i udoban život bez briga i problema. A takav život nije bio za Herberta! Zato je postao liječnik i da nije bilo rata zasigurno bi prihvatio mjesto seoskog doktora u nekoj zabiti, tamo gdje je i Bog rekao „laku noć". Ovako, odjenuo je uniformu Wehrmachta i uspio se odvojiti od svega što je bio i on sam, a što je istinski mrzio.

Da, samo što je jedna priča mladalački entuzijazam i naivan idealizam: vrlo brzo saznao je istinu koja ga je spustila na zemlju, shvatio je da ni njegova opijenost humanizmom i prezir prema bogatstvu nisu nego fraze. Lako mu je bilo „ratovati" protiv očeve gramzivosti i majčine opsjednutosti etiketom i glumatanjem, lako mu je bilo biti siti buntovnik punih džepova i lišen svih egzistencijalnih briga deklamirati o čovjekoljublju i pokvarenosti milijunaša. U ratu je vidio kako sve ono što je vjerovao, pa čak i sve ono što su ga učili djed i baka, mamini roditelji, nije nego sranje! Susrevši smrt, krv i bol u iskonskom obliku, bez poetskih fraza i filozofskih pizdarija, dr. med. Herbert Weildenrott posramio se vlastitog idealizma: stvarnost ljudske patnje bila je neizrecivo strahotnija od njegovih budalastih mladalačkih ideala! Poslan kao medicinska potpora ozloglašenoj 342. pješačkoj diviziji koja je sudjelovala u Operation Süd Kroatien-1, na području Višegrad-Zvornik u Bosni (u jugoslavenskoj povijesti ova je vojna operacija poznata kao Druga neprijateljska ofenziva) na vlastite je oči vidio što znači besmisleno umirati i što znači ne imati milosti prema protivniku: ono što je prethodno čuo o 342. diviziji, koja je u Srbiji izvršila masovne likvidacije civila i time ostavila rijeku nevine krvi za sebe u ime Reicha, ovdje se pokazalo istinito. Svi mrtvaci, svi ti leševi i ranjenici, brutalnost prema zarobljenicima i ubijanje iz zabave, sve to ubilo je u mladiću svaku nadu da može nešto popraviti. Upravo u slikama smrti, na izmasakriranim tijelima, u mulju od zemlje i krvi vidio je svu bijedu vlastite obitelji i sebe samog: svaki gram zlata, svaki dolar i svaka reichmarka, svaki i najmanji zalogaj fine večere njegovog oca i njegove majke bjehu krvavi i ma što tko govorio, i na njegovima je krivnja za rat, u to nije sumnjao!

Pomoćni liječnik, Hilfsarzt u 2. Hauptverbandplatzug-u, u sastavu 718. Infaterie-Divison, to je bila njegova prva ratna dužnost. U siječnju 1942., u njegovoj prvoj borbenoj misiji, kad je sanitetska kolona hitala na određeno joj mjesto za uspostavu poljske bolnice, napali su ih partizani. Prateće pješaštvo uz pomoć tenkova samljelo je komunističke bandite, ali mladi doktor Herbert Weildenrott tom je prilikom ranjen u lijevu nogu. Rana nije bila teška, ali je morao na dvotjedni oporavak. Vijest o sinovljevom ranjavanju (Sigmund ništa nije prepuštao samovolji svog umišljenog balavca nego je prevrnuo nebo i zemlju i iskoristio veze, i tako je saznao da mu je najmlađi ranjen negdje u Bosni, na kraju svijeta: odmah su proradili telefoni, tata je otvorio novčanik i nije moglo biti preskupo doći do određenog imena u OKW-u, preko koga je urgirano kod general pukovnika Löhra, tadašnjeg komandanta 12. armije, pa sve do komandanta 718. divizije, general pukovnika Fortnera, a zazvonio je telefon i u kancelariji šefa saniteta HeeresSanität-inspekteur-a GeneralOberstabsarzt-a Siegfrieda Handlosera. Na kraju se zbilo to da je pomoćni liječnik Herbert Weildenrott, u činu leutnanta, nakon kraćeg boravka u Sarajevu i vrlo kratkog oporavka u jednom ljiečilištu u blizini Beča, premješten na „mirnije" područje, u Varaždin, gdje je dodijeljen tamošnjoj vojnoj bolnici.

Svjedočenje zločinima i ranjavanje, rat kao rat, a ne kao romantična storija, promijenili su mladića: postao je cinik, s naglaskom na „samo", prepustio se piću i zabavi, okrenuvši svoj vanjski ego ka svojevrsnoj parodiji vojske, počeo je činiti ono što je činila većina oficira i njegovih kolega. Izvršavati svoje dužnosti prema Führeru, dakako, ali i maksimalno uživati u životu, piti i lumpovati pazeći ipak da, ne previše očito, ne povrijedi zakone o čistoći arijevske rase. Kako je to bilo „normalno", nije bio predmet istraživanja Gestapoa ni ostalih službi: liječnici bjehu deficitarna roba bez obzira što nisu bili „pravi vojnici" i nije ih se diralo, ako baš nisu teško zabrazdili (šuškalo se među njegovim nadređenim kako ovaj poručnik ima debelo zaleđe).

Liječenje bolesnih kao dužnost, zabava i opijanja do besvijesti kao stil nadvladavanja rata. Poručnik H.W. stanovao je u lijepom udobnom stanu bivšeg jugoslavenskog pukovnika, što je bila privilegija jer u ovom malom gradu slobodnog prikladnog smještaja za veliki broj njemačkih oficira nije bilo. Od stanara ispražnjene kuće i stanovi (Židovi, Srbi i svi „neprikladni" elementi za Reich i NDH) brzo su popunjeni, pa se znalo dogoditi da je njemačka komanda morala intervenirati kod hrvatskih vlasti da ustaški i domobranski oficiri isele kako bi mogli smjestiti svoje oficire. Srećom, kao i svugdje, tako i u drek-državi NDH, Wehrmacht, SS, SD, Gestapo i ostale slušalo se bespogovorno i kad bi se zatražio stan za njemač-kog oficira, stan bi i dobili. (Opaska: u knjizi „Hitler's Table Talk", 2000 godine, izdanje „Enigma Books", NY, USA, našao sam zanimljivi citat Adolfa Hitlera o germanizaciji Hrvata. On je rekao: „Govoreći opet o Hrvatima, privlačna mi je ideja, gledano s etničkog stajališta, da ih se germanizira. S političkog gledišta, ta ideja nije ostvariva." Ovo je još jedan dokaz da su svi današnji nostalgičari za tom drek-državom apsolutno u krivu: da je Hitler pobijedio, nijedan Hrvat i nijedna Hrvatica ne bi preživjeli, kao Slaveni mi nismo spadali u „rase" koje je Treći Reich planirao koristiti kao radnu snagu, bili smo „neljudi" kojih se trebalo riješiti kao i Židova, Cigana i svih ostalih.) Tako je i Herbert dobio na uživanje odličan smještaj, bolji no što je očekivao. Međutim, stan je bio prevelik i osjećao se glupo tako sam, a čak ni česte zabave nisu stan učinile puno boljim mjestom za njega. Rješenje problema je stiglo s novim natporučnikom, dobrim momkom Thomasom...

Za večerom u Grand hotelu „Novak" popili su tri boce solidnog vina i naručili četvrtu. Isprva mu se cimer nećkao, no kako je vrijeme prolazilo, a boce se praznile, otpor gospodina natporučnika Güntera je slabio. Napokon, možda će mu dobro doći malko opuštanja, mislio je, ionako su mu i um i tijelo bili prenapeti. U jednom trenutku poručnik Herbert W. se nasmijao, blago udario po ramenu svog sudruga u piću (bjehu već u stanju pripitosti koja otvara vrata neformalnijoj intimnosti, prijateljstvu po čaši):

- „Hej, ovo se uskoro zatvara, a noć je tek počela. Vrijeme je za provod! Imam prijedlog, dragi gospodine doktore. Jel' poznaješ poručnika Leberstrumma? Onaj mali debeljko iz opskrbe platzkommandatura?" - Herbert se unio u lice svom natporučniku - „Znaš ga?"

Ne, Thomas nije poznavao nikakvog poručnika iz logistike, zapravo je malo koga znao, njegovi društveni kontakti izvan bolnice tako reći nisu egzistirali, a ionako je bio prekratko u Varaždinu da bi imao mnogo prijatelja. Supijano je odgovorio:

- „Ne znam tog, kako si rekao da se zove, ne znam ga... Što s njim?"

- „Idemo onda, ideš upoznati najzabavnijeg debeljka Wehrmachta u ovom gradu! Danas mu je rođendan! Idemo! Žene, piće, hrana, sve za gospodu arijevce!" - Thomas ga je pogledao pomalo prijekorno, nije volio ovakve riječi, bilo je opasno izazivati vraga, svuda su bili agenti i doušnici, a nastradati zbog vinske riječi ipak je preglupo. Herbert nije vikao, a ni to što je rekao nije mogao čuti nitko „opasan": dva stola kraj njihovog bjehu slobodni, a društvo na drugom kraju sale bjehu domaći ljudi zabavljeni gutanjem hrane i nisu se obazirali na dva njemačka oficira.

Pio je, što mu nije bila navika otkada je u vojsci, pio je i osjećao se čudno, kao da može sve i ne smije ništa. Thomas Günter je ustao i krenuo kao robot za svojim cimerom. Rat, nacisti, rat, krvave gnojne rane, mrtve vojnike iznose iz bolnice i utovaruju na kamione kao vreće krumpira, policija dovodi ranjene komuniste i stavlja stražu ispred soba u kojima leže, a medicinske sestre kriomice kradu hranu iz doktorske menze, mnogo je gladnih ovih dana. Ne može spavati, san bez snova, prevrtanje po krevetu i znoj, teško disanje. Umoran je i često zijeva na putu do bolnice: kad ima noćna dežurstva čita sve što mu dođe pod ruku. Uči: teško je doći do literature, rat je i znanje upropastio. Lakše je doći do metka nego do pameti. Nije ni sebe razumio, koga je vraga pristao na tu večer, nije mu to trebalo. O svom cimeru i podređenom nije znao puno, tek koliko je saznao u komandi i od njega samog. Nije imao običaj raspitivati se o ljudima, mrzio je tračeve.

Ustali su, poravnali uniforme i ne baš čvrstim korakom uputili se prema izlazu iz restorana. Na vratima ih je dočekao šef sale osobno: stara bečka škola, nadkonobar, ober, šef sale, kako god ga tko zvao, prihvaćao je jer gost je, jasno, uvijek u pravu, čak i kad nije. Prosijedi visoki muškarac sa starinskim francjozefinskim brkovima, bivši kamerdiner i bivši batler jednog ne baš omiljenog hrvatskog grofa i bana, bog i batina restorana koji je svoju službu otpočeo u svome sedamnaestom ljetu godine osamsto devedeset i osme, a kad se crno-žuta monarhija srušila i nestala u krvi milijuna, u porazu Velikog rata, ovaj sluga otmjenog držanja od upravo intimnog povjerenja svakog od svojih plemenitih gospodara plave i malo manje plave krvi, ostao je bez posla i tako se našao, isprva kao barmen, pa konobar i na kraju, evo, ober i šef sale u Grand hotelu „Novak" u Varaždinu, a kamo je povremeno zalazio još dok je to bilo svratište s restauracijom „Wilden mann". Profesionalac aristokratskih manira, po porijeklu seljački sin iz sela V., nedaleko varoši Varaždin i u ozbiljnim, da se ne kaže poznim godinama bio je vrlo dobrog zdravlja, okretan i sve jednako ledeno hladan i napadno elegantno ponizan spram gostiju, osobito, kako bi rekao njegov gazda, „specijal mušterijama". U ratu je ta njegova odlika dolazila do izražaja. Novac, kune u NDH nisu vrijedile ni papira na kojem su tiskane, a RM su kotirale taman toliko koliko je u ljudima bio strah od nacista: za gotovinu se malo toga moglo kupiti, nedostajalo je svega, pa čak ako je čovjek i imao gomilu novca, ništa nije mogao s time, osim „ako" nije imao „veze i poznanstva", dakako. Racionirana opskrba, kartice itd. odrazilo se i na rad restorana i jedina je sreća bila u tome što su snalažljiviji vlasnici gostionica i restorana, prvenstveno onih boljih, poslužili kao oficirske menze i/ili su postali mjesta prehrane gradske elite. Imati „dogovorc" s njemačkim logističarima i oficirima značilo je dobiti zgoditak na lutriji jer redovnom se opskrbom nije moglo napuniti ni restoranska kuhinja ni bar. Ustaške i domobranske pozadince ne treba spominjati, od njih je bilo nikakve koristi kao i od njihove vojske.

„Specijal mušterije" imali su naročiti status, upravo privilegirani. U takve je spadao i Thomasov podređeni, divlji, ponekad supijani dečko, poručnik Herbert Weildenrott. Natkonobar nije znao cijelu priču, ali je striktno izvršavao gazdina uputstva: ispuniti baš svaki prohtjev mladog švapskog doktora. Poručnik nije bio pokvaren ni bahat kao drugi oficiri, a imao je i novca, mnogo novca. (Hja, a što su bila primanja liječ-nika na toj poziciji u Wehrmachtu: osnovna plaća ranga poručnika, samca, mlađeg od 45 godina, u nje-govom zvanju bila je oko 320 RM, a kad su tome pridodali naknade, poput Frontzulage, 1 RM po danu, i naknadu po specijalnosti etc., oficir poput H.W. primao je otprilike 450 RM i to ako je bio dobar mjesec. Doduše, naspram radničke plaće u Reichu, to je bio doista veliki iznos, međutim nestašica roba učinile su novac bezvrijednim. Nasreću, oficiri na specijalističkim dužnostima u neborbenom sektoru i raspoređeni daleko od crta borbi imali su priliku živjeti daleko bolje od oficira na bojnom polju. U tome im je na ruku išlo lokalno stanovništvo i crna burza, dakako. Sve se moglo nabaviti, čak i ono čega nitko nije imao, ako se dobro platilo, za „poštenu cijenu" u pravoj „valuti". Rat je oduvijek nekome rat, nekome brat.

Na servilni naklon otmjenog šefa sale, Herbert se teatralno naklonio:

-"Haha, dobri moj Ober! Kao uvijek, bilo je prvoklasno, bravo! Moji komplimenti kuharima i vama, dragi prijatelju!" - Herbert je neprimjetno gurnuo u šaku šefa sale smotanu novčanicu od 50 RM. Iskusni ober diskretno se nasmiješio kao da se ništa nije dogodilo.:

- „Danke schön, herr doktor, moj naklon!" - nije spomenuo račun ni plaćanje jer nije bilo potrebno, ne za „specijal mušterije". Nalog gazde glasio je: „Račune ovih gostiju sređuje on osobno, nikakvih pitanja nema, poslužiti sve što se traži. Po potrebi pripremiti mali salon, skriven od radoznalih očiju. Ne postavljati pitanja, sve sam unaprijed odobrio.".

- „Kamo idemo, Herbert?" - pitao je promuklo Thomas. Kasnovečernji svježi zrak mu je „pročistio" glavu: „Kasno je i ja mislim..." - obojica su se okrenuli i vidjeli kako prema njima iz smjera gradskog korza oštrim korakom dolazi tročlana patrola feldgendamerie. Tri feldžandara stala su na dva metra od njih. Vođa parole, nabijeni fedvebel grubog lica stisnuo je šmajser na prsima, skupio noge i lupio petama na pozdrav uz „Heill Hitler!". Oficiri su mu uzvratili mrmljanjem i podizanjem ruku koje nije ličilo ni na što. Prepoznavši tko stoji ispred njega, feldvebel se nasmiješio od uha do uha, samo što se to nije vidjelo zbog polumraka i sjajnog šljema na glavi:

- „Oho, haha, gospodine doktore, kakva čast! Malo zabave? I treba, imati takve pacijente! Oprostite, nisam vas odmah prepoznao. Uživajte, gospodo. Gospodine poručniče! Gospodine natporučniče" Heill Hitler!" Sreetno večeras, haha!" - patrola je skrenula lijevo, prema Banac placu. Narednik vojne policije poznavao je Herberta još od prije rata, njegov je otac radio na poručnikovom imanju i njih su se dvojica viđala iako je razlika u godinama bila prevelika da bi bili prijatelji (što i nije bilo moguće zbog klasnih razlika). Kasnije, za gimnazijskih dana, kada je narednikov otac umro, život ih je razdvojio. Majka budućeg vojnog policajca otišla je s djecom služiti neku gospodu u susjednom gradu, tako da se nisu sreli sve dok pomoćni liječnik nije došao u Varaždin. Popili su nekoliko puta po piće u kantini u kasarni i to je uglavnom bilo sve. Jednom je narednik došao u stacionar zbog problema s probavom, ali to je riješio dežurni liječnik. Drugom prilikom feldvebel je progledao sinu svog bivšeg gazde kroz prste kad je ovaj izazvao tučnjavu u nekoj gostionici: potukli su se pijani s ustaškim oficirima i dobro ih namlatili. Pozvana je vojna policija i po redu, kako je i moralo biti, sastavljen je zapisnik po kome se nije dogodilo - ništa! Gostioničar, porijeklom Nijemac, zakleti nacist, jedan od najaktivnijih varaždinskih članova Deutche Volksgruppe im Unabhängigen Staate Kroatien i NSDKG-a, kako se hvalio, intimus gospodina SS-Hauptsturmführera Branimira Altgayera, Volksgruppenführera u tzv. NDH (opaska moja: Altgayer, kasnije odlukom samog Himmlera unaprijeđen u SS-Sturmbannführera, skončao je strijeljan kao sluga okupatora i narodni izdajnik odlukom Okružnog suda u Zagrebu godine pedesete), zakleo se svojom čistom njemačkom čašću i krvlju da nitko od ovih čistih arijevskih oficira nije izazvao incident i da su za sve kriva trojica pijanih ustaša i jedan domobranski satnik koji su napali njemačku gospodu pri njihvom urednom ispijanju obligatnog kasnovečernjeg pića nakon teške cjelodnevne službe obrane živtnog prostora Nijemaca u ovom povijesnom trenutku ne samo za Reich nego i za cijelo arijevsko čovječanstvo! Razumljivo, njemačkim oficirima nije se moglo dogoditi ništa, kao što i nije, a ustaše i domobranski satnik su brzopotezno napustili Varaždin: dvojica ustaša „dragovoljno" su otišli na Istočni front, a domobranski satnik „sam" se javio za ratovanje protiv partizana u Bosni. Nezgodna eskapada je sutradan zaboravljena, ali Herbert to nije mogao zaboraviti i dobrotu feldvebela je nagrađivao kad je mogao. Boljom medicinskom skrbi za njegove vojnike ili pak slanjem malih paketa pažnje s probranim delikatesama iz restorana u podoficirsku nastambu vojne žandarmerije u kasarni na kraju grada. Zato je Herbert i povikao za njim:

- „Hej, stari dobri kettenhunde, šteta što ne možeš s nama. Poslaću ti paket sutra, dragi moj feldvebel!" - da mu je netko drugi to rekao, „kettennhunde" (pogrdni naziv za pripadnike njemačke feldpolicije zbog natpisa na ploči koju su nosili oko vrata), ne bi dobro završilo, ali poručnik H.W., gospodin doktor je bio nešto drugo.

Herbert i Thomas ispratili su patrolu pogledom i nakon toga se uputili niz ulicu do hotela „Janje". Restoran je bio službeno zatvoren. I zamračen. Sve po naređenjima vlasti i kako je i trebalo biti. Međutim, ako je i bio zatvoren, nije za sve i svakoga. Posebno ne za probrane i dobro obavještene oficire Wehrmachta i one koji su pripadalu krugu „obavještenih" gostiju, to jest, koji su znali da zatvoreni restoran ipak radi. Mali debeljko bio je od onih koji su ne samo znali „radno vrijeme" ovog i ostalih restorana nego su uvelike sudjelovali u kreiranju tog istog radnog veremena, haha! Hintergrundski, pozadinski, logistički, kako god tko hoće reći, opskrbni poručnik Victor Leberstrumm, rođeni Austrijanac iz Linza, bio je u civilstvu svršeni učitelj, po stvarnoj profesiji veletrgovac svime i svačime, prvenstveno mesom i mesnim delicijama. Kako je služio kao oficir Nachschubtruppe von Wehrmacht u Varaždinu (naređenjem komandanta 12. armije osnovan je opskrbni centar u Varaždinu i tako je debeljko doputovao u ovaj lijepi grad razvijati svoje švercerske, pardon, vojno opskrbne sposobnosti), uspostavio je neraskidive poslovno privatne veze sa svima koji su na bilo koji način imali doticaj s njemačkim snagama. Obzirom na organizaciju, strukturu intendantskog osiguranja u Wehrmachtu, posao logističkog poručnika Leberstrumma zahtijevao je po logici stvari snalažljivost u balansiranju između mogućeg i potrebnog, zahtijevanog i ostvarljivog. Wehrmacht je izvana izgledao kao moćan stroj, no iznutra je „bolovao" od kronične bolesti nedovoljne opremljenosti, izostanka standardizacije opreme i sredstava, kao i stalne utrke svih službi koje su doslovno trčale sprintom ne bi li ispunile sulude ideje jedinog vođe, ideje koje nisu bile popraćene potporom u resursima. U svemu najstrašnija stvar bješe međusobno nepovjerenje, kako u Wehrmachtu, tako i u svim nacističkim organizacijama, policiji i tajnim službama. Svi su sumnjali u sve i svatko je svakoga nadzirao, špijunirao i o tome dojavljivao onima koji su postavljeni kao čuvari Velikog Reicha. Intendantura također nije bila pošteđena tih prljavih igara, a možda su se neke stvari u ovom segmentu vojske vidjele na gori način nego u borbenom sektoru (iako jedan bez drugog ne ide): jedinice u borbi bile su prioritet na papiru, a u stvarnosti logističari su često bili servisna služba generalima, SS-u i ostalim grabežljivcima koji su htjeli „ptičje mlijeko", a za vojnika u blatu što bude, biti će sretan s time. Količine opskrbnih sredstava nikada nisu bile u skladu s potrebama jedinica određenih za potporu, a dio za oficire zauzimao je i trošio nesrazmjerno velik dio kapaciteta. Jednako tako, neusklađenost djelovanja logistike ogledala se i u problemu unutarnje subordinacije koja je uglavnom ovisila o dobroj volji onih gore da ispune zahtjeve onih dolje. U početku rata sve je donekle funkcioniralo, ali kako se ratna sreća okretala, opskrbni oficiri i podoficiri postajali su mađioničari svog posla, vrhunski mešetari i samo ako je opskrbna struka imala spretne oficire i podoficire, njihove su jedinice, od čete do divizije „živjele" i borile se relativno dobro opskrbljene. Na kraju rata, naravno, sve je palo u vodu i kaos i nestašica svega izbrisala je logistiku kao učinkoviti dio vojske, ali to je neka druga priča. Istina je da su intendantski oficiri i podoficiri, naročito na mirnijim područjima okupiranih zemalja, gdje nije bilo većih borbi, razvili vrlo maštovite sasvim privatne poslove šverca i preprodaje i da su neki iz rata izašli kao bogataši. U tu skupinu nije spadao poručnik Leberstrumm, on se samo trudio odraditi svoj posao maksimalno korektno, da vuk bude sit, a sve ovce na broju. Prednosti i nedostatke svog posla uzimao je bez nervoze, a kako je bio elokventan i sklon šali, uspio je u Varaždinu doći na glas kao vrlo kooperativan pozadinac s kojim se „sve može dogovoriti" uz adekvatni postotak i cijenu. Stvari su „radile" po uhodanim shemama i ono o čemu je poručnik morao neprestano brinuti jest „ne zamjeriti se nikome u intendanturi": konkurencija je bila velika, opstrukcije česte, a nitko nikome nije davao bianco povjerenje i to bez obzira na razinu i čin. Za-pravo, čin je bio najmanje važan, pravi gospodari logistike bjehu feldvebeli i poručnici, oni koji su držali ključeve od skladišta. Svi ostali bjehu tek konzu-menti, čak i ako su bili nalogodavci. Mnogo puta se znalo dogoditi da je jedan logističar ujutro odradio „razmjenu" s kolegom iz neke treće jedinice, a poslijepodne su ga pokupili likovi iz GFP-a! Leberstrumm je bio iznad banalnosti pohlepe i „jedan pfhening" lopovluka: radije bi bio na gubitku nego skončao pod gusjenicama T-34! Shvativši stanje fakta, uspijevao je biti iznad kokošarenja i zato su ga svi poštivali, i nadređeni i podređeni, a prvenstveno svi „poslovni partneri". Poručnik Victor Leberstrumm je ostao u memoriji određenih varaždinskih ljudi kao sposoban čovjek od povjerenja, netko s izraženim smislom za dobar posao na crno.

Vlasnik „Janjeta" izgradio je unosan aranžman s njemačkom vojskom: imao je dogovorenu, potpuno oficijelnu prehranu za dio oficira i pratećeg osoblja komande mjesta i nekih službi i jedinica izvan redovne opskrbe Werhmachta po iznimno povoljnim uvjetima, za njega, jasno. Glede sigurnosnih mjera i svih naredbi, službe su nadgledale cijeli proces, od dobave namirnica i pripreme hrane do serviranja (dio osoblja bio je njemački, postavljen od strane Wehrmachta: realno, vlasnik hotela „Janje" bio je dobro plaćena lutka, Nijemci su bili gazde. On je šefovao samo formalno). Ipak i u takvom omjeru snaga, vlasnik je, uz žmirenje određenih njemačkih oficira (treba pogoditi kojih, haha) razvio profitabilan biznis preprodaje (omaklo se čovjeku) „viška" njemačke intendantske robe, poglavito hrane. Logično, kao što je sve u ratu skroz logično, tako je i ovaj posao odrađivan u najstrožoj konspiraciji i prema „znanim" postocima raspodjele dobiti. Koliko je to umanjilo borbenu sposobnost Wehrmachta može se pričati, haha. U diskreciji, svaki tjedan, ne nužno isti dan i nikako u isto vrijeme, u stražnjem skladištu restorana, na još tajnijem kratkotrajnom sastanku, poručnik Leberstrumm primio bi kuvertu ili paketić, skroman dar za iskazanu susretljivost.

Dakle, u ime obostrano korisnog i plodonosnog posla, toliko važnog za konačnu pobjedu nepobjedive germanske vojne sile, vlasnik nadaleko poznatog hotela „Janje" organizirao je proslavu trideset i drugog rođendana gospodina leutnanta. Pozvani su svi koji su nešto značili u cijelom lancu ospkrbe iz svih vojnih pošta u Varaždinu, lokalni trgovci i isporučitelji roba za snage Wehrmachta u gradu, policijske i slične face (bez čije pomoći „posla" ne bi ni bilo), te prijatelji i povjerljivi ljudi koji su bili od velike koristi.

Restoran je zatvoren nakon što je poslužena posljednja večera nekom gefreiteru iz željezničke jedinice: spušteni su debeli zastori, vrata su zaključana. Potom je vod konobara pripremio sve za proslavu na kojoj se okupilo više od sto ljudi. Spremljena je najbolja hrana i servirana su probrana pića, vino i šampanjac, francuski konjak, ruska votka, talijanski likeri, čak i američki whisky, dvadesetak specijalnih boca iz najstrože čuvanog osobnog skladišta stanovitog Standartenführera. (Klasična nezgodna situacija koju je posilni ovog eseesovca odmah primijetio: vagon s osobnim stvarima visokog oficira jedne Vafen SS divizije upućen je iz Beča prema istočnom frontu kroz Mađarsku. Negdje na nekoj stanici na mađarsko-ukrajinskoj granici vlak je zaustavljen zbog kvara na lokomotivi, a onda se ispostavilo da cijelu kompoziciju treba presložiti u novi vlak. U metežu i žurbi, kad su odvajali dva vagona za drugi smjer, vagon spomenutog SS-Standartenführera zabunom je ostavljen na sporednom kolosjeku i poslan u Budimpeštu, odakle je stigao u Varaždin. Kako je u cijelom tom preslagivanju izgubljena prateća dokumentacija, netko je otvorio vagon da ustanovi o čemu se radi, te je prilikom zapisničkog pregledavanja slučajno nestalo nekoliko sanduka whiskya i inog pića, sve možebitan ratni plijen iz Francuske, vrag zna odakle, a koji nisu evidentirani. Ustanovljeno je kome stvari pripadaju i uz dužnu ispriku vagon je poslan na Istočni front, kompletan, izuzev dragocjenog neprijateljskog pića, haha.) Nije bilo lako organizirati i dobaviti sve te delicije, vlasnika restorana to je skupo koštalo, ali kako je sve smatrao ulaganjem u posao, otrpio je taj trošak. Za dobru atmosferu na rođendanu dovezena su dva glazbena sastava: domaći tamburaši i mini orkestar njemačke vojske koji je svirao samo na početku zabave, dok su gosti još bili trijezni. Kasnije su hrvatski glazbenici udarili u svirku za nazočne pijane arijevske osvajače svijeta.

Thomas i Herbert ušli su u salu u trenutku kad je sve bilo spremno za rezanje rođendanske torte! Kako je zavladala tišina pri iznošenju velike torte pred gostima, njihov ulazak je odmah primijećen i ceremonija je nakratko prekinuta: slavljenik, „mali debeljko", poručnik Lebensturmm odbacio je nož za rezanje kolača i glasno uzviknuo:

- „Evo ga" To je to! Mislio sam da nećeš doći! Ljudi, zabava tek počinje! Haha! Hvala ti, prijatelju! Pozdravite, hajde, svi pozdravite dr. Weildenrotta, čovjeka koji liječi nas, germanske nadljude, haha!". - Herbert se nasmijao i zagrlio ga:

- „Haha! Tko je rekao da me neće biti? Da čujem?! Znaš mene, haha! Nego..." - okrenuo se i povukao za ruku svog nadređenog. Zagrlio je desnom rukom Lebensturmma, a desnom Thomasa i veselim glasom uzviknuo:

- „Upoznajte najboljeg šefa od svih šefova, strah i trepet bolnice i najslađu metu ženskih pogleda, gospodin oberleutnnat Thoomaass Günter! - nastalo je gromoglasno pozdravljanje. Thomas se samo smiješio ne znajući što bi trebao učiniti. U glavi mu je malo bubnjalo, popio je dosta vina za večerom. Samo se smiješio i glavom otpozdravljao okupljenim gostima. Nikoga nije poznavao, možda je nekoga i sreo tijekom službe, ali nije zapamtio ni lica ni imena.

Slavljenik je preuzeo riječ:

- „Heil Hitler! Živio nam Führer! I neka pobijedi, da se vratimo svojim kućama! Gospodo doktori, dobro došli na moju skromnu proslavu! Dosta priče, pijmo i jedimo, plešimo i pijmo, nitko ne smije ostati žedan! Ni trijezan! Idemoo!" - izvukao se intendant iz zagrljaja, uhvatio ih obojicu ispod ruku i doslovno ih odvukao do torte. Gosti su pljeskali i povicima požurivali debeljka na rezanje kolača. Poručnik Lebensturmm se okrenu prema glazbenicima u kutu i kao ozbiljno naredio:

- „Glazba, tuš! Ja režem tortu, za sebe, haha!" - zabava je eksplodirala i piće je poteklo kao rijeka. Vlasnik hotela pljeskao je i u sebi se smijao: vrijedilo je, ovaj rat donosi veću dobit nego posao u miru. Švabe su, ali znaju trošiti, mislio je dok je praznio veliku čašu vina, tko zna koju te večeri.

Rođendanska zabava na razini generalske. Alkohol je tekao, jelo se obilno i najfinije, skidale su se oficirske bluze, a kape bacale u zrak, povraćalo se u dvorištu i u toaletu, a djevojke iz Mađarske davale su sebe da se gosti osjećaju zadovoljeno (aranžman proslave je uključio i „korištenje" tri sobe na katu). Satima se urlalo i pilo i kad se pred jutro, dok je vani svitalo, dična svita ipak počela razilaziti pijano teturajući ulicama još usnulog grada, desetak je slabije baždarenih ostalo spavati na stolovima.

Natporučnik Günter bi vjerojatno iskoristio ponudu mađarskih dama sumnjivog morala da nije kapitulirao oko dva sata ujutro, kad se razdrljene košulje, na prsima umrljane velikom crvenom mrljom jednostavno srušio na stolicu i odmah zaspao mrtvačkim snom. Trebalo mu je pola dana da dođe k sebi i kad se probudio, ničega se nije sjećao, u glavi mu je stotinu bubnjara bubnjalo najjače što su mogli. Herbert mu je uz gromoglasan smijeh potanko ispričao što se zbivalo noć prije. Thomas je htio na dužnost, ali mu cimer nije dao, jedva ga je uvjerio da ostane u stanu i prespava svoj prvi pravi veliki ratni mamurluk. „Nećemo izgubiti rat ako danas malo odspavaš, haha." - rekao mu je smijući se. I što je mogao, vratio se u krevet i ponovno zaspao k'o zaklan. Njihov šef, Hauptmnann Wilinnger, Stabsatrzt imao je puno ljudsko razumijevanje za iznenadnu „slabost" mladog kirurga i bez dodatnih pitanja odobrio mu je jedan dan odmora: morao se javiti na dužnost sutradan, kad „ozdravi" od rođendana.

Herbert se pokazao kao daleko otporniji na alkohol od svog nadređenog: ostao je na nogama do kraja i oko pola pet ujutro s restoranskog telefona pozvao je vozača iz bolnice. Visoki gefreiter vrlo brzo je dovezao VW type 82 (njihovo jedino motorno vozilo u jedinici, a uz koje su imali nekoliko pokrivenih kola i deset konja), te su uz pomoć konobara pažljivo prenijeli usnulog doktora u auto i odvezli ga „doma", do stana. Spavao je tvrdim snom dok su ga nježno ušuškali na krevetu u njegovoj sobi.

U glavi mu je svirao orkestar bubnjara, i to onih ogromnih. Htio je povraćati, ali uzalud, osim što mu se činilo da je okrenuo želudac, ništa iz njega nije izašlo. Umoran i znojav srušio se na krevet.

- „Reci mi, Herbert, ničega se ne sjećam... Ne mogu ni misliti, prokleto vino..."

- „Haha, gospodine Oberarzt Günter, ti si bio glavna plesačka zvijezda, pokazao si kako se muški pije, haha! Budi ponosan na sebe, prijatelju, oteo si pola Mađarica, ti muški lovče na ženske guzice! Zavodnik broj jedan i pjevač prste klase, haha! Da takve pošaljemo u Rusiju da pjevaju ispred sovjetskih tenkova, odmah bi dobili rat, tovariši medvjedi bi se razbježali k'o zečevi od muke, haha! Ali, ne brini, bio si sjajan, baš tako, odličan, haha!".

Oberazt Günter ležao je na krevetu, sve ga je boljelo, mučnina u želucu ga je ubijala, a orkestar u glavi nije prestajao bubnjati. Odjednom, kao da ga je netko ubo nožem, skočio je s kreveta i brzim pokretom skinuo košulju sa sebe:

- „Oh, neee! Jebem ti, košulja! Uništena je, moja košulja! Neeee!" - prednja strana košulje, malo niže okovratnika prema dolje vidjela se velika tamnocrvena mrlja. Razbarušene kose, u raskopčanim oficirskim hlačama, bos (skinuli su mu samo čizme tog ranog jutra), neopran, znojav, nesigurno je stajao kraj kreveta s prljavom izgužvanom košuljom u desnoj ruci:

- „Jebem ti sve, moja omiljena, moja najbolja košulja!" - okrenuo se prema svom cimeru koji je stajao kod sobnih vrata vragolasto se cereći:

- „Žene, vino i smrt jedne košulje, haha, pa ima još košulja na ovome svijetu, dragi Thomas."

- „Ne razumiješ, moja najdraža košulja i sad je nema." - Herbert je sućutno uzdahnuo, zamahnuo je rukama po zraku i prišao Thomasu, zagrlio ga i posjeo na krevet govoreći:

- „Ne plači, dečko, imam rješenje za tvoju košulju, ja za sve imam rješenje."

Thomas mu je odgovorio mamurnim glasom:

- „Kakvo rješenje? Nema više moje košulje... I to je..." - sad ga je prijatelj prekinuo:

- „Stani, ne kukaj k'o stara baba! Evo, sutra ujutro dolazi Rozika i ona će spasiti košulju! Ne brini, biti će kao nova, Rozika zna kako!"

- „Rozika, tko je, do vraga, Rozika? Nemoj me zajebavati, Herbert, nije smiješno!" - poručnik je sjeo do natporučnika i prebacio svoju lijevu ruku preko ramena svog prijatelja:

- „Ne ljuti se, ti magarče! Rozika je moja, pardon, sad je naša, kako bih to rekao, služavka. Pere odjeću, pralja je Rozika, da, pere košulje, sve što treba i to radi odlično, a za skoro nikakav novac. Rozika je najbolja! Pogledaj moje rublje, uvijek savršeno čisto i izglačano da ne može bolje! Vidjeti ćeš! Ali pusti sad to, jebala te košulja, lezi i spavaj." - Herbert je „oteo" košulju iz prijateljevih ruku i nježno ga vratio u ležeći položaj i pokrio rekavši: „Spavaj, druže, Reich i Führer te još trebaju, ne možemo preživjeti poraz bez tebe, haha!".

Thomas se osjećao kao prebijen, u ustima je imao onaj ogavni zadah alkohola, glava mu se činila teška kao olovo, drhtao je.

- „Naspavaj se, doktore. Samo mirno i polako, biti ćeš ti kao mala beba. U kuhinji imaš fine juhe i pečenog mesa, donijeli su dečki iz „Janjeta". Jedi, trebaš snage, a ja idem u bolnicu. Vidimo se, dragi moj Thomas! Spavaj, može danas Reich bez tebe, haha!" - Herbert je zatvorio vrata ostavivši svog cimera u teškom mamurluku.

Oberarzt Günter probudio se poslijepodne. Pogledao je na sat: dva i dvadeset i sedam. U sobi je bio polumrak, Herbert je spustio zavjese da mu ne smeta svjetlost dok se trijezni, pardon, odmara od burne noći. Osjećao se grozno, ali mnogo bolje nego ujutro: suha usta, želudac pod napadom bijesa, no ipak odmornije. Gladan i žedan, također. Ustao je i polako otišao u kuhinju, Iskapio je pola vrča hladnog mlijeka: želudac se malo šokirao. Hrana mu se gadila, ali je jeo, morao je. Žvakao je sporo, jeo u tišini, polako. Dovršio je vrč s mlijekom i ustao i protegnuo se. Napravio je nekoliko čučnjeva i sklekova, da malo prodrma tijelo.

Pomirisao se i napravio gadljivo lice. Na kupanje, odmah! Na sreću, stan je imao veliku kupaonu i bojler na drva i ugljen. Na njihovom katu bjehu dva stana, svaki je imao svoju kupaonicu s bojlerima ugrađenim u vanjski zid. Kupaonice u oba stana su napravljene jedna prema drugoj, tako da je između njih bila mala uska prostorija. S lijeve i desne strane bjehu ložišta bojlera i tu se potpaljivala vatra i ložilo. Stanari nisu morali brinuti o tome, u podrumu je živio domar koji je skrbio za sve što je trebalo. Uz to, dobio je malu pripomoć: budući da su u kući živjeli njemački oficiri, komanda mjesta je svakodnevno slala dvojicu vojnika koji su pregledavali cijelu kuću, pa i bojlere. Također su patrole tijekom dana inoći navraćale i kontrolirale sigurnosno stanje, a povremeno bi bio postavljen i naoružani stražar.

Bojler je bio dupkom pun, bilo je dovoljno vruče vode kad se Thomas odlučio okupati. Sjeo je u kadu i zadovoljno uzdahnuo, to je trebao, lagano opuštanje. Nije vino za njega.

Sat i nešto kasnije, okupan, osvježen, u čistoj košulji i hlaćama, obrijan, sjedio je za stolom u kuhinji i čitao stare brojeve Der Deutsche Militärarzta. Potom je odlučio napisati pisma obitelji. Pisao je dugo, već je pao debeli mrak kad je završio. Pisao je isključivo o osobnim stvarima, vojsku nije spominjao, tek je zbog cenzure ubacio frazu o veličanju Hitlera i vjere u konačnu pobjedu. Svi su znali da se pisma cenzuriraju, ništa antidržavno nije moglo proći ispod radara naci kontrole, a Thomas nije htio riskirati s budalama iz tajnih službi. Mnogi su naivni, čija su pisma „slučajno na provjeri izvučena iz poštanske vreće", skončali mrtvi. Ne diram vas, ne dirajte me, tako je glasio njegov moto.

Prije spavanja malo je vježbao, nije volio zapustiti svoju tjelesnu spremu. Oprao se i legao u krevet, htio je biti rano u bolnici sljedećeg jutra. Nije čuo kad mu se cimer vratio u stan poslije jedanaest navečer.

Spavao je duže nego je planirao. Prošlo je sedam kad se probudio. Brzo je obavio jutarnju rutinu: vježbanje, toaleta, odijevanje, jutarnja kava, nešto malo za doručak, tek koliko je tijelo tražilo. Nije dovršio kavu kad je netko pozvonio na vratima. Prvo je pomislio da je došao vozač po njega, pa je brzo ustao, dohvatio oficirsku torbu, opasao opasač s pištoljem (mrzio je oružje, no naređenje je glasilo da svi oficiri moraju nositi osobno naoružanje) i zabrzao prema vratima. Iznenadio se kad je na vratima ugledao ženu! Šokiran? Ne, skamenjen od ljepote žene koja je stajala pred njim! On, Thomas, mlad zgodan muškarac koji je dobro znao što je ženska ljepota, bješe potpuno izbačen iz takta: kao poslana s nebesa, kao anđeo, boginja, stajala je ona i očarala ga te prve sekunde! Oborila ga je s nogu ova ž-e-n-a! Nije shvatio zašto: niska, krhke građe, gotovo obična. Da, obična, ali njeno tijelo u priprostoj odjeći, njena divna kosa i njene oči, pravilno lice, i opet, njene oči, ah, koje su sijevale vatru kojoj se nije mogao othrvati, nešto nezemaljsko bješe u toj ženi, nešto „opasno". Gledao ju je začarano ukočen s oficirskom torbom u lijevoj ruci, otvorenih usta. Omamljen i zbunjen nije dobro čuo kad mu se obratila na razumljivom njemačkom:

- „Hallo, ich bin Rozika. Ich habe Hern Leutenants Unterwäsche mitgebracht. Darf ich rein kommen?" - Thomas se trgnuo. - „Oh, svakako, dobar dan, ah, gospođo... Izvolite, poručnik nije ovdje, ovaj, ali evo, izvolite, molim."

Rozika je podigla veliku pletenu košaru koju je bila odložila na otirač prije no što je pozvonila. Košara je bila puna opranog rublja i uredno pokrivena šarenom dekom.

- „Molim, ako dopustite, gospođo, uzeti ću stvari." - ponudio se u dobroj vjeri mladi kirurg, no Rozika je samo prošla pokraj njega s osmijehom na licu:

- „Ne treba hvala, gospodine, sama ću, bez brige." - spretno je odnijela košaru u kuhinju i stavila je na pod kraj stola. Skinula je deku sa stvari i laganim pokretima poredala po stolu u papir umotano rublje: s vrha je uzela pomno umotani paket i otvorila ga, bile su to oficirske hlače na kojima je bila položena drvena vješalica, zatim je izvadila donje rublje, košulje, ručnike i čarape. Hlače je objesila na vješalicu i zakačila za naslon kuhinjske stolice. Na kraju je složila deku i vratila je u košaru. Okrenula se Thomasu i pogledala ga u oči smiješeći se:

- „Evo, gotovo, gospodine." - čekala je odgovor muškarca oficira Wehrmachta. Oberatzt je i dalje stajao očaran ovom ženom. Napokon je shvatio da nešto mora reći, pa je promrmljao:

- „Oh, oprostite, gospođo, uf, Rozika, je li tako? Ispričavam se, malo ste me zbunili. Žurim na dužnost, pa sam..., ja sam natporučnik Günter, Oberarzt, na službu." - zakašljao se i napravio nešto glupo, kao da stoji pred svojim kapetanom, lupio je petama i odmah shvatio što je učinio. Zacrvenio se i još više zbunio. Nije shvaćao što se događa: on, koji je bio „gazda" ženama pao je pred jednom balkanskom praljom! Slučajno je pogledao na kredenc i ugledao bijelu kuvertu s natpisom „za Roziku". To ga je spasilo:

- „Oprostite, samo trenutak..." - zakoračio je prema kredencu, uzeo kuvertu i dao je Roziki:

- „Gospođo Rozika, ovaj, poručnik je ovo ostavio za vas, mislim..." - nasmijala se, uzela kuvertu i gurnula je ispod deke u košari. Bio je to novac za oprano rublje, ali ona nije provjerila sadržaj koverte. (Nije ni trebala, Herbert je bio velikodušan, osim duplo više novca od dogovorene cijene, uvijek bi ostavio i oficirske opskrbne kupone - preko Lebersturmma gospođa Rozika je s tim novcem i kuponima kupovala namirnice u dućanu otvorenom isključivo za njemačke oficire, što je bila rijetka privilegija.) Podigla je košaru s namjerom da ode, kad ju je Thomas zaustavio ispričavajući se po tko zna koji put:

- „Jao, baš sam smotan, gospođo Rozika, oprostite mi, molim vas. Htio sam vas nešto zamoliti, Herbert, pardon, poručnik mi je rekao da biste mi mogli pomoći. Imam košulju, jučer sam je zaprljao, mislim... Jako mi je važna ta košulja i ako biste mogli, mislim, oprostite." - žena se nasmiješila:

- „Gospodine, ne trebate ni pitati, sve mogu oprati. Imate još nešto za pranje, možemo se dogovoriti, ako želite? - nije znao zašto, ali tog trenutka ova ga je lijepa žena podigla do neba, govorila je o pranju rublja. Rekao je:

- „Stvarno? Odlično, gospođo Rozika! Baš sam to htio, mislim, pitati! Hvala vam, hvala vam. Imam dosta rublja za pranje. Ovaj, nemam sad vremena, moram u bolnicu i..." - Rozika ga je gledala u oči:

- „Mogu sad uzeti košulju, a ostalo u subotu ujutro, kad ću doći po stvari gospodina poručnika." - Thomas je odgovorio uzbuđeno, kao dječarac na prvom sastanku s djevojkom:

- „Oh, odlično, gospođo, odlično, gos...pođo Ro..zika, pripremiti ću... Ovaj, moram ići pa..." - pogledao je na ručni sat, a ona se nije pomakla, samo je upitno podigla obrve iznad pre-krasnih očiju:

- „A košulja?"

- „Ooh, evo, samo malo..." - stvarno smeten, Oberartz Günter okrenuo se i otrčao do svoje sobe po omiljenu košulju. Vratio se u kuhinju: Rozika je stajala, divna, anđeoski lijepa. Košara je bila na podu. Thomas joj je dao košulju, ona ju je uzela i stavila ispod deke. Potom su izašli iz stana i spustili se stubama na cestu. Žurio je, ali se nije mogao odvojiti od nje. U tom je trenutku začula se automobilska truba: automobil vojnog saniteta stao je ispred njih dvoje i kroz prozor vozačevih vrata provirila je vozačeva glava :

- „Heil Hitler, gospodine natporučniče!" - pozdravio je vozač - „Poslao me poručnik da vidim jeste li dobro i trebate li prijevoz?" - Thomas se nasmijao, dobri Herbert, čovjek se uvijek može osloniti na tog divljeg momka.

- „Trenutak, samo!" - Günter se okrenuo Roziki. Stavila je košaru na glavu i spremala se otići. Rekla je:

- „Hvala i doviđenja, gospodine doktore." - žurila je, znala je pravila, gledala je u pod i činila se kao da uopće ne razgovara s ovim oficirom. Nearijevcima je bilo zabranjeno komunicirati s čistim Germanima, osim ako im se ovi nisu prvi obratili, a tada su morali gledati u zemlju. Thomas je to znao. Brzo je rekao:

- „Hvala vam, gospođo Rozika, Vidimo se u subotu, do viđenja!" - kad je sjeo u auto još je bio pod dojmom ove lijepe žene. Gledao je za njom dok je ona koračala niz ulicu s košarom na glavi. Natporučnika je prenuo vozačev glas:

- „Gospodine natporučniče, možemo?"

- „Što? Ah, da, da, idemo, kreni!" - vozač je cmoknuo ustima:

- „Dobra ženska!" - Thomas nije čuo ove riječi, mislio je o Roziki.

- „Popijte, molim, treba vam, natporučniče! Uzmite, nemojte se nećkati! Ovo je muško piće!" - pukovnik Reißler opušteno je sjedio i pušio petu cigaretu tog dana. Smireno je promatrao svog sugovornika: dr.med. Thomas Günter, Oberstarzt, nije izgledao preplašen. Ipak, nije prihvatio pukovnikovo novo piće, stavio je dlan desne ruke na čašu i odmahnuo rukom:

- „Ne, hvala, gospodine pukovniče, ne bih, hvala."

- „Inzistiram, popijte, treba vam, natporučniče!" - ovo je pukovnik izgovorio hladnim glasom, kao naređenje. Mladi kirurg je pogledao visokog oficira, kimnuo glavom, dohvatio čašu i popio dugačak gutljaj i vratio čašu na stol. Natporučnik se usudio pitati:

- „ A kako ste saz...?" - pukovnik ga je prekinuo laganim podizanjem lijeve ruke, potapšao se po koljenu:

- „Kako sam saznao? Molim vas, dragi mladiću. Rekao sam vam, nisam GFP, nisam Gestapo, nisam od onih koji bi vam ispalili metak u čelo. Stvari su ponekad vrlo jednostavne, znam što se mora znati jer poznajem ljudi koji znaju jer im je posao znati. Komplicirano? Nije, vjerujte mi, čak i u Wehrmachtu stvari su često jednostavnije no što izgledaju. Međutim, usredotočimo se na ono zbog čega sam ovdje. Moramo riješiti problem, ako to želite. Možemo li?" - pukovnik Reißler nikad nikome nije rekao na koji je način doznavao za „slučajeve" koje je rješavao. U svojim je dnevničkim zapisima bio vrlo štur o tome. Na nekoliko je mjesta zapisao rečenice poput: „X-u je sve kompliciranije stanje s bolesnima.", „ X javlja kako će zbog lošeg vremena kasniti berba jabuka i da se boji da će urod propasti." ili pak „X-u je pozlilo i hospitaliziran je, sumnjam da će se izvući ovaj put.". Tko je bio „X" i što su značile te rečenice pukovnikova kćer nije „dešifrirala" kod pripreme dnevnika za objavljivanje. Prema onome što je činio i kako je pomagao ljudima, bješe očito kako je „X" netko na ozbiljnoj poziciji unutar snaga sigurnosti Reicha, ali tko, to je ostala nepoznanica. Posljednja rečenica dala je naslutiti kako je i „X" vjerojatno otkriven i uhapšen, međutim to je samo nagađanje. Što se tiče pukovnika, sjajno je to sakrio, sve je ostala tajna, zauvijek.

- „Da, samo..., možemo, gospodine pukovniče." - Thomasov glas bio je miran, nije mucao. Činilo se kako je shvatio i prihvatio stanje u kakvo jest. Pukovnik je nastavio ozbiljno:

- „Natporučniče, rekao sam vam, ovo nije kazalište i ljubav je riječ koja nimalo ne pomaže i zbog koje bi vas neki ustrijelili po kratkom postupku. - mladi natporučnik se zagrcnuo, pukovnik nije govorio fraze nego činjenice:

- „Nemamo previše vremena. Rješenje postoji, kao uvijek. U ovome trenutku moj pobočnik razgovara s vama poznatom gospođom. Ne govorite ništa, samo me slušajte! - ovo je bilo naređenje jer je Thomas pokušao protestirati kad je čuo ono „razgovara s vama..." - „Znači, dotična će se gospođa, majka sina tog i tog, rođenog prije otprilike devet dana udati u Zagrebu za svog zaručnika, pripadnika jedne od pješačkih hrvatskih regimenti pod zapovjedništvom Wehrmachta, čime će ozakoniti svoju vezu po zakonima hrvatske države." - pukovnik se značajno nakašljao na spomen „hrvatske države" i nastavio - „Nadalje, samo trenutak..." - pukovnik je ustao, otišao do pisaćeg stola i uzeo smeđu oficirsku torbu za spise, vratio se do fotelje, sjeo, otvorio je torbu i iz nje izvadio sivozelenu fasciklu, pa je i nju otvorio i izvadio de-setak dokumenata i gurnuo ih preko stola do mladog vojnog kirurga, da bi se potom naslonio, posegao za tabakerom i izvadio novu cigaretu, zapalio je, povukao nekoliko dimova i progovorio vrlo službenim glasom:

- „Ovo ste vi potpisali, je li tako?" - pokazao je na prvi dokument. Natporučnik se nagnuo nad stol, pogledao papir i začudio se bez skrivanja:

- „Da, to je moj potpis, ali što...?" - pukovnik kao da nije čuo pitanje:

- „Ovako, vi ćete sklopiti brak na daljinu, Stahlhelmtraunng, sa svojom zaručnicom, gopođicom Edyt Rochmöcker iz Münchena, s kojom ste se zaručili također na daljinu, preko pisama u studenom prošle godine. U skladu s normativnim odredbama Pravilnika o građanskom statusu Wehrmachta, ovdje su svi potrebni papiri: vaša osobno potpisana izjava o namjeri vjenčanja, izjava o arijevskom podrijetlu i dokazni dokumenti iz vašeg dosjea, kao i dozvola za vjenčanje OKW-a za matični ured. Vi ste specijalni oficir, pripadate medicinskoj struci, te u skladu s time niste pod izravnom komandom divizije ni korpusa, a prema spomenutom zakonu, vaš zahtjev ovjerio je odgovorni oficir, riječ je o armijskom medicinskom oficiru, što znači, sve je zakonito i svi su uvjeti ispunjeni i dokumentirani. Ne zaboravimo, natporučniče, rok za „vjenčanje na daljinu" je šest mjeseci, a to je točno ovaj petak u matičnom uredu u Münchenu. Mlada će dati izjavu u uredu i potpisati je. Uz sve to, zbog pojačanih djelovanja snaga Wehrmachta na uništavanju komunističkih bandi u Bosni, privremeno ćete biti premješteni na područje odgovornosti 118.

Jäger division. (Opaska: Operacija „Fall Shwarz, 15. svibanj - 6. lipanj 1943., poznata kao Peta neprijateljska ofenziva, 118. provodi napadajne operacije na crti fronta okruženja jugoslavenskih partizana zajedno s 104. lovačkom i 369. legionarskom divizijom.) Trenutno idete na dva mjeseca, a kasnije prema naređenjima, kakva će biti. To bi bilo sve. Osim, naravno, stanovita gospođa imati će razumijevanja za vas i vašu situaciju, ona je svjesna vaše odgovornosti prema Reichu kao oficira i liječnika Wehrmachta. Više je nećete viđati, ni nju ni dijete. Ponavljam, natporučniče, nadam se da ste me savršeno razumjeli. U slučaju vašeg drugačijeg postupanja, bojim se, biti će primijenjene odredbe ovih ovdje zakona." - pokazao je rukom na knjižice na stolu - „Vi znate što to znači i kakve bi reprekusije bile po vas i po nju i dijete. Jeste li me razumjeli?"

Pukovnik Ludwig Reißler ničime nije odavao svoje osjećaje niti je reagirao makar tikom na sliku reakcije mladog vojnog liječnika na ono što je izrekao: Thomas Günter se po treći put promijenio. U uredu šefa Platzkommandatur 11/1038 Varazdin sjedio je polumrtav, siv, suhih usana, blijed. Tupi pogled doktora zalijepio se za hrpu dokumenata na stolu. Thomas kao da nije bio svjestan gdje je i što se događa, ili ipak jest, samo što... Šutio je. Pukovnik mu je dao još nekoliko minuta. Pukovnikova cigareta je dogorjela u pepeljari i on je zapalio novu. Pušio je sporo, s uživanjem. Zatim je ustao, odšetao do natporučnika i prijateljski ga je potapšao po ramenu: to je bila jedina ljudska intimnost pukovnika prema mladom doktoru. Stvar je bila svršena, drugih opcija nije bilo: Thomas je to znao. Svaka daljna rasprava bilo bi gubljenje vremena. Oberazt je uzeo dokumente i izustio:

- „Hej, pa ovo je moj potpis!" - pukovnik se nasmiješio:

- „Jasno, pa čiji bi bio? Danas poslijepodne javite se vašem komandantu, Hauptmannu dr. Wilinngeru, on će vam dati sva uputstva u vezi premještaja i potrebna naređenja. Možete ići, uzmite ove papire. Slobodni ste! Pretzl!" - kao da je stajao točno ispred vrata, ordonanc gefreiter Pretzl se u sekundi stvorio u uredu, lupio petama uz obavezno rutinsko „Zvali ste, gospodine pukovniče?".

- „Pretzl, pomozite gospodinu natporučniku, dajte mu neku fasciklu za dokumente. Neka ga moj vozač odveze u vojnu bolnicu. Kad se vozač vrati, obavijestite me, danas imamo još posla."

- „Jawohl, Herr Oberst! Herr Oberleutnant..." - Pretzl je opet lupio petama i naklonom glave pozdravio pukovnika, a potom je desnom rukom pokazao put gospodinu Oberaztu - „Molim, možemo ovuda."

Na vratima Thomas se okrenuo prema pukovniku i suznih očiju izustio:

- „Gospodine pukovniče,... Hvala vam..." - pukovnik se osmjehnuo i podigao ruku na nacistički pozdrav:

- „ Heil Hitler!" - Thomas nije vidio da je u predvorju, kod stola ađutanta stajao major GFP-a. Mudri znaju kako se ostaje živ. Pukovnik je to znao, jako dobro.

Plakao je, smijao se, suze radosnice tekle su mu niz lice: Thomas Günter klečao je na starom drvenom podu bijednog stana u kući koja je nekad bila staja za konje, negdje na kraju grada, blizu atletskog stadiona. Natporučnik Wehrmachta plakao je zaronjene glave u njedra lijepe mlade žene odjevene u smeđu suknju i blijedoplavu bluzu. Niska, skladno građena žena lijepe kose sjedila je na drvenoj stolici bez naslona i nježno milovala oficirovu kosu. I ona je plakala, tiho, sretno. Deset minuta ranije Rozika Lj. je vojnom kirurgu rekla najveću i najsretniju vijest, rekla mu je da je trudna! Roditi će dijete! Njezino i njegovo, njihovo dijete!

Kako ju je volio! Tisuću, milijun puta jače nego tog jutra, nebrojeno puta jače nego prošle večeri, kad su nakon večere u njegovom stanu šetali oko starog grada sretni i zaljubljeni. Posljednji su mjeseci za Thomasa bili nevjerojatni, najbolji, bio je kao na oblacima, uzvišeno presretan: čak i kad je zbog dužnosti bio odvojen od nje, osjećao se blagoslovljen, nebeski snažan zbog ljubavi. Nije bio u Varaždinu, ali kao da jest, imao je nju, Roziku i ona je imala njega, potpuno. Poput zaljubljenog školarca, poput grlice, tako je „lepršao", kao da rata nema i kao da nije vojnik Trećeg Reicha, nadčovjek, oficir Wehrmachta. Od one subote i savršeno čiste omiljene košulje do trenutka kad je saznao da će postati otac, život Obersarzta Güntera proletio je kao ništa, a opet, svaka minuta, svaka sekunda s Rozikom bilo je predragocjeno vrijeme zemaljskog Edena za njega s njom, za nju s njim, za njih oboje. Zaljubio se u tu divnu ženu nesretne sudbine kao nikad prije (zapravo, ona je bila njegova prva prava ljubav) i sve što je uslijedilo bješe upravo kazališna storija: večere u „Janjetu" (mali salon, nedostupno znatiželjnicima) i ručkovi u maloj gostionici na periferiji, kod sajmišta, šetnje starim gradom, kao „slučajni" susreti u parku, noći kod nje i škripanje prastarog kreveta, a onda bi Rozika donijela čisto mirisno rublje baš nekako kad mu je cimer bio na službi i imali bi vrijeme samo za ljubav...

To da je jedna nearijevska pralja često zalazila u opskrbnu trgovinu njemačkih oficira nikome nije bilo čudno ili se barem tako činilo: prvo, svugdje na okupiranim područjima oficiri su maksimalno koristili benefite svog ranga, pogotovo u državama koje nisu bile zahvaćene totalnim ratom, barem ne do teške 1944., kao što su bile Francuska etc., i u svakom gradu u kome se nije pucalo, a drugo, Nachschubtruppe von Wehrmacht nisu bile SS trupe ni Gestapo ili SD, dapače, mnogo je bliže istini ako se kaže kako su od cijelog Wehrmachta upravo intendanti bili najslabije zadojeni nacionalsocijalizmom: nisu tek trojica iz Nachschubtruppe von Wehrmacht izašli iz rata kao „uspješni bogati ljudi", milijunaši. Rozika Lj., prala je i služila za desetak njemačkih oficira i drugih Nijemaca u Varaždinu i slovila je kao vrijedna radnica i nezamjenjiva služavka, a i to što je govorila njemački jezik, bio je za nju veliki plus. Za razliku od nekih drugih dijelova organa Reicha, oficiri Wehrmachta su uglavnom bili gospoda u pravom smislu riječi, a mnogi od njih bjehu aristokrati stare carske škole, tako da su godinama nakon rata ljudi govorili (kad bi uspoređivali komunističku vlast i rat) „kak su Švabi bili baš pravi gosponi, fini, ljubazni, kak se spada, a ne kak ovi divljaki kaj su z šume pobegli". Nijemci su cijenili pošteni rad i to su i plaćali (ne SS oficiri, jasno, ali za njih nitko nije „normalno radio", oni su uzimali bez pitanja). Tisuće je Hrvata i Hrvatica na ovaj ili onaj način radilo za njemačke vlasti i vojsku i to ne iz kvinslinških pobuda nego zato što su radili svoj posao, kao i prije rata. Nisu svi bili u ustašama, domobranima i partizanima, netko je morao i „civilno" raditi u tom prokletom ratu.

Rozalija. Od kada je onog davnog dana godine dvadeset i sedme došla u varoš Varaždin prolazila je kroz oštro trnje života i sve je te godine živjela u teškoj borbi: sudbina joj nikad nije bila sklona, uvijek je sama vodila svoje bitke, bez pomoći sa strane. Oslonjena na sebe i rad svojih ruku, na svoju muku i patnju, Rozika je znala da jede svoj kruh i da nikome za taj kruh ništa nije dužna. Nakon bijega iz grofovskog pakla i uz pomoć stare Švabice, izgradila je život kako je najbolje znala i mogla. I dalje je bila teška sirotinja, nepismena žena, ali je bila svoja, sa svim manama i grijesima, snovima i željama, kao svako dijete Nebeskog Oca.

Smjenu država, propast kraljevine i uspostava tzv. NDH Roziku nije pogodilo osim što se bojala za posao. A tko je ikada pitao siromahe za mišljenje? Politikom se nije bavila, Rozika bješe neuka za „učeni svijet", za gospodu i dame cilindraše, oficire i bogataše. Ljude poput Rozike ni policija ne dira, toliko su jadni i bijedni. A onda, dolazak Wehrmachta i zauzimanje grada otvorilo je neke nove mogućnosti posla. Živjeti i preživjeti, ništa drugo. Nove mušterije i još više sati i dana s rukama u lugu, po vrućini i cičoj zimi, ribati i trljati, prati i štirkati, glačati i nositi čisto rublje tamo i odnositi prljavo na pranje u svoj večeraj, a gdje je policijski sat, pregledi ausvajsa, pa je sreća što je radila za njemačke oficire, gospoda su to, to je nešto značilo glupim ustašama i žandarima. Desetljećima kasnije Rozika će kazati svojim unucima: „Je, v ratu je bile jake dobre za mene, živela sam baš lepe, sega sem mela gda je puno njih bile lačno. Si su se moji susedi skoram poludeli gda bi skuhala kavu, je celo dvorišče dišalo po pravoj švapskoj črnoj kavi, bog i bogme! Švapski oficiri bili su pravi gosponi!"

Ljubav, Thomas Günter? Dogodila se ljubav baš onako kako se takve stvari događaju, neplanirano, iznenada, divlje. Zavoljela je tog povučenog mladog doktora i nije joj smetalo što je malo starija od njega: po prvi put je prišla muškarcu bez straha, znajući da neće biti ponižena, a on je nije ništa pitao o njenoj prošlosti, nije ga zanimalo je li bogata ili nije, iz kakve je obitelji. Predala mu se, predao joj se, uzeli su jedno drugo iz srca i sa srcem, u tijelu s tije-lom, iz čiste strasti, iz nepatvorene iskonske ljubavi.

Rozika je cvjetala poput ruže, blistala kao najsjajniji dijamant i Švabica joj je jednog dana rekla: „Rozika, liebe, du strahlst wie ein Engel. Du weißt, ich bin ein alter Sünder, aber du strahlst wirklich und ich beobachte dich seit Tagen. Das ist liebe... Meine liebe, Rozika.. Ihr Arzt ist ein Geschenk Gottes..." - nježno je zagrlila svoju štićenicu i tiho joj šapnula: „Sei einfach vorsichtig. Dies ist nicht die Zeit der liebe, dies ist die Zeit das Todes. Pass auf dich auf, sei vorsichtig."...

Znao je to Thomas, znao je. Jedan dio njega je strepio, drugi nije mario. Takva je ljubav, zasljepljuje, ponekad u posve neprikladno vrijeme stvara nerazmrsive probleme. S druge strane, zaljubljeni umanjuju opasnost koja dolazi od mrzitelja ljubavi. Jedno s drugim, nad sretnim parom (koji je po svim tadašnjim regulama bio ilegalan) otvorila se smrtonosna zamka, smrt se nadvila nad njih i njihovo nerođeno dijete.

Od brige nije mogao spavati premda je pred njom glumio kako je sve u redu. Ništa joj nije govorio o arijevskim zakonima i sankcijama za oficire koji ih prekrše. Nije imao snage narušiti njenu sreću u kojoj su oboje nevino uživali.

Rozikin trbuh bio je sve veći, približavao se termin poroda. Thomas je bivao sve nervozniji. „Kako organizirati porod? Pa ne može je odvesti u bolnicu? Ni ustaški zakoni za neudate trudnice nisu bili dobri. Kod kuće? U njegovom stanu? Ne, to ne dolazi u obzir, jedan gestapovac se doselio u susjedstvo, svinja nacistička!" Stotine upitnika bilo mu je u glavi, milijun pitanja, sve bez odgovora. Hodao je teškim korakom i stalno bi se okretao provjeravajući ne prate li ga možda. Nikome od nepoznatih, pa ni ovlaš poznatih nije vjerovao. Svaki susret s pripadnicima GFP-a ili SD-a, pa i SS-a i Gestapoa izazvao bi u njemu trbušne grčeve. Ne zbog sebe, zbog nje i djeteta. Nacisti su ubijali i za mnogo manje grijehe od toga da je jedan germanski oficir spavao s nearijevskom slavenske krvi! U nekoj od sekundi užasa pomislio je da bi Roziku poslao komunistima, u partizane, i to se moglo organizirati. Nije znao kako, ali u bolnici su pod stražom svako malo bili zarobljeni komunisti i njihovi simpatizeri, pa bi možda... Kao liječnik, ali tu je suludu ideju odmah odbacio jer nije poznavao komuniste, a od lokalnih ljudi izuzev konobara i gostioničara nije znao gotovo nikoga. Hrvatski je znao nekoliko riječi, koliko je naučio od Rozike... U toj agoniji i strahu stigla je pomoć od nekoga tko mu je bio možda veći prijatelj no što je Thomas mislio da jest. Njegov podređeni i sustanar, divlji Herbert, sam i bez poticanja, ponudio je rješenje i nije odstupao od toga sve po cijenu svađe s njim. Čovjek čija je glavna ratna preokupacija bilo spavanje sa što više žena i opijanje „uletio" je kod Thomasa i ultimativno zahtijevao da baš on, pijanac i kurviš, bude osoba od povjerenja za rješavanje životnog izazova Thomasa i Rozike!

U ordinaciji (u naravi, nevelika soba u pomoćnoj zgradi stare vojne bolnice), kasno navečer, sat i pol nakon večernje vizite, a i nije bilo previše pacijenata, tek njih petnaestak, nitko s težim ozljedama. Sjedio je na neudobnoj stolici i čitao zdravstvene kartone pacijenata. Na stolu je bio bokal s vodom i tanjur pun kolača od jabuka (Rozika nije htjela ni čuti da ne odnese to u bolnicu. Voljela je kuhati za svoju ljubav i za Herberta, koji je bio posebno drag.) Bez kucanja i nasmiješen od uha do uha ušao je Herbert i zgrabio veliki komad kolača i strpao ga skoro cijelog u usta. Malo se mučio, žvakao, komadići su mu pali po uniformi i bijelom ogrtaču koji je nosio otkopčan, mljackao je i kad je konačno progutao slastan zalogaj, progovorio je malo ozbiljnije:

- „Onda, Herr Oberarzt Günter, mislim da je vrijeme da se organiziramo, brzo će to?"

- „Molim?" - Thomas je odložio karton pacijenta na stol i zbunjeno podigao obrve - „O čemu ti to?" - razumio je što mu je rekao, ali nije shvatio kontekst. Nervozan i zamišljen, nije obraćao pozornost na mnogo toga tih dana.

- „ Ha, o čemu, o kolačima, prijatelju, haha! Što ti je, dragi moj Thomas? O bebi, nego o čemu, o bebici, mili moj! Moramo se organizirati, Thomas i to odmah, da sve bude na vrijeme i bez problema!" - postali su dobri prijatelji njih dvojica kroz prošlo vrijeme. Zajedničko stanovanje, s prekidima kad je netko od njih bio na terenu, i zajednički rad izgradio je povjerenje dvojice liječnika na drugačijim osnovama no što bi to bilo u bolnici u miru. Medicina nije pješaštvo i rang ne znači mnogo, kod operacije važna je stručnost i koordinacija, a ne tko ima viši čin. „Pravi vojnici" nikad nisu razumjeli zašto su oficiri specijalisti „nedisciplinirani" i ne inzistiraju na krutom vojničkom ophođenju. Thomas i Herbert bili su ne-ka vrsta braće iako je dužnost nalagala striktnu razdiobu na onoga tko je viši i onoga tko je ispod.

Herbert se nasmiješio, obišao stol i protivno pruskim pravilima igre ophođenja u oficirskom koru, zagrlio je svog nadređenog i prošaputao mu na uho:

- „Thomas, momče, ne brini. Prepusti sve meni, sve će biti dobro. Ja ću je poroditi, sve po pravilima, nije mi prvi put. Diskretno i van očiju naci štakora. Ne brini, prijatelju." - još jače je stisnuo Thomasa kad se ovaj htio pobuniti - „O ne, gospodine natporučniče, ne ide to tako. Ne smiješ se miješati, GFP i SD su svuda, a tko zna koliko njih oko nas su doušnici. Ni arijevci nisu sigurni od njih. Ne možeš sad uprskati stvar i otići na Istočni front, ima tamo dosta njih i bez tebe. Prijatelju, mudro i oprezno, tako se mora...”

- „To se tebe ne tiče, ja ne mogu...” - protestirao je Thomas, bez uspjeha:

- „Thomas Günter, prestani s time, što god da ti je na umu! Izložen si, gospodine i to mora stati, odmah! Zar stvarno misliš da nitko ništa ne vidi? U „Janje” dolaze samo slijepi i gluhi civili? Molim te, Thomas, urazumi se! Još da smo u Francuskoj, možda, ali ona je Hrvatica, razumiješ li me, Slavenka, ljubav tvog života po tumačenju našeg jedinog Führera Adolfa Hitlera ne pripada ljudskoj rasi!“ - ovo je naljutilo natporučnika:

- „Prestani, prestani! Ja...” - Herbert je ponovno zagrlio Thomasa:

- „Prekasno je za protivljenje, sve sam sredio. Gotovo je, organizirano, tek da znaš. I Švabica zna. Operacija će biti sjajno izvedena, ma najbolji sam! Poslušaj me. Sutra će Roziku posjetiti sestra Matilda, znaš ju, šefica babica, opatica, ništa sumnjivo, dobra časna sestra obilazi siromašne ljude, sjajna ideja, nije li?! Žena ima trideset godina iskustva, pomogla je dolasku na svijet cijele divizije beba! Dakle, sestra Matilda će posjetiti Švabicu i kao usput Roziku, odnijeti će nešto hrane, pomoć ubogima, vremena su teška i ljudi su u potrebi. Razumiješ? Dobro, pametna si ti glava. Kod Švabice će ostati jedna mlada opatica, a Matilda će doći predvečer i provjeriti stanje. Termin poroda je stigao i nema prepuštanja slučaju. Ja ću svratiti navečer, provjere radi. Ah, da, onaj mali, iz trećeg stana, skretničarev sin, dobio je vojničke čizme i hrpu čokolade za kurirski posao, on će biti golub pismonoša. Kad dođe vrijeme doći će po mene u stan. Ne mičem se nikamo dok ne postaneš tata, Thomas!”

- „Ne znam što reći, ja...” - Thomas Günter je izgubio moć govora, ganut onime što je čuo, ništa nije znao o „tajnoj operaciji” svog prijatelja. Shvatio je, nije bio sam, i u ratu, ovdje u Hrvatskoj, tako daleko od svog doma imao je dom, ljude koji su ga voljeli i koji su riskirali živote za njega, za Roziku i za njihovu bebu! Nije znao što reći, što misliti, ali nije bio sam. Biti će dobro, mora biti, nema druge, tako će biti, dobro, sve će biti dobro!

Herbert se odvojio od Thomasa, zakoračio je prema stolu i uzeo komad kolača i strpao ga cijelog u usta. Ponovilo se žvakanje, mljackanje, komadići po kuti i uniformi. Zadovoljno se obliznuo i rekao:

- „Ni naše mame ne peku bolje, moja sigurno ne. Ovo je odlično!” - Thomas ga je netremice gledao suznih očiju: kako je volio ovog čovjeka. Ganuto je rekao:

- „Herbert, hvala ti, dragi moj prijatelju... I ja ću doći...” - poručnik ga je ponovno prekinuo:

- „Ni slučajno! To je nemoguće! Ne dolazi u obzir! Od sutra u podne ti si dežurni liječnik i dežurni oficir, vraćaš mi onu uslugu od prošlog mjeseca, jasno? U subotu ideš u Agram, u diviziju, na redovni briefing, vraćaš se u nedjelju kasno navečer kao otac prekrasne bebe! Ne brini, sve će biti kako i jedino treba biti, najbolje!”

- „Ali, Herbert...”

- „Ne! Što je, gluh si? Koji ti je vrag? Ne riskiraj, nastradati ćete svi, ne samo tvoja guzica, Herr Oberarzt! Kako ne razumiješ?! Prestani glumatati i sjedi! Dobro, već sjediš, otvori oči! Uključi taj svoj mozak, lijepi dečko! Nikome ne možemo vjerovati, ponekad ni samima sebi! Gdje ti živiš? Ovo nije tvoja raskošna palača i ti nemaš sluge koji skaču na svaki mig razmaženog gospodskog derišta! Šalim se, oprosti, ali stvarno, ovo je jedino moguće i jedino što ćemo učiniti, Thomas!” - Thomas je potonuo u stolicu. Uzdahnuo je, teško i duboko. Mucao je:

- „S.. slu... šaj, ja mor...ram ona....” - Herbert je mahao rukama hodajući oko stola:

- „Lala! Mit den Füßchen tapp, tapp, tapp, Mit den Händchen klapp, klapp, klapp! (tekst iz njemačke dječje pjesmarice „Was die deutchen Kinder singen”, 1914., autorice Adelheid Wette, prema operi „Hänsel und Gretel“ Humperdinck/Wette) Nisi dijete, dosta je toga! Kako sam rekao, tako će biti! Moramo biti pametniji od njih! I jesmo pametniji, doktori smo, za Boga miloga!“ - Thomas je opet uzdahnuo, ovaj put priznavši poraz:

- „Aah... Kad ti kažeš...” - poručnik je poskočio od radosti:

- „Eto, to je moj Thomas, dragi moj dečko! Bravo, u akciju, haha! Tako se radi!”

- „Hvala ti...”
- „Thomas, ništa to nije... Sve za tebe, prijatelju...”

Sjedila je na krevetu. Rozika Lj., majka prekrasnog sina, tek oporavljena od poroda. Srećom po nju, bila je u dobrim rukama sestre Matilde, časne sestre i babice, „dobre majke” mnoge djece. Pomoćni liječnik H.W. je stigao na vrijeme, dojurio je čim je primio poruku. Porod je prošao u najboljem redu, bez kompli-kacija, što bi se reklo medicinskim rječnikom. Bolovi su iscrpli Roziku, ali sreća zbog rođenja sina bila je jača i veća od svega. Mladi liječnik i iskusna Matilda dali su sve od sebe, dijete je došlo na svijet živo i zdravo.

Dan prije sestra Matilda je uz pomoć još jedne sestre donijela sav potreban materijal: kao snijeg bijele plahte, ručnike, pelene, zavoje, lijekove, gaze i medicinske instrumente. Iskusna babica ništa nije zabo-ravila, stan Rozike bješe pretvoren u malu bolnicu. Herbert je nekoliko puta dolazio i provjeravao stanje. Oprezan i lukav činio je to gotovo neupadljivo: vojnim je automobilom kružio po gradu, od kasarne do ka-sarne i kao slučajno stao baš kod atletskog stadiona, gdje je vozač ovaj put pregledavao gume, onaj put motor, dakle, sve normalno. Sestre su donijele hranu, mlijeko, meso, fine stvari, a i poručnik Leberstrumm je poslao toliko toga da se dio morao staviti kod Švabice. Sve je odigrano brzo i diskretno.

Rodila je dio njega, sad su se vezali vezom jačom od svega, nebeskom vezom djeteta, ljubavi za vječnost! Kako joj je nedostajao, nije mogla ni sekunde bez njega! Žudjela je za njegovim poljupcima, osmijehom, pogledom, za njegovim tijelom. Sanjala je da su skupa, sanjala ga je svaku noć, svaki put kad bi zaspala. Njegovo je ime bilo u njenom srcu, na njenim usnama.

Nije rekla ni riječ kad su joj Švabica i Herbert objasnili plan za porod. Nije se bunila, vje-rovala im je jer su od Thomasa, znala je da tako mora biti. A onda, zar je mogla drugačije? Tjednima je i nju mučilo kako će to biti s rođenjem djeteta: iako neuka, znala je u kakvom vremenu živi i što znači imati dijete s oficirom njemačke vojske. Osim Švabice i Thomasa i njegovih prijatelja nije imala nikoga tko bi joj po-mogao. S Bogom nije imala puno veza, ali je bila zahvalna nebu što je blagoslovljena divnim ljudima koji brinu o njoj i bebi. Nije se usu-dila ni pomisliti što bi bilo bez svih njih.

Rozika je nosila svoj težak križ godinama bez ijedne riječi, nikome se se nije povjeravala, nitko nije znao njenu patnju, pa tada, 1943., kako bi tko znao o njenoj sreći i ljubavi? Ustaška država i nacistički zli stroj smrti, svatko je sumnjiv i kriv i mrtav leži ne saznavši zašto je ubijen. Katolička crkva pravi se mu-tava. (Iako se danas, sedamdeset i pet godina kasnije kunu nebesima da su spašavali Židove i Srbe: zanim-ljivo, a ne govorim o komunističkoj falsifikaciji povijesti, između 41-45. se nisu time hvalili, ali su zato, iz čiste ljubavi prema bližnjem '45-te pomagali u bijegu notornim ubojicama i počiniteljima genocida. Zar trebam spominjati nešto o antisemitizmu i zaštiti nacista od strane Pia XII? A što je sa „samostanskom ru-tom”? Kako su hrvatski katolički svećenici pomagali ustaškoj kliki u bijegu u Španjolsku i Južnu Ame-riku? Zašto, pa zna se, jer su u ratu radili protiv tih istih ustaša spašavajući srpsku i židovsku nejač, haha!) Tadašnji popovi blagoslivljaju ustaške uniforme i oružje, jedinice i oficire, piju i jedu s nacistima, grle se s njima. Crkva koja se naziva kršćanskom prihvaća rasne zakone. Pitanje čiste krvi također, a malo je pleba-nuša u kojima je kucalo Kristovo srce. Tako je bilo, pak što je mogla Rozika učiniti bez pomoći Herberta, Švabice i dobrih ljudi? Ništa, a da se saznalo, Jasenovac bi dobio još jednu stanarku, a beba bi, u slučaju da je bilo sreće, završila u nekom od ustaških logora za djecu ili bi je neki zaštitnik arijevske krvi samo nabio na bajonet i bacio u kakvu grabu, da krepa.

Sin! Po povratku iz Zagreba, Thomas nije izdržao, prekršio je obećanje dano prijatelju i odmah po ulas-ku u Varaždin, poslije prolaska kroz mitnicu (glupe ustaše, skoro su ga uhapsili kao komunističkog špiju-na, idioti nepismeni, smatrali su da su ima lažne dokumente i da se na tom mjestu nije našao Obershütze Polsovsky, miran i tih Austrijanac iz Štajerske, njegov bivši pacijent, tko zna kako bi završilo jer je njegov vozač već hvatao mašingever) naredio je da se stisne gas i pravac Roziki. Ugledavši majku s djetetom u naručju, zaplakao je, pao na koljena i drhtao od ganuća i sreće. Kapa mu je pala na pod, ali nije mario. Plakao je smiješeći se i klečeći pred iskonskom Božjom slikom majke i sina. Nije bio vjernik kao što vjernici to jesu, ali u tom je trenutku spoznao ljepotu i vječnu snagu onog većeg od samog zemaljskog ži-vota! Rozika je sjedila u naslonjaču pokrivena dekom, sa sinom u naručju. Iznenađena ulaskom svoje najveće i jedine ljubavi, stresla se ne vjerujući što vidi: odmakla je djetešce od grudi i pokušala ustati. Sinčić je zaplakao, ali dogodilo se čudo, kao da je osjetio prisustvo oca, smirio se i kao da se nasmiješio. Rozika je promucala:

- „Thomas...” - izgovorila je njegovo ime, ništa drugo nije mogla reći, a on, ustao je, prišao joj i vratio je natrag u naslonjač. Kleknuo je zagrlio nju i dijete, plačući ih ljubio: „Rozi...ka... Rozika... Anđele... moj...” - samo je gledao nju i dijete, dijete i nju. U grudima mu je gorjela vatra, osjećao je nešto što nikad prije nije, bio je tako snažan, tako običan čovjek s voljenom ženom i sinom. Vrata sobe su se otvorila i ušla je Švabica. Hodala je polako, na prstima. Prišla im je i pokazala Roziki da želi uzeti dijete, htjela je da njih dvoje dobiju koju minutu za sebe. Majka je predala mali zamotuljak s bebom Švabici i ona ga je nježno, kao da uzima oblak s neba, stavila na svoje grudi i odnijela u kuhinju.

Thomas je zagrlio Roziku i počeo je ljubiti, strasno, žedan i gladan ljubavi voljene žene. Uzvratila mu je iako je još bila iscrpljena i umorna od poroda.

- „Thomas, najdraži moj, ljubavi moja...” - cjelivala ga je plačući. Kao da je trajalo tisuću ljeta, cijelu vječnost, tako su bili zagrljeni i sretni. Deka je spala s Rozike, ali nije se obazirala na to, kao da se zauvijek spojila s Thomasom. On je govorio tiho, kroz poljupce:

- „Tu sam, Rozika, došao sam, konačno... Volim te, volim te, oh, kako te volim...”

Nisu znali koliko je vremena prošlo, tek Švabica se vratila s djetetom. Thomas je ustao i pružio ruke:

- „Dajte mi ga, dajte mi...” - očiju punih suza primio je dijete i poljubio ga u malo čelo, još crveno. Sin mu se smiješio nebeskim osmijehom. Nježno je držao sina i ljuljao ga njišući se polako. Sin! Rozika je kao začarana gledala prizor oca i sina, nikad prije nije vidjela ništa ljepše, ništa nebeski čišće.

Sin! Ništa nije ni vidio ni znao. Sa sinom u rukama Thomas je bio na tko zna kojem planetu, nije bilo rata, on nije bio oficir Wehrmachta, nisu postojali rasni zakoni ni Reich. Apsolutno sretan nije ni slutio da će za samo tri dana sjediti nasuprot pukovnika Reißlera u uredu Platzkomanndatur 11/1038 Varazdin.

Skamenila se zbog onog što je čula. Njen nenajavljeni nepoznati gost, ozbiljan njemački oficir u sa-vršeno urednoj uniformi, u sjajnim oficirskim čizmama i s kožnim rukavicama, izbrijan, s opasačem i pištoljem i oficirskom torbom, sjedio je za kuhinjskim stolom u malom sirotinjskom stanu u bivšoj konjskoj štali i držao se kao da ne primjećuje ni gdje se nalazi ni s kim razgovara. Smaragdno plave hlad-ne oči netremice su gledale ženu s djetetom u naručju. Ipak, nije zračio mržnjom, Roziki se činilo da je došao u prijateljski posjet bez obzira na sve. Bila je preplašena i zbunjena, očekivala je nešto strašno.

- Gospođo, ponoviti ću. Ja sam Hauptmann, to je dovoljno reći, oficir Wehrmachta, kao što vidite. Poslan sam od strane gospodina čije ime ne morate znati osim da je častan čovjek. Nemate se razloga bo-jati, gospođo.”

Rozika ništa nije shvaćala. Oficir je bio pristojan, ali Nijemac je Nijemac, bojala se, nije ga poznavala.

- „ Gospodine...” - govorila je na njemačkom - „Ne znam, ne razumijem...”

- „Smirite se, sve ću vam objasniti, polako. Molim vas, poslušajte me. Vremena je malo, ne smiju me vidjeti ovdje. Hvala vam što govorite njemački, to sve čini lakšim. Znajte ovo: da su umjesto mene došli neki drugi ljudi s drugačijim oznakama na uniformama, vi biste... Razumijete me? Nisam vam došao nau-diti. Neću komplicirati. Ukratko, za vas, vaše dijete i za gospodina, dječakovog oca postoji samo jedno rješenje. Ništa drugo nije moguće. Po zakonima Reicha vi ste u nedopuštenoj vezi, a ovo dijete je neza-konito i nema načina da se ozakoni nešto što je suprotno zakonima o čistoći krvi.” - Rozika je sad vris-nula, zaurlala, nije razumjela što govori ovaj oficir, ali je znala da je jako loše. Umalo joj dijete nije ispalo iz ruku:

- „Neee” Štoooo? Neee!” - ušla je Švabica i uzela dijete i odnijela ga u sobu. Vratila se brzo, posjela Roziku, zagrlila je i nešto šapnula na uho, a zatim se vratila u sobu, k djetetu. Oficir je mirno sjedio, ništa nije govorio. Kad je Švabica za sobom zatvorila vrata, rekao je staloženim glasom:

- „Svaki kontakt s ocem djeteta ovim danom prestaje. On će otići na novu dužnost. Vi ćete se sljedeći mjesec udati za vašeg zaručnika, hrvatskog vojnika. Vjenčanje će biti u Zagrebu. Vaš zaručnik je D. K. iz Varaždina. Ovdje su vam svi dokumenti, stara gospođa će vam kasnije sve objasniti.” - kapetan je bio vrlo obazriv, znao je da je Rozika nepismena žena - „U omotnici vam je i vozna karta za Zagreb, osobni dokumenti, novac, opskrbne kartice. Biti ćete zbrinuti na svaki način, ni vama ni djetetu neće ništa nedostajati, nemate razloga za strah. Zaručnik? Vaša je priča jednostavna. Upoznali ste se ovdje, u Varaždinu, još prije početka rata. Dugo ste bili zajedno i nikom niste rekli da ste zatrudnjeli zbog straha od državnih zakona i reakcije crkve. Zbog rata i svega niste se mogli vjenčati kako ste planirali. Zato ćete sve obaviti sada, kad ste napokon prikupili sve potrebne dozvole. Dijete je njegovo i on ga je priznao. Poslije vjenčanja njegova pukovnija odlazi na Istočni front, a vi se vraćate u Varaždin. Dakle, ovime je sve riješeno jer boljeg načina nema. Prijateljski savjet: ne pokušavajte stupiti u kontakt s ocem djeteta, to bi ga moglo dovesti pred vojni sud. Ovo nije za šalu, gospođo. Ovo ću reći premda ne bih smio: ako ga doista volite, zaboravite ga. Tako će preživjeti i živjeti. Nadam se da ste me razumjeli."

Ništa nije razumjela. Baš ništa. Zurila je u papire na stolu. Slušala je oficira, ali ga nije čula. Tresla se od straha, užasnuta, blijeda kao krpa. U trbuhu je osjećala kamen velik kao planina. Povraćalo joj se. Nije mogla misliti, ništa nije vidjela. Zaplakala je.

Švabica se vratila. Oficir je ustao, uzeo rukavice i kapu sa stola:

- „Molim vas, pomozite joj, hvala. Moram ići. Zbogom." - izašao je kroz vrata, odšetao do parkiranog vojnog automobila i naredio vozaču da ga odveze u komandu mjesta.

Švabica je sjela do Rozike, uhvatila je za ruke:

- „Meine liebe..." - za Roziku je počelo teći vrijeme zaborava i pakla...

- „Kurva! Prokleta kurva! Jebem ti mater, kaj si to skuhala, to je ščava, a ne za jesti! Z napojem buš me hranila, kurva zmazana?! Hočem jesti, si me razmela?!" - smrdljiv, neobrijan, u kombinaciji prljavih civilnih hlača i poderane domobranske bluze, urlao je onizak pijani muškarac u maloj kuhinji sirotinjskog stana, jednog od njih tri u bivšoj staji preko puta atletskog vježbališta. Čaša s vodom pala je na pod i razbila se. Na stolu je bio prevrnuti tanjur, varivo od krumpira razlilo s po stolnjaku. Teturajući, mlatarajući rukama muškarac je vikao:

- „Kaj je? Kaj me lučeš? Jesti mi daj, kaj si gluha?" - zakašljao se i ispljunuo žutosmeđu pljuvačku na stol i pljuvačka je pala na komad kuhanog krumpira. Izgledalo je odvratno, kao bljuvotina taj krumpir s pljuvačkom na vrhu. Muškarac se ljuljao, činilo se da će se srušiti. Klimao je glavom, iz zakrvavljenih mutnih očiju izbijala je neskrivena mržnja: izobličeno lice preplašilo bi i samog vraga. S druge strane stola, kod starinskog šparheta stajala je prestravljena žena: izmučeno lice, upali obrazi, u iznošenoj odjeći, u poderanim cipelama, mrša-va, tresla se ne mogavši prozboriti ni jednu jedinu riječ. Posramljena, slaba, gledala je u pod...

Muškarac je glasno podrignuo, zateturao i nespretno pao srušivši stolicu. Pri padu povukao je stolnjak i sve što je bilo na stolu, tanjuri i krumpir s pljuvačkom, i prljavi stolnjak i žlica, vrč i čaša, sve je završilo na podu. Glasno psovanje muškarca prigušio je dječji plač: na vratima sobe pojavio se slabo odjeven mršavi dječačić od kojih četiri godine. Uplakan, ručicama je trljao oči, brisao suze:

- „Mama... mama..." - žena se prenula, uhvatila je dječaka i zagrlila ga:

- „Tu sam, sinek, mama je tu, tu sam, tu. Se bu v redu, sinek moj, naj se plakati, sinek, naj..." - podigla ga je i odnijela u sobu, smjestila na krevet, dala mu staru drvenu igračku, malog konja sa slomljenom nogom i šapnula mu poljubivši ga u čelo:

- „Igraj se male, prosim te, sinek moj... Brzo se bum vrnula, brzo, sinek moj..." - dječak je pružio ručice i zagrlio majčine ruke. Plakao je. Žena je opet poljubila dijete rekavši - „Budi dobar, bum došla, mam se bum vrnula...Tak te volim, sinek moj..." - nježno je pomilovala dječaka po kosi i tiho se vratila u kuhinju zatvorivši vrata za sobom. Muškarac je ustao, stenjao je i žestoko psovao:

- „Kurva, tu si, glej sim! Na kaj ti hiža zgledi, lena mrcina?!" - kašljao je, zagrcnuo se i ispalio cijeli arsenal najvurgalnijih psovki - „Ja sem te spasil, kurva prokleta nezhvalna! Ja sem ti život spasil, i tebi i fačuku, jebem ti mater, da znaš! Kurvaaa! Strelali bi te. Živiš jer sem bil čovek i zvelekel te z dreka, gle kak si mi vrnula, koza prokleta! Da ni bilo mene, odavno bi... ti v ilovači... spala... Kaj sem mislil kad sem te išel zeti, fačuka i tebe, kurvu?! Ja bedak! Gdi sem denes mogel biti da ni tebe i ono..." - opet se srušio na pod. Valjao se po stolnjaku, razbijenom posuđu, po ostacima hrane. Krkljao je, pljuvao, slina mu je curila iz usta.

Žena je stajala kraj šparheta, nije znala što bi i kako bi. Šutjela je. Plakala. Tresla se kao šiba na vjetru.

Muškarac je nekako ustao. Htio je napasti ženu, ali nije uspio. Udario je lijevim kukom u stol, zajaukao i ponovno se srušio psujući. Ovaj put je ostao ležati na leđima. Nerazgovjetno je psovao i krkljao. Žena je zakoračila prema stolu i s mržnjom pogledala u muškarca na podu: zaspao je, i hrkao pijano.

- „Kaj hoćete od mene? Kaj? Ja ništ nisem kriv, pustiteee me vaan! Nikaj nisam napravil! Hajl Hitler! Za dom spremni! Ja se borim za Nemačku i za poglavnika, jee, nisaaam niikaaaj naapraavil! Hajl hitler! Kaj hoćete od mene? Pustiteee meee!" - viče oniži vojnik u prljavoj uniformi, gogloglav, bez opasača.

Mala podrumska prostorija u staroj domobranskoj kasarni u Zagrebu. Osim dvije stolice i prastarog k.u.k. stola u prostoriji nema ničega. Polumrak je, slaba žarulja ne daje dovoljno svjetlosti. Pod je popločen kamenim pločama, tko zna kada. Zidovi su prljavi, sve zaudara na vlagu i na urin. Hladno je. Vojnik viče, urla. Pokraj njega stoji domobranski narednik, utegnut kao za crno-žute monarhije, obrijan, ozbiljnog lica. Ispred ove dvojice su dva pripadnika njemačkog Wehrmachta. Jedan Hauptmann i jedan feldvebel GFP-a. Hauptmann prilazi vojniku koji sjedi i viče i udara ga stisnutom šakom posred lica, ravno u nos. Uzvik nesnosne boli, krv šikne, vojnik se sruši sa stolice i cvili kao svinja na klanju, prevrće se po podu, drži se rukama za nos, krv mu curi kroz prste. Oficir je ljut jer mu je krv uprljala rukavicu, skida je i otresa. Obraća se domobranskom naredniku:

- „Heb dieses dreckige Schwein auf! Feldwebel, übersetzen Sie, was ich gesagt habe! Dumme kroaten verstehen die arische Sprache nicht!" - feldvebel na dobrom hrvatskom jeziku prenosi naređenje domobranskom naredniku, pa obojica hvataju vojnika razbijenog nosa i ponovno ga posjedaju na stolicu. Vojnik jeca, plače, cvili krvavog lica:

- „Joj mene, jooj, kak boli, jooj..." - Hauptmann mu ponovno prilazi i nogom ga udara u rebra i vojnik ponovno pada uz strašan urlik. Hauptmann uzdahne s dosadom, kimne glavom feldvebelu, na što on opet rukom daje znak domobranskom naredniku i za nekoliko sekundi vojnik opet sjedi, samo sad sav zgrčen. I dalje cvili, stenje. Počinje preklinjati:

- „Jooj.... najte me biti, najteee... prosi...mm... prosim vas... Hajl Hitler... Najte me biti...."

Hauptmann se obraća feldvebelu:

- „Feldwebel, das reicht jetzt! Sag ihm, er soll aufhören, oder es wird wirklich weh tun." - feldvebel je preveo. Hauptmann je izvadio dva papira iz džepa bluze i dao ih feldvebelu:

- „Lass ihn lesen, was er schreibt, es ist in ihrer nichtarischen Sprache. Sie brauchen mich nicht zum Übersetzen, ich habe Dokumente auf Deutch. Beeilen sich, ich habe keine Zeit!" - feldvebel uzima papire od Hauptmanna i predaje ih domobranskom naredniku. On lupi petama, uzme papire i čita naglas:

- „ D. K., rođen dana... 1918., kotar Varaždin, radnik, završio četiri razreda pučke škole, bez određenog zanimanja, neoženjen, hapšen višekratno zbog sitnih krađa, pijanstva i skitnje, odsjedio godinu dana u Lepoglavi 1939/40., bez stalnog zaposlenja, bez stalne adrese, unovačen 1941., dragovoljno se prijavio za Istočni front, prije toga dezertirao iz Banja Luke, uhvaćen u Karlovcu i vraćen u pukovniju, ponovno dezertirao i ponovno uhvaćen, čeka suđenje..." - Hauptmann podiže ruku. Feldvebel prekida čitanje. Domobranski narednik vraća papire feldvebelu. Njemački oficir progovara nervozno i nestrpljivo:

- „Feldweebel, erkläre dem Schwein, dass es wäahlen kann. Tod oder Leben. Sofort." - feldvebel kine i pozove narednika. Tiho mu objašnjava što je naredio Hauptmann. Narednik kimne, okrene se vojniku i snažno ga ošamari. Vojnik zajauče, krv mu ponovno poteče iz nosa. Narednik mu se obraća prezrivo:

- „Govno dezertersko! Metak bih ja tebi, metak u tu tikvu! Imaš sreće, Nijemci su gospoda, nude ti spas. Metak u glavu ili živiš, odluči sad!" - prestravljeni vojnik iskolačenih očiju, krvavog lica podigao je ruke k licu očekujući novi udarac, zavapio je:

- „Najte me već biti, naajte me! Nečem hmreti, see buum, see bum, najte, se bum, se bum..." - feldvebel se okreće oficiru:

- „ Er stimmt zu, er sagte, er würde."

- „Nun, er weiß immer noch nicht, worum es geht!“ - Hauptmann izvadi cigarete i zapali jednu. Kroz dim naredi feldvebelu:

- „Ich muss los…. Ich shicke ein Auto, das dich in drei Stunden abholt. Beende das. Ich erwarte, dass alles in Ordnung ist. Heil Hitler!“

Hauptman se okrene, zgazi cigaretu petom i ne pogledavši nikoga izađe iz prostorije. Ispred zgrade je parkirana „škoda kpz-15”. Mladi vozač puši cigaretu naslonjen na prednji desni blatobran. Ugleda Hauptmanna, baci cigaretu, namjesti kapu, vojnički pozdravi, otvori vrata na „škodi” i progovori na hrvatskom jeziku:

- „Kamo gospodine kapetane?” - kapetan se nasmiješi;

- „Ne bacaj cigarete, Martin, ove su prave. U „Palace”.” - reče kapetan i sjedne na suvozačevo mjesto. Vozač zatvori vrata, obiđe automobil i sjedne za volan. Upali motor i krene.

U podrumu neuredan vojnik drhtavom okrvavljenom rukom potpisuje neke dokumente. Feldvebel GFP-a savija papire i stavlja ih u smeđu vojnu kurirsku torbu. Okreće se domobranskom naredniku i obojica izlaze iz prostorije. Na hodniku feldvebel upita domobranskog podoficira:

- „ Sve je jasno, znaš što dalje?” - narednik kimne glavom:

- „Kako je dogovoreno, svršena stvar. Reci hvala kapetanu. Moji će to znati cijeniti.” - vojni policajac se nakašlje:

- „Ako bude problema, javi. Doviđenja, naredniče.”

- „Bez brige, pozdrav!” - GFP feldvebel odlazi, a narednik ulazi u prostoriju. Vojnik razbijenog nosa sjedi na stolici i plače, jauče, cvili. Narednik mu priđe i pljune pred njega:

- „Govno dezertersko, spasio si se. Ali još nisam završio s tobom, pričati ćemo nas dvojica još malo.”

Hotelski restoran, zasebni separe odvojen od ostatka sale. Hrvatski pukovnik dočekuje kapetana Wehrmachta. Visok, mršav, usko lice, prodorne oči. Ustaje i prijateljski stisne ruku pridošlom njemačkom oficiru:

- „Dobro došli, kapetane. Sve u redu?”

- „Jest, pukovniče Šimić. Kako smo i planirali. Došao sam vam osobno zahvaliti.”

- „Molim, sve što treba za gospodina pukovnika. Sjednimo, pojedimo nešto dobro. Znate i sami, u ratu je i oficirska hrana užasna.” - kapetan se nasmije i sjedne nasuprot pukovnika:

- „Da, nadam se dobrom ručku.” - potvrdi kapetan. U tom trenutku u separe uđe otmjeno odjeveni konobar. Nosi pladanj s bocom i dvije čaše:

- „Dobar dan, gospodo. Može li za početak nešto domaće, nešto jako dobro?”.

Škripanje kotača po tračnicama, oblaci pare i vlak je stao. Dim iz lokomotive. Thomas Günter je pogle-da kroz prljavi prozor: mala željeznička postaja, uzak peron, sve je puno vojske i policije, naoružanih ljudi. Pregledavaju pomno svakog putnika. Dokumente i stvari, kovčege i torbe, detaljni pregledi. Thomas uzdahne, u trbuhu mu je gorjelo, nije mogao jesti. U glavi ima samo jednu misao: trebamo proći granicu, trebamo proći granicu!

Nitko nije ušao u njihov kupe od Zagreba, kupe samo za njih dvoje. I njihov pratitelj, oficir UDBE, u kupeu s desne strane. Trebao je sjediti s njima, ali se premjestio, dao im je prostora i vremena, a i kamo bi mogli pobjeći... Thomas. Njegova žena je s njim u vlaku, napokon, njegova žena, zakonita, zauvijek. Gleda ju s ljubavlju. Voli je više nego ikad prije. Poslije rata, zarobljeništva, poslije gubitka djeteta. Neke se stvari događaju bez razloga, a katkad je sudbina najokrutnija prema onima koji najviše pate, koji su cijelog života gubitnici. Sjedi ogrnuta starim zimskim kaputom, spava. U snu se trza, a on je nježno zaštit-nički zagrli i privine k sebi, poljubi je u kosu, u čelo. Ljepša je nego kad ju je prvi put vidio, na vratima, s onom ogromnom košarom. Tako lijepa, tako krhka i jaka, kako je voli...

Ponovno je uzdahne, u trbuhu mu je bjesni nevrijeme. Čekaju pregled dokumenata, što li. Njihov pratitelj im ništa nije rekao, u stvari kao da je nestao. Thomas pokuša progutati slinu, glupo, usta su mu suha. Posljednjih nekoliko tjedana bjehu užasni, iznimno stresni za oboje. On sam nije mislio ni o čemu drugom osim kako da se što prije izvuče iz zarobljeništva i ode po Roziku: to ga je i održalo kroz sve te godine, ljubav prema njoj, misli o njoj, o sinu. Nije bio s njim, nije bio s njima, a trebao je biti, nije bio! Ništa mu nije bilo važnije od obitelji, oni mu bjehu razlog za život. Nije se nadao da će moći u Varaždin.

Poslije svega, nakon svih nevolja, tko bi ostao normalan, tko bi se mogao prepustiti nadi? Bivši Oberarzt Wehmarchta, kirurg, bivši natporučnik Thomas Günter pregrmio je sve, i rat i poraz (kome se veselio) i sve što je bilo nije ga uništilo samo zbog ljubavi. (U prosincu 1944. primo je obavijest da je njegova zakonita žena „na daljinu" poginula u savezničkom bombardiranju: strašno, ali rat je strašan.) Ponekad je mislio da će poludjeti, mislili su ga lomile, sjećanja, sve što je... Svake zarobljeničke noći priznao bi sam sebi koliko je pogriješio u prosudbi: pukovnik koji je volio cigarete i francuski konjak spasio mu je glavu, bez tog divnog čovjeka odavno bi trunuo u zemlji, balkanskoj ili ruskoj. Nakon onog sastanka, kako mu je i rečeno, poslan je u Bosnu, potom u Liku, premješten je u 187. diviziju, a nakratko je boravio u Dalmaciji, u gradu Šibeniku poslije kapitulacije Italije. Kada je divizija reorganizirana, te je postala 42. Jäger Division, on je vraćen u Zagreb, gdje je i dočekao kraj rata. Nije smio ni mogao u Varaždin. Nije pisao pisma: previše straha, opreznost na granici paranoje i očekivanje da će rogobatni majmuni doći po njega i odvesti ga u mrak iz kojeg nema povratka. Cenzura pošte, nadziranje svih i opće nepovjerenje: agonija Reicha jela je stotine tisuća ljudi, nitko nije bio siguran, a zagriženi nacisti ubijali su i na najmanji znak sumnje u konačnu pobjedu. Thomas nije brinuo za sebe, sigurnost Rozike i sina bila mu je prvo na umu, ništa nije smjelo dovesti Gestapo pred njena vrata! Nije imao nade, a neizdrživo je boljelo...

Kako ljubav može boljeti? Prije nije razmišljao na taj način. Ljubav ne poznaje bol, to ne ide tako! Božanstveni osjećaj dolazi iz raja, ne može boljeti! Nikako! Thomas je ljubav iz pjesama i romana oduvijek smatrao pretjerivanjem, ako se voli, ne pati se. Logično, zar ne? Glupo, kako je griješio, idiot! Glupan, to je bio! Naivac! Neporecivo, ljubav boli jače od bilo koje tjelesne boli! Cijeli rat proveo je spašavajući ljudske živote (čak i onima koji su zaslužili smrt, umobolnim koljačima i ubojicama), nije ispalio ni jedan jedini metak, nikoga nije povrijedio, ništa nije ukrao ni opljačkao! Doduše, Thomasu se činilo iluzornim naglašavati kako nije nacist, kako nikada nije bio član NSADP-a, kako nije... Poslije svih tih milijuna smrti i razaranja, poslije pogroma cijelih naroda fraza „nisam bio nacist" postala je izlizana, prozirna, najslabija glupa izlika i jalovi pokušaj skidanja tereta grijeha sa svojih leđa: nema toga tko je nosio njemačku odoru a da nije uzeo svoj dio odgovornosti za svo to zlo! Istina, „odgovornost" se često ogledala od suzdržavanja od sudjelovanja u zločinu: pojedinac sam ne može ništa, nikad nije ni mogao, ne protiv aparata kakav je bio nacistički. Oni koji istrebljuju desetke milijuna ne brinu o jednom lešu. Smaknuto je tisuće „jednih" koji su pokušali nešto reći, nešto učiniti... Nestadoše i nitko ih nije upamtio jer jednostavno nikoga nije bilo briga.

Što je Thomas Günter mogao učiniti? Prerezati arteriju esesovcu kojeg je operirao? Za-trovati rane onoj trojici gestapovaca ranjenih u komunističkoj diverziji u Zagrebu? Glupo, što bi to promijenilo? Ništa. Ovako je spasio mnogo života mladih vojnika koji doista nisu bili nacisti, koje su mobilizirali i otjerali u rat bez njihove volje: onaj Hans, na primjer, seljački sin doslovno je pokupljen s polja, ili onaj, kako se zvao, ah, da, Ritter, nesvršeni student prava, ili Otto, Franz, Stefan, Bruno... Sve obični sinovi običnih roditelja, nisu bili ubojice, nisu ih pitali o „konačnom rješenju" niti o „životnom prostoru". Ništa nije mogao osim onoga što je činio, kao većina sličnih...

Kukavičluk? Nije se bojao, ne za sebe. Za Roziku, za malog. Dvadeset i četiri sata na dan, sedam dana u tjednu, četiri tjedna u mjesecu, svaku sekundu mislio je o to dvoje, o svojoj najvećoj i jedinoj pravoj ljubavi. Zarobljeništvo je mnoge slomilo, njega nije. Imao je za što živjeti: teatralno, ali neka je. To da mu je sin mrtav saznao je kasnije i to ga je ubilo, to ga je postaralo za deset godina, za pola života. Nije znao da sin nije umro, nije znao jer je povjerovao ženi koju je ljubio više od ičega. Otišao je na onaj svijet ogorčen na nebesa koje uzimaju anđele umjesto zlotvora...

Zarobljen je negdje u Sloveniji, njegova kolona nije ni stigla do Bleiburga, partizani su ih opkolili negdje iza Maribora, a major koji je vodio tih dvjestotinjak iscrpljenih ljudi odmah je naredio bacanje oružja i predaju komunističkoj vojsci: uostalom, pola ih puške nije ni imala, bjehu logističari, tehničko i medicinsko osoblje bez borbenog iskustva, nešto malo pješaštva, rekonvalescenti, po svim pravilima nesposobni za rat, a koje su poludjeli SS oficiri natjerali da ponovno uzmu oružje u ruke. Imao je sreću (često je o tome razmišljao: sreća ga je pratila usprkos svemu) da su ih zarobili koliko toliko civilizirani partizani, nikoga od njih nisu odmah strijeljali niti se osvećivali „fašističkim svinjama”. Nije vidio masovne likvidacije, nije vidio jame gdje su bacani zvjerski likvidirani zarobljenici, nisu ih čak natjerali na smrtonosne „marševe pokajanja”, barem ne sve i ne odmah. Thomas nije imao ni opasač ni pištolj. Krenuo je u povlačenje iz bolnice. Prvotno su htjeli ostati, ali major je naredio da idu jer će formirati logističku stanicu negdje u Sloveniji za potrebe vojske u povlačenju, tako nekako je glasilo objašnjenje iako su svi znali da to nije istina. Nisu imali s čime uspostaviti logistiku, rat je bio izgubljen.

Nakon tjedan dana došli su drugi jugoslavenski oficiri: bili su brzi i organizirani. Prvo su odvojili vojnike i podoficire od oficira. Prve su odvezli nekamo, a s oficirima su radili temeljito. Uzimali su osobne podatke i dokumente koje je tko imao kod sebe. Zanimanja, zvanja, akademske titule, činovi i dužnosti, naročito su ih zanimali inženjeri, liječnici, ljudi od struka. Medicinari su poslani u vojne sanitete i bolnice, ali nisu ih ostavljali za skrb o ratnim zarobljenicima. Zatvorenički logori i radni kampovi bili su gotovo bez ikakve medicinske skrbi. Jugoslavenske vlasti tome nisu pridavale posebnu pozornost.

Thomasa su selili od mjesta do mjesta, bio je ovdje i ondje, a jedno kratko vrijeme čak je radio i u Zagrebu. Pod stalnim prismotrom, stražari su mu gotovo disali za vratom, radio je ono što je znao, bio je liječnik i činio je koliko je maksimalno mogao, osobito s obzirom na slabu opremljenost i nepovjerenje prema nacističkom doktoru. Stvari su se bolje posložile kad je 1946. potpisao ugovor o radu na tri godine u zamjenu za oslobođenje (amnestiju). Time je stekao status svojevrsnog „slobodnjaka”: nešto bolji smještaj, malo bolju hranu, imao je (ograničenu) slobodu kretanja (ne odmah, vremenom), a bio je i plaćen za svoj rad. Jasno, ne kao „normalni” liječnici jer je bio „prokleti Švaba, fašistička svinja”. Da, bilo je smiješno to s njegovom plaćom: u gotovu je primao samo mali dio, ostatak je jugoslavenska država „uzimala” za neke fondove, a jedan postotak mu je stavljan na njegov osobni konto s kojeg su mu sredstva isplaćena kod oslobađanja (to što taj novac nije smio prenijeti preko granice i što u Njemačkoj nije vrijedio ništa, to Thomasa nije brinulo, novac ga nije zanimao).

Odradio je ugovor, čak i dulje no što je morao. Na kraju je mogao otići. Nisu ga dirali, nitko ga nije tukao, nije mučen i nije ponižavan, možda zato što je bio okružen liječnicima i medicinskim osobljem. Operirao je, koliko su mu dopuštali. Učio je, čitao, uglavnom sovjetske medicinske knjige, ali je i s time bio sretan, nisu to bile loše knjige, dapače, za neke je stvari prvi put saznao baš iz ruskih knjiga. Rad ga je spasio od ludila: bez Rozike i djeteta nije mogao živjeti. A onda krajem četrdeset i osme, jedan njegov pacijent, kome je uspješno operirao nogu i koljeno (u ratu neadekvatno sanirana ozljeda), potpukovnik UDBE i bliski rođak jednog znamenitog jugoslavenskog generala i kompartijskog moćnika kao znak zahvale ponudio mu je učiniti neku uslugu, bilo što, osim oslobađanja prije isteka ugovora, dakako. Thomas nije dugo razmišljao i tako je dobio iznimno veliku privilegiju: dvodnevni izlet u Varaždin! Uz pratnju, nikako drugačije, pod stalnim nadzorom, ali izlet je izlet, a on je bio „slobodnjak”. Iza njega je „stajao” potpukovnik UDBE i onaj general, a to nije mala stvar. Izgleda da mu je „nagrada” bila sređena po vrlo utjecajnim ljudima jer je smješten u „Janje”, tamo gdje je priča s Rozikom i počela, s mrljom na omiljenoj košulji...

Uspomene, samo naizgled davne (u mračna ratna i poratna vremena dan je kao mjesec, mjesec kao godina) oživjele su, sve kao da je bilo jučer. Razmišljao je (još uvijek) mladi dok-tor dok se spremao za toliko željenu, a opet tako tešku posjetu. Vidjeti Roziku, vidjeti sina!!!!

„Vrijedilo je, vrijedilo je. O kako te volim, volim te, sve će biti dobro, konačno će sve biti dobro.”, misli Thomas grleći Roziku dok spava naslonjena na njega u hladnom kupeu vlaka zastalog na jugoslavensko-austrijskoj granici. Vrata kupea se otvore i na njima se pojavi kondukter u pratnji poručnika KNOJ-a . Oficir im se obrati nadmenim oštrim glasom:

- „Zdravo druže i drugarice, molim dokumenta na pregled. I stvari. Prijeći ćete u austrijski vlak, stoji niže dolje na kolosjeku.” - Thomas probudi Roziku. Ona sneno otvori oči, preplašila se. Ne zna što treba, ali Thomas spašava stvar. Ustane i iz džepa kaputa izvadi pasoše i dokumente i daje ih poručniku:

- „Ha, što to nosite, i bježite, ha? Ne sviđa vam se narodna vlast, ha?” - podrugljivo govori oficir prelistavajući papire. U tom im se trenutku pridruži još jedan oficir, major. Kondukter se povuče, a poručnik, očito iznenađen, ne stigne ni pozdraviti:

- „O, druže majore, ja...” - major mu doslovno istrgne dokumente iz ruke:

- „Major Lukčević, UDBA, ovi su sa mnom. Možeš ići, ovde si gotov, sve je u redu, druže poručniče!” - međutim, poručnik se ne da:

- „Oprostite, druže majore, ali pravila službe i ja moram...”

- „Ništa ti ne moraš! Poručniče, voliš li more? Ima jedan lep otok dole na moru, želiš li na odmor, vidim da si umoran?” - ovo je dovoljno, poručnik salutira i udalji se crven u licu. Major Lukčević vrati dokumente Thomasu i reče:

- „Izađite na peron, tamo će vas preuzeti moj čovek, onaj vodnik, videti ćete ga, na uglu, kod one hrpe železničkih pragova. Samo mirno, idete kući. Vodnik će vam službeno pregledati stvari, a onda ulazite u austrijski vlak, tamo dole. Jasno? U redu, pođite sa mnom. Ti, druže, slobodan si, idi!” - objasnio stvari, a ono na kraju odnosilo se na konduktera je odmah nestao kao da ga nije ni bilo.

Major Lukčević iskoči iz vagona na peron, a za njim izađu Rozika i Thomas. Ugledavši ih, priđe im podoficir s oznakama vodnika i oštro pozdravi majora:

- „Druže majore, sve je spremno!”

- „Dobro je, Milane. Preuzmi ljude i kad sve bude gotovo, izvesti me. Posle imaš dva dana slobodno!” - mladi podoficir se zadovoljno nasmešio:

- „Hvala, duže majore, baš mi to treba!” - oficir se okrenuo Thomasu i Roziki:

- „Dakle, evo, na kraju smo. Nadam se da će sve biti kako je rečeno. Druže doktore, hvala vam, vi ste jedan od retkih Nemaca kome ne bih ispalio metak u glavu. Verujte mi, to stvarno mislim. Sretno! Smrt fašizmu!” - major vojnički pozdravi i odlazi otpozdravivši vodniku. Roziku ne gleda: da može, ona ne bi napustila Jugoslaviju. Mrzi žene koje se udaju za Nemce.

Austrijski vlak: lokomotiva, teretni vagon i tri putnička. Britanski vojnici i austrijski policajci hodaju kroz vagone. Nekoliko ih je stoji okolo vlaka u društvu jugoslavenskih vojnika KNOJ-a. Kod lokomotive razgovaraju oficiri, njih šest, dva britanska i četiri jugoslavenska. Na vratima vagona stoje austrijski policajac i britanski narednik. Pristojno pozdrave i pozovu ih da uđu u vlak. Ugrijani kupe, mekana sjedišta. Sklopivi stolić bješe spušten: vrč i dvije ša--lice, dvije manje čaše. Tanjurić s keksima. Policajac pokaže rukom:

- „Dobro došli, izvolite, poslužite se. Ovo je za vas, gospodine, gospođo! Prije nego krenemo, molim vas, kratka kontrola dokumenata, formalnosti radi.” - Thomas od uzbuđenja ne može reći ni riječ, kakva promjena, kakvi ljudi. Došao je doma, dobro, još nije, ali tu je, samo što nije! Napokon, gotovo je! Rozika se stisla uz muža, kao da nije shvaća što se zbiva. Ovaj vagon, šalice, ljubazni ljudi. Kratka kontrola od strane policajca (britanski narednik samo promatra i ljubazno se smiješi). Sjede kao u ekstazi. Svo zlo je prošlo...

„Kaj se more zariglati život i se one kaj je bile za nami pozabiti? Ne, celo ljudsko življenje je tam gori zapisane zanavek i šteri misliju kak buju kod svetog Petra mogli dojti z prepavlenim, kak se to književno veli, životopisima, su se gadne zajebali, nejde to tak, haha. Dummkopf lahke prejde dummkopfa, ali pri Jezušu Kristušu se stvari drugač delaju. Zate pamet v glavu i živeti kak se spada: gda ti kod dobreg cimermana naručiju les, nek ti bu duša mirna i serce na mestu, da se vre pri Jezušu neš zmislil kak si nekaj grde delal, a ni cajta da to zrihtaš, da se ne vidi. Več od tega, mirne vu sercu i duši se nemre priravnati jer to je opče se kaj imaš i se kaj jesi...

I če je življenje moje familije s mamine strane jen puni škaf sega, ja velim: kaj onda? Če je, a če ni, tak je kak je, se ostale je nikaj, bi me trebale poštene s balticom po tintari ak bi kaj drugega ve rekel. Nigdar nis mislil da sem bolši od drugih i ve gda su cajti mi na kraju, tu vu velkoj Ameriki, gde nesem Bog zna kaj uspel napraviti, a kak mi se vidi, ve pripovedam zadnje ficleke sega cirkusa... Saka familija ima pune iza sebe, pak ni moja neje drugača: rojen sem na staremu imenu horvatskomu i varaždinskemu, a kaj sem s tega korjenja napravil? Kaj spametnega? Nikaj več! Ampak... Fala dragemu Bogu kaj me blagoslovil z moji prijatelji, kaj su mi ve prava familija i to kaj morem ove napisati do kraja, a pokle kak bu, bu nekak bile, kak bu On gore štel. Kaj da velim, giksera je bile preveč, a s moje ih strane još bu dok sem živ jer kakev sem, takev sem, Amen. Pri nami su pizdarije navek bile našprajcane do uberlaufa i baš zbog tega nišče nam nebre ništ hititi pod čobu: saka glava pri nami, spametna ili dumpasta je naša i ja ih se rad mam, od perve i pervoga do zadnje i zadnjega!

Sakojaki visiju na našem obiteljskom drevu: canjkari i blatotepi, kramari i plemeniti, majstori i gospodske guzice, soldati i selske coprnice, varoščani i lepi i grdi, varoški večniki, se fele švindelri, verniki i antikristi, s titulami i v naglancami cipelami, podbriti i zaraščeni, s cigaretšpiclinom v manikerjanimi rokami i s slinavim čikom v krastavoj lampi, visiju šteri su nekaj za sobom ostavili i oni za štere bi bolše bile da ih neje ni bile na ovome svetu, takšni sme i od tega pobeči nemremo da se na trepavice postavime!

Pak je ajnfah jeno istina i to povedati moram još sto hiljadi put, ak treba: moji nesu nigdar živeli zahaklani za erarsku kasu, ni za cesarsku i kralevsku ni za komitetsku, nesu jer mi sme Horvati-mertvaci, bili i ostali! Kmični tati nesme bili, a ak je sramota biti prosjak, nek nas bu sram, mene pervega! Bolše je jesti plesnive klobase s najže neg onaj, kak se zove, kavijar fkrađen i na tujem znoju zarajen! Horvate-grobare, rakare mam bi v štolhauz zlifral da morem (a nemrem jer me se nikaj ne pita, neje me se pitalo niti bu). V 'rvackoj kakšna je denes jenako je sramota biti siromah kak je bile i za moje šukun šukun bake pred već preveč let! Hočem povedati ove: ljudi dragi, v špigel se morem polukati i ve i navek, to je kak jen kroz jen! Se svoje grehe sem priznal i svoj križ nosim kak je Jezuš nosil se naše križe, i nosil bum se dok ne dojde velki den gda bum kleknul pred Kristuša i primil Jengov sud zanavek!

Tu, v Ameriki malo tko me razme, dosti ljudi ovdi živiju v megli, kak v crtanemu filmu. Ja im to ne zameram, lepe je živeti, a ne viditi kaj je bol, kaj je muka Kristušova i ne osetiti se to kaj se nama horvatskim mertvacima dogaja kroz stoletja hmiranja... Gda me one moja draga ljubljena mamica slala k sosedi, tam v veliki stupić, ili onoj v plavoj zgradi, ili teti prek puta dučana, z malim papirekom strgnutim z moje biležnice („prosim te, moreš mi posuditi hiljadarku do plače i penzije za decu, nemam kaj kuhati, deca su mi lačna, vrnem čim dobim peneze”), pa same kaj v zemlu od srama nis propal, črleni, v pod sem gledal i drhtal gda sem zvono stisnul da bi soseda otprla vrata i čim je vidla, načubela se i grde pitala: „Opet ti, kaj hočeš?” Promucal sam skoro v plaču: „Mama je ovo poslala,” i dal sem teti zgužvani papirić, a ona je preklela nekaj i povedala „Čekaj tu male!” i priprla vrata pred menom. Stajal sem kak stekli pred tim črlenim vratima i čul nekakšnu mužiku s radija i dišalo je na kelj, i kava je dišala, i sram me bile, i znojil sem se i prosil v sebi (ne Boga, v Njega nis veruval) da bu teta dala kaj penez jer doma ni bile nikaj za jesti, i brat i ja i draga mama, a v školu morame iti i ni praška za veš ni bile v hiži. Čul bi kak hoda i soseda bi opet optrla vrata i dala mi v onaj papirić zamotane peneze i jake stroge mi povedala: „Na, deni ovo v žep, pazi da ne zgubiš. I reči mami da je ovo zadnje, ni mi još vrnula ono od zadnji put.” I bum s vratima, a ja sam odbežal dime. Bežal sem sreten kaj se mama ne bu srdila i kaj bume imali kaj jesti i ne bu svaja med nami. Gda sem se vrnul već me čekal papir na šteremu je pisale kaj sem moral donesti z dučana (črnobeli kruh, mleko, pužeke, dva hašea, plavi radion, pol kile luka, dve male paštete, tak nekaj) i ja dečec, z podrapanim plastičnim sandalama na nogami sem odbežal do dučana na vuglu, prek puta birtije „Jadran”. Bili sme siromahi i nikaj od nijedne države dobili nisme, a za saku sme nekaj dali, svojom volom ili zate kaj sme morali, a uvek sme morali, i za cara Habsburškoga i za Karađorđevića trofaznoga, za opicu Pavelića, pa za žmuklera Tita, kaj je pune ljude dal postrelati, a volel je piti viski i damfati cigare s Kube, a i za ovu današnju 'rvatsku, za Lijepu njihovu 'rvacku! Makar, priznam, v semu ovemu ja nis anđel niti kaj dobrega, kaj bi, zarajtal sem je cele svoje življenje za nič, za pol pizde merzle vode, i greha sem napravil kaj na deset koli ne bi stale, i denes, v pedeset i tretjemu letu znam kak auzganga z mene ni i kak se z moje strane familija prekida, konec je konca. Kad krepam, ova grana je barajt za posušiti se i trebale bu je odseči i vužgati da zgori v ognju, da od mene ni pepela ne ostane! Moja je predstava kak zbušeni stari škaf, curi na se strane. Zapraf je to v redu, z ničesa nebre biti nekaj, take je i amenuvati to jeno morem.

I nigdar ne bum mogel do kraja napisati ovu kazališnu predstavu: saki bogovetni dan seznam nekaj novega i nove sruši skoro se kaj sem napisal predi nek mi je nešče povedal kaj mi je povedal. Na priliku da povem, sčera sem dobil poruku o Maloj baki, Roziki, tatinoj mami. I to kaj je bile v tej poruki me šokirale tak da sem se htel napiti kak gujda od muke, ali kak sem svetec zadnjih dneva, nesmem već lokati, pa sem se utešil z čokoladom, haha! Dosti zajebancij, sad ozbiljne. Do sčera sem mislil da je moj deda po japi pal s Marsa jer nikaj nis jakega zvlekel z arhiv po šterima sam kopal. Je, same kaj je ve ispale da je moj deda bil z Varaždina i da je mel celu familiju tu v varoši! Perve, mel je sestru štera je mela svoju fa-miliju, se kak Bog zapoveda, a kaj znači da je moj japa mel bratiće, z čega je jasne da sem celo vreme imam rod-binu vu Varaždinu za šteru nis znal da je imam! Živel sem v varoši, v Zagrebu, ratuval i svinjarije delal, zdiguval se i padal, pak sem i do Amerike došel a da mi nišče neje povedal kak imam nekakšnu rodbinu: bi se povedalo, ak je sestra od mog dede mela decu, onda je sin od nje meni bil stric, a jengova deca su meni bratići v drugem kolenu, ak to s rodbinom tak ide! Same kaj jeni za druge ne zname ili ja ne znam za njih ak oni znaju za mene, v kaj nekak preveč ne verujem. Nisam uspel saznati več osim kaj je fakat da je sestra od mog dede mrzela moju baku Roziku i ona i jeni nesu hteli za nju čuti. More biti da je zbog onega kaj je bile v ratu i pokle rata. Rozika je otišla v Nemčiju i vrnula se tek okoli sedamdeset i drugega leta. Kaj je bile s dedom, kaj je bilo s bakom i s njim zna nešče s te strane obiteljskega dreva, sam kaj nečeju povedati. Za ve to bu ostale kmično i morti, ak bum živ i ak se kaj promeni i nekaj novega seznam, morti bum napisal dodatek ovemu semu. A kaj je istina, a kaj je laž ja nemrem reči, tulike nis spameten, to nek saki šteri bu ovo čital sam zgrunta. Mala baka Rozika sakaj je prevrnula prek pleča, sega hudičevog, male tega dobrega i ja nesmem v te dirati igrati se suca, to mi vera v Jezuša ne dopušta, a zakaj i bi, kaj bi te premenile, nikaj več. Ljudi dragi, življenje ni bajka, a za siromahe je pekel največ del našega cajta na ovemu svetu. Mel sem prilike jesti i žufku župu sudbine i slatkega dreka i se to me nafčilo istini: ak se človek prekesne zmisli da nema hiljadu let za živeti, morti more nekaj z sega skupa i napraviti. Na žal našu, male je onih šteri to uspeju zgotoviti. Ja nisem med njimi. Za mene moreju sakaj grdega reči, da sem bil pijanec i folirant, canjkar i ništkoristi žmukler, se čega sem se primil je propale, da sem zmenil miljun službi i z sake zišel gorši nek sem bil, nikaj nis priskrbel, ženil se nesam i stari dečko sem ostal zgubleni bez ičega na svetu, siromah menjši od farovskog miša, pa kaj ve hočem, za boga miloga i Jezuša dragoga, po arhivami bum kopal, dajte najte, kaj si ja potepuh i za ništ canjkar zamišlavlem, da sem pisec, haha?! To buju rekli i još: knjigu sem išel pisati a ni potpisati se ne znam poštene, haha. Pisec, haha, bedak beda-sti, jopec smotani!

Mama moja, tatek, dede i bake, sa rodbina moja, sosedi, školski pajdaši, prjatelji s kvarta, kak se veli, iz izviđača, z sakog od posla kaj sem delal, z rata, ratni prijatelji, suborci, ljudi beskučniki kaj sem mel pri-liku s njima živeti, si misionari, braća i sestre v Cerkvi, si moji prijatelji i poznaniki Amerikanci i si poprek, okoli i naokoli mene kroz sva moja leta kaj živim na temu svetu Božjem, si štere sem volel i si šteri me mrziju, oni i ja skup ž njimi nikaj nesmo nego pred Bogom dragim i Jezušem same grešniki šte-rima bude sujeno na veliki Den suda. I zate se nemam kaj sramiti i ničega se ne bojim, kaj je, tu je, oni šterima sem kakti drag i dober, fala im jer ih volim enako i več. A oni šteri me nemreju podnesti i mrziju me, nek se v rit pihaju: ja njih ne mrzim, oprostil sam im se, a bumo vidli kaj bu ko od Njega primil kakti nagradu ili kakti kaznu....

Moj najvekši greh je, kak sem puno put rekel v ovoj predstavi, je to kaj sem premalo mislil na familiju svoju, kaj sam korenje htel preseči i biti kaj nesam i kaj nemrem ni biti. Nis to delal namerno, ali sem kriv, kaj ne?!? Bez cifranja pripovedam, pri koncu sem, telo mi je se gorše i se me boli, nemam puno let, al imam preveč življenja. A i sega mi je preveč, prestari sam za nove stvari, sad to vidim kak je: razočaral sem se zadnjih let tulike put da sem alergičen na bilo kaj kaj „diši” na nove, bolše, na „promenu”. Fala, ali ne, fala sejeno! Koga vraga mi prodavleju jajca pod bubrege?! Kakšna nova nada gda je spodi sega ništ, se je gluma, se je kak klauni v cirkusu, prokleta laž! Ni mi treba nikakšna coprnija s šterom bum od grdih stvari lepe delal, od greha pobede, od laži istine, ne, to mi ni treba! Ne v ovim letama i ne ve! Ak i jesem bedak, i se one kaj buju rekli o meni gda se ova knjiga najde vuni za kupiti, ali tat hudičevi i prevarant nisem! Nis sluga vražji kaj poštenje za krajcar prodaje! Si moji i ja sam nisme neg Horvati-mertvaci, bili smo i ostali od negda do denes!

Zadnje kaj bum rekel, sima kaj mi se smejeju: ponavlam, pišite me vrit, morete mi puhati, ak vam dam, a ne dam, haha! Idem Njemu gore, pa kaj bu, ja se ne bojim Njega jer ga volim i sledim, i verujem v Oca i Sina i Duha Svetoga! Tak neg kak, Amen i Amen!”

Nije bila jedna noć, stotine su noći ispunjene teškim morama iza mene: sve ono što je bilo buncanje vraća se kao jeka zbog približavanja Dana suđenja, prijatelju. Riječ živoga Boga izgovorena je u najvećoj knjizi ikada, u Mormonovoj knjizi (3. Nefi: 27:15:16): „I iz tog razloga bijah uzdignut; zato ću u skladu s moću Očevom privući sve ljude k sebi, da bi im se moglo suditi prema djelima njihovim!” Oh, nemam dvojbi, uopće ne sumnjam u opravdanost pisanja ove knjige, nisam zabrinut za krajnji ishod svega nakon sudara knjige s javnošću. Pomiren s istinom u Gospodu polako završavam pričanje priče iako znam da ni-sam rekao ni trećinu onoga što sam trebao kazati, završavam, ali sad ne više kao pijani kverulant ni ogor-čeni luzer: u vrijeme svođenja računa biti ću spreman prihvatiti rezultat mog života i to baš kao što sam spreman ovog trenutka. Cijeli svoj život prije crkve učio sam, a ništa naučio nisam, sve dok On sam nije poslao po mene da o punini obnovljenoga evanđelja učim i da moći Duha Svetoga, kroz raskajano srce shvatim nebesku snagu istine Božje i neuništivost vječnog pomirenja, brate moj. Godinama mišljah kako mogu prihvatiti sebe i da je to dovoljno za pobjedu nad samim sobom i grijesima svojim, ali u zabludi bijah sve vrijeme. Trebalo je proći skoro pet dekada mog smrtnog postojanja da bih napokon shvatio da je jedino moguće pomirenje ono u Kristu, kroz Njega samog i njegovu najveću žrtvu. Krv Isusa Krista, pat-nja Njegova, ispijanje gorkog kaleža, On sam u punini jedino rođenog Sina Božjeg dao je pomirenje, kako je kazano u Mosija 4:7: „Kažem da je to čovjek koji prima spasenje, kroz pomirenje što bijaše pripravljeno od postanka svijeta za sav ljudski rod, koji ikad bijaše od pada Adamova, ili koji jest, ili koji će ikad biti, sve do svršetka svijeta.”

Prihvatiti sebe i svoj život kao istinu, zar to nije uspjeh dostojan poštovanja, naročito u svijetu u kojem je laž uzdignuta na pijedestal božanstva i u kojem ništa nije kao što izgleda? Prijatelju,ovo je moj uspjeh, unatoč svemu. Moj demon, pozoj, ukleto strašilo ressentimenta uništeno je kad sam kršten uranjanjem za oprost grijeha u ime Isusa Krista, o da, baš kako je kazano u svetoj živoj riječi Gospodnjoj, u 3. Nefi 31:13: „Stoga, ljubljena braćo moja, znadem, ako budete slijedili Sina, s cjelovitom namjerom srca, ne či-neći licemjerja ni obmane pred Bogom, već s pravom nakanom, kajući se za grijehe svoje, svjedočeći Ocu kako ste krštenjem voljni preuzeti na sebe ime Kristovo... gle, tada ćete primiti Duha Svetoga... i tada mo-žete govoriti jezikom anđela i klicati hvale Svecu Izraelovu.” Razumiješ li me, brate moj?

Oh, slabi smo mi ljudi, ja posebno, čak i nakon krštenja slabi smo jer pod napadima smo Sotone i držati željeznu šipku je teško, i truditi se biti doslovan učenik Njegov je teško, i vjerovati je teško, ali u tome „teško” je sva ljepota i čar života u punini obnovljenog evanđelja. Bez borbe nema pobjede i kakva bi to pobjeda nad zlom bila da barem ne pokušam biti kao On, koji je pobijedio smrt za mene?!

Ne mislim, jer ne osjećam tako, da je biti učenik Kristov stvar rutine, običaja i zemaljske kulture: vjerujem i znam da je Gospod s razlogom odabrao Josepha Smitha i da je obnovio Crkvu upravo zato da bi bila Njegova, bez ikakvih obilježja smrtnosti, bez uskogrudnosti zemaljskog poimanja vjere. Spasitelj je uvijek govorio, uvijek govori i uvijek će govoriti samo ono što djeca Božja moraju čuti, a ne što žele slušati. To je jedna od milijuna istina Božjih koja me i privukla u Crkvu i prije same svete uredbe krštenja. Ne moram ti ponavljati kako nisam vjerovao u Boga i da mi je svaka, pa i najmanja pomisao o nekoj crkvi bila sve-mirski daleka i neugodna, povraćalo mi se i pri samom pogledu na popove, a kamoli da bih slušao njiho-ve gluposti ili im vjerovao na bilo koji način. Međutim, spoznajom Krista u jedinoj Njegovoj živoj Crkvi spoznao sam kako Spasitelj nije tek dobrodušni pripovjedač ni naivno biće koja hoda po zemlji i filmski naivno trpi ljudske uvrede, ponižavanja i izdaju. Dapače, zahvalan sam što sam napokon prihvatio nepro-mjenjive fakte. Krist govori što jest jedno i jedino ispravno. Sveta pisma prenose Njegove riječi (Eter 4:8): „A onaj koji se bude borio protiv riječi Gospodnje, neka je proklet; i onaj koji zaniječe ovo, neka je proklet; jer njima neću pokazati ništa veće, govori Isus Krist; jer ja sam onaj koji govori."

Nisam klasičan pripadnik crkve, to ne mogu ni biti po svemu što jesam, ali i to znaš... Moja vjera je još uvijek je slaba i nemam kapacitet poznavanja Svetih pisama da bih se usudio (na primjer) na crkvenim sastancima samouvjereno diskutirati ex catedra kao da sam sveznajući lds „učitelj". Nažalost, ili srećom, nisam. Skidam kapu onima koji to jesu: divim se našoj braći i sestrama na ogromnom znanju i pozorno slušam njihove rasprave, pa ipak... Vidiš, reći ću to ovako jer tako osjećam svim svojim srcem, da mi je „misija" širiti evanđelje kako su to radili pioniri Crkve na samom početku obnove u ovoj posljednjoj rasporedbi! Hrabro, odlučno, bez bojazni jer znam da je istina, jer smo Njegovi vojnici! Nema kompromisa oko istine, a onda, povijest ljudskoga roda je začarani krug, tako precizno opisan i u Svetim pismima. Tako nekako, kao što kazaše pametniji od mene (navodno je autor G. Michael Kopf, a potonje riječi su malo prepravljeni citat iz njegovog romana „Tho whose remain" iz 2016.): „Dobra vremena stvaraju slabe ljude, slabi ljudi stvaraju teška vremena, teška vremena stvaraju jake ljude, jaki ljudi stvaraju dobra vremena." Usporedim li ove riječi sa Svetim pismom, rezultat je ovaj: kad djeca Božja vjeruju u Krista i slijede ga, obdržavaju zapovijedi Božje, dobri su i moćni i Bog ih blagoslivlja mnogim blagoslovima i darova i žive dobro i sretno, no to ih uvijek učini oholim, pohlepnim i slabim, pa padnu pod utjecaj Sotone i izdaju Krista, što onda stvara teško vrijeme i slab život, a koji potom stvara jake ljude koji pronalaze snagu pokajati se i vratiti Kristu, a čime zasluže nove blagoslove i sretno i dobro vrijeme...

Takav sam ja: želim biti jak, ne želim biti licemjeran, želim biti istinski vojnik Krista, odbijam se uzoholiti i imati svega obilja, a biti bez duše i bez ljubavi! Voljeti i živjeti vjeru, voljeti druge, a ne gledati sebe, ne lajati o ljubavi, nego ljubiti kao što On ljubi nas! Razumiješ me? Doista? Cjeloživotnu sam naivnost, nevjerstvo i lutanje prtinama i bespućima zemaljske fluidne stvarnosti preskupo platio: brate moj, slušati mi je samo Oca po Kristu Gospodinu i sve smrtno odbaciti, biti Njegov bez obzira na sve! Te-ško? Da, teško i preteško. Ne znam hoću li uspjeti, ali ne pokušam li, mogu izgubiti sve što mi primih od Njega...

Ne zanimaju me isprazna glumatanja, ne zanimaju me vjerski performansi kojima se skriva političko mišljenje i nastoji zamaskirati konkretni materijalni interesi povezani sa zemaljskim vlastima. Ukratko, premalen sam da bih razmišljao o globalnim besmislicama, a ipak sam dovoljno „velik" da mogu služiti samo Njega, Isusa koji je Krist. I to bez obzira na sve: ljudi mi ne mogu uzeti što mi On dade, a dati mi ne mogu ništa što On ima.

Ne želim biti ono što se zove „vjera pod plaštem zemaljske kulture". Ne želim to jer bih time popljuvao svoju riječ i obećanje koje sam dao Gospodu pri sklapanju Svetih saveza! (Gospod je zapovijedio i bi zapisano: 2. Nefi 9:53: „I gle, kako li su veliki savezi Gospodnji, i kako li su velika milostiva djela njegova prema djeci prema djeci ljudskoj; i zbog veličine svoje, i milosti svoje...", kao i u 1. Nefi 22:6: „... jer takvi su savezi Gospodnji s ocima našim; i to se odnosi na nas u danima budućim, a i svu braću našu koja su od doma Izraelova.")...

Bojim se samo sputavanja samoga sebe, bojim se da ću prihvatiti zemaljske stege i ponovno poći stazama izvan uskoga puta jer kad čovjek stane uz materijalno, gubi Krista, napušta ga i nestaje u gustim maglama beznađa i lažnog života. Ne želim to, ne opet! Dovoljno sam patio, dovoljno sam, vlastitom krivnjom, puzao u blatu ništavila! Ne zanimaju me dvolična vjerska izmotavanja i uopćene fraze koje ne znače ništa. Zbog toga sam u Crkvi Isusa Krista svetaca posljednjih dana! Jer ovo je Crkva Kristova! A on je zaglavni kamen, znam to! Jer lako je pričati kao što ljudi pričaju, lako je govoriti o neimanju kad se ima, o smrzotinama kad si na toplom, lako je zboriti o bolu, ljubavi i o izdaji čak kad se o tome samo čita i kad se ništa od toga ne iskusi. Ne mislim na „prosječnu" tugu i istu takvu srdžbu, govorim o stradanju u mukama, u bolu koji boli jače od bola samog, govorim o izdaji koja donosi smrt, pričam i pišem o odbacivanju bez samilosti, o okretanju leđa kad je najgore, o slijeganju ramenima na suze, o... Brate moj u Kristu, sit gladnome ne vjeruje, a nije isto (premda je svaka tuga ipak samo tuga) govoriti hipotetički i pričati temeljem osobnog iskustva s bojnog polja. Najgluplje opise rata i najispraznije riječi o ratu izgovorili su oni koji rata nisu okusili, a onda su te iste besmislice postale uzor hvale za poginule vojnike i ratne žrtve! Rutina nije dokaz znanja, a znanje samo po sebi ne znači ništa. Djela, ne riječi! Duhovno, nikako materijalno.

U redu, licemjerje je često produkt najboljih nakana, ne može se živjeti bez novca, ovo je materijalistički svijet, a ja nisam na oblaku iluzija, na zemlji sam i stoga... Da, reći ćeš i imati pravo, pod krovom, nahranjen i napojen, na toplom i sigurnom, bez brige i bez pameti lako mi je filozofirati i prisezati Gospodu, međutim, Vikingu moj, istina je ovo: danas bih mogao odletjeti u Hrvatsku i ne bih u svojoj domovini umro od gladi. Aktivirao bih zakonska prava kao ratni veteran Domovinskog rata, zatražio pomoć iz sustava socijalne skrbi, ako ne bih pronašao posao, a na koncu konca, otišao bih ponovno u beskućnički svijet, već sam bio, mogu opet. Jest, samo to nije rješenje jer sam od roda Benjamina i imam misiju (ne znam još točno kakvu i koju, ali sve u svoje vrijeme, kad dođe trenutak, znati ću, ako budem dostojan služenja), imam obvezu po svetim savezima koje sklopih i naprosto moram dalje držati željeznu šipku, učiti o vjeri, jačati znanje o Kristu, obdržavati zapovijedi Božje, sve kako bih bio spreman za ono za što spreman biti moram. A to ne mogu sam, preslab sam, ponekad tako nemoćan, ne mogu sam koračati uskim putem, ne mogu sam učiti, trebam ruke Njegove da bih zauvijek bio uz Njega. Nisam savršen kao mnogi što misle da jesu, ne prevrćem očima kad neki obraćenik iznosi svjedočanstvo (jer sam obraćenik), ne mislim da je netko tko je tek spoznao Krista „drugačiji" i ne pristupam „drugačijima" (jer to nisu) kao egzotičnim stvorenjima koje služe samo za zabavu i čija se promišljanja, osjećaji i impresije ne uzimaju kao ozbiljna stvar...

Prijatelju, sve to želim osjećati svake sekunde mog smrtnog postojanja, sve ovo vrijeme koje mi je preostalo na zemlji. A ti mi u tome pomažeš u Njegovo sveto ime! Ne pretjerujem jer tko je uz mene baš svaki put kad se srušim u sumnju i poželim otići? Tko mi je doslovno spasio život ovdje u Americi? Tko mi je oprostio sve moje eksplozije i tko uvijek ima vremena za mene? Naposljetku, tko mi još u Varaždinu rekao i dokazao sve ono što je esencija života smrtnika u bratstvu u Kristu? Ti! Primjer si vojnika Krista, ti si poput Šiblona, sina Alme, kojega otac spominje kad zapovijeda sinu svojemu Korijantonu (Alma: „A sad, sine moj..., zar ne vidje postojanost brata svojega, vjernost njegovu i marljivost njegovu u obdržavanju zapovijedi Božjih? Gle, zar ti on ne pruži dobar primjer?"...) Da, jer samo su odabrani biti najbolji u tome što su najmanji da bi bili najveći u očima Kristovim!

Brate: nisi odustao, nisi zaboravio obećanje, a ispunio si stostruko puta više, dao si sebe, a nebeska je istina da tko daje sebe, daje sve. Takva kristolika ljubav ne može se mjeriti ni novcem ni zlatom. Ljubav, ona najčišća i jedina Božja u Kristu koji je svjesno otišao u smrt iz ljubavi, takva ljubav ogleda se samo i jedino kad se spustimo na koljena i peremo noge drugima kao što je sam Isus prao noge učenicima svojim. Mudrost i snaga Božja ogleda se u riječima Kristovim (Ev. Po Ivanu 14-15): „Ako dakle ja - Gospodin i Učitelj - vama oprah noge, treba da i vi jedni drugima perete noge. Primjer sam vam dao da i vi činite kao što ja vama učinih." Razumiješ? Misliti na najmanjeg od braće Njegove, dokazati djelima, ne riječima. Doista, kako bi lijep svijet bio kad bi svatko od nas pokušao pronaći onu jednu izgubljenu ovcu, kad bi svatko od nas pokazao ljubav samo prema jednom djetetu Nebeskog Oca, onom u potrebi, slabom, razočaranom, očajnom?! Nisam čovjek akademskog znanja, nisam bibličar, ne znam Mormonovu knjigu napamet, ali ovo znam: kad si me izvukao iz kala propasti i kad me je tvoja obitelj prihvatila kao svoga u mojim strašnim trenucima, kad nisam imao kamo, kad mi nitko pomogao nije, ti si, Vikingu moj, u djelo pretvorio riječ Božju (3. Nefi 27:21): „... i vi znadete ono što morate činiti u crkvi mojoj; naime, djela koja vidjeste da ja činim; naime, ono što vidjeste da činim upravo ćete to činiti...", i to unatoč nesavršenosti svojoj, brigama zemaljskim s kojima se svakodnevno boriš, unatoč planovima svojim, snovima i željama, obavezama svojim. A to je više od ičega, prijatelju, više od svega i dokazuje koliko si jak zemaljski anđeo Gospodnji. Malo je takvih. Kroz moj život prošlo je tisuće ljudi i na prste obje ruke jedva mogu nabrojiti one za koje se može reći da su poslušali i izvršili riječ Kristovu (Ev. po Mateju 18:10): „Pazite da ne prezrete ni jednoga od ovih najmanjih jer, kažem vam, anđeli njihovi na nebu uvijek gledaju lice Oca mojega, koji je na nebesima." Ne zamjeram nikome ništa, samo kažem, kao potomak velikog Benjamina, kao manji od najmanjih, kao onaj koji sam jedino u Kristu pronašao utjehu i nadu, koji poznajem slabosti svoje i strahujem od njih i danas kao i nekad, ja, koji sam ništa, koji imam „drugačije" gledanje na sve, ja uistinu ništa ne želim nego držati željeznu šipku i biti dovoljno jak i čistog srca kako bih mogao izraziti punu poniznu zahvalnost za blagoslove koje primam, za ljubav, strpljenje, pomoć, za kruh koji blagujem i vodu koju pijem, za zrak koji udišem i krov pod kojim spavam. Živi Sin živoga Boga, voljom Nebeskog Oca i moći Duha Svetoga kroz tebe mi je omogućio sve to nakon što propadoše planovi zbog zemaljskih stvari na koje nisam mogao utjecati. Hvala ti, brate

Vidiš, naučio si me kako učiti od Isusa koji je Krist, ukazao si mi na ono što nas je podučio voljeni predsjednik Crkve Thomas S. Monson (Opći Sabor Crkve, listopad 2014.): „... ali fizički hodati gdje je Isus hodao je manje važno od hodanja poput njega...".

Starim iako broj mojih godina to ne dokazuje, haha. Kukovi, kosti, koljena i artritis, venska tromboza, slab vid, slaba probava, a i srce mi je počelo štekati, bolovi u leđima, noge otkazuju. Nijedan doktor to ne može popraviti, a ja ionako vjerujem što su nekad govorili naši stari: „Kad jednom dojdeš pod nož, gotovo je, pripremaj si sprevod.". Haha, smiješno, ali tako je, kako je. Prijatelju, imam samo jednu želju: zahvaliti tebi, tvojoj obitelji, tvojoj predivnoj supruzi, svim tvojima i kad me On pozove iza vela, da mogu posvjedočiti Gospodinu kakvog najboljeg zemaljskog anđela ima, tebe, brate! On to zna, ali reći ću mu jer ti si bio uz mene kad sam pao, ti si bio ruka Njegova i glas Njegov koji je uzviknuo „Odlazi, Sotono!" Ta pisano je: Gospodinu, Bogu svome se klanjaj i jedino njemu služi!" (Ev. po Mateju 4:10) Hvala ti, od srca i duše moje. Neka vas sve Bog blagoslovi! Volim te, brate...

O kazalištu istina i laži, iz dosade i zbog gluposti

„Kaj bi, se more se to i drugače povedati, ljudi dragi, neje sve vu penezi, ima nekaj i v dolarima i eu-rima, haha. Hočem reči, to da je moja baka morti spala s švapskim oficirom, gosponom doktorom i to praf zapraf nis siguren šteri je deda moj pravi deda s japine strane, i to kaj se moj oča narodil mesec dni predi su se deda i baka venčali, i to kaj je opče bile s tim oberlajtnantom, Oberarztom, i je l' opče on bil i kak je se to bile, haha, ja vam povedati nebrem jer nikakšnih železnih fakti o temu delu ove predstave nemam! Prekopal sem pol interneta, dopišuval se s arhivima i v Beču i v Zagrebu, Berlinu i v Budimpešti, Ljubljani i Beogradu, ali, je... I ne same za tatinog japu, raspitival sem se za se od leta 1825. do denes. One kaj sem bil našel vu Varaždinu predi nek me vrag tiral na avijon za Ameriku, mi je dobre došle, ali bile je premale. Makar, kaj je je, dve i sedamnajste nis mislil da bum knjigu pisal.

Življenje je navek bila hmajna stvar i saki od nas v sebi nosi puno tega prokletog i za se je bolše ne otpirati stare rake, bi se mogli lahke podušiti od duha trulih mertvacov. A krajcarov i filirov za platiti kakšnega hiromanta bormeš nemam i onda bu ostale kak sem povedal. Se si gruntam kak bum jenega grdega dneva, gda se bum prismical gore svetomu Petru na spoved, srel bum se svoje, i bake i dede, i mamu i japu, rodbinu svu, se ih bum gore našel i znam da me ve čakaju da prijdem k njimi po voli Božjoj, pa gda bum gore prišel, se bum seznal kak je to bile s njimi i zakaj. Istina je, od šlaprtkov ni fruštuka, kak ni od trulih jabuk se nebre štrudlu speči, pa gda hmernem i ak me ne bu Jezušek naš lubleni v pekel poslal, se se bu poravnale i to kaj se ve ne vidi na tom drevu kaj ga zoveju „obiteljsko stablo"! Same, kaj bu mi vredelo ak bum seznal da je baka Rozika spala s švapskim oficirom i s njim pobegla v Nemčiju? Baš ništ! Bi kaj drugače bile pri meni i z menom ak bi ve znal istinu o temu semu? Kaj je prošle je prošle i šlus! Kaj je je, kaj neje neje, rekel sem kaj sem rekel, pak šteremi se bu dopalo, fala lepa, a šterima ne, kaj me briga..."

Kopajući po sebi, po sjećanjima i svojim i tuđim, mjesecima rujući svugdje gdje sam mogao u potrazi za podacima, iščitavajući stotine stranica originalnih dokumenata, znanstvenih radova, citata svjedoka vremena, starih novina, knjiga i svega što mi je „palo u ruke" jedina konstanta i rezultat svega jest da svaka tajna skriva mnogo više novih tajni i da je cijela predstava samo jedna od predstava u tisućama predstava ovog polusrušenog kazališta istina i laži. U prošlosti, onoj nedirnutoj, bez falsifikata i aditiva ljudske gluposti, u povijesti koja je takva kakva jest nema zlih grifova, što se na bini ovog kazališta odigralo, završeno je, i dobro i loše ostaje zauvijek sve dok imamo hrabrosti pamtiti i dok zbog kukavičluka i straha od istine sve ne prekrijemo maglom zaborava.

Međutim, ljudsko sjećanje je neopisivo fragilna pojava, stvar strahotno podložna djelovanju trenutnih dojmova i psihičkog stanja i posve je neotporna na narcizam, mržnju, ljubomoru i ljudsku zlobu, sebičnost i oholost...

Čega se stvarno sjećam? Vremenski odmak mijenja pogled na događaje iz davnih dana: i odjednom se nađoh u čudnome stanju stvar, sve što sam proživio, doživio i odživio, shvaćam i prihvaćam kao još jedan svoj glupi ispad.

Konačno, svijeća sudbine je ciknula, vrijeme mi ističe. Svakoga dana gubim sve više od maske naivnosti, svakoga dana koprena jeftine ljudske moralne sljepoće na mojim očima slabi i zapravo vidim sve bolje, osobito nakon što spoznadoh Krista, Spasitelja našega. Kažem svima, odustao sam od aditiva ljudske prijetvornosti i više me ne zanimaju kopije emocija, napose ne kopije ljubavi. Poznanstva koja to nisu, glumljena prijateljstva pod krinkom pristojnosti, tapšanje po ramenu, osmjehivanje baš svima uz obavezno „kako ste”, ulizivanje s prihvaćanjem baš svakog ajnštelunga, čak i kad je taj stav protiv svake zdrave pameti i ona bon-ton šutnja („pametniji si kad šutiš”), onaj odvratno ljigavi biks kojim se premazuju napudrane face modernih malograđanskih strašila, sve mi to meni ne treba mi iz jedinog razloga: moja je plaća na nebu, a moj sudac je On! Nisam bahat i ne pokušavam se lažnom vjerom uzdići iznad zakona države i zemaljskih vlasti, ni najmanje, ta ja poštujem ustavno uređenje, plaćam porez, nemam kriminalni dosje i uopće nevidljiv sam za bilo koju državnu službu progona, ne uistinu... U Isusu Kristu, u Nebeskom Ocu, moći Duha Svetoga...

Rođen sam u prekrasnoj Hrvatskoj, Hrvat sam, ali ne po zanimanju, rođen sam u zemlji milijuna grobova mrtvih vojnika, grobova koji su popločili staze njene krvave povijesti i zbog čega nijedan Hrvat ne bi smio ni morao hodati spuštene glave. Nažalost, stvarnost je suprotna, Hrvati ne samo da hodaju spuštene glave, oni pužu u većem ropstvu no što su ikada bili! Demokracija je, Hrvatska je članica EU i NATO-a, višestranački je sustav, znači, imamo parlament i sve to, pravo glasa za sve, nacionalne manjine su zaštićene u tolikoj mjeri da drže stolicu svakoj hadezeovskoj lopovskoj vladi, vjeroispovijest nije limitirana (doduše, jedna je crkva privilegirana, ali to je stvar gledanja, haha), pederi i lezbijke mogu slobodno paradirati i žvaliti se, nostalgičari za komunjarama i nostalgičari za ustaškom endehazijom jednako tako mogu lajati i cviliti k'o gujde na klanju, a i sloboda poduzetništva je živa već trideset godina i svi su hrvatski poduzetnici, koji su po logici i veliki domoljubi, sasvim slobodno pokrali sve što se ukrasti moglo i sad dvjesta bogatih familija, možda koja gore, koja dolje, uživa k'o bubreg u loju (iznimkama čast), a hrvatska sirotinja krepava i dalje, kao što je krepavala trinaest stoljeća. Nema što, sloboda je apsolutna, svaki je Hrvat slobodan imati milijun eura ili nemati ni lipe u džepu, sve je pitanje posjedovanja odgovarajuće partijske iskaznice/knjižice. U čemu je onda problem, ako smo se oslobodili stega beogradskog pašaluka i sad smo europejci (barem nam tako pričaju likovi poput aneimčnog premijera i sličnih trabanata), zašto kukati kad nam teče med i mlijeko u 'rvatskom Edenu?

Jasno: kontraverza hrvatske povijesti u sadašnjosti dokazuje dominaciju Hrvata-grobara nad Hrvatima-mrtvacima u kontinuitetu zla i patnji naroda kojeg nijedna vlast u nijednom sustavu nikad ništa nije pitala! Od smrti kralja Dmitra Zvonimira do prvih pravih slobodnih izbora devedesete prošloga stoljeća, hrvatski je narod bio okovan, sputan, a potom je ispalo tako da ni od 1990. nije puno slobodniji. Skinu li se kulise tzv. demokracije pojaviti će se gola slika hrvatske stvarnosti: ponešto drugačije obojena, ali jednako bijedna i jadna kao i prije devetsto i više godina! Legenda o „ostvarenju hrvatskoga sna” nestala je i prije no što je započela ili, bolje kazano, u predstavu je ubačena nova scena s novim prizorima i priča je nastavljena a da se nikakvo dobro nije dogodilo! Rogovi obilja ostali su u rukama elita, sad ponešto moderniziranih i dopunjenih (komunistička bagra preokrenutih kaputa i neoustaška emigrantska bagaža praznih džepova, prvi bivši sekretari i direktori, funkcioneri i slične grinje. svi naučeni na luksuz udruženi po generalmajorovoj ingenioznoj ideji „svehrvatskog pomirenja u pljački i grabežu”, kao i drugi, bjelosvjetske vucibatine, šank-ustaše, 'rvati od desetog travnja četrdeset i prve, žicari dojčmaraka, dolara, franaka etc. od naših gasterbajtera, i jedni i drugi, svi zajedno spojeni u ogromnog krpelja koji siše krv hrvatskom narodu tri dekade i ne čini se da će naskoro prestati), a kmetovi hrvatski i katunari, težaci, radnici, ma svi i svaki do posljednjeg hrvatskog siromaha mora stajati u stavu „pozor, pozdrav zastavi” i pjevati Lijepu njihovu 'rvacku, onu koja je nastala iz pepela spaljene domovine Hrvatske, one koja se morala i trebala roditi kao stvarno slobodna zemlja slobodnih ljudi nakon pobjede petog kolovoza 1995.! Ništa se nije dogodilo, osim 'rvacke!

Povijesna tragedija u gorkoj činjenici: Hrvati-mrtvaci lakše su disali pod tuđinskom krunom nego danas u demokraciji i slobodi. Zašto? Kako? U tmurna vremena disali su hrvatskim srcem, a danas to ne smiju jer jedino službeno srce jest 'rvacko, ne hrvatsko. Trpio je naš hrvatski kmet i pranger i bič, i lomaču i glad, boleštine, smrzavao se na ledu ledenom i skapavao na paklenoj vručini, žedan bio i gol i bos, ali podnosio je sve jer je znao da ima pravo na život i da mora doći dan ostvarenja tog prava na život. Nije, jasno, razmišljao potonjim riječima, neuk i nepismen sve je shvaćao kroz puni želudac, krov nad glavom i poštenom plaćom za pošteni rad, kmetov je svijet bio strogo omeđen regulama da se kralja i grofa i biskupa mora pozdravljati i sve im plaćati što se plaćati mora, ali da bi bilo po Bogu i po zemaljskoj pravdi da i on, kmet, ima nešto za pod zub staviti, s kakvim toplim gunjem se pokriti i da mu djeca ne kisnu u kakvoj blatari, u stračari, da ima kravu na kojoj se ne baš vide sve kosti i komad zemlje taman da rodi dovoljno žita da svakoga dana na stolu ima hljeb kruha.

Godine 2021. stolovi gospode prenatrpani su delicijama, a stolovi kmetski zjape prazni i truli i sve je manje kmetova i sve je manje stolova, a gospode sve više. Koliko papira moram potrošiti na prizore ove dosadne scene: domovina, s malim „d” ni u kazališnoj predstavi istina i laži ne stoji dobro. Povijest je zabilježila razne pojave, velikaše, zaslužnike, umove dične i vojskovođe, ali nijednog kmeta! Gupca jest, ali to sam rekao milijun puta. A onda, istina je, hrvatski je kmet samo dva puta u povijesti uzeo oružje u ruke da snagom kuke i motike ostvari ono što mu je voljom Božjom darovano, a silom ljudskom oteto: 1573. i 1991., nikad prije to se dogodilo nije (ne računam na velikaške, plemićke, prebendarske i kaptolske, ne računam na plemićke ratove, čak ni na NOB, oni se i nisu vodili za kmetske hrvatske pravice). Petsto sedamdeset i treće nije uspio, vojska seljačka je uništena, povješana, izmasakrirana i bačena u još okrutnije ropstvo. Devedeset i prve na oružje se digao i četiri godine kasnije pobijedio, ali pobjedu uživao nije. Dvadeset i šest godina kasnije uspostavljen je novi feudalizam, s novim plemstvom, novim 'rvatskim grofovima i biskupima, s aristokracijom čije je bogatstvo mnogostruko veće od onog Franje Tahija. biskupa i bana Juraja Draškovića i podbana i bana Gašpara Alapića. Ustrojeni su stališi među kojima kmeta nema, toliko je nisko bačen, na samo dno 'rvacke, bačen je kmet hrvatski da rinta, šljaka, dela, muči se i hrani sve one gore, uključivo nove Josipe Thurne i slične veleizdajnike Hrvatske!

Hrvatsko kazalište istine i laži koje sam ugurao kao scenu u ovu svoju predstavu (ili: svoju sam predstavu zabio u hrvatsko kazalište) jest niz scena u čijim prizorima je sudjelovala i moja obitelj i ja u upravo nevažnoj roli. Nisam se vraćao daleko u prošlost, kakvih dvjesta godina, a i to samo na preskok, uglavnom sporadičnim „upadima” u sporednim opisima sporadičnih zbivanja, no držim i to dovoljnim za potvrdu istine: živjeli smo stoljećima pod raznim vladarima, i pod Njegovim Apostolskim Veličanstvom, Carom Svetog Rimskog Carstva, kraljem, i pod banovima u ime tog Cara (i carice, ne smijem zaboraviti reći), i pod trofaznim kraljem, i pod fiškalom idiotom u vrijeme Hitlera i Musolinija, pa potom desetljećima pod maršalom i komunjarama, i pod svakom tom palicom smo najebali i to bez pardona!

Po osnivanju, neki budalaši 'rvacki to zovu uskrsnućem iliti ostvarenjem tisućljetnog sna (jedino što je moja obitelj sanjala, kao i svaki hrvatski kmet je komad kruha, topla peć i da ih ne mlati bič ni biskupski ni grofovski, da ne moraju baš do zadnjeg zrna žita dati za porez i da ih se ne šalje u glupe ratove). Radost i oduševljenje kmeta bješe kratkoga daha: po valjda milijunti put u trinaest stoljeća dugoj (koliko mislimo da jest) povijesti hrvatske nam države grobovi hrvatskih vojnika, njihova krv i plač (moram biti malo patetičan) majki, žena i djece vojnika su izdani, zgaženi i popljuvani u ime one lažne „povijesne zbiljnosti”, u ime nepostojećih ideala, za račun iluzije jednog bivšeg partizanskog majora i komuniste koje je, vidi vraga, doživio prosvjetljenje i kroz reinkarnaciju samog sebe stao na čelo 'rvacke, države kojoj se nametnuo kao doživotni vladar, baš poput njegovog idola, pokojnog bonivana maršala krepane federacije. Sav zanos i sve suze radosnice zbog famoznog uzvika „imamo Hrvatsku”, sve je nestalo kad su novi grofovi (i biskupi) počeli otimati što im je, kako smatraše, pripadalo po posjedovnicama, novim grbovima i plemićkim listinama izdanim i ovjerenim previšnjom rukom vrhovnika i državnog poglavara, bivšeg direktora Instituta za istoriju radničkog pokreta. Veza ove „povijesne priče” s mojom obitelji ogledala se (na primjer) u otkupu stana: bilo je naročito mudro od demokratske vlasti natjerati ljude da otkupe tzv. društvene stanove (sve pod idiotskim objašnjenjem kako je to ispravljanje nepravde jer neki su u socijalizmu dobivali stanove, mnogo njih nije, a svi su uplaćivali u stambene fondove) po relativno dobroj cijeni, ali poanta je tome što je to bio začetak bogaćenja odabranih. Ni danas nikome nije jasno kako se pojedinci uspjeli „otkupiti" na desetke stanova iako su nositelji stanarskih prava bili pojedinci, a ja se ne sjećam da bi neki radnik bio nositelj stanarskog prava na nekoliko stanova. Također, ni do danas nikome nije jasno (nama, sirotinji) kamo su te milijarde otišle. Službeno, „za obranu Domovine", ali nekako ne vjerujem u to. Dakle, moja majka nije mogla otkupiti stan čak ni po niskoj cijeni: mi nismo imali novca! I sad, ispalo je da neki bivši komunisti, direktori, inženjeri, sekretari, sindikalisti itd. ipak nisu bili toliki komunistički idealisti kad su imali keš za otkup ne jednog nego „iks" stanova, a da smo mi, sirotinja i Bogu teška, morali priznati svoj proleterski status jer nismo, mi lijene nesposobne bitange, otkupili stan kako bi pomogli „obra-nu 'rvatske". Moja obitelj ništa nije otkupila, a ja sam pomogao „obraniti Hrvatsku" u odori Hrvatske vojske, malo više od četiri godine, ali to se ne računa, nikad ni nije ni meni, ni hrvatskim kmetovima. Onima iz 'rvacke jest, vrag zna zašto.

Razočarenje? Čemu se žaliti, kmet nema ništa od cmizdrenja, plati devetinu i desetinu, štibru, svaki namet, pedeve, poreze i prireze, doprinose i naknade jer to se mora, jer to radi Domovine sin. Ne i oni koji su „stvorili 'rvacku!". Posijano davno prije mog rođenja kao kontaminirano sjeme iluzorne prošlosti, u devedesetima se 'rvatstvo prometnulo kao nešto nadnaravno, ali ne u smislu (tek) nacionalnog ponosa nego kao moralna, poslovna, intelektualna i uopće životna karakteristika i kriterij koji se mora ispuniti da bi se nekoga moglo proglasiti „iskonskim 'rvatom" prihvatljivog tipa kojeg je simbol nemuzikalni kreštavac koji skače po bini u oblaku umjetnog dima s ogromnom kopijom srednjovjekovnog mača! Kako je umjesto hrvatstva Hrvata-mrtvaca ozakonjeno neprirodno grobarsko 'rvatstvo, umobolno i lažno, to je hrvatski kmet bio obvezan plesati kako su svirali novi mužikanti novog benda novog 'rvatstva. Nažalost, lepeza glazbenih uradaka dotičnih nadhrvata bješe malecka, i osim parahrvatskih devetenaestostoljetnih budnica i uglazbljenih opskurnih uradaka netalentiranih pseudopoeta, prave, uhu ugodne hrvatske glazbe bilo nije! Tome moram (još jednom, rekoh već nešto o tome)dodati nerazumljivu empatiju i nostalgiju za k.u.k. monarhijom, kao da Hrvatska nije stenjala i krvavila pod austrijskim prokletinjama tri stotine devedeset i jednu godinu! Gradonačelnik Varaždina i sva varaždinska elita (da ga je dočekao biskup uz monsinjore, plebanuše i inu pomazanu svitu, to ne moram spominjati, savez ultramontanaca i Habsburga je poznat stoljećima: hvala Napoleonu što je ukinuo naslov Cara Svetog Rimskog Carstva) upravo su se topili priređujući sinu posljednjeg hrvatskog krvoloka prijem dostojan naslova, i nadvojvode i njih, kao domaćina veleizdajnika, a što bješe posebno brutalno na sramotu drevnog nam grada (mada, što to pričam, od kad je to varaždinska elita marila za to što čini, ta oduvijek je služila tuđina i plaćala danak tuđinu i bila odani sluga, maran izdajnik Hrvatske), onda cijela „opereta" poprima stvarno ton sveopćeg ludila. I ne samo to, posjete jednog habsburškog nadvojvode (i naglasiše varaždin-ski magarci, supruge mu princeze), u podaničkom sluganskom duhu 'rvatskih varaždinskih guzičara dokazao je jedan od „sedam hiljada doktora naše cilindraške znanosti" objavljujući znanstveni rad (sic!) pod premudrim naslovom „Prisjećanje na boravke i poruke Dr. Otta von Habsburga u Varaždinu 2000. i 2006.", a koji je službeno uveden u pismohranu cilindraškog Zavoda za znastveni rad HAZU u Varaždinu kao svevremenski dokaz divljenja varaždinskih gradskih otaca i gradske kreme potomku obitelji koja je poslala u smrt na stotine tisuća hrvatskih kmetova! I ne samo to, jedan istaknuti varaždinski novinar napisao je hvalospjev kakvog se ne bi posramio ni advokat Domaćinskog iz „Na rubu pameti". Ergo, ganut time što stoji blizu jednog živućeg tijela carske i kraljevske krvi, urednik varaždinskih novina u svom je napisu, sve puno uskličnika, ustvrdio kako je Otto von Habsburg održao „... upravo povijesni govor sa sudbonosnim po(r)ukama kakav u novijoj povijesti grada Varaždina i Republike Hrvatske - nitko do njega nije održao!" Nadvojvoda je trkeljao o europskoj budućnosti 'rvat-ske, jasno, ulizivao se bivšim podanicima znajući da glupa udvornička sluganska rulja to voli slušati (laprdanje o Europi i 'rvatskoj, haha) i da će mu pljeskati: nije mogao reći „vratite me na tron", haha. Ili možda ništa nije bilo ludo, možda je sve bilo u sklopu pomno razrađenog plana stvaranja novog kvazikraljevstva na demokratski način. Ne znam zašto, ali sve je više dokaza kako je 'rvacka bila zajednički plan komunjara i neoendehazijskih klošara jer nitko uman nije pronašao ni jedan jedini logičan razlog zašto je Hrvatska ovako prokleto slaba, uništena, zašto su vrijedni kmetovi na rubu gladi i zašto, za Boga miloga, ide dobro samo onima gore, a nikako da krene nama dolje. Žalosno je što je i u trećem mileniju još uvijek među „pukom” popularno lažno 'rvatstvo stvoreno u bljutavim lokvama zbivanja devetnaestog stoljeća i što je i danas, pored sveg tehnološkog napretka i lako dostupnog znanja, staromodna hrvatska glupost, neznanje kao znanje, idiotsko kreveljenje sa zastavama i mačevima još uvijek insignija domoljublja i nacionalne svijesti. Tužno je što je Hrvatska rob 'rvacke i što 'rvatine šupljih glavurda imaju i moć i vlast nad onima kojih ih hrane i koji im plaćaju račune. Nakaradno zadrto 'rvatstvo za pigru masu je kao neka vrsta narkotika, onog istog koji truje hrvatski narod stoljećima, a o čemu je Miroslav Krleža mnogo pisao i govorio, pa između ostalog i ovo („O malograđanskoj ljubavi spram hrvat-stva”, 1926. - iz čega sam već uzimao citate)): „U tom začaranom krugu romantičnih sugestija, bolećiv klišej sentimentalnog, u sebe zaljubljenog hrvatstva postao je kreatorom i inicijatorom jedne političke svijesti, jedne izvjesne varijante takozvane kolektivne narodne volje, koja se ne podudara ni s interesima narodnim niti s istinom.” I još: „Filistarsko, zakutno, zatureno nazovigospodsko hrvatstvo pati od ograni-čenog osjećaja manje vrijednosti u socijalnom smislu, i ako je nešto u hrvatskoj prošlosti deplasirano, to je upravo ono pusto i isprazno dočaravanje imaginarne plavokrvne, plemenitaške hrvatske prošlosti.” Jasno, to da je u trećem tisućljeću ime nekog austrijskog topničkog generala u kontinuitetu valuta kojom se doka-zuje odanost stupidnoj nacionalnoj mitomaniji ne bi bio problem da nije jedne konkretne svinjarije: svaki put kad vladajuća garnitura zasere stvar, udari po ušima primitivni narod legendama o banu koji je ukinuo kmetstvo (NJ.C.I.K.V.F.J.I. znao je nagraditi odanost vampirskoj incestuoznoj kući Habsburg, nije top-nički general bio jedini 'rvatski budalaš, ali jest onaj koji nezasluženo nosi veličanstvene epitete nacional-nog diva domoljublja i rodoljublja), zasvira se „Ustani, bane”, ispeče se krdo janjaca i pokoji vol, ispije nekoliko buradi šećeruše i svi sretni i zadovoljni, glupani siti i napiti, a vlast sigurna na Pantovčaku, u Banskim dvorima i na Markovom trgu. Ništa novo...

„Koga se vraga tu poreseravleš, če ti neje po volji, idi, te nišče ne drži tu” Ili si štrik zemi, pa se obesi za pervo drevo, konj jen nažrti! Ha, čepeti na šekretu i srati bez guzobrisa je takaj jake spametno, nema kaj, pa se pokle čudiš kaj smrdiš kak futač i hodiš po svetu v posranima gačama! I kaj je opče problem, kaj spodelavaš sakojake bedastoče, gdo ti je straho? Kaj palamudiš o kmetima, je kmet horvatski dobil se kaj je štel, 'rvatsku svoju ima, ni jen plebanuš ni barun nesu meli tulike kak denes kmet horvatski ima! Su se 'rvatski vizionari, kak se veli, akademska gospoda, 'rvatski največi ljudi, političari, spametne glave, pisci i sami doktori, kaj sakega vraga znaju zmisliti, i bankari šterima su same penezi v glavami, i fiškali šteri v malemu prstu se zakone imeju, i si kaj ih nabrojati ni ne znam šteri prvaki jesu kaj su 'rvatsku nam jedinu senjali dok si ti popeval „Po šumama i gorama”! Kaj sem htel reči, ah je, gda si ti, balavec bil, ti su veliki 'rvati robijali i svesno su z Partije zišli vun, a ne štere su ih komunjare sami hitili, i se su riskirali, a drugi pak su se po vani vlekli kak prebiti cucki, skrivali se pred udbašima i išli spat i dizali se s „Zdravo, djevo, kraljice Hrvata” i „U boj, u boj”! I kaj onda ak su dobili nekaj malega, kaj su penezi prema muki i znoju šteri su za 'rvatsku prolevali letama? Kaj su vile, stani, auti, miljuni v bankami, fabrike, brodi, pen-zije, škole za decu i si te mali znaki pažnje, ne, prema onome kaj su za Domovinu 'rvacku stvorili? Zate, ne seri da ne buš po labrdi dobil jenu zidarsku! Čkomi! Još 'rvatska ni propala!”

Bravo, još 'rvacka nije propala, pak ni neće dok je kmetova hrvatskih, Hrvata-mrtvaca! Nego, mislim, mogu se vratiti na popis zaslužnika za današnju 'rvatsku,? Ponavljanje je majka znanja, učili su me nekad, haha. Mada, hm, prije toga jedno pitanje: može li akademska izvrsnost, doktorske titule i znanstveni rad, uspjesi u zvanju i zanimanju, priznati autoritet u nekoj struci, profesionalni ugled i uopće status kao takav biti ili jest garancija da je dotična pojava moralan čovjek, pošten itd. i da se zbog svega navedenog može predstavljati kao netko čije su ljudske osobine i prosudbe vjerodostojne u smislu čovjekoljublja? Mislim, da ne, nikako ne!

Znam da je ovo istina. Hrvatske su obitelji, moja naročito, platile cijenu 'rvacke! Na svakom milimetru Hrvatske krvavi spomenici hrvatske gluposti i 'rvacke tiranije (namjerno sam ovo rekao, tiranije, bez za-bune): hrvatski kmet primoran je slušati, gledati, hraniti i napajati, odijevati, stambeno zbrinjavati, školovati, plaćati, životno osiguravati svu spomenutu hordu tatova, lažljivaca i izdajnika, prodanih duša, slugu tuđina, lijenčina, čitave čopore zvjeradi neljudskog anšlaga, bezdušne nakaze nedostojne ikakvog poštovanja, kmet je primoran klanjati se, pljeskati i glasati za nekoliko generacija 'rvackih krpelja i sve te spodobe bez morala i bez časti, uši, grinje, crvi štetočine, izjelice i lakome hijene koje svoja nakazna trupla skrivaju zlatnim i srebrnim blankpancerima i s napudranim perikama i u bijelim rukavicama urlaju na kmeta s visokog trona vladara 'rvacke zadnjih trideset godina brutalnije nego itko ikad u povijesti. Lakše je bilo biti, kako rekoh, slobodan u neslobodi nego što je sad biti neslobodan u slobodi. Stotine tisuća mladih ljudi pobjeglo je iz Hrvatske (i) zbog tzv. 'rvacke pameti, zbog elita koja u svome genetskom kodu ima izdajstvo, sluganstvo, sadizam spram hrvatskog naroda i koji su stoljećima na platnim listama svih gospodara Hrvatske. Zvali se oni baruni, grofovi ili samo plemeniti, bili plebanuši, prebendari i biskupi, kitili se službom kao suci, zastupnici, sabornici ili načelnici, predsjednici, tajnici, podbanovi sekretari i premijeri, stavljali ispred svojih krvlju nevinih uprljanih imena i prezimena dr.sci., mr. ili dipl.ing, doc., ma bilo što, nosili najskuplje livreje i prskali se ekskluzivnim linijama najboljih brendova parfema i kolonjske vode, ergo, svi su oni za vješanje na one iste prangere i na galge na kojima smo visjeli mi, Hrvati-mrtvaci! Nemam empatije ni milosti spram bande koja sebe naziva „moralnom, političkom, znanstvenom itd. vertikalom društva": kad bi postojao neki bodljikavom žicom i minskim poljima okružen epidemšpital u kojem bi ih bičevali, izgladnjivali i tjerali da dvadeset i četiri sata dnevno slušaju gluposti kojima nas neprestano teroriziraju, odmah bih ih sve zatočio u taj epidemšpital i ostavio da krepaju u vlastitim fekalijama, baš onako kako trinaest vjekova umiru Hrvati-mrtvaci hraneći ih i plaćajući im danak u krvi! Nemam razumijevanja za „sedam hiljada cilindraša", za akademike, predsjednike stranaka, guvernere i viceguvernere HNB-a, ravnatelje agencija, ministre, suce i državne odvjetnike, za 'rvatske tajkune, za armiju sisača erarskog novca koji su generacijama svojih obitelji kao pijavice prilijepljene za državnu kasu, nemam ni mrvicu obzira prema bivšim komunistima, bivšim oficirima jenea, za svu tu gomilu političkih bastarda koji su devedesete promijenili kapute i iznenada postali 'rvatine od stoljeća sedmog. Ne mislim, jednako tako, da su potomci endehazijskih krvnika zaslužili bilo što osim prezira: biti apologet vođa drek-države, idiota koji su od Hrvatske pokušali napraviti koncentracijski logor je ispod svake razine poimanja ljudskosti. Ponoviti ću potvrde radi (čak iako znam da pristup „či bi da bi" ne prolazi u sagledavanju prošlosti): u biografijama bivših oficira JNA, partijskih sekretara, zaposlenika jugoslavenskih institucija, supovaca, udbaša, profesora, sudaca, odvjetnika i tužitelja, ambasadora (veleposlanika) i uopće diplomat-skog osoblja, u osobnicima (personalnim dosjeima) svekolike socijalističke oligarhije stoji kako su deve-desete „osjetili zov Domovine i svog 'rvatstva" i napustili omraženi komunistički totalitarni sustav i stavili se na raspolaganje novoj 'rvatskoj! Najgore u ovome jest što je sirotinja, kmetska bagaža to „popušila", pa i više od toga, što mnogi od nabrojenih trolova u očima kmetskim figuriraju kao „istaknuti zaslužnici za slobodnu i neovisnu državu Hrvatsku"!?! Njima se klanjaju, o njima čitaju kao o onima „koje majke rijetko rađaju", pak kada krepaju, pohode im pogrebe s upravo teatralnim pijetetom: 'rvatine pokapaju s najvišim državnim počastima, a svi mediji izvještavaju o pogrebima kao o događajima prve vrste! Da, pobjegli su iz „omraženog socijalizma", a služili su mu kao najvjerniji psi, uživali benefite, debljali se, žderali i pili na komunjarskoj kopanji i to bi sto posto nastavili činiti da je „omraženi sustav" opstao i da jugofederacija nije crkla. Nitko me ne može uvjeriti u suprotno: tako je jedan hrvatski general, stručnjak za tehničke stvari, doktor znanosti, na čemu mu skidam kapu, a koji je koristio apsolutno sve privilegije koje je pružala bivša armija i partijski aparat i koji je, za razliku od nas smrtnika, socijalističke sirotinje, jeo fino i pio fino, i koji je (ipak, i zbog vlastite pameti) uspio steći zadivljujući znanstveni status, početkom rata također pobjegao iz „omraženog protuhrvatskog jugoarmijskog sustava" da bi služio Domovini i pomogao u obrani od svojih dojučerašnjih kolega i prijatelja. Kad jedan, dakle, takav doktor znanosti, hrvatski branitelj u generalskom činu laprda o svome domoljublju i to govori toliko čvrsto i odlučno da mu kmetska sirotinja jednostavno mora povjerovati, onda jedino što mogu reći nek' ja i svi mi mrtvaci idemo u vražju mater! Zar bi dotična doktorska i generalska, sve'rvatska ultraumna glava stvarno napustila vojnu akademiju u Zagrebu, dala otkaz i dokazivala 'rvatstvo da do rata nije došlo i da „silnice povijesne zbiljnosti" nisu okrenule ploču? Čisto sumnjam. Ne napadam konvertitstvo, pa i sam sam obraćenik, napadam dvoličnost, glumatanje, napadam laž! Ne mogu biti jasniji: dotični je ugledan stručnjak, profesor, predavač, doktor znanosti u području u kojem se usavršavao, ali to ga ne čini moralnim čovjekom! Mislim, pošteni bi čovjek, svjestan sebe u ljudskom dijelu egzistencije, naprosto odustao od svakog pokušaja dociranja novim naraštajima hrvatskoga naroda o „mraku socijalizma", o udbašima, komunjarama i svim tim besmislenim temama zbog jednog neuralgičnog momenta, a to je njegova vlastita prošlost, vlastiti život! To da bi netko tko je ugodno živio, materijalno zbrinut, s redovnim ne baš malim primanjima i sa svim benefitima koje je jugokomunistički sustav dijelio svojim poslušnicima godine 2021. pričao bajke o tmini prošle države je previše licemjerno za moj ukus! Bez rata i svega što je bilo, ovaj bi cijenjeni stručnjak i dalje primao „platu" od Jugoslovenske narodne armije kao profesor koji uči pitomce tehničke vojne akademije, i dalje bi u svojstvu gostujućeg predavača držao kolegije na stranim sveučilištima i bavio tim čime se bavio, ali gdje bi u cijeloj toj priči bilo hrvatsko domoljublje, svjesnost da je JNA srbočetnička sila, gdje bi u cijeloj toj njegovoj impresivnoj znanstvenoj etc. biografiji i bibilografiji bilo hrvatstvo od stoljeća sedmog? Nigdje, u vražji materi bi bilo, eto gdje! Bez obzira na rat, da su on i svi njemu slični likovi doista bili hrvatski usmjereni, da su disali 'rvacki, nikad se ne bi zaposlili u jugoslavenskim vojnim školama i institucijama! (Prema ovom tipu politička emigracija je mnogo poštenija, emigranti nisu primali plaću od jugo vojske, barem koliko ja znam.) Nije problem u tome gdje je i što je radio, nije problem u znanstvenom zvanju i visokoj stručnosti (na čemu mu čestitam), problem je u političkom i ljudskom licemjerju, o prijetvornosti i u lažima jer ako je netko hrvatski domoljub, diše hrvatski, želi Hrvatsku slobodnu i usput ne podnosi srpsku dominaciju, mrzi komuniste i ne može smisliti armiju, onda bi moralno i na svaki način ljudski bilo ne primati novac od onih protiv kojih mu srce bije! Zato nemam povjerenja u takve pojave, ni najmanje! (A zasluge u Domovinskom ratu? Domovina s malim „d" mu je zahvalila, dovoljno.) Njemu i svim sličnima bolje bi bilo da se, kako narod kaže, pokriju ušima i šute! Bilo im je dobro prije, dobro im je danas! Nisam rekao da je gospodin general lopov, da je nešto ukrao ili nekoga prevario: govorim o njemu kao o predstavniku 'rvatina bez trunke poliičkog i domoljubnog morala! Svaka riječ u svezi hrvatstva, antikomunizma od strane ovog i spomenutih 'rvackih parazita dodatna je doza otrova i novi čavao u lijes umiruće nam hrvatske domovine. To ozbiljno mislim. Mračna 'rvatska stvarnost proizvela je tisuće političkih kvazidomoljubnih nakaza koje su pregazile hrvatsku obitelj hrvatskog kmeta i na grobovima nevinih izgradili kraljevstvo Hrvata-grobara, državu tmine i beznađa. Stoljećima na blatnjavom placu hrvatske političke travestije nude muda pod bubrege i stoljećima dvolični gešeftsmani domoljublja podvaljuju naivcima trule jabuke 'rvatske povijesne mitomanije, iluzije i laži ukoričene u najgluplju, ali i najubojitiju politiku koja je ikad postojala, politiku „krvi i zemlje", a koja je u hrvatskoj inačici u posljednjih trideset godina evoluirala u najgrozomorniji, najlicemjerniji, najkorumpiraniji i najbrutalniji sustav ikada, u demokraciju 'rvacke, članice EU i NATO-a, a sve pod žezlom hadezenjarskog klana lopova i njima pridruženih vazala i konfidenata (ovoj armiji zla pripada i esdepeovsko krdo). Ne, nemam ni najmanje empatije prema potonjim grobarima, oni ne zaslužuju razumijevanje ni milost.

„Je, ljudi dragi, to kaj sem ja morti indigiran s sim ovim, to nikaj ne znači: bu bile da se bu Horvatska i naš Domovinski rat pretvoril u veliko ništ, tak bu, velim vam ja. Se se po-navla, a horvatstvo nas kmetov tak i tak ne postoji za gospodu 'rvacku! Soldačija i luknja v glavi i človek se nemre mam zmisliti sega kak je bile, a ja... Nis bil bubant nigdar, škola mi ni išla kak maminim sinekima i japinim zlatima s kikama, kaj bi, ne da sem bil najgorši v razredu, ali nigdar nis bil mej odlikašima, vunderkind z mene ni mogel biti. Ponavlal sem pervi razred, sem išel v šestu osnovnu, zvala se „8.Maj". Me coprnica od drugarice, Slavica se zvala, sam tak srušila i to z horvatsko srpskega jezika, vražja bila, da joj se Jezušek dragi smiluje gore (mislim da je krepala), a pokle sem bil dober v ocenami, gda-gda bi dobil štiri, a pet sem imel z povesti, horvatskoga jezika i zemlopisa. Kemija, fizika i matematika neje kaj je ja nis razmel, same mi je bile dosadne: dva plus dva je štiri, v temu nema nikaj smešnega, haha. V redu, preteral sem, matematika je zanimliva šteri ju voli, ja ne, kuliko mi je treba, tulike znam, a nigdar nesam i ne bum zračunaval let v svemir, prebedasti sem za tak nekaj. Obični fakin sem bil, dete kak dete, siromaško, zmazano od nateravanja po vuni i zločesto puno put i... Ni bilo privatnih škol, makar kaj se tiče srednjih i gimnazija, tu je protekcije bile i te kak, osim pameti, dobre su došle i partijske knjižice tatica i mamica. O fakultetima i vojnim školama ne moram nikaj povedati, se zna kak je funkiconerjalo. (Zate me nemreju denes uveriti opice kaj su v komunizmu diplome i doktorate dobili, da je one bila kmica, a studerjali su deset let i pokle lepa mesta dobili, penezi su išli, a delati nisu morali.) Ajnfah, kag god da je bile, sem miljun put bil jake tužen, pune sam se put osečal skroz minderwrtig: ispripovedal sem predi ono z školske eksurzije i se to skup. Deca oficira i komunističkih šefov jeli su fine sendviče s budžolom, šunkom erste klase, z pravim trapistom, a ja s paštetom z čreva, deca drugova i drugarica su meli v žepima haj penez, a ja nikaj, su si mogli kupiti i cockte i sega vraga, ja opet nikaj. Ili v razredu, učijoni, gda bi pisali kakav diktat, meni bi kemijska pres-tala pisati, a drugu penkalu nis mel i okretal sem se leve i desne, dosajival prijatelima i pajdašicama okoli mene, jer cajti su cureli, a ja nis napisal ni pol kaj su ostala spametnejša deca naškrabala na paper. Vučitelj horvatskoga, dober gospon je zaslužil da mu se naklonim i javne rečem kak se zval, s imenom i prezimenom jer je bil gospon človek, vučitelj kakšnih nema pune, strogi i pravičen, i puno me načil, i velim mu fala jer on je „kriv" kaj ipak znam pisati na našemu horvatskemu jeziku, on je „kriv" kaj sem zavolel čitati i kaj nesam gluhi i slepi ne horvatsku živu reč: fala vam gospon Andrija Martan, fala vam, nek Vas Bog naš dragi gore na nebe čuvle i blagoslivlja zanavek (su me on i jengova žena, iste je bila vučiteljica, negdar su živeli v Đureku, v jenoj od velikih zgrad s štiri ulaza, same se ne zmislim v šteru je vulicu zgrada spadala, v Đurek ili v onu kaj je išla prema „Turistu", su me posetili v Pirovcu za vreme rata, gdi je bila „baza" naše bojne, su me na obed i pijaču pozvali i male sme se pospominali i tak su mi srce stopili i suze na joči naterali gospon vučitelj Andrija i jengova gospođa) puno nam je diktatov nadaval i se je morale biti napisane ajnc-a i kaj je onda bile? Prekinul je diktat, poluknul bi me onak kak jake stroge, otišel do svojega vučiteljskog šrajbtiša, otpril bi smeđu torbu i zvadil z nje celi bunt penkala i olov-ki svezanih črlenom gumicom, zvadil bi jenu z bunta i donesel mi je i dal. Nebi nikaj rekel, same bi me pogladil po lasima, okrenul se ostaloj deci i pital „Treba još netko olovku? Neću sto puta prekidati diktiranje." Osečal bi se kak pokisla kokoš, a vu sercu bi zahvalival kak nigdar dragomu vučitelju. V ono vreme nišče ni mel sto olovki v pernici, su jape i mame ni meli pune geldtašline da bi saki den bežali v štacun kupiti nove penkale, gumice i ostale kaj deca v školi moraju meti. Rasel sam kak sem rasel, i v školi i dime i vuni, na vulici kak pes (negdar bi mi deca landrali po cele bogovetne dneve, nas ni vrag mogel sam tak naterati da v hiži gubimo vreme, a ne kak denes, balavci sediju za kompjutorom i tim čudima i same tipkaju, ne znaju kak je lepe sosedu trešnje krasti, na bašči se po guzici sanjkati i sav blaten, moker i zdrapani biti)...

Foringaši su peljali vuglen i drva, s konjimi i mi deca bi bežali za kolimi, a foringaši bi nas kleli i z bičom terali gda bi mi skakali otraga na rudu. Su se bojali da ne bi mi pod kola opali jer im se neje išlo v rešt zbog zločestih slinavcov, haha. A kaj je istina i kaj je laž v mojemu življenju? Igrali sme se kauboja i indijancov, partizana i švabi, je, i navek je bila svaja gda sme birali strane, nišće ni htel biti indijanec, kak ni švaba, haha. To je došle od sega kaj su nas vučili kak su švabe bili zločesti, to sme mi deca „mrzeli" švabe makar, po istini, nesme razmeli zakaj i kak to da su si švabe hudi, a tulike naših dela v Nemčiji i nemremo se načakati da rodbina se vrne na urlaub i donese nam švapske čokolade, traperice i mleko v tubi. Kaj se Indijancof tiče, neje da sme ih ne voleli, same sme po vesternima vidli da su bili zločesti i da su kauboji, a najveć američki konjaniki v plavo oblečeni dobri dečki. Gda sme gledali Winetua (o šteremu su se filmi i v Horvatskoj snimali), su Indijanci postali v redu... Denes vidim da je te jednak zajebane kak i komunizam: v američkim filmi ni bilo preveč o temu kak su belci poklali hilajde Indijancov i da su im su zemlu zeli i v rezervate s topimi i puškami naterali, a to je iste kak komunisti nisu pripovedali kak su partizani na hiljade ljudi postrelali i v grabe ih pohitali kak kamenje. Je. Svet je i vu vreme gda sem dečec bil jako črno belo pofarbani, kak je i ve. Igrali sme se, ljudi dragi, jeli kaj je bile: ah, tulike tega mi ve dolazi pred moje skoram slepe joči, se vidim i soze mi ideju, i kaj da velim a već nesam? Sirotinjske plastične škornje v zimi, plastične najjeftineše sandale v letu, obleka nikakva, ili je nešće od rodbine dal kaj su deca prerasla, ili je za koji dinar kupleno na staroj krami, tam na sajmištu, retki su svetki bili gda bi nove dobili, tak nekaj ni bile saki čas. I japa gda je hmrl, moje svaje z bratom, jena baka, druga baka, oču pijani, vrag mu mater prokletu, jen i drugi oču, nek goriju v peklenom ognju, ni jesti v hiži, struje neje bile, su nam je isključili, pa kod Rozike, Male bake, brat i ja, socijalni rad nas je zel, ljublena mama v bolnici, sirotinja horvatska, kaj povedati, kaj misliti, kaj? Rekel sem, gda me očuh slal s pivskom flašom v „Vijetnam" po nula-pet, a negda i po nula-tri konjaka s žutimi penezimi i gda su si pijanci za šankom vidli i znali čiji sam i za koga nosim taj nula-tri v pivskoj flaši. Sram me bilo, a kaj sem mogel? Batine fasovati od pijanca? Mama mi ni mogla pomoči, i ona bi dobila. Se to i se kaj nisam napisal i čega se ni nemrem (i nečem) setiti, kulike je žmehke v mojem sercu i duši mojoj, se me ni naterale da postanem vražji sluga ni tat, ne, se to me nafčile da je najbolše človek biti, slabi, greš-ni, i to, ali ne mrzeti.

Pokle, srednja škola, vreme je letelo kak raketlin, Klasenerster? Ne, to nis bil, ni blizu, ni v srednoj, kaj bi. Evo, prepisal bum svedodžbu z srednje, to je se. Mein liber Gott, kak je jen zgubidan smotani uspel završiti srednju školu, pa makar i takšnu v šteru deca velkih komunistov baš nesu išla (v gimnaziju, je, i v MEC, za spametne, ali v „tridesetdrugu", kaj bi tam delal sinek druga sekrtetara općinskog komiteta ili kćerka druga potpukovnika, zamenika komandata artiljerijskog puka JNA). Črno na belom (ove je prepis duplikata svedodžbe jer sem original zgubil v ratu):

„Moje ime i prezime, rođen tega dneva tega meseca tog i tog leta, vu Varaždinu, SR Hrvatska, državljanstvo to, narodnost Horvat, nakon završene osnovne škole upisao se 1.9.198... u obrazovni program-zanimanje „ugostiteljsko-turistička struka, zanimanje kuhar". Nakon završenog četvrtog razreda učenik je 20.05.198.. stekao sve uvjete za polaganje završnog ispita. Učenik je završni ispit polagao od 30.05. 198... do 20.06.198... i postigao US-PJEH: završni rad s obrazloženjem - odličan (5), hrvatski jezik - vrlo dobar (4), usmeni ispit - dobar (3). Opći uspjeh: VRLO DOBAR. Učenik je stekao srednje stručnu spremu u programu-zanimanju „ugostiteljsko-turistička struka, zanimanje kuhar". U Varaždinu, 20.06.198... Razrednik... Direktor..."

Vrag mater, ove je same prepis papira i ak se gleda tak kak je, se vidi morti istina? Baš i ne. Svedodžba i šteri bi ove pročital bi rekel/rekla: „Ni bil bog zna kakev đak, gda je ovakše ocene dobil." Stvarne? Neje kak zgledi, v kazalištu življenja se je pune dreka. Po istini je taj „završni ispit" bil samo, kak se veli, formalnost, nikaj več. Ne znam kak je denes, ali onda je „matura" bila za „radnička zanimanja" same to da je to bile jer mora biti, sme meli i znali da sme „prošli" i predi tega vražjega ispita. Pa su i oni s „kuljama" na kraju zadnjega leta prešli maturu, kak ne bi si ostali?! Osim tega, v kuharskemu razredu ni bile moguče „pasti zadnje leto", se ne zmislim da je išće bil zrušeni. To se ni pod razne ni mogle pripetiti. Zakaj? Profesorica i razrednica, draga gospođa Barbara Martinez neje rušila nikoga, a neje ni poklanjala ocene same tak. Ona nas je vučila i ni bile nikoga kaj baš nikaj kuharskega ne bi znal. Kaj je taj „završni ispit" mogel promeniti? Bedasto, se kuharstvo nebre navčiti za dvadeset dnevi i ak nesam zapamtil dosti za štiri let, za manje od meseca sigurno ne bum, tak je bile pravile i živa je istina! Moreju se si smijati kak ponoreli, ali kuhanje je umetnost, to neje ni kancelarijsko delo, to neje nikaj od bile šterega dela, to se vuči celega življenja, celega radnega veka i za to človek mora imeti šlif, serce za kuhaču i šparhet. More ostati gulaš-kuhar ili zrasti v majstora kuhara! To znači da matura ne znači pune, da je tek začetek dugega puta kuhanja i vučenja. Ja sem se vučil i v školeskemu praktikumu, i v razredu, a največ na praksi, v restoranima i hotelima, baš za šparhetom, ne tam gde se guliju kalamperi, šalata pere i luk i češnjak reže. „Završni ispit"? Nisem pozabil, imel sam za temu „Radovi kod stola gosta", a la carte, gospodski v ono vreme, makar to je i denes, ak se to još dela. Perve, papernati del: se napisati kak pravi „rad", v trdemu fasciklinu, štampano, ne z rukom našalabajzane, pa slikice deti, opisati gda, zakaj, kak i s čim se dela, namirnice, se od alata kaj se mora meti, napisati kaj je pervo a kaj je zadnje, kak se kuha, meša, servira, kak mora zgledati i kuliko čega ide, recepti, se kak očenaš je morale biti. Kaj je to „radovi pri stolu gosta"? To je kad, na priliku, jen gospodsko drugarski par, malo bol penežljivi, odlučiju biti kak grofi: tak se dogodi da jen čelavi mož s pivskim želucom, oblečeni v prevusko odelo i grdim kravatlinom zvezanim okoli svinjskega vrata dojde v bolši restoran z svojom kak gujda debelom babom na šteroj šarena haljina z Trsta i kožnate na remen sandale zglediju kak sedlo na kravi, pak hočeju biti premilostivi grof i grofica i naručiju nekaj kaj su same vidli na filmu. Naručiju jesti kaj im ober ne bu prinesel z kuhinje nek kaj bu im kuhar skuhal i serviral da cela sala vidi, onak v kak sneg beloj kuharskoj rubači, v sivim pepito hlačama, z belim fertufom i velkom belom šrkrniclkapom na glavi i belim kuharskim klompama na nogami. To je delo pri tišu od gosta. Kak da denes se zmislim tega sega. Tri jela: pervo, merzle predjelo, „tatarski biftek", onda je išle tople jele, „flambirani teleći medaljoni sa suhim šljivama”, a na koncu desert, se zval „flambirane palačinke suzet (francuski: Creppes Suzette). Haha, se profesorica ni začudila kaj sem to zabral, ja nis nigdar htel biti gulaš kuhar, saka čast gablecima, ali sem mel mal već vole (a pokle sega ni gulaš kuhar nesam, se sam delal, ali me kuhinja od početka rata vidla neje), i tak je moj predlog za „završni ispit” prošel. Je me i onda Jezuš čuval i volel, zate sem i rešil problem: papernati del je imel biti v fasciklinu, štampano, z slikama, a ja penez za to nesam mel, a doma ni bile šrajbmašine. Pomogel mi je prijatel z razreda, jengova mama je delala na sudu i ja sem za sebe i za njega (zel je istu temu, same su jela bila drugačna) pripravil paprenati del, ona je to preštampala, priravnala i se je bile kak Bog zapoveda. Pokle sem odelal praktični del ispita, čega se nis bojal, zakaj i bi, sem znal kaj i kak treba, nis ja zabadaf mel največ vur vučeničke prakse v razredu. Kuharska (konobarska) kolica su morala biti čista kak soza, rešo je moral delati kak se spada, alat biti čisti, tanjuri, beštek, se namirnice biti stroge po receptu i v količinama kak je propisane, salvete, šibice, konjak, sol i biber, crvena mleta paprika, tobasko, cuker, limun, narančin sok, liker od naranče, ribana kora od naranče, krastavci, kapri i puter, luk, vorčester, senf, smesa za palačinke (priravnata), suhe šljive, kosani biftek, teleći medaljoni, kak sem povedal, tost, inčuni, ulje, žumanjak od jajca, salvete. Ne znam sem morti kaj pozabil, ak jesem, se ispričavam (i nis napisal po redu, šteri znaju kaj gde ide, znaju, a šteri ne, googlajte). Nervozen? Ne, došel sem onega jutra v hotel „Turist” kak saki drugi den v školu, miren, kak da se nikaj važnega bile ne bu. Bile je cakum-pakum. Komisija, tri člana, moja profesorica, pa profesor kaj je konobarima predaval i vučil ih kak se pijača toči i kapučino nosi (haha, konobar, kakšni je to posel, nositi jesti i pijaču, polirati beštek i glancati kupice, gajbe s flašami premeštati, točiti gemište, kuhati kavu na aparatu, je, sako more biti konobar, ali sako nebre biti kuhar., hjaha - šalim se, malo zajebancije, haha) i šef kuhinje hotela. Nisam pozabil, točne v pol dvanajst ja sem bil v kuharskoj obleki spreman da odelam vražje „radove pri stolu gosta” i da nakon štiri leta se to završim jemput zasvagda. Kak sem skuhal i kak je bile, bile, prošle je. Prvo me profesorica pitala o tome kaj moram pervo napraviti kad počnem s toplim jelom. Točen odgovor sem dal od perve: „Prve se mora zagrijati tava!” Baš tak! Zagrijati tavu i onda deti puter i se kaj ide, kaj ne da sem bil pravi?! Položil sem i postal samostalni kuhar! Završil je taj del mojeg življenja i moral sem prejti dale, a nis mel pojma kaj bu i kak bu bile z menom.

Nebrem lagati, ni se bile črne pri meni se ta leta, bile je i dobrih dnevi, i te kak lepih. Od pervega posla mam pokle mature, v „Panorami” v Zagrebu (fala profesorici kaj mi je posel zrihtala prek veze) i lepih novčekov kaj sem tam služil. Sih lepih cajti v familiji, dela na moru, prijatela i pijanki, gda sme popevali kak nori i pili kak deve, haha, ne, nemrem lagati i reči da sem živel v kmici i z sozami na jočima... Same kaj se takšnih časi ne sečam baš pune. Kak sem rekel, se z dreka sirna gibanica ne bu spekla, kaj je je, familija. I kaj sem moral služiti jugoslavensku vojsku. V temu sem imal sreče, sem otišel 88/89 i tak sem na vreme zbegel da se najdem v ratu i postanem „okupator” svoje Horvatske. Ma, kaj, gda sam maturerjal i počel delati v „Panorami” sem otišel, kak se to zvalo, na vojni odsjek i iskal ih da mi se da odgoda od vojske. Dobil sem pol leta i tak da me je vojska pozvala na služenje predi Božića osamdeset i osme, leto dni, ali sem se predi skinul jer nis koristil redovno i praznike, pa sem doma bil v jedanaestom mesecu osamdeset i devete, a kaj je sledilo se zna. Devedesete su bili pervi izbori, i tak, dime sem bil, kak i si, bedak ja bedasti, budala, bog i bogme, sem mislil... Ma nikaj nisem mislil, pa sem i to zajebal, i neke peneze spiskal, zapraf zel i dal nekomu šteri mi te peneze ni vrnul, pa sem najebal. Mislil sem da delam dobre delo, pomogel bum človeku v nevoli, dal sem mu novčeke, nek se zvleče z dreka i človek se zvlekel z dreka, a ja sem ostal posrani zanavek. Tak je to s prijatelimi kaj nesu prijatelji, a človek se vuči dok je živ i nikaj nemre oprati kaj se zajebe. Hočem reči: kaj znači ak priznam da sem nekaj bedasto napravil ak se to popraviti nebre? Ili: zabadav je i kaj se pokajem ak onaj šteri me v gnojšnicu porinul ni priznal da je on to napravil. I peneze mi neje vrnul. Pomogel sem mu pred pred rat, gda je nekakšnu selsku birtiju v I. zel v rentu, ali je propal kak se ima biti. Mislil sem da bu z te birtije smogel peneze da mi vrne da ja vrnem gde sem zel da bi mu dal, ali nikaj s tega bilo neje. Jengova baba, pardon milostiva ženica, zarajtala bi i blago Solomona da je to mela, a ne to malo novčeka od dve gajbe pive i litre žestokoga kaj se prodalo na den. Toga sem prijatela šteri mi ni bil prijatel srel same još jemput, v ratu, iste v Pirovcu. Vozil je kamijon za „Vindiju”, pak je nabasal na mene, ne zmislim se kak i spili sme pivu v jenoj od biritji v selu i to je bilo se.

Se skup nisem rekel ni tri rečenice, nisam mel kaj za reči. On je za mene bil gotov, nikaj več, kmična točka v sečanju. Znači, i tu sem prošel kak drek na cesti. Nečem se ni povedati kaj se pripetilo, same ni bile uvek se žufke ni slatke, bile je kak je i same življenje.

Rat? Kaj bi mogel povedati a da več predi mene hiljade njih neje reklo? Junak nisem bil, vitez nikak, bil sem dragovoljec, bil sem gda je trebale biti, Horvat-mertvac, običan siromak v uniformi, nikaj več od tega i služil sem kak sem mogel, nis bil ni najbolši ni najhrabrejši, bil sam horvatski gardist, bi se povedalo, domovine sin. Osečal sem da moram biti gde ljudi za Horvatsku hmiraju, da nemrem pobeči v Minhen diviziju (a mogel sem, me jen školski kolega z srednje, pozval baš nekak pred rat, naj idem ž njimi v Nemčiju, a ja bedak bedasti sem odbil i v gardu prešel; on denes lepi život ima, i peneze i familiju, i decu i vnuke, i švapsku bu penziju dobil, lepe je eure prišparal, a ja, sedim tu v Ameriki i bedastoče hičem na paper i mislim kak je to bile kaj je bile), ja sem sakaj lošega napravil, puno grehov hitil na pleča, ali kukavica i izdajnik nisem bil nigdar, fala Bogu! Horvatski junaki, policajci i gardisti z Vukovara, Škabrnje, Nuštra, Dubrovnika, Šibenika, opče Južnog bojišta, iz Slavonije, nek oni povedaju kaj je hrabrost, a ja, se kaj sem videl i doživel v ratu naj ostane na onemu kaj sem napisal. Ima tega puno nenapisanega, morti bu došel den gda bum opet zel olovku i ispripovedal se kaj nisem. Vidim na internetu, po portalima i v novinama da vre i neki od bivših zapovednikov kakaju na usta i pripovedaju o ratu (v kojem sme skupa bili) tak da saki put mislim, gda ih slušam ili čitam, kak nisme bili v istemu ratu v isto vreme! Je, sereju da ni pes s putrom ne bi pojel! Makar, nek ide i te na njihovu dušu, s tim nečem imati nič več. Su ti negdašnji zapovedniki na platnoj listi hadezeja i ni čudo kaj lažeju, su plačeni za te.

Naš velki horvatski gospon Fritz je rat najbolše definiral (Miroslav Krleža, „Hrvatski Bog Mars", „Bitka kod Bistrice Lesne", izdanje „Oslobođenje", Sarajevo, 1988.): „Eh, Bog moj! Rat! A što se tu može? Već gospoda doktori znadu što hoće kad guraju taj rat! To je gospodska stvar, taj njihov rat!... Bilo je da nije bilo rata, pak će i opet biti da ga ne će biti!... Svakome svoje! Tko poživi, vidjet će! Svaka sila za vremena!" Je, same kaj, v Domovinski se rat porinuti neje bedaste kak v zadnju habsburšku klaonicu, v šteri je dvesto hiljada Horvatov na polu časti i slave ispustile „svoju kraljevsku ugarsku domobransku krv u slavu hiljadugodišnjeg kraljevstva Szent Istvana, u smislu Madžarsko-hrvatske nagodbe od godine 1868." (M. Krleža „Hrvatski Bog Mars") Sme taj put išli za Horvatsku, ne za cara, za Zagreb, ne za Beč i Peštu, a na koncu se vidi da sme išli za ništ, opet za debele gospodske biskupske, grofovske i guzice! Ni-kaj ni novega, se je ostale kak je i bile, kmet je bil i ostal kmet, na galge i pranger ž njim, tom svinjom zmazanom i smrdlivom! Da se pameti navči i reda! Rat je hudičeva stvar i Domovinski je bil strašen i nikak neje da je rat dober i da se o ratu pripoveda kak da je priča za malu decu, gde je se lepe, a i grde je lepe i se bu na kraju čiča miča gotova je priča i živeli su tak srečni do kraja življenja. V ratu gospotski sineki dobro prejdeju, a kmetski rebelaši najebeju: ja se ne zmislim da je neki gospon bil v našoj bojni, a da je dime mel miljune i bil direktor, doktor (ne medicine), vlasnik štiri hiže i dva „mercedesa", ne, takšni su jeno na kurvami mogli krepati, gda im se zakonita baba pacala vu švicarskim toplicama. Fritz je napisal „ni med cvetjem ni pravice", a kaj se tiče nas kmetov, ljudi dragi, ni med nama ni sloge: su nekima od nas zadišale dojčmarke, pa stani, velki čini i fotelje tak mekane da ti se guzica oseča kak v raju, su im zadišale pune pivnice sega blaga i lagvi puni i bankovna konta i kaj se ne, pak su fletne prodali sebe i dušu grobarima za napoj, pomije njihove i sad im kak stražmeštri, kak vratari i lakeji služe za koricu trdega kruha i napol oglodanu gujdinu kost. Videti kmeta v vafenroku, z špičokami nabajsanim i naglancanim kak pesja jajca, s pol kile olja na lasima, s halbcilindrom je i smešne i za plakati, ali neje to najgorše, je nekaj druge za ne poveruvati: šteri nesu gospoda i nikad ne buju bili jer nemreju biti i jer im neju dali biti, a prestali su biti kmeti ili si tak misliju da vre nisu kmeti a v ratu su bili i čine neke na epolete priheftali, zapovedniki postali več po naviki rata nek po temu kaj su spametni časniki bili i sposebni ratniki, i ve v miru im je želudec jake nabrekel i mozak im se narajcal i su si zgruntali da su nekaj i nešče, i v politiku su se hitili i večniki v opčini i načelniki postali, v županiju su zbrani, nešteri čak i v sabor i tak su se prehitili od blatnajvega kmeta do gospodskega cilindraša i kak cilindraši su pozabili gdo su i s šterega su dreka doplazili v gospodske špičoke i vafenrok! To je najgorša stvar, s kravatlinimi, v limuzini i stanu velkom kak je nogometno igralište, s punim računom v banki i velkom penzijom od koje se običan človek smrzne, takav jen bivši kmet saki dan je se več nova fela konc-kapoa, onega šteri svoje bije dok ne krepaju, šteri svoju kerv truje i merzi i lalavka mu slini kak cucku gda ga gospodar pozove na aport. Bil sem v ratu, a i takšni su bili v ratu. Ja sem otprhnul (tak je morale biti, ne lementiram o temu), a ovi su dociranti postali, vučitelji 'rvatstva i stražari kaj čuvleju 'rvacku, ja sem v Ameriki, a oni v 'rvatskoj, ja ne jem tuji kruh, a oni hrdaju erarsku pečenku i još misliju da imaju praf kontrolerjati gdo je dober 'rvat, a ko to nemre biti! I vu veru se pačaju, drečiju kak stekli na sakoga koji neje katolički trol kakšni su oni sami: to je, velim, izdaja Domovinskega rata, to je izdaja horvatske domovine (s malim „d"), to je grobarsko 'rvactvo, to neje nikaj nek gnojšnica, smrdliva kravla pišača i svinjski drek! Bil sem v ratu i ne razmem kak je moguče da su nešteri vre krvniki svoje krvi i mesa?! A ima još jene kaj me muči, a te je, zakaj su Srbi vu Horvatskoj veči nek Horvati. Da se razmeme, nigdar nes bil nacionalist, nikoga ne mrzim i ne delim ljude nikak, ni po veri ni po naciji, ali ovo kaj spodelavaju hadezejovci i Srbi četniki, kaj tatima hadezejskim lojtru držiju Srbi v saboru, to mi se nikak ne dopada. Velim otprte, kak je moguče da jen profesionalni trofazni trol ima tulike moči vu našoj Horvatskoj? A mi kmeti, Horvati-mertvaci morame bežati vun, v tujinu i biti vu Nemčiji, Australiji, na Novem Zelandu i v Irskoj i vu Ameriki i nišče za nas ne pita, a da sme ostali, da sem ostal, kaj bi mogel, več prava imaju bivši četniki, i penzije dobiju, i stane i se mile vrage. I još ove: je srpski jezik važneši nek naš kajkavski, šteri je spal same na festivale popevke, izložbe i one dobre ljude kaj pišeju knjige (ne mislim ve na sebe), slikaju i mužiku delaju. Kajkavski je za 'rvate jezik cabotina, cirkus, ž njega se norca delaju i smejeju nam se kak bedakima i v glavu vudrenima gda nešče javno pripoveda po domačem horvatskem jeziku, kajkavskem. Kaj neje tak? Poluknite same v onaj kokošinjec kaj ga saborom zoveju: zastupniki kaj su z Zagorja, Prigorja, Međimurja, z mojega Varaždina, z Podravine, pozabili su kajkavski, nišče ne kajka, si se praviju veliki štokavci, sramiju se pripovedati kak su Horvati pripovedali odnavek! Morti jen ili dva povedaju koju reč, ali ne, književni se špreha, kak da nas opče ni. Zate srpskoga ima preveč, pak ni velki 'rvati, kaj zapraf ni književni ne znaju, v svojemu vokabularu, povedano spametne, imaju več srpskih reči nek horvatskih, haha....

Kaj sam pripovedal? Je, o ratu! Vu paklecu mojih ratnih spomenov ni bog zna kulike junačkih del jer ja junak nis bil, nemrem lagati i napisati kak sem od mertvih četnikov grudobrana slagal, ne, jer bi s lažima popljuval se naše mertve suborce, a i si šteri me z rata znaju bi mi mogeli plunuti v njušku, a ja to nečem niti trebam. V ovemu je kazalaštu preveč laži i bez mojih, kaj bih ih sam naredil. Stvarne kmet horvatski v ratu ni gruntal o „domoljublju", o velkim istinama, to ne delal ni v miru, a kamoli v ratu! Kulike mu je tuduma ostale v lagvu, kaj je z špekom na najži i gdo bu pole zoral, vrta zaštihal i jabuke i šljive obrezal to je se kaj ga muči, i kak bu s penezi prošel, a ak je v fabriki delal, kaj bu s jengovim poslom, bu dobil otkaza ili ne bu dobil otkaza, se bu imal kam vrnuti gda rat završi, te su stvari koje su v kmetskoj glavi. Ficlek domačega kruha i male sirne gibanice, kupica tuduma s radenskom i bog te veseli, luk i špek, klobasa s bažulom i sarma za Božić, kaj da se druge veli, a na farof mu je iti takaj, je plebanuš opet neke peneze iskal, javila mu baba jengova, za torenj i za izbeglice, rekel je gospon velečasni i srditi je još od prošlega vuzema, gda mu on, kmet, neje platil za nove zvone, a kaj su si v selu dali kulike je trebalo, ne kulike su mogli. Nis bil vitez i opče mi neje lepe gda nas zoveju vitezima, to nek čuvleju za gospodu kaj v ratu bili nesu! Kaj sme mi imali z vitezima?! Nikaj, siromahi v gardi, policiji i gdi je i gda je trebale biti. Puno imeni, puno pravih moži, se Horvat do Horvata v mojoj brigadi, je, puno je bile i gdi su denes? Ne znam. Za neke, kaj su velke čine dobili, za njih znam, su se promenili jer su v hadeze prešli pa visoku politiku teraju i govoriju javne v kaj ni sami ne veruju, ali penezi su v pitanju, statusi, se veli, položaji i si ih moraju slušati kak sereju i prodavleju meglu. Nek delaju kaj hočeju, ni me briga, same boli te zbog naših mertvih prijatelov, okrečeju se v grobima. Je, gotove je, dvajstšest leti je prošle i saki dan več je kak deset let dalše, hmiralo se za nikaj, Horvatske ni, imamo 'rvacku. To je istina i fakat. Mertve se bojovnike zema sam za cirkuse kaj ih zoveju „obletnicama", norca se delaju s kostima mertvih horvatskih vojaka i nišče to promeniti nebre jer je iza sega jena jedina stvar: penezi. Domljublje, bratoljublje, čak i vera v Jezuša, se pada v vodu gda na dnevni red prijdeju novčeki. Gda je moj žep v pitanju, tu politike ni, ni Horvatske ni leve ni desne, ak je treba za geldtašlin i japu prodati, zakaj ne, tak je stari metuzelem pri koncu i ne bu vre duge po svetu hodil, a ak se veli onak poštene, saki na svoju rit ima gledeti i za nju zobati, ne bu nišče za me žgance hrdal. Mertvi se ne buju zdigli, to je perve, a moja deca trebaju jesti, i obleku im treba priravnati, i školuvanje platiti kak se spada (nesu oni za državne škole, kaj bi, imaju oni vuni študerjati, ni njihov japa „krvave ga-će nosio" da bi kak cigani se v pripizidini vučili bedastočami od šterih kruha ni: dobre, ne moraju završiti kak mali ajnštajni, glavne je da na peprju bude pisale da su vu Beču, Londonu, Cirihu ili Kembrižu diplomerjali, a to je za 'rvacke vladare, se po redu ale one kopfe velka stvar, i deca buju mam v ministarstvima dela dobili, a penez nikad dost. Tak si nekak pregruntaval je saki ratni veteran kaj je prešel v „branitelje" i pozabil na se za pol filira. Za penziju, za hižu, auto bez carine i stipendije za bedastu decu (kaj same znaju reči „moj je japa bil v ratu, branitel je i ima čin bojnika), odelo s kravatlinom , šofera i „poslovnu karticu" da s njom more žderati gda mu je vola, živela 'rvacka!

Vrag mu mater, zakaj vlečem cucka za rep, kaj mi ni dosti pizdarija v življenju bile?

Horvatske svinjarije i priča deci za laku noć ili kak nišče ne vidi kaj je na stvari? Najnovejša gospodska 'rvatska krema, kak se veli, dame, bi rekli, stare babe kaj misliju da buju s bistenhalterima skrile pužle i ceceke šteri im visiju do krvgavih kolena, političari, ti večni kurviši, biškupi i plebanuši, civili iz onih bandi kaj ih zoveju „civilne udruge", potomki starega plemstva, se to cilindraško smetje nesu znali i ne znaju kaj je rat, njima su srbende i četniki i denes same „stilska figura" za „svete reči" Domovina, Sloboda, Hrvatska... Nikaj apartnega nema v tome, se je to del izdaje, najstareše hrvatske navade, i pri grobarima i pri nama, mertvacima..."

Nikad nisam bio dio mnoštva, uvijek svoj na vlastitu štetu. Prošao sam, s nekim razlikama, poput onog slavnog domobrana Gebeša koga je vodnik Benčina uzalud pokušavao dozvati k pameti savjetujući ga: „... ti buš na galgama završil tu tvoju ćifutsku bljezgariju!..." (Miroslav krleža, „Hrvatski Bog Mars"). Gebeš je skončao pred streljačkim vodom jer je udario oficira gasmaskom, što se meni nije dogodilo. Nisam bio u Velikom nego u Domovinskom ratu i nisam ratovao za Habsburge nego za Hrvatsku. Nisam bio u ruskom zarobljeništvu i nisam se napio lenjinizmom i idejama revolucije nego sam bio tek jedan od pijanih pobjednika koji nisu znali baš ništa o tome što bi s pobjedom, s Hrvatskom i sa samim sobom! Gebeš je bulaznio o revoluciji, a ja sam bulaznio ni o čemu, izgubljen u nemoći pred raljama životnih snatrenja, padao sam iz grijeha u grijeh ne znajući ništa o Bogu ni o tome da je to što radim grijeh. Ili sam znao, samo me nije bilo briga. Mislio sam kako neće ništa biti jer sam pobjednik, jer pripadam pobjednicima. Haha, tko se prvo za sebe ne pobrine, neće ni drugi za njega. Prekasna pamet: da sam, kao što nisam, pristao uz tipove poput stanovitog bojnika, danas, istina je, bio bih po medijima hvaljena 'rvatska inačica ozbiljnog, vojno stručnog (premda ni kartu ne znaju usjeveriti takvi 'rvacki likovi) fieldmarshalleutnanta, ali ni umirovljeni časnik u činu natporučnika, možda satnika nije za odbaciti, zar ne? Lijepo bih se šepurio u nekoj od udruga branitelja, obnašao bih političke dužnosti po crti hadezea i sličnih 'rvatskih zaslužnika odstoljeća-sedmog i obilazio domjenke, ručkove i večere, prežderavao se u svojstvu nečijeg izaslanika, bio bih uvaženi herold sjajnih vijesti (u 'rvackoj teče med i mlijeko), prenositelj svjetla ostvarenja 'rvackoga sna i kao nakaza 'rvatskc političkc zbiljc živio bih sasvim pristojno, bez brige oko plaćanja računa za režije i razbijanja glavom hoće li mi banka odobriti minus ili neće. Galoniran mnoštvom bezvrijednih kičastih traka teatralnog, u svojstvu korteša ostvarene budućnosti slijepo bih slijedio naputke vladara s Markovog trga, iz Banskih dvora ili s Pantovčaka po prastaroj reguli „bičem prema onima dolje, ulizički prema onima gore": što je logično, nikad nije bilo da se klanjalo kmetu, a ignoriralo grofa. Da, kisenhand, milostiva gospođo, naravno, kako vi kažete, specabilis domine. A ti, marvo kmetska, kuš i radi, da te nisam čuo, smeće zagorsko! Hodao bih ulicom samouvjereno i na prijemima, godišnjicama i skupštinama bio gost od braniteljske vrste, izaslanik župana, ministra, gost kojeg svi javno hvale, a iza leđa mu se smiju kao idiotu i budali: tko te tjerao u rat?! Glupavo nesvjestan vlastite nebitnosti, živio bih oslobođen materijalnih problema i tako bi me jednog dana našli krepanog, pijanog od prošle noći i bacili bi me u svježe iskopanu rupu na varaždinskom groblju, došao bi vod mrzovoljnih vojnika (ili desetina, prema činu, ne sjećam se regelmana koji definira vojne počasti na sprovodima), nervoznih jer su ih digli baš prije slobodnih dana i vikenda, pa bi ispucali počasnu paljbu, prilično neuvježbano, raštimano i bi zvučalo ne kao jedan „bum", nego kao bum-bum-bumbum!, a još živčaniji zapovjednik, koji je ujedno tog dana pomoćnik dežurnog brigade, ne bi uspio sakriti dosadu i zijevao bi čekajući znak da mu vojska odradi to prokleto počasno pucanje, skidanje zastave i predaje iste članu obitelji (hrvatska se povijest, tako slavna i tako vojnički velika svela na to da smo kod ukopa veterana i vojnih osoba doslovno prekopirali američku tradiciju savijanja zastave s lijesa: jadno, lijepo i udvornički, sluganski, kao da nismo mogli smisliti nešto naše jer, na kraju, ništa više ne ponižava mrtvog vojnika od tog kazališnog performansa, od tog „ukradenog" rituala sa zastavom, to svođenje smrti vojnika na mitomanski čin spajanja ljudskog života s političkom perverzijom u nakaradni simbol „časti i slave", to je u 'rvatskoj inačici poprimilo zastrašujuće komediografski ton ismijavanja bola i jauka ratnika koji umiru na bojnom polju, to se u 'rvatskoj sklonosti patetičnom pristupu grobovima i mrtvacima reflektira na dnevnu hrvatsku tragediju već predugo i ni po čemu nema naznaka da će ta strahota prestati), a nakon čega bi sprovod završio, a već sutradan bio bi potpuno zaboravljen. Međutim, ja sam zeznuo stvar i tu sam gdje jesam, s ničim i s tim s čime sam, pa što onda reći, sve ima svoj početak i kraj, Amen.

Moja priča nema skrivene nakane, ovo je predstava koja završava i koja nije producirana od „mračnih" ni od „svijetlih" snaga, ovo je moja kazališna predstava, samo to. Istina? Laž? Haha, kako je naivno vjerovati da postoji laž koja bi rezultirala istinom i istina koja bi urodila lažima: nema gluplje ideje od oblačenja istine u laž i obratno. Smrad laži i miris istine ionako će razotkriti prijevaru i na kraju će sve biti samo gubitak vremena i živaca. Ljudi pristupaju ovome pragmatično, otvorenog pobornika laži eliminiraju iz društva iako i sami nisu istinoljubivi u dovoljnoj mjeri da bi ih se smatralo poštenjacima. Nietzsche je to ovako objasnio: „Ono što ljudi izbjegavaju isključujući lažljivca nije sama prijevara nego šteta nastala prijevarom. Oni što oni mrze nije sama prijevara, nego neugodne posljedice varanja. Na sličan način ograničen čovjek sada želi samo istinu: želi ugodne, za život povoljne posljedice istine." Točno: poput ove predstave, bez obzira na istinu izrečenu u prizorima i scenama predstave, posljedice će (možda) biti sasvim suprotne od onih koje ja očekujem, čak i ako ne očekujem mnogo.

Čemu? Veliki Pascal je zapisao: „Ima ljudi koji lažu samo da bi lagali." Zvuči drsko i sebeljubivo, ali ne mogu ne reći: u ovoj predstavi ne lažem jer predstava je moj život i život moje obitelji. To što sam ponavljao iste prizore u nekoliko inačica, to samo pojačava istinitost, baš kao i laž: i tko sam ja, na kraju krajeva, da prošlosti nadijevam naslove „istina" ili „laž"?

Analfabeti, novinarska piskarala, moralisti i ine intelektualne rugobe imaju objašnjenje: to što sam spomenuo čine nesigurni u svoje riječi, odnosno slabići koji znaju da su napisali laž! Haha, život je lijep, govore bogataši punih trbuha i masne guzice, a sirotinja ni ne zna što je život jer ako je patnja i gladovanje život, onda bolje da ga nema, tog i takvog života. Konačno, nisam se upustio u ovu idiotariju zato što mislim da imam sto posto pravo, ali ni zato da bih „ratovao protiv svijeta"! Prestar sam za nove gluposti, a onima koji će me napasti jer predstavljaju „sve", odgovaram citatom znamenitog Friedricha Shillera (iz njegovog djela „Maria Stuart"): „Glas većine nije dokaz pravde." Odnosno, pa ipak mogu biti malo bahat, smijem li svoju predstavu opisati riječima meni dragog Ivana Sergejeviča Turgenjeva: „Istina koja nije izrečena u pravo vrijeme gora je od laži."? Drugim riječima, ovo je posljednji trenutak koji sam imao na raspolaganju za pisanje: prije „sada" bilo bi prerano i nedovoljno moćno, a poslije, ah, pa mrtvi ne mogu pisati.

Prije no što me svlada senilnost bilježim nekoliko novih odlomaka: sjediti sit u šlafroku kraj tople peći, u ugodnoj velikoj kući i slušati pucketanje suhe bukovine u otvorenom kaminu i pisati „genijalne istine" o obitelji, o prijateljstvu i o ljubavi. a da se od svega toga ne doživi ni „d", pisati fikciju, ne, to nije moj način pričanja priče. Ne može biti. Može se biti trostruki doktor znanosti i imati obješeno na zidu, u drvenim ružnim pozlaćenim okvirima tri doktorska certifikata, može se biti najcitiranija faca među doktorima i biti načitana faca za primjer svim nenačitanim i načitanim njuškama, ali sve to, inače hvalevrijedno znanje i nije baš nešto, ništa to nije u usporedbi sa znanjem čovjeka koji je diplomirao na najvećoj i najboljoj od svih škola, na akademiji stvarnog života! Vlastito iskustvo je najbolji profesor. Ozbiljan će autor potrošiti dvije trećine vremena stvaranja romana na istraživanje i prikupljanje „materijala" za pisanje. Također će nakon dovršetka rukopisa angažirati lektore, urednike, svu silu „stručnjaka" kako bi mu knjiga svjetlo dana ugledala jezično, marketinški i na svaki način profesionalno uređena i kako bi polučila očekivane financijske efekte. Jer to je cilj: financijski učinci objave književnog djela!

To sam čekao! „Književno djelo!" Ovo nije književno djelo, nije ni kazališni scenarij, ovo nije ni od jedne vrste „književnih uradaka"! Ovo ne spada u lijepu književnost, nije beletristika ni publicistika, za ovo nema vrste, nema podvrste, ničega „ profesionalno spisateljskog" ovdje nema! Preslagivanje poglavlja, brisanje najboljih rečenica, promjena likova, brisanje psovki, prebacivanje autora citata u fusnote, promjena lica govorenja (ja, ti, on, mi ,vi, oni), skraćivanje teksta za trećinu i... Promjene prema pravilima izdavačke struke, urednici seciraju knjigu, sakate je i na kraju ona nije ni petnaest posto kakvom ju je autor zamislio i stvorio, sve na račun zarade! E pa, ja nisam profi književnik i ne dajem ni pet lipa za „pravila struke". Što sam rekao, rekao sam. Točka.

Haha, ne činim što neki drugi čine, ne „perem" vlastitu nevažnost napadajući druge: sve njuške koje su se pojavile u nekom od prizora bilo koje scene ove predstave bile su i ostale jednako i žive i mrtve kao što sam ja živ i mrtav i to sam sa svim lošim stranama i ponekom dobrom, ako ih ima. Opravdavati svoje grijehe tuđim svinjarijama je malo previše katolički način, a ja nisam katolik, hvala Gospodu. (Opaska: među katolicima ima iznimno poniznih, bogobojaznih ljudi predanih Ocu i Sinu, samo, šteta što su u zabludi i što još ne znaju pravu istinu o tome koja je crkva jedina istinita živa crkva Isusa Krista na zemlji.)

U svakoj sceni govorim o ljudima koji su bili oko mene i moje obitelji jer bez tih ljudi priča je besmislena: često su naša činjenja uzrokovana činjenjem ljudi koje ne poznajemo i koje nikada nismo sreli i nećemo ih ni sresti. Sve tragične i po Hrvatsku, moju obitelj (i mene, u mom vremenu) pogubne gubice pojavljivale su se tijekom stoljeća redovno i njihova je redovnost proizvela mnoge od naših (i mojih padova): ovo nije traženje alibija, ovo je istina. Jasno, to da sam kriv za svoje brljotine ne mogu poreći čak ni kad bih lagao, međutim neke se stvari ne bi dogodile da nisam pristajao uz pojave i persone s kojima mi nikako nije bilo mjesto, ali i to je moj grijeh, nije njihov. A tko sam ja u ovom kazalištu? Nitko. Čijom krivnjom? Svojom. Tuđom krivnjom? Ponekad. Božjom voljom? Ne, živi Bog i njegov živi Sin su ljubav, nikad zlo ne dolazi od njih, a ispiti dostojnosti i snage vjere i poslušnosti ne spadaju u ljudsko poimanje nebeskih pravila igre...

Kad mi jedan ljigavi hadezeovac, deklarirani katolički fundamentalist koji moli pred bolnicom protiv pobačaja, koji organizira javne tribine o štetnosti interneta i koji bi, da može, žene zavezao za šparhete i zabranio im školovanje, posao izvan kuće i svaki oblik javnog aktivizma, kad mi takav trol soli pamet o hrvatstvu, zašto ne prozbori riječ-dvije o tome da je u osamdesetima bio „dečko koji obećava", omladinski aktivist i predavač na omladinskoj političkoj školi, da je primio sve moguće nagrade SK i SUBNOR-a i da mu se smiješila obećavajuća karijera komunističkog kadra u usponu, zašto ne spominje vlastiti talent u organizaciji zanimljivih manifestacija poput „88 ruža za druga Tita" ili Marš putevima „XXXII divizije"? Ni riječi o tome iz njegovih katoličkih usta, haha. Takvima plješću isti kao što je on sam, svi iz okota izdajnika Hrvatske, slugu tuđina, podržavatelja zločinačkog hadezea i pridruženih im dupelizaca. Haha, svašta sam činio u životu, griješio mnogo, ali biti dio takve bande, ne hvala, još nisam za vojsku Sotone! Niti ću ikada biti! Naravno, ja sam ništavan u poređenju sa ovim golijatima 'rvatstva i domoljublja, sa mnom će mnogi htjeti obrisati pod, ali „uzalud vam trud, svirači" („Prljavo kazalište", 1993.), mene porobiti nećete, Hrvat-mrtvac se u roblje ne da! Ne opet, ni pod koju cijenu! Napokon svoj, slobodan u Kristu, nitko me okovati neće, a najmanje vi, izdajnici Hrvatske!

Njihova 'rvatska je trula da ne može biti trulija: vojska sinekurista na erarskoj kasi i pridružena armija podmitljivih glasača kojima je važno samo da ih nitko ne dira (stoga uvijek glasaju za hadeze) čine paklenu naciju Hrvata-grobara protiv koje snage Hrvata-mrtvaca ne-maju nikakve šanse! U Domovinskom ratu grobari su glumili gljive i namamili kmetove da ratuju za njih. Nakon pobjede, povratak na staro, kmet u kmetstvo, grof na grofoviju, biskup u biskupske dvore i svi zadovoljni, siti i debeli, svi osim kmeta, dakako.

Boli ta indolencija Hrvata spram uništavatelja Hrvatske: zbrinute na svaki način, 'rvcke štetočine izigravaju „zaštitnike 'rvatske" i glume moralne vertikale iako za to nemaju ni najmanje predispozicije. Otevši

kmetovima pravo na domoljublje, ove grinje harače domovinom trideset godina hraneći ljude nepre-
kidnom atmosferom straha i kompleksa manje vrijednosti. Evo, sjetih se jednog neugodnog događaja uoči
mog odlaska u Ameriku, što je, mislim, dobra ilustracija za ovo o čemu govorim.

Tog sam dana dovršio sve obaveze u našem ogranku Crkve, predao sam ključeve i potpisao sve što sam
morao potpisati. Dan ranije, u nedjelju, razriješen sam poziva i time sam služenje Kristu u Varaždinu za-
vršio na najbolji mogući način. U prenoćištu za beskućnike također sam „dovršio priču", odjavio se sa su-
trašnjim danom i spakirao kofer. Višak stvari sam raspodijelio: staru i iznošenu odjeću sam bacio, a dva
odijela, bijele košulje i ono što je bilo nosivo odnio sam u crkvu za jednog našeg brata u potrebi. Uzbuđen
zbog putovanja, ta napokon se približio trenutak kada ću (zauvijek?) napustiti Varaždin i Hrvatsku, okre-
tao sam novu stranicu života prilično lako. Rekoh, sve se posložilo, mjesecima sam imao avionsku kartu u
džepu, vizu, putovnicu, bio sam k'o bubica, a opet uzbuđen jer ću vdijeti ljude koje toliko volim, vidjeti ću
Novi Sion, hramove Gospodnje i najboljeg prijatelja i najdražeg brata u Kristu. Nisam žalio ni za čim, ni-
sam cmizdrio zbog odlaska, naučio sam na „ne biti doma". Naposljetku, kraj beskućništva je razlog za
slavlje, ne za tugu i plač. Realno, kakvu bih budućnost imao da sam ostao? Nikakvu, beskućnik je persona
non grata bez obzira na trkeljanja plebanuša, političara i socijalnih radnika. A onda, hvala na donacijama,
ručkovima i večerama za Božić i Uskrs, hvala na starome kruhu i neprodanom pecivu iz „Kauflanda",
hvala na smještaju u prenoćištu, ali gorka je istina da, ma koliko se trudio i pisao zamolbe za posao, - na
razgovore s poslodavcima, izlaz iz beskućništva nije postojao! Gdje god bih došao ogavna riječ „bes-
kućnik" zatvarala mi je vrata čak i kad sam rekao da sam ratni veteran i dragovoljac Domovinskog rata:
tek tada su me odbijali jer su „branitelji ili narkomani ili pijanci, a kriminalci, to je sto posto". Klasično pi-
tanje: „Kak to da nisi v penziji ak si bil branitelj, kak nisi kak ostali?" Jebi ga, sjeb'o sam stvar, čini se. Ni-
sam i koji „ostali"? Glupo. Pa, ah, odlučio sam u ime rastanka, kad već idem, a idem, malo se počastiti, po
domaći, onako, za sretan put: coca-cola. Kavu ne pijem, crkvena pravila, ali cola bi mi baš lijepo sjela,
mislio sam, tek da osjetim atmosferu birtije, kao nekad...

Ušao sam u kafić, onaj kod placa, u zgradi tiskare i stao za šank i naručio coca-colu. Gle-dao sam svoja
posla, nisam obraćao pažnju na goste u lokalu. Ispio sam piće i naručio još jedno, bio sam jako žedan. Za-
gledan u kockice leda u čaši, naslonjen na sjajnu glatku površinu šanka, nisam odmah čuo da me netko
zove. S druge strane šanka stajala su dva tipa otprilike mojih godina. Desnog nisam poznavao, lijevu
njušku jesam, po sjećanju. Taj lijevi, visoki lik u finoj odjeći, obrijan, proriječene hrđave kose i upalih
blijedih očiju piljio je u mene podrugljivo, s visine, čak s gađenjem: „Popij nekaj..." - izgovorio je moje
prezime, a meni je co-ca-cola prisjela, proklео sam sebe što sam ušao u ovu birtiju - „Konobar, daj..." Pre-
kinuo sam ga: „Ne, hvala, ne bih. Ovaj nije odustajao: „Popij nešto konkrento, za stara vremena." Odbio
sam: „Ne, hvala lijepa, ne pijem." Moj odgovor ga je iznervirao. Procijedio je skoro prijeteći i još više
podrugljivo: „Ma nemoj, a pio si...". Pogledao sam ga ravno u oči, hladan i smiren: „Rekel sam, ne pijem.
Hvala." Ispio sam do kraja, ostavio novac na šanku i izašao iz lokala. Glupost!

Prekrasno, to se samo meni može dogoditi! Sresti kretena kad sve ide kako treba ići, naletjeti na debila
dan prije odlaska u Ameriku, stvarno divno! A o čemu se radi, tko je bio taj koji me je namjeravao počas-
titi „nečim konkretnim"? Štakor rata, sebeljubivi parazit, prijeratni nitko i ništa, nije uspio završiti srednju
školu, bivši maloljetni delikvent, uglavnom klasična priča, provale u kioske (koji kliše), pijanstva i reme-
ćenje javnog reda i mira, skitnja i život na grbači roditelja (dok ga nisu izbacili na cestu kao psa, kad im je
dozlogrdilo hraniti lijenčinu i plaćati sudske kazne i advokate), vucaranje i nijedan dan radnog staža do
rata.

Iskreno rečeno, bio je idealan materijal za 'rvackog domoljuba. U kaosu devedesetih vidio je svoju šan-
su, jedinstvenu priliku evoluirati u nešto, domoći se novca, kruha bez motike, ali kreten nije znao da su
debili poput njega samo potrošna roba, kao toaletni papir i čepići za guzicu. Haha, naivko glupi, prekasno
će shvatiti da on i svi od njegove vrste nemaju pristup svijetu grobara, takvima je preprijеčen ulazak u
'rvatsku elitu, on i njemu slični ostati će ispred stražnjih vrata za poslugu dvorca 'rvatskih vladara, tamo
kod otvora za izbacivanje govana i napoja, a neće mu pomoći ni članstvo u zločinačkoj organizaciji. Za
hadezeovce je bio nitko i ništa, opušak, nedovoljno „čist". Zato je neko vrijeme bio kod Parage, ali kad je

vidio da od ustašovanja nema kruha i kad mu je vođa pao u nemilost druga vrhovnika, vratio se u HDZ-u pokunjen i spuštene glave do noktiju svojih prljavih nožnih prstiju. Mobiliziran na dva-tri tjedna devedeset i prve, nakon istjerivanja JNA iz Varaždina, čuvao je pijan stražu na jednom od osvojenih vojnih skladišta. Na bojištu nije proveo ni jednu jedinu sekundu. Svašta se klatarilo po Varaždinu u maskirnim odorama tih ratnih godina, a kako kontrole baš i nije bilo, nemali je broj šank-ustaša šetalo naokolo glumeći vojnike i heroje koji brane Domovinu („s velikim „D"). Među dotičnima bio je i ovaj klaun. Koliko znam, a ne sumnjam u informacije koje imam, probisvijet je „odratovao" rat bez da je ispalio jedan metak! Nakon stražarenja nekako se uspio ubaciti, sam vrag zna tko mu je u tome pomogao, u varaždinsku vojarnu i dobiti mjesto u logistici. (Kasnije će ta vojarna postati bazna vojarna naše slavne, u stvarnom ratovanju i oslobađanjem Hrvatske proslavljene brigade iako su unutar kompleksa djelovale i druge postrojbe HV-a.) Znam da je „radio" u vojarni, ali na kojem ustrojbenom mjestu nemam pojma. Odrađivao je „smjene" jednako kao što je i živio, traljavo, nikako i većinu bi vremena provodio ili u kantini ili u birtiji preko puta. Cijelo vrijeme nije skidao odoru, viđali su ga i po danu i po noći u vojnoj spremi, kao da je na frontu! Nosio je futrolu s pištoljem, kao šerif sve dok nije zabranjeno kaubojsko šetkaranje naoružanih pripadnika HV-a izvan bojišta i službe. Bilo ga je na svakom šanku u Varaždinu, tipičan „ustaša" koji je konjakom, gemištom, pivom i pelinkovcem pobio više četnika nego što ih je uopće bilo! On i njegovi pajdaši u „klanju četnika" sve bi popratili ustaškim pjesmuljcima, napose s „Jure i Boban" smećem. Krčma, šank, birtijaški zahod, to je bio njegov front i njegovo ratovanje. Negdje devedeset i četvrte, mislim, ne sjećam se točno, dio naše bojne bio je u Varaždinu na vrlo kratkom odmoru, a prije odlaska u Bosnu. Nekolicina nas smo izravno iz autobusa otrčali na jedno piće. Žeđ je jača od svega. Plan je bio popiti onako s nogu koju rundu i otići svaki svome domu, pa se opet naći sutradan, proslave radi. Ušli smo u birtiju, onu na uglu, kod male pošte, stali za šank (garda je rijetko zauzimala stolove, to je bilo za papke) i naručili odmah duplo, da ne čekamo konobara dva puta, haha. Zapalili smo cigarete i s olakšanjem ispraznili čaše. Iz pokrajne prostorije čula se galama, urlici, psovke. Lajanje pijane gomile koju nismo vidjeli nadjačalo je naš razgovor. Ustašovali su, klali Srbe, maršírali do Drine, rušili Beograd topništvom, uglavnom u drugoj je prostoriji krčme trajao žestoki rat. Na jeziku i kroz čaše. Nismo reagirali, slegnuli smo ramenima i ispili onu drugu rundu i dali znak konobaru da ponovi dvostruku, putnu. U tom je trenutku jedan od „bojovnika" koji su rušili Beograd i slali četnike preko Drine prošao iza naših leđa, morao je na toalet. U raskopčanoj maskirnoj zgužvanoj odori teturao je lijevo-desno i u tom klaćenju okrznuo je jednog od nas, prijatelja koji je stajao na uglu šanka. Opsovao je, ali se nije ispričao. Pijani „ustaša", baš taj visoki koji mi htjede platiti piće. Okrenusmo se prema „ustaši". Krvavih mutnih očiju, njihao se pijan, s opuškom u ustima i futrolom za pištolj na smeđem jenea opasaču (zanimljivo, kasnije nam je konobar rekao da je kreten zaboravio pištolj, ostavio ga je na stolici između dva stola). Htio je nešto reći, ali je stao ukočen, valjda da nas pozdravi ustaškim pozdravom, onim s kojim se mjeri visina kukuruza. Ne znam što mu je bilo, ali mislim da je vidio kako za šankom nisu civili nego dečki s bojišta, sa znakovljem brigade na kojem je bila slika američke velike divlje opasne mačke! Možda mu je taj znak nekako došao do alkoholom sprženog pilećeg mozga, tko zna, a možda je prepoznao žutosmeđe beretke. Pred njim nisu stajali ni civili nego ratna garda. Odjednom mu se nije pišalo, okrenuo se onako pijan, zamlatarao rukama i vratio se svome pijanom društvu. Kako nam je konobar rekao (bio je kod njih u pokušaju naplate računa), srušio se na stolac i sjedio klonuto, kao mrtav. Za tri minute ustaško društvo koje je prethodno pobilo na tisuće četnika pokupilo se i nestalo. A mi im nismo rekli ni jednu jedinu riječ. Uživali smo u drugoj duploj rundi pića, onoj putnoj.

Moj sljedeći susret s njim zbio se nakon rata, devedeset i šeste, prije no što je naša bojna poslana u Dubrovnik. Šokiralo me to što sam ga sreo i to što sam vidio i to ne samo zbog toga što je to bio on kao takav. Naime, nekadašnji klošar postao je pripadnik naše brigade i k tome, nosio je čin zastavnika, bio je časnik! Umalo se nisam onesvijestio! Kako? Zašto? Otkuda ovaj kod nas i zastavnik, ništa mi nije bilo jasno. Kakva je to svinjarija? Mislio sam, ovo je neka greška. Nije bila. Šofer me dovezao starim „ta-mićem" u vojarnu po pojačanu dozu potrošnog materijala zbog odlaska na teren: slali su nas glumiti grani-čare kod Cavtata i Dubrovnika. Čekali smo na red i otišli u kantinu na po jedno pivce za živce, a kad ta-mo, gospodin zastavnik sa žutosmeđom beretkom! Nisam popio pivo, kimnuo sam šoferu i vratili smo se do kamiona. Nisam mogao gledati budalu sa svetinjom na glavi. Ah, kako trofazni kažu, „svašta kurva svuče, a vojska obuče”...

Glupost tadašnjih šefova vojske. Devedeset i šeste izvršen je posljednji prijam u profe sionalan sastav (djelatni, mislim na gardijske brigade), i to svega par mjeseci prije definitivnog proglašenja kraja Domovinskog rata, u lipnju iste godine - ovo koliko ja pamtim, ne sjećam se, do 1999. više nije bilo prijama u gardijske brigade. Zahvaljujući tko zna kojim i kakvim vezama i poznanstvima spomenuta je nevojnička rugoba premještena u našu brigadu skupa s činom i svim benefitima koji su proizlazili iz toga! Bojovnik oka sokolova je tri ili koliko mjeseci prije kraja rata dopunio svoj braniteljski ratni staž sa devedesetak, možda i više dana borbenog sektora, što nije gledom na prava branitelja baš zanemariva brojka. Sranje! Zašto su vrhovnik i ministar tako odlučili, nemam pojma. E sad, i u našu bojnu, u ožujku, čini mi se, bješe stigao manji kontingent „novih” gardista, a među njima je bilo nekoliko tako „mladih” da su mogli biti očevi naših najmlađih veterana bojne! Jasno, nitko od nas nije komentirao, barem ne dok ti „stari mladi gardisti” nisu premješteni u našu satniju, u naš vod, pa i u moju desetinu. Srećom, odmah sam se riješio jednog od njih, poslao sam ga u kuhinju vojarne, „na ispomoć”. Kako bilo, nije bilo dobro, gledamo sa strane nas ratnih veterana: popunjavati ratnu brigadu poslijeratnim „herojima” stvarno je bila glupost najgore vrste! Međutim, vojska je vojska, šuti, izvrši pa se žali, a žaliti se ne možeš i sve je kako jest, točka. I to je prošlo, kao što sve prolazi. Moja je priča otišla u vražju mater, ja sam pao u mulj, moji su me grijesi i loš život stigli, morao sam platiti sve loše, morao sam naučiti što znači nositi svoj križ. Slijedile su godine osobne kalvarije i podnošenja računa, trpljenja poniženja, gladovanja, puzanja prtinom neuspjeha i srama. A ovaj trol iz potonje pričice, on je rastao, doduše samo u vlastitim očima. Nikad nisam mislio o njemu, pa nisam ga ni znao osim kao gradsku vucibatinu i pijanca u odori, šank ustašu!

Sve do posljednje večeri prije putovanja na relaciji Varaždin-Zagreb i leta Zagreb-Pariz-Barcelona-Los Angeles-Las Vegas za dotičnu pojavu nisam potrošio ni milisekunde vremena, ali nakon neugodnog susreta u birtiji, što mi je pokvarilo raspoloženje, učinio sam nešto što inače ne bih: kopao sam malo po internetu u prenoćištu i - našao sam! Opet svinjarija, ali tako prokleto hrvatski 'rvacka. Nekadašnji gospodin zastavnik tada je već bio, pazi sad, „umirovljeni satnik HV, bivši pripadnik (ovo se naglašava u njegovom internetskom CV-u!) slavne gardijske brigade koja je prva ušla u Knin! Ne, poludio sam i tako glasno zaurlao da me je noćni čuvar prenoćišta opomenuo rekavši mi da moram poštivati kućni red iako sutra idem u Ameriku! Dalje: odlikovani časnik HV-a, vijećnik HDZ-a, ugledan građanin i dokazani domoljub s aureolom bivšeg ratnika! Kako se tome suprotstaviti, kako bi jedan grešnik poput mene mogao parirati takvom nad'rvatu? Ima li na svijetu ikoga tko bi slušao moje riječi protiv ovog kretena, propalice i lažljivca? Ne, ma koliko se pokajao za svoje grijehe (ja) i bez obzira na sve, u srazu s takvim primjerkom 'rvackog sina kakvog majka rijetko rađa, bio bih samljeven, kako bi rekli Srbi (ako ih ima živih poslije izvršenog ratnog klanja od strane predmetnog gospodina i njegove horde birtijaških ratnika)...

Ujutro, prije puta, ničega se nisam sjećao, ni birtije i coca-cole, a ni gospodina umirovljenog stanika HV-a. Gledao sam naprijed, prema gradu Cedar City-u, u državi Utah, United States of America...

Zašto lementiram, što mi to treba? Tko mi je kriv zašto se nisam izborio za bolju i unosniju ulogu u ovom ili nekom drugom kazalištu? Lako je cmizdriti, inteligentni znaju kako iskoristiti ponuđene im prilike. Lako je svaliti krivnju na druge. Pravi 'rvat, istinski domoljub, punokrvni katolik ne prigovara, ne tuži se na sve i svakoga, nema zašto plakati jer mu je dobro, snašao se čovjek, blagoslovljen je i nebeskim i zemaljskim blagostanjem, a i Domovina (s velikim „D”) uzvratila mu je iskazanu joj ljubav i bogato ga nagradila. Svakome svoje, prema zaslugama i odanosti, a tko ne proba, ne zna, jasno k'o dan, život nije fer, netko kopa jamu, a netko u nju pada, trla baba lan da joj prođe dan. Na kraju krajeva, ne može uvijek svima biti dobro, netko je gore, a netko je uvijek dolje i vrijedi se opet sjetiti ingeniozne izjave Domaćinskog (M. Krleža, „Na rubu pameti”, isto izdanje): „Bilo bi žalosno kad od toga posla ne bi išlo „dobro” barem jednom čovjeku.” Time je sve objašnjeno: u 'rvatskoj je stvarnosti filozofija grobarska, cilindraška, upravo vječna filozofija „kad od toga posla ne bi išlo dobro barem jednom čovjeku” stoljećima je opravdanje za debljanje grofova i biskupa gore, i gladovanje i krepavanje kmetova dolje. Sve čisto, sve bistro, sve logično po crti 'rvacke logike „krvi i zemlje" u kojoj je krv uvijek kmetska, a zemlja, grofovska i bis-kupska. Što onda još kazati? Svi bivši sekretari komiteta i čelnici emigrantskih udruga, svi bivši majori KOS-a i potomci predratnih (onoga drugoga rata) veleposjednika, tvorničara i kućevlasnika, sva gamad okoćena iz komunističko-kapitalističkih brakova, svi prebendari, pravoslavni popovi i uopće pomazani lopovi i prevaranti, svi akademičari-metuzalemi i inteligencija s halbcilindrima i hozentregerima, svi inže-njeri i filistarski gradonačelnici hrvatskih provincijskih vukojebina, svi pisci i svi slikari domoljubne te-matike (pijani narkići bez talenta), svi mamini sineki školovani u Beču i Londonu, Rimu i Parizu, sve ća-ćine 'ćerke s diplomama plaćenim svinjskim polovicama i krvavicama, prezvuštima i čvarcima, svi suci, nogometni treneri i kolumnisti s platnih lista UDBE i CIA-e, svi etno biznismeni i abolirani srbočetnički štakori, sve madame svih naših političkih bludilišta i sve samoproglašene matrone 'rvatskog tržišta poli-tičkih muških i ženskih prostitutki, svi predsjednici parlamenta, općinski načelnici i ministri, savjetnici i predsjednici uprava, ravnatelji škola i agencija, djelatni i umirovljeni generali, ambasadori i veleposlanici (jugo i hrvatska inačica), sve podvrste cilindraša i sve međuvrste lakaja i konfidenata, sve priležnice 'rvat-skih moralista u livrejama katolibanskih čuvara ćudoređa i svi manustrupatori u reverendama, tajkuni, 'rvatski milijunaši i pripadnici onih dvjesta i kusur bogatih obitelji, svi javni bilježnici, suci Ustavnoga suda i saborski zastupnici, predsjednici stranaka i partija, umirovljeni komunistički velmože, partizani, ustaše i domobrani (pa koliko ti žive, krv im njihovu?!), šverceri rakija na bauštelama, prodavači muda pod bubrege i klošari u kostimima umirovljenih časnika, svi učitelji socijalističkog samoupravljanja i ONO i DSZ na pozicijama vjeroučitelja demokracije na hadezeovski način, svi bankari, dekani, prodekani i rektori, sve izvršne tajnice svega i svačega i svi voditelji odsjeka ovoga i onoga, svi stručnjaci za pravo i za rat i mir, svi preprodavači političkih programa i PR menađeri, svi intendanti kazališta s nacionalnim predznakom i sve i svi zaslužne i zaslužni za 'rvacku, za ovo smetlište od države, za jad i bijedu hrvatskog čovjeka, hrvatske majke i hrvatske djece, svi vi, molim lijepo, gonite se u tri pizde materine, tamo odakle ste i došli. I ne vraćajte se! Nikada više!

Moje puste želje i eskapada ljutnje bez učinka. Oduvijek su svi spomenuti živjeli dobro i tako će ostati, oduvijek su Hrvati-grobari bili vlast, a Hrvati-mrtvaci sluge, ništa to neće promijeniti, ova knjiga naj-manje. Ljudima je u DNA misliti samo na svoju guzicu i nije nelo-gično služiti sve gospodare u svim sustavima: treba preživjeti. Hrvatska, 'rvacka, Horvatska, kako god je zvali, od stoljeća sedmog je nekome kasica-prasica, nekome dvorac, a nekome zatvor. Kome je kasica-prasica i dvorac, tome je Domovina s velikim „D", a onima u zatvoru je domovina s malim „d".

Kazalište istina i laži: kraj predstave?

Ne znam, kraj je. Ili ne, nije kraj. Svaka scena može biti zasebna predstava, svaki prizor zasebna scena. I tako dalje. Nisam napisao i izgovorio ni pola posto svega što se odigralo. Zašto? Ne znam.

Opaska: nisam govorio o djcvojkama i žcnama, o mojim ljubavima. Držim kako bi to bilo neumjesno: lijepe stvari u ružnome svijetu neka ostanu lijepe, a potom, ako ću ikada dobiti novu priliku govoriti o lije-pim temema, i ljubav će doći na red. I sve žene koje su bile odviše dobre, odviše pune ljubavi kad su bile s majmunom poput mene.

Nisam napisao ništa o meni jako dragim članovima obitelji koje sam spomenuo tek usput: i njih ne že-lim uprljati svojim prljavštinama. Neka ostanu onaj topao dio mojih sjećanja koje nisam spreman dijeliti ni sa kim izvan sebe samog.

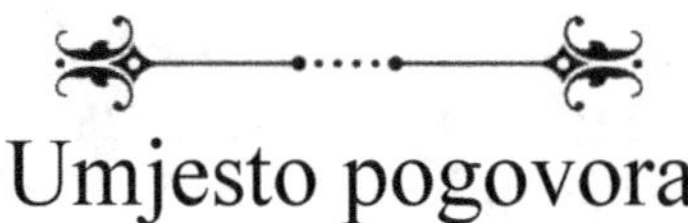

Umjesto pogovora

Bob Marley

Ne, ne upirem prstom, samo udaram u mene uperene prste. Na kraju, stanje je drugačije. Neću se bra-niti nakon što ovaj rukopis ugleda svjetlo dana, neću odgovarati na kritike, pljuvanje, neću poduzimati sa-vršeno ništa protiv onih koji će me (a hoće) satrati kao nepismenog frustriranog plagijatora i lažljivca, kao umišljenog pametnjakovića koji ništa ne zna ni o čemu. Ne strepim od juriša književnih moljaca i mo-ralnih čistunaca, katoličkih i inih vitezova, zaštitnika imena 'rvackoga i svih koji će se pronaći u mom uratku. Krleža je davno rekao: „Sve što je javno štampano treba biti i javno kritizirano." Slažem se. Uz malu digresiju: ovo nije književno djelo ni na koji način i ne podliježe književnoj kritici. Što znači, mogu me napadati, ali ne kao pisca. To ne dopuštam!

U dosljednosti dosadnog nepismenog nepisca želim svejedno nešto kazati o očekivanoj ili tek zamiš-ljenoj kritici ove kazališne predstave.

Hrvatska je mala zemlja, geografski i demografski, a politički smo patuljak, što je svima jasno osim na-ma samima. Hrvatska je u isto vrijeme prenapučena sveznalicama opće prakse, stručnjacima čak i za ono što još ne postoji (onih Fritzovih „sedam hiljada doktora naše cilindraške znanosti" naraslo je na sto tisuća beskorisnih cilindraških veleumova). Sama po sebi, kritika nije loša, dapače, ali u 'rvatskoj varijanti ona nije tek prosudba nečega, nego je i osuda autora na „smrt" i to bez ikakve milosti i bez razumijevanja za nečije nenamjerne pogreške (ako su greške i namjerne, to još uvijek nije razlog za linč). Jasno, milijarda je inačica „presuda", a „suci" koji ih donose dijele se na dvije skupine: prva, manje utjecajna na općoj 'rvat-skoj razini, osobito profesionalnoj, ali s razornim djelovanjem na osobnom planu je birtijaška šank-kritika, amatersko vješanje na galge nevrijednosti od strane potpunih neznalica, ljudi koji kritiziraju iako o tome što kritiziraju nemaju pojma, a druga grupa su profesionalni krtičari, visoko obrazovani, stručni u svakom pogledu, intelektualno i jezično „bogati", s ne malim ugledom u državi i društvu. Ergo, tko su ovi drugi kritičari? Tko piše, prosuđuje i ocjenjuje nečije djelo, a ovdje je riječ o knjigama? Po čemu i kako kritičari iz druge grupe znaju da je neko štivo dobro, a drugo to nikako nije? Tko su persone čije je mišljenje o ne-koj knjizi toliko „teško"da može uništiti autora? I ključno pitanje: koja je previšnja ruka potpisala reskript kojim se spomenute kritičarske veličine imenuju za tužitelje, suce i krvnike nečijeg pisanja? Vezano uz potonje, zašto bi nečije mišljenje, kritika, o nečemu bilo uopće važno i zašto se kritika „uvaženog kri-tičara" uzima kao sveto pismo književnosti? Napokon, kako očekujem napade kritičarskih asasina, želim im uštedjeti vrijeme: nemojte ni pokušavati, ne živim niti ću živjeti od pisanja i stoga ne trošite vrijeme na ovu predstavu. Ostanite u svome lažnom svijetu „važnosti vašeg stava" i trujte i dalje ljude svojim glupim recenzijama, a mene ostavite na miru, molim lijepo. Hvala...

U demokratskoj neovisnoj 'rvatskoj kritičara iz druge grupe ima podosta, oni su „oni" koji su neka vrste psa čuvara 'rvatske književnosti i uopće spisateljstva: članovi su prosudbenih povjerenstava svih književ-nih natječaja, savjetnici u ministarstvu kulture i obrazovanja, oni su istaknuti kolumnisti svih dnevnih no-vina, tjednika, internetskih portala, oni pišu osvrte, predgovore i pogovore, oni daju ocjenu i pišu vlastite blogove o knjigama i autorima, oni su bogomdani uzvisitelji „podobnih talentiranih" i grobari „glupih i nepismenih" autora i autorica, oni slove kao eruditi, kao elokventni sugovornici koji imaju mnogo toga

536

reći, oni su načitani i svaka njihova rečenica udara snagom groma, oni i sami objavljuju i njihove su knjige biseri 'rvatske kulture, oni uživaju u statusu 'rvatskih umnih gromada i prema njima i najveći hrvatski pisci izgledaju kao učenici na nekom lokalnom literarnom natječaju nižih razreda pučkih škola!

Obično petkom ili subotom, u popularnim dnevnim novinama, za vikend (on line izdanje) čitam bombastične naslove, ocjene novih knjiga i sve te kritike uglavnom su negativne, koji postotak su lili-mili, a tek rijetka recenzija pršti od komplimenata i hvalospjeva. Potrudih se (zbog ove predstave) malo analizirati tko spada u „odlične". Rezultat me nije iznenadio, pretpostavljao sam tako nešto: od pet knjiga unazad godinu dana koje je stanoviti „ugledni hrvatski kritičar" proglasio vrlo dobrim, solidnim ili čak majstorski napisanim, četiri su knjige od autora koji su kritičarevi osobni poznanici, prijatelji, a jedan je, ako je istina što sam našao na internetu, i u rodbinskoj vezi s njim po crti kritičareve prve žene! Onaj jadničak, jedan jedini, čija je knjiga „prošla" kritičarevo sito i rešeto ili spada među vunderkinde ili je od poluetabliranih autora koji se ne usuđuju upustiti u javni sukob s kraljem kritike. Poznato? Vjerujem, da. Nije tako? Ne, jer jest tako. Potpitanje: za koga vraga kritiziram kritiku? Moja kritika kritike je odgovor na udarce od kojih se ne bih mogao braniti da sam pravi književnik. Kako nisam, ovo je preventivni napad na potencijalnog neprijatelja koji će mi tek postati ljuti protivnik. Ili neće jer, ako ću biti te sreće, nitko od kritičara se neće spustiti tako nisko da bi pročitao i ocijenio moje žvrljotine.

A kakav je profil (uglednog) tipičnog hrvatskog kritičara (koji je ujedno sociolog, publicist, i sam je autor, on je umnik za primjer, on je suizdavač, redaktor, urednik i lektor, on je sve-u-jedan tip stvaratelja, mislioca i intelektualca za primjer)? Fakultetski obrazovan, završio je jedan, završio je dva fakulteta, a diplomirao bi i na trećem da ga mladalačka ovisnost o seksu nije odvukla od učenja i polaganja ispita; on je poliglot, pa je, logično i prevoditelj, on je preveo najveće pisce dvadesetog vijeka, a već trideset godina radi na cjelovitom prijevodu sabranih djela nekoliko svjetskih klasika; on je, usput, scenarist i ima nekoliko snimljenih tv-serija i desetak (najamnje) kazališnih predstava, on je hodajuća enciklopedija i od svoje najranije mladosti došao je na glas zbog britkog jezika i istančanog smisla za lijepo i skladno u književnosti i umjetnosti uopće; tipični hrvatski krtčar je, jasno i logično, cjeloživotni učenik i student jer, kako sam skromno govori u svakom od svojih rado čitanih i slušanih intervjua (koje ne daje često, nikako svakome), znanje je bogatstvo a on ne želi umrijeti siromašan; on je strog u svome radu jer sklonost savršenstvu otvara vrata 'rvatskog književnog Panteona, onog koji je, nota bene, u isto vrijeme i „Zabranjeni grad" za svakog tko je previše naivan i lakomislen da sam sebe proglasi 'rvatskim književnikom; prema tome, logično i jasno, kritičareva je obveza i dužnost igrati uloge hrvatskih kulturnih vrata, biti Tuan, a sve kako bi se vječna baština hrvatskog spisateljstva obranila od najezde mediokriteta i amaterskih piskarala i stoga je kritičar doista vitez protektor književnosti u svetom ratu protiv nepismenosti, gluposti i podrivača temelja piramide 'rvatske pameti, 'rvatske književnosti, a šire i kulture uopće. Nadalje, tipski oblik hrvatskog kritičara, logično, je obiteljski čovjek koji je svoje umijeće alfe i omege obitelji, oca i muža jednako studiozno proučavao i usavršavao kroz najmanje tri propala braka koja, logično, nije htio ostaviti „na životu" već po crti vlastitog razumijevanja žene, poštovanja ženskog duha i tijela, a i zbog čisto zemaljskih financijsko-materijalnih razloga koji su mu nalagali da ne sputava bivšu ženu ni u čemu i da i njoj i sebi oslobodi put u novi život lišen uobičajenih problema i zavrzlama koje „krase" rastavljene parove. Učeći o ulozi supruga, učio je kroz sve svoje brakove najviše o očinstvu i premda je, na jedvite jade, uspio izroditi tek dvoje, eventualno troje djece, od kojih je najmanje jedno s njim kao ocem u vječnoj zavadi zbog vrlo zapetljanih obiteljskih odnosa i događaja o kojima javnost ne smije znati savršeno ništa, te je tako stečeno neizmjerno iskustvo pretočio u dvije-tri knjige poezije, jednu novelu i jednu knjižicu aforizama, što je njegov i inače bogat i raznolik opus obogatilo do razine divljenja. Sve u svemu, tipičan kritičar je sve što kritičar može biti, sa znanjem, ugledom i snagom uma, s djelima i dosezima o kojima većina 'rvata može tek sanjati, a od većine velika većina čak ni to jer on zna da njegovo djelo nije dovoljno valorizirano, možda će biti tek nakon što umre jer će tek tada, kad ga ne bude, Domovina shvatiti kakva je veličina bio i kako je svojim radom iskrojio hrvatsku kulturu. Što je logično jer on je ne samo kritičar i esejist, kolumnist i prevoditelj, on je izvanredni profesor i gost-predavač na eminentim europskim i američkim sveučilištima, njega se citira, njegova djela objavljena su na devet jezika, on je godinama na samom Olimpu 'rvatske intelektualne elite, pomalo je buntovan, ali i rado priman u svim kulturnim krugovima, njega se neobično često poziva na ručkove i večere, on je i prijatelj i kolega mnogih i mnogi su kolege i prijatelji njemu, on ulazi u kuće najvećih kao u svoju vlastitu, a kad ga posjete kolege novinari poradi „životnog intervjua” ili „povodom izlaska jubilarne dvadeset i treće knjige „eseja i kolumni”, on će poslužiti čaj i kavu u prastarom raritetnom servisu Du Paquier i potrošiti će tri sata na prosipanje svojih nadzemaljskih istina koje su, dakako, i hrvatske istine! (Opaska: o tom, u javnosti već godinama legendarnom servisu ispredane su čitave bajke, a kritičar, doktor znanosti, samozatajno, kao da to da posjeduje jedan skupocjeni porculanski servis za čaj i kavu i nije baš nešto važno, spomenuti će usput, valjda tri tisuće i osmi put, kako je "ovaj porculan pravi pravcati Du Paquier, ali da on osobno na servis gleda samo kao na dio obiteljske povijesti, kao kuriozitet, a ne kao na novčanu vrijednost: tijekom izgovaranja notice o porculanskom srvisu, on će, opet između redaka, naglasiti kako su njegovi bili plemići nekoliko stoljeća unazad, nabaciti će kako on zna da je njegovo prezime, „slavno staro 'rvatsko prezime”, po jednoj od očevih grana na obiteljskom stablu, ergo, upisano u peti svezak zapisnika Hrvatskoga sabora od godine 1709., a gdje je, crno na bijelom, upisan plemićki list i grbovnica, a što su tome njegovom pretku dodijeljeni po samome previšnjem caru Leopoldu I. godine 1697. zbog zasluga za krunu i iskazanog junaštva, a to će reći nonšalanto i zadiviti će novinara premda i te kako dobro zna, kao što zna sve što zna, da je sve laž i uobrazilja jednog umišljenog dekadenta koji svoje titule i status pokušava „podebljati” falsifikatima, on zna da njegovi nisu bili nikakvi zaslužnici za opstanak Svetog Rimskog Carstva i da im prezime nije upisano u zapisnik iz godine 1709. nego da je taj njegov predak bio običan svinjar, sluga kod nekog srpskog krajiškog kapetana u ličkoj zabiti, on zna i to da taj porculan nije nikakva obiteljska baština nego je došao u posjed tako što mu je njegov pra-netko, k.u.k feldvebel, taj predivni Du Paquier prisvojio jednog lijepog dana u ljeto 1878. prilikom upada u stan nekog bogatog sarajevskog trgovca zlatom, srebrom i porculanom, pa se tako servis uspio sačuvati kroz desetljeća u nekom drvenom sanduku i umotan u krpe i papir i ostao bi zaboravljen da ga gospodin kritičar nije pronašao kad su onodobno renovirali ličku „plemićku” kuću i otkrili „blago” u skrivenom podrumu.) Međutim, kritičar ne bi bio to što jest da u svom CV-u nema politike: on je, logično, apolitičan po svom dubokom uvjerenju, njegov intelektualni habitus nadilazi svaki oblik ideološke ostrašćenosti i stoga se njega, 'rvatskog maga uma i razuma, kulture i književnosti same po sebi nikad nije vidjelo kao člana bilo koje stranke. Hm, a to da je, pukim stjecajem nesretno glupih okolnosti, još tamo ranih devedesetih bio izabran na listi hadezea u sabor i da je odradio tek onaj dio mandata koji mu je omogućio saborsku mirovinu (jer od nečega se mora živjeti, honorari i ostali primici ne pokrivaju njegove prohtjeve, a tantijemi od knjiga su ionako neredoviti i slabi), kako je sam objasnio u jednom tv-nastupu, nije narušilo njegov stručni i moralni kredibilitet s obzirom na to da se radilo o vremenu stvaranja 'rvatske države u čemu je njegov kratkotrajan i beznačajan izlet u politiku bio samo mali doprinos ostvarenju viših svetih ciljeva svih 'rvatskih domoljuba, a što mu nitko iole 'rvatski osviješten ne može i neće uzeti za zlo. Što još ide u opis lika i djela tipičnog hrvatskog tri-u-jedan kritičara 'rvatske krvi? Mnogo toga, a kazano je ono što ga definira. Sve ostalo je nadogradnja baznog modela. A jugoslavenski dio kritičareve biografije? Logično i jasno: sve isto kao i u svih ostalih konvertita. Rijetko je koji primjerak izvan zadanih gabarita bivših komunista ili barem komunističkih agitatora. Kritičar je, istina, svoju mladost proživio u predvečerje i na zalazu socijalizma i on stvarno (stariji modeli ionako su godinama izvan igre) nema nekih dubljih veza s vremenom mladosti bivšeg general majora iz 1945., osim što su mu godine rođenja između kraja četrdesetih ili ranih pedesetih do ranih šezdesetih (potonje za „mlade” kritičarske snage). Uključenost u famozno „Hrvatsko proljeće” ili barem post-proljećarsko vrijeme je kruna njegove mladosti i on to često ističe kao osobitu kvalitetu vlastite biografije premda je, realno, njegova uloga u tim događajima bila najviše na razini sudruga u opijanju na terevenkama studentskih vođa, danas legendarnih 'rvatskih nacionalista. Bio je mladi ispljuvak i jedina njegova neosporna zasluga za „'rvatsku stvar” je pružanje pomoći nekom od prvaka „proljeća” dok je ovaj povraćao pijan u nekoj od opskurnih zagrebačkih krčmi, a kamo su zalazili 'rvatski domoljubi njihove vrste. Kasnije, kad su stvari krenule, kritičar je diplomirao, magistrirao i doktorirao, čak je započeo akademsku karijeru, ali ga je prokleti porok intelektualne i duhovne „slobode” otjerao od sveučilišne katedre i osudio na samotnjački, financijski nesiguran i materijalno nestabilan život „slobodnog strijelca". Haha, a u devedesetima kritičar je, poput svih grobara i grobarskih slugu, prepravio svoj CV-e, malo je pofarbao uskršnja jaja, nabacio masku na vlastitu prošlost i izmijenio nekoliko sitnica: normalni ljudi mu neće zamjeriti to što je u mraku socijalizma živio relativno udobno, što je više nego pristojno zarađivao i što mu UDBA i KOS nisu stvarali probleme unatoč njegovom iskonskom 'rvatstvu od stoljeća sedmog. Napokon, pravilo Domaćinskog vrijedi i za njega, ne? Hrvatska zaslužuje takve umnike, pak je sve osim njegovog umnog rada nevažno i ne smije se dovoditi ni u kakvu vezu s njegovim materijalnim i financijskim probicima (a Bože sačuvaj, ako tko postavi pitanje o vezama s tajnim službama). Tako stoje stvari, jasno i logično. Prirodno, kako to već ide u skladu s prirodom kritičarevog bivstvovanja, kao intelektualac, on će sam za sebe reći, a njegovi će mu obožavatelji to javno i potvrditi (klimoglavlje je jedan od najstarijih 'rvatskih zanata, odmah do izdaje), da je mislilac i da nikada nije pripadao ni jednom službenom političkom, ideološkom ili bilo kojem drugom establishmentu: ta naizgled nevina laž, upravo benigna neistina koju nitko nikad neće javno osuditi, u svojoj srži otkriva svu brutalnu istinu cjelokupne 'rvatske zbilje i dubine amoralnog društvenog blata u kojem je Hrvatska danas. Naime, svih dvadeset i pet knjiga koje je sam izdao, svih tri stotine četrdeset knjiga koje je recenzirao i čije je autore najčešće sasjekao, svi predgovori, pogovori, osvrti, sve novinske kolumne, svi blogovi, sva „otvorena pisma" i svi prosvjedi, svaki njegov potpis na neku od sto i trideset peticija koje je potpisao, sve što je radio, sve nagrade i priznanja, sav zarađeni novac i sav potrošeni novac gospodinu kritičaru ne vrijedi ni pola čaše hladne vode jer je cijelog svog života, suprotno onome što tvrdi i što tvrde njegovi sljedbenici, dužnici i na bilo koji način s njim povezane pojave, pripadao svakom establishmentu odobrenom i stvorenom od Hrvata-grobara, kako komunističkom, tako i tzv. demokratskom, od devedesete do danas! Praktično i teoretski, logički i prirodno nemoguće je biti „stvaratelj" u 'rvatskoj a ne biti povezan s onima koji odlučuju o svemu! Nemoguće je biti izvan sustava koji ima ključeve riznice, bilo erarske, bilo privatnih kasa: to tako ne ide i zbog toga je kritičar sam „izija govno koje je posra"! Promatrano s distance smrtnika, bio je „slobodan i neovisan", ali malo dublji pogled otkriva i te kako čvrste veze s partijskim komitetima i, nakon propasti bivše države, s hadezeovskim centrima moći: čak da se nikad nije sreo s nekim visoko pozicioniranim drugom ili drugaricom ili da se distancirao od hadezenjara, oni su, i crveni i crni, bili ti koji su „otvarali pipu". Stoga pišem ovaj traktat na kraju predstave: kritičari će se upustiti u borbu protiv idiota (mene) na neravnopravnoj osnovi: ja se neću moći braniti, a kritičar će biti i tužitelj i sudac i krvnik, tri u jedan! Protiv takve intelektualne gromade jedan grešnik, jedan nepismeni amater nema nikakve šanse, i to nema nikakve šanse unaprijed! Neću imati prilike odgovoriti na kritičarev napad, on će me pokopati, a ja... Nećeš, sunce ti tvoje porculansko i doktorsko i prevoditeljsko! Nije me briga za kritike zbog same kritike nego zato što ćeš me ti kritizirati, koji ni po čemu nisi bolji od mene!

A što je s prvom grupom i šank-kritičarom? Opako zajeban, rekao bih: dok je „pravi" kritičar neprijatelj ex catedra vrste, ovaj nije u životu pročitao ništa više osim novina i sportske prognoze, eventualno nešto od lektire u osnovnoj školi i etikete na kutiji „Faks helizima" dok je vršio veliku nuždu u svom prljavom radničkom stanu (taj dan nije kupio „Večernjak"). Nije poliglot, jedva da se služi hrvatskim standardnim jezikom, a u svome domoljubnom zanosu sve „književne riječi" proglašava srbočetničkim jer ne zna što znači riječ „srbizam". Njegovo je neznanje prirodno, kao što je i on sam prirodan. On ne zna, ali misli da zna jer je prirodno da zna kad je to što jest, a da je to što jest, zna on sam i nitko osim njega. Ljudi oko njega su njegove kopije ili je on preslika njih, pa shodno tome, prirodno, svi u neznanju znaju što njihov pajdo, šank-kritičar i zna i ne zna. U svom običnom prirodnom životu ovaj je krtičar nešto vidio, a onih nekoliko putovanja u Trst, Graz i u Mađarsku drži dokazom vlastitog poznavanja svijeta jer je „bio vani": gleda televiziju, naročito lokalne imbecilne tv kanale koji prenose još imbecilnije domoljubne emisije tipa poplava, bujica i slične, a što je kritičarev jedini izvor informacija i intelektualne hrane i znanja. Za sebe će reći da ga politika ne zanima, a samo o njoj laprda, pogotovo kad je pijan, a pijan je često: trenuci njegove trijeznosti odista su raritetna pojava. Sportom se bavio kao i svako dijete, u osnovnoj, a u srednjoj samo do tr-nutka dok nije osjetio čari alkohola i seksa u grmlju na varaždinskoj bašći, na groblju ili u dravskoj šumi, na „otoku ljubavi". Oženio se premlad i brzo se rastao, pa ponovno oženio. Živi u malom dvosobnom stanu u jednoj od socijalističkih četverokatnica u Đureku, godinama radi u „Varkomu" i sve što zaradi uglavnom zapije. Žena mu ni u mladosti nije bila bog zna što, a sad je preumorna i preživčana odebljala majka dvojice glupih tinejdžera i supruga alkoholičara koji si umišlja da je pametan. I kad takav koji-ima-mišljenje-o-svima-i-svemu kritičar uz mirogojćek, uz mlaki gemišt i jeftino pivo počne svima objašnjavati kako je jedan iz Varaždina, sramota samo takva, napisao nekakvu knjigu bla bla bla... Što će biti? Ništa, iz nekoliko razloga; ne živim u Hrvatskoj (ni u 'rvatskoj), nisam u Varaždinu i učinci takve kritike biti će nula bodova; drugo, da i jesam u Varaždinu, opet me ne bi dotakle riječi šank-kritičara jer nemam obitelj, nisam oženjen, nemam djecu koja bi se crvenjela zbog očevih svinjarija, a svoju sramotu nosim sam godinama; treće, pozadina kritike su laži, a laži ne bole, nikada. Kako rekoh, opasni su šank kritičari, ali ne za mene. Nikoga se ne bojim, ni ovih ni profesionalnih, ništa mi ne mogu. S papirom na kojem će bilo koja kritika biti tiskana mogu obrisati guzice, a riječi osude za šankom vrijede koliko i urin u zahodu krčme u kojoj je kritika izrečena...

Toplo preporučujem gospodinu dr.sci. i šank kritičarskoj veličini (za koga sumnjam da će pročitati knjigu) neka dobro razmisle žele li suditi meni i mojem uratku. Zabrinut za njihovo psihičko i duhovno zdravlje, savjetujem im odustajanje od čitanja knjige, bolje za njih i za mene, jasno, logično i prirodno. Trošiti novac na kupnju knjige, trošiti živce i vrijeme na čitanje jednog sranja ipak je nerazumna pustolovina koju i kakvu si 'rvatski velikani ne bi smjeli priuštiti. Nek' drže do sebe i svog statusa, svog renomea, zar ne?! Kritičar sa šanka stoga može bez nervoze ispijati svoje konjake, gemište i svoja piva, nek' i dalje mlati ženu i tjera lijene sinove iz stana, neka kasni na posao i neka i dalje nesmetano uživa u svojim „deset deka lovačke" gablecima kao i dosad, neka čini ono u čemu je najbolji, God bless you, man! Za gospodina doktora, autora, kritičara, kolumnistu i pisca, prevoditelja i člana Družbe hrvatskoga guštera, Udruge ljubitelja bana Jelačića i Viteškog kruga druga prvog vrhovnika, za njega koji će me počastiti strahotnom salvom intelektualnih uvreda, koji će ovu kazališnu priču rastaviti do posljednje gluposti koju sam ugurao u tekst i koji će me u punoj maniri viteza zaštitnika 'rvatske pameti poslati, pristojno i bez psovki, u tri materine, i koji će skinuti sve svece s neba proklinjući svijet koji je dopustio objavljivanje tog smeća (moje knjige), za uvaženog gosta-predavača imam posebnu molbu, da ne kažem savjet: ako će stvarno čitati knjigu, neka pritom ne pije čaj iz slavnog porculanskog servisa Du Paquier jer bi se moglo dogoditi nečuveno zlo! U nastupu bijesa, izazvanog čitanjem, moglo bi doći do pada šalice na pod i razbijanja iste u sto i sedamdeset i tri komadića, a za koju nepopravljivu štetu ne želim biti kriv. Pored sveg svog grijeha, gluposti, loših odluka i groznog čina pisanja ove predstave, stvarno nisam spreman biti krivac i za rasparanost neprocjenjivo vrijedne obiteljske baštine stečene kokošarenjem jednog k.u.k. feldvebela: razbijanjem šalice razbila bi se i veličanstvena obiteljska priča započeta ulaskom generala Filipovića u Sarajevo 19. kolovoza AD 1878. i nastavljena u podrumu napuštene ličke djedovine, a ja, neka mi bude oprošteno, nisam dostojan takve časti, mislim, ni privilegije ulaska u svijet jednog hrvatskog kolosa umne misli. Molim vas, ostavite se gluposti, ne čitajte ovu knjigu.

Sve je jasno? Napadi na ovu knjigu i na mene osobno neće promijeniti stanje stvari: napisao sam što sam napisao, ispričao jednu kazališnu priču o jednoj predstavi u kazalištu istina i laži. Samo to. Gotovo je, ovo je kraj (koji to možda i nije)...

Na ovome mjestu nećete naći..., jer ovdje nema...

Nema rječnika stranih riječi i pojmova.

Nema prijevoda teksta napisanog na kajkavskom narječju. Nema prijevoda teksta napisanog na njemačkom, latinskom i francuskom jeziku. Nema ništa od toga što se inače nalazi na kraju knjige. Što se tiče kajkavskog narječja, u knjizi je moja inačica kajkavštine.

Vrlo važna opaska: iz ljubavi prema Hrvatskoj, svome narodu i žrtvi koju su podnijeli Hrvati-mrtvaci tijekom trinaest stoljeća, u knjizi sam za tuđinske vojske, okupatorske, uključivo endehazijsku i komunističku vojsku i sve vojne pojmove rabio riječi i nazive koji nisu dio današnjeg standardnog hrvatskog vojnog nazivlja, kao na primjer: oficir umjesto časnik, jedinica umjesto postrojba, kapetan umjesto satnik itd., a čime sam napravio otklon i razliku između časnog hrvatskog vojnika i prokletih ubojica hrvatskog naroda. Odbijam rabiti naše, dakle hrvatsko nazivlje za tuđinske zavojevače i njihove domaće sluge.

Znači, s obzirom na to da su Hrvati-grobari poznati kao sveznalice, da znaju ono što nitko drugi ne zna, onda će razumjeti svaku moju napisanu riječ, ako se odluče čitati ovo „smeće". Oni koji ionako ne čitaju knjige, neće uzeti ni ovu, dakle, ni zbog njih rječnik nije potreban. Tko će čitati, ako će razumjeti, dobro, a ako neće, uvijek postoji Google.

Usput, ispričavam se zbog gramatike, tipfelera i ostalog, a što knjizi daje neprofesionalan izgled: napokon, ja nisam pravi p i ovo nije prava knjga. Hvala vam na razumijevanju.

S poštovanjem,

Zoran Kociper

ZAHVALA

Od sveg srca i sve duše zahvaljujem onima bez čije pomoći ove knjige ne bi bilo. Hvala na potpori, razumijevanju i svakom obliku pomoći, volim vas.

Michael i Abby Lerohl
Robert i Christine Lerohl
Jeff i Marilyn Porter
Matt Pickard i obitelj Pickard
Robert Stevens
Mark i Victoria Malley
Gayle Randall
Nathan Lerohl i obitelj
Paiton Allen
Cynthia Allen
David Pickard
Clark and Karen Doxey
Dr. Željko i Nada Grahovec

B i b l i o g r a f i j a

Pri pisanju ove knjige rabio sam citate iz mnogih izvora, a kako slijedi, redom pojavljivanja u tekstu:

- William T. Sherman: „Memoirs of General William T. Sherman", De Capo Press, 1984.
- Sartre, Jean Paul: „Beleške o ludoriji rata", izd. „Svjetlost", Sarajevo, 1989.
- George S. Patton, Jr. : The Patton Papers: 1940-1945", izd. De Capo Press, 1996.
- „XXXII divizija NOVJ monografija", izd. „Globus", VINC Beograd, Zagreb, 1988.
- Ernest Hemingway: „Odabrana dela u VI knjiga", izd. „Matica srpska", Novi Sad, 1975.
- John McCormick: „George Santayana", ISBN-10: 0765805030, 2003.
- Miroslav Krleža: „Hrvatski Bog Mars", izd. „Svjetlost", Sarajevo, 1967.
- Sir John M. Templeton: „Knjiga zlatnih citata", izd. „Mozaik knjiga", Zagreb, 2001.
- Biblija, izd. „Kršćanska sadađnjost", 2010.
- Pavo Barišić: „Ante Satrčević „Ideali slobode i prava", izd. „Školska knjiga", Zagreb, 2022.
- Trostruka kombinacija: „Mormonova knjiga, nauk i savezi, Dragocjeni biser", izd. Crkva Isusa Krista svetaca posljednjih dana, SLC, 2017.
- Erich Maria Remarque: „Na zapadu ništa novo", izd. „Mozaik knjiga", Zagreb, 2018.
- Michael Baigent, Richarf Leigh: „Inkvizicija", izd. „Stari grad" d.o.o., zagreb, 2002.
- „Izabrana djela Augusta šenoe", izd. Matica Hrvatska, Zagreb, 2014.
- Martin Previšić: „Povijest Golog otoka", izd. Fraktura", Zagreb, 2019.
- Sergej Jesenjin „Sabrana dela 1-5", izd. Narodna knjiga", Beograd, 1966.
- Erich Schmidt-Richberg: „Der Endkampf auf der Heersgruppe E von Griechenland bis zu den Alpen", izd. K. Vawinckel, 1955., BRD
- Marko Vitez: „Prikaz knjige Vladimira Huzjana „Varaždin u vrijeme Nezavisne države Hrvatske 1941-1945", Historijski zbornik, dokument, PDF, 2020.
- Miroslav Krleža: „Gospoda Glembajevi", izd. „Veselin Masleša", Sarajevo, 1987.
- Ivan Gundulić: „Osman", izd. „Školska knjiga", Zagreb, 1985.
- „Kristali duha: Misli i pogledi Antuna Gustava Matoša", izd. Školska knjiga", Zagreb, 2004.
- Antun Gustav Matoš,: „ Sabrana djela", izd. JAZU , Zagreb, 1973.
- Miroslav Krleža: „Panorama pogleda i pojmova 1-5", izd. „Mladost", Zagreb, 1982.
- Danijel Crljen: „Dnevnik", izd. „Hrvatska revija", 1966.
- Grupa autora: „Dossier Bleburg", izd. „Vjesnik", Zagreb, 1990.
- Jasna Medved: „Povijest ugostiteljstva u Varaždinu", dokument, nacrt monografije, PDF, preuzeto 2022.
- digitalizirana građa (novinska izdanja 1890-1945) , Digitalizirana zavičajna zbirka Gradske knjižnice i čitaonice „Metel Ožegović", Varaždin, Hrvatska
- Dr. Vladimir Huzjan: „Varaždin u zadnjim mjesecima Kraljevine Jugoslavije i prvim Nezavisne Države Hrvatske", dokument, PDF, izvorni znanstveni članak, Zavod za znanstveni rad HAZU Varaždin, 2012.
- Ljiljana Borovšak: „Ženidbeno (bračno) pravo u 19. stoljeću u Hrvatskoj", izvorni znanstveni rad, PDF, Croatica Christiana periodica, 56, Zagreb, 2005., 77-104
- Ranko marinković: „Never more", izd. Školska knjiga", Zagreb, 2008.
- Lothroop Stoddart: „The Revolt Against Civilization: The Meance of the Under Man", izd. Creative Media partners, LLC, 2015.
- Cane, Robert B.: „Disobedience and Conspirancy in the German Army 1918-1945"

izd. McFarland & Co., Inc. Pub., 2015.

- „Hitler's Table Talk, his private conersations", izd. Enigma Books, NY, 2000., editor: Hug Trevor-Roper

- Vid Lončarić: „Prisjećanje na boravke i poruke Dr. Otta von Habsburg u Varaždinu 2000. i 2006.", dokument, PDF, Zavod za znanstveni rad HAZU, Varaždin, 2016.

- Miroslav Krleža: „Na rubu pameti", izd. Globus media" d.o.o., Zagreb, 2004.

U pisanju korišteni su javno dostupni podaci s internetskih stranica i adresa, poput:

- Wikipedia

- www.lexikon-der-wehrmacht.de

-https://en.difesaonline.it

- www.hgzd.hr/en/izvori/croatian-nobility-index/

- jutarnji.hr, večernji.hr

- Bratoljub Klaić, Novi rječnik stranih riječi, 14. izdanje, Izdavač: „Školska knjiga", Zagreb, 2012., ISBN: 978-953-0-40939-2-

- Sergej Jesenjin, Celokupna dela Sergeja Jesenjina 1-6, Izdavač: Rad, Beograd, 1971.

Autobiografski i biografski roman, po stvarnim događajima i stvarnim osobama.
Neka imena osoba, mjesta i opisi su izmijenjeni zbog zaštite privatnosti ili nedostatka provjerljivih podataka.
Sva mišljenja, stavovi i opaske o osobama, događajima, organizacijama i crkvama isključivo su mišljenja, stavovi i opaske autora i nisu u dijelu ni u cjelini službeni stavovi Crkve Isusa Krista svetaca posljednjih dana ili bilo koje organizacije koje je autor možebitno član ili s istima ima bilo koji oblik poslovnog ili članskog odnosa. Autor preuzima potpunu odgovornost za iznijete stavove.

O autoru

Zoran Kociper, rođen u Varaždinu, Hrvatska, 1968 godine. Bivši kuhar, sudionik hrvatskog Domovinskog rata 1991-95., ratni veteran, bivši pastir, svinjar, radnik. Bio je i beskućnik, alkoholičar i nezaposlen. 2016 godine, u najtežem razdoblju svog života doživio je susret s Gospodom i obratio se na kršćanstvo. Danas živi mirnim životom u Illinoisu, USA.